1. 2003年9月30日，中共中央总书记、国家主席胡锦涛在人民大会堂会见出席全国留学回国人员先进个人和先进工作单位表彰大会的代表

新华社供稿

2. 2003年4月26日，国务院总理温家宝到北京大学考察，了解学校的“非典”防治情况，勉励大家“同舟共济，共渡难关”。图为温家宝在宿舍看望同学们

王天天 摄

3. 2003年8月28日，中共中央政治局常委、中纪委书记吴官正到教育部就治理教育乱收费问题进行调研

张学军 摄

6. 2003年3月24日，教育部召开全国教育系统治理中小学乱收费工作电视电话会议

高海涛 摄

7. 2003 年 9 月 8 日，第 19 个教师节前夕，教育部在北京举行“全国教师教育网络联盟”启动仪式

樊世钢 摄

8. 2003 年 10 月 23 日，第二次全国大学科技园工作会议在武汉召开

张学军 摄

13. 2003年9月8日，全国教师教育优秀课程教材资源展览在高等教育出版社揭幕，教育部副部长袁贵仁出席开幕式并参观了展览

鲍效农 摄

14.教育部副部长章新胜参观留学生回国人员创业成就展

鲍效农 摄

15. 春节前夕，教育部副部长赵沁平看望中央音乐学院教授喻宜萱

张学军 摄

16. 教育部副部长吴启迪在高校考察

林晓青 供稿

21. 共青团中央、教育部发起"大学生志愿服务西部计划"，中国人民大学学生在"大学生志愿服务西部计划动员会"后留下姓名、联系电话，希望能加入到服务西部志愿者队伍中去

张学军 摄

22. 2003 年 2 月 24 日，首届国家奖学金发放仪式在人民大会堂举行。图为获奖学生代表

鲍效农 摄

23. “创业者风采”优秀大学毕业生报告会于2003年4月11日、12日分别在中国农业大学和北京大学举行。报告会后，大学生们围住报告团成员，谈理想、话人生，并请报告团成员签名留念

张学军 摄

24. 坐落在北京市昌平区小汤山镇大东流村的农家女实用技能培训学校，从1998年以来，共培训来自全国25个省（自治区、直辖市）、15个民族的2000多名农家女。图为农家女们在上课

张学军 摄

37. 浙江省温岭市滨海镇中心小学利用当地的经济作物，对学生开展农业科学知识教育

俞明德 摄

38. 新疆喀什一中的学生在进行体育锻炼

张学军 摄

39. 贵州省贵定师范附属小学的学生们在排演文艺节目，欢度“六一”国际儿童节

张学军 摄

中国教育年鉴

（2004）

《中国教育年鉴》编辑部

人民教育出版社
·北京·

图书在版编目(CIP)数据

中国教育年鉴.2004/《中国教育年鉴》编辑部编.
北京:人民教育出版社,2004
ISBN 7-107-17990-X

Ⅰ.中...
Ⅱ.中...
Ⅲ.教育事业—中国—2004—年鉴
Ⅳ.G52-54

中国版本图书馆CIP数据核字(2004)第090282号

人民教育出版社出版发行
(北京沙滩后街55号 邮编:100009)
网址: http://www.pep.com.cn
山东新华印刷厂德州厂印装 全国新华书店经销
2004年12月第1版 2004年12月第1次印刷
开本:890毫米×1 240毫米 1/16 印张:62.25 插页:34
字数:1 600千字 印数:0 001～2 000册
定价:220.00元

编 辑 说 明

一、《中国教育年鉴》是中华人民共和国教育部组织编纂的逐年反映全国教育改革和发展情况的资料性工具书。它是各级教育行政部门、各级各类学校执行党和国家的教育法律法规与方针政策、做好教育工作的经验总结，是中国教育事业发展进程的真实记录。编纂本书是为教育管理决策、教育科研提供参考；为教育战线沟通信息、交流经验开辟园地；为宣传中国教育改革与发展成就设立窗口；并为热心关注和研究中国教育的读者提供信息资料。

二、年鉴的基本栏目有：党和国家有关教育工作的重要文献，党和国家领导人有关教育工作的重要讲话，国家教育行政部门负责人的讲话或专文，全国教育工作会议和年度工作要点，教育发展统计，教育综合管理，基础教育，职业教育与成人教育，高等教育，师范教育，民族教育，民办教育，学校体育、卫生、艺术与国防教育，教育信息化建设与远程教育，教育考试，教育人事管理，教育财务与审计，国际及与港、澳、台教育合作交流，语言文字工作，教材建设、出版管理与教学仪器研究，教育科研、学术活动，教育报刊、电视台，各省、自治区、直辖市教育（按行政区划顺序排列），香港、澳门特别行政区教育情况简介，文件选编，资料汇编，教育大事记。

三、按目前国际国内通例，当年的年鉴反映上一年教育工作的基本情况，某些多年才能完成的工作任务，主要记述当年此项工作的进展情况。

四、年鉴的全国性统计数据，由教育统计部门提供，引用应以此为准。某些条目中的数据，因统计口径不一，可能有不尽一致之处，望读者使用时注意。

五、年鉴的全国性统计数据均不包括香港、澳门特别行政区和台湾地区。

六、在年鉴编纂过程中，虽力求做到内容全面系统，资料准确无误，文字简明精炼，但由于我们水平所限，仍有需要改进之处，欢迎读者批评指正。

《中国教育年鉴》编辑部

2004年6月

目　　录

Contents

在全国人才工作会议上的讲话（节选）

（2003年12月19日）

胡 锦 涛

人才问题是关系党和国家事业发展的关键问题。全党同志必须从全局和战略的高度，以高度的政治责任感和历史使命感，把实施人才强国战略作为党和国家一项重大而紧迫的任务抓紧抓好，努力造就数以亿计的高素质劳动者、数以千万计的专门人才和一大批拔尖创新人才，建设规模宏大、结构合理、素质较高的人才队伍，充分发挥各类人才的积极性、主动性和创造性，开创人才辈出、人尽其才的新局面，大力提升国家核心竞争力和综合国力，实施人才强国战略，是抓住和用好重要战略机遇期、应对日益激烈的国际竞争的必然要求，是全面建设小康社会、开创中国特色社会主义事业新局面的必然要求，是增强党的执政能力、巩固党的执政地位的必然要求。要坚持以邓小平理论和“三个代表”重要思想为指导，贯彻落实十六大和十六届三中全会精神，坚持党管人才原则，坚持以人为本，坚持尊重劳动、尊重知识、尊重人才、尊重创造的方针，把促进发展作为人才工作的根本出发点，紧紧抓住培养、吸引、用好人才三个环节，加强人才资源能力建设，深化人才工作体制改革，大力培养各类人才，加快人才结构调整，优化人才资源配置，促进人才合理分布，充分开发国内国际两种人才资源，努力把各类优秀人才集聚到党和国家的各项事业中来，使我国由人口大国转化为人才资源强国，为全面建设小康社会提供坚强的人才保证和智力支持。

做好人才工作，落实好人才强国战略，必须以马克思主义为指导，从当代世界和中国深刻变化着的实际出发，根据党和国家事业发展的迫切需要，解放思想、实事求是、与时俱进，树立适应新形势新任务要求的科学人才观。要牢固树立人才资源是第一资源的观念，充分发挥人才资源开发在经济社会发展中的基础性、战略性、决定性作用。要牢固树立人人都可以成才的观念，坚持德才兼备原则，把品德、知识、能力和业绩作为衡量人才的主要标准，不唯学历，不唯职称，不唯资历，不唯身份，努力形成谁勤于学习、勇于投身时代创业的伟大实践，谁就能获得发挥聪明才智的机遇，就能成为对国家、对人民、对民族有用之才的社会氛围，创造人才辈出的生动局面。要牢固树立以人为本的观念，把促进人才健康成长和充分发挥人才作用放在首要位置，努力营造鼓励人才干事业、支持人才干成事业、帮助人才干好事业的社会环境，放手让一切劳动、知识、技术、管理和资本的活力竞相迸发，让一切创造社会财富的源泉充分涌流，以造福于人民。

当前和今后一个时期，加强和改进人才工作重点要抓好四个方面：

第一，着眼于人才总量的增长和人才素质的提高，大力加强人才资源能力建设。要树立大教育、大培训观念，在提高全体人民的思想道德素质、科学文化素质和健康素质的基础上，重点培养人的学习能力、实践能力，着力提高人的创新能力，加大对人才资源能力建设的投入，优先发展科学教育事业，加大教育培训力度，促进人才总量同国家发展的目标相适应，人才结构同各项事业全面发展的需求相适应，人才培养机制同各类人才成长的特点相适应，人才素质同经济社会协调发展相适应。要注重加强思想政治教育，促进各类人才树立正确的世界观、人生观、价值观，不断在实践中完善自己、在竞争中提高自己、在奋斗中充实自己。

第二，坚持改革创新，完善人才工作的体制和机制。人才工作的活力取决于体制和机制。完善人才工作的体制和机制，对实施人才强国战略更带有根本性、全局性、稳定性和长期性。深化人才工作的体制改革，必须遵循人才资源开发规律，坚持市场配置人才资源的改革取向，加强和改善宏观调控，建立充满生机和活力的人才工作体制和机制。要坚持把是否有利于促进人才的成长，是否有利于促进人才的创新活动，是否有利于促进人才工作同经济社会发展相协调，作为深化人才工作改革的出发点和落脚点。坚决破除那些不合时宜、束缚人才成长和发挥作用的观念、做法和体制，推动人才工作体制和机制的全面创新。要进一步完善普通教育、职业教育、成人教育和高等教育相衔接的教育体系，完善继续教育和培养制度，建立健全人才培养机制。要建立以业绩为重点，由品德、知识、能力等要素构成的各类人才评价指标体系，建立健全科学的社会化的人才评价机制。要建立以公开、竞争、择优为导向，有利于优秀人才脱颖而出、充分施展才能的选拔任用机制。要进一步发挥市场在人才资源配置中的基础性作用，建立完善人才市场服务体系，形成促进人才合理流动的机制。要建立健全与社会主义市场经济体制相适应、与工作业绩紧密联系、鼓励人才创新创造的分配制度和激励机制。要改革和完善人才保险制度和福利制度，建立健全人才保障机制。

第三，以培养造就高层次人才带动整个人才队伍建设，促进各级各类人才协调发展。党政人才、企业经营管理人才、专业技术人才是我国人才队伍的主体。要坚持三支队伍一起抓，着重培养造就大批适应改革开放和社会主义现代化建设的高层次人才，带动整个人才队伍建设，尽快形成一支门类齐全、梯次合理、素质优良、新老衔接、充分满足经济社会发展需要的宏大人才队伍。要站在战略的高度，制定符合我国国情的高层次人才培养规划，形成各类高层次人才脱颖而出、健康成长、发挥才干的良好机制和环境。要善于利用国际国内两种人才资源，做到自主培养开发人才和引进海外人才并重，重点吸引高层次人才和紧缺人才。各级各类高技能人才和农村实用人才、青年人才、妇女人才和少数民族人才等，在党和国家事业中有着不可替代的重要作用，必须纳入总体规划，认真抓好队伍建设。青年是祖国的未来、事业的希望。广大青年应增强使命感和责任心，自觉地把实现个人价值的努力同实现现代化建设宏伟目标的奋斗紧密结合起来，肩负起历史和时代赋予的重任，成为真正的有用之才。

第四，紧密配合国家重大发展战略的实施开发和配置人才资源，促进人才资源和经济社会发展相协调。人才支撑发展，发展孕育人才。要紧紧围绕十六大和十六届三中全会提出的改革、发展的战略目标和部署，制订相应的人才资源规划，优化人才资源配置。要在发挥市场配置人才资源基础性作用的同时，充分发挥社会主义制度能够集中力量办大事的优势，有效整合人才资源，集中力量攻克和解决经济社会发展中的关键性课题。要紧紧围绕科教兴国、可持续发展、西部大开发、振兴东北地区等老工业基地等战略的实施，有针对性地吸引、调配和补充紧缺人才和重点人才。要进一步完善有关政策和法律法规，加强宏观调控，最大限度地发挥现有人才资源的潜能。要鼓励各类人才尤其是青年人才胸怀大志、不畏艰险，在艰苦环境中磨炼自己，在社会实践中成长为各项事业的骨干。

必须坚持党管人才原则，切实加强实施人才强国战略的组织领导。坚持党管人才原则，就是要充分发挥我们党的领导核心作用，充分发挥党的思想政治优势、组织优势和密切联系群众的优势，为做好人才工作提供坚强的政治保证，更好地统筹人才工作，更好地组织起全面建设小康社会的浩浩荡荡的人才大军。党管人才，主要是管宏观、管政策、管协调、管服务，重点做好制定政策、整合力量、营造环境的工作，努力做到用事业造就人才、用环境凝聚人才、用机制激励人才、用法制保障人才。

贯彻党管人才原则，要注意处理好党管人才和尊重人才成长规律的关系、党管人才和市场配置人才资源的关系、党管人才和依法管理人才的关系，不断促进人才工作的制度化、规范化、程序化。要统筹兼顾地抓好国有企事业单位和各种非公有制经济组织、社会组织的人才使用工作，在党和政府的人才工作中，对各类人才都要一视同仁地提供服务；在政府的奖励、职称评定中，对各类人才都要统一安排；在面向社会的资助、基金、培训项目、人才信息库等公共资源的运用上，对各类人才都要平等开放；在立法和执法中，对各类人才的合法权益都要同等保护；在舆论宣传方面，对各类人才的创业活动都要给予充分肯定和鼓励。要切实做好识人用人的工作，把实践作为衡量人才的根本标准，作为发现和识别人才的根本途径，按照各类人才成长规律和不同特点去识别和使用人才，坚持任人唯贤、唯才是举，使各类人才创业有机会、干事有舞台、发展有空间。要建立统分结合、协调高效的工作机制，形成党委统一领导，组织部门牵头抓总，有关部门各司其职、密切配合，社会力量广泛参与的人才工作格局。要加强宣传思想工作，进一步树立尊重劳动、尊重知识、尊重人才、尊重创造的良好风尚，努力营造有利于各类优秀人才脱颖而出的社会环境。

在全国农村教育工作会议上的讲话

（2003 年 9 月 19 日）

温 家 宝

最近，国务院认真分析了当前农村教育形势，就进一步加强农村教育工作作出了决定。今天，召开全国农村教育工作会议进行部署。这次会议的主要任务是，以“三个代表”重要思想和党的十六大精神为指导，加快农村教育发展，深化农村教育改革，推进农村小康建设和城乡协调发展。至立同志将代表国务院作工作报告。下面，我先讲几点意见。

一、充分认识农村教育在全面建设小康社会中的战略地位

教育是现代文明的基石。提高国民素质，增强综合国力，必须大力发展教育事业。农村教育影响广泛，关系农村经济和社会发展的全局。改革开放以来，我国城乡面貌发生了巨大而深刻的变化，这同教育特别是农村教育的发展密不可分。农村实行家庭联产承包责任制，极大解放了生产力。农业先进实用技术之所以能得到大面积推广，乡镇企业之所以能异军突起，农村富余劳动力之所以能大量向沿海地区和城镇转移，其中一个根本原因，就是有数以亿计受过义务教育的农村劳动力作为基础和支撑，农村普及义务教育有很大成绩，功不可没。当前，我国农业和农村经济正处在关键的发展阶段，优质、高效、生态、安全农业的发展，农业产业化经营的扩大，农村富余劳动力的转移等，都迫切需要全面提高农村劳动力素质。世界新科技革命的兴起和全面建设小康社会的推进，对广大农村人口科学文化素质和思想道德素质提出更高的要求。没有农村全面“普九”，没有农民素质的全面提高，就很难实现全面小康。我们必须充分认识农村教育在全面建设小康社会中的基础性、先导性、全局性作用。

农村义务教育在整个国民教育体系中占有举足轻重的地位。我国是一个发展中的人口大国，兴办着世界上规模最大的教育。农村教育面广量大，中小学在校生多达 1.6 亿。从小学到初中，正是他们身体发育和智力启蒙的阶段，小时候养成的品德、性格、习惯往往影响一生，学校和老师的影响有时超过家庭和父母。因此，农村中小学教育质量的高低，不仅直接关系到农村青少年的德智体美全面发展，而且关系到国家各级各类人才的培养和全民族素质的提高。新中国成立以来，一大批来自农村的高级专门人才活跃在社会主义现代化建设各条战线上，一些人成为著名的科学家、工程师、医生、教授和文学艺术家，他们的成才同青少年时代在农村接受的良好基础教育是分不开的。今天，我们要完成党的十六大提出的造就数以亿计的高素质劳动者、数以千万计的专门人才和一大批拔尖创新人才的宏大任务，把沉重的人口负担转化为巨大的人力资源，离开农村教育的发展，根本无从谈起。

普及农村义务教育，有利于缩小社会差距和实现社会公平。没有教育机会的均等，就谈不上社会公平。谁能享受良好的义务教育，谁就能获得更多的发展机会，否则就难以融入现代社会。特别是在欠发达的中西部地区，摆脱经济贫困首先必须改变教育落后。“今天的辍学生，就是明天的贫困户”，这是农民群众从现实生活中得出的结论。目前我国城乡之间、地区之间经济社会发展水平存在明显差距，一个重要原因就是农村和欠发达地区广大群众受教育水平和接受教育机会明显落后于城市和发达地区。我们要缩小教育差距，促进城乡之间、地区之间的协调发展，就必须大力发展农村和欠发达地区的教育。

发展农村教育，有助于积累国民经济增长的后劲。纵观世界各国现代化进程，发达国家都是在经济欠发达时期就开始普及义务教育，而且对农村教育给予特别关注，正是由于这样做，才有尔后的经济腾飞。我国要实现全面建设小康社会和现代化的宏伟目标，必须从现在做起，进一步动员全党全社会的力量，把农村教育扎扎实实搞上去。否则，就有可能丧失机遇，甚至会贻误现代化建设大业。今天，我们比以往任何时候都更加深切地感受到加快发展农村教育的历史责任感和紧迫性，务必牢牢抓住机遇，全力以赴，发展农村教育。

二、大力推进农村教育的发展和改革

到20世纪末，我国完成了基本普及九年义务教育和基本扫除青壮年文盲的历史性任务，人均受教育年限达到8年，超过了世界平均水平，取得了举世瞩目的伟大成就。但是，农村教育整体薄弱的状况还没有得到根本改变。全国还有431个县没有“普九”，已经“普九”的部分地区水平很低、基础不稳，不少地方存在学生因贫辍学、拖欠教师工资、学校危房年久失修、公用经费短缺等突出问题，引起全社会的广泛关注。同时，农村教育办学体制、运行机制以及教学内容与方法等，也存在与农村经济和社会发展不相适应的状况。解决这些问题，办好农村教育，必须一手抓发展，一手抓改革。

今后一个时期，我国农村教育发展的总体目标是：在巩固“两基”成果的基础上，努力实现全面普及九年义务教育，全面提高义务教育质量，同时大力发展职业教育和成人教育，促进农村各类教育协调发展。普及义务教育，仍然是当前农村教育工作的重点。要坚持积极进取、实事求是、分区规划、分类指导的原则，西部地区集中力量打好“两基”攻坚战；中部地区切实抓好“两基”的巩固和提高；东部地区实现高质量高水平“普九”。这里，我要着重谈谈西部“两基”攻坚问题。

国务院决定：到2007年，力争使西部地区九年义务教育普及率达到85%以上，青壮年文盲率降到5%以下。承担西部“两基”攻坚任务的372个县，国土面积达345万平方公里，覆盖人口8 300多万，主要分布在“老少边穷”地区。在这些地区完成“两基”攻坚任务，有利于在全国范围内实现全面普及九年义务教育的目标，并将对推进西部扶贫开发、促进民族团结、维护边疆稳定起到非常重要的作用。同时，要清醒地看到完成这一任务的复杂性和艰巨性。这些地区经济落后，县乡财政困难，教育基础薄弱；地广人稀，生源分散，办学成本高；条件艰苦，人才出去多、回来少，合格教师短缺；少数群众观念落后，偏重眼前利益，“重男轻女”；适应少数民族地区特殊需要的教材教具和双语师资力量缺乏等，使得提高入学率、控制辍学率面临着比别的地区更多的困难。中央已经作出郑重承诺并且下定决心办好这件大事，各地必须高度重视，精心部署，狠抓落实，讲求实效，来不得半点形式主义和浮夸虚报。一是国务院有关部门和西部各省区市要在充分调查研究的基础上，制定工作规划，设立专项经费，认真组织实施，每年督促检查一次。二是县级政府要负起主要责任，发扬扶贫攻坚那种“领导苦抓、部门苦帮、群众苦干”的精神，真抓实干，锲而不舍，注重实效，财政再紧张也要确保教育投入。乡（镇）政府和村民自治组织要大力宣传《义务教育法》，动员和帮助贫困家庭农民子女入学。三是广大教师要怀着对“老少边穷”地区群众的深厚感情，提高教学质量，帮助困难学生完成学业。四是采取有力措施解决特殊问题，如兴办寄宿制学校，资助家庭经济困难学生，做好少数民族地区教师培养、教材编写和教学资源开发工作。总之，要坚定信心，克服困难，千方百计，如期完成西部地区“两基”攻坚任务。

已经实现“两基”的中部地区，农村人口众多，经济和教育基础薄弱，不少是粮食主产区和农业人口大县，财政比较困难，巩固提高“两基”的任务相当繁重。各地要保持和发扬当年实现“两基”迎难而上的进取精神，采取得力措施解决前进中的困难和问题，中央将给予必要的支持。

深化农村教育改革，是推动农村教育发展的强大动力。农村教育改革必须全面贯彻党的教育方针，更新教育思想，坚持为“三农”服务的方向，拓宽教育服务领域，增强教学的针对性和实效性，从而满足农村人口多样化的学习需求。当前，深化农村教育改革要重点抓好以下工作：一要推进教学改革。农村中小学在实现国家规定的基础教育基本要求时，要紧密联系农村实际，突出农村特色。职业教育以就业为导向，成人教育以农民技能培训为重点，两者都要实行多样、灵活、开放的办学模式和培训方式，切实培养能真正服务于农村的各类人才，促进农业增效、农民增收，推动农村富余劳动力向二、三产业转移。要充分利用现代远程教育手段，促进城乡优质教育资源共享。二要推进办学体制改革。在我国广大农村，教育资源不足同农民群众教育需求日益增长的矛盾越来越突出，并将长期存在。各级政府要加大投入，积极发展公办教育，同时要鼓励和吸引社会力量参与农村办学。办好农村义务教育，是各级政府义不容辞的责任；农村高中阶段教育和幼儿教育，以政府投入为主、多渠道筹措资金，努力形成公办学校和民办学校共同发展的多元办学格局。三是推进农村中小学人事制度改革。办好农村学校，关键是要有好校长、好教师。中小学人事制度改革的出发点和落脚点，是提高农村师资队伍的质量，提高有限教育资源的利用效率。当前迫切需要建立健全同社会主义市场经济体制相适应、能进能出、富有活力的教师管理制度。要采取有效政策措施，吸引优秀人才到西部任教，鼓励城镇教师到乡村任教，通过定向招生等方式培养乡村教师，切实解决“老少边穷”地区乡村学校缺少合格教师和骨干教师不稳定的问题。四是推进“农科教结合”和“三教统筹”的综合改革。要进一步建立和完善农业、科技、教育等部门的合作机制，有效统筹基础教育、职业教育和成人教育的资源，构建相互沟通、协调发展的农村教育培训网络和科技推广网络。要彻底转变鄙薄职业教育的传统观念，使农村职业教育在今后几年有一个较大发展。这里，我要强调城市教育资源为农村服务的问题。城市和农村是有机统一的整体，应该相互促进、共同发展。地方各级政府要充分发挥城市教育资源的优势，更积极、更有效地为农村和农民提供服务，特别是为西部地区培养输送合格教师。要扩大城市各类职业学校面向农村的招生，开展进城务工农民的职业技能培训。一定要让进城务工农民的子女有书读、有学上，和城里孩子同在蓝天下共同成长进步。发达地区城市应进一步做好对贫困地区教育的对口支援工作。

农村教育新情况、新事物层出不穷。各地要在总结改革经验的基础上，进一步解放思想、实事求是，与时俱进、大胆改革，推出一批有效服务“三农”的办学新典型，创造同社会主义市场经济相适应、符合教育规律、具有农村特色的教育新经验。

三、切实加强对农村教育工作的领导

办好农村教育，是各级政府一项最重要的职责，也是各级党委加强对农村工作领导的一个十分重要的方面。发展农村教育，有经费问题，有体制问题，有师资问题，核心是加强领导问题。这个问题解决了，其他问题就好解决。只要各级党政领导真正重视，有决心、办实事、求实效，农村教育的形势就一定会越来越好。

地方各级政府和国务院各有关部门都要从实践“三个代表”重要思想和执政为民的高度，把加强农村教育工作摆上重要议事日程，并且结合本地区、本部门实际，制定规划，组织实施，督促检查，狠抓落实。邓小平同志早在1985年就指出：“忽视教育的领导者，是缺乏远见的、不成熟的领导者，就领导不了现代化建设。各级领导要像抓好经济工作那样抓好教育工作。”近年来，许多地方领导同志重视农村教育工作，特别是一些地方在财力并不宽裕的情况下，舍得增加农村教育投入。“再穷不能穷教育，再苦不能苦孩子。”由于领导者真抓实干，当地教育落后的状况得到迅速改变。对这些有远见的领导者，党和人民应当给予充分肯定和鼓励。今后衡量一个领导干部任期内的政绩大小，不是光看经济增长指标，还要看辖区内特别是农村地区的教育发展状况。组织部门考察县乡干部，要了解当地学校和教育发展的状况，因为教育是一个地区经济社会发展的综合反映。各级政府主要负责同志应经常深入农村学校，了解实际情况，倾听群众呼声，及时解决农村教育发展和改革中遇到的实际困难和问题。

要认真落实“以县为主”的农村教育管理体制。实行“在国务院领导下，由地方政府负责、分级管理、以县为主”的农村义务教育管理体制，把农村义务教育切实纳入公共财政体系予以保障，减轻农民负担，这是牵动农村经济和社会发展全局的一项重大改革。农村税费改革之后，中央加大转移支付力度，有力保障了农村义务教育管理体制的调整。目前，一些地方反映农村义务教育“保工资、保安全、保运转”所需经费存在缺口。解决好这个问题，关键是各级政府要调整财政支出结构，努力增加教育投入，确保农村义务教育的基本需求。认真落实好中央提出的新增教育经费主要用于农村的要求。中央要进一步增加对困难地区农村教育的转移支付。省、地（市）级政府特别是省级政府，更要切实负起领导责任：一是要通过增加转移支付，提高财政困难县义务教育经费的保障能力。二是安排使用中央下达的工资性转移支付资金，要全部补助到县。三是安排农村税费改革专项转移支付资金，要弥补农村教育费附加和农民集资取消后学校危房改造和运转的经费缺口，确保农村义务教育经费不低于税费改革前的水平并力争有所提高。要将维护、改造和建设农村中小学校舍所需经费纳入政府经常性预算。考虑到各地的实际困难，最近中央又安排了一笔专项资金用于补助困难地区中小学危房改造，各地一定要把这笔钱用好。

要特别关注和解决好农村家庭困难学生的就学问题。我们是社会主义国家，根据目前国力，应该也完全有能力为全体适龄儿童少年接受义务教育提供帮助。从全国看，辍学率哪怕有1个百分点，在农村就会影响上百万孩子的一生和前途，将给国家和社会带来难以弥补的损失。我们一定要抓紧建立健全资助家庭经济困难学生就学制度，切实保障他们接受义务教育的权利。

要大力弘扬中华民族尊师重教的优良传统。古代大思想家荀子说过：“国将兴，必贵师而重傅，贵师重傅则法度存。”他把尊师重教同国家治理和兴衰联系起来，发人深省。我国有数百万农村教师，他们默默无闻，年复一年，辛勤耕耘在农村教学第一线，为教育事业发展和农村现代化建设作出了巨大贡献。特别是长期工作在“老少边穷”地区的乡村教师，艰苦奋斗，无私奉献，他们的崇高品德和业绩应该得到全社会的尊重。我们要像宣传劳动模范、宣传科学家那样，大力宣传教育家、宣传优秀教师，进一步在全社会形成尊师重教和支持农村教育的良好风尚。

百年大计，教育为本。一个国家，一个民族，教育上去了，就大有希望。我们相信，有以胡锦涛同志为总书记的党中央的正确领导，有广大教育工作者的辛勤耕耘，有全党全社会的共同奋斗，我国农村教育工作必将开创崭新的局面！

加快发展 深化改革 开创我国农村教育工作新局面

（2003年9月19日）

陈至立

这次全国农村教育工作会议是一次非常重要的会议。刚才，温家宝总理作了重要讲话，深刻阐述了农村教育的战略地位和作用，明确了农村教育发展和改革的目标与任务，强调要切实加强对农村教育工作的领导。这个讲话充分表明了党中央、国务院对农村教育工作的关心和重视，针对性、指导性很强。我们要认真学习、深刻领会，并贯彻到这次会议和今后的工作中去。

国务院召开会议专门研究部署农村教育工作，这在新中国教育发展史上是第一次。9月2日，国务院常务会议审议通过了《关于进一步加强农村教育工作的决定》。这次会议的主要任务是，以“三个代表”重要思想和党的十六大精神为指导，认真学习贯彻国务院《决定》，统一思想、提高认识，交流经验、落实任务，进一步动员和组织各方面力量，加快发展和深化改革，努力开创我国农村教育工作新局面。现在，我就贯彻落实好《决定》，切实加强农村教育工作，讲几点意见。

一、认清形势，统一思想，增强做好农村教育工作的责任感和紧迫感

1. 农村教育工作成绩显著。

我们党和国家一直十分重视发展农村教育事业。尤其是改革开放以来，在党中央、国务院的领导下，在地方各级党委和政府的高度重视下，经过广大教育工作者的辛勤耕耘和全党全社会的共同努力，我们在20世纪末实现了基本普及九年义务教育和基本扫除青壮年文盲的奋斗目标，农村教育也取得了良好成绩，大大提高了人民群众的科学文化素质，为国家经济社会发展提供了大量较高素质的劳动者和丰富的人才资源。我们用占世界1%的教育经费支撑着占世界20%多人口的教育，创造了令世人瞩目的卓越成就。

在推进教育发展和改革实践中，我们积累了宝贵的经验。主要是：坚持教育优先发展，实施“科教兴国”战略；坚持把实现“两基”作为教育工作的重中之重，促进各级各类教育协调发展；坚持以改革促发展，不断推进体制创新，全面推进素质教育，促进教育同经济社会发展紧密结合；坚持依靠广大教育工作者和亿万人民群众，尊重他们的创新精神；坚持积极进取、实事求是、分区规划、分类指导的工作方针；坚持以政府投入为主、多渠道筹措教育经费；坚持依法治教，建立健全教育法律法规体系，加强教育督导工作。这些经验是广大教育工作者、亿万人民群众和各级领导智慧与心血的结晶，在今后工作中要继续坚持并发扬光大。

2. 农村教育整体上薄弱。

我们要清醒地看到，我国农村教育整体上薄弱，当前还面临着一些不容回避的突出问题和困难。主要表现在：

农村教育发展滞后，城乡之间差距较大并有扩大的趋势。农村从业人员受教育程度低，小学以下文化程度的占40%，初中文化程度的占48%。农村劳动力的平均受教育年限为7.3年，同城市相差3年。2001年的生均预算内公用经费，农村小学仅为城市平均水平的29%；农村初中仅为城市平均水平的31%。许多农村中小学基本办学条件亟待改善，教师队伍素质有待提高。特别是还有相当一部分西部地区至今还没有普及九年义务教育，大面积已实现“两基”的农村地区，巩固提高任务繁重。

经费投入不足仍然是影响农村教育发展的突出问题。“以县为主”管理体制有待巩固和提高，一些地方“保工资、保安全、保运转”存在困难。一些地方新欠中小学教职工工资时有发生，中小学危房改造资金缺口大，公用经费十分紧张，家庭经济困难学生接受义务教育急需扶持，中小学辍学率有上升趋势。一些地方普九“欠债”问题严重，因追索债务而影响中小学正常教学秩序的事件屡有发生。

农村教育同农村经济社会发展结合不够紧密，为“三农”服务的能力亟待加强。一些地方和学校对新形势下农村教育的特点和需求重视不够，办学体制和教育结构比较单一，教学内容和方法不同程度地存在脱离农村实际的现象。各类农村教育资源整合不够，效益不高。

所有这些，都与中央关于解决好农业、农村和农民问题的要求不相适应，与农村人口日益增长的多样化学习需求不相适应。

3. 把农村教育作为教育工作的重中之重。

全面建设小康社会最繁重、最艰巨的任务在农村，教育发展和改革的主要差距也在农村。目前我国农村人口平均受教育程度低，劳动力素质不高，已严重阻碍农民脱贫致富奔小康目标的实现，并影响城乡协调发展。加快农村教育的发展和改革，是摆在各级政府面前一项重大而紧迫的任务。

《决定》明确指出，农村教育在全面建设小康社会中具有基础性、先导性、全局性的重要作用，把农村教育作为教育工作的重中之重。农村产业结构战略性调整和农业增长方式的转变，农村大量富余劳动力向非农产业和城镇转移，工业化和城镇化进程加快，农村科学、文明、健康生活方式的形成，这些都对农村教育发展与改革提出了更新更高的要求。发展农村教育，使广大农民群众及其子女享有接受良好教育的机会，是实现教育公平和体现社会公正的一个重要方面，是社会主义教育的本质要求。因此，我们必须认清形势，提高认识，把思想统一到中央决策上来，增强责任感和使命感，以更大的决心和更有力的措施，加快发展和改革的步伐，促进农村教育上新的台阶。

二、加快农村教育发展，提高农村人口素质，满足经济社会发展的要求

我国正处在社会主义初级阶段。广大农村教育资源不足同农民群众教育需求日益增长的矛盾越来越突出，并将长期存在。发展是硬道理。解决当前农村教育面临的诸多矛盾，必须坚持把发展放在第一位。

当前，加快我国农村教育的发展，必须突出重点，服务“三农”，城乡统筹，勇于创新。突出重点，就是要把普及和巩固九年义务教育作为农村教育的重点。服务“三农”，就是要促进“三农”问题的解决，有效地为提高农村人口素质服务，为农业增效、农民增收服务，为农村劳动力向二、三产业转移服务。城乡统筹，就是在教育领域努力改变城乡分割的二元结构，充分发挥城市教育优势为农村和农民服务，促进城乡教育协调发展。勇于创新，就是更新教育观念、教育内容、教育手段，用教育信息化促进农村教育的跨越式发展。

根据我国农村教育发展的现状，《决定》提出了不同地区加快发展的目标和任务。

1. 集中力量打好西部“两基”攻坚战。

目前，我国还没有实现“两基”的地区，涉及360万平方公里和1.1亿人口，主要集中在西部地区。西部仍有372个县和新疆生产建设兵团的37个团场没有普及九年义务教育，其中60多个县还未普及小学教育，260多个县没有基本扫除青壮年文盲。这372个没有实现“两基”的县中，有215个国家扶贫开发工作重点县，312个少数民族县，53个边境县，主要分布在“老少边穷”的农村。这些地区经济基础薄弱，办学条件差，贫困家庭多，“两基”攻坚任务十分艰巨。在这些地区打好“两基”攻坚战，对于推进扶贫开发、促进民族团结、维护边疆稳定和实现国家长治久安具有极为重要的战略意义。党中央、国务院高度重视西部的“两基”攻坚，时刻牵挂着西部广大学龄儿童的就学问题，反复强调要下定决心，采取重大举措，要像当年抓好“八七”扶贫计划一样实施国家西部“两基”攻坚计划，到2007年保质保量地完成这项任务。

当前，西部“两基”攻坚要抓紧做好六项工作。一是在充分调查研究的基础上制定切实可行的攻坚规划。要逐县规划“普九”和扫盲攻坚工作，高度重视巩固和提高初等教育普及程度，对2007年前不能实现“普九”的少数县，要制定小学六年教育的规划；要结合乡镇行政区划调整和小城镇建设，因地制宜地合理制定中小学布局调整规划，提高义务教育阶段学校的办学效益。二是加强寄宿制学校主要是寄宿制初中建设。西部未“普九”地区多是山区、牧区，地广人稀、交通不便。不解决寄宿问题，无论是政府办学，还是学龄儿童少年上学，都有难以克服的困难。因此，要把建设寄宿制学校作为实施“两基”攻坚的重要措施。三是切实帮扶家庭经济困难学生就学，减免杂费、课本费，并提供必要的寄宿生活补助。四是认真做好少数民族地区教师培养、教材编写和教学资源开发工作。努力解决少数民族地区推进“双语教学”的教师短缺问题。五是充分利用现代远程教育手段，提高教学质量和办学效益。六是加大《义务教育法》的宣传，帮助农民群众转变观念、克服困难，履行送子女就学的义务。只有抓住这些关键环节，才能把西部“两基”攻坚任务落到实处。

中部地区没有“普九”的59个县也要集中力量打好攻坚战，尽快实现“两基”目标。这也是国家“两基”攻坚计划的重要组成部分。

2. 切实做好已经实现“两基”地区的巩固提高工作。

中西部的大部分县虽已实现了“两基”，但基础薄弱，水平较低，问题较多。例如：拖欠教师工资、危房改造经费难以落实、学校运转经费紧张的问题比较突出，“普九”债务沉重，一些地方初中辍学率上升等等。这些困难和问题，已经严重影响了“两基”成果的巩固。这些地区人口密度大，又大多是农作物主产区，财政较为困难。如果“两基”成果得不到巩固，甚至出现滑坡，农村就会大量出现新文盲，不仅会影响“普九”全局，而且会影响这些地区经济发展和社会稳定。

做好广大农村的“两基”巩固提高工作，需要进行多方面的努力。一是领导要高度重视，克服松懈、厌战和畏难情绪，要像当年实现“两基”一样抓好巩固提高工作。二是要加大投入，改善办学条件，保证义务教育的基本需求。一些粮食主产区的人口大县，他们克服重重困难，奋力拼搏，实现了“两基”，但积累的问题较多，债务包袱沉重。中央和省市对这些地区的“两基”巩固提高工作要给予重视和支持。在安排用于农村教育的专项经费时，要兼顾这些地区，对他们取得的显著成绩要予以表扬和奖励。三是要切实抓好农村初中控辍工作。一些地方初中生辍学率较高，有多方面原因。我们要有针对性地采取措施，使农村初中辍学率明显下降，把控辍率作为考核教育工作的一项重要指标。

广大东部农村地区要根据当地经济社会发展水平，高水平、高质量地普及九年义务教育。适龄儿童少年都能按时入学并合格毕业，薄弱学校全面消除，区域内学校的教育质量、办学条件、师资队伍、学校管理和教育信息化都能达到较高水平并均衡发展，高中阶段教育和学前三年教育基本普及，向率先基本实现教育现代化的目标迈进。

全面普及九年义务教育，全面提高义务教育质量，是我国教育发展的重要目标。要经过全国各个地区的共同努力，力争在2010年实现这个目标。

3. 大力发展灵活多样、实用高效的农村职业教育和成人教育。

各地要按照《国务院关于大力推进职业教育改革与发展的决定》要求，大力发展推进农村职业教育。职业教育要坚持以就业为导向，大力提倡“订单”培训，努力做到教学与岗位之间“零距离”，二者不仅要“对口”还要“接口”。实行多样、灵活、开放的办学模式，方便学生工学交替、半工半读、城乡分段和职前职后分段完成学业。在开展学历职业教育的同时，大力开展多种形式的职业培训。要调整专业设置，满足社会多层次、多规格、多形式的需要。各级政府要统筹现有教育资源，重点建设好一批规模较大、质量较高、有就业竞争力的骨干职业学校和培训机构，还可采用连锁办学模式带动县级职教中心提高水平、走向市场，为培养更多的适应农村经济社会发展需要的各类初中级人才服务，为促进农村劳动力在城镇就业和自主创业服务。要针对国际劳务市场的需要开展培训，加大劳务输出。

要把普遍开展农村实用技术培训和农村劳动力转移培训，作为农村成人教育的重点，不断扩大培训规模。今后5年，每年培训农民超过1亿人次，使农村劳动力普遍掌握一二项实用生产技术。积极实施农村劳动力转移培训，每年培训2 000万人次，争取使新增转移的农村劳动力基本掌握一项在城镇创业、就业的技能，并获得相应的职业资格或培训证书。要积极实施农村基层管理人员培训，提升农村基层管理人员的素质和管理能力。要积极创新培训机制和投入体制，坚持培训与市场和社会需求挂钩，鼓励和支持“订单”培养，先培训后输出。各级政府在安排使用农村科技开发经费、技术推广经费和扶贫资金时，要安排一部分农村劳动力培训经费。通过多渠道筹集资金，逐步形成政府扶持、培训机构减免经费、农民适当分担的投入机制。

4. 大力实施农村现代远程教育工程。

我国很多农村地区交通不便、信息闭塞，中小学面广点多，优质教育资源匮乏。提高农村教育质量和效益，实现城乡优质教育资源共享，按照常规方式难以在短期内得到解决。现代信息技术和远程教育技术，为我们实现农村教育的跨越式发展提供了可能。这次国务院决定，在我国农村实施中小学现代远程教育工程，这是一项带有战略意义的重要举措。要在2003年继续试点的基础上用五年左右的时间，使我国农村初中基本具备计算机教室，小学基本具备卫星教学收视设备和教学光盘播放设备及成套教学光盘，小学教学点具备教学光盘播放设备和成套教学光盘，以信息化带动农村教育的发展。各地要根据国家的整体规划和统一部署，高度重视，多渠道筹措配套资金，将实施农村现代远程教育工程作为一件大事来抓。教育部门要认真抓好试点，积极推进，不断总结经验。国务院有关部门要加强指导，积极配合，创造必要的条件。要注重发挥农村学校现代远程教育设施的综合效益，推动教学改革，提高教师队伍素质，还要为农业科技推广和开展农村党员干部教育服务。

5. 建立健全资助家庭经济困难学生就学的制度。

保障农村家庭经济困难学生接受义务教育，是各级政府义不容辞的责任。目前，我国农村家庭经济困难的适龄儿童少年有2 000多万，他们能否接受义务教育，既关系到他们能否成长为有知识、有文化的公民，关系到他们及其家庭能否摆脱贫困，也关系到能否体现社会主义社会的公平和公正。各级政府要在已有助学办法的基础上，建立起一套行之有效的保障机制，采取各种措施扶持农村家庭经济困难学生接受义务教育。中央财政将继续加大对农村家庭经济困难学生助学的力度，重点扶持中西部农村贫困学生就学。除继续安排助学金以外，还将逐步扩大免费教科书发放范围。地方各级政府也要加大投入，设立专项资金，对家庭经济困难学生实行免费教育，并提供必要的寄宿生活补助。

各级政府要广泛动员和鼓励机关、团体、企事业单位和公民捐资助学，资助家庭经济困难学生就学。要进一步落实对捐资助学单位和个人的税收优惠政策，对纳税人通过非营利社会团体和国家机关向农村学校提供的捐赠，在应纳税所得额中全额扣除。各级人民政府应对捐资助学贡献突出的单位和个人给予表彰和奖励，在全社会倡导助学为荣的良好风尚。

三、深化农村教育改革，建立和完善适应农村经济社会发展的新机制

发展农村教育必须走改革创新之路。只有不断深化改革，农村教育持续发展的机制才能形成和巩固，有限的教育资源才能充分发挥效益，农村教育的质量才能不断得到提高。国务院《决定》在总结过去改革经验的基础上，针对当前影响农村教育发展的突出问题，明确提出了改革的指导思想和任务。

1. 巩固和完善“以县为主”的农村义务教育管理体制。

发展农村教育，关键是要巩固完善“以县为主”的农村义务教育管理体制，进一步明确各级政府对义务教育的责任，建立健全农村义务教育经费投入机制。2001年农村义务教育实行“在国务院领导下，由地方政府负责、分级管理、以县为主”管理体制以来，取得了重大进展。全国绝大多数县、市、区已将中小学教职工工资管理和人事管理上收到县，实现了农村义务教育管理由以乡镇为主向以县为主的根本性转变，经费投入由以农民为主承担向以政府为主承担的根本性转变。两年多来，中央政府对农村义务教育的投入大幅度增加，地方各级政府也积极调整财政支出结构，增加了对农村义务教育的投入，加大了对贫困地区的扶持力度，基本解决了农村中小学教职工工资按时足额发放，加快了中小学危房改造步伐。实践证明，这项改革符合中国国情，为农村义务教育持续稳定发展奠定了良好的基础。但是，各地的工作还不平衡，一些地方“保工资、保安全、保运转”所需经费仍然存在缺口。当前，进一步巩固完善“以县为主”管理体制，需要重点抓好以下工作。

一是要进一步落实各级政府对农村义务教育投入的共同责任。“以县为主”讲的是管理体制，县级政府要切实担负起对本地教育发展规划、经费安排使用、校长和教师人事等方面进行统筹管理的责任；在投入上，县级政府要千方百计尽到应尽的责任，但对一些财政困难县则要明确各级政府的转移支付责任，确保这些县对农村义务教育的基本支付能力。各级政府都要调整财政支出结构，认真落实中央提出的今后新增教育经费主要用于农村的措施，将农村义务教育纳入公共财政体系并予以保障。

近年来，中央财政通过工资性转移支付、税费改革专项转移支付，以及设立专项经费实施贫困地区义务教育工程、危房改造工程、免费提供教科书等，大幅度增加了对农村义务教育的投入，有力地保障了农村义务教育管理体制的改革。2002年中央财政用于农村义务教育的支出为359.12亿元，占全国财政预算内农村义务教育支出的相当比例。

当前，应当特别强调的是，省级政府要落实对农村义务教育投入的责任。国务院2001年召开的全国基础教育工作会议和2002年召开的完善农村义务教育管理体制电视电话会议，都明确要求各省、自治区、直辖市积极调整本地区财政支出结构，逐县核定财力，建立规范化的转移支付制度，加大对财政困难县的转移支付力度，保障县级财政具有对农村义务教育经费需求的基本支付能力，并对如何安排中央转移支付以保障困难县的经费来源作出了具体规定。各地要切实把国务院已经作出的决定落到实处。

同时，发展农村义务教育，还必须发挥乡镇政府和村级组织的作用。对此，国务院已有明文规定。许多地区在坚持“以县为主”的体制下，就如何发挥乡、村的作用，进行了积极的探索，并创造了一些经验。由于地方差异较大，如何进一步落实乡、村的有关责任，调动乡、村的积极性，需要各地因地制宜地加以明确和规范。

二是要进一步规范农村中小学“保工资、保安全、保运转”制度。要进一步明确“三保”的经费来源。省级财政要调整财政支出结构，加大对农村义务教育的投入，增加对财政困难县的转移支付，进一步落实农村中小学教师工资发放省长（主席、市长）负责制。要确保中央下达的工资性转移支付资金，全部补助到县，主要补助经过努力仍有困难的县用于工资发放，并在年初将资金指标下达到县。要确保税费改革专项转移支付资金主要用于农村义务教育，主要弥补农村教育费附加和农民集资取消后所形成的中小学危房改造和学校运转的经费缺口，确保农村义务教育经费不低于税费改革前的水平并力争有所提高。一些省在这方面已经采取了有效措施，取得了积极的成效，值得各地借鉴推广。

县级政府要切实负起统筹管理的责任，要将行政区域内农村中小学教师的工资、公用经费和经常性危房改造的支出，全额列入县级财政预算，经同级人民代表大会审议批准执行，每年要向同级人民代表大会报告有关教育经费投入执行情况并接受监督。

三是要高度重视和认真解决当前巩固和完善“以县为主”管理体制中一些突出问题。省、市两级政府要设立专项经费，补足实行“一费制”地区中小学公用经费缺口，坚决制止乱收费。抓紧清理补发历年拖欠的农村中小学教职工工资。地方政府要在清理核实的基础上，逐步将农村中小学“普九”债务转移到县、乡政府，在化解农村债务时通盘考虑解决，严禁因追索债务影响学校正常教学秩序。

2. 积极推进农村教育教学改革。

农村教育教学改革，必须全面贯彻党的教育方针，坚持为“三农”服务的方向，增强办学的针对性和实用性，满足农民多样化的学习需求；必须全面推进素质教育，紧密联系农村实际，注重受教育者思想品德、实践能力和就业能力的培养；必须实行基础教育、职业教育、成人教育“三教统筹”，有效整合教育资源，充分发挥农村学校的综合功能，提高办学效益。

要积极推进农村中小学课程和教学改革。要注重培养学生的创新精神和实践能力，改变为片面追求升学率而采取的“满堂灌”、“题海战术”等不利于学生生动活泼学习的教学方式，鼓励学生自主学习。农村中小学在达到国家规定的基础教育的基本要求的同时，要紧密结合农村实际，突出农村特色，充分利用地方课程、校本课程和普通高中的技术课程，继续开展“绿色证书”教育，增加职业教育方面的内容。

加强农村学校劳动实践场所建设，对全面贯彻教育方针、深化农村教学改革，都具有特殊重要的意义。各地要整合有关资源，并为农村中小学提供必要的土地作为开展劳动实践和勤工俭学的场所，切实把这项工作纳入农村中小学教育教学活动之中。

3. 加强“农科教结合”和“三教统筹”。

“农科教结合”和“三教统筹”，本质上就是整合农业、教育、科技的力量，优化农村教育资源配置，提高资源的综合利用效率，形成合力，更好地为“三农”服务。这是我国农村教育改革实践中创造的一条重要经验，应结合农村经济和社会发展的新形势、新任务，继续探索，不断完善。

要统筹农村教育事业发展规划，优化农村教育结构，统筹安排基础教育、职业教育和成人教育的发展目标。要统筹承担农民教育培训任务，农村职业学校、成人学校和中小学都要科学合理地开展农民教育工作。要统筹教育资源和经费投入，发挥各类农村学校的综合功能，提高办学效益。

县级职业学校要实行职前培养和职后培训并重，努力办成多功能的职业教育与成人教育中心。成人文化技术学校、农业广播电视学校、农业技术推广和培训机构要继续发挥农民培训和科技推广的重要作用，并为普通中小学开设劳动技术课和综合实践活动课提供师资和实习场所。农村中小学在培养学生的同时，要积极承担农民培训和扫盲任务，实行一校挂两牌。要努力发挥农村各类学校和推广、培训机构的综合作用，形成县、乡、村三级实用型和开放型农民文化科技教育培训体系，积极探索适合农村实际的终身教育体系。

当前推进“农科教结合”，要在推进农村经济结构调整、农业产业化经营、农业先进实用技术推广和农村富余劳动力转移等方面有新的突破。农业、科技、教育等部门要共同确定项目，统筹使用经费，联合培训人员。要加强沟通协调，从省到县乡都要建立农科教结合工作的联席会议制度。要注意运用市场机制推进农科教结合，鼓励农业产业化龙头企业、各种中介组织和农民经纪人广泛参与农业实用技术推广和农民培训等活动。

4. 加强城市对农村教育的服务和支持。

城市和农村的发展是紧密联系在一起的。应当看到，长期以来农村和农民为我国工业化和城市发展作出了巨大贡献。近年来农村进城务工人员已经成为城市建设和发展不可缺少的力量。城市有责任也有义务帮助农村教育的发展，加大为农服务的力度。农村学生将来有很大一部分是城市建设者。农村教育上去了，就能为城市输送更多的高素质建设者和劳动者。城市各类教育机构要进一步增强为农服务意识，实实在在地为农村教育发展提供支持和服务。

要重视和认真解决进城务工农民子女的就学问题。目前，全国进城务工农民子女多达数百万人，确保其适龄儿童少年在城市享有接受义务教育的权利，对这些适龄儿童少年自身成长、对国家未来发展、对社会稳定都有着重要意义。温家宝总理视察北京市接收务工农民子弟的学校时，在黑板上写下“同在蓝天下，共同成长进步”几个大字，情深意长。我们要带着这样的感情抓好这项工作。城市各级政府要坚持以流入地政府管理为主，以公办中小学为主，保障进城务工就业农民子女接受义务教育。城市各类职业学校要扩大面向农村的招生规模，积极开展进城务工农民的职业技能培训，提高他们在城市生活和就业的能力。近年来，城市与农村、东部与西部职业学校开展多种形式的合作办学，取得了良好的效果，既让西部学生接受了较高质量的教育，又为城市拓宽了吸纳高素质劳动者的渠道。今后要继续扩大对口招生规模，城市和东部地区要对家庭经济困难学生减免学费，并为其就业提供帮助。中心城市都要做好本区域内城乡教育统筹工作，开展城乡之间教育帮扶工作，努力缩小区域内教育差距。要继续实施教育对口支援的“两个工程”。把对口支援工作拓展到县对县，力争做到每一个贫困县都有一个对口支援单位。

5．推进农村中小学人事制度改革。

教育大计，教师为本。一个好校长可以带动一个学校，一个好教师可以影响许多学生的一生。近年来，党和政府千方百计提高教师地位和待遇。在广大农村，教师已成为令人羡慕的职业。但从总体上看，农村教师队伍的素质同农村教育发展和改革的要求还不相适应，因此，必须大力推进农村中小学人事制度改革和教师队伍建设。

一是抓紧落实编制核定工作。这是推进教育人事制度改革、合理配置教师资源的重要基础。各省、自治区、直辖市要按照中小学编制标准，力争在2003年年底之前将编制全部核定到县和学校，并建立起严格规范的编制管理制度。二是紧紧抓住资格准入、竞争上岗、全员聘任三个关键环节，全面实施教师聘任制，并逐步清退不合格教师。三是严格掌握农村中小学校长任职条件，积极推行校长任期制，坚持把公开选拔、平等竞争、择优聘任作为选拔任用校长的主要方式。加强对校长的培训。建立有效的激励机制和约束机制，充分调动广大教师和校长的积极性、创造性。四是制定优惠政策，采取有效措施，鼓励和吸引具有教师资格的人员到农村特别是边远贫困地区任教。五是深化教师教育改革。师范院校要结合中小学课程改革，针对农村教育的特点，改革培养方式，为农村输送合格教师。各地要针对农村中小学教师的实际，制定培训规划，建立经常性的培训制度，充分运用卫星电视、计算机网络等现代远程教育手段，积极开展以新观念、新课程、新教材、新方法为主要内容的新一轮培训，切实提高教师队伍的整体素质。要进一步开展农村中小学校长的培训，坚持做好任职资格培训和定期提高培训，不断提高校长的领导能力和管理水平。六是坚持从严治教，加强师德建设，加强教师队伍管理。对于严重违反教师职业道德、严重失职或渎职者，要坚决给予严肃处理。把加强师德校风建设提高到坚持教育为人民服务的重要位置。要坚决制止学校乱收费，加强制度建设，严格学校管理。

农村中小学人事制度改革是一项非常复杂、艰巨的工作，各省、自治区、直辖市要根据《决定》要求，紧密结合实际，制订切实可行的改革实施方案，积极稳妥地推进各项改革，确保改革取得实质性进展。

四、切实加强领导，努力开创农村教育工作新局面

党中央、国务院一贯关心和重视农村教育工作。胡锦涛总书记、温家宝总理和中央其他领导同志对农村教育工作作出了一系列重要指示。国务院就进一步加强农村教育工作作出了决定，相关配套文件也将陆续下发。当前关键是要加强领导，狠抓落实。

1．建立健全农村教育工作的领导责任制。

农村教育涉及面广、工作难度大，需要政府协调解决的问题多。各级政府要像温总理所强调的那样，把教育作为一项最重要的工作职责。要像抓好经济工作那样抓好农村教育工作，把它摆上各级政府的重要议事日程，及时研究解决工作中的矛盾和问题。地方各级政府一把手要对本地区农村教育发展和改革任务负总责。要制定本地区农村教育发展和改革规划，认真组织实施；加强统筹协调，切实保障农村教育经费投入；认真执行教育法律法规，坚决维护师生合法权益。建立和完善对县级人民政府教育工作的督导评估机制，并将督导评估的结果作为考核领导干部政绩的重要依据。政府要主动接受人大、政协、社会各界和广大干部群众对农村教育工作的监督。

2. 形成政府有关部门各负其责、齐抓共管的工作机制。

近年来，各有关部门为农村教育做了大量工作。落实《决定》提出的发展与改革目标，需要各部门继续努力，多办实事。教育部门要切实把农村教育摆在教育工作重中之重的地位，积极推动农村学校的教育教学改革，加强教师队伍建设，努力提高教育质量和办学效益。发展改革部门要切实把农村教育发展纳入经济社会发展的总体规划，并作为优先发展领域给予支持。财政部门要充分发挥公共财政的保障职能，按照教育法律和国家有关规定，为农村教育发展与改革提供必要的资金支持。农业、科技、劳动、人事等部门要结合本部门的实际继续大力支持农村教育工作。

3. 提倡好的领导作风和工作方法。

新一届中央领导非常重视领导干部的作风建设。我们在抓好农村教育工作时，要坚持解放思想、锐意进取，反对因循守旧、固步自封；坚持实事求是、真抓实干，反对形式主义、虚张浮夸；坚持执政为民、关心群众，反对官僚主义、麻木不仁；坚持顾全大局、团结协作，反对各自为政、扯皮推诿。

4. 充分发挥广大农民群众和教育工作者的积极性和创造性。

我国是一个发展中的大国，兴办着世界上规模最大的教育。农村教育要有一个大的发展，既需要政府履行职责，又需要农民、教师和全社会力量广泛参与。要广泛动员国家机关、部队、企事业单位、社会团体和人民群众通过各种形式支持农村教育的发展。要充分尊重基层农民群众和农村中小学教育工作者的创新精神，鼓励他们与时俱进、大胆试验。一切有利于增加农村教育资源、满足农民学习需求的办学形式，一切有利于提高农民素质、增强致富能力的教育模式，一切有利于帮助家庭贫困学生就学的助学活动，一切有利于实现教育面向世界、面向未来、面向现代化的改革探索，我们都应该热情鼓励、积极支持。

5. 进一步营造发展农村教育的良好社会氛围。

要大力宣传抓农村教育促经济社会发展的先进地区的好经验，大力宣传关心农民疾苦、为农村教育办实事的领导干部，大力宣传捐资助学、支持农村教育的单位、个人，进一步形成大力宣传农村教育的良好舆论导向。要大力宣传农村优秀教师的先进模范事迹。数百万农村教师辛勤耕耘在农村教育第一线，特别是长期工作在“老少边穷”地区的乡村教师，克服困难，爱岗敬业，艰苦奋斗，无私奉献，为我国农村教育事业发展和现代化建设作出了卓越贡献。中央和地方政府要定期对作出突出贡献的优秀农村教师和教育工作者予以表彰奖励。

今后五年是我国经济和社会发展的关键时期，也是农村教育发展和改革的重要机遇期。让我们紧密团结在以胡锦涛同志为总书记的党中央周围，深入贯彻“三个代表”重要思想和党的十六大精神，解放思想，实事求是，开拓进取，与时俱进，为开创我国农村教育的新局面而努力奋斗！

牢记宗旨　不负使命　办好让人民满意的教育

周　济

今年是新一届政府工作的起步之年，做好今年的工作，对于今后五年的工作具有重要的意义。关于教育系统的工作，教育部2003年度工作会议已经作了部署，我们要认真抓好落实。党的十六大后以及本届政府成立以来，锦涛同志和家宝同志在有关会议上作了一系列重要讲话，对我们的工作具有重要的指导意义。根据中央领导同志讲话的精神，结合新的形势，我就当前和今后一个时期的教育工作讲几点意见。

一、要联系教育工作实际，深入学习贯彻党的十六大精神，牢记宗旨，不负使命，全力开创教育工作新局面。

党的十六大以来，教育战线迅速掀起了学习贯彻十六大精神的高潮。今后一个时期，我们要继续把学习贯彻十六大精神作为中心工作，抓紧抓好。学习领会十六大精神，关键是要融会贯通、学以致用，把理论与实际、学习与应用很好地结合起来，要用十六大精神武装头脑、指导实践、解决问题、推动工作，这是学习贯彻“三个代表”重要思想和十六大精神的出发点和落脚点。

1. 加强战略研究和宏观思考，谋划发展，规划未来。

回顾过去的五年，教育工作取得了很大成就，一个重要原因就是在至立同志带领下，教育部党组紧紧围绕实施科教兴国战略，制定了《面向21世纪教育振兴行动计划》，自觉地把教育振兴融入到国家振兴的全局之中。由于有了这样一个立意高远而且内容很实、操作性很强的行动计划，使五年来的教育改革和发展有了很好的抓手。《面向21世纪教育振兴行动计划》的成功实施，不仅促进了教育事业的发展，也为今后的教育工作创造了一个很好的经验。因此，在新一届政府开始之时，我们要认真做好谋划工作，制定好《2003—2007年教育振兴行动计划》。这是今年上半年的一项重点工作。要发动大家结合学习十六大精神，围绕教育工作如何取得新突破，开创新局面出主意、想办法。要把制定这个行动计划的过程，真正作为动员全体同志深入学习领会十六大精神和统一思想的过程，分析机遇和挑战的过程，深入思考“办什么样的教育”和“怎样办好教育”的过程，研究和明确各司局今后奋斗目标及措施的过程。凡事预则立，不预则废。总之，我们要下大力气，按照全面建设小康社会的要求，抓紧抓好研究制定行动计划的工作，争取在今年上半年能够拿出一个比较成熟的新的行动计划来。

2. 深刻领会十六大关于教育工作的重要论述和精神。

第一，要深刻领会十六大对教育工作重要地位和任务的论述，进一步增强做好教育工作的使命感。党的十六大围绕推进社会主义现代化建设和中华民族伟大复兴的全面战略部署，提出要在本世纪头20年，集中力量，全面建设惠及十几亿人口的更高水平的小康社会，并明确将教育的发展和完善作为全面建设小康社会的目标之一。十六大报告用空前的篇幅和空前的力度强调了教育的重要意义，并且指出，实现现代化建设第三步战略目标，教育具有基础性、先导性、全局性的战略地位和作用，是实现中华民族复兴伟业的关键之所在。十六大对教育工作明确提出了三项重要任务：一是培养一代社会主义建设者和接班人，造就数以亿计的高素质劳动者、数以千万计的专门人才和一大批拔尖创新人才。二是加强教育同科技与经济、文化、社会的结合，推进科学技术创新和人文社会科学研究，加速科技成果向现实生产力转化，促进先进文化的不断前进，为现代化建设事业作出更加全面的知识贡献。三是构建中国特色社会主义现代化教育体系，形成比较完善的现代国民教育体系和终身教育体系，形成全民学习、终身学习的学习化社会。为此，要继续巩固“两基”成果，打好“普九”攻坚战，促进义务教育均衡发展，推动高等教育持续健康快速发展，积极发展高中阶段教育，大力发展以就业为导向的职业教育，积极推进教育信息化，加快建设学习型社区，发展和完善各种形式的继续教育，千方百计增加高质量的教育供给，努力保障人民受教育权益的实现，满足人民丰富多样的教育需求，最终使广大人民享有接受良好教育的机会。总之，各级各类教育都要有一个全面发展，人才培养、知识贡献、构建体系，三项任务是一个有机的整体，核心是培养人才。

第二，教育系统全体同志必须从贯彻“三个代表”重要思想的高度，深刻认识并且努力完成好十六大对教育工作提出的新任务和新要求。当今时代，科学技术是第一生产力，人力资源是第一资源。人是生产力中最活跃的因素，同时，也是先进文化的创造者和传承者。人力资源能力建设在当代经济社会发展中的作用日益突出。这就要求我们大力发展教育事业，培育与先进生产力发展要求、先进文化前进方向相适应的一代新人，全面提高国民素质，全面优化我国人力资源，把沉重的人口负担劣势转化为丰富的人力资源优势，这是教育战线全面贯彻“三个代表”重要思想的必然要求。同时我们还要看到，教育涉及千家万户，关系子孙后代，和人民群众的生活息息相关。中国人一向重视教育，父母望子成龙，望女成凤。在受教育状况对于一个人的发展具有重要影响的当今时代，人民群众更加重视关注子女的教育问题。我在武汉做市长时，曾经就人民群众最关心的问题作过一个民意调查，结果显示第一位的是教育问题。这使我深切感受到人民群众对教育的高度重视。锦涛同志要求我们，“情为民所系，权为民所用，利为民所谋”。我们要从代表人民的根本利益的高度，以对人民群众极端的热情和对工作极端负责的精神，努力做好工作，不断满足人民群众日益增长的教育需求。

3. 深刻领会对教育方针的新表述，贯彻教育“为人民服务”的根本宗旨，努力办好让人民满意的教育。

十六大报告对党的教育方针进行了完整的表述，这在历史上还是第一次，而且加了一句关键的话，强调教育要“为人民服务”。这个表述和我们党的教育思想是一脉相承的，然而在新时期新阶段又突出地强调这样一个方针，意蕴深远，意义重大。实践已经证明并将继续证明，只有高举为人民服务的大旗，我国教育事业才能创造新的辉煌。办让人民满意的教育，是教育为人民服务的根本宗旨，教育部门的全体同志务必牢牢地记住并坚决地贯彻这个宗旨。

教育为人民服务，办让人民满意的教育，我体会主要有三方面的内涵。第一，培育实现中华民族伟大复兴的一代新人，是教育为人民服务的集中体现。中华民族的伟大复兴，是近代以来中国人民梦寐以求的理想，是中国人民的根本利益所在。一百多年来中国人民的一切奋斗，都是为了实现祖国的富强、人民的解放和中华民族的伟大复兴。教育要为人民服务，就是要为中华民族复兴的伟大理想服务，培养德智体美全面发展的社会主义建设者和接班人，培育一代信念坚定、艰苦奋斗、有能力实现中华民族伟大复兴的人才。这个任务，对我们来说，显得尤为紧迫。我们要看到，现在的在校学生，包括小学生到大学生，是最为幸运的一代新人，是肩负重任的一代新人，是充满希望的一代新人。他们在学习期间恰逢我国改革与发展的重要战略机遇期，几年、十几年后，他们将投身于实现我国现代化建设的伟大事业，中华民族复兴的伟大理想将在他们的奋斗中实现。伟大的时代需要伟大的一代，伟大的时代将造就伟大的一代。坚持把培育实现中华民族伟大复兴的一代新人作为首要奋斗目标，不仅有利于更加充分地调动教育战线教师的积极性，同时也有利于凝聚青年学生共同奋斗的理想，最终有利于实现中华民族伟大复兴。第二，为社会提供优质的科技和文化知识贡献，是教育为人民服务的重大任务。必须进一步加强教育与经济发展、社会进步的紧密结合，积极推进科技创新和文化繁荣，为走新型工业化道路作贡献，为社会主义物质文明、政治文明、精神文明建设作贡献。第三，大力提高教育为国家人力资源能力建设服务的能力，大力发展职业教育和继续教育，全力增强劳动者的就业能力与创业能力，不断提高国民素质和人民群众的生活质量，是教育为人民服务的前进方向。

当前和今后一个时期，教育工作的奋斗目标就是要贯彻十六大精神和“三个代表”重要思想的要求，处理好教育与人民群众的关系，办让人民满意的教育，努力培育实现中华民族伟大复兴的一代新人。

二、贯彻“巩固、深化、提高、发展”的八字方针，巩固成果，深化改革，提高质量，持续发展。

在部党组会上，大家赞成将“巩固、深化、提高、发展”作为当前和今后一个时期工作的总方针，作为新一轮教育振兴行动计划的总的指导思想。这里我再强调三点。

1. 坚持贯彻“八字方针”，是我国教育改革发展在进入新的发展阶段提出的客观要求。

改革开放以来，特别是党的十五大以来，我国教育事业取得了举世瞩目的辉煌成就。标志性的成就有很多方面，其中最为突出的，一是普及九年义务教育取得了跨越式发展，2000 年在全国范围内实现了基本普及九年义务教育的目标，到 2002 年底，“普九”人口覆盖率达到 90%以上，是九个发展中人口大国中义务教育普及率最高的国家，被国际社会特别是广大发展中国家视为人类教育发展史上的奇迹；二是高等教育取得了跨越式发展，1998 年全国普通高校招生 108 万人，2002 年全国普通高校招生达到 340 多万人，是 1998 年的 3 倍多，高等教育毛入学率达到 15%以上，使我国高等教育进入国际公认的大众化教育阶段。在质量不断提高的基础上，高等教育规模在这么短的时间里取得如此快速的发展，创造了世界教育发展史上的又一个奇迹。与此同时，其他各级各类教育工作都呈现出一派朝气蓬勃、欣欣向荣的大好局面，教育改革特别是管理体制改革取得了突破性进展。所有这些成就标志着我国教育实现了改革和发展的历史性跨越。这个历史性跨越，顺应了先进生产力的发展要求，符合先进文化的前进方向，得到了广大人民群众的充分认可和拥护，开创了我国教育事业发展最好的历史时期。

同时，我们也必须清醒地看到，我国教育工作既面临着千载难逢的发展机遇，也面临着前所未有的严峻挑战。我们是穷国办大教育，而且是办世界上最大规模的教育。人民群众不断增长的教育需求同教育供给特别是优质教育供给不足的矛盾，是现阶段教育发展面临的基本矛盾。一方面，人民群众盼望教育尽快达到现代化水平，另一方面，我国的国情是社会主义初级阶段，教育投入严重不足，教育基础设施和教师队伍的水平都远远不能适应现代化教育的要求，我们的教育观念、培养模式乃至管理体制、运行机制都存在着许许多多的问题。对这些问题，我们要始终保持清醒的头脑。既要以满腔的热情，只争朝夕，抢抓机遇，力求更快的发展，更要有冷静的态度，实事求是，力戒浮躁，扎扎实实地推进我国教育事业的改革和发展；对良好的愿望，要有一个长远的考虑。

2. 贯彻“巩固、深化、提高、发展”的方针，当前要重点抓好四个方面的工作。

一是要坚持以发展为主题。发展是硬道理，是解决中国教育所有问题的关键。我们要用发展的办法来解决当前教育工作面临的挑战和前进中的所有问题，要“聚精会神搞建设，一心一意谋发展”，全力促进各级各类教育持续健康快速发展。要把握好发展的节奏，力求教育事业规模、质量、结构、效益的协调发展，还要正确处理好改革发展稳定的关系。

二是切实提高教育质量。质量是教育的生命线。在加快发展的过程中，要把提高各级各类教育的质量作为大事来抓，摆在突出的地位。抓提高质量，一方面是要加强管理、督导，另一方面是要抓好改革。我们要倡导科学的全面的质量观，教育质量的根本标准是“成人”与“成才”。我们将全力发展以就业为导向的职业教育，还要继续稳步发展高等教育，要好好研究如何对教育质量进行评估。什么是教育的高质量？我认为，学生就业率高、受社会和用人单位欢迎就应该看作是教育的高质量。提高质量的关键是教师，我们要下大力气加强教师队伍建设。要继续改革教师人事制度，加强和完善教师的学习培训制度。

三是巩固成果、深化改革，以改革求发展，以创新求发展。这是近几年的一个成功经验。正如岚清同志所说的，改革是有含金量的。当前，我们要继续巩固和深化“以县为主”的农村义务教育管理体制改革，农村教育综合改革，高等教育管理体制改革，高校后勤社会化改革，学校教师人事制度改革，等等；要推进以就业为导向的职业教育制度创新，研究生培养的观念和制度创新；要进一步全面推进素质教育，推进各级各类教育的培养模式、课程体系、教学内容、教学方法的改革和创新；要注重用信息化带动教学方法的现代化。改革和创新的主要目的是以人为本，最广泛最充分地调动一切积极因素。办学必须以教师为本，以教师为主体，努力创造教职员工各尽所能、各得其所而又和谐相处的环境，努力营造鼓励人们干事业、支持人们干成事业的社会氛围，努力形成教育战线朝气蓬勃、充满生机的发展局面。

学校要以育人为本，以学生为主体，从根本上调动学生的学习积极性，一切工作都要着眼于培养德智体美全面发展的一代新人。要教育学生始终坚持“服务于祖国，奉献于人民”的人生信念。这既是对新一代青少年茁壮成长的期望，也是对全国教育战线工作的要求，应该成为衡量教育工作成败得失的主要尺度。今天的一代学生是最为幸运的一代新人，也是肩负重任的一代新人，希望寄托在他们身上。当今的青少年一代，应当成为“顶天立地有本事”的一代新人。“顶天”，就是要有崇高的理想、坚定的信念、昂扬的激情，有坚定正确的方向；“立地”，就是能够求真务实、踏实苦干、团结合作，有艰苦朴素的作风；“有本事”，就是要有知识、有能力，能分析问题，能解决问题，有科学创新的方法。要使“顶天立地有本事”这个教育理念能够深深地扎根于广大学生和教师的心中。教师从事的是崇高而神圣的事业，集天下英才而教之，是人生最幸福的事情。伟大的时代对教师提出了更高的要求，教师必须加强自身的建设，只有成为“顶天立地有本事”的人，才能培养出“顶天立地有本事”的学生。

四是要从严治教，规范管理。前几年改革的成绩很大，我们在继续深化改革、加快发展的过程中，要注意抓管理。要自觉地通过改进和加强管理提高效益和质量。我在学校、企业、政府都工作过，总的感觉是学校的管理相对比较弱。各级教育行政部门、学校领导班子要不断提高领导能力和管理水平。要依法治教，加强管理，严格要求，整顿和规范教学秩序，坚持“严师出高徒”；要深刻认识教育领域不正之风的严重危害，坚决制止行业不正之风的蔓延，努力创造一个有利于青少年一代健康成长的良好环境。

3. *抓住工作重点，以点带面，促进教育事业持续健康快速协调发展。*

根据中央领导同志最近的有关重要讲话精神，当前和今后五年我们在对教育工作全局的把握上，要特别突出两个重点。

第一，要全力发展农村教育。农村教育的发展始终是我国教育工作的难点和重点。当前，党中央、国务院把农村、农业、农民问题作为全党工作的重中之重，教育战线责无旁贷，要坚决把发展农村教育作为教育工作的“重中之重”。这个“重中之重”包含两方面内容，首先，要集中力量抓好普及农村九年义务教育的巩固和发展工作，坚决打好“普九”攻坚战，提高农村九年义务教育的质量和水平，为提高数亿农民及其子女的素质而进行不懈的努力。这是一个很艰巨的任务，也是我国教育的基础。同时，我们要贯彻家宝同志批示精神，深化农村教育综合改革，大力推进基础教育、职业教育和成人教育的“三教统筹”，加强农科教结合，不断增强农村教育的服务能力，努力为科教兴农服务，为农业产业结构调整服务，为农业产业化服务，为城镇化发展服务，为农村劳动力转移服务，为农村精神文明建设和社会全面进步服务。

第二，要加强一流大学和高水平大学建设，带动全国高等教育持续健康快速发展。当今世界，科学技术突飞猛进，知识经济初见端倪，国力竞争日趋激烈。从根本上说，未来的竞争，是高科技的竞争，是高层次人才的竞争。为了实现现代化，为了中华民族的伟大复兴，中国必须有若干所世界一流大学和一批国际知名的高水平大学。在这个问题上不能有丝毫的含糊。我国高等学校不仅要担负起培养数以千万计的专门人才和一大批拔尖创新人才的重任，还要积极承担起科技创新、高新技术产业化和人文社会科学繁荣的重任，要成为我国科技创新体系的重要组成部分，充分发挥其国家基础研究的主力军、应用研究的生力军、高新科技产业化重要方面军的作用。当前，全国各地越来越重视高等学校的发展，正是因为高等学校已经成为经济发展与社会进步的宝贵资源和财富。因此，全国高等学校都要坚持"以服务求支持，以贡献求发展"，以更好的服务争取社会更大的支持，以突出的贡献求得自身更快的发展。

需要注意的是，我们在强调突出抓好以上重点工作的同时，还要兼顾一般。抓重点，本身不是目的，而是为了抓点带面。我们要像毛泽东同志所倡导的那样，要学会弹钢琴，要善于在工作中抓住主要矛盾和矛盾的主要方面，正确处理重点和一般的关系，按照"总体规划、分步实施、重点突破、全面推进"的要求，在努力做好重点工作的同时，还要以锲而不舍的精神状态，继续全面推进教育改革和发展的各项工作，根据部党组的整体部署，把已经出台的各项政策措施落实好，使各级各类教育得到持续健康协调快速发展。

三、统一认识，狠抓落实，坚决治理教育乱收费。

当前，一些地方学校乱收费现象屡禁不止，已经成为一个热点问题，不但加重了群众负担，败坏了社会风气，也严重损害了教育的声誉与形象，一些地方群众对此强烈不满。今年2月召开的中纪委二次全会和最近召开的国务院廉政工作会议，都把深入治理教育乱收费作为今年党风廉政建设和反腐败工作总体部署中的一项重要工作。我们要从"三个代表"重要思想的高度，充分重视治理教育乱收费工作，按照"积极发展，规范管理，严肃纪律，从严治教，坚决纠正行业不正之风"的要求，把教育系统治理乱收费工作作为今年工作中的又一件大事来抓紧、抓实。几天前部里专门召开了电视电话会议，对此项工作作了全面部署。这里，我再强调三点。

第一，要态度坚决。治理教育乱收费，是党中央、国务院的重要部署，是切实减轻群众负担的一项重大措施，事关广大人民群众的切身利益，事关学校乃至全社会的稳定，也关系到教育事业的健康、持续发展，尤其关系到青少年的健康成长。我们要更加清醒地认识教育乱收费的严重危害，要从讲政治的高度，充分认识治理教育乱收费工作的重要性，切实把思想认识统一到中央的决策和部署上来，增强大局意识、责任意识，坚决贯彻执行中央关于学校收费管理的各项规定，采取有力措施，坚决刹住教育乱收费这股不正之风。

第二，要实事求是。产生教育乱收费现象的原因很复杂，治理乱收费是一项艰巨而长期的任务。在制定治理乱收费工作的目标和政策时要本着实事求是的科学态度，加强针对性，增强可操作性。要按照"综合治理、标本兼治、严格标准、强化监督、从严查处、狠抓落实"的总体要求，抓好"三条线"的工作：一是坚决治理学校内部的乱收费，坚决刹住乱收费现象蔓延的势头，努力实现学校乱收费的案件数量下降、乱收费金额下降的目标；二是要千方百计增加教育投入，进一步落实党中央、国务院已经出台的关于加强基础教育的治本之策，完善教育投入保障机制，努力实现"三个确保"；三是要明确政策界线，强化治理工作的政策和规范管理，分清学校正常合理收费和乱收费的界线。要多做宣传和解释工作，向社会公布，公开透明，使广大人民群众了解国家关于义务教育与非义务教育、公办与民办学校招生、收费的政策、规定以及具体的收费标准，鼓励社会和群众对教育收费情况进行监督。

第三，要狠抓落实。教育部党组已就今年治理教育乱收费工作提出明确要求并制定了具体措施。今年治理教育乱收费的重点：一是在国家扶贫开发工作重点县的农村小学和初中坚决落实"一费制"；二是在城镇严格执行公办高中招收择校生"三限"政策；三是要严厉禁止通过学校向学生搭车收费，进一步加强中小学收费使用管理，积极推行校务公开和收费公示制度，加强监督检查。与此同时，全国高等学校2003年的收费标准也要继续保持稳定，不再提高，也不再设立新的收费项目。所有这些政策措施，要逐一落实。教育系统要从上到下一级抓一级，层层抓落实，一抓到底。“言必信，行必果”，我们要坚决遏制住乱收费蔓延态势，切实抓出成效，取信于民。

最后，谈谈加强部机关建设问题。

多年来，教育部党组坚持一手抓战线，一手抓机关，已经成为一个良好的传统，我们要继续坚持。毛泽东同志指出：政治路线确定之后，干部就是决定因素。贯彻党的十六大精神，办让人民满意的教育，教育部机关任重而道远，大家责任重大。我们必须加强机关建设，进一步转变作风，提高行政水平，全力做好新一届政府的教育工作。在新的形势下加强机关建设，我强调三点：

第一，要负责任、创造性、规范化地做好工作；第二，要兴学习之风、兴团结之风、兴实干之风；第三，要切实加强机关党的组织建设。

实现十六大提出的教育工作的各项目标和任务，做好本届政府的工作，今年是关键的一年。我们要在以胡锦涛同志为总书记的党中央领导下，认真贯彻十六大精神，牢记“两个务必”，以昂扬向上的精神状态和坚忍不拔的奋斗意志，努力开创教育工作新局面。

（本文系教育部党组书记、部长周济于2003年4月3日在教育部司局级干部会上的讲话，发表时略有增删，原载于《人民教育》2003年13－14期）

大力实施科教兴国战略和人才强国战略 推动教育事业持续健康协调快速发展

——在2004年度教育工作会议上的讲话（摘要）

（2003年12月25日）

周 济

这次会议的主要任务是：以邓小平理论和“三个代表”重要思想为指导，大力实施科教兴国战略和人才强国战略，总结2003年的教育工作，全面部署2004年和今后五年教育的改革与发展，推动教育事业持续健康协调快速发展。

一、关于2003年的教育工作

今年以来，在党中央、国务院正确领导下，教育战线学习贯彻“三个代表”重要思想和党的十六大精神，按照全面建设小康社会的目标要求谋划全局、规划未来，贯彻多年来教育实践积累的宝贵经验，继续大力推进教育创新，努力办好让人民满意的教育，教育改革和发展取得了新进展。

1. 以“三个代表”重要思想和党的十六大精神武装头脑、指导实践，谋划教育的改革和发展。

——不断兴起教育战线学习贯彻“三个代表”重要思想新高潮。教育部党组多次组织集中学习和分专题研讨，认真学习十六大报告和胡锦涛总书记“七一”讲话，全国教育战线掀起了学习贯彻“三个代表”重要思想新高潮，“三个代表”重要思想日益深入人心。

——以“三个代表”重要思想和党的十六大精神为指导，规划教育事业的全局，拟定了《2003—2007年教育振兴行动计划》。教育部先后召开理论务虚会、“三个代表”重要思想专题研讨班，围绕全面建设小康社会目标，认真总结过去五年的经验，分析和把握教育改革与发展的新形势、新任务，研究拟定了《2003—2007年教育振兴行动计划》，确立了“办好让人民满意的教育”的宗旨，“巩固、深化、提高、发展”的工作方针和进一步推动教育改革与发展的政策措施。

——各地教育行政部门和高等学校学习贯彻“三个代表”重要思想，认真规划发展蓝图。

2. 做好召开全国农村教育工作会议的各项工作，农村教育工作得到全面加强。

——全国农村教育工作会议明确了农村教育在教育工作中“重中之重”的战略位置。2003年9月，国务院召开了全国农村教育工作会议，颁布《国务院关于进一步加强农村教育工作的决定》，提出了西部“两基”攻坚等三大目标和深化改革、促进农村教育发展的一系列重大政策措施。中央决定将新增教育经费主要用于农村，加大了对农村教育的投入，促进了农村教育和农村经济社会发展更加紧密的结合。全国各地积极行动，大力宣传贯彻落实全国农村教育工作会议精神。会议和《决定》受到广大人民群众的热烈欢迎，称赞这是“三个代表”重要思想在教育领域的具体体现。

——抓紧落实农村教育工作会议精神。“以县为主”的管理体制进一步巩固，“保工资、保安全、保运转”的各项措施进一步落实。到目前为止，“国家贫困地区义务教育工程”二期实际到位资金30亿元，“农村中小学危房改造工程”二期中央共落实资金60亿元，今年已拨付20亿元。《国家西部地区“两基”攻坚计划》，即将报送国家科教领导小组审议。“农村中小学现代远程教育工程”试点已安排资金13.44亿元。用于免费发放教科书的经费从每年2亿元增加到4亿元。中央和地方共同出资，对新疆经济困难的56个县义务教育阶段的学生实行了全部免费提供教科书、免除杂费。

——基础教育进一步发展。2003年将新增实现“两基”县（市、区）50个（其中西部地区新增41个），全国实现“两基”的县（市、区）将累计为2 477个，占全国县（市、区）的86.6%，比2002年提高1.7个百分点。素质教育不断推进，基础教育课程改革的实验规模扩大到1 642个县（区），已有3 500万中小学生使用了新教材；义务教育监测工作全面展开。启动了全国教师教育网络联盟计划，教师教育体系进一步完善。

3. *高水平大学和重点学科建设进一步推进，高等教育的发展和改革取得新进展。*

——高等教育快速发展，高水平大学、重点学科建设和高层次人才培养工作得到加强。2003年普通本专科招生约380万人，比上年增加60万人，增长19%；2003年全国研究生招生约27.3万人，比上年增加7万人，增长35%。全国各类高等教育规模预计可达1 900万人，高等教育毛入学率约17%。继续实施“985工程”和“211工程”，进一步加强重点学科建设。新增一批博士、硕士学位授权点。

——加大了实施质量工程的力度。加强精品课程建设，评选、表彰了100名教学名师，对外语教学和医学教育改革进行了探索。加强了高校教学评估工作，目前已对254所高校进行了评估。继续调整学科、专业结构，办学质量得到新的提高。

——加强了对高校科技创新和哲学社会科学研究的规划和指导，促进高校为经济社会发展和科技进步作出新贡献。积极参与《国家中长期科技发展规划》和《国家创新能力基础设施建设规划》的研究制定。加强了科技创新基地建设。组织高校承担国家“973”、“863”、自然科学基金等重大项目，形成了一批有竞争力的科研团队和群体。对22个国家大学科技园进行了评估，新批准了14家大学科技园。开始实施“高校哲学社会科学繁荣计划”，加强人文社科重点研究基地建设，组织实施“三个代表”重要思想的理论研究和哲学社会科学重大课题的攻关。

——高教管理体制和布局结构调整取得新进展。新批准设置了一批高等学校，对一批高校进行合并、调整和划转的工作。新增民办高等学校52所，其中本科7所。已合并高校通过实质性融合使人才培养和科技创新的竞争力得到提高。高校后勤社会化改革继续深入。制定颁布了《关于规范并加强普通高校以新的机制和模式试办独立学院管理的若干意见》，引导和规范独立学院发展。

——高校毕业生就业工作领导体制和政策体系框架初步形成，高校毕业生就业进展顺利。2003年是高校扩招后本科生毕业的第一年，毕业生总规模达到212万人，比2002年净增67万人，增幅约46%。党中央、国务院高度重视高校毕业生就业工作，国务院召开了建国以来第一次全国高校毕业生就业工作电视电话会议。建立了“党委统一领导、政府统筹协调、部门全力支持、社会共同努力”的高校毕业生就业工作体制，国务院明确了11项政策措施，相关部门和各地也出台了一系列配套政策措施。各级就业指导机构得到完善，高等学校就业教育和就业指导工作得到加强，就业服务体系和信息化建设取得突破性进展。实现了毕业生就业率不低于去年同期水平的预定目标。

4. *以就业为导向，促进职业教育进一步适应经济结构调整和城镇化发展的要求。*

——倡导“以就业为导向”的新观念，加快调整、改革、发展职业教育。全国大部分省（自治区、直辖市）召开了职业教育工作会议。制定了“制造业和现代服务业技能型紧缺人才培养培训计划”。大力推动订单培养、产学结合，促进了职业教育更好地适应劳动力市场的要求。

——职业教育的结构趋向合理，发展势头良

好。高等职业教育加快发展，社会化的职业培训蓬勃兴起；中等职业教育学科、专业结构得到初步调整。据初步统计，2003年中等职业学校招生517万人，比上年增长10.2%，保持了逐步回升的良好势头。

5. 依法行政和教育法制建设得到加强，治理教育乱收费取得明显成效。

——加强教育法制建设，大力推进依法治教。形成了“五修四立”的教育立法工作规划，加快推进对《教育法》、《义务教育法》、《学位条例》、《教师法》、《高等教育法》进行修改，并适时制定《终身学习法》、《学校法》、《教育投入法》、《教育考试法》等。宣传贯彻《民办教育促进法》、《国家通用语言文字法》。“四五”普法工作全面推广。

——大力推动依法行政，加快政府职能转变。到目前为止，教育部公布取消行政审批项目25项，改变管理方式5项。认定了76件现行有效的部门规章。积极推进教育系统政务公开，启动依法治校试点。

——以对人民群众高度负责的精神，治理教育乱收费取得显著成效。今年初，中纪委第二次全体会议把治理教育乱收费作为纠正行业不正之风的重点之一。教育部和有关部门连续召开了一系列会议，落实治理乱收费的各项政策措施。部际联席会成员单位组织了专项检查，各级教育行政部门和学校积极行动，清理取消各类违规收费项目，查处乱收费案件和违法违纪人员。治理教育乱收费取得明显成效，人民群众反映良好，在最近一些地方政府进行的行风评议工作中，教育的位次有明显上升。

6. 教育对外开放进一步扩大，教育国际交流与合作向深层次、高水平发展。

——高层次合作不断深化，教育外事取得重要突破。与一些重点国家建立了经常性的磋商机制。出席了联合国教科文组织第32届大会。竞选成功世界大学生体育联合会副主席一职，圆满完成了参加第27届世界遗产大会的任务，有力地配合了外交全局以及对台工作。

——坚持引进来、走出去，促进教育国际合作与交流为教育改革与发展服务。与德国、英国、法国、澳大利亚和新西兰签署了学历学位互认协议。实施了《中外合作办学条例》。深化了出国留学工作的改革，实施了第一期国家优秀自费留学生奖学金项目。留学回国进入快速增长期，留学回国人员累计超过16万人。“汉语桥工程”建设进展顺利。推动了与港澳台地区的教育合作与交流。

——维护广大学生和家长的合法权益，大力加强教育涉外秩序的整顿。设立了教育涉外监管信息网，建立“自费出国留学预警”制度，开展了对境外教育机构的资质鉴定工作，处理、整改了一批违法中介机构。

7. 坚持加强和改进高校党的建设和思想政治工作，为高等教育的改革、发展和稳定提供了有力的保障。

——中组部、中宣部和教育部党组召开了第十二次高校党建工作会议。从中央到地方齐心协力抓高校党建工作的良好格局进一步巩固，高校党建工作不断开拓创新，为高等教育的改革与发展提供了有力的组织保证。

——加强和改进在高校学生中发展党员工作，思想政治工作取得新成效。把加强学生党建作为高校党建的一项重要工作，明确了高年级“支部建在班上”的目标，学生党员发展工作更加扎实。“三个代表”重要思想的“三进”工作取得显著成效。

——加强了高校党组织的建设，高校保持了总体稳定的局面。坚持以“三个代表”重要思想和党的十六大精神武装高校领导班子，健全高校党委民主和政治生活。及时处置了高校群体性突发事件，高校总体保持稳定。学校周边环境趋好。

今年，我们还经历了一场非同寻常的考验，面对突如其来的“非典”灾害，在党中央、国务院的坚强领导下，取得了教育系统抗“非典”斗争的重大胜利。

在这场斗争中，教育战线为全国的抗击“非典”斗争作出了重大贡献。各级教育部门和各级各类学校把防治非典型肺炎工作放在第一位，把师生的安危放在第一位，认真负责，全力协作，不懈不怠，严防死守，打赢了一场成功的校园保卫战，进行了一场英勇的医疗救护战，发动了一场科技攻坚战，不仅保障了广大师生员工的安全，还有力地支持了全国的斗争，得到党中央、国务院的充分肯定。

在这场斗争中，以创造性的工作最大限度地减轻了“非典”疫情对教育事业的影响。在非常时期以非常的速度，利用现代教育手段，开设了“空中课堂”；顺利进行了高考，600多万高考考生无一人感染；切实推进了高校毕业生就业工作。这些成绩对坚定全社会战胜“非典”的信心，维护稳定大局发挥了重要作用。这些经验，对做好今后的工作具有积极的意义。

在这场斗争中，教育战线弘扬了伟大的民族精神。学校党组织和共产党员发挥了领导核心作用、战斗堡垒作用和先锋模范作用，创造性地开展了思想政治工作。青年学生弘扬团结互助的集体主义精神，经受了严峻的考验，精神境界得到升华。教育战线在这场斗争中体现的伟大民族精神将成为促进教育事业改革和发展的宝贵精神财富。

在教育事业进一步发展的同时，仍然面临着一些突出问题，值得引起我们重视。主要是：教育发展的总体水平与现代化建设和人民群众的需求还有较大差距，区域和城乡教育发展还不平衡；教育投入不足、体制尚未理顺，经费增长仍然跟不上规模快速增长和质量提高的要求；教师队伍建设和人事制度改革亟待加强；职业教育还不能适应产业结构和劳动力市场的快速调整；民办教育发展还存在许多问题；高校毕业生就业依然面临严峻的形势；治理教育乱收费成果需要通过法制、制度建设加以巩固等等。

二、关于制定和实施新的教育振兴行动计划

同志们，研究制订新一轮教育振兴行动计划是教育战线学习贯彻“三个代表”重要思想，指导实践，推动工作的重要成果。新的行动计划经国务院批转后，将成为本届教育部党组进一步落实科教兴国战略和人才强国战略，加快今后五年教育改革与发展的基本蓝图。

制定新的教育振兴行动计划，具有十分重要的现实意义。十六大以来，中央确立了全面、协调、可持续的发展观，突出了实施科教兴国战略和人才强国战略在全面建设小康社会中的重要战略地位。这个行动计划是教育战线在“三个代表”重要思想指导下谋划发展、规划未来的结晶；是全面建设小康社会、实施人才强国战略的一项基础工程；是在完善社会主义市场经济体制过程中不断推进教育体制改革的施工蓝图；是在成功实施《面向21世纪教育振兴行动计划》基础上实现教育新跨越的行动方略，凝聚了我们对未来五年直至于全面建设小康社会的整个时期教育发展的战略思考和宏观把握。

1. 以“三个代表”重要思想指导教育的宏观思考和战略研究，必须深刻思考教育在实施人才强国战略中承担的历史使命。

学习贯彻党的十六大精神，我们明确了教育工作的“一个宗旨”、“三项任务”。“一个宗旨”，就是为人民服务的宗旨，就是办好让人民满意的教育。“三项任务”，一是构建完善的国民教育体系和终身教育体系，即中国特色社会主义现代化教育体系；二是培养数以亿计的高素质劳动者、数以千万计的专门人才和一大批拔尖创新人才；三是促进教育与科技创新和经济建设、文化繁荣和社会进步的紧密结合，为现代化建设作出知识贡献。怎样去实现这样“一个宗旨”和“三项任务”？这就要求我们深入学习和全面把握党的十六大、十六届三中全会的精神，深刻地思考制定和实施新的行动计划中的一系列重大课题。

首先，要深刻地思考教育发展与今后20年我国经济、社会发展的关系。发展是党执政兴国的第一要务，也是教育工作的首要任务。要科学地把握教育发展的速度和节奏，关键是要科学地认识今后一个时期我国经济社会发展的趋势和要求。在刚刚召开的全国人才工作会议上，确立了人才强国战略和党管人才原则。从科教兴国战略到人才强国战略，是党在新的历史时期关于以人为本思想的与时俱进，是对新世纪我国经济社会发展规律和特点的深刻认识。小康大业，人才为本。要保持国民经济持续健康协调快速发展，要走新型工业化道路、推进经济结构的战略性调整和经济增长方式的根本转变，要改造传统产业、发展知识经济，要促进经济社会的全面进步和社会主义物质文明、政治文明和精神文明的协调发展，要应对日益激烈的国际竞争，就必须极大地增强科技和教育的推动作用，极大地加快人力资源特别是人才资源的开发和利用，极大地增强我国在国际上的人才竞争优势。这就要在现代化建设的各个领域、各个方面都真正落实人才资源是第一资源、科学技术是第一生产力的思想，坚持百年大计、教育为本。党的十六大明确提出，教育是发展科学、技术和培养人才的基础，在现代化建设中具有先导性、全局性作用，必须摆在优先发展的战略地位。从现在起到2020年，我们必将迎来一个劳动力需求结构剧烈变化和人才需求急剧上升的时期，我们必须始终坚持发展这个主题，加快教育事业的发展。

其次，要深刻地思考教育与人的全面发展的关系。促进人的全面发展是社会主义的本质特征之一，是实践“三个代表”重要思想的一面旗帜，是全面建设小康社会的必然要求。在全面建设小康社会的目标中，特别强调了以人为本，强调了促进人的全面发展。市场经济越是完善，经济社会越是发展，越要求劳动者是全面发展的人。实施人才强国战略，更要坚持以人为本，促进各类人才的全面发展。全面实施素质教育是实现人的全面发展的基础，不仅基础教育要坚持实施素质教育，高等教育和职业教育在以经济社会需求、以就业为导向的变革中，更要加强人文素质教育，尤其要坚持把理想信念教育放在首位，促进受教育者德智体美诸方面全面发展。终身教育是促进人的全面发展的必要条件，一个完善的终身教育体系，不仅要不断地满足人们职业发展的需要，也要不断满足人们精神和文化发展的需要。

第三，要深刻地思考教育与完善社会主义市场经济体制的关系。党的十六届三中全会作出的完善社会主义市场经济体制的决定，将有力地推动教育体制改革的深化。要科学地认识教育体制与经济体制的辩证关系，它们既相互影响又相互支撑；既要遵循共同的社会发展规律，又有各自的特点。人类社会的财富越来越多地来源于知识和人才的积累，只有坚持教育是崇高的公益事业，坚持按照教育规律办教育，才能最大限度地高效益地开发人力资源，才能努力实现教育的公平、公正，进而为市场经济创造机会平等、公平竞争的环境。十六届三中全会指出，完善社会主义市场经济体制就必须完善政府社会管理和公共服务的职能，健全公共财政体制。今后，政府的主要职能是经济调节、市场监管、社会管理和公共服务，而社会管理和公共服务是目前比较薄弱而且要大大加强的一部分，教育在社会管理和公共服务中占了非常大的比重。这就要求把发展教育摆在公共行政体制和公共财政体制更加突出的位置上。越是搞市场经济，越是要坚持教育的公益性，加大对教育的投入。小平同志讲过，“忽视教育的领导者，是缺乏远见的、不成熟的领导者，就领导不了现代化建设”。那种将经济体制改革的一些提法机械地照搬到教育领域的做法，以及所谓教育产业化、学校公司化等一些观点，是与完善社会主义市场经济体制的方向背道而驰的。同时，我们也要从我国初级阶段的国情出发，进一步解放思想，与时俱进，充分利用社会资源发展民办教育，形成公办教育与民办教育共同发展的格局。

2. 全面分析当前教育改革和发展的特点，确立总揽未来五年教育改革与发展全局的总体思路与基本指导思想。

今后五年，按照“巩固、深化、提高、发展”的方针推动教育改革与发展，是贯穿新行动计划的一条主线。这个指导方针的确立，是在认真分析当前教育改革和发展形势的基础上，经过反复研究和讨论而形成的。改革开放以来，我国教育事业取得了举世瞩目的辉煌成就，实现了历史性的跨越，开创了我国教育事业发展最好的历史时期。突出表现在：一是普及九年义务教育取得了跨越式发展，2000年在全国范围内实现了基本普及九年义务教育的宏伟目标；二是高等教育取得了跨越式发展，高等教育毛入学率达到15％以上，使我国高等教育进入国际公认的大众化教育阶段。与此同时，各级各类教育都呈现出欣欣向荣、蓬勃发展的大好局面。

在充分肯定伟大成就的同时，也必须清醒地认识到，我国教育工作既面临着千载难逢的发展机遇，也面临着前所未有的严峻挑战。我们是穷国办大教育，而且是办世界上最大规模的教育。人民群众不断增长的教育需求同教育供给特别是优质教育供给不足的矛盾，是现阶段教育发展面临的基本矛盾。教育投入严重不足，教育基础设施和教师队伍的水平都远远不能适应现代化教育的要求，教育观念、培养模式乃至管理体制、运行机制都存在着许多问题。要保持教育改革与发展的良好势头，我们要以满腔的热情，只争朝夕，抢抓机遇，力求更快的发展；更要有冷静的态度，实事求是，力戒浮躁，扎扎实实地推进教育的改革与发展。这就要求我们在实施新的行动计划中，始终坚持“巩固、深化、提高、发展”的八字方针。

一是持续发展。发展是硬道理，要聚精会神搞建设，一心一意谋发展，全力促进各级各类教育的持续健康协调快速发展。要全面普及和均衡发展九年义务教育，努力普及高中阶段教育，促进高等教育持续健康快速发展，大力推进以就业为导向的职业教育，积极发展成人教育和继续教育，努力形成学习型社会。为此要树立全面、协调和可持续的教育发展观。十六届三中全会提出了“五统筹”，系统地阐述了新的发展观，也深化了我们对教育事业如何发展的思考。教育的可持续发展，既要正确处理教育内部的各种关系，又要考虑社会经济发展和人民群众对教育的要求。既要考虑当前，也要考虑长远；既要考虑经济建设的要求，也要考虑社会进步的要求；既要考虑教育自身的发展需要，也要考虑教育与经济社会的协调发展。总之，今后教育的发展，必须统筹城乡教育，统筹区域教育，统筹普通教育和职业教育，统筹国民教育和继续教育，统筹人才培养和社会服务，统筹学生德智体美全面发展。

二是提高质量。质量是教育的生命线，在加快发展的同时，要把提高教育质量作为头等大事来抓。中国教育历来有重视质量的传统，要深入研究并加以发扬光大。同时，要积极探索提高教育质量的新思路、新途径。首先，树立新的质量观，形成科学的教育质量新标准。坚持全面推进素质教育，重视德育，重视体育，德智体美全面发展，把“成人”与“成才”作为教育质量的根本标准。其次，通过新的制度安排，构建提高教育质量的新机制。建立更加科学化、透明化的教育质量评估体系，促进学校公平竞争；形成以教育质量为导向的激励机制，发挥教师教学改革的积极性；改革学生考试评价制度，发挥学生积极主动学习的积极性。第三，深化教育教学改革，推动各级各类教育的培养模式、课程体系、教学内容和教学方法的改革与创新，利用新的方法和技术革新，特别是要把教育的信息化作为提高教育质量的新手段。

三是巩固成果，深化改革。教育改革是一项复杂的社会系统工程。深化教育体制改革，必须坚持整体配套、重点推进，必须坚持从宏观到微观不断深入。巩固高等教育管理体制的改革成果，必须推进学校制度层面的改革；完善农村义务教育管理体制，也要切实解决教育经费投入、人事、学校管理等一系列的问题。深化教育体制改革，必须坚持发展民办教育和促进公办教育改革协调推进，坚持教育改革与经济、社会改革相互协调。教育和经济、社会领域改革是相互促进的，同时也是相互制约的，在教育改革的外部条件还不成熟时，不能急于大踏步前进，而要注重一切经过试验，抓好试点，以点带面。

四是从严治教，强化管理。要坚持依法行政。随着《行政许可法》的颁布，推进依法行政的迫切性大大地增强了。要借实施《行政许可法》的机会，进一步转变政府职能，推进依法行政。同时，我们还面临着繁重的教育法制建设任务，为从严治教、强化管理提供法律保障。要坚持从严治教。首先是对学生来说，要严格要求，坚持严师出高徒。我们要求培养的是有理想、有道德、有文化、有纪律的一代新人，他们必须牢固地树立起严明的组织纪律观念，才有可能承担起实现中华民族伟大复兴的历史重任。要纠正那种“管严了，就会导致创新不足”的模糊认识。毛主席当年给延安抗大八个字：团结、紧张、严肃、活泼，精辟地概括了严和活的辩证统一关系。以人为本决不是放松管理，加强管理才能够保证我们学生的健康成长。要加强艰苦奋斗的教育，加强学生的意志磨炼，端正学风，加强对学生考风考纪的管理。第二要严格要求教师，坚持教书育人，为人师表。教师队伍的主流是好的，但也确实存在一些不容忽视的问题。广大教师必须严格要求自己，加强师德建设，提高自身素质。必须严谨治学，甘于清贫，坚决制止弄虚作假的行为，克服浮躁情绪，惩治学术腐败。第三，严格要求学校，切实加强教育系统党风廉政建设，提高办学水平和办学效益。要着重抓好两个方面的工作：一是坚持积极发展、规范管理。发展需要规范，规范是为了发展。随着形势的发展，现在我们学校的规模显著地扩大，资金、财产大幅度的增长，办学形式也日益多样，这就出现了这样或那样的无序现象，迫切要求我们加强规范，保持教育工作的正常秩序。另外一个方面，就是要坚决治理教育乱收费，维护人民教育的良好声誉，保护广大干部免受不正之风的腐蚀，争取社会各界对教育的理解和支持，为学生成长营造健康的环境。第四，要严格要求教育行政部门，切实做到令行禁止。教育部要转变政府职能，一方面要少搞行政审批，多把权力下放下去；另外一方面，就是要加大监督检查的力度，加强督导评估工作，对治理教育乱收费、维护校园安全稳定、执行国家招生计划等方面存在问题的，一经查实将严肃处理。

3. 以农村教育和高水平大学建设为战略重点。

第一是农村教育发展与改革。党中央提出，要把解决好农业、农村和农民问题作为全党工作的重中之重。这次全国农村教育工作会议把加强农村教育摆上了重中之重的战略地位，是完全符合我国国情的正确决策，也是实施新行动计划最重要的一个亮点。新一届政府进一步明确了新增教育经费主要用于农村的方针，并提出今后五年要实现西部"两基"攻坚，对发展农村教育进行了全面部署，农村教育迎来了前所未有的发展机遇。我们一定要牢牢抓住这个机遇，真正振兴农村教育，这是历史赋予我们的神圣使命。

第二是高水平大学和重点学科建设。在知识经济方兴未艾的历史关头，自主创新能力和创造性的高层次优秀拔尖人才，对于增强国家综合国力越来越重要，而其基础在高水平的高等教育。在这个关系中华民族根本和长远利益的重大战略问题上，我们必须立场坚定，毫不动摇，集中力量，精心建设，使高等学校成为国家创新体系的主力军，成为凝聚高层次人才的高地，增强国家知识创新能力和高层次拔尖人才培养能力，为增强国家综合国力作出知识和人才贡献。

同时，在新的行动计划中，确定了六大重点工程，这是实现计划预定目标的战略抓手。一是"新世纪素质教育工程"，进一步全面推进素质教育，促进学生全面发展，为学生终身可持续发展奠定基础。二是"就业为导向的职业教育与培训工程"，适应市场经济体制条件下就业市场的需求，增强学生的就业、创业能力，培养大批技能型人才，特别是高技能人才。三是"高等学校教学质量与教学改革工程"，进一步深化高等学校的教学改革，努力提高人才培养质量。四是"高校和职业院校毕业生就业工程"，建立更加完善的毕业生就业领导体制、运行机制、政策体系和指导、服务体系。五是"教育信息化建设工程"，加快教育信息化基础设施、教育信息资源建设和人才培养，全面提高现代信息技术在教育系统的应用水平。六是"高素质教师队伍和管理队伍建设工程"，完善教师教育和继续学习体系，进一步深化人事制度改革，加快建设一支高素质教师和管理队伍。

计划还提出了六大举措，为实现今后五年的教育改革与发展目标提供多方面的保障。一是加强制度创新和依法治教，进一步完善中国特色教育法律法规体系，切实转变政府职能，深化教育管理体制改革，积极探索建立现代学校制度。二是大力支持和促进民办教育健康快速持续发展。三是进一步扩大教育对外开放，加强教育的国际合作交流。四是改革和完善教育投入体制，建立与公共财政体制相适应的教育财政制度，保证教育经费持续稳定增长。拓宽经费筹措渠道，建立社会投资、出资和捐资教育的有效激励机制。五是加强党的建设和思想政治工作。六是构建和完善中国特色社会主义现代化教育体系。

4. 坚持求真务实、开拓创新，动员教育战线创造性地贯彻落实新的行动计划。

贯彻落实新行动计划是今后一个时期教育战线的中心工作。教育战线要继续大兴实干之风，推动新的教育振兴行动计划的全面落实。

一是坚持求真务实、真抓实干，使落实行动计划成为整个教育战线的共同行动。要通过完善的制度建设促落实，建立促进真抓实干的激励和约束机制，把行动计划的实施情况作为考核干部的主要依据。要加强调查研究，尽快起草和制定各项配套措施，并建立检查落实的监督机制。要制定各地区、各高等学校的实施方案。各地要根据形势的发展调整和完善教育发展规划，高等学校要进一步推进发展战略规划、学科和教师队伍建设规划、校园建设规划的修订和完善。这样，在完善制度的基础上，横向抓政策配套，纵向抓层层落实，形成实施行动计划的有效网络。

二是坚持集成、凝炼、创新，整合教育资源，形成发展合力。要加快教育事业的发展，必须开拓思路，以改革求发展，以创新求发展。贯彻落实行动计划，必须进一步坚持集成、凝炼、创新的工作思路，不断开辟教育的发展空间。集成，就是要注重集成内外资源，对外通过为科技创新服务，为经济发展服务，为政府和企业服务，汇聚、吸纳各方资源；对内优化教育资源的配置结构，优化教育布局，发挥资源的规模效益，从而调动一切积极因素形成发展教育的合力。凝炼，是在集成基础上的突变、进化和飞跃，是在教育改革与发展的实践中淬取精华、提炼结晶，明确发展方向，理清工作思路，总结工作经验，积淀精神文化，铸造特色和风格，形成核心竞争力。创新，就是既要破除旧体制、打破旧框框，又要建立新制度、形成新秩序，这样才能走出“一放就乱、一收就死”的循环，才能既坚持依法行政，又尊重群众的首创精神。

三是要继续发扬艰苦奋斗的精神，以坚忍不拔的工作作风，努力实现行动计划各项目标。要充分认识到实现新行动计划所确定的各项目标的艰巨性、复杂性。要在“三个代表”重要思想的指导下，以对党和人民的高度负责的精神，以积极进取的状态和坚忍不拔的作风，兢兢业业地做好各项工作，并争取各级政府和各个部门的关心、理解和支持，争取最广大人民群众的关心、理解和支持；要增强大局意识、忧患意识和责任意识，务必继续保持谦虚谨慎、不骄不躁的作风，务必继续保持艰苦奋斗、勤俭节约的作风，立足于长期的努力和奋斗，努力实现已经确定的目标。

三、关于 2004 年的重点工作

2004 年是落实新一届政府教育工作一系列重大决策的关键一年，是一个落实年，教育战线要以邓小平理论和“三个代表”重要思想为指导，坚持“巩固、深化、提高、发展”的方针，巩固成果，深化改革，提高质量，持续发展，实施《2003—2007 年教育振兴行动计划》，努力办好让人民满意的教育。重点工作是：

1. 进一步贯彻落实“三个代表”重要思想和党的十六大、十六届三中全会和全国人才工作会议精神。

一是研究制订《2020 年教育发展纲要》。《纲要》将围绕十六大提出的全面建设小康社会的目标，面向现代化、面向世界、面向未来，构建和完善现代国民教育体系和终身教育体系，继续按照“发展要有新思路，改革要有新突破，开放要有新局面，各项工作要有新举措”的要求，谋划发展、规划未来，研究提出从现在起到 2020 年我国教育事业改革与发展的目标任务。

二是加强新时期的德育和高校学生思想政治工作。全面落实中小学德育大纲，制订《中小学弘扬和培育民族精神实施纲要》，把弘扬和培育民族精神贯穿教育工作的全过程。加强诚信教育、法制教育和心理健康教育。实施“高校‘两课’建设计划”。加强对校园文化活动和学生业余生活的引导和管理，提高大学生人文、科学和艺术素养。做好学生党员发展工作，努力实现高年级学生“支部建在班上”的目标，把大批优秀青年学生凝聚到党的队伍和事业中来。进一步增强高校对突发事件的应对能力，更好地维护高校的稳定。

三是着力加强高校领导班子建设。进一步提高高校领导班子特别是校长、党委书记的素质，深化高校党政领导干部选拔任用制度改革。

2. 切实落实全国农村教育工作会议的各项政策措施。

一是实施国家西部地区“两基”攻坚计划。在西部地区实现“两基”目标，是体现“立党为公、执政为民”的重大举措。在《国家西部地区“两基”攻坚计划》的制定过程中，中央领导同志极为关心，多次亲自过问，要求像抓好“八七扶贫攻坚计划”那样抓好西部地区“两基”攻坚计划。这个计划工程浩大，涉及面广，中央将投入数百亿的资金。教育战线必须全力以赴、务求必胜。各地要合理安排建设项目，管好、用好中央支持资金，农村中小学寄宿制学校建设工程要与国家贫困地区义务教育工程和中小学危房改造工程统筹规划、合理分工。同时，要继续坚持分类指导的方针，推进中部地区的巩固提高和发达地区的“双高普九”，加快发展高中阶段教育，全面提高农村劳动者的素质。

二是推进农村中小学现代远程教育计划。在数亿人口的广阔大地上，利用现代远程教育技术实现农村中小学教育的跨越式发展，可以说是教育史上的一次伟大实践。目前农村现代远程教育的先期试点进展顺利，更大范围的试点工作已经启动。但要使这项工程真正取得成功，关键还在于教学应用。要在提高教育质量上下功夫，在“用”字上下功夫，在共享优质教育资源上下功夫。要大胆探索，努力在日常运营、软件开发、教师培训、队伍建设、设备管理等方面走出一条适应现代远程教育特点的新路来。各级教育行政部门要切实重视并及时解决好试点中出现的困难和问题。

三是进一步健全完善“以县为主”的农村义务教育管理体制。首先，在坚持“以县为主”的基础上，要进一步明确省、市政府对农村义务教育的责任，积极探索完善农村义务教育的投入体制，切实做到“保工资、保安全、保运转”。要切实依照《教育法》的规定，保证教育经费的“三个增长”，尤其是要保证在决算时教育经费增长高于财政收入的增长。要完善公共财政体制，健全转移支付制度，特别是要保证农村税费改革试点地区义务教育经费的需求；尽快制定中小学公用经费标准，补足学校公用经费缺口。其次是要逐步探索建立各地主动加压加快农村教育发展和改革的投入激励机制。无论是西部“两基”攻坚计划还是其他各项计划，要建立科学的评估机制，充分考虑各地的努力程度，奖勤罚懒，不鞭打快牛。要建立支持和鼓励农村教育改革的机制，对于积极探索农村教育改革的地区，国家要优先予以支持。第三，要加强制度建设和监督管理，提高农村教育投入效益。要建立工程建设质量的县长负责制和责任追究制度，严禁虚报、作假；要完善工程建设的各项管理制度，按国家规定实行公开招标，坚持公开、透明的原则。从2004年开始，教育部和有关部门将对一些工程项目进行检查验收，检查验收的结果将直接影响后续投入。

3. 促进高等教育、职业教育与经济社会发展的紧密结合。

2004年将全面启动“985工程”二期建设，对“211”工程二期建设项目进行中期评估；推进研究生教育创新计划、高校科技创新计划、高层次创造性人才计划等，形成全方位促进高水平大学和重点学科建设的新格局。同时，要从高等教育发展的全局出发，着力做好三项工作：一是加大实施“高等学校教学质量与教学改革工程”的力度。进一步深化高校培养模式、课程体系、教学内容和教学方法改革，特别是要大力提高高校基础课程教学的水平。积极推广新的大学英语教学软件。要把加强高校评估工作作为重要突破口，以五年为一周期，对全国高校进行教学质量评估，对高等职业学校和独立学院开展专项评估。二是要促进高等教育与经济、科技、社会和文化紧密结合，以服务求支持，以贡献求发展。提高高校原始性创新能力与解决国家重大科技问题的能力，加强国家重点实验室、国家技术中心、国家工程研究中心等重点科技创新基地建设，办好国家大学科技园。同时，要落实“高校哲学社会科学繁荣计划”，加大对哲学社会科学研究的扶持，加强对现代化建设的重大实践问题的研究。三是坚持依法治招、从严治考。要认真安排并严格执行做好全国研究生、普通和成人高等教育的年度招生计划，推进高考制度改革；严格招生考试纪律，严格考场管理，特别是要加强对成人高考的管理；研究制定加强考试保密工作的有效措施，确保高考安全。

抓住经济改革和经济结构战略性调整机遇，总结过去几年来职业教育改革、调整的经验，实现职业教育的新发展、新突破。首先，要着力实施好职业教育的两大计划。一是现代制造业、服务业技能型紧缺人才培养培训计划。二是农村劳动力转移培训计划。要积极统筹城乡职业教育资源，鼓励就地培训和入城培训结合，职业培训和职业中介服务结合，劳动力输出地和输入地结合，促进农村劳动力的有序转移。积极利用城市教育设施开设夜校、周末学校，开展对农民工的文化和技术培训。其次，要以就业为导向，增强职业学校的活力。深化产学合作，大力推广订单式培养，鼓励连锁办学等新模式。大力推动公办职业学校的重组、整合，大力扶持民办职业教育机构，鼓励职业教育中外合作办学，扶持职业学校培训出口劳务。第三，要积极调整职业教育的层次和布局结构。高等职业教育的基本学制要逐步从三年调整为两年，各级职业教育的培养期限、方式要坚持多样化、灵活性、不拘一格。

要把就业工作摆在重要位置。2004年有高校毕业生280万人，比2003年又净增68万，增幅达32%，加上过去未能就业的毕业生沉淀到下一年度，全国实际需要就业的普通高校毕业生有可能突破300万人。要按照不久前召开的2004年高校毕业生就业工作会议的要求，继续落实已经出台的各项政策，完善就业工作的领导体制和政策体系，推进毕业生就业市场的规范化建设，加强毕业生就业服务体系建设，确保2004年的就业率高于2003年的水平。

4．加强教育战线的人才队伍建设。

教育战线在实施人才强国战略中担负着特殊重要的使命，教育是培养人才的基础，也是实施人才强国战略的基础；教育战线也是人才汇聚的部门，人才是强教之本。教育战线的领导同志只有以“求贤若渴”、“爱才如命”之心，以超常规的热情、超常规的努力和超常规的举措，像萧何月下追韩信、刘备三顾茅庐请孔明那样尊才、重才、爱才、请才，吸引人才、留住人才、用好人才，才能加快教育事业的发展。因此，必须充分认识到，加强教育战线自身的人才队伍建设是2004年教育战线的一项重要任务。

一是要深化教育人事制度改革。坚持以人为本，充分调动广大教师和干部的积极性、主动性和创造性，大力营造有利于人才成长的体制、机制和环境。坚持科学的人才观，始终按照德才兼备的原则，严格教师资格制度和职务制度，把加强教师道德建设摆在突出重要的位置。营造尊师重教的社会氛围，在第20个教师节期间，进行一系列的纪念、宣传活动，表彰一批优秀教师。

二是以高层次人才培养为重点推进人才强校战略。继续推进教师教育的改革，全面实施“全国教师教育网络联盟计划”。以“长江学者奖励计划”和“高校创新团队计划”为重点，大力实施“高层次创造性人才计划”。改革中小学校长的选任制度，加强对中小学校长的培训。

三是要加强留学工作，采取各种形式培养和引进海外优秀人才。进一步改革公派留学制度，选拔一批优秀青年出国攻读研究生，选派拔尖人才到国外一流大学进修。进一步做好吸引海外人才工作，加强自费留学人员的管理和服务，扩大国家优秀自费留学生奖学金的影响。

5．促进教育事业深化改革、扩大开放、协调发展。

一是把握好各级各类教育的发展节奏和相互关系。稳步扩大高等教育规模，积极扩大研究生招生规模，确保高等教育持续、健康发展。继续以多种形式加快发展高中阶段教育，保持普通高中和中等职业教育招生规模的大体相当。抓住县镇和农村中小学布局调整的契机，推动幼教事业积极、健康发展。完善教育信息化基础设施，发展现代远程教育，构建终身学习的公共资源平台。继续加大对西部、少数民族地区和东北等老工业基地教育发展的支持力度，改造城市和乡村薄弱学校，切实保障农村进城务工人员子女接受义务教育的权利。优化国家通用语言文字的应用环境。

二是继续大力实施素质教育。在更大范围内实施义务教育阶段新课程，大力推进高中新课程实验工作，继续推进考试评价的改革和高中招生制度的改革实验。加强大学生文化素质教育，鼓励高校学生积极参与社会实践、科研创新和公益活动。加强职业学校的职业道德教育和社会实践教育。

三是大力支持和促进民办教育健康发展。民办教育作为今后一个时期教育发展的新的重要增长期，对增加教育供给、满足多样化需求和增强教育活力具有重要意义。多年来，一大批有志之士辛勤耕耘，为发展民办教育事业作出了积极贡献。各级教育行政部门对民办教育的发展要满腔热情地给予支持、帮助。各级各类教育都可以办民办教育，民办教育的发展也可以有多种形式。要继续把实施《民办教育促进法》作为一项重要工作，争取《民办教育促进法实施条例》尽快出台，逐一解决制约民办教育发展的政策、体制问题。与此相关联，要继续贯彻《关于规范并加强普通高校以新的机制和模式试办独立学院管理的若干意见》，坚持积极发展、规范管理、改革创新的方针，从2004年开始严格按新机制运行，突出“优、独、民”的要求，促进独立学院健康发展。鼓励普通高中、职业学校“名校办民校”。义务教育阶段要努力做到“公办不择校、择校找民校”。民办教育可以有多种实现形式，但要旗帜鲜明地反对和制止那样一股“卖校风”。公办教育的存量部分一定要保住，而且要办得更好，这是政府的职责。民办教育的发展应该在增量部分大做文章。

四是完善资助家庭经济困难学生的政策和制度。要加大舆论宣传力度，使各级领导干部和全社会充分认识资助经济困难学生的重要意义，使广大学生对国家的助学政策应知尽知。要在法制和制度建设上下功夫，在两个方面积极推进对家庭经济困难学生的资助工作。第一个方面是高校家庭经济困难学生的资助工作。这项工作的核心是落实助学贷款制度，要帮助银行做好助学贷款申请登记和发放工作，建立起一个相关的信用体系，加强对学生诚信教育。与此同时，要创新思路，积极探索把国家奖学金和各种各样的资助变成为代替家庭经济困难学生还贷的钱，成为鼓励、促进、推动大学毕业生到基层去，到农村去，到西部去，到国家最需要的地方去的激励杠杆。完善公办高校的绿色通道制度。进一步争取社会各方面的支持，鼓励地方政府设立面向本地学生的贷助学金，探索设立资助经济困难学生的各种教育基金，大力提倡经常性社会助学，努力实现我们对确保公办高校学生不因家庭经济困难而失学的承诺。第二个方面是健全资助农村家庭经济困难学生接受义务教育制度。要把这件事看作一项重要的民心工程，在2004年下大力气进一步做好工作，力争扩大免费发放教科书覆盖面。要经过持续不懈的努力，争取到2007年能够实现不让一个学生因为家庭经济困难而失去接受义务教育的机会。各级教育行政部门也要抓住有利时机，从执政为民的高度，争取财政支持，制定和出台地方保障农村经济困难学生和城市低收入家庭学生接受义务教育的权利的政策措施。

五是加强教育国际合作和交流。继续推进“强强合作”、“强项合作”，大力引进优质教育资源；推进孔子中文学院、中美网络语言教学项目、涉外监管网等合作与信息平台的建设；加强与重点国家政府教育部门建立磋商、对话和合作机制，加强与联合国教科文组织等国际机构的多边合作机制；继续规范涉外教育秩序。

6. 推进依法治教、依法行政，大力纠正行业不正之风。

一是全力做好《义务教育法》的修订工作。完成《义务教育法》的修订工作，并力争报送全国人大审议。全面启动其他法律的起草和修改工作，并取得阶段性成果。明确中央和地方教育行政部门的管理责权，推进地方教育法制建设。

二是大力贯彻《行政许可法》。国务院已将教育部列为贯彻实施工作的试点单位。我们将加大行政审批改革力度，减少审批项目数量，加快政府职能转变。同时，切实强化教育督导和评估工作。

三是加强教育系统党风廉政建设和行风建设，深化治理教育乱收费的成果。一年来，教育行风已经有了一定的好转，在最近一些地区的行风评议中，教育行政部门的名次大幅度上升，这说明人民群众看到了治理教育乱收费的成效。2004年要把这项工作继续作为一个重点，坚决执行党中央、国务院的决定，深入治理教育乱收费，加大治理招生、考试等方面的不正之风。要坚持综合治理的方针，把治理教育乱收费的工作推向深入，一是继续争取加大教育投入，理顺投入渠道；二是区分合理、不合理收费，建立规范的教育收费制度；三是深化治理教育乱收费，树立“反复抓、抓反复”的观点，重点是：在全国义务教育阶段推行“一费制”收费办法，进一步完善公办普通高中招收择校生的“三限”政策，严格规范高校收费行为，禁止搭车收费和各种形式的摊派。我再一次强调，学校乱收费，校长要撤职，责任人要处罚。

同时，我们将按照中央的要求，高度重视学校安全工作，树立“一切为了学生”和“安全第一”的观点，增强“责任重于泰山”的意识；关心广大教职员工的生活，帮助他们解决实际困难；坚持正确的舆论导向，加大宣传教育改革与发展成就；坚持稳定压倒一切，更加珍视教育系统尤其是高校的稳定，维护教育改革、发展与稳定的良好局面。

让我们在以胡锦涛同志为总书记的党中央领导下，高举邓小平理论和“三个代表”重要思想的伟大旗帜，抓住机遇，乘胜前进，不断推进科教兴国战略和人才强国战略的落实，办好让人民满意的教育，为全面建设小康社会作出新的更大的贡献。

在 2004 年度教育工作会议上的讲话

（2003 年 12 月 27 日）

张 保 庆

我想讲两个问题。

一、周济同志让我对这次会议进行一个小结，我想简要地讲几句。以周济同志为班长的新一届教育部党组，在近一年的时间里，以“三个代表”重要思想和十六大精神为指导，一方面全力推进当前的各项重大工作，另一方面紧紧围绕二期教育振兴行动计划的制订，充分发动群众，对教育的过去、现在和未来的宏观工作思路和目标、任务进行了认真地总结和思考，并已形成了明年和今后一个时期教育改革与发展的整体工作框架。在这样的背景下，我们召开了新一届党组成立以来的第一次教育年度工作会议。这次会议的会期为两天，分三个阶段进行。第一阶段，由周济部长作报告；第二阶段，与会同志分组进行了一天的讨论；第三阶段，也就是今天上午，进行了大会交流。从昨天的分组讨论到刚才的大会交流的发言看，大家对周济同志的报告给予了很高的评价和充分的肯定，认为报告很全面、很系统，有新意，有高度，也有个性，充分体现了“三个代表”重要思想和十六大精神；报告对今后工作思路、工作重点、工作目标和任务进行了深刻全面的阐述；对当前大家关注、议论的几个重大问题，讲了很好的意见；对明年的重点工作提出了明确的要求。同志们反映，周济同志的这个报告，对于进一步统一思想、提高认识，对于进一步做好今后一个时期的教育工作，有很强的针对性和指导性。当然，同志们对周部长报告的高度评价，实际上也是对教育部新一届党组一年来工作的充分肯定。在小组讨论和大会交流中，同志们态度认真，畅所欲言，研究、讨论了一些问题，提出了许多好的意见和建议。对这些意见和建议，教育部党组将组织力量作进一步思考和分析，有些建议要争取尽快变成决策。同时，同志们还认为这次会议的各项准备工作，从接待到会议文件的准备等都做得较好、到位。会议的开法也较生动活泼。总之，大家反映会议开得及时，也很有必要，达到了预期目标。也可以说，会议开得比较成功。希望同志们回去后，要将这次会议的有关精神，特别是周部长的报告内容，要向各省、自治区、直辖市的主要领导和分管领导作一次汇报。具体如何贯彻落实，请各地的同志结合实际情况，认真加以研究、部署。

二、我想对同志们关注的几个问题再补充讲几点意见。在这次会议中，大家提出了不少问题。对这些问题周部长在报告中实际上都给予了解答，我也没有什么新话。仅针对当前几个社会比较关注、带有全局性的问题，补充讲几点看法。

1. 对当前教育工作的整体形势，应当有一个正确、坚定、清醒的判断。形势决定任务，形势决定政策，形势决定我们的工作思路。对形势的判断，是我们研究、部署工作的前提。关于教育工作的形势，我想强调两条：第一条是讲成绩，讲好的方面。这些年来，在党中央、国务院的领导下，在各级党委、政府的关心、支持下，经过大家的共同努力，我国的教育事业确确实实实现了跨越式的发展，一系列教育改革确确实实实现了重大突破，整个教育工作确确实实进入了建国以来的最好时期。这样讲，是有目共睹的，是言之有据的。第二条是讲问题、讲困难。教育工作还确确实实存在着许多问题和矛盾。这些问题和矛盾，一部分是过去积累、遗留下来的，一部分是新产生的。另外，在今后前进的道路上还会不断遇到一些新问题与新矛盾。在当前形势很好的情况下，特别是在经过这几年的大发展之后，需要我们更多地看到问题，更多地分析思考问题，需要多一点忧患意识。这也许会使我们更清醒一些，更谨慎一些，从而把今后的工作做得更好一些。

当前在教育大环境方面存在的一个重大问题，我看是科教兴国战略还远远没有真正落实。自1995年江泽民同志提出科教兴国战略以来，从总体上看，应该说科教兴国的战略正在日益深入人心，但落实工作很不平衡。由于领导人员的变化，在一些地方甚至出现了反复。在一些地方和一些人那里，这个战略只是落实在口头上，落实在字面上，有口惠而实不至。许多教育问题总是解决不了，有些本来可以很好解决的问题就是解决不了，说到底，我看根子就在这里。在中国的具体国情下，各级领导人、特别是主要领导人的认识与态度是搞好教育工作的关键。比方说，这几年我国的GDP提升得很快，财政收入也不断增加，教师工资却反而解决不了；一些经济不发达的地方，不拖欠教师工资，一些经济较发达的地方却反而拖欠。这是为什么？我想来想去，根本问题就在于对教育到底是真重视还是假重视。我始终认为，中国要搞现代化，教育必须首先现代化。中国要想真正赶上、超过别人，实现中华民族的伟大复兴，经济建设和社会发展不转到真正依靠科技教育、依靠提高劳动者素质这个轨道上来，恐怕是实现不了的。对此，我们必须不断呼吁，不断推动！

对于一些深层次问题，我们这些年虽然作了很大的努力，但并没有得到全部解决。例如，大家在讨论、交流中提到的教育投入问题。关于教育投入问题，应该说这几年从中央、国务院到各省、自治区、直辖市，都在不断加大对教育的投入，但从全局看，教育投入不足仍然是严重制约教育发展的一个关键因素。现在教育方面存在的不少问题，说到底都与投入不足有关。高教这几年虽然发展很快，回过头来一看，主要推动因素是一靠收费，二靠高校后勤社会化改革，三靠学校贷款。不是说政府没有努力，但政府投入的力度远远滞后于发展的速度。关于投入问题，周部长在报告中已经讲了，我们应当有一个清醒的判断：根据中国的国情，投入不足的矛盾将会长期存在，短期内谁也不可能找到理想的解决办法。对此，必须要有充分思想准备。同志们讲搞教育工作难，恐怕这就是难的一个方面。

还有学生的思想教育问题、教师队伍建设问题、教育的均衡发展问题，成人教育、职业教育、基础教育、高等教育、学前教育之间的关系进一步理顺的问题。在遗留的问题里面，当前要特别注意的可能是要进一步做好一些高校在管理体制改革方面的少数遗留问题。对高校管理体制改革，我今天不展开讲了。相信大家都会有一个正确的判断。但应该承认还有一些工作需要继续去做，个别学校的问题，也应尽快进一步解决。任何改革都有代价。高校管理体制改革本身没有问题，但如果个别合并高校的工作老是做不上去，就会引起一些人的非议。所以，具体工作、后续工作必须要做好。这一点，教育部有责任，各地也有责任，大家要共同把这个事情进一步做好。

另外，在发展中也确实产生了一些新问题。例如，高校毕业生就业问题，资助困难学生问题，还有民办教育问题，高职发展问题，大学城的建设问题，企业办学的剥离问题，西部义务教育攻坚问题，农村普通高中增加招生规模的问题，高校的升格与审批问题。最近，香港报纸上有一篇文章讲我们的教育有三大败笔，我读了几遍，认为三大败笔的结论是完全错误的，但也不能说其中没有一点道理，有些应引起我们高度重视。我们中国有个特色，就是后来的人善于否定前面的人；有些意见当领导人在位时不敢讲，领导人一换，就要出点不同声音。对这种现象，如果我们自己不清醒，就会动摇对形势的判断。

总之，希望同志们对整个教育形势要有一个坚定、清醒的判断，要能正确地对待一些不同声音。教育是一项最广泛的社会公益事业。谁都可以加以评论，但谁也可以不负责任。我们是搞教育工作的，对过去教育工作的成败得失，应当清醒、坚定。要想使别人清醒，我们自己必须首先清醒，以己昏昏，不可能使人昭昭！

2. 必须要坚定不移地坚持社会主义的办学方向。换句话讲，就是必须坚定不移地坚持教育事业是崇高的公益性事业的根本属性。这是一个方向性问题，也是一个重大原则问题。如果在这个问题上产生了动摇，我看就会给我国整个教育工作带来灾难性后果。当前在这方面的突出表现，就是有一股风，有一股要把教育产业化、市场化的风。对教育工作，不是一概不讲市场，一概不讲产业。从一般的广义的角度讲，不能说教育不是一种产业，教育的有些部分也不能说不是市场。教育可以办产业，可以带动产业，教育的一部分也可以按产业来办。但不能“化”，我们与一些人的根本分歧就是一个“化”字。目前在我国的成人教育、职业技术教育、基础教育、高等教育、学前教育等五大块大教育里面，学前教育和成人教育基本上是以社会力量为主举办的，职业技术教育基本上是按新机制在运转，即不以政府投入为主。在基础教育中，高中这一部分也在以多种机制、模式举办。高等教育中不同形式的成人高等教育实行着各种不同的办学机制。此外，还有正在发展的民办高等教育。换句话说，在五大块教育中，现在只有义务教育，我们强调是政府的责任；只有公办普通高等教育，我们强调仍以政府投入为主。也就是说，在五大块教育中，只有一块半以公办机制举办。而且，在公办普通高等教育中，我们这几年又将高校后勤这一块拿出来，进行了社会化改革。对此，教育部门的同志一定要清楚，一定要心中有数。关于教育事业要不要、能不能产业化、市场化？上个世纪末曾经有过一次很大的争论。那次争论发生在上层，发生在少数部门。而这次刮出的教育要市场化、产业化的风是来自下边，更应引起我们高度重视。1999 年的那场争论，以陈至立同志为班长的教育部党组的态度是很坚定的，是坚决反对的。当时我们主要讲了三条：第一，这种提法，从根本上违背了教育的性质和宗旨；第二，这种提法，是对教育、对人民不负责任的表现，是有些政府部门想摆脱对教育的责任。对教育如果一时不能多投入，即使暂时少投入一些，也不能走“化”这条歪道；第三，外国搞了那么多年市场经济，还没讲教育要产业化、市场化。我们的社会主义市场还未完全建立起来，有些人竟要这样提，是头脑发昏，既是不科学的，也是完全背离中国的具体国情的。现在有相当一部分同志对外国教育的了解是片面的。外国的教育也有民办和公办。欧洲许多国家的义务教育比我们还“义务”，高等教育也一直是以政府举办为主。美国的高等教育也决非只一个哈佛大学，其实它的州立大学基本上都是政府办的。我们这些年的教育改革，就其广度和深度讲，不仅在中国是史无前例的，恐怕在世界上也是史无前例的。现在还有一些人在那里说教育保守，保守什么？哪个地方保守啦？什么叫保守，什么叫解放思想？不实事求是就叫解放思想？不负责任就叫解放思想？教育要不要产业化、市场化，这个问题很大。作为一个理论问题、学术问题，可以在一定范围内讨论。但作为教育行政部门，作为教育工作的领导者，当前必须认识明确，坚决把握好方向。有这样几条务必要讲清楚：第一，教育不能简单地等同于其他产业。社会上对教育有三种定义，一个是产业，一个是行业，一个是崇高的公益事业。我们赞成的是第三种讲法。因为教育是一个国家的基础工程，是面向全社会，向全体公民提供公正、公平的服务。受教育权是每一个公民的基本权利，教育资源为全社会共享。第二，学校不同于企业。学校是培养人才的。而人才的培养是有其自身的要求与规律的。教育是关于一个国家未来的事业，必须科学规划，不能急功近利。因此，绝不能把学校与企业简单并列，绝不能用办企业的方式来办教育；第三，基于上述两种理由，我们教育的主体部分，特别是涉及人民群众广泛利益、涉及人的整体素质提高、事关国家急需人才培养的部分，也就是关系教育公益性属性的部分，不能搞产业化、市场化。对教育资源的存量部分，如义务教育的存量部分，基础教育中优质教育资源的存量部分，公办高等教育的存量部分，不能乱搞改制。当然，在办学机制方面是要不断深化改革的，但主要在增量部分作文章。其实市场经济也没有什么奥妙地方，无非是一讲竞争，二讲利润。我们教育内部这几年实际上已经引进了竞争。目前要反对的是关于以赚钱为目的的种种提法。学校教育的基本任务，唐代韩愈讲是“传道、授业、解惑。”我看这个讲法没过时。传什么“道”？当然应传共产党所提倡的“道”，当然应传先进的思想，当然应该培养学生良好的情操与道德；授什么“业”？当然应传授先进的科学文化知识。一句话，学校就是教会学生做人做事、报效国家的本领。市场化一个主要目的是讲赚钱，难道我们能向学生灌输一切都为了赚钱这个思想吗？如果我们教育都按市场的方式、按企业的方式来办，那么，我们的教育方针还要不要贯彻，培养社会主义事业接班人的目标还讲不讲？教育是为本阶级培养人才的，在我们这样一个国家里更应该清醒认识到教育是为共产党培养人才的，是为共产党所领导的社会主义事业培养人才的。总不能培养共产党的反对派，甚至掘墓人吧！以胡锦涛为首的党中央提出，经济工作要以人为本。我们教育工作的应有之义、固有宗旨，当然更应以人为本。对此，必须高瞻远瞩，必须胸怀大局，绝不能讲时髦、乱提口号，搞急功近利。我认为，教育就像我们的国防、外交、公安一样，绝不能搞产业化、市场化。这一点，希望同志们务必清醒、坚定。但是，不等于说，我们不研究这方面问题，关键是出发点要正确，方向要把握好。我认为，当前有些地方的个别领导人提出这样的口号，是因为脑子里根本没有科教兴国的概念，是把教育工作视为政府的“包袱”，是急于想“省”出办教育的钱干其他事情。总之，我们要永远坚持社会主义办学方向，坚持教育的崇高公益性质。只有这样，教育工作才是真正体现“三个代表”重要思想，才能真正代表人民群众的切身利益。如果要改变教育这种性质，我看就违背了“三个代表”重要思想，也是对人民的一种不负责任的表现。会议期间，一些同志反映，当前有些地方在简单地砍教师、砍学校；有些人打着改制的旗帜，将一些优质的中小学卖掉了，这是十分错误的！说得不客气一点，这是有些地方已经把企业卖完了，现在要开始卖学校了！这是在吃教育，毁教育！

3. 按照积极支持、规范管理、开拓创新的原则，认真办好独立学院。为了进一步办好独立学院，今年部里发了8号文件，开了电话会议，周部长作了报告，报纸上还发表了答记者问。8号文件下发后，总的看，引起了社会上的积极、热烈的反应。各地对8号文件的贯彻执行也是认真、坚决的。据了解，河北、陕西、辽宁等16个省在今年的招生工作中已经认真贯彻了8号文件的精神；天津、黑龙江、广西等6个省、直辖市调整了今年的招生计划，对四十多个不符合条件的学院停止了招生；吉林、江苏、广东等省在执行中虽有一些困难，但也在积极研究，承诺从明年起全面贯彻落实8号文件规定。总的形势是好的。但也还有一些不同意见。

一个意见是，文件发的太急，应给一个缓冲期。应该承认，这个文件发的有点急了，又加上赶上后来的“非典”，给一些地方的贯彻落实工作带来了一些困难。对此，经研究，部里已给了一年的缓冲期，即今年对一些地方的困难适当照顾，但自明年起，一律严格按8号文件办。第二个意见是，有些同志提出能不能再试一段时间，有些政策可不可以再模糊一段时间。这个问题我们已反复研究了。原来叫二级学院，独立学院这个名字是周济同志发明的，主要是想对按新机制、新模式试办的二级学院与以往按公办机制、模式举办的二级学院加以区别，给了一个专有名称。为什么不能再试了呢，因为自1999年开始已试了四年了。全国已经办了360所这样的学院了，如果不再及时加以规范，就会出问题了！1999年一些地方在开始试办这类学院时，教育部党组没有急于表态，而是采取一种比较开明的态度，允许大家试验、探索，因为是新生事物嘛，当时并不是没有不同意见。但党组从积极支持新生事物的角度，同意大家先试一段后再总结、规范。一直到了今年3月份，我们才下发了一个文件，对这件事情从政策上加以规范。对此，我想大家是能理解的。第三个意见是，有些同志认为，发这个文件有点限制了独立学院的发展。我认为这是个错觉。恰恰相反，8号文件总的精神，是积极支持。在“积极支持、规范管理、开拓创新”的总原则中，积极支持是放在第一位的。发展需要规范，规范是为了更好发展。对独立学院这件事，教育部新一届党组是看得很重的，把它看成是保证我国高等教育今后持续健康发展的一项重大举措，当成我们教育管理体制改革进一步深化的一个重大措施，当成支持民办高等教育积极发展的一项重大政策。这件事可能会成为我们今后一个时期高等教育发展的一个亮点。为什么？这是由中国具体国情和中国高等教育今后的发展形势决定的。中国的高等教育经过这几年的大发展之后，供求矛盾虽然发生了巨大变化，但矛盾依然存在，特别是优质高等教育资源还较紧缺。在各级政府的支持下，我国各类高等教育的总规模已达到了 1 700 万左右。如果再发展，或者说要想发展得更快一些，就不能再主要依靠政府，必须探索新的办学模式与机制。对民办高等教育，各级政府都是积极支持的，国家还颁布出台了《民办教育促进法》。但在中国的具体国情下，民办高等教育如果真的完全由个人或私有企业出资兴办，决非易事，办本科民办高等教育则更难。另外，我国高等教育层次结构中，本科所占比例一直偏小。这些年，我们虽然采取了一些措施调整了本科发展的比例，但还没有根本改变；而从零开始、办一所本科院校，同志们都知道这需要多少年，从筹建、评估到正式批准，没有七八年时间是办不出来的。远水解决不了近渴，难以缓解当前社会需求的矛盾。还有，我国高校目前的优质资源，从绝对量上讲是偏少的。现在家长不但希望自己的孩子能上大学，而且还希望能上更好的大学，能上重点大学，上名牌大学。办高水平大学又谈何容易！这个矛盾如何解决，靠老办法绝对行不通。正是基于以上种种情况，教育部在总结各地经验的基础上，果断决策，积极支持办得好的本科院校采用新机制、新模式，办一批本科层次的独立学院，这对学校、对社会、对国家都是有百利而无一害的。而且操作好了不会发生任何风险。按8号文件的规定，独立学院的硬件不用国家投资，而是由合作者投资建设，有关高校只负责办学，所得利益分成。这有什么风险呢？办好了，办大了，最终无非办成一所独立的大学；办不好，办糟了，高校可以撤回来，进退自由。但要想使独立学院健康发展，形成气候，有关政策界限一定要搞明确，有关办学行为一定要严格规范。规范的主要内容是三个字：独、民、优。所谓“独”，就是独立办学，独立发放文凭，独立招生，独立经营，并逐步做到独立法人。所谓“民”，就是要运用民营机制；所谓“优”，是指要名校办名校，是要有利于优质高等资源的扩大。现在有些地方和高校对此有不同看法，特别是在独立办学、独立发放文凭上有微词。我看无太多的能站得住的理由。这些微词说穿了，是怕影响生源，影响多收学费。这是一种短见行为。对此，大家都应该明白，如不尽快规范，是会出乱子的。实际上现在有不少地方已出现了事故的苗头。希望在座的各位教育厅长，都能从局部利益中跳出来，从全局上看这个问题。当前要特别注意两个问题：一是我们提倡这件事的一个出发点，是扩大优质资源，是扩大优质本科层次的资源。为此，不能什么学校都来办二级学院。要坚决反对把高职办成独立学院，把成人高校办成独立学院，让一些办得不好的学校、刚升格的学校，也来办独立学院。还要坚决反对一所高校同时举办多个独立学院。教育部目前在这方面的工作安排是先清理、再审批。所谓清理，就是对此前各省已经批办的 360 所独立学院进行一次全面审查。审查的原则是对过去已批办的适当从宽，即只要基本符合条件，就下文确认，允许继续办下去；在清理的基础上再新批准一批，但新批的一律严格按 8 号文件办，也就是说要从严。关于清理工作，教育部没有精力一个学校一个学校的去检查，基本上以各省清理为主，我们组织力量抽检，这个工作正在进行。基本想法是哪个省清理工作认真，清理完了就先予以确认并进行新的审批。没有清理好的省，可以等，但明年就不能招生了。凡是不符合 8 号文件的，明年要一律停止招生。在讨论交流中，同志们提出，希望快点批，能够赶上明年招生。对此，请大家放心，整个工作既要严格进行，又不能影响明年招生。凡是符合条件的，都要在明年 3 月份之前办理完毕。另外，同志们还提出了独立法人、办学资格等方面的问题，这些还要继续研究，政策上要继续完善。有一个问题，也在这里讲一下，有少数地方提出，可否由政府出面办独立学院，也就是说，由学校或政府投资办、按民营机制运转。这种情况，以前我们考虑得不多。初步看法是有一定道理，有些省的情况也比较特殊。但这种模式不是我们当初设计改革的初衷。因此，对这个问题，我们要进一步抓紧研究，可能要再稍等一段时间。

总之，独立学院是今后高等教育发展中的一件大事，是一件好事，也是一件实事，希望大家共同努力，把这件大事真正办大，好事真正办好，实事真正办实。

4．要切实把握好教育发展的节奏，严肃执行高校招生计划。各级各类教育都应把握好发展节奏，今天我想重点讲一下高等教育的发展节奏问题。总的来看，这几年，教育部与各省、各高校相互理解、相互配合、相互支持、相互谅解，从全局上较好把握了高等教育发展的速度，没有发生大的问题，每年的高校招生计划的执行情况也是比较好的。特别是本科这一块，执行得更好一些。但同时各地也较普遍地存在不同程度超计划招生现象。2000年计划下达180万，实招了220万；2001年计划下达250万，实招了270万；2002年计划下达了380万，实际招了425万。出现这种状况，一方面可能是由于我们的计划制订得不完全符合实际情况；另一方面，也确确实实暴露了一些地方对计划的执行不够严肃。如果仅高职（大专）的计划超了一些，还情有可原，因已将这方面的权限下放到了地方，但本科生超计划就没有什么理由了。我们把高职（包括大专）的设置、计划制订基本放到省里了，这在高教管理体制上已是一个很大胆的改革了。这个权力，各省要正确把握并充分利用，我们也没提出更多意见。不过，在高职招生上存在的两种倾向应当注意：一是各省下达的计划，留的机动量太大，虚数太大；二是为了完成计划反复降分录取，有些地方的高职录取线已经降得不能再降了。高职毕竟是大专层次的高等教育，分数降得那么低，影响质量，也无必要。高等教育的发展是一项长久的事业，不是今年发展了以后就不发展了，没必要这么降格以求。建议一些地方不要把分数降得太低。关于本科招生计划，一定要严肃对待。因为按照现行的管理体制，本科的计划权在中央。每年下达的计划带有指令性，是国家的计划。因此，一旦下达，就要严肃执行。对下达的计划，有不同意见可以提，但一定要严格执行，这是个全局观念的问题。这些年，我们在安排本科招生计划时，对一些地方的特殊情况都给予了力所能及的照顾，当然不一定能全部满足。对本科招生计划这件事各地不能含糊。含糊了，就等于我们的计划是虚设。今天我不想批评哪个省，有个别省今年本科超招了1万5，有点过份了。大家想一想，如果每个省都超1万5，31个省份就超四五十万，那还下这个计划干什么！这几年我们在计划执行方面，一直执行了一头从紧、一头从宽的原则，即高职适当从宽，本科一律从严。招生计划的管理办法是要进行改革的。改革的方向，我看最终是要把招生权下放到高校，由高校自主招生同时承担相关责任。但现在还做不到，因为国情不允许我们一步跨得这么快。

在发展节奏上，教育部是极其慎重的。新一届党组的思路很清楚，就是坚持高等教育的积极发展，力避大起大落。否则，会产生其他一系列问题，各地的意见会更大。今后高等教育发展的任务仍很重。据分析，到2010年前高等教育的发展一直需要爬坡，此后才能进入良性循环阶段。在这种情况下，我们应该始终注意把握好发展节奏。关于今年普通高校招生的增长比例，各方面有不同意见，领导同志也一再要求我们要慎重决策。教育部党组经过反复研究之后，决定明年本科招生按8%增量考虑，研究生按20%（增量部分主要用于硕士生，博士生维持去年水平）考虑，这个增长比例已不算小了，也是下了很大决心的。希望大家要严肃执行，不能我行我素。否则，我们没法向中央交待。对此，希望大家能体谅，要作一点换位思考。今后如果有些地方仍不听招呼，我们则要坚决做到赏罚分明。我宣布几条措施：第一，哪个地方超招了，超招部分从下一年下达的计划中扣除；第二，严格与各地政府投入、办学条件、改革和就业情况挂钩。今后，凡要求增加指标的地方，要同时审查这四项指标；第三，如果还不行，就要进一步采取综合治理措施，即要同高校审批、研究生计划下达一起考虑。凡不严肃执行计划的，这些事你也暂时停一停。总之，我们下决心要把这件事管住，尤其是最近两年。管不住，就等于教育部失职。我们与在座的各位同志的工作关系是很好的，不存在任何利害冲突。你们有你们的工作难处，我们有我们的工作难处，希望大家能相互理解、相互支持、相互尊重、相互配合。你们提出的合理要求，在可能和允许的范围内我们会尽量考虑。对来自你们顶头上司的压力，要多做解释嘛，你可以讲，教育部不同意嘛！

关于今后高等教育的发展节奏，如果没有特殊情况，大致上要保持与经济发展同步，这是个基本原则。请同志们根据这个思路，认真做好各地高等教育的统筹发展工作。

5. 要继续严肃认真地做好高校收费、收费治理和资助困难学生的工作。我把这三个问题捆在一起讲，是因为这三个问题是互相联系的，是一个问题的几个不同侧面。关于收费问题，历届部党组都坚持了这样几条原则：一是要坚持合理收费，该收的费就一定要收，不该收的就一定不能收。现在老百姓有意见，是对乱收费、高收费有意见，不是对合理的收费有意见。二是对公办学校来讲，收费只能是对政府投入不足的一种补充，收费不能代替也永远不能代替政府的必要投入。三是收费标准，要充分考虑各地经济发展状况和学生家长的承受能力。收费改革必须注意中国的国情。目前中国老百姓收入不高，特别是有8亿农民，因此收费标准不能定得太高。四是收费工作要规范、公正、透明。五是收费改革的目的，最终是要建立起一个符合中国国情的，由国家、社会、学生家长或个人共同合理分担培养成本的机制，这是保证中国教育健康发展的一项重大改革。这几年，学校的收费改革在稳步、健康地进行，取得了显著成果，有力地促进了教育的发展与改革。六是今后在收费政策的把握上，总体上是稳定，现行的收费项目和收费标准还要再稳定一段时间。七是收费问题涉及到每一家每一户，直接关系到广大老百姓的切身利益，是一项复杂、敏感的工作。因此必须要认真、审慎，绝不能影响学校稳定。

关于收费治理问题，第一，希望大家一定要进一步提高对治理乱收费的重要性、迫切性的认识，并以此统一我们的行动。教育乱收费是目前社会上反映最强烈的一个问题之一。这个问题如果得不到较好解决，会败坏教育的形象，会破坏教育发展的外部大环境，会影响教育的持续健康发展，也会影响到党群关系。在农村，还会波及“三农”工作的大局。至于教育乱收费的原因，同志们不用担心，教育部的认识与大家的认识是一致的。我们在内部多次分析过，也向中央领导当面汇报过。我们始终认为产生教育乱收费的首要原因是投入不足，是一些地方的政府没有负起应负的责任。另一个原因则是一些基层政府的领导法律观念淡薄，不认真执行中央、国务院的有关规定与政策。有少数学校、教育行政部门的领导人，以权谋私，搞腐败和行业不正之风。还有一个原因，就是教育发展不平衡，优质教育资源不足，客观上为乱收费提供了一定的条件。因此，治理教育乱收费，必须标本兼治。为治理而治理，是永远治理不了的。教育部门同志们的正确态度，应该是两个旗帜都要高高举起：一是要理直气壮地抓治理乱收费，二是要理直气壮地呼吁政府增加对教育的投入。现在有些同志担心，如果抓了治理乱收费，就会给教育经费造成缺口，影响教育的发展。这种想法是片面的，也是有害的。乱收费是乱收费，政府投入是政府投入。不能因一些地方政府投入不到位，就对乱收费采取同情、不坚决甚至纵容的态度；当然，也不能只抓治理乱收费，而不增加政府对教育的投入。第二，要讲大局、顾大局。治理乱收费，是以胡锦涛为总书记的新一届党中央做出的决定，是当前老百姓反映最多的问题之一。国务院对此已作了部署，中纪委也提出了明确的要求。这是关系到农民、农村、农业工作全局的一件大事，教育部门必须认真落实、执行，不是可做可不做的事情。第三，要实事求是。考虑各地的不同情况，教育部、发改委、财政部在研究、制订相关文件时，认真坚持了事实求是的原则。文件中明确了一费制的具体标准由各省自己确定，一费制的具体实施办法由各省自己研究确定。另外，根据各地的反映，文件还允许各地在研究、制订一费制标准时适当考虑取暖费、微机上机费等有关费用。需要指出的是，以上这几个权力在省级人民政府，不能搞层层下放。第四，一费制明年必须推行。一费制并没有什么奥妙，一费制无非是一次性收费，或者说，是一次性包干收费。各地其实早已采取了类似的做法，即每学年或每学期收费一次。一费制是一个不得已的办法，我们从来就没讲过一费制是个万能的办法，反而认为是个没有办法的办法。推行一费制，不一定就能彻底治理乱收费现象；不推行，也不一定就能解决投入不足的问题。所以在这个问题上，就是四句话，提高认识，顾全大局，实事求是，认真推行。

资助困难学生是一件大事。中国的一个基本国情是，人口中有八亿是农民，人民群众的收入总体水平不高。现在高校的在校生越来越多，由于种种原因，困难学生也越来越多。如果有关工作跟不上，使一些品学兼优的学生完不成学业，这不仅会影响高等教育的持续、健康发展，而且也背离了广大人民群众的利益！当年我们这些人上大学就是靠国家发的助学金。关于资助困难学生的工作，党中央、国务院一贯高度重视、关心。经过近些年各方面的共同努力，国家已经形成一套完整的政策。当前的主要问题是落实得不好。其中关于国家助学贷款工作，更应该引起高度重视。这项工作是国务院在市场经济的大背景下对资助困难大学生采取的一项重大政策。此项工作李岚清同志已亲自抓了四年多，但由于种种原因，现在落实得还很不理想。希望我们各省教育厅的同志们要带着感情，切实重视这件事情，进一步采取措施，积极配合金融部门，扎扎实实地抓好这项工作。现在，有一个口号，就是绝不让一个家庭困难的大学生因困难而辍学。这个口号是李岚清同志提出的。我在许多场合多次重复了这个口号。现在看来这个口号可能是高了一点，太绝对了一点，也难以做到，以后在讲法上要略作调整。

6. 要感谢大家。我本人在教育部已先后工作了25年。有幸直接或间接地参与了一些比较重要的教育工作。对一些重大政策、重大决策酝酿、出台的背景、过程，多少还是有所了解的。总的感觉，可以说是酸甜苦辣，感慨万端。其中，我体会最深的一条是，教育太重要了，但是要把教育工作搞好太难了。中国的未来，不管你承认不承认，说到底，取决于教育和科技。中国的教育，能走到今天这个地步，是不容易的。这里面，有党中央、国务院的正确领导，有教育部的精心组织和实施，更有我们在座的各省、自治区、直辖市教育行政部门的艰苦努力。我们这些同志，既有功劳，也有苦劳，既累身，也累心，可以说是呕心沥血，殚精竭虑。有的同志说，教育工作是“苦海无边，乐在其中”，我基本同意这种讲法。实践证明，从教育部到各省、自治区、直辖市教育行政部门的这支队伍是称职的，是好样的。大家的事业心很强，工作作风很好，成绩也很突出。特别是我们这支队伍到目前为止，应该说是一支既干事又干净的队伍。最有力证据是，迄今教育部的历届领导成员中还没有一个在廉政方面发生了问题的；省级教育厅行政部门的领导中，还没有一个主要领导发生了问题的，难得！借此机会，我代表周济同志、代表在座的各位部党组成员，对大家表示衷心感谢！我们在工作中有不同意见，是正常的；有些问题可以争论甚至可以吵架，但有两条必须遵守：一是要顾大局，一切从工作出发；二是要讲政治纪律，即事情一旦定了，大家必须执行。这个好的传统和作风一定要保持。否则，就会影响到我们教育的全局工作，就很难把工作做好。

我今天的讲话，如果对大家今后的工作能有点用处，就心满意足了。2003年是教育部新一届党组的开局之年，明年是部党组所有重点工作全面展开的一年。任务艰巨，任重道远，衷心希望在座的各位同志，以周济同志这次的讲话精神为主线，继续振奋精神，发扬我们过去已经形成的好传统，求真务实，开拓进取，坚定不移地再创教育工作的新局面！

大力加强职业指导工作 推进职业教育的改革与发展

——在全国职业技术学校职业指导工作经验交流会上的讲话

（2003年11月4日）

王 湛

这次全国职业技术学校职业指导工作经验交流会，是教育部召开的第一次专题研究职业技术学校职业指导工作、交流各地经验的会议。会议的任务是：以十六大和十六届三中全会精神为指导，全面贯彻全国职业教育工作会议、全国农村教育工作会议精神，总结、交流近年来各地开展职业指导工作的经验，分析当前面临的新形势和新情况，进一步提高对加强职业指导工作的认识，明确工作任务，探索工作机制，全面推进职业指导工作深入开展，进一步促进职业教育的改革与发展。

一、认清形势，充分认识加强职业技术学校职业指导工作的重要性和紧迫性

（一）近年来学校职业指导工作开展的基本情况

改革开放以来，特别是1997年中等职业学校全面实行招生“并轨”、毕业生实行自主择业之后，职业指导工作逐渐为各地教育行政部门特别是职业学校所重视，各学校普遍设有毕业生就业指导和服务机构或有专人负责此项工作。各地根据职业教育改革与发展的要求，面向经济社会发展的需要，适应劳动就业制度的变化，积极开展职业定向教育、就业援助服务和创业教育，有力地推进了职业指导工作的开展，积累了一定的经验，取得了一定的成效。主要的经验有以下几方面：

1. 坚持教育为本，努力将职业指导贯穿学校教育全过程。职业学校普遍开设了职业指导课程，帮助学生学习职业知识，掌握职业生涯设计的方法，树立正确的职业观、就业观和择业观。2001年，教育部下发的《关于中等职业学校德育课课程设置与教学安排的意见》，将《职业道德与职业指导》作为中等职业学校的必修课程列入教学计划。目前，全国各地的职业学校从学生一入校的一年级就普遍开设了职业指导课。

职业学校在充分发挥职业指导课程教学主渠道作用的同时，注意将职业指导工作全面渗透在学校各项教育教学活动中。许多学校在职业指导工作中注意克服重就业指导轻思想教育，重对学生的就业“安置”和教师的主导作用轻学生的主动性和自主性作用，重课堂教学和知识传授轻实践教学和能力培养，重毕业前教育轻全过程教育等倾向，把职业指导与德育工作结合起来，与专业课教学结合起来，与学生实习结合起来，与心理健康教育结合起来。北京劲松职业高中探索以职业生涯设计为载体的德育工作，把职业指导作为学校推进素质教育的有效途径。浙江新昌职业技术学校提出“要成才，先成人”的育人理念，把思想品德教育与就业指导工作有机结合起来，根据学生特点加强行为习惯养成教育、公民道德教育和法制教育，培养学生吃苦耐劳、敬业爱岗的优秀品质。江苏省教育厅较早地在职业学校开设职业指导课程，突出对学生的创业教育，培养学生的创新精神和自主创业的能力。多数职业学校把职业指导与学生实习紧密结合，在实习过程中帮助学生树立正确的职业观、就业观和择业观，养成良好的职业道德，取得了很好的效果。

2. 坚持服务就业，以职业指导带动职业教育教学管理的改革。许多地方和学校以就业为导向改革教学模式、教学内容、专业设置，促进职业学校布局结构和专业结构的调整。宁波市实施职业学校专业现代化建设工程，规划建设10大类30个左右与宁波经济建设紧密结合的现代化专业，提出围绕支柱产业开设专业，围绕重大工程项目增设专业，围绕新兴产业调整专业，围绕农村经济改建专业。河南省近两年来，中等职业学校由1 225所调整到1 081所。学校根据市场和就业需求调整专业设置，压缩、停办了一些专业，新增物业管理、家政服务与管理等30多个专业，增强了职业学校为经济建设服务的能力，“就业拉动”的作用十分明显，3年来职业学校招生数逐年回升，2000年招生34.6万人，2001年招生35.1万人，2002年招生36.1万人。

3. 坚持以就业为导向，积极开展“订单”培养。各地职业学校高度重视校企合作联合培养，积极实行订单协议招生，坚持以就业为导向，大力开展“订单”培养，为企业“量身定做”培育人才，努力实现教学与就业岗位的有效对接。如上海石化工业学校通过与用人单位共同组建“办学指导委员会”等形式，与国内外知名企业如上海石化股份公司、德国拜耳公司等200多家企业建立了密切稳定的长期合作关系，明年毕业的学生80%都已有企业下了“订单”。

今年上半年出现的“非典”疫情对毕业生就业工作是一次严峻的考验，由于职业学校注重开展“订单”培养，注重学生实习与就业的紧密结合，注重实践实习教学环节，加上各地政府和学校采取了各种有力的应对措施，今年中职毕业生仍然保持了较高的就业率。据对十省百校的抽样调查，2003年中职毕业生的平均就业率达到95%。

4. 坚持为学生就业提供帮助与服务，积极广开渠道、搭建“平台”。多数学校建立了相应的职业指导组织和服务机构，积极创造条件，广开就业渠道，采取多种形式为学生就业提供具体的帮助和服务。今年6月，对全国10省100所职业学校学生就业情况的抽样调查结果显示，近80%的职业技术学校、70%以上的学生是通过“学校推荐”就业的。通过学校的就业服务机构与用人单位联系就业，已成为学生就业的主要渠道。同时，一些学校特别是中西部地区的职业学校还积极组织毕业生异地就业和海外劳务输出。目前，中西部地区相当多的职业学校开辟了异地就业的渠道，有的省还建立了专门的就业服务机构，帮助毕业生异地就业。广西1999至2001年3年间，每年向广东各类企业输送毕业生5万人左右。

一些地方还积极建立职业学校人才市场和网络，努力为学生就业提供高效便捷的服务。河南建立了省职业学校联合人才网站和省中等专业人才市场，近3年来，先后举办人才招聘会80余次，参加招聘会人员达15万人次，推荐安置了18 000多名职业学校毕业生就业。青岛市于1999年建立了“青岛市职业学校毕业生就业市场”，先后与青岛的368个企事业单位建立了用工供求关系，向用人单位推荐实习生、毕业生12 341人次，提供实习、就业岗位7 174个，实现就业5 186人。

河南、上海和北京近两年已先后召开了职业指导和就业工作的专题会议，整体研究和推动本地的职业指导工作。上海市为加强职业学校职业指导工作，正在探索“一体化”、“大市场”的工作思路。“一体化”就是要把职业指导工作纳入职业学校整体工作中，建立毕业生就业情况反馈制度，把促进学生就业作为学校深化改革的主要措施和衡量学校办学整体水平的重要内容。“大市场”就是加快整合全市职业技术学校职业指导和毕业生就业工作的资源，进一步加强与社会人才和劳动力市场的联系、衔接、沟通，搞活机制，营造毕业生就业大市场。

近年来，通过各地各学校的努力，职业学校毕业生就业状况呈现出良好的态势。根据2002年4月对全国23个省（自治区、直辖市）和计划单列市的调查统计（部分地区是通过抽样、测算等方法统计的），中职毕业生的平均就业率1999年、2000年、2001年分别为：85.1%、85.4%、88.6%。今年6月，对上海、天津、辽宁、山东、河南、四川、湖北、广东、厦门、宁波等10个省、直辖市、计划单列市的100所中职学校2002年毕业生就业情况进行了抽样调查，共调查毕业生51 218人，平均就业率为94.6%。10省市中有9个省市毕业生就业率达90%以上，最高达到98.7%，最低为85.8%。中职毕业生就业的渠道不断拓展。从就业的形式上看，有到现有企事业单位就业的（1999年、2000年、2001年分别为：65.9%、64%、61.8%），有合法从事个体经营自主创业的（1999年、2000年、2001年分别为：13.8%、13.8%、15.6%），也有升入上一级学校继续学习的（1999年、2000年、2001年分别为：5.3%、7.7%、11.2%）。从就业的地域上看，有在生源所在地就业的，有异地就业的，还有组织跨境就业的。各地的就业组织服务、信息服务和政策支持体系正在建立和完善之中。

但是，我们应该清醒地看到，就业形势仍然严峻，任务仍然艰巨。从总体上讲，职业技术学校职业指导的开展也还是初步的，还存在不少困难和问题，工作有待进一步深化。当前比较突出的问题：一是对职业指导的重要性和必要性认识不足，一些地方和学校还没有把这项工作放到应有的位置，重“进口”轻“出口”、重招生轻就业、重专业知识传授轻职业意识培养的现象普遍存在。二是一些地方和学校对职业指导工作的主要任务和内容还不够明确，对学生实施指导的针对性不够强，提供就业服务的形式比较少，对学生创业扶持还缺乏有力的措施。三是机构不健全、工作队伍力量薄弱，一些地方教育行政部门还没有明确相应的机构和专人负责此项工作，部分职业学校从事职业指导教学和工作的人员没有很好地整合，业务素质有待提高。四是与相关部门的协调与沟通需要加强。

（二）进一步提高对加强职业技术学校职业指导工作重要意义认识

1. 加强职业指导工作，解决好学生就业问题，是职业教育实践“三个代表”重要思想，实现人民根本利益的方向性要求。党的十六大提出了全面建设小康社会的宏伟目标，教育肩负着“造就数以亿计的高素质劳动者、数以千万计的专门人才和一大批拔尖创新人才”的光荣而艰巨的任务。职业教育特别是中等职业教育主要承担着造就高素质劳动者和部分专门人才的任务，它和普通高级中学教育最大的区别是其学生毕业后绝大部分要就业，直接从事生产、技术、管理和服务。当然也有部分毕业生要升入高一级学校继续学习，但这并不是主导方面。就业是职业教育的主要价值取向。“就业是民生之本”。做好就业工作，关系人民群众的切身利益，关系改革发展稳定的大局。以就业为导向，进一步推动职业教育的改革与发展，既反映了职业教育的本质要求，也是职业教育实现人民愿望、满足人民需要的基本任务。胡锦涛同志指出：“‘三个代表’重要思想的本质是立党为公、执政为民”，“实现人民的愿望、满足人民的需要、维护人民的利益，是‘三个代表’重要思想的根本出发点和落脚点。”加强职业学校的职业指导工作，千方百计解决好毕业生的就业问题，就是为人民群众办实事，就是贯彻“三个代表”重要思想的重大实践。只有努力促进青年就业和创业，才能更好地代表和维护广大群众的利益，把“三个代表”重要思想落到实处。各级教育部门和各级各类职业学校要从贯彻“三个代表”重要思想的高度，来认识职业指导工作的重要意义。

2. 加强职业指导工作，是适应经济社会发展要求，实现全面提高职业技术学校学生素质的重要任务。胡锦涛总书记在全国就业再就业工作会议上指出：“解决就业问题，不应是一个被动安置现有劳动人口的过程，而应是一个通过人力资源能力建设提高人口素质、促进经济加快发展的过程，是一个努力把我国人力资源优势转化为经济社会发展优势的过程。”党的十六届三中全会通过的《中共中央关于完善社会主义市场经济体制若干问题的决定》提出，要深化教育体制改革，构建现代国民教育体系和终身教育体系，建设学习型社会，全面推进素质教育，增强国民的就业能力、创新能力，创业能力。加强职业指导工作，是职业学校开展素质教育，提高学生素质的必要手段和有力措施。社会的发展对人的素质要求在不断提高。人们在具有从业的知识与技能的同时，必须具备良好的适应社会发展变化要求的素质。随着社会经济结构与职业结构的巨大的变化，新旧职业更迭加剧，职业要求日益复杂综合化，职业的专业界限也日益淡化。在一个职业更迭与职业流动加速的时代，未来职业成功与否，很大程度上取决于个人应对复杂多变的职业世界的自我决策能力。面对新世纪的挑战，职业教育培养的适应时代需求的高素质新型劳动者，既要具备有从业需要的知识与技能，更要具有良好的适应职业的能力和职业道德水平，以及开拓、进取、创新的精神。职业学校的职业指导并不只是要帮助学生选择一个现存的职业或者为将来从事的某个职业岗位做准备，而更重要的是要培养学生的决策意识及自主解决问题的能力。加强职业指导工作，不仅能帮助学生更好地了解所选职业的特点及对从业人员素质的要求，找到适合自己的社会岗位，为他们事业上的成功和人生价值的实现提供良好的开端，而且能够使学生接受到最适合自己特点的职业教育，使他们具有能够适应将来发展需要的良好素质。

3. *加强职业指导工作，是提高职业教育质量和效益，改革和发展职业教育的关键性举措。*随着我国改革开放的不断深入，社会经济的不断发展和市场经济体制的完善，新的形势对职业教育的改革与发展提出了新的要求。职业教育只有做到与市场、与就业的有效对接，才能得到进一步的发展。

就业问题是世界各国共同关注的问题，而我国就业问题尤其突出。总的看，当前和今后一个较长时期内，我国就业形势都将比较严峻，就业和再就业工作相当艰巨。首先，劳动力总量矛盾突出，就业压力持续加大。今年城镇新增劳动力 1 000 万人，再加上现存的 600 多万国有企业和集体企业下岗职工、近 800 万登记失业人员，城镇需要就业的劳动力达到 2 400 万人。年度供大于求的缺口在 1 400 万左右。今后一个时期。这种供大于求的局面不会有明显改变。其次，下岗失业人员数量居高不下。第三，大学毕业生人数增加，就业压力加大。第四，农村富余劳动力转移规模加大。目前，农村进城务工经商的已达 8 200 多万人，但仍有上亿富余劳动力。

大力发展职业教育，是一种长远、积极的就业支持政策，有利于拓宽就业渠道和增加就业岗位，可以提高劳动者的就业能力和适应职业变化的能力，实现动力资源的重新配置和调整，促进劳动者再就业，促进农村劳动力转移，化解社会矛盾，意义十分重大。引导全社会转变就业观念，推行灵活多样的就业形式，鼓励自谋职业和自主创业，完善就业培训和服务体系，提高劳动者就业技能，实现受教育者的充分就业，是职业教育的历史重任，也是职业教育在激烈的竞争中生存发展的根本之道。我们一直强调职业教育要发展，必须做大做强。所谓“做强”，很重要的一个方面，是能否适应劳动力市场需求调整专业设置和人才培养方式，培养出就业适应能力、就业竞争能力强的高素质的学生，使学生毕业后能顺利就业，找到服务社会的岗位。近年来，一些职业学校包括一些民办职业学校在中等职业教育普遍感到困难的情况下生源充足、发展迅速，很重要的原因就是坚持以就业为导向，在提高学生的就业竞争能力方面做强了，学校也就出现了强势，事业也就做大了。当前虽然就业形势严峻，但应该看到结构调整中蕴藏着大量的就业机会，开发就业岗位大有潜力。第三产业尤其是社区服务、旅游等行业，个体、私营及外商投资的企业可以开发就业岗位的空间很大，而这些领域里青年和职业技能人才特别是中等技能人才是需求的主体。近两年，由于中职学校毕业生就业情况良好，招生规模逐步回升。据初步统计，截止到 10 月 30 日，今年全国中职学校招生总数约 517 万人，比 2002 年增长约 47 万人，增长幅度约为 10%（2002 年招生 470 万人）。绝大多数省份比去年均有不同程度的提高，其中江苏、山东、山西、安徽、江西、黑龙江等省增幅在 20%以上。就业对于扩大职业教育的规模具有明显的拉动作用。因此，加强职业指导工作关系到职业教育能否走上良性发展的轨道，关系到职业教育现有成果的巩固，关系到事业的稳定和发展，是职业教育进一步深化改革、求生存争发展的关键性举措。

总之，职业指导是职业教育的重要组成部分和重要工作环节，加强职业指导工作是当前推动职业教育改革与发展具有方向性的重要举措。只有加强职业指导工作，才能做到以就业和社会需求为导向，引领职业教育教学的改革，才能扩大职业教育的发展规模，才能实现职业教育的可持续发展。

二、进一步明确职业技术学校职业指导工作的主要任务

职业技术学校职业指导工作，要以“三个代表”重要思想为指导，适应经济社会发展的需要，加强职业指导教育，加强就业服务，促进学生充分就业，提高就业质量，推动职业教育的改革与发展，办好人民满意的职业教育。

各地要结合当地实际，认真制定工作规划，明确工作任务，组织实施好职业指导工作。当前职业指导要重点抓好以下三方面的工作：

（一）加强职业理想、职业道德和创业教育，引导学生树立正确的择业观，养成良好的职业道德行为，提高就业创业能力

积极开展职业理想教育，引导学生树立正确的就业观，各职业技术学校要帮助学生在了解自己、了解社会的基础上，进行实事求是的职业设计，形成符合社会和个人实际的就业观。要摒弃只有正规就业或端“铁饭碗”才算就业的传统观念，摒弃把工作岗位分为高低贵贱的不正确观念，大力树立职业平等和劳动光荣的观念。要引导学生树立只要依法从事有一定报酬的劳动，对社会发展作出贡献、就是就业的思想。引导学生转变那种以企业所有制性质是否为国有或集体、从业人员是否具有所谓的国家干部身份、收入是否是固定的工资形式等作为标准来判断是否是就业的陈旧观念，鼓励毕业生到中小企业、小城镇、农村就业或自主创业。

积极开展职业道德教育，引导学生在理解职业道德内涵的基础上，养成适应职业需要的道德行为习惯。提高劳动者素质，不仅要提高专业技能，同样迫切需要提高思想政治水平和职业道德水平。要认真贯彻公民道德建设实施纲要，弘扬爱国主义精神，以为人民服务为核心、以集体主义为原则、以诚实守信为重点，加强社会公德、职业道德和家庭美德教育。特别要加强以敬业诚信为重点的职业道德教育。目前社会上假冒伪劣产品充斥市场，这与某些商家惟利是图、不讲诚信有着直接的关系，与一线生产者职业道德水平不高也有很大的关系。要使学生牢固树立为人民服务和敬业诚信的职业思想，并积极引导帮助学生依据职业对从业者的道德要求规范自己的行为，促进其职业道德的养成。要加强劳动法制教育，使学生自觉遵守法律法规，并学会用法律保护自己合法的劳动权益。

积极开展创业教育，培养学生的创新精神，提高学生的创业能力。创业教育是适应我国国情的、有着特殊重要意义的工作，必须把创业教育摆在重要地位，作为职业学校职业指导工作的一项重要任务，职业学校的创业教育以提高学生自我就业能力为目的，通过对学生创业意识、创业精神和创业能力的培养，以使更多的谋业者变成职业岗位的创造者。十六大报告指出，要引导全社会转变就业观念，推行灵活多样的就业形式，鼓励自谋职业和自主创业。在职业学校实施创业教育，是国家进行劳动人事制度和就业制度改革对职业教育提出的迫切要求，是所有制形式多样化和就业形式多样化对职业教育提出的迫切要求，也是职业教育供需关系发生深刻变化的形势对学校对教育提出的迫切要求。江泽民同志曾指出：培养出越来越多的不同行业的创业者，就可以为社会创造更多的就业机会，对维护社会稳定和繁荣各项事业就会发挥重大的作用。职业学校要成为培养青年创业者的摇篮。职业学校的创业教育重在培养学生凭自己的智慧和双手创造一番事业，解决自己生存与发展的创业意识；培养敢于创业和善于创业的品格，以及不等国家分配，不靠学校安排，主动搏击职业市场的创业精神；培养学生寻找和创造工作岗位的能力，帮助学生结合所学专业选择适合社会需要和个人条件并易于创业的领域、目标和方式等。

（二）加强就业服务，为学生就业创造有利的条件，提供具体的帮助

就业服务是职业学校职业指导工作的重要内容，具体包括为学生提供信息服务、组织服务和跟踪服务等方面的内容。

做好信息服务。各地教育行政部门和学校要加强与用人单位、劳动人事和其他相关部门及社会就业中介服务组织的联系与合作，广泛收集人才和劳动力市场需求信息，为学生就业提供个性化的咨询服务。各地可建立本地中等职业学校人才就业信息网，建立人才供求沟通的桥梁。充分利用现代信息手段宣传中等职业教育发展动态，发布毕业生信息

和社会人才需求信息，为毕业生就业提供高效便捷的服务。帮助学生了解就业政策法规，依法就业；帮助学生了解就业形势，并依据自身条件选择就业目标；帮助学生了解本地、异地、国（境）外的就业信息，提供择业咨询；为有升学愿望的学生提供信息和选择志愿的咨询服务。

做好组织服务。职业技术学校要建立专门的机构，配备得力的人员从事毕业生就业服务工作。加强学校和用人单位的合作，开拓、疏通毕业生就业渠道。学校可采取与企业联合办学、成立办学协作体，定期召开协作会、协议输送毕业生等方式，确保毕业生就业渠道畅通；可通过介绍推荐和组织供需见面会等形式，为毕业生与用人单位实现双向选择创造条件；可结合学校专业特点，利用学校优势，为学生创业提供专业技术和管理等方面的指导和支持。供需见面会要讲求实效，可针对职业学校毕业生特点，由劳动力市场或人才市场组织企业到学校进行专业性、行业性的供需见面会。

做好跟踪服务。学校将毕业生输送到社会就业岗位后，应及时了解学生的工作情况，建立毕业生就业档案，在一定时期内，还应该帮助他们解决工作中遇到的各种问题，如为维护其合法劳动权益提供一定的法律援助，为岗位工作中遇到困难的学生提供一定的弥补性培训等。

（三）以促进学生充分就业为目标，拓宽就业渠道，提高学生就业率和就业质量

职业技术教育是以就业为主导的教育，职业技术学校的职业指导则应以促进学生充分就业为目标。学校及其主管部门应主动加强与劳动、人事等政府行政部门和社会中介机构的联系与合作，及时了解掌握全国各地和本行业的劳动人事制度改革、就业政策、就业领域发展趋势及人才供求信息等情况，不断拓宽就业渠道，促进学生充分就业。首先，要满足本地就业市场的需要，形成比较稳定的本地毕业生就业渠道。其次，要建立异地就业的渠道，有组织地帮助学生跨省到就业需求旺盛的地区就业。第三，要积极开辟国（境）外就业渠道，鼓励学生跨国（境）就业，组织劳务输出。第四，要积极倡导学生自主创业。加强创业教育基地建设，积极开展创业实践活动，使创业教育基地成为既能强化学生专业能力，又能训练学生创业能力，还能从事毕业生创业追踪服务的中心。各地要积极建立校企合作办学、实施“订单培养”的机制，努力把职业技术学校建成既是培训中心，又是“劳务公司”的综合性基地。对于有升学愿望的学生，学校也要为他们提供必要的升学指导。通过我们的工作，使职业技术学校的学生就业有优势，创业有本领，升学有希望，终身学习有基础。

各地在开展职业指导工作中要注意处理好以下两个关系：

一是职业指导的教育和援助的关系。职业技术学校职业指导应立足于教育与引导，突出职业理想、职业道德、职业知识的教育，以及求职就业、开拓创业能力的训练，注重职业指导工作与德育工作的结合。同时，职业技术学校也要指导学生进行求职、就业、升学以及自身发展方向的选择，并为他们顺利实现就业与升学提供具体的服务与帮助。职业技术学校的职业指导，重在育人，教育应是第一位的，但同时也要重视援助。援助是对学生就业或升学提供的具体帮助和服务，它是职业指导的重要组成部分，既是教育的实践与落实，也是引导和改进教育的重要环节。援助的根本在于教育。突出教育是学校职业指导与社会上职业指导的区别之所在。各学校在开展职业指导工作中，应处理好教育和援助的关系，避免将职业指导理解为单纯的就业指导或仅是帮助学生找到工作。

二是学生主体性和学校指导性的关系。学生主体性，是指职业指导应以学生为主体，充分调动学生的积极性、主动性，既要面向全体学生，又要重视个别指导。学校指导性，是指学校要在分析学生个性特点、尊重学生自主选择的基础上，帮助学生提高就业能力、选择求职目标，提供就业信息、拓展就业渠道，提高学生在双向选择中的主动性、适应性。学校有责任为学生就业提供必要的帮助，并不意味将学生的就业问题包下来，同时也不能违背学生意愿、不顾学生个性特征向社会一推了之。

三、加强领导，开拓创新，进一步推进职业技术学校职业指导工作

2002 年 7 月，国务院召开了改革开放以来第四次全国职业教育工作会议，下发了《国务院关于

大力推进职业教育改革与发展的决定》，进一步明确了新形势下职业教育发展的方针、方向、目标和任务，明确了职业教育深化改革的目标和任务，提出了一系列推进职业教育改革与发展的政策措施。同年10月，为贯彻全国职教会和国务院《决定》的精神，教育部及时印发了《关于加强职业技术学校职业指导工作的意见》（以下简称《意见》），就职业技术学校职业指导的工作任务和内容、开展工作的基本原则和途径以及组织领导和条件保障建设等问题提出了指导性意见。一年来，各地结合本地实际认真学习贯彻，认识有了新的提高，工作取得了新的进展。希望各地结合全国职教会精神的贯彻落实，继续贯彻这个文件，把职业指导工作扎扎实实开展起来并逐步引向深入。

做好职业指导工作不仅是对于职业教育本身的必要完善，而且是大力推进职业教育改革和发展的一项重要工作。

（一）加强职业指导工作要与职业教育管理体制改革相结合，加强统筹，完善制度

要充分发挥政府，特别是地（市）级政府的统筹作用，以就业为导向，大力发展职业教育，促进职业教育与经济和社会发展的紧密结合。

各地（市）级职业教育联席会议要把职业指导工作作为推动职业教育改革发展的一项十分重要的工作，切实抓紧抓好。要根据国家为扩大就业所进行的产业结构、所有制结构和企业结构的调整方向，及行业、企业的实际需求，统筹规划本地区职业教育招生、专业设置、布局结构调整和人才培养规格。要指导教育行政部门建立职业学校毕业生就业咨询服务机构，强化与劳动部门的联系与合作，加强各职业学校就业服务的协调工作。

建立健全职业指导工作体系和制度。各级教育行政部门要有专门机构，并指定专人负责统筹、协调、指导本地区各级各类职业技术学校的职业指导与毕业生就业工作。要认真贯彻《意见》的精神，并按照要求，落实职业指导工作的条件保障措施。建立职业技术学校学生就业情况统计上报制度，将职业技术学校毕业生就业情况列入教育事业统计，逐步实行职业技术学校毕业生就业率向社会公布的制度。

加强职业指导工作队伍建设。要高度重视职业指导教师队伍的建设。各级教育行政部门和各职业技术学校，要创造条件，不断提高职业指导教师的业务素质。今后三年内，所有从事职业指导工作的人员，都要进行一次业务轮训，并逐步推行职业指导教师持证上岗制度。

（二）加强职业指导工作与职业教育办学体制改革相结合，依靠企业，充分发挥行业的作用

随着我国社会主义市场经济体制的逐步完善，行业、企业对职业教育的需求将越来越大，参与职业教育办学的积极性也越来越高。实践证明，如果没有行业和企业参与，职业学校的职业指导工作很难取得成效，职业教育也是很难真正适应其发展需要的。

要积极推行职业学校与企业、行业联合建立办学指导委员会制度，加强共建与合作。要鼓励学校与行业、企业紧密结合，实行多种形式的联合办学。要依靠企业大力开展“订单”培训。要在建立学生实验实习基地、改进教学设施、选聘优秀企业人员到学校任兼职教师等方面积极争取企业的支持。要主动接受行业的指导，促进职业教育与劳动就业的紧密结合。

（三）加强职业指导工作要与劳动力市场和社会服务机构相结合，发挥市场机制的作用

要充分发挥市场机制的作用，依靠并发挥劳动力市场和社会中介服务机构的公共服务功能，积极促进资源整合特别是信息资源共享，积极开展就业服务工作。

要加强职业学校毕业生就业服务网络平台建设。各省、自治区、直辖市要加快建立本地区职业学校人才就业网，逐步与劳动力市场及职业介绍信息网络接轨，并积极与有关部门合作，争取建立职业学校人才就业市场。

要充分利用劳动力市场和职业介绍机构的信息，积极为学生提供本地、异地和境外就业服务，努力把职业学校建成为社会输送合格劳动者的综合性基地。要强化全心全意为学生服务的意识，积极组织开展学生异地就业和国(境)外劳务输出工作。

（四）加强职业指导工作要与职业学校自身的教育教学改革相结合，提高教育质量

职业学校要进一步转变观念，突出实践能力培养。要瞄准市场需求设置和调整专业。要建立对劳

动力市场需求能作出快速反应的机制，及时在中高年级调整培养方向，满足市场需求。职业学校要突出办学特色，切实改进实践教学环节，不断加强学生动手能力和实际操作技能的训练，提高学生的就业能力、创业能力和适应职业变化的能力，提高职业学校人才培养的质量。

要认真贯彻落实劳动和社会保障部、教育部、人事部《关于进一步推动职业学校实施职业资格证书制度的意见》，大力推进职业资格证书制度的实施，积极推进职业学校深化教育教学改革，努力使职业学校的专业设置与劳动力市场需求相适应，教学内容与国家职业标准相衔接，提高学生的综合能力和发展潜力。要鼓励职业学校学生在校学习多种职业技能，实现一专多能。

要把职业学校毕业生就业创业情况、职业学校的就业竞争力作为衡量职业学校办学质量和水平的重要标准，树立新的职业教育质量观。今后在示范学校或示范专业的建设中，都要把学生就业创业情况和就业竞争力作为一项重要内容纳入评估范围。

（五）加强职业指导工作要与为“三农”服务相结合

今年9月，国务院召开了全国农村教育工作会议，颁发了《国务院关于进一步加强农村教育工作的决定》（以下简称《决定》）。国务院总理温家宝同志、国务委员陈至立同志在会上发表了重要讲话。会议的召开和《决定》的颁发，对加快农村教育发展，深化农村教育改革，促进农村经济社会和城乡协调发展，具有十分重要的意义。会议进一步明确了农村教育的地位作用、改革发展的目标任务和推进工作的政策措施。会议提出，要坚持为“三农”服务的方向，大力发展职业教育和成人教育，深化农村教育改革。加强职业指导工作，要认真贯彻全国农村教育工作会议精神，与为“三农”服务紧密地结合起来。

以就业为导向，大力发展农村职业教育。要实行多样、灵活、开放的办学模式，把教育教学与生产实践、社会服务、技术推广结合起来，加强实践教学和就业能力的培养。在开展学历教育的同时，大力开展多种形式的职业培训，适应农村产业结构调整，推动农村劳动力向二、三产业转移。实行灵活的教学和学籍管理制度，方便学生工学交替、半工半读、城乡分段和职前职后分段完成学业。

以农民培训为重点开展农村成人教育，促进农业增效、农民增收。农村劳动力转移是农民增收的有效途径。目前，随着经济社会的发展，产业结构调整步伐加快、新兴产业科技含量不断提高、产品升级换代周期缩短，对劳动力素质提出了更高的要求。职业教育要适应这一要求，在开展学历职业教育的同时，大力开展多种形式的以强化劳动技能为主要内容的职业培训，积极实施农村劳动力转移培训，使转移的农村劳动力初步掌握在城镇和非农产业就业所必需的技能，并获得相应的职业资格或培训证书。要坚持培训与市场挂钩，鼓励和支持“订单”培养，先培训后输出。在实施培训的过程中，要加强职业道德、安全生产知识和创业精神教育。

积极推进城市与农村、东部与西部职业学校多种形式的合作办学，不断扩大对口招生规模。城市职业学校要扩大面向农村的招生规模。城市和东部地区要对农村家庭经济困难的学生适当减免学费并为学生就业提供帮助，促进农村新增劳动力转移，城市各类职业学校和培训机构要积极开展进城务工就业农民的职业技能培训。

各地要切实加强领导，充分发挥各方面的作用，共同做好职业指导工作，教育行政部门和学校的领导干部要十分重视职业指导工作，亲自动手抓。做好职业指导工作关键在学校。职业学校校长要把职业指导工作作为学校工作的重点，下大力气，扎扎实实抓好。要加大对职业技术学校职业指导工作的宣传力度。要注意及时总结并大力宣传做出突出成绩的毕业生的就业创业典型事迹，引导全社会树立“三百六十行，行行出状元”的观念，为学生就业创业营造良好的社会舆论氛围。要对职业指导和就业创业服务工作做得好的单位和个人予以表彰、奖励。

加强职业学校的职业指导工作是当前面临的一项十分重要而紧迫的任务。在我国就业形势发生深刻变化的今天，职业指导工作的重要性显得尤为突出。面对新的形势，我们要以“三个代表”重要思想为指导，统一认识，解放思想，转变观念，坚持创新，努力做好职业指导工作，促进职业教育的改革与发展，为经济和社会发展作出积极的贡献。

加强指导和服务　推动毕业生就业制度建设与创新

袁贵仁

深入学习贯彻十六大精神，以“三个代表”重要思想为指导，全面分析全国普通高校毕业生就业面临的新形势，明确当前做好毕业生就业工作的指导思想、目标任务和改革措施，推动毕业生就业制度建设和创新，努力开创全国高校毕业生就业工作新局面，是摆在我们面前的一项十分紧迫而又极为重要的工作任务。

2002年是全国高校毕业生就业工作不同寻常的一年。普通高校毕业生总数达145.11万人，比2001年净增27.26万人，增幅达23.1%；但社会需求并没有相应增加，结构性矛盾十分突出，就业压力很大。在党中央、国务院的正确领导下，经过各地方、各部门、各高校的共同努力，整个就业工作力度增大，秩序井然，进展顺利，取得了好的成绩，并积累了一些经验，为我们做好2003年毕业生就业工作奠定了良好的基础。但是，我们也绝不能盲目乐观，就业工作仍然面临着一些思想观念和体制机制方面的问题，一些有利于毕业生就业的政策在有些地方还没有得到充分落实，社会宏观就业形势仍然十分严峻。我们必须保持清醒的头脑，提高认识，早做安排，扎实工作，把2003年高校毕业生就业工作抓紧抓实抓好。

既要认清宏观就业形势的严峻性，又要有做好毕业生就业工作的信心

就业问题，各国都有，可以说是一个世界性的难题。对于我们这样一个发展中的人口大国来说，就业问题就更加复杂。我国就业的主要矛盾，是劳动者充分就业的需求与劳动力总量过大，以及素质不相适应。城镇新增劳动力、农村富余劳动力和下岗失业人员数量急速攀升，我国总体就业形势十分严峻，供大于求的矛盾十分尖锐。

就高校毕业生来讲，数量大幅度上升，就业压力持续增长。2003年高校毕业生为212.2万人，比2002年增加67万人，增幅达46.2%。今后几年，高校应届毕业生的数量还会持续上升。

2003年高校毕业生就业形势的严峻性，不仅表现在数量的增加上，而且表现在2002年增加的人数主要是1999年扩招的大专生，2003年则是1999年扩招的本科生。本科学生和专科学生就业期望和心理准备是不同的；本科生就业和下岗职工再就业以及农村剩余劳动力转移也是不同的。

与此同时，我们还应当看到做好毕业生就业工作的有利方面。我国全面建设小康社会，经济将保持持续快速健康发展，GDP增长率将继续保持在7%～8%左右。这一速度将对就业产生强有力的拉动，使每年新增就业岗位达到700～800万个，为大学毕业生提供基本的就业空间。

在全面建设小康社会的过程中，第三产业必将大发展。2001年，我国第三产业从业人员占全部从业人员的比重为27.7%，发达国家一般在60%以上，即使是发展中国家，如印度、马来西亚等国也已经达到50%。一般来说，第三产业增加值每增长一个百分点，平均增加就业岗位85万个左右。因而我国第三产业拉动就业的潜力很大，吸纳毕业生的作用将日益显现。

在全面建设小康社会的过程中，非国有经济迅

速崛起，非国有单位接收毕业生的比例也在逐年上升。2002年，教育部直属院校及其他中央部委院校到各类行政机关就业的不足5%，而到非公有制单位就业的却达到26.2%。我国现有800万个中小企业，其中600万是民营企业。随着经济的发展，非公有制经济将成为毕业生就业的重要渠道。

全面建设小康社会，需要数以亿计的高素质的劳动者、数以千万计的专门人才和一大批拔尖创新人才。十六大明确提出“依靠科技进步和提高劳动者的素质，来改善我国经济增长的质量和效益”。十六大还提出，我国要走新型工业化的道路，而人才是新型工业化道路的关键和核心。目前我国高等教育毛入学率刚刚达到15%，1997年发达国家高等教育毛入学率的平均水平已达61.1%，世界平均水平为17.8%。2000年我国从业人口中，具有高中及以上学历的比例为18%，具有大专及以上学历的比例仅为5%，而1998年OECD国家对应指标的平均值为80%和26%。1998年我国从事科研的人数，每万名劳动力中仅为8.4人，而同期日本为80人，美国为74人。事实说明，与发达国家相比，与全面建设小康的目标相比，与广大人民群众的需求相比，我国的大学生不是多了，而是少了。广大高校毕业生是人力资源中的优质资源和社会就业人群中的优势群体，只要我们重视起来，深入工作，毕业生就业工作是完全可以做好的。我们应该有这样的信心。

毕业生就业工作事关高校改革发展和稳定，也是社会经济政治生活中的一件大事

就业是民生之本，世界各国政府都很重视就业问题。很多国家把增加就业和促进经济增长、抑制通货膨胀、实现国际收支平衡一起，作为政府宏观调控的四大指标。江泽民同志2002年9月12日在全国再就业工作会议上的讲话中指出，我国是社会主义国家，我们党的宗旨是全心全意为人民服务。千方百计地解决好群众就业问题，就是为人民服务，就是贯彻“三个代表”重要思想的重大实践。党的十六大报告还把千方百计扩大就业列为本世纪头20年经济建设和国家体制改革的八大主要任务之一。

高等学校的主要功能是为社会培养人才。对社会来说，如果培养的人才不能就业，就不能成为现实的生产力，就不能为改革开放和现代化建设服务；对于高校来说，学生没有就业，就不能说我们很好地贯彻了教育要为现代化建设服务和为人民服务的方针，不能说我们对学生尽到了应有的责任。诚然，就业是个复杂的社会问题，不是学校一方面就能全部做好的，但高校做好毕业生就业工作义不容辞、责无旁贷。这就如同在市场经济条件下，任何工厂不可能也不应该只管生产而不管销售一样。对于高等学校来说，毕业生就业状况不好，还有一个直接的后果，就是生源不好，形成办学的恶性循环。我们无法回避这样一个客观问题，任何一个家长和学生，都不会花钱到没有希望就业的学校、专业去就读。世界上许多国家都把毕业生就业率作为衡量学校办学质量和水平的重要指标之一，作为大学排行的重要指标和社会了解大学的重要指标之一。因此，毕业生就业，是一件关系到高校改革、发展和稳定的大事。我们应当坚持学生自主就业、市场调节就业、学校促进就业的指导思想，从国家大局、学校长远和学生切身利益的高度，加强对毕业生的就业指导和服务。

正因为如此，中央领导同志特别关心和重视高校毕业生就业工作。2002年12月9日，在中央经济工作会议上，胡锦涛总书记指出：高等院校首次扩招的本科学生将于明年毕业，大学生的就业需求将大幅度上升，对此要高度重视，合理引导，积极促进他们就业和创业。朱镕基总理指出：几年前普通高校扩招，明年毕业生数量将大幅度增加，要高度重视和加强对这部分人的就业指导和服务。2002年12月24日，在第四次全国高校后勤社会化工作电视电话会议上，李岚清副总理指出，针对当前的实际，高校要着重抓好三项工作，其中第一项就是要做好毕业生的就业工作。他说，从明年开始，高校扩招后的学生将陆续毕业，妥善解决好毕业生的就业问题，是一项重大而繁重的任务。各地区、各部门、各高校一定要做好充分的准备，早作部署、早作安排，加强就业指导，鼓励和支持毕业生自主创业，协助和引导他们到农村、到基层、到西部地

区和非公有制企业去就业。高校要抓紧调整学科结构，培养更多适应经济和社会发展需要的人才。

教育部党组一直高度重视毕业生就业工作。在日前召开的2003年度教育工作会议上，陈至立部长特别强调了就业工作。她指出：有关部门和高等学校要认真落实有关政策，研究促进毕业生就业的新举措。从长远看，解决高校毕业生就业问题，一是要进一步调整学科、专业结构，避免结构性的就业困难；二是要加强对学生的就业指导，鼓励学生到基层和艰苦地方去工作；三是学校要千方百计想办法，拓宽渠道，加强就业指导与服务；四是社会要给予大力支持，树立正确的用人观，为毕业生就业和自主创业营造有利的舆论环境和政策环境。

可以说，做好高校毕业生就业工作，已经成为广大人民群众和社会普遍关注的热点问题。做好这项工作，关系到广大学生的切身利益，关系到教育的改革发展稳定，关系到全面建设小康社会目标的实现。它已经成为高等教育中的一件大事，成为国家经济政治生活中的一件大事，我们一定要坚持讲政治，讲大局，讲稳定，集中力量做好高校毕业生就业的各项工作。

全面贯彻落实国家政策规定，大力度调整学科专业结构和人才培养结构

做好2003年毕业生就业工作，关键是狠抓国家有关政策的落实。毕业生就业工作的好坏，关键在于国家现有文件规定的各项政策措施执行得如何，落实得如何。毕业生就业工作主要在地方和高校，有关文件明确提出“把本地区高校毕业生就业工作作为考核领导干部政绩的重要内容”。这一点也同样适用于高等学校。要建立高校毕业生就业工作一把手负责制，作为一把手工程，一级抓一级，层层抓落实。要建立健全目标考核体系，把就业工作、就业率、就业水平和层次作为具体工作目标和政绩考核的重要内容，分解到人，真抓实干，确保2003年毕业生就业工作顺利进行。

按照国家有关规定的要求，各省市要在2003年上半年尽快落实三件事：一是成立省级政府领导协调机构，对毕业生就业工作进行系统研究、布置、协调；二是出台贯彻落实政策规定的实施细则或配套措施；三是在职能部门设立专门的毕业生就业指导服务中心，建立健全办事机构，明确其保管待就业毕业生户口和档案的责任，切实解除毕业生的后顾之忧，为毕业生提供有针对性的协调和周到、便捷、高效的服务。

党的十三届四中全会以来，我国高等教育取得了历史性的突破，实现了跨越式的发展，从精英教育阶段过渡到大众化教育阶段。目前出现的部分高校毕业生就业困难的原因是多方面的，从教育内部来看，人才培养结构方面的问题不容忽视。我们要从国家、地方、高校三个层面，形成招生、专业、培养、经费、就业相互联系、相互制约、相互促进的管理运行机制，推动高校学科专业结构和人才培养结构的调整。

高校是学科专业结构和人才培养结构调整的主体。在高等教育向大众化教育转变的过程中，高等学校应主动顺应社会主义市场经济的要求，遵循教育教学规律，积极研究、准确把握国民经济和社会发展的趋势，审时度势，主动开展就业市场需求分析和毕业生跟踪调查，根据经济结构、产业结构的调整和就业市场对人才思想品德、创新精神和实践能力的需求，以及学校办学定位和办学条件，及时调整学科专业结构，调整人才培养结构和模式。

据了解，现在有的地方和学校不顾就业率偏低的现实，盲目追求速度和规模的扩张。我们讲发展，从来都是规模、结构、质量、效益相统一，不能片面追求速度和规模。因此，地方政府应采取有力措施，对那些社会需求不大、毕业生就业率过低的高校或专业，果断实行控制招生，直至停止招生，以此促进和推动高校学科专业的改革和调整。教育部已经决定从2003年起，将招生计划同就业状况适度挂钩。今后，毕业生就业状况将作为全国各省市、各高校确定招生规模的一个重要依据。

高等教育大众化在一定意义上意味着高等教育逐渐从绝对的卖方市场开始走向相对的买方市场，由过去的学校单向选择学生，转为学生可以选择学校。各个学校的毕业生就业情况和职业前景，越来越成为学校办学水平的综合反映和重要标志，也越来越受到社会和受教育者的高度重视。鉴于此，教

育部决定实行毕业生就业率定期公布制度，将毕业生就业情况作为评估高校办学水平的一项重要指标。今后，高校在招生章程中应全面系统地说明本校各专业的就业状况，使考生和社会对各高校各专业有更全面的了解，并作出更全面的选择。2002年，已有7个省市的部分高职实行一定录取线上的“开放式录取”，考生与学校双向选择，就业前景差的学校和专业，客观上存在着被淘汰的危险。

当然，学科专业结构调整要综合考虑多方面的因素，要有全局性、前瞻性和科学性。党的十六大对我国未来的经济结构和产业结构调整作出了总体部署，我们要以此为参照，通过建立全面的、科学的机制，加大调整力度，加快调整步伐。

确保“三个到位”
全面加强毕业生就业的指导和服务

计划经济条件下形成的就业观念和体制，与当前经济社会发展很不适应。我们要以“三个代表”重要思想为指导，坚持与时俱进，根据新形势新情况新问题，重新审视和思考毕业生就业工作，全面加强毕业生就业工作的指导和服务。

首先是机构人员到位，加强队伍建设。要尽快建立健全就业指导和服务机构，形成一支职业化、专业化、高素质的就业指导队伍。据统计，2002年全国各高校负责毕业生就业工作的专职人员与毕业生的比例多在1∶700以上，由于毕业生人数增长，今年将达到1∶1 000～1 500，有些万人大学专职人员甚至不足2人。国外高校很重视学生就业指导和服务工作，欧美等发达国家的高校就业工作专职人员多在1∶200左右。目前，很多高校反映，毕业生就业工作人员每天疲于应付用人单位和学生，根本无暇顾及深入研究、全面指导，也很难主动联络、不断开拓，更难开展个性化服务。就业指导人员不足已经成为制约毕业生就业工作的重要因素。建立一支高素质、专业化、职业化的就业指导队伍刻不容缓。因此，各级政府的职能部门要建立健全就业指导中心，高等学校要设立专门的就业指导机构，配备足量的专职人员。近期内就业工作专职人员与毕业生的比例以不低于1∶500为宜。

加强队伍建设，必须转变观念和工作模式，加强制度建设和创新。各高等学校要根据中央文件精神和新形势要求，深入研究、探索、实施各项制度改革，形成与新时期就业工作相适应的新的就业工作运行机制。要动员各方力量，全员关心就业。就业工作涉及面广、政策性强，不可能靠一个部门或少数人来抓。在高校，毕业生就业工作已不是一项临时性、阶段性、局部性的工作，它贯穿和体现于教育教学的全过程，涉及到学校工作的方方面面，需要领导重视，需要各个方面配合，需要一批兼职人员和全体干部教师的参与和支持。上海交大创造了“学校领导统筹，主管部门牵头，职能部门配合，院系层层落实”的经验，值得学习和借鉴。

其次是经费到位，加大对就业工作的投入。目前高校中毕业生就业经费普遍严重不足，不少高校在预算中没有就业工作经费，使得毕业生就业工作无法正常开展。为进一步做好毕业生就业工作，各高校要加大经费投入力度，列入年度预算，学生的交费中应有一部分用于学生就业。就业经费原则上以不低于学生全部学费的1%为宜，以保证毕业生就业工作的正常运行。

第三是工作到位。首先要下大力量加强信息化服务。毕业生能不能充分就业，一个关键因素是他们有没有得到足够的需求信息。信息服务是最重要的就业服务，信息化手段是最重要的就业服务手段。加强信息网络建设，广开信息渠道，实现资源共享，提高服务水平，是当前和今后一个阶段高校就业工作需要突出强调的着力点。

同时要抓重点人群。毕业生就业工作千头万绪，在工作中必须抓住重点，抓重点人群，抓重点就业渠道，抓重点工作方式，努力增强就业工作的针对性和实效性。要特别注意抓优秀生的就业和特殊群体毕业生的就业工作，如女生就业、民族生就业、农民家庭出身的学生就业，以及行业性较强专业的学生就业等，以此带动毕业生就业率的总体提高。

再则要加强宣传和教育。尽管目前就业形势比较严峻，但毕业生的就业期望仍然比较高。一方面是毕业生就业难，另一方面又有不少单位毕业生不愿去，要不到毕业生。“有业不就”现象还比较普遍。转变毕业生的择业观念已是当务之急。要加强毕业生的思想政治教育工作，抓好毕业生的人生观、价值观、择业观教育。我们要通过事实告诉学生，我国经济增长进入新阶段，正处在经济体制和经济增长方式根本转变时期，增加劳动就业主要不是在工业领域，不在大企业，不在国有企业和国家机关，而主要在服务业，在集体经济和私营经济领域。要告诉学生，到西部、到基层、到祖国需要的地方，既是国家建设的需要，也是个人成长的需要。没有基层的摸爬滚打，没有基层的艰苦磨练，一个人要健康成长、作出重大贡献，几乎是不可能的。我们要采取多种形式，通过生动、扎实、细致的工作，教育和引导学生树立自主创业观念，以及灵活就业观念、竞争就业观念等，帮助学生迈好走向社会的第一步。

新形势下的高校毕业生就业工作是一个新的课题。各地情况不同，各校情况不同，各专业情况也不同，需要我们高度重视，认真对待，妥善解决。各地方、各高校要根据中央精神，结合学校实际，大胆探索，勇于实践，力争在解决重点、难点问题上有所突破，在工作中不断创造好的做法和经验。

（本文系教育部副部长袁贵仁在2003年全国高校毕业生就业工作会议上的讲话摘编　原载《中国高等教育》2003年3·4期）

展望21世纪的开放大学

——在2003年世界开放大学校长会议上的讲话

(2003年11月6日)

章新胜

受周济部长委托，我代表中国教育部向来自世界各国知名开放大学的校长们表示热烈的欢迎！同时，也借此机会，向广播电视大学和高校网络教育学院的同志们，向支持发展中国现代远程教育的社会各界的朋友们表示衷心的感谢！

自古以来，中国的先哲们就有“有教无类、因材施教”的理想，正是对这一理想的追求，创造了中国古代教育的灿烂与辉煌。中国人发明的纸张和印刷术，不仅使人类文明迈进了一个全新的境界，更使人类教育获得了前所未有的飞跃。从某种意义上讲，它第一次使教育摆脱了口传心授的局限，使远程教育迈开了第一步。今天，现代信息技术和通信技术的发展，是继纸张和印刷术发明之后的第三次对教育有根本性影响的技术革命。

之所以说信息技术革命对教育有着根本的影响，是因为人们已经深刻地认识到，信息技术的迅速发展和广泛应用，不仅改变着人们的工作和生活方式，也改变着教育和学习的方式。对教育而言，这不仅仅是技术和手段的变革，也促进了教育观念、教学方法、课程设置、教学内容，乃至人才培养模式、教育体制的变革。更为重要的是，教育信息化还向我们展示了这样的前景：在更大范围内让人们平等地共享优质教育资源，缩短国家之间、地域之间以及人与人之间的经济和社会发展的差距，缩小数字鸿沟，促进教育公平，使知识资源得到更充分的利用和更公平的分配，加快终身教育体系和学习型社会的形成。这将使中国古代教育家“有教无类、因材施教”的崇高理想真正走向现实。

上个世纪90年代以来，中国政府确定了以教育信息化带动教育现代化的方针，采取了一系列重要的政策措施。1993年启动了中国教育和科研计算机网的建设；1999年，中国国务院批转了教育部《面向21世纪教育振兴行动计划》，其中一项重要内容，就是实施现代远程教育工程。自那时起，中国教育的信息化取得了重大进展。截至2002年，中国教育和科研计算机网已经成为中国第二大互联网络，覆盖了主要的城市和高等学校；建立的远程教育卫星宽带多媒体传输平台，具备了播出8套电视、8套语音、20套以上IP数据广播的能力，并通过与中国教育科研网的高速连接，形成了中国唯一的天网、地网结合的现代远程教育网络体系。此外，近70%的高校建立了校园网；70%的高校设有信息技术相关专业，信息化类专业的在校生近130万人；示范性软件学院，以国际通行模式培养高水平、多类型、实用性软件人才；实施“校校通”工程，以多种形式把中小学同互联网和广播电视网连接起来。

中国国务院在不久前召开了全国农村教育工作会议，这是自1949年新中国建立以来的第一次，目的是把农村教育摆上教育工作重中之重的战略地位，确定一系列大力加强农村教育的政策措施。其中，一项重要举措，就是实施“农村中小学现代远程教育工程”，把优质教育资源延伸到中国的山区、高原、海岛和西部边远贫困地区。这个工程的目标，就是要在所有农村小学的教学点设立教学光盘播放点，所有农村小学设立卫星教学收视点，所有农村初中基本具备计算机多媒体教室。这些设施还将成为乡村多媒体教育、培训中心，也就是国际上通常说的社区多媒体教学中心，为农村地区人力资源开发提供现代技术平台，从而提高农村劳动者的素质，推动农村基础教育、职业教育和成人教育三教统筹，促进农科教三结合。这是一项改变农村落后面貌和提高中华民族素质的战略举措，具有长期而重要的意义。

开放大学是中国教育信息化战略的重要组成部分。1978 年，中国改革开放的总设计师邓小平先生亲自倡导并批准创办中央广播电视大学。现在的广播电视大学系统已经形成以中央广播电视大学为龙头，包括 44 所省级广播电视大学的覆盖全国的世界最大的远程教育体系之一。截至 2003 年秋，仅中央电大的注册学生就累计达到 150 万人。广播电视大学的发展为数以百万计的人提供了接受教育、提高自我素质的机会，也为中国快速发展的经济建设培养了大批人才。今天，国际上很多人认为中国是世界上的生产制造中心，而越来越多的国家之所以愿意到中国来设立工厂，一个最重要的因素就是中国人力资源的优势。我们正在努力把沉重的人口负担转变为人力资源，而这一转变要靠实施科教兴国和人才强国的战略。中国有 13 亿人口，要完成这样的转变，仅靠传统学校是不够的。感谢广播电视大学，感谢新建的网络教育机构，他们所做的工作，为数以千万计的人提供了更加丰富多样的接受教育的机会。最近几年来，在信息技术的推动下，广播电视大学已经在传输手段上实现了从卫星电视单向传输向基于计算机网络和卫星电视网络有机结合的数字化、多媒体、双向交互传输的转变，形成了基于卫星电视网络、计算机网络与教学管理网络的“三网合一”的显著特色。同时，中国教育部还批准试办了 67 所大学的网络教育学院，成为现代开放大学的一支崛起的新军。

今天，中国的开放大学面临着新的使命和前所未有的发展机遇。中国政府制定了到 2020 年实现全面建成小康社会的宏伟目标，这将促进中国高等教育的持续快速健康发展。2002 年，中国高等教育毛入学率已经超过 15%，进入了国际上通常所说的高等教育大众化阶段。2003 年，高校在校生超过了 1 000 万人。今后十几年，中国的高等教育仍将以较快的速度发展，到 2020 年，将使高等教育毛入学率达到 35%以上。在中国这样一个发展中大国、人口大国，要实现这样一个高等教育发展目标，必须走多种形式发展的路子，其中，开放大学具有不可替代的独特作用和优势。正是基于这个认识，教育部高度重视，周济部长多次强调要充分利用当代信息技术，把开放大学建设工作纳入到构建中国特色社会主义现代化教育体系之中，扎扎实实地抓好。

有人曾经总结过，开放大学的成功必须具备四个基本要素，即：政府的支持，较大的规模产生规模效益和聚集效应，对质量的不断追求和有效的评估标准、评估体系和质量监管体系，以及办学自主权。正是开放大学的这些特点，使开放大学能够较好地适应高等教育大众化的要求，以开放、灵活的方式为全民教育、终身学习服务。中国教育部将大力支持开放大学的发展，支持中央广播电视大学成为综合利用优质教育资源的大的开放平台，支持建立一个充分发挥各地方和各方面积极性的开放大学体系，并努力促进传统大学与开放大学的合作，使开放大学能够充分利用传统大学积累的丰厚教育资源。中国有条件也有可能建成世界最大优质教育资源平台之一，让更多的人受到更好的教育。

在面临难得发展机遇的同时，开放大学的发展还将会不断面临新的挑战，还有许多前进中的困难和矛盾，还存在着一些争论，这都需要我们认真、冷静、科学地对待，加以思考，并找出解决问题的办法，从而在不断应对矛盾和挑战之中获得更快、更大、更高的发展。这些矛盾和挑战，有的是各国开放大学所共有的，有的则是发展中国家面临的特殊的挑战，也有的是基于中国自身国情的问题，希望各国同行在此深入切磋。

这次会议主题的一个关键词是“创新”，我想在这里谈几点思考。

第一，开放大学如何解决整体性、统一性与开放性、多样化的矛盾。

科技革命和知识更新的速度不断加快，职业变迁成为社会常态，特别是在中国这样快速发展的发展中国家，生产、工作和生活方式正在日益发生从未有过的迅速变化，这一切都决定了教育需求的多样化和新需求层出不穷地呈现。开放大学与传统大学的一个非常重要的区别，正是她的灵活性、适应性和多样化。开放大学可以将网络延伸到传统学校延伸不到的地方，可以提供多种形式的课程，包括正规和非正规课程、学术和职业课程，开放大学也可以以灵活的方式和时间提供不同于传统学校的服务，从而实现 anyone、anytime、anywhere and personalized education（无论对何人，在何时何地，都能提供个性化的教育）。在发展中国家，这种开放性更意味着能够为更多需要高等教育的人提供服务，能够为农村的青年提供更平等的教育机会，能够使人们更好地适应从传统到现代的剧烈的社会变迁。

但是，这种新的办学模式带来的问题之一，就是如何保持学校的整体性和统一性。一方面是开放大学的巨大的办学规模和由此导致的低成本和高效益，另一方面是开放大学的灵活性、适应性和多样化。要把这两者有机结合在一起，每所开放大学就都应当具有独特的定位和比较优势，确定好重点建设的学科和专业，确定好重点服务的人群层次，即“有所为、有所不为”。要集中优势兵力，不但适应本地区的经济社会发展的需要，而且因其开放性，通过天网和地网，还有可能覆盖更大的范围，使求学者有更多的选择。每所开放大学都应找准定位，发展独具优势的学科和专业，形成自己的办学特色。总之，把开放大学凝聚在一起的，不是传统的校园，不是篱笆和围墙，而是大学统一的品牌，是整体性的发展规划，是贯穿于所有课程的一致的教学思想和学术精神。通过所有这些，最终形成有生命力的学校文化，这是维系开放大学持续健康快速发展的内在推动力。

第二，开放大学如何既面向世界又植根本土。

可以这样说，不是经济的全球化带来了信息化，而是日新月异的科学发现和技术发明，特别是交通、通信信息技术、数字技术等其他技术的进步带来了经济全球化，而经济全球化又反作用于科学技术的进步。在“地球村”里，日益增多的文化、科技交流需要更多的教育交流。邓小平先生早就指出：“教育要面向现代化、面向世界、面向未来”，教育如何面向世界是今天中国教育工作者迫切需要作出回答的重要问题。在这方面，开放大学有着独有的优势，因为它们本身就是开放的。我们愿意积极推动开放大学的国际交流，鼓励中国的开放大学与国外的高等学校建立伙伴关系，发展基于课程、学术研究、教师培训和招生等方面的合作。我们也支持中国的开放大学积极引进国外的优质教育资源，引入优秀师资。

同时我深信，这种国际化的合作，决不意味着各国开放大学的趋同。我想，这基于两个理由。一是，经济全球化的加速推进和不断深化，世界政治多极化在曲折中前进，在这种情况下，保持文化多元化对人类的发展已经越来越具有重大的现实意义和长远意义。世界各国的开放大学相互学习、相互借鉴，同时又保持各自的民族特色和个性特点，不仅有利于弘扬本民族的文化，也有利于开放大学自身发展。二是，服务于各自国家的经济社会发展，根植于城市和社区，根植于乡村和中小城镇，是开放大学的根本使命。在中国，今天的开放大学，必须满足在新型工业化和城镇化加速发展过程中人们快速增长和不断变化的对高等教育的需求。这是开放大学取之不尽的活力之源，也是发展的动力之源。

第三，开放大学如何更好地利用先进技术，同时又因地制宜地发挥适用的传统技术的效益。

信息和通信技术的每一次变革都极大地推动了开放大学的发展。有了完善的邮政系统，就有了函授大学；有了广播电视，就有了广播电视大学；有了因特网，就有了网络大学。技术革新是推动开放大学发展的无所不在的力量。正是技术创新的重要性，使现代远程教育成为整个教育领域中应用先进技术的先锋。20 世纪 80 年代以来，信息技术成为新科技革命的主导力量，更使开放大学发生了前所未有的巨大变化。宽带网络、卫星技术、无线通信、实时互联、虚拟现实技术和课件设计技术等的发展，使网络成为与现实世界并行的虚拟空间，这意味着开放大学改变了过去的平面性、单向性和非实时性，在相当程度上可以保留传统大学的优势，又比传统大学有更多的灵活性。当然，传统大学也处在信息技术革命的大变革之中，校园网络和网络学院的发展也预示着传统大学正在具备开放大学的一些特点。

今天，在全世界，互联网和无线通信技术已经得到相当程度的普及。中国是世界上互联网发展最快的国家之一，有较发达的卫星技术和世界规模第一的无线通信市场，这为中国开放大学的新飞跃提供了坚实的技术基础和广阔的市场空间。但是我们也要承认，作为一个发展中国家，特别是在农村地区，存在着与发达国家的数字鸿沟，存在着经济和社会发展水平的差距。我们认为，首先，在不断地利用先进技术提升开放大学的同时，也要看到，那些传统技术手段对推动教育的发展仍然具有重要的意义和作用。其次，要促进先进技术和传统技术的融合。技术掌握的先进程度一定要和当地的硬基础设施和软基础设施特别是师资条件相吻合。比如，我们的农村教育信息化就因地制宜地采取适合当地经济社会发展水平的技术手段，在一些地区，卫星电视仍然比互联网实用，这不但意味着更低的成本，而且更宜于向当地农民传播先进文化和农业技术。

第四，开放大学如何解决分散管理与不断提高质量的关系。

开放大学具有分散的特点，她既不是单校园的，也不是多校园的，而是由若干重要的教学和科研节点连结起来的一个网络。大家都知道，知识管理和网络化的扁平管理是当代管理学科的两个研究前沿和热点。幸运的是，开放大学在这两个问题上都有直接的经验。我认为，那些知名的开放大学的管理经验，甚至可以给那些正处在网络化过程中的企业和其他机构提供很多有益的借鉴。

但是，这仍然是开放大学面临的一个基本挑战，特别是对于发展中国家而言。如果我们仍然采用那些传统的管理办法来管理开放大学，仍然用传统的评估体系和标准来评估开放大学，就可能会增加开放大学面临的挑战和可持续发展的障碍。我认为，既要面对分散和网络化的现实，又要保证统一的管理和质量，必须研究、解决好三个问题：首先是要建立与开放大学的办学模式和特点相适应的教育法规和标准，形成针对开放大学的政府监管机制，使开放大学能够在良好的法制环境下坚持自己的发展特色；其次是要建立完善的质量评估体系，使这一评估体系既能够与普通高等学校相衔接，又能够充分考虑开放大学的特点。最后，也是最重要的是，开放大学自身要积极探索建立科学的现代学校治理结构，形成与社会、经济发展密切结合的教学与科研相长的机制，完善学校学术管理制度，充分发挥集聚效应和规模优势，并建立不断提高教育教学质量的激励机制。

千里之行，始于足下。我深信，今天的聚会是促进中国与世界开放大学的合作与发展的良好开端。共同迎接21世纪开放大学的机遇和挑战，更需要加强国际合作，“合作”也是这次会议的另一个主题。开放大学的发展需要更多的国际交流与合作，需要更多的合作伙伴关系，来面对共同的挑战。要建立双赢的、互补共生的伙伴关系，从中国的情况来看，首先要知己知彼。了解是最重要的，既要知其然更要知其所以然，要基于各国不同的国情和经济社会发展阶段及相关体制，相互借鉴。如果不能这样，就会变成简单的移植，照搬照抄，结果只能是“南橙北枳”。其次，开放大学有着共同的理念，面临着共同的机遇和挑战，对未来前景的展望也是共同的，这是开展合作的一个优势和基础。只要百折不挠，勇于探索，所建立的伙伴关系就一定会促进开放大学事业的更好发展。

我真心祝愿与会的各开放大学的校长们能够结下友谊，相互了解，互相学习，互相促进，密切合作，以共同的努力，把开放大学的美好前景一步步变成现实。

（原载《中国远程教育》2004年第23期）

走出我国研究型大学的路子

赵沁平

关于研究型大学，特别是要不要在我国推动形成研究型大学的问题，已有不少有见地、有不同主张的文章。有两个大问题，即我国未来需要什么样的大学体系和如何建设国家创新体系，促使我认真地思考了这个问题，并发表了一些个人意见。与此同时，我也在一般意义上，从科学研究、人才培养、人才战略和管理体制等几个方面思考了一些如何建设我国研究型大学的问题。本文主要谈我国研究型大学的科学研究。

一、走出我国研究型大学的路子，办出我国研究型大学的特色

世界上著名的研究型大学都具有高水平属性方面的共同特点，如一流师资、一流科学研究和一流生源等，同时这些研究型大学还具有各自的鲜明特色和优势。高水平和特色优势是这些研究型大学赖以生存发展、贡献社会、影响社会的两大法宝。历史上发生在英国、德国和美国的几次高等教育思想和高等教育体系的重大变革导致了本国高等教育质的变化，在不同时期带动了国际高等教育的发展，同时也把他们推上了世界强国的地位。这几次变革虽然时期不同，变革内容不同，但有三个共同点：一是变革发动国当时都处于成长为世界强国的关键时期，国家对高等教育的发展和变革有强烈的需求；二是都有一批有识之士进行长期不懈的教育创新；三是都形成了一批具有各国特色的，对世界各国大学办学模式产生了深远影响的大学。

如何在林立的世界强校中提升我国研究型大学的水平，走出我国研究型大学的路子，办出我国研究型大学的特色，这是摆在我国高等教育工作者面前的历史性课题。关于这一问题，也是仁者见仁，智者见智。未来20年是我国发展的历史机遇期，同样也是我国高等教育进行变革，产生质的变化，并且可对国际高等教育产生影响的历史机遇期。我国经过半个多世纪的发展，特别是20多年改革开放，经济总量已居世界第六位，积聚了腾飞的潜力。我国有着悠久的文化、教育历史，有着至今影响世界的历史悠久的东方教育思想，有几十年不断进行现代教育改革与发展所积累的成功经验和失败的教训。同时，我们所处的时代不同了，社会对大学的要求和期望也不同了。总之，我国大学已处于类似当年英国、德国和美国大学所处的历史地位，因而获得了首次从世界东方发动高等教育思想和体制的新变革，形成了一批具有我国特色的高水平研究型大学，为中华民族的伟大复兴，也为世界高等教育的新发展作出重要贡献的历史机遇。

二、基础研究是研究型大学科学研究的根基

基础研究是人类对自然科学规律的发现过程，是科学研究最基础的环节。基础研究是科学研究的源头，是科技带动社会进步与人类发展的起点，从19世纪麦克斯韦的电磁理论到今天的广播电视及电子产品，从基因学研究到普遍惠及人类生活和健康的食品药品，任何人都可以深刻感受到基础研究对社会进步与历史发展的巨大贡献。美国国会和历届政府始终把基础研究作为保证其国家长远利益、保持其未来竞争力和科技领先地位的基石予以重点支持。

世界著名研究型大学普遍重视基础研究（哲学社会科学研究），我曾与美国一所研究型大学

的校长谈论学校的科研情况，他对我说他非常关心学校的科研经费总量，但是更关心来自政府和自然科学基金会的研究经费所占的比例。欧美发达国家也都把高水平研究型大学作为国家基础研究的主要力量。据统计，美国现有700多个国家重点实验室，其中大型的国家重点实验室（规模在2 000人左右）有30多个，大部分建在研究型大学，或委托研究型大学管理。国际著名学术期刊Nature和Science上发表的原创性高水平研究论文中，2/3由大学发表；诺贝尔奖的授奖总数中，3/4由大学获得。

我国是一个发展中国家，又是一个社会主义大国，我们必须有强盛的国力，要有未来的竞争力，因此，必须在基础研究方面有一定作为。但是基础研究所需时间长，资金多，例如基因研究、宇宙探测、高能物理、基本粒子等。基础研究方面的竞争是实力的竞争，我们无论是已有基础，还是在可能的资金投入方面，与发达国家相比都有较大的差距，这就需要我们根据国情国力慎重选择目标，有所为有所不为，同时将重大基础研究相对集中在少数条件好的研究基地进行。基础研究还需要自由的研究环境，需要源源不断的充满活力的科学技术人才，基础研究也是人才培养的可贵资源，因此欧美科技强国均把高水平研究型大学作为基础研究的主要基地，使科技、教育资源得到优化配置。另外，我们所实行的课题制，其竞争主要应表现在承担者的水平和创新思想方面，而不应在已有大量建设投入的基地之间进行。基地应是对所有研究人员开放的。

有的同志认为，就我国目前以及今后相当一段时期而言，我国研究型大学主要应在技术开发方面为国家作出贡献，不应强调基础研究。这一观点不无道理，问题是技术开发应当是我国每一所高等院校，至少是每一所本科院校的一个职能，每所高等院校都应当在各种技术开发和应用研究方面为国家和地区的发展作出贡献。我国作为一个发展中的社会主义大国，应当有选择地进行一些重大的基础研究，这些实现国家目标的基础研究（哲学社会科学研究）主要应当依托高水平研究型大学。从事重大的基础研究（哲学社会科学研究）是研究型大学在科学研究方面的根基，也是研究型大学有别于其他类型大学的一个重要特点。

这里想特别强调一点，我国的研究型大学在加强重大基础研究的时候，要更多更积极地参与大型国际合作科学研究项目，最大限度地利用国际科技资源，尽快缩小我国在基础研究方面与发达国家的差距，这也是摆在我国研究型大学面前的一个课题。

三、技术研究与开发是目前我国研究型大学科技创新的主战场

技术研究与开发是把科学技术知识变为现实生产力的关键。技术革命会带来社会生产体系的组织结构和经济结构的飞跃变化，进而导致产业革命。19世纪30年代蒸汽机的发明和普遍应用，带动了整个工业和交通运输业的革命性变革，使人类将传统的依赖于各种自然力的生产过程代之以人工动力，为人类社会创造了巨大的物质财富，形成了席卷全球的产业的革命，还有半导体工业、电子计算机工业等很多例子。从这里我们可以看到，技术研究与开发是加快经济发展的重要手段，它有力地推动了新兴产业的形成与发展。所以爱因斯坦之后最有影响的理论物理学家斯蒂芬·霍金说："过去一百年全世界发生的变化比历史上任何一个世纪都多得多，其原因是基于基础科学的技术上的进展。"

科学技术和社会生产力发展到今天，提高竞争力的含义已经发生了变化，国家和企业提高竞争力的主要途径不再只是结构调整、降低成本和提高产品质量，而是更加依靠技术创新，并将创新迅速物化、商品化、产业化，以使其竞争对手的产品和技术改造难以跟上他们的创新，从而始终处于优势和主导地位。

基础研究决定国家未来的竞争力，技术研究与开发直接影响今天的竞争力。就我国的发展阶段和实际需求来说，目前以及今后相当长的时间都更加迫切需要大量的技术开发与创新。研究型大学的学科门类齐全，各类人才密集，研究环境良好，在技术改造、技术开发与技术创新方面具有优势。这些学校理所当然地应当急国家之所急，面向国民经济建设主战场，把大多数科研资源投向技术研究与开发，为企业竞争力的提高，为国家和地区的产业结构调整作出贡献。

改革开放以来，我国高校在技术研究与开发方面的作用逐渐加强。2002 年，以高校为主体承担的国家“863”课题总数占启动课题总数的 48%。在“863”计划 6 个领域中，除能源领域外，高校获得的经费支持比例均在 40%以上，在每个领域承担任务的高校数均在 20 所以上，特别是在信息、生物、新材料领域中承担任务的高校近 50 所，这些学校绝大多数是设立了研究生院的科研水平较高、科技实力较强的高校。2002 年，高校获国家技术发明奖和国家科技进步奖分别占总数的 78% 和 49%，全国高校共申请专利 6 118 项，其中，北京大学、清华大学等 9 所高校共申请 1 983 项，占 32.4%。这些数据表明，我国高校，特别是一批科技实力较强的高校已经成为我国技术研究与创新的生力军。相信随着我国高等教育，特别是一批高水平研究型大学的形成与发展，必将为我国企业竞争力和国家竞争力的快速提升提供强大的、源源不断的动力和支撑。

四、科技成果转化与产业化是我国研究型大学的特色

科学研究的最终目标是提高社会生产力，推动社会进步和经济发展，而科技成果转化和产业化是达到这一目标的必然途径和手段。只有将实验室产生的科技成果进行必需的转化工作，应用于现实生产过程或形成产品，并将其产业化，科学研究才能真正服务于经济建设和社会发展，才能切实起到“科学技术是第一生产力”的作用。

欧美发达国家的高水平研究型大学普遍重视其科技成果的转化和转移工作。美国的斯坦福大学创造了举世闻名的“硅谷”，成为推动美国经济的发动机。麻省理工学院等一流大学支撑了 128 号公路两侧林立的高技术工业园区，形成一个以发展微型计算机为中心的商业技术区，带动了当地经济的发展。

改革开放以来，特别是实行社会主义市场经济以后，我国高校普遍对科技成果转化与产业化工作高度重视，有大量的科技人员和管理人员从事科技成果转化与产业化工作，源源不断的技术成果向企业转移，为我国的产业结构调整和新经济增长点的产生作出了重大贡献。目前我国已有国家大学科技园 43 家，遍布 27 个省（市），全部依托科技实力较强的大学。2002 年，43 个大学科技园投资总额为 297 亿元，其中学校投资 69 亿元，吸收社会投资 200 多亿元，园中已入住的企业数近 5 500 家，在孵科技企业数 2 500 多个，入住企业开发生产的重点新产品数超过3 500个。到 2003 年 5 月底，高校上市公司 40 家，其中清华大学、北京大学等 9 所高校拥有 30 家，占总数的 75%。高校通过转化与产业化吸收了社会资本以后，一部分再次投入技术研究与开发，使高校科研经费投入进入了良性循环。在科技成果转化和产业化的同时还培养了新型创新创业人才。我国研究型大学通过建设大学科技园，兴办科技企业已经培养了一大批国家急需的工程型和经营性人才。此外，发展科技产业对高校在了解市场需求、调整学科和专业结构、培养社会需要的人才方面也发挥了重要作用。比较我国与欧美发达国家研究型大学的科技成果转化与产业化工作，我们可以看到一个重要区别，这就是欧美发达国家研究型大学主要是通过向企业转让专利和鼓励教师到企业兼职来实现其科技成果转化为生产力的。我国大学除了技术转让和教师在企业兼职以外，还通过参股、控股，甚至全资举办科技企业来进行科技成果的转化与产业化。也就是说，我国高校在更为直接地从事科技成果转化与产业化工作。对此，我国高等教育界有不同的意见，国外不少一流大学的校长也持异议，并且态度鲜明地告诫我们要注意大学的本质使命。

我认为之所以导致上述情况，有两个重要原因：一是我国的具体国情。我国处于从农业化社会向工业化社会过渡的历史时期，绝大多数企业不仅创新能力非常薄弱，不能实现经济竞争所需技术的内部供给，而且引进专利，进行二次开发的力量也不足。加之我国处于社会主义市场经济的初级阶段，市场经济秩序尚有待完善和健全，相当多的企业只有在既不承担风险又有望获得丰厚收益的条件下才会选择采用新技术。这样，为了实现科研工作的最终价值，为经济建设作出更大的贡献，许多高校就自筹资本自行创办科技企业或经营实体进行成果的转化和产业化。

二是科技进步加快，国际竞争加剧，企业之间的竞争更加依靠技术、产品的创新，社会对大学贡献的需求和期望提高，导致大学的产出和对社会贡献的形式发生变化。早期高校对社会的贡献只是人才贡献，不断向社会输送具有一定专门知识的人才；高校从事科学研究以后，开始对社会作出知识贡献，向社会源源不断地输送人才和知识。随着企业竞争力提高越来越依靠创新，社会希望高校不仅贡献单纯的知识，还要把知识转化成生产力，作出转化的贡献，因此现代高校对社会的贡献是人才、知识，以及科技成果转化，或新的经济增长点贡献。在人才培养方面，早期高校只是向学生传授知识，学生主要是在课堂学习知识。后来不仅向学生传授知识，还要培养其分析问题、解决问题的能力，这就需要实践，需要一定时间走出课堂进入实验室、企业和社会，通过实践进行学习。今天，社会更加需要创新和创业人才，这类人才必须通过教学活动和科技活动两种途径进行培养。在科学研究方面，高校早期成果主要是学术论文，后来有技术成果、技术专利，现在又出现成果转化和孵化企业。高校培养的创新、创业人才带着自己的成果和专利到大学科技园，一、两年就可以孵化出一个企业来。上述这些变化说明高校社会的贡献转化为生产力的周期越来越短，高校对社会发展所起的作用越来越直接。

变革本质上讲是突破，是对现有事物、秩序和习惯的突破。重大变革需要社会生产力发展对突破的需求，也需要产生突破的条件、时机和积聚的动力。国际上发生的几次高等教育思想和体系的重大变革都说明了这一点。正是上述两点使我国研究型大学在发展过程中获得了发生变革，走出自己路子的条件和机遇。我国高校要深刻地变革教育思想，不断地进行办学体制和运行机制的创新，包括规范校办科技企业的管理，相对隔离校园文化与企业文化，完善对企业的资本投入和撤出机制等，主动适应和促进高校对社会贡献的变化，从而满足社会对高校不断提高的需求。

五、公共政策研究与政府决策咨询是研究型大学的重要职能

公共政策的研究和制定，直接影响社会的发展、政府的行政效率和人民群众的利益。公共政策最为显著的特点之一是它的跨学科性。公共政策的制定，涉及社会的各个方面，必须进行深入分析研究和广泛的决策咨询，才能真正代表最广大人民群众的利益。

我国一些科技实力较强的高校学科多，综合性强，不仅在自然科学、工程技术科学方面具有突出的研究能力与优势，在哲学、人文社会科学研究方面也具有较高的研究水平。同时人才密集、思想活跃，这些特点使得这些高校在为政府决策提供咨询和开展软科学研究方面具有突出优势。建国以后，特别是改革开放以来，高校一直参与公共政策与政府决策咨询工作，为各级政府部门提供决策咨询，已成为各级政府重要的“智囊团”。据统计，高校在国家哲学社会科学研究规划项目中的立项数、经费数、获奖数均达到 2/3 左右，为我国的改革开放、社会发展与经济建设作出了重要贡献。

随着“三个代表”重要思想的深入学习，我国各级政府对决策的科学性和民主化越来越重视，政府决策的程序越来越规范化和法制化，公共政策研究、软科学研究和政府的决策咨询量也越来越大。我国高校，特别是科技实力比较强的高校要充分发挥自己的优势，更加主动地为政府提供公共政策研究、软科学研究和政府决策咨询，把它作为研究型大学的重要职能和为社会服务的一项重要内容。

未来 20 年是我国全面建设小康社会的历史机遇期，也是我国形成一批高水平研究型大学的历史机遇期。我们要充分借鉴发达国家和世界一流大学的成功经验，要抓住社会发展给我们带来的历史机遇，坚持不懈地进行改革创新，走出符合国情、符合时代、符合当今社会需要的自己的路子，为中华民族的振兴，也为国际高等教育的新发展作出贡献。

（原载《中国高等教育》2003 年第 15—16 期）

坚持教育创新　不断推进高等教育的改革和发展

吴启迪

当前全国人民正在努力贯彻党的十六大精神，进一步掀起学习“三个代表”重要思想的新高潮，为全面建设小康社会而扎实工作，努力奋斗。在新的征程中，教育事业特别是高等教育事业，具有先导性、全局性的作用，担负着伟大的历史使命。为了完成这一伟大的历史使命，党的十六大提出了大力发展教育和科学事业的奋斗目标，指出了坚持教育创新的方针和道路。怎样通过“坚持教育创新，深化教育改革，优化教育结构，合理配置教育资源，提高教育质量和管理水平，全面推进素质教育”，就成为我们必须认真深入研究和切实做好的一系列重大课题。

众所周知，近些年来，中国高等教育事业取得了历史性的成就。首先是，事业蓬勃发展，规模持续扩大。到2003年底，全国各级各类高等教育在学人数达到1 900万人。同时，高等学校办学潜力得到充分发挥，办学效益明显提高。其次是，高等教育改革取得突破性进展。主要包括，高等教育管理体制实现了深刻的变革，高等学校内部管理体制改革不断深化，高等教育成本分担机制和多元化投入体制、高校毕业生就业制度改革平稳推进，高考改革在朝着有利于全面推进素质教育的方向逐步深化，高校后勤社会化改革取得重大突破。再次是，高等教育的质量和水平不断提高。这主要表现在，高等学校人才培养的质量和水平有较大提高，学术水平和科研实力显著提高，师资质量和水平有了较大提高，教学、科研基地建设和校园环境建设上了一个台阶等几个方面。第四是，高等学校对国家经济建设和社会进步的贡献日益突出。“九五”期间，高等学校承担国家自然科学基金面上项目70％以上、重点项目一半左右；承担国家“863”计划和“973”项目都是三分之一左右，成为国家科技创新特别是基础研究领域的生力军。高等学校还顺应高新技术产业发展的要求，培育出一批知名的高新科技企业和重大科技创新产品，为国民经济培育了新的增长点。高等学校还在哲学社会科学研究方面作出了突出贡献，取得了一系列重大成果，并积极为各级政府和企业提供决策咨询，成为重要的智囊库。

但是，我们也必须清醒地认识到，我国高等教育事业的发展还面临着不少问题和困难，主要是：就国家发展和社会需求的趋势看，高等教育的发展仍面临着巨大的压力；高等教育的经费投入仍然不能适应规模快速发展的要求，高等学校办学条件全面紧张；高等学校教师的数量和整体素质难以适应新的要求，已经在一定程度上影响了教育的质量；在教育体制和教育观念上，还存在着一些制约发展的障碍性因素；在加快发展的过程中，在办学秩序等方面出现了一些新情况、新问题，管理工作亟待加强；由于各种原因，在近期内高校毕业生就业工作困难增多，形势严峻，等等。

根据我国社会主义现代化建设的要求，综合考虑各方面的情况和各种因素，我们认为，今后一个时期，我国高等教育的发展在总体上应当坚持“巩固、提高、深化、发展”的工作思路，着重抓好四个方面的工作：

1. 进一步调整、优化高等教育办学和布局结构，促进持续、健康、快速发展。一方面，要把握好发展节奏，促进普通高等教育、成人高等教育、现代远程教育、自学考试等各类高等教育协调发展。争取到2010年，全国各类高等教育在学人数达到2 700万人左右，其中研究生在学人数达到180万人左右，高等教育毛入学率达到23%左右。另一方面，要大力调整、优化结构，力求高等教育的规模、质量、结构、效益的协调发展。特别是要推动各类高校合理定位、有效分工和相互合作，制定各自的发展战略规划、学科队伍建设规划和校园建设规划，形成各具特色的人才培养、科技贡献和社会服务方式；要根据经济社会发展的需要以及人力资源市场的供求状况，调整学科专业结构，使高等教育办学模式更加适应经济社会发展的需要；要调整优化高校布局结构，促进区域间均衡发展，结合西部大开发，创造条件向西部地区倾斜。

2. *实施高等教育质量工程，全面提升高等教育人才培养质量，推进教育信息化。*在已经启动的“高等学校教学质量与教学改革工程”中，我们提出了一系列改革措施和目标，其中包括：建设1 500门精品课程、建设一批国家级示范教学基地和基础课程教学示范中心，并通过互联网使这些优质教育资源共享；推进基于计算机信息技术运用的英语教学改革、标准化考试改革；加强电子图书馆与教材以及实验设备的建设和资源共享；进一步调整学科专业结构、规范专业设置管理；推进双语教学和聘请国外优秀专业课教师；推动高等医学教育的改革和发展；大力发展以就业为导向的高等职业教育；建立中国特色的高等教育教学质量保障与评估制度，以建立和完善国家宏观管理和监控高等教育质量、学校面向社会依法自主办学的新的运行机制。要提高人才培养质量，关键在教师队伍。为此，我们还要继续大力提高高等学校教师队伍的整体水平。通过严把教师“进口关”的同时，支持教师在职攻读学位，争取到2007年全国高校教师中具有博士和硕士学位的人员超过50%。继续鼓励教授上讲台讲授基础课，建立每年评选和表彰100名国家级教学名师的制度。执行“高校高层次学科队伍建设计划”，加强学科带头人和创新团队的建设。进一步完善特聘教授岗位制度，面向世界范围遴选拔尖人才，鼓励开展原始创新研究和承担国家重大科研项目，争取在若干年内吸引、造就一批具有国际领先水平的优秀学术带头人。继续设立专项资金，每年从国内高校遴选300位教学科研业绩优异和具有突出发展潜力的青年学术带头人给予奖励，支持其科研和教学工作。

3. *加强一流大学和高水平大学建设，增强高校科技创新能力，进一步促进高等教育与经济社会发展的紧密结合。*要继续实施“985工程”，对具有较好基础的大学进行重点建设，使之成为国家知识创新、技术创新和培养拔尖创新人才的重要基地。努力在全国建设若干所具有世界先进水平的一流大学。继续实施“211工程”建设，使其中大多数高等学校的整体科研能力达到国内领先水平，成为知识创新、科技开发基地和人文社会科学研究基地，成为国家和地方解决经济、科技和社会发展重大问题的基地。要启动大学科技创新工程，提高高校的原始性创新能力和解决关系国民经济、社会发展和国家安全的重大科技问题的能力。加快高校科技成果向现实生产力转化。要实施高校哲学社会科学繁荣计划，组织对经济社会发展中的重大理论和实践课题的研究。

4. *深化各项改革，大力推进体制和机制创新。*一是深化各项管理体制改革，进一步完善现代高校制度；二是深化高等教育经费投入体制改革，建立与市场经济体制相适应的教育经费投入体制；三是进一步深化高校办学体制改革，加强机制创新。按照《民办教育促进法》的规定，对民办学校积极鼓励、大力支持、正确引导、依法管理。

为了进一步推动教育创新、促进高等教育的改革和发展，我们特别提出，要大力开展教育宏观政策研究和教育理论研究，加强对教育工作中带有全局性、根本性、长远性问题的深入研究，有针对性地开展教育工作热点难点问题的研究，积极开展群众性教育科学研究，开展教育政策和决策咨询。为此，我们考虑，要改革教育科学研究体制和机制，加强教育科学研究机构的建设，加强研究队伍建设，充分发挥教育科学方面学术性社会团体的作用。为了我国高等教育事业更快更好地发展，需要我们研究的问题很多，教育科学研究工作者的责任十分重大，这就赋予了中国高等教育学会新的、更加光荣而艰巨的任务和责任。

我国现在已经是高等教育大国，但还不是一个高等教育强国。为了使我国高等教育整体水平步入世界先进行列，我们不仅要努力实现规模、结构、质量、效益的协调发展，而且要瞄准世界高等教育高水平的先进目标，坚持教育创新，努力实现跨越式发展。

（本文系教育部副部长吴启迪在“庆祝中国高等教育学会成立20周年暨2003年高等教育国际论坛”上的讲话摘要）

用“三个代表”重要思想指导教育纪检监察工作的思考

田淑兰

“三个代表”重要思想同马克思列宁主义、毛泽东思想、邓小平理论是一脉相承而又与时俱进的科学体系。认真学习、全面把握“三个代表”重要思想的科学内涵和精神实质，坚持立党为公、执政为民的要求，密切与人民群众的血肉联系，对于我们做好纪检监察工作，更好地履行职责，完成十六大赋予的光荣使命至关重要。

一、“三个代表”重要思想是指导教育纪检监察工作新的实践的理论武器

江泽民同志反腐倡廉思想及十六大以来党中央对反腐败工作的一系列论述是“三个代表”重要思想的有机组成部分，进一步丰富和发展了党的反腐倡廉理论，结合中国实际初步探索出一条适合我国现阶段基本国情的有效开展反腐倡廉的路子，有力地指导了新形势下党风廉政建设和反腐败斗争的实践。“三个代表”重要思想作为党的指导思想，指明了新世纪新阶段党风廉政建设总目标，也为教育纪检监察工作指明了前进方向，为纪检监察工作提供了强大动力和理论武器，科学回答和解决了纪检监察工作中各种理论问题和实际问题。

教育纪检监察工作要为实现党的十六大对教育工作提出的一个宗旨（为人民服务，要办让人民满意的教育）、三项任务（构建体系——要构建中国特色现代教育体系，包括一个完善的国民教育体系和终身教育体系，建设学习型社会；培养人才——要培养数以亿计的高素质劳动者，数以千万计的专门人才和一大批拔尖创新人才；知识贡献——把教育和科技创新、经济建设、文化繁荣、社会进步紧密地结合起来。把科学知识转化为现实生产力，为社会主义现代化建设和全面建设小康社会作出知识贡献）的总要求，也就是为实现教育部党组提出的办人民满意的教育提供坚强的政治保证，实事求是研究面临的新情况、新问题，坚持用“三个代表”重要思想指导教育纪检监察工作新的实践。这是做好新时期教育纪检监察工作的关键。在认识上要明确几个关系。

1. 教育事业发展与反腐倡廉

发展是硬道理，是解决中国所有问题的关键。贯彻“三个代表”重要思想必须明确各项工作都要围绕发展这个执政兴国的第一要务来进行。教育系统的反腐倡廉工作也必须紧紧围绕促进教育发展这个大局来进行，因为它是解决教育几乎所有问题的关键所在，只有教育健康持续发展，才能最大限度满足群众的需要，并为国家全面建设小康社会提供智力支持和人才保证。这是国家的大局、民族的大局。教育系统的各项工作都要服从、服务于这个大局，我们在实际工作中就要懂大局、想大局、顾大局。教育纪检监察的工作目的是着眼于教育发展，主要任务是通过惩治腐败和抓党风带行风促学风，推进教育发展，工作措施要紧紧围绕教育发展过程来进行，工作成效要看是否为教育发展扫清障碍，提供了政治保证。那种把事业发展与反腐倡廉对立起来，担心抓党风廉政建设会影响发展的观点和把教育纪检监察工作与事业发展分割开来的“两张皮”现象都是不可取的。

2. 关心爱护干部与监督制约

要把中国的事情办好关键在人，要把教育搞上去关键要有一批优秀的领导干部。纪检监察工作的一项重要职能就是保护干部。这种保护不仅表现在积极支持理解勇于改革者，满腔热情地教育帮助失误者，严肃查处腐败者，更大量的工作是要认真研究如何通过体制、制度来规范干部行为，构筑严密的权力制约监督体系，把腐败的机会降到最低限度，防止公共权力部门化，部门权力个人化，使干部少犯和不犯错误。因此，不管是来自制度的制约还是组织监督、群众监督都是对干部的爱护，也只有把各级领导干部手中的权力置于严密的监督之下并进行严格制约，才能最大限度地保证权为民所用。从一定意义上讲，人人需要监督，再高的领导也不能凌驾于组织之上。新一届党中央在健全监督制度方面采取了一系列措施，自觉接受全党和全国人民的监督，为我们作出了榜样。

3. 加强教育与严肃纪律

这是反腐倡廉不可分割的两个侧面。无论过去、现在还是将来，我们教育系统绝大多数干部是好的和比较好的，多年来为教育的改革发展作出了重要贡献，是党的宝贵财富，是进行现代化建设的重要依靠力量。一大批年轻同志走上领导岗位，这是事业发展的需要，也是我们党长期培养教育的结果。教育系统的反腐倡廉工作对大多数干部来说，主要是立足于教育，做到关口前移，防微杜渐，通过示范教育和警示教育，促进领导干部增强道德约束力，构筑思想道德防线，促进领导干部廉洁自律。但仅有教育这一手还不够，还必须通过严肃党的纪律，增强党的凝聚力，纯洁党的队伍，保持党的先进性，这是深入开展反腐败斗争的重要标志。正如党的十六大报告所指出："不坚决惩治腐败，党同人民群众的血肉联系就会受到严重损害，党的执政地位就有丧失的危险，党就有可能走向自我毁灭。"通过查办案件既能使党员干部从中吸取教训，又能发现工作中存在的弊端和薄弱环节，以便从源头防治腐败的发生。

4. 反对腐败与纠风工作

纠正部门和行业不正之风是反腐败三项工作格局的重要内容。坚持立党为公、执政为民要体现在党和政府工作的各个方面。我们要深刻理解胡锦涛同志提出"群众利益无小事。凡是涉及群众的切身利益和实际困难的事情，再小也要竭尽全力去办"的思想，提高对搞好教育行风建设意义的认识。目前全国有各级各类普通学校 66 万所，在校生达 2.46 亿人。教育战线点多、面广、战线长，是与广大群众关系极其密切的行业，行风建设受到广大群众的特别关注。学校又是培养人才、传承文明的场所，群众对教育的行风建设期望值很高。几十年来教育系统十分重视行风建设，总的看行风是健康的，受到群众的称赞，但近些年来由于各种复杂原因导致部分学校收费不够规范，群众对此意见很大。我们要办让群众满意的教育就必须体察民情、了解民意，结合教育的改革，认真解决乱收费问题。要实事求是地分析问题产生的原因，从加大治理的力度、加大教育投入和促进教育均衡发展等多方面力所能及地为群众排忧解难，树立教育行业为民、爱民、诚信的良好形象，不断以阶段性成果取信于民。

二、教育事业改革发展给教育纪检监察工作带来的新情况

改革开放以来，特别是党的十六大以来，我国教育事业取得了举世瞩目的辉煌成就，实现了改革与发展历史性跨越，开创了我国教育事业发展的最好历史时期。普及九年义务教育取得了跨越式发展，高等教育进入了国际公认的大众化教育阶段，被国际社会特别是广大发展中国家视为人类教育发展史上的奇迹。

1.教育改革发展的新变化，为教育纪检监察工作提供了许多有利条件

第一，高等教育管理体制改革取得了重大突破，改变了计划经济条件下形成的部门和地方条块分割的办学局面，为纪检监察工作扫除了体制性障碍。

第二，高校后勤社会化改革成绩显著，不仅从 1999 年以来四年的建筑面积超过过去 50 年建设的总和，成绩巨大，而且消化所有工作人员。

第三，高校招生制度改革，三年扩招，人数翻番，从 2002 年开始全部实现网上录取，部分省开始网上阅卷，对促进招生工作公开透明，防止招生

工作中的“暗箱操作”提供了技术支持。

第四，教育投入总量不断增加，1997 年至 2002 年教育投入平均每年增幅达 16.7%，2002 年政府财政性教育投入占 GDP 的 3.41%，为教育事业改革发展提供了条件保障。

第五，义务教育管理体制改革目标明确，提出建立“以县为主”政府办义务教育的新体制，为教育监察工作责任主体到位提供政策依据。

第六，教育系统干部人事制度改革步伐加快，竞聘上岗、公开推选领导干部等项工作有序进行，为纪检监察工作提供了组织保证。

第七，贫困学生的救助工作受到重视，国家设专项资金支持西部地区“普九”攻坚，社会上困难群众子女入学享受减免政策，体现了教育的公益性和公平、公正性，有助于在社会上树立教育为民的良好形象。

第八，高教科研体制改革促进高校科研资源重组，已经成为国家科技创新的重要方面军，为纪检监察工作开辟新的工作领域。

第九，教育立法工作取得了历史性成就，《民办教育促进法》、《中外合作办学条例》相继出台，目前正在启动教育立法的“五修三立”规划，为教育纪检监察工作提供法律依据。

第十，教育信息化推进教育现代化，是目前受到空前重视、抓紧谋划、正在整体推进的重要工作。这将有力地促进教育均衡化发展，满足群众享受优质教育资源的需求，缓解供求矛盾。

2. 教育改革发展给我们带来的新挑战

第一，优质教育资源供求矛盾突出，有些学校借机乱收费。优质教育资源成为稀缺资源，谁享受到这样的资源，谁就会在未来的生存条件、生活质量、个人发展上占据优势。为不使孩子输在起跑线上，有些家长不顾条件和可能，不惜代价一定要进好的学校。客观上由于历史原因教育发展不均衡，教育经费投入不足，教育法律不完善，既有学校自身乱收费，还有政府和有关部门搭车收费，这使教育乱收费治理十分困难。

第二，教育系统既要警惕内部出现的腐败问题，更要警惕来自社会上的各种诱惑。由于我国正处在社会主义初级阶段，在从计划经济向社会主义市场经济转轨的过程中，腐败现象易发、多发的主客观因素依然存在，所有制形式的多样化，利益关系多样化，由于利益驱动萌生的腐败诱因增加，诱发腐败的一些深层次问题尚未得到解决，反对和预防腐败的任务仍然相当艰巨。社会上某些行业存在的腐败问题无时无刻不在侵蚀影响着教育战线，特别是在我国公有制为主体、多种所有制经济共同发展的情况下，学校与社会交往情况更复杂，教育系统的党员干部还要增强抵制各种诱惑的能力。

第三，制度有待完善，监督需更有力。当前，我国教育事业进入了快速发展的新阶段，为教育纪检监察工作创造了良好的体制环境和开展工作的环境。但是我们也不能不看到，越是跨越式大发展，经受的考验和挑战就越多，党风廉政建设就越需要加强。目前，高校办学规模不断扩大，办学条件不断改善，产学研一体化进程加速，高校后勤社会化等改革不断深化，教育资金投入越来越多，投资主体多元化，基建规模和物资采购量越来越大，学校参与经济活动越来越频繁，而学校内部管理跟不上，制度还不够完善，监督制约机制尚不成熟，漏洞很多。我们近些年查处的案件也从反面警示我们：管理是高校急待加强的重要工作。这些情况使教育系统党风廉政建设面临前所未有的挑战和考验。

三、从执政为民的高度，对教育系统加强党风廉政建设的思考

胡锦涛同志在 2003 年“七一”重要讲话中指出：“学习贯彻‘三个代表’重要思想，必须牢牢把握立党为公、执政为民，这是衡量有没有真正学懂、是不是真心实践‘三个代表’重要思想最重要的标志。”我们要深刻领会，努力实践。

1. 明确工作指导思想，确定工作重点

吴官正同志最近在新任纪检干部培训班讲话中强调：学习“三个代表”重要思想，必须紧紧围绕发展这个党执政兴国的第一要务开展工作，使党风廉政建设和反腐败斗争更好地适应完善社会主义市场经济体制和扩大对外开放的需要；必须坚持从严治党的方针，全面推进党的建设新的伟大工程，始终保持党的先进性和纯洁性；必须坚持立党为公、执政为民，切实纠正损害群众利益的不正之风，着力解决好人民群众关心的突出问题；必须坚持标本兼治、综合治理，逐步建立起中国特色的惩治和防范腐败的体系；必须坚持解放思想、实事求是、与时俱进，努力实现党风廉政建设和反腐败的理论创新、实践创新。这是对全党的纪检监察工作的要求，也是我们教育系统的党风廉政建设的重要指导思想。结合教育战线实际，教育纪检监察工作在实践中要突出“两服务”、“两道防线”、“两个机制”、“两手抓”、“两治结合”。

“两服务”是指教育系统的党风廉政建设必须坚持为教育事业健康发展服务、为人才健康成长服务。我们要把党风廉政工作放在教育事业全局中去认识去把握。教育基础性、先导性、全局性的战略地位，决定它在国家经济发展、社会文明进步及人的全面发展中的不可替代的重要地位和作用。党的十六大明确了教育工作人才培养、知识贡献、服务社会三大任务，做好我们的工作对实现新世纪新阶段全面建设小康社会宏伟目标、提高国民素质和人民群众生活质量至关重要。教育党风廉政建设必须紧紧围绕教育发展这个主题、人才成长这个中心任务确定自己的工作重点，对影响教育健康发展、损害人才健康成长的腐败行为要敢于旗帜鲜明地坚持原则，主持正义，为教育发展提供可靠的政治保证。

“两道防线”是指在教育系统的党员领导干部中坚持构筑思想道德防线和党纪国法防线。思想道德防线是通过教育、宣传、培养等可在个人内心形成自我反省与价值评判机制，反映人们对善与恶看法的价值取向，具有相对稳定性，这是拒腐防变的第一道防线。党纪国法防线是通过党的纪律和国家法律规范来约束自己的行为，具有权威性、强制性，违犯其规定要承担相应的后果与责任。构筑这两道防线，可以有效地防范和惩治腐败行为。

“两个机制”是指在教育事业发展中要有自我发展和自我约束的两个机制。现在是教育大发展的机遇期，“三个代表”重要思想要求我们必须树立清醒的全面、科学的发展观，每项新制度出台，每项改革措施的实行，都应考虑对各方面的影响和可能带来的新问题。许多事实证明：腐朽的东西往往依附于新事物而滋生蔓延，改革发展中的重点领域、热点部位、关键环节往往是腐败现象容易滋生和蔓延的地方。有的人犯错误也常常是打着各种改革的口号，行谋私之实。因此，要将防治腐败寓于教育系统各项重要决策和管理措施之中，把自我约束的思想贯穿于教育发展的全过程。

“两手抓”是指领导干部必须坚持“一岗双责”、“谁主管，谁负责”的原则。既要抓好业务建设，又要抓好队伍建设，保证党风廉政建设责任制的落实，这是领导干部的基本职责。领导干部自身不廉洁，肯定不是个好干部；但光有自身廉洁还不够，不会带队伍或带不好队伍的领导不能算是优秀的领导。

“两治结合”是指在党风廉政建设中要坚持治标与治本相结合。腐败行为已浮出水面，就要把查办案件放在重要位置，必须依纪依法处理，但案子处理完只是任务完成一半，更重要的是认真从案件分析思考中找出深层次原因，特别是注意在腐败问题发生的各种复杂原因中，体制、机制、制度因素带有根本性，抓住这个根本，通过改革创新，才能减少违纪违法问题发生的几率。立足长远从根本上杜绝此类问题发生。

2. 探索建立与中国特色的现代教育发展相适应的教育、制度、监督三者并重的惩治和预防腐败的体系

反腐败是长期的政治任务，伴随着教育发展的全过程。党的十六届三中全会从全面实践“三个代表”重要思想的高度，作出了“建立健全与社会主义市场经济体制相适应的教育、制度、监督并重的惩治和预防腐败体系”，“为完善社会主义市场经济体制营造良好的社会氛围”的战略部署。建立这样的体系是对改革开放以来我国党风廉政建设基本经验的科学总结，也是反腐倡廉工作中追求的目标，具有重要的实践指导意义。强调教育、制度、监督三者并重是因为这三个方面是党风廉政建设的三大战略任务，缺一不可。建立有效的防止和预防体系是对反腐倡廉规律的深化和要求标准的提升，我们不仅要做好每项具体工作，还要抓住各项工作之间的内在联系，从战略全局的高度把握其特点和规律。这些重要的思想对于做好教育纪检监察工作至关重要。

许多事实说明，一些领导干部犯错误往往是从疏于学习，放松改造，信仰动摇开始的。坚持从教育入手，充分发挥教育的基础作用，是保证领导干部廉洁自律和防范腐败的重要途径。正如江泽民同志所强调，在新的历史条件下，领导干部面临的诱惑和考验很多，一定要经常打扫头脑中的灰尘，做到警钟长鸣，切不可丧失警惕。

制度建设是保证。邓小平同志曾指出："制度好可以使坏人无法任意横行，制度不好可以使好人无法充分做好事，甚至会走向反面。"（《邓小平文选》第2卷，第333页）目前，教育系统发生的一些问题，虽然有个人世界观的原因，但客观上与制度不健全、不完善有很大关系。特别是当前教育处在大发展的时期，各方面的情况变化很快，对过去已有的制度要不断修改完善，对新发生的情况要及时建立规章制度。制度建设和完善是一个过程，要积极稳妥，对经实践证明是行之有效的制度必须认真贯彻执行，狠抓落实。如党风廉政建设责任制、政务公开、校务公开、"三重一大"制度、基建招投标制度等。由于制度带有根本性、全局性、稳定性的特点，在廉政建设中具有特别重要的作用，必须受到特别的重视。

腐败的本质是公共权力的滥用，不受监督的权力必然导致腐败。因此，在党风廉政建设中监督是关键。要坚持以民主集中制为核心的党内监督；以职代会为主要形式的群众监督；以纪检监察机构为主的组织监督，还有舆论监督、审计监督等，形成有效的监督网络。总之，只有逐步建立适合中国国情的教育、制度、监督三者并重、相互配套的惩治和预防腐败的体系，努力从源头上铲除滋生腐败的土壤，才能使我们党不断增强拒腐防变的能力。

3．*教育纪检监察工作必须与时俱进*

第一，思想观念与思想方法要与时俱进。思想是行动的先导，纪检监察工作与时俱进重要的是转变思想观念，着眼于对前人经验的继承，保持政策的连续性，着眼于对当前面临问题的理性思考，全面看问题，避免只见树木不见森林，着眼于用"三个代表"重要思想指导新的实践，并以实践作为检验的标准，以科学的态度不断总结与概括实践中的新鲜经验。特别是要强化用"三个代表"重要思想武装头脑，指导实践，推动工作的观念，把推动事业发展、维护群众的根本利益作为纪检监察工作的出发点和落脚点。

第二，工作思路和工作方法要与时俱进。与时俱进必须体现时代性、把握规律性、富于创造性。要认清我们工作面临的新情况，根据变化着的世情、国情、党情，认真分析教育系统的新变化、新问题，适应时代不断变化的需要，深入探讨在新形势下开展工作的特点和规律，特别是社会主义市场经济体制的建立与完善，我国加入世界贸易组织，加大对外开放，采取"走出去"战略等因素对教育的影响，政府在管理教育方面的方式方法发生的变化，提出的新要求，紧贴中心拓宽思路。在工作方法上，更强调发挥纪委的组织协调作用。在实际工作中要找准位置，到位不缺位，到位不越位，"组织"不包办，"协调"不代替，以作为求地位，充分发挥各业务职能部门在反腐倡廉中的作用，努力形成反腐倡廉的合力。

第三，领导体制、工作机制要与时俱进。反腐败领导体制和工作机制是指：党委领导，党政齐抓共管，纪委组织协调，部门各负其责，群众参与和支持。这五方面缺一不可，并在实践中完善。这里要特别强调部门各负其责的问题，廉政建设是部门建设的重要内容，应纳入部门在制定战线工作政策之中，并加强各部门之间的协调，保持政策的一致性和有效性。

第四，人员素质和工作作风要与时俱进。当前社会上腐败分子的作案手段、方式都有新的变化，有的从直接收受贿赂向曲线敛财转变；有的从生活资料占有向资本积累转移；有的从个体腐败向群体性腐败发展；有的用高科技手段实施犯罪。在教育系统虽然比社会上有些行业要好得多，但我们确实也不能掉以轻心。反腐败斗争的复杂性对我们的队伍建设提出了更高要求，必须加强纪检队伍业务建设，加强党性修养和职业道德教育，丰富知识，开阔视野，努力适应工作的要求。

（选自《思想理论教育导刊2004年1期》）

全国农村教育工作会议

为进一步加强农村教育工作，推进农村教育的改革和发展，2003年9月19日，国务院在北京召开全国农村教育工作会议。中共中央政治局常委、国务院总理温家宝出席会议并发表讲话。中共中央政治局委员、国务院副总理回良玉主持了会议，国务委员陈至立作了工作报告。

温家宝在讲话中强调，要充分认识农村教育在全面建设小康社会中的基础性、先导性、全局性作用，充分认识农村义务教育在整个国民教育体系中举足轻重的地位，认真解决“三农”问题，推进农村小康建设和城乡协调发展。要坚持积极进取、实事求是、分区规划、分类指导的原则，西部地区集中力量打好“两基”攻坚战，中部地区切实抓好“两基”的巩固和提高，东部地区实现高质量高水平“普九”。温家宝着重就西部地区的“两基”攻坚工作提出了工作要求。他指出，国务院决定到2007年，力争使西部地区九年义务教育普及率达到85%以上，青壮年文盲率降到5%以下。完成这一任务，将对推进西部扶贫开发、促进民族团结、维护边疆稳定起到非常重要的作用。要清醒地看到完成这一任务的复杂性和艰巨性，必须高度重视，狠抓落实。一是国务院有关部门和西部各省区市要在充分调查研究的基础上，制定工作规划，设立专项经费，认真组织实施，加强督促检查。二是县级政府要负起主要责任，财政再紧张也要确保教育投入。三是采取有力措施，解决兴办寄宿制学校、资助家庭经济困难学生、培养少数民族地区教师等困难和问题。温家宝说，办好农村教育，要一手抓发展，一手抓改革。当前，要重点推进农村教学改革，办学体制改革，中小学人事制度改革，“农科教结合”和“三教统筹”的综合改革。要充分发挥城市教育资源的优势，更积极、更有效地为农村和农民提供服务，特别是为西部地区培养输送急需人才。扩大城市各类职业学校面向农村招生。保证进城务工农民的子女有书读、有学上。要认真落实“以县为主”的农村教育管理体制和中央提出的新增教育经费主要用于农村的要求。各级政府要把办好农村教育作为一项最重要的职责，地方各级政府和国务院各有关部门都要把加强农村教育工作摆上重要议事日程，结合本地区、本部门实际，制定规划，组织实施，督促检查，狠抓落实。要大力宣传农村优秀教师的先进模范事迹，进一步在全社会形成尊师重教和支持农村教育的良好风尚。

国务委员陈至立就贯彻落实好《国务院关于进一步加强农村教育工作的决定》，切实推进农村教育的发展作了工作报告。她要求各地认清我国农村教育虽然取得显著成绩但整体上依然非常薄弱的形势，根据中央关于解决好农业、农村和农民问题的要求，统一思想，切实把农村教育作为教育工作的重中之重，增强做好农村教育工作的责任感和紧迫感。她对不同地区加快发展农村教育的目标和任务提出了工作要求：一是西部地区要集中力量打好“两基”攻坚战，要像当年抓好“八七”扶贫计划一样实施国家“两基”攻坚计划，并重点做好制定攻坚规划，加强寄宿制学校主要是寄宿制初中建设，帮扶家庭经济困难学生就学，做好少数民族地区教师培养、教材编写和教学资源开发工作，充分利用现代远程教育手段、提高教学质量和办学效益，加大《义务教育法》的宣传等六项主要工作。二是切实做好已经实现“两基”地区的巩固提高工作，要高度重视，克服松懈、厌战和畏难情绪，加大投入，改善办学条件。要切实抓好农村初中控辍工作，要通过针对性的措施使农村初中辍学率明显下降。三是广大东部农村地区要根据当地经济社会发展水平，高水平、高质量地普及九年义务教育。力争在2010年实现全面普及九年义务教育，全面提高义务教育质量。她还就大力发展灵活多样、实用高效的农村职业教育和成人教育、大力实施农村现代远程教育工程、建立健全资助家庭经济困难学生就学的制度等工作提出具体要求。她强调要大力加强农村教育，就必须深化农村教育改革，建立和完善适应农村经济社会发展的新机制。一是巩固和完善“以县为主”的农村义务教育管理体制，落实各级政府对农村义务教育投入的共同责任，进一步规范农村中小学“保工资、保安全、保运转”制度。二是积极推进农村教育教学改革，加强“农科教结合”和“三教统筹”，加强城市对农村教育的服务和支持，重视和认真解决进城务工农民子女的就学问题，积极推进农村中小学人事制度改革。她要求各地要加强对农村教育的领导，建立健全农村教育工作的领导责任制，形成政府有关部门各负其责、齐抓共管的工作机制，大力提倡实事求是、真抓实干等好的领导作风和工作方法，充分发挥广大农民群众和教育工作者的积极性和创造性，进一步营造发展农村教育的良好社会氛围。

会前，国务院印发了《国务院关于进一步加强农村教育工作的决定》。《决定》确立了农村教育在全面建设小康社会中的重要地位和农村教育作为教育工作的重中之重的地位，明确了加快推进西部地区“两基”攻坚，巩固提高普及义务教育的成果和质量的目标和任务，提出了坚持为“三农”服务的方向，大力发展职业教育和成人教育，深化农村教育改革的措施，要求进一步落实农村义务教育“以县为主”管理体制的要求，加大投入，完善农村义务教育的经费保障机制，并对建立健全资助家庭经济困难学生就学制度，保障农村适龄少年儿童接受义务教育的权利，以及加快推进农村中小学人事制度改革，大力提高教师队伍素质，通过实施农村中小学现代远程教育工程，促进城乡优质教育资源共享，提高农村教育质量和效益等作出了明确规定。《决定》明确要求地方各级人民政府要切实加强对农村教育的领导，要建立健全农村教育工作领导责任制，把农村教育的发展和改革列入重要议事日程抓紧抓好，动员全社会力量关心和支持农村教育事业。

为推进《决定》和全国农村教育工作会议精神的贯彻落实，教育部于2003年9月21日发出《关于深入学习贯彻〈国务院关于进一步加强农村教育工作的决定〉和全国农村教育工作会议精神的通知》。各地迅速掀起学习贯彻国务院《决定》和全国农村教育工作会议精神的热潮，并深入调查研究，抓紧制订本地区、本单位发展改革农村教育的工作规划和工作方案，农村教育工作的崭新局面正在形成。

撰稿　高学贵

审稿　王建国

国务院批转教育部《2003—2007年教育振兴行动计划》

2004年3月3日，国务院批转了教育部《2003—2007年教育振兴行动计划》（简称“新一轮《行动计划》”）。温家宝总理在十届全国人大二次会议的《政府工作报告》中指出：“要切实把教育放在优先发展的地位，用更大的精力、更多的财力加快教育事业发展。实施新一轮《教育振兴行动计划》，重点加强义务教育特别是农村教育。”充分反映了新一届政府实施科教兴国和人才强国战略的坚定信心和务实精神。

新一轮《行动计划》，是在1998—2002年顺利实施《面向21世纪教育振兴行动计划》并取得显著成效的基础上形成的。面对新世纪的挑战，党的十六大和十六届三中全会提出了全面建设小康社会和完善社会主义市场经济的奋斗目标，确立了以人为本，全面、协调、可持续的科学发展观，作出了实施人才强国战略的决定。2002年十六大闭幕不久，教育部决定继续采取行动计划模式，在充分听取教育系统和社会各界意见的基础上，谋划发展，规划未来。

近一年来，新一届国务院领导始终关心和亲自指导了新一轮《行动计划》的起草工作。温家宝总理反复强调，教育是政府一项最重要的工作，本届政府一定要把科学和教育摆在更加突出的位置。陈至立国务委员指出，这一计划是今后若干年全国教育工作总体性、指导性和操作性的计划，必须充分吸收各方面意见。她曾多次听取教育部汇报，并召开有十多个部委负责人参加的部际协调会议，对有关政策、措施及经费进行统筹与协调。国家科教领导小组2003年12月30日第二次会议审议了新一轮《行动计划》，会后，又要求教育部征求所有省、自治区、直辖市人民政府、民主党派中央和人民团体的意见，体现了新一届政府积极坚持科学民主决策的实际行动。

实施新一轮《行动计划》，就是要高举邓小平理论伟大旗帜，以“三个代表”重要思想为指导，坚持教育为人民服务的宗旨，办好让人民满意的教育，努力实现党的十六大对教育提出的三大历史性任务，一是构建体系，就是构建比较完善的现代国民教育体系和终身教育体系，即中国特色社会主义现代化教育体系；二是培养人才，就是造就数以亿计高素质劳动者、数以千万计专门人才和一大批拔尖创新人才；三是知识贡献，就是促进教育同科技和经济、同文化和社会的紧密结合，为现代化建设作出更大知识贡献。

实施新一轮《行动计划》，要贯彻“巩固、深化、提高、发展”的“八字方针”，巩固成果，深化改革，提高质量，持续发展，这是贯穿于新一轮《行动计划》的一条主线。一是巩固成果，要充分总结第一轮《行动计划》实施以来教育工作取得的丰硕成果和宝贵经验；二是深化改革，教育改革是一项复杂的社会系统工程，必须以改革促发展，坚持整体配套、重点推进；三是提高质量。质量是教育的生命线，在加快发展的同时，要把提高教育质量作为头等大事来抓；四是持续发展。发展是硬道理，我们要聚精会神搞建设，一心一意谋发展，坚持以人为本，按照中央提出的“统筹城乡发展，统筹区域发展，统筹经济社会发展，统筹人与自然和谐发展，统筹国内发展和对外开放的要求”，全力促进各级各类教育的持续健康协调快速发展。

新一轮《行动计划》分为十四部分五十条，确定了“重点推进农村教育发展与改革”、“重点推进高水平大学和重点学科建设”两大战略重点，除继续执行第一轮《行动计划》后续项目外，准备实施“新世纪素质教育工程”、“职业教育与培训创新工程”、“高等学校教学质量与教学改革工程”、“促进毕业生就业工程”、“教育信息化建设工程”、“高素质教师和管理队伍建设工程”等六项重大工程，同时，还提出了“加强制度创新和依法治教”、“大力支持和促进民办教育持续健康快速发展”、“进一步扩大教育对外开放”、“改革和完善教育投入体制”、“加强党的建设和思想政治工作”及“构建和完善中国特色社会主义现代化教育体系”等六个重要举措。

新一轮《行动计划》是教育系统在“三个代表”重要思想指导下，集思广益、谋划发展、规划未来的智慧结晶；是全面建设小康社会、实施科教兴国和人才强国战略的一项基础性工程；是在完善社会主义市场经济体制过程中不断推进教育体制改革的施工蓝图；是在新世纪实现教育新跨越的行动方略。

撰稿　张　力

学习贯彻党的十六大精神　教育事业取得新进展

党的十六大召开以来，在党中央、国务院的领导下，教育战线认真学习贯彻党的十六大精神，以“三个代表”重要思想为指导，保持了教育事业持续、健康、快速发展的势头。

党的十六大再一次强调了实施科教兴国战略和人才强国战略，对教育提出了新的任务和奋斗目标。根据十六大提出的要求，教育部组织起草了《2003—2007年教育振兴行动计划》，确立了“巩固、深化、提高、发展”的工作方针，坚持加快发展、深化改革、扩大开放，明确了今后几年要进一步抓好的两个工作重点，一是农村教育事业的发展；二是一流大学和高水平大学建设，同时促进教育的其他领域协调发展。

党中央、国务院一贯重视农村教育工作，随着“两基”的实现和其他各项教育事业的发展，农村教育取得了重大成就，但农村教育的发展仍然不能满足全面建设小康社会的要求。2003年9月，国务院召开了全国农村教育工作会议，颁布《国务院关于进一步加强农村教育工作的决定》，提出了西部“两基”攻坚等三大目标和深化改革、促进农村教育发展的一系列重大政策措施。中央决定将新增教育经费主要用于农村，加大了对农村教育的投入，促进了农村教育和农村经济社会发展更加紧密的结合。全国各地积极行动，大力宣传贯彻落实全国农村教育工作会议精神，农村教育工作得到全面加强。

在党的十六大精神和“三个代表”重要思想指引下，2003年教育改革和开放取得新进展：

——基础教育进一步发展。在农村税费改革的过程中，义务教育形势平稳，继续得到巩固和提高，高中教育继续健康发展。素质教育不断推进，基础教育课程改革的实验规模扩大到1 642个县（区），已有3 500万中小学生使用了新教材。义务教育监测工作全面展开。启动了全国教师教育网络联盟计划，教师教育体系进一步完善。

——倡导“以就业为导向”的新观念，加快调整、改革、发展职业教育。制定了“制造业和现代服务业技能型紧缺人才培养培训计划”。大力推动订单培养、产学结合，促进了职业教育更好地适应劳动力市场的要求。职业教育的结构趋向合理，发展势头良好。高等职业教育加快发展，社会化的职业培训蓬勃兴起；中等职业教育学科、专业结构得到初步调整。2003年中等职业学校招生继续增长，保持了逐步回升的良好势头。

——高等教育快速发展，高水平大学、重点学科建设和高层次人才培养工作得到加强。加大了实施质量工程的力度。加强精品课程建设，评选、表彰了100名教学名师，加强了高校教学评估工作，加强了对高校科技创新和哲学社会科学研究的规划和指导，促进高校为经济社会发展和科技进步作出新贡献。高校毕业生就业工作领导体制和政策体系框架初步形成，高校毕业生就业进展顺利。

——依法治教取得新的重大进展。全国人大常委会和国务院相继颁布了《民办教育促进法》和《中外合作办学条例》，并从2003年9月起开始施行。这两个法律法规，适应了大力发展民办教育和扩大教育开放、引进国外优质教育资源的紧迫要求。相关的实施细则正在制定中。

——大力推进教育创新，加紧探索建立现代国民教育体系和终身教育体系。高等教育管理体制和布局结构调整取得新进展，进一步推动了已合并高校的实质性融合。针对普通本科院校和社会力量合办的独立学院发展迅速的新情况，制定颁布了《关于规范并加强普通高校以新的机制和模式试办独立学院管理的若干意见》，引导独立学院积极发展、规范管理。继续推进高校招生、考试和毕业生就业制度的改革，深化了高校后勤社会化改革，加大了教育人事制度改革的力度。

——治理教育乱收费取得明显成效。为了深入治理教育乱收费，教育部召开了全国教育系统治理中小学乱收费工作电视电话会议；教育部等七部委联合召开全国治理教育乱收费工作电视电话会议；制定颁布《关于2003年治理教育乱收费工作的实施意见》，提出在基础教育阶段认真落实“一费制”和“三限”政策，高等教育阶段认真执行国家现行收费政策，进一步规范收费行为，落实教育收费公示制度等措施。治理教育乱收费工作正在向深入发展。

撰稿　陈　锋

审稿　袁自煌

教育系统抗击“非典”工作

2003年春季，面对突如其来的“非典”灾害，教育部坚决贯彻党中央、国务院的指示精神，结合教育系统的实际，快速反应，作出了紧急部署。各地教育部门和各级各类学校把防治非典型肺炎工作放在第一位，把师生的安危放在第一位，认真负责，全力协作，不懈不怠，严防死守。教育系统各级行政部门、学校领导班子和广大师生员工团结一心，英勇奋斗，取得了教育系统抗击“非典”斗争的胜利，并为支持全国的抗“非典”斗争作出了应有的贡献。一是打赢了一场成功的校园保卫战，采取有力措施切断“非典”传染链，维护了校园安全和师生员工的健康。二是进行了一场英勇的医疗救护战。疫情突发之时，教育系统各医学院校、附属医院成为全国各地医疗救护的重要力量。北京大学几个附属医院，在北京市“非典”爆发初期，承担了三分之一的医护任务。三是发动了一场艰苦的科技攻坚战，取得了一系列重要科技成果。

“非典”疫情对教育系统特别是疫情较重地区学校的正常教育教学、科研活动、国际交流与合作、招生和就业工作均带来不同程度的影响。北京、天津、河北、山西、内蒙古、宁夏、吉林、安徽等省（自治区、直辖市）的中小学从4月下旬起陆续停课，中考、全国成人高考和研究生复试工作推迟，增加了2003年高考组织工作的难度，对高校毕业生和用人单位的联系也带来了困难。

为了减少因停课对学生正常学习生活带来的不利影响，保证中小学停课不停学，在教育部和北京市教委的共同组织下，在北京、内蒙古、河北、广西等地区开播“空中课堂”，以电视录播的形式为中小学讲授新课程。同时，开通“课堂在线”专门网站和一些免费网校，为中小学生提供网上教学辅导、答疑和心理咨询。“空中课堂”的开播，受到了家长和社会的普遍欢迎。疫情严重地区的高等学校也及时调整了教学计划和安排，改变学习方式，减少集中授课，教师通过电话、网络进行授课、答疑、咨询和心理关怀。各高校还普遍加强了学生思想政治工作。

2003年，是全国高考统一考试时间提前至6月7日的第一年，准备工作任务繁重；又面临抗击“非典”的非常情况，要保障考生和监考、阅卷人员生命安全和健康；2003年全国高考考生达600多万人，为历年之最。在党中央和国务院领导下，依靠各级党委和政府的支持，教育部和各地教育部门对2003年高考招生工作进行了周密的部署和安排，确保了2003年高考的顺利进行，没有发生一例交叉感染，成功地进行了一场“非常”情况下的“正常”高考。

采取一系列有力措施，减少“非典”对毕业生就业工作的影响，切实推进毕业生就业工作。2003年是高校扩招后本科生毕业的第一年，毕业生总规模达到212万人，比2002年净增67万人，增幅约46%。5月，国务院办公厅发出《关于做好2003年普通高等学校毕业生就业工作的通知》，6月初，国务院召开了全国高校毕业生就业工作电视电话会议，中共中央政治局常委、国务院副总理黄菊出席会议并作重要讲话，对做好2003年高校毕业生就业工作做了进一步的部署。国务院出台了促进高校毕业生就业的11条措施。经过各级党委和政府与社会各界的共同努力，高等学校千方百计加强就业信息服务和就业指导，截至12月底，高校毕业生就业率达到83%，比2002年底上升3个百分点，实现就业人数176万人，比2002年底净增60万人。

在抗击“非典”斗争中，党组织的凝聚力进一步增强，民族精神得到进一步培育和弘扬，广大青年学生与党和政府同心同德、同舟共济、共渡难关，经受了考验，接受了锻炼，展示了良好的精神风貌。教育战线在这场斗争中体现的伟大民族精神将成为促进教育事业改革和发展的宝贵精神财富。

撰稿　柯春晖

审稿　吴德刚

教育部防治“非典”领导小组办公室工作

教育部防治“非典”领导小组办公室由教育部机关16个司局抽调的78名业务骨干组成，包括综合协调组、信息文件组、宣传思想组、专家咨询组、直属高校组、机关与直属单位组6个工作组。从4月25日集中办公以来，在部“非典”防控领导小组的领导和指挥下，“防非办”认真履行职责，重点开展了督导检查、信息收集、咨询服务、机关防控、综合协调、宣传教育6个方面工作，较好地完成了部党组赋予的各项工作任务，为教育系统防治“非典”取得阶段性重大胜利作出了突出贡献。

督导检查。在教育部党组的领导下，“防非办”针对“非典”疫情的阶段性特点和出现的新情况，指导、督促了学校的“非典”防控工作。

研究制订指导高校“非典”防控工作的政策性文件。“非典”期间，“防非办”拟订印发了《关于高等学校非典型肺炎预防和控制工作的若干问题的通知》、《关于直属高校采取果断措施坚决将全日制学生稳定在校内学习和生活的通知》、《关于进一步落实高等学校非典型肺炎预防与控制综合措施的紧急通知》等32份文件，提出了贯彻落实党中央、国务院关于“非典”防控方针政策的意见和措施，对各地各高校加强“非典”防控工作组织领导、健全“非典”防控工作机制、落实“四早”防治措施、加强宣传思想教育等诸多方面的工作提出了“立即对校园实行相对封闭管理，并对离校学生进行追踪登记加强管理”、“及时调整与改变教学方式，避免集中上大课”、“防止人群密切接触、避免交叉感染”等要求。直属高校组还针对高校校园实行相对封闭管理后引发的矛盾、少数学校对违反防控规定的学生处分面过宽以及如何组织离校学生返校等问题，采取了“请上来、走下去”的办法，与在京22所直属高校领导具体交换意见，落实教育部党组的有关指示精神。各地高校一致反映，教育部在防控“非典”的各个阶段和许多工作环节上，要求明确、措施可行、指导到位。

按照部党组确定的对在华外国留学生实行“以人为本、科学防疫”和“来去自由、提供便利”的工作方针，直属高校组指导各地高校认真做好外国留学生的“非典”防控工作，并印发了指导性文件，公布了外国留学生“非典”防控24小时值班电话和网址。由于各高校的共同努力，“非典”防控期间在华留学生无一人感染非典型肺炎。同时，为了使各国政府及时了解我国政府做好留学生“非典”防控工作的情况，争取他们的理解和支持，该组还按照部党组要求，协助有关司局主动向140多个驻华使领馆照会或致函。

综合协调组配合教育部科技司组织召开了高校防治“非典”科技攻关网络视频会议，对各高校科技攻关工作进行了动员部署。同时，启动了高校防治“非典”网上合作研究中心的建设工作。

针对中小学校和幼儿园学生自我防范意识缺乏、防范能力较弱和家住当地等特点，信息文件组协助有关司局先后制订印发了《关于做好中小学和幼儿园非典防治工作的通知》、《教育部办公厅、卫生部办公厅关于落实非典型肺炎综合防治措施的通知》等10份指导性文件，对中小学“非典”防控工作提出了具体要求。

根据教育部党组关于一手抓“非典”防治这一头等大事不放松，一手抓教育改革与发展这一中心任务不动摇的要求，综合协调组组织协调开通了“空中课堂”；积极参与了高考期间的值班、信息报送、制定工作预案、新闻宣传等工作；开通了“中国高校毕业生就业服务信息网"、开展了"高考网上咨询活动",为高校毕业生就业、高考考生填报志愿等搭建了信息平台。配合有关司局组织召开了"全国治理教育乱收费工作电视电话会议"、"2003年全国高校毕业生就业工作电视电话会议"、"加强规范普通高等学校独立学院管理工作会议"、"加强高考期间考风考纪和安全保密工作电视电话会议"、"全国教育系统防治非典型肺炎与卫生防疫和健康安全网络视频会议"7个工作会议。

信息收集。为了打好"非典"攻坚战,"防非办"及时收集、准确分析教育系统"非典"疫情信息和防控工作的有关情况,为部党组和指挥部指导"非典"防控工作提供依据。

建立全国教育系统"非典"疫情每日报告制度。从4月20日起,教育部即实行了零报告制度,各地各校在每天下午2点之前通过传真或电子信息交换系统,将本地本校"非典"疫情报告信息文件组。信息文件组要在当天完成对各地各校上报疫情的汇总分析,并报送全国防治非典型肺炎指挥部。截至6月29日,共报送《教育系统防治非典信息专报》69期。同时及时向全国指挥部提供全国教育系统疫情分析报告。

信息文件组每天坚持汇总教育系统"非典"疫情、各地各校防治工作开展情况、科技攻关进展以及师生思想反映等,编发重要上报信息179期。每周向全国防治非典型肺炎指挥部报告教育部工作情况,并向国务院、全国防治非典型肺炎指挥部及有关部门报送阶段性总结报告6份。此外,还和其他部门一道建立了国务院文件、指挥部文件、教育部发文、各地来文、各高校来文、人民信访等19个大类的文件档案。

咨询服务。在防治"非典"初期,专家咨询组组织专家到疫情严重的在京直属高校调研,针对各学校的不同情况提出防治建议,并向部党组提交了两份专题咨询报告。此外还安排专家到"防非办"值班,专门接听教育系统"非典"防治专家咨询电话。根据教育系统的特点,专家们编写了《认识、预防和控制非典型肺炎问题解答》等科普宣传读本。

从4月21日起,"防非办"专门开通了"非典"防控热线电话,每天认真接听来自学校、学生、家长和社会各界的来电询问,耐心解答问题,并对提出的问题认真记录,及时提交有关业务部门研究解决。

"防非办"还在教育部网站开办预防与控制非典型肺炎工作信息专栏,为各地各校交流经验、实行群防群控搭建信息平台,坚持不失时机地收集各地各校开展防治"非典"工作情况,对其中好的做法与经验加以整理和提炼,并通过预防与控制"非典"工作信息专栏向各地教育行政部门和部属高校转发,通过相互交流和借鉴的方式,指导教育系统的工作。

综合协调。根据教育部党组的要求,综合协调组多次组织召开协调会,与北京市、大兴区政府及北大具体协商,安排国家教育行政学院接待北京大学附属医院一线医护人员休整工作。国家教育行政学院在人员紧张、接待条件不具备的情况下,知难而上、创造条件、勇于承担并圆满完成了部党组交付的为北京大学附属医院22批共754名一线医护人员安排休整的任务。

根据中央党校的要求,在部党组的直接指导下,4月28日至6月15日,直属高校组先后协调山东大学和西安交通大学各派出一个医疗小组,支援中央党校防治工作。医疗小组的工作受到了中央党校师生的好评。

协调解决在京直属高校及部机关防控"非典"物资紧缺问题,如:直属高校组紧急购置及接受捐赠6辆救护车,分别拨付北京大学、清华大学、北京中医药大学、北京交通大学、中央财经大学等高校使用,并与有关医院联系,建立了在京直属高校"非典"病人紧急救护网络;还协调解决了在京各直属高校校医院急需的防护服等。

宣传教育。为了加强教育系统防治"非典"工作中的思想宣传工作,教育部专门成立了由部领导任组长的宣传思想工作组。先后印发了《中共教育部党组就非典型肺炎预防和控制工作致教育系统全体共产党员的一封信》、《发挥党的领导、民族精神的政治优势,做好当前高校学生管理工作——致高等学校全体共产党员的信》,号召广大共产党员发挥先锋模范作用,站在抗击"非典"斗争的最前线，为夺取教育系统抗击“非典”斗争的胜利作出贡献。编发了《教育部关于做好教育系统防治非典型肺炎工作宣传提纲》，组织撰写并在多家媒体发表了数十篇关于在抗击“非典”斗争中切实加强和改进思想政治工作、大力弘扬和培育民族精神，以及宣传抗击“非典”斗争中的先进人物和感人事迹的文章，努力在教育系统营造万众一心、众志成城、抗击“非典”的良好氛围。同时，密切关注高校稳定情况，坚持收集汇总各地高校情况，并结合高校校园网动态，上报有关情况 70 期。

（教育部资料）

《李岚清教育访谈录》出版

2003年12月，反映中国十年来教育改革与发展历程的重要著作《李岚清教育访谈录》由人民教育出版社出版。

过去的十年，在邓小平理论和“三个代表”重要思想的指引下，以江泽民同志为核心的党的第三代领导集体作出了科教兴国、教育优先发展的战略决策，我国跨世纪的十年教育改革和发展取得了历史性的伟大成就。作为党的第三代领导集体成员的李岚清同志，于1993年至2003年担任国务院两届副总理，分管全国的教育工作达十年之久。2003年春，李岚清同志从领导岗位上退了下来。此后，他认真回顾这十年中国教育改革与发展的历史进程，多次接受新闻工作者的采访，畅谈这十年间中国教育改革和发展的历程，讲述我国教育工作一系列重大决策背景，总结过去十年我国教育工作的经验，对我国教育工作的一系列重大问题作了精辟深刻的论述，展望中国教育未来的发展前景与趋势，并整理成这本《访谈录》。书中除了教育问题外，还涉及政治经济、科学技术、历史地理、文化艺术、医药卫生等诸多领域，兼具理论性、知识性、趣味性。

《李岚清教育访谈录》内容丰富，资料翔实，共分为七个部分：我愿意当好全国教育工作的“后勤处长”；使教师真正成为令人羡慕的职业；落实政府责任，加大教育投入；把一个适应时代要求的高等教育带入21世纪；实现中华民族伟大复兴的奠基工程；全面实施素质教育，全面提高教育质量；开创职业教育和成人教育的新局面。另附访谈散记，十年教育大事记。其中，“访谈散记”生动地记录了李岚清同志的成长经历、兴趣爱好、业余生活以及个性、人生感言等；“十年教育大事记”则记载了1993年至2003年这十年间中国教育改革与发展进程中所发生的重要事件。

教育部于2003年12月9日在人民大会堂举行《李岚清教育访谈录》出版座谈会，全国人大常委会副委员长许嘉璐、国务委员陈至立、全国政协副主席罗豪才、教育部部长周济、新闻出版总署署长石宗源以及有关部委负责人、一些地方和学校的代表出席了座谈会，采编小组成员和人民教育出版社负责同志也出席了座谈会。陈至立在讲话中说，作为党的第三代领导集体的重要成员，李岚清同志领导和推动了这十年中国教育改革与发展的进程，付出了大量心血。《李岚清教育访谈录》是中国特色社会主义教育理论体系中的重要组成部分，是一部具有重要历史意义的教育文献，是我国教育事业一笔极为宝贵的财富，是指导教育工作实践的生动的教科书，也是各级领导提高理论水平和领导水平的有益之书。她希望《访谈录》的出版，能够有助于广大教育工作者进一步深化教育改革、加快教育发展，有助于在全社会营造关心教育、支持教育、促进教育改革和发展的良好环境与氛围。座谈会上，大家联系近年来我国教育改革与发展的进程，结合自身的工作，对这部《访谈录》的内容以及出版发行的重要意义给予了高度评价。

到2004年2月，《李岚清教育访谈录》已印刷12万册。

撰稿　刘立德　赵云来

审稿　魏国栋　吕　达

教育部2003年度教育工作会议

2002年12月26～27日，教育部在北京召开2003年度教育工作会议。会议的主要任务是：认真学习和全面贯彻十六大精神，以邓小平理论和“三个代表”重要思想为指导，回顾总结2002年和五年来的工作，深入分析教育工作面临的新形势和新情况，明确2003年教育工作的指导思想、主要任务和工作要求，统一思想，振奋精神，扎实工作，开创教育工作新局面。教育部党组成员王湛、袁贵仁、章新胜、赵沁平、郑树山、李连宁、李卫红出席会议，各省、自治区、直辖市教育厅（教委）负责同志、各计划单列市及新疆生产建设兵团教委（教育局）负责同志和教育部有关司局负责同志、部分直属单位负责同志出席会议。

教育部部长、党组书记陈至立作了重要讲话。讲话对2002年和五年来的教育工作作了回顾；强调要认真学习贯彻十六大精神，明确目标任务，增强做好新世纪教育工作的使命感和责任感；提出了2003年教育工作的任务和要求。为做好2003年的教育工作，陈至立重点强调了五个问题：（一）以发展为主题，坚持全面、科学的发展观，努力实现教育的可持续发展；（二）坚持教育改革创新，全面推进素质教育；（三）进一步改进德育和思想政治工作；（四）采取切实措施，关心困难学生和群体的学习生活；（五）坚持从严治教、加强管理，坚决纠正行业不正之风。教育部副部长周济作了总结讲话，强调要结合实际，认真学习贯彻党的十六大精神，把建设中国特色社会主义现代化教育体系的奋斗目标落实到工作规划、工作部署中去，落实到教育系统的各方面实际工作中去。

会上为海南省实现“两基”目标颁发了奖牌，安徽省教育厅厅长陈贤忠、云南省教育厅厅长杨崇龙、江苏省教育厅厅长王斌泰、北京市教委主任耿学超在会上发言。来自各地教育行政部门和教育部有关司局、部分直属单位负责同志对教育部2003年工作要点进行了深入讨论。

撰稿　陈　锋

审稿　吴德刚

教育部2003年工作要点

2003年教育工作总体要求是：高举邓小平理论伟大旗帜，以“三个代表”重要思想为指导，深入学习贯彻党的十六大精神，坚持解放思想、实事求是、与时俱进，大力推进教育创新；继续深化改革，加快发展，提高质量，保持稳定，加快建立中国特色社会主义现代化教育体系，开创教育工作新局面。

一、学习贯彻十六大精神，把思想认识统一到十六大精神上来

1. 党的十六大是我们党在开始实施社会主义现代化建设第三步战略部署的新形势下召开的一次十分重要的代表大会。江泽民同志的报告，是一篇马克思主义的纲领性文献，是我们党在新世纪新阶段的政治宣言，是全面建设小康社会、加快推进社会主义现代化的行动纲领。学习贯彻十六大精神是2003年教育工作的首要任务。要紧紧围绕主题，把握灵魂，抓住精髓，系统深入学习，力求融会贯通。

2. 坚持理论联系实际的学风，学以致用，把运用十六大精神指导实践和各项工作作为学习的出发点和落脚点，作为衡量学习成效的重要标准。以“三个代表”重要思想为指导，把对教育重要战略地位的认识提高到一个新的高度，紧紧抓住全面建设小康社会的战略机遇期，增强加快教育改革和发展的紧迫感、责任感。根据十六大的战略部署，深入研究影响改革和发展全局的重大问题，明确目标，理清思路，进一步做好改革、发展、稳定的各项工作。

3. 按照十六大对教育工作提出的新任务和“发展要有新思路，改革要有新突破，开放要有新局面，各项工作要有新举措”的要求，全面贯彻党的教育方针，坚持教育创新，深化教育改革，全面推进素质教育，培养造就数以亿计的高素质劳动者、数以千万计的专门人才和一大批拔尖创新人才，建立与完善现代国民教育体系，建设全民学习、终身学习的学习型社会。着眼全面建设小康社会对教育的要求，研究制定《2003—2007年教育振兴行动计划》，规划今后一个时期我国教育事业改革与发展的目标，提出工作思路和政策措施。

4. 全面加强和改进教育系统特别是高等学校党的建设，增强党组织的创造力、影响力和凝聚力。紧密联系党员干部的思想实际，坚持用邓小平理论、“三个代表”重要思想和十六大精神武装教育系统的全体党员。切实加强组织建设，使学校党组织成为在教育工作中落实“三个代表”重要思想的组织者、推动者和实践者，切实做好吸收优秀知识分子入党和在青年学生中发展党员的工作。进一步加强党的作风建设。把学习十六大精神作为高校思想政治教育、教学和党团活动的重要内容，引导青年学生牢固树立中国特色社会主义的理想，坚定跟党走的信念，奋发学习，早日成才，报效祖国。继续深化邓小平理论、“三个代表”重要思想“进课堂、进教材、进学生头脑”的工作。开展学生心理咨询，促进学生身心健康。加强队伍建设，探索思想政治工作新途径、新方法，继续推进思想政治教育进网络，加强校园文化建设，建立健全大学生公寓思想政治工作机制。改善互联网信息内容安全的管理和宣传舆论阵地的引导。始终保持清醒头脑，做好高校稳定工作。

5. 加强高校领导班子和干部队伍建设，把高校领导班子建设成为贯彻“三个代表”重要思想的坚强领导集体。高校领导干部要带头学习十六大精神，提高理论素养和领导水平。根据领导干部选拔任用条例的要求，大力推进领导干部选拔任用制度改革，加大选拔培养优秀年轻干部的力度，不断提高教育系统干部队伍的素质。

二、以发展为主题，坚持全面科学的发展观，大力推进教育信息化，促进各级各类教育协调发展

6. 巩固提高“两基”成果，推动各地不断提高普及义务教育的质量水平，重点研究推进第二类地区的巩固提高工作。打好“普九”攻坚战，大力推进未“普九”地区的普及进程，促进农村义务教育持续健康发展。切实控制农村初中辍学，进一步做好扫盲工作。加快城市薄弱学校建设步伐，开展教育助学行动，继续做好对贫困的农村学生试行免费提供教科书工作，积极做好城市特殊困难家庭子女和进城务工农村流动人口子女接受义务教育的有关工作，促进教育均衡发展。贯彻全国高中发展和建设工作经验交流会精神，加快高中教育发展步伐，扩大优质高中办学规模，鼓励有条件的地区普及高中阶段教育，支持发展民办高中，加强县城示范性高中建设。结合县镇和农村中小学布局结构调整，积极发展幼儿教育。继续发展特殊教育。

7. 坚持大力发展职业教育的方针。面向市场，服务社会，优化结构，提高质量。积极扶持农村地区、西部地区、少数民族地区的职业教育。加强课程改革和教材建设，开展职业指导与创业教育。继续推进社区教育实验，促进学习型组织的建立。面向城镇职工再就业、农村劳动力转移、农村经济发展与产业结构的调整，开展多种形式的职业培训。

8. 进一步推动高等教育持续健康发展。继续稳步发展高等教育。继续抓好一流大学、高水平大学和重点学科建设，推进“十五”期间“211 工程”和“985 工程”的实施。加强对相关学校制定总体发展战略规划、学科和队伍建设规划、校园建设规划的指导。继续扩大研究生培养规模。

9. 贯彻《国务院关于深化改革加快发展民族教育的决定》，落实各项政策措施，加快民族教育和西部地区教育发展。提高对口支援工作的实效性，加快西部各省区重点建设一所大学工作的进程。推进西部高校校园网建设。继续在专业学位点设置、学科建设、重点实验室建设、国家公派留学人员选派等方面采取倾斜政策。实施“少数民族高层次人才培养计划”。继续开展民族贫困地区中小学教师培训。改善民族地区寄宿制中小学办学和生活条件。加强维护国家统一、增进民族团结的教育。继续办好内地西藏班、新疆高中班和高校民族班、预科班。做好教育援藏、援疆项目的落实工作。

10. 继续做好学校语言文字工作，开展城市语言文字工作评估，推动行业系统语言文字规范化工作。加强《国家通用语言文字法》的宣传教育和执法检查，加强普通话水平测试管理，进一步组织好普通话推广周活动。抓紧《规范汉字表》的研制，加强少数民族术语标准化工作，及时发布对语言文字信息化和社会语言生活影响较大的规范标准。加强语言文字应用研究，组建语言文字标准技术委员会和语言文字应用评测中心，继续开发现代汉语语料库，加强中国语言文字网站建设，启动中华大字符集的工作。

11. 大力发展现代远程教育，推进教育信息化。完善以中国教育科研网和卫星视频系统为基础的现代远程教育平台，加快数字图书馆等公共服务体系的建设。加强“校校通”工程建设，提高中小学计算机配备水平和信息技术课开课率。进一步推进农村中小学 DVD 教学光盘播放系统、农村计算机信息接收站和农村乡镇中心学校多媒体教室的建设。加强教育教学软件的开发和建设，办好网络学院，实现优质教育资源的共享，积极发展教育出版事业。

12. 努力增加教育投入，全面加强经费管理，提高使用效益。继续争取提高财政性教育经费占国内生产总值的比例。完善农村义务教育投入体制，研究保障农村税费改革试点地区义务教育经费的有关政策和措施。继续实施“国家贫困地区义务教育工程”（二期）和“中小学危房改造工程”。切实关心困难学生的学习和生活，做好助学贷款和设立国家奖学金工作，鼓励设立地方政府奖学金，落实和完善资助家庭经济困难学生的各项政策措施。拓宽投融资渠道，积极动员社会资源发展教育。继续稳定学校收费标准，进一步规范各类学校的收费，认真落实农村贫困地区义务教育阶段“一费制”政策。进一步建立健全学校财务管理制度。

三、推进教育创新，深化教育改革，扩大对外开放

13. 完善“在国务院领导下，由地方政府负责、分级管理、以县为主”的农村义务教育管理体制。进一步落实中央和省级财政对困难地区加大转移支付的措施，强化县级政府的管理责任，明确并落实乡镇在普及义务教育中应尽的责任。

14. 按照《国务院关于大力推进职业教育改革与发展的决定》的要求，创新职业教育体制，强化地市级政府统筹，落实行业、企业发展职业教育的责任。严格执行就业资格准入制度和职业资格证书制度。

15. 按照“巩固、深化、提高、发展”的要求，巩固高等教育管理体制改革成果，继续完善高校布局结构调整工作。切实落实高校办学自主权，进一步扩大高校在专业设置和招生方面的权限。继续推进高校后勤社会化改革。深化高校内部管理体制改革，建立自我发展自我约束机制。继续推进高考制度改革，做好网上录取和学历文凭电子化管理工作。做好全国普通高校招生统一考试提前进行的各项工作。改进和完善学籍管理。针对高校毕业生大幅度增加的新情况，积极落实有关政策，拓宽就业渠道，加强就业指导与服务，积极促进毕业生就业和创业。加强高等教育自学考试工作。

16. 启动“研究生教育创新工程”，深化研究生教育改革。完善研究生培养制度，采取有力措施，提高研究生培养质量。加强研究生院建设。做好第九批学位授权审核工作，积极发展专业学位教育，加强对在职人员以同等学力申请学位工作的管理。认真做好2003年研究生扩招工作。

17. 创新办学体制，鼓励进行各种办学形式的试验和探索，大力促进民办教育的发展。适应加快经济结构的战略性调整和大力推进新型工业化的要求，优化学科、专业结构，创新人才培养模式。推动职业教育结构调整，加强骨干示范性学校和专业的建设，加紧技能型人才的培养。加大高等学校学科专业结构调整力度，优先发展急需专业和新兴学科、交叉学科，加强示范性软件学院和国家生命科学与技术人才培养基地建设，加快紧缺人才培养。面向农村、大中小城市的不同需求，改革医学教育模式。

18. 推进教育国际合作与交流向更广领域、更高层次发展。力争在学历学位互认方面取得新的进展，有重点地与有关国家建立稳定的工作磋商机制。进一步推动“强强合作”和“强项合作”。完善国家公费留学选派办法，增加研究生的选派比例。积极引导自费留学健康发展。落实各项政策措施，加大吸引海外优秀人才回国和为国服务的工作力度，鼓励留学人员以多种形式为国服务。继续深化与联合国教科文组织等国际组织的合作。密切与港、澳、台地区的教育交流。

19. 积极推动来华留学管理工作，改革和完善外国留学生教学、生活管理制度。加快对外汉语教学基地的建设，做好国外汉语教学中心建设的试点工作。大力推广汉语水平考试，加强实用汉语教学。积极推动中美网络语言教学合作项目的实施。适应加入世贸组织后的要求，建立和完善教育应对工作机制。积极稳妥地发展中外合作办学，引进国外优质教育资源。建立健全监管机制，依法规范自费出国留学中介服务、中外合作举办教育考试和教育国际展览。加强对高等学校境外办学的引导和管理。

四、全面贯彻教育方针，建设高素质的教师队伍，扎实推进素质教育

20. 加强青少年学生思想道德教育，提高德育工作的针对性、实效性。继续贯彻《公民道德建设实施纲要》，从社会实际和学生生活实际出发，把弘扬、培育民族精神和加强思想道德建设摆在重要位置，纳入国民教育全过程。加强爱国主义和社会主义教育，以为人民服务为核心、集体主义为原则、诚实守信为重点，引导青少年学生树立正确的世界观、人生观、价值观，提高思想道德水准。进一步推进中小学德育课程和教材改革，完成初中思想品德课课程标准实验稿制定工作，修订中小学生日常行为规范。

21. 加快课程、教材改革。进一步做好基础教育课程改革试验区工作。切实抓好新课程的教师培训，扎实推进义务教育新课程实验工作。修订义务教育阶段课程方案与教材，颁布高中教育新课程实验方案和标准，组织编写高中实验教材。积极推进基础教育考试评价制度建设。进一步完善教材审定制度和选用制度，加强管理，切实保证教材质量。开展职业学校教学评估，进一步提高教学质量。

22. 启动“高等学校教学质量和教学改革工程”，深化教学改革，强化教学管理，提高教学质量，全面提高大学生素质。加强课程体系、教学内容和教学方法的改革，拓宽专业面，加强实践环节，不断改善学生的知识结构和能力结构。继续要求教授给本科生讲授基础课。推进大学本科英语教学改革。推进高等学校教学评估工作。

23. 认真做好学校体育工作，促进学生体质健康。加强学校食堂与学生集体用餐卫生管理，落实责任，切实做好学校食堂、食品卫生安全工作。采取积极措施，提高农村学校体育、艺术教育的开课率。组织首届全国中小学艺术展演活动。加强国防教育，进一步做好学生军训工作。

24. 启动教师发展专项计划，提高在职教师的学历、学位层次，增强教师创新能力。加大“高层次创造性人才工程”实施力度，进一步落实“长江学者奖励计划”、“高校青年教师奖”和“高等学校骨干教师资助计划”等措施，加快学术带头人和骨干教师培养。加强教师职业道德建设。加强高校领导、职业学校与中小学校长和教育行政管理干部培训，提高教育管理水平。

25. 加快建立开放灵活的教师教育体系，提高办学层次，推进师范院校改革，鼓励综合性大学开展教师教育，研究制定教师教育资质认证和质量标准，启动国家级教师教育基地建设。以新课程培训和信息技术培训为重点，开展中小学教师全员培训。全面实施教师资格制度，积极推行教师聘任制度改革。扩大高等学校职员制度改革试点。进一步深化高校人事分配制度改革。推进中小学人事制度改革，加强对中小学校长选拔任用制度改革的指导。抓紧中小学教职工编制新标准的落实，优化教师队伍结构。

五、加强高校科技创新工作，大力推进哲学社会科学研究

26. 启动中国大学创新工程，提高高校科技创新特别是原始性创新的能力。加强高等学校重点实验室建设，大力推动机制创新，整合现有科技资源，新建一批新兴学科、交叉学科重点实验室和跨学科、跨校的研究中心。继续实施“高等学校重点实验室访问学者制度”。加强高校科研组织工作，培育优秀科技创新团队，积极争取国家重大科研任务。

27. 进一步促进产学研结合，加大高校工程（技术）研究中心和大学科技园的建设力度。建设一批国防科研生产基地和国防交叉学科研究中心。加强知识产权保护，鼓励专利申请。完善科技成果转化和高新技术产业化机制，推动高新技术产业化。推动高校科技企业的现代制度建设。

28. 高度重视哲学社会科学在经济和社会发展中的重要作用，大力推进哲学社会科学发展与繁荣。加强对十六大提出的重大理论与实践问题的研究。加强高校哲学社会科学重点研究基地建设，积极推动信息化建设。深化高校哲学社会科学研究体制改革，制定学术规范，营造良好的学术研究环境。实施“新世纪学术带头人培养计划”，形成良好的人才培养激励机制。

29. 大力开展教育宏观政策研究和教育理论研究，为教育创新服务。加强对教育工作中全局性、根本性、长期性问题的深入研究；有针对性地开展教育工作热点、难点问题的调查研究；积极开展群众性教育科学研究；开展教育政策与决策咨询；密切关注世界教育改革与发展动向和趋势。改革教育科学研究体制和机制，加强队伍建设。

六、加强教育系统党风廉政和行风建设，推进依法治教，不断提高教育管理水平

30. 加强党风党纪教育，进一步提高领导干部廉洁自律的自觉性。严肃政治纪律，规范行政审批，强化监督。全面贯彻落实党风廉政建设责任制，积极推行校务公开和教育收费公示制度。标本兼治，坚决纠正行业不正之风。进一步加强招生考试管理，严肃考风考纪。加大对教育乱收费的专项治理力度。强化对“收支两条线”的监督检查。严格执纪、执法，继续加大查办违纪违法案件的工作力度。

31. 加强教育法制建设，大力推进依法治教。研究起草《终身教育法》，加快《学位法》《教育督导条例》《民族教育条例》《教师教育条例》《学生军训条例》《高等教育纪检工作条例》《国家教育考试违规处理办法》等教育法规的起草工作，推动《〈民办教育促进法〉实施条例》《中外合作办学条例》及其实施办法的尽快出台。研究制定新一轮教育法制建设规划，修订有关教育法律法规。加大教育系统的“四五”普法工作力度，加强对青少年的法制教育，召开全国青少年法制教育经验交流会。切实加强教育执法监督和依法治校工作，在有关高等学校开展试点，不断规范办学行为。继续转变政府职能，加大清理部门规章、减少行政审批项目工作的力度，逐步建立行为规范、运转协调、公正透明、廉洁高效的行政管理机制。改进并加强教育事业统计工作。

32. 加强教育督导工作，完善教育督导制度。坚持督政督学相结合，加强对地方政府履行教育职责情况的指导和督查，建立对县（市、区）的教育督导评估和监测制度，加强对基础教育热点、难点问题的专项督导检查，保证基础教育分类发展目标的逐步落实，加大对实施素质教育的督导检查力度。

33. 加强教育部机关和直属单位思想建设、作风建设和队伍建设，增强服务意识，提高管理水平。因地制宜，加强分类指导和分类要求。切实转变工作作风，始终保持谦虚谨慎、不骄不躁和艰苦奋斗的作风。深入实际，大兴学习之风，大兴调查研究之风，力戒形式主义，精简会议和文件，求真务实，奋发有为，扎实工作。深化直属机关干部人事工作改革，加强干部特别是年轻干部培养培训和交流工作。继续做好老干部和关心下一代工作。改善机关公务员工作条件，关心干部职工生活。加强电子政务建设，推进政务信息化。

教育发展统计

2003 年全国教育事业发展统计公报

教 育 部

（2004 年 5 月 27 日）

2003 年教育系统高举邓小平理论伟大旗帜，以“三个代表”重要思想为指导，深入学习贯彻党的十六大、十六届三中全会及全国人才工作会议精神，按照全面建设小康社会的目标，以努力办好让人民满意的教育为宗旨，认真落实全国农村教育工作会议精神，教育事业的改革和发展取得了新进展。

义 务 教 育

全国实现“两基”的地区人口覆盖率进一步提高，达到 91.8%。到 2003 年年底，实现“两基”验收的县（市、区）总数达到 2 659 个（含其他县级行政区划单位 181 个），比上年增加 61 个县（市、区）；12 个省（直辖市）已按要求实现“两基”。

由于学校布局调整和学龄人口的逐渐减少，小学校数、招生数和在校生数继续减少。2003 年全国共有小学 42.58 万所，比上年减少 3.11 万所；招生 1 829.39 万人，比上年减少 123.41 万人；在校生 11 689.74 万人，比上年减少 466.97 万人；小学学龄儿童入学率达到 98.65%，其中男女童入学率分别为 98.69% 和 98.61%，男女入学性别差为 0.08 个百分点。小学辍学率为 0.34%，其中女童 0.36%。小学五年巩固率为 98.80%，与上年持平。小学毕业生升学率为 97.9%，比上年提高 0.88 个百分点。

小学教职工和专任教师略有减少，专任教师学历合格率继续提高。全国小学教职工 625.62 万人，比上年减少 8.4 万人；其中专任教师 570.28 万人，比上年减少 7.61 万人。小学专任教师学历合格率 97.85%，比上年提高 0.46 个百分点，小学生师比 20.5∶1，比上年的 21.04∶1 略有降低。随着“普九”目标的实现和学龄人口的逐渐减少，初中招生数略有减少，但在校生数和毕业生数有所增加。全国共有初中学校 6.47（其中职业初中 1 019 所）万所，比上年减少 0.1 万所。招生 2 220.13 万人，比上年减少 61.69 万人；在校生 6 690.83 万人，比上年增加 3.4 万人；毕业生 2 018.46 万人，比上年增加 114.77 万人。初中阶段毛入学率 92.7%，比上年提高 2.7 个百分点。初中阶段辍学率为 2.84%，其中女生 2.43%。初中毕业生升学率 59.6%，比上年提高 1.3 个百分点。

全国初中专任教师 349.75 万人，比上年增加 2.98 万人。初中专任教师学历合格率 91.98%，比上年增长 1.7 个百分点。生师比 19.13∶1，比上年的 19.29∶1 略有降低。

普通中小学校办学条件进一步改善。全国普通中小学校舍建筑面积 118 550.52 万平方米，比上年增加 5 251.66 万平方米。小学体育运动场（馆）面积达标率 50.2%、音乐器械配备达标率 38.66%、美术器械配备达标率 36.69%、数学自然实验仪器达标率 49.8%；普通初中体育运动场（馆）面积达标率 65.68%、音乐器械配备达标率 53.95%、美术器械配备达标率 52.43%、理科实验仪器达标率 70.17%。各项指标均比上年有所提高。

学前教育与特殊教育

幼儿园园数有所增加，但在园幼儿数略有减少。2003 年全国共有幼儿园 11.64 万所，比上年增加 0.46 万所，在园幼儿（包括学前班）2 004 万人，比上年减少 32.02 万人。幼儿园园长和教师共 70.91 万人，比上年增加 4.98 万人。

2003 年全国共有特殊教育学校 1 551 所，比上年增加 11 所；招收残疾儿童 4.88 万人，比上年减少 0.41 万人；在校残疾儿童 36.47 万人，比上年减少 0.98 万人。其中在盲人学校就读的学生 3.83 万人，在聋人学校就读的学生 10.98 万人，在弱智学校及辅读班就读的学生 21.66 万人。在普通学校随班就读和附设特教班就读的残疾儿童招生数和在校生数分别占特殊教育招生总数和在校生总数的 63.64%和 66.23%。残疾儿童毕业人数 4.45 万人，比上年增加 0.03 万人。

高中阶段教育

全国高中阶段教育（包括普通高中、职业高中、普通中等专业学校、技工学校、成人高中、成人中等专业学校）共有学校 3.18 万所，比上年减少 0.1 万所；招生 1 267.88 万人，比上年增加 87.15 万人；在校学生 3 243.40 万人，比上年增加 335.26 万人。高中阶段毛入学率 43.8%。

全国普通高中 1.58 万所，比上年增加 0.04 万所；招生 752.13 万人，比上年增加 75.43 万人，增长 11.15%；在校生 1 964.83 万人，比上年增加 281.02 万人，增长 16.69%；毕业生 458.12 万人，比上年增加 74.36 万人，增长 19.38%。

普通高中专任教师 107.06 万人，比上年增加 12.46 万人。生师比 18.35：1，比上年的17.80：1 有所提高。专任教师学历合格率 75.71%，比上年增长 2.84 个百分点；普通高中体育运动场（馆）面积达标率为 73.48%；体育器材配备达标率 74.07%；音乐器材配备达标率 65.87%；美术器材配备达标率 65.63%；理科实验仪器达标率 78.73%；建立校园网的学校占普通高中学校总数的比例为 44.76%。

全国成人高中 1 317 所，比上年减少 146 所；在校生 21.85 万人，比上年减少 11.67 万人；毕业生 16.48 万人，比上年减少 7.33 万人。

全国中等职业教育（包括普通中专、职业高中、技工学校和成人中专）共有学校 1.47 万所，比上年减少 1 137 所。招生 515.75 万人，比上年增加 42.21 万人；在校生 1 256.73 万人，比上年增加 65.92 万人。

全国普通中等专业学校 3 065 所，比上年增加 112 所；招生 183.88 万人，比上年增加 28.57 万人；在校生 502.37 万人，比上年增加 46.02 万人；毕业生 148.45 万人，比上年增加 4.3 万人。教职工 34.70 万人，比上年减少 3.45 万人。专任教师 19.86 万人，比上年减少 0.92 万人。

全国职业高中 0.58 万所，比上年减少 0.06 万所；招生 197.26 万人，比上年增加 9.9 万人；在校生 455.76 万人，比上年增加 27.63 万人；毕业生 112.67 万人，比上年减少 8.94 万人。职业高中专任教师 25.79 万人，比上年减少 1.48 万人。职业高中专任教师学历合格率 59.39%，比上年增长 5.89 个百分点。

全国技工学校 2 970 所，比上年减少 105 所；招生数 91.64 万人，比上年增加 18.31 万人；在校生 193.14 万人，比上年增加 40.15 万人；毕业生 47.31 万人，比上年减少 0.17 万人。技工学校教职工 20.22 万人，比上年减少 0.12 万人，其中专任教师 15.30 万人，比上年增加 2.7 万人。

全国成人中等专业学校 2 823 所，比上年减少 650 所；招生 42.98 万人，比上年减少 14.57 万人；在校生 105.45 万人，比上年减少 47.89 万人；

毕业生40.03万人，比上年减少28.83万人。

全国中等教育自学考试报名0.1万人次，取得中专毕业证书10人。

高 等 教 育

2003年全国共有普通高等学校和成人高等学校2 110所，比上年增加107所。普通高等学校1 552所，比上年增加156所，其中中央各部委所属学校111所。成人高等学校558所，比上年减少49所，其中中央各部委所属学校19所，比上年减少1所。全国共有培养研究生单位720个，其中高等学校407个，科研机构313个。

高等教育的招生和在校生规模继续快速增加。2003年全国各类高等教育总规模达到1 900多万人，高等教育毛入学率达到17%。全国招收研究生26.89万人，比上年增加6.63万人；其中博士生4.87万人，硕士生22.02万人。在学研究生65.13万人，比上年增加15.03万人；其中博士生13.67万人，硕士生51.46万人。毕业研究生11.11万人，比上年增加3.03万人；其中博士生1.88万人，硕士生9.23万人。

普通高等教育共招生382.17万人，比上年增加61.67万人，增长19.24%；在校生1 108.56万人，比上年增加205.2万人，增长22.72%；毕业生187.75万人，比上年增加54.02万人，增长40.39%。成人高等教育在校生559.16（2002年）万人；毕业生159.34（2003年）万人。

普通高等学校校均规模有较大提高。普通高等学校全日制本、高职（专科）在校生平均规模由上年的6 471人提高到7 143人；对研究生、留学生、进修生和夜大生、函授生、成人脱产班等各类学生，按国家规定折合为本、高职（专科）学生计算，生师比为17.0∶1。

普通高等学校教职工145.26万人，比上年增加14.9万人；专任教师72.47万人，比上年增加10.63万人。成人高等学校教职工15.35万人，比上年减少1.46万人；专任教师8.51万人，比上年减少0.38万人。

全国高等教育自学考试报考1 156.2万人次，取得毕业证书70.5万人。

成人培训与扫盲教育

成人各类培训教育蓬勃发展。2003年全国高等学校举办的各类成人非学历教育结业人数达353.25万人，注册学生239.52万人。全国职业技术培训学校（机构）23.06万所。职业技术培训机构共培训结业学员7 242.08万人次，注册学生数5 677.22万人。职业技术培训学校（机构）教职工45.72万人，专任教师20.6万人。目前各类成人技术培训规模较大，但其质量和水平还需进一步提高。

成人初等学校2.68万所，比上年减少0.93万所；毕业生190.18万人，比上年减少124.7万人；在校生186.26万人，比上年减少104.18万人。教职工3.77万人，比上年增加0.16万人，其中专任教师1.89万人，比上年增加0.53万人。

2003年全国共扫除文盲203.14万人，比上年增加28.69万人；仍有195.22万人正在参加扫盲学习，比上年增加17.83万人。扫盲教育教职工8.63万人，比上年增加0.56万人。其中专任教师2.87万人，比上年增加0.59万人。

民 办 教 育

民办教育得到进一步发展。2003年，全国共有民办普通高等学校173所，在校生81万人；民办的其他高等教育机构1 104所，各类注册学生100.40万人。民办普通高中2 679所，在校生141.37万人；民办中等职业学校1 382所，在校生79.38万人。民办普通初中3 651所，在校生256.57万人；民办职业初中53所，在校生2.28万人。民办普通小学5 676所，在校生274.93万人。民办幼儿园5.55万所，在校生480.23万人。

2003 年各类教育发展基本情况

2003 年全国各级各类学校校数、教职工、专任教师情况

	学校数(所)	教职工数(人)	专任教师(人)
一、高等教育			
(一) 研究生培养机构 (不计校数)	720		
1. 普通高校	407		
2. 科研机构	313		
(二) 普通高等学校	1 552	1 452 623	724 658
1. 本科院校	644	1 060 628	502 458
2. 专科院校	908	350 636	196 872
其中：职业技术学院	711	268 239	149 473
3. 其他机构 (点)(不计校数)	284	41 359	25 328
(三) 成人高等学校	558	168 069	88 861
(四) 民办的其他高等教育机构	1 104	52 537	24 543
1. 学历文凭考试机构	384	29 733	13 733
2. 非学历文凭考试机构	720	22 804	10 810
二、中等教育			
(一) 高中阶段教育	31 778	6 588 332	1 789 541
1. 高中	17 096	5 505 370	1 076 629
普通高中	15 779	5 496 535	1 070 575
成人高中	1 317	8 835	6 054
2. 中等职业教育	14 682	1 082 962	712 912
普通中专	3 065	347 013	198 550
成人中专	2 823	126 113	75 341
职业高中	5 824	363 312	257 945
技工学校	2 970	202 190	152 960
其他机构 (教学点)(不计校数)	2 275	44 334	28 116
(二) 初中阶段教育			
1. 普通初中	63 711		3 466 735
2. 职业初中	1 019	36 300	30 788
3. 成人初中	1 920	8 203	4 801
三、初等教育			
(一) 普通小学	425 846	6 256 185	5 702 750
(二) 成人小学	82 713	124 059	47 609
其中：扫盲班	55 901	86 317	28 674
四、工读学校	82	2 636	1 580
五、特殊教育	1 551	40 853	30 349
六、学前教育	116 390	973 159	612 856

注：1. 普通高中教职工数包含普通初中教职工数；

2. 成人高等学校教职工数和专任教师数，技工学校校数、教职工数和专任教师数均为 2002 年数据。

2003年全国各级各类学历教育学生情况

	毕业生数(人)	招生数(人)	在校生数(人)
一、高等教育			
(一) 研究生	111 091	268 925	651 260
(二) 普通本专科	1 877 492	3 821 701	11 085 642
(三) 成人本专科	1 593 358		5 591 573
(四) 其他各类高等学历教育			
1. 在职人员攻读博士、硕士学位		59 747	149 695
2. 网络本专科生	11 633	223 855	500 727
3. 学历文凭考试	98 663	157 967	393 759
二、中等教育			
(一) 高中阶段教育	8 210 081	12 678 793	32 433 993
1. 高中			
普通高中	4 581 235	7 521 264	19 648 261
成人高中	164 842		218 468
2. 中等职业教育	3 464 004	5 157 529	12 567 264
普通中专	1 484 471	1 838 777	5 023 708
成人中专	400 315	429 818	1 054 511
职业高中	1 126 652	1 972 571	4 557 622
技工学校	452 566	916 363	1 931 423
(二) 初中阶段教育			
1. 普通初中	19 955 825	21 953 113	66 184 186
2. 职业初中	228 816	248 172	724 087
3. 成人初中	613 854		528 155
三、初等教育			
(一) 普通小学	22 678 857	18 293 875	116 897 395
(二) 成人小学	3 933 231		3 814 850
其中：扫盲班	2 031 417		1 952 204
四、工读学校	3 390	3 373	7 452
五、特殊教育	44 533	48 840	364 740
六、学前教育	10 719 922	13 167 889	20 039 061

注：1. 成人本专科毕业生、在校生数为2002年数据；
2. 其他各类高等教育学生数未包含成人高校举办的各类高等教育学生数。

各级教育毛入学率

单位：%

年份	小学 按各地相应学龄计算	初中 12～14周岁	高中阶段 15～17周岁		高等教育 18～22周岁
			职前	全口径	
1990	111.0	66.7	21.9		3.4
1991	109.5	69.7	23.9		3.5
1992	109.4	71.8	22.6	26.0	3.9
1993	107.3	73.1	24.1	28.4	5.0
1994	108.7	73.8	26.2	30.7	6.0
1995	106.6	78.4	28.8	33.6	7.2
1996	105.7	82.4	31.4	38.0	8.3
1997	104.9	87.1	33.8	40.6	9.1
1998	104.3	87.3	34.4	40.7	9.8
1999	104.3	88.6	35.8	41.0	10.5
2000	104.6	88.6	38.2	42.8	12.5
2001	104.5	88.7	38.6	42.8	13.3
2002	107.5	90.0	38.4	42.8	15.0
2003	107.2	92.7	42.1	43.8	17.0

各级普通学校毕业生升学率

年份	小学升初中（%）	初中升高级中学（%）	高中升高等教育（%）
1990	74.6	40.6	27.3
1991	77.7	42.6	28.7
1992	79.7	43.6	34.9
1993	81.8	44.1	43.3
1994	86.6	47.8	46.7
1995	90.8	50.3	49.9
1996	92.6	49.8	51.0
1997	93.7	51.5	48.6
1998	94.3	50.7	46.1
1999	94.4	50.0	63.8
2000	94.9	51.2	73.2
2001	95.5	52.9	78.8
2002	97.0	58.3	83.5
2003	97.9	59.6	83.4

注：高中升学率为普通高校招生数（含电大普通班）与普通高中毕业生数之比。

2003年全国各级各类非学历教育学生情况

	毕（结）业生数（人）	招生数（人）	在校生数（人）
一、高等教育	1 945 091	1 759 098	1 672 265
（一）研究生课程进修班	104 355	102 623	172 169
（二）自考助学班	213 792	275 177	748 838
（三）普通预科生	12 169	22 186	22 151
（四）证书教育	140 538	113 464	108 202
（五）岗位培训	673 256	534 669	263 985
（六）进修及培训	800 981	710 979	356 920
二、中等教育	72 420 768		56 772 232
（一）中等职业教育	5 646 046		2 972 650
（二）职业技术培训机构	66 774 722		53 799 582

注：高等教育非学历教育学生数未包含成人高校举办的非学历教育学生数。

2003年全国各级民办教育基本情况

	学校数（所）	毕业生数（人）	招生数（人）	在校生数（人）	教职工数（人）	专任教师（人）
一、民办高等教育						
（一）普通高校	173	52 061	375 658	810 030	86 743	50 143
（二）成人高校	2	577	577	2 321	263	143
（三）民办的其他高等教育机构	1 104	836 121	880 289	1 004 048	52 537	24 543
二、民办中等教育机构						
（一）高中阶段教育						
其中：民办普通高中	2 679	253 327	634 945	1 413 680	291 604	201 421
民办中等职业教育	1 382	185 967	388 943	793 804	62 779	36 585
（二）初中阶段教育						
其中：民办普通初中	3 651	534 789	938 817	2 565 747		
民办职业初中	53	5 339	8 709	22 786	1 253	879
三、民办普通小学	5 676	374 728	474 421	2 749 341	162 825	117 239
四、民办幼儿园	55 536	1 784 947	2 664 739	4 802 297	383 942	228 791

注：1. 民办高等教育中成人高校的有关数据为2002年数据；
　　2. 民办普通高中教职工数包含民办普通初中教职工数。

各级普通学校女学生和女教职工数

单位：万人

	女学生		女教职工		女专任教师	
	人数	占学生总数的比重(%)	人数	占教职工总数的比重(%)	人数	占专任教师总数的比重(%)
普通高等学校	474.12	44.52	61.68	42.46	30.23	41.71
成人高等学校	65.47	51.89	7.37	43.84	3.98	44.77
民办的其他高等教育机构	45.81	45.62	2.20	41.90	1.03	42.04
普通高中	885.72	45.08	230.90	42.01	43.06	40.22
成人高中	10.55	48.27				
中等职业学校	551.83	51.88	38.55	43.77	25.84	46.15
普通初中	3 138.14	47.42			157.00	45.29
职业初中	33.73	46.58	1.22	33.51	1.10	35.71
成人初中	33.17	47.59				
小学	5 503.76	47.08	323.73	51.75	305.42	53.56
成人小学	195.97	51.37				
工读学校	0.09	11.59	0.08	30.12	0.05	29.11
特殊教育学校	12.74	34.93	2.73	66.90	2.20	72.51
幼儿园	906.76	45.25	91.01	93.52	60.22	98.27

注：普通高中女教职工数包括普通初中女教职工数。

各级普通学校少数民族学生和少数民族教职工数

单位：万人

	少数民族学生		少数民族教职工		少数民族专任教师	
	人数	占学生总数的比重(%)	人数	占教职工总数的比重(%)	人数	占专任教师总数的比重(%)
普通高等学校	69.76	6.55	6.77	4.66	3.63	5.01
成人高等学校	12.00	9.51	0.87	5.18	0.48	5.40
民办的其他高等教育机构			0.06	1.17	0.03	1.11
普通高中	128.13	6.52	39.97	7.27	6.61	6.18
中等职业学校	56.49	5.31	4.39	4.99	2.79	4.98
普通初中	526.33	7.95			26.73	7.71
职业初中	8.74	12.07	0.35	9.72	0.30	9.72
小学	1 120.70	9.59	62.70	10.02	57.09	10.01
特殊教育	2.56	7.01	0.21	5.06	0.15	5.09
幼儿园	117.75	5.88	3.93	4.04	2.62	4.28

注：1. 普通高中少数民族教职工数包括普通初中少数民族教职工数；
2. 普通高等学校不包括成人本专科的数据；
3. 成人高等学校数据为2002年。

小学学龄儿童入学率

单位：万人

年份	学龄儿童入学率		
	全国学龄儿童数	已入学学龄儿童数	入学率（%）
1965	11 603.2	9 829.1	84.7
1980	12 219.6	11 478.2	93.0
1985	10 362.3	9 942.8	95.9
1990	9 740.7	9 529.7	97.8
1999	12 991.4	12 872.8	99.1
2000	12 445.3	12 333.9	99.1
2001	11 766.4	11 561.2	99.1
2002	11 310.4	11 150.0	98.6
2003	10 908.3	10 761.6	98.7

注：1991 年以前的入学率是按 7～11 周岁统一计算的，从 1991 年起入学率是按各地不同入学年龄和学制分别计算的。

高等教育学校（机构）数

单位：所

	计	中央部委			地方部门			民办
		计	教育部	其他部委	计	教育部门	非教育部门	
1. 研究生培养机构	720	371	73	298	349	295	54	
普通高校	407	94	73	21	313	292	21	
科研机构	313	277		277	36	3	33	
2. 普通高校	1 552	111	73	38	1 268	767	501	173
本科院校	644	104	73	31	531	470	61	9
高职（专科）院校	908	7		7	737	297	440	164
其中：高职院校	711	2		2	554	195	359	155
3. 成人高等学校	558	19	1	18	537	250	287	2
4. 民办的其他高等教育机构	1 104							1 104
其中：学历文凭考试机构	384							384

普通高等学校（机构）学生数

单位：人

	毕(结)业生数	授予学位数	招生数			在校学生数	预计毕业生数
			计	其中			
				应届生	春季招生		
研究生	**111 091**	**108 109**	**268 925**	**133 688**		**651 260**	**178 748**
博　士	18 806	17 362	48 740	17 762		136 687	45 636
硕　士	92 285	90 747	220 185	115 926		514 573	133 112
普通本科、专科生	**1 877 492**	**814 759**	**3 821 701**	**3 246 536**	**24 312**	**11 085 642**	**2 477 931**
本　科	929 598	814 759	1 825 262	1 511 627	8 788	6 292 089	1 235 436
专　科	947 894		1 996 439	1 734 909	15 524	4 793 553	1 242 495
成人本科、专科生	**1 593 358**	**64 067**				**5 591 573**	**1 968 374**
本　科	386 142	64 067				1 542 743	544 500
专　科	1 207 216					4 048 830	1 423 874
网络本科、专科生	**11 633**	**1 297**	**223 855**	**56 874**	**107 875**	**500 727**	
本　科	6 332	1 297	179 838	48 297	89 118	417 867	
专　科	5 301		44 017	8 577	18 757	82 860	
研究生课程进修班	104 355		102 623			172 169	
在职人员攻读博士硕士学位		17 663	59 747			149 695	
学历文凭考试	99 671		157 967			393 787	
电大注册视听生	64 123					253 824	
自考助学班	220 554		275 177			785 482	
普通预科生	12 169		22 186			22 151	
证书教育	291 922		113 464			183 399	
岗位培训	1 773 468		534 669			975 844	
进修及培训	1 130 065		710 979			430 512	
留学生	34 349	2 901	39 118		13 314	52 855	

注：成人本科、专科生毕(结)业生、授予学位、预计毕业生数为 2003 年数据，招生数为 0，在校学生数为 2002 年数据。

分学科研究生数(总计)

单位:人

	毕业生数				招生数				在校学生数				预计毕业生数			
	计	博士	硕士	研究生班	计	博士	硕士	研究生班	计	博士	硕士	研究生班	计	博士	硕士	研究生班
总计	**111 091**	**18 806**	**92 241**	**44**	**268 925**	**48 740**	**220 007**	**178**	**651 260**	**136 687**	**514 115**	**458**	**178 748**	**45 636**	**132 946**	**166**
其中:女	41 291	5 321	35 960	10	112 295	15 299	96 914	82	256 763	39 666	216 919	178	64 717	11 706	52 965	46
哲学	1 562	348	1 214		3 103	592	2 511		7 747	1 896	5 851		2 265	730	1 535	
经济学	6 578	1 204	5 374		14 423	2 575	11 836	12	34 675	7 312	27 351	12	9 670	2 554	7 116	
法学	7 484	770	6 714		18 489	2 034	16 438	17	43 718	5 376	38 325	17	12 258	1 663	10 595	
教育学	2 764	307	2 457		7 671	791	6 880		17 425	1 960	15 465		4 491	584	3 907	
文学	7 426	837	6 589		18 926	2 022	16 870	34	43 459	5 184	38 198	77	11 266	1 563	9 703	
历史学	1 926	454	1 472		3 634	823	2 811		9 259	2 351	6 908		2 821	827	1 994	
理学	13 220	3 705	9 515		33 969	8 872	25 097		82 125	23 481	58 644		21 710	7 377	14 333	
工学	41 337	6 573	34 764		103 212	18 941	84 230	41	255 754	57 793	197 920	41	70 932	20 724	50 208	
农学	3 849	756	3 093		9 693	1 961	7 732		22 105	4 906	17 199		5 902	1 525	4 377	
医学	12 207	2 825	9 382		26 501	5 764	20 737		63 939	14 690	49 249		17 009	4 301	12 708	
军事学	32	6	26		124	38	86		315	93	222		73	25	48	
管理学	12 706	1 021	11 641	44	29 180	4 327	24 779	74	70 739	11 645	58 783	311	20 351	3 763	16 422	166

普通本、专科分性质类别学生数

单位:人

	毕业生数			招生数			在校学生数			毕业班学生数		
	合计	本科	专科	合计	本科	专科	合计	本科	专科	合计	本科	专科
总计	**1 877 492**	**929 598**	**947 894**	**3 821 701**	**1 825 262**	**1 996 439**	**11 085 642**	**6 292 089**	**4 793 553**	**2 477 931**	**1 235 436**	**1 242 495**
其中:女	831 472	386 191	445 281	1 736 809	798 579	938 230	4 970 504	2 686 315	2 284 189	1 063 143	493 587	569 556
一、普通高等学校	1 773 441	928 035	845 406	3 646 382	1 822 091	1 824 291	10 648 820	6 280 547	4 368 273	2 352 011	1 232 940	1 119 071
本科院校	1 345 328	919 169	426 159	2 235 218	1 672 923	562 295	7 510 090	5 941 391	1 568 699	1 699 285	1 211 170	488 115
高职(专科)院校	402 652	490	402 162	1 181 496	1 863	1 179 633	2 627 093	2 973	2 624 120	587 170	333	586 837
其他	25 461	8 376	17 085	229 668	147 305	82 363	511 637	336 183	175 454	65 556	21 437	44 119
综合大学	374 264	252 079	122 185	584 710	423 617	161 093	1 977 522	1 527 134	450 388	456 582	321 481	135 101
理工院校	487 436	316 350	171 086	904 629	637 074	267 555	2 887 038	2 169 464	717 574	642 459	429 984	212 475
农业院校	78 507	52 270	26 237	151 900	111 547	40 353	469 857	367 006	102 851	98 636	68 535	30 101
林业院校	9 961	8 182	1 779	22 016	20 360	1 656	72 608	67 633	4 975	13 851	12 249	1 602
医药院校	72 758	40 980	31 778	185 264	103 279	81 985	585 510	399 237	186 273	106 233	62 695	43 538
师范院校	325 273	149 376	175 897	551 724	298 331	253 393	1 673 209	1 009 584	663 625	397 569	196 047	201 522
语文院校	17 055	10 608	6 447	31 542	21 688	9 854	88 411	63 472	24 939	20 470	12 822	7 648
财经院校	109 438	58 717	50 721	205 374	115 401	89 973	623 257	393 252	230 005	140 253	77 199	63 054
政法院校	29 751	10 874	18 877	44 291	19 377	24 914	127 015	59 791	67 224	32 518	12 819	19 699
体育院校	10 224	8 348	1 876	20 942	17 975	2 967	61 576	55 853	5 723	13 015	10 604	2 411
艺术院校	10 893	8 017	2 876	27 776	23 286	4 490	82 177	72 292	9 885	15 690	11 579	4 111
民族院校	15 003	12 067	2 936	32 366	29 243	3 123	102 781	93 923	8 858	19 249	16 690	2 559
职业技术学院	232 878	167	232 711	883 848	913	882 935	1 897 859	1 906	1 895 953	395 486	236	395 250
二、成人高等学校	104 051	1 563	102 488	175 319	3 171	172 148	436 822	11 542	425 280	125 920	2 496	123 424

普通本、专科分学科学生数

单位:人

	毕业生数			招生数			在校学生数			预计毕业生数		
	合计	本科	专科	合计	本科	专科	合计	本科	专科	合计	本科	专科
总计	**1 877 492**	**929 598**	**947 894**	**3 821 701**	**1 825 262**	**1 996 439**	**11 085 642**	**6 292 089**	**4 793 553**	**2 477 931**	**1 235 436**	**1 242 495**
其中：女	831 472	386 191	445 281	1 736 809	798 579	938 230	4 970 504	2 686 315	2 284 189	1 063 143	493 587	569 556
哲学	1 196	1 127	69	1 520	1 446	74	5 974	5 558	416	1 322	1 285	37
经济学	88 181	48 878	39 303	221 410	114 545	106 865	604 135	360 683	243 452	118 536	63 699	54 837
法学	110 416	52 756	57 660	185 999	91 920	94 079	560 916	313 131	247 785	137 903	64 237	73 666
教育学	117 072	30 977	86 095	218 575	69 682	148 893	592 123	223 837	368 286	153 895	41 414	112 481
文学	286 889	126 087	160 802	612 021	297 002	315 019	1 719 230	950 274	768 956	377 788	171 632	206 156
其中:外语	115 421	48 947	66 474	263 490	106 602	156 888	726 691	348 813	377 878	160 474	65 476	94 998
历史学	13 905	8 791	5 114	16 330	11 496	4 834	56 673	42 543	14 130	15 092	10 380	4 712
理学	173 031	103 409	69 622	329 656	220 157	109 499	1 004 506	723 579	280 927	216 286	138 985	77 301
工学	644 106	351 537	292 569	1 242 426	595 398	647 028	3 693 401	2 156 584	1 536 817	846 609	462 798	383 811
农学	50 057	29 758	20 299	81 619	41 637	39 982	249 671	151 756	97 915	62 081	35 197	26 884
医学	111 356	55 927	55 429	257 681	119 270	138 411	814 741	496 136	318 605	158 293	82 548	75 745
管理学	281 283	120 351	160 932	654 464	262 709	391 755	1 784 272	868 008	916 264	390 126	163 261	226 865
总计中:师范生	346 965	158 569	188 396	486 997	237 745	249 252	1 585 900	902 639	683 261	415 426	197 808	217 618

普通高中校数、班数

	学校数(所)			班数(个)			
	合计	高级中学	完全中学	计	一年级	二年级	三年级
总计	**15 779**	**5 868**	**9 911**	**344 059**	**129 584**	**114 038**	**100 437**
教育部门和集体办	11 755	4 701	7 054	296 559	110 426	98 599	87 534
社会力量办	2 679	927	1 752	29 749	12 680	9 487	7 582
其他部门办	1 345	240	1 105	17 751	6 478	5 952	5 321
城市	**6 300**	**2 142**	**4 158**	**135 188**	**50 665**	**45 027**	**39 496**
教育部门和集体办	3 896	1 429	2 467	105 223	39 011	35 173	31 039
社会力量办	1 545	564	981	17 223	6 975	5 583	4 665
其他部门办	859	149	710	12 742	4 679	4 271	3 792
县镇	**7 191**	**3 013**	**4 178**	**173 161**	**65 521**	**57 136**	**50 504**
教育部门和集体办	5 994	2 655	3 339	159 524	59 562	52 837	47 125
社会力量办	931	305	626	10 738	4 913	3 321	2 504
其他部门办	266	53	213	2 899	1 046	978	875
农村	**2 288**	**713**	**1 575**	**35 710**	**13 398**	**11 875**	**10 437**
教育部门和集体办	1 865	617	1 248	31 812	11 853	10 589	9 370
社会力量办	203	58	145	1 788	792	583	413
其他部门办	220	38	182	2 110	753	703	654
总计中:其他学校附设初中班				5 707	2 310	1 873	1 524
独立设置少数民族学校	2 340			7 131	2 708	2 363	2 060

高中阶段教育学生数构成

	合计	普通高中	成人高中	中等职业教育				
				小计	中等专业学校	成人中专	职业高中	技工学校
学生数(万人)								
1965	622.9	130.8		492.1	52.7	351.8	77.5	10.1
1980	1 720.5	969.8	75.1	675.6	124.3	449.4	31.9	70.0
1985	1 295.7	741.1	139.0	415.6	157.1		184.3	74.2
1990	1 528.6	717.3	47.8	763.5	224.4	158.8	247.1	133.2
2000	2 463.2	1 201.3	32.4	1 229.5	489.5	169.3	414.6	156.1
2001	2 606.3	1 405.0	31.0	1 170.3	457.9	189.2	383.1	140.1
2002	2 889.8	1 683.8	33.5	1 172.5	456.4	153.3	428.1	134.7
2003	3 243.4	1 964.8	21.5	1 256.7	502.4	105.5	455.7	193.1
比重(%)								
1965	100	21.0		79.0	8.5	56.5	12.4	1.6
1980	100	56.4	4.4	39.3	7.2	26.1	1.9	4.1
1985	100	57.2	10.7	32.1	12.1		14.2	5.7
1990	100	46.9	3.1	49.9	14.7	10.4	16.2	8.7
2000	100	48.8	1.3	49.9	19.9	6.9	16.8	6.3
2001	100	53.9	1.2	44.9	17.6	7.3	14.7	5.4
2002	100	58.3	1.2	40.6	15.8	5.3	14.8	4.7
2003	100	60.6	0.7	38.7	15.5	3.3	14.1	5.9

普通初中校数、班数

	学校数(所)			班数(个)				
	合计	初级中学	九年一贯制学校	计	一年级	二年级	三年级	四年级
总计	**63 711**	**55 327**	**8 384**	**1 165 041**	**390 110**	**384 723**	**369 305**	**20 903**
教育部门和集体办	56 911	51 344	5 567	1 067 607	356 935	353 107	340 157	17 408
社会力量办	3 651	2 344	1 307	52 372	19 549	17 395	14 937	491
其他部门办	3 149	1 639	1 510	45 062	13 626	14 221	14 211	3 004
城市	**8 989**	**6 850**	**2 139**	**222 960**	**71 750**	**72 730**	**72 085**	**6 395**
教育部门和集体办	6 033	5 329	704	171 614	54 983	56 072	56 311	4 248
社会力量办	1 293	700	593	23 498	8 286	7 904	6 920	388
其他部门办	1 663	821	842	27 848	8 481	8 754	8 854	1 759
县镇	**17 471**	**15 889**	**1 582**	**397 249**	**133 835**	**130 718**	**126 541**	**6 155**
教育部门和集体办	15 682	14 728	954	370 858	124 282	122 024	118 978	5 574
社会力量办	1 252	855	397	19 431	7537	6 485	5 350	59
其他部门办	537	306	231	6 960	2 016	2 209	2 213	522
农村	**37 251**	**32 588**	**4 663**	**544 832**	**184 525**	**181 275**	**170 679**	**8 353**
教育部门和集体办	35 196	31 287	3 909	525 135	177 670	175 011	164 868	7 586
社会力量办	1 106	789	317	9 443	3 726	3 006	2 667	44
其他部门办	949	512	437	10 254	3 129	3 258	3 144	723
总计中:四年制初中				75 325	14 565	18 882	21 549	20 329
其他学校附设初中班				24 176	8 519	8 187	7 392	78
独立设置少数民族学校				29 080	10 573	9 417	8 777	313

普通初中学生数

单位:人

	毕业生数	招生数	在校学生数						毕业班学生数
			合计	其中:女	一年级	二年级	三年级	四年级	
总计	**19 955 825**	**21 953 113**	**66 184 186**	**31 381 370**	**22 010 411**	**22 135 558**	**20 906 121**	**1 132 096**	**20 854 262**
其中:女	9 504 902	10 382 894	31 381 370		10 401 189	10 466 292	9 961 821	552 068	9 852 206
教育部门和集体办	18 827 262	20 402 324	61 569 214	29 325 284	20 454 982	20 609 907	19 527 848	976 477	19 494 240
社会力量办	534 789	938 817	2 565 747	1 071 803	942 417	862 973	737 911	22 446	728 734
其他部门办	593 774	611 972	2 049 225	984 283	613 012	662 678	640 362	133 173	631 288
城市	**3 488 014**	**3 591 798**	**11 439 364**	**5 458 427**	**3 599 294**	**3 798 285**	**3 709 604**	**332 181**	**3 690 684**
教育部门和集体办	2 883 111	2 842 963	9 107 631	4 390 148	2 849 706	3 027 413	2 996 926	233 586	2 988 614
社会力量办	228 790	369 992	1 058 314	453 206	370 403	358 560	311 214	18 137	304 296
其他部门办	376 113	378 843	1 273 419	615 073	379 185	412 312	401 464	80 458	397 774
县镇	**7 093 950**	**7 725 374**	**23 140 839**	**10 924 001**	**7 744 497**	**7 713 589**	**7 343 162**	**339 591**	**7 322 121**
教育部门和集体办	6 790 481	7 240 580	21 796 067	10 354 831	7 257 155	7 265 100	6 958 905	314 907	6 940 893
社会力量办	209 763	389 728	1 023 275	416 874	392 190	344 874	283 579	2 632	282 302
其他部门办	93 706	95 066	321 497	152 296	95 152	103 615	100 678	22 052	98 926
农村	**9 373 861**	**10 635 941**	**31 603 983**	**14 998 942**	**10 666 620**	**10 623 684**	**9 853 355**	**460 324**	**9 841 457**
教育部门和集体办	9 153 452	10 318 781	30 665 516	14 580 305	10 348 121	10 317 394	9 572 017	427 984	9 564 733
社会力量办	96 284	179 097	484 158	201 723	179 824	159 539	143 118	1 677	142 136
其他部门办	124 125	138 063	454 309	216 914	138 675	146 751	138 220	30 663	134 588
总计中:四年制	0	0	4 031 193	1 807 680	713 801	1 002 338	1 185 086	1 129 968	1 125 237
九年一贯制学校	839 273	1 076 775	3 089 485	1 432 585	1 079 783	1 029 186	921 565	58 951	916 095
其他学校附设初中班	393 961	469 599	1 312 125	608 291	470 523	448 218	389 673	3 711	388 898
重读生			108 119	38 333	57 298	20 713	29 524	584	
重读生:女			38 333		18 295	7 691	12 140	207	
少数民族学生	1 475 203	1 878 679	5 263 295	2 224 510	1 888 000	1 741 819	1 576 644	56 832	1 567 180
独立设置少数民族学校	387 775	477 672	1 355 751	661 300	478 590	449 535	413 525	14 101	413 439

中等职业学校机构数

单位：人

	计	中央部门	地方部门			民办
			计	教育部门	非教育部门	
中等职业学校	11 712	98	10 232	7 075	3 157	1 382
其中：普通中等专业学校	3 065	65	2 811	1 283	1 528	189
成人中等专业学校	2 823	27	2 673	1 806	867	123
职业高中学校	5 824	6	4 748	3 986	762	1 070
其他机构(教学点)(不计校数)	2 275	15	2 062	1 417	645	198

中等职业学校(机构)学生分科类情况(总计)

单位：人

	毕业生数		招生数			在校学生数	预计毕业生数
	计	其中：获得职业资格证书	计	其中：初中毕业			
				计	应届毕业生		
总计	**3 011 438**	**1 393 781**	**4 241 166**	**3 927 843**	**3 706 506**	**10 635 841**	**3 029 702**
其中：女	1 587 363	701 644	2 138 863	1 990 870	1 882 504	5 518 321	1 556 694
农林类	191 007	79 269	200 497	175 030	154 571	534 167	176 971
资源与环境类	23 946	10 580	19 239	17 534	15 554	55 222	16 935
能源类	22 735	9 573	28 655	23 203	21 164	66 158	18 236
土木水利工程类	93 018	44 304	97 006	87 502	81 734	247 975	70 782
加工制造类	333 388	186 141	622 448	599 886	567 562	1 331 800	320 051
交通运输类	70 062	40 224	118 567	104 327	100 276	270 090	67 635
信息技术类	694 028	368 082	1 117 834	1 064 930	1 018 614	2 715 631	758 649
医药卫生类	302 174	68 945	359 361	331 919	303 698	1 081 853	338 018
商贸与旅游类	248 547	133 534	393 712	381 125	367 975	1 022 987	279 226
财经类	295 717	145 750	300 854	263 649	247 386	786 959	248 650
文化艺术与体育类	199 719	80 905	250 391	232 832	218 021	684 737	196 212
社会公共事物类	149 821	70 639	162 733	140 093	127 870	418 763	138 483
师范类	262 085	104 969	256 913	224 492	212 740	750 362	241 389
其他	125 191	50 866	312 956	281 321	269 341	669 137	158 465

职业初中校数、班数

	学校数(所)	班数(个)				
		计	一年级	二年级	三年级	四年级
总计	**1 019**	**12 415**	**4 187**	**4 076**	**3 788**	**364**
教育部门和集体办	956	11 942	4 014	3 914	3 654	360
社会力量办	53	424	155	148	117	4
其他部门办	10	49	18	14	17	
城市	**48**	**455**	**147**	**155**	**140**	**13**
教育部门和集体办	28	357	113	123	109	12
社会力量办	14	61	21	21	18	1
其他部门办	6	37	13	11	13	
县镇	**231**	**3 207**	**1 099**	**1 064**	**976**	**68**
教育部门和集体办	216	3 048	1 037	1 008	935	68
社会力量办	11	147	57	53	37	
其他部门办	4	12	5	3	4	
农村	**740**	**8 753**	**2 941**	**2 857**	**2 672**	**283**
教育部门和集体办	712	8 537	2 864	2 783	2 610	280
社会力量办	28	216	77	74	62	3
其他部门办						
总计中:四年制		969	131	260	254	324
普通中学附设班		1 240	359	370	464	47
其他单位(学校)办班		1 352	450	473	394	35
独立设置少数民族学校	30	252	81	82	74	15

小学校数、教学点数及班数

	学校数(所)	教学点数(个)	班数(个)							
			计	一年级	二年级	三年级	四年级	五年级	六年级	复式班
总计	**425 846**	**105 679**	**3 364 094**	**577 809**	**573 563**	**557 847**	**547 464**	**545 526**	**440 128**	**121 757**
教育部门和集体办	414 486	103 165	3 195 744	548 670	544 259	528 628	518 687	517 175	417 999	120 326
社会力量办	5 676	2 014	76 240	13 340	13 149	13 092	12 761	12 485	10 167	1 246
其他部门办	5 684	500	92 110	15 799	16 155	16 127	16 016	15 866	11 962	185
城市	**25 473**	**806**	**404 623**	**69 702**	**70 261**	**69 885**	**69 296**	**68 322**	**56 925**	**232**
教育部门和集体办	21 328	749	321 973	55 070	55 725	55 410	55 066	54 384	46 109	209
社会力量办	1 680	19	32 809	6 107	5 835	5 669	5 472	5 236	4 480	10
其他部门办	2 465	38	49 841	8 525	8 701	8 806	8 758	8 702	6 336	13
县镇	**40 007**	**3 199**	**501 310**	**83 802**	**84 357**	**84 042**	**84 635**	**88 460**	**72 763**	**3 251**
教育部门和集体办	38 075	3 127	470 919	78 805	79 329	78 844	79 356	83 041	68 426	3 118
社会力量办	1 053	37	17 210	2 791	2 777	2 902	2 978	3 111	2 529	122
其他部门办	879	35	13 181	2 206	2 251	2 296	2 301	2 308	1 808	11
农村	**360 366**	**101 674**	**2 458 161**	**424 305**	**418 945**	**403 920**	**393 533**	**388 744**	**310 440**	**118 274**
教育部门和集体办	355 083	99 289	2 402 852	414 795	409 205	394 374	384 265	379 750	303 464	116 999
社会力量办	2 943	1 958	26 221	4 442	4 537	4 521	4 311	4 138	3 158	1 114
其他部门办	2 340	427	29 088	5 068	5 203	5 025	4 957	4 856	3 818	161
总计中:六年制			3 145 148	533 825	530 897	516 778	507 440	504 981	439 186	112 041
一贯制学校小学部			95 469	15 542	15 596	15 737	16 094	17 039	15 152	309
其他学校附设			11 556	1 440	1 426	1 453	1 540	1 780	3 856	61
独立设置的少数民族学校	14 302		88 339	15 779	15 250	14 719	14 204	14 456	12 109	1 822

成人小学基本情况

单位：人（人次）

	学校数（所）	教学班（点）（个）	毕（结）业生数		注册学生数		教职工数		聘请校外教师
			计	其中：女	计	其中：女	计	其中：专任教师	
合计	**82 713**	**152 165**	**3 933 231**	**2 010 078**	**3 814 850**	**1 959 749**	**124 059**	**47 609**	**138 407**
其中：少数民族	2 339	7 735	409 278	210 145	416 638	204 134	12 622	2 308	12 928
职工小学	908	1 861	78 417	36 591	64 869	29 375	3 553	835	2 560
农民小学	81 805	150 304	3 854 814	1 973 487	3 749 981	1 930 374	120 506	46 774	135 847
小学班	25 904	42 759	1 823 397	915 330	1 797 777	881 931	34 189	18 100	36 053
扫盲班	55 901	107 545	2 031 417	1 058 157	1 952 204	1 048 443	86 317	28 674	99 794

工读学校基本情况

单位：人

	学校数（所）	班数（个）	离校人数	入校人数	在校生数	教职工数	
						计	其中：专任教师
合计	**82**	**450**	**3 390**	**3 373**	**7 452**	**2 636**	**1 580**
其中：女			370	305	864	794	460

特殊教育基本情况

单位：人

	学校数（所）	班数（个）	毕业生数	招生数	在校学生数										
					合计	一年级	二年级	三年级	四年级	五年级	六年级	七年级	八年级	九年级	十年级
总计	**1 551**	**12 881**	**44 533**	**48 840**	**364 740**	**44 774**	**47 836**	**50 710**	**50 075**	**49 647**	**43 318**	**25 005**	**25 364**	**23 814**	**4 197**
其中：女			16 043	17 677	127 415	15 438	16 385	17 420	17 040	16 841	14 663	9 451	9 463	9 048	1 666
盲人学校	37	784			38 299	3 377	4 023	4 173	4 018	4 037	3 162	4 423	4 976	5 283	827
聋人学校	669	8 063			109 771	15 018	14 704	14 938	13 745	12 867	11 472	9 391	8 183	7 001	2 452
弱智学校	375	4 034			216 670	26 379	29 109	31 599	32 312	32 743	28 684	11 191	12 205	11 530	918
特殊教育学校	**470**	**12 146**	**10 599**	**17 759**	**123 169**	**18 973**	**16 884**	**16 008**	**14 313**	**12 968**	**11 838**	**10 526**	**9 472**	**8 113**	**4 074**
盲人学校		772			7 030	1 136	1 026	736	685	633	472	521	493	509	819
聋人学校		7 979			82 633	11 668	10 849	10 834	9 839	9 160	8 473	7 613	6 416	5 342	2 439
弱智学校		3 395			33 506	6 169	5 009	4 438	3 789	3 175	2 893	2 392	2 563	2 262	816
小学附设特教班		**727**	**599**	**794**	**5 094**	**887**	**821**	**857**	**859**	**908**	**720**	**39**		**3**	
盲人学校		12			79	17	12	10	12	13	15				
聋人学校		82			568	154	120	76	101	49	68				
弱智学校		633			4 447	716	689	771	746	846	637	39		3	
小学随班就读			**20 758**	**17 788**	**190 324**	**24 914**	**30 131**	**33 845**	**34 903**	**35 771**	**30 760**				
盲人学校					18 023	2 224	2 985	3 427	3 321	3 391	2 675				
聋人学校					21 353	3 196	3 735	4 028	3 805	3 658	2 931				
弱智学校					150 948	19 494	23 411	26 390	27 777	28 722	25 154				
普通(职业)初中附设特教		**8**	**56**	**1**	**66**								**36**	**30**	
盲人学校															
聋人学校		2			12								3	9	
弱智学校		6			54								33	21	
普通(职业)初中随班就读			**12 521**	**12 498**	**46 087**							**14 440**	**15 856**	**15 668**	**123**
盲人学校					13 167							3 902	4 483	4 774	8
聋人学校					5 205							1 778	1 764	1 650	13
弱智学校					27 715							8 760	9 609	9 244	102
总计中：															
城市	705	7 031	14 892	15 173	109 776	12 632	12 265	12 691	12 282	12 398	12 106	9 910	10 939	10 668	3 885
县镇	774	5 293	11 868	14 444	97 157	12 572	12 695	13 071	12 738	12 344	11 146	8 297	7 655	6 484	155
农村	72	557	17 773	19 223	157 807	19 570	22 876	24 948	25 055	24 905	20 066	6 798	6 770	6 662	157

幼儿园园数、班数

	园数（所）		班数（个）	
	计	其中：少数民族幼儿园	计	其中：学前班
总计	**116 390**	**568**	**728 511**	**325 182**
教育部门和集体办	51 774	396	479 541	284 977
社会力量办	55 536	147	188 618	29 474
其他部门办	9 080	25	60 352	10 731
城市	**31 652**	**104**	**180 872**	**33 461**
教育部门和集体办	8 482	64	65 196	18 956
社会力量办	16 816	28	71 352	9 058
其他部门办	6 354	12	44 324	5 447
县镇	**34 177**	**231**	**174 666**	**47 655**
教育部门和集体办	12 518	143	96 982	36 787
社会力量办	20 140	78	68 642	8 886
其他部门办	1 519	10	9 042	1 982
农村	**50 561**	**233**	**372 973**	**244 066**
教育部门和集体办	30 774	189	317 363	229 234
社会力量办	18 580	41	48 624	11 530
其他部门办	1 207	3	6 986	3 302
总计中：独立设置幼儿园、小学附设幼儿园、独立设置学前班			429 673	65 446
小学附设幼儿班、学前班			298 838	259 736

2002 年教育经费基本情况

2002 年各类学校教育经费情况

单位：万元

学校类别	合计	国家财政性教育经费	其中：预算内教育经费	社会团体和公民个人办学经费	社会捐资和集资办学经费	学费和杂费	其他教育经费
全国总计	**54 800 277.6**	**34 914 047.5**	**31 142 383.3**	**1 725 548.7**	**1 272 791.0**	**9 227 791.7**	**7 660 098.7**
中央	6 581 620.7	3 531 595.2	3 042 306.7		206 891.4	872 793.3	1 970 340.8
地方	48 218 656.9	31 382 452.3	28 100 076.6	1 725 548.7	1 065 899.6	8 354 998.4	5 689 757.9
按学校类别分组							
高等学校	15 832 129.1	7 875 176.1	7 548 856.1	417 624.1	279 514.3	4 264 516.5	2 995 298.1
普通高等学校	14 878 589.8	7 521 462.8	7 243 458.6	331 363.3	278 253.4	3 906 525.7	2 840 984.6
成人高等学校	953 539.3	353 713.3	305 397.5	86 260.8	1 260.9	357 990.8	154 313.5
中等专业学校	2 505 373.9	1 356 574.7	1 273 760.2	25 045.5	8 202.9	824 107.5	291 443.3
中等技术学校	1 723 505.9	931 580.0	880 751.2	10 880.8	3 094.3	610 481.7	167 469.1
中等师范学校	375 672.7	198 849.4	185 890.3		2 924.1	128 563.0	45 336.2
成人中专学校	406 195.3	226 145.3	207 118.7	14 164.7	2 184.5	85 062.8	78 638.0
技工学校	366 761.1	196 713.5	137 485.3		1 158.8	77 188.6	91 700.2
中学	16 704 638.3	10 623 978.5	9 003 381.6	898 922.3	599 213.5	2 433 370.7	2 149 153.3
普通中学	16 682 289.8	10 613 312.8	8 995 103.4	896 845.0	599 145.5	2 428 480.0	2 144 506.5
高级中学	3 490 127.9	1 651 651.9	1 359 066.1	146 228.5	185 092.3	853 343.9	653 811.3
完全中学	4 595 595.6	2 528 159.9	2 046 846.5	404 974.0	217 738.3	708 894.4	735 829.0
初级中学	8 596 566.3	6 433 501.0	5 589 190.8	345 642.5	196 314.9	866 241.7	754 866.2
其中：农村	4 270 561.7	3 413 785.2	3 188 332.9		87 627.5	494 221.1	274 927.9
成人中学	22 348.5	10 665.7	8 278.2	2 077.3	68.0	4 890.7	4 646.8
职业中学	1 470 023.8	888 018.6	773 302.8	63 429.0	14 041.5	358 983.6	145 551.1
小学	14 485 877.7	11 641 506.9	10 473 153.2	320 527.8	327 885.4	1 156 260.1	1 039 697.5
普通小学	14 480 218.2	11 636 869.2	10 469 011.1	319 902.3	327 884.7	1 156 107.3	1 039 454.7
其中：农村	8 389 830.6	7 100 910.9	6 709 476.9		175 005.8	743 639.3	370 274.6
成人小学	5 659.5	4 637.7	4 142.1	625.5	0.7	152.8	242.8
特殊教育学校	151 392.0	133 194.5	116 767.4		2 868.3	3 303.8	12 025.4
幼儿园	675 844.0	416 389.4	397 252.8		14 908.1	110 060.9	134 485.6
其他	2 608 237.7	1 782 495.3	1 418 423.9		24 998.2		800 744.2

2002 年各地区教育经费情况

单位：万元

年份 地区	合计	国家财政性教育经费	其中：预算内教育经费	社会团体和公民个人办学经费	社会捐资和集资办学经费	学费和杂费	其他教育经费
1991	7 315 028.2	6 178 286.0	4 597 308.1		628 209.7	323 475.6	185 056.9
1992	8 670 490.5	7 287 505.8	5 387 381.7		696 285.2	439 319.3	247 380.2
1993	10 599 374.4	8 677 618.3	6 443 914.0	33 322.7	701 856.1	871 476.9	315 100.4
1994	14 887 812.6	11 747 395.6	8 839 794.7	107 795.2	974 487.1	1 469 228.1	588 906.6
1995	18 779 501.1	14 115 233.3	10 283 930.0	203 671.5	1 628 414.0	2 012 422.5	819 759.8
1996	22 623 393.5	16 717 045.5	12 119 133.6	261 998.9	1 884 189.5	2 610 391.2	1 149 798.4
1997	25 317 325.7	18 625 416.3	13 577 262.1	301 746.4	1 706 587.6	3 260 792.0	1 422 783.4
1998	29 490 592.0	20 324 526.0	15 655 917.0	480 314.0	1 418 537.0	3 697 474.0	3 569 741.0
1999	33 490 416.4	22 871 756.1	18 157 597.3	628 957.1	1 258 694.2	4 636 107.9	4 094 901.1
2000	38 490 805.8	25 626 055.7	20 856 792.0	858 537.2	1 139 556.9	5 948 304.3	4 918 351.7
2001	46 376 626.2	30 570 099.5	25 823 761.9	1 280 895.2	1 128 851.8	7 456 013.5	5 940 766.2
2002	54 800 277.6	34 914 047.5	31 142 383.3	1 725 548.7	1 272 791.0	9 227 791.7	7 660 098.7
北京	3 538 686.4	2 194 372.8	2 017 388.5	34 576.9	103 802.7	386 539.3	819 394.7
天津	975 729.9	596 587.8	531 016.7	52 723.9	4 166.4	127 788.5	194 463.3
河北	2 101 071.7	1 373 880.8	1 243 140.5	62 397.8	27 553.7	442 540.9	194 698.5
山西	1 176 899.9	774 618.8	665 526.1	39 826.1	48 881.5	203 725.9	109 847.6
内蒙古	854 998.4	641 468.4	575 370.9	7 136.2	4 693.8	130 614.4	71 085.6
辽宁	1 943 994.9	1 283 469.8	1 135 498.1	40 798.2	6 659.9	374 196.1	238 870.9
吉林	1 226 407.4	856 766.1	757 042.8	13 881.4	32 373.1	176 365.5	147 021.3
黑龙江	1 587 805.4	1 096 737.9	902 091.5	33 311.8	4 055.6	266 404.1	187 296.0
上海	2 739 674.4	1 740 616.5	1 528 275.5	102 573.6	56 915.5	395 645.9	443 922.9
江苏	4 044 278.0	2 336 580.5	2 061 504.1	143 341.6	265 358.2	633 223.9	665 773.8
浙江	3 396 099.4	1 973 232.3	1 580 231.6	241 947.1	142 825.4	457 234.8	580 859.8
安徽	1 640 472.5	1 061 197.5	997 076.1	28 339.9	21 756.7	338 581.8	190 596.6
福建	1 779 257.0	1 149 599.7	1 041 590.5	113 997.7	57 028.5	249 930.5	208 700.6
江西	1 169 816.0	684 152.4	635 353.0	59 066.5	10 932.3	247 321.8	168 343.0
山东	3 338 764.4	2 094 603.7	1 831 983.8	142 001.1	63 321.7	648 258.2	390 579.7
河南	2 288 398.7	1 555 518.4	1 437 318.2	51 568.4	30 794.5	413 268.6	237 248.8
湖北	2 301 981.4	1 292 427.4	1 162 285.4	20 815.7	58 698.4	514 210.8	415 829.1
湖南	2 104 947.7	1 151 360.5	1 056 543.2	60 759.7	34 565.0	536 794.2	321 468.3
广东	5 203 412.4	3 247 693.4	2 910 766.1	252 941.7	118 281.4	1 009 222.3	575 273.6
广西	1 346 031.4	924 536.3	824 650.0	20 981.5	11 079.7	233 333.3	156 100.6
海南	297 249.9	195 177.6	161 222.4	11 673.2	6 869.8	49 000.6	34 528.7
重庆	1 066 535.0	645 003.9	593 211.8	19 096.7	35 628.9	161 596.1	205 209.4
四川	2 437 436.8	1 519 277.4	1 380 815.2	29 612.3	68 052.5	379 724.4	440 770.2
贵州	867 637.9	660 740.2	601 850.0	11 455.9	6 792.2	122 255.0	66 394.6
云南	1 295 046.1	1 071 094.8	987 968.2	15 512.0	17 414.5	105 485.5	85 539.3
西藏	141 177.9	134 182.8	133 970.8	0.0	436.4	4 930.5	1 628.2
陕西	1 597 678.6	944 164.3	882 321.2	89 388.7	18 722.0	331 812.5	213 591.1
甘肃	836 405.0	606 262.4	538 792.9	8 872.3	9 238.7	132 539.6	79 492.0
青海	190 401.0	161 859.6	155 645.5	957.1	328.2	17 769.2	9 486.9
宁夏	229 622.8	177 182.2	164 007.4	648.4	2 743.7	27 377.7	21 670.8
新疆	1 082 359.3	769 681.3	647 925.3	15 345.3	2 820.1	110 099.8	184 412.8

2003 年教育基本建设投资完成情况

2003 年教育基本建设投资完成情况

学校类别	投资合计（万元）	本年完成投资按资金来源分（万元）							本年竣工建筑面积（平方米）			
		国家预算内			自筹资金			其他				
						其中						
		计	中央	省级	计	学校自筹	个人集资		合　计	教学及辅助用房	行政办公用房	其他用房
总计	**14 195 367**	**2 165 410**	**805 348**	**1 360 060**	**9 787 561**	**7 484 887**	**474 745**	**2 242 396**	**107 631 770**	**72 901 362**	**4 382 952**	**30 347 456**
普通高等学校	7 510 844	859 605	446 054	413 550	5 192 508	4 937 680	128 296	1 458 731	35 476 723	18 934 555	1 184 829	15 357 339
中等师范学校	73 336	940	30	910	64 289	43 417	1 757	8 107	519 031	319 200	30 384	169 447
普通中学	4 393 986	777 611	224 824	552 785	3 037 933	1 844 047	204 519	578 442	44 798 307	31 734 336	1 960 753	11 103 218
职业中学	260 916	37 316	7 188	30 128	199 832	122 028	12 421	23 768	2 797 230	1 850 461	116 444	830 325
小学	1 632 505	448 406	119 523	328 884	1 048 374	418 476	71 881	135 725	21 743 825	18 603 046	971 317	2 169 462
特殊教育学校	17 807	3 947	891	3 056	13 273	4 299	1 259	587	161 714	127 099	4 390	30 225
幼儿园	75 511	3 534	266	3 268	59 848	27 286	4 118	12 129	599 080	527 900	15 056	56 124
其他	230 462	34 051	6 572	27 479	171 504	87 654	50 494	24 907	1 535 860	804 765	99 779	631 316

2003 年地方所属各级学校基本建设投资分省情况

学校类别	投资合计（万元）	本年完成投资按资金来源分（万元）							本年竣工建筑面积（平方米）			
		国家预算内			自筹资金			其他				
		计	中央	省级	计	其中 学校自筹	其中 个人集资		合计	教学及辅助用房	行政办公用房	其他用房
合计	**12 536 600**	**1 815 779**	**455 717**	**1 360 060**	**8 478 426**	**6 175 752**	**474 745**	**2 242 395**	**103 769 342**	**71 243 142**	**4 260 392**	**28 265 808**
北京	178 029	30 350	1 953	28 397	139 662	98 003	246	8 017	516 395	379 251	39 723	97 421
天津	214 084	4 880	2 380	2 500	168 318	134 322		40 886	924 109	780 387	22 827	120 895
河北	565 314	47 982	15 838	32 144	477 935	399 394	29 782	39 397	5 257 107	4 076 031	203 163	977 913
山西	204 598	16 493	9 993	6 500	157 385	110 583	22 860	30 720	2 064 985	1 138 558	75 851	850 576
内蒙古	145 185	30 179	15 228	14 951	101 017	77 879	8 203	13 989	1 328 281	932 645	49 565	346 071
辽宁	382 851	26 349	7 711	18 638	276 465	228 497	14 237	80 037	2 549 646	1 687 979	64 399	797 268
大连	55 207	21 139	200	20 939	30 668	18 013	1 360	3 400	464 852	394 094	29 280	41 478
吉林	246 178	19 638	13 777	5 861	170 196	109 766	5 860	56 344	2 369 312	1 777 635	63 545	528 132
黑龙江	273 177	10 741	7 330	3 411	237 675	211 692	5 443	24 761	2 158 731	1 395 859	65 597	697 275
上海	355 600	15 484		15 484	231 838	138 505	483	108 278	1 340 338	1 188 283	76 509	75 546
江苏	1 321 433	44 996		44 996	956 729	727 126	34 066	319 708	9 351 568	6 743 939	284 730	2 322 899
浙江	1 272 813	105 243	10 327	94 916	931 798	679 337	25 201	235 772	7 598 837	4 752 506	615 846	2 230 485
宁波	97 173	21 360		21 360	72 765	19 055	316	3 048	608 221	451 102	41 911	115 208
安徽	432 542	66 157	12 365	53 792	304 654	252 312	10 101	61 731	4 891 349	3 807 130	165 159	919 060
福建	158 161	17 360	4 700	12 660	119 157	62 222	5 225	21 644	1 513 904	1 065 041	27 460	421 403
厦门	48 203	27 793	75	27 718	9 391	1 583	1	11 019	229 960	96 006	10 608	123 346
江西	421 367	26 895	17 534	9 361	229 017	168 967	10 427	165 455	4 306 889	2 600 204	50 404	1 656 281
山东	890 276	28 406	3 178	25 228	746 271	605 166	77 807	115 599	6 858 660	4 320 732	378 310	2 159 618
青岛	38 398	100	100		38 298	20 654			334 624	251 605	26 699	56 320
河南	661 024	69 593	22 946	46 647	463 552	371 381	30 180	127 879	7 112 587	5 122 751	377 383	1 612 453
湖北	518 200	23 951	12 073	11 878	412 835	367 282	16 135	81 414	4 114 419	2 515 154	172 455	1 426 810
湖南	397 875	38 890	15 934	22 955	292 062	209 569	17 487	66 923	4 142 662	3 044 403	125 593	972 666
广东	1 113 315	449 569	4 690	444 879	464 566	229 081	11 545	199 180	7 419 264	5 632 338	320 576	1 466 350
深圳	214 961	176 590	250	176 340	29 934	23 145		8 437	1 059 493	782 136	61 783	215 574
广西	191 725	60 137	28 841	31 296	126 000	83 688	11 063	5 588	2 278 729	1 479 102	38 034	761 593
海南	78 871	12 761	11 891	870	49 737	32 118	7 251	16 373	716 267	330 011	11 018	375 238
重庆	222 124	24 632	12 601	12 030	147 921	97 645	20 454	49 571	2 655 500	1 262 585	74 704	1 318 211
四川	447 756	52 003	19 541	32 463	322 344	233 453	20 715	73 409	5 492 531	3 315 884	159 776	2 016 871
贵州	148 343	32 072	14 106	17 966	111 673	42 525	8 584	4 598	2 467 634	1 705 764	48 231	713 639
云南	234 354	100 325	28 523	71 801	100 729	50 171	15 518	33 300	2 297 138	1 717 562	29 827	549 749
西藏	56 916	41 199	35 199	6 000	8 946	376	82	6 771	513 323	301 236	23 739	188 348
陕西	456 376	35 849	13 254	22 595	263 229	202 417	33 307	157 298	4 240 540	2 710 052	231 261	1 299 227
甘肃	218 590	57 212	45 804	11 408	116 800	76 605	11 654	44 578	2 232 505	1 722 678	96 036	413 791
青海	28 727	12 345	11 532	813	12 751	4 729	4 919	3 631	285 639	210 748	4 704	70 187
宁夏	42 835	12 810	10 780	2 030	25 176	9 222	1 165	4 849	373 266	261 902	49 040	62 324
新疆	165 396	39 628	30 530	9 098	106 976	64 217	10 345	18 792	1 381 501	1 021 251	144 146	216 104
新疆生产建设兵团	38 623	14 668	14 533	135	23 956	15 052	2 723	−1	318 576	268 598	500	49 478

2003 年科研活动基本情况

2003 年全国普通高等学校科技经费情况

单位：千元

	拨入				支出				
	合计	政府资金	企事业单位委托	其他	合计	劳务费	业务费	转拨外单位经费	其他
合计	**25 333 773**	**11 710 024**	**10 857 066**	**2 766 683**	**23 749 220**	**4 323 098**	**15 736 690**	**1 471 385**	**3 873 471**
按学校规格分									
重点院校	17 398 333	8 365 818	7 385 361	1 647 154	15 639 972	2 399 450	10 693 948	1 111 324	2 245 084
一般院校	7 779 150	3 286 183	3 407 320	1 085 647	7 924 014	1 860 005	4 943 846	357 642	1 589 257
高等专科学校	156 290	58 023	64 385	33 882	185 234	63 643	98 896	2 419	39 130
按学校隶属分									
部委院校	3 824 207	2 567 736	1 005 332	251 139	3 504 730	351 061	2 679 789	172 530	356 698
教育部直属院校	13 404 965	5 711 871	6 313 630	1 379 464	11 961 827	2 045 250	7 877 670	921 102	1 872 068
地方院校	8 104 601	3 430 417	3 538 104	1 136 080	8 282 663	1 926 787	5 179 231	377 753	1 644 705
按学校类型分									
综合大学	6 364 390	2 995 471	2 808 236	560 683	5 863 179	1 250 838	3 743 500	397 953	999 039
工科院校	15 443 667	6 400 411	7 475 233	1 568 023	14 169 041	2 094 391	9 659 167	893 788	2 131 981
农林院校	1 358 004	1 025 840	170 156	162 008	1 313 826	226 593	893 778	110 893	205 876
医药院校	1 021 512	656 795	150 292	214 425	1 235 110	470 259	663 981	37 609	212 030
师范院校	985 252	552 926	201 055	231 271	987 687	232 836	664 835	29 584	279 502
其他院校	160 948	78 581	52 094	30 273	180 377	48 181	111 429	1 558	45 043

2003年全国普通高等学校科技人力情况

单位：人

	教学与科研人员		研究与发展人员		研究与发展全时人员		R&D成果应用及科技服务人员		R&D成果应用及科技服务全时人员	
	计	其中：科学家和工程师	计	其中：科学家和工程师	计	其中：科学家和工程师	计	其中：科学家和工程师	计	其中：科学家和工程师
合计	**645 177**	**620 240**	**263 123**	**257 949**	**148 953**	**145 917**	**52 492**	**51 193**	**30 327**	**29 496**
按学校规格分										
重点院校	207 094	196 947	96 781	94 057	64 036	62 265	21 726	20 958	14 079	13 553
一般院校	403 339	389 930	157 456	155 119	81 332	80 122	29 542	29 048	15 701	15 413
高等专科学校	34 744	33 363	8 886	8 773	3 585	3 530	1 224	1 187	547	530
按学校隶属分										
部委院校	27 703	26 143	12 755	12 298	8 000	7 722	4 342	4 253	2 543	2 489
教育部直属院校	183 133	174 246	82 413	80 216	53 946	52 503	17 300	16 607	11 539	11 053
地方院校	434 341	419 851	167 955	165 435	87 007	85 692	30 850	30 333	16 245	15 954
按学校类型分										
综合大学	162 991	156 116	69 144	67 612	41 140	40 190	10 408	10 100	6 217	6 011
工科院校	214 648	206 610	92 395	90 525	55 610	54 432	30 450	29 825	17 926	17 526
农林院校	34 763	31 963	17 130	16 502	10 934	10 544	4 025	3 775	2 321	2 160
医药院校	159 335	154 921	54 710	53 975	27 077	26 739	3 996	3 944	1 994	1 963
师范院校	54 536	52 419	24 077	23 757	11 763	11 619	2 707	2 671	1 445	1 424
其他院校	18 904	18 211	5 667	5 578	2 429	2 393	906	878	424	412

2003年全国普通高等学校研究与发展课题、成果情况

单位：千元

	科技课题			出版科技专著（部）	发表学术论文（篇）	成果获奖（项）		技术转让		知识产权授权数（项）	专利出售	
	课题数（项）	投入人数（人年）	实际支出			合计	其中：国家奖	合同数（份）	收入		项数（项）	实现金额
合计	**165 200**	**161 633**	**16 529 369**	**6 778**	**387 290**	**3 859**	**860**	**7 809**	**1 579 611**	**3 954**	**611**	**359 536**
按学校规格分												
重点院校	80 201	71 794	11 806 647	2 792	164 090	1 843	653	4 511	1 084 153	2 729	475	223 503
一般院校	82 055	86 466	4 631 641	3 894	208 140	1 994	205	3 280	494 690	1 191	134	135 633
高等专科学校	2 944	3 373	91 081	92	15 060	22	2	18	768	34	2	400
按学校隶属分												
部委院校	11 041	9 413	2 491 145	350	19 982	267	196	1 145	339 728	250	99	91 857
教育部直属院校	67 550	60 075	9 177 655	2 460	143 264	1 546	492	3 743	791 297	2 469	376	128 636
地方院校	86 609	92 146	4 860 569	3 968	224 044	2 046	172	2 921	448 586	1 235	136	139 043
按学校类型分												
综合大学	44 470	43 715	4 058 821	1 335	100 803	1 097	253	1 363	312 704	1 027	168	79 948
工科院校	73 900	66 018	10 751 597	2 592	157 924	1 513	484	5 193	1 132 312	2 419	402	253 575
农林院校	12 880	12 176	866 581	826	21 045	286	47	406	37 791	178	13	11 560
医药院校	19 830	25 898	392 240	1 470	61 220	754	60	630	72 226	132	11	12 480
师范院校	11 539	11 440	376 489	446	38 124	182	15	145	18 314	155	15	1 753
其他院校	2 581	2 386	83 641	109	8 174	27	1	72	6 264	43	2	220

2003 年全国普通高等学校人文、社会科学研究与发展经费情况

单位：百元

		学校数（所）	拨入											支出										转拨给外单位经费
			合计	科研事业费	科研基金费	国家社科规划、基金项目经费	中央其他部门社科专项经费	省市自治区社科专项经费	企事业单位委托项目经费	金融机构贷款	自筹经费	国外资金	其他收入	合计	内部支出									
															小计	科研人员费	业务费	科研基建费	仪器设备费	图书资料费	管理费	其他		
	合计	**712**	**19 199 909**	**9 395 113**	**80 523**	**571 506**	**905 393**	**1 509 680**	**3 982 040**	**48 910**	**1 513 944**	**372 744**	**820 057**	**16 801 766**	**16 598 097**	**5 817 983**	**5 530 901**	**131 148**	**1 700 751**	**1 759 973**	**436 675**	**1 220 666**		**203 670**
按学校规格分	重点院校	85	8 048 119.5	2 670 864	22 000	302 490	593 685	503 506	2 649 772	20 000	392 637	253 279	639 888	6 765 920	6 665 396	1 658 806	2 785 614	41 000	591 429	810 616	243 093	534 837		100 524
	一般院校	478	10 437 675	6 212 004	58 120	263 947	302 355	951 275	1 307 752	28 910	1 021 608	116 207	175 497	9 354 841	9 254 362	3 790 341	2 627 017	86 186	1 020 890	902 926	184 294	642 707		100 480
	高等专科学校	149	714 115	512 245.2	403	5 070	9 353	54 900	24 516		99 699	3 258	4 672	681 005	678 339	368 836	118 270	3 962	88 432	46 431	9 287	43 121		2 666
按学校隶属关系分	教育部直属院校	71	8 218 158.9	2 960 432	22 000	266 268	526 370	456 426	2 597 318	20 000	471 321	261 171	636 854	6 863 308	6 772 218	1 649 735	2 842 483	42 627	562 508	802 602	229 012	643 249		91 090
	其他部委院校	67	1 296 252	640 516.2	10 500	66 617	177 158	87 862	166 440		109 876	11 297	25 986	1 169 047	1 158 602	485 304	369 608	13 988	100 016	95 461	25 372	68 854		10 445
	地方院校	574	9 685 498.2	5 794 164	48 023	238 621	201 866	965 392	1 218 282	28 910	932 748	100 275	157 217	8 769 411	8 667 277	3 682 943	2 318 810	74 533	1 038 227	861 910	182 290	508 564		102 135
按学校类型分	综合大学	72	6 187 960.5	2 758 731	2 600	237 046	357 598	417 324	1 632 038	5 000	277 070	172 775	327 779	5 095 827	5 050 168	1 519 834	1 872 502	2 500	453 927	664 918	142 061	394 426		45 659
	全国重点理工农医院校	298	4 818 507.1	1 699 735	52 620	118 695	278 714	617 209	1 256 726	20 000	342 880	57 705	374 223	4 153 703	4 050 784	1 383 637	1 553 351	72 224	306 319	312 605	154 468	268 180		102 920
	师范院校	192	4 425 181.7	2 627 716	4 803	108 896	89 012	252 901	791 384	23 910	378 496	94 166	53 899	4 179 223	4 140 109	1 521 798	1 161 772	29 014	527 756	510 557	80 065	309 147		39 114
	语言院校	15	505 749.02	225 711.9		7 943	12 804	11 037	10 274		212 709	5 120	20 151	453 659	453 659	223 096	84 437	60	25 711	37 303	5 609	77 442		
	财经院校	57	1 889 188.9	1 170 835	10 000	50 552	47 772	134 179	260 801		181 271	5 983	27 797	1 725 929	1 717 464	678 489	499 778	11 200	216 256	158 454	35 911	117 376		8 465
	政法院校	23	433 374	288 925.2		10 070	29 690	18 047	20 237		34 371	20 262	11 773	362 707	360 921	169 554	88 805		57 859	20 179	4 724	19 800		1 786
	艺术院校	29	387 460	313 719.2		8 083	500	24 117	5 350		26 418	9 033	240	328 822	328 622	144 066	118 161	2 327	42 717	12 764	3 113	5 474		200
	民族院校	12	281 064	174 952.8	10 500	17 992	12 213	9 830	3 331		41 525	7 600	3 120	289 344	287 044	87 702	103 193	12 823	38 848	30 114	2 945	11 418		2 300
	体育院校	14	271 424	134 787.4		12 230	77 091	25 037	1 900		19 204	100	1 075	212 554	209 328	89 806	48 900	1 000	31 359	13 079	7 779	17 405		3 226

2003年全国普通高等学校人文、社会科学研究与发展课题、成果情况

		课题数（项）	当年投入人数(人年)		当年拨入经费（百元）	当年支出经费（百元）	出版专著（部）	发表论文（篇）				应用成果（项）	
				其中：研究生				合计	国内学术刊物		国外学术刊物	提交有关部门数	鉴定成果数
									国内外公开发行	国内公开发行			
	合计	**62 788**	**42 614**	**7 896**	**9 994 188.92**	**7 515 927**	**8 701**	**211 635**	**126 343**	**82 413**	**2 879**	**15 945**	**4 013**
按学校规格分	重点院校	20 790	12 044	3 326	5 726 605.89	4 203 999	3 249	53 552	29 636	22 412	1 504	6 330	739
	一般院校	38 555	27 739	4 433	4 064 450.37	3 169 176	5 084	138 408	84 938	52 182	1 288	9 197	3 143
	高等专科学校	3 443	2 831	137	203 132.66	142 752	368	19 675	11 769	7 819	87	418	131
按学校隶属关系分	教育部直属院校	21 280	11 903	3 273	5 602 014.99	4 142 402	3 365	52 609	28 185	23 138	1 286	7 305	952
	其他部委院校	3 572	3 364	557	666 885.98	479 262	576	16 912	9 304	7 287	321	673	77
	地方院校	37 936	27 348	4 067	3 725 287.95	2 894 263	4 760	142 114	88 854	51 988	1 272	7 967	2 984
按学校类型分	综合大学	19 515	12 240	2 934	3 738 603.84	2 612 616	2 956	54 270	31 520	21 778	972	5 650	642
	全国重点理工农医院校	14 335	9 628	1 657	3 045 537.29	2 168 732	1 673	53 578	29 515	23 135	928	4 645	568
	师范院校	17 088	11 723	1 689	1 845 980.84	1 709 502	2 126	58 926	36 685	21 719	522	2 109	300
	语言院校	1 307	854	128	160 220.02	106 445	252	3 658	2 148	1 439	71	214	15
	财经院校	6 703	4 841	992	732 205.45	583 298	689	27 237	19 140	7 802	295	2 278	2 383
	政法院校	1 342	852	17	158 184.18	75 709	302	5 834	3 054	2 749	31	592	40
	艺术院校	784	803	128	77 402.5	98 084	416	2 544	950	1 587	7	103	15
	民族院校	985	928	203	99 472.8	89 675	261	4 092	2 803	1 258	31	224	20
	体育院校	729	745	148	136 582	71 867	26	1 496	528	946	22	130	30

2003 年全国普通高等学校人文、社会科学人力情况

		学校数（所）	社科活动人员（人）					研究与发展人员（人）					研究与发展全时人员（人年）				
			合计	高级	中级	初级	辅助人员	合计	高级	中级	初级	辅助人员	合计	高级	中级	初级	辅助人员
	合计	**712**	**286 444**	**100 323**	**104 695**	**73 663**	**7 763**	**92 519**	**49 208**	**30 852**	**11 914**	**545**	**39 284. 1**	**23 530. 9**	**11 715. 1**	**3 865. 6**	**172. 5**
按学校规格分	重点院校	85	53 717	24 488	18 901	8 910	1 418	18 403	12 201	4 911	1 183	108	9 212. 8	6 529. 3	2 136. 1	496. 9	50. 5
	一般院校	478	196 765	66 362	72 206	52 846	5 351	65 586	33 362	22 407	9 403	414	27 128. 9	15 511. 8	8 445	3 057	115. 1
	高等专科学校	149	35 962	9 473	13 588	11 907	994	8 530	3 645	3 534	1 328	23	2 942. 4	1 489. 8	1 134	311. 7	6. 9
按学校隶属关系分	教育部直属院校	71	53 306	24 747	18 837	8 506	1 216	19 085	12 625	5 026	1 310	124	9 456	6 729. 3	2 170. 2	505. 9	50. 6
	其他部委院校	67	22 655	8 140	8 589	5 204	722	7 759	3 987	2 769	964	39	3 353. 8	1 959. 8	1 052. 5	331. 1	10. 4
	地方院校	574	210 483	67 436	77 269	59 953	5 825	65 675	32 596	23 057	9 640	382	26 474. 3	14 841. 8	8 492. 4	3 028. 6	111. 5
按学校类型分	综合大学	72	57 602	23 786	20 855	11 579	1 382	21 650	13 337	6 227	1 929	157	10 089	6 700. 3	2 616. 8	720	51. 9
	全国重点理工农医院校	298	83 073	26 354	30 932	23 064	2 723	22 135	10 985	7 790	3 236	124	9 127. 3	5 071. 9	2 951. 5	1 060. 6	43. 3
	师范院校	192	81 053	27 219	29 101	22 742	1 991	27 284	13 733	9 486	3 952	113	11 604. 2	6 678. 2	3 608	1 285. 4	32. 6
	语言院校	15	7 819	2 575	2 964	2 097	183	2 958	1 339	1 143	464	12	999. 1	580. 5	327. 7	84. 3	6. 6
	财经院校	57	30 675	11 070	11 441	7 561	603	10 863	5 762	3 629	1 436	36	3 992. 5	2 468. 1	1 158. 1	352. 5	13. 8
	政法院校	23	7 869	2 719	3 031	1 932	187	2 385	1 084	946	328	27	950. 3	482. 4	355. 1	106. 9	5. 9
	艺术院校	29	8 115	2 888	2 635	2 210	382	1 721	970	483	209	59	932. 5	560. 6	256. 2	103. 6	12. 1
	民族院校	12	5 554	2 041	2 065	1 337	111	2 083	1 173	713	190	7	898. 3	556. 4	262. 4	77. 8	1. 7
	体育院校	14	4 684	1 671	1 671	1 141	201	1 440	825	435	170	10	690. 9	432. 5	179. 3	74. 5	4. 6

教育综合管理

教育法制建设

〔**《中华人民共和国中外合作办学条例》发布**〕2003年2月19日，国务院第68次常务会议通过了《中华人民共和国中外合作办学条例》（以下简称《条例》）。3月1日，国务院总理朱镕基签署国务院令第372号公布该《条例》，于2003年9月1日起施行。

《条例》指出，中外合作办学是中国教育事业的组成部分。国家对中外合作办学实行扩大开放、规范办学、依法管理、促进发展的方针。国家鼓励引进外国优质教育资源的中外合作办学，鼓励在高等教育、职业教育领域开展中外合作办学，鼓励中国高等教育机构与外国知名的高等教育机构合作办学。中外合作办学者可以合作举办各级各类教育机构。但是，不得举办实施义务教育和实施军事、警察、政治等特殊性质教育的机构。

《条例》规定，中外合作办学者、中外合作办学机构的合法权益，受中国法律保护。中外合作办学机构依法享受国家规定的优惠政策，依法自主开展教育教学活动。

《条例》对中外合作办学机构的设立、组织与管理、教育教学、资产与财务、变更与终止和法律责任等都作了具体规定。《条例》规定，申请设立实施本科以上高等学历教育的中外合作办学机构，由国务院教育行政部门审批；申请设立实施高等专科教育和非学历高等教育的中外合作办学机构，由拟设立机构所在地的省、自治区、直辖市人民政府审批。中外合作办学机构的校长或者主要行政负责人，应当具有中华人民共和国国籍，在中国境内定居，具有教育、教学经验，并具备相应的专业水平。聘任的外籍教师和外籍管理人员，应当具备学士以上学位和相应的职业证书，并具有2年以上教育、教学经验。《条例》指出，中外合作办学机构应当依法维护教师、学生的合法权益，保障教职工的工资、福利待遇，并为教职工缴纳社会保险费。在教育教学方面，应当按照中国对同级同类教育机构的要求开设关于宪法、法律、公民道德、国情等内容的课程。国家鼓励中外合作办学机构引进国内急需、在国际上具有先进性的课程和教材。实施高等学历教育的中外合作办学机构招收学生，纳入国家高等学校招生计划。实施其他学历教育的中外合作办学机构招收学生，按照省、自治区、直辖市人民政府教育行政部门的规定执行。中外合作办学机构应当将办学类型和层次、专业设置、课程内容和招生规模等有关情况，定期向社会公布。其收费项目和标准，依照国家有关政府定价的规定确定并公布；未经批准，不得增加项目或者提高标准。所收取的费用应当主要用于教育教学活动和改善办学条件。

《条例》规定，香港特别行政区、澳门特别行政区和台湾地区的教育机构与内地教育机构合作办学的，参照本《条例》执行。

国务院颁布的《条例》，是我国适应加入WTO的新形势，进一步扩大教育对外开放，满足人民丰富多样的教育需求，推进教育改革与发展的重要措施。制定《条例》，最重要的原则和出发点是扩大开放，引进优质教育资源；规范管理，维护各方合法权益。它的颁布实施将对我国教育改革与发展产生深远的影响。它将有利于我国教育在更大范围、更广领域和更高层次上参与教育对外合作，增加人民群众接受优质教育的机会，提高教育对外开放的整体水平；有利于引进外国优质教育资源，规范中外合作办学行为，提高办学质量，维护中外合作办学者双方、中外合作办学机构和受教育者的合法权益；有利于借鉴国外有益的教学和管理经验，引进我国现代化建设急需的学科、专业，推动我国课程、教材和教学改革，促进教育管理体制和运行机制的进一步改革，提高学校的办学水平，从而全面提高我国教育的国际竞争力。

为贯彻实施好《条例》，2003 年 4 月 4 日，教育部、国务院法制办召开了贯彻实施《条例》新闻发布会。教育部部长周济就如何贯彻实施好《条例》指出，发展和规范中外合作办学，核心是引进外国优质教育资源，结合我国的实际，要特别注意借鉴和学习外国教育机构的办学特色和成功的管理经验。教育行政部门要积极引导各类教育机构特别是高等教育机构与外国知名的高等教育机构开展多种形式的合作办学，真正将引进的外国优质教育资源转化为自身改革和发展的能力，使我国教育事业真正实现优先、优质的发展。当前，教育行政部门要采取有力措施，积极贯彻落实《条例》。首先，制定《条例》的配套实施办法，特别是具体的优惠措施，加强对中外合作办学的宏观规划和政策指导。其次，严格依法行政，依法规定审批时限、程序，规范教育行政部门行政执法行为，保障中外合作办学机构依法实行自我管理、自主办学。第三，建立健全行政救济渠道，保证中外合作办学机构合法权益受到侵害，向教育行政部门或其他有关部门投诉和复议时，能够得到及时、依法处理。第四，严格审核外国教育机构的办学资质，对中方合作者提供更加充分的信息服务；进一步规范中外合作办学，扩大对中外合作办学的监管力度。

撰稿　黄兴胜

〔加强教育法制建设，全面推进依法治教〕

一、教育立法工作

从 1980 年第一部教育法律《学位条例》颁布，到 2003 年，教育法制建设经过 20 多年的发展，取得了很大成绩。全国人大及其常委会制定了《教育法》、《学位条例》、《义务教育法》、《教师法》、《职业教育法》、《高等教育法》、《民办教育促进法》7 部教育法律，以及《未成年人保护法》、《预防未成年人犯罪法》、《国家通用语言文字法》、《国防教育法》等与教育相关的法律。国务院制定了《幼儿园管理条例》、《教学成果奖励条例》、《中外合作办学条例》等 10 多项教育行政法规。教育部制定了《学生伤害事故处理办法》等 70 多项教育规章。据不完全统计，各地出台的地方性教育法规已有 150 余项。教育从无法可依到初步形成有中国特色的社会主义教育法律法规体系，使教育的重大问题和教育工作的主要方面基本有法可依，社会主义教育法律法规体系正在不断完善。

随着依法行政要求的逐步落实，对教育立法工作提出了新的要求。2003 年教育部党组专门召开会议研究加快教育立法工作，完善教育法律体系的有关工作。会议决定集中力量，根据社会主义市场经济发展、社会全面进步和加入世贸组织的新形势，结合教育改革和发展需要，积极推动有关教育法律的起草、修改工作，加快制定教育法律的配套性法规、规章，力争用 5 年到 10 年时间，形成层次合理、内容较为完备的教育法律法规体系。

为此，教育部制定了“五修四立”立法规划。“五修”是指《教育法》、《义务教育法》、《学位条例》、《高等教育法》、《教师法》的修订；“四立”是指《学校法》、《终身教育法》、《教育投入法》、《教育考试法》的起草。教育部正在抓紧研究《义务教育法》、《教育法》的修订工作。《民办教育促进法实施条例》和《中外合作办学条例实施细则》在各方的积极努力下已出台。

二、教育普法工作

自 2001 年教育部制定了教育系统“四五”普法规划以来，教育部全国教育普法领导小组办公室组织有关专家和学者编写了《小学生法治教育读本》、《中学生法治教育读本》和《教师法治教育读本》等有关普法读本。各省级教育行政部门也根据实际情况，制定了当地的教育普法规划，通过多种生动活泼、内容丰富的形式广泛深入地开展教育普法工作。

根据近几年教育普法的工作实践，教育系统普法的经验是：一是要抓住教育法律、法规和重要规章的出台，进行集中的学习、宣传和培训，如对《民办教育促进法》及《民办教育促进法实施条例》、《学生伤害事故处理办法》的大规模的集中培训，效果好，成效大，提高了广大教师、学生和教育行政机关干部对相关法律的知识水平；二是抓好教育行政干部和各级各类学校校长的普法和培训工作，做到领导干部率先学法、知法、用法，是教育法制宣传成败的关键；三是抓紧青少年学生的法制宣传教育，结合大中小学学生的实际，利用学校的思想品德教育课程，以及地方课时和校本课程，增加青少年学生的法律知识，提高他们的法律意识和素质。

三、教育行政执法工作

加强教育执法，建立健全以执法责任制为核心的教育执法制度，确保教育法律法规的实施，是教育法制建设的一项重要任务。一是加强制度建设，教育行政执法工作从试点探索到全面展开。省级教育行政部门普遍进行了执法职责分解，完善行政执法制度，建立健全行政处罚、行政复议、教师申诉、学生申诉、规范性文件备案等制度。教育部也建立了教育法制工作网络，促进了教育行政执法与执法监督工作。二是加强机构和队伍建设。1998年政府机构改革，教育法制机构和队伍建设不仅没有削弱，还在总体上得到了加强。各省教育行政部门普遍建立了法制工作机构，很多地市教育行政部门也建立了法制工作机构。法制机构健全，法制队伍得到充实，依法管理的能力和水平得到提高。三是教育法制监督工作增强。教育系统根据法律规定，坚持对“两基”工作、教育收费、拖欠教师工资、办学秩序等群众关心的问题进行了专项检查。行政执法和执法监督工作，保障了教育法律法规的落实。

有中国特色的教育法律法规体系的初步形成，教育普法的不断深入，以行政执法责任制为核心的教育执法制度的完善和法制监督的增强，是近年来教育法制建设取得的重要成绩，对保障教育改革，保障教育持续、稳定、健康地发展起到了重大作用。

面对当前教育改革发展的新阶段，教育法制建设也面临着更加艰巨的任务。教育法律法规体系还有待于进一步完善，立法任务还很繁重；教育普法任重道远；有法不依、执法不严、违法不究的现象在一些地方仍然存在；行政执法需要进一步制度创新；依法行政的水平有待于进一步提高；学生、教师的维权机制还不健全。因此，必须把加强教育法制建设摆到更加重要的地位上来统一认识，以党的十六大精神和“三个代表”重要思想为指导，不断对教育法制建设加以改进和加强。

撰稿　王家勤

〔行政审批制度改革〕 按照国务院的统一部署，自2001年以来教育部开始了全面进行行政审批制度改革工作。到2003年，教育部行政审批制度改革取得阶段性成果。

根据2002年《国务院关于取消第一批行政审批项目的决定》，教育部第一批取消了行政审批项目10项。即：高等学校聘请其他国家或地区的政要、知名人士、高级公务员以外的人士为名誉教授、客座教授的审批、备案；中小学校长培训机构资格认定；直属企业设立、合并、变更、终止等事项的审核；全国劳动模范免试进入成人高校学习的审批；具有招收保送生资格的高等学校的审批；具有招收艺术特长生资格的高校的确定；高等学校招收高水平运动员和著名运动员免试入学的审批；可招收小语种（非通用语种）的高等学校的确定；公费培养的大专以上在校生、未达到服务期的毕业生申请自费出国留学的核准；各省（区、市）考试机构申请在本地区独立开办面向社会的非学历考试的审批。

根据2003年《国务院关于取消第二批行政审批项目和改变一批行政审批项目管理方式的决定》，教育部又取消了行政审批项目15项，改变管理方式5项。取消的15项行政审批项目是：对实施高等教育学历文凭考试试点省份的资格审批；教育部直属高校校园规划审查；教育部直属高校重大项目和限制类项目之外自筹资金建设项目的初设审查；教育部直属高校勘察设计研究院管理事项审核；高等学校在本科专业目录内设置、调整核定的学科门类范围内的本科专业审批；教育部在京直属高校零星基建审核；教育系统机电产品进口登记及向外经贸部转报国家机电配额商品、特定商品进口申请表核准；教育系统公开发行股票的申请审核；教学仪器设备生产许可证审核；中小学图书馆推荐书目审批；教育系统有关出版单位及高等学校出版社的年度选题计划审批；高等学校接受享受中国政府奖学金的外国留学生审批；外国公司设立面向多所高等学校且不以外国公司或外国人名字命名的奖学金审批；部分特殊专业及特殊需要的人员以外高等学校应届毕业生就业计划核准；外籍人员子女学校聘用中国公民核准。改变管理方式的5项是：中等职业教育国家规划教材的立项与审定；高等教育规划教材建设审批及优秀教材推荐；对外汉语教师资格审查；国家级普通话水平测试员资格核准；语言文字规范标准的测查认证。

为积极落实行政审批改革成果，2003年5月，教育部办公厅发出《关于印发教育部行政审批项目清理结果的通知》，要求各地和部内各司局、直属单位要切实抓好后续各项工作的落实，对已经取消或改变管理方式的行政审批项目，不得再恢复或变相恢复。

2003年8月27日，《中华人民共和国行政许可法》（以下简称《行政许可法》）由第十届全国人大常委会第四次会议审议通过，于2004年7月1日起施行。为贯彻实施《行政许可法》，按照国务院的部署，教育部再一次全面清理行政审批项目，并在2003年12月31日向国务院行政审批制度改革领导小组上报了教育部行政审批项目的清理意见，同时开展了相关配套制度的建设工作。

〔**加强依法治校工作**〕 为推进依法治校工作，2003年7月教育部印发了《关于加强依法治校工作的若干意见》（以下简称《意见》），对推进依法治校的重要意义、指导思想、工作目标、具体措施以及组织领导作了具体规定。

《意见》指出，依法治校是贯彻党的十六大精神，推进依法治国基本方略的必然要求，是教育事业深化改革、加快发展、推进教育法制建设的重要内容。推进依法治校工作要以邓小平理论和“三个代表”重要思想为指导，全面贯彻党的十六大精神，落实依法治国基本方略的要求，依法保障教育方针的贯彻落实和素质教育的全面实施，促进教育改革与发展。

《意见》明确了今后一段时期内全国教育系统推进依法治校工作的目标是：教育行政部门法制意识增强，形成依法行政的工作格局；学校建立依法决策、民主参与、自我管理、自主办学的工作机制和现代学校制度；各级各类学校校长、教师和受教育者的法律素质有明显提高；建立完善的权益救济渠道，教师和受教育者的合法权益依法得到保障，形成良好的学校育人环境；保证国家教育方针的贯彻落实，实现教育的公平，保证学校正确的办学方向，为教育改革与发展创建良好的法制环境。

《意见》强调了依法行政是依法治校的前提和保障。要求各级教育行政部门要按照依法治教和依法治校的要求，切实转变不适应形势需要的行政管理方式、方法，依据法律规定的职责、权限与程序对学校进行管理，切实维护学校的办学自主权；要按照行政审批制度改革的要求，精简审批项目，公开审批程序，提高办事效率；要探索综合执法机制和监督机制，依法监督办学活动，维护教育活动的正常秩序，为学校教育教学活动创造良好的环境；要依法健全和规范申诉渠道，依法维护学校、校长、教师和学生的合法权益。

《意见》要求各级各类学校要依据法律法规的规定，建立健全学校章程和教育教学制度，及时修改或者废止违反法律、法规、规章规定的学校管理制度和规定，保障国家教育方针的贯彻落实。依法健全校内管理体制，国家举办的高等学校要依法实行党委领导下的校长负责制，中等及中等以下学校要依法健全校长负责制，完善校长决策程序，并发挥学校党组织的政治保障作用；民办学校和中外合作举办的教育机构要建立健全校董事会、理事会或者其他决策机构的议事规则，规范决策程序。要进一步完善教职工代表大会制度，切实保障教职工参与学校民主管理和民主监督的权利，保证教职工对学校重大事项决策的知情权和民主参与权。要全面实行校务公开制度。要积极推动社区参与学校的管理与监督，推进家长委员会的建立。要按照全国和教育系统普法规划的要求，以及教育部、司法部等四部委《关于加强青少年学生法制教育工作若干意见》（以下简称《意见》）的要求，加强对青少年学生的法制教育，把法制课列入中小学课程，把法律知识作为高等学校、职业技术学校的必修课内容，保证做到计划、课时、教材、师资“四落实”；中小学要建立健全法制副校长或者法制辅导员制度；要把法律知识作为各级各类学校校长培训、教师培训的重要内容，把具备较高的法律素质和落实教育法律法规的情况，作为校长、教师考核和学校评价的重要内容。

《意见》要求加大对教师和学生合法权益的保护。学校要依法与教师签订聘任合同，明确双方的权利、义务与责任，尊重教师权利，落实和保障教师待遇；要建立校内教师申诉渠道，依法公正、公平解决教师与学校的争议，维护教师合法权益。在教育教学活动中要树立以人为本的理念，自觉尊重并维护学生的人格权和其他人身权益。要健全学籍管理制度，按照有关法律的规定，严格保护学生的受教育权，中小学一般不得开除未成年学生；对学生的处分应当做到事实清楚、证据充分、依据合法，符合规定程序；建立校内学生申诉制度，保障学生申诉的法定权利。高等学校依法对学生作出处分决定应当保障学生的知情权、申辩权。

为了贯彻落实该《意见》，2003 年 11 月，教育部办公厅发出《关于开展依法治校示范校创建活动的通知》（以下简称《通知》），提出要在全国教育系统开展依法治校示范校创建活动，以树立依法治校的先进典型，及时总结、推广依法治校先进经验，提高教育系统依法治教的水平。根据《通知》精神，依法治校示范校的基本标准包括八个方面：管理制度完善健全；校内管理体制完善；办学活动依法规范；民主管理机制健全；教师权益受到保障；学生权益得到尊重和维护；法制宣传教育成效明显；依法治校工作机制健全。

《通知》要求，各地要根据实施方案和依法治校具体要求，开展本地区依法治校工作和创建本地区依法治校示范校。在创建本地区依法治校示范校的基础上，推荐全国依法治校示范校，被确认的将命名为“教育部依法治校示范校”。各级教育行政部门应当加强对依法治校工作和创建依法治校示范学校工作的组织领导，加强对依法治校示范校建设的指导，充分发挥示范校的示范作用，以点带面，逐步推广，积极推动依法治校工作的全面、深入开展。同时要求对依法治校示范校如在办学活动中出现严重违法人员或行为，将取消示范校命名。

撰稿　黄兴胜

〔教育部举办领导干部依法行政专题研讨班〕 为贯彻落实《全国教育系统法制宣传教育第四个五年规划》和中组部等部门联合印发的《关于加强领导干部学法用法工作的若干意见》的有关规定和要求，全面提高机关领导干部的法律素质，从根本上改变那些已经不能适应依法行政要求的传统观念、工作习惯和工作方式，不断提高依法决策、依法行政和依法管理的能力和水平，努力实现“四五”普法提出的两个“根本转变”，即由提高全民法律意识向提高全民法律素质的转变，由重视依靠行政手段管理向注重运用法律手段管理的转变，全方位推进教育系统的依法行政、依法治教和依法治校工作，教育部于 2003 年 10 月 30 日—11 月 2 日在北京举办了第一期司局级领导干部依法行政专题研讨班。教育部党组成员、副部长章新胜，教育部党组成员、部长助理、办公厅主任郑树山，教育部党组成员、人事司司长李卫红出席了研讨班的开班式和结业式。

章新胜在开班式上讲话，强调了对司局级干部进行依法行政培训的意义，希望他们通过学习树立依法行政观念，提高对依法行政重要意义的认识，不断提高依法行政的能力和水平，更好地开展工作，为教育改革和发展作出新的贡献。

专题研讨班上，大家先后听取了行政法与中国的行政法律制度、宪法、民法、WTO 与教育、学生权益保护、行政许可法、依法治教七个方面的专题报告，并就有关问题进行了研讨。

教育部党组成员、人事司司长李卫红在专题研讨班结业仪式上作了总结讲话，肯定了教育部首期司局级领导干部依法行政专题研讨班取得的成绩。(1) 进一步增强了法律意识和法制观念，提高了对依法治国基本方略及依法行政、依法治教重要性的认识。(2) 更深刻地认识到依法行政是实践“三个代表”重要思想的要求，是建设社会主义政治文明的要求，也是对国家行政机关干部的基本要求。(3) 学习了依法行政的所必须掌握的基本法律知识，进一步增强了依法行政的意识和观念，认识到在社会主义市场经济条件下，要做好新形势下的教育管理工作，各级领导干部必须掌握基本的法律知识，提高自身法律素质。(4) 认识到完善教育法律法规体系，是依法治教的基础。通过学习，大家普遍提高了对教育法律法规体系建设重要性和紧迫性的认识。认识到依法治教对于我国教育的改革与发展将起到越来越重要的作用。决心在今后工作中加强有关法律知识的学习，在教育管理活动中认真贯彻、实施有关教育法律法规，做依法行政、依法治教的模范带头人。(5) 培训期间大家相互切磋，研讨交流，共同提高，在许多问题上有了新的认识，并从法律角度得到了解释。

撰稿　王家勤
审稿　孙霄兵

全国人大代表、政协委员议案承办工作

2003年“两会”结束后，教育部共收到全国人大代表建议448件，占人大建议总数的9.5%左右；全国政协委员提案440件，占政协提案总数的12%左右。建议、提案涉及的主要问题有：改革我国的考试制度，全面推进素质教育；加大农村义务教育投入力度，确保西部农村义务教育的实施；改善职业教育现状，落实职业技术教育在我国经济发展过程中应有的地位和作用，推进职业教育健康发展；高度重视高校招生、就业与学位管理问题，完善相应的管理措施和法律法规；建立健全教师教学评价体系和师资培训制度；加强对民办教育机构的管理，启动民办高校教学水平评估，促进民办教育的可持续发展；制定《学位法》，修改《义务教育法》、《教育法》等。

2003年“两会”结束后，教育部办公厅召开了“两会”建议、提案承办工作动员会。部党组书记、部长周济到会讲话，强调要从贯彻落实“三个代表”重要思想和办好让人民满意的教育的高度出发，切实重视建议、提案的办理工作，力争让每一位代表、每一位委员都感到满意。

教育部各司局和直属单位按照《教育部关于建议、提案工作暂行规定》的要求，结合本单位工作的实际，认真研究建议、提案，并选择有丰富经验的同志具体办理，司局长严格把关。教育部办公厅在办理过程中严把质量关，对答复质量不高的复文，坚决退回重办，办复质量有了明显提高。

由于领导重视，措施得力，在“非典”疫情十分严重的情况下，承办司局的同志克服了多种困难，圆满地完成了2003年的建议、提案承办工作，共办复建议、提案888件。并组织评选出48件优秀建议、提案，16个优秀组织单位。从全国人大代表、全国政协委员的反馈意见看，代表、委员对教育部高度重视建议、提案办理工作和较高质量的复文表示满意，满意率达98%以上。

撰稿　王进保
审稿　高聚慧

教育纪检监察

〔**全国教育纪检监察工作会议**〕　2003年2月23日—24日，教育部党组在北京召开全国教育纪检监察工作会议。教育部党组书记、部长陈至立在会上作了《认真贯彻中纪委二次全会精神，深入推进教育系统党风廉政和行风建设》的讲话，教育部副部长、党组副书记周济主持了大会，教育部副部长、党组成员张保庆传达了胡锦涛总书记在中央纪委二次全会上的重要讲话和中央纪委二次全会精神，中纪委委员、教育部党组成员、纪检组长田淑兰作了题为《坚持“三个代表”重要思想，推动教育战线反腐败工作深入开展》的工作报告。

陈至立在讲话中指出，党风廉政建设和反腐败工作，是党和国家的重要工作，也是党的建设新的伟大工程的重要组成部分。教育系统各级党委要从党的建设、政权建设和事业发展的高度深刻认识，坚定不移地做好党风廉政建设和反腐败工作。新世纪头二十年，是教育发展的重要战略机遇期。学校是培养人的基地，“培养什么人、怎样培养人”关乎国家的前途命运，有什么样的行风、校风，关系党的教育方针的落实，教育系统要更加重视党风廉政和行风建设。教育系统各级党政领导要坚持从我做起，既要廉洁自律，做好表率，又要按照党风廉政建设责任制的要求，切实抓好职责范围内的党风廉政建设和反腐败工作。要从严治教，认真抓好领导干部廉洁从政工作，深入治理教育乱收费，加大查办违纪违法案件力度，推进教育系统党风廉政建设和反腐败斗争深入开展。

田淑兰在工作报告中充分肯定了党的十三届四中全会以来，特别是近五年来，教育纪检监察工作取得的主要成绩、基本经验，提出要认真贯彻中纪委二次全会和教育工作会议精神，坚持党中央确定的反腐败指导思想、基本原则、领导体制和工作格局，坚持标本兼治、综合治理的方针，坚持与时俱进、开拓创新，坚持突出重点、狠抓落实，不断推进教育系统反腐倡廉工作，努力取得新的阶段性成果。2003年教育系统党风廉政建设和反腐败的主要工作是：要把深入学习贯彻党的十六大精神作为当前和今后一个时期的首要政治任务；抓好廉洁自律规定的落实，进一步规范领导干部从政行为；进一步加大惩处力度，依纪依法严厉打击腐败分子；集中力量纠正以教育乱收费为重点的行业不正之风；创新体制机制制度，推进从源头上预防和治理腐败工作；健全监督制约机制，强化对党员领导干部的监督；教育纪检监察工作要与时俱进，开拓创新，促进教育事业改革和发展。教育战线各级党政领导班子和领导干部在2003年内要按照党风廉政建设责任制的规定，切实履行各自在党风廉政建设和反腐败工作中的职责，党政领导班子正职要切实负起总责，坚持把党风廉政建设和反腐败斗争与物质文明建设、政治文明建设、精神文明建设和其他业务工作紧密结合，一起抓紧抓好抓实。田淑兰在报告中强调，要高度重视和深化纠风工作，按照中央的要求，着力解决发生在老百姓身边的、严重损害群众切身利益的问题，切实抓好治理教育乱收费工作。2003年治理教育乱收费的总体要求是：综合治理，标本兼治，严格标准，强化监督，从严查处，狠抓落实。治理教育乱收费的重点：一是在农村贫困县坚决落实“一费制”；二是在城镇严格执行公办高中招收择校生“三限”政策。为此要抓好10项工作：统一思想，提高认识，坚定信心；责任落实，进一步加强纠风工作的领导体制和工作机制；督促各地政府进一步加大教育投入，切实保障学校办学的必要经费；督促各地严格加强学校收费使用管理；在国家扶贫开发工作重点县的农村小学和初中一律实行“一费制”收费办法；研究制定其他地区义务教育“一费制”办法；坚持制度创新，探索建立教育收费听证制度，推行校务公开和收费公示制度；高中择校要严格执行限分数、限人数、限钱数的政策；加强薄弱学校建设，缩小校际间差距；建立学校乱收费责任追究制度，加大收费监督检查和查处力度。

为加强教育系统党风廉政建设和反腐败工作的理论研究，会议期间成立了中国监察学会教育工作委员会。

中纪委和国务院纠风办有关部门负责同志出席了会议。部机关司局和直属单位的主要负责人，31个省、自治区、直辖市教育行政部门和71所直属高校的纪检监察主要负责人参加了会议。

撰稿　王新民

〔**教育系统党风廉政建设**〕　2003年，教育系统党风廉政建设和反腐败工作取得了明显成效。

一、党风廉政建设责任制逐步得到落实。各级教育行政部门和高等学校采取多种措施，狠抓党风廉政建设责任制的落实，不断完善反腐败领导体制和工作机制，增强反腐倡廉整体合力。各级纪委组织协调能力不断提高，积极做好任务分解，开展监督检查，有的还进行责任追究。教育部党风廉政建设领导小组对部直属机关31个单位执行党风廉政建设责任制的情况进行了检查，直接听取主要领导的汇报，提高了领导干部做好廉政建设工作的责任意识；有的省级教育行政部门对高校落实责任制情况进行了巡视，还有一些高校坚持领导干部对执行责任制情况进行年终报告的做法。

二、领导干部廉洁自律意识不断增强。各级教育行政部门和高校广泛深入开展了“三个代表”重要思想和党的十六大精神的学习宣传活动，运用多种形式，加强对党员干部的思想政治教育和党的纪律教育，提高领导干部廉洁从政的自觉性。廉政谈话制度得到进一步落实。驻部纪检组、监察局与有关部门配合对部直属机关新提任的司局级干部进行集体廉政谈话，并签订了廉政承诺书。各地各校针对领导干部在廉洁从政方面存在的突出问题，认真组织自查自纠，开展了公务用车、领导干部配偶和子女从业、领导干部在企业兼职等专项清理，狠刹奢侈浪费之风，解决了一些领导干部不廉洁的问题。一些地方和高校还从本地本单位的实际出发，制订或完善了领导干部廉洁自律的具体规定，增强了针对性和有效性，使廉洁自律工作真正落到实处。

三、查办案件工作取得新的突破。2003年全国教育纪检监察系统共立案9 261件，结案8 120件，其中移送司法机关查处728件；共处分党员干部8 000余人，其中县（处）级干部132人，厅（局）级干部5人；挽回经济损失1.5亿元。在查办案件中，各级教育纪检监察机关和高校纪检监察部门克服各种困难和阻力，旗帜鲜明，坚持原则，严格执纪，坚决惩处腐败分子。同时，认真履行保护职能，及时澄清反映失实的问题，保护了一批受到错告诬告的干部。在查办案件中，注意把握政策和策略，不断改进工作方式方法，提高了办案效率和水平。加强了案件审理工作，严把案件质量关。信访举报工作得到进一步加强，全国教育纪检监察系统共处理信访举报105 881件（次），为查办案件提供了重要线索。

四、治理教育乱收费工作取得阶段性明显成效。根据中央的统一部署和要求，各级教育行政部门将治理教育乱收费作为纠正教育行业不正之风的一项重点工作，采取坚决有力措施，加大了工作力度。2003年教育乱收费蔓延的势头初步得到遏制，治理工作取得阶段性明显成效。

五、招生执法监察工作力度进一步加大。2003年是高校招生考试提前举行并且全面实行网上远程录取的第一年，同时面临着“非典”疫情带来的不利影响。各级教育行政部门和高等学校进一步加大了招生执法监察工作力度。教育部先后制定印发了《教育部关于普通高等学校招生录取工作监督办法》、《教育部关于做好2003年普通高等学校招生执法监察工作的通知》和《教育部关于2003年普通高等学校招生录取期间开展督查工作的通知》等文件，从制度上进一步规范招生录取工作。招生考试和录取期间，教育部共派出4个执法督察组，对13个省（区、市）招生考试录取情况进行执法检查。各地方、各高校教育纪检监察部门深入招生考试录取现场，参与全过程的监督检查，及时处理群众信访，查处违纪案件，推进了国家招生政策法规的贯彻执行和招生改革的顺利进行。

六、源头治理工作继续深化。各级教育行政部门和高等学校着力于体制机制制度创新，不断推进行政审批制度、预算外资金收缴管理制度和干部选拔任用制度三项改革。教育部向社会公布取消行政审批项目 25 项，另有 5 项改变管理方式，加强了对行政审批权力的管理和监督；推行政府采购制度，规范了教育部系统政府采购行为；积极推进政务公开，继续深化校务公开，拓宽了群众民主监督的渠道。《教育部关于从源头上预防和治理腐败的意见》逐步得到落实。各地和各高校在执行“收支两条线”规定、实行基建工程和大宗物资设备采购招投标、实施会计委派、健全经济责任制、推行经济责任审计制等方面不断加大工作力度。一些地方和高校还把“三重一大”集体决策制度的要求向院系延伸，进一步加大了对权力监督的范围和力度。

七、调查研究和制度建设取得新成果。根据中央纪委和监察部的统一部署，各级教育纪检监察机关和高校纪检监察部门广泛开展了以“三个代表”重要思想指导教育纪检监察工作新的实践理论研讨活动，完成了一批具有较高质量的研究成果，推动了各项工作任务的落实。一些地方和高校围绕中心工作和群众关注的“热点”问题，积极开展调查研究，为领导决策、指导工作提供了依据。

各级教育纪检监察机关和高校纪检监察部门积极推进制度建设，结合本地区本单位实际，制订反腐倡廉规章制度，提高了党风廉政建设和反腐败工作制度化、法制化水平。驻部纪检组在中央纪委直接指导下起草的《关于高等学校党的纪律检查工作暂行规定》，已进入最后审定。

八、教育纪检监察队伍建设得到加强。一是干部结构不断优化，人员素质不断提高，一批素质较好、年轻有为的同志加入到了教育纪检监察队伍中。据统计，2003 年全国省级和教育部直属高校专职纪检监察干部 668 人，具有大专以上学历的占 94%，其中研究生以上学历的达到 13%；干部中，45 岁以下的占 26%。二是干部培训的领域不断拓展，层次不断提升。2003 年驻部纪检组、监察局先后组织教育系统纪检监察干部开展国外考察和跨境培训，开阔了视野，增长了见识，拓宽了工作思路。三是开展了表彰先进活动，进一步振奋了精神。

但是，新形势下的党风廉政建设工作也还面临许多问题和挑战。一是当前教育系统党风廉政建设和反腐败工作形势依然严峻，仍然存在许多令人忧虑的现象和问题。近年来高校违法违纪案件一直居高不下，重大经济案件时有发生；一些不正之风仍然不同程度地存在，特别是在教育收费、招生考试、录取工作以及学术活动中暴露出的一些问题，引起了社会的关注，群众反映强烈。二是教育事业的跨越式发展，一方面为教育系统党风廉政建设创造了良好的体制环境和有利条件，同时也带来前所未有的挑战和考验。三是人才强国战略的实施对教育系统党风廉政建设和反腐败工作提出了更高的要求。

撰稿　曲吉山

〔**治理教育乱收费工作**〕　2003 年，教育部会同有关部门，按照党中央、国务院的要求，与各省密切合作，齐抓共管，全面深入开展治理教育乱收费工作。2003 年治理教育乱收费的两项重点工作是：在国家扶贫开发工作重点县的农村小学、初中必须执行“一费制”收费办法；公办高中必须执行招收择校生限分数、限人数、限钱数的“三限”政策。到年底，已经在国家扶贫开发工作重点县的所有 22 个省（区）农村中小学校实行了“一费制”收费办法，减轻农民经济负担 17 亿多元。与此同时，全国 31 个省（区、市）对公办高中招收择校生全部作出了“三限”规定，并得到较好落实。

2003 年 10 月下旬，教育部会同有关部门组成 6 个督察组，重点检查了北京、四川、湖北等 12 个省（市、区）的学校收费管理与治理教育乱收费工作。各地也派出检查组 2 万多个，检查了 35 万所学校。共查处违规收费案件 9 550 多件，查出违规收费 8.53 亿元，已清退 6.39 亿元；并对2 488 名有关责任者给予了党纪政纪处分，其中 395 名校长被撤职。

2003 年，教育部会同有关部门实行了教育收费公示制度，要求各地提高教育收费政策透明度，规范学校收费行为，使学生、家长交费明明白白，学校收费清清楚楚。据统计，全国中小学收费公示面达到 90%以上，高校达 95%以上。

一些省份出台了关于中小学乱收费行为的处罚

办法或处分规定，实行“一证、一卡、两公开、四统一”的管理办法，促进了学校收费的规范管理。上海、天津、福建、贵州、吉林、重庆、宁夏、青海等省（区、市）教育行政部门在当地行风评议中群众满意率均达到80%以上，有的达到92%。北京市群众在对政府工作部门评议中，对教育部门满意率也较上年有大幅度提升。

2003年，教育部积极开展工作，在加大教育经费投入、改造薄弱学校、实现教育均衡化发展等治本方面取得新进展。据测算，2002年中央财政用于农村义务教育的经费投入达359亿元，占全国农村义务教育预算内经费投入的36.3%。2003年度中央预算执行中，根据当年财政收入实际增长情况及时调整当年中央教育事业费预算，确保教育事业费增长比例高于经常性收入增长比例，建立起了教育经费投入稳步增长的机制。

2003年，教育部会同有关部委和各地政府采取多种措施，完善助学制度，积极帮助贫困学生顺利完成学业。2003年，中央拨款4亿元，为全国770万名家庭困难学生免费提供教科书；拨款1亿元，建立义务教育阶段助学金；安排1.5亿元高校助学金贷款贴息和2.4亿元高校经济困难学生奖学金。

教育部还会同价格、新闻出版部门制定政策，采取措施，降低学生用书费用，禁止学校在规定书目外统一为学生征订教辅材料，使一些省教材价格总体下调10%，减轻了学生家庭的经济负担。一些省（市、区）采取有效措施对农村中小学订阅报刊实行最高额度限制，有效遏制了职能部门对中小学的摊派行为 。

2003年治理教育乱收费工作的主要特点是：

一、各级领导高度重视，形成共同治理合力。党中央、国务院对治理教育乱收费工作十分重视，2003年初，胡锦涛、吴官正同志在中央纪委第二次全会，温家宝同志在国务院第一次廉政工作会议上分别发表了重要讲话，对治理教育乱收费工作提出明确要求。8月，吴官正、何勇同志到教育部进行调研，吴官正同志就治理教育乱收费工作做了重要讲话。教育部党组从贯彻“三个代表”重要思想的高度，统一思想，提高认识，先后八次召开专题会议，研究治理教育乱收费工作及进展情况。教育部还成立了治理教育乱收费工作领导小组，全面负责治理教育乱收费工作。教育部先后在2月和3月召开全国教育纪检监察工作会议和治理教育乱收费电视电话会议，同时制定印发了《教育部关于2003年治理学校乱收费工作的实施方案》，在全国教育系统内作出工作部署。

2003年5月，经国务院和中央纪委同意，由教育部会同国务院纠风办等部门建立了治理教育乱收费部际联席会议制度，统一指导和协调全国治理教育乱收费工作。印发了《教育部关于2003年全国治理教育乱收费工作的实施意见》，并报请国务院办公厅转发各地执行。

各地建立了厅局治理教育乱收费联席会议制度，部分市、县也建立了联合治理机构。绝大多数省（市、区）的领导亲自抓治理教育乱收费工作。江西省把2003年作为“教育乱收费专项治理年”。上海市提出“要率先把上海市建设成教育收费规范的城市”。

二、加强舆论监督，社会广泛参与。2003年，各地新闻媒体加大了宣传力度，纷纷开辟专栏，向社会广泛宣传党中央、国务院对治理教育乱收费工作的决心和信心，宣传国家关于教育收费的政策和规定，宣传各地政府和有关部门治理工作的部署和要求。中国教育电视台制作了六期《取信于民——治理教育乱收费访谈》直播节目，《光明日报》、《中国纪检监察报》、《中国教育报》开辟了“教育收费政策系列解读”，解答教育收费政策与规定，起到了较好的宣传效果。

许多省（市、区）主管领导和部门负责同志“走进”电视，宣传治理教育乱收费工作和有关政策、规定。有的省举办“行风热线”直播节目，接受群众电话咨询，及时解决问题。据统计，全国各地县级以上政府部门设立举报电话1.17万部，认真受理群众举报，基本做到件件有着落、事事有回音。

三、管理更加规范，制度逐步健全。教育部会同有关部门提出，要健全和完善收费听证、收费公示、校务公开、收费巡查、收费审计、乱收费责任追究“六项制度”，用制度来增强学校依法治教、依法收费观念。各地按照要求，对教育收费项目和标准进行清理，取消了一些市级政府出台的收费项目，需要保留的收费项目，报教育部、财政部、国家发展改革委审批。各级教育纪检监察机关在各地党委、政府和各级教育行政部门党组（党委）的领导下，把治理教育乱收费工作摆在重要位置，努力当好参谋助手，积极提建议、出主意，充分发挥了组织协调的作用，加强监督检查，狠抓各项任务的落实，付出了艰苦的努力。

当前在治理工作中存在的主要问题：一是违反规定乱收费的现象在一些学校仍不同程度地存在；二是一些基层政府和社会有关部门通过学校向学生乱收费；三是“一费制”和公办高中“三限”政策执行中出现的问题；四是政府教育投入的增长跟不上教育事业发展的需要，学校办学经费困难；五是一些地方基层政府和部分学校存在挪用、挤占教育收费收入的现象，加重了学校的办学困难。

撰稿　张其华　曲吉山

〔**吴官正同志到教育部调研治理教育乱收费工作**〕　2003年8月28日，中共中央政治局常委、中央纪委书记吴官正到教育部就治理教育乱收费工作进行专题调研。在听取了教育部党组书记、部长周济关于治理教育乱收费工作情况的汇报后，吴官正同志发表了重要讲话。他充分肯定了近几年教育系统党风廉政建设和反腐败工作特别是治理教育乱收费工作所取得的成绩，强调指出，学习贯彻“三个代表”重要思想，必须牢牢把握立党为公、执政为民这一本质要求，切实解决一些学校乱收费的问题，坚决维护广大人民群众的切身利益。他强调，治理教育乱收费，要标本兼治，综合治理。要突出工作重点，认真抓好国家扶贫重点县农村义务教育阶段收费“一费制”和公办高中招收择校生“限分数、限人数、限钱数”政策的落实。要加强制度建设，积极推行教育收费听证、收费公示、收费巡查督导、收费审计和校务公开、责任追究等制度，落实“收支两条线”规定，规范收费管理，加强监督检查，做到防范在前。对仍然我行我素，违反规定乱收费的要严肃查处。广大教育工作者要增强职业荣誉感和社会责任感，提高职业道德水平，全力办好让人民群众满意的教育事业。中央书记处书记、中央纪委副书记何勇，中央纪委副书记、监察部部长李至伦等参加了调研。

〔**表彰全国教育纪检监察工作先进集体和优秀个人**〕　自1995年和1998年两次表彰活动之后，2003年再次在教育系统中开展了教育纪检监察工作先进集体和先进个人评选表彰活动。经过层层推荐选拔，在一定范围内公示，广泛征求意见，并经各省（区、市）纪委、教育工委、教育厅（教委）党组审批同意，教育部决定对1998年以来在教育系统党风廉政建设和反腐败斗争做出突出成绩的81个先进集体和101名先进个人予以表彰。

撰稿　曲吉山
审稿　刘金平

教育督导

〔**“两基”新进展**〕　2003年各省（自治区、直辖市）政府认真贯彻落实全国农村教育工作会议精神，重新调整“两基”攻坚和巩固提高工作规划，加大了“两基”专项投入，以加强中小学校舍建设、扩大初中招生规模、提高教师队伍素质、扶助家庭经济困难学生、控制辍学率为重点，认真组织实施，并加强了过程性督导、评估验收和年检复查，使“两基”工作取得了新进展。

2003年底，全国共有10个省（自治区、直辖市）和新疆生产建设兵团报送了经省级评估验收达到“两基”和“普初”标准的县（市、区）材料。经国家教育督导团审查，有63个县（市、区、含其他县级行政区划单位 12 个）基本达到现阶段“两基”工作的各项指标要求，被列入第十批实现“两基”县（市、区）名单予以公布。有 7 个县基本达到现阶段“普初”工作的各项指标要求，被列入第七批实现“普初”县（市、区）名单予以公布。

截止 2003 年底，在全国 2 859 个县（市、区）中，有 2 478 个实现“两基”，占县（市、区）总数的 86.7%。此外，新疆生产建设兵团所辖团（场）及有关省辖其他县级行政区划单位共有 181 个实现“两基”。

截止 2003 年底，在西部 1 076 个县（市、区）中，有 746 个实现“两基”，占西部县（市、区）总数的 69.3%，西部地区实现“两基”人口覆盖率达到 80.7%。

撰稿　陈卫军

附一

全国第十批基本普及九年义务教育、基本扫除青壮年文盲县（市、区）名单

山西省　3

太原市晋源区、阳高县、天镇县

湖南省　6

安化县、沅陵县、麻阳苗族自治县、新晃侗族自治县、芷江侗族自治县、通道侗族自治县

重庆市　2

云阳县、秀山土家族苗族自治县

四川省　5

茂县、金川县、康定县、丹巴县、会理县

贵州省　15

桐梓县、道真仡佬族苗族自治县、安顺市西秀区、毕节市、黔西县、江口县、石阡县、黄平县、施秉县、麻江县、丹寨县、独山县、三都水族自治县、兴仁县、贞丰县

云南省　6

镇康县、双江拉祜族佤族布朗族傣族自治县、屏边苗族自治县、麻栗坡县、富宁县、勐腊县

西藏自治区　9

林周县、尼木县、达孜县、林芝县、琼结县、措美县、日喀则市、江孜县、白朗县

甘肃省　2

会宁县、庄浪县

新疆维吾尔自治区　3

沙雅县、阿瓦提县、富蕴县

新疆生产建设兵团　12

5 团、6 团、26 团、27 团、49 团、67 团、84 团、红旗农场、团结农场、红星三场、淖毛湖农场、47 团

附二

全国第七批基本普及初等义务教育县名单

西藏自治区　2

江达县、吉隆县

甘肃省　3

东乡族自治县、积石山保安族东乡族撒拉族自治县、玛曲县

宁夏回族自治区　2

同心县、海原县

〔**全国教育督导工作会议**〕　2003 年度全国教育督导工作会议暨全国教育督导先进集体和先进工作者表彰会议，于 2003 年 3 月 21 日—22 日在山东省潍坊市召开。各省、自治区、直辖市，计划单列市人民政府教育督导室及新疆生产建设兵团教育督导室主任和全国教育督导先进集体和先进工作者的代表出席会议，部分省（自治区、直辖市）教育厅（教委）主管教育督导工作的厅领导应邀参加会议。

山东省副省长王军民、省教育厅和潍坊市委、市政府领导出席开幕式并讲话。

大会宣读了《教育部关于表彰全国教育督导工作先进集体和全国教育督导先进工作者的决定》，授予山东省潍坊市人民政府教育督导室等62个单位"全国教育督导工作先进集体"称号，授予王茂根等111名同志"全国教育督导先进工作者"称号。主席台就座的领导向先进集体和先进工作者代表颁发了奖状和证书。

教育部副部长、国家总督学王湛在会上作了《与时俱进，开拓创新，大力加强新时期教育督导工作》的工作报告。充分肯定了2002年教育督导工作取得的成绩，指出各级教育督导部门对完善农村义务教育管理体制及各级政府教育职责落实情况的督导检查，对保障农村义务教育的投入产生了有力推动作用。赞扬一些地方在实际工作中创造性地建立了对县级人民政府教育工作进行督导检查的制度。提出山东省潍坊市和其他一些地区在抓县级政府教育工作的督导评估方面已形成了比较成熟的制度和经验，值得认真总结和推广。王湛强调，各级教育督导部门要以"三个代表"重要思想为指导，把督促和推动各级政府落实教育战略地位作为当前督导的主要任务。要督导检查各级政府和教育行政部门是否把义务教育放在"重中之重"的地位，推动健康持续发展；要继续以推动全面贯彻党的教育方针、全面实施素质教育为重点内容，建立科学的评价体系，普遍开展对中小学办学水平和综合质量的评估工作；要积极探索对学前教育、普通高中教育、中等职业教育等的督导评估机制，推动中等及中等以下各类教育事业协调发展。王湛指出，十六大报告明确提出要按照决策、执行和监督相协调的原则深化行政体制改革，说明监督在行政管理中与决策和执行具有同等重要的地位。但是，由于我国教育督导制度恢复建立的时间还不很长，目前从职能定位到机构设置、人员编制都还不够健全和完善，督导的理论和法制建设相对滞后，与教育决策、执行相比，教育督导是一个薄弱环节，远未形成与决策、执行相协调的格局。教育战线有些问题屡禁不止，有法不依，也是因为我们的行政管理体制中教育监督的环节不够健全和有力的缘故。各级领导一定要站在依法治教的高度来看待教育督导工作。教育督导工作必须加强，这应成为今后政府转变职能的一个重要方面。要把是不是建立了与教育督导任务相适应的教育督导机构，作为衡量地方教育管理水平的重要标志之一。他要求，要针对目前教育督导机构、队伍和制度建设上存在的问题，着重解决科学规范督导部门职能、合理设置督导机构、优化督导人员结构、加强督导法制建设等问题，实现督导工作制度化、规范化、程序化。各级教育督导部门要抓住机遇，坚持督政与督学相结合，全面推进中等及中等以下教育改革与发展各项目标的实现。要继续抓好贯彻落实农村义务教育管理体制的督导检查，推动各地积极扎实地做好"两基"攻坚、巩固提高和"双高普九"工作。督导部门在加强督政的同时，要加强对学校实施素质教育的督导评估。一是要分清责任，对学校的督导评估要分级分层开展。二是要制定督导评估规划，提出要求，指导学校自查工作。三是要坚持与时俱进，努力促进学校教育教学改革，积极探索评估制度的改革与创新。四是要积极探索社区、家长委员会等参与学校评估的新机制。王湛最后强调，督导检查是督导部门的职能，必须由教育督导部门统一管理。凡有督导检查要求的业务部门要向督导部门申报，由督导部门统筹安排。理顺职责，避免多头检查，有利于减轻基层负担。各级政府和教育行政部门要在人力、物力、财力等方面为督导部门开展工作创造条件。

会议期间，山东、吉林、黑龙江、上海、湖北、福建、云南等省（市）和潍坊市的代表分别介绍了教育督导工作经验；会议代表还考察了潍坊市及所辖高密市教育督导工作。

撰稿　程锦慧

〔**表彰奖励教育督导工作先进集体和先进工作者**〕　2003年教育部对在教育督导工作中作出突出贡献的教育督导集体和工作者进行了表彰，授予山东省潍坊市人民政府教育督导室等62个单位"全国教育督导工作先进集体"称号，授予王茂根等111名同志"全国教育督导先进工作者"称号，颁发奖状和证书，以资鼓励。

撰稿　程锦慧　廖　洁

〔**第七届国家督学会议**〕　2003年9月21日，第七届国家督学会议在北京召开。教育部部长周济到会讲话。中央统战部副部长黄跃金、教育部党组成员郑树山、陈小娅出席会议，教育部总督学顾问陶西平、张榕明、韦钰、张天保应邀出席会议。全体第七届国家督学和教育部有关司局负责同志参加了会议。教育部副部长、总督学王湛主持会议并作讲话。

周济在讲话中传达了全国农村教育工作会议精神，指出，当前和今后五年，中国教育改革发展处在极为重要的战略机遇期，教育督导工作者要和全国教育工作者一起，认真贯彻党的十六大精神和全国农村教育工作会议精神，落实将要出台的《2003—2007年教育振兴行动计划》，在推进中等和中等以下各类教育特别是农村教育改革与发展中，发挥更大的作用。要把对农村教育的督导作为教育督导的重中之重。各级督导部门要开展对学校教育工作，特别是校长管理学校情况的督导评估，督促学校全面贯彻教育方针，全面实施素质教育，提高管理水平，提高培养人才的质量和效益。要把常规性督导和专题性督导结合起来，着力解决教育工作的重点和难点问题。要进一步协调教育督导机构与教育系统内外有关部门的关系，充分调动各方面的积极性，做好教育督导工作。周济表示，教育部要进一步支持教育督导，依靠教育督导，充分发挥教育督导的作用；也希望地方各级政府把教育督导摆到政府宏观管理教育的重要位置，政府主要领导亲自抓。要保证开展督导工作必要的人员编制、活动经费和工作条件。

会上，周济等领导同志为第七届国家督学颁发了聘书。第七届国家督学除了从教育部门聘任外，还从财政部、国家发展和改革委、中编办、农业部聘任了几位国家督学；除了基础教育领域，还增加了几位职业教育方面的国家督学；过去偏重于从教育行政部门聘任，这次又增加了一批专家型国家督学；并从民主党派聘任了6名特约教育督导员担任国家督学。本届国家督学是历届国家督学中人数最多的一届，共99名。

撰稿　程锦慧

附

国家总督学顾问和第七届国家督学名单

国家总督学顾问

柳　斌　韦　钰　张天保　陶西平　张榕明

第七届国家督学

丁　焰　于　芳（女）　于玉梅（女）　马　立（女）
马长冰　马有良　马　钊　马叔平　马振海　王文湛
王日新　王可植　王光义　王茂根　王明珠（女）
王嘉毅　韦道昌　尹后庆　白金明　白景龙　邓渊源
冯振家　兰宏生　刘达中　刘来泉　刘炳琦　华长慧
成尚荣　毕全忠　杜小明　李世恺　李守信　李希贵
李英惠　李闻玺　李蒙恩　吴郁英(女)　沙塔尔·沙吾提
金汉杰　金学方　张少春　张凤禧　张民生　张志勇
张作功　张武升　张姝芝（女）　张　茵（女）
张荣扬　陈白玉　陈玉琨　陈秀凤（女）　陈显青
陈谟开　陈德珍　周稽裘　孟凡杰　孟吉平　杨柏生
胡平平（女）　胡红星（女）　俞恭庆　姜沛民
姚继业　袁桂林　袁晴凯　姬庆生　贾聚林　徐金山
钱一呈　高文浩　高玉琛　高维新　郭长宇　郭振有
黄介山　黄新茂　阎立钦　符鸿合　彭西滨　彭智勇
韩清林　傅永和　傅正洪　鲁林岳　曾庆宏　温孝杰
腊寂山　董　奇　靳伟才　颜　振　薛喜民　魏力军

特约教育督导员（国家督学）

关三多　刘长铭　陈效逑　庞丽娟（女）　侯义斌
诸　平（女）

〔**督导检查和调研**〕　国家教育督导团组织国家督学于2003年8月下旬分赴黑龙江、山西、吉林、广西4省（自治区），分别对“以县为主”的农村义务教育管理体制、农村三教统筹、农科教结合和农村中小学教育信息化建设等情况进行调研。

两个调研组分赴黑龙江省4个县和山西省2个县进行了“以县为主”的农村义务教育管理体制落实情况的调研。结果表明：从2001年开始，两省6个县都先后实行了“以县为主”的农村义务教育管理体制，实现了农村教师工资足额按时发放，扭转了长期困扰农村拖欠教师工资的困难局面，极大地调动了广大教师的积极性；农村中小学校长和教师的人事管理权上收到县，为优化教师结构，合理配置师资力量，精减教师队伍，推进人事用工制度改革，落实教师编制标准提供了条件和可能；把农村中小学的办学和管理权上收到县，加快了农村学校布局结构的调整，优化了资源配置，提高了资源的使用效益；加大了危房改造力度，农村中小学校办学条件明显好转。

6个县在实行“以县为主”的农村义务教育管理体制过程中还存在一些问题，主要是：实行“以县为主”管理体制后，乡镇政府和村民自治委员会履行义务教育的职责未落实；农村义务教育经费投入不足的状况并未根本改变，各级财政拨付的资金主要用于发放教师工资，学校公用经费和危改资金严重不足；上级转移支付制度需要进一步规范；农村中小学教师编制偏紧，脱离农村实际。

调研组对吉林省3个县（市）农村三教统筹、农科教结合工作进行了调研。结果表明：吉林省经过20年的探索与实践，在农村三教统筹、农科教结合工作中，总结出了不少成功经验，特别是在农村普通初中教育教学改革中，形成了一套行之有效的做法，涌现出了一批先进典型，受到了学生、家长以及社会上的广泛认同和赞许。但从整体上看，农村教育薄弱的状况还没有从根本上扭转，农村职业教育和成人教育更加薄弱，亟待加强；农村教育需要改革，增强为农服务的能力。

调研组对广西4个县的农村中小学教育信息化建设情况进行了调研，实地考察了3种远程教育模式（教学光盘播放点模式、卫星教学收视点模式、计算机教室模式）的设施和演示。从2000年10月开始，广西中小学（主要是农村中小学）陆续实施现代远程教育项目，上述3种模式都已实施。广西农村小学教学点较多采用教学光盘播放点模式，中心小学和完小实施卫星教学收视点模式兼有教学光盘播放点模式，乡镇初中实施计算机教室模式兼有卫星教学收视点模式，效果比较明显。但广西农村中小学教育信息化建设尚存在着配套资金不足、教师专业水平不高、3种模式资源不能做到共享等问题，需要进一步研究解决。

2003年12月上中旬，由国家教育督导团总督学顾问陶西平、张榕明任组长的督导检查组分别对陕西省和重庆市的“两基”工作进行了过程性督导检查。检查结果表明：近两年来，两省（市）认真贯彻国务院召开的全国基础教育工作会议和全国农村教育工作会议精神，把“两基”攻坚工作列入教育工作的重中之重，通过制定保障“两基”工作顺利推进的政策措施，建立有效的组织保障机制，加大“普九”经费投入等，使“两基”攻坚工作有了新进展。截止2002年底，陕西省和重庆市分别有86个和35个县（市、区）实现“两基”，人口覆盖率分别为84.6%和89.45%。检查组对进一步做好工作提出如下意见：(1) 陕西省和重庆市分别还有21个和5个县（市、区）未实现“两基”，由于这些县都处于老、少、边、穷地区，且都是国家或省级扶贫开发工作重点县，经济基础差，教育落后。按照两省（市）规划，陕西省到2006年，重庆市到2007年，要全部实现“两基”，任务十分艰巨，必须在国家和兄弟省市的支持下，举全省（市）之力，集中打歼灭战，才能保质保量完成规划目标。(2) 实行“以县为主”的农村义务教育管理体制以后，虽然两省（市）都增加了义务教育投入，但大多用于教职工工资，财政预算内公用经费很少，有些县几乎是零。学校公用经费主要靠杂费收入，而贫困地区由于贫困学生比例高，减免杂费多，学校难以正常运转。(3) 两省（市）未实现“两基”的县普遍存在教师数量不足、代课教师多的问题。陕西省小学、初中代课教师分别占岗位教师的16.85%、3.13%。重庆市有的县代课教师占全县教职工总数的20%以上。(4) 已实现“两基”

的地区由于“两基”巩固提高工作抓得不紧，在教育投入、教学仪器设备、师资质量以及普及程度等方面出现了滑坡。两省（市）在实施“两基”攻坚的同时，必须抓好巩固提高工作，特别要控制辍学率，提高义务教育质量。两省（市）政府都表示要认真研究督导检查组提出的意见，制定整改措施，进一步做好“两基”攻坚和巩固提高工作。

撰稿　崔立双

〔**义务教育监测**〕　2003年，全国义务教育监测项目全面实施，取得了初步成效。首先，建立起义务教育监测的工作机制，在全国形成了国家、省、项目县三级项目管理体系。各项目县普遍成立了监测工作领导小组，建立项目工作管理责任制。第二，初步实现了监测工作电子化，90%以上的项目县实现与教育部监测办联网，应用监测项目软件传输数据，提高了时效性与准确性。第三，监测的内容与方法初步确定，以监测软件数据填报和抽样调查相结合，有针对性地确定每次监测工作的内容，实现了项目县与教育部监测办两级数据传输。项目县普遍建立了适合本地实际的数据采集与生成方法；监测办采用现代统计学的最新方法，对上报数据进行汇总处理，既做出现象描述，又辅之以自然条件、地域特征、人口状况、经济水平和教育基础等差别的分类分析。第四，形成了一支开展监测工作的骨干队伍。各项目县都按照要求配备了监测员，并根据需要，在县以下确定了负责监测工作的人员。

上半年进行的第一次监测工作以初中辍学为专题，确定以3月10日为时点，监测时段为2002学年初至2003年3月10日，为期半年。此次监测覆盖了58个县，140多万初中学生，涉及了“两基”攻坚、“两基”巩固提高和双高“普九”三类地区。由于项目县是根据其经济、教育、人口、地域等因素，在全国范围内确定，因此，本次监测在一定程度上可以反映全国的总体水平。监测结果表明：(1)“两基”攻坚县和“两基”巩固提高县的初中辍学率明显高于城市和经济发达的县（市、区），反映出初中辍学的地域差异十分显著。这类地区是义务教育普及与发展的弱势地区。(2)男生、少数民族学生、残疾生、非重读学生、监护人非父母的初中学生辍学率偏高，反映出初中辍学的弱势群体因素，对这几类学生接受义务教育需要给予特别的关注。(3)在中部“两基”巩固提高地区，学业成绩不良已经成为影响学生辍学的主要因素，教育行政部门和学校应进一步端正办学思想，面向全体学生，关爱差生。

下半年，义务教育监测工作主要围绕中小学生均公用经费开展，采取的是面上普查和点上抽样（每县选取不同类型的10所学校）相结合的方式。同时对义务教育监测县教育发展情况进行全面监测。

撰稿　陈卫军

〔**特殊教育专项督导检查**〕　为贯彻落实国务院办公厅转发教育部等九部门《关于“十五”期间进一步推进特殊教育改革和发展的意见》，2003年11月～12月，国家教育督导团组织国家督学分别对吉林、黑龙江、江西、湖南、贵州、云南6个省的特殊教育工作进行了专项督导检查。检查期间，检查组分别听取了各省教育厅关于本地特殊教育发展情况的汇报，与各省财政厅、人事厅、民政厅、计委和残联等部门的有关领导进行了交流，先后深入到17个地（市、州）、26个县（市、区），考察了39所特殊教育学校和52个随班就读教学点，召开了各种座谈会18个。专项督导检查的情况如下。

6个省近年来特殊教育工作取得的主要成绩与经验，一是各级政府重视特殊教育，将其列入议事日程并纳入“普九”规划。检查组所到6个省的各级政府和教育行政部门都重视特殊教育，将其列入议事日程。各级教育行政部门都有领导分管特殊教育工作，各业务处室都有人具体负责。检查组所到的6个省，经济状况均处于全国中等或中等以下水平，但对特殊教育的经费投入都相对比较大，切实将特殊教育纳入普及九年义务教育的总体规划，按照分区规划、分类指导、分步实施的原则，推进特殊教育持续发展。二是合理布局，形成规模，水平不断提高。6个省都能结合本省实际，基本形成合理的学校布局、较高的入学率和以一定数量特殊教育学校为骨干，以大量的普通学校附设特教班和残疾儿童少年随班就读为主体的办学模式。三是政府牵头，动员社会各方面的力量，形成合力，共同解决残疾儿童少年上学问题。政府统筹协调，计划、人事、财政、民政、劳动、卫生、税务、残联等部门以及社会各界与教育部门密切配合，互相支持，通力合作，共同推进特殊教育事业的发展。四是加强特教教育师资队伍建设。6个省采取多种措施，培养、培训特殊教育教师。建立特殊教育师资培养培训机构是6个省的主要做法之一。

在充分肯定6个省近年来取得成绩与经验的同时，检查组认为特殊教育工作还面临严峻的形势，还存在以下主要问题：一是经费投入明显不足。尽管6个省都作了努力，但特殊教育的经费投入相对于发展需求仍明显不足。学校的办学条件普遍较差，生均公用经费偏低，一些地方特殊教育教师的津贴还没有落实或部分没有落实。二是特殊教育质量还比较低。学校的办学条件还比较艰苦，教学设备也比较落后，信息技术工作发展很不平衡，有的刚刚起步，有的还是空白，特殊教育的专用设备和现代化的仪器设备更是短缺。学校的教研、科研工作也处于起步阶段。三是特殊教育办学体系还不够完善。6个省在义务教育阶段的特殊教育已取得了可喜成绩，但其学前教育、高中阶段的特殊教育还有很大差距。除吉林省外，其他省的残疾人高等教育机构还是空白。

对此，检查组提出以下几点建议：一是各级政府要进一步提高对特殊教育重要性的认识。同时采取有力措施，运用各种舆论手段，提高全社会对发展特殊教育事业的认识，动员全社会关心、支持特殊教育事业。二是各级财政要加大特殊教育经费投入力度，提高公用经费标准，真正做到逐年增长。要切实落实国家有关政策，广开渠道，增加来源，使特殊教育的办学条件不断得到改善。三是各级教育行政部门要进一步普及残疾儿童少年义务教育，逐步完善特殊教育体系。同时，在义务教育基本满足受教育者需求的基础上，积极发展学前教育和高中及其以上阶段的特殊教育。在特殊教育的内涵方面，聋教育力量较强，学校数量较多，弱智教育次之，盲教育最弱。今后应注意三类残疾儿童少年教育并重，协调发展。四是要进一步提高特殊教育质量。要加大特教教师培训力度，增加经费投入，添置必要的教育教学和现代化设备、康复训练设备，努力开展教育科研工作，使特殊教育的教育教学质量不断得到提高。

撰稿　周德茂

〔**学校体育、卫生与艺术教育专项督导**〕2003年11月，国家教育督导团组成5个检查组，分别对辽宁、吉林、江苏、安徽、山东、河南、湖南、广西、四川、云南10个省（自治区）的学校体育、卫生与艺术教育工作进行了专项督导检查，共抽查44个县（市、区），实地考察195所学校。

督导检查结果显示：(1) 各地对学校体卫艺工作重要性的认识进一步提高，组织管理网络基本健全。大多数地区教育行政部门和学校能够按照“学校教育要树立健康第一的指导思想”，将体卫艺工作作为学校教育工作的重要组成部分列入工作计划，并积极开展工作。10个省（自治区）教育行政部门均建立了专门的体卫艺管理机构，一些省还成立了中小学体育、艺术教育教学指导委员会等组织，各中小学也建立了由分管校长任组长的体卫艺工作领导小组，基本形成了行政管理、教学研究和社会团体三方面及省、地（市、州）、县（市、区）、校四级的组织管理和教学研究网络，为学校体卫艺工作有效开展提供了机构与组织保障。(2) 学校体卫艺工作管理水平有了较大提升。大多数地区结合本地实际，制定了加强学校体卫艺工作的意见、发展规划、评估方案、实施细则、工作制度等，推动体卫艺管理工作不断向规范化、制度化方向发展。(3) 学校体育、艺术教育师资队伍建设不断加强。10个省（自治区）把建设一支数量充足、素质优良的体育、艺术教育师资队伍作为开展学校体育、艺术教育工作的先决条件和基本保证，通过制定有关政策，保障体、音、美教师的数量和培训渠道。通过在职或脱产进修、定期举办教师教学基本功比赛、优质课评选、示范课、观摩课等多种形式的培训，提高体、音、美教师业务能力和水平。10个省（自治区）乡中心校以上的学校基本配备了专（兼）职体、音、美教师，其中大多数学校配备有专职体、音、美教师，基本上满足了学校体育、艺术教育工作的开展和教学的需要。(4) 学校体卫艺教育教学设施与条件得到明显改善。10个省（自治区）各级教育行政部门和学校通过多渠道筹措资金，使学校体育、卫生与艺术教育教学环境、教学设施与条件有了很大改善。(5) 学校体育、艺术教育课堂教学与课外活动协调发展。10个省（自治区）坚持把课堂教学作为体育、艺术教育的主阵地，通过多种途径，努力提高体育、音乐、美术课开课率和教学质量。本次被抽查的学校，都能按照国家的课程计划开齐和开足体育课、音乐、美术课，教学时间基本得到保证。10个省（自治区）还十分重视组织开展课外文体活动。(6) 学校卫生工作有了明显进步。学校食品卫生工作得到加强。

检查组认为，10个省（自治区）学校体卫艺工作还存在着许多问题，需要从以下方面不断改进：一要进一步加大学校卫生工作力度，确保各项学校卫生防疫与食品卫生安全措施得到落实。在学校体卫艺工作中，卫生工作仍然是一个薄弱环节，必须按照《国务院办公厅转发教育部、卫生部关于加强学校卫生防疫与食品卫生安全工作意见的通知》和《学校食堂与学生集体用餐卫生管理规定》要求，采取切实措施消除影响学生健康的不良因素，保障学生身心健康发展。二要加强分类指导，有效地加强农村学校体卫艺工作。各地工作开展不平衡，特别是部分农村中小学体卫艺工作存在较多的问题，各地要按照统筹规划、分类指导、分层推进的原则，进一步加强农村中小学体卫艺工作，以逐渐缩小地区之间、学校之间的差距，确保农村中小学体卫艺工作有效开展。三要进一步加强地市以下教育行政部门体卫艺管理机构及师资队伍建设。要建立多渠道提高体卫艺教师业务水平的途径，促进学校体卫艺教学与管理更加符合素质教育和新课程改革的要求。四要进一步加大投入，改善学校体卫艺工作的条件。要把学校体卫艺的基础设施改善、器材配备纳入整个教育发展的总体规划之中，建立学校体卫艺工作经费的投入机制，以促进学校体卫艺工作可持续发展。五要进一步提高认识，重视面向全体学生的体卫艺工作，以确保中小学体卫艺工作健康开展。

撰稿　张　芯
审稿　于　芳

教育信访工作

〔**信访的特点及反映的主要问题**〕　2003年教育部信访办公室共受理群众信访问题3万多件，其中来信来电2.5万件，与上年基本持平。来信较多的省市依次为：浙江、江苏、北京、河南、湖北、四川、山东、湖南、福建、安徽等。来访总数为5 518人，比上年增长13.52%，其中处理集体上访140批、2 000余人，批数、人数分别比上年增长16.70%和17.6%。来访人数较多的省区依次为：辽宁、湖北、内蒙古、河北、黑龙江、山西、湖南、江苏、山东、安徽等。

群众信访活动有以下特点：(1) 2003年上半年，由于召开“两会”和受“非典”疫情的影响，上访人数曾一度有较大幅度的下降。但进入7月后，随着“非典”防治工作取得阶段性胜利，上访人数又迅速回升。尤其是8—12月的来访人数之多是过去从未有过的。(2) 群众集体上访在京滞留时间长，劝导难度大。(3) 群众信访反映的热点、难点问题相对集中，涉及政策性、现实性的问题多，且有一定的原因与道理。如民办教师转正遗留问题、中小学收费问题、企业退休教师待遇问题等。

（4）异常上访、突发事件增多，上访行为激烈，疏导工作十分困难。

群众信访反映的主要问题有：（1）民办教师转正遗留问题。全国范围内的民办教师转正问题已经结束，但遗留问题依然十分突出。辽宁、湖北、山西、内蒙古、河北等地民办教师就此问题2003年多次集体上访。（2）教育乱收费问题。群众主要反映：高中招生违反“三限”政策收费；义务教育阶段超标准收费；地方政府强行摊派收费；高校违规向学生收取高额点招费、赞助费、捐资费等。（3）拖欠教师工资问题。反映此类问题的主要是农村贫困地区的在职教师和退休教师。（4）企业学校退休教师待遇问题。他们主要反映：企业学校划转地方后，退休教师留在了企业，其工资水平与地方同类退休教师相比，差距较大，要求按《教育法》、《教师法》的规定，承认他们的教师身份，提高其生活待遇。（5）事故纠纷及伤害学生问题。此类问题大都经过司法部门受理，上访人因对处理结果不满意，于是到教育行政部门继续反映，信访接待部门对此很难处理。（6）高校归并及遗留问题。高教管理体制改革后，部分高校划归教育部管理，其原高校遗留问题也随之转移到教育部受理。他们反映的主要问题有工作安置、工资、职称、住房、事故纠纷等。这些大都是反映多年的老问题，处理起来十分棘手。

此外，检举揭发、招生考纪、职称、社会力量办学等也是群众反映较多的问题。

〔**信访工作情况**〕　（1）下气力处理好集体上访、异常上访问题。全年教育部信访办共接待处理集体上访140批、2 000多人，问题涉及到20多个省（区、市）。由于群众集体上访大多有一定道理，而且代表的人数多，他们大都多次在地方上访，问题没有得到解决，情绪较激动，处理不好容易出现意外，造成不良影响。因此，信访办对群众集体上访问题高度重视，对每一起集体上访都做到及时接待，认真处理。对于较难处理的集体上访问题，有时还请地方来人共同协助处理。2003年来教育部的缠访、异常上访问题较为突出，全年共处理此类问题40多起。由于信访办措施到位，接待及时，全年没有出现一起矛盾激化的问题，维护了教育系统的稳定。（2）做好“非典”期间的信访工作。“非典”期间，信访办团结协作，坚守岗位，坚持两手抓，一手抓“非典”防治工作，一手抓信访工作，圆满完成了各项工作任务。（3）做好群众重复上访和上访老户问题专项治理工作。2003年6月，国家信访局发出通知，要求做好群众重复上访问题专项治理工作。为此，教育部成立了群众重复上访问题专项治理工作领导小组，并积极开展了相关工作。这一工作已取得明显成效，10多名上访老户被稳定在地方，一大批重复集体上访问题得到了妥善处理。（4）继续采取措施，加大对重要信访问题的查办、督办力度。2003年，部信访办对重要信访问题向地方及部属高校共发公函112件，由于督办、催办措施得力，共收到回函99件，回函率为88%。信访办将上述情况以信访简报的形式，及时向地方及部属高校进行了通报。群众信访反映的许多热点、难点问题，均得到了及时妥善的处理。（5）加强对教育系统信访工作的指导。为贯彻落实中央、国务院领导同志对信访工作的重要批示精神，确保教育系统稳定，2003年部信访办多次向教育行政部门和部属高校发出通知、通报，要求各单位切实做好本部门的信访工作。2003年12月10日—11日，部信访办协调并组织筹备了由吉林省教育厅承办的部分省市教育信访工作座谈会，17个省市教育厅和两所高校主管信访工作的办公室领导、信访室主任参加了会议。通过召开会议，进一步加强了对教育战线信访工作的指导，并加强了与地方及部属高校的联系和沟通，使许多信访问题在基层得到了妥善处理，避免了矛盾上交。

撰稿　王进保

审稿　高聚慧

关心下一代工作

〔**加强关心下一代工作**〕 为贯彻落实党的十六大精神，实践“三个代表”重要思想，继续促进教育改革发展和全面推进素质教育，实现中央领导同志关于“在新的历史条件下，关心下一代工作应当有新的起点、新的高度”的要求，2003年2月，教育部办公厅转发了《教育部关心下一代工作委员会关于进一步加强全国教育系统关心下一代委员会工作的意见》(以下简称《意见》)。

《意见》进一步明确了关心下一代工作委员会的性质、工作方针和任务，指出关工委是以离退休老同志为主体，在职同志参加的，广泛团结热心教育的自愿者参与的，全面关心青少年健康成长的群众性工作机构；是配合教育部门和学校全面推进素质教育，促进学校教育、家庭教育、社会教育紧密结合的重要组织形式。工作方针是在党委领导下，坚持“围绕中心、配合补充，因地制宜、量力而为，立足基层、注重实效”。关心下一代工作委员会的主要任务是：以马列主义、毛泽东思想、邓小平理论和“三个代表”重要思想为指导，针对青少年的实际，坚持以德育为主线，以理想信念教育为核心，以社会主义思想道德建设为基础，以爱国主义、集体主义、社会主义教育为主旋律，加强对青少年的社会主义思想道德和中华民族、中国革命传统教育，全面推进素质教育，把青少年培养成为有理想、有道德、有文化、有纪律、身心健康的社会主义事业建设者和接班人。主要在以下几个方面开展教育活动：(1) 进行政治思想教育；(2) 进行道德品质和民主法制教育；(3) 进行共产党、共青团等基本知识教育；(4) 进行科学文化和健康素质教育；(5) 积极参与家庭教育和社区教育；(6) 开展帮困助学活动；(7) 开展调查研究。

《意见》还就进一步加强全国教育系统关心下一代工作，提出了进一步提高在新形势下做好关心下一代工作重要意义的认识、加强对关工委的领导和建设等要求。

〔**表彰关心下一代工作先进集体和先进个人**〕 自1999年以来，全国教育系统关心下一代工作委员会（关心下一代工作小组）学习贯彻党的十六大精神，坚持用“三个代表”重要思想统领工作，积极深入基层调查研究，针对新时期青少年教育工作的特点和规律，配合学校、社会和家庭积极主动开展工作，全面推进素质教育，在工作中涌现出一大批先进集体和个人。

为总结先进经验，宣传先进典型的事迹，推动全国教育系统关心下一代工作扎实、深入开展，2003年教育部关工委开展了1999年以来四年中涌现出的先进集体和个人的评选、推荐工作。各地按照评选条件和要求，经过广泛酝酿、讨论，自下而上层层推荐，逐级评审后，教育部关工委对吉林省普通高校关心下一代工作委员会等147个先进集体和安徽工业大学王志远等325名先进个人进行了表彰（其中在职同志82名，离退休同志243名），分别授予“全国教育系统关心下一代工作先进集体”、“全国教育系统关心下一代工作先进个人”称号。教育部办公厅向各地和部属各高校转发了表彰决定，强调各级关工委要在同级党政的领导下，坚持以“三个代表”重要思想为指导，立足基层，贴近青少年的思想实际，坚持和发扬与时俱进、开拓创新的精神，形成新思路，探索新办法，开辟新途径，努力使关工委工作更好地适应全面建设小康社会新形势新任务的需要。

〔**召开全国家庭教育现代化实验区工作现场会**〕 2003年9月23日～25日，教育部关工委在安徽省芜湖市召开了全国家庭教育现代化实验区工作现场会。各省、自治区、直辖市和计划单列市教育系统关工委负责同志，教育部关工委家庭教育中心、社区教育中心和部分高校的专家学者以及基层教育部门的有关代表共计120余人出席会议。会议由教育部关工委秘书长原永堂主持。教育部关工委主任邹时炎致开幕词，副主任李蒙恩作了题为《全面建设小康社会中的家庭教育工作》的工作报告。安徽省教育厅厅长陈贤忠向与会代表介绍了安徽省教育发展概况和教育厅重视支持家庭教育现代化实验区工作的体会。安徽省教育厅关工委主任柏守逊作题为《开拓创新，努力推进家庭教育现代化》的实验区工作主题报告，就家庭教育现代化实验工作进展情况作了全面汇报。芜湖市镜湖区、滁州市天长市、合肥市瑶海区等实验区的代表作了专题发言。会议代表还考察了芜湖市6个家庭教育现代化实验区现场。湖南、云南、吉林、青岛、四川、河北、甘肃、江苏、广东、上海、辽宁11个省市代表在会上介绍了经验。

会议认为，安徽省教育厅关工委提出的开展家庭教育现代化实验区工作取得丰硕成果，为家庭教育的发展拓宽了思路，提供了有益的经验，集中表现在四个方面：(1) 用创新精神开展家庭教育。我国家庭教育具有悠久的历史和优良传统。安徽省教育厅关工委根据时代发展的需要，解放思想，积极探索，推陈出新，建立家庭教育现代化实验区，并把创新作为主线，贯穿于实验的全过程，保证了实验工作的成功。(2) 实施目标带动战略，推动事业发展。实验中提出发展家庭教育现代化的四大目标，即家庭教育观念现代化、内容和方法科学化、管理规范化、保障制度化；同时，又提出建设好服务于家庭教育总目标的五个体系，即舆论宣传体系、教育教学体系、理论研究体系、组织管理体系和保障服务体系。(3) 从家庭教育体制上突破。为促进家庭教育事业进一步发展，安徽家庭教育现代化实验区按照有关文件精神，把理顺体制问题作为重点来抓，探索建立起由当地党委和政府领导，教育部门负责组织和指导，教育系统关工委为主导，群众团体等方面协同配合的领导管理体制，为发展家庭教育提供了强有力的组织保证。(4) 实验深化了对家庭教育的认识，凸现了信息化带动家庭教育现代化的发展方向。通过实验，拓展了家庭教育的功能，摸索在新形势下家庭教育的特点和规律，为建设有我国特色的家庭教育体系积累了初步的经验。

与会代表就今后家庭教育现代化发展的一些问题，进行了深入的思考和探讨，达成如下共识：(1) 教育系统关工委应充分认识家庭教育的重要性，志愿承担起组织、指导家庭教育的责任。要有一位副主任分管，主动争取党政领导的重视、支持，配合群众团体组织协同作战，积极做好家庭教育工作。(2) 围绕全面推进素质教育的任务，拓展与深化家庭教育现代化实验区工作。各地教育关工委应因地制宜，结合实际，确定在全面建设小康社会中家庭教育工作的发展目标，选择若干地区和单位，制定规划，进行试点，由点到面，逐步推开。(3) 家庭教育的工作重点在农村，教育的重点内容是德育和养成良好行为的教育。要切实抓好农村的家庭教育工作，进一步办好家长学校，普及家庭教育的科学知识，提高广大家长素质。同时开展济困助学活动，重点帮助家庭经济困难和学业困难的学生完成义务教育。在城市，继续普及家庭教育科学知识，推进学校教育、家庭教育、社会教育紧密结合和营造良好育人环境，提高家庭教育的质量和实效。(4) 培养家庭教育的典型。应与时俱进，不断创新，以信息化、网络化带动家庭教育现代化，培养更多的学习型家庭、学习型楼院和学习型社区，办好人民满意的家庭教育，构建终身教育体系。(5) 正确处理好几个关系。一是学校教育与家庭教育的关系；二是家庭教育传统与现代的关系；三是普及与提高的关系；四是智力与非智力教育的关系；五是处理好生理与心理健康的关系。(6) 要充分利用教育系统老同志的优势，发挥他们的积极作用，参与家庭教育工作。

〔培训骨干与加强交流〕 为研究新时期关心下一代工作的思路和方法，创建学习型的关工委组织，教育部关工委委托培训中心于2003年4月中下旬在湖北宜昌市举办了第十四期关工委培训班。来自北京、天津、河北、内蒙古、黑龙江等22个省、自治区、直辖市教育系统关工委的180余人参加了培训。培训方式以专题讲座为主，分别请有关专家作了“基础教育课程改革”、“关心下一代工作”、“中小学德育工作”等专题报告。19个单位的经验材料在培训班上进行了书面交流。河北、山东、安徽、江苏、湖北等省也分别举办了不同专题的培训班和研讨班。通过举办培训班，培养了骨干，增强了队伍的理论修养，使关工委工作的质量和水平得以提高。

为了促进省际、校际之间的交流与协作，进一步推动工作的深入开展，从6月下旬至11月上旬，东北、西北、华东、西南和中南五个地区教育系统关工委工作会相继召开。工作会分别由黑龙江、新疆、安徽、云南和广西等省、自治区教育厅承办。各地区工作会以“三个代表”重要思想为指导，紧密联系关工委工作实际，以关工委如何在家庭教育和社区教育工作中更有效发挥作用为主题，进行了较广泛、深入的交流和探讨，收到较好实效。

〔**继续开展帮困、助学活动**〕 全国教育系统各级关工委认真学习贯彻全国农村教育工作会议精神，充分发挥离退休教育工作者这一教育资源优势，围绕农村教育工作中遇到的实际问题作了大量工作，主要在帮困、助学方面办了许多实事。教育部关工委多方筹集资金，面向西部地区捐资助学。2003年向新疆、广西、云南、山西、安徽等省、自治区捐款8.7万元，帮助困难家庭子女和遭受水灾地区学生顺利完成学业。同时，还向新疆、广西、云南、山西、重庆、江西等省、自治区、直辖市的“老少边穷”地区中小学捐赠了价值80万元的图书。全国多数省、市、自治区教育关工委根据本地的实际需要，想方设法，开展了相关活动。如广东省教育厅关工委从2001年起在本省贫困地区实施扶贫助学“朝阳工程”，每年100万元，三年取得良好的社会效果。“朝阳工程”包括赠书读书活动、新建改建小学、资助大学生完成学业、关爱失学失业青少年、扶助贫困生完成义务教育阶段的学业等。各地基层关工委坚持求真务实，在帮困助学方面作了许多实实在在的工作。如江苏省建湖县草堰口镇教育关工委始终把“关心、教育、解难、扶持”孤残困生作为工作的目标和宗旨。通过内捐外赠，多渠道筹集资金做实事，使得全镇22名孤儿、9名残疾儿童、76名单亲家庭学生和46名家庭经济十分困难的学生没有一个辍学。许多所高等学校关工委把帮困、助学作为一项重点工作千方百计抓实抓好，积极发动校内师生和社会力量捐资建立基金，帮助家庭困难的大学生完成学业。关工委老同志们情系教育，关爱青少年成长的无私奉献精神和善举受到广大师生和社会各界的赞誉。

撰稿 郭春开
审稿 原永堂

热 点 关 注

从执政为民的高度努力推进政府部门职能转变

胡锦涛总书记在“七一”讲话中强调指出：学习贯彻“三个代表”重要思想，必须牢牢把握立党为公、执政为民。这是衡量有没有真正学懂、是不是真心实践“三个代表”重要思想最重要的标志。这段精辟的论述，提出了我们党对学习、实践“三个代表”重要思想的本质要求和最高标准，也为我们从事行政管理工作的各级国家机关工作人员提供了科学理论和科学方法，为我们进一步指明了奋斗目标和方向。

坚持立党为公、执政为民是知与行、理论与实践的辩证统一，它不是空洞的口号，它应该体现在我们政府部门工作的各方面和全过程。我们必须用立党为公、执政为民的要求对照、审视、检查我们的各项行政工作，符合要求的就要始终不渝地坚持，不符合的就要坚决地加以纠正，违背的就要旗帜鲜明地革除。如何贯彻落实立党为公、执政为民这一“三个代表”重要思想的本质要求？结合实际，我从三个方面谈点看法和认识。

一、从执政为民的高度，正确认识和把握转变政府职能的本质要求，进一步创新管理、改进服务

转变政府职能是深化行政管理体制改革的核心和关键环节，党的十六大对此已经提出了明确要求。温家宝总理今年9月在省部级领导干部政府管理创新与电子政务专题研究班上也明确提出，继续推进政府职能转变，是当前和今后一个时期政府管理创新的中心任务。在转变政府职能问题上，中央已经明确提出了目标任务，但我认为在认识上和实践中仍存在一些值得下气力解决的问题。比如，如何进一步统一思想，充分认识转变政府职能的意义和目标，增强自觉性和紧迫性问题；如何优化现有的机关职能配置，解决好某些工作领域的管理不到位和公共服务不能满足群众愿望和要求的问题；如何正确认识和处理加强宏观管理和微观服务的关系问题；等等。我认为，推进政府机关的职能转变，固然要解决和触及我们在行政实践中碰到的不少难题，包括一些体制性问题，但首要的是必须强化和确立执政为民的指导思想和行政理念。特别是对我们教育行政部门来说，继续推进政府职能转变，是教育对外开放和加快发展、深化改革的新形势和新任务提出的迫切要求。我们必须从执政为民和为教育事业创造良好发展环境的高度，充分认识转变政府职能的重要性和紧迫性，增强推进政府职能转变的自觉性和坚定性。

首先，执政为民为政府职能转变提出了更高的要求。关于政府的职能问题，即政府应该做什么，不应该做什么的问题，一直是许多管理者和学者探索的课题。一些西方国家政府组织的发展变化也经历了一个漫长的探索过程，积累了一些有益的经验，为我们提供了借鉴。如，政府职能作用的领域由以政治职能为重心向以经济职能、社会公共管理职能、科技文化职能为重心转移；政府职能作用的性质由保卫性、统治性职能为主向管理性、服务性职能为主的方向发展；政府职能发生作用的深度与广度呈现出由“万能政府”向“有限政府”转变的变化发展规律；政府与公众之间的关系由治理者与被治理者的关系发展为公共服务的提供者与消费者的关系；政府公共管理的目标由单一追求行政效率向追求社会公平与公正、提高服务质量与效率、改善公共责任机制和提高公众的满意程度等综合性目标的方向发展等。这些发展变化的情况说明，即使在一些西方资本主义国家，其政府职能也是朝着强化社会管理和公共服务的方向转变。我们要建设中国特色社会主义，建立与我国社会主义市场经济体制相适应的教育行政管理体制，虽不能照搬外国的管理模式，但应当认真借鉴，政府职能必须朝着本届政府提出的四项基本职能（经济调节、市场监管、社会管理、公共服务）转变。就教育行政部门来说，主要是加强教育的宏观政策指导，规范管理，改进服务。而这些转变的主旨和要意，就是贯彻全心全意为人民服务的宗旨，落实执政为民的行政理念。

其次，执政为民为转变政府职能提供了强大动力。改革开放以来，我们政府部门包括教育行政部门已经进行了多次机构改革。这些改革都在精简机构和人员、减少行政审批等方面取得了显著成效。但由于多方面原因，一些教育行政部门职责不清、职能交叉、重管理轻服务、政务公开缺乏力度等问题仍程度不同地存在，有的甚至比较突出。如何针对上述问题，采取有力措施，进一步深化以职能转变为切入点的行政管理体制改革？我认为关键是要从深化思想认识入手，解决好科学配置职能问题。只有真正使立党为公、执政为民的思想信念成为领导和群众的共同意愿和实际行动，做到领导推动、上下互动、全员联动，才能使转变职能具有强大的动力和群众基础。

第三，执政为民是衡量政府职能转变成效的根本标准。衡量政府职能转变成功与否的标准在哪里？具体来说，可以从多种角度来看，如，看政府的运行是否务实高效，政府工作人员是否勤政廉洁，政府为群众服务是否便捷到位，政府的各项管理是否规范有序等等，这些，无疑都是正确的。但我认为，归根结底要看职能转变是否体现了执政为民的要求，是否保障和促进了事业的改革与发展，是否得到了人民群众的真心拥护和支持。也就是说，人民群众才是政府执政工作绩效的裁判者。只有坚持用人民拥护不拥护、赞成不赞成、高兴不高兴、答应不答应来衡量我们的一切决策和措施，来衡量我们的职能转变，才是我们的根本出发点和落脚点。

对照“三个代表”重要思想关于立党为公、执政为民这一本质要求，进一步推进教育行政部门的职能转变，我认为必须抓好以下六件事情。一是要大力推动观念更新，把思想认识统一到执政为民的本质要求上来。要按照中央的部署和要求，对全体公务员加强“三个代表”重要思想的学习教育，并把“三个代表”重要思想贯彻和融会于一些新型行政理念的确立过程之中。比如，要进一步确立优质服务理念、透明行政理念、依法行政理念、行政成本理念、公开公平公正理念等等，从而为推进政府职能转变奠定良好的思想基础。二是以贯彻实施《中华人民共和国行政许可法》为契机，加强机关法制建设，大力推动依法行政。要认真组织学习、宣传行政许可法，使全体公务员充分认识行政许可法对进一步转变政府职能、改革行政管理方式和推进依法行政的深远影响。贯彻学用结合的原则，加强对实施行政许可人员的培训。抓紧做好有关行政许可规定的清理工作，对与行政许可法规定不一致的，要及时予以修改或者废止。严格规范行政审批行为，加强对已经取消和改变管理方式的行政审批事项的后续监管。通过采取有效措施，切实提高部机关依法行政的能力和水平。三是大力推进以政务信息化为抓手的政府管理创新。运用网络信息技术实现政府公共管理目标和提供公共服务，这是信息时代推进电子政务建设的必然要求。前一段，在部党组领导下，各司局为政务信息化建设做了大量和富有成效的工作，我部的政务信息化建设取得了一定进展。下一步，我们要以职能转变为目标，以需求为导向，以应用促发展，进一步加强统筹规划管理，在部党组的统一领导组织下，围绕部党组确定的中心工作任务，整合部内人力、物力、财力资源，重点建设和支持教育部政府门户网站和一批重点网站，并积极拓展这些网站的服务面向，提升它们面向公众的服务水平。四是进一步强化政府机关的服务性功能，改善机关服务质量。政府从单一的行政管理转向提供综合性的行政服务，并不断提高服务水平，是建立和发展公共责任机制的重要内容，也是政府部门提高效率的方向与保证。我部各司局的工作服务性都很强，必须拓展服务功能，改善服务质量。以教育信息工作为例，应进一步强化信息服务责任，加大工作力度，在为党中央、国务院及部党组提供及时准确的教育信息服务的同时，进一步加强和做好面向战线的信息服务工作。五是推行政务公开制度，保证人民群众依法直接行使民主权利。党的十六大提出了推行政务公开制度的战略任务，这是我们党在新形势下坚持和完善社会主义民主制度，发展社会主义民主政治，建设社会主义政治文明的重要措施，也是学习实践“三个代表”重要思想，坚持立党为公、执政为民的具体体现，具有十分重要的意义。我们要按照中央的部署和要求，采取切实措施，推动我部政务公开工作向纵深发展。要进一步明确政务公开的重点，拓展政务公开的渠道，完善政务公开的形式。要建立健全规章制度，加强督促检查，保证政务公开工作取得实效。同时，加强对全国教育系统政务公开工作的指导和监督、检查。六是加强调查研究，优化机关职能配置。要认真调研分析影响机关职能转变的深层次原因，针对存在问题，积极探索和采取优化机关职能配置、加强队伍建设等方面的办法和措施，为全面推进我部的职能转变积累经验，创造条件。

二、从执政为民的高度，加强和改进工作，努力贯彻落实部党组提出的“办人民满意的教育”的目标要求

办人民满意的教育，是部党组实践“三个代表”重要思想，全面贯彻党的教育方针和执政为民要求的具体体现。我认为，办人民满意的教育，既是一项伟大的民心工程、德政工程，也是一项十分艰巨的历史任务，同时也对我们各司局进一步转变政府职能，做好各项工作，提出了新的更高的要求。我们必须围绕办人民满意的教育这一明确目标，同心同德，再接再厉，进一步加强和改进我们的各项工作。拿做好教育新闻宣传和舆论引导工作来说，我认为，它既是进一步推进政府职能转变的一项重要工作任务，也是实现办人民满意的教育目标的必然要求。

这几年，在部党组直接领导下，在各司局的密切配合和新闻单位的大力支持下，我部的新闻宣传工作在为教育改革与发展营造良好氛围等方面发挥了积极作用。但对照部党组提出的办人民满意的教育的目标要求和教育工作面临的新形势、新任务和新挑战，我们必须进一步加大力度，在唱响主旋律、宣传教育方针政策和舆论监督等方面多做工作，为实现办人民满意的教育的目标创造良好的舆论环境。

我认为，围绕办人民满意的教育的目标，做好新闻宣传工作，首先要把握正确的舆论导向。江泽民同志指出：舆论导向正确，是党和人民之福；舆论导向错误，是党和人民之祸。实践证明，教育舆论导向正确，就能使我们在工作大局上掌握主动；教育舆论导向出现偏差，就有可能使我们的工作陷入被动局面。我们要健全部领导出面和各司局负责人参与的新闻通气会制度，坚持组织新闻采访团深入基层采访等制度，协调组织媒体加大对党中央、国务院及部党组有关教育改革、发展方针政策及教育成就的正面宣传力度，使人民群众客观、充分地认清教育形势，努力在全社会营造关心、支持教育事业的良好氛围。

围绕办人民满意的教育的目标，搞好新闻宣传，还要做好释疑解惑的工作。一方面，要加强对改革中一些新的政策措施的宣传力度，另一方面也要积极引导群众正视教育改革与发展中存在的问题，从而使各级领导和人民群众更加理解和支持教育工作。对有些不符合客观事实的报道，要及时纠偏。对个别歪曲事实、恶意炒作、不负责任、误导群众的宣传报道，则要迅速澄清事实，采取有针对性的措施，最大限度地控制和减少对社会的不良影响。

围绕办人民满意的教育的目标，搞好新闻宣传，还要加强舆论监督，勇于揭露腐败现象。要通过建立各项教育公示制、通报违纪案件查处情况等方式，支持媒体加大反腐败和纠正行业不正之风工作的宣传力度，并跟踪报道处理结果，以教育系统党风廉政建设的实际成果取信于民。

总之，实现办人民满意的教育的目标，任重而道远，我们必须齐心协力，团结奋斗，通过各自的扎实工作，为这一目标的实现添砖加瓦，贡献力量。

三、从执政为民的高度，牢固树立群众利益无小事的观念，扎扎实实为群众办实事

胡锦涛总书记在“七一”讲话中指出，群众利益无小事。他强调，坚持立党为公、执政为民，不能停留在口号和一般要求上，必须围绕人民群众最现实、最关心、最直接的利益来落实。我认为，胡锦涛同志关于群众利益无小事的重要论断，是对马克思主义群众观点的丰富与发展，充分表明了以胡锦涛同志为总书记的党中央坚持立党为公、执政为民、始终把群众利益放在第一位的坚强决心，充分表明了我们党对治党治国之道的探索进入了一个新的高度和新的境界。

群众利益无小事，这句朴素的话语，既有深刻的思想内涵，又有重要的实践意义，饱含着我们党对人民群众的深厚情意。这一重要论断，既要求政府部门不断强化社会服务职能，同时也对我们做好关系群众利益的各项实际工作，提出了很高的标准和要求。我认为，主要体现在三个方面：

*一是要求我们在思想认识上要有新高度。*我们教育部机关的很多工作服务性很强，有不少看似是琐碎具体的小事，但直接关乎群众的利益，应当说，小事里有政治、有大局、有责任。以教育信访工作为例，这些年，虽然我们的信访工作在维护机关稳定、为群众排忧解难等方面做了大量卓有成效的工作，但对照群众利益无小事的要求，我们必须从群众利益高于一切这一新的思想高度上找出认识上的差距，强化服务意识、公仆意识和责任意识，进一步转变思想观念和工作作风，认真负责地处理好每一件人民群众的来信来访工作。

*二是要求我们在精神状态上要有新面貌。*部机关日常工作繁杂，许多司局头绪多、任务重，这些年来机关遇到的突发事件也比较多，这对每个机关工作人员的思想觉悟和精神状态都提出了很高的要求。比如，今年“非典”期间，机关许多同志不顾个人安危，深入隔离区和基层开展工作，为教育系统取得防控“非典”的阶段性胜利做出了自己的贡

献。又如，我们部多年坚持每天24小时的双人值班制度，许多值班人员牺牲双休日、节假日昼夜值守，为维护教育战线稳定作出了自己的贡献。又如，我们从事教育信访的同志这些年的工作也很突出，他们在新情况、新问题面前，怀着对来信来访人员的深厚感情，迎难而上，任劳任怨的开展工作。类似这样忠于职守、不怕困难、甘于奉献的同志在机关各司局都有很多，他们的精神值得我们很好地学习和弘扬。我们要按照胡锦涛同志关于群众利益无小事和要为群众诚心诚意办实事、尽心竭力解难事、坚持不懈做好事的要求，努力在机关营造那种淡泊名利、无私奉献、服务基层、服务群众的思想氛围和良好风尚。

三是要求我们的各项工作要有高质量。群众利益无小事，要求我们机关的各项工作都要贯彻质量第一的思想，把提高服务质量作为为群众办实事的重要标准。要纠正和克服那种满足于工作过得去和一般化的思想状态，各项工作都要坚持高标准、严要求。要进一步落实和完善工作责任制和责任追究制，要创新工作思路和工作方法，把提高服务质量的工作真正落到实处。

（原载2003年12月4日《中国教育报》，作者郑树山系教育部党组成员、部长助理）

基础教育

管理工作

〔**认真解决进城务工就业农民子女义务教育问题**〕 近年来，大批农村剩余劳动力转移到城市，进城务工就业农民逐年增加，进城务工就业农民全家流动的状况日益普遍，其子女的教育问题日显突出。2003年1月，国务院办公厅印发了《关于做好农民进城务工就业管理和服务工作的通知》（以下简称《通知》），提出"要保障农民工子女接受义务教育的权利"。《通知》要求"流入地政府应采取多种形式，接受农民工子女在当地的全日制公办中小学入学，在入学条件等方面与当地学生一视同仁，不得违反国家规定乱收费，对家庭经济困难的学生要酌情减免费用。要加强对社会力量兴办的农民工子女简易学校的扶持，将其纳入当地教育发展规划和体系，统一管理。""流入地政府要专门安排一部分经费，用于农民工子女就学工作。流出地政府要配合流入地政府安置农民工子女入学。"

2003年9月，国务院召开全国农村教育工作会议，再次强调以"以流入地区政府管理为主，以全日制公办中小学为主"的方式解决进城务工就业农民子女接受义务教育问题。根据全国农村教育工作会议精神，针对当前进城务工就业农民子女义务教育的实际情况和突出问题，2003年9月，国务院办公厅转发了教育部、中央编办、公安部、国家发改委、财政部、劳动保障部六部门《关于进一步做好进城务工就业农民子女义务教育工作的意见》（以下简称《意见》）。这是第一个以国务院办公厅名义转发的专门解决进城务工就业农民子女义务教育工作的文件，标志着在政府的统一领导下，多部门共同解决这一问题格局的形成。《意见》的主要内容是：(1) 明确解决进城务工就业农民子女义务教育工作是各级政府的共同责任，各地要把它看成是贯彻落实《中华人民共和国义务教育法》、推动城市建设和发展、推动农村富余劳动力转移以及维护社会稳定的重要内容。(2) 明确规定流入地政府负责进城务工就业农民子女义务教育工作，流入地政府财政部门对接受进城务工就业农民子女较多的学校给予补助，城市教育费附加中安排一定比例的经费用于进城务工就业农民子女义务教育工作。要以全日制公办中小学招收进城务工就业农民子女就读为主。全日制公办中小学要根据这部分学生的实际，完善教育管理和教学方法以适应他们的心理特点，在团队活动、评优奖励等方面与城市学生一视同仁。各地要建立和完善相应的工作制度和机制，改善进城务工就业农民子女义务教育的社会环境。(3) 明确了教育、编制、公安、发展改革、财政、劳动保障等相关部门的责任，并要求各级人民政府加强协调，确保形成合力。其中很突出的一点是要求编制部门根据接受进城务工就业农民子女的数量，合理核定接受学校的教职工编制。(4) 减轻进城务工就业农民子女教育费用负担，其收费要与当地学生一视同仁。还要制定具体政策减免困难学生的有关费用，并根据家长职业和居所不稳定的特点实行灵活的收费办法。(5) 加强对以接受进城务工就业农民子女为主的社会力量所办学校的扶持的管理，及时进行清理登记，除师资、安全、卫生等方面的要求外，放宽学校设立的其他条件，并在办学场地、经费、师资培训等方面予以支持。

《意见》发出后，各地认真贯彻落实，依法保障进城务工就业农民子女接受义务教育的权利。力争经过一段时间的努力，逐步建立起政府加强领导、有关部门齐抓共管、流入地流出地相互配合，以流入地区政府管理为主，以全日制公办中小学为主，因地制宜，采取多种形式接收进城务工就业农民子女接受义务教育的工作机制，使进城务工就业农民子女都能够接受有质量的义务教育。

〔**加强教育对口支援工作**〕 从2000年开始实施的“东部地区学校对口支援西部贫困地区学校工程”和“大中城市学校对口支援本省（自治区、直辖市）贫困地区学校工程”（简称“两个工程”）是扶持西部贫困地区教育事业发展的重大举措。实施近四年来的实践证明，教育对口支援是合理配置教育资源，加快贫困地区教育发展的一种有效形式。据2003年的不完全统计，三年来，东部地区共向西部受援地区选派支教教师和管理人员近3000多人次；西部受援地区派往东部地区对口学校培训的教师和挂职的管理人员近4000人次。支援地区向受援地区学校无偿提供资金2.8亿多元，此外还捐赠了一批计算机、图书、教学设备等。各省、自治区、直辖市向当地贫困地区学校共派出支教教师和管理人员6万多人次，接受受援地区培训的教师和挂职的管理人员3万多人次；此外还捐赠一批资金、教学设备、图书及衣物等。支援地区还资助了西部13000多名家庭经济困难学生，对口学校之间的少先队员“手拉手”活动也捐赠了大量的学习用具等物品。

为推动教育对口支援工作的开展，教育部等九部门于2003年2月召开了全国学校对口支援工作经验交流暨表彰电视电话会议，150位先进个人和111个先进单位受到了教育部等七部委的表彰，提出适时启动“县对县”教育对口支援工作。2003年国务院召开全国农村教育会议，发布《国务院关于进一步加强农村教育工作的决定》，要求继续做好“两个工程”的实施工作。国务院办公厅转发了教育部、国家发改委、财政部、国务院西部开发办制定的《国家西部地区“两基”攻坚计划》，再次对进一步加强教育对口支援工作提出明确要求，并将对口支援的范围调整为到2002年底尚未实现“两基”的西部地区贫困县。

〔**开展经常性助学活动**〕 为实现并巩固普及九年义务教育工作成果，支持家庭经济困难的学生完成学业，2003年9月，国务院办公厅转发了教育部等15个部门《关于开展经常性助学活动的意见》（以下简称《意见》）。

《意见》阐述了开展经常性助学的意义，指出开展经常性助学活动，支持家庭经济困难学生完成学业，是实践“三个代表”重要思想，实施科教兴国战略，深入贯彻《公民道德建设实施纲要》的具体措施，有利于加强党和政府与人民群众的血肉联系，增强民族凝聚力，体现社会主义制度优越性，对于推动社会主义精神文明建设，落实“以德治国”方略，培养学生热爱中国共产党、热爱祖国、热爱人民、热爱社会主义的思想感情具有重要意义。《意见》指出，各级人民政府负有帮助家庭经济困难学生完成学业特别是接受义务教育的责任，要切实加强组织领导，制定具体可行的政策，确保这项活动的正常开展。要求地方各级政府抓紧安排助学专项资金，用好中央财政设立的中小学助学金，并为党政机关、社会团体、企事业单位和个人捐资助学或设立助学项目提供便利条件，欢迎境外热心公益事业的组织和个人捐资助学。

《意见》明确了经常性助学活动的资助对象和用途。经常性助学活动主要资助农村义务教育阶段家庭经济困难的学生，优先资助农村家庭经济困难学生和残疾学生，适当兼顾其他困难学生。经常性助学活动捐助资金，主要用于补助受援学生的书本费、杂费和寄宿学生的住宿费、伙食费以及非义务教育阶段家庭经济特别困难学生的学费等开支。各省、自治区、直辖市人民政府可根据实际情况确定本地区的资助标准并向社会公布。

《意见》要求各地动员全社会开展多种形式的经常性助学活动。充分发挥各类基金会、“希望工程”、“春蕾计划”、“安康计划”、“山区女童助学计划”、“城乡少年手拉手助学活动”、“西部开发助学工程”、“扶残助学活动”等社会公益项目在经常性助学活动中的作用。要将实施“东部地区学校对口支援西部贫困地区学校工程”和“大中城市学校对口支援本省（区、市）贫困地区学校工程”与经常性助学活动紧密结合起来。在全社会动员开展多种多样的“一对一”助学活动，鼓励学校、企业、社会为家庭经济困难的高校学生提供勤工助学岗位。

《意见》还对经常性助学活动的组织领导和宣传工作提出了要求。

撰稿　高学贵
审稿　王建国

〔中小学安全工作〕　2003年8月28日、9月28日、12月13日教育部先后印发《关于开展幼儿园安全大检查的紧急通知》、《关于近期发生的两起中小学安全事故的通报》、《关于切实做好学校安全工作的通知》，对一些学校发生的安全事故进行通报，提出做好安全工作的具体意见和要求。强调各级教育行政部门和学校领导要高度重视安全工作，树立“安全第一”、“生命不保，谈何教育”的思想，要求“一把手”负责，认真落实责任制，切实采取有效措施杜绝和预防事故的发生。

11月，教育部派出安全工作检查组分别检查了陕西、山西、内蒙古、宁夏、河南、湖北、四川等省、自治区中小学、幼儿园安全工作。检查组先后听取了各省教育厅（教委）及有关市、县教育局安全工作情况汇报，查阅了相关文件和档案，实地检查了70余所城市、农村中小学校、幼儿园安全情况，并向各省教育厅（教委）反馈了检查意见。

2003年1月30日，教育部办公厅与全国妇联办公厅、共青团中央办公厅、全国少工委办公室印发《关于做好2003年全国中小学生安全教育日主题活动及中小学安全工作的通知》，确定3月31日为2003年全国中小学生安全教育日，主题为“大力提高中小学生及幼儿的自我保护意识和能力”，在全国中小学校开展了安全宣传教育活动。

2003年，教育部、共青团中央、公安部、全国少工委等部门联合开展了“中国少年儿童平安行动”。这项活动通过多种方式增强了少年儿童自我保护的意识和能力，在提高全社会预防少年儿童意外伤害的责任意识，营造全社会维护少年儿童合法权益、为少年儿童健康成长服务的良好氛围等方面起到了积极作用。

〔探索建立中小学现代学校制度〕　为推进教育创新、制度创新，探索建立现代中小学管理制度，建立政府为主，社会各界共同参与的学校发展、管理与监督机制，鼓励社区、家长参与的学校管理，形成社区积极支持基础教育改革和发展、积极参与学校管理和监督的模式，教育部组织开展了基础教育现代学校制度研究和实验工作。

为配合做好这项工作，全国教育科学规划领导小组批准设立了“基础教育现代学校制度的理论与实践研究——社区、家庭与学校互动机制的探索”国家重点课题，该课题强调在理论研究的基础上，突出实践研究和政策研究。

2003年7月、10月，教育部基础教育司分别在上海、天津组织召开了关于开展现代学校制度研究和实验工作研讨会。11月18日在北京召开了“基础教育现代学校制度的理论与实践研究——社区、家庭与学校互动机制的探索”国家重点课题开题会议，宣布浙江省杭州市萧山区、上海市浦东新区等9个地方为第一批现代学校制度实验区，开始实验工作。

撰稿　马嘉宾
审稿　郑增仪

〔幼儿教育〕　2003年3月，国务院办公厅转发了教育部、中央编办、国家计委、民政部、财政部、劳动保障部、建设部、卫生部、国务院妇儿工委、全国妇联10个部门（单位）《关于幼儿教育改革与发展的指导意见》（以下简称《意见》）。《意见》的下发，是继1987年以来，再一次以国务院的名义发布的有关幼儿教育改革和发展的纲领性文件，对建立新时期的幼儿教育管理体制，推动市场经济条件下我国幼儿教育事业的健康发展具有里程碑的作用。文件明确规定了今后五年幼儿教育改革和发展的总目标和区域目标，进一步明确了地方负责，分级管理和有关部门分工负责的跨部门合作的管理体制，明确了各级政府和有关部门对幼儿教育的职责。强调各级地方政府要切实承担发展幼儿教育的责任，要把幼儿教育纳入当地经济、社会发展的总体规划，制定有关政策法规，加强对幼儿教育的领导统筹，继续办好示范性幼儿园，安排幼儿教育财政拨款，并努力做到逐年增长。建立幼儿教育督导制度，把幼儿教育事业发展、幼儿教育质量、幼儿教育经费投入与筹措、幼儿教师待遇等列入各级人民政府教育督导内容。《意见》还就幼儿园办园体制改革、幼教机构的管理、教师队伍的建设和幼儿园的素质教育提出了具体的指导意见。

中国幼教百年纪念活动。1903 年 9 月中国第一所幼儿园——湖北幼稚园在湖北武昌创办，标志着中国幼教事业的开始。2003 年 10 月 15 日，为纪念中国幼教事业百年诞辰，缅怀中华民族幼教事业的奠基人和先导者，回顾我国幼教事业发展百年来的历史进程和经验，研讨如何继续沿着幼教先驱们开创的“民族化、大众化、科学化”之路，推动新时期幼教事业的健康发展，在北京召开了中国幼儿教育百年纪念大会，来自全国 31 个省市、自治区和香港、澳门特别行政区、台湾地区的幼教工作者代表共 800 余人参加了大会。全国人大副委员长许嘉璐作了题为“把教育的视线延长到儿童出生那一刻”的讲话，国务委员陈至立委托教育部副部长吴启迪宣读了题为“中国幼儿教育要满足广大人民需要并为每一个幼儿全面发展打下良好基础”的书面讲话。共青团中央、全国妇联、北京师范大学、中国学前教育研究会、幼儿教师代表分别在大会上发言。大会之后开展了为期四天的学术报告活动和研讨会，分别围绕社会发展与早期教育、社会变革时期幼教事业的发展和管理、以社区为基础的早期教育、幼儿园组织与管理、幼儿园教育评价与课程改革、儿童的健康与安全、教师教育、幼儿园课程、儿童的学习与游戏、早期阅读、幼儿与艺术十一个专题展开了研讨。

全国托幼机构卫生保健工作督导检查。2003 年，为全面了解托幼机构卫生保健现状，了解 1994 年《托儿所、幼儿园卫生保健管理办法》下发以来的落实和执行情况，卫生部、教育部联合对全国托幼机构卫生保健工作开展了督导检查。2003 年 7 月～9 月，全国 31 个省市开展了托幼机构卫生保健工作的自查，自查工作采用整群分层抽样的方法，抽取各类托幼机构 8966 个，占全国托幼园所总数的 8%。之后教育部、卫生部派出联合检查组，由卫生和教育行政部门、妇幼保健、卫生监督、法学等方面的专家参加，分别对东、南、西、北、中的 9 个省、自治区、直辖市的 50 所不同类型的托幼机构的卫生保健工作进行了抽查。监督检查结果表明：总体上托幼机构能按有关法律、法规做好卫生保健工作，有关部门也能履行职责，对托幼机构卫生保健工作进行规范管理。但也发现托幼机构还存在着保健人员配备不足、农村办园教育和卫生保健设施差、超额现象严重、民办幼儿园办园不规范，存在安全隐患等问题。通过这次对全国托幼机构卫生保健工作的自查与抽查，比较全面了解了全国托幼机构安全卫生管理工作的基本现状及影响儿童健康和托幼机构安全卫生工作的主要问题，为进一步修订《托儿所、幼儿园卫生保健管理办法》和相关技术服务标准提供了依据。教育部和卫生部准备针对存在的突出问题出台有关政策和措施，进一步加强管理。

撰稿　姜　瑾
审稿　朱慕菊

〔召开全国特殊教育学校信息技术教育工作经验交流会〕　2003 年 12 月，教育部基础教育司在吉林省长春市召开全国特殊教育学校信息技术教育工作现场经验交流会。全国 31 个省、自治区、直辖市教育厅（教委）有关同志、部分县教育行政部门负责人和特教学校校长，有关高校代表、专家等出席了会议。

会议强调了在全国特殊教育学校普及信息技术教育的工作原则：纳入规划、逐步推进、因地制宜、注重实效。各地教育行政部门要将特殊教育学校信息技术教育工作纳入当地中小学信息技术教育工作总体规划，结合本地实际提出特殊教育学校信息技术教育的目标、任务和政策、措施。注意分步实施，分层推进。同时要注重实效，充分利用好现有的优质信息资源，努力实现校际间的资源共享。

在发展的数量和质量上，要更加注意质量；在发展的速度和效益上，要更加注意效益。

会议部署了当前及今后五年左右时间特殊教育信息化建设的目标和任务：今后一段时间内特殊教育学校信息技术教育要从四个层面推进。第一个层面是在特殊教育学校普及信息技术教育；第二个层面是网络的普及和运用；第三个层面是大力发展现代远程教育；第四个层面是开发研制各类残疾学生专用的电脑等各种硬件和软件以及科技含量高的康复设施和设备。当前及今后重点要做的是以下三个方面的工作。

第一，在特殊教育学校配备用于开展信息技术教育所必须的基本设备，初步搭建教育信息化的硬件环境。2005 年前，东部地区的特殊教育学校、中西部地区大中城市的特殊教育学校，要配备能满足学生和教师使用的计算机教室，并与互联网连接。现有配备不能满足教育教学需要的学校要及时更新改造。其他特殊教育学校要配电视机、DVD 播放机或语音播放设备。2007 年底以前，全国的特殊教育学校要基本配备联网的计算机教室。

第二，加强教育教学资源建设，进一步推进资源共享。一方面要充分用好各级各类基础教育资源库的资源，使其效益最大化；另一方面要结合特殊教育的实际，开发专用的教育教学资源。各地在进行基础教育资源库规划和建设的同时，要充分考虑特殊教育的需要，并采取切实措施推动特教学校间的资源共享。要鼓励各类教育机构、社会团体和企业参与和支持特殊教育学校的资源建设。

第三，普及信息技术教育，提高特殊教育的教育教学质量，提高残疾学生的信息素养。在 2005 年底以前，东部地区的特殊教育学校、中西部地区大中城市的特殊教育学校，要能够针对残疾学生的特点，以应用为中心，以提高学生的信息技术应用能力和信息素养为目的，逐步开设信息技术课，在各科教学中逐步推广多媒体教学，信息技术辅助教学和学生利用信息技术进行自主学习，提高残疾学生在信息社会的生存能力和竞争力。在 2010 年前，多媒体教学和信息技术辅助教学要普及到所有的特殊教育学校。

会议要求各地要提高认识，加强领导，重在落实，抓出成效，使特殊教育学校信息技术教育工作出现新局面。

撰稿　王　洙
审稿　李天顺

〔**扫盲工作取得新进展**〕　2003 年，全国共计扫除青壮年文盲 203 万，青壮年文盲率下降到 3%。中西部地区结合本地实际，认真贯彻落实中央办公厅、国务院办公厅转发的教育部等部门《关于“十五”期间扫除文盲工作的意见》，确定了扫盲工作的重点和难点，明确了扫盲工作的目标和任务，积极探讨扫盲教育教学和课程改革，使扫盲教育内容更加贴近广大农民的生产、生活需要，推动了扫盲教育的持续发展。

8 月下旬，教育部基础教育司在宁夏银川召开了中西部地区扫盲工作研讨会，根据 2007 年要在西部地区实现“两基”的目标要求，调整修订了西部地区扫盲规划，明确了任务，部署了下一阶段的扫盲工作。

会议对扫盲工作提出了以下五点要求。

一、贯彻落实《关于“十五”期间扫除文盲工作的意见》精神，进一步提高全社会对扫盲工作的认识。西部地区扫盲工作要与“普九”工作统一规划、统一部署、统一领导、统一实施，要切实加强督导评估工作，坚决防止弄虚作假。

二、加快修订和实施扫盲规划，进一步明确任务。各级教育行政部门要按照积极进取、实事求是、分类指导的原则，以第五次全国人口普查数据为依据，结合本地实际，修订和实施“十五”期间扫盲和扫盲后继续教育工作规划。

三、扫盲工作实行项目管理，大力推进贫困地区、少数民族地区和妇女扫盲工作。从 2003 年开始，各地区要根据本地实际，设立扫盲项目，提出具体目标和要求，实行项目管理。尚未达标的省（自治区）需设立贫困地区扫除文盲项目；特别是有 10 万人口以下的民族的省份，要设立民族扫盲项目；已经达标的省（自治区、直辖市）要设立妇女扫盲项目，重点扫除妇女文盲。

四、加快扫盲课程和教学改革。要深入贯彻教育部《关于扫盲课程与教学改革指导意见》精神，设立试验点开展试验工作。探索新形势下，扫盲教学规律，扫盲课程设置的科学性，提高扫盲教育的质量和效益。

五、各级教育行政部门要明确扫盲工作的职能和人员。特别是扫盲任务重的地方，应有专职人员从事扫盲工作。要加强扫盲管理人员和教师的培训工作，提高其思想政治素质，精通业务，提高扫盲工作管理水平和扫盲教育的质量。

撰稿　孙凤岐

审稿　王建国

教学与课程改革

〔改革评价考试制度，促进学生全面发展〕　为贯彻教育部《关于积极推进中小学评价与考试制度改革的通知》，各实验区积极推进评价与考试制度改革。

一、中考改革

在2003年4个国家课程改革实验区进行中考改革探索的基础上，教育部印发了《国家基础教育课程改革实验区2004年初中毕业考试与普通高中招生制度改革的指导意见（征求意见稿）》，要求并指导2004年即将有初中毕业生的17个国家基础教育课程改革实验区积极进行中考制度改革，改变以升学考试科目分数简单相加作为唯一录取标准的做法，力求在初中毕业生学业考试、综合素质评定、高中招生录取三方面予以突破。为保障中考改革和整个课程改革的顺利实施，教育部要求省、地两级教育行政部门对参与中考改革的实验区单列计划、单独命题、单独招生。

教育部提出初中毕业生学业考试是义务教育阶段的终结性考试，要全面、准确地反映初中毕业学生在学科学习目标方面所达到的水平。考试结果是衡量学生达到毕业标准的主要依据，也是高中阶段学校招生的重要依据之一。要求学业考试的命题应根据新的学科课程标准，加强试题与社会实际和学生生活的联系，注重考查学生对知识与技能的掌握情况，特别是在具体情境中运用所学知识分析和解决问题的能力，杜绝设置偏题、怪题。学业考试的成绩以等级制的方式呈现，以减少学生、班级、学校之间不必要的竞争。

根据教育部《关于积极推进中小学评价与考试制度改革的通知》（以下简称《通知》）精神，对初中毕业生综合素质评价的结果也是衡量学生达到毕业标准和高中阶段学校招生的重要依据。综合素质评价内容以《通知》中规定的基础性发展目标为基本依据，各实验区应结合实际情况将其具体化，并使综合素质评价的方法具有可行性，并力求评价结果的科学和公正。要在推进综合素质评价的过程中培养学生诚信的品质，推进校园诚信制度建设，学生、教师、学校、家长和社会都应该真实地反映学生成长的情况，坚决反对弄虚作假。

中考改革实验区的普通高中招生以综合评价、择优录取为原则。普通高中学校如要组织加试，必须经地方教育行政部门的批准。加试内容应主要考查学生综合运用所学知识分析问题和解决问题的能力、实践能力和创新精神，可参照学生初中阶段的研究性学习成果，采取面试、答辩等多种形式进行。各地应依据本地区实际情况，在确保公正、公平的前提下，积极探索多样化的高中招生办法。

初中毕业考试与高中招生制度改革，在教育部指导下，由省、市教育行政部门负责组织，在贯彻、落实《通知》的前提下，结合本地实际加以创造性地实施。省级教育行政部门要加强领导，协调各职能部门，稳妥实施初中毕业与普通高中招生制度的改革；要组织力量，加强研究，通过17个实验区的考试改革实验，探索、积累经验，为2005

年更大范围内进行初中毕业与普通高中招生制度改革奠定基础。各地在充分酝酿、论证、确定考试改革方案后，应通过当地媒体等多种途径开展广泛宣传，让家长和社会了解改革的思路和具体办法，理解符合素质教育思想的评价改革理念，了解并支持评价改革的措施。

二、日常评价改革。各实验区在改变仅用学业成绩评价学生，探索对学生的综合素质评价；在学业考试方面，从单一重视基础知识的考试，转向既关注学生的基础知识和基本技能，同时也十分重视对学生理解、迁移和应用能力，及实践和操作能力的考查；正在改变仅由教师评价学生的状况，强调评价主体的多元，要求家长、学生都参与评价；改变仅依靠期末考试评价学生，同时重视对学生成长过程的评价；评价方式既有纸笔测试，也有学生参与实践活动的方式。为使日常评价与考试更具科学性，更加客观、公正，符合学生成长规律，各实验区正在积极探索，以更好地落实素质教育的要求，充分发挥评价促进学生发展的功能。

为充分反映学生发展的实际情况，各实验区学校基本都在采用以成长记录袋的形式评价学生各个方面的发展，使学生能及时客观、正确地认识自我，获得成就感与自信，更加热爱学习，热爱学校，同时也使教师学会用发展的眼光和多方面的视角评价学生的成长。

〔**基础教育课程改革进展情况**〕 2001年至2003年，教育部相继颁布了一系列有关基础教育新课程的国家政策和文件，构建了本轮课程改革的总体政策框架。2001年颁布了《基础教育课程改革纲要》(试行)，同时印发了义务教育阶段课程设置方案（试行）和语文等21个学科课程标准（实验稿)；2002年，印发了《教育部关于积极推进中小学评价与考试制度改革的通知》；2003年，印发了普通高中课程设置方案（试行）和语文等15个学科课程标准（实验）和《中小学环境教育实施指南（试行)》。

2001年9月起，在全国27个省（自治区、直辖市）的38个国家实验区（以县区为单位）开始了基础教育课程改革实验；2002年秋季，除上海、西藏外，全国范围内有530个省级实验区（以县区为单位）开始新课程的实验，参加实验的学生数达870余万人，约占同年级学生总数的18%～20%；2003年秋季，又有1 070个县（区）参加新课程实验。至2003年秋季开学，全国共有1 642个县（区)、3 500万中小学生（占义务教育阶段学生总人数的18.6%）使用新课程。

到2003年，已有147套、近千册教材通过审查，供实验区选用。教材立项、审查、选用制度的逐步建立，促进了教材公平竞争机制的形成，教材质量明显提高。在两年实验的基础上，教育部启动了新教材的评价工作，旨在通过对各套实验教材在编写和使用过程中的评价，促进教材质量的提高。将通过教材选用制度和教材评价机制，引入教材良性竞争，从制度上保证教材的“优胜劣汰”和可持续发展。

两年多来，课程改革实验工作按预定计划稳步实施，健康发展。实验区中小学积极参与课程改革，其预期效果逐步呈现，并正在发生着深刻的变化。

一、重视学生创新精神和实践能力培养的教学行为正在逐步形成，课堂呈现出勃勃生机。教学方式更加灵活多样，师生之间共同学习、平等交流的民主关系在逐步形成，学生更喜欢学校，更加爱学习。两年来，教育部多次组织对实验区实验工作的调查，调查范围覆盖了18个省（自治区、直辖市）的23个国家实验区和部分省级实验区。调查问卷统计数据显示，实验区96.3%的学生喜欢上学；96.1%的学生喜欢教师；83.6%的课堂经常采用讨论式的学习方式；84.4%的学生认为教师经常有意识地鼓励学生提问题；67.8%的教师认为学生在学习活动中能够主动参与，新课程给学生带来的最大变化是学习方式的改进和问题解决能力的增强。学生们认为在新课程中，不但学到了更多的知识技能，还学会了交流合作，重视了学习方法，有机会去学习如何搜集、分析、处理和运用信息。

二、有利于教师成长的教研、培训活动广泛开展，蔚然成风。据不完全统计，截至2003年底，教育部直接组织了多次教师、校长和省地级教育行政、教研室负责人员的国家级培训，培训人数约

16 000余人。全国共计约有200万名教师接受了由各级教育行政部门通过各种形式组织的不同层次、不同类型的新课程培训。此外，“第二期贫困地区义务教育工程”也对372个贫困县的数十万中小学教师进行了新课程的培训。在调查研究的基础上，教育部提出建立以校为本的教研制度，其核心要求是：注重教师在实践中的学习与反思；建立在中小学校内部和校际间教师合作开展教学研究的机制；组织高师院校、教科研部门、各级中小学教研室的专业研究人员深入中小学，与教师共同研究课程改革实际问题，起到专业引领和指导服务的作用，使学校成为学习型的组织，成为教师成长的摇篮。这一制度提出后，得到了实验区的广泛认同和积极响应。在很多实验区，以校为本的教研已经开始制度化。随着改革的深入，以校为本教研制度还有待于进一步深化和推广，将成为促使学校不断实现自我完善，推动学校民主化建设，促进教师专业发展的有效途径。

三、支持、关注课程改革的良好氛围正在形成。课程改革涉及到新世纪人才培养目标的确定、教育内容的改革、教与学方式的变革、评价考试制度的改革等，受到千百万家长和大众媒体的关注。为得到全社会的理解和支持，教育部要求所有实验区高度重视新课程的宣传工作并动员家长参与学校的课改活动。各实验区、实验校都积极通过广播、电视、报纸等各种途径和多种方式宣传课程改革。中央电视台制作了《聚焦新课程》、《新课程进行时》两期共55集的电视节目在十频道播出，中国教育电视台和许多地方（包括省、市级）电视台也都作了大量的报道。江苏全省各实验区利用报刊、广播、电视等新闻媒体，进行广泛的社会宣传和发动。各实验区和学校都办有不同形式的实验通讯，许多实验学校还通过家长会、家长学校、家长通讯、学校开放日等多种方式向家长、社会宣传新课程的理念和符合素质教育思想的教育观、人才观。一些大的网站上经常有关于中小学课程改革、新教材特点、评价方式改革等方面的消息。在全国的中小学教育刊物中，课程改革已成为重要的内容。初步形成了全社会了解课改、支持课改、参与课程的良好氛围。许多实验区正在积极探索社区、家长共同参与新课程建设的新机制。

四、义务教育阶段课程方案和标准得到实验区的广泛认可。教育部基础教育司于2003年3月底开始，在全国范围内对新课程各科课程标准实施状况组织了大规模调查研究，调研分为三个部分独立进行。要求各省教研室以本省骨干教研员为主要对象，形成对《义务教育课程设置实验方案》和各学科课程标准的修订报告。要求各国家级实验区根据本地区学科实验情况，每个学科至少邀请20名教师、教研员，通过必要的座谈、访谈等形式，全面了解和搜集课程方案和课程标准实施过程及效果的情况，填写征求意见表，分别提交对《义务教育课程设置实验方案》和各学科课程标准的修订报告。实验区接受调查的教师人数达6 886人，覆盖全国29个省（自治区、直辖市）。

调查统计数据表明，新课程得到了广大教育工作者，尤其是基层广大教师的高度评价。其中实验区教师对语文和数学课程标准的整体设计思路的满意度分别达到93.6%和96.1%。教师们普遍认为这是建国以来最为深刻的一场教育改革，也是对国家未来发展、国民素质提高最具有影响力的一场改革。一些省反映，实验区与非实验区的教育正在拉大差距，各地普遍希望加快新课程的推进进程。

撰稿　杨秀梅
审稿　朱慕菊

〔启动新一轮普通高中课程改革〕　为贯彻落实《中共中央国务院关于深化教育改革全面推进素质教育的决定》《国务院关于基础教育改革与发展的决定》和《基础教育课程改革纲要（试行）》的精神，大力推进教育创新，教育部自2001年起即酝酿新一轮普通高中课程改革。在将近两年的时间里，教育部组织全国近千名课程、学科专家，在深入开展国内高中教育教学现状调研、国际教育改革发展趋势比较的基础上，历经两年时间研究、制订出《普通高中课程方案（实验）》和语文、英语、日语、俄语、数学、物理、化学、生物、历史、地理、技术、艺术、音乐、美术、体育与健康十五个学科课程标准（实验）。教育部于2003年3月印发了《普通高中课程方案（实验）》。

《普通高中课程方案（实验）》指出："普通高中教育是在九年义务教育基础上进一步提高国民素质、面向大众的基础教育。"新一轮普通高中课程改革追求的理念是"为了每一位学生生动活泼、主动、全面、和谐发展"，在此理念指导下，本次课程改革要实现如下具体目标：(1) 遵循时代性、基础性、选择性原则，精选高中课程内容。使课程内容与社会进步、科技发展、学生经验有机联系起来，把知识技能的学习与创新精神和实践能力的培养有机结合起来。(2) 增设适应时代需要的新课程，构建重基础、多样化、有层次、综合性的课程，为学生的自主选择和主动学习提供理想的课程环境。(3) 倡导学生自订学习计划，建立选课指导制度、学分管理制度，为学生自主选课提供制度保障。(4) 建立以校为本的教学研究制度，为教师的专业发展提供制度保障。(5) 完善校本评价、优化外部评价，建立符合素质教育要求的新的高中课程评价体系。(6) 赋予学校合理而充分的课程自主权。

根据部署，新一轮高中课程改革将于 2004 年秋季首先在山东、广东、海南、宁夏四省、区进行试验，在此基础上逐年扩大。

撰稿　曹志祥
审稿　朱慕菊

〔印发《思想品德课程标准（实验稿）》〕 2003 年 5 月 13 日，教育部印发全日制义务教育《思想品德课程标准（实验稿）》，从 2003 年 9 月秋季开学后，在部分国家级基础教育实验区进行实验，并根据实际情况，在不断修订完善的基础上逐步在全国推开。至此，义务教育阶段所有学科的课程标准（实验稿）已经全部研制完成。

思想品德课是在小学品德与生活、品德与社会课的基础上，在初中阶段开设的一门为初中学生思想品德健康发展奠定基础的综合性必修课。为及时贯彻落实党的十六大精神和《公民道德建设实施纲要》的要求，教育部组织专家根据《基础教育课程改革纲要（试行）》的精神，研制了初中《思想品德课程标准（实验稿）》。

《思想品德课程标准（实验稿）》坚持党和国家的教育方针，坚持正确的教育方向，积极反映社会进步、时代发展的新特点；坚持以育人为本的教育思想，突出思想品德教育的实践性、科学性，根据学生实际提出思想品德教育目标和要求；坚持素质教育的基本理念，强调思想品德教育的生活化、科学化；坚持综合化的课程形态，从初中学生的认知水平和生活实际出发，围绕成长中的我，我与他人，我与集体、国家和社会等关系，整合道德、心理健康、法律和国情教育等方面的内容，以主题模块的方式组织教育材料，力求增强思想品德课程的针对性、实效性、主动性。

现行初中思想政治课教材是依据原国家教委 1997 年颁布的《九年义务教育小学思想品德和初中思想政治课课程标准（试行）》研制的。2001 年，曾根据社会的发展变化和实验情况进行过调整、修订。

撰稿　吕同舟
审稿　王建国

〔预防艾滋病教育等三项专题教育〕 为贯彻落实党的十六大关于加强青少年思想道德建设和国务院关于在中小学生中普遍开展预防艾滋病教育、毒品预防教育和环境教育的要求，教育部组织专家研制了《中小学生预防艾滋病专题教育大纲》、《中小学生毒品预防专题教育大纲》和《中小学环境教育专题教育大纲》，并于 2003 年 2 月 20 日以教育部办公厅名义印发。

根据印发三项"专题教育大纲"的通知要求，从 2003 年春季开学起，各地要在中小学开设预防艾滋病教育、毒品预防教育和环境教育三项专题教育课程，课时主要从地方课时和班团队活动实践中安排。其中预防艾滋病教育主要在初一到高中二年级进行，按平均每学年 2 课时安排教育内容；毒品预防教育主要从小学五年级到高中二年级进行，按平均每学年 2 课时安排教学内容；环境教育从小学一年级到高中二年级进行，按平均每学年 4 课时安排教学内容。通知要求，各地教育行政部门和学校要切实做好专题教育教师的培训和教研工作，要根据专题教育大纲的要求，根据不同年龄阶段的学生特点，有针对性地开展多种形式的教学活动，要把课堂教学与“世界艾滋病日”、“国际禁毒日”和“世界环境日”等专题教育活动结合起来，与学校的相关教育活动结合起来，发挥综合教育的效果，提高教育实效，减轻学生负担。

撰稿　杨秀梅
审稿　朱慕菊

中小学教材建设

〔**中小学教材建设研讨会**〕　为加强中小学教材建设，提高教材的编写水平，教育部基础教育教材审定工作办公室2003年分别召开了三次教材建设研讨会。2003年3月在北京组织召开了全国课程标准实验教材建设研讨会。义务教育新课程标准实验教材及拟编写高中课程标准实验教材的主要编写人员、有关出版单位负责人、各省级教研室、各大学基础教育课程研究中心负责人等600余人参加了会议。会议邀请国内著名专家、学者就现代科学技术、文化的发展及对基础教育的影响作了专题报告，并介绍了普通高中课程改革思路、高中课程标准、高中新课程标准实验教材编写的有关事项，部署了义务教育新课程标准实验教材的修订及配套工作。2003年8月和2003年10月在北京召开了两次高中教材建设研讨会。已经立项的高中新课程标准实验教材的主要编写人员和出版单位负责人参加了会议。这两次会议通过对高中课程标准的反复学习，引导各教材立项单位在教材编写和出版过程中充分贯彻普通高中新课程的理念与要求，提高教材质量，统一教材编写进度，按时完成教材编写的阶段性任务。三次教材建设研讨会对提高教材的编写水平起到了积极的指导作用。

〔**中小学教材核准工作**〕　根据基础教育课程改革的整体部署，2003年4月15日，教育部基础教育教材审定工作办公室发出《关于受理普通高中课程标准实验教材编写立项的通知》，5月22日发出《关于受理义务教育思想品德课程标准实验教材编写立项和进行教材审查的紧急通知》。6月，教育部基础教育教材审定工作办公室分别受理了普通高中15个学科的课程标准实验教材立项申请材料168套、义务教育思想品德课程标准实验教材立项申请材料25套。在对教材编写者资质进行审核的基础上，于7月11日～15日召开了编写方案评审会议，专家对报送的193项编写方案逐一进行了评审。根据专家的评审意见和编写者的资质审核情况，高中15个学科有67套教材申请获得立项，义务教育思想品德课程标准实验教材有9套教材申请获得立项。

撰稿　臧爱珍
审稿　朱慕菊

技 术 装 备

〔实施农村中小学现代远程教育工程〕 经国务院批准，教育部、国家发改委、财政部于2003年6月启动农村中小学现代远程教育工程试点示范项目，为西部12个省（区、市）和新疆生产建设兵团的农村中小学配置59 490套教学光盘播放设备，覆盖农村小学29 229所、农村初中2 350所；建设5 016个卫星教学收视点；为贵州、云南、甘肃、宁夏、新疆5省（区）建设200个农村中心学校计算机教室。

2003年9月，国务院召开全国农村教育工作会议，印发了《国务院关于进一步加强农村教育工作的决定》(以下简称《决定》)。《决定》明确提出“实施农村中小学现代远程教育工程，促进城乡优质教育资源共享，提高农村教育质量和效益”。农村中小学现代远程教育工程按照“总体规划、先行试点、重点突破、分步实施”的原则推进。在2003年继续试点工作的基础上，争取用五年左右时间，使农村初中基本具备计算机教室，农村小学基本具备卫星教学收视点，农村小学教学点具备教学光盘播放设备和成套教学光盘。《决定》要求“实施农村中小学现代远程教育工程，要着力于教育质量和效益的提高。要与农村各类教育发展规划和中小学布局调整相结合；与课程改革、加强学校管理、教师继续教育相结合；与‘农科教结合’、‘三教统筹’、农村党员干部教育相结合。”

经教育部与国家发改委、财政部研究，决定在前期试点的基础上，进一步扩大试点。2003年启动了投资为10亿元的农村中小学现代远程教育工程试点工作。在西部12个省（自治区、直辖市)、新疆生产建设兵团、中部6省各选择2～3个人口适中，有一定工作基础，具备相应条件的地（市）级行政区域作为重点突破的试点地区。试点地区还要覆盖山东省、湖南省、贵州省、安徽省的9个全国农村党员干部现代远程教育试点地（市、州）县和河北省丰宁县、陕西省太白县。从2003年开始用一年时间完成试点地区三种模式的建设工作。在试点地区建设20 594个教学光盘播放点、49 598个卫星教学接收点、6 934个计算机教室。规划覆盖西部各省（自治区、直辖市）25%左右的农村中小学，覆盖中部6省21%左右的农村中小学。预计覆盖西部试点省925万中小学生，学生覆盖率为27%；中部试点省644万中小学生，学生覆盖率21%。经测算，2003年试点工程总投入为19.15亿元，其中中央投入10亿元，地方配套9.15亿元。

为保证工程的顺利实施，进行了以下工作：(1) 成立了农村中小学现代远程教育工程部际协调小组。组长由教育部分管副部长担任；成员由教育部、国家发改委、财政部有关部门负责同志组成。各试点省、区也成立了相应领导机构，负责本地区试点工作的实施。(2) 制定工程实施标准及组织实施。国家发改委、财政部、教育部研究制定了工程总体规划、工程实施管理办法和相关标准规范，抓好重点地区试点。省级政府根据总体规划、工程实施管理办法和相关标准规范，制定了本地区试点工作规划和方案，负责试点工作的组织和工程建设，三部委进行指导检查。(3) 建立由信息技术、教育教学、督导检查等方面的专家组成的专家队伍，对试点工作的实施方案、相关标准、设备配置、设备安装、教育教学等进行论证和咨询，以保证教育教学更符合教育规律和学校实际，设备配置科学可行，设备运转方便完善，经费使用更为有效。(4) 积极探索工程运行机制，用好国家专项资金，充分调动地方政府的积极性。(5) 组织好教学方法研究。教育部选择两个国家级贫困县进行三种模式教学方法的研究和试点。各级教育部门集中精力抓好试点，加强教育教学研究，开发优质教育教学资源，探索教学内容的呈现方式、学生的学习方式、教师的教学方式和师生互动方式的转变，促进试点地区全面实施素质教育，有效推进基础教育课程改革。（6）加强教师、技术及管理人员队伍建设。充分利用现代远程教育的条件，加强师资队伍和技术队伍的建设，努力提高教师的信息技术素养和教学能力，全面、持续提高农村中小学教师教育教学水平，加强管理，提高管理水平。（7）加强教育教学资源建设。进一步加大对基础教育资源、同步课堂、卫星数据资源建设力度。各级教育行政部门根据国家课程标准，组织开发制作优质教育教学资源工作，免费向项目学校提供。鼓励企业和社会各界积极参与优质教育教学资源的研制和开发，教材出版单位制作或组织制作了与教材配套的教学光盘，促进优质教育教学资源来源多样化。

撰稿　蔡　耘

审稿　李天顺

热 点 关 注

我国农村教育的历史成就及未来发展的思路与措施

一、我国农村教育成就巨大

党的十一届三中全会以后，特别是改革开放以来，我国农村教育事业有了很大发展，为将我国沉重的人口负担转变为人力资源优势作出了积极贡献。

一是“普九”、“两基”与农村职业教育和成人教育事业使农村人口素质明显提高。普及九年义务教育和扫除青壮年文盲工作取得了令世人瞩目的历史性成就。2002 年底，全国“普九”人口覆盖率达到 91%，初中入学率达到 90%，基本实现了国家规定的基本普及九年义务教育、基本扫除青壮年文盲的“两基”目标，这是建国以来我国教育史上的一次新跨越。目前，我国人均受教育年限达到 8 年，超过了世界平均水平，我国受教育的人均水平在 9 个发展中的人口大国中居于前列，令世人瞩目。农村职业教育和成人教育有了很大发展，县、乡、村三级农民培训体系初步形成。5 年来，中等职业学校共培养农村学生1 300多万人，培训农村劳动力 4.6 亿人次，培养了一大批科技示范户和致富带头人，涌现出一批为农服务的先进典型。

二是“以县为主”的农村教育管理体制为农村教育的发展创造了机遇；投入力度的加大为农村教育的发展带来了巨大的变化，这是继“两基”之后，我国农村教育实现的历史上又一次新突破。截至 2003 年 5 月底，98%的县、市、区将中小学教职工工资管理上收到县；94%的县、市、区将农村中小学人事管理权限上收到县，“以县为主”的新体制开始确立，农村义务教育管理体制取得突破性进展，使多年来影响农村义务教育发展的一些突出问题正在逐步得到解决。拖欠教师工资的情况有明显好转，解决中小学危房步伐加快，切实减轻了农民负担，同时也有力地促进了政府职能的转变和公共财政体制的建立。

各级财政对农村义务教育经费投入明显增加，农村义务教育投入格局发生变化。1997 年，全国农村义务教育经费预算内拨款为 430 亿元，占当年义务教育总投入的 54.8%。2002 年，全国财政预算内对农村义务教育的拨款达到了 990 亿元，占当年义务教育经费总投入的 78.2%。五年间，增加了 1.3 倍，初步实现了从“农村教育农民办”到“农村教育政府办”的根本性变革。

近几年来，中央财政对农村义务教育的支持明显增加，主要体现在工资性转移支付和农村税费改革转移支付。2002 年两项转移支付用于农村义务教育的总数达 243.47 亿元，对于保证中西部地区中小学教师工资发放起到了决定性作用。此外，中央财政加大了对农村义务教育的专项经费支持。中央财政投入到农村义务教育的各种专项经费 1997 年为 10.73 亿元，到 2002 年，增长到了 95.84 亿元，增加了 7.9 倍，五年年均增长 54.95%。2001 年和 2002 年，中央财政每年在补助中西部地区加强农村贫困地区义务教育、农村中小学教师工资补助、消除中小学危房、信息化建设、资助困难学生等方面的专项经费投入都达到了 80 亿元以上。据测算，2002 年，中央财政的投入占全国农村义务教育经费总量的 28%以上，占中西部地区农村义务教育经费总量的 43.2%和财政预算内支出的 56%，占中西部地区农村义务教育教职工基本工资支出的 72%。这对于保证中西部地区中小学教师工资发放起到了决定性的作用。

三是农村中小学教师队伍建设得到加强，中小学乱收费问题得到进一步治理。加强农村教育工作，必须把提高农村教师队伍素质摆在突出位置。目前已有 22 个省份出台了中小学教职工编制标准实施意见并积极进行编制核定工作，2002 年农村中小学代课教师比 2001 年减少 11 万多名。农村小学专任教师学历合格率达 97%；初中教师学历合格率达到 86.5%。

我国治理农村中小学教育乱收费取得成效。全国已经有 548 个国家扶贫开发重点县、115 个省级扶贫开发重点县在农村中小学实行"一费制"，中小学收费进一步规范，乱收费问题得到进一步的治理。

此外，贫困地区义务教育办学条件得到了一定程度的改善，帮助家庭经济困难学生完成义务教育学业工作得到加强，农村中小学素质教育扎实推进，义务教育阶段课程改革实验工作以及信息技术教育取得了进展。

二、发展农村教育意义重大

我国有 12 多亿人口，其中 8 亿在农村，农村人口约占总人口的 64%，这是我国最基本的国情。农业、农村和农民问题是关系我国改革开放和现代化建设全局的重大问题。没有农民的小康就没有全国人民的小康，没有农业的现代化就没有整个国民经济的现代化。

目前，全国还有近3 000万农村人口尚未脱贫；农业增长与人口、资源、环境的矛盾越来越突出，人均耕地只有世界平均水平的 1/3，人均水资源只有世界平均水平的 1/4，随着人口的增加，资源紧缺的矛盾将更加突出；农业基础脆弱，抵御自然灾害的能力不强；农产品总量基本平衡，但结构性矛盾仍很突出；乡镇企业发展速度和效益回落，农民收入增长缓慢。

另一方面，我国农业科技对生产的贡献率约为 40%，只相当于发达国家的一半。95%的农、林、牧、渔业从业人员文化程度仅为初中和小学，甚至还有较多的文盲和半文盲。我国农业仍处于粗放经营状态，农村劳动力的整体素质与农村经济社会发展和全面建设小康社会的方向相比，存在着很大差距。在我国人多地少、农村人口比重大的情况下，增加农民收入，不仅有赖于农业质量和效益的提高，还有赖于农业富余劳动力的大量转移。

要解决"三农"问题，最根本的是要狠抓科教兴农，把农业发展转到依靠科技进步和提高农村劳动者素质的轨道上来，通过普及教育，努力提高科技在农业增长中的贡献份额。发展农村教育，办好农村学校，是直接关系 8 亿农民切身利益、满足广大农村人口学习需求的一件大事；是提高劳动者素质，促进传统农业向现代农业转变，从根本上解决农业、农村和农民问题的关键所在；是转移农村富余劳动力，推进工业化和城镇化，将人口压力转化为人力资源优势的重要途径；是加强农村精神文明建设，提高农民思想道德水平，促进农村经济协调发展的战略性举措。解决好 8 亿人口受教育问题，优先发展农村教育，是实践"三个代表"重要思想的具体体现，是全面建设小康社会的必然选择。

三、未来我国农村教育的三大目标和五大举措

第一个目标：坚决打赢西部地区"两基"攻坚战

目前，西部地区仍有 372 个县没有普及九年义务教育，其中 60 多个县还未普及小学教育，260 多个县没有基本扫除青壮年文盲，攻坚任务十分艰巨。完成这项任务，对于推进扶贫开发、促进民族团结、维护边疆稳定和实现国家长治久安，具有极其重要的意义。教育部将按照中央的要求，在充分调查研究的基础上，抓紧制定好“两基”攻坚计划，逐县落实“普九”和“扫盲”任务。继续组织实施好贫困地区义务教育工程，用好西部开发基金和国家扶贫基金。同时还要抓好中部地区没有“普九”县的攻坚工作，促进这些地区集中力量尽快实现“两基”目标。为用五年的时间，在西部地区实现基本普及九年义务教育和基本扫除青壮年文盲的目标，让西部的孩子们都能上学，不懈努力。

第二个目标：巩固“两基”成果，实现全面提高普及九年义务教育和全面提高义务教育质量的目标

要切实做好全国“普九”成果的巩固提高工作。要以加强农村初中建设和降低农村初中辍学率为重点，全面推进素质教育，提高义务教育质量。继续推进中小学布局结构调整，基本消除大班额现象，全部消除D级危房，不断改善办学条件，进一步提高办学效益。全面实行义务教育新课程，加强中小学教师队伍建设。城市教育行政部门还要继续坚持以流入地政府为主、以公办中小学为主的原则，认真做好进城务工子女接受义务教育工作。要加强对“两基”攻坚和巩固提高工作的督导评估。已经实现“普九”目标的地区特别是中西部地区，要巩固成果，提高质量。经济发达的农村地区要高水平、高质量“普九”。这些地区还要积极发展农村高中阶段教育，要积极发展农村幼儿教育。

第三个目标：要进一步深化农村教育综合改革，努力实现教育为农村、农业和农民服务的目标

多年来，在各级政府的领导下，我国农村教育改革蓬勃开展，积累了许多宝贵的经验。这些经验的核心就是实行“三教统筹”和“农科教结合”，为农村、农业和农民服务。在今后的工作中，我们要毫不动摇地坚持这一方向，主动适应当前我国农村正在发生的深刻变革对改革农村教育的新要求，增强办学的针对性和实用性，满足农村群众多样化的学习要求。这是发展、改革农村教育的方向，也是发展、改革农村教育的目的。我们必须充分认识农村学校作为遍布乡村的公共服务机构，在培养学生的同时，还必须满足广大农民多样化的学习需求，努力扩大服务面，树立主动服务的意识，不断增强服务能力。我们要把农村学校建设成为帮助农民脱贫致富和就业创业的重要基地，成为农村政治文明、物质文明、精神文明建设的重要力量，成为政府实施公共管理和提供公共服务的重要环节，在农村全面建设小康社会进程中不断作出更大的贡献。

为了顺利实现农村教育三大宏伟目标，教育部今后一个时期将采取五项重要措施。

举措之一：进一步落实“以县为主”的农村义务教育管理体制的要求，提高农村教育的办学水平和管理水平

“以县为主”的农村义务教育管理新体制，是推动农村教育持续发展的“治本之策”。我们今后工作的关键是做好“在国务院领导下，由地方政府负责、分级管理、以县为主”的农村义务教育管理体制的巩固和完善工作，为农村教育长远发展建立稳定的体制环境和制度保证。落实国务院关于“保工资、保安全、保运转”的政策措施，建立和完善农村中小学教职工工资保障机制，建立农村中小学校舍维护、改造和建设保障机制，确保农村中小学校公用经费。

尽快建立规范的农村教育经费投入机制，确保农村义务教育经费投入不低于税费改革前水平并逐步有所增长。在确保农村义务教育投入的同时，增加对职业教育、农民培训和扫盲教育的经费投入。

在各县对于农村义务教育的经费预算中，要明确各级政府对于农村义务教育的财政投入责任，进一步完善转移支付制度。对于县财政教育支出的不足部分，要由上级人民政府通过转移支付给予分担。中央和省、市三级人民政府要逐县确定各县对农村中小学教职工工资的负担额度和各级财政对困难县的转移支付额度，设立本级财政对困难县资助的专项资金和规范化的转移支付制度，并在年初将转移支付资金指标下达到县，列入县级财政预算。县级人民政府要按照规定要求，保证上级财政各项有关教育的转移支付资金全部用于教育。

学校收取的杂费要保证全部用于公用经费支出，不得用于人员经费、基建经费等项开支，不得以任何形式抵顶财政预算内教育拨款。在国家和省扶贫开发工作重点县，义务教育阶段学校一律实行

“一费制”。建立和完善中小学收费公示制度和学校收费巡查制度，加强收费管理，坚决制止中小学乱收费。

此外，要加快农村中小学危房改造和卫生设施改造以及第二期“国家贫困地区义务教育工程”的步伐。实现西部地区五年内基本“普九”的目标。

举措之二：采取措施，不断增强教育为“三农”服务能力

一、统筹和整合现有农村教育资源，促进农村学习型社会的形成。农村中小学和职业、成人学校遍及农村各地，量大面广，体系完备，我们要发挥好这一优势，努力把农村学校建设成为帮助农民脱贫致富和就业创业的重要基地，成为农村政治文明、物质文明、精神文明建设的重要力量，成为政府实施公共管理和提供公共服务的重要环节，为农村产业结构调整、农村劳动力转移、农村城镇化发展和农村社会全面进步服务。要统筹农村教育事业规划，整合农村现有各类教育资源，促进基础教育、职业教育和成人教育相互沟通、协调发展，构建县、乡、村三级农村教育和培训网络，促进农村学习型社会的形成。

二、以就业为导向大力发展农村职业教育，以农民培训为重点大力开展农村成人教育。要重点建设好地（市）和县级骨干示范职业学校，继续办好县级职业教育和成人教育中心，充分发挥乡镇职业、成人学校和其他培训机构的作用。积极拓展农村中小学的教育与培训功能，实行“日校办夜校”、“一师兼两教”，实现“一校多能”和“一师多能”，广泛开展文化、科技和教育活动。配合做好农村基层管理人员与农村党员培训工作。要积极推动农村职业学校和成人学校以社会需求和市场为导向，优化结构，提高质量，加大改革力度，建立适应农民终身学习需要的灵活、多样和开放的办学模式。

三、继续深化农村中小学教育教学改革。密切联系农村实际，突出农村特色，做好义务教育阶段和普通高中课程方案与教材编写工作。继续推进农村中学开展“绿色证书”教育，开展就业与创业教育，提高新增劳动力的就业能力和职业技能，使农村学生适应未来多样化发展的需求。实行教育与生产劳动相结合，开展多种形式的勤工俭学，培养学生热爱劳动和尊重劳动的观念，锻炼和提高学生的实践能力，帮助解决学生的学习与生活困难。

四、充分发挥高等院校、科研单位在推进“农科教结合”中的重要作用，促进城乡教育的协调发展。高等学校及其所属科研机构，要继续探索新形势下的“太行山道路”，主动为农业和农村培养各种层次的人才，为农村教育事业培养和培训教师，大力开发、积极推广先进的实用技术与研究成果，不断拓展为农服务的渠道和方法，全面参与农村经济建设和社会发展。

举措之三：加强农村教师队伍建设，进一步深化中小学人事制度改革

当前，加强农村教师队伍建设，主要要做好以下几项工作：一是进一步加大改革力度，建立充满活力的农村中小学人事制度。二是促进教师合理流动，要引导和鼓励具有相应教师资格人员到农村中小学任教。对在艰苦、贫困地区乡村长期任教且表现突出的教师给予奖励，建立县镇中小学教师到乡村任教服务期制度；同时要切实保障中小学教师工资按时足额发放，不断改善教师的工作与生活条件。三是大力开展继续教育，在教师队伍中率先构建终身学习体系和学习型组织。教育部已启动实施“教师教育网络联盟计划”，这个计划将充分借助现代远程教育手段，多种远程教育形式并举，大规模开展高水平教师培训，使不同地区教师共享优质教育资源，大幅度提高农村教师队伍素质。要加强中小学教师的年度考核和聘期考核。四是加强教师职业道德建设，让为人师表、教书育人成为每个教师的行为准则。引导广大教师继续发扬艰苦奋斗、无私奉献的精神，以良好的职业道德教育学生，塑造自身素质，努力做到“服务于祖国、奉献于人民”，为新时期我国农村教育事业的发展作出新的贡献。

举措之四：积极推进农村学校的信息化建设，认真组织实施农村中小学现代远程教育工程，努力实现农村教育跨越式发展

国务院决定实施农村中小学现代远程教育工程，不仅是一项事关农村教育长远发展的重大决策，也是推进农村教育改革的难得历史机遇。按照“跨越、创新、集成、务实”的思路，认真规划和组织好农村现代远程教育工程的建设，积极探索在

广大农村地区通过现代远程教育进行教学与学习的模式，推动农村教育实现新的跨越；从我国农村教育的实际出发，坚持以教学光盘播放点和卫星教学收视点建设为主，将工作重点放在中西部农村地区，把工程的实施与中小学课程改革、教师队伍继续教育和加强教育教学管理结合起来，与西部地区“两基”攻坚和巩固提高结合起来，与促进农村教育改革深入发展结合起来；充分发挥各个方面的积极性，做到统一部署、综合协调。广泛动员东部地区和城市中小学、高等学校和科研部门，整合现有教育信息技术资源，实现优质教育资源共享，提高教育质量和水平。

举措之五：大力开展“两帮扶”（帮扶中西部地区、帮扶困难群体）工作，加强对农村贫困学生的资助力度

在继续实施教育对口支援“两个工程”的同时，建立东部地区、经济发达地区对口支援贫困县、大中城市对口支援本省（区、市）贫困县制度，整体推进受援贫困地区的教育发展。开展东部对西部、城市对农村中等职业学校合作办学对口招生。选择一批东部地区的重点中等职业学校，以定向招生、定向培养的方式，为西部大开发培养各类急需的实用人才；鼓励和支持东部和城市的重点职业学校与西部地区和农村进行合作办学，或对口招生，进行职业教育和培训，为农村劳动力转移服务。

进一步建立资助贫困学生就学制度，保障农村家庭经济困难学生接受义务教育的权利。要继续开展接受社会捐资和资助贫困学生的有关工作，组织和引导有关社会团体开展经常性的扶贫助学活动，鼓励通过社会捐资等多种途径筹措农村教育事业发展资金，动员全社会关心和支持贫困地区的教育发展和贫困学生的就学。做好家庭贫困学生的帮扶工作，努力使每一位家庭贫困学生不失去接受义务阶段教育的机会。进一步扩大为贫困地区农村学生免费提供教科书范围，积极推动地方政府出台相关政策。

（教育部资料）

职业教育与成人教育

〔**贯彻全国职业教育工作会议精神情况**〕 2002年7月，国务院召开了全国职业教育工作会议，8月，国务院作出了《关于大力推进职业教育改革与发展的决定》。根据中央的精神和教育部党组的部署，2003年，职成教战线掀起了全面贯彻落实全国职业教育工作会议精神的热潮，经过一年多的努力，全国职成教工作在战胜“非典”疫情的同时，取得了阶段性成果，使职成教事业继续保持健康稳定的良好发展态势。

到2003年底，全国已有山东、江苏、北京等22个省（自治区、直辖市）的政府召开了职业教育工作会议，并制定了贯彻国务院《关于大力推进职业教育改革与发展的决定》的相关配套文件。部分地方已经根据全国职业教育工作会议精神，建立了在省市政府统筹下的职业教育部门联系会议制度。这些工作，为职业教育与成人教育事业的创新与发展，提供了有力的政策支持和组织保障。

通过全面贯彻落实全国职业教育工作会议精神，各级政府对职业教育的统筹进一步加强。就已开会的22个地方所作的调查显示，全国职业教育工作会议关于各地要增加对职业教育的投入、要安排城市教育费附加的15%（已普及义务教育的地区为20%）用于职业教育、要设立或增加职业教育专项经费、要确保职业学校教师工资发放等有关规定和要求基本上得到贯彻落实，仅专项经费就安排了5亿多元。同时，中央财政也加强对职业教育的投入，通过实施示范性职业学校建设项目和国债职业教育项目两个项目，2003年中央共向职业教育投入7.5亿元，直接支持的职业院校达300多所。

按照大力发展职业教育的方针，各地继续加大工作力度，努力扩大职业教育的规模。据初步统计，2003年，全国中等职业学校学历教育招生484.44万人，比上年增加约15万人；在校生1 182万人，与上年基本持平。中等职业学校面向社会提供的各类培训达558万人次，基本改变了中等职业教育单一实施学历教育的局面，实现了学历教育与短期培训的并举，推进了职业教育的制度创新。同时，中等职业学校的校均规模由上年的733人提高到820人以上，增加近90人，使办学效益进一步提高。在中等职业教育稳定发展的同时，高等职业教育学校（含高专）继续快速发展，年招生达200万人，在校生近480万人，均比上年有较大幅度增长。这些成绩的取得为2004年职业教育的进一步发展奠定了坚实的基础。

撰稿　刘建同
审稿　刘占山

〔**全国职业技术学校职业指导工作经验交流会**〕 2003年11月4—6日，全国职业技术学校职业指导工作经验交流会在河南省郑州市召开。这次会议是教育部召开的第一次专题研究职业技术学校职业指导工作、交流各地经验的会议。来自全国各省、自治区、直辖市、计划单列市教育行政部门、职业教育研究机构和部分职业技术学校的代表参加了会议。会上教育部表彰了北京商贸学校等143个全国职业技术学校职业指导工作先进单位。上海、河南、宁波、潍坊、镇江5个地方的教育行政部门以及北京劲松职业高中、河南新县职业高中、湖南安化县职业中专、陕西渭南职业中等专业学校在会上作了经验交流发言。教育部副部长王湛出席会议并讲话。

王湛强调，职业指导要重点抓好三方面的工

作。一是加强职业理想、职业道德和创业教育，引导学生树立正确的择业观，养成良好的职业道德行为，提高就业创业能力。二是加强就业服务，为学生就业创造有利条件，提供具体帮助。就业服务是职业学校职业指导工作的重要内容，具体包括为学生提供信息服务、组织服务和跟踪服务等方面的内容。三是以促进学生充分就业为目标，拓宽就业渠道，提高学生就业率和就业质量。各地在开展职业指导工作中要注意处理好教育和援助以及学生主体性和学校指导性两个关系。就如何进一步加强职业技术学校职业指导工作，王湛提出，要努力做到“五个结合”。即：要与职业教育管理体制改革相结合，加强统筹，完善制度；要与职业教育办学体制改革相结合，依靠企业，充分发挥行业的作用；要与劳动力市场和社会服务机构相结合，发挥市场机制的作用；要与职业学校自身的教育教学改革相结合，提高教育质量；要与为“三农”服务相结合，为农业增效、农民增收和农村劳动力转移作出贡献。

自1997年中等职业学校全面实行招生“并轨”、毕业生实行自主择业之后，职业指导工作逐渐为各地教育行政部门特别是职业学校所重视，各学校普遍设有毕业生就业指导和服务机构或有专人负责此项工作。职业学校毕业生就业状况呈现出良好的态势。2003年6月，教育部对上海、天津、辽宁、山东、河南、四川、湖北、广东、厦门、宁波10个省、直辖市、计划单列市的100所中职学校2002年毕业生就业情况进行了抽样调查，共调查毕业生51 218人，平均就业率为94.6%。

撰稿　刘宝民

审稿　王继平

〔“职业院校制造业和现代服务业技能型紧缺人才培养培训工程”启动〕　2003年12月3日，教育部、劳动保障部、国防科工委、信息产业部、交通部、卫生部联合发出《关于实施“职业院校制造业和现代服务业技能型紧缺人才培养培训工程”的通知》，教育部办公厅分别会同有关部委办公厅或行业组织印发了相关专业领域技能型紧缺人才培养培训指导方案，并公布了参加此项工程的职业院校和合作企事业单位的名单，正式启动了“职业院校制造业和现代服务业技能型紧缺人才培养培训工程”（以下简称“工程”）。该“工程”的实施，以党的十六大精神和“三个代表”重要思想为指导，贯彻落实《国务院大力推进职业教育改革与发展的决定》精神，推动职业教育体制创新、制度创新和深化教育教学改革，为经济结构调整和技术进步服务，为促进就业和再就业服务。“工程”以经济结构调整和行业人力资源需求预测为基本依据，进一步引导职业院校从劳动力市场的实际需要出发，坚持正确的办学指导思想，坚持以就业为导向，以全面素质为基础，以能力为本位，帮助学生形成健康的劳动态度、良好的职业道德和正确的价值观，把提高学生的职业能力放在突出的位置，加强实践教学，努力造就制造业和现代服务业一线迫切需要的高素质技能型人才。

“工程”的目标任务是：在数控技术应用、计算机应用与软件技术、汽车运用与维修、护理4个专业领域，在全国选择确定500多所职业院校作为示范性培养培训基地（其中高职院校250多所，中等职业学校340多所）；建立校企合作进行人才培养的新模式，由相关职业院校与各地推荐的1 400多个企事业单位合作，加强基地建设，培养培训技能型紧缺人才。2003～2007年相关专业领域共输送毕业生100万人，提供短期技能提高培训300万人次，以缓解劳动力市场上技能型人才的紧缺状况。

在“工程”实施中，建立和采用以下四个方面的新机制：（1）建立院校与企事业单位合作进行人才培养的机制，实行根据企事业用人“订单”进行教育与培训的新模式；（2）优化教学过程，采用先进的教学模式，重视学生职业道德和职业能力的培养；（3）实行灵活的学籍管理和教学管理制度，扩大相关院校的自主权；（4）实行学历教育与职业培训相结合，实行学历证书、培训证书和职业资格证书相结合，加强学历教育与职业培训的沟通，使学生在取得学历证书的同时，按照国家有关规定获得用人单位认可程度高、对学生就业有实际帮助的相应的培训证书和职业资格证书。

撰稿　杨　进
审稿　黄　尧

〔**加强中等职业学校学生实习管理**〕　2003年底，教育部办公厅发出《关于进一步加强中等职业学校实习管理工作的通知》（以下简称《通知》），明确今后一段时期内中等职业学校实习的有关政策、管理措施，要求各级教育行政部门和职业学校增强责任感，加强与有关行业、企业和其他教育培训机构的合作，坚持以就业为导向，切实加强实习管理，全面提高职业学校实践教学水平。《通知》着重强调以下几点。

一、充分认识加强中等职业学校实习的重要性。提出实习是中等职业学校实践教学的主要形式之一，是执行教学计划和课程大纲的关键环节，是实施专业知识与生产实际相结合的教学形式。要求通过实习使学生达到中等职业学历教育培养目标的要求，在取得学历证书的同时取得相应的培训证书或职业资格证书，提高就业能力，实现成功就业。

二、以职业道德教育为重点，加强对实习学生的思想教育。要求各级教育行政部门加强对实习环节中德育工作的领导，将实习作为职业学校德育工作的重要环节，根据实习活动特点，坚持以职业道德教育为重点，努力将学生培养成为具备良好思想政治素质、职业道德、健康心理和创新精神的实用人才。

三、坚持正确的办学方向，建立健全有效的工作制度。要求根据实习专业特点制定和实施实习管理工作的规范性文件，对实习过程中必须遵守的劳动纪律、生产技术和服务规范、产品和服务质量标准、生产安全操作规程提出明确的要求，特别强调要建立完善的实习信息反馈、实习检查、实习考核和档案管理制度。根据不同专业培养目标的要求编制实习计划和实习大纲，明确管理人员和指导教师的责任，逐步建立和完善对实习的检查评估制度、重大问题及时汇报制度、重大失误责任追究制度。

四、进一步加强校内外实验实习基地建设和管理，不断改善学生的实习条件，努力创设良好实习教学环境。要求职业学校努力适应科技发展和企业技术升级换代的变化，不断更新校内实训基地的设施设备，丰富和完善实习项目和实训内容，努力将校内实训基地建成与生产实践、社会服务、技术推广及开发实际紧密联系，切实满足学生实习、实训和技能培养需要的实践教学场所。

五、主动加强与企业和用人部门的联系，建立“订单”式培养等多样化的合作办学机制，利用企事业单位的人才和设施、设备等方面的优势条件开展实践教学。学校要妥善选择实习单位，安排学生到生产技术先进、管理严格、经营规范、遵纪守法和社会声誉好的企事业单位和其他社会组织实习，并就实习事宜与实习单位签订协议，共同加强实习基地的建设和管理，保障学生的各项合法权益。

撰稿　刘培俊
审稿　刘占山

〔**华夏基金会2003～2004年度职业教育项目**〕　2003～2004年度香港华夏基金会资助内地职业教育发展项目于2003年10月和11月分别由教育部和华夏基金会代表正式签署，批准项目立项并开始执行。项目执行期为2003年9月至2005年9月。

一、项目内容。本期项目主要资助中西部农村地区职业学校的建设。在地方推荐的基础上，在青海、云南、安徽、河南、广西、西藏、新疆等省（自治区），选择7所地方政府给予积极支持、又有一定办学基础和规模的农村中等职业学校作为项目学校，努力通过项目的实施，改善其办学条件，提高其教育质量和办学效益。

二、项目目标。(1) 进一步扩大华夏基金会在内地职业教育领域的影响。(2) 支持中西部地区职业教育事业的改革与发展。(3) 促进中西部地区骨干示范性中等职业学校的建设。要使项目学校成为所在地区起骨干和示范作用的职业学校，成为当地人力资源开发、技术培训与推广、劳动力转移培训和扶贫开发的基地，并带动其他职业学校的发展，更好地为当地经济建设和社会发展服务。

三、项目经费及其配套资金的投入和使用。华夏基金会为本期项目提供资助经费 56 万美元，约合 460 多万元人民币。这些经费将主要用于项目学校购置实验实习设备。各项目学校所在地地方人民政府根据项目的要求，对项目学校原则上按照1∶1的比例提供配套资金和扶持政策等方面的支持。各地承诺的配套资金为 450 万元人民币。配套资金将主要用于对项目学校实施项目所需的基本建设费用。

本期项目由教育部职业教育与成人教育司负责具体组织实施，并接受华夏基金会对项目实施的指导和监督。各项目学校所在省（自治区）教育行政部门在教育部的指导下，参与项目的管理。项目学校的设备供货委托中国教学仪器设备总公司执行。

撰稿　郁　洁

审稿　刘占山

〔**举办中国——澳大利亚职业教育论坛**〕　2003 年 11 月 27—29 日，由中华人民共和国教育部，澳大利亚联邦教育、科学和培训部，重庆市教委和澳大利亚驻华大使馆联合举办的“中国——澳大利亚职业教育论坛”在重庆市举行。

论坛的主题是，加强制度创新，推进职业教育发展。主要任务是研究近十年来中国和澳大利亚职业教育改革的成果和经验，特别是澳大利亚职业教育的体系架构、行业企业参与职业教育的机制、国家资格证书框架体系、职业教育的运作模式、培训包与职业教育教学模式等，以促进中国职业教育工作者进一步解放思想、开拓思路、转变观念，借鉴澳大利亚经验和做法，推动职业教育的体制创新和制度创新，促进中国职业教育在新形势下取得更大发展。同时推动《中国——澳大利亚关于教育与培训的合作谅解备忘录》的落实，促进中澳两国在职业教育乃至整个教育领域交流与合作的深入发展。

论坛的显著特点是：(1) 规格高、规模大。两国政府教育部门负责职业教育工作的部长和司（局）长，我国国务院有关部门的代表和各省、自治区、直辖市以及计划单列市负责职成教工作的官员，以及有关职业教育专家和职业技术院校代表，共 350 余人出席了论坛。(2) 内容丰富，信息量大。论坛的 16 个专题涵盖了职业教育的理念、体制、制度、机制、政策、教学、证书等主要方面和主要内容，提供了多层次、多角度、多方面大量的信息。(3) 水平高，实践性强。论坛的演讲者中，既有两国职业教育政策的制定者和政策实施者，也有长期从事职业教育研究与实践的专家，演讲内容令人耳目一新，开阔思路，同时也具有很强的操作性。

这次论坛使与会者就新形势下职业教育的一些基本理念和改革发展方向形成了许多共识。(1) 随着时代发展，特别是科学技术的发展、社会经济结构、产业结构和就业结构的变化，职业教育必须与时俱进，不断创新，不断更新和完善。(2) 在经济全球化、信息化，知识经济迅猛发展的今天，职业教育仍然是一个国家、一个地区经济社会发展的基础，人力资源能力开发和建设的基础。(3) 创新和发展职业教育必须坚持以政府为主导，必须坚持以政府投入为主，同时调动行业企业、社会团体及公民个人兴办职业教育的积极性。(4) 发展职业教育必须有行业企业的参与，国家职业资格标准、职业学校的课程标准必须由行业企业参与制订。职业学校必须与行业企业建立伙伴关系。(5) 职业教育必须坚持以市场和就业为导向，以满足行业企业需求和公民的个人需求为出发点和落脚点。(6) 职业教育是现代教育体系和终身教育体系的重要组成部分。职业院校必须面向社会构建开放的、灵活的、多层次、多形式的办学制度。(7) 职业院校必须积极主动地开发教育市场和培训市场，主动开发适应市场需要的职业教育和培训课程，与企业和用人单位建立紧密联系，开展“订单”式培养和培训。(8) 职业院校的教育教学工作必须坚持以学生为本位和以能力为本位。树立服务意识、合作意识和质量意识，建立以能力标准为核心的质量评价体系。(9) 发展职业教育必须建立科学合理的国家文凭和职业资格证书体系，必须加强学历文凭和资格证书之间的沟通和衔接，建立人才培养和成长的立交桥。(10) 发展职业教育必须建设一支“专兼结合”的教师队伍，职业院校的专业教师应该具有行业企业背景和较丰富的职业岗位经验。

撰稿　刘建同
审稿　刘占山

〔“中德职教师资进修项目”启动〕　2003 年 11 月 19 日，教育部与德国国际继续教育和发展协会签订协议，“中德职教师资进修项目”正式启动。该项目内容涉及汽车运用与维修、数控技术应用、机电技术应用、电子技术应用、旅游管理与服务、国际商务 6 个专业，培训对象主要为省级以上重点中等职业学校骨干教师和职教师资培养培训基地在任教师。项目由中、德合作进行，经费由中德双方共同负担，课程由双方合作开发，培训在中、德两国进行。项目于 2004 年开始执行，合作期为 3 年，每年培训 300 人，累计培训教师 900 人。

本项目的实施是加强职业技术学校骨干教师队伍建设的一项重要举措，也是中德职教合作的新尝试，实现了职教领域对外合作形式上由“输入型”向“输出型”转变，内容上由“被动接受型”向“主动获取型”转变，机制上由“供给导向型”向“需求导向型”转变。

〔中等职业学校校长培训工作〕　2003 年 10 月，教育部印发了《关于进一步加强职业技术学校校长培训工作的若干意见》（以下简称《意见》）。《意见》对中等职业技术学校校长培训的指导思想和原则、工作目标和主要任务、培训内容与形式、组织管理与职责分工、考核与发证、主要措施和要求等都作了明确规定。同时，还配套印发了《职业技术学校校长任职资格培训指导性教学计划》、《职业技术学校校长提高培训指导性教学计划》、《职业技术学校校长高级研修指导性教学计划》等 3 个教学计划，作为开展校长培训的依据。

撰稿　王兰英
审稿　王继平

〔中等职业教育教材建设〕　教育部职业教育与成人教育司曾于 2002 年 4 月公布了 7 个方面的职业教育教材研究课题。内容包括：我国职业教育教材建设的现状、问题及对策的研究；国内外职业教育教材建设与发展的比较研究；职业教育教材如何贯彻落实全面素质教育为基础、能力为本位的教育指导思想的研究；职业教育教材如何适应教学制度和教学模式改革需要的研究；职业教育教材质量评价的研究；职业教育教材管理制度的研究；现代教育技术、信息化手段在职业教育教材建设中的应用研究等。经过公开申报，专家评选，最终确定 39 个单位分别承担有关课题的研究任务，经过一年多努力，至 2003 年 12 月，所有课题结题并通过验收。各课题组立足国情，深入调研，翻阅大量国内外资料，总结出了具有借鉴意义的职业教育教材建设的成功做法，提出了构建高效的教材管理体制和运行机制及开发编写高质量教材的意见和建议，对推动职业教育教材建设和科学管理具有重要意义。

2002 年 7 月，教育部职成司启动了中等职业教育国家规划教材配套多媒体课件开发工作。首批开发的 120 个课件均是从德育课、文化基础课、专业技术基础课和 80 个重点建设专业主干课程中选出。为保证课件质量，2003 年 2 月和 7 月，全国中等职业教育教材审定委员会分别对课件项目进行了阶段性检查和结题验收。通过审查的课件以“中等职业教育国家规划教材配套多媒体课件”名义出版发行。如此大规模地开发中等职业教育教学多媒体课件尚属首次，不仅丰富了教材的内容和形式，而且积累了素材，锻炼了队伍，将会对推动职业教育教学手段和方法创新，提高教学质量产生重要影响。

为解决职业教育教材“买书难”和“卖书难”的问题，教育部职成司于 1998 年 12 月，依托北京师范大学建立了全国职业教育教材信息服务性中介机构——职教教材发展服务中心，与此同时，各省、自治区、直辖市也相应建立了职业教育教材信息服务网站，全国性的职业教育教材信息服务性网络初步形成。2003 年 3 月，经有关管理部门同意，职教教材发展服务中心更名为教育部职业技术教育中心研究所教材发展部，管理体制进一步理顺。自原职教教材发展服务中心成立以来，职教教材课前到书保障能力不断增强，教材发行总册数和总码洋逐年增加。2003年，20多家出版社销售职教教材的总码洋已达6亿元。开展教材信息服务工作，不仅保障了职业教育教材课前到书，维护正常的教学秩序，扩大优质教材使用面，而且每年可为职教战线积累教研、教材建设和教师培训资金达数千万元。

2003年度职业教育教材信息服务网络工作会议于11月1—2日在北京举行。参加会议的代表有各省、自治区、直辖市教育行政部门负责职教教材工作的领导同志，职教教学研究机构主管教材工作的负责同志，职教教材信息服务网站的负责人，以及有关出版单位的负责同志共120余人。江苏、四川、北京、河南、新疆职教教材信息服务网站，财经、铁道、交通出版社在大会上交流了工作经验。会议还对《关于加强和改进中等职业教育教材管理工作的意见（征求意见稿）》进行了认真的讨论和修改。会议强调，我国职业教育正处在一个新的历史发展阶段，面对新形势、新要求，职业教育教材建设和信息服务工作要增强机遇意识，坚持与时俱进，深化改革，努力开创职业教育教材建设和信息服务工作的新局面。

撰稿　葛维威　迟少卿
审稿　黄　尧

〔**城市教育综合改革**〕　为贯彻落实党的十六大提出的“形成全民学习、终身学习的学习型社会”的任务，由教育部职业教育与成人教育司、中国职业技术教育学会、中国成人教育协会和教育部职业技术教育中心研究所联合召开的全国创建学习型城市工作研讨会于2003年8月12—13日在深圳市召开。来自全国10个省、自治区、直辖市教育厅（教委）有关领导，16个城市政府和教育局的负责同志，有关高校和科研单位的代表共50多人参加了会议。广东省教育厅、深圳市政府领导出席研讨会并致辞。教育部职业与成人教育司领导，深圳、北京、天津、上海、青岛、宁波、济南、南京、海口、杭州、义乌、天水、邯郸、芜湖、江阴等一批近年来在创建学习型城市工作中取得明显成效的城市政府或教育部门领导，以及会议特邀专家作了发言。研讨会认为，创建学习型城市必须坚持以“三个代表”重要思想为指导，在党委、政府的领导下整体推进。要以国民教育体系为支撑，大力构建终身教育体系，实现人的全面发展，实现经济、社会全面发展。要继续大力发展城乡成人教育，大力发展社区教育，继续推进学习型企业的创建工作，努力发展多种形式的学习型组织，开展多样化的教育培训活动。要深入研究人的全面发展的理论、终身教育的理论和制度、人力资源能力建设理论、可持续发展战略等重大问题。要注重学习借鉴外国的有益经验，加强学习型城市的宣传工作，及时总结各地创建学习型城市工作中好的做法与典型经验，加以推广。要把多年来坚持开展的城市教育综合改革工作的重点放到推进学习型城市创建上来，促进大中城市率先建设全民学习、终身学习的学习型社会。

为贯彻落实《国务院关于大力推进职业教育改革与发展的决定》和教育部、国家经济贸易委员会、劳动和社会保障部印发的《关于进一步发挥行业、企业在职业教育和培训中作用的意见》（以下简称《意见》），教育部职业教育与成人教育司于2003年1月3日在北京召开了学习贯彻三部委《意见》精神行业座谈会。教育部职成教司、国家经贸委培训司领导，交通部、水利部、建设部、铁道部、信息产业部、邮电局、税务总局、林业局等部委（总局）教育主管司局的代表，电力、商业、地质、煤炭、交通、水利、机械、铁路、航空、核工业、冶金、轻工业、纺织、有色金属、化工、物流与采购、电子、建设等行业组织的代表，中国船舶工业集团公司、中国远洋运输总公司、中国南车集团公司等企业集团的代表共50余人出席座谈会。座谈会认为，依靠企业和行业举办职业教育和培训，是我国发展职业教育和职工教育的一项重大举措。要加强有关部门的分工协作，按照职工年培训率40%的要求，制定年度职工教育培训计划，把职工培训工作由软任务转变为硬任务，共同努力完成《国务院关于大力推进职业教育改革与发展的决定》中提出的“十五”期间培养中职毕业生2 200万、高职毕业生800万，每年培训职工5 000万人次和下岗失业人员300万的任务。要恢复全国职工教育统计工作，推进ISO10015国际教育培训标准认证工作，建立和完善企业培训师制度，进一步规范培训市场，加强培训基地建设，整合教育培训资源等一系列措施，充分发挥行业企业的作用，把我国行业企业的职业教育和职工教育提高到一个新水平。

在座谈会期间，教育部职业教育与成人教育司经过与与会行业代表的讨论，正式成立了行业职工教育工作协作会，并讨论通过了《行业职工教育工作协作会章程（讨论稿）》，商议了2003年工作思路。协作会实行委员单位代表制，出席座谈会的35个部门、行业组织和具有一定管理协调职能的大企业集团成为委员单位。经协商确定，交通部科教司、建设部人教司、水利教育协会、化工教育协会、煤炭教育协会、钢铁工业协会任执行委员单位，首届执行主席单位由中电联教培中心担任。

2003年4月，教育部职成教司发出《关于进一步推进学习型企业创建工作和推荐创建学习型企业成绩突出单位的通知》（以下简称《通知》）。按照《通知》要求，全国28个省（区、市）教育行政部门和30个国务院有关部门、全国性行业组织，在广泛调查研究的基础上，推荐了108个创建学习型企业成绩突出的单位。同时组织了若干专家学者，对学习型企业做了专题理论研究，并进行了召开全国学习型企业创建活动会议的筹备工作。

〔**社区教育**〕 2003年教育部继续推进社区教育工作，并向着创建学习型社区发展。大多数实验区政府都召开了创建学习型社区的工作会议，将创建工作纳入政府工作日程和考核内容，从实际出发，广泛发动，精心组织，开展内容丰富、形式多样的社区教育活动，创建了一大批学习型街道、学习型家庭等学习型组织。全国已涌现出杭州市下城区、南京市玄武区、北京市西城区、青岛市四方区等一批成绩显著的社区。

为了在更大的范围内推进社区教育发展和学习型社区创建活动，教育部在原有28个全国社区教育实验区基础上，于2003年12月25日发出《关于确定第二批全国社区教育实验区的通知》（以下简称《通知》）。《通知》指出：自2001年11月教育部召开全国社区教育实验工作经验交流会议，并确定28个社区教育实验区以来，全国社区教育实验工作深入开展。各实验区努力建立和完善社区教育管理体制、运行机制和教育培训网络，广泛开展了面向社区居民的各类教育培训活动，多形式、多层次满足社区居民不断增长的多样化学习需求，创建了一大批富有朝气与活力的学习型组织，促进了全民学习活动的开展，为社区建设的全面推进和社区居民整体素质的不断提高作出了积极贡献。实践证明，确定全国社区教育实验区，有利于调动各地深入开展社区教育工作的积极性和主动性，有利于充分利用、拓展社区内各类教育资源，有利于以点带面，对其他地区发挥示范和带动作用。为推动全国社区教育工作广泛发展，决定进一步扩大全国社区教育实验区的范围。在各省（自治区、直辖市）教育行政部门推荐的基础上，确定北京市海淀区等33个城区（市）为第二批全国社区教育实验区。今后还将扩大社区教育实验区范围，并向农村拓展。到年底，全国各级社区教育实验区已覆盖29个省（区、市）和5个计划单列市，占全国808个城区的25%。2003年28个全国社区实验区参加教育培训的人数超过700万人。

撰稿　李一扬
审稿　张昭文

附

第二批全国社区教育实验区名单

北京市——海淀区、顺义区
天津市——南开区
山东省——济南市市中区、青岛市市南区
湖北省——武汉市青山区、荆州市沙市区

河北省——保定市北市区、唐山市路南区
山西省——太原市迎泽区
辽宁省——辽阳市宏伟区
吉林省——长春市朝阳区
黑龙江省——佳木斯市前进区
上海市——静安区、徐汇区
江苏省——南京市鼓楼区
浙江省——杭州市萧山区、义乌市、宁波市海曙区
安徽省——合肥市蜀山区
福建省——福州市鼓楼区
江西省——赣州市章贡区
湖南省——长沙市岳麓区
广东省——广州市荔湾区
海南省——海口市美兰区
重庆市——沙坪坝区
云南省——昆明市五华区
陕西省——西安市碑林区
甘肃省——张掖市甘州区
青海省——西宁市城西区
宁夏回族自治区——银川市兴庆区
新疆维吾尔自治区——乌鲁木齐市新市区
新疆生产建设兵团——石河子市

热点关注

职业院校制造业和现代服务业技能型紧缺人才培养培训工程的背景、任务和思路

一、背景

（一）我国全面建设小康社会、加快社会主义现代化建设的新形势对职业教育和成人教育的改革与发展提出了新的更高的要求。

（二）当前和今后一段时期职业教育和成人教育面临重要的发展战略机遇期。

（三）党的十六大明确本世纪前20年要集中力量全面建设小康社会。提出：

● 走新型工业化道路，要求加快培养生产服务一线高素质劳动者；

● 把解决“三农”问题作为全党工作重中之重，要求进一步加快农村人力资源开发；

● 把就业放在经济社会发展更加突出的位置，要求加强职业教育与培训；

● 形成全民学习、终身学习的学习型社会，促进人的全面发展，要求加快构建现代国民教育体系和终身教育体系。

（四）中央人才工作会议提出实施人才强国战略，强调在建设中国特色社会主义伟大事业中，要把人才作为推进事业发展的关键因素，努力造就数以亿计的高素质劳动者、数以千万计专门人才和一大批拔尖创新人才。

《中共中央国务院关于进一步加强人才工作的决定》指出，工人队伍中的高技能人才，是推动技术创新和实现科技成果转化不可缺少的重要力量，强调技能型人才是人才队伍的重要组成部分。

（五）党的十六届三中全会从全局和战略高度，深刻阐述了坚持以人为本，全面、协调、可持续的发展观，促进经济社会和人的全面发展，强调要深化科技教育体制改革，提高国家创新能力和国民整体素质，要多层次、多渠道、大规模地开展人才培训。

（六）最近一个时期以来，劳动力市场出现技能型人才短缺问题，引起中央领导和社会各界广泛关注。经济快速发展呼唤着高质量的各类技能型人才。

（七）职业教育是大工业的产物，是生产社会化、工业化和现代化的重要支柱，是经济社会发展的重要基础。职业教育和成人教育要抓住机遇、迎接挑战，加快培养高素质劳动者和实用性人才，在全面建设小康社会、加快现代化建设中发挥重要作用。

（八）从2003年初开始，教育部紧密联系有关部门和行业组织，认真组织有关行业部门、企业和职业院校的专家，对我国制造业和现代服务业发展对技术、技能型人才的实际需要进行了专题调研。

（九）调研情况表明，产业界的创新和劳动生产率的提高严重缺乏强有力的人力资源支持。

● 2000年，中国15岁以上人口平均受教育年限仅有7.85年，与美国100年前的水平相仿。

● 2001年，中国制造业从业人员的平均受教育年限为9.47年，而日本为12.33年。

● 我国城镇企业现有技术工人7 000万人，其中初级工占60％左右，中级工占35％，高级工仅为3.5％。而发达国家的情况正好相反，高级工的比例为40％，中级工占50％，初级工只占15％。

● 改革开放以来，中国制造业快速发展，1990～2001年年均增长为12％，大大高于世界平均水平。目前中国制造业产量排在美国、日本和德国之后，居世界第4位；中国制成品出口排在欧盟、美国、日本之后，也是居世界第4位。

● 我国要成为"世界工厂"，需要造就数十万数控技术应用领域的操作人员、编程人员和维修人员；所需人员按工作分工的百分比为：复合性工作14.25％，机床操作48.40％，数控编程17.81％，系统维修19.54％。

● 在推进国民经济信息化中，全国计算机应用专业人才的需求每年将增加百万人左右。信息化领域中的管理人才与技术人才和应用人才的比例，应基本维持在1∶4∶7的比例。

● 随着汽车保有量的大幅度上升，全国汽车维修行业每年需要新增近30万从业人员，现有从业人员的文化技术素质亟待提高。据对831家汽车企业的调查，从业人员学历构成为：初中及以下占38.50％，高中阶段占51.50％，大专及以上占10％。

● 在医疗领域，我国医生与护士的比例为1∶0.61，而世界平均比例为1∶2.7。按照到2015年我国的医护比例达到1∶1进行预测和规划，我国每年需要培养各层次护士15万人。国际劳务市场上，护士也已成为紧缺人才，我国有巨大的劳务输出潜力。

我国与其他一些国家（地区）每万名人口医护人数及比例

国家或地区	医生数	护士数	医护比
中　　国	16.40	10.01	1∶0.61
中国香港	15.40	62.20	1∶4.04
中国台湾	12.00	32.50	1∶2.70
中国澳门	19.90	21.53	1∶1.08
日　　本	18.73	77.94	1∶4.16
菲 律 宾	12.45	44.26	1∶3.56
泰　　国	3.75	15.50	1∶4.13
印　　度	3.66	4.10	1∶1.12
澳大利亚	27.5	86.40	1∶3.14
德　　国	35.40	147.2	1∶4.16
芬　　兰	30.30	257.7	1∶8.50
挪　　威	54.10	426.46	1∶7.88
美　　国	279	972	1∶3.48
新 加 坡	16.20	49.20	1∶3.04

（十）调研结果还表明，我国技能型人才培养模式相对落后，迫切需要提高教育和培训的针对性和适应性。

● 缺乏与企业全面合作的机制，很多学校没有做到根据企业需要办学。

● 课程体系与生产实际有较大差距：传统课程多、与就业及工作相关的课程少，课程和教材内容相对陈旧，学用不一致情况明显，专业教学和实践训练环节难以保证，很难达到技能型人才的要求。

● 教学手段落后，先进的实训器材和设备不足，实验和实训条件差。

● 专业教师的教学能力和实践能力较差，很难适应培养技能型人才的需要。

● 职业资格证书、技术等级证书相当繁杂，缺乏有效联系，主管部门和单位多，目前职业学校计算机应用和软件专业领域所采用的证书种类达数十种。

（十一）根据上述调查研究和行业人力资源需求的分析预测，教育部、劳动保障部、国防科工委、信息产业部、交通部、卫生部联合提出优先在数控技术应用、计算机应用与软件技术、汽车运用与维修、护理等四个专业领域实施“职业院校制造业和现代服务业技能型紧缺人才培养培训工程”（以下简称“工程”）。

● 2003年12月3日，教育部、劳动保障部、国防科工委、信息产业部、交通部、卫生部联合发出《关于实施“职业院校制造业和现代服务业技能型紧缺人才培养培训工程”的通知》。

● 教育部办公厅分别会同有关部委办公厅及行业组织印发了相关专业领域技能型紧缺人才培养培训指导方案，并公布了参加“工程”的职业院校和合作企事业单位的名单。

● 2004年2月23日，教育部举行了“工程”启动的新闻发布会，吴启迪副部长和劳动保障部、国防科工委、信息产业部、交通部、卫生部等有关部门负责同志出席。

二、任务

● 在全国建立一批数控技术应用、计算机应用与软件技术、汽车运用与维修、护理专业领域的技能型紧缺人才示范性培养培训基地，与1 400多个企事业单位合作。

● 2003～2007年在相关专业领域共输送毕业生100万人，提供短期技能提高培训300万人次，缓解劳动力市场上技能型人才紧缺状况。

● 各地根据区域经济发展实际，也要确定培养技能型紧缺人才的专业领域和基地，培养大批当地劳动力市场急需的技能型人才，满足劳动力市场对技能型人才的需求。

三、改革思路与措施

教育部职成教司最近相继召开了关于职成教工作的三个会议，总结了近一个时期职成教工作的经验，分析了当前面临的新形势和任务，提出了以“三个代表”为指导，以服务为宗旨，以就业为导向，以提高能力为本位，以产教结合为途径，以创新为动力改革发展职成教事业的新思路。

新的工作思路体现了“立党为公、执政为民”的本质要求，体现了“以人为本、全面协调、可持续的发展观”，体现了“解放思想、实事求是、与时俱进、开拓创新”的精神。

教育部部长周济同志多次听取职成教工作汇报，充分肯定“工程”的启动和实施，并明确表示：“技能型紧缺人才培养培训工程，好就好在思路好！”

（一）以就业为导向，坚持正确的办学指导思想

● 坚持以就业为导向，面向市场、面向社会办学，是职业教育服务经济社会的根本要求，是社会主义市场经济体制下发展职业教育的必然选择。

● 坚持以就业为导向是近年来职业教育走出困境、进入持续发展的一条成功经验。实践证明，其有利于职业教育与经济社会、就业市场的紧密结合，有利于拓宽就业渠道、促进就业和再就业，有利于增强职业教育的适应性和办出特色。

（二）以能力为本位，努力满足岗位实际需要

● 以能力为本位的职业教育观在国际上是有广泛共识的，能力培养是职业教育实施素质教育的核心。

● 德国“双元制”职业教育、澳大利亚的技术与继续教育提供了很好的以能力为本位的教育模式。

● 要注重培养学生的就业能力、创业能力和创新精神，重视岗位技能的训练。

（三）实行产教结合，推行“订单”培养模式等新型的校企合作机制

(1) 实行教育与生产劳动相结合是马克思主义教育思想的精髓，是我国教育方针的重要内容。

(2) 实行产教结合是职业教育的本质特征，是职业教育特色的体现，是我国职业教育发展的成功经验，也是国际社会职业教育发展的基本模式和发展趋势。

(3) 产教结合、校企合作，互惠双赢，是企业和学校共同发展的战略选择。

(4) 教育部已在国家层面上建立与行业主管部门、行业组织紧密联系的职业教育咨询组织。1999年，在其他有关部门的支持下，教育部成立了33个行业职业教育教学指导委员会，在行业人力资源需求分析、行业职业教育培养目标和专业课程建设方面发挥了重要作用。

(5) 在“职业院校制造业和现代服务业技能型紧缺人才培养培训工程”的实施中，探索和建立根据企业用人“订单”进行教育与培训的机制。

（6）企事业单位要树立人力资源是第一资源、依靠教育科技发展经济的观念。

● 与院校签订人才培养培训合同，优先录用合作院校的毕业生。

● 在培养目标、人才规格、知识技能结构、课程设置、教学内容和学习成果评估等各方面发挥主导作用。

● 为合作院校提供专业师资、实训设备，并应接受教师和学生进行见习和实习。

（7）职业院校要增强市场意识、服务意识、竞争意识、质量意识。

● 建立主要由企事业单位代表参加的专业教学指导委员会，为他们发挥作用创造条件。

● 关注企业需求变化，根据企业用人需求，调整专业方向，开发、设计实施性教育与培训方案，全力提高教育与培训的针对性和适应性。

（四）采用先进的教学模式，重视学生职业能力的培养

● 关注行业企业的最新发展，通过校企合作等形式，及时调整课程设置和教学内容，突出本专业领域的新知识、新技术、新流程和新方法，使学校教学内容力求与企业技术发展同步。

● 按照实际的工作任务、工作过程和工作情境组织课程，形成围绕工作需求的新型教学与训练项目。

● 支持教师到企业和其他用人单位进行见习和工作实践，重点提高教师的专业能力、教学与训练项目开发能力和教育教学能力。

● 职业院校要按照行业企业对技能型人才的实际要求来安排文化基础课程，注重职业能力训练。

能否满足经济社会发展需要，能否满足人民群众多样化需求是职业教育的质量和效益最重要的衡量标准。

抽样调查数据表明，目前中职毕业生就业率达到 90％，高职达到 70％以上。要把毕业生专业基本对口的就业率作为质量评价的主要依据。

（五）实行灵活的学籍管理和教学管理制度，扩大相关院校的自主权

支持承担技能型紧缺人才培养培训任务的院校推行学分制等更加灵活的学籍管理、教学组织和教学管理制度，支持院校针对生源状况和工作实际需要，实行分层教学、分专业方向教学和分阶段教育。

（六）学历教育与职业培训相结合

● 技能型紧缺人才的培养和培训实行学历证书、培训证书和职业资格证书相结合，加强学历教育与职业培训的沟通。

● 建立学分转换等相应的机制，把学历教育中的专业能力要求与国家职业标准以及相关行业和合作企业的用人要求结合起来。

● 在学历教育的课程结构、教学内容和教学进度安排等方面为学生获得培训证书和职业资格证书提供方便，使学生在取得学历证书的同时，按照国家有关规定获得用人单位认可程度高、对学生就业有实际帮助的相应的培训证书和职业资格证书，提高学生的就业能力。

四、总结

“工程”的实施是适应我国经济结构调整、促进制造业和现代服务业发展、实现工业化的需要，也是职业教育系统求真务实、认真实践“三个代表”重要思想，努力办让人民满意的职成教的具体体现。

“工程”已列入《2003—2007 年教育振兴行动计划》，“工程”的启动和“工程”所体现的新思路和新措施，已经引起职成教战线和社会各有关方面的关注和认可，标志着职业教育和成人教育制度创新、机制创新以及教育教学改革和课程建设进入新的阶段。

“工程”近期要做好的工作，包括：

● 教育部联合相关行业主管部门、行业协会举行培训活动，介绍相关行业发展情况、人力资源需求状况以及实施方案。

● 组织并要求参与“工程”的职业院校按照要求开发或改造专业课程，实行“订单”培养，推动校企合作。

● 从今年下半年开始陆续举办相关专业领域学生职业技能大赛，展示“工程”成果。

“工程”的实施需要各级政府、社会各界的大力支持，需要相关部门、各院校、各合作企业共同努力。

（原载《中国职业技术教育》
2004 年第 16 期，作者　黄　尧）

高 等 教 育

高等学校发展改革

〔2003 **年高校审批和变动情况**〕

一、高校审批情况

2003 年共批准设置和调整普通高校 249 所，其中教育部批准设置和调整的普通高校 75 所（名单详见附一），省、自治区、直辖市人民政府自行审批设立的高等职业学校 174 所（名单详见附二）。

在教育部批准设立和调整的 75 所学校中，由中专学校升格和成人高校改制的高等专科学校 9 所，由专科学校升格的本科院校 21 所，本科“学院”单独更名为“大学”10 所，同层次更名的普通高校 22 所，本专科院校合并的高校 13 所（其中合并改称“大学”5 所）。

在上述 249 所学校中，公办高校 195 所，民办高校 54 所（本科院校 5 所、专科学校 49 所）。

二、高校变动情况

2003 年共批准设置和调整以及管理体制调整的普通高校 252 所，其中教育部批准设置和调整的普通高校 75 所（名单详见附一），省、自治区、直辖市人民政府自行审批设立的高等职业学校 174 所（名单详见附二），管理体制调整的普通高校 3 所（名单详见附三）。

在教育部批准设立和调整的 75 所学校中，新增设高等专科学校 9 所，新增设本科院校 21 所，本科“学院”单独更名为“大学”10 所，同层次更名的普通高校 22 所，本专科院校合并的高校 13 所（其中合并改称“大学”5 所）。

在上述 252 所学校中，公办高校 198 所，民办高校 54 所（本科院校 5 所、专科学校 49 所）。

在管理体制调整的 3 所学校中，华北电力大学由国家电力公司划转教育部管理，重庆石油高等专科学校由国家天然气总公司划转重庆市管理，长沙航空职业技术学院由总后生产管理部划转总装备部管理。

撰稿　王雪涛

审稿　牟阳春

附一

2003年教育部批准设置和调整的普通高校名单

计75所

序号	学 校 名 称	主 管 部 门	建校基础名称
高等专科学校（9所）			
1	云南医学高等专科学校	云南省	云南省卫生学校
2	张掖医学高等专科学校	甘肃省	张掖地区卫生学校
3	平凉医学高等专科学校	甘肃省	平凉地区卫生学校
4	柳州医学高等专科学校	广西壮族自治区	广西柳州卫生学校
5	西藏警官高等专科学校	西藏自治区	西藏自治区人民警察学校
6	陇南师范高等专科学校	甘肃省	陇南师范学校
7	广西警官高等专科学校	广西壮族自治区	广西公安管理干部学院
8	新疆兵团警官高等专科学校	新疆生产建设兵团	新疆生产建设兵团警官学校
9	定西师范高等专科学校	甘肃省	定西教育学院
本科院校（21所）			
1	河池学院	广西壮族自治区	河池师范高等专科学校
2	红河学院	云南省	蒙自师范高等专科学校 云南广播电视大学红河分校
3	云南警官学院	云南省	云南省公安高等专科学校
4	西安培华学院	陕西省教育厅	西安培华女子大学
5	西安文理学院	陕西省	西安联合大学 西安教育学院
6	沈阳工程学院	辽宁省	沈阳电力高等专科学校 辽宁商务职业学院
7	湘南学院	湖南省	郴州师范高等专科学校 郴州医学高等专科学校 郴州教育学院
8	北京城市学院	北京市教委	海淀走读大学
9	黑龙江东方学院	黑龙江省教育厅	民办黑龙江东方学院（专科）
10	陇东学院	甘肃省	庆阳师范高等专科学校
11	赤峰学院	内蒙古自治区	赤峰民族师范高等专科学校 赤峰教育学院 内蒙古广播电视大学赤峰分校
12	辽东学院	辽宁省	辽宁财政高等专科学校 丹东职业技术学院
13	浙江树人学院	浙江省教育厅	民办浙江树人学院
14	吉林华桥外国语学院	吉林省教育厅	民办吉林华桥外国语职业学院
15	榆林学院	陕西省	榆林高等专科学校
16	呼伦贝尔学院	内蒙古自治区	呼伦贝尔学院（专科）
17	西昌学院	四川省	西昌农业高等专科学校 西昌师范高等专科学校 凉山大学 凉山教育学院
18	成都学院	四川省	成都大学（专科）

续表

序号	学 校 名 称	主 管 部 门	建校基础名称
19	中国劳动关系学院	中华全国总工会	中国工运学院
20	上海立信会计学院	上海市	立信会计高等专科学校
21	上海金融学院	上海市	上海金融高等专科学校
更名高校（32 所）			
1	金华职业技术学院	浙江省	民办金华职业技术学院
2	山东工商学院	山东省	中国煤炭经济学院
3	湖南理工学院	湖南省	岳阳师范学院
4	湖南文理学院	湖南省	常德师范学院
5	河北科技师范学院	河北省	河北职业技术师范学院
6	山西建筑职业技术学院	山西省	山西建筑工程职业技术学院
7	兰州理工大学	甘肃省	甘肃工业大学
8	北京交通大学	教育部	北方交通大学
9	齐齐哈尔高等师范专科学校	黑龙江省	克山师范专科学校
10	西北民族大学	国家民委	西北民族学院
11	云南民族大学	云南省	云南民族学院
12	兰州交通大学	甘肃省	兰州铁道学院
13	渤海大学	辽宁省	锦州师范学院
14	西南民族大学	国家民委	西南民族学院
15	西华师范大学	四川省	四川师范学院
16	重庆师范大学	重庆市	重庆师范学院
17	西安科技大学	陕西省	西安科技学院
18	湖南信息职业技术学院	湖南省	湖南托普信息职业技术学院
19	南京财经大学	江苏省	南京经济学院
20	河北软件职业技术学院	河北省	河北工程技术职业学院
21	上海东海职业技术学院	上海市教委	民办东海职业技术学院
22	上海建桥职业技术学院	上海市教委	民办上海建桥职业技术学院
23	重庆电子科技职业学院	重庆市	重庆电子职业技术学院（东院）
24	上海济光职业技术学院	上海市教委	民办上海济光职业技术学院
25	上海托普信息技术职业学院	上海市教委	民办上海托普信息技术职业学院
26	上海工商外国语职业学院	上海市教委	民办上海工商外国语职业学院
27	湖北职业技术学院	湖北省	孝感职业技术学院
28	上海新侨职业技术学院	上海市教委	民办新侨职业技术学院
29	上海中侨职业技术学院	上海市教委	民办上海中侨职业技术学院
30	上海邦德职业技术学院	上海市教委	民办上海邦德职业技术学院

续表

序号	学 校 名 称	主 管 部 门	建校基础名称
31	西安石油大学	陕西省	西安石油学院
32	石家庄铁路职业技术学院	河北省	石家庄铁路工程职业技术学院
合并院校（13所）			
1	杭州师范学院	浙江省	杭州师范学院 杭州医学高等专科学校
2	长江大学	湖北省	江汉石油学院 湖北农学院 荆州师范学院 湖北省卫生职工医学院
3	长沙理工大学	湖南省	长沙交通学院 长沙电力学院
4	湖南科技大学	湖南省	湘潭工学院 湘潭师范学院
5	西华大学	四川省	四川工业学院 成都师范高等专科学校
6	河北工程学院	河北省	河北建筑科技学院 邯郸医学高等专科学校 邯郸农业高等专科学校
7	内蒙古科技大学	内蒙古自治区	包头钢铁学院 包头医学院 包头师范学院
8	四川理工学院	四川省	四川轻化工学院 自贡师范高等专科学校 自贡高等专科学校 自贡教育学院
9	湖北中医学院	湖北省	湖北中医学院 湖北药检高等专科学校
10	河北北方学院	河北省	张家口医学院 张家口师范专科学校 张家口农业高等专科学校
11	东华理工学院	江西省	东华理工学院 抚州师范专科学校
12	井冈山学院	江西省	井冈山师范学院 井冈山医学高等专科学校 井冈山职业技术学院
13	南昌科技学院	江西省	江西科技师范学院 南昌高等专科学校

附二

2003年省、自治区、直辖市人民政府自行审批设立的高等职业学校名单

计174所

序号	学　校　名　称	主　管　部　门	建校基础名称
1	安徽职业技术学院	安徽省	安徽纺织职业技术学院 安徽省轻工业学校 安徽材料工程学校 安徽工业经济学校
2	新疆建设职业技术学院	新疆维吾尔自治区	新疆建筑职工大学 新疆建筑工程学校 新疆城市建设学校 新疆建筑材料学校
3	黑龙江工商职业技术学院	黑龙江省	黑龙江机械制造学校
4	北京戏曲艺术职业学院	北京市	北京市戏曲（艺术）学校
5	阿克苏职业技术学院	新疆维吾尔自治区	阿克苏地区农业学校 阿克苏地区农业机械学校 阿克苏地区财贸学校 阿克苏地区卫生学校 阿克苏地区体育运动学校 阿克苏地区艺术学校
6	随州职业技术学院	湖北省	随州师范学校 随州市职业中等专业学校 随州工业学校 随州卫生学校
7	铜仁职业技术学院	贵州省	铜仁地区农业学校 铜仁地区财政学校 铜仁地区卫生学校 铜仁地区高级职业技术学校 铜仁商业职工中等专业学校
8	六盘水职业技术学院	贵州省	六盘水市农业学校 六盘水市财经学校 六盘水市卫生学校 六盘水市农业科学研究所 六盘水市林业科学研究所 六盘水市农业机械研究所
9	雅安职业技术学院	四川省	雅安教育学院 四川省雅安卫生学校
10	临汾职业技术学院	山西省	临汾地区卫生学校 临汾地区洪洞农业学校 临汾地区农业机械化学校 临汾地区工业职工中专学校

续表

序号	学 校 名 称	主 管 部 门	建校基础名称
11	乐山职业技术学院	四川省	四川省乐山工业学校 四川省乐山卫生学校 四川省乐山财贸学校
12	巢湖职业技术学院	安徽省	巢湖卫生学校 巢湖财政学校 巢湖农业学校
13	淄博科技职业学院	山东省教育厅	山东淄博稷下专修学院（资源） 山东省淄博卫生学校
14	巴音郭楞职业技术学院	新疆维吾尔自治区	巴音郭楞蒙古自治州农校 巴音郭楞蒙古自治州财校 巴音郭楞蒙古自治州卫校 巴音郭楞蒙古自治州技校 库尔勒市职业中专学校
15	包头轻工职业技术学院	内蒙古自治区	内蒙古轻工业学校
16	重庆三峡职业学院	重庆市	重庆市万县农业学校 重庆市三峡农业机械学校
17	云南农业职业技术学院	云南省	云南省农业学校 云南省畜牧兽医学校
18	涪陵职业技术学院	重庆市	重庆市第三水利电力学校 重庆市第三财贸学校 重庆市涪陵农业学校
19	保险职业学院	湖南省	中国保险培训中心 （中国保险管理干部学院）
20	呼和浩特职业学院	内蒙古自治区	呼和浩特教育学院 呼和浩特管理干部学院 呼和浩特职工大学
21	北京经贸职业学院	北京市教委	中华社会大学（资源）
22	云南司法警官职业学院	云南省	云南省司法警官学校
23	内蒙古财税职业学院	内蒙古自治区	内蒙古财税学校 内蒙古中华会计学校
24	山西综合职业技术学院	山西省	山西省建材工业学校 山西省轻工业学校 太原化学工业学校 山西省电子工业学校 山西工业管理学校 太原工贸学校
25	山西金融职业技术学院	山西省	山西银行学校
26	山西煤炭职业技术学院	山西省	山西省煤炭工业学校
27	太原城市职业技术学院	山西省	太原经济管理干部学院 太原市工业经济学院 太原市城市建设学校

续表

序号	学 校 名 称	主 管 部 门	建校基础名称
28	北京京北职业技术学院	北京市	北京建工学院怀柔分院
29	沈阳职业技术学院	辽宁省	沈阳联合职工大学科技学院 沈阳联合职工大学商学院 沈阳联合职工大学汽车学院 沈阳职工大学 沈阳市机电工业学校
30	珠海艺术职业学院	广东省教育厅	新建
31	南海东软信息技术职业学院	广东省教育厅	新建
32	广州康大职业技术学院	广东省教育厅	华南师范大学增城学院
33	厦门海洋职业技术学院	福建省	集美水产学校
34	福建农业职业技术学院	福建省	福建农业学校 福州农业学校
35	辽宁体育运动职业技术学院	辽宁省	辽宁省职工体育运动技术学院
36	北京北大方正软件职业技术学院	北京市教委	新建
37	北京艺术设计职业学院	北京市	北京市工艺美术品总公司职工大学 北京市工艺美术学校
38	福建水利电力职业技术学院	福建省	福建水利电力学校
39	北京财贸职业学院	北京市	北京市财贸管理干部学院
40	福建林业职业技术学院	福建省	福建林业学校
41	铁岭农业职业技术学院	辽宁省	辽宁铁岭农业学校
42	辽宁林业职业技术学院	辽宁省	辽宁省林业学校
43	沈阳航空职业技术学院	辽宁省	沈阳航空职工大学
44	福建信息职业技术学院	福建省	福建电子工业学校 福建工程学校 福建商业学校
45	福建电力职业技术学院	福建省	泉州电力学校
46	北京经济技术职业学院	北京市教委	新建
47	青海卫生职业技术学院	青海省	青海省卫生学校
48	浙江轻纺职业技术学院	浙江省	浙江纺织工业学校 宁波纺织局职工大学
49	黑龙江农垦林业职业技术学院	黑龙江省	黑龙江省农垦林业学校
50	海南软件职业技术学院	海南省	海南琼海师范学校
51	广东科学技术职业学院	广东省	广东省科技管理干部学院
52	江西赣江职业技术学院	江西省教育厅	民办江西赣江专修学院（资源）
53	宁波城市职业技术学院	浙江省	新建
54	黑龙江公安警官职业学院	黑龙江省	黑龙江省人民警察学校
55	民办上海东方文化职业学院	上海市教委	新建

续表

序号	学 校 名 称	主 管 部 门	建校基础名称
56	民办上海立达职业技术学院	上海市教委	新建
57	民办上海民远职业技术学院	上海市教委	新建
58	民办上海欧华职业技术学院	上海市教委	新建
59	民办上海思博职业技术学院	上海市教委	新建
60	黑龙江农垦农业职业技术学院	黑龙江省	黑龙江省农垦农业学校
61	上海工艺美术职业学院	上海市	上海第二轻工业职工大学
62	黑龙江农牧水产职业学院	黑龙江省	黑龙江省北安农业学校 黑龙江省水产学校
63	黑龙江商业职业学院	黑龙江省	黑龙江省财贸学校
64	重庆机电职业技术学院	重庆市	重庆兵器工业职工大学
65	长沙社会安全职业技术学院	湖南省教育厅	新建
66	长沙南方职业学院	湖南省教育厅	新建
67	常德职业技术学院	湖南省	常德农业学校 常德卫生学校 常德机电工程学校
68	岳阳职业技术学院	湖南省	岳阳职工高等专科学校 岳阳卫生学校 岳阳农业学校 岳阳机电中专学校
69	怀化职业技术学院	湖南省	湖南省安江农业学校 怀化市机电工程学校
70	娄底潇湘职业学院	湖南省教育厅	湖南体育专修学院（资源）
71	湖南化工职业技术学院	湖南省	湖南省化学工业学校
72	长沙特殊教育职业学院	湖南省	浏阳师范学校
73	湖南石油化工职业技术学院	湖南省	湖南省石化职大长岭分校 长岭石油学校 长炼技工学校
74	广东化工制药职业技术学院	广东省	广东省医药学校
75	重庆电子科技职业学院	重庆市	重庆电子职业技术学院（东院）
76	宝鸡职业技术学院	陕西省	陕西省凤翔师范学校 陕西省宝鸡师范学校 宝鸡市工业学校 宝鸡市卫生学校 宝鸡市中医药学校 宝鸡市财经学校
77	陕西航空职业技术学院	陕西省	陕南航空职工大学
78	陕西铁路工程职业技术学校	陕西省	渭南铁路工程学校
79	西安科技商贸职业学院	陕西省教育厅	西安科技商贸专修学院（资源）
80	陕西电子信息职业技术学院	陕西省教育厅	陕西电子信息专修学院（资源）

续表

序号	学 校 名 称	主 管 部 门	建校基础名称
81	湖南城建职业技术学院	湖南省	湖南省建筑学校 湖南省建材工业学校
82	浙江广厦建设职业技术学院	浙江省教育厅	金华城乡建设学校
83	重庆正大软件职业技术学院	重庆市教委	重庆正大软件专修学院（资源）
84	商丘科技职业学院	河南省教育厅	商丘科技专修学院（资源）
85	郑州信息科技职业学院	河南省	郑州信息科技学院（资源）
86	郑州经贸职业学院	河南省教育厅	郑州经济管理学校
87	郑州交通职业学院	河南省教育厅	郑州交通中等专业学校
88	武汉交通职业学院	湖北省	武汉交通管理干部学院 武汉水运工业学校
89	咸宁职业技术学院	湖北省	咸宁教育学院 咸宁应用科技学校 湖北省咸宁财贸工商管理学校
90	湖北艺术职业学院	湖北省	湖北省艺术学校
91	四川建筑职业技术学院	四川省	四川建筑职业技术学院 中国重型机械集团公司职工大学
92	广东体育职业技术学院	广东省	广东省体育运动学校 广东省体育科学研究所
93	山东化工职业学院	山东省	齐鲁石油化工公司技工学校 齐鲁石油化工公司职工大学（资源） 山东广播电视大学齐鲁石油化工公司分校（资源）
94	山东胜利职业学院	山东省	胜利油田师范专科学校（资源） 胜利石油学校
95	山东工业职业学院	山东省	山东冶金职工大学 山东省工业学校
96	山东现代职业学院	山东省教育厅	山东现代计算机专修学院（资源） 山东民进中西医进修学院（资源）
97	青岛恒星职业技术学院	山东省教育厅	青岛恒星科技专修学院（资源）
98	河南检察职业学院	河南省	河南省检察学校
99	长江工程职业技术学院	湖北省	长江职工大学
100	广东行政职业学院	广东省	广东省行政管理干部学院 南方成人经贸学院
101	四川邮电职业技术学院	四川省	四川省邮电学校
102	四川航天职业技术学院	四川省	四川航天工业学校
103	四川化工职业技术学院	四川省	四川泸州化工学校
104	四川水利职业技术学院	四川省	四川水利电力学校

续表

序号	学 校 名 称	主 管 部 门	建校基础名称
105	南充职业技术学院	四川省	南充教育学院 南充农业学校 四川省水利经济管理学校 南充工业学校
106	成都职业技术学院	四川省	成都新华职业中专学校 成都旅游职业学校
107	内江职业技术学院	四川省	内江经济技术学校 内江农业学校 内江水电学校
108	成都东软信息技术职业学院	四川省教育厅	新建
109	甘肃交通职业技术学院	甘肃省	甘肃省交通学校 甘肃省交通干部学校
110	青岛港湾职业技术学院	山东省	青岛港湾学校
111	青岛黄海职业学院	山东省教育厅	青岛黄海职业专修学院（资源）
112	武威职业学院	甘肃省	武威教育学院（资源）
113	河北公安警察职业学院	河北省	河北科技大学人民警察学院
114	江西科技职业技术学院	江西省教育厅	民办江西科大专修学院（资源）
115	青岛求实职业技术学院	山东省教育厅	青岛求实文理专修学院（资源）
116	北京汇佳职业学院	北京市教委	新建
117	廊坊职业技术学院	河北省	廊坊工业学校 廊坊农业学校 廊坊财贸学校
118	保定电力职业技术学院	河北省	保定电力学校
119	河北机电职业技术学院	河北省	河北机电学校
120	唐山科技职业技术学院	河北省	河北工业职业技术学院唐钢分院
121	石家庄邮电职业技术学院	河北省	石家庄邮政高等专科学校（资源）
122	保定虎振职业技术学院	河北省教育厅	保定虎振专修学院（资源）
123	石家庄联合技术职业学院	河北省教育厅	新建
124	石家庄华安职业学院	河北省教育厅	石家庄长安医学专修学院（资源）
125	江苏经贸职业技术学院	江苏省	江苏省商业学校 江苏商业管理干部学院
126	江西服装职业技术学院	江西省教育厅	民办江西服装专修学院（资源）
127	江西大宇职业技术学院	江西省教育厅	民办江西大宇专修学院（资源）
128	华油职业技术学院	河北省	华北石油教育学院 华北石油财经学校 华北石油卫生学校
129	杭州万向职业技术学院	浙江省教育厅	新建
130	石家庄工商职业学院	河北省教育厅	河北工商专修学院（资源）

续表

序号	学 校 名 称	主 管 部 门	建校基础名称
131	内蒙古商贸职业学院	内蒙古自治区	内蒙古商业学校 内蒙古工业美术设计学校
132	内蒙古化工职业学院	内蒙古自治区	内蒙古石油化工学校 内蒙古建材工业学校
133	内蒙古机电职业技术学院	内蒙古自治区	内蒙古工业学校
134	内蒙古电子信息职业技术学院	内蒙古自治区	内蒙古电子学校
135	锡林郭勒职业学院	内蒙古自治区	锡林郭勒盟教育学院 锡林郭勒盟卫生学校 锡林郭勒盟民族财贸学校 内蒙古广播电视大学锡林郭勒盟分校（资源）
136	石家庄外语翻译职业学院	河北省教育厅	石家庄联合科技专修学院（资源）
137	河池职业学院	广西壮族自治区	河池民族工业中等专业学校
138	河南质量工程职业学院	河南省	河南省质量工程学校 平顶山广播电视大学（资源）
139	湖南对外经济贸易职业学院	湖南省	湖南省对外经济贸易学校 湖南省经济贸易学校
140	邵阳职业技术学院	湖南省	邵阳市经济贸易学校 邵阳市机电工程学校 邵阳市农业学校
141	长沙商贸旅游职业技术学院	湖南省	长沙市商业学校 长沙市商业职业中专学校
142	湖南司法警官职业学院	湖南省	湖南省司法警官学校
143	湖南网络工程职业学院	湖南省	湖南广播电视大学
144	海南外国语职业学院	海南省	海南外国语师范学校
145	北海艺术设计职业学院	广西壮族自治区教育厅	新建
146	北海宏源足球职业学院	广西壮族自治区教育厅	新建
147	广西工业职业技术学院	广西壮族自治区	广西轻工业学校 广西南宁化工学校
148	安徽国防科技职业学院	安徽省	安徽省国防科技工业学校
149	贵港职业学院	广西壮族自治区	贵港市师范学校
150	桂林山水职业学院	广西壮族自治区教育厅	新建
151	北海职业学院	广西壮族自治区	北海市师范学校
152	山东经贸职业学院	山东省	山东省潍坊贸易学校
153	海南政法职业学院	海南省	海南省政法学校
154	安徽电气工程职业技术学院	安徽省	安徽电力职工大学 合肥电力学校
155	北京现代职业技术学院	北京市	新建

续表

序号	学 校 名 称	主 管 部 门	建校基础名称
156	北京政法职业学院	北京市	北京市政法管理干部学院 北京市第三人民警察学校
157	山西信息职业技术学院	山西省教育厅	山西信息工程学院（资源）
158	黑龙江信息技术职业学院	黑龙江省	黑龙江省邮电职工大学 黑龙江省邮电学校 黑龙江省电子工业学校
159	安徽城市管理职业学院	安徽省	安徽省直职工大学
160	安徽艺术职业学院	安徽省	安徽艺术学校 安徽省电影学校
161	安徽中澳科技职业学院	安徽省	安徽中澳科技继续教育学院 安徽大学省科学技术研究院教学点（资源）
162	安徽工商职业学院	安徽省	合肥商业学校 安徽省商业干部学校
163	安徽冶金科技职业学院	安徽省	马鞍山钢铁公司职工大学
164	抚州职业技术学院	江西省	江西抚州经贸学校 抚州农业学校 抚州文艺分校（资源）
165	安庆职业技术学院	安徽省	安庆师范学院东一区（原安庆师范学校） 安庆师范学院东二区（原合肥工大安庆教学点） 安庆农业学校 安庆财贸学校
166	阜阳科技职业学院	安徽省教育厅	阜阳经济专修学院（资源）
167	亳州职业技术学院	安徽省	合肥工业大学亳州教学点（资源） 安徽教育学院亳州教学点（资源） 亳州工业学校
168	江西外语外贸职业学院	江西省	江西省对外贸易学校
169	江西工业贸易职业技术学院	江西省	江西省工业贸易学校
170	宜春职业技术学院	江西省	宜春师范学校 宜春财经学校 宜春卫生学校
171	江西应用工程职业学院	江西省	萍乡煤矿职工大学
172	江西生物科技职业学院	江西省	江西省畜牧水产学校
173	江西建设职业技术学院	江西省	江西省建筑工程学校
174	安徽机电职业技术学院	安徽省	芜湖机械学校

附三

2003年管理体制调整的普通高等学校名单

序号	学 校 名 称	主 管 部 门	备 注
1	华北电力大学	教育部	由国家电力公司划转教育部
2	长沙航空职业技术学院	总装备部	由总后生产管理部划转总装备部管理
3	重庆石油高等专科学校	重庆市	由国家天然气总公司划转重庆市

〔**“211工程”建设**〕 2003年，“十五”“211工程”建设全面展开。“十五”“211工程”中央安排专项资金60亿元已全部落实。95所“211工程”学校已按“211工程”部际协调小组办公室的统一要求，全部完成了“十五”“211工程”建设项目可行性研究报告的编制、专家审核论证及修改完善工作，已上报其主管部门，由主管部门会同教育部报送国家发展改革委、财政部，由国家发展改革委审批。中国教育和科研计算机网（CERNET）、中国高等教育文献保障体系和中国高校大型仪器设备共享体系3个公共服务体系的可行性研究报告也已上报国家发展改革委、财政部审批。根据建设程序要求，由中国国际工程咨询公司组织的专家评审已全部完成。2003年，国家发展改革委共批复44所学校的可行性研究报告，工程建设正在按计划顺利进行。

结合“十五”“211工程”建设的特点，财政部、国家发展改革委、教育部印发了《“211工程”专项资金管理办法》，“211工程”部际协调小组办公室印发了《“211工程”建设实施管理办法》，进一步明确了各级管理部门的职责和权利，指导并督促有关主管部门和项目学校严格执行国家有关工程建设的规定，建立项目建设检查验收制度，以确保工程按期保质完成。

撰稿 赵玉霞

审稿 周其凤 王亚杰 李 军 郭新立

〔**教育部与有关省市和部门重点共建高校情况**〕 2003年9月11日，教育部与北京市人民政府联合签署《教育部 北京市人民政府关于重点共建中国人民大学的决定》。根据该规定，教育部和北京市将在“十五”期间各出资6亿元人民币，支持中国人民大学的建设和发展，使之积极适应21世纪国家经济建设和社会发展的需要，不断提高教育质量和科研水平，努力建设成为以人文社会科学为主的世界知名的一流大学。

截至2003年底，教育部先后与相关省（直辖市）和部门重点共建33所大学，它们是：中国人民大学、北京师范大学、南开大学、天津大学、大连理工大学、东北大学、吉林大学、复旦大学、上海交通大学、同济大学、南京大学、东南大学、浙江大学、厦门大学、山东大学、中国海洋大学、武汉大学、华中科技大学、湖南大学、中南大学、中山大学、华南理工大学、四川大学、电子科技大学、重庆大学、西安交通大学、兰州大学、北京理工大学、北京航空航天大学、中央民族大学、哈尔滨工业大学、中国科技大学、西北工业大学。

重点共建的实施，支持并加速了这批学校的改革发展，提升了学科水平，优化了师资队伍，改善了基础设施，深化了内部改革，为学校全面建设高水平大学奠定了坚实基础。

撰稿 高 翔

审稿 陈维嘉

〔**高校后勤社会化改革**〕 2003年，各地、各高校继续积极推进深化高校后勤社会化改革。在全国超额完成2000～2002年高校后勤设施建设规划的基础上，按照国务院的统一部署，各省、自治区、直辖市制定了2003～2008年的建设规划。根据高等教育的发展规模，按照“421”标准计算，至2008年全国规划新建普通高校学生公寓8 100万平方米；按定额标准生均1.5平方米计算，规划新建学生食堂1 200万平方米。为进一步落实好推进改革的各项工作，教育部主管部门召集省级教育厅主管部门领导，对深化改革工作进行了研讨交流，并深入各地调研、指导、督促改革工作。针对改革涉及面广、专业性强、推进改革的难度大、工作量大的特点，考虑到政府工作职能的转换和加快工作进度的需要，教育部主管部门经过认真研究，采取了进一步的推进措施，积极扶持、发挥中国高等教育学会后勤管理分会的作用，促使其健全机构，明确任务，落实责任，积极开展工作。同时，动员高校、研究机构和社会有关方面力量共同参与。一是组织开展了对改革理论和实践全面系统的研究工作。二是有计划地组织开展了广泛的培训交流和推广典型的活动。三是建立了中国高校后勤网站。通过这些措施，为全国高校后勤战线搭建起了学习研究国家政策、改革和管理理论，汇集和推广改革经验的平台，有效地促进了改革。2003年10月，党的十六届三中全会通过了《中共中央关于完善社会主义市场经济体制若干问题的决定》（以下简称《决定》）。这一重要文件是指导我国今后一个时期经济体制改革的纲领性文件，也为我国高校后勤社会化改革提供了理论和政策依据。通过组织宣传贯彻《决定》精神，促使全国后勤战线各级领导加深了对国家改革发展形势及政策的认识和理解，进一步理清了深化高校后勤社会化改革的思路，坚定了改革的信心。为支持高校后勤社会化改革，财政部和国家税务总局发出《关于继续执行高校后勤社会化改革有关税收政策的通知》，明确将有关税收政策继续执行到2005年底。

各地、各高校在已取得成绩的基础上积极探索，努力深化高校后勤社会化改革，取得显著成绩。学生公寓与食堂建设速度较往年进一步加快。据初步统计，2003年全国竣工学生公寓约为1 600万平方米，竣工学生食堂约为240万平方米。后勤管理体制和运行机制的改革，在探索进一步社会化运作、企业化管理，充分发挥市场在后勤资源配置中的作用方面，取得了新的进展。许多高校引入社会力量参与后勤服务经营工作，在后勤服务经营中建立起了有序竞争的市场机制。比如，复旦大学的餐饮服务和物业管理市场已分别有4家社会公司参与服务竞争，校外企业占据的市场份额已分别占到总营业额的55％和70％。一些规模较小的学校已取消了自己的后勤服务部门，全面向社会开放后勤服务市场，利用社会企业为学校提供后勤服务。大批新建校区不再自办后勤，全面采取了社会化的后勤服务方式。许多高校后勤服务实体注册为独立企业法人，与学校实现了进一步的分离。江西师范大学、河北大学等一些高校后勤企业已进行了股份制改造。这些改革虽然还不完善或不到位，但已取得了较好的效果，不但在实践上进一步印证了改革方向的正确性和可行性，也为全国深化高校后勤社会化改革创造和积累了经验。

随着改革的深化，深层次的矛盾逐步暴露出来，推进改革变得更加艰难，深化改革依然面临着诸多难点问题，需要下大力气抓紧解决。

撰稿　朱宝铜
审稿　韩　进

教育教学管理

〔启动“高等学校教学质量与教学改革工程”〕 2001年8月，教育部印发了《关于加强高等学校本科教学工作，提高教学质量的若干意见》，提出了12条加强本科教学工作提高教学质量的措施和意见，得到全国高教战线的广泛拥护和认真落实。但是，面对高等教育改革和发展的新形势、新任务，需要采取新的措施，巩固高等教育改革与发展的成果，深化教学改革，提高教学质量，实现高等教育持续健康快速发展，全面增强高等教育的综合实力和国际竞争力。为此，教育部决定实施“高等学校教学质量与教学改革工程”(以下简称“质量工程”)。

“质量工程”是教育部制订的《2003－2007年教育振兴行动计划》的重要组成部分。实施“质量工程”的指导思想是：从教育创新的战略高度，更新教学观、质量观和人才观，与时俱进，创建优质教学，培养适应新世纪我国社会主义现代化建设需要、具有国际竞争力、创新精神、实践能力和可持续发展能力的高素质人才。建设目标是：全面推进教学改革，初步形成有效提高学生实践能力、创业能力、创新能力、国际竞争能力的新型教育教学模式、教学内容和教学方法。调整学科专业结构和人才培养结构，不断适应国家经济结构战略性调整。建设1 500门精品课程，大力推进教案上网和优质教育资源共享。继续推进教授上讲台，鼓励名师讲授大学基础课程。改革大学公共英语教学标准、手段和考试方法，推进基于计算机的个性化英语教学，提高大学生的英语综合实用能力。继续加强国家级示范教学基地建设，持续稳定地为国家培养高素质科学研究和教学人才。建设100个基础课实验教学示范中心。建设示范性高职高专院校及精品专业，改善办学条件，促进高校教学仪器设备的更新换代。继续加强大学生文化素质教育工作，使文化素质教育同弘扬爱国主义、民族精神相结合，同法制教育、诚信教育相结合，全面提高大学生的综合素质。建设20个“示范性临床医学教育中心”，提高医学教育水平。积极推进制度创新，实行五年为一周期的全国高等学校教学质量评估制度，全面开展教学评估工作。

根据高等教育发展的现状和需求，教育部决定分步实施“质量工程”。2003年，启动了“高等学校精品课程建设”、“大学英语教学改革”、“高等学校教学名师奖”、“高等学校教学评估工作”4个项目。

〔表彰首届“高等学校教学名师奖”获奖者〕
教授讲授基础课，对提高教学质量、培养大学生创新精神和实践能力具有十分重要的作用。为促进教授上讲台，鼓励名师为本专科生开设基础课和专业基础课，教育部设立了国家级“高等学校教学名师奖”，表彰既具有较高的学术造诣，又能长期从事基础课教学工作，注重教学改革与实践，教学水平高，教学效果好的教授。其目的是通过名师的引导示范作用，促进高等学校课程建设、教学梯队建设、教材建设，积极探索适应时代发展要求的现代教育教学思想、方法和人才培养模式，从根本上提高教育教学质量，推进高校的素质教育。“高等学校教学名师奖”是“高等学校教学质量与教学改革工程”的重要部分。教育部已经决定将其作为教育部常设表彰奖励项目，每三年评选一次，每次评选100人。

2003年4月，教育部办公厅发出《关于组织开展2003年度高等学校教学名师奖评选表彰工作的通知》，6月又发出《关于2003年度高等学校教学名师奖评选表彰工作有关事项的通知》，确定了“高等学校教学名师奖”的评选办法、程序和评选指标体系。教育部在综合地方推荐、同行专家初评、专家会议评审三个阶段评审意见的基础上，按照各占30％、30％和40％的权重进行综合评分、排序，产生最终拟表彰人选。为达到树立名师形象，展示名师风采，加强社会监督的目的，本次“高等学校教学名师奖”的评选首次增加了社会评选环节，即在专家初评的同时，开通社会评选的网络渠道，社会各界可通过网络浏览候选人的申报材料，并进行投票，投票情况供专家会议评审时参考。

经过同行专家网络评审、会议评审、教育部审定等程序，确定了100名“高等学校教学名师奖”的获奖教师。获奖教师中有62名教师来自教育部直属高等学校，35名教师来自非教育部直属高等学校，3名教师来自军队院校。获奖教师的平均年龄为58岁，年龄最大的72岁，最小的只有37岁。

2003年8月，教育部印发《关于表彰第一届高等学校教学名师奖获得者的决定》。9月9日，教育部在人民大会堂举行“第一届高等学校教学名师奖”表彰大会。会前，中共中央政治局常委、国务院总理温家宝，国务委员陈至立，政协副主席王选接见了“第一届高等学校教学名师奖”获奖教师。温家宝在接见仪式上寄语教育工作：第一，要让孩子们都能上学；第二，要让全社会形成尊师重教的风尚；第三，要让为人师表成为每个教师的行为准则；第四，要让教育成为政府一项最重要的工作。教育部部长周济在表彰大会上发表重要讲话。

撰稿 江 河 张庆国

审稿 宋 毅

附

首届高等学校教学名师奖获奖名单

陆俭明	北京大学	丘维声	北京大学
吴思诚	北京大学	祝学光	北京大学
方福前	中国人民大学	范钦珊	清华大学
李砚祖	清华大学	申永胜	清华大学
吴庆余	清华大学	袁 驷	清华大学
王 琪	北京航空航天大学	梅凤翔	北京理工大学
余永宁	北京科技大学	张常群	北京化工大学
刘庆昌	中国农业大学	舒 华	北京师范大学
李 健	中央财经大学	金炳镐	中央民族大学
顾 沛	南开大学	朱光磊	南开大学
王其亨	天津大学	张 静	河北北方学院
曹之江	内蒙古大学	林木西	辽宁大学
高占先	大连理工大学	王永岩	辽宁工程技术大学
孙玉华	大连外国语学院	宋天佑	吉林大学
孙正聿	吉林大学	姚建宗	吉林大学
蔡美花	延边大学	田克勤	东北师范大学
邓 军	黑龙江大学	刘敬圻	黑龙江大学
蔡惟铮	哈尔滨工业大学	张少实	哈尔滨工业大学
段富津	黑龙江中医药大学	张锦池	哈尔滨师范大学
陈纪修	复旦大学	陆谷孙	复旦大学
洪嘉振	上海交通大学	郑树棠	上海交通大学
华泽钊	上海理工大学	陈信元	上海财经大学
俞丽拿	上海音乐学院	范从来	南京大学
卢德馨	南京大学	王守仁	南京大学
胡寿松	南京航空航天大学	于洪珍	中国矿业大学
曾 勇	中国矿业大学	赵振兴	河海大学
杨 进	南京中医药大学	朱晓进	南京师范大学
林正炎	浙江大学	吴秀明	浙江大学
陈国良	中国科学技术大学	李尚志	中国科学技术大学
余恕诚	安徽师范大学	郭祥群	厦门大学
王耀华	福建师范大学	胡援成	江西财经大学
刘建亚	山东大学	张正斌	中国海洋大学
朱德发	山东师范大学	房绍坤	烟台大学
李梦如	郑州大学	石云霞	武汉大学
汪存信	武汉大学	姚端正	武汉大学
龚非力	华中科技大学	李元杰	华中科技大学

郑用琏	华中农业大学	刘连寿	华中师范大学
万后芬	中南财经政法大学	蔡自兴	中南大学
文继舫	中南大学	杨鹏程	湖南科技大学
邓东皋	中山大学	王金发	中山大学
王声湧	暨南大学	秦秀白	华南理工大学
陈　群	广州中医药大学	桑新民	华南师范大学
黄希庭	西南师范大学	吴鹿鸣	西南交通大学
彭启琮	电子科技大学	万德光	成都中医药大学
曹广福	四川大学	欧阳钦	四川大学
史启祯	西北大学	冯博琴	西安交通大学
马知恩	西安交通大学	陶文铨	西安交通大学
梁昌洪	西安电子科技大学	刘文西	西安美术学院
钱伯初	兰州大学	邹逢兴	中国人民解放军国防科学技术大学
康　颖	中国人民解放军海军工程大学	朱松山	中国人民解放军第二炮兵工程学院

〔**高等学校精品课程建设**〕 精品课程建设项目是“高等学校教学质量和教学改革工程”的一项重要内容和先期启动的 4 个项目之一。教育部计划用 5 年时间（2003－2007 年）建设1 500门利用现代信息技术手段将课程相关内容上网并免费开放的国家级精品课程，并通过国家级精品课程的建设带动和促进各地及各高等学校的精品课程建设工作，建立起各门类、专业的校、省、国家三级精品课程体系，实现优质教学资源共享，提高高等学校的教学和人才培养质量。2003 年初，教育部发出《关于启动高等学校教学质量与教学改革工程精品课程建设工作的通知》，5 月，教育部办公厅又印发了《国家精品课程建设工作实施办法》，在全国范围正式启动精品课程建设工作。

精品课程是具有一流教师队伍、一流教学内容、一流教学方法、一流教材、一流教学管理等特点的示范性课程。精品课程建设主要包括六个方面内容：一是教学队伍建设，逐步形成一支以主讲教授负责的、结构合理、人员稳定、教学水平高、教学效果好的教师梯队，并按一定比例配备辅导教师和实验教师；二是教学内容建设，使教学内容具有先进性、科学性，及时反映本学科领域的最新科技成果；三是使用先进的教学方法和手段，相关的教学大纲、教案、习题、实验指导、参考文献目录等上网并免费开放，实现优质教学资源共享；四是教材建设；五是实验教学建设，大力改革实验教学的形式和内容，鼓励开设综合性、创新性实验和研究型课程，鼓励本科生参与科研活动；六是机制建设，建立相应的激励和评价机制，鼓励教授承担精品课程建设，以新的用人机制保证精品课程建设。

国家精品课程建设采用学校先行建设，省、自治区、直辖市和教学指导委员会、专家组织择优推荐，教育部组织评审，授予荣誉称号，后补助建设经费的方式进行。教育部在政府网站上设立“全国高等学校精品课程建设工作”网页，发布与高等学校精品课程建设相关的政策、规定、标准、通知等信息，并通过这个平台组织国家级精品课程评审。评审分申报、评审、公布结果三个阶段。

2003 年，全国共有 31 个省、自治区、直辖市和 38 个教学指导委员会、专家组织在规定时间内推荐了 260 所高校的 494 门课程申报国家精品课程。其中，240 所高校的 467 门课程通过了资格审查进入网上初评。

教育部组织了全国 30 个省、市、自治区（西藏和青海除外）159 所高校的近 400 位专家对通过资格审查的课程进行了为期一个月的网络通讯评审，并根据专家打分结果遴选出 210 门课程提交专家会议终审。终审会议以全体投票的方式最终确定 151 门课程上网公示。公示课程覆盖了 21 个省、市、自治区的 83 所高校。经过公示，2003 年度教育部共评审产生国家级精品课程 151 门。在 151 门精品课程中，有 50 所“211”大学的课程 112 门，有 48 所部委直属院校的课程 108 门，有 35 所地方院校的课程 43 门。其中：本科类课程 127 门，高职高专类课程 24 门；有院士参与的课程 7 门，首届国家教学名师奖获奖者主持的课程 33 门，占到课程总数 25%；来自“国家基础科学研究与教学人才培养基地”和“国家工科基础科学教学基地”的课程 34 门，占 67 门理工类课程的 50%。

精品课程建设是教育部深化教学改革，以信息化为龙头带动教育现代化，共享优质教学资源，全面提高教育教学质量的一项重要措施。它引导广大高等学校以培养满足国家和地方发展需要的高素质人才为目标，整合各类教学改革成果，加大教学过程中使用信息技术的力度，加强科研与教学的紧密结合，提倡和促进学生主动、自主学习，并改革阻碍提高人才培养质量的不合理机制与制度，促进高等学校对教学工作的投入，使我国高等教育规模上实现跨越式发展的同时，教学质量不断提高，保证高等教育的持续健康发展。

撰稿　林　宇
审稿　葛道凯

附

2003 年度国家精品课程名单

省　份	学　校	课程名称	层　次	课程负责人
北京市	北京大学	邓小平理论和“三个代表”重要思想概论		陈占安
北京市	北京大学	电磁学	本科	赵凯华
北京市	北京大学	分析化学	本科	李克安
北京市	北京大学	大气探测学	本科	刘树华
北京市	北京大学	细胞生物学	本科	丁明孝
北京市	北京大学	中国古代史（上）	本科	阎步克
北京市	北京大学	现代汉语	本科	陆俭明
北京市	北京大学	人体生理学	本科	范少光
北京市	北京大学	生物化学	本科	贾弘禔
北京市	中国人民大学	民法学	本科	王利明
北京市	中国人民大学	企业战略管理	本科	徐二明
北京市	清华大学	材料力学（工程力学）	本科	施惠基
北京市	清华大学	电子技术基础	本科	华成英
北京市	清华大学	计算机语言与程序设计	本科	吴文虎
北京市	清华大学	结构力学	本科	袁　驷
北京市	清华大学	大学物理	本科	陈信义
北京市	清华大学	微积分	本科	谭泽光
北京市	清华大学	现代生物学导论	本科	吴庆余
北京市	清华大学	计算机文化基础	本科	王行言
北京市	清华大学	文物精品与文化中国	本科	彭　林
北京市	北京交通大学	数字逻辑与系统	本科	侯建军

续表

省　份	学　校	课程名称	层　次	课程负责人
北京市	北京交通大学	信号与系统	本科	陈后金
北京市	北京交通大学	运输组织学	本科	杨　浩
北京市	北京化工大学	化工原理	本科	杨祖荣
北京市	北京化工大学	物理化学（工科）	本科	张常群
北京市	中国农业大学	兽医寄生虫学	本科	刘　群
北京市	北京中医药大学	中医诊断学	本科	陈家旭
北京市	北京外国语大学	专业英语精读	本科	杨立民
北京市	中央财经大学	货币银行学	本科	李　健
北京市	北京航空航天大学	电子电路（1）	本科	张晓林
北京市	北京航空航天大学	大学体育	本科	邢登江
北京市	北京工商大学	中级财务会计	高职	杨有红
北京市	北京联合大学	Web技术应用基础	高职	樊月华
北京市	北京联合大学	应用数学与计算	高职	王信峰
天津市	天津大学	化工原理及实验	本科	贾绍义
天津市	天津师范大学	史学概论	本科	庞卓恒
河北省	河北大学	中国古代文学	本科	詹福瑞
河北省	邢台职业技术学院	服装结构制图与样板	高职	郝瑞闽
河北省	邢台职业技术学院	汽车电器设备	高职	尹万建
山西省	华北工学院	线性代数	高职	仉志余
内蒙古自治区	内蒙古大学	数学分析	本科	曹之江
辽宁省	大连理工大学	有机化学及实验	本科	高占先
辽宁省	大连理工大学	无机化学及实验	本科	孟长功
辽宁省	辽宁大学	政治经济学	本科	林木西
辽宁省	中国医科大学	组织学与胚胎学	本科	石玉秀
辽宁省	东北财经大学	基础会计	本科	陈国辉
辽宁省	沈阳工程学院	电机学	高职	吕中枢
辽宁省	渤海大学	管理学基础	高职	单凤儒
辽宁省	辽宁农业职业技术学院	植物生长与环境	高职	邹良栋
吉林省	吉林大学	法理学	本科	张文显
吉林省	吉林大学	数据结构	本科	刘大有
吉林省	吉林大学	无机化学	本科	宋天佑
吉林省	吉林大学	哲学通论	本科	孙正聿
吉林省	东北师范大学	邓小平理论概论	本科	田克勤
黑龙江省	哈尔滨工业大学	电子技术基础（基础、集成电子技术）	本科	蔡惟铮

续表

省　份	学　校	课程名称	层　次	课程负责人
黑龙江省	哈尔滨工业大学	材料力学	本科	张少实
黑龙江省	黑龙江大学	俄语实践课	本科	邓　军
黑龙江省	黑龙江中医药大学	方剂学	本科	李　冀
上海市	复旦大学	管理信息系统	本科	黄丽华
上海市	复旦大学	大学英语	本科	邱东林
上海市	复旦大学	现代西方哲学	本科	刘放桐
上海市	同济大学	Visual Basic 程序设计	本科	龚沛曾
上海市	同济大学	土木工程施工	本科	应惠清
上海市	同济大学	高等数学	本科	郭镜明
上海市	上海交通大学	理论力学	本科	洪嘉振
上海市	上海交通大学	现代机械工程图学	本科	蒋寿伟
上海市	上海交通大学	自动控制原理	本科	田作华
上海市	上海交通大学	工程热力学	本科	童钧耕
上海市	上海交通大学	材料科学基础	本科	蔡　珣
上海市	上海交通大学	生命科学导论	本科	张惟杰
上海市	上海交通大学	大学英语	本科	郑树棠
上海市	华东理工大学	物理化学	本科	黑恩成
上海市	上海财经大学	货币银行学	本科	戴国强
上海市	华东政法学院	外国法制史	本科	何勤华
上海市	上海第二工业大学	数据结构	高职	蒋川群
上海市	上海第二医科大学	组织胚胎学	本科	王一飞
上海市	上海商业职业技术学院	电子商务概论	高职	宋文官
江苏省	南京大学	人力资源管理	本科	赵曙明
江苏省	南京大学	政治经济学	本科	洪银兴
江苏省	南京大学	大学物理学	本科	卢德馨
江苏省	南京大学	物理化学	本科	沈文霞
江苏省	南京大学	英国文学	本科	王守仁
江苏省	东南大学	数字信号处理	本科	吴镇扬
江苏省	中国矿业大学	矿物加工学	本科	谢广元
江苏省	河海大学	水力学	本科	赵振兴
江苏省	江南大学	食品工艺学	本科	夏文水
江苏省	南京农业大学	土地经济学	本科	曲福田
江苏省	南京农业大学	植物学	本科	强　胜
江苏省	中国药科大学	生药学	本科	李　萍

续表

省　份	学　校	课程名称	层　次	课程负责人
江苏省	南京航空航天大学	自动控制原理	本科	胡寿松
江苏省	南京中医药大学	温病学	本科	杨　进
江苏省	南京师范大学	中国现当代文学史	本科	朱晓进
江苏省	无锡职业技术学院	数控编程	高职	顾　京
浙江省	浙江大学	工程图学	本科	陆国栋
浙江省	浙江大学	数学建模	本科	杨启帆
浙江省	温州大学	计算机网络技术	高职	施晓秋
浙江省	浙江水利水电专科学校	企业管理	高职	闫　彦
安徽省	中国科学技术大学	并行计算	本科	陈国良
安徽省	中国科学技术大学	数学实验	本科	李尚志
安徽省	中国科学技术大学	大学物理实验	本科	霍剑青
福建省	福建公安高等专科学校	警察查缉战术	高职	王　勇
山东省	山东大学	现代汉语	本科	盛玉麒
山东省	青岛远洋船员学院	船舶辅机	高职	何法明
河南省	黄河水利职业技术学院	水力学	高职	张耀先
湖北省	武汉大学	微生物学	本科	沈　萍
湖北省	武汉大学	牙体牙髓病学	本科	樊明文
湖北省	华中科技大学	电子技术基础	本科	彭容修
湖北省	华中科技大学	机械设计	本科	戴　同
湖北省	华中科技大学	医学免疫学	本科	龚非力
湖北省	华中农业大学	家畜解剖及组织胚胎学	本科	彭克美
湖北省	华中农业大学	普通昆虫学	本科	雷朝亮
湖北省	华中农业大学	农业植物病理学	本科	侯明生
湖北省	华中师范大学	文艺学系列课程	本科	王先霈
湖南省	中南大学	人工智能	本科	蔡自兴
湖南省	中南大学	管理信息系统	本科	陈晓红
湖南省	中南大学	病理学	本科	文继舫
湖南省	中南大学	生理学	本科	罗自强
湖南省	中南大学	人体解剖学	本科	罗学港
湖南省	湖南大学	工业设计史	本科	何人可
广东省	中山大学	思想道德修养	本科	李　萍
广东省	中山大学	领导科学	本科	王乐夫
广东省	中山大学	数学分析	本科	邓东皋
广东省	华南理工大学	大学英语	本科	张本慎

续表

省　份	学　校	课程名称	层　次	课程负责人
广东省	华南师范大学	学习论——步入信息时代的学习理论与实践	本科	桑新民
广东省	广东外语外贸大学	交际英语	本科	肖惠云
广东省	顺德职业技术学院	制冷流体机械	高职	陈　礼
广东省	顺德职业技术学院	家具设计	高职	彭　亮
广东省	深圳职业技术学院	管理英语	高职	徐小贞
广东省	深圳职业技术学院	电气控制与 PLC	高职	钟江生
重庆市	重庆大学	工程制图	本科	何玉林
重庆市	西南师范大学	普通心理学	本科	黄希庭
重庆市	重庆石油高等专科学校	基础英语	高职	刘寅齐
四川省	四川大学	病理学	本科	李甘地
四川省	西南交通大学	机械设计	本科	吴鹿鸣
四川省	电子科技大学	数字信号处理	本科	彭启琮
四川省	四川农业大学	动物营养学	本科	陈代文
四川省	成都航空职业技术学院	计算机文化基础	高职	王海春
四川省	成都航空职业技术学院	数字电子技术	高职	邱寄帆
陕西省	西安交通大学	电力电子技术	本科	王兆安
陕西省	西安交通大学	传热学	本科	陶文铨
陕西省	西安交通大学	系统工程	本科	袁治平
陕西省	西安交通大学	高等数学	本科	王绵森
陕西省	西安交通大学	诊断学	本科	吕卓人
陕西省	西安电子科技大学	微波技术基础	本科	梁昌洪
陕西省	西北农林科技大学	园艺设施学	本科	邹志荣
陕西省	西北工业大学	机械设计	本科	陈国定
陕西省	西北工业大学	机械原理	本科	葛文杰
陕西省	西北工业大学	鱼雷技术基础	本科	徐德民
陕西省	西北大学	构造地质学	本科	于在平
陕西省	西北大学	计算机基础（文科）	本科	耿国华
陕西省	西北大学	中国传统文化	本科	方光华

〔**国家集成电路人才培养基地建设**〕　2003 年 7 月，教育部和科技部联合发出《关于批准有关高等学校建设国家集成电路人才培养基地的通知》，批准北京大学、清华大学、浙江大学、复旦大学、西安电子科技大学、上海交通大学、东南大学、电子科技大学、华中科技大学 9 所高校建设“国家集成电路人才培养基地”。

建设“国家集成电路人才培养基地”是高等教育适应国家经济结构战略调整的重大改革，旨在尽快满足国家高新技术产业发展对集成电路人才的迫切需求，为集成电路产业的发展带来新的推动力。集成电路人才培养基地的人才培养包括本科、第二学士学位和硕士学位两个层次，以硕士层次为主，主要培养集成电路设计和工艺技术方面的工程硕士。其中，第二学士学位的招生对象为相关专业的本科毕业生，工程硕士学位的招生对象为相关专业应届本科毕业生或相关领域的本科以上从业人员。集成电路人才培养基地教学实行学分制，加强产学研合作教育，使用双语授课，采用国外原版高水平教材，以培养具有国际竞争能力的实用型、高水平集成电路人才。经过近一年的建设，部分高校已经有了先进的实验室和教室，吸引了一批国外高水平学者为学生授课。各高校在管理体制和运行机制创新、校企交流与合作、特殊人才引进和师资培训、教学内容和课程体系改革等方面进行积极的探索，取得了阶段性建设成果。

撰稿　马　杰
审稿　葛道凯

〔**大学英语教学改革**〕　改革开放以来，我国大学英语教学取得了显著的成绩，但是随着形势的发展与变化，大学英语教学面临许多新的问题，如：由于学生数量急剧增加，使得师资严重不足；教学缺乏多样性、实用性和灵活性，教学模式单一；教学效率不高，学生学习积极性下降；教师忙于上课，疲于应付，进修机会较少，整体水平偏低，教学效果不理想；培养出来的学生英语实际应用能力不强，与国家和社会发展的要求相差甚远，等等。大学英语教学改革成为各方关注的热点。基于此，教育部下决心进行大学英语教学改革，并作为“高等学校教学质量与教学改革工程”的一项重要内容。

通过前期调研，教育部形成了改革的基本思路和目标。即通过对大学英语教学思想、教学模式和评价体系三大部分的改革和完善，整体推进大学英语教学改革。进一步明确以培养学生英语综合应用能力为主的指导思想，充分利用网络、多媒体等现代教育技术，改革教学内容、教学方法、教学手段，提高和规范教学条件，完善大学英语的教学模式。争取经过两年左右的努力，逐步建立适应时代需要的个性化、多样化、立体化的全新的大学英语教学体系，使大学英语教学利用现代教育技术的水平和学生的英语综合应用能力有较大提高。

这项改革包括三方面的内容。(1) 制订“大学英语教学基本要求”，改革教学思想。以加强实用性英语教学，提高学生的英语综合应用能力为指导思想，制订“大学英语教学基本要求”。新的“大学英语教学基本要求”将从三个方面对传统的教学思想进行改革：改变传统的重阅读思想，注重学生综合实际应用能力的整体提高；改变传统的英语教学大纲，给学校更多的教学自主与空间；改变传统的单一教学模式束缚，鼓励多模式探索和现代教育技术的充分利用。(2) 建设基于网络的大学英语教学系统，改革传统的教学模式。开发基于校园网的大学英语自适应自学系统，充分利用现代教育技术，改变过去黑板、粉笔加教材的单一教学模式，培养学生自主学习的能力。基于网络与多媒体教学系统开发后，各高校、学生个人都可根据自身实际和发展需要“量体裁衣”，建立个性化教学、学习体系，从而更加切合大学英语教学的实际，更加体现分类指导和分级教学的原则。同时结合基于网络的大学英语教学系统的开发，依据“大学英语教学基本要求”，建设大学英语教材体系，建设适用于不同地域、不同高校的内容丰富、品种多样的立体化教材。(3) 健全和完善评价体系，改变单一考试模式。新的“大学英语教学基本要求”完成后，将进一步研究探索新的教学评价体系，使对学生学习过程评价与终结考试相结合，将对学生学习评测与对教师教学评估相协调，形成多层面、多角度、多环节的大学英语教学评价系统。同时进一步改革和完善大学英语四、六级考试，引导学生更加重视英语实际应用能力的提高，从而适应社会发展的需要。

2002 年 12 月，教育部高等教育司发出《关于启动大学英语教学改革部分项目的通知》，大学英语教学改革工作正式启动，同时成立了项目组。经过项目组几个月辛勤工作，于 2003 年 6 月底形成《大学英语课程教学要求》(征求意见稿)。经反复征求意见，教育部于 2004 年 1 月正式印发《大学英语课程教学要求》。

与此同时，教育部委托高等教育出版社、清华大学出版社、外语教学与研究出版社、上海外语教育出版社等单位承担“大学英语教学软件”的开发工作。经过几个月努力，开发出了4套大学英语学习系统：大学体验英语、新时代交互英语、新视野大学英语、新理念大学英语等。

撰稿　武世兴
审稿　刘凤泰

〔**普通高校教学工作评估**〕　为贯彻党的十六大精神，实践“三个代表”重要思想，落实“巩固、深化、提高、发展”的方针，进一步加强高等教育教学工作的宏观管理和指导，努力提高人才培养质量，提升我国高等教育的综合实力和国际竞争力，教育部决定建立5年为一周期的全国高等学校本科教学工作评估制度。根据各地教育行政部门所报评估工作计划，并经与有关部门（单位）协商后，教育部确定：2003－2007年分期分批对北京大学、清华大学等592所高等学校进行本科教学工作水平评估；2003年对42所高校进行了本科教学工作水平评估工作。首批被评学校均为以教学为主要任务的高等学校。评估工作由教育部领导和组织。专家组进校考察的部分具体工作委托教育部“普通高等学校本科教学工作评估专家委员会”实施。评估依据为《普通高等学校本科教学工作水平评估方案（试行）》。评估结论分为优秀、良好、合格和不合格四种，由进校考察的专家组提出评估结论建议，经“普通高等学校本科教学工作评估专家委员会”审议后，报教育部审批并向社会公布评估结论。与此同时，2003年教育部还委托行业协会或相关的高等学校教学指导委员会开展了普通高等学校部分本科专业和专项的教学评估工作，如法学专业本科教学工作合格评估，示范性软件学院中期评估，七年制医学教育教学工作评估等。评估工作得到了高等学校及其主管部门的支持和肯定。被评估学校的领导普遍认为：建立普通高等学校教学评估制度，有力地推动了学校各方面的建设和改革，使学校的教学质量和办学水平得到提高，为今后发展打下了坚实的基础。

高等学校教学工作评估是“高等学校教学质量与教学改革工程”的重要组成部分。教育部十分重视有关工作的建设与完善。积极筹建具有独立法人资格的专门的教学评估中介机构——教育部高等教育教学评估中心；成立了第二届普通高等学校本科教学工作评估专家委员会，开展有关评估的方针、政策、规章、方法等方面的研究，为教育部提供建议和咨询，并承担教育部委托的有关工作的具体实施；成立了《普通高等学校本科教学工作水平评估课题组》，深入研究完善评估方案和改进评估方法等有关问题；启动了采集和公布本科教学基本状态部分数据的工作，确定了2003年本科教学基本状态的十个方面的数据；开展了评估专家培训活动，以适应全面开展高等教育教学评估工作的需要。

撰稿　胡秀荣
审稿　刘凤泰

〔**现代远程教育试点工作**〕　截至2003年底，教育部共批准了68所现代远程教育试点高校，累计注册网络教育学生230.4万人，其中社会从业人员208.8万人，占学生总数的90.6%。2002年试点高校共招生93.1万人，其中中央电大开放教育试点项目招生62.6万人，普通试点高校招生30.5万人。远程学习学生的年龄分布主要集中在21～35岁，其次是36～45岁，20岁以下和46岁以上的人数相对较少。2003年有毕业生的试点高校共32所，毕业生总数为153 673人，其中专科毕业生5 217人，本科毕业生148 456人，有3 586人获得学位。

试点高校通过全国统考和自主考试招生。全国统考招生又分为普通高考招生和成人高考招生。多数试点学校都同时采用全国统考与自主考试两种方式招生。68所试点高校共开设153个专业，涉及文学、教育学、哲学、法学、经济学、管理学、理学、工学、农学、医学10个学科门类，其中开设最多的专业有计算机科学与技术、法学、工商管理、会计学、英语、金融学6个专业。招生的层次有大学专科、大学本科、专科升本科、第二学士学位等学历教育层次，以及研究生课程进修班、职业技术培训、资格证书培训等非学历教育层次。招生人数最多的为专科升本科的学历教育。

截至2003年底，67所试点高校（除中央电大外）设立的校外学习中心总数为2 346个，比2002年增加371个，分布在全国31个省、自治区、直辖市。其中西部地区校外学习中心由2002年的374个增加至625个，占全国校外学习中心总数的比例由19%增加至27%。2003年3月，教育部办公厅印发了《现代远程教育校外学习中心（点）暂行管理办法》，对校外学习中心的作用、构成、建设条件、申请和审批等作出规定。

试点高校的教师主要有三种类型：专职教师、兼职教师、校外学习（点）辅导教师。具有副教授以上职称的教师占全部教师人数的54%；硕士及硕士以上学位的教师占56%。

试点高校主要采用五种教学模式：一是通过因特网，在学校远程教学平台上进行网络课件点播、浏览网页、交互答疑、作业练习等自主学习方式进行教学；二是通过单向/双向卫星系统进行实时的单向/双向教学；三是通过视频会议系统进行实时双向教学；四是通过局域网点播课件或者利用光盘课件学习方式进行教学；五是采用集中面授方式进行教学。多数试点高校在教学中同时混合采用两种或两种以上的教学模式开展远程教学。

截至2003年底，试点高校共开设不同层次不同专业的课程18 171门，开发各类课件6 750个，课件的类型包括：网络课件（宽带课件、窄带课件）、单机课件、教学录像和教学录音等。课件开发方式有3种：学校自行开发，合作开发，市场购买。

新世纪网络课程建设取得成果。教育部自2000年5月启动了“新世纪网络课程建设工程”。“新世纪网络课程建设工程”是“现代远程教育工程”和“新世纪高等教育教学改革工程”的重要组成部分，其主要内容包括网络课程、教学案例库、教学素材库、试题库等。该工程分三批立项，共有120多所高等学校提交了2 000多项申请，立项320个。承担项目建设的高校教师约1万名，参加建设的学校约占全国高等学校总数的10%。2001年—2002年，教育部高教司组织专家分别对三批项目进行了阶段性检查。2003年4月、7月、12月，召开三次项目验收会，共聘请学科专家、教育技术专家100多人次，对321个项目进行验收，有299个项目通过了验收。

撰稿　刘　英

审稿　葛道凯

〔**示范性软件职业技术学院建设**〕　2000年6月，国务院发布了《鼓励软件产业和集成电路产业发展的若干政策》，提出到2010年使我国软件产业研究开发和生产能力达到或接近国际先进水平，并要求教育部门根据市场需求进一步扩大软件人才培养规模。此后，国务院办公厅转发了国务院信息化工作办公室制定的《振兴软件产业行动纲要》，明确提出要改善软件人才结构，大规模培养软件初级编程人员，满足软件工业化生产的需要。为此，2002年教育部启动了示范性软件职业技术学院建设工作，并确定北京信息职业技术学院等35所高等学校作为首批建设单位。这批试点学校以软件职业技术人才培养为切入点，在高等职业教育的办学体制和人才培养模式等方面加大改革力度。它们在招生、学费、学制、专业建设等方面享受国家的扶持政策。经过三至五年的建设，这些院校不但要拥有一支教学水平高、实践经验丰富、结构合理的师资队伍，还要拥有培养高素质实用型技术人才需要的、完备的、接近国际先进水平的实训基地和其他办学条件。五年后，这批院校力争能够为国家培养20万左右高质量软件蓝领人才。示范性软件职业技术学院建设实行“优进劣汰”的动态管理方式。对35个试办单位，教育部将会同有关部门定期进行检查评估。建设达标者，由教育部正式命名。同时，教育部也鼓励各省（区、市）结合本地区软件产业和高等职业教育发展的实际需要，设立省级示范性软件职业技术学院，为促进地方经济的发展和推动高等职业教育的建设与改革作出贡献。对于条件较好、经过省级教育行政部门推荐并达到评估验收标准的院校，教育部也将给予正式命名。

撰稿　李津石

审稿　葛道凯

〔**成立高等学校农林科类教学指导委员会**〕　为加强教育部对高等学校农林科类教学和人才培养工作的宏观管理和指导，推动教学建设，提高教育质量，充分发挥专家学者对教育教学改革与建设的研究和指导作用，促进高等教育更好地为经济建设和社会发展培养高质量的人才，在有关高校推荐的基础上，经与农业部、林业局协调，于 2003 年 9 月成立了第一届教育部高等学校农林基础教学、植物生产与草业科学类、森林资源类、环境生态类、动物生产类、动物医学类、水产类、农林业工程类、农林经济与管理类、高等农林院校现代教育技术与计算机、食品与营养科学等 11 个农林科类教学指导委员会。聘请 51 个学校的 251 名专家教授担任委员。该教学指导委员会是在教育部领导下，对高等学校农林科类教学工作进行研究、指导、评估以及提供咨询和服务的专家组织。其主要任务是：就高等农林教育教学改革与发展的全局性重大问题进行理论和实践研究，指导高等学校的农林科类专业、课程、教材、实验室、现代教育技术、师资队伍等教学基本建设，促进高等学校教学基本建设水平不断提高，受教育部委托制订农林科类专业基础课程的教学基本要求，协助教育部对学科专业教学质量进行监督和评估，沟通信息，交流教学建设和教学改革经验，宣传推广优秀教学研究成果，为高等学校的教学工作和教学改革服务。

撰稿　沈国华
审稿　田勇泉

〔**“对口支援西部地区高等学校计划”执行情况**〕　2003 年，教育部继续开展“对口支援西部地区高等学校计划”工作。2003 年上半年突发的“非典”，对“对口支援西部地区高等学校计划”的执行产生了不利影响，但许多学校，如北京大学、清华大学、西南交通大学等依然坚持在“非典”期间派出教师，到受援学校完成支援工作。下半年 17 对对口支援学校均克服“非典”造成的不良影响，纷纷按对口支援的协议重新启动和加强各项支援活动。因此，2003 年“对口支援西部地区高等学校计划”仍然取得了可喜成绩。具体体现在以下几个方面：受援学校接受支援学校援助资金达 161 万元；受援学校接受支援学校的仪器设备为 549 件（价值 434.85 万元）；支援学校到受援学校任教教师共 151 人次；支援学校援助受援学校图书58 103 册及光盘（其中含图书和期刊 555 册数），价值共计 104.54 万元；支援学校赠受援学校软件 26 套（市场价10 098.8万元）；共同承担了 19 项省级科研项目和 25 项国家级科研项目；受援学校派往支援学校进修、访问学者及短期培训共 240 人次；支援学校接受受援学校本科（插班生和联合培养）学生 359 人；支援学校在受援学校举行文化交流、报告会、讲座等共 177 次。

为了督促和鼓励各校搞好对口支援工作，教育部高等教育司于 2003 年 8 月 7 日—11 日在石河子大学举办了“第二次高等学校对口支援工作管理人员培训班”。通过培训班上的学习和交流，形成了许多促进对口支援健康发展的共识，讨论了存在的问题和解决问题的途径，使各校看到了取得的成绩和存在的差距。

2003 年是实施“西部地区十四所重点建设高校重点课程教师岗位计划”（以下简称“计划”）关键性的一年。2001 年 11 月 6 日，教育部印发了《关于与李嘉诚基金会共同实施“西部地区十四所重点建设高校重点课程教师岗位计划”的通知》。此“计划”是整个对口支援工作的重要内容。到 2003 年底，该“计划”已执行两年时间。对此，教育部高等教育司进行了认真总结，形成了《“西部地区十四所重点建设高校重点课程教师岗位计划”阶段性总结》报告。

2003 年年初，教育部等七部委办还联合表彰了全国学校对口支援工作先进单位和先进个人。清华大学等 7 所高校和 6 名高校的教授、校长分别获得先进单位和先进个人称号。

撰稿　康　凯
审稿　葛道凯

〔**采取切实有效措施，严格高等学校考试纪律**〕针对高等学校学生考试作弊出现的新情况、新问题，教育部于2003年12月26日发出《关于采取切实有效措施坚决刹住高等学校考试作弊歪风的紧急通知》(以下简称《通知》)。

《通知》指出："最近一个时期，高等学校学生考试作弊现象时有发生，作弊形式也由过去的夹带、抄袭发展到'枪手'替考，甚至利用手机作弊等。对此，必须引起高度重视，采取切实有效措施，坚决刹住考试作弊歪风，净化教育环境。"并认为"高等学校考试是人才培养过程中的一个重要环节，是检查教学质量的一种主要手段。它对于高等学校了解教师教学效果，学生掌握所学知识状况，以及进一步改进教学工作等具有重要意义。"因此，必须加强考试管理。具体要求是：(1)加强领导，强化责任。各教育行政部门和高等学校领导要从思想上高度重视考试管理问题，要建立考场巡查制度，对于监考教师不到位、考场纪律松懈、学生考试作弊等问题要及时处理。如出现严重的考试违纪作弊现象，要追究学校领导的责任。(2)加强教育，弘扬正气。各高等学校要有针对性地对大学生进行以诚信教育为重点的思想道德教育，要在高等学校中形成一种讲诚信光荣，弄虚作假可耻的文化氛围，弘扬正气，打击歪风，并使每个学生在此过程中逐步形成良好的道德意识、道德精神和道德境界。(3)加强宣传，综合治理。各高等学校要充分利用各种宣传媒体，加强宣传思想工作，强化广大教师、学生对考试违纪作弊危害性的认识，对考试作弊者形成强大的舆论压力。要及时清除校内有关招聘"枪手"、推荐"枪手"之类的信息并进行追查。(4)加强纪律，从严治考。各高等学校必须健全考试制度，严格考试纪律。对于敢于负责、工作出色的监考教师要提出表扬，对于监考工作失职的教师要通报批评，严肃处理。对于考试作弊的学生要根据有关规定严肃处理，直至开除学籍。对于充当"枪手"替他人考试和雇佣"枪手"替考的作弊者，应开除学籍。

撰稿　杨志坚
审稿　刘凤泰

〔**高等学校实验室工作**〕 2003年继续进行高校基础课教学实验室评估工作。至年底，全国应参加评估的979所高等学校的6 539个基础课教学实验室，已经进行自评估的为878所高校的5 530个实验室，各省级教育行政部门已对797所高等学校的4 896个实验室进行了检查验收，合格实验室为4 693个(比上年同期增长7%)，已占应评估实验室的72%；各级政府对高等学校基础课教学实验室评估的经费投入已达34.1亿元，学校自筹经费为66.9亿元，总计101亿元(比上年同期增加20.2亿元)。一些省、自治区、直辖市的高等学校已经开始进行专业实验室的自评估工作，据统计，已有三四个地区的20多所高校的近200个专业实验室进行了自评估。实验室评估对实验室管理体制和实验教学改革、实验室环境设施改善、仪器设备更新配套、实验队伍建设以及管理规章制度的建立都起到了非常好的促进作用。

截止到2002年底，全国高校共有实验室31 254个，实验室工作人员12.2万人，实验室面积1 176.9万平方米；高校拥有教学科研仪器设备598.3万台件，原值528亿元，比上年度同期增长116亿元。应该提出的是，尽管教学科研仪器设备总值增长了许多，但是生均拥有教学科研仪器设备值刚刚扭转了自1999年扩招以后逐年下降趋势，由上年度的生均6 411元上升到生均6 523元，但仍未达到1998年生均6 840元的水平。这表明，要保证高等学校的办学水平，提高教学质量，各级政府还必须继续加大对高等学校的投入力度。

2003年，教育部高等教育司积极配合世界银行贷款办公室先后在延吉、武汉、杭州举办了3个有关高校实验教学和实验室管理工作的研讨班，有2位国外专家、12位赴国外考察团专家和11位国内实验教学、实验室管理的专家在研讨班上作了专题报告。来自80多所项目学校、项目协作学校以及相关院校的实验室主任、实验教师、实验室主管部门的代表共350多人参加了研讨班。研讨班总结并交流了国内外高校开展实验教学和实验室建设与管理的经验，探讨了在开展实验教学改革、提高教学质量和加强实验室工作中存在的问题，以及解决问题的办法和措施。代表们还参观了所在高校的实验室。研讨班举办非常必要和及时，对推动高校实验教学改革、实验室建设与发展，提高教学质量，构建新的人才培养模式起到了很好的作用。

教育部直属高校第十六届分析测试中心主任年会在湖南省长沙市中南大学召开，来自有关高校的分析测试中心主任60多人出席了会议。会议总结和交流了分析测试中心成立20年来取得的成绩和经验，并围绕新形势下学校分析测试中心的定位、发展、队伍的建设以及效益的发挥等问题展开了讨论。通过讨论，与会代表统一了思想，达成了共识：学校分析测试中心要以为教学、科研开展优质服务为第一宗旨，结合学科建设，积极探索构筑学校分析测试的大平台，并树立立足学科、服务全社会的观念。

2003年积极筹备建立依托在高等学校的第二个国家级大型仪器设备中心——北京材料工程中心。这是由科技部支持，清华大学和北京市科委联合出资建立的。中心的建立将对我国开展基础物理、基础化学的理论研究，开展纳米技术、材料、半导体、环境保护等应用技术领域的研究创造良好的条件。

由教育部、科技部、中国科学院、北京市科委共同组建的仪器设备共用网2003年效益显著。据不完全统计，2003年新更换，价值为100万元（含）以上的100台通用贵重仪器设备共接受科研项目2 535个，测试样品45 223个，提供对外机时54 542个，其中北京9所高校的32台仪器设备接受课题477个，测试样品7 133个，提供对外服务机时11 343个，学校得到测试费126.1万元。

全国高校实验室工作研究会第八次学术年会在广州召开，来自全国100多所高等学校的200多名代表出席会议。会议就实验室建设与管理、大型仪器设备开放与管理、实验教学改革、实验技术队伍建设等进行了讨论，并就2004年实验室工作思路进行了研究。研究会决定今后要进一步配合政府部门开展各项活动，同时努力做好实验室各方面的学术研究工作。

撰稿　陈小平

审稿　刘凤泰

教育部直属高校工作

〔教育部直属高校工作咨询委员会第十三次全体会议〕　教育部直属高校工作咨询委员会第十三次全体会议于2003年1月3日—5日在杭州举行。来自教育部直属71所高校的党委书记、校长，国务院有关部门和浙江省委、省政府的负责同志出席会议。会议特邀浙江省政府、上海市教委、武汉市政府代表以及中国科学技术大学、哈尔滨工业大学等高校领导出席。中共中央政治局常委、国务院副总理李岚清到会并作了重要讲话。会议深入学习十六大精神，全面贯彻“三个代表”重要思想，认真总结高等教育发展的基本经验，制订和完善学校在新时期新阶段的发展规划，努力实现高等教育在新世纪新阶段的持续快速健康发展。会议主要议题是：(1) 深入学习贯彻十六大精神，总结过去，规划未来，努力实现高等教育在新世纪新阶段的跨越式发展；(2) 关于学校发展规划的战略思考；(3) 关于学校学科建设和队伍建设规划的思考；(4) 关于学校校园建设规划的思考；(5) 中外大学校长论坛研讨专题交流。

会议听取了16位书记、校长和7位司局长的大会发言，听取了浙江省、上海市、武汉市政府的代表介绍在发展高教事业方面的成功经验和重要举措。教育部领导陈至立、周济、袁贵仁、赵沁平等与大家一起就高等教育发展中的有关问题进行了研讨。大家普遍认为：高等教育战线当前和今后一个时期的首要任务，是认真学习和贯彻十六大精神，将全面落实十六大精神转化为广大师生员工的自觉行动，按照国家全面建设小康社会对政治、经济、教育、科技、文化的综合战略需求，抓紧制订和完善学校在新时期的战略发展规划；要按照教育部党组提出的“巩固、深化、提高、发展”八字方针，以发展为主线，研究新思路、开拓新局面、推出新举措、实现新突破。

李岚清副总理在谈到当前和今后一个时期高等教育改革与发展问题时，强调要做好以下几方面的工作：一是在高等教育宏观管理体制改革基本完成的情况下，要把改革重点转向高校内部管理体制的改革和完善，进一步深化高校后勤社会化改革，全面增强高等教育的生机与活力；二是要打破论资排辈和文人相轻的旧观念，提倡文人相亲的新风尚，努力拓宽人才培养渠道，加快创新人才的培养，让年轻人才脱颖而出，勇挑重担，施展才华；三是要进一步调整学科和人才培养结构，提高教育质量，使高校培养的人才更加适应现代化建设的需要，同时要千方百计解决好高校扩招后毕业生的就业问题；四是要科学规划、认真组织实施建设世界一流大学、高水平大学和重点学科的工作，进一步提升我国高等教育整体实力；五是高校的各级领导特别是党委书记、校长，要严于管理，勤于管理，善于管理，不断提高管理水平；六是要加强和改进高校党的思想建设、组织建设和作风建设，不断增强高校党组织的创造力、凝聚力和战斗力，进一步加强学生思想政治工作，确保高校的持续稳定。

教育部部长陈至立在讲话中指出，党的十六大提出了全面建设小康社会的奋斗目标，为教育事业提供了大有作为的舞台，全社会对教育的重要性形成了共识，上个世纪取得的伟大成就也为高等教育进一步发展奠定了坚实基础。我们要深刻认识到21世纪的前20年是高等教育必须紧紧抓住并可大有作为的重要战略机遇期，树立长远目标，制定科学规划，积极进取，知难而进，坚定不移地去实现经过努力可以实现的目标。高等学校要继续坚持改革创新，用具有时代特征、中国特色和学校特点的办学理念、体制、模式和方法办好学校；要进一步扩大教育的国际合作与交流；进一步发扬艰苦奋斗、勤俭节约的优良传统，加强管理，从严治校；要努力把大学建成我们的精神家园；要加强高校党建和思想政治教育工作；要进一步关心群众生活和疾苦。

教育部副部长周济在会议总结时，着重就高校的“发展战略规划”、“学科建设和队伍建设规划”、“校园建设规划”问题发表了意见，强调高等教育要走跨越式发展的道路，要创新思路以筹措充足的教育资源，要以人为本，深化改革，要“聚精会神搞建设，一心一意谋发展”。

会议结束后，委员们还参观、考察了杭州、上海有关大学新校区的建设情况。认为我国高校的新校区建设以及后勤社会化改革取得突破性进展，有力地保障和促进了我国高等教育的快速发展。上海市、杭州市推动高校采用土地置换方式建设新校区的经验也给其他高校提供了有益的启示。

撰稿　蔺海波

审稿　高文兵

〔直属高校制定学校“三个规划”工作〕 在全面建设小康社会的奋斗进程中，我国高等学校不仅将迎来难得的发展机遇期，也将承担更重大的社会责任，在改革和发展方面都将面临很多新的课题，需要认真谋划发展，科学规划未来，做好规划工作。

教育部党组高度重视高校的规划工作。周济同志多次要求直属高校进一步加强宏观思考和战略研究，认真思考“两个问题”，精心制定“三个规划”。即，认真思考“建设一个什么样的大学”和“怎样建设这样的大学”这样两个问题，精心制定学校的“发展战略规划、学科建设和队伍建设规划、校园建设规划”这三个规划。为推动直属高校“三个规划”工作，教育部直属高校工作办公室于2003年6月(厦门)、8月(长春)、9月(杨凌)分片召开直属高校发展战略规划工作研讨交流会，就高校如何开展规划工作进行了广泛的交流和咨询。

至2003年底，已有39所学校（校区）完成了规划的制定工作，其他学校（校区）正在修订完善之中。已制定的规划认真总结了各自依法自主办学的经验，合理确定了发展目标，精心设计了实施路线。既充分发扬民主，注重发挥广大师生的主动性、积极性和创造性，使规划成为全校师生共同的理想、追求和目标，又立足校情，体现学校的特色和优势，同时还具有前瞻性和可操作性。

11月，教育部直属高校办邀请部分资深高校领导、高教研究专家成立直属高校发展规划咨询专家组，就如何开展规划咨询工作进行了协商。12月初，部分专家分组对北京科技大学、北京交通大学、北京化工大学的规划制定工作进行考察咨询工作试点。在总结考察咨询工作试点经验的基础上，将组织有关专家继续开展规划的考察咨询工作，进一步推动直属高校的规划工作。

撰稿　何金晖

审稿　陈维嘉

〔直属高校“两院院士”当选情况〕 2003年11月24日，中国科学院院士增选工作圆满完成。经过全体院士充分讨论、全面评审，最终选举产生了58名新院士。其中教育部直属高校新增中国科学院院士20名（当选名单附后），分别是数学物理学部7名，化学部4名，生物学部3名，技术科学部6名，地学部无人当选。年龄最大的71岁，最小的43岁，平均年龄为61.25岁。

2004年1月5日，历时一年的中国工程院院士增选工作也顺利结束。增选工作分提名、遴选、评审和选举四个阶段进行，最终选举产生了58名新院士。其中教育部直属高校新增中国工程院院士11名（当选名单附后），分别是机械与运载工程学部2名，信息与电子工程学部2名，能源与矿业工程学部1名，土木、水利与建筑工程学部2名，农业、轻纺与环境工程学部3名，工程管理学部1名，化工、冶金与材料工程学部与医药卫生工程学部无人入选。年龄最大的73岁，最小的50岁，平均年龄为63岁。

2003年教育部直属高校新增中国科学院院士名单

序号	姓　名	年龄	学　　部	工作单位
1	邝宇平	70	数学物理学部	清华大学
2	朱邦芬	55	数学物理学部	清华大学
3	陆　埮	71	数学物理学部	南京大学
4	洪家兴	60	数学物理学部	复旦大学
5	陈木法	56	数学物理学部	北京师范大学
6	陶瑞宝	66	数学物理学部	复旦大学
7	葛墨林	64	数学物理学部	南开大学
8	计亮年	69	化学部	中山大学
9	杨玉良	50	化学部	复旦大学
10	费维扬	63	化学部	清华大学
11	黄　宪	69	化学部	浙江大学
12	郑光美	70	生物学部	北京师范大学
13	饶子和	52	生物学部	清华大学
14	魏于全	43	生物学部	四川大学
15	朱位秋	64	技术科学部	浙江大学
16	杨　卫	49	技术科学部	清华大学
17	范守善	56	技术科学部	清华大学
18	郑有炓	67	技术科学部	南京大学
19	金展鹏	64	技术科学部	中南大学
20	黄　琳	67	技术科学部	北京大学

2003 年教育部直属高校新增中国工程院院士名单

序号	姓　名	年龄	学　　部	工作单位
1	李培根	54	机械与运载工程学部	华中科技大学
2	屈梁生	72	机械与运载工程学部	西安交通大学
3	叶声华	68	信息与电子工程学部	天津大学
4	柴天佑	55	信息与电子工程学部	东北大学
5	孙才新	58	能源与矿业工程学部	重庆大学
6	张祖勋	65	土木、水利与建筑工程学部	武汉大学
7	茆　智	70	土木、水利与建筑工程学部	武汉大学
8	李佩成	68	农业、轻纺与环境工程学部	长安大学
9	陈克复	60	农业、轻纺与环境工程学部	华南理工大学
10	陈焕春	50	农业、轻纺与环境工程学部	华中农业大学
11	汪应洛	73	工程管理学部	西安交通大学

撰稿　黄　磊
审稿　陈维嘉

学位工作与研究生教育

〔国务院学位委员会第二十次会议〕　2003 年 7 月 25 日—26 日，国务院学位委员会第二十次会议在北京召开，本次会议是第五届国务院学位委员会组成后举行的第一次会议，共有 47 位委员出席。国务委员、国务院学位委员会主任委员陈至立出席会议并作重要讲话。国务院学位委员会副主任委员路甬祥、陈奎元、徐匡迪出席会议。副主任委员、教育部副部长赵沁平作第四届国务院学位委员会工作报告。常务副主任委员、教育部部长周济作《国务院学位委员会第二十次会议议程说明和未来几年工作设想的报告》。会议听取了学位委员对加强学风建设、提高学位授予与研究生培养质量、改革学位授权审核制度等问题的意见。

陈至立在讲话中充分肯定和高度评价了我国学位制度建设所取得的巨大成就和主要经验，强调学位与研究生教育工作必须认真贯彻落实“三个代表”重要思想，为全面建设小康社会和社会的全面进步服务。第一，要按照党的十六大提出的全面建设小康社会的目标和新“三步走”战略，规划我国的研究生教育和学位工作。第二，要从世界局势风云变幻下的国家安全、国防安全对人才和科学技术需求的高度，安排我国学位和研究生培养工作。第三，要有适应科学技术突飞猛进的全新观念，审视和改革研究生培养工作。第四，学位与研究生教育工作，包括制定宏观政策都必须符合社会主义市场经济体系的要求和规律。第五，在当前学位与研究生教育工作发展非常关键的时期，必须从宏观上研究和解决学位工作和研究生培养的战略发展问题。

陈至立指出，面对新的形势和任务，必须与时俱进，深化改革，开拓新局面。首先，应该全面总结学位制度建设23年的工作，明了体系的特点、优势以及薄弱环节，提炼经验和规律。第二，需要分析形势，加强规划，制订从现在起到2020年与国家中长期科学技术规划紧密联系的学位与研究生教育事业发展纲要。第三，深化改革，研究若干重大改革问题：一是学位和研究生工作的整体改革，二是国务院学位委员会自身工作的改革，增强工作的主动性、创新性。要加强研究生培养基地建设，重点是现有研究生院的建设，注重学风建设、质量建设，鼓励形成创新机制。培养过程要注意消除体制性障碍，更好地优化、整合和共享教育资源。要精确设计，精心组织，研究解决研究生培养成本分担机制问题。陈至立最后强调，第五届国务院学位委员会要把提高研究生教育质量放在中心位置，要有具体思路、具体措施、具体制度，政策和监督要具体落实。要狠抓学风建设。要加强法制建设，尽快制定出《学位法》并在本届政府任期内提交人大审议。要加强学位和研究生教育的科学研究。

会议审议并一致通过了第四届学位委员会的工作报告。原则通过了第九批学位授权审核新增博士学位授权学科专业名单，并决定从第九批学位授权审核起，对审核通过的新增博士学位授权学科专业名单增设一个月的公示期。

会议提出了学位委员会未来几年的工作设想。

一、进一步改革学位授权审核制度，积极发展专业学位教育，建设一个适应我国经济和社会发展需要的先进的学位授权体系，包括：进一步完善国家、省级和学位授予单位的三级学位授权审核体制；对授权部分研究生院自行审批和调整博士点的工作进行可行性研究；试行学位授予单位和学位授权点的“立项—建设—验收（审核）—授权—评估检查制度”；继续推进一级学科学位授权审核；适时新增专业学位类别，扩大专业学位培养单位数量和培养规模等等。会议审议通过了《关于进一步改进新增学位授予单位审核办法的建议报告》。

二、加快学位法的立法进度，调整、修订和完善与学位工作相关的规章制度，建立起以《学位法》为核心的学位与研究生教育法律法规体系，规范办学秩序。

三、转变政府职能，强化服务意识，建设一个健全、高效的学位与研究生教育服务体系，即信息管理与服务体系、质量保证体系和学位认证体系。

四、积极推进学位与研究生教育领域的国际合作，推动同发达国家或重点国家的学位互认工作；积极承担《亚太地区相互承认高等教育学历、文凭和学位公约》签署国应承担的各项义务。

会议审议通过了2003年工作要点。

一、继续做好《中华人民共和国学位法》草案制订的有关工作。

二、完成第四届国务院学位委员会学科评议组换届工作，充分发挥学科评议组在学科规划建设中的作用。

三、完成第九批学位授权审核工作，提出改革学位授权审核工作的意见。

四、加强学位与研究生教育质量的检查监督，继续研究建立学位授予单位和学位授权点的定期评估制度的有关问题。

五、积极发展专业学位教育，贯彻“分类指导、按需发展”的原则，研究论证艺术学、会计硕士专业学位设置方案，扩大专业学位培养单位数量和培养规模。

六、进一步加强在职人员以同等学力申请学位工作。

七、会同教育部实施研究生教育创新工程，采取积极措施提高研究生教育和学位授予质量。会同教育部开展研究生教育成本分担问题的研究，提出实施方案。

八、做好举办“亚太地区相互承认高等教育学历、文凭和学位公约组织第八届年会”的筹备工作。

撰稿　卢晓斌

审稿　周其凤　王亚杰　李　军

〔**成立教育部学位与研究生教育发展中心**〕　为适应我国学位与研究生教育事业改革与发展的需要，根据中央机构编制委员会办公室《关于教育部所属部分事业单位机构编制调整的批复》，经教育部党组研究决定，设立“教育部学位与研究生教育发展中心”（以下简称“学位中心”），并印发了《教育部学位与研究生教育发展中心职责任务、管理体制、机构设置和人员编制方案》的通知。

“学位中心”为教育部直属事业单位，受教育部和国务院学位委员会领导，由国务院学位委员会办公室和教育部研究生工作办公室对其进行政策和业务指导，其前身是挂靠在清华大学的全国学位与研究生教育发展中心。

“学位中心”的主要职责是就我国学位与研究生教育的发展开展科研，为教育部和国务院学位委员会制定相关政策提供参考意见；受上级主管部门委托或根据需要面向社会自主开展学位与研究生教育有关评估、评审工作；承担有关学位考试的命题与考务工作；承担境内外学位对等研究、互相承认学位协议的咨询、评估与签约，以及承担学位证书、相关材料的认证工作；负责相关信息系统建设与服务；开展相关对外合作与交流工作；主办《中国研究生》杂志，承担《学位与研究生教育》杂志的编辑、出版和发行等工作。

“学位中心”设办公室、评估处、考试处、认证处、综合处、编辑部等六个处（室），实行人员聘用制度和专业技术职务评聘制度。按有关规定通过行政事业性收费和与业务相关的经营性收费，实行经费自理。

2003年12月21日，“教育部学位与研究生教育发展中心”举行了揭牌仪式，国务院学位委员会副主任委员、教育部副部长赵沁平、吴启迪等出席，吴启迪副部长在揭牌仪式上讲话指出，“学位中心”的成立充分显示了教育部对发展我国学位与研究生教育事业和高层次人才培养质量的高度重视，希望“学位中心”为我国学位与研究生教育事业的发展作出积极的贡献。

撰稿　李葆珊

审稿　周其凤　王亚杰　李　军　王洪歧

〔**专业学位教育工作**〕　2003年国务院学位委员会和教育部加快了专业学位教育的改革和发展。

一、改革在职人员攻读硕士专业学位研究生招生和录取工作

为促进专业学位教育的发展，进一步做好在职人员攻读硕士专业学位工作，2003年开始对招生、录取等环节进行改革，即在职人员攻读硕士专业学位的录取分数线由各培养单位自行划定，培养单位根据考生入学考试成绩和录取限额，择优录取；部分办学质量较高、声誉较好的培养单位，可根据自身办学条件和社会需求，自行确定录取人数。为保证录取工作的质量，录取工作结束后，对各招生院校的平均录取分数、总分最低分、外语最低分予以公布并排序，同时责成有关省、自治区、直辖市学位委员会和有关专业学位教育指导委员会，对排序偏后的院校和录取分数偏低的考生，采取有效方式进行全过程质量跟踪和监督。国务院学位办对于排名较后的招生单位，视情况予以限期整顿、减少招生录取限额直至停止招生等相应处理。

二、审核新增一批专业学位研究生培养单位

根据全国专业学位教育工作会议精神，为加快专业学位教育的发展，改善人才培养的结构类型，依据《专业学位设置审批暂行办法》，并经有关专业学位教育指导委员会的评议，审核批准一批新增专业学位研究生培养单位，具体是：

1. 教育硕士（12个）

贵州师范大学、青海师范大学、新疆师范大学、宁夏大学、浙江大学、苏州大学、扬州大学、徐州师范大学、河南大学、渤海大学、西华师范大学、杭州师范学院

2. 法律硕士（11个）

贵州大学、海南大学、河南大学、湖南大学、南京师范大学、中国社会科学院研究生院、江西财经大学、烟台大学、中国人民公安大学、上海交通大学、西南财经大学

3. 工程硕士（24个）

北京广播学院、华北水利水电学院、华北工学院、内蒙古科技大学、沈阳化工学院、东北电力学院、长春工业大学、华东船舶工业学院、安徽大学、安徽工业大学、厦门大学、青岛科技大学、青岛建筑工程学院、湖北工学院、暨南大学、桂林电子工业学院、重庆邮电学院、贵州大学、西安工业学院、新疆大学、新疆农业大学、扬州大学、青岛

大学、三峡大学

4. 工商管理硕士（25个）

合肥工业大学、福州大学、河海大学、杭州商学院、中国海洋大学、昆明理工大学、上海理工大学、首都经济贸易大学、中国科学院研究生院、苏州大学、内蒙古工业大学、江苏大学、南昌大学、中国农业大学、山西大学、燕山大学、哈尔滨商业大学、山东经济学院、中央财经大学、华北电力大学、浙江工业大学、河南财经学院、贵州大学、上海大学、广东工业大学

5. 公共管理硕士（23个）

山东大学、四川大学、湘潭大学、重庆大学、兰州大学、西北大学、南开大学、云南大学、南昌大学、郑州大学、湖南大学、苏州大学、华南理工大学、南京农业大学、山西大学、安徽大学、中南大学、东北财经大学、内蒙古大学、新疆大学、中国社会科学院研究生院、合肥工业大学、华中师范大学

6. 临床医学硕士（14个）

内蒙古医学院、延边大学、贵阳中医学院、上海交通大学、兰州医学院、南华大学、广东医学院、北华大学、蚌埠医学院、泸州医学院、云南中医学院、锦州医学院、青海医学院、甘肃中医学院

7. 口腔医学硕士（10个）

昆明医学院、南京医科大学、福建医科大学、同济大学、郑州大学、青岛大学、新疆医科大学、遵义医学院、重庆医科大学、复旦大学

三、批准并启动会计硕士专业学位工作

为更好地适应社会主义市场经济发展和经济全球化的需要，健全和完善我国高层次会计人才培养体系，建设高素质、应用型的会计人才队伍，经过研究、论证，国务院学位委员会于2003年批准设立会计硕士（MPAcc）专业学位，在我国开展会计硕士专业学位教育。2003年12月，国务院学位办要求各省、自治区、直辖市学位委员会组织申报会计硕士专业学位培养单位，并推荐全国会计硕士专业学位教育指导委员会委员人选，为2004年开始招生做好准备工作。

四、完成MBA教育指导委员会换届工作

根据全国工商管理硕士教育指导委员会章程的规定，第二届全国工商管理硕士教育指导委员会任期已满。经有关单位推荐，2003年12月完成了MBA教育指导委员会的换届工作。国务院学位委员会和教育部选聘29位委员组成第三届全国工商管理硕士教育指导委员会，国家发展和改革委员会主任马凯任主任委员，清华大学教授赵纯均、厦门大学教授吴世农和复旦大学教授郑祖康分别担任副主任委员。12月24日—28日，在北京召开了第三届全国MBA教育指导委员会全体会议暨MBA培养院校管理学院院长联席会议，国家发展和改革委员会马凯主任和教育部副部长吴启迪到会并讲话。

五、改革工程硕士研究生入学考试办法

非全日制研究生教育吸引了越来越多的在职人员参加。为适应在职人员攻读学位的特点，必须及时进行入学考试办法改革。2001年12月，学位办组织专家成立了非全日制研究生入学考试改革研究小组。经过一年多的调查研究，提出了综合素质测试型的入学考试办法。该考试办法借鉴了国外先进的研究生入学考试模式，结合了我国的实际，将入学考试定为两段制。第一阶段，考生参加由全国统一组织的入学资格考试（英文名称为：Graduate Candidate Test，简称“GCT”），主要测试考生的综合素质。各高等学校根据本校的实际情况自行确定可报考本校考生的“GCT”成绩要求。考生的“GCT”成绩有效期暂定为二年。第二阶段，由考生持本人的“GCT”成绩单，到报考的院校申请参加由学校自行确定和组织的测试。各高等学校根据考生的“GCT”成绩、测试成绩和对考生的考查，决定是否录取。

2003年工程硕士研究生入学考试已经进行了“GCT”考试的试点，5万多人参加了考试。

六、兽医专业学位工作情况

2003年全国17个兽医专业学位培养单位共录取2002级兽医硕士专业学位研究生291名、兽医博士专业学位研究生43名。截至2003年底，在学兽医博士专业学位研究生129名，兽医硕士专业学位研究生851名。

组织开展了首次兽医硕士质量分析与跟踪调研工作，共组织了9名专家对华南农业大学、华中农业大学、西北农林科技大学、西南农业大学、山西

农业大学5校进行了质量分析与跟踪调研。通过分析研究大量第一手资料，对被调研学校进行了典型分析和工作指导，为兽医专业学位的改革与发展提供了依据。

为加强兽医专业学位自身建设，扩大社会影响，全国兽医专业学位教育指导委员会开通了“中国兽医专业学位教育网”（http://www.vmd.edu.cn）。

七、农业推广硕士专业学位工作情况

截至2003年底，全国共有41个学位授予单位招收培养农业推广硕士专业学位研究生，其中高校39所、科研机构2所。2003年录取2002级农业推广硕士专业学位研究生3 064人，在校生7 797人。

全国农业推广硕士专业学位教育指导委员会第四次会议于2003年4月召开，会议审议了2002年度工作总结，分析研究了2002年度招生录取工作情况和2003年生源宣传及招生考试问题，研究确定了2003年度工作计划和农业推广硕士专业学位质量分析与跟踪调研小组2003年工作安排，对农业推广硕士专业学位教材及案例库建设、师资培训工作进行了部署，并讨论研究了农业推广硕士专业学位制度名称、增设领域等自身完善问题。

开展了农业推广硕士专业学位质量分析与跟踪调研工作。第一轮调研包括北京林业大学、内蒙古农业大学、东北林业大学、中国农业大学、河南农业大学、西北农林科技大学、华南农业大学、四川农业大学、华中农业大学等9所高校。

撰稿 陆 敏 雍翠菊 欧百钢
审稿 周其凤 王亚杰 李 军

〔**实施“研究生教育创新工程”**〕 2003年，教育部批准的年度“研究生教育创新工程”项目开始启动。共投入资金1 000万元，项目承担学校11所，项目内容包括举办全国博士生学术论坛，举办研究生暑期学校，建设研究生创新中心，以及资助优秀博士生科研创新和访学等。

2003年10月17日—19日，“首届全国博士生学术论坛”在清华大学举行。论坛以“启迪智慧，推进创新”为主题，在计算机科学与技术、物理学、信息与通信工程等九个学科领域里，通过征文形式从全国重点大学和中国科学院遴选了300余名博士生。参加论坛的博士生就科学前沿问题进行了广泛、深入、自由的学术交流。

北京大学克服“非典”造成的困难，成功举办了“数学”“物理”“世界史”等三个学科的研究生暑期学校。研究生暑期学校为全国各大学选送的研究生安排了由国内外知名学者开设的课程或讲座，帮助研究生接触最前沿的研究成果。

各校的研究生创新中心在研究生创新能力培养和进行创新研究方面发挥了重要作用。如“重庆大学研究生创新实践基地”建立了虚拟仪器、计算机多媒体网络等6个开放实验室，已有上千名研究生通过专家组筛选进入各个实验室，申请自主研究项目近百个，有的还形成了跨学科的研究生科研团体。“西安交通大学研究生电气技术创新实验室”建成6个开放性实验模块。上海交通大学建成“集成电路芯片设计研究生开放实验室”。西北工业大学建设了“电子及控制类科技创新实验室”。华中科技大学建成“复杂系统分析研究生开放实验室”。研究生创新中心通过管理机制创新，不仅所属学科研究生能进入参加课程学习和实践训练，多数还为跨学科的研究生进入实验室参加学习和研究提供了条件。

撰稿 孙也刚
审稿 周其凤 王亚杰 李 军

〔**研究生院院长联席会**〕 2003年9月13日～14日，“中国研究生院院长联席会2003年年会”在甘肃兰州市召开。教育部副部长吴启迪出席会议并讲话。国家发展和改革委价格司负责同志就研究生教育成本分担制度的有关问题讲话。国家发改委价格司、财政部教科文司、教育部研究生工作办公室、学生司有关负责同志以及各研究生院院长或常务副院长参加了会议。与会代表围绕“实施研究生教育创新工程、试点实行研究生教育成本分担制度”的有关问题进行了热烈的讨论。会议还完成了新老主席单位的换届工作。

撰稿 赵玉霞
审稿 周其凤 王亚杰 李 军 郭新立

〔**全国优秀博士学位论文评选**〕 经学位授予单位推荐、省级初选、同行专家通讯评议、专家会复审并对外公布征询异议后，2003 年 8 月 31 日，教育部和国务院学位委员会批准了 2003 年全国优秀博士学位论文名单（97 篇，名单附后）和提名论文名单（179 篇）。根据《全国优秀博士学位论文评选办法》和《高等学校全国优秀博士学位论文作者专项资金资助办法》，教育部对优秀论文作者给予奖励，向优秀论文的指导教师颁发了纪念品，并对在高等学校工作的优秀论文作者给予科研资助。

撰稿 任增林

审稿 周其凤 王亚杰 李 军

附

2003 年全国优秀博士学位论文名单

论文题目	作者	指导教师	学位授予单位
殷墟卜辞的分期分类对甲骨文字考释的重要性	陈 剑	裘锡圭	北京大学
《春秋》学对汉代政治变迁的影响	陈苏镇	祝总斌	北京大学
移动网格方法及其应用	李 若	张平文	北京大学
植物非细胞体系的建立及凋亡机理的研究	赵 允	翟中和	北京大学
劳动与资本双重过剩下的经济发展	王检贵	黄泰岩	中国人民大学
经济体制转轨时期薪酬问题研究	董克用	赵履宽	中国人民大学
新闻事实论	杨保军	童 兵	中国人民大学
多晶硅微机械构件材料力学行为及微机械粘附问题研究	丁建宁	温诗铸	清华大学
利用试验模态参数对轮胎侧偏特性的建模研究	尚 进	管迪华	清华大学
深过冷液态金属比热的分子动力学模拟及实验研究	杨 春	过增元	清华大学
ULSI 器件中的量子力学效应和量子隧穿	马玉涛	李志坚	清华大学
OFDM 无线通信系统中的定时恢复和信道估计算法	杨宝国	曹志刚	清华大学
曲线曲面造型中几何逼近问题的研究	雍俊海	孙家广	清华大学
产 PHB 多功能重组大肠杆菌的构建及高密度高表达研究	于慧敏	沈忠耀	清华大学
中国酸沉降临界负荷区划研究	段 雷	郝吉明	清华大学
第二代高温超导线带材 Ag 基板织构研究及在单晶 Ag，多晶 Ag 和织构的 Ag 带上外延生长双轴取向 REBCO-123(Re=Y,Gd,Nd)薄膜	索红莉	周美玲	北京工业大学
随机载荷下 SMA 减振器及磁吸振器理论与试验研究	阎晓军	聂景旭	北京航空航天大学
大体积非晶材料的研究	边 赞	陈国良	北京科技大学
吸着 解吸过程中水分与木材之间的相互作用—从介电弛豫及吸附热力学	曹金珍	赵广杰	北京林业大学
类风湿性关节炎从“络”辨治及寒热方剂作用机理研究	李 梢	王永炎	北京中医药大学
中国公立高等学校法律地位研究	申素平	劳凯声	北京师范大学
克孜尔石窟壁画分期与年代问题研究	廖 旸	金维诺	中央美术学院
二维超音速混合层增强混合的研究	曹 伟	周 恒	天津大学
基督教二元政治观与近代自由主义	丛日云	徐大同	天津师范大学
钛硅分子筛的合成、表征及催化丙烯环氧化性能的研究	李 钢	王祥生	大连理工大学
纳米结构三维组装与功能化研究	孙俊奇	沈家骢	吉林大学
矢量量化编码算法及应用研究	陆哲明	孙圣和	哈尔滨工业大学
舰载高频地波雷达目标检测与估值研究	谢俊好	刘永坦	哈尔滨工业大学
萨都剌生平及著作实证研究	杨光辉	章培恒	复旦大学
关于 Bergman 核的一些研究	陈伯勇	张锦豪	复旦大学

活性自由基聚合的 Monte Carlo 模拟及动力学改进	何军坡	杨玉良	复旦大学
中国人群的进化与多基因病研究（Ⅰ、Ⅱ、Ⅲ）	柯越海	金　力	复旦大学
乙型肝炎病毒复制性增强的机理研究	林　旭	闻玉梅	复旦大学
原位合成钛基复合材料的制备、微结构及力学性能	吕维洁	张　荻	上海交通大学
单体小水线面水翼复合型高速船性能及概念设计研究	柳卫东	裘泳铭	上海交通大学
毛涤复合纱线加工、结构、力学性能及其织物	吴雄英	王善元	东华大学
2 型糖尿病相关基因定位研究	骆天红	罗　敏	上海第二医科大学
内隐学习的理论和实验	郭秀艳	杨治良	华东师范大学
周秦汉晋方言研究史	华学诚	李玲璞	华东师范大学
会计盈余与股价行为——对深沪股市的实证研究	赵宇龙	张为国	上海财经大学
蛋白质折叠和蛋白质组成复杂性简化的研究	王　骏	王　炜	南京大学
磁性氧化物的磁电阻和磁热效应	陈　鹏	都有为	南京大学
一维纳米材料有序阵列的制备和结构	曹化强	徐　正	南京大学
边界层锋面结构与动力学	谈哲敏	伍荣生	南京大学
神经计算中若干问题的研究	周志华	陈世福	南京大学
压电介质断裂问题理论研究	高存法	樊蔚勋	南京航空航天大学
矿井煤炭资源评价及管理的理论与方法研究	汪云甲	张先尘	中国矿业大学
重组卡介苗诱导 T 细胞免疫应答的分子、细胞机理研究	焦新安	刘秀梵	扬州大学
三维几何压缩	刘新国	彭群生	浙江大学
硅和锗团簇的稳定结构及硅团簇吸附特性的研究	李宝兴	曹培林	浙江大学
单抗导向的超抗原联合细胞因子基因治疗的抗肿瘤作用及其免疫机理研究	王青青	余　海	浙江大学
黑洞热力学熵与统计力学熵	荆继良	闫沐霖	中国科学技术大学
南极阿德雷岛地区湖泊沉积与企鹅生态环境演变	谢周清	孙立广	中国科学技术大学
遗传性牙龈纤维瘤病和牙本质生成不全-Ⅱ型致病基因的定位与克隆	肖尚喜	刘　兢	中国科学技术大学
毛细管电泳/安培检测生物物质及单细胞分析	董　谦	金文睿	山东大学
电荷转移的对称性与分子的双光子吸收/辐射（荧光、激射）性能关系的研究	王筱梅	蒋民华	山东大学
泥页岩井眼力学稳定理论及工程应用	邓金根	蔡镜仑	石油大学
发展权与当代宪法	汪习根	李　龙	武汉大学
面向虚拟原型的产品特征建模和可接近性分析	尹周平	熊有伦	华中科技大学
万有引力常数 G 的精确测量与扭秤特性研究	胡忠坤	罗　俊	华中科技大学
柑橘和苹果等果树种质资源的离体保存及其遗传变异	郝玉金	邓秀新	华中农业大学
“矛盾”的现代省思——对马克思主义群体辩证法的一种思考	刘森林	叶汝贤	中山大学
透明质酸在腹膜透析中作用的机理研究	郭群英	叶任高	中山大学
中国人原发性开角型青光眼与激素性青光眼 TIGR 基因突变筛选、克隆与序列分析	卓业鸿	葛　坚	中山大学
口岸开放与社会变革：近代中国自开商埠研究	杨天宏	罗志田	四川大学
紫杉醇类似物的合成研究．Ⅴ．去甲二萜生物碱转化成紫杉烷类化合物中关键反应的研究	陈巧鸿	王锋鹏	四川大学
低/零相关区理论与扩频通信系统序列设计	唐小虎	范平志	西南交通大学
小麦特异种质资源分子生物学研究	魏育明	郑有良	四川农业大学
药物分子电性距离矢量表征及其应用	刘树深	蔡绍晳	重庆大学
沉默权制度研究	孙长永	徐静村	西南政法大学
电沉积 RE-Ni-W-P-SiC 多功能复合材料镀层的理论研究与应用	郭忠诚	杨显万	昆明理工大学
寒武纪生命大爆发与澄江化石库中的部分节肢动物	张兴亮	舒德干	西北大学
中国北方沉积盆地构造热演化史恢复及其对比研究	任战利	赵重远	西北大学
分流分相式气液两相流体流量计	王　栋	林宗虎	西安交通大学
基于演化计算技术的离心压缩机静止叶栅优化设计方法的研究	樊会元	王尚锦	西安交通大学
真空中沿面闪络现象的起始机理与发展过程	张冠军	严　璋	西安交通大学
溶胶凝胶制备的成份梯度铁电薄膜的基础研究	包定华	姚　熹	西安交通大学
当代世界恐怖主义及对策研究	胡联合	李忠杰	中共中央党校

激励介质中非线性波型动力学的研究	周天寿　张锁春	中国科学院研究生院（数学与系统科学研究院）
低微纳米结构的分子束外延生长和变温扫描隧道显微镜研究	厉建龙　薛其坤	中国科学院研究生院（物理研究所）
有机超微粒的制备及其尺寸效应的研究	付红兵　姚建年	中国科学院研究生院（化学研究所）
二茂铁配体在不对称烯丙基取代反应中的应用	游书力　戴立信	中国科学院研究生院（上海有机化学研究所）
高稳定性安培生物传感器的研制	王炳全　董绍俊	中国科学院研究生院（长春应用化学研究所）
泥河湾盆地东谷坨遗址石器工业	侯亚梅　吴汝康	中国科学院研究生院（古脊椎动物与古人类研究所）
干旱半干旱过渡带雨水集流实验与微型生态集雨模式	李小雁　高前兆	中国科学院研究生院（寒区旱区环境与工程研究所）
家族性恒齿缺失基因的定位、克隆以及精神疾病相关基因分析	刘万清　贺　林	中国科学院研究生院（上海生命科学研究院）
大鼠附睾特异表达基因 Bin1b 和 Bin2a 的克隆及其表达调控研究	李　鹏　张永莲	中国科学院研究生院（上海生命科学研究院）
分子伴侣、蛋白质聚集和大分子拥挤环境对蛋白质折叠的影响	李　剑　王志珍	中国科学院研究生院（生物物理研究所）
土壤性质和冬季水分对水稻生长期 CH_4 排放的影响及机理	徐　华　蔡祖聪	中国科学院研究生院（南京土壤研究所）
碳纳米管及其相关材料的拉曼光谱学研究	谭平恒　郑厚植	中国科学院研究生院（半导体研究所）
非 Kolmogorov 湍流情况下低阶校正自适应光学系统的性能研究	饶长辉　凌　宁	中国科学院研究生院（光电技术研究所）
金属界面复合体电子结构和能量学研究	尚家香　王崇愚	钢铁研究总院
战役学发展研究	李堂杰　王厚卿	国防大学
卫星重力测量——基础、模型化方法与数据处理算法	张传定　陆仲连	解放军信息工程大学
去窦弓神经大鼠心血管肥厚及其机制研究	缪朝玉　苏定冯	第二军医大学
失血性休克血管低反应期肠系膜动脉平滑肌细胞依钙钾通道、钙通道活动的变化及阻断阿片受体的调控作用	开　丽　胡德耀	第三军医大学
军队规模结构研究	朱建新　钱海皓	军事科学院

〔**新批准授予国外和香港特别行政区学位合作办学项目**〕　2003 年，国务院学位委员会办公室共批准了 78 个授予国外和香港特别行政区学位的合作办学项目，名单如下：

1. 北京大学与美国国际教育联盟合作培养国际工商管理硕士（2004～2007 年招生项目）；

2. 北京大学与香港理工大学合作培养社会工作硕士（2004～2007 年招生项目）；

3. 中国人民大学与美国布法罗纽约州立大学合作培养工商管理硕士（2003～2006 年招生项目）；

4. 中国人民大学与香港理工大学合作培养管理学博士（2003～2006 年招生项目）；

5. 中国人民大学与香港理工大学合作培养会计学硕士（2003～2006 年招生项目）；

6. 清华大学与美国天普大学合作培养法学硕士（2003～2005 年招生项目）；

7. 清华大学与香港中文大学合作培养工商管理（金融与财务）硕士（2003～2006 年招生项目）；

8. 清华大学与澳大利亚国立大学合作培养管理硕士（科技与创新方向）（2003～2006 年招生项目）；

9. 清华大学与澳大利亚悉尼科技大学合作培

养体育管理硕士（第一期项目）；

10. 北京科技大学与比利时鲁汶工程技术学院合作培养电子媒体工程（含：虚拟现实与游戏、网络项目管理、交互电视系统方向）硕士（2003～2006年招生项目）；

11. 北京科技大学与美国德克萨斯大学阿灵顿分校合作培养高级管理人员工商管理硕士（EMBA）（2003～2006年招生项目）；

12. 北京航空航天大学与澳大利亚新南威尔士大学、北京技术交流培训中心合作培养商学（国际会计、国际金融）硕士（第五期项目）；

13. 北京交通大学与澳大利亚维多利亚理工大学合作培养企业资源计划系统商务硕士（ERP）（2003～2006年招生项目）；

14. 北京理工大学与澳大利亚新南威尔士大学合作培养通信工程硕士（2004～2007年招生项目）；

15. 北京理工大学与加拿大北阿尔伯塔理工大学合作实施信息技术和商业会计学士学位教育（专升本）（2004～2007年招生项目）；

16. 北京工业大学与美国城市大学合作培养工商管理硕士（含：民航管理）（2004～2008年招生项目）；

17. 北京工业大学与澳大利亚James Cook大学合作实施信息技术学士学位教育（2004～2007年招生项目）；

18. 北京建筑工程学院与澳大利亚南澳大学合作培养土木工程硕士（第一期项目）；

19. 北京建筑工程学院与美国玛赫西管理大学合作实施工商管理、计算机科学与技术学士学位教育（第一期项目）；

20. 中国农业大学与美国科罗拉多大学合作实施国际经济、传媒与交流学士学位教育（2003～2006年招生项目）；

21. 北京农学院与英国哈珀亚当斯大学学院（Harper Adams University College）合作实施国际经济与贸易、食品科学与工程学士学位教育（2004～2008年招生项目）；

22. 对外经济贸易大学与美国马里兰大学史密斯商学院合作培养工商管理硕士（2004～2007年招生项目）；

23. 首都师范大学与澳大利亚弗林德斯大学合作培养教育硕士（第一期项目）；

24. 首都体育学院与澳大利亚悉尼科技大学合作培养体育赛事管理硕士（第一期项目）；

25. 中国科学院研究生院与澳大利亚伊迪斯·科文大学合作培养信息技术硕士（第一期项目）；

26. 中国科学院研究生院与法国格勒诺布尔高等商学院合作培养工商管理硕士（技术管理方向）（第一期项目）；

27. 南开大学与澳大利亚弗林德斯大学合作培养国际经贸关系硕士（2003～2006年招生项目）；

28. 天津医科大学与澳大利亚维多利亚科技大学合作培养护理学硕士（2003～2006年招生项目）；

29. 天津科技大学与美国库克大学（Kueka College）合作实施国际企业管理学士学位教育（2003～2006年招生项目）；

30. 天津商学院与美国东密西根大学合作培养人力资源管理硕士（第一期项目）；

31. 河北工业大学与法国巴黎高等计算机学院合作实施计算机科学与技术学士学位教育（2003～2006年招生项目）；

32. 山西大学与加拿大西蒙·弗雷泽大学合作实施工商管理、会计学、计算机科学、电子商务学士学位教育（第一期项目）；

33. 沈阳工业大学与美国班尼迪克大学合作培养企业管理硕士（第一期项目）；

34. 沈阳师范大学与美国堪萨斯富特海斯州立大学合作实施国际经济与贸易、国际法、国际金融、经贸英语、工商管理学士学位教育（2003～2006年招生项目）；

35. 吉林大学与加拿大莱姆顿应用技术学院、美国诺斯伍德大学等校合作实施通讯工程、计算机工程技术、计算机信息系统、商业管理、酒店与旅游管理学士学位教育（2003～2006年招生项目）；

36. 东北电力学院与美国犹他州立大学合作实施商务管理、商务信息系统学士学位教育（2004～2007年招生项目）；

37. 哈尔滨工业大学与爱尔兰都柏林工业大学（Dublin Institute of Technology）合作实施软件工

程学士学位教育（2004～2007年招生项目）；

38. 复旦大学与美国华盛顿大学合作培养高级管理人员工商管理硕士（EMBA）（2003～2006年招生项目）；

39. 复旦大学与香港大学合作培养工商管理硕士（2003～2006年招生项目）；

40. 复旦大学与挪威管理学院合作培养工商管理硕士（含信息通信管理）（第一期项目）；

41. 同济大学与美国德克萨斯大学阿灵顿分校合作培养高级管理人员工商管理硕士（EMBA）（2003～2006年招生项目）；

42. 同济大学与美国密西根大学迪尔本分校合作培养汽车系统工程学科理工硕士（2004～2006年招生项目）；

43. 同济大学与法国国立路桥大学合作培养国际工商管理硕士（2004～2007年招生项目）；

44. 同济大学并清华大学、天津大学与香港大学合作举办“房地产经济与管理、建设项目管理”PgD/MSc课程（2003年招生项目）；

45. 上海交通大学与美国南加利福尼亚大学马歇尔商学院合作培养高级管理人员工商管理硕士（EMBA）（2004～2007年招生项目）；

46. 上海财经大学与澳大利亚迪肯大学合作培养会计学硕士（2003～2006年招生项目）；

47. 上海财经大学与中国银行、英国伦敦城市大学合作培养金融方向工商管理硕士（EMBA）（2003～2006年招生项目）；

48. 上海财经大学与美国韦伯斯特大学合作培养工商管理硕士（2003～2006年招生项目）；

49. 东华大学与加拿大卡尔顿大学合作培养工商管理硕士（MBA）（第一期项目）；

50. 苏州大学与爱尔兰利默里克大学合作培养工程硕士（软件工程、计算机应用技术）（共招生5期）；

51. 南京师范大学与美国马里兰大学合作培养刑事司法学硕士（MCJ）（第一期项目）；

52. 扬州大学与澳大利亚查理·斯窦大学合作实施“国际商务”商学士学位教育（2003～2006年招生项目）；

53. 南京中医药大学与澳大利亚西悉尼大学合作实施电子商务学士学位教育（共招生5期）；

54. 浙江大学与香港理工大学合作培养“酒店及旅游业管理”硕士（2003～2005年招生项目）；

55. 浙江大学与香港理工大学合作培养“国际房地产”硕士（2003～2005年招生项目）；

56. 浙江大学与香港理工大学合作培养“品质管理”硕士（2004～2007年招生项目）；

57. 浙江工业大学与英国利兹城市大学合作培养国际贸易与金融硕士（第一期项目）；

58. 浙江工业大学与澳大利亚塔斯马尼亚大学合作实施计算机科学与技术、电子信息工程学士学位教育（2003～2006年招生项目）；

59. 浙江师范大学与澳大利亚伊迪斯·科文大学合作培养教育管理硕士（2003～2006年招生项目）；

60. 温州医学院与美国新英格兰视光学院合作培养眼视光学博士（2003～2006年招生项目）；

61. 杭州商学院与加拿大魁北克大学席库提米分校合作培养项目管理硕士（第一期项目）；

62. 浙江科技学院与澳大利亚南昆士兰大学举办计算机科学与技术学士学位教育（2004～2007年招生项目）；

63. 南昌大学与法国普瓦提埃大学合作培养企业管理硕士（DESS-CAAE，医院管理方向）（第一期项目）；

64. 江西财经大学与美国纽约理工学院合作培养工商管理硕士（2004～2007年招生项目）；

65. 江西师范大学与澳大利亚堪培拉大学合作培养英语教学硕士（TESOL）（第一期项目）；

66. 江西科技师范学院与加拿大纽芬兰纪念大学合作实施通讯工程、计算机工程、商业管理、计算机信息系统学士学位教育（2004～2007年招生项目）；

67. 集美大学与美国库克大学（Kueka College）合作实施工商管理、国际会计学士学位教育（2003～2006年招生项目）；

68. 郑州大学与美国堪萨斯州立大学（Fort Hays）合作实施工商企业管理、计算机信息系统、英语、国际金融、国际商务贸易、社区卫生与保健学士学位教育（2004～2007年招生项目）；

69. 华中科技大学与英国华威大学、香港理工大学合作举办“综合深造发展课程（IGDS）”（第一期项目）；

70. 湖北大学与澳大利亚悉尼大学合作培养教育学硕士（TESOL/语言方向）（第一期项目）；

71. 华中师范大学与澳大利亚悉尼大学合作培养教育管理和人力资源开发教育硕士（2004～2007年招生项目）；

72. 中南民族大学与美国威斯康星州立大学普莱特维尔分校合作培养英语教学硕士（2003～2006年招生项目）；

73. 贵州大学与法国佩比尼昂大学洛泽尔分校、蒙彼利埃大学洛泽尔分校合作实施旅游管理学士学位教育（2003～2006年招生项目）；

74. 重庆大学与香港理工大学合作培养工程项目管理硕士（2003～2006年招生项目）；

75. 电子科技大学与美国韦伯斯特大学合作培养工商管理硕士（2004～2007年招生项目）；

76. 西安交通大学与香港理工大学合作培养工商管理硕士（MBA）、信息管理硕士（MIS）（2003～2006年招生项目）；

77. 西安交通大学与香港理工大学合作实施酒店及餐饮管理文学士学位教育（专升本）（2003～2006年招生项目）；

78. 西安工程科技学院与香港理工大学合作培养服装与纺织品文学硕士（服装营销策划）（第一期项目）。

撰稿　卢晓斌

审稿　周其凤　王亚杰　李　军

〔**中外互相承认学位证书协议签署情况**〕 2003年，中国与英国、法国、澳大利亚和新西兰签订了政府间相互承认学历学位的协议，与中国签署该协议的国家已达到18个。

双边协议的签署，为来往于中国与签约国家的留学人员和其他人员在学位学历互认以及继续学习就业等方面提供了一定的便利。

中国也是《亚太地区相互承认高等教育学历、文凭和学位公约》（以下简称《公约》）的签署国，在积极履行《公约》规定的责任和义务的基础上，积极发展与亚洲和太平洋地区各国的双边合作。

〔**授予名誉博士学位情况**〕 2003年，国务院学位委员会批准部分高校授予12位国外和香港特别行政区人士名誉博士学位。

授名誉博士人员名单	国别或地区及职业	授予学校
后成桐	美国（华人）数学家	浙江大学
詹姆斯·莫里斯	英国经济学家	北京大学
范徐丽泰	香港特别行政区法学家、社会活动家	中国政法大学
罗伯特·胡伯	德国化学家	清华大学
张建平	美国力学专家	上海大学
沃夫冈 A. 赫尔曼	德国化学家	南京理工大学
约翰内斯·劳	德国总统	南京大学
理查德·莱温	美国经济学家	北京大学
迈克·穆尔	新西兰前总理	中国人民大学
玛丽·麦卡艾丽斯	爱尔兰总统	哈尔滨工业大学
摩西·卡察夫	以色列总统	中国农业大学
哥哲哥·科勒德克	波兰前总理	西南财经大学

撰稿　徐伯良

审稿　周其凤　王亚杰　李　军

〔**2002～2003 学年度授予博士、硕士学位人员情况**〕

2002～2003 学年度授予博士、硕士学位人员情况如下表：

单位：人

	博　士	硕　士
总计	18 625（407）	120 186（15 969）
哲学	323（4）	1 379（133）
经济学	1 040（12）	6 976（2 082）
法学	683（3）	7 170（2 095）
教育学	276（8）	2 845（523）
文学	829（10）	7 715（1 303）
历史学	428	1 467（73）
理学	3 580（27）	9 782（767）
工学	6 242（83）	39 813（3 229）
农学	742（21）	3 137（262）
医学	3 073（183）	12 347（3 365）
军事学	98	1 553（137）
管理学	1 095（56）	8 435（2 000）
专业学位	216	17 567

注：括号中数字为总数中授予同等学力人员博士、硕士学位的人数。

撰稿　吴　一
审稿　王亚杰

高校思想政治工作与社会科学研究

〔**第十二次全国高校党的建设工作会议**〕　2003 年 10 月 28 日～29 日，中共中央组织部、中共中央宣传部和中共教育部党组联合在京召开第十二次全国高等学校党的建设工作会议。会议深入学习贯彻党的十六大和十六届三中全会精神，认真研究高校党建工作面临的新形势新任务，提出切实加强和改进高校党建工作，促进高等教育改革发展的新思路、新措施，为完善社会主义市场经济体制，实施科教兴国和人才强国战略，实现全面建设小康社会的宏伟目标提供智力支持和人才保证。中共中央政治局委员、书记处书记刘云山、贺国强，国务委员陈至立等领导同志出席了会议。

贺国强代表党中央在会上讲话。他指出，面对高校党建工作的新形势，要进一步加强做好高校党建工作的责任感和紧迫感，以思想政治建设为重点，把高校领导班子建设成为坚持贯彻“三个代表”重要思想的坚强领导集体。要抓基层、打基础，进一步加强院（系）党委、总支和学生、教职工党支部建设，不断完善党的基层组织设置。科学、合理地调整和设置党的基层组织，在高校形成健全严密的党的组织网络，是高校党建工作面临的新课题。要对高校党的基层组织设置形式进行探索和创新，切实改进党组织的活动内容和工作方式，不断提高党建工作的吸引力、凝聚力。他强调，开展保持共产党员先进性教育活动，是全面推进党的建设新的伟大工程的基础工作。当前，高校党组织要积极推动学习贯彻“三个代表”重要思想新高潮的不断深入，积极探索党员教育管理的新途径新方法，建立和完善党员队伍自我纯洁机制，为即将在全党开展的先进性教育活动做好充分准备。进一步做好发展党员工作，是高校党员队伍建设的重要内容。高校党委要科学制定、认真实施发展党员工作的中长期规划和年度规划，努力做到大学班级“一年级有党员、二年级有党小组、三年级有党支部”。同时，及时吸收符合党员条件的青年教师尤其是学科带头人和学术骨干入党。要坚持标准，严格程序，确保发展党员质量。贺国强要求，各级党委要把高校党建工作纳入党的建设的整体部署之中，分类指导，狠抓落实。要充分利用高校的优势，努力开创高校党建工作的新局面，同时为全国党建工作提供新经验。

教育部党组书记、部长周济代表中组部、中宣部和教育部党组作了题为《以“三个代表”重要思想为指导，加强和改进在高校学生中发展党员工作》的工作报告。他指出，近年来，各地和高校不断加强和改进学生党员队伍建设和党的基层组织建设，学生党员发展工作呈现良好的发展态势，学生党员数量有较大幅度上升，质量不断提高，发展工作制度不断完善。同时，还要看到，新形势下高校学生党员发展工作还存在一些新问题：一是学生党员总数相对偏少；二是学生在对待入党问题上存在一些不容忽视的问题；三是高校党组织在学生党员发展工作中存在一些薄弱环节。周济强调，各地党委教育工作部门和高校党委要统一思想，高度重视，加大发展工作力度，壮大党员队伍，把学生党员发展工作作为高校党委一项最重要的任务来抓。明确目标，落实责任，健全制度，完善机制，力争经过几年努力，使学生党员比例在现有基础上有较大提高；要把培养教育贯穿于党员发展全过程，努力提高学生党员的思想政治素质；要加强“三个代表”重要思想教育，加强理想信念教育和艰苦奋斗教育，把党员发展的过程作为思想政治教育的过程，努力提高党员质量；要加强和改进学生基层党组织建设，努力实现高年级学生“支部建在班上”，形成“一年级有党员、二年级有党小组、三年级有党支部”的学生党建工作新格局；要建设一支高素质的学生党建与思想政治工作队伍，把在高校学生中发展党员工作落到实处。各地党委教育工作部门和高校党委要高举邓小平理论伟大旗帜，全面贯彻“三个代表”重要思想，以奋发有为、昂扬向上的精神状态和求真务实、脚踏实地的工作作风，切实加强和改进在高校学生中发展党员工作，加强和改进学生基层党组织建设，努力开创高校党建工作新局面，把高等教育事业不断推向前进，为全面建设小康社会，实现中华民族伟大复兴作出更大的贡献。

会议期间，中宣部副部长雒树刚、中联部副部长蔡武分别作了关于把学习贯彻“三个代表”重要思想新高潮引向深入的辅导报告和关于国外政党情况的形势报告；北京市委教育工委、北京大学党委、清华大学党委、上海交通大学党委、南京大学党委、华中科技大学党委、天津师范大学党委、西京职业学院党委 8 个单位作了大会发言。

参加会议的有各省、自治区、直辖市党委和新疆生产建设兵团党委有关负责同志，党委教育工作部门的负责同志；中共中央、国务院有关部门负责同志；解放军总政治部有关部门负责同志；108 所普通高等学校的党委书记，部分高校校长以及军队院校、高等职业技术学院、民办高校党组织负责同志等。中组部、中宣部、教育部有关领导同志出席了会议。

撰稿　孙海波　黄小华

审稿　徐维凡

〔高校师生学习贯彻党的十六大精神和“三个代表”重要思想〕 2003年，根据中央统一部署和要求，教育部组织高校广大党员干部和师生认真学习贯彻党的十六大精神和“三个代表”重要思想，推动教育战线兴起学习贯彻“三个代表”重要思想新高潮。中共教育部党组先后发出《关于教育系统学习〈“三个代表”重要思想学习纲要〉的通知》、《关于在教育战线兴起学习贯彻“三个代表”重要思想新高潮的通知》，教育部办公厅印发了《教育系统兴起学习贯彻“三个代表”重要思想有关工作方案》，对相关工作作了全面安排和部署。

召开了教育系统学习胡锦涛总书记“七一”重要讲话座谈会、高校学者学习“三个代表”重要思想和胡锦涛总书记“七一”重要讲话理论研讨会等，与中宣部、团中央和解放军总政治部联合组织召开了全国大学生学习贯彻“三个代表”重要思想经验交流会。同时，广泛采用理论宣讲、学习报告会等形式，努力拓展师生学习活动的广度和深度。教育部党组书记、部长周济强调要大力弘扬理论联系实际的马克思主义学风，努力做到学以致用，真正把“三个代表”重要思想贯彻到我国教育事业改革发展的各项工作中去，努力在思想上不断有所提高，在工作上不断取得新成效，在解决存在的问题方面不断取得新进展，努力办好让人民满意的教育，开创教育事业改革发展的新局面。

组织高校哲学社会科学专家学者认真学习、宣传和研究“三个代表”重要思想，陆续推出并发表了一批有深度、有分量的研究成果和文章；把“三个代表”重要思想以及相关的马克思主义基础理论研究课题项目确立为“中国高校哲学社会科学繁荣计划”重大课题攻关项目，予以重点资助；在高校筹备建立“三个代表”重要思想研究中心。

发挥教育媒体的作用，把动态报道、理论宣传、典型经验介绍有机地结合起来，进行了一系列学习贯彻“三个代表”重要思想的重点宣传工作，为教育战线兴起学习贯彻“三个代表”重要思想新高潮营造了强大的宣传声势和良好的舆论氛围。

〔深化“三个代表”重要思想“三进”工作〕 为贯彻党的十六大精神，深化“三个代表”重要思想“三进”工作，2003年教育部发出《关于进一步深化“三个代表”重要思想“三进”工作的通知》，对高校进一步深化“三个代表”重要思想“三进”工作作出全面部署。(1) 开设课程。将“邓小平理论概论”课调整为“邓小平理论和‘三个代表’重要思想概论”课，于2003年秋季在全国高校普遍开设；支持、鼓励有条件的高校进行单独形态开设“‘三个代表’重要思想概论”课试点；在高校“两课”开设的所有课程中，全面、有机地渗透“三个代表”重要思想。(2) 加强教材建设。按照党的十六大精神和“三个代表”重要思想，对“两课”教学基本要求进行了全面修订；组织修订了全国普通高校“两课”(本科、专科) 示范教材，特别是组织重点修订了本科、专科、成人高校以及高等教育学历文凭考试“邓小平理论和‘三个代表’重要思想概论”课示范教材；为让大学生系统了解“三个代表”重要思想的时代背景、实践基础、科学内涵、精神实质和历史地位，系统把握其中的新思想、新观点、新论断，以及这些新思想、新观点、新论断之间的紧密联系和相互贯通，组织全国高校的专家学者编写了《“三个代表”重要思想概论》，作为大学生学习贯彻“三个代表”重要思想的重要辅助读本和高校开设“邓小平理论和‘三个代表’重要思想概论”以及“‘三个代表’重要思想概论”试点课的参考教材。(3) 加强师资队伍建设。举办了“全国高校‘两课’骨干教师学习贯彻十六大精神培训班”，邀请中央宣讲团成员、专家为骨干教师作辅导报告，约150名“两课”骨干教师参加培训；举办了全国普通高校“邓小平理论和‘三个代表’重要思想概论”课骨干教师培训班，来自全国440余所普通高校的500余名“两课”教师参加了培训；(4) 积极开拓深化“三个代表”重要思想“三进”工作的新途径。充分发挥第二课堂、学生理论社团作用，支持、指导学生研究“三个代表”重要思想，到社区、村镇中宣传“三个代表”重要思想，在实践中深化对邓小平理论和“三个代表”重要思想的理解。

开展全国普通高校“两课”教育教学改革调研。为提高高校“两课”教育教学的针对性、时效性和吸引力、感染力，更好地发挥高校“两课”教育教学在高等教育中的育人作用，2003年3月，教育部组织对全国高校“两课”教育教学开展调研，成立了以周济部长为组长的全国普通高校“两课”改革和建设工作领导小组和以袁贵仁副部长为组长的“两课”教育教学调研工作领导小组。此次调研分综合、课程设置及教材内容、管理体制三个专题组进行，实行专题组长负责制。调研工作通过问卷调查、座谈、访谈相结合的方式在全国19个省（自治区、直辖市）220所高校进行。共发放问卷82 227份，召开座谈会260余场次，参加座谈和访谈的领导、教师、学生达6 000多人次。

〔**高校“形势与政策”教育**〕 2003年，为加强对各高校开展“形势与政策”教育教学的指导，帮助教师更好地引导大学生全面准确地理解国内经济和社会发展的形势与国际形势，引导广大学生把思想认识统一到中央一系列重大决策和工作部署上来，教育部组织专家，结合国内外形势发展和主要任务，根据“形势与政策”课教育教学的特点，研制和印发了高校“形势与政策”教育教学要点；举办了第11期和第12期全国普通高校“形势与政策”课骨干教师培训班，邀请有关部门的负责同志和专家学者，结合国内外的形势和大学生普遍关心的热点问题和思想实际，以经济形势、反腐败斗争、“三农”问题、台海局势、朝鲜核危机、人才强国战略等为主题作辅导报告，来自全国29个省（自治区、直辖市）的近200名“形势与政策”课骨干教师参加了培训；组织有关专家紧密围绕国内外形势的发展变化，以全面建设小康社会、抗击“非典”斗争与大学生的民族精神、怎样看待伊拉克战争、中东和平路线图等为主题制作出版10期《时事》VCD，为高校提供针对性强、时效性强的教育教学参考资料。高校“形势与政策”教育教学工作为引导大学生全面科学地分析和把握形势，把握党和国家事业发展的大局发挥了十分重要的作用。

撰稿 陈 矛 陈 睿
审稿 徐维凡

〔**大学生思想政治状况调查**〕 2003年是高校师生思想政治状况滚动调查的第12年，调查工作继续在京、津、沪、鄂、粤、陕、苏、赣八省市进行。本次调查采取问卷调查与座谈、访谈相结合的方式展开，74所高校2.4万余名教师、学生参加了调查，4 900余名教师、学生参加了座谈、访谈。

调查表明，当前大学生的思想主流继续呈现出积极、健康、向上的良好态势。对党的十六大和“两会”的召开给予高度关注和积极评价，对以胡锦涛同志为总书记的新的中央领导集体充分信任，拥护“三个代表”重要思想和全面建设小康社会的奋斗目标，对在党的领导下保持我国政治稳定和经济持续健康发展充满信心。关心支持高等教育改革和发展并寄予较高期望，人生观、价值观主流积极向上、务实进取，竞争意识和学习自觉性明显增强，成才愿望非常强烈。大学生越来越重视并积极参加各种类型的社会实践活动。他们深入到工厂、农村和街道宣传“三个代表”重要思想，推动兴起学习贯彻“三个代表”重要思想新高潮；积极参加大学生志愿者科技文化卫生“三下乡”、“大学生志愿服务西部计划”等活动，在实践中受教育、长才干、作贡献。在2003年抗击“非典”的斗争中，大学生们与党和政府同心同德、共度难关，经受住了严峻的考验，表现出高度的政治觉悟、社会责任感和战胜“非典”的必胜信念。2003年，还涌现出了许志伟（武汉化工学院化学工程与工艺专业1999级学生）、陈野平（湖南师范大学医学院检验专业2002级学生）两位见义勇为、舍己救人的先进典型，他们的英雄事迹在高校和社会各界引起了强烈反响。教育部分别追授他们“舍己救人的优秀大学生”荣誉称号。

调查表明，许多大学生对腐败问题，失业、下岗和再就业问题，“三农”问题等，表现出较多关切和忧虑；部分学生对一些深层次的重大政治理论问题存在模糊认识；多数学生表示就业压力、学习压力大，部分学生的经济压力、心理压力较大。

〔**高校学生心理健康教育**〕 根据《教育部关于加强普通高等学校大学生心理健康教育工作的意见》和《普通高等学校大学生心理健康教育工作实

施纲要（试行）》的精神，自2003年起，教育部以科学化、规范化建设为重点，全面推进大学生心理健康教育工作，并取得了积极进展。

加强对高校大学生心理健康教育工作的指导。教育部办公厅发出《关于进一步加强高校学生管理工作和心理健康教育工作的通知》，要求各高校进一步提高对做好大学生心理健康教育工作重要性的认识，结合本校实际情况和学生的思想实际及心理特点，开展形式多样的心理健康教育和咨询工作，促进学生身心健康发展。为准确评价我国大学生的心理健康状况，为大学生心理健康教育工作科学化、规范化奠定基础，组织专家研究和编制了大学生心理健康状况评定量表，已在全国17所高校进行了初步测试。根据初测结果对评定量表作了进一步修改和完善，量表将于2004年上半年研制完成并计划于当年秋季投入使用。

2003年举办了第五期和第六期全国普通高校大学生心理健康教育骨干教师培训班。自2001年9月以来，共培训了362名学员，为建构全国大学生心理健康教育网络体系发挥了重要作用。在2002年组织编写出版了5本高校大学生心理健康教育教师用书的基础上，2003年，教育部组织有关专家学者围绕大学新生适应、人生困惑及应对、恋爱、人际交往、学习、择业、理想和人格八个方面编写了8本大学生心理健康教育读本，将在2004年陆续出版。与卫生部疾病控制司、团中央学校部和中国青年报社共同发起了“心理阳光工程”活动，以唤起全社会对青少年心理健康教育工作的关注和重视。

撰稿　邓传淮　许高勇
审稿　徐维凡

〔启动“高校哲学社会科学繁荣计划”〕　为贯彻落实党十六大报告提出的“坚持社会科学和自然科学并重，充分发挥哲学社会科学在经济和社会发展中的重要作用”和江泽民同志关于发展哲学社会科学的一系列重要讲话精神，2003年2月10日，教育部印发了《关于进一步发展繁荣高校哲学社会科学的若干意见》，并召开新闻发布会。教育部部长周济、副部长袁贵仁出席了新闻发布会，正式宣布启动“高校哲学社会科学繁荣计划”（以下简称“繁荣计划”）。

为保证“繁荣计划”的顺利实施，教育部采取了如下措施：(1) 成立教育部社会科学发展领导小组，周济任组长，张保庆和袁贵仁任副组长。其职能是全面统筹、规划和领导全国高校哲学社会科学的发展工作，切实加强对高校哲学社会科学的领导。(2) 不断加大经费投入力度，高度重视哲学社会科学研究和人才培养条件的改善。(3) 深化高校科研管理体制改革，建立科学的学术规范，加强学风建设。(4) 结合《2003—2007年教育振兴行动计划》的制订，将实施“繁荣计划”作为其中的一个重要工程，积极落实“繁荣计划”提出的各项建设任务。

“繁荣计划”实施一年来取得了重要进展。

一、2003年度教育部哲学社会科学重大课题攻关项目招标投标和评审立项顺利完成。设立重大课题攻关项目的宗旨是，支持高等学校适应国家经济社会发展的需要，把握学科前沿，开展深入、系统的创新性研究，力争取得具有重大学术价值和社会影响的标志性成果。重大课题攻关项目吸收自然科学的一些做法，采取招投标的组织方式，按照“公平竞争，择优立项，严格管理，铸造精品”的要求进行；项目研究实行首席专家负责制，鼓励跨学科、跨学校、跨地区的联合研究，鼓励吸收高校系统外的相关专家（包括国外专家）参加课题组研究工作。(1) 制定《重大课题攻关项目管理办法（试行）》。2003年8月，印发《教育部哲学社会科学研究重大课题攻关项目管理办法（试行）》，对重大课题攻关项目的宗旨和原则、科研组织方式、选题来源和确定、招标与投标、评审与批准、实施与管理、成果鉴定与推广等，作出了明确规定，使重大课题攻关项目的组织管理工作有法可依、有章可循。(2) 确定重大课题攻关项目选题。向有关高校和人文社科专家咨询委员广泛征集选题，然后再从征集的选题中遴选出一部分反馈给这些学校和专家征求意见，并组织部分高校主管校长和知名专家参加座谈会进行研讨，最后确定40个重大课题面向全国高校招标，8月4日在《光明日报》、《中国教育报》、“中国高校人文社科网”等媒体刊登了《教育部2003年度哲学社会科学重大课题攻关项目招标公告》。这40个重大招标课题，充分体现了党的十六大全面建设小康社会的精神。其中，《“三个代表”重要思想研究》、《马克思主义基础理论若干重大问题研究》、《马克思主义中国化研究》等关于马克思主义理论研究与建设的课题占了突出位置；事关国家经济社会发展的具有全局性、前瞻性和战略性的重大理论和现实课题，包括教育领域的热点问题，占了很大比重；除此以外，还包含了基础类研究课题，如《儒藏编纂与研究》、《中国公民人文素质现状调查与对策研究》、《当代中国人精神生活调查研究》、《弘扬与培育民族精神研究》等一批关于中华文明传承、促进先进文化建设的重大课题。(3) 组织招标评审会。招标公告刊登后，全国共有82所高校报送投标书204项，其中最多的一个课题有16个单位竞标。10月23日～11月11日，在北京组织招标评审会议。40个重大课题的评审，不论投标者多寡，均按“公平优先、兼顾效率”的原则精心设计了工作步骤，并对每一步骤提出具体要求，实行严格的回避制度。最后各课题专家组按照评审程序，在充分评议的基础上，以一次性无记名投票、2/3以上多数票通过的方式择优确定中标者。40个重大课题除1个流标外，其他39个都有中标者。评审结果经批准后，中标者与教育部签订了《重大课题攻关项目研究计划合同书》。到2003年底，所有立项通知均已下达，拨款也已到位。2003年度哲学社会科学重大攻关项目平均资助额度为50万元～80万元，这种支持力度在教育部是第一次，在全国也不多见；同时，文科项目采取招投标的方式，在教育部乃至全国的文科项目申报评审中也是首次，因而引起了学术界的极大关注。2004年教育部将投入更多的资金，设立更多的招标课题来组织重大课题攻关项目。同时，教育部社政司将认真总结第一轮招标投标的经验，更加科学地确定选题，完善评审程序，为重大课题产出有重大影响的学术成果做好奠基性工作。

二、人文社会科学重点研究基地建设取得新进展。普通高等学校人文社会科学重点研究基地建设，是教育部加强高校哲学社会科学研究的一项重大举措，是近年来高校人文社会科学研究事业发展所取得的一项标志性成果。重点研究基地建设的目标是：围绕科学研究、人才培养、学术交流、咨询服务、科研体制改革五项任务，经过若干年的努力，使基地的整体科研水平达到国内领先地位，并在国际相同研究领域享有一定声誉。重点研究基地建设的关键是制度创新，难点也是制度创新。经过几年的努力，已取得以下成效：(1) 调动和整合了基地所在学校的科研资源，研究条件大大改善，研究经费大幅度增加。(2) 基地发挥了集聚和吸引人才的作用，许多学者借助基地这个舞台提升了科研水平，并以课题研究为核心初步形成了人文社会科学的研究团队。(3) 重大研究项目形成规模，三年内共有650多个重大项目立项，每项资助经费20万元，创造了重大项目立项数量、资助强度两个第一。(4) 学术交流空前活跃。基地根据开放性的要求，从非高校研究机构聘请了上千位知名教授和学术委员会成员，从国外聘请了上百位兼职研究人员开展合作研究。每个基地每年至少召开一次全国性或国际性学术会议，三年来有数百位外国学者来基地参加学术会议，扩大了中国高校人文社会科学研究的国际影响。(5) 网络建设突飞猛进，百所基地建立了百家学术研究网站（其中80%有英文网页），在汇聚学术资源、促进国内外学术交流方面发挥了重要作用。(6) 科研体制改革不断深入。基地建设打破了高校科研机构的旧体制，它所实行的“研究人员带课题进所、完成课题后出所”的研究体制，体现了高校人文社会科学研究体制改革的方向。按照《重点研究基地管理办法》中“竞争入选、定期评估、不合格淘汰、达标替补”的要求，从2003年起，教育部对重点研究基地进行分批评估，以实现优胜劣汰，在动态管理中保持其先进性。3月18日印发《教育部人文社会科学重点研究基地评估方案》及开展重点研究基地评估等有关工作的通知，对评估的标准、原则、内容、方法和程序等作了详细规定。按照上述评估方案，2003年9月，教育部社政司组织专家对第一批15个重点研究基地进行了实地评估。第一批15个基地的评估结果为优秀4个，合格8个，不合格2个，挂黄牌1个。4个被评估为优秀的重点研究基地是：

中国人民大学刑事法律科学研究中心；北京师范大学发展心理研究所；复旦大学历史地理研究中心；浙江大学农业现代化与农村发展研究中心。8个被评估为合格的重点研究基地是：北京大学中国古文献研究中心；北京师范大学比较教育研究中心；南开大学亚太经济合作组织（APEC）研究中心；吉林大学东北亚研究中心；复旦大学中国古代文学研究中心；华东师范大学课程与教学研究所；武汉大学环境法研究所；兰州大学敦煌学研究所。挂黄牌的是安徽大学徽学研究中心，限期整顿一年后进行复审。12月10日，教育部发出《关于公布第一批通过合格评估的普通高等学校人文社会科学重点研究基地的通知》，公布了第一批基地的评估结果，并决定将通过合格评估的基地列入2004—2006年新一轮建设计划。

三、哲学社会科学基础设施和信息化建设计划取得重大进展。(1)“中国高校人文社会科学研究信息网”正式开通。2003年7月1日，“中国高校人文社会科学研究信息网”（www. sinoss. com）正式开通。中国高校人文社会科学研究信息网是为全国高校人文社会科学研究服务的专业性门户网站，自开通以来，已初步建立了面向全国高校的科研信息交流平台、重要研究成果的公告平台、高水平学术论文的发布平台，为哲学社会科学研究提供了一个方便快捷的手段，促进了哲学社会科学研究的理论创新、方法创新和管理创新，已成为联系全国高校人文社科管理机构、研究机构、研究人员的桥梁和纽带，受到国内外人文社会科学机构和研究者的重视与欢迎。(2)“中国高校人文社会科学文献中心”上网运行并提供服务。中国高校人文社会科学文献中心（CASHL）是教育部根据高校哲学社会科学的发展和文献资源建设的需要而设立的，其宗旨是组织若干所具有学科优势、文献资源优势和服务条件优势的高等学校图书馆，借助现代化的服务手段，有计划、有系统地引进国外人文社会科学期刊，同时通过整合高校的资源，做到资源共知、共建、共享，为全国高校哲学社会科学教学和科研提供高水平的文献保障。根据规划，中国高校人文社会科学文献中心要建立2个全国中心、若干个区域中心以及学科重点中心，组成CASHL服务体系，统一以“中国高校人文社会科学文献中心”（CASHL）的名义对外开展服务。先期启动的是全国中心的建设，由北京大学和复旦大学承担。截至正式上网运行服务时，共收录了2 313种人文社会科学外文期刊，其中包含1 083种核心期刊；已完成1 501种期刊的目次加工工作。

四、高校哲学社会科学名刊工程正式启动。名刊工程是国家重点支持的、展示高校哲学社会科学研究成果的一个社科类名刊建设工程。名刊工程的总体建设目标是：通过国家的支持和期刊内部的改革，在3～5年时间内通过建设滚动推出20家左右能反映我国高校学术水平和学科特点、在国内外有较大影响的哲学社会科学期刊，逐步改变目前高校社科学报“全、散、小、弱”的状况，实现“专、特、大、强”的目标。为此，教育部（或其他主管部门）将对每个入选期刊提供25万元的经费资助，入选期刊的主办单位按1∶1的比例配套投入，同时在人才培养、加强管理、改善办刊条件、增强办刊活力等方面给予积极支持，使入选期刊能够形成科学的办刊机制和符合时代发展要求的办刊理念，形成鲜明的刊物特色，提高刊物的社会影响和学术质量。为确保评审工作的顺利进行，教育部社政司组织相关专家制定了《教育部高校哲学社会科学名刊工程实施方案》和《教育部高校哲学社会科学名刊工程评审标准》，成立了由教育部和新闻出版总署主管领导为组长的名刊工程领导小组，负责名刊工程重大事项的决定。采取回避原则，从中国社会科学院、中央党校、中国期刊协会等单位遴选了17位学风端正、对学报和学术期刊基本情况比较熟悉的专家为评审组成员，负责首批名刊工程的评审工作。2003年11月，教育部社政司在北京召开专家评审会。评审专家从47个学校参评的49种期刊中，确定11种高校学报首批入选名刊工程。它们是：北京大学学报（哲学社会科学版）、文史哲（山东大学）、南京大学学报（哲学·人文科学·社会科学）、中国人民大学学报、复旦学报（社会科学版）、北京师范大学学报（社会科学版）、思想战线（云南大学）、厦门大学学报（哲学社会科学版）、吉林大学社会科学学报、南开学报（哲学社会科学版）和陕西师范大学学报（哲学社会科学版)。通过名刊工程建设，提高高校哲学社会科学学报的整体质量和水平，使其努力办出特色，形成品牌，推动高校哲学社会科学研究工作。

撰稿 张保生 何 健 魏贻恒 林 丽
审稿 靳 诺

〔第三届中国高校人文社会科学研究优秀成果奖颁奖〕 设立中国高校人文社会科学研究优秀成果奖，是教育部鼓励高校人文社会科学研究人员积极探索，勇于创新，促进高校人文社会科学研究事业繁荣发展的一项重要举措。2002 年，教育部社政司组织并完成了第三届中国高校人文社会科学优秀成果评奖工作。2003 年 6 月，印发了《教育部关于颁发第三届中国高校人文社会科学研究优秀成果奖的决定》，正式公布 406 项获奖成果，其中特等奖 1 项，一等奖 47 项，二等奖 124 项，三等奖 234 项。

撰稿 魏贻恒
审稿 靳 诺

附

第三届中国高校人文社会科学研究优秀成果奖

特等奖、一等奖、二等奖获奖成果名单

特等奖（1 项）

历史学（1 项）

《中国通史》(多卷本) 著作 白寿彝 总主编 上海人民出版社 1999 年 3 月

一等奖（47 项）

马克思主义（1 项）

《中国共产党解放和发展生产力思想研究》 著作 丁俊萍 著 武汉大学出版社 1999 年 10 月

哲学（2 项）

《稷下学研究——中国古代的思想自由与百家争鸣》 著作 白奚 著 生活·读书·新知三联书店 1998 年 9 月

《罗国杰文集》 著作 罗国杰 著 河北大学出版社 2000 年 8 月

逻辑学（1 项）

《基于开放世界预设的逻辑》 系列论文 鞠实儿 《自然辩证法研究》1997 年 11 期等

宗教学（1 项）

《中国宗教通史》 著作 牟钟鉴 张践 著 社会科学文献出版社 2000 年 1 月

语言学（1 项）

《汉语方言大词典》 著作 许宝华等 主编 中华书局 1999 年 4 月

中国文学（7 项）

《中国现代学术之建立——以章太炎、胡适之为中心》 著作 陈平原 著 北京大学出版社 1998 年 2 月

《中国审美文化史》 著作 陈炎 主编 山东画报出版社 2000 年 10 月

《中国近现代通俗文学史》 著作 范伯群 主编 江苏教育出版社 2000 年 4 月

《中国散文史》 著作 郭预衡 著 上海古籍出版社 2000 年 3 月

《西方美学通史》 著作 蒋孔阳 朱立元 主编 上海文艺出版社 1999 年 12 月

《全元戏曲》 著作 王季思 主编 人民文学出版社 1999 年 2 月

《抱朴子外篇校笺》 著作 杨明照 著 中华书局 1997 年 10 月

外国文学（空缺）

艺术学（2项）

《电影编剧学》 著作 汪流 著 北京广播学院出版社2000年6月

《福建传统音乐》 著作 王耀华 著 福建人民出版社2000年8月

历史学（5项）

《〈水经注〉校释》 著作 陈桥驿 著 杭州大学出版社1999年10月

《夏商周年代学札记》 著作 李学勤 著 辽宁大学出版社1999年10月

《中西古典学引论》 著作 林志纯（笔名日知）著 东北师范大学出版社1999年7月

《阿拉伯通史》 著作 纳忠 著 商务印书馆1999年1月

《中国近代史上的官绅商学》 著作 章开沅等 主编 湖北人民出版社2000年6月

考古学（空缺）

管理学（3项）

《中国社会保障若干重大问题研究》 著作 邓大松等 著 海天出版社2000年12月

《改革实践的呼唤：中国公司治理原则》 论文 李维安 《中国改革》2000年10期

《中国企业发展的战略选择》 著作 芮明杰 著 复旦大学出版社2000年8月

经济学（7项）

《经济周期波动的分析与预测方法》 著作 董文泉 高铁梅 姜诗章 陈磊 编著 吉林大学出版社1998年8月

《会计基本理论与会计准则问题研究》 著作 葛家澍 著 中国财政经济出版社2000年2月

《西方经济学说的演变及其影响》 著作 胡代光 主编 北京大学出版社1998年4月

《开放经济下的政策搭配》 著作 姜波克等 著 复旦大学出版社1999年6月

《再论制度、技术与中国农业发展》 著作 林毅夫 著 北京大学出版社2000年1月

《APEC研究——方式·运行·效果》 著作 薛敬孝 李坤望 宫占奎 主编 山西经济出版社1999年1月

《企业的利益相关者理论及其应用》 著作 杨瑞龙 周业安 著 经济科学出版社2000年7月

政治学（2项）

《当代中国政治形态研究》 著作 林尚立 著 天津人民出版社2000年1月

《当代政治学基本理论》 著作 王惠岩 著 天津人民出版社1998年3月

法学（4项）

《论中国涉外仲裁的监督机制及其与国际惯例的接轨》 系列论文 陈安 《国际仲裁学刊》1997年3期等

《刑法的价值构造》 著作 陈兴良 著 中国人民大学出版社1998年10月

《违约责任论》 著作 王利明 著 中国政法大学出版社2000年2月

《中国法制通史》 著作 张晋藩 总主编 法律出版社1999年1月

社会学（1项）

《社会分层与贫富差别》 著作 李强 著 鹭江出版社2000年9月

民族学（1项）

《英国俄国与中国西藏》 著作 周伟洲 主编 中国藏学出版社2001年5月

新闻学与传播学（1项）

《中国新闻事业通史》 著作 方汉奇 主编 中国人民大学出版社1999年2月

图书馆、情报与文献学（1项）

《清史稿艺文志拾遗》 著作 王绍曾 主编 中华书局2000年9月

教育学（5项）

《信仰教育与道德教育》 著作 檀传宝 著 教育科学出版社1999年6月

《世纪之理想——中国近代义务教育研究》 著作 田正平 肖朗 主编 浙江教育出版社2000年8月

《教育社会学》 著作 吴康宁 著 人民教育出版社1998年7月

《教育研究方法论初探》 著作 叶澜 著 上海教育

出版社 1999 年 6 月

《“国家基础教育课程改革纲要”研究》 研究报告 钟启泉 崔允漷 张华 吴刚平 等 教育部基础教育司采用 2000 年 8 月

心理学（1 项）

《教育的智慧——写给中小学教师》 著作 林崇德 著 开明出版社 1999 年 1 月

港澳台问题研究（空缺）

国际问题研究（1 项）

《制度变迁与对外关系——1992 年以来的俄罗斯》 著作 冯绍雷 著 上海人民出版社 1997 年 11 月

二等奖（124 项）

马克思主义（4 项）

《云南少数民族的社会主义发展道路》 著作 陈国新 主编 云南大学出版社 1999 年 7 月

《继承与超越：毛泽东与孙中山比较研究》 著作 陈金龙 著 广东教育出版社 1998 年 8 月

《毛泽东邓小平社会主义思想比较研究》 著作 樊瑞平 张乐岭 主编 云南人民出版社 2000 年 8 月

《邓小平理论体系研究》 著作 田克勤 著 东北师范大学出版社 1997 年 12 月

哲学（11 项）

《虚气相即——张载哲学体系及其定位》 著作 丁为祥 著 人民出版社 2000 年 12 月

《后现代科学哲学》 著作 郭贵春 著 湖南教育出版社 1998 年 9 月

《在真与善之间——科技时代的伦理问题与道德抉择》 著作 刘大椿等 著 中国社会科学出版社 2000 年 5 月

《胡塞尔现象学概念通释》 著作 倪梁康 著 生活·读书·新知三联书店 1999 年 12 月

《无之无化——论海德格尔思想道路的核心问题》 著作 彭富春 著 上海三联书店 2000 年 8 月

《卢卡奇与马克思》 著作 孙伯鍨 著 南京大学出版社 1999 年 6 月

《伦理大思路——当代中国道德和伦理学发展的理论审视》 著作 唐凯麟 著 湖南人民出版社 2000 年 12 月

《现代之后——20 世纪晚期西方哲学》 著作 姚大志 著 东方出版社 2000 年 12 月

《明代哲学史》 著作 张学智 著 北京大学出版社 2000 年 11 月

《回到马克思——经济学语境中的哲学话语》 著作 张异宾（笔名张一兵）著 江苏人民出版社 1999 年 1 月

《当代英美哲学举要》 著作 赵敦华 著 当代中国出版社 1997 年 5 月

逻辑学（1 项）

《理性的生命——哥德尔思想研究》 著作 刘晓力 著 湖南教育出版社 2000 年 9 月

宗教学（1 项）

《大美不言：道教美学思想范畴论》 著作 潘显一 著 四川人民出版社 1997 年 5 月

语言学（10 项）

《语言学方法论》 著作 桂诗春 宁春岩 著 外语教学与研究出版社 1997 年 9 月

《战国古文字典——战国文字声系》 著作 何琳仪 著 中华书局 1998 年 9 月

《汉语量范畴研究》 著作 李宇明 著 华中师范大学出版社 2000 年 10 月

《客赣方言比较研究》 著作 刘纶鑫 主编 中国社会科学出版社 1999 年 2 月

《匡谬正俗平议》 著作 刘晓东 著 山东大学出版社 1999 年 9 月

《汉字发展史纲要》 著作 刘又辛 方有国 著 中国大百科全书出版社 2000 年 1 月

《蒙古文编码》 著作 确精扎布 著 内蒙古大学出版社 2000 年 8 月

《东汉——隋常用词演变研究》 著作 汪维辉 著 南京大学出版社 2000 年 5 月

《模糊语言学》 著作 伍铁平 著 上海外语教育出版社 1999 年 11 月

《汉语俗字丛考》 著作 张涌泉 著 中华书局 2000 年 1 月

中国文学（13 项）

《女性词史》 著作 邓红梅 著 山东教育出版社 2000 年 7 月

《美的偏至——中国现代唯美——颓废主义文学思潮研究》 著作 解志熙 著 上海文艺出版社 1997 年 8 月

《文学解释学》 著作 金元浦 著 东北师范大学出版社 1997 年 5 月

《中国民间故事史》 著作 刘守华 著 湖北教育出

版社 1999 年 9 月

《中国新诗流变论》 著作 龙泉明 著 人民文学出版社 1999 年 12 月

《启功丛稿》 著作 启功 著 中华书局 1999 年 7 月

《文艺与意识形态》 著作 谭好哲 著 山东大学出版社 1997 年 8 月

《文学审美特征论》 著作 童庆炳 著 华中师范大学出版社 2000 年 6 月

《现代中国儿童文学主潮》 著作 王泉根 著 重庆出版社 2000 年 12 月

《中国古代文学理论体系》 著作 王运熙 黄霖 主编 复旦大学出版社 1999 年 3 月

《唐宋词史论》 著作 王兆鹏 著 人民文学出版社 2000 年 1 月

《清诗史》（上下） 著作 严迪昌 著 五南图书出版公司 1998 年 10 月

《中国当代审美文化研究》 著作 周宪 著 北京大学出版社 1997 年 11 月

外国文学（3 项）

《托尔斯泰和中国古典文化思想》 著作 吴泽霖 著 北京师范大学出版社 2000 年 7 月

《凤凰的再生——希腊化时期的犹太文学研究》 著作 梁工 赵复兴 著 商务印书馆 2000 年 1 月

《走近歌德》 著作 杨武能 著 河北教育出版社 1999 年 9 月

艺术学（2 项）

《中国话剧与中国戏曲》 著作 胡星亮 著 学林出版社 2000 年 9 月

《中国衣经》 著作 缪良云 主编 上海文化出版社 2000 年 4 月

历史学（12 项）

《美国的冷战战略与巴黎统筹委员会、中国委员会(1945—1994 年)》 著作 崔丕 著 东北师范大学出版社 2000 年 5 月

《北京城市历史地理》 著作 侯仁之 主编 北京燕山出版社 2000 年 5 月

《中国印度尼西亚文化交流》 著作 孔远志 著 北京大学出版社 1999 年 3 月

《北洋军阀史》 著作 来新夏等 著 南开大学出版社 2000 年 12 月

《古代埃及史》 著作 刘文鹏 著 商务印书馆 2000 年 4 月

《山东民间秘密教门》 著作 路遥 著 当代中国出版社 2000 年 4 月

《美国文化与外交》 著作 王晓德 著 世界知识出版社 2000 年 3 月

《中国近代不同类型城市综合研究》 著作 隗瀛涛 主编 四川大学出版社 1998 年 12 月

《在宗教与世俗之间——基督教新教传教士在华南沿海的早期活动研究》 著作 吴义雄 著 广东教育出版社 2000 年 3 月

《上海历史地图集》 著作 周振鹤 主编 上海人民出版社 1999 年 12 月

《敦煌吐鲁番文书论丛》 著作 朱雷 著 甘肃人民出版社 2000 年 4 月

《转型时期的社会与国家——以近代中国商会为主体的历史透视》 著作 朱英 著 华中师范大学出版社 1997 年 9 月

考古学（2 项）

《林沄学术文集》 著作 林沄 著 中国大百科全书出版社 1998 年 12 月

《唐代金银器研究》 著作 齐东方 著 中国社会科学出版社 1999 年 5 月

管理学（8 项）

《上市公司资产重组财务会计问题研究》 论文 陈信元 《会计研究》1998 年 10 期

《建立和规范公司法人治理结构》 论文 邓荣霖 《人民日报》1999 年 10 月 26 日

《上市公司股利政策的实证分析》 论文 吕长江 王克敏 《经济研究》1999 年 12 期

《基于胜任特征的多层次管理决策模型及应用》 系列论文 王重鸣 梁立 严进 等 《心理学报》1998 年 10 期等

《金融工程研究》 著作 吴冲锋 王海成 吴文锋 著 上海交通大学出版社 2000 年 2 月

《基于能力的技术创新理论：过程、模式、机制、系统》 系列论文 许庆瑞 陈劲 郭斌 吴晓波 赵晓庆 张钢 魏江 《国际学术期刊》1998 年 4 期

《企业管理国际比较——中日美德企业管理比较、借鉴与创新》 著作 赵景华等 著 山东人民出版社 1999 年 12 月

《中国企业理论五十年》 著作 郑海航 主编 经济科学出版社 1999 年 9 月

经济学（21 项）

《宏观金融博弈分析》 著作 陈学彬 著 上海财经大学出版社 1998 年 5 月

《中国农业现代化之路——近代中国农业结构、商品经济与农村市场》 著作 丁长清 慈鸿飞 著 商务印书馆 2000 年 8 月

《中国的宏观经济与城市就业》 研究报告 厉以宁 章铮 黄涛 中国劳动和社会保障部采用 1999 年 12 月

《从虚拟资本到虚拟经济》 著作 刘骏民 著 山东人民出版社 1998 年 2 月

《产权通论》 著作 刘伟 李风圣 著 北京出版社 1997 年 12 月

《中国财政货币政策协调配合研究》 著作 刘锡良等 著 西南财经大学出版社 1999 年 12 月

《中国传统市场发展史》 著作 龙登高 著 人民出版社 1997 年 12 月

《经济组织的制度逻辑——一个理论框架及其对中国农民经济组织的应用研究》 著作 罗必良 著 山西经济出版社 2000 年 8 月

《发展经济学的新发展》 著作 谭崇台 主编 武汉大学出版社 1999 年 11 月

《盈利管理研究》 著作 魏明海 谭劲松 林舒 著 中国财政经济出版社 2000 年 1 月

《重构财政理论的探索》 著作 吴俊培 著 中国财政经济出版社 1999 年 10 月

《企业的进入退出与产业组织政策——以汽车制造业和耐用消费品制造业为例》 著作 杨蕙馨 著 上海三联书店、上海人民出版社 2000 年 6 月

《中国外债适度规模定量分析模型和外债风险管理方法研究》 研究报告 杨炘 等 国家财政部采用 1998 年 12 月

《转型劳动力市场的分层与竞争》 论文 杨云彦 陈金永 《中国社会科学》2000 年 5 期

《失业经济学》 著作 袁志刚 著 上海三联书店、上海人民出版社 1997 年 9 月

《银行论》 著作 曾康霖 谢太峰 王敬 著 西南财经大学出版社 1997 年 9 月

《经贸竞争新领域——服务贸易总协定与国际服务贸易》 著作 张汉林等 著 中国经济出版社 1997 年 6 月

《“双轨制”经济学：中国的经济改革（1978～1992)》 著作 张军 著 上海三联书店、上海人民出版社 1997 年 6 月

《中国主要粮食产品地区比较优势及经济全球化对我国粮食安全影响的对策研究》 研究报告 钟甫宁 傅龙波 徐志刚 朱晶 农业部种植司采用 1999 年 12 月

《过渡经济中的混合所有制》 著作 朱光华 段文斌等 著 天津人民出版社 1999 年 9 月

《财政、经济增长和动态经济分析》 著作 邹恒甫 著 北京大学出版社 2000 年 10 月

政治学（4 项）

《单位中国——社会调控体系重构中的个人、组织与国家》 著作 刘建军 著 天津人民出版社 2000 年 1 月

《伦理政治研究——从早期儒学视角的理论透视》 著作 任剑涛 著 中山大学出版社 1999 年 3 月

《中国农村村民自治》 著作 徐勇 著 华中师范大学出版社 1997 年 12 月

《当代中国社会各阶层分析》 著作 朱光磊等 著 天津人民出版社 1998 年 5 月

法学（7 项）

《澳门国际私法总论》 著作 黄进 郭华成 著 澳门基金会 1997 年 9 月

《法律是什么》 著作 刘星 著 中国政法大学出版社 1998 年 5 月

《环境法新视野》 著作 吕忠梅 著 中国政法大学出版社 2000 年 5 月

《刑法的精神与范畴》 著作 曲新久 著 中国政法大学出版社 2000 年 5 月

《知识产权法基础理论研究》 论文 吴汉东 《法学》2000 年 4 期

《民法典草案的基本结构》 论文 徐国栋 《法学研究》2000 年 1 期

《日本行政法通论》 著作 杨建顺 著 中国法制出版社 1998 年 11 月

社会学（3 项）

《中国城市贫困问题研究》 著作 关信平 著 湖南人民出版社 1999 年 1 月

《去进度效应总和生育率研究》 系列论文 郭志刚 《人口研究》2000 年 1 期

《转型社会中的私营企业主：社会来源及企业发展研究》 著作 李路路 著 中国人民大学出版社 1998 年 3 月

民族学（1 项）

《广东族群与区域文化研究》 著作 黄淑娉 主编 广东高等教育出版社 1999 年 6 月

新闻学与传播学（2项）

《战后美国传播学的理论发展——经验主义和批判学派的视域及其比较》著作　殷晓蓉　著　复旦大学出版社 2000年11月

《受众心理与传媒引导》　著作　郑兴东　著　新华出版社 1999年4月

图书馆、情报与文献学（3项）

《中国古籍编撰史》　著作　曹之　著　武汉大学出版社 1999年11月

《文件运动规律研究——从新角度审视档案学基础理论》　著作　何嘉荪　傅荣校　著　中国档案出版社 1999年9月

《日本图书馆法律体系研究》　著作　李国新　著　北京图书馆出版社 2000年6月

教育学（9项）

《潘懋元论高等教育》　著作　潘懋元　著　福建教育出版社 2000年6月

《教育的问题与挑战——思想的回应》　著作　朱小蔓　著　南京师范大学出版社 2000年8月

《社会转型与教育变革——美国进步主义教育运动研究》　著作　张斌贤　著　湖南教育出版社 1998年3月

《中国书院制度研究》　著作　陈谷嘉　邓洪波　主编　浙江教育出版社 1997年8月

《教育目的论》　著作　扈中平　著　湖北教育出版社 1997年9月

《活动道德教育模式的理论构想》　论文　戚万学　《教育研究》1999年6期

《2000年中国教育发展报告——教育体制的变革与创新》　著作　王善迈　主编　北京师范大学出版社 2000年12月

《优化学校教育活动体系、促进学生主体性发展》　论文　杨小微　翟天山　龙立荣等　《教育研究实践》1998年4期

《中国教育哲学史》（1—4卷）　著作　张瑞璠　主编　山东教育出版社 2000年3月

统计学（2项）

《天津市国际竞争力发展研究》　研究报告　肖红叶　沈鸣　郑华章　王建　周国富　郭英　高志江　高建国　天津市人民政府咨询委员会采用　1999年

《可持续发展评估》　著作　朱启贵　著　上海财经大学出版社 1999年6月

心理学（3项）

《当代中国大学生心理特点与教育》　著作　黄希庭　郑涌等　著　上海教育出版社 1999年4月

《面向21世纪的教师素质：构成及其培养途径》　研究报告　申继亮　辛涛　林崇德　教育部全国中小学教师继续教育工作会议采用　1999年9月

《社会认知具有更强的内隐性——兼论内隐和外显的"钢筋水泥"关系》　论文　杨治良　高桦　郭力平　《心理学报》1998年1期

港澳台问题研究（1项）

《海峡两岸经济合作问题研究》　著作　李非　著　九州出版社 2000年7月

国际问题研究（1项）

《全球公共问题与国际合作：一种制度的分析》　著作　苏长和　著　上海人民出版社 2000年7月

高校学生工作

〔**普通高校招生**〕　2003年全国参加高考报名人数620万人，实际录取本专科生382万人。其中录取本科生182万人，占录取总数的47.6%；专科生200万人，占录取总数的52.4%。西部地区录取新生98万人，较2002年净增16万人。高校招生录取农村生源在近年中首次与城镇生源持平。

2003年是建国以来高考情况最为特殊、面临任务最为繁重的一年。高考前夕，全国大部分地区相

继出现“非典”疫情。党中央、国务院在科学分析疫情、全面判断形势后，果断作出高考如期举行的决定。教育部党组明确提出确保广大考生及工作人员身体健康和生命安全、确保高考顺利进行的工作目标。教育部联合卫生部发出《关于加强2003年普通高校招生期间做好传染性非典型肺炎防治工作的紧急通知》，及时召开各省（自治区、直辖市）有关负责人网上办公会，交流各地“非典”防控具体措施，明确“非典”时期高考有关政策问题。在抓好“非典”防控的同时，各地高度重视考试管理工作。在考生大量增加以及根据“非典”防控需要考场大幅度增加的情况下，考场平均违纪率低于往年。

高校招生自主选拔录取改革进展顺利。为体现素质教育的要求，积极探索多样化选拔高素质拔尖创新人才之路，2003年教育部批准北京大学等22所高校试点自主选拔录取改革。试点高校按照报考条件、招生办法、录取结果三公开的原则，在全国初选的9 200余名考生中录取1 776人。从实践情况看，社会反映很好。

〔印发《普通高等学校招生体检工作指导意见》〕 为更好地维护广大考生的受教育权益，适应我国高等教育大众化的需要，体现社会文明进步和教育的人文关怀，2003年教育部、卫生部和中国残疾人联合会将原来的高校招生体检标准改为体检工作指导意见，在进一步扩大高校招生自主权的同时，明确其在体检方面所应承担的责任。《指导意见》进一步放宽了对患疾病或生理缺陷的录取要求；对原《体检标准》规定患有某种疾病或生理缺陷的考生不能录取的专业进行了调整；规定由于视力及肝功能不正常等方面的原因，高等学校可限定部分专业不予录取；对肢体残疾、不影响所报专业学习，且高考成绩达到录取要求的考生，规定高等学校不能因其残疾而不予录取；要求高等学校应对入学新生的身体健康状况进行复查，对复查后不能进行正常学习的，按学籍管理规定处理。在录取过程中，社会反映平静，因考生身体原因退档和投诉的数量都比往年有明显减少。

撰稿　苟人民
审稿　姜　钢

〔研究生招生〕 2003年全国共有413所普通高等学校、325所科研机构、中央党校及8所地方党校招收研究生。全国共录取硕士研究生和博士研究生269 697人（不含军队院校录取数和录取香港、澳门、台湾考生数），比2002年实际录取人数增长34.46%。

2003年全国报考攻读博士学位研究生10万人左右，比2002年增长约20.5%，录取博士研究生48 899人，比2002年增长29.1%。

2003年全国报考攻读硕士学位研究生人数为77.1万人（准考数，下同），比2002年增长28.3%，其中应届本科毕业生报考人数为37.25万人，占当年应届本科毕业生总数的40.5%。全年共录取硕士研究生220 798人。在录取新生中，应届本科毕业生为12.5万人，占56.6%，在职或其他人员为9.58万人，占43.4%。录取的新生按学科门类分，哲学2 384人，经济学11 522人，法学16 581人，教育学6 524人，文学17 044人，历史学2 812人，理学25 395人，工学85 198人，农学7 798人，医学20 633人，军事学86人，管理学24 821人。

2003年香港、澳门特别行政区及台湾省人士报考内地（祖国大陆）高校研究生的考生共2 153人，比2002年增长17.8%，录取1 497人，比2002年增长104.8%。

2003年研究生招生工作的主要特点是：

一、各项招生改革措施顺利进行。2003年出台改革措施多，力度大，收到良好效果，得到招生单位和社会的拥护。(1) 硕士生入学考试初试科目改革：初试由5门改为4门，将体现招生单位特色的专业课从初试中调整到复试中进行；外语考试中听力测试成绩记入初试成绩总分；政治理论课的考卷不再分文科、理科两类。(2) 进一步扩大高校招生工作自主权，在34所高校进行自行确定复试分数线的试点。(3) 明确设研究生院的高校复试考生比例要达到120%，其他招生单位也要加大差额复试的力度，加大复试权重。在复试和录取时，进一步强调对考生大学阶段学习成绩、参与科研活动和工作业绩等综合能力、素质的考察。(4) 扩大了设研究生院的高校推荐免试生的比例，同时大力促进推荐免试生的校际交流。

二、克服“非典”影响，保证了复试、录取工作的平稳有序。根据“非典”疫情，4月中旬果断地暂停复试（此前34所自划线试点学校已基本完成复试），5月下旬及时恢复复试，并要求高校针对“非典”新情况以灵活多样的方式进行复试。约有10万考生是5月下旬以后复试的，工作进展顺利。此举避免了大量考生跨省流动，保证了考生健康安全，维护了招生秩序、高校和社会的稳定。“非典”期间部分招生单位也推迟了博士生入学考试时间，从6月中旬起，各博士生招生单位全面恢复博士生招生考试及录取工作，整体工作平稳有序。

三、提高信息化水平，加速管理服务手段现代化。针对复试、录取工作期间突发“非典”疫情的新情况，紧急开发研制并启用了远程网上辅助录取检查系统。大大提高了效率，节省了时间，同时也使录取检查更加科学规范。

四、妥善解决港澳台生源的考试推迟问题。香港、澳门、台湾人士报考2003年内地研究生招生单位总数增长较大，涉及99所高校及科研机构。针对“非典”疫情进程，先后两次发文将考试时间推迟，最后定为8月23日～25日进行，同时简化了复试，受到各方欢迎。

撰稿　张凤有
审稿　韩建华

〔**高等教育学历证书管理**〕　2003年是国家实行高等教育学历证书电子注册制度的第三年，各省（自治区、直辖市）上报本年注册毕业证书共3 531 490份。其中研究生100 558份，普通本专科1 870 532份，成人本科1 550 027份，经批准试点的网络教育本专科10 373份。到年底，已基本建成1991年以后全国高等教育学历证书管理数据库查询系统，实现了全国高等教育学历证书注册工作制度化、管理电子化，对规范高等教育学历证书管理，保护高等学校和毕业生利益，遏制不法分子伪造、买卖假文凭起到十分重要的作用。

〔**高等学校学生管理工作**〕　《普通高等学校学生管理规定》（以下简称《规定》）修订工作基本完成。该《规定》是专门针对高校学生管理的重要的国家级规章制度，是高等学校对学生依法管理的基本依据。《规定》自1990年1月20日发布施行，已历经十余年，其间有很多情况发生了变化，诸如：(1) 国家政治、经济、科技、文化的巨大发展和深刻变革，对教育观念、体制、制度等产生了深刻影响；(2) 教育事业蓬勃发展，高等教育实现了历史性跨越，办学规模成倍增长，教学改革不断深化，人才培养模式灵活多样，对高校学生管理工作提出了新的要求；(3) 教育管理体制改革不断深入，对教育行政管理部门职能转变的要求越来越迫切；(4) 随着国家法制建设的不断完善，公众维权意识的觉醒和增强和法制环境的变化，高校学生管理工作面临越来越多的新问题；(5) 国际现代大学制度建设的发展趋势对我国高校学生管理制度也形成挑战和压力。许多传统的管理思想、管理模式、管理方法已不适应变化的形势和发展的需要。高等学校、学生乃至社会迫切呼唤新的《规定》尽快出台。2003年，教育部依据《教育法》、《高等教育法》、《学位条例》等相关法规，按照新时期党的教育方针和高等教育培养目标要求，针对高校学生管理中存在的问题，借鉴国外高等教育的管理经验，对《规定》进行了较大的修改。至年底，修订工作已基本完成。

高校学生购买火车票开始使用防伪优惠卡。新中国建立以后，铁路部门对家庭和就读学校不在同一地点的学生在寒暑假期间回家往返乘坐火车实行硬座半价票优惠，这一政策体现了党和国家对学生的关怀，深受学生、家长、学校等各方面的拥护。但是近几年，一些不法分子利用此项优惠政策，伪造、贩卖、兜售假学生证购票的行为猖獗，不仅干扰了铁路运营管理秩序，给国家和铁路部门造成极大的经济损失，也损害了广大学生的利益。为打击社会不法分子的造假行为，遏止社会不良风气，保护国家利益和广大学生的利益，铁道部、教育部决定，对全国普通高等学校（含经批准实施学历教育的民办高等学校）学生往返家庭与学校区间乘坐火车时，实行凭附有《火车票学生优惠卡》的学生证购票办法。该优惠卡由教育部、铁道部监制。优惠卡为“非接触式可读写集成电路芯片”标签，运用先进技术在其内部进行信息存储并加密，采用纸封装特制，粘贴在学生证上使用。铁路三等以上车站的学生售票窗口将配置优惠卡识别仪器，只对贴有优惠卡的高等学校学生证售学生票。同时，在各车站的检票口和列车上配置学生票检票仪，以备适时查验。该优惠卡从 2003 年寒假开始使用。

〔**为军队培养干部工作**〕 为加强军队干部队伍建设，在新形势下改革高等教育制度和军队干部培养体制，教育部采取各种措施积极配合军队探索培养、选拔军队生长干部的体制。自 1998 年北京大学、清华大学开展为军队培养干部的试点工作以来，到 2003 年底，已有 70 余所高校与军队签订了培养协议，从高中毕业生中招收或从在校生中选拔军队紧缺专业的国防生近 17 000 余人，有 2 000 余名国防生已毕业到军队服务。2003 年，中国人民解放军从普通高等学校理工类毕业年级学生中选拔招收飞行员和从在校大学生中征集自愿入伍新兵工作顺利进行，为部队输送了大批急需人才和优质兵源。

撰稿 张浩明
审稿 姜 钢

〔**普通高校毕业生就业工作**〕 2003 年是全国普通高校毕业生就业工作中具有里程碑式意义的一年。作为高校扩招后本科学生毕业的第一年，全国共有普通高校毕业生 212.2 万人，比 2002 年净增 67 万人，增幅达 46.2%。到 9 月 1 日，高校毕业生已落实就业的近 150 万人，比 2002 年同期净增 50 万人，就业率为 70.1%。其中，研究生就业率 93.4%，本科生 83.8%，高职（专科）生 55.9%，均比 2002 年有所增长。截至 12 月底，高校毕业生就业率达到 83%，比 2002 年底上升 3 个百分点，实现就业人数 176 万人，比 2002 年底净增 60 万人。

2003 年高校毕业生就业工作呈现以下特点：(1) 党中央、国务院高度重视，对做好毕业生就业工作发挥了强有力的领导作用。胡锦涛总书记在多次会议上反复强调，要高度重视大学生的就业工作，要求各级党委、政府以及教育、人事等有关部门都要把促进大学生实现就业和创业作为一项十分重要的工作，全力以赴地抓好。温家宝总理 5 月 28 日主持召开国务院常务会议专题研究部署毕业生就业工作，并强调，毕业生就业工作是一个涉及全局的重大问题，解决好了既有利于社会的稳定，也有利于促进经济发展，必须全力以赴地做好。6 月 3 日，国务院召开全国高校毕业生就业工作电视电话会议，国务院副总理黄菊在会上作了讲话。这次会议明确了任务，提出了要求，为做好毕业生就业工作指明了方向。(2) 各级领导高度重视、中央有关部门通力合作、省级政府责任明确的领导体制和运行机制初步形成。中央有关部门全面落实国务院办公厅《关于进一步做好 2003 年普通高等学校毕业生就业工作的通知》，从各自工作职能出发，出台了一系列政策和措施。大部分省市成立了主要领导同志牵头的高校毕业生就业工作领导协调机构，领导亲自部署、督促落实。(3) 毕业生就业政策的框架体系基本建立。国务院出台的 11 项政策措施，中组部、中编办、教育部、人事部、劳动保障部、国家发展改革委、财政部、国家工商总局、团中央、全国工商联等单位先后出台 14 个配套文件，明确了 107 项具体政策。 (4) 2003 年实施“大学生志愿服务西部计划”，从 43 000 名报名者中招募了 6 000 名志愿者分赴西部 12 省区；中组部、人事部、共青团中央、中编办、教育部联合发文，选拔了 600 名优秀毕业生到西部乡镇政府工作；公安部门选拔了 1 万名毕业生充实基层公安队伍。北京、辽宁、河北等省市还因地制宜，实施了地方基层志愿者服务项目，推动毕业生下基层。(5) 以就业为导向促进高等教育改革发展的效果初步显现。教育部明确提出了将高教发展规模、专业设置、高职培养、教育评估等同毕业生就业状况挂钩的 18 项具体措施。针对高职毕业生就业率低的现状，教育部与劳动保障部共同开展了“2003 高职毕业生职业资格培训工程”。(6) 毕业生就业服务体系进一步完善，就业指导的能力和水平逐步提高。高等学校的毕业生就业工作机构、人员、经费

“三到位”取得较大进展。就业服务信息化建设取得明显成效。6月13日，国务委员陈至立到教育部开通了“中国高校毕业生就业服务信息网”，各地、各高校也按要求加快了建网进度，网上招聘活动取得重大突破。

2003年毕业生就业工作存在的主要问题有：有的地方和高校对高校毕业生就业工作的认识还不到位；一些省份毕业生就业的遗留性政策障碍依然存在，高职（专科）毕业生跨省区、跨地市就业问题还没有从根本上解决；在毕业生就业市场建设、市场规范、市场监督方面的主导作用也有待进一步强化；毕业生就业服务体系尚待完善；引导毕业生转变就业观念等方面还有大量工作要做。

撰稿　荆德刚
审稿　刘大为

〔**全国高校毕业生就业工作电视电话会议**〕　6月3日，国务院在北京召开了2003年全国高校毕业生就业工作电视电话会议，中共中央政治局常委、国务院副总理黄菊出席会议并讲话，国务委员兼国务院秘书长华建敏出席会议，国务委员陈至立主持了会议。教育部、劳动保障部、人事部、共青团中央、江苏省政府和辽宁农业职业技术学院的负责同志在会议上作了发言。中央有关部门负责人，国务院有关部门、单位和在京部分高校负责人在北京主会场参加了会议，各省、自治区、直辖市人民政府，新疆生产建设兵团领导和有关方面及高校负责人在各地分会场参加了会议。

由国务院召开会议专门部署高校毕业生就业工作，这还是第一次，充分反映了党中央、国务院对今年高校毕业生就业问题的高度重视和关心。

2003年是1999年高校扩招后本科学生毕业的第一年，全国高校毕业生总数达到212万人，比2002年增长46%。

黄菊在讲话中强调，促进高校毕业生就业是关系全局的一项重要工作，一定要把这件大事抓紧抓实抓好。

在国务院召开全国高校毕业生就业工作电视电话会议之前，国务院办公厅印发了《关于做好2003年普通高等学校毕业生就业工作的通知》，对毕业生就业工作提出了具体要求，作出了周密安排。

（教育部资料）

〔**选拔优秀大学毕业生到西部工作**〕　2003年，在国务院的直接推动下，共青团中央、教育部、人事部、财政部联合发出《关于实施大学生志愿服务西部计划的通知》，正式启动“大学生志愿服务西部计划”。消息一经传出，立即得到广大毕业生的积极响应，短短10天，报名者就超过4.3万人。经过选拔、培训，全国有6 000名志愿者分赴西部12省区基层从事支教、支农、支医、扶贫等志愿者活动。一些省市如北京、辽宁、河北、宁夏、甘肃等也结合本地实际，地方财政给予支持，启动了地方项目，推动大学生到基层建功立业。中组部、人事部、共青团中央、中编办、教育部联合发出《关于选拔高校毕业生到西部基层工作的通知》，选拔了600名优秀毕业生到西部乡镇政府工作。

2003年全国共有近万名大学生志愿者到西部、到基层、到贫困地区从事一到两年的志愿服务。高等学校因势利导，有针对性地加强了毕业生的思想教育，唱响了毕业生到西部、到基层去建功立业的主旋律。

撰稿　荆德刚
审稿　刘大为

高校科技及产业

〔**高校科技工作主要数据**〕 2003年全国高校理工农医学科领域科技工作主要数据指标如下。

一、科技人力

全国高校从事科技活动人数为31.6万人，其中科学家和工程师30.7万人，占97.2%，高级职称人员14.4万人，占45.6%。研究与发展人员26.3万人，其中科学家和工程师25.6万人，占97.3%，高级职称人员12.1万人，占47.1%。全时研究与发展人员14.9万人，其中科学家和工程师14.5万人，占97.3%，高级职称人员7.4万人，占50.7%。

二、科技经费

2003年全国高校通过各种渠道共获得科技经费253.3亿元，比上年增长15.3%。经费主要来自国家自然科学基金、973计划、863计划、国家科技攻关计划以及地方、部门和企事业单位委托项目等。

三、研究与发展机构

2003年全国高校现有研究与发展机构5 689个，机构中从事研究与发展人员63 465万人，培养研究生118 163万人。

四、科技课题

2003年全国高校共承担各类科技课题16.5万项，其中研究与发展课题13.6万项，非研究与发展课题2.9万项。当年投入课题经费212.10亿元，比上年增长24%。研究与发展经费中用于基础研究的占18.5%，应用研究的占59.1%，试验发展研究的占22.5%。

五、国际科技交流

2003年高校开展了广泛的国际科技交流活动。全年有34 570人次出席国际学术会议，交流学术论文26 075篇；主办国际学术会议3 002次，派遣合作研究人员17 043人，接受访问学者14 426人。

六、科技成果及技术转让

2003年全国高校获国家自然科学奖16项、国家技术发明奖14项、国家科技进步奖91项，分别占全国公布获奖总数的84.21%，78.57%和59.09%。教育部推荐的西北大学、云南大学参与完成的“澄江动物群与寒武纪大爆发”项目，获得国家自然科学一等奖。

2003年全国高校共出版科技专著6 778部，在国外学术刊物上发表学术论文38.7万篇，签订技术转让合同7 809项，当年实际收入15.8亿元。

2003年高校申请专利10 070件，比上年增长32.7%；获得专利授权3 954件，比上年增长75.7%。

撰稿 张建华

〔**制订高校科技发展战略规划**〕 2003年教育部成立高校中长期科技发展规划领导小组，部长周济担任组长，副部长赵沁平、吴启迪和教育部科技委主任倪维斗院士为副组长。成立了10个科技规划专家组，制订高校中长期科技发展规划，形成《高校中长期科技发展战略规划纲要》待审稿和各规划组待审稿。同时征集和推荐战略研究专家，积极参与国家中长期科学和技术发展规划研究制订工作，为高校科技创新工作争取公平的发展环境。

撰稿 李 楠

〔**高校科技工作管理**〕 2003年着力加强高校科技创新政策环境建设。根据国家相关管理办法，对教育部原有的基地建设与管理、重大项目管理办法等进行了修改与完善。

4月，印发了《教育部科学技术研究项目管理办法》。新办法规定教育部根据国家需求和科技发展趋势发布重大项目指南，根据指南受理重大项目申请；规定对取得明显成果的项目给予评优鼓励并进行后续支持，优秀项目总数不超过当年结题项目的10%。

为加强高等学校重点实验室的建设与管理，在原《高等学校开放实验室管理办法》的基础上，重新制定了《高等学校重点实验室建设与管理暂行办法》。为了进一步加强教育部重点实验室的建设与管理，规范实验室的评估，制定了《教育部重点实验室评估规则》(试行)。

为推动高校积极承担国防科技任务，提高创新能力，印发了《教育部关于加强高等学校国防科技工作的若干意见》，《教育部直属高等学校国防科技工作保密规定（试行)》，《教育部直属高等学校军工产品质量管理工作要点》，《教育部直属高等学校承担国防科研项目管理办法（试行)》。起草并印发了《教育部与总装备部会谈纪要》和《教育部与航天科技集团会谈纪要》。

为规范科学技术评价工作，建立健全科学技术评价机制，引导科技工作健康发展，科技部与教育部等5部委于2003年5月7日联合发布了《关于改进科学技术评价工作的决定》。

撰稿　高润生

〔**2003年度中国高校十大科技进展**〕　2003年度“中国高等学校十大科技进展”继续评选。有关高校、教育部科技委专家共推荐66个参选项目。经科技委有关专家初评，遴选出21个候选项目提交科技委全委会。参加全委会的全体委员以无记名投票方式评选出“2003年度中国高等学校十大科技进展”，如下表：

中国早期蝾螈两栖类化石研究	北京大学	高克勤
人类心房颤动致病基因的发现	同济大学	陈义汉
10兆瓦高温气冷实验反应堆	清华大学	吴宗鑫
钢的组织性能综合控制理论及应用——薄板坯连铸连轧工艺基础及材料性能特征研究	北京科技大学	傅　杰
DNA修复开关基因的发现与鉴定	浙江大学	华跃进
颈椎病诊断与治疗研究	北京大学	党耕町
中国家蚕基因组序列“框架图”	西南农业大学	向仲怀
烧伤后全身炎症反应综合症和多器官损伤的基础与临床研究	第二军医大学	夏照帆
多光子量子纠缠态的操纵与鉴别	中国科学技术大学	潘建伟
大、中型油气田成藏定量模式研究	石油大学	金之钧

撰稿　朱小萍

〔**教育部重点科研项目**〕　2003年，教育部共受理重点项目申请599项，其中部属高校申请334项，省（自治区、直辖市）教育厅申请265项。共批复立项373项，其中直属高校182项，平均支持强度为10.7万元。项目申报人趋于年轻化，直属高校项目负责人平均年龄为39.2岁，95%以上具有博士学位。

围绕国家科技和经济社会发展需求，发布了2004年重大项目指南。共收到项目申请71项。经答辩和专家评审，确定25个项目为2004年重大项目。另有30项评审结果较好的项目列入重点项目支持计划。为培育高校在基础研究领域的竞争力，将18所直属高校共25个通过“973计划”专家组前两轮答辩的课题，作为教育部预研项目给予前期支持。2004年教育部科学技术研究重大项目如下：

依托单位	项目名称	负责人
北京大学	低维纳米信息材料及其功能研究	彭练矛
北京大学	胃癌荧光标志物的确定及临床意义的意见	周丽雅
清华大学	基于内容（语义）的智能信息处理理论和方法	应明生
中国农业大学	西藏高原家鸡对特殊环境适应的功能基因组学研究	李　宁
中国矿业大学（北京）	深部煤炭资源可持续开采关键技术研究	何满潮
北京邮电大学	基于微结构光纤的新一代光通信器件及系统	任晓敏
北京林业大学	北方退耕还林区水土保持植被恢复与重建技术研究	贺康宁
北京中医药大学	治疗脑神经元退行性疾病中药的多层次、多靶位筛选	田金洲
南开大学	手性放大机理研究和新型手性催化剂合成	周其林
天津大学	光通讯系统中飞秒激光加工微光电器件的研究	胡小唐
吉林大学	高能量密度锂二次电池正极材料的设计与制备	陈　岗
东北师范大学	产生手性原因的基本问题	刘　群
复旦大学	缺血损伤成年脑内源性干细胞定向诱导神经元再生的研究	孙凤艳
上海交通大学	精神疾病的遗传学研究	贺　林
同济大学	完全自主知识产权基于 IP 核 CPU 产业化开发	林正浩
南京大学	高居里温度自旋半导体材料及其器件应用研究	张　荣
浙江大学	水稻磷高效转录因子 OsPTF1 功能及分子育种研究	吴　平
南京农业大学	棉花优质纤维基因的分子标记、定位、克隆和利用	张天真
石油大学（北京）	中国东部油田可持续发展的重要基础理论研究——深层及前第三系高温高压环境油气成藏机理	郝　芳
华中科技大学	利用分子光学成像技术研究脑血管疾病与 Alzheimer 病机理	骆清铭
湖南大学	硬脆难加工材料的超高速高效特种磨削关键技术及样机研制	黄　含
中南大学	吴茱萸次碱——一种新作用机制的抗高血压药研究	李元建
中山大学	真空纳电子学的材料和器件研制及其表征	许宁生
西北农林科技大学	以农作物秸秆为原料制备新型高效吸附剂的基础研究	孙润仓
兰州大学	陇西黄土高原植被恢复与重建过程中水文、生态、大气动态耦合过程研究	冯兆东

〔**防治“非典”科技攻关**〕　2003年教育部组织高校科技力量参加全国防治非典型肺炎指挥部科技攻关组工作，承担了9项科技攻关任务。北京大学、清华大学、中山大学、华中科技大学、北京科技大学等高校在防治“非典”攻关中取得重大突破。北京大学、武汉大学等高校启动建设P3实验室。加强高校急性传染病防治研究的联合与协作，启动了SARS网上合作研究中心建设，成立高校动物源冠状病毒分子流行病学调查与研究课题协作攻关组。经过论证，确定清华大学饶子和院士承担的“SARS冠状病毒全基因组蛋白质及相关多肽的大规模表达”等18个项目作为教育部2004年抗SARS科技攻关项目。

根据防治工作需要，在较短时间内，清华大学开发出了非接触红外快速体温检测仪，华中科技大学开发出了远距离人体测温红外热像仪。这两种测温仪的开发得到国家发展和改革委员会高技术产业化项目支持，广泛地安装到机场、火车站、长途汽车站、学校、医院和国家机关等人口流动量大的场所，为迅速遏制SARS蔓延发挥了重要作用。

撰稿　杨雪琴

〔**实验室建设**〕

一、国家实验室建设

2003 年，科技部批准立项试点建设 5 个国家实验室。其中依托高校建设的 4 个实验室获准立项，分别是依托清华大学的清华信息科学与技术国家实验室，依托华中科技大学等单位的武汉光电国家实验室，依托北京大学、中国科学院化学研究所的北京分子科学国家实验室，依托中国科技大学的合肥微尺度物质科学国家实验室。

二、国家重点实验室建设

2003 年配合科技部完成依托高校的 4 个新建国家重点实验室立项和建设论证工作。分别是：依托中科院遥感应用研究所、北京师范大学的遥感科学国家重点实验室，依托武汉大学的水资源与水电工程科学国家重点实验室，依托华中农业大学的农业微生物学国家重点实验室，依托中国水稻研究所、浙江大学的水稻生物学国家重点实验室。

2003 年科技部组织了工程与材料科学领域国家重点实验室评估，教育部主管的 36 个国家重点实验室、5 个部门重点实验室参评。其中工程科学领域重点实验室 25 个，材料科学领域重点实验室 16 个。工程科学领域实验室有 4 个评为优秀类实验室，19 个评为良好类实验室，2 个被评为较差类实验室；材料科学领域实验室有 2 个评为优秀类实验室，12 个评为良好类实验室，2 个被评为较差类实验室。

三、教育部重点实验室建设

1. 新建教育部重点实验室。2003 年经学校申报、专家评审，确定立项建设 44 个教育部重点实验室。名单如下：

实验室名称	依托单位
粒子技术与辐射成像	清华大学
脉冲强磁场	华中科技大学
宇宙线	西藏大学
多酸科学	东北师范大学
高分子化学与物理	北京大学
绿色化学与技术	四川大学
地理信息系统	武汉大学
地下信息探测技术与仪器	中国地质大学（北京）
浅水湖泊综合治理与资源开发	河海大学
污染环境修复与生态健康	浙江大学
矿山开采与安全	中国矿业大学
金属矿山高效开采与安全	北京科技大学
长江水环境	同济大学
三峡库区生态环境	重庆大学　西南师范大学
茶叶生物化学与生物技术	安徽农业大学
心血管病相关基因与临床研究	中国协和医科大学
心血管重构与功能研究	山东大学
海洋药物	中国海洋大学
放射性药物	北京师范大学
农药与化学生物学	华中师范大学
乳品科学	东北农业大学

续表

实验室名称	依托单位
乳腺癌防治	天津医科大学
现代中药	中国药科大学
中药资源与药物化学	陕西师范大学
中草药物质基础与资源利用	中国协和医科大学
光电测控与光信息传输技术	长春理工大学
光通信与光波技术	北京邮电大学
信息数学与信息行为	北京航空航天大学　北京大学
新型显示技术及应用集成	上海大学
特种功能材料及其制备新技术	华南理工大学
纳米材料先进制备技术与应用科学	北京化工大学
材料先进制备技术	西南交通大学
精密与特种加工	大连理工大学
道路施工技术与装备	长安大学
电力工程新技术	上海交通大学
结构可控先进功能材料及其制备	华东理工大学
宽禁带半导体材料	西安电子科技大学
生物冶金	中南大学
高速列车安全	中南大学
热带病防治研究	中山大学
病毒学	武汉大学
流行病学	北京大学
中医药抗病毒	北京中医药大学
公共卫生安全	复旦大学

2. 省部共建教育部重点实验室。为整合高校科技资源，促进高校更好地为地方经济建设服务，2003 年教育部确定“光电子技术”等 47 个实验室按照省部共建形式立项建设教育部重点实验室。名单如下：

实验室名称	依托单位	共建单位
光电子技术	北京工业大学	北京市
三维空间信息获取与地学应用	首都师范大学	北京市
功能乳品	中国农业大学	北京市
森林培育与保护	北京林业大学	北京市
中空纤维膜材料与膜过程	天津工业大学	天津市
电力系统仿真控制	天津大学	天津市
弱光非线性光子学材料及其先进制备技术	南开大学	天津市

续表

实验室名称	依托单位	共建单位
新型传感器与智能控制	太原理工大学	山西省
乳品生物技术与工程	内蒙古农业大学	内蒙古自治区
流程工业综合自动化	东北大学	辽宁省
地球信息探测仪器	吉林大学	吉林省
生物质材料科学与技术	东北林业大学	黑龙江省
植物功能基因组学	扬州大学	江苏省
发育与疾病相关基因	东南大学	江苏省
乳酸菌发酵技术与食品安全	江南大学	江苏省
现代光学技术	苏州大学	江苏省
波散射与遥感信息	复旦大学	上海市
先进纺织材料与制备技术	浙江工程学院	浙江省
农药生物化学	福建农林大学	福建省
数据采掘与信息共享	福州大学	福建省
现代中药制剂	江西中医学院	江西省
鄱阳湖湖泊生态与生物资源利用	江西师范大学 南昌大学	江西省
橡塑材料与工程	青岛科技大学	山东省
特种功能材料	河南大学	河南省
光纤传感技术与信息处理	武汉理工大学	湖北省
油气资源与勘探技术	长江大学	湖北省
化学生物学及中药分析	湖南师范大学	湖南省
茶学	湖南农业大学	湖南省
先进材料及其流变特性	湘潭大学	湖南省
农药学	华南农业大学	广东省
光电子器件与系统	深圳大学	广东省
有色金属材料及其加工新技术	广西大学 桂林工业学院	广西壮族自治区
热带园艺植物资源与遗传改良	华南热带农业大学	海南省
感染性疾病分子生物学	重庆医科大学	重庆市
地球勘探与信息技术	成都理工大学	四川省
中药材标准化	成都中医药大学	四川省
绿色农药与农业生物工程	贵州大学	贵州省
可再生能源材料先进技术与制备	云南师范大学	云南省
西北水资源与环境生态	西安建筑科技大学 西安理工大学	陕西省
西部矿井开采及灾害防治	西安科技大学	陕西省

续表

实验室名称	依托单位	共建单位
西部环境与生态	西北农林科技大学	陕西省
光电技术与智能控制	兰州交通大学	甘肃省
有色金属合金	兰州理工大学	甘肃省
动物疾病防治	宁夏大学	宁夏回族自治区
绿洲生态	新疆大学	新疆维吾尔自治区
新疆地方与民族高发病	石河子大学	新疆生产建设兵团
青藏高原生物技术	青海大学	青海省

3. 新增教育部重点实验室。2003 年对前期立项的教育部重点实验室、申请转为教育部重点实验室的摘牌国家重点实验室和原国家教委开放研究实验室等进行了统一验收，正式纳入教育部重点实验室管理。通过验收有 20 个实验室转为教育部重点实验室。名单如下：

实验室名称	依托单位
交通运输智能技术与系统	北京交通大学
林木、花卉遗传育种	北京林业大学
病理生物学	吉林大学
介观化学	南京大学
肿瘤相关基因与抗肿瘤药物研究	中山大学
生物资源与生态环境	四川大学
环境与健康	华中科技大学
环境与疾病相关基因	西安交通大学
现代车身技术	湖南大学
园艺植物生物学	华中农业大学
化学生物学与分子工程	山西大学
纳米器件物理与化学	北京大学
普适计算	清华大学
暴雨与旱涝灾害	北京大学
干旱与草地生态	兰州大学
绿色合成与转化	天津大学
有机光电子与分子工程	清华大学
地理信息科学	华东师范大学
生物医用高分子材料	武汉大学
材料物理	郑州大学

教育部重点实验室评估。2003 年 11 月～12 月，组织专家对化学领域教育部重点实验室进行了评估，共有 7 个实验室参加评估。

2003 年共举办 5 期高校重点实验室主任培训

研讨班，重点加强实验室主任在组织队伍、制度建设、学术氛围、运行机制、流动开放、发挥学术委员会作用等方面的能力建设，着力提高高校重点实验室规范化管理水平，进一步增强重点实验室的科技创新能力和综合竞争力。

撰稿 雷忠良

〔**基础研究**〕

一、“973”计划

2003 年国家共启动“973”计划项目 25 项，其中教育部作为第一依托部门承担的项目有 14 项，占总数的 56%，高校作为第一承担单位并任首席科学家的有 18 项，占总数的 72%。详见下表（* 表示该项目首席科学家为高校专家）。

项目名称	项目首席	项目依托部门
农业微生物杀虫防病功能基因的发掘和分子机理研究	黄大昉	农业部
* 作物高效抗旱的分子生物学和遗传学基础	巩志忠 中国农业大学	教育部
* 绿色化学农药先导结构及作用靶标的发现与研究	钱旭红 华东理工大学	上海市科委
* 利用太阳能规模制氢的基础研究	郭烈锦 西安交通大学	教育部
* 多种能源矿产共存成藏（矿）机理与富集分布规律	刘池阳 西北大学	教育部 陕西省科技厅
* 新型场发射平板显示和微显示的基础研究	许宁生 中山大学	教育部
* 新一代互联网体系结构理论研究	吴建平 清华大学	教育部
* 新一代通信光电子集成器件及光纤的重要结构工艺创新与基础研究	任晓敏 北京邮电大学	教育部
持久性有机污染物的环境安全、演变趋势与控制原理	江桂斌	中国科学院 国家环保总局
* 纵向岭谷区生态系统变化及西南跨境生态安全	何大明 云南大学	云南省科技厅 中国科学院
* 长江流域水沙产输及其与环境变化耦合机理	李义天 武汉大学	教育部 中国科学院
* 神经损伤修复和功能重建的应用基础研究	肖传国 华中科技大学	教育部
精神活性物质依赖的生物学基础及防治	李 锦	总后勤部卫生部 卫生部
* 移植器官慢性失功的免疫学应用基础研究	郑树森 浙江大学	教育部 卫生部
先进聚合物基复合材料的多层次结构和性能研究	韩志超	中国科学院
* 面向应用过程的膜材料设计与制备基础研究	徐南平 南京工业大学	江苏省科技厅
新结构高性能多孔催化材料创制的基础研究	谢在库	中国科学院 中国石化集团
* 基因功能预测的生物信息学理论与应用	来鲁华 北京大学	教育部
* 生物催化和生物转化中关键问题的基础研究	欧阳平凯 清华大学	教育部

续表

项目名称	项目首席	项目依托部门
重要临床医学信息处理的关键科学问题研究	陈武凡	广东省科技厅 总后勤部卫生部
*高性能电子产品设计制造精微化、数字化新原理和新方法	雒建斌 清华大学	教育部
*基于弱力测量平台的引力及相关物理规律研究	罗　俊 华中科技大学	教育部
*糖生物学与糖化学—特征糖链结构与功能及其调控机制	耿美玉 中国海洋大学	教育部
大陆板块会聚边界的地幔动力学与现代地壳作用	许志琴	国土资源部
*转基因高等动物的创建与高级脑功能分析	胡应和 华东师范大学	上海市科委

二、国家自然科学基金

2003年度，高校获国家自然科学基金面上项目4 965项，占项目总数的78.1%；获重点项目146项，占项目总数的57.0%；获国家杰出青年科学基金102项，占总数的64.2%；获创新研究群体11项，占资助总数的52.4%。

〔**高校科技兴农工作**〕　成立高校农业科技与教育网络联盟。为进一步整合发挥高校优势，积极为解决“三农”问题、全面建设小康社会作贡献，促进高校农业科技成果转化，建立以高校为主体的农业推广体系，由中国农业大学牵头，首期联合西北农林科技大学、浙江大学、华中农业大学、南京农业大学、北京林业大学、东北林业大学、江南大学等高校筹建高校农业科技与教育网络联盟，域名为www.uast.com.cn，网名为“高校农业科技与教育联盟网络”。联盟网络于2003年11月2日正式启动运行。“高校农业科技与教育联盟网络”建设的内容包括：国家宏观政策信息发布，成果发布，项目的协调、策划和论证，农业科技远程教育培训，专家咨询，技术服务，远程会诊，人才信息服务，企业与产品展示，农业电子商务和国际交流等。主要服务对象为各级政府、涉农企业、各类教育培训和科研机构、行业协会、农户等。

组团参加杨凌农业高新科技成果展览会。为充分展示涉农院校的科研成果，推动成果转化与产业化，2003年教育部组团参加由科技部、商务部、教育部、农业部和陕西省政府共同主办的第十届中国杨凌农业高新科技成果展览会。展团由19所部属和地方高校组成，参展项目约320项，充分展示了涉农高校的科技实力和精神风貌，获得了农高会组委会颁发的优秀组织奖、优秀展示奖和优秀成交奖。

农业科技成果转化资金项目。2003年全国农业科技成果转化资金项目共立项359项。在教育部组织推荐申报的50个限项项目中，共批准立项17个，占教育部推荐申报总数的34%，明显高于全国申报项目的选中率（27.2%）。为督促项目承担单位认真履行合同，保证项目如期完成合同目标，对2002年批复立项的17个项目进行了项目监理。

〔**大学科技园建设**〕　2003年国家大学科技园建设取得重要进展。7月至8月，全国大学科技园工作指导委员会办公室组织专家对14个第二批启动建设并提出验收申请的国家大学科技园进行了验收，与此同时科技部高新司和教育部科技司组织专家对22个第一批认定的国家大学科技园进行了评估。根据专家验收或评估意见和建议，科技部和教育部于10月发出《关于认定第二批国家大学科技园的通知》和《关于通报国家大学科技园评估结果的函》。至此，经认定挂牌的国家大学科技园达到36个。

截至2003年6月，36个国家大学科技园的在孵科技企业数达3 886个，其中高新技术企业数为1 273个，占在孵企业的32.8%，毕业企业数为1 012个。园区内现有753个研发机构，园内企业承担国家各类科技计划项目3 152项，在孵企业累计申请专利4 882项，获批准专利2 293项。吸引留学回国创业人员1 600余人，创造就业岗位约10万个。

7月，应英国驻华使馆邀请，教育部派出5人代表团赴英，对英国大学科技园协会及科技园区进行了回访，就中英大学科技园合作项目——中国大学科技园高级管理人员国际培训方案及课程设置等进行了磋商和安排。10月，教育部国际合作与交流司和英国驻华大使馆文化教育处代表中英双方签署了《关于开展科技园区合作的谅解备忘录》。

10月，科技部、教育部联合在武汉召开了第二次全国大学科技园工作会议。会议旨在认真学习十六大和十六届三中全会精神，贯彻“三个代表”重要思想，回顾和总结近年来国家大学科技园建设与发展所取得的成就和经验，讨论《科技部、教育部关于进一步推进国家大学科技园建设与发展的若干意见（征求意见稿）》，明确下一步国家大学科技园建设与发展的指导方针和工作任务，努力开创国家大学科技园建设与发展的新局面。中共中央政治局委员、中共湖北省委书记俞正声出席开幕式并致辞。来自北京、上海等国家大学科技园所在26个城市的主管市长，所在省（直辖市）科技、教育行政部门的负责人，清华大学等70余所主要依托高校的负责人，各大学科技园负责人共300余人出席了会议。科技部部长徐冠华和教育部部长周济分别在会议开幕式上发表讲话。教育部副部长赵沁平主持会议并作总结讲话。武汉市政府、清华大学、北京大学、浙江大学科技园等10个单位代表地方政府、依托大学、大学科技园和入园企业在会上作了典型发言。会上，科技部、教育部还为第二批启动建设并通过验收、得到认定的14个国家大学科技园授牌。会议还组织与会代表参观了武汉东湖高新区国家大学科技园。

首批认定的国家大学科技园评估结果如下：

A类国家大学科技园：

清华大学国家大学科技园

B类国家大学科技园：

北京大学国家大学科技园
复旦大学国家大学科技园
浙江大学国家大学科技园
华南理工大学国家大学科技园
上海交通大学国家大学科技园
西安交通大学国家大学科技园
东南大学国家大学科技园
武汉东湖高新区国家大学科技园
哈尔滨工业大学国家大学科技园
四川大学国家大学科技园
南京大学－鼓楼高校国家大学科技园
重庆大学国家大学科技园
西北工业大学国家大学科技园
电子科技大学国家大学科技园
山东大学国家大学科技园
东北大学国家大学科技园
岳麓山国家大学科技园
天津大学国家大学科技园

C类国家大学科技园

西北农林科技大学国家大学科技园
云南省国家大学科技园
合肥国家大学科技园

第二批认定的国家大学科技园名单如下：

所在城市	国家大学科技园名称	依托单位
深圳	深圳虚拟大学园国家大学科技园	深圳市高新区
上海	上海大学国家大学科技园	上海大学
天津	南开大学国家大学科技园	南开大学
上海	同济大学国家大学科技园	同济大学
秦皇岛	燕山大学国家大学科技园	燕山大学
南京	南京理工大学国家大学科技园	南京理工大学
哈尔滨	哈尔滨工程大学国家大学科技园	哈尔滨工程大学
上海	东华大学国家大学科技园	东华大学

续表

所在城市	国家大学科技园名称	依托单位
北京	北京航空航天大学国家大学科技园	北京航空航天大学
长春	吉林大学国家大学科技园	吉林大学
北京	北京理工大学国家大学科技园	北京理工大学
北京	北京邮电大学国家大学科技园	北京邮电大学
北京	北师大—北中医国家大学科技园	北京师范大学
绵阳	西南科技大学国家大学科技园	西南科技大学

〔**国家工程研究中心建设**〕 2003年教育部组织专家对利用世行贷款依托高校建设的国家工程研究中心进行了验收。有10个国家工程研究中心完成了预期建设目标，建设方案和经费使用符合要求，通过验收。据统计，截至2003年6月，已验收的10个国家工程研究中心累计购置设备、仪器和软件2 716台（套），其中利用世行贷款3 859万美元购置1 345台（套），国内配套资金8 068万元购置1 371台（套）。10个中心累计完成基本建设投资15 974万元、建筑面积86 367平方米，新建实验室16个、中试生产线20条。10个中心累计承担国家重大项目54项、海外合作项目37项，获得授权的国家发明专利96项、实用新型专利59项、自主知识产权的专有技术198项，获得国家级奖励13项、省部级奖励93项，实现销售收入83 752万元、净利润8 349万元。10个中心的研发人员总数1 321人，其中，院士8人，博士206人，高级职务284人。截至年底，尚有3个国家工程研究中心待验收。2003年通过验收的国家工程研究中心名单如下：

激光加工国家工程研究中心	华中科技大学
流体机械与压缩机国家工程研究中心	西安交通大学
精馏技术国家工程研究中心	天津大学
城市污染控制国家工程研究中心	同济大学
软件工程（北京）国家工程研究中心	北京大学
光盘系统及应用国家工程研究中心	清华大学
轻合金精密成型国家工程研究中心	上海交通大学
模具CAD国家工程研究中心	上海交通大学
高效轧制国家工程研究中心	北京科技大学
粉末冶金国家工程研究中心	中南大学

撰稿　付恒升

〔**国家“863”计划项目**〕 2003年度，在“863”计划的19个主题中高校课题数占46.3%，经费数占37.8%；25个重大专项中高校课题数占33.5%，经费数占28.1%。以高校为主共承担课题1 650项，占项目总数的43%；国拨经费25.8亿元，占国拨经费总数的33.1%。共有1 183所高校承担了“863”计划项目。在每个领域承担项目的高校均在30所以上。承担“863”计划项目的教育部直属高校有57所，获得31.4%的课题和25%的经费；非教育部直属高校（包括军队院校）126

所，获得11%的课题和8%的经费。承担“863”计划项目经费超过1 000万元的高校有45所，其中教育部直属高校37所。清华大学、北京大学、东南大学获得“863”计划国拨经费超亿元。

从2003年开始，“863”计划采取滚动支持和快速启动的方式立项。2003年度，“863”计划信息技术领域共立项161项，其中以高校为主承担54项，占总数的33.5%；生物与现代农业技术领域共立项67项，其中以高校为主承担27项，占总数的40.3%；新材料领域共立项187项，其中以高校为主承担73项，占总数的39%。先进制造与自动化技术领域共立项104项，其中以高校为主承担29项，占总数的27.9%。新能源技术领域共立项46项，其中以高校为主承担17项，占总数的37%。资源环境领域共立项80项，其中以高校为主承担34项，占总数的42.5%。在2003年度启动的项目中，在信息技术和资源环境领域，高校获得的经费在30%以上，在新材料和新能源技术领域，高校获得的经费在40%以上。

撰稿 黄应刚

〔**高校参与国防科研**〕 2003年教育部继续加强对国防科研任务的组织协调工作，起草并印发了《教育部与总装备部会谈纪要》和《教育部与航天科技集团会谈纪要》。2003年高校新增军工年度配套项目49项，总经费3 903万元；组织15个“十五”重点项目中期评估；重点协调5个高新工程配套项目；新增固定资产投资项目4项。

撰稿 纪 智 杨东占
审稿 雷朝滋

〔**高校博士学科点专项科研基金**〕 2003年度博士点基金理工口61所高校共申报课题2 238项，经审查，有2 230项合格。申报总经费20 705.64万元。其中博士生导师申请2 102项，占94.3%；重点学科、重点实验室申请1 229项，占55.1%。66岁以上申请者70人，占3.1%；46岁至65岁1 145人，占51.4%；45岁以下1 015人，占45.5%。其中重点学科、重点实验室45岁以下非博士生导师申请者128人，占5.7%。在2 230项申请课题中，基础性研究课题2 219项，占99.5%；其他性质研究课题11项，占0.5%。

根据专家通讯评审和会议评审，2003年博士点基金理工口资助61所高校申请的637项课题，资助率为28.6%；使用经费3 740.6万元，平均资助强度5.9万元。

资助课题中，博士生导师609人，占资助总数的95.6%，最大年龄82岁，最小年龄33岁；非博士生导师28人，占4.4%（均为重点学科、重点实验室中的年轻教师）。重点学科、重点实验室413项，占64.8%。受资助者中66岁以上37人，占5.8%；46～65岁322人，占50.5%；45岁以下278人，占43.7%。基础研究课题233项，占36.5%；应用基础研究课题401项，占63.0%；其他性质研究课题3项，占0.5%。

〔**高校科技企业管理**〕 2003年教育部先后与国务院办公厅、国家有关部门进行工作协调，组织召开北京大学、清华大学碰头会，加强对两校试点工作的指导。2003年4月，国务院办公厅批准北京大学、清华大学设立北大资产经营有限公司和清华控股有限责任公司。清华大学在取得国务院办公厅批文后，又经教育部、国资委批准清华控股有限公司组建方案和章程，并在国家工商局登记注册，于2003年12月18日正式挂牌成立清华控股有限公司，这标志着清华大学规范校办企业管理体制试点工作暂告一段落。两校试点结束后将理顺产业管理体制，建立“防火墙”；清理学校院系二级单位办企业；学校全资企业将全部改制为有限责任公司或股份有限公司；企业的人事制度和分配制度更加完善。

2003年度经教育部批复同意部直属高校企业改制设立有限公司和股份有限公司3家，组建资产经营有限公司3家，资产划转及股权转让批复8件，国有股减持及放弃认购配股批复2件。

教育部科技发展中心于2003年8月组织第十三期中国高校科技企业高级管理人员香港培训班，来自国内高校企业、产业管理部门的67名学员参加了为期两周的培训。培训内容包括全球经济发展趋势、中国加入WTO的机遇、企业管理和价值评估、国际市场营销和产品推广经验等。

2003年12月2日，中国高校校办产业协会理事会暨规范高校校办产业管理体制研讨会在北京召开，北京大学、清华大学等高校就规范高校校办产业管理体制试点工作及进展作了发言。

2003年11月6日，教育部作为主办单位之一的国际工业博览会在上海召开，清华大学、浙江大学、哈尔滨工业大学3所高校参展，上海本地共有15所高校参展，全面展示了近年来高校高新技术产业化成果和高科技产品，取得了良好的社会影响。

组织2002年度全国普通高校校办产业统计工作，并出版《2002年度中国高等学校校办产业统计报告》一书。2002年度全国高校校办产业收入总额720.08亿元，比2001年度增加117.10亿元，增长率为19.42%；其中科技型企业收入总额539.08亿元，占全国高校校办产业收入总额的74.86%。2002年度全国高校校办产业实现利润总额45.93亿元，其中科技型企业实现利润总额25.37亿元。

〔**科技成果推广**〕 2003年全国高校入选国家级星火计划21项，占其总数的1.6%，经费支持675万元；入选国家级科技成果重点推广计划73项，占其总数的18.4%，经费支持245万元；入选国家级重点新产品计划65项，占其总数的4.4%，经费支持750万元。此外高校积极参与国家星火计划支持下的全国农业科技推广服务体系建设，其中西北农林科技大学的农业专家大院、中国农业大学的教育型农业推广体系、东北农业大学的农业专家在线、河北农业大学的深化太行山道路等模式在农业科技成果推广、高校科技服务“三农”方面进行了大量有益的探索，取得了宝贵的经验，并在全国范围进行推广。

2003年，由国家重点新产品计划支持的武汉华中数控股份有限公司项目——“非致冷焦平面红外热像仪”，在原有产品基础上研制出用于检测人体体温的人体表面温度快速筛检仪，并在“非典”时期分别在国家发改委、科技部、教育部、交通部、中国民航总局、奥组委、深圳机场、湖北省委、省政府、省人大、省政协、武汉市委、市政府等数十家人流密集的地方试用，每天测量达数万人，使用效果良好。对于快速排查疑似病人，迅速切断传染途径，有效阻止疾病蔓延发挥了积极作用，产生了非常好的经济效益和社会效益。

〔**创建中国科技论文在线网站**〕 针对科研人员普遍反映的论文发表困难，学术交流渠道窄，不利于科研成果快速、高效地转化为现实生产力的问题，经教育部批准，教育部科技发展中心创建了中国科技论文在线网站，是最新科研成果、科学发现的高效网络交流平台。

根据文责自负的原则，只要作者所投论文遵守国家相关法律，有一定学术水平，且符合中国科技论文在线的基本投稿要求，就可在一周内发表。中国科技论文在线为作者提供该论文发表时间的证明，以保护原创作者的知识产权。网站已于2003年10月中旬开通试运行。网站域名：www.paper.edu.cn。

〔**专利工作与科技成果管理**〕 2003年高校专利申请量为10 216件，比2002年（5 973件）增长71.0%；专利获授权量为3 389件，比2002年（1 710件）增长98.2%。

2003年教育部批准科技成果鉴定申请169项。主要集中在国家自然基金项目（17项）、军工项目（11项）、教育部计划项目（10项）、攻关项目（14项）、863计划项目（15项）和自选项目（75项）等。

经过三级专家评审，教育部批准29所直属高校为教育部部级科技创新工作站，其中综合类11所，理工类17所，农学类1所。

〔**高校科技奖励工作**〕 2003年度教育部提名国家科学技术奖经专家评审和奖励委员会审核，推荐出授奖项目268项。其中一等奖94项，二等奖174项。在拟授奖项目中，自然科学奖111项（一等奖43项，二等奖68项），技术发明奖20项（一等奖7项，二等奖13项），科技进步奖137项（一等奖 44 项，二等奖 93 项)。

2003 年度全国共评出国家自然科学奖 19 项，其中高校 16 项，占授奖总数的 84.2%；国家技术发明奖 14 项，其中高校 11 项，占授奖总数的 78.6%；国家科技进步奖 154 项，其中高校 91 项，占授奖总数的 59.1%（以上统计中国家技术发明奖、国家科技进步奖不包含国防专用项目)。

2003 年高校获得国家自然科学奖和国家科学技术进步奖的比例是历年来最高的一次，尤其值得一提的是通过教育部推荐由西北大学完成的“澄江动物群与寒武纪大爆发”项目，获得了国家自然科学一等奖。同时，高校获得国家科学技术进步一等奖 4 项，占总数的 50.0%。由此看出，高等学校的科研成果在全国占有举足轻重的地位。

撰稿　周　静　初庆春　刘江斌　贾一伟
审稿　李志民

附

2003 年度教育部提名国家科学技术奖一等奖项目名单

奖种名称	项目名称	主要完成人	主要完成单位
自然科学奖	重金属形态的空间分异、影响因素及生态效应	陶　澍　王学军　刘文新　曹　军　徐福留　李本纲　贾振邦　邓宝山　刘　煜　蒙冰君	北京大学
自然科学奖	中国陆地生态系统碳循环与植被生产力的研究	方精云　朴世龙　贺金生　刘国华　陈安平	北京大学
自然科学奖	血管内皮损伤机制及其保护的实验研究	张钧华　唐朝枢　陈　宇　徐雅琴　张宝娓　霍　勇　丁文惠　庞永政　汪　波　曹　静　杨俊娟	北京大学
自然科学奖	黄芪当归合剂防治慢性进展性肾损伤的实验研究	王海燕　李惊子　李晓玫　邹万忠　章友康　黄海长	北京大学
自然科学奖	模型集辨识及其在控制系统综合中的应用	周　彤　王　凌　孙政顺	清华大学　北京航空航天大学　电子科技大学
自然科学奖	FRP 加固混凝土结构基本理论和设计方法的研究	叶列平　滕锦光　林　力　陆新征　冯　鹏　张　轲　赵树红　谭　壮　黄羽立　胡伟红	清华大学　香港理工大学
自然科学奖	泥沙运动力学基本理论	钱　宁　王兴奎　王兆印　王光谦　方红卫　吴保生　邵学军　傅旭东　李丹勋　钟德钰　夏军强	清华大学
自然科学奖	中国啮目昆虫分类	李法圣　李志红　彩万志　杨　定　杨集昆	中国农业大学
自然科学奖	辛道路的指标迭代理论与在非线性哈密顿系统中的应用	龙以明　朱朝锋　刘春根　胡锡俊	南开大学
自然科学奖	结构拓扑优化中奇异最优解的研究	程耿东　郭　旭　顾元宪	大连理工大学
自然科学奖	温控配体与液/液两相催化	金子林　蒋景阳　王艳华　左焕培	大连理工大学
自然科学奖	高维非线性守恒律方程组与激波理论	陈恕行	复旦大学

续表

奖种名称	项目名称	主要完成人	主要完成单位
自然科学奖	高速电路系统信号完整性问题基础研究	李征帆 毛军发 郑 戟 曹 毅 金荣洪 袁正宇	上海交通大学
自然科学奖	芳香杂环及含氟仿生农药的分子设计、合成制备及构效关系	钱旭红 曹 松 李志斌 宋恭华 李 忠 张 荣 徐晓勇 石 玮 刘苏友 陈卫东 黄青春	华东理工大学 大连理工大学
自然科学奖	原子团簇和团簇组装体系的结构和量子性质	王广厚 韩 民 赵纪军 刘峰奇 王保林 陈效双 马建行 李光来 王文忠 刘应开 王金兰 罗有华	南京大学
自然科学奖	穴状和环状配位超分子的设计、合成、结构和功能的研究	罗勤慧 陈秋云 沈孟长 王志林 于澍燕 汪双喜	南京大学
自然科学奖	有机杂环化合物在金属表面的化学与电化学聚合	薛 奇 石高全 金 士 张峻峰 陆 云 周东山 李 亮 万晓波 严 峰	南京大学
自然科学奖	中南半岛地区热力特征对南海季风爆发的影响和机理研究	张耀存 钱永甫 何金海 江 静 徐海明 任雪娟 姚永红	南京大学 南京气象学院
自然科学奖	中国东南部晚中生代花岗质火山—侵入杂岩成因与地壳演化	王德滋 周新民 周金城 徐夕生 汪 相 舒良树 刘昌实 沈渭洲 于津海 邱检生	南京大学
自然科学奖	存储器用铁电薄膜及电极材料的研究	刘治国 李爱东 朱信华 于 涛 闵乃本 吴 迪 殷 江 刘晓华 葛传珍 朱建民	南京大学
自然科学奖	面向对象与移动 Agent 技术研究	吕 建 陶先平 马晓星 胡 昊 冯新宇 张建莹 李英军 曹 春 曹建农 李 新	南京大学
自然科学奖	稀土元素环境化学行为及其对水生生态系统的影响	王晓蓉 彭 安 曹心德 孙 昊 戴乐美 顾志忙 郭红岩 涂 强 尹大强 庞 欣 张宇峰 胡 忻	南京大学 中科院生态环境研究中心
自然科学奖	现代城市设计理论及其方法	齐 康 王建国 韩冬青 董 卫 阳建强 郑 炘	东南大学
自然科学奖	工程信息与过渡状态可视化理论、方法及其应用研究	谭建荣 魏小鹏 张树有 莫灿林 张建明 程 锦 陈洪亮 赵 越 吴培宁	浙江大学 大连大学
自然科学奖	中国红树林生态系统研究	林 鹏 卢昌义 林益明 王文卿 郑文教 郑海雷 傅 勤 杨盛昌 周涵韬 李振基 刘俊杰 郑逢中 杨志伟	厦门大学
自然科学奖	骨质疏松—假性神经性胶质瘤综合征基因克隆	龚瑶琴 陈丙玺 郭辰虹 李江夏 刘奇迹 梁晓媛 高贵敏 周海斌 郭亦寿	山东大学
自然科学奖	材料微观设计和分析中的碰撞反应动力学方法	夏曰源 刘向东 赵明文 梅良模 马玉臣	山东大学
自然科学奖	鲍鱼营养学的研究	麦康森 谭北平 张文兵 徐 玮 付志国 吴格天 朱 伟 周歧存 马洪明 艾庆辉	中国海洋大学
自然科学奖	细胞凋亡相关新基因的发现及其功能研究	齐义鹏 齐 兵 裴子飞 杜全胜 屈小玲	武汉大学

续表

奖种名称	项目名称	主要完成人	主要完成单位
自然科学奖	基于能带剪裁的 SOA 理论研究及其应用	刘德明 黄德修 张新亮 孙军强 李 宏 柯昌剑	华中科技大学
自然科学奖	芸苔属栽培种与诸葛菜属间杂种的遗传规律及新材料创建	李再云 刘 焰 吴建国 刘后利 罗 鹏	华中农业大学
自然科学奖	参数计算理论及应用	陈建二 王建新 陈松乔 王国军 王伟平 胡志刚	中南大学
自然科学奖	幽门螺杆菌疫苗的实验研究	陈旻湖 朱森林 胡品津 廖文俊 陈 洁 李国庆 曾志荣 陈 为	中山大学
自然科学奖	四逆汤抗心肌缺血的作用及其机制研究	吴伟康 侯 灿 钱孝贤 罗汉川 孙慧兰 唐铁军 黄河清 杨仕云 刘筱蔼 谭红梅 程 超 金文涛 梁天文 杨 辉	中山大学
自然科学奖	光学三维传感原理与方法研究	苏显渝 陈文静 李万松 向立群 张启灿 曹益平 周文胜 李杰林 程晓雪 李 健 苏礼坤 苏红军	四川大学
自然科学奖	微动磨损理论	周仲荣 朱旻昊 陈光雄 刘启跃 徐桂珍	西南交通大学
自然科学奖	电磁场与波分析中半解析法的理论研究	盛剑霓 郑勤红 马齐爽 袁 斌 闫照文 黄 伟 路 灿	西安交通大学 云南师范大学 华中科技大学 集美大学
自然科学奖	含夹杂压电材料的力电耦合场理论	王 彪 周振功 梁 军 刘金喜 程锦泉	哈尔滨工业大学
自然科学奖	异种材料连接基础研究	冯吉才 何 鹏 李卓然 刘会杰 张 杰 孙凤莲 孟维晓 魏守明 郭士增 王 孝 姜传宝 张学军 金京皓 张海军 杨玉泉	哈尔滨工业大学
自然科学奖	控制系统的参数化设计方法及应用	段广仁 关新平 孙德波 龙承念 张 彪 华长春 宋申民 李小俚	哈尔滨工业大学 燕山大学
自然科学奖	人类肺癌与胃癌中染色体与肿瘤相关基因的变异研究	傅松滨 王柏秋 闫承慧 白 静 金 焰 王 琦 张岂凡 张 钰 高 慧 杨焕杰 黄 昀 李 璞	哈尔滨医科大学
自然科学奖	心脏乙酰胆碱受体亚型与钾通道关系的研究	杨宝峰 王惠珍 杜智敏 焦军东 刘 艳 赵炜明 董德利 李宝馨 王 玲 艾 静 乔国芬 许超千	哈尔滨医科大学
自然科学奖	哈密顿圈及圈覆盖理论	范更华	福州大学
技术发明奖	陶瓷胶态成型新工艺	黄 勇 杨金龙 谢志鹏 马利国 马 天 周龙捷 蔡 锴 代建清 刘晓林 向军辉 席小庆 张立明	清华大学
技术发明奖	高性能片式电感用低温烧结软磁铁氧体	周 济 王晓慧 岳振星 李龙土 马振伟 桂治轮 张 力 苏水源 袁继烈 石军传 高洪伟	清华大学 清华同方股份有限公司 山东清华同方鲁颖电子有限公司
技术发明奖	新型微流体器件、结构加工和相关应用研究	周兆英 叶雄英 王晓浩 李 勇 熊沈蜀 张毓笠 唐 飞 朱俊华 冯焱颖 熊继军 章刚华	清华大学
技术发明奖	洛索洛芬钠的研究与开发	印春华 吴晓盈 唐 翠 陈芬儿	复旦大学

续表

奖种名称	项目名称	主要完成人	主要完成单位
技术发明奖	血液粘度新型测量方法及装置	刘常春　杨　静　高胜法　黄克正　郭　侠　张庆范　邵彤梅	山东大学
技术发明奖	中国强毒钩端螺旋体致病新基因和新型基因疫苗的研究	鲍　朗　胡昌华　晏菊芳　张会东　邱洪宇　赵计林　赵明才　李学敏　万　波　王晓樱　朱庆平	四川大学
技术发明奖	新型稀土钼热阴极材料的研究与开发	周美玲　张久兴　王金淑　聂祚仁　左铁镛　周文元	北京工业大学
科技进步奖	中国农业一农村发展可持续性的区域评价、区域战略及操作途径	蔡运龙　王仰麟　许学工　杨友孝　傅泽强　蒙吉军　龙花楼　秦其明	北京大学
科技进步奖	微创非体外循环冠状动脉旁路移植术的临床应用与推广	万　峰　陈　彧　江　龙　董穗欣　金新新　王新生　陈生龙　沈冬焱　李　绯　王京生　柏本健　王亚生	北京大学　青岛思达国际心脏（中心）医院　北京万兆开心医学科技有限公司
科技进步奖	无骨折脱位型颈脊髓损伤的临床研究	党耕町　孙　宇　刘忠军　陈仲强　王少波　娄思权　王　超　周　方	北京大学
科技进步奖	基于场协同理论的传热强化技术及其应用	过增元　程　林　李志信　孙奉仲　孟继安　田茂诚　陈泽敬　张冠敏　胡桅林　杜文静　王　崧　冷学礼　夏再忠　韩治林　周　红	清华大学　山东大学
科技进步奖	10兆瓦高温气冷实验反应堆	王大中　吴宗鑫　徐元辉　孙玉良　苏庆善　唐春和　刘继国　何树延　薛大知　钟大辛　高祖瑛　经荥清　王瑞偏　周惠忠　张作义　秦振亚　姚梅生　杨自觉　厉日竹　周世新　仲朔平　叶瑳生　刘原中　张振声　李仲三　左开芬　吴元强　邱学良　朱钧国　唐亚平　刘俊杰　佟允宪　郭人俊　施仲齐　林登彩　李　富　胡守印　孙卫东　肖宏伶　吴莘馨　查美生　黄志勇　徐小琳　张征明　李保祥　梁锡华　孟祥提　王　捷　冷玉庭　向晓东　周建华　汤全法　关廷光　蔡碧濂　陈　华　刁兴中	清华大学　中国东方电气集团公司　上海鼓风机厂　上海先锋电机厂　北京煤炭利用研究所
科技进步奖	北方地区生态环境需水量研究	杨志峰　崔保山　刘静玲　王西琴　张　远　许新宜　田　英　胡廷兰	北京师范大学
科技进步奖	CIN系列智能网系统	陈俊亮　杨放春　姚世民　张海滨　詹舒波　陈行益　李晓峰　王红熳　闫丹凤	北京邮电大学
科技进步奖	钢的组织性能综合控制理论及应用—薄板坯连铸连轧工艺基础及材料	傅　杰　康永林　柳得橹　柯　俊　王中丙　毛新平　于　浩　陈贵江　周德光　霍向东　李　晶　王克鲁　王元立　李烈军　范胜标	北京科技大学　广州珠江钢铁有限责任公司
科技进步奖	9LRZ－80型立式秸秆揉切机的研制	韩鲁佳　刘向阳　闫巧娟　夏建平　郭佩玉　李道娥　谭奈林　李　媛　刘　依	中国农业大学
科技进步奖	健脑安防治血管性痴呆海马损伤的神经内分泌免疫网络调节机制研究	田金洲　时　晶　尹军祥　黄启福　王庆国　盛树力　谷晓红　朱爱华　王　伟　李　林　王成祥　任　映	北京中医药大学　首都医科大学

续表

奖种名称	项目名称	主要完成人	主要完成单位
科技进步奖	大型旋转机械重大非线性振动故障机理分析与应用	陈予恕 黄文虎 闻邦椿 朱 均 武际可 薛禹胜 张 文 曹树谦 吕和祥 虞 烈 刘树英 丁 千 夏松波 金宗武 席爱民 张延安 徐 华 郑惠萍 唐 云	天津大学 哈尔滨工业大学 西安交通大学 东北大学 北京大学 大连理工大学 天津市电力公司 复旦大学 国电自动化研究院 清华大学
科技进步奖	自启动飞秒激光系统的研究	王清月 张志刚 柴 路 章若冰 邢岐荣 张伟力 戴建明 吴元生	天津大学
科技进步奖	井下采油工具动态检测技术及系统	胡小唐 徐世民 刘 合 傅 星 王凤山 胡晓东 裴晓含 马海佳 刘庆纲 刘崇树 李艳宁 陈 峰 陈 宁 刘崇江 邹丽娜 段 宏 杨志鹏 陈津平 郭 彤 魏小雷	天津大学 大庆油田有限责任公司采油工程研究院
科技进步奖	城市电网规划理论、模型、方法的研究与工程应用	余贻鑫 王成山 黄纯华 葛少云 肖 峻 严雪飞 贾宏杰 刘 昱 王 辛	天津大学 天大求实电力新技术有限公司
科技进步奖	双氯芬酸钠新合成工艺研究	陈芬儿 戴惠芳 祝兴海 刘 康 卞照洪 李志江 苗 青 张建中	复旦大学 河南安阳九州药业有限责任公司 苏州市奥盛精细化工有限公司 河南汤阴永奇化工有限公司 山东兖州康华制药有限公司
科技进步奖	重塑我国疾病预防控制系统：障碍、策略和技术	郝 模 华 颖 罗 力 汪 华 胡晓舒 王志锋 张 勇 陈恩东	复旦大学
科技进步奖	网络化服务与工程支持系统集成平台开发及其应用	吴启迪 张 浩 王 骏 严隽薇 朱志浩 陆幸泽 王 坚 方正辉 陆剑峰 关锡友 樊留群 马玉敏 乔 非	同济大学
科技进步奖	受施工扰动影响土体环境稳定理论及其变形控制方法研究	孙 钧 周 健 龚晓南 张 弥 张庆贺 徐日庆 李兆平 胡向东 谢康和 王连俊 徐永福 袁金荣 赵其华 朱忠隆 刘洪州	同济大学 浙江大学 北京交通大学
科技进步奖	黄花梨品种选育及推广	沈德绪 李载龙 林伯年 张上隆 陈昆松 柴明良 黄贤国 方建平 陈晓浪 严根洪 吴少华 查永成 陈雅云	浙江大学 杭州市果树研究所 浙江省农业厅 福建农林大学
科技进步奖	脑桥静脉对颅内压调节作用的研究	庞 琦 王成伟 王志刚 栾立明 庞 迪 徐广明 丁 伟 张 珑 王国栋 贺红卫	山东大学 山东省立医院
科技进步奖	喉癌、下咽癌的手术疗效、转归及治疗评价研究	栾信庸 潘新良 张立强 许风雷 黄建民 解 光 刘大昱 雷大鹏 房居高 郑美华 李 梅 杨秋安 陈 蓓 李 勇 王惠忠	山东大学
科技进步奖	铁铝金属间化合物的产业化关键制备工艺研究与开发	尹衍升 孙康宁 王 昕 李爱菊 李 嘉 张玉军 范润华 李爱民 李春胜 赵天平	山东大学

续表

奖种名称	项目名称	主要完成人	主要完成单位
科技进步奖	硅胶模与注型产品快速制造工艺技术研究及在新产品开发中的应用	赵国群 王广春 李辉平 管延锦 栾贻国 黄晓慧 吴向红 孙 胜	山东大学
科技进步奖	高频地波雷达 OSMAR2000	吴世才 杨子杰 文必洋 石振华 田建生 高火涛 王淑融 吴雄斌 柯亨玉 侯杰昌 邱昌熔 孙元福 郭佩芳 刘锦高	武汉大学 国家海洋局第一海洋研究所 青岛海洋大学 华东师范大学
科技进步奖	三维超声临床应用研究	王新房 谢明星 李治安 吕 清 陈汉荣 杨 娅 黄幼珍 刘 俐 朱天刚 郑俐慧 王连生 孙 鲲 胡 纲	华中科技大学
科技进步奖	三种病原体宫内感染的诊断、防治及近远期随访研究	闻良珍 刘兰青 敖黎明 陈素华 吕绳敏 吴圣楣 曾万江 曲陆荣 杨祖菁 邢 玮 史金阳 钱继红 凌霞珍 尚 涛 姜 宏	华中科技大学 中国医科大学 上海第二医科大学
科技进步奖	电网调度员智能培训仿真系统(IDTS)	王 乘 黄永皓 董朝霞 吴中越 杨 峰 范 斗 周建中 张希全 伍永刚	华中科技大学
科技进步奖	光纤传感技术工业性试验研究与应用	姜德生 周祖德 梁 磊 戴 珩 何 伟 陈宏波 王立新 李维来 邓承伟 祁耀斌 魏仁选 黄俊斌	武汉理工大学
科技进步奖	轮轨、磁浮列车交会与行车安全研究	田红旗 卢执中 梁习锋 刘国伟 许 平 张 健 聂永红 高广军 姚 松 姚曙光 鲁寨军 刘堂红 易仕和 程忠宇 邹建军	中南大学 国防科技大学
科技进步奖	恶性骨肿瘤的三结合诊断，保肢治疗和基础研究	沈靖南 李佛保 廖威明 王 晋 韩士英 黄 纲 盛璞义 丘钜世 孟俊非 黄兆民 王连唐 徐栋梁 劳镇国 傅 明 朱庆棠	中山大学
科技进步奖	原位肝脏移植的系列研究	陈规划 何晓顺 朱晓峰 杨 扬 蔡常洁 陆敏强 王国栋 黄洁夫	中山大学
科技进步奖	脐血造血干细胞移植的基础和临床系列研究	黄绍良 方建培 陈 纯 周敦华 李树浓 吴燕峰 包 蓉 徐宏贵 邓宇斌 张秀明 苏瑞军 何志巍	中山大学
科技进步奖	脉络膜相关疾病眼底形态学系列研究	文 峰 吴德正 黄时洲 阎 宏 杨培增 吴乐正 罗光伟 欧杰雄 龙时先 江福钿 梁炯基	中山大学
科技进步奖	“掌讯通”移动数据终端的软件集成系统	罗笑南 谭伟豪 王建民 薛亦元 毛明志 陈华鸿 周 凡 高成英 王若梅	中山大学 广州中大电讯科技有限公司 广东中大讯通软件科技有限公司 东莞长安权智电子厂
科技进步奖	致龋菌对牙面粘附分子机理的研究	刘天佳 李 文 詹 玲 岳松龄 傅明德 罗宗莲 周学东 黄定明 赵丽娟 郭丽娟 邹 静 肖 悦	四川大学
科技进步奖	铁路提速线路强化技术及其理论基础与工程实践	翟婉明 蔡成标 王其昌 刘伟平 王 斌 康高亮 王开云 林建辉	西南交通大学 沈阳铁路局 成都铁路局 北京铁路局

续表

奖种名称	项目名称	主要完成人	主要完成单位
科技进步奖	仪器流技术——虚拟仪器产品网络化的研究与开发	秦树人　杨昌棋　汤宝平　柏　林　钟佑明　金　涛　季　忠　谢亭亭　周传德　尹爱军	重庆大学
科技进步奖	交流接触器新型灭弧系统与触头材料的研究	陈德桂　荣命哲　耿英三　邱祖述　王学军　刘朝阳　辜晓川	西安交通大学　上海电器科学研究所
科技进步奖	基于 Web 服务的应用支撑环境(WebSASE)	怀进鹏　葛　声　刘旭东　林学练　马殿富　胡春明　杜宗霞　马晓轩　王　勇　沃天宇　薛　伟　孙海龙	北京航空航天大学
科技进步奖	缺血性脑血管病——症状性颅内动脉狭窄的造影分型与支架治疗	姜卫剑　杜　彬　王拥军　戴建平　高晓兰　王素香　王桂红　金　旻	首都医科大学
科技进步奖	金矿重点矿化区带隐伏矿床找矿方法和预测	吕古贤　邓　军　倪师军　李晓波　曹志敏　林文蔚　张炳旭　武际春　孙之夫　王红才　张　均　文锦明　殷秀兰　赖旭龙　廖昌溪　王义强	中国地质大学（北京）　中国地质科学院地质力学研究所　成都理工大学　中国地质科学院矿床地质研究所
科技进步奖	环保节能的煤泥管道输送技术与装备	吴　淼　孟国营　李建国　巩长勇　景　武　徐希康　陈崇亮　梁冬青　梁道广　郑珍修　王凤寅　赵学义　段瑞玲	中国矿业大学（北京校区）　北京中矿机电工程技术研究所
科技进步奖	熔石英陶瓷基复合材料在导弹防热构件上的应用研究	周　玉　贾德昌　雷廷权　洪文虎　彭　杰　温广武　张飞虎　栾殿荣　马　金　张培峰	哈尔滨工业大学　中国航天科技集团公司第一研究院第十四研究所
科技进步奖	系统性红斑狼疮的基础与临床研究	张凤山　赵阴环　聂英坤　孙　铀　赵育松　于慧敏　李英楠　初洁秋　任潞雪　金　友　支玉香	哈尔滨医科大学

热　点　关　注

一流大学建设的理论与实践学术研讨会综述

在中国这样一个发展中国家建设世界一流大学，是史无前例的。我们面临着诸多困难和问题，研究并解决这些问题，是我国高等教育界无法回避的责任，也将丰富和充实我国高等教育理论研究，促进和加速中国高等教育的改革与发展。在清华大学最近举办的“一流大学建设的理论与实践学术研讨会”上，来自全国十几所重点大学的校长、高等教育理论界的著名学者就此作了广泛而深入的探讨，不乏真知灼见。

一、何谓“世界一流大学”?

“何谓一流大学”，在现阶段的中国，既是一个学术研究的问题，也涉及国家的宏观决策，同时与大学在实践层面的具体工作密切联系在一起，因此，成为此次会议的重点议题之一。

1. 一流大学的概念、性质与特征

无论是在学术界，还是在社会上或人们的心目中，“一流大学”都并非一个有明确定义和内涵的概念。人们从不同的视角、根据各自不同的理解和认识描述其所认为的一流大学。这种现象的出现，一方面说明学术界对一流大学的研究有待深入，另一方面则可归因于一流大学本身的复杂特性。综合起来看，代表们主要从以下几个方面论述一流大学的概念、性质与特征。

大学的精神与理念：一流大学应该具有自己明确、稳定的办学理念，这种理念是在长期的办学过程中形成，为学校及社会所认同，不以校长或任何个人的意志而改变，而且渗透在学校工作和生活的方方面面，潜移默化地影响着学校的每一个成员。一流大学的办学理念使一流大学具有自己独特的校园文化和气质，学校的校风与学风是其外在表现，更本质的是学校的文化底蕴。建设一流大学最根本的工作是铸造大学的精神与灵魂，明晰大学的办学理念，形成大学丰厚独特的校园文化底蕴。

大学的制度与运行机制：大学作为真实存在的社会组织与机构，需要有制度化的基础与条件。一流大学之所以一流是因为其已建立起完善的制度和运行机制，使学校的办学理念与精神能得到真正的贯彻与执行。一流大学不但将办学理念与学校精神制度化，而且学校的运行机制适合于学校自身发展的需要，有助于学校特色和个性的形成。一流大学的制度和运行机制是学校稳定发展的重要保障。因此，建设一流大学必须在制度建设和运行机制的完善上下功夫。

大学的实力与质量：一流大学是个表现大学实力和水平的概念。衡量实力与水平就要有标准，因此，运用量化的方法和特定的指标体系评价一流大学既是可行的，也是必要的。定量化评价可以比较准确、清晰地把握一流大学的共性特征，使我们明确与世界一流大学的差距和努力方向。虽然世界上目前尚没有普遍公认的关于“一流大学”的定义和量化评价标准，但却存在着各种各样的评价大学的指标体系。如何将“人们心目中的一流大学”变为“可以测量的一流大学”是学术研究的重要课题，也是中国现阶段建设一流大学工作必须面对的问题。

大学的社会贡献及地位：大学是现代社会的“轴心机构”，是一个国家综合国力的重要体现。判断一个大学是否一流的重要标准是其社会贡献，既包括为本国的经济发展、科技进步所作的贡献，也包括为全世界、全人类的文明与福祉所作的贡献。

2. 评价一流大学的标准

由于代表们对一流大学的性质和概念有不同理解，因此在如何评价一流大学的标准上也各有侧重。有的代表从构成大学的基本要素上，强调要有一流的学科、一流的教师、一流的学生、一流的管理、一流的设备等；也有的代表从大学的任务和功能的角度，强调一流大学要培养高层次创造性人才，出高水平原创性科研成果，有杰出重要的社会贡献等。

总的说来，代表们认识到，一流大学应该是雄厚实力和卓越质量的统一。世界一流大学在反映学校实力和质量上具有一些共性特征可以用量化指标的形式来表现。在经济和高等教育的发展日益全球化、国际化的今天，我们要建设世界一流大学就必须放开眼界，在一些本身具有国际意义或反映高等教育普遍规律的指标上与世界一流大学相比较，只有这样，我们才能认清自己的差距，明确努力的目标。

代表们同时指出，大学是具有坚固民族根基的国际机构。各国的大学在其发展过程中，在特定的社会环境中履行其职能时，表现出丰富的多样性和个性特征。对这些特征是难以进行客观量化评价的。另外，大学的办学理念、文化内涵、社会影响力等也不能简单地以列数据、排名次的方式来表现。目前世界上并不存在评价世界一流大学的统一指标，各种评价指标都有自己的出发点和针对性，也有自己的缺点和局限。在现阶段的中国，我们需要多种形式的大学评价研究，量化指标和定性分析都是不可缺少的工具。

代表们还对评价指标体系的设计，提出了一些具体建议：第一，评价指标应该是多元的，要针对不同需要、不同目的，设计不同的评价指标体系；第二，评价指标应该是动态的，内容可以增减，以反映社会需要和学校情况的变化；第三，定量性评价指标不是唯一的，要与其他评价方式一起，对大学的共性与特性，外在表现与内在特征进行全方位评价。

3. 建设一流大学的途径

在这一问题上，代表们达成如下共识。

一流大学不是一蹴而就的结果，而是在特定的历史过程中形成。世界上每一所令人向往的一流大学都是在充满挑战与未知变化的过程中形成的。每一所一流大学的发展都是在不断变革的世界中调整、完善、创新自我的过程。对世界著名一流大学建设过程的研究，可以揭示这些大学历史发展的独特个性，为我们提供可以借鉴的经验教训。

跨越式发展是世界著名一流大学形成中的重要阶段。这种跨越不仅是学校规模的扩大、经费投入上的增长，更是办学思想、理念和体制上的突破；是抓住机遇、超越常规的发展；是在积极吸收前人、他人经验教训的基础上，赶超型的发展；是突破原有模式，创新性的发展。

正确地制定发展战略对一流大学的发展具有决定性作用。大学发展战略是涉及一个学校在较长历史阶段内带有全局性的规划，其内容涵盖了大学战略目标、办学思路，以及重要战略实施举措等。战略规划使学校具有一种相对长远的宏观谋略，在发展政策和思路上具有相对的稳定性，同时，大学还要与时俱进，不断在实践中开拓、创新和完善。

二、中国大学与世界一流大学的差距在哪里？

在中国这样的发展中国家建设世界一流大学是个艰苦、甚至漫长的过程。为了缩短这一过程，加速实现世界一流大学的建设目标，我们必须找准自己与世界一流大学的差距。因此，“中国大学与世界一流大学的差距在哪里”成为此次会议的又一重要议题。

1. 找准与世界一流大学的差距：“硬指标”与“软指标”

许多代表认为，与世界一流大学相比，我国的大学尚存在多方面差距。这些差距可以通过“硬指标”差距和“软指标”差距来概括说明。所谓“硬指标”差距，主要包括办学经费、教学科研设备设施、师资力量、校园建设等办学基本条件方面的差距，以及重大科技发明成果、诺贝尔奖获得者人数、SCI论文数量等办学成果方面的差距。我们应该承认，从这些“硬指标”所表现的学校实力和水平来看，中国离世界一流大学还差得很远。例如国外的公立大学，政府所拨经费一般占学校年度运行经费的50%以上，而我国政府在大幅度增加对清华、北大等校的拨款以后，政府财政拨款仍只占这些学校年度运行经费的30%左右。1998年以来，政府把建设若干所世界一流大学提升为国家行为，加大了对这些大学的经费投入。学校的办学条件有所改善，一些指标所反映的办学成果也有明显提高。但是，为了早日建成世界一流大学，我们必须呼吁，政府还应该继续加大对教育的投入，为建设世界一流大学提供坚实的物质基础。

所谓“软指标”差距，主要表现在办学理念、学校制度和文化的层面。这些方面的差距不能用量化的方式来表现，但可以通过深入细致的定性分析来反映。在教育理念层面，由于各种各样的原因，我国的大学鲜有自己清晰、稳定、富有特色的办学理念。在大学精神和价值观的塑造上，在大学文化积累、校风学风的建设上，还缺乏应有的自觉和明确的定位。结果是，学校不但在结构和模式上单一，在风格和特色上也显得不足。在大学的制度层面，大学办学自主权还没有落实到位、学术自由的保障机制还有待加强，校长、教授的聘任及选拔、科研和教学评价制度等方面，也还存在着与世界一流大学的要求不相适应的地方。

“硬指标”的差距是显性的、可以比较的。而“软指标”的差距，则是隐性的、不可以量化比较的。在建设世界一流大学的过程中，我们既要认清“硬指标”上的差距，更要明确“软指标”上的不足，特别要找准着力点，有针对性地制定大学发展战略和行动计划。

2. 加强对世界一流大学的研究：“目标”与“过程”

现阶段的中国社会，似乎并不缺乏对一流大学问题的关注。然而，这种关注似乎并没有真正转化成推动一流大学建设的有效资源；中国的学术界，似乎也不缺乏对一流大学的研究，但这种研究，似乎也未能对中国建设一流大学的实际工作提供有效的指导。只要想一想一哄而起的大学升格、合并、改校名、扩专业的举动，看一看社会上形形色色的大学排行榜所引起的风波，我们就不能不说：我们与世界一流大学的差距不仅在学校，也在社会，不仅在实际办学中，也在理论研究上。

许多专家强调指出：一流大学不是排行榜排出来的，不是大拼盘拼出来的，更不是唱高调唱出来的。世界一流大学是在长期、艰苦的建设和发展过程中逐步形成、完善的，是政府、社会和学校有效合作、积极互动的结果，是理论研究、政策保障、实际实施几个层面共同努力的成果。世界一流大学作为一个边界并不清晰的群体，既有某些共性特征可以用量化比较的方式去表现，也有相当民族化、个性化的特点，只有放在特定社会和文化的背景下才能得以彰显。因此，一些代表提出，由于不同国家、不同类型的大学使命与功能不同，特点和个性存在差异，我们不一定要追求世界一流大学在目标上的一致性，也没有必要先搞清楚世界一流大学究竟是什么样子，再按这个模式去建设。目前更有意义的工作是研究世界一流大学和一流学科的形成和崛起过程，具体揭示在这个过程中，有哪些内部、外部环境和条件的变化推动了学校的发展；有哪些政策和策略的实施促使它成为一流。一流大学的机构研究可以揭示世界一流大学形成的历史条件、面临的发展机遇、目标制定和战略调整的经过，这种过程分析，可以帮助我们更真实地了解一流大学形成的真谛，更有效地设计我们自身的一流大学发展之路。

为了建设世界一流大学，我们既要向西方发达国家学习其一流大学发展的经验，又要打破西方中心主义，立足中国社会及教育的实际。世界一流大学确有某些“通例”值得我们研究，西方发达国家一流大学先进的理念、完善的制度、鲜明的特色，也值得我们学习。但是，我们建设世界一流大学是为中国经济、科技和社会发展的需要服务，是中国现代化建设事业的组成部分，因此，我们不能盲目照搬照抄外国经验，对西方做法亦步亦趋。我们对国情要有足够的了解，对自身要有足够的信心。在建设世界一流大学的过程中，我们要有清醒的头脑和文化自觉意识，大力弘扬中华民族的优秀传统，并紧跟时代发展，不断改革创新。

三、中国现阶段如何建设一流大学?

“中国现阶段为什么和如何建设一流大学”是会议讨论的又一个重要主题。归结起来，代表们主要是从国际竞争和国家发展战略、中国高等教育整体发展和大学自身的发展等角度对此作了深入探讨。

1. 国际竞争和国家发展战略

代表们普遍认为，当今世界，国际竞争（包括政治、经济和军事竞争）日趋激烈。在世界竞争中，影响到一个国家竞争力的一个重要因素就是大学。发达国家都把是否拥有世界一流水平的大学作为体现国家综合国力强弱的一个重要标志。中国要增加核心国际竞争力，就必须创建世界一流大学，并将之作为国家意志和国家政策。江泽民同志在即将进入 21 世纪的关键时刻，于 1998 年北京大学百年校庆大会上首次提出：“为了实现现代化，我国需要若干所具有世界先进水平的一流大学。”党和政府正是深刻地认识到国际竞争的大趋势和中国未来发展的迫切需要，高瞻远瞩，立足于民族复兴的高度，才将建设一流大学作为国家的发展战略。因此建设世界一流大学不仅应得到政府超常规的强有力的支持和投入，还应该得到社会各界、特别是高教界的理解和支持。

世界各国的一流大学都是应本国的需要而生，与本国经济、科技和社会的发展密切相联。因此，为本国和本民族作出突出贡献是一流大学的基本特征。对于中国来说，把面向国家战略需求放在首位，就成为我国一流大学的首要任务，并由此形成我国的世界一流大学的中国特色。在这一问题上，一些代表们强调：中国的世界一流大学应该成为中国的“战略性大学”，它们不仅要适应国家社会经济的发展，而且能对国家社会经济的发展起引领、带动的作用，在整个国家的知识创新和教育创新体系中，它们应该发挥一种上游创新的作用。

2. 对中国高等教育整体发展的影响

与会代表一致认为，在我国建设“世界一流大学”不仅仅是少数几所大学的事，而是关系到整个中国高等教育的发展，但在理解一流大学建设对中国高等教育整体发展产生何种影响及作用上则存在不同的看法。

一流大学建设提升中国高等教育的整体水平。一些代表认为，从短期来看，似乎只有少数几个学校受益，但用一个经济学术语，则是一项“正外部效应”非常大的事业，它可以起带动和示范作用，推动我国高等教育水平的整体提高。我国能源资源有限，人口数量却非常巨大，如何把这种人口压力转变成为人力资源优势，高等教育在其中扮演重要角色。创办几所“世界一流大学”对于拉动我国整体教育水平具有十分重要的意义。而且，近几年来，中国高等教育在数量和规模上已有了一个大的跨越，但这种跨越如果没有质量和内涵上的同步提高就不会牢靠。建设一流大学正是提高中国教育质量的重要措施。而在中国这样的发展中国家建设一流大学，就应当继续发挥我国集中力量办大事的传统，适当集中资源，实现重点突破。

一流大学建设压缩其他大学的生存空间。也有代表表示担忧，现在建设一流大学已呈现出各种社会资源快速向几所条件比较好的大学集中的趋势，这样会缩小其他类型大学的资源生存空间，影响其他类大学的发展，而最终从整体上对我国的高等教育体系造成危害。

为了避免这种情况的出现，代表们建议，我国重点建设的“世界一流大学”应该充分认识到自己的社会责任。作为这一政策的直接得益者，它们应该从国外吸引更多优秀的人才，利用其资源集中的优势，在建设自己的同时，也为其他类型的高校输送大量优秀人才，最终形成彼此之间的良性互动。

此外，代表们普遍认为，高等教育的发展应该多样化。中国不能让所有的大学都走研究型大学之路，都按一个模式发展。社区学院、本科大学等都是高等教育发展不可缺少的组成部分，它们经过努力也可以发展成为本类型中的一流。只有建立在高质量、多样化的高等教育系统基础之上，一流大学才是坚实的。

（《中国高等教育》2003年12期，清华大学教育研究所）

扎实推进“质量工程”，抓紧抓实精品课程建设

党的十六大提出要大力发展教育和科学事业，把教育摆在优先发展的战略地位，全面贯彻党的教育方针，坚持教育创新和全面推进素质教育，为实现全面建设小康社会的奋斗目标培养和造就数以亿计的高素质劳动者、数以千万计的专门人才和一大批拔尖创新人才。在人才培养工作中，如何全面贯彻落实党的十六大精神，实践“三个代表”重要思想，切实推进教育创新，深化教学改革，全面提高我国大学生的教育教学质量，是摆在政府教育主管部门、高等学校和广大高等教育工作者面前的重要任务。

一、抓紧抓好精品课程建设是培养造就实现中华民族伟大复兴的一代新人的需要

当前，我国高等教育正面临着前所未有的新形势、新挑战和新机遇。自党中央国务院提出科教兴国战略以来，我国高等教育实现了跨越式发展，取得了举世瞩目的成就。特别是各级各类高等教育在学人数，已从1998年的643万，增长到2002年的1 600万，极大地增加了人民群众接受高等教育的机会，为提高国民素质和增强国家的国际竞争力作出了巨大贡献。但是，如何在大学生数量急剧增长的同时，保证培养质量进一步提高，满足国家和社会发展的需要？党和国家领导以及教育部党组历来非常重视人才培养质量工作。2002年，中央领导就如何抓好高等学校人才培养质量问题多次作出批示；2001年，教育部下发了以要求教授上讲台，增加对教学工作投入等为主要内容的4号文件，并于2002年4月组织了有关落实4号文件的大检查。这些改革和措施的出台对推动人才培养质量的提高起到了指导性作用。各地方教育行政部门和高等学校积极落实4号文件精神，紧紧抓住提高人才培养质量这条生命线，采用各种方式增加对教学工作的投入，确保教学工作的中心地位，高校的党政一把手高度重视，积极推进教学改革、人才培养模式改革和体制改革，使我国在校大学生在创新创业能力、外语能力、使用计算机进行信息处理的能力、社会适应能力和综合文化素质等方面都有了不同程度的提高。然而，尽管在校大学生的质量总体是好的，但也存在着一些不能满足国家和社会发展需要的问题。例如：大学生中的部分人法制意识、诚信意识、社会责任感与为人民服务的意识、团队意识

薄弱；自主学习能力、创新创业能力以及外语综合实用能力都有待提高；再者，学生的学习积极性、对基础知识和专业知识，特别是所学领域的新知识的掌握程度都有所下降；而且，在校大学生的身体素质也需要提高。这些问题都是在提高质量过程中需要重视和解决的。

为了进一步提高人才培养质量，教育部领导提出在全国贯彻落实 2001 年 4 号文件基础上，实施《高等学校教学质量与教学改革工程》（以下简称《质量工程》），在持续、健康、协调发展高等教育的基础上，把提高质量摆在更加突出的位置。同时，从今年 4 月份开始，作为《质量工程》的先期启动项目，各高校的精品课程建设工作在全国范围内展开。

精品课程建设是《质量工程》的重要组成部分。建设精品课程就是为了向课程要质量，向名师要质量。因此，精品课程建设的核心就是解决好课程内容建设问题，从而提高学生质量。4 号文件解决教授上讲台问题，精品课程建设则是解决在教授上了讲台之后，如何为学生提供好的教学方法和内容的问题。同时，我们要通过精品课程建设，推动优质教育资源的共享，使学生得到最好的教育，从而达到全面提高教育教学质量的目的。

二、精品课程建设的基本思路

建设精品课程的目的是通过为学生提供优质教学资源来提高教育教学质量。为了以较低的成本实现这一目标，同时也为了进一步提高广大师生的信息化能力，精品课程建设应使用信息技术手段，特别是网络技术和多媒体技术手段。我们要把好的课程内容、教案都搬到网上。这样，一是不同学校的广大学生可以共享最优秀的教学资源，同时可以及时地与教师交流和沟通；二是教师之间可以互相借鉴，及时更新和互为提高；教案和教学内容上网还能为远程教育提供资源和促进国际交流。

精品课程建设应强调科研和教学的紧密结合。大学与高中的最大区别就在于大学是以培养能力而不是灌输知识为主的。这既是因为大学所学的许多知识是不断发展变化的，时间性强，也是因为需要培养大学生有较强的创新能力。无论是新知识还是创新的方法与能力，都只能主要依靠科研活动获得。因此，建设精品课程要以科研与教学紧密结合为突破口，具体表现在：主讲教师应是经常从事科研活动的；内容应能反映新的科学技术成果；教学过程是贯穿着创新方法和科学思维的；应重视创新型实验和实习、实践。

建设精品课程要重视思想文化素质建设和爱国主义、社会责任感、诚信和法制教育。首先，两课教育是精品课程建设的重要内容之一。爱国主义、以宪法为首的法制、诚信、社会责任感这些内容都可以通过两课或其他课程形式传授给学生或影响学生。在法制教育中，既应教给学生义务和责任，也应告诉学生权利和法律所给予的保护。思想文化素质、爱国主义、社会责任感、诚信和法制是人才质量的重要基石。

建设精品课程要以提高广大学生的国际竞争能力为重点。这是国内外形势发展所决定的。经济活动的全球化、科学技术研究的国际化趋势以及我国加入世界贸易组织之后对具有国际视野的人才需求，导致了我们的人才培养必须以提高国际竞争能力为重点。因此，对英语和国际相关知识的掌握和了解以及对创新创业能力的要求变得越来越重要。

建设精品课程要广泛依靠广大教师和学生。学校要用合理的机制与制度，调动广大教师和学生建设精品课程的积极性。同时，学校也要有较大的投入用于支持精品课程的建设工作。每个高校的每个专业都应至少建设 1 至 2 门精品课程。基础课和专业基础课要建设好一批精品课程。各高校应有相应规划，根据学校和专业发展情况，逐年完善自己的精品课程建设。在此基础上，各省进行省级精品课程评选，并推荐给国家进行国家级精品课程评选。国家将采用“后收购”的办法，对建设得好的精品课程进行命名和“后收购”，并推进其通过网络实现优秀教学资源共享。

三、精品课程的建设内容

精品课程建设包括六方面内容。

1. *内容建设*。教学内容建设是精品课程建设的核心。精品课程的内容要有科学性、先进性、趣味性，要反映本学科本领域的最新科技成果，广泛吸收先进的教学经验，并能和本领域国民经济发展需要相结合。精品课程内容建设要和本学科和专业的教学改革与课程体系改革相结合，正确处理好单门课程建设与系列课程建设的关系。

2. *队伍建设*。精品课程的主讲教师一定是授课经验丰富，且从事过科研活动的教授。对于高职高专来说，精品课程应由既有丰富实践经验，又有较高理论水平的教师主讲。主讲教师负责精品课程的设计和开发工作。另外，每门精品课程都要有一支结构合理的教学梯队和教学辅导队伍。要鼓励和支持博士生、博士后以及硕士生从事教学和实验辅导工作。刚获得课程博士学位的人员也应有一段时间从事教辅工作。一般来说，每 30 至 40 个学生至少应安排 1 名教辅人员。

3. *教学方法和手段建设*。教学方法是教学改革的关键和切入点。信息技术的发展使教学方法产生了革命性变化。许多用传统方法讲授起来枯燥无味、难以理解的东西，可以通过多媒体技术直观易懂地表现出来，使人们在充满趣味性和想象的过程中学习和掌握。同时，利用网络和多媒体技术既可以提高教学内容的科学性、先进性和趣味性，又可加强学生与老师的实时交流，使广大学生得到最优质的教学资源，还可以方便学生在不同时间、不同地点根据自己的需要进行自主化、个性化学习。因此，精品课程的教案、大纲、习题、实验以及教学文件与参考资料都应上网开放。通过教案上网(e-courses)，推进优质教学资源共享和 JITT（Just In Time Teaching）教学。

4. *教材建设*。教材建设是精品课程建设的重要组成部分。精品课程需要精品教材。而且，这些优秀教材应该是系列化的。主讲教授和其梯队应积极编写、更新有关教材或积极使用国外高水平优秀原版教材与国内其他优秀教材。

5. *实验内容建设*。实验与实践是精品课程建设的重要组成部分，也是培养学生创新能力和动手能力的重要手段。精品课程建设中要大力改革实验教学的形式和内容，加大综合性、创新性实验的比重，鼓励学生尽早进入科研活动。

6. *机制建设*。教授特别是名教授上讲台为本科生讲课是教授的天职，上了讲台，为广大学生上好课则是教授们的职业道德。学校应要求和鼓励教授们积极承担精品课程建设，同时，更应从机制和投入上采取切实措施，为精品课程建设扫清体制和机制上的障碍。例如：学校要拿出专门的经费用于精品课程建设；对参与精品课程建设的教师，要有相应的激励机制进行奖励和表彰；在用人方面，也要有灵活的用人机制，要建立主讲教师负责制，另外，还要进一步完善学生评教、教师评教等检查评估机制。

总之，精品课程建设是一个综合系统工程，只有扎扎实实、认认真真、持之以恒地努力工作，才能把事情做好。精品课程建设将会和“质量工程”的其他内容一样，纳入高等学校教学评估的指标体系，作为国家和社会检查评估学校教学工作的重要指标之一。希望各高等学校更进一步重视人才培养的质量工作，真正把精品课程建设工作落到实处。

（《中国高等教育》2003 年 9 期　张尧学）

2003 年高职、高专毕业生就业状况调查的启示

受教育部高教司的委托，中国高等职业技术教育研究会于 2003 年 12 月 10 日至 2004 年 1 月 10 日对全国 28 个省、市、自治区的 570 所高等职业技术学院、高等专科学校以及少量的普通本科院校的高职学院、成人高校，进行了 2003 年高职高专毕业生就业状况的调查。截至 2004 年 1 月 10 日，共收到 28 个省、市、自治区 347 所高职高专院校（近 19.4 万名高职高专毕业生）毕业生就业状况调查反馈。

调查的主要内容包括：毕业生就业率（6 月底一次派遣就业率和 12 月底的实际就业率）、未就业率和不就业率等三个项目。各校毕业生的主要就业岗位、未来三年社会需求量大的专业就业情况预测，也作为这次调查的内容。

从就业情况看，高职教育具有三大特点：培养模式创新、开展产学合作、拓宽就业渠道。

一、面向需求，实施人才培养模式的创新

调查表明，部分高职学校、专业之所以能保持较高的毕业生就业率，最重要的一个因素就是：办学有特色，就业受欢迎。

特色，就是区别于其他普通高校的一种以社会需求为目标、以就业为导向的办学定位，人才培养模式是全新的形态，教学体系改革的目标是能力本位的方向。这种不可替代性的特殊类型的高等教育，解决或正在解决着因经济与产业结构调整而带来的生产、建设、管理、服务一线的技术、工艺、技能应用性专门人才匮乏的需求矛盾。

1. 从专业设置切入，力求实现“产销”链接

调查表明，解决就业问题的基础环节是专业设置要适应市场要求。很多学校搭建与市场需求这一链接的第一步，就是从专业设置切入。专业设置瞄准经济与产业结构调整的走向，在广泛调研的前提下，组成由行业、企业、学校参加的专业指导委员会，对人才需求预测、产业发展前景分析、人才培养目标、教学计划安排、主干课程设置、能力结构要素、专业开办条件以及专业建设的社会可利用资源等方面进行评议、论证、审核。在此基础上，决定该专业设置与否。一大批适应市场需求的新专业应运而生，如“会展策划”、“微电子技术”、“软件工程”、“商务日语”、“商务韩语”、“通关管理”、“工程监理”、“产品营销与商业策划”、“机电技术操作”、“数控技术”、“模具制造”、“机械电子”、“眼镜技术”等——这是很多学校保持较高就业率的一个必备的前提条件。

通过这种产销链接的形式，学校专业设置的定向是明确的，专业建设的目标是清楚的。同时，由于社会需求的不确定性，进行专业调整、改造，同样需要这种产销链接的形式，给予专业建设以新的内涵。很多学校一些传统专业的改造、专业外延的扩大、专业内容的整合、专业方向的拓展，甚至一些专业的撤销或停止招生，同样是这种产销链接的形式在发挥着作用，如“秘书/计算机应用与维修”、“纺织工艺/工业外贸”、“机械设备及自动化/工业外贸”，“机电一体化与市场营销”、“服装工艺与国际贸易”、“广告设计与企业策划”、“纺织品检测与国际贸易”等复合型专业的设立，以及“仓储管理”调整为“物流管理”、“国际商务”调整为“报关与国际商务”、“国际贸易”调整为“国际贸易与日语”等情况也充分说明了这一点。正是由于这些专业瞄准社会需求，突出办学特色，培养用人单位急需的技术、工艺、管理、服务岗位的应用性专门人才，所以这些专业的毕业生就能找准就业方向，较快地进入到工作岗位。

2. 从培养模式做起，努力打造订单培养方式

调查表明，很多学校根据培养目标的要求，从人才培养模式的创新做起，进行教学体系的改革，努力打造订单式的培养方式，在满足用人单位对应用性人才的需求方面迈出了卓有成效的步伐。

——进行课程设置、教学内容的整合。传统的基础课、专业基础课、专业课的课程结构安排正在越来越多的学校内进行调整，取而代之的是“2＋1”的模式（即两年在校学习、一年在企业实训）、企业介入的方式（即根据企业需要，调整专业基础课或专业课）、课程整合的方法（即调整部分基础与专业基础课程，增加技术基础课，安排技术含量高的实训课程）等。

——实施订单培养试点。鉴于一些学校的办学管理体制本来就隶属于相应的产业集团，他们积极利用这种天然的联系纽带，进行订单式的培养试点；另外一些学校瞄准市场需求，主动根据用人需要进行教学改革，包括实施专业设置、课程安排、教学内容、教学形式与方法等各方面的调整，适应了企业技术岗位对技术、工艺、技能性专门人才的需要，毕业生走上工作岗位后很快能进入职业环境，适应技术要求，安心岗位工作，用人单位非常欢迎这类订单培养方式。

——推行毕业设计、岗位训练和就业安置相结合的方法。以往的毕业设计方法正逐渐被毕业设计、岗前训练和就业安置相结合的“三合一”方式取代。毕业设计环节大都放到企业中去进行，同时进行上岗前的训练，企业通过这一环节，了解毕业生并作为企业接收的考察过程。

——开展各种技术竞赛、科研训练等活动。无论是教育部与信息产业部每两年一次的大学生电子设计竞赛，还是各省的技术、技能大赛，高职高专院校都逐渐成为主角。高职高专学生通过参加比赛，参与竞争，提高了技术应用能力。同时，一些高职高专学生积极参加由教师承担的科研与科技服务等活动，对提高自身的实际技能起到了促进作用。这种社会性的竞赛，尤其是取得优异成绩的学

校和学生，正在受到用人单位的特别关注。

3. 从双证培养入手，搭建企业需求人才的桥梁

双证培养在一些建校时间较长的高职高专院校早有实践，并建立了国家职业技能鉴定所，取得了很大成效，一些学校的毕业生接受双证书培养的比例达到90%，推动了毕业生的就业。

——逐步扩大提高。双证书培养制度的实施是一个渐进的过程。一些学校由原来起步阶段（技术等级培训）初、中级的3～5个工种，逐步扩大到以中、高级职业资格培训教育为主要内容的10～20个职业岗位，从而加大了培训的技术含量，提高了适应要求。

——逐步引入规范。双证书培养制度从无到有，现已在更多的学校内实行。但是，对于每个专业如何对口社会需求以及实施哪几个相应的职业资格培养等问题还在摸索中，这是一个尚需逐步完善、健全的工作领域。目前，实施双证书培养制度的学校正在深入进行研究、调整，其结果会是专业性更突出，适应性更明确，对毕业生就业更具有拉动作用。

——逐步纳入计划。随着双证书培养制度的不断完善，高职高专院校在总结自身工作实践的基础上，逐步将双证书培养制度化，即正式纳入教学计划安排，组织评估，检查双证书培养的实际成效。目前，纳入学校教学计划安排的，均为试点时间较长、具有工作基础且社会基本认可的一些职业岗位资格证书。

实施双证书培养制度，既是进行人才培养模式改革的重要内容，也是提高毕业生就业率的重要保障，在一些学校取得很大成效。如在大学生就业相对困难的内蒙古自治区，2003年7月初全区2 000余名高职毕业生的签约率仅为36.7%，而青城大学毕业生此时签约率为100%。原因是，青城大学面向市场需求，调整专业结构，进行技能培训，313名毕业生在校两年内共考取了1 327个国家职业资格证书。

二、整合资源，打通产学合作的途径

作为高等教育的重要组成部分——高等职业教育是以培养生产、建设、管理、服务一线的高等技术应用型人才为目标，离不开产业、企业的需求导向，而产业、企业具有高等职业教育的巨大可利用资源。调查结果表明，很多学校已经认识到：高职教育需要行业、企业的深层次参与。他们通过积极打通产学合作的途径，拓展技术与技能培养的教育资源，提高了毕业生对职业岗位能力要求的适应程度。

初始阶段——一般性的参与合作。企业参与接收学生实习、选用优秀毕业生、给予一些资金支持、开展联谊等活动。从调查中反映出，这类较浅层次的合作对高职高专毕业生就业工作的全局影响不大。

过程之中——协助性的介入合作。企业介入高职教育的办学过程，参与新专业设置论证、教学计划开发、课程开发、毕业设计与论文指导等环节，同时接收毕业生实习训练。这种协助性的介入合作，对高职高专毕业生就业工作起到了推动与促进的作用。调查表明，很多学校都采用了这种方式。

最终目标——互动性的产学合作。学校、企业共同实施高等职业教育。这种形式是在前两种形式的基础上进行的互动性产学合作。这种深层次的合作，是将学生培养全过程的绝大部分内容由学校、企业合作完成，企业已经成为“育人主体”的一部分；学校主动参与企业新产品开发、技术改造等企业发展活动，协助企业完成营造“学习型企业”的任务。在尽可能大的范围内做到校企双方资源的有效共享。这种形式在一些高职高专院校与企业的合作中已初见端倪，并赋予了合作双方更积极、更有活力的合作空间。当然，这种形式目前只是在少数一些学校和具有行业主管隶属关系的学校内能够实施，但它无疑会在更大程度上推动订单培养方式的实施。

三、拓宽渠道，扩大毕业生就业的领域

随着经济与产业结构调整步伐的加快，高校毕业生就业呈现出多元化的趋势。对高职高专毕业生而言，走向基层，走向一线，走向西部，这应该是必需的。

调查结果表明，2003年高职高专毕业生就业既有国企、三资企业、事业单位，又有民营、股份、个体等企业，而后者愈来愈多。毕业生就业的

主要方向是在基层，在生产、建设、管理与服务一线；就业岗位主要是一线的技术、工艺、技能方面的管理与操作人员。

调查结果表明，高职高专院校毕业生就业中存在以下主要问题。

1. 学校办学不适应社会需求

一些学校与专业之所以存在着毕业生就业难的问题，其主要原因是与市场需求脱离，无论是办学指导思想，还是人才培养模式，都沿袭了普通高校的传统办学思路，其根本原因是没有面向市场需求，没有把就业作为导向。

2. 地域经济发展的状况影响就业率

调查结果表明，经济发达地区对高职高专毕业生的需求是大的，前提是毕业生具备实际工作能力。反之，经济发展速度较慢的地区，本身对人才吸纳的能力有限，高职高专毕业生的就业就更加困难。依据对2003年12月底高职高专院校毕业生就业率的统计，新疆为60.8%，四川为64.6%，安徽为61.64%，而北京则为84.5%，广东为88.9%。

3. 突发情况延缓了毕业生的就业

“非典”疫情在一定时间内影响了毕业生的就业，特别是导致了一些服务类专业的毕业生就业情况不好。

另外，2003年是我国1999年本科扩大招生后的首届毕业生就业年，本科毕业生人数的激增，对高职高专毕业生的就业产生了冲击，影响了就业率。

4. 社会不认同高职高专学历

调查结果表明，社会对高职高专的认识还是存在着很多偏差。在许多地区的招聘会上，一些用人单位声明“高职高专毕业生免谈”。这种情况的出现既反映了高职高专在一定程度上不适应需求的一面，同时又是受现行的人事管理体制、用工制度、毕业生待遇等因素影响的结果。而现实的情况是：各个行业（基层）急需大量的具有实际技能的新生劳动者，而大批高职高专毕业生找不到适合自己发挥作用的岗位。

2003年高职毕业生就业的实际状况

根据347所高职高专院校的有效数据统计，截至2003年12月底高职高专毕业生就业率平均为87.6%，未就业率平均为11.7%，不就业率平均为0.7%。其中，“就业率”项目中5个具体栏目所占的比例分别为：签约率平均为56.8%，待签约率平均为18.4%，上岗率平均为7.7%，升学出国率平均为11.2%，自主创业率平均为5.9%。

此次调查结果还表明，2003年6月底的毕业生一次派遣就业率平均为60.9%，未就业率平均为37.9%，不就业率平均为1.2%。我们可以明显地看到，2003年12月底较6月底毕业生就业率大幅攀升。

另据此次调查反馈的347所高职高专院校统计资料表明，2003年毕业生就业率达到90%以上的学校有153所，占调查反馈学校总数的44.1%。其中，对部分高职高专院校就业率较高的专业调查统计，就业率在95%以上的专业共有383个。

同时，部分高职高专院校2002年12月底毕业生就业状况的调查显示，2003年高职高专毕业生就业率较2002年高职高专毕业生就业率有一定的提升，增幅为1.9个百分点。

另外，2003年12月底与6月底高职高专男女毕业生的就业比，调查统计分别为：1.22∶1和1.29∶1。

调查还表明，毕业生的就业率并不等同于签约率。高职高专毕业生往往首选三资、大型企业等用人单位，之后再向民营、私企等中小企业应聘，其签约时间必然拖后；同时一些民营、私企根本不办理就业协议，于是出现了这样的情况：一方面毕业生已经走入工作岗位，另一方面仍然没有办理协议手续。

有的学校毕业生一次就业率高达90%以上，而此时的签约率仅为1%；一次就业率高出同期签约率10倍、20倍、30倍的院校在广东并不是少数，如番禺职业技术学院、广东科技管理干部学院、广东经济管理干部学院、广东财贸管理干部学院、广州市职工大学、广东工贸职业技术学院等。这说明，签订就业协议已不再是毕业生就业与否的惟一标志。

2003年高职毕业生主要就业岗位

数控机床操作，汽车维修，生产线设备维护，微电子技术组装、检修，机电设备管理、调试、安装、维修、操作，生产线操作，功能测试技术，品质检验，生产工艺，计算机应用，会计，酒店管理，农资经营，农产品加工，园林绿化，民用建筑，装饰装修，工程监理，产品营销与商业策划，通关管理，各类综合文秘，各类艺术设计岗位。

未来三年高职专业需求情况

根据部分高职高专院校提供的情况，下列地区未来三年有较大需求的专业如下。

华北地区：计算机信息技术，电子商务，广告设计，文秘，物业管理，汽车运用与维修，机电一体化，应用电子，建筑装饰，数控技术等。

东北地区：工业电气自动化，汽车运用与维修，机电一体化，物业管理，计算机应用与维护，数控技术，装潢，农业实用生物技术，畜牧兽医，保护地园艺，平面形象设计，建筑装饰，市场营销，旅游酒店管理等。

华东地区：机电一体化，应用电子，数控技术，电气技术，计算机应用与维护，电子工程，机械制造，旅游管理，工民建，市场营销。

中南地区：机电一体化，电气自动化，模具制造，数控技术，机械电子设计、制造，汽车维修，工民建，建筑装饰，艺术设计，市场营销，宾馆管理等。

（《中国教育报》2002 年 2 月 22 日 高志彦）

师范教育

〔**概况**〕

学校类别	学校数(所)	在校生数(万人)	招 生 数(万人)	毕业生人数(万人)
高等师范院校	188	167.32	55.17	32.53
中等师范学校	317	31.73	10.13	10.18
教育学院	103	32.64	12.38	7.65
教师进修学校	1 703	18.20	8.02	6.99

2003年,小学、初中、高中教师学历合格率分别为97.85%、92.04%、75.71%。比2002年分别提高0.45、1.64、2.81个百分点。

其中具有大专以上学历的小学教师占小学教师总数的40.52%,具有本科以上学历的初中教师占初中教师总数的23.83%,分别比2002年提高7.42、4.13个百分点。

(注:从2004年开始,全国成人高校招生改为春季招生,故教育学院和教师进修学校的数据沿用2002年的数据。)

撰稿　王源林

审稿　管培俊

〔**成立教师教育专家委员会**〕中国教师教育正处于改革和发展的重要时期。为了保证决策的科学化、民主化,制定符合时代要求和教育发展规律的教师教育政策,教育部决定成立“教师教育专家委员会”。2003年11月17日,教育部在北京师范大学召开教师教育专家委员会成立大会,教育部副部长袁贵仁出席会议并讲话。教师教育专家委员会主任委员顾明远主持了会议。会议讨论通过了《教师教育专家委员会章程》,研究了2003年工作计划,并就教师教育改革和发展的大政方针提出咨询意见。

会议认为,当前中国教师培养模式正由定向性向非定向性转变,师范院校综合化和综合大学举办教师教育是这一发展时期的主要特征。为适应形势的变化加强教师教育,建议在若干全日制普通高校设立“国家级教师教育基地”,进行教师教育人才培养模式改革和课程、教学改革实验,并承担培养培训高质量师资的任务。

会后,教师教育专家委员会向教育部递交了《关于设立“国家级教师教育基地”的建议》。

〔**举办教师教育优秀课程教材资源展览**〕2003年9月8日～11日,教育部在北京举行“全国教师教育优秀课程教材资源展览”。教育部部长周济、副部长袁贵仁、吴启迪等参观了展览。教育部有关司局,各省、自治区、直辖市教育厅(教委),全国教师教育网络联盟理事会成员单位,全国教师教育专家委员会等2 000多人参观了展览。

教育部师范教育司组织了2003年度全国教师教育优秀课程教材资源征集、遴选、展示活动。征集、展示活动的主题为“共享优质教师教育课程资源，全面提升教师队伍素质”。主要内容包括网络课程，资源库，支持网上教学的智能答疑、辅导及自动测评系统，文本教材、卫星电视教材或素材以及相关的教师教育网站等。参加活动的有师范大学和其他高等学校、广播电视大学、出版社和教育软件公司等。经过“全国教师教育课程资源专家委员会”和“全国教师教育信息化专家委员会”严格评审，遴选出“优秀多媒体课程教材”43 种，“推荐使用的多媒体课程教材”52 种，评审入围的多媒体课程教材 74 种。这些资源由全国教师教育优秀课程教材资源征集、遴选、展示活动组委会向社会公布。

撰稿 林奇清
审稿 袁振国

〔**第二期基础教育新课程骨干培训者国家级研修**〕为进一步提高各省(自治区、直辖市)新课程骨干培训者的培训能力和水平，促进各地新课程师资培训工作的深入开展，教育部师范教育司于 2003 年 9～12 月间组织了第二期基础教育新课程骨干培训者国家级研修班。

此次研修通过项目招标形式确定了 27 个单位(其中师范院校 10 所，省级教育学院 15 所和 2 个省级的教培(继教)中心)承担第二期骨干培训者国家级研修工作，它们分别承担了义务教育阶段各学科新课程培训者培训：小学 11 个学科(语文、数学、英语、品德与生活、品德与社会、科学、综合实践、体育、音乐、美术、艺术)，中学 16 个学科(语文、数学、英语、思想品德、科学、综合实践、物理、化学、生物、地理、历史、历史与社会、体育与健康、音乐、美术、艺术)。参加研修的学员包括全国 31 个省(自治区、直辖市)的 5 083 位省级骨干培训者。其中师范院校教师占 17.2%，培训院校教师占 16.4%，各级教研室教研员占 31.4%，中小学一线的骨干教师占 35%；参加过一期骨干培训者国家级培训的占 10.9%，参加过本地区新课程师资培训教学或组织工作的培训者占 64.2%。

为指导研修工作，保证研修质量，教育部师范司研制印发了《第二期基础教育新课程骨干培训者国家级研修工作的指导意见》，采取引入项目招标的方式确定承办单位和研修学科，组织专家对各单位制定的学科研修方案进行审议，并对研修工作进行抽查评估指导，对各研修单位的研修效果进行学员问卷调查等。各研修单位高度重视研修工作，建立领导机构、落实工作职责。

从研修后发放给学员的调查问卷的统计结果看，学员对衡量研修效果的八项指标总体同意率为 98.3%，基本不同意的为 1.7%，完全不同意的没有。研修学员的反馈情况综合评价如下：(1)研修体现了新课程理念。研修成为促进教师专业发展的新的增长点，成为由传统培训者向新课程合格培训者强化的裂变点。研修价值取向是力求实现从“知识中心”向“能力中心”转化，强调思考与兴趣的激发，自信的确立与愿望的释放，促成知识的生成与能力的建构。(2)研修内容贴近新课程实际。研修体现了通识性和学科性的高度融合渗透，以案例采编建立课程理论与学科实施之间的联系，以教学设计搭建目标要求与实际行为之间的平台，以示范观摩与对话交流创设感悟新课程的真实情境，使研修内容更加贴近现实，增强了针对性、实用性。(3)研修方式灵活、多样。研修采取了专题讲座与研讨结合、观摩与讨论结合、理论与实践结合等多种方式，重案例分析，重参与式学习。学员在参与、合作及交流中，确立了“主体性参与者”的角色，使研修本身体现了新课程的理念。(4)研修步骤科学、严密。各研修班都注意先由专家从理论高度进行引领，经过专家的抛砖引玉，学员的讨论，再进行课例的示范观摩，最后进行讨论、反思和总结，进而形成实施培训的能力。研修各步骤紧密相连，环环相扣，有力促成了各项研修目标的实现。

撰稿 唐京伟
审稿 管培俊

〔**教育部、公安部、司法部联合发出《关于辽宁等地相继发生教师强奸猥亵学生事件的情况通报》**〕针对近期陆续发生多起教师强奸学生的恶性犯罪事件，2003 年 7 月，教育部、公安部、司法部联合发出《关于辽宁等地相继发生教师强奸猥亵学生事件的情况通报》(以下简称《通报》)，通报了辽宁省沈阳市苏家屯区八一镇武镇营子村小学原教师程世俊和吉林省通化市二道江区二道江乡中心校原教师栗锋强奸、猥亵女学生犯罪受到最严厉惩处及辽宁省、吉林省教育厅分别对相关责任人严肃处理的情况。《通报》指出,程世骏、栗锋等败类虽属教师队伍中的极少数,但犯罪性质严重,社会影响恶劣,危害学生终身,严重损害人民教师的社会形象,应当引起我们的高度重视。各地对已经发生的教师性犯罪事件一定要从速处理,严厉打击罪犯,严肃处理相关责任人。

为坚决杜绝此类事件的再度发生,纯洁教师队伍,切实保护学生的合法权益,《通报》要求:第一、坚决依法打击教师队伍中的性犯罪分子,严惩不贷。第二、对事件相关责任人要严肃处理,决不姑息。学校对学生负有保护责任。校长是学校的第一责任人,负领导责任。学校管理松懈,发生教师性犯罪事件的,要坚决依法追究校长、教育行政部门领导和相关管理人员的责任,严重的要撤销行政职务和开除公职。第三、严格管理,从严治教,从制度上杜绝教师性犯罪伤害学生案件的发生。各级教育行政部门和学校要建立严格的考核、责任制度,加强对学校工作和校园安全的日常管理和检查,并使之规范化、经常化。建立学校性犯罪案件报告制度,学校要定期向主管教育行政部门报告。各省级教育行政部门每年向教育部报告本地当年学校教师性犯罪案件情况。建立健全家长、社区对学校的监督制度。第四、加强法制教育和师德教育。各级教育行政部门要进一步提高认识,与公安、司法行政部门密切配合,加大对全社会,特别是教师、学生和家长的法制宣传教育工作力度。要结合落实法制副校长制度,把法制教育放在学校工作的突出位置,对教师的普法教育坚持常抓不懈,做到有标准、有要求、有措施、有考核。新任教师上岗前必须接受法制教育,使广大教师在学法、守法、用法等各个方面都能为人师表。学校要通过多种方式开展对学生及其家长的法制教育,使学生和家长了解《未成年人保护法》及有关保护青少年学生的相关法规的内容,要根据不同学龄阶段学生的生理、心理特点和接受能力,进一步加强青少年学生的法制教育和性教育,增强他们的法律意识和法制观念,敢于揭发性犯罪行为,提高学生的自我保护意识和抵御不法侵害、依法维护自身合法权益的能力。各地要结合实际,利用广播、电视、报刊、网络等各种媒体,在教育系统广泛开展法制宣传教育,提高全体教师、学生和教育行政干部的法律意识,为从根本上预防和消除教师性犯罪现象营造良好的社会环境。

撰稿　赵建军

审稿　袁振国

〔召开全国非师范院校教师教育工作研讨会〕 2003 年 11 月 11 日～12 日,由教育部师范教育司倡导,80 多所举办教师教育的非师范院校在厦门召开"全国非师范院校教师教育工作研讨会"。出席会议的有 100 多所非师范院校代表,教育部副部长袁贵仁向大会发了贺信,教育部师范教育司司长管培俊作了《积极参与,锐意改革,共同推进教师教育跨越式发展》的讲话,全国非师范院校教师教育协作会顾问潘懋元、王荣顺分别致辞。中山大学等 13 所学校进行了大会经验交流。与会学校共同发表了《非师范院校积极参与教师教育的行动宣言》,成立了全国非师范院校教师教育协作会,通过了《全国非师范院校教师教育协作会章程》,选举产生了理事会、常务副理事长、理事成员单位,并定于 2004 年在扬州大学召开第二届全国非师范院校教师教育协作会。

会议研讨认为:随着中国教育改革发展的深入,非师范类高校参与教师教育的数量增加显著。2002 年共有 475 所高等学校招收师范类全日制本专科学生,其中高等师范学校 183 所、教育学院 34 所、非师范院校 258 所。非师范院校已占培养教师院校总数的 54%。从举办教师教育学校培养学生统计数据看,高等师范学校仍然是教师教育的主体。2002 年全国共有 140.2 万师范类普通本专科在校生,其中高等师范学校的占 70.0%,教育学院的占 2.6%,就读于其他高等学校的占 27.4%,独立设置的师范院校仍然是我国教师教育的主要力量。非师范院校也正在成为我国教师教育的一支重要力量,并将在教师教育工作中发挥越来越重要的作用。

与会代表决心遵守《非师范院校积极参与教师教育的行动宣言》所作出的庄严承诺,在教师教育发展的重大历史转折时期,非师范院校将与师范院校一道，推动中国教师教育走向开放、走向世界，为造就一支高素质专业化的教师队伍作出积极的贡献。

撰稿　于兴国
审稿　袁振国

〔**高校“学科教学论”教师国家级培训**〕为提高高等学校“学科教学论”教师的教育教学能力和综合素质，教育部于2003年拨出专款603.84万元，对全国27个省(自治区、直辖市)的高等学校承担中小学教师培养任务的14个专业的3 000多名“学科教学论”教师进行了国家级培训。

培训工作以邓小平教育理论为指导，以国家教育政策法规为依据，适应科学发展和基础教育课程改革对师资提出的新要求，努力提高高等学校“学科教学论”教师的现代教育理念和专业知识水平。培训的重点是，使学员了解国际上先进的教学理论，特别是本专业学科教学论的发展现状及趋势，深化对素质教育理论的认识和理解，提高运用现代信息技术从事课堂教学的能力；使学员了解本专业的发展现状及前沿知识，并使相应课程的教学科研能力特别是教育创新能力有所提高；使学员能够比较全面、准确地认识和把握教师专业化的背景、内涵及途径。培训的特点是，理论联系实际，特别是联系中小学教育教学的实际，体现先进性、科学性、实践性、针对性、灵活性和实效性。

培训工作由教育部师范教育司负责组织领导，由华东师范大学“教育部华东高师师资培训中心”协助管理，培训任务由北京师范大学、首都师范大学等12所师范大学承担。

撰稿　李桂兰
审稿　袁振国

〔**全国教师教育网络联盟计划启动**〕为充分发挥现代远程教育优势，促进教师教育系统和卫星电视网、计算机互联网络有机结合，实现教师教育资源的优化配置，全面提升中小学教师整体素质，2003年教师节前夕，教育部正式启动全国教师教育网络联盟(以下简称“教师网联”)计划。

教师网联计划是教育部新的教育振兴行动计划中先行启动的项目。旨在以现代远程教育为突破口，在政府的支持和推动下，充分调动各级各类举办和支持教师教育的高等学校(机构)的积极性，整合资源，构建以师范院校和其他举办教师教育的高校为主体，以高水平大学为核心，区域教师学习与资源中心为服务支撑，社会力量积极参与，职前职后教育一体化，教师教育系统、卫星电视网与计算机互联网相融通，学校教育与现代远程教育等各种教育形式相结合，学历教育和非学历教育相沟通，系统集成，优势互补，共建共享优质教育资源，覆盖全国城乡的教师教育网络体系，为终身学习和专业发展提供有力支持。

2003年9月8日，教育部在北京举行“全国教师教育网络联盟”启动仪式，在教育部推动和支持下，由北京师范大学、华东师范大学、东北师范大学、华中师范大学、西南师范大学、陕西师范大学、华南师范大学、福建师范大学、中央广播电视大学、中央电化教育馆、中国教育电视台、高等教育出版社12家单位联合建立全国教师教育网络联盟。此前，“教师网联”成立了理事会，北京师范大学校长钟秉林任理事长。9月7日召开了“教师网联”第一次全体理事会议，通过了“教师网联”章程和实施方案，各单位负责人签署了共同协议。

根据《教育部关于实施全国教师教育网络联盟计划的指导意见》，“教师网联”计划将分三步实施。

第一阶段：现代远程教育试点师范大学和中央广播电视大学等首批成员单位为主体，建立管理规范和技术标准，建立标准化开放性的公共服务平台，初步形成共建共享优质教育资源的教师教育协作组织。重点面向农村，配合中小学现代远程教育工程的实施，充分发挥“教师网联”的优势，因地制宜地运用光盘教学、卫星电视教育、网络教育等各种模式，共享优质教育资源，有效地开展各种层次和规格的教师学历教育和非学历培训，大幅度提高中小学教师队伍素质。

第二阶段：“教师网联”扩大到具备条件的省属师范院校和其他举办教师教育的高等学校，并广泛动员社会力量，在更大范围调整整合教师教育资源，基本形成以区域教师学习与资源中心为支撑的公共服务体系。完善“教师网联”管理制度与运行机制。进一步提高“教师网联”办学的质量、规模和效益。

第三阶段:全面实施“教师网联”的总体规划,实现“教师网联”总体目标,各种教育形式衔接与沟通,形成具有时代特征和中国特色的教师终身学习体系。

“教师网联”计划启动以来,举办了全国教师教育优秀课程教材资源遴选、展示活动,向全社会推出了一批优秀教师教育多媒体课程教材;组织开展了大量基础性研究工作,形成了内部管理体制和运行机制的基本框架,教师学历培训和非学历培训课程体系建设纲要;研究制定了支持农村中小学教师规划的意见等。一批优秀教师教育网络课程相继在“教师网联”门户网站向社会发布。2003 年 12 月,“教师网联”发布了教师学历培训首次联合招生简章,在社会上产生了很大影响,8 所师范大学远程教育师范类招生数量明显增加,教师教育专业课程建设和资源建设得到加强。

撰稿 鹿旭忠

审稿 管培俊

热点关注

为全面建设小康社会准备高素质教师

党的十六大提出全面建设小康社会宏伟目标,确定继续实施科教兴国战略和人才强国战略,从时代的高度对“加强教师队伍建设,提高教师的师德和业务水平”提出了新的要求。教师作为人类灵魂和人才培养的工程师,是先进生产力和先进文化发展的弘扬者和推动者,是学习型社会的先行者和示范者。一千万中小学教师整体素质和专业化水平的提升是教育改革发展成败兴衰之所系,是全民族素质和综合国力之所系。教师教育是建设高素质教师队伍的重要保障。教师教育如何实践“三个代表”重要思想,举办人民满意的教师教育事业,培育人民满意的教师,为教育事业作出新贡献,人民要求我们作出回答,时代要求我们作出回答。教师教育面临重大的历史性课题。

一、我国教师教育的历史性贡献和优先发展的战略地位

我国的师范教育为教育事业作出了历史性贡献。改革开放尤其是党的十五大以来,党和政府高度重视教师教育,以 1996 年召开的第五次全国师范教育工作会议为标志,教师教育进入改革发展的新时期,取得了历史性成就。

——教师教育结构调整取得积极成效,办学层次显著提高。1995 年至 2002 年,高师本科院校由 76 所增加到 103 所,师范专科学校和中师相应收缩。教师培养培训资源进一步整合,具备条件的地区已经基本上完成了从三级师范向二级师范的过渡。教师教育结构发生很大变化,正在逐步形成以师范院校为主体,其他高校共同参与的局面。

——教师教育规模不断扩大,教育质量不断提高。小学、初中、高中专任教师的学历达标率分别由 1997 年的 93.1%、80.5%、60.7%提高到 2002 年的 97.4%、90.4%、72.9%。小学和初中高学历教师分别为 30.9%和 20%。中小学教师队伍整体素质不断提高。

——教师教育地位逐步落实,正在走向法制化轨道。第五次全国师范教育工作会议确立了师范教育在教育事业中处于优先发展的战略地位。《教师法》、《教师资格条例》和《中小学教师继续教育规定》相继颁布实施,使教师教育开始进入规范化、法制化轨道。

我国教师教育的发展支撑了全世界最大的基础教育的师资供给,为提高全民族的受教育年限和国民素质,提供了教育人才支持和知识贡献,为教育的改革发展立下了汗马功劳。可以说，没有建国以来教师教育事业发展所奠定的师资资源的基础，就没有基础教育发展的今天。研究和总结我国教师教育的实践经验，至少有以下几点值得重视。

教师教育在教育事业中处于优先发展的战略地位，对于教育改革发展的全局具有基础性、先导性和关键性的重要作用。

教师教育是国家的事业、政府的责任。教师教育的主体是政府行为。各级政府应当通过法律的、行政的和经济的手段，对教师教育的改革发展加强宏观管理，坚持正确导向，并予以强有力的支持。

在市场经济条件下，教师教育的运行机制要由单纯政府行为和指令性计划转向政府行为、学校行为和教师个体行为相结合，充分利用市场竞争机制有效配置资源，提高教师教育质量水平。

必须建设有中国特色的教师教育体系。教师教育是永恒的事业。在中国这样的发展中国家建设学习型社会，建设一个相对完整和稳定的、具有生机和活力的教师教育体系即教师终身学习体系始终是十分必要的。所不同的是，计划经济体制下教师教育体系是独立的、封闭的；市场经济条件下教师教育体系应当是灵活、开放的。建设一个宏大的教师教育体系是中国教育的一条重要经验。

教师教育必须坚持不断创新，与时俱进。要根据教师专业化的要求，以有利于提高教师实施素质教育的能力和水平为宗旨，不断地适应新形势，研究新情况，解决新问题，不断推进教师教育的理论创新、制度创新以及内容、方法和技术手段的创新，不断为教师教育注入新活力，开辟新境界。“一切妨碍发展的思想观念都要坚决冲破，一切束缚发展的做法和规定都要坚决改变，一切影响发展的体制弊端都要坚决革除”。

教师教育的改革发展必须充分考虑中国社会、经济、教育发展的阶段性和非均衡性，体现阶段差别、地区差别和城乡差别，坚持实事求是、因地制宜、分区规划、分类指导、分步实施的方针。

百年大计，教育为本，教育大计，教师为本。教师教育是教育链条上极其重要的初始环节。没有好的教师教育和相应的制度环境，何谈优质的基础教育，更遑论高水平的高等教育和国家的人才战略。教师资源是国家综合国力竞争之所系，必须重视教师教育，支持教师教育，采取有力措施发展教师教育。教师教育前景广阔。那种全盘否定中国教师教育的贡献和经验，把我国教师教育说得一无是处的非历史的虚无主义观点，那种曲解教师教育的开放性，认为教师来源多元化，综合大学参与培养培训教师，就是削弱或取消教师教育事业的取消主义观点都是错误的。在这一问题上，任何停滞不前的观点，悲观的和无所作为的观点都是缺乏依据的。

二、我国教师教育处于历史性转折的关键时期

我国教师教育在中国的教育史上写下了光辉的一页，但是在今天社会经济背景发生了根本性变化，教育事业实现新的跨越式发展的时候，我们强烈地意识到我国教师教育整体上还相对落后，严重不适应教育改革发展的要求，进一步发展存在观念形态和制度性障碍，一系列突出问题亟待解决。教师教育面临着严峻的挑战，也面临着改革发展的大好机遇。

（一）建立学习型社会要求教师教育加快一体化进程

党的十六大确立了我国全面建设小康社会的战略目标，提出要形成比较完善的现代国民教育体系和全民学习、终身学习的学习型社会。教育者必须首先成为全员学习、终身学习的模范，教师群体应当率先成为示范性学习型组织。实施人才战略，加强人力资源建设，教师资源必须首先得到充分开发。但我国的教师教育还不能很好地为教师终身学习提供强有力的支持服务，教师的职前培养和在职培训分离，特别是教师职前培养与职后培训水平的倒挂，严重不适应教师终身学习和职业发展的要求。随着教师培训从学历补偿教育转变为以提高教师素质为中心的全员继续教育，推进教师教育资源的优化重组，加快教师职前培养和职后培训的一体化进程势在必行。

（二）经济体制和人力资源配置方式的转变要求创新教师教育制度

随着市场经济体制建立、招生就业改革以及教师资格、聘任制度的全面实施，教师资源的配置方式必将从纯粹行政决定向一定意义的需求导向和市场调节转变。有关师范生的保障政策逐步取消，师范生与非师范生逐步实现招生并轨、收费并轨、就业并轨，界限逐渐淡化。其他高校参与教师教育，一些师范院校与其他高校合并或升格为综合性的大学或学院，逐渐形成独立设置师范院校与其他高校共同举办教师教育的局面。在过渡时期，原有的系统诸多功能逐步丧失，新的教师教育规范尚未建立。失衡、失范的情况时有发生，比如一方面教师紧缺，另一方面师范生不能就业的悖论就是一例。在这种情况下，教师教育的制度创新和规范管理尤为紧迫。

（三）全面实施素质教育要求从根本上改革教师教育模式

我国师范教育实行的是学科教育与教师专业教育简单混合相加的培养模式，学科教育水平低，教师教育课程单一、观念滞后、内容陈旧、脱离实际的问题严重存在，从而导致所谓学术性与师范性的莫衷一是的长期争论。全面推进素质教育和我国新一轮基础教育课程改革的新形势，要求教师拓宽学术视野、建立综合知识结构和加强教学研究能力。教师教育必须创新人才培养模式，改革课程体系和教学内容，充分利用现代教育手段，为提高教师的学术基础和提高教师专业化水平奠定坚实的基础，从总体上不断提高教师教育的质量与水平。

（四）教师供求关系的结构性变化要求教师教育提高办学层次

由于社会经济因素和教育人口的变化，教师的供求关系发生了两方面的重大变化：一是实质性变化。教师供求关系由过去的绝对的卖方市场开始转变为买方市场，教育部门录用新教师有了一定的选择余地。二是结构性变化。2002 年，全国小学专任教师 578 万人，初中专任教师 343 万人，高中专任教师 94 万人。随着小学和初中学龄人口的逐步减少，如果按照现行较高的班额、班师比和生师比标准即低水平的师资需求匡算，预计到 2010 年，将有部分小学和初中教师富余；如果按照较低的班额、班师比和生师比标准即较高水平的师资需求匡算，小学、初中教师将有一定缺口，数量补充与质量提高的矛盾并存，但主要矛盾将是质量问题。人口高峰逐渐进入高中阶段，加之大幅度提高高中升学率对于师资的现实要求，高中需要新增 100 万左右教师。教师供求由总量不足转变为结构性矛盾，教师质量问题凸现出来。整体上提升教师学历显得十分迫切。教师教育要适应发展的要求，提高办学层次。同时，我国区域发展不平衡，在一定时期内，西部边远地区还需要部分中师和师专，不宜轻易撤并，尤其是办的很好的学校，要继续办好。

（五）国际教师教育发展趋势要求我国教师教育加快改革进程

20 世纪 80 年代以来，教师专业化形成了强劲的世界性潮流，极大地推动了许多国家教师教育新理念和新制度的建立。高素质的教师不仅要有学问，而且要有道德、有理想；不仅是高起点，而且要终身学习、不断自我更新；不仅是学科的专家，而且是教育的专家，具有像医生、律师一样的专业不可替代性。这就要求国家的教师管理保障制度和教师培养培训体系机构都要相应进行重大变革。我们组织教师教育创新发展研究小组对国际上 10 个国家和地区教师教育发展历程进行比较研究，结果表明：(1)高等教育入学率对教师教育变化发展的影响最为显著。高等教育入学率达到 15%～20%时，是教师教育本科化、综合化发展趋势明显集中的时期；(2)大部分国家非农产值达到或超过 90%的发展时期与教师教育本科化时期基本吻合；(3)教师教育进行变革时期教师供求大致平衡。对照上述参数，现在我国高等教育毛入学率已达 15%，非农产值接近 90%，小学和初中教师在总量上大体满足当前水平的需求，一些地区或有富余。这些关键指标的基本满足，说明我国教师教育在总体上基本具备了实行教师教育综合化、一体化、高学历化和专业化的初始条件。我们应该认真研究国际上教师教育的经验和发展趋势，结合我国实际情况，抓住历史性变化的契机，不失时机地推进教师教育的发展。

三、改革创新，实现教师教育的战略性转变和跨越式发展

我国教师教育面临严峻挑战，面临重大转折，正处在一个何去何从的十字路口。顺应潮流，迎接挑战，审时度势，果敢抉择，积极推进改革，我们将会抓住一个难得的历史性机遇；犹豫彷徨，观望等待，我们将痛失良机。我们必须清醒地认识到这一点，毫不犹豫，不失时机地推进教师教育的改革和创新，实现教师教育的战略性转变和跨越式发展。

（一）教师教育改革发展总的指导思想

1.教师教育是教育事业的工作母机，在教育事业中处于优先发展的战略地位。

2.教师教育必须践行“三个代表”重要思想，继承我国经验，把握国际趋势，解放思想、实事求是、改革创新，与时俱进，实现战略性转变和跨越式发展。

3.教师教育要强调政府责任，同时充分利用市场机制；要打破封闭，走向开放，排除障碍，增强活力，鼓励竞争，利用全社会的优质资源培养培训教师。

4.教师教育要提高办学层次，逐步纳入高等教育体系；强调大学尤其是高水平大学对于培养中小学教师的责任和义务；坚持教师教育为基础教育服务的方向，促进大学与中小学的结合。

5.教师教育要以教师专业化为导向，以提高质量水平为中心。转变教师教育培养模式，实现学科水平与教育水平同步提升；构建符合时代要求的教师教育的知识体系和技能要求；建立健全教师教育制度。

6.教师教育必须推进信息化进程，以信息化带动教师教育的现代化，充分运用现代远程教育共享优质资源，高质量、高效益地培养培训教师。

7.教师教育必须与教师资格准入制度和人事管理制度的改革相结合。提高教师社会地位和职业吸引力，创设教师专业化发展的良好制度环境。

8.教师教育必须从中国国情出发，坚持分区规划、分类指导、分步实施的原则。恰当地把握改革的方向、步骤和改革进程。既要大刀阔斧，又不能盲目冒进。切忌“一刀切”，“一阵风”。

（二）教师教育改革发展总体目标

——建立和完善适应社会主义市场经济需要的现代教师教育制度。形成比较完善的现代教师终身学习体系。

——构建以高水平大学为龙头，师范院校和其他举办教师教育的高校为主体，区域教师学习与资源中心为纽带，教师教育系统与卫星电视网、计算机网络相融通，学历与非学历教育相沟通，职前职后一体化的开放灵活的现代教师教育体系。

——到2010年基本形成以本科院校为依托的专科、本科和研究生三个层次，以本科和研究生为主的教师教育新格局，2015年～2020年基本实现本科化。

——全国中小学教师平均学历水平得到大幅度提升。到2010年，全国城乡新增小学教师中，具有本科学历者平均达到70%，新增初中教师全部具有本科学历；通过新教师补充和在职教师培训使在职小学教师基本具备大专以上学历；初中教师基本具备本科学历；高中阶段教师具有硕士学位者15%以上。

（三）教师教育改革发展基本思路

适应全面建设小康社会对高素质、专业化教师队伍的要求，教师教育必须改革创新，实现六个转变。

1.推进教师教育体系创新，从独立封闭向多元开放转变。首先是全面实施教师资格制度，面向全社会提供教师资格课程，遴选合格教师，教师来源多元化；其次使教师教育逐步纳入高等教育系统，非师范院校尤其是高水平大学参与教师教育。不失时机地有步骤、分阶段、分地区逐步实现小学、初中新增教师的本科化。通过合并、升格、联办等途径，合理调整师范院校布局结构，逐步形成以本科院校为依托的专科、本科、研究生三个层次的教师教育。充分发挥高水平大学先导作用，坚持师范院校和其他举办教师教育的高校的主体地位，发挥区域教师学习与资源中心的纽带作用，鼓励社会力量积极参与教师教育，逐步使教师教育职前职后相沟通、学历与非学历教育相结合、教师教育网络与卫星电视网及计算机互联网系统集成，办学、管理和支持系统有机联系，实现教师教育从独立封闭向多元开放的转变。

2.推进教师教育体制创新，从教师培养培训分离向教师教育一体化转变。教师教育体制改革的重点是推进教师教育一体化。教师教育一体化的关键是教师教育机构的一体化。教师的职前培养、入职教育和在职培训有机衔接起来。在终身学习理念的指导下，促进教师在整个职业生涯中不断发展，不断提高专业化水平。实现这一目标必须突破体制障碍，在有利于重组优化教师教育资源，加强教师培训工作的前提下，鼓励、支持教育学院与高水平大学合并，在更高层次上促进教师专业发展整体设计和整合教师教育资源，整体提升教师教育水平。

3.推进教师教育培养模式创新,从定向培养向非定向培养转变。教师教育从独立设置师范院校学科教育与教师专业教育混合向综合大学学科教育与教师专业教育相分离,从定向培养模式向非定向培养模式转变,是国际教师教育发展的基本历程。我国师范院校招生就业制度改革为实现教师教育转型提供了条件。当前,要通过建立国家级教师教育基地(大学教育学院)的途径和载体,推进人才培养模式的战略性转型。在培养模式和组织形式上,实行学历教育与教师专业教育相分离,取消区分师范类专业与非师范类专业的招生规定,有志于从教或获得教师资格证书者可通过选修教师教育课程模块,接受教师专业教育。在发达地区,探索大学本科后教师教育和教育专业硕士教育,从根本上提高未来教师的综合素养和专业化水平。

4.推进教师教育制度创新和管理创新,从直接管理、学校管理向间接管理、事业管理转变。今后的概念不再是管理师范院校,而是管理教师教育事业。管理创新关键在于建立现代教师教育制度和政策支持体系。核心是建立完善教师职业准入制度、教师考核和资格再认定制度,建立包括教师教育机构资质认证标准、课程鉴定标准和质量评估标准在内的教师教育标准体系、教师教育经费投入保障制度、教师终身教育制度、教师培训管理体制和培训市场的监管制度,使我国教师的培养、录用、管理和继续教育有机结合,并逐步走上法制化、规范化的道路。改革投入方式,实行新教师奖学金、农村新教师学费返还制度和教师"培训券"制度,实行政府拨款、学校自筹、学生缴费的教师培养成本分担机制和政府、任职学校和教师本人继续教育分担机制,提高教师职业的吸引力,促进教师培训机构的竞争,促进教师专业化发展。

5.推进教师教育教学改革,从传统内容模式向现代教师教育课程体系和教学模式转变。根据现代社会对高素质教师的要求,加强学科和课程建设,下决心改革师范类专业"老三门"的传统课程,更新课程结构和内容,形成教育教学新课程体系。建设一批有推广价值的教师教育新教材。强化教学环节的改革,加强通识课程、学科专业课程的学习,加强综合课程、研究课程、实践课程建设,加强职前培养和职后培训的有机联系,提高教育专业能力、教育实践技能。改革教师教育的见习和实习制度,加速现代信息技术和教育技术在教师教育中的普及和应用。

6.推进教师教育技术创新,从传统手段向广泛利用现代远程教育转变。加速教师教育信息化进程,发挥现代远程教育优势,使不同地区尤其是农村地区广大教师共享优质教育资源。制定教师教育信息化标准,整合网络教育资源,实现教师教育机构、卫星电视、计算机网络等资源的有效利用和结合;建立"全国教师教育网络联盟",形成"人网"、"天网"、"地网"相互融通、系统集成的教师教育网络体系,促进现代远程教育手段在教师教育中的充分利用。

四、采取有力措施,加快教师教育改革发展的进程

今后五年是我国全面建设小康社会开局的关键时期。我们必须积极采取措施,加快教师教育改革发展的步伐。根据教育事业新的跨越式发展的要求和教师教育创新发展的总体思路,教师教育的近期任务和工作重点将集中在以下方面。

(一)启动实施"全国教师教育网络联盟"计划,构建中小学教师终身学习体系

"全国教师教育网络联盟"计划是新的教育振兴行动计划先行实施的重大项目,将于今年"教师节"正式启动。"全国教师教育网络联盟"是在政府主导和推动下,由高水平大学牵头,师范大学和其他举办支持教师教育的大学(机构)为主体,各类教师教育机构、专业机构、企业与其他社会组织等共同参与,以区域教师学习与资源中心为服务支撑,教师教育系统和卫星电视网、计算机互联网即"人网、天网、地网"相互融通,系统集成,共建共享优质教育资源的教师学习型组织协作体。旨在以信息化带动教师教育现代化,形成远程教育与学校教育相结合,远程教育与面授、自学相结合,网上授课、收视与答疑、辅导相结合,实行"课程超市"模式,实行"学分制"开放管理,共建共享优质教育资源的教师现代远程教育体系。

(二)整合优化教师教育资源,构建开放灵活的教师教育体系

根据教师教育改革的整体思路，支持建设既有鲜明教师教育优势和特色，又有较强综合实力的师范大学，对我国教师教育发展起骨干示范作用；鼓励其他高校特别是高水平综合大学参与教师培养培训，或与师范院校联合、合作办学；继续加强现有本科师范院校建设，增强办学实力，积极创造条件拓展学校的教学科研和服务功能；支持、鼓励具备条件的教师培训机构与当地师范大学或其他大学合并、联办，整合教师教育资源，实现教师教育一体化。

（三）实施“国家教师教育基地建设计划”，探索改革教师教育人才培养模式

拟在师范大学和有条件的其他高校整合优质教师教育资源，分批建立“国家级教师教育基地（大学教育学院）”。“国家级教师教育基地”是专门从事教师教育的新型办学实体，是教师培养模式改革实验基地，按照教师专业化的要求，实施新型教师教育培养方案，积极探索小学、初中和高中教师培养的多种模式。实施教师资格证书教育，为各类本科院校在校生和毕业生提供教师资格证书课程；探索实施教育硕士和教育博士教育；承担高水平教师继续教育。旨在尝试从根本上改革教师教育模式，试行学历教育与教师专业教育的分离，探索推进“定向性师范院校培养模式”向“非定向性综合大学培养模式”转型的途径。这一计划是引领改革方向，推动教师教育制度创新的一项重要举措。

（四）实施“中小学教师继续教育二期工程”，全面提升教师队伍整体素质

组织实施优秀教师的高层次研修和中青年骨干教师国家级培训，带动省级、地市级骨干教师的培训，组织实施以“新观念、新课程、新技术、新教师”为重点的全国1000万中小学教师的全员培训，促进教师学历学位提升教育与非学历教育。农村教育是今后教育事业的“重中之重”。农村教师的素质提升是教师队伍建设的重点、难点。实施“西部农村教师培训提高计划”项目，大力提高农村教师素质。重点支持骨干教师培训和西部地区教师培训。根据农村中小学实际，改革培训模式，充分发挥“教师教育网络联盟”的作用，有效运用现代远程教育手段，集中和共享优质教师教育资源，提高教师培训水平和针对性、实效性，大幅度提升农村教师整体素质。建立农村教师培训经费保障机制，坚持以政府投入为主，多渠道筹措经费。制定农村教师培训规划，完善强化五年一个周期的教师培训制度。

（五）实施“区域教师学习与资源中心”建设计划，为广大教师尤其是农村教师的终身学习提供支持服务

全国重点建设若干数量的“区域教师学习与资源中心”，以此引导和推动全国市（县）级教师培训机构与其他相关教育机构整合重组，或联合合作，以整合、优化资源配置，并与大学建立直接联系，使之成为现代教师教育体系的重要基础和联系纽带，成为有关大学和科研机构开展教师培训、教研、研究和服务于一体的现代教师教育服务支持机构，成为农村教师接受现代远程教育的工作站和教学点，为教师研修学习提供必要的服务与支持。

（六）实施“教师教育课程与资源建设计划”，提高教师教育质量

适应基础教育课程改革和教师专业化的要求，加强学科与课程建设，将学科前沿领域的最新成果引入教学过程。更新、调整教师专业教育类课程结构和内容，组织开发教育学、心理学和学科教育学等课程教材100门；建设有较强针对性和实效性、反映学科前沿动态的中小学教师继续教育课程教材100门；组织引进国外教师教育先进教材，组织评审国内优秀教材等。从今年教师节开始，每年组织一次全国性的教师教育优秀课程教材资源征集、遴选、展示活动。对优质教师教育课程资源，国家将给予奖励支持，并向全国发布优质资源信息，向教师网络联盟推荐选用。

（七）认真做好基础教育新课程师资培训，为顺利推进新课改提供师资保证

要高度重视新课程师资培训，密切配合，精心筹划，精心组织，务求实效。突出培训重点，面向全体教师。坚持通识培训与具体学科培训相结合，培训、教研、教改相结合，短期面授和长期跟踪指导相结合，远程教育、集中培训和一定条件下的校本培训相结合。不断增强新课程培训的针对性和实效性。建立新课程培训优质资源建设、遴选和评审机制，落实培训经费。

教师教育是我国教育的重要组成部分，是一项

事关教育全局、民族振兴，具有战略意义的伟大事业。要进一步加强对教师教育的领导，切实把改革和发展教师教育纳入重要的议事日程。要根据“发展教育师资先行”的原则，认真制定教师教育事业发展规划，要在资金投入、基本建设、条件装备、队伍建设等资源配置方面优先考虑教师教育，创设教师教育改革发展的良好环境。教师教育战线要以高度的责任感和使命感，抓住机遇，迎接挑战，再接再厉，再造辉煌，开创教师教育改革和发展的新局面，为全面建设小康社会准备高素质专业化的教师。

（《人民教育》2003 年第 17 期　管培俊）

民族教育

〔**概况**〕2003年,全国各级各类普通学校中少数民族在校学生总数为2042.46万人,比上年增长26%。由于继续扩招和对少数民族考生实行优惠政策,普通高等学校少数民族在校生由上年的54.1万人增加到69.76万人,增长28.9%;普通中学少数民族在校生由上年的613.61万人增加到654.46万人,增长6.7%。

2003年各级政府重视发展民族教育,认真贯彻落实《国务院关于深化改革加快发展民族教育的决定》和《国务院关于进一步加强农村教育工作的决定》,加大了对民族教育的投入。民族地区"两基"工作取得新进展,截至2003年底,全国民族自治地方699个县级行政区划单位中,已有405个县(旗)市、区实现了"两基"目标,占总数的57.9%。进一步完善了培养少数民族人才和支持民族地区高等教育发展的特殊政策措施,基本形成了在数量和质量上基本适应教学需要的少数民族专任教师队伍,全国各级各类普通学校少数民族专任教师数已达100.43万人。"双语"教学得到进一步重视和加强。教育对口支援、中小学民族团结教育成效显著。

撰稿　马少云

审稿　夏　铸

〔**召开少数民族双语教学研讨会**〕为贯彻落实《国务院关于深化改革加快发展民族教育的决定》有关精神,促进双语教学的开展,教育部民族教育司于2003年12月在成都市召开全国少数民族双语教学研讨会。内蒙古、吉林、新疆等12个有关省、自治区教育厅民教(基教)处负责同志,民族教育教学研究、民文教材编译出版、民文教材审查等相关部门人员以及部分自治州教育部门分管双语教学的同志共60余人参加了会议。

与会人员就当前少数民族双语教学和民族文字教材编译出版的情况、市场经济条件下出现的新情况和新问题以及如何贯彻落实《国务院关于深化改革加快发展民族教育的决定》,大力推进双语教学和加强民族文字教材建设等几方面内容进行了充分的交流和讨论,并提出了一些意见和建议。

撰稿　赵　卫

审稿　达　来

〔**教育援藏**〕2003年2月,教育部办公厅发出通知,下达2003年内地普通中学西藏班(校)初中招生计划。确定2003年由天津、辽宁、上海、江苏、浙江、安徽、福建、江西、山东、河南、湖北、广东、重庆、陕西等14个省、直辖市所属的17所普通中学,从西藏招收1 785名内地西藏班初中生,其中招收170名进藏干部职工子女。

3月,教育部印发《关于下达2003年内地普通高中、中专学校西藏班招生计划的通知》,确定2003年内地普通高中、中专学校招收1 763名西藏班初中毕业生。

4月,教育部办公厅发出了《关于做好2003年内地西藏班高中毕业生升学工作的通知》,确定2003年由教育部、国家民委、公安部、国防科工委等5个部(委)和北京等5个省市所属的80多所普通高校招收1121名西藏班高中毕业生。

2003年8月9日～18日,教育部民族教育司在重庆市组织召开招生工作会,完成了招收 4 465 名西藏学生进入内地初中、高中、师范和大学本专科学校学习的招生工作。9 月 1 日,4 465 名西藏生进入内地各级各类学校学习。

2003 年 5 月,教育部办公厅发出《关于做好内地高校成人高等教育为西藏培养在职干部工作的通知》,主要内容有:(1)根据《教育部办公厅关于做好全国教育支援西藏工作会议筹备工作意见的补充意见》提出的关于“加大西藏自治区在职干部教育培训力度,改善在职干部队伍的文化结构、专业知识结构,培养西藏急需的中高级人才”的精神,决定在中国人民大学、北京师范大学、中国政法大学、天津大学、吉林大学、四川大学、西南财经大学、西北农林科技大学 8 所高校的成(继)教院建立西藏在职干部教育培训基地,从 2003 年至 2007 年,为西藏培养成人高等教育专科起点升本科在职干部 1550 人。(2)各有关单位要高度重视,提高认识,加强沟通,积极做好对西藏在职干部进行成人高等教育的工作。(3)此项援藏计划要纳入上述 8 所高校成人高等学历教育年度招生总规模。(4)西藏自治区人事厅负责按照 3∶1 比例推荐参加考试的在职干部,推荐条件为:已取得经教育部审定核准的国民教育系列高等学校、高等教育自学考试机构颁发的高等专科毕业证书及专科以上学历证书、在藏工作 3 年以上、年龄在 40 岁(含)以下(个别优秀的领导骨干可以适当放宽年龄要求)的在职干部。(5)西藏自治区教育考试院负责参照全国成人高校统一招生,为这部分在职干部单独组织命题、考试和录取。中国人民大学等 8 所学校 2003 年招收了首届 310 名西藏在职干部进校学习。

〔**内地学校支援新疆**〕 2003 年 10 月,教育部、国家民委、新疆维吾尔自治区政府在乌鲁木齐联合召开了内地高等学校支援新疆第五次协作会议。会后教育部、国家民委印发了《内地高等学校支援新疆第五次协作会议纪要》(以下简称《纪要》)及有关本科生五年招生规划的通知。《纪要》确定从 2006—2010 年内地有关高等学校支援新疆每年培养 2000 名少数民族本科生招生规划,五年共计 1 万人。年招生规模由原来的 1 000 人扩大到 2 000 人。

2003 年 2 月,教育部办公厅发出通知,下达 2003 年内地新疆高中班招生计划。《通知》规定,2003 年内地新疆高中班计划招生 1 540 人,其中新疆维吾尔自治区招收 1 470 人,新疆生产建设兵团招收 70 人(少数民族 35 人、汉族 35 人,主要招收农牧民子女)。北京等内地 12 个城市根据《通知》精神,所属的 15 所学校举办了内地新疆高中班,完成了扩大招生规模任务。1 540 名学生,于 9 月入校学习。

〔**普通高校少数民族预科班**〕 2003 年 2 月,教育部办公厅发出《关于全国普通高等学校民族预科班、民族班招生、管理等有关问题的通知》(以下简称《通知》)。《通知》指出,在普通高等学校举办少数民族预科班,是党和国家为少数民族地区培养专门人才而采取的一项有效措施,各地、各部门和高等学校要从加快实施西部大开发战略步伐、促进民族地区的社会经济发展和维护祖国统一、民族团结的大局出发,加大扶持力度,做好少数民族预科招生、培养和管理工作。普通高等学校少数民族预科班招生计划由教育部统一下达,各地、各部门和高等学校要严格执行。

2003 年,教育部等 5 部委所属的 84 所高等学校共招收少数民族预科生 4056 名。

撰稿 次仁多布杰 李 彬
审稿 阿布都

热 点 关 注

坚持科学发展观，实现民族教育跨越式发展

近年来，民族地区深入学习党的十六大和十六届三中全会精神，认真贯彻落实《国务院关于深化改革加快发展民族教育的决定》和全国农村教育工作会议精神，民族教育有了较大发展。特别是今年教育部制定的《2003—2007 年教育振兴行动计划》的启动实施，为民族教育的跨越式发展提供了大好机遇。记者就发展民族教育有关问题采访了教育部民族教育司司长夏铸。

问：加强民族地区寄宿制学校建设是促进民族地区"两基"工作，提高"普九"质量的重要措施。民族地区如何抓住国家实施农村寄宿制学校建设工作的机遇，大力加强寄宿制学校建设？

答：民族寄宿制学校是新中国成立后党和国家根据少数民族牧区、边远山区以及经济不发达地区居住分散、交通不便和教育比较落后的特点，为帮助这些地区发展教育，提高各民族的文化素质，促进脱贫致富，面向农村、牧区、边远山区招收少数民族学生的一类专门性学校。

根据国家基础教育"分级办学、分级管理"的原则，寄宿制民族中小学办学经费由各级政府负责，办学形式分为省办、地（州）办和县办几种形式，国家在经费、师资和设备等方面给予特殊照顾。为适应不同地区、不同民族的特点和需要，寄宿制民族中小学办学模式不尽相同，可分为普及型（贫困或特别贫困少数民族地区普及六年教育的需要）、提高型（少数民族地区培养中、高级人才的需要）和特色型（少数民族地区培养特色型人才的需要，如开办文体班、职教班、女童班等）等几种模式。

目前，在我国各少数民族地区已建成民族寄宿制学校 10 万余所，有在校寄宿学生 472.9 万人。寄宿制学校的建设，已经成为改善和提升少数民族地区，特别是山区、牧区、边境地区贫困学生学习生活条件的一项德政工程，成为少数民族地区实现"两基"的一项重要措施。

问：双语教学一直是民族教育工作中的难点和热点，如何切实抓好双语教学和双语教师队伍建设，促进民族地区"两基"工作？

答：少数民族双语教学是我国少数民族教育中最有特色也最为重要的部分。政府历来重视，《宪法》、《民族区域自治法》和《义务教育法》等法律对此都有明确规定。国家对双语教学、民族文字教材建设和教师培训方面在经费上也给予了扶持，少数民族汉语教学取得了很大的成绩。但在当前市场经济条件下，少数民族双语教学以及民族文字教材建设都出现了一些新的情况和问题。比如双语教学模式有一些变化，生源减少，教师、教材编译队伍不稳，课程改革和民文教材编译出版滞后等。

出现这些情况，有认识问题，也有相关措施不力或不落实，对新形势、新问题研究不够以及政策出台、指导不及时等原因。因此，解决这些问题首先要统一认识，而统一认识的关键在依法办事。其次，是要遵循教育教学规律。双语教学的模式可以因地区、因民族、因语言环境而有所不同，但不能违背教育教学规律，也切忌频繁变换，大起大落。第三，要注意研究新情况、新问题，积极探索和改革，以适应形势发展的要求。第四，要抓紧加强民文教材建设和双语教师培训等相关措施的制定和落实。双语教学教师队伍的稳定和素质的提高，是实施和巩固民族地区"两基"的重要条件，也是提高民族教育质量的关键。各少数民族省、区必须给予高度重视。在组织实施"两基"和基础教育课程教材改革过程中，要有计划、有措施、有步骤和采取多种形式加强对少数民族双语教师的培养和培训。

问：党中央、国务院十分重视扶持和发展西藏、新疆教育事业，相继开办了内地西藏班（校）和内地

新疆高中班，取得了哪些成绩？

答：西藏、新疆是我国实行民族区域自治的地区，也是党的民族工作重点地区。长期以来，党中央、国务院一直十分关心发展西藏、新疆现代教育。教育部根据党中央、国务院有关精神，动员全国教育战线，认真组织实施对西藏、新疆教育支援工作。在内地举办西藏班（校）、新疆高中班，就是对西藏、新疆教育支援工作的重要内容。在有关部委省、市教育行政部门和学校的支持和配合下，内地西藏班（校）和内地新疆高中班工作取得了显著成绩。

第一，举办内地西藏班（校），大力培养西藏各级各类专门人才。

内地举办西藏班（校），得到了各有关省（市）党委、政府领导的高度重视，把办好内地西藏班（校）工作，作为一项关系到祖国统一、民族团结、国家安定的政治任务，列入议事日程，从人力、物力、财力、精力上予以大力支持，作出了巨大的贡献。

——领导高度重视。承担办学任务的有关省、市建立了专门领导协调小组，及时协调解决办班工作中的问题。省、市各级领导经常到办班学校了解情况，指导工作，帮助学校解决具体问题。

——增拨专项基建经费，改善办学条件。除国家投资 1.85 亿元一次性基建和设备补助经费外，办班省、市地方财政已投资 2 亿多元基建经费，创造了良好的办学条件。

——财政单列办学专项补贴经费，确保学生顺利完成学业。省、市财政列教育援藏内地办学专项经费，专门用于西藏班（校）学生学习、生活补贴。补贴标准除个别省、市外，绝大多数省、市每年每生补贴 3 500～4 000 元，多的近 9 000 元。

——选派优秀教师和管理干部，保证教育教学工作。办班省、市配备了一批政治思想觉悟高、业务素质好，热爱民族教育事业，具有丰富的教育教学管理经验和奉献精神的学校领导班子和教师队伍，保证西藏班的管理与教育教学工作。形成了近一万名熟悉西藏班管理和教育教学的教师和管理干部队伍。

学生通过在内地学习，综合素质得到了较快提高。已有 400 余名学生加入了中国共产党。维护祖国统一、增强民族团结、反对民族分裂已成为全体学生的共识。学习成绩大幅度提高。每年内地西藏班高中毕业生参加全国高校招生统一考试，总成绩比西藏区内藏族考生均高出 150 多分。已毕业的 9 458 名内地西藏班学生，绝大多数回到西藏急需人才的县或县以下各基层单位工作，如中师毕业生中的 95％以上到县、乡小学或最基层的村教学点，从事教学工作。内地西藏班毕业生已成为一支建设和促进西藏“两个文明”建设和加强西藏基层政权建设的中坚力量。西藏广大干部和农牧民群众为自己的子女到内地西藏班（校）学习而感到非常自豪。2001 年，西藏有近 2 万名小学毕业生，其中报考内地西藏班（校）的，占 90％以上。

通过全国教育支援西藏工作，把党中央、国务院的关心和全国支援送到千家万户，西藏广大群众直接受益，对西藏的社会稳定、经济发展和社会进步产生了不可估量的积极作用。全区各族群众对祖国的向心力进一步增强，“汉族离不开少数民族、少数民族离不开汉族、少数民族之间也相互离不开”的思想日益深入人心。平等、团结、互助的社会主义民族关系得到巩固和发展。

第二，内地发达城市举办新疆高中班，加大对新疆教育支援的力度。

根据国办发（1999）85 号文件的决定，2000 年，国家在北京、上海、天津、南京、杭州、广州、深圳、大连、青岛、宁波、苏州、无锡等 12 个城市开办了内地新疆高中班。每年 9 月，12 个城市所属的 13 所重点普通高中新疆高中班招收 1 000 名新疆应届初中毕业生。2002 年，根据国科教发（2001）1 号文件的决定，北京等 12 个城市的内地新疆高中班学校扩大了招生规模，年招生规模由原来的 1 000 人扩大到 1 540 人。目前，内地新疆高中班在校学生分布在 12 个城市的 15 所学校。2004 年首届 1 000 名学生即将毕业，通过参加全国统一高考，择优录取到有关高校继续深造。

利用内地发达地区的经济、教育优势，组织内地发达地区加大对边疆民族地区教育支援的力度，举办内地新疆高中班，着力培养和造就一大批坚定地维护祖国统一，密切联系群众，具有强烈事业心和一定业务能力的高层次少数民族优秀人才，促进新疆经济发展和社会进步，增进各民族的大团结和凝聚力，保障国家的安全和边防巩固，意义重大而深远。

承担办学任务的12个城市人民政府把办好内地新疆高中班工作作为党中央、国务院交给各地人民政府的一项政治任务，列入议事日程，高度重视。做到了思想认识到位、政策措施到位、管理工作到位、经费投入到位。12个城市都专门成立了协调领导小组，由市政府分管教育的副市长任组长，市教委、计委、财政局、民委、公安等部门领导为成员，为内地新疆高中班学生创造良好的学习生活环境。除国家拨出的1.31亿元一次性基建、交通工具和购置教学设备、图书资料专项补助经费外，各地从市财政拨款近8 000万元基建经费，新建、扩建教学设施、学生宿舍楼和餐厅楼等。为解决好学生的学习、生活费（包括伙食费、装备费、校服费、假期活动费、取暖降温费、公杂费等）和医疗费等，承担任务的各城市财政列专项补助经费，每生每年补助8 000元。各地为学生购置了必要的学习、生活用品，包括床上用品、电话、衣服、球鞋、拖鞋、洗衣粉、挂衣架、牙膏、牙刷等。不少学校为每位学生装备电脑。如广东广雅中学、广州市第六中学、深圳市宝安区松岗中学等。在生活上充分尊重少数民族的饮食习惯，新建了清真餐厅，购买新的餐具，并通过市民委聘请回族厨师或从新疆聘请维吾尔族厨师。根据办学工作的实际，保证教育教学质量，各地普遍按1∶8的编制配备了一批政治思想素质高、业务能力强、经验丰富、有奉献精神的教师到内地新疆班任教。节假日的活动各学校也作了周详的安排，如中秋节市领导组织有关单位慰问新疆班学生，国庆节组织学生游览名胜古迹，开展有意义的教育活动。

目前，内地新疆高中班学生在各级党政领导和内地人民的无微不至的关心下，在学校教职工的满腔热情培育下，在优越的环境中茁壮成长。学生们严格要求自己，勤奋学习，已经形成了良好的学习风气、和谐的师生关系。学生们一致表示决不辜负党和国家、各级政府、学校和老师的关怀，决不辜负新疆各族人民和家长的期望。

根据新疆发展需要，国家今后进一步扩大内地新疆高中班招生规模。年招生规模由2003年的1 540人扩大到5 000人，扩招3 460人，按每教学班40人计算，共扩招87个班；扩招后在校生总规模达到20 000人，500个班。

问：如何加强依法治教，做好民族教育立法工作？

答：新中国成立以来，特别是改革开放以来，在党和各级政府的关心、支持和帮助下，我国少数民族教育事业有了很大发展，取得了巨大成就。形成了从幼儿教育、基础教育、职业技术教育、成人教育和高等教育在内的民族教育体系，为少数民族人才的培养，提高少数民族人民群众的科学文化素质，促进少数民族地区经济发展和社会进步，作出了巨大贡献。但是，由于历史、自然条件、经济发展水平等多种原因，少数民族教育仍然发展滞后。为保障和加快少数民族教育的改革和发展，加快对民族教育的依法管理，教育部正组织人力加紧制定《少数民族教育条例》，力争在"十五"期间出台。

制定《少数民族教育条例》是少数民族教育改革与发展的客观需要和必然要求；是全面实现依法治国、依法行政对民族教育提出的根本要求；是加强我国民族教育法制建设、维护少数民族受教育者合法权益、推进民族团结进步事业、加快实施西部大开发战略、推进我国现代化建设进程的需要；是社会主义制度优越性的充分体现。所以，制定并尽早出台《少数民族教育条例》在我国民族教育发展史上具有里程碑意义。

（《中国民族教育》2004年第3期）

民办教育

〔**中国民办教育发展概况**〕中国是历史悠久的文明古国，私立教育源远流长。远在2400年前的春秋时期，孔子等就开始兴办私学。战国时期，形成了以儒、墨、道、法为代表的私学“百家争鸣”的局面。自此以后，私立学校在传承中华文明方面发挥了重要作用。改革开放以来，民办教育也进入了新的发展时期。

1982年11月26日，彭真委员长在第五届全国人民代表大会第五次会议上所作的《关于中华人民共和国宪法修改草案的报告》中提出“两条腿”办教育的方针。1985年5月中共中央发布《关于教育体制改革的决定》，指出“地方要鼓励和指导国家企业、社会团体和个人办学”。这个时期出现的民办教育多是非学历的文化补习性质的培训机构。

1992年以后，随着邓小平同志视察南方讲话的发表，中国加速了改革开放的进程。同年召开了中国共产党第十四次全国代表大会，大会报告指出“鼓励多渠道、多形式社会集资办学和民间办学，改变国家包办教育的做法”，1993年2月中共中央、国务院颁布的《中国教育改革和发展纲要》规定“改变政府包揽办学的格局，逐步建立以政府办学为主体、社会各界共同办学的体制”，“国家对社会团体和公民个人依法办学，采取积极鼓励、大力支持、正确引导、加强管理的方针”。民办教育推进到中、高等职业教育和职业培训领域。

1997年，国务院颁布《社会力量办学条例》，这是新中国第一个规范民办教育的行政法规，标志着中国民办教育进入了依法办学、依法管理、依法行政的新阶段。1997年中国共产党第十五次全国代表大会提出了“科教兴国”战略，政府加大了教育改革与发展的力度。1999年夏，召开了全国教育工作会议，会议提出要大力发展民办教育。会议决定，在我国第十个五年计划期间，要基本形成以政府办学为主体，公办学校与民办学校共同发展的教育格局。截至2002年底，中国各级各类民办学校已经发展到6.12万所，在校生总规模已达1115.97万人。其中，民办高等教育机构1202所，民办普通中学5362所，民办职业中学1085所，民办小学5122所，民办幼儿园4.84万所。经过短短20年的发展，中国目前民办学校不论在数量上还是在校生总量上都已远远超过了50年代的私立学校，而且表现出强劲的发展势头。

2002年底，《民办教育促进法》颁布，我国民办教育又进入了一个快速发展期。据2003年教育事业统计：全国共有各级各类民办学校（教育机构）共7万余所，在校生1 416万人。其中：民办幼儿园5.55万所，在园儿童480.23万人；民办普通小学5 676所，在校生274.93万人；民办普通初中3 651所，在校生256.57万人；民办职业初中53所，在校生2.28万人；民办普通高中2 679所，在校生141.37万人；民办中等职业学校1 377所，在校生79.31万人；经教育部或教育部授权省（自治区、直辖市）政府批准的具有颁发学历文凭资格的民办高校175所，在校生81万人；民办的其他高等教育机构1 104所，注册学生100.40万人。另外，有培训机构10 631个，393.81万人次参加了培训。

（教育部资料）

〔**中国民办教育立法进程**〕在民办教育迅速发展的同时，我国有关民办教育的立法工作也取得了重大成就。1982年,第五届全国人大第五次会议通过的《宪法》,明确规定“国家鼓励集体经济组织、国家企业事业组织和其他社会力量依照法律规定举办各种教育事业”。1987年,教育部颁布了《关于社会力量办学的若干暂行规定》,使中国的民办教育走上了有法可依的法制轨道。1997年,国务院颁布了《社会力量办学条例》,这是一部规范民办教育的重要行政法规。

1998年,九届全国人大将民办教育的立法工作列入了本届人大的立法规划,1999年全国人大教科文卫委员会会同政府有关部门组成了民办教育立法领导小组,开始了起草工作。经过近四年的调研、论证,2002年6月《民办教育促进法(草案)》正式提交九届全国人大常委会第28次会议审议。2002年12月28日,第九届全国人民代表大会常务委员会第31次会议审议通过了《中华人民共和国民办教育促进法》,于2003年9月1日起施行。

为贯彻实施《民办教育促进法》,推进民办教育的健康发展,规范民办学校办学行为,按照国务院领导同志批示精神,教育部于2002年下半年开始了《民办教育促进法实施条例(草案)》的起草工作。在起草过程中,教育部进行了专门调研,多次召开座谈会、论证会,征求了各省、自治区、直辖市教育行政部门、有关专家和民办学校的意见。教育部严格按照《民办教育促进法》的原则和精神起草实施条例草案,在大力促进的同时加强规范,并广泛听取了专家学者、社会各界的合理意见和建议。注意考虑全国各地不同情况,适当给地方一定的立法空间。在广泛听取意见的基础上,形成了实施条例(送审稿)报送国务院。经过国务院法制办的认真修改和积极协调,2004年2月25日,国务院第41次常务会议审议通过了《民办教育促进法实施条例》。3月5日,温家宝总理签署发布了《民办教育促进法实施条例》。《民办教育促进法》的颁布,标志着中国民办教育的法律体系基本建立。

(教育部资料)

〔**学习宣传和贯彻实施《民办教育促进法》**〕为做好《民办教育促进法》的学习宣传和贯彻实施工作,2003年8月,中共中央宣传部、全国人大教科文卫委员会、教育部、劳动和社会保障部、司法部、国务院法制办公室六部委联合发出《关于学习宣传和贯彻实施〈中华人民共和国民办教育促进法〉的通知》(以下简称《通知》)。《通知》要求各省、自治区、直辖市及计划单列市和各有关部门要高度重视《民办教育促进法》的学习贯彻和实施工作,积极探索推动民办教育健康发展的新思路、新方法、新举措,同时要把学习宣传和贯彻实施《民办教育促进法》纳入“四五”普法工作,作为当前的一项重要任务抓紧抓好。《通知》还要求各地要加强领导,深入学习,加大宣传力度,积极营造促进民办教育进一步健康发展的社会氛围;要依法治教,加强民办教育领域的法制建设;要依法行政,狠抓落实,努力解决当前民办教育发展中的突出问题;要依法办学,坚持公益性原则,完善民办学校自主办学的运行机制。

为学习贯彻《民办教育促进法》,提高民办教育管理者依法管理、办学者依法办学的水平,促进民办教育事业的健康发展,教育部发展规划司和国家教育行政学院于2003年11月4日～10日联合举办了全国民办教育研讨班。研讨班以专题报告、专家辅导、大会交流、分组讨论等方式,着重就学习贯彻《民办教育促进法》的情况、对《民办教育促进法实施条例》(草案)的修改意见以及当前民办学校发展中的有关问题等进行了研讨。通过学习、研讨,与会代表既加深了对《民办教育促进法》的理解,又提高了对依法管理、依法办学的认识,增强了法制观念。

〔**独立学院发展情况**〕普通高等学校和社会力量合作举办独立学院,是我国高等教育改革与发展的重大举措,不仅对高等教育办学机制进行了大胆探索,而且在扩大高等教育资源和高校办学规模方面也起到了积极作用。据2003年上半年不完全统计,全国有25个省、自治区、直辖市举办了300余所独立学院,在校生达40万人。初步建成了占地约4 667公顷、校舍约876万平方米、教学仪器设备约12亿元、图书约2 000万册的高等教育资源。实践证明,独立学院有利于多渠道、多形式吸收社会资金,调动各方面办教育的积极性;有利于进一步增强高校的办学活力,更快更好地扩大本科层次的高等教育资源；有利于高等教育更好地适应经济和社会发展的需要，满足广大人民群众对高等教育的多样化需求。

但在独立学院的试办过程中也存在诸多不规范问题，为更好地促进独立学院持续、健康发展，2003年4月教育部印发了《关于规范并加强普通高校以新的机制和模式试办独立学院管理的若干意见》(以下简称《意见》)，《意见》明确指出，独立学院一律采用民办机制，应具有独立的法人资格和独立的校园以及基本办学设施，实施相对独立的教学组织和管理，独立进行招生，独立颁发学历证书，独立进行财务核算等。同年6月，教育部召开了"普通高校以新的机制和模式试办独立学院网络视频工作会议"，教育部党组书记、部长周济出席并讲话，提出了"积极发展，规范管理，改革创新"的指导思想，并对贯彻《意见》提出了具体要求。视频会议之后，各地对规范并加强独立学院管理给予了高度重视。根据本地区实际情况采取措施，规范并加强独立学院管理，努力促进独立学院健康发展。

2003年8月，教育部发出《教育部关于对各地批准试办的独立学院进行检查清理和重新报批工作的通知》，要求各省级教育行政部门按照《意见》的要求，对省级人民政府或省级教育行政部门批准试办的独立学院进行检查清理和重新报批。对不符合《意见》要求的，坚决停办，并认真、负责地处理好善后事宜；对暂不符合《意见》要求的，提出限期整改的明确意见和具体措施，使其尽快达到标准；对符合《意见》要求的独立学院，由省级教育行政部门报教育部确认。至2004年3月底，独立学院的清理检查和重新确认工作已基本完成。全国经教育部重新确认和审批的独立学院共有232所。

撰稿　金平一　唐　宇
审稿　牟阳春

全国民办普通高校名单

(截至2004年3月21日)

(计187所)

序号	学校名称	主管部门	办学层次
1	北京城市学院	北京市教委	本科
2	北京科技经营管理学院	北京市教委	专科
3	北京经贸职业学院	北京市教委	专科
4	北京汇佳职业学院	北京市教委	专科
5	北京经济技术职业学院	北京市教委	专科
6	北京北大方正软件职业技术学院	北京市教委	专科
7	北京科技职业学院	北京市教委	专科
8	北京吉利大学	北京市教委	专科
9	民办天狮职业技术学院	天津市教委	专科
10	石家庄影视艺术职业学院	河北省教育厅	专科
11	石家庄华安职业学院	河北省教育厅	专科
12	石家庄东方美术职业学院	河北省教育厅	专科
13	石家庄联合技术职业学院	河北省教育厅	专科
14	保定虎振职业技术学院	河北省教育厅	专科

续表

序号	学校名称	主管部门	办学层次
15	河北京都高尔夫职业学院	河北省教育厅	专科
16	石家庄工商职业学院	河北省教育厅	专科
17	石家庄外语翻译职业学院	河北省教育厅	专科
18	石家庄法商职业学院	河北省教育厅	专科
19	石家庄外经贸职业学院	河北省教育厅	专科
20	邯郸中原外国语职业学院	河北省教育厅	专科
21	石家庄计算机职业学院	河北省教育厅	专科
22	山西信息职业技术学院	山西省教育厅	专科
23	山西兴华职业学院	山西省教育厅	专科
24	民办内蒙古丰州学院	内蒙古教育厅	专科
25	辽宁对外经贸职业学院	辽宁省教育厅	专科
26	大连商务职业学院	辽宁省教育厅	专科
27	辽宁广告职业学院	辽宁省教育厅	专科
28	大连东软信息技术职业学院	辽宁省教育厅	专科
29	大连艺术职业学院	辽宁省教育厅	专科
30	吉林华桥外国语学院	吉林省教育厅	本科
31	吉林对外经贸职业学院	吉林省教育厅	专科
32	长春东方职业学院	吉林省教育厅	专科
33	黑龙江东方学院	黑龙江省教育厅	本科
34	齐齐哈尔职业学院	黑龙江省教育厅	专科
35	黑龙江北开职业技术学院	黑龙江省教育厅	专科
36	哈尔滨华夏计算机职业技术学院	黑龙江省教育厅	专科
37	上海杉达学院	上海市教委	本科
38	上海电影艺术职业学院	上海市教委	专科
39	上海东海职业技术学院	上海市教委	专科
40	上海新侨职业技术学院	上海市教委	专科
41	民办上海思博职业技术学院	上海市教委	专科
42	上海托普信息技术职业学院	上海市教委	专科
43	上海邦德职业技术学院	上海市教委	专科
44	民办上海民远职业技术学院	上海市教委	专科
45	民办上海东方文化职业学院	上海市教委	专科
46	民办上海欧华职业技术学院	上海市教委	专科
47	上海济光职业技术学院	上海市教委	专科
48	上海中侨职业技术学院	上海市教委	专科
49	上海工商外国语职业学院	上海市教委	专科

续表

序号	学校名称	主管部门	办学层次
50	上海建桥职业技术学院	上海市教委	专科
51	民办上海立达职业技术学院	上海市教委	专科
52	三江学院	江苏省教育厅	本科
53	民办明达职业技术学院	江苏省教育厅	专科
54	九州职业技术学院	江苏省教育厅	专科
55	紫琅职业技术学院	江苏省教育厅	专科
56	金肯职业技术学院	江苏省教育厅	专科
57	建东职业技术学院	江苏省教育厅	专科
58	硅湖职业技术学院	江苏省教育厅	专科
59	培尔职业技术学院	江苏省教育厅	专科
60	无锡南洋职业技术学院	江苏省教育厅	专科
61	钟山职业技术学院	江苏省教育厅	专科
62	苏州托普信息职业技术学院	江苏省教育厅	专科
63	应天职业技术学院	江苏省教育厅	专科
64	正德职业技术学院	江苏省教育厅	专科
65	炎黄职业技术学院	江苏省教育厅	专科
66	江南影视艺术职业学院	江苏省教育厅	专科
67	浙江树人学院	浙江省教育厅	本科
68	杭州万向职业技术学院	浙江省教育厅	专科
69	浙江广厦建设职业技术学院	浙江省教育厅	专科
70	浙江东方职业技术学院	浙江省教育厅	专科
71	宁波大红鹰职业技术学院	浙江省教育厅	专科
72	浙江育英职业技术学院	浙江省教育厅	专科
73	绍兴托普信息职业技术学院	浙江省教育厅	专科
74	民办安徽新华职业学院	安徽省教育厅	专科
75	民办三联职业技术学院	安徽省教育厅	专科
76	民办万博科技职业学院	安徽省教育厅	专科
77	阜阳科技职业学院	安徽省教育厅	专科
78	民办安徽文达信息技术职业学院	安徽省教育厅	专科
79	民办合肥经济技术职业学院	安徽省教育厅	专科
80	民办安徽外国语职业技术学院	安徽省教育厅	专科
81	民办安徽明星科技职业学院	安徽省教育厅	专科
82	仰恩大学	福建省教育厅	本科
83	福建华南女子职业学院	福建省教育厅	专科
84	泉州光电信息职业学院	福建省教育厅	专科

续表

序号	学校名称	主管部门	办学层次
85	厦门华夏职业学院	福建省教育厅	专科
86	福州英华职业学院	福建省教育厅	专科
87	泉州育青职业技术学院	福建省教育厅	专科
88	福州海峡职业技术学院	福建省教育厅	专科
89	福州黎明职业技术学院	福建省教育厅	专科
90	福州外语外贸职业技术学院	福建省教育厅	专科
91	福州科技职业技术学院	福建省教育厅	专科
92	泉州信息职业技术学院	福建省教育厅	专科
93	厦门华天涉外职业技术学院	福建省教育厅	专科
94	厦门演艺职业学院	福建省教育厅	专科
95	泉州中营职业学院	福建省教育厅	专科
96	泉州华光摄影艺术职业学院	福建省教育厅	专科
97	蓝天职业技术学院	江西省教育厅	专科
98	江西先锋软件职业技术学院	江西省教育厅	专科
99	江西渝州科技职业学院	江西省教育厅	专科
100	江西航天科技职业学院	江西省教育厅	专科
101	江西新亚职业技术学院	江西省教育厅	专科
102	江西科技职业学院	江西省教育厅	专科
103	江西大宇职业技术学院	江西省教育厅	专科
104	江西服装职业技术学院	江西省教育厅	专科
105	江西赣江职业技术学院	江西省教育厅	专科
106	民办山东万杰医学高等专科学校	山东省教育厅	专科
107	曲阜远东职业技术学院	山东省教育厅	专科
108	山东南山职业技术学院	山东省教育厅	专科
109	民办青岛滨海职业学院	山东省教育厅	专科
110	潍坊科技职业学院	山东省教育厅	专科
111	青岛黄海职业学院	山东省教育厅	专科
112	青岛飞洋职业技术学院	山东省教育厅	专科
113	山东大王职业学院	山东省教育厅	专科
114	山东英才职业技术学院	山东省教育厅	专科
115	山东现代职业学院	山东省教育厅	专科
116	青岛求实职业技术学院	山东省教育厅	专科
117	德州科技职业学院	山东省教育厅	专科
118	青岛恒星职业技术学院	山东省教育厅	专科
119	淄博科技职业学院	山东省教育厅	专科

续表

序号	学校名称	主管部门	办学层次
120	山东力明科技职业学院	山东省教育厅	专科
121	山东圣翰财贸职业学院	山东省教育厅	专科
122	黄河科技学院	河南省教育厅	本科
123	郑州澍青医学高等专科学校	河南省教育厅	专科
124	民办中原职业技术学院	河南省教育厅	专科
125	郑州科技职业学院	河南省教育厅	专科
126	郑州交通职业学院	河南省教育厅	专科
127	郑州华信职业技术学院	河南省教育厅	专科
128	商丘科技职业学院	河南省教育厅	专科
129	郑州经贸职业学院	河南省教育厅	专科
130	长江职业学院	湖北省教育厅	专科
131	武汉生物工程职业技术学院	湖北省教育厅	专科
132	武汉时代职业学院	湖北省教育厅	专科
133	武汉光华信息技术职业学院	湖北省教育厅	专科
134	湖北开放职业学院	湖北省教育厅	专科
135	武汉信息传播职业技术学院	湖北省教育厅	专科
136	武汉科技职业学院	湖北省教育厅	专科
137	武汉外语外事职业学院	湖北省教育厅	专科
138	武汉商贸职业学院	湖北省教育厅	专科
139	湘南医学高等专科学校	湖南省教育厅	专科
140	湖南涉外经济职业学院	湖南省教育厅	专科
141	长沙社会安全职业技术学院	湖南省教育厅	专科
142	娄底潇湘职业学院	湖南省教育厅	专科
143	长沙南方职业学院	湖南省教育厅	专科
144	民办培正商学院	广东省教育厅	专科
145	私立华联学院	广东省教育厅	专科
146	民办南华工商学院	广东省教育厅	专科
147	广东新安职业技术学院	广东省教育厅	专科
148	潮汕职业技术学院	广东省教育厅	专科
149	广东白云职业技术学院	广东省教育厅	专科
150	广东建华职业学院	广东省教育厅	专科
151	广东亚视演艺职业学院	广东省教育厅	专科
152	广东岭南职业技术学院	广东省教育厅	专科
153	南海东软信息技术职业学院	广东省教育厅	专科
154	珠海艺术职业学院	广东省教育厅	专科

续表

序号	学校名称	主管部门	办学层次
155	广州康大职业技术学院	广东省教育厅	专科
156	邕江大学	广西教育厅	专科
157	北海艺术设计职业学院	广西自治区教育厅	专科
158	桂林山水职业学院	广西自治区教育厅	专科
159	北海宏源足球职业学院	广西自治区教育厅	专科
160	三亚卓达旅游职业学院	海南省教育厅	专科
161	重庆海联职业技术学院	重庆市教委	专科
162	重庆信息技术职业学院	重庆市教委	专科
163	重庆光彩职业技术学院	重庆市教委	专科
164	重庆正大软件职业技术学院	重庆市教委	专科
165	重庆巴渝职业技术学院	重庆市教委	专科
166	民办四川天一学院	四川省教育厅	专科
167	四川托普信息技术职业学院	四川省教育厅	专科
168	成都艺术职业学院	四川省教育厅	专科
169	成都东软信息技术职业学院	四川省教育厅	专科
170	四川国际标榜职业学院	四川省教育厅	专科
171	贵州鸿源管理工程职业学院	贵州省教育厅	专科
172	昆明艺术职业学院	云南省教育厅	专科
173	云南科技信息职业技术学院	云南省教育厅	专科
174	西安培华学院	陕西省教育厅	本科
175	西安外事职业学院	陕西省教育厅	专科
176	西安欧亚职业学院	陕西省教育厅	专科
177	西京职业学院	陕西省教育厅	专科
178	西安翻译职业学院	陕西省教育厅	专科
179	陕西电子信息职业技术学院	陕西省教育厅	专科
180	陕西国际商贸职业学院	陕西省教育厅	专科
181	陕西服装艺术职业学院	陕西省教育厅	专科
182	西安思源职业学院	陕西省教育厅	专科
183	西安高新科技职业学院	陕西省教育厅	专科
184	西安三资职业学院	陕西省教育厅	专科
185	西安科技商贸职业学院	陕西省教育厅	专科
186	兰州外语职业学院	甘肃省教育厅	专科
187	宁夏石嘴山职业技术学院	宁夏教育厅	专科

热点关注

独立学院:高等教育新一轮发展的历史性选择

为了适应我国高等教育快速发展的需求,1999年全国第三次教育工作会议召开之后,一些地方利用普通高校的教育教学资源吸引社会资金,进行了试办独立学院的大胆探索,拓展了我国民办教育发展的新空间。经过几年的实践,已涌现出一批办学质量高、深受社会各界欢迎的独立学院,它们在扩大高等教育规模、提高本科高等教育资源供给等方面起到了积极作用。从我国的国情和高等教育发展的形势需求看,在今后相当长的一段时间内,进一步促进独立学院的快速、规范化发展,是适应我国高等教育需求变化、有效推动高等教育多途径健康发展的战略选择。

1. 历史性召唤:国家战略要求高等教育实现新的发展

我国高等教育发展的国内外环境正在发生一系列深刻的历史性变化,加快适应新的形势、满足新的需求、谋求新的发展,既是高等教育贡献社会、服务国家的崇高职责,又是高等教育自身得以存续和健康发展的根本性选择。

2003年发布的《中国教育与人力资源问题报告》深刻指出,在经济全球化和科技发展逐步加快的国际环境中,世界各国竞相制定人才开发战略,大力发展高等教育、努力提升人力资本水平,已成为世界各国增强核心竞争力及实现国家发展的重大战略。为适应人才国际化竞争与流动的变化需求,党和政府正在充分利用新世纪头20年的历史性重要发展机遇,努力贯彻"科技是第一生产力"、"人才是第一资源"的思想,积极实施人才强国战略。最近召开的首次全国人才工作会议以及《中共中央国务院关于进一步加强人才工作的决定》提出,要建设规模宏大、结构合理、素质较高人才队伍,这无疑将给高等教育新一轮发展带来新的机遇和强大动力。

我国正处于全面建设小康社会的历史性阶段。在实现现代化建设第三步发展目标的进程中,我国依然面临环境治理、资源短缺、城市化发展、产业结构提升等方面的巨大压力与严峻挑战。进一步解放和发展生产力,化解发展中的问题与矛盾,保证实现我国社会经济的各项发展目标,要求高等教育持续、协调、快速、健康发展,要求优化各类资源的布局与分配,在全面推进大众化发展过程中,进一步提升人才培养的层次与质量,造就数以千万计的专门人才和一大批拔尖创新人才,以增强我国的人才资源建设能力、提升科技创新和国家发展的现代化水平。

伴随体制转轨和改革开放的进一步深化,我国的所有制构成正在发生重大变化。民营资本积累速度逐步加快,股份制等多种所有制形式的公司以其旺盛的机制活力和强劲的创新能力,正迅速成长为重要的经济增长点。与之相伴,我国企事业单位、社会团体的用人观念、评价标准也正发生着历史性的变革。面对社会经济快速发展的变化与要求,高等教育必须在发展中积极应对,适应和满足社会经济及人民群众新的需求,努力探索新的办学模式、机制,开辟新的资金来源途径,以不断提高高等教育的整体办学层次、办学质量及办学水平,使我国高等教育在服务国家、贡献社会以及满足人民群众多元化教育需求的同时,实现自身新的发展。

经过50年、尤其是最近20年来的改革与探索,中国高等教育发展取得了举世瞩目的成就,连续几年的高校扩招,使我国高等教育规模实现了历史性的跨越。然而,从国际比较的视野看,我国人力资源和高等教育发展整体上依然还处于较低的水平。2000年,我国25～64岁劳动人口中具有大学文化程度的比例仅为5%;2001年,每10万人口中大学在校生人数仅为594人。与美国、日本、韩国相比,我国的这两项指标分别仅相当于这些国家的1/10～1/5。事实表明，我国高等教育发展整体水平依然较低，既不能满足国家提高综合实力与国际竞争力对高层次人力资源的迫切要求，也不适应全面建设小康社会和基本实现国家现代化的需要。

从老百姓希望子女接受高层次、高质量教育需求与我国现有高等教育发展水平的反差看，本科高等教育供给不足的矛盾十分明显。2002年全国高等学校本科招生220万人，但占当年全部招生人数的比例仅为40%，比1999年下降了1.2个百分点。显然，本科招生比例的下降与老百姓日益增长的需求形成了强烈反差，本科教育供需矛盾突出。

2. 多元模式:高等教育新发展的必由之路

我国高等教育发展进入到一个历史性的转折与发展的新阶段。受高校扩招、适龄人口变化、独生子女时代、高等教育大众化带来的入学门槛降低以及毕业生就业压力增加等一系列因素的影响，全国范围内高中阶段教育、尤其是普通高中规模扩展逐步加快，广大人民群众接受高层次及优质高等教育的期望值迅速提高，对高等教育发展提出了新的要求。未来20年尤其是未来10年，我国高等教育发展的任务十分艰巨，高层次高等教育供求矛盾依然突出。然而，2002年全国高校本专科的招生数达到543万人，高校在校生总规模已突破1 600万人。随着高中阶段毕业生数的逐年增长，今后若干年内，即使继续保持现有65%～70%的高考录取率，全国高校在校生规模每年平均也将需要递增100万人以上，其中本科在校生规模每年要递增50万人左右，这就要求在发展大众化本科教育方面探索新的路径和模式。

我国普通高等教育发展已达到历史上的最大规模，本专科招生2002年比1999年扩招前净增加近860多万人。如此大规模的扩招，已使全国各地均出现了万人规模的大学。大部分公办大学的潜力已经充分发挥，容量已接近饱和，部分高校甚至早已处于超负荷运转状态。根据《中国教育与人力资源问题报告》预测，2020年中国高等教育发展将达到3 300万人的总规模，即在现有1 600万人的基础上再增加1 700万人。假设本科招生保持现在40%的比例不变，届时本科生总量将比目前净增加680万人，即需要在现有本科高校的基础上，再增加680所万人本科大学，才能满足高等教育发展的实际需求。

我国民办高等教育本来具有投资主体多元、办学机制灵活、社会需求适应性强等突出优点，但受环境、投资、观念以及师资、学科建设、教学管理、招生与就业网络建设等方面的制约，虽经过长时间的努力，但部分民办高校的办学质量和办学品牌客观上依然难以获得社会的普遍接受。这种状况既影响了社会力量及其资金对民办教育的投入，也制约了民办高等教育的进一步快速发展。

我国是人口大国，“穷国办大教育”的现实使我国政府承受着沉重的教育财政负担。1999年扩招以来，中央和地方政府采取了切实有效措施，逐年加大对高等教育发展的经费投入力度，但受国民经济发展总体水平和财政投入实力的制约，高等教育财政拨款增长缓慢，很多地方生均拨款逐年下滑，对办学条件、办学质量的改善与提高产生一定的负面影响。另外，我国高等教育政府拨款占政府教育拨款的比重已达到1/4左右，远高于日本、韩国，也超出美国等世界发达国家的高等教育拨款比例。目前，作为政府主要责任的义务教育普及任务依然严峻，国家财政拨款不可能通过挤压义务教育投入来继续提高高等教育的投资比例。我国高等教育发展必须借鉴和接受国外的成功经验与教训，参照企业的多元所有制形式，建立和完善以政府为主、多渠道筹措经费的高等教育投入和办学成本分担机制，积极鼓励和探索社会团体、企事业和个人投入高校办学的新途径，为高等教育发展提供全社会的财力支撑。

从世界高等教育发展的进程看，过分依赖公办高校、过分强调政府拨款的办学与经费投资体制，难以保障高校办学质量和水平的进一步提高，尤其是进入到大众化教育阶段，单纯依赖政府所提供的高等教育，根本不能解决不断激化的高等教育供需矛盾。民办高等教育、尤其是高层次高水平的高校应该成为大众化高等教育的重要组成部分。即使是世界最富有、福利化程度最高的国家，也不能够提供满足不同人群多样化、个性化需求的高等教育服务。美国、日本、韩国等已建立起政府、社会、家庭共同分担办学成本的多层次、公私立共存的高等教育体系，欧洲国家也正在进行类似的改革与探索。我国高等教育已进入到大众化发展阶段，精英教育阶段固有的一些理念、模式、途径等显然需要相应的创新与发展。尽快探索和采用更加开放、更加灵活的多种办学模式与发展途径，已成为我国高等教育适应新形势、满足新要求的重要选择，已成为我国高等教育继续扩大办学规模、积极提高办学层次与办学质量的迫切要求和必由之路。

从我国国情、高等教育资源现状以及人民群众的高等教育需求增长趋势看，走高等教育多样化发展道路，给我们提出了以下新的要求。

——继续增加各级政府的高等教育投入，进一步稳步推进公办普通高校持续发展，注重提高普通高等教育质量；

——大力推进体制创新，贴近社会经济发展的就业需求，稳步发展面向就业的高职教育，努力缓解全国就业形势日趋严峻情况下的高校毕业生就业新矛盾；

——进一步提高中外合作办学的层次，加快引进国外优质高等教育资源，促进高等教育实现跨越式发展；

——积极利用现代技术手段推进远程教育发展，有效扩展远程高等教育覆盖范围，努力提高优质高等教育的资源利用效率；

——继续大力推进民办高等教育发展，鼓励与推动社会、企业及个人共同投入高等教育，努力满足高等教育大众化发展的新需求；

——积极试办独立学院，充分发挥不同高校的办学特色，形成民办、公办高校相互竞争的新机制。

惟其如此，才能通过不断的探索与创新，尽快形成适应我国国情、多种办学模式并举、公办教育和民办教育共存、充满生机与活力的高等教育发展新格局。

3. 独立学院：扩充本科优质教育资源的战略选择

在适合我国积极采用的多种高等教育办学模式与途径中，试办独立学院是一种具有中国特色、富有发展活力、能够较好地适应我国高等教育现阶段发展特点的高等教育创新模式。近年来的实践证明，在我国当前的国情下，试办独立学院是高校办学机制创新与模式改革上的一项重大突破。独立学院的进一步发展既可快速改善高层次、优质普通高等教育资源的有效供给状况，又能够促进优质高等教育资源的迅速扩大，从高等教育办学规模、层次、质量和投入诸方面发挥独特的重要作用，并成为当前和今后一段时期推进我国高等教育健康发展的一个重要方面。

试办独立学院可以使公办普通高校的办学资源优势、教学传统、师资队伍、管理效率与社会资本互相结合，这种结合为这一新型高等教育机构采用民办机制、实现高起点快速发展，提供了强有力的支撑与保障，从而在一定程度上大大缓解高层次高等教育的供需矛盾。目前，全国有独立学院 200 多所，以其“独立的法人资格、独立的校园校舍、独立的教学和财务管理、独立招生和颁发文凭”，在采用民办机制面向社会实际需求灵活办学方面，已形成了明显的办学特色，积累了宝贵的经验，受到了社会和家长的普遍欢迎。

试办独立学院开辟了依托公办普通高校的智力资源和办学品牌、大量吸纳社会资本、有效增加办学投入以及在体制外迅速集聚办学资源的一个新途径。我国的现有公办高校、尤其是一些研究型大学，多数拥有好的社会声誉和办学水平，但与规模发展相比，经费增长缓慢，财力状况捉襟见肘，使进一步扩展规模受到制掣。而利用公办普通高校的智力资源试办独立学院，则能够调动社会各方面办教育的积极性，多渠道、多形式地吸引社会资金投入，在不增加和占用国家教育拨款的情况下，更快更好地扩大本科层次高等教育可利用资源。据 2003 年上半年的统计，全国独立学院的占地已达约 7 万亩、校舍面积约 876 万平方米、教学仪器设备约 12 亿元、图书约 2000 万册。

试办独立学院有利于放大公办普通高校长期积淀的智力资源优势，能够通过嫁接、辐射于民办高校，在高等教育规模迅速扩展中发挥重要的质量监控、保证作用。我国一大批公办普通高校有好的教学传统和教学资源，也有好的管理模式，而且教师队伍优良、确有余力。独立学院在孵化阶段能够分享公办普通高校的教育教学、管理资源和校园文化，这对于独立学院建立规范的教育教学体系、保障人才培养质量，能够产生重要的监督、保证作用。

试办独立学院将为高等教育发展和高校办学注入新的竞争与活力。独立学院凭借灵活自主的办学机制、民营化的办学模式和丰富的生源基础，既能够克服公办普通高校存在的一些弊端，又可以避免一般民办高校客观存在的资源配置层次低、缺乏学科发展基础的不足，在办学机制、管理和资源等方面具有一定的办学优势。这一优势无疑将对长期困扰高等教育健康发展的体制、机制及旧的思维模式等产生巨大的冲击。独立学院的严格管理、专业设置及人才培养的就业适应性强等办学特色，将给公办普通高校的社会适应性及人才培养模式创新带来新的促进，在学科建设、办学条件改善和办学质量提高诸方面，为民办高等教育的进一步发展与提高带来新的推动。

世界其他国家依托公办大学、联合拥有投资能力的社会机构合作举办的独立学院，在其各自国家的高等教育发展中发挥了积极作用。例如，印度仅有300余所公立大学，却附设了数千所私立性质的独立学院，对于实现800多万人的高等教育总规模与快速推进高等教育大众化进程，起到了决定性的作用。印度的这些独立学院多由私营机构筹资建设，由公立大学提供教学计划、兼课教师、教材和教学管理，对教学质量负责监管。另外，英联邦其他国家以及英国伦敦大学、土耳其安卡拉大学下属的学院，也都采用了这种办学模式。另外，我国在20世纪50年代和80年代初期的两次高等教育结构、布局调整中，利用老大学资源进行过孵化分校和新校的实践，所积累的经验、教训可为独立学院的进一步健康发展提供有益的借鉴与启迪。

4. 严格规范：独立学院健康发展的基本保证

独立学院是一种新型办学模式。几年来全国各地的实践证明，在我国高等教育应对新的发展变化新的需求所选择的多种路径中，试办独立学院正逐步成为民办高校扩大本科办学规模、提升大众化教育水平和适应中国国情的重要途径。

试办独立学院毕竟还只是处于探索、发展中的一种新型办学模式，受社会大环境的种种因素制约、相关法规建设滞后以及自身因素的影响，在其发展初期不可避免地还存在一些困难、问题及矛盾，这就需要我们充分认识，不断探索并完善。

教育部高度关注独立学院试办中出现的某些问题，提出了在试办中进一步规范、在规范中进一步发展的基本原则，并于2003年4月发布了《关于规范并加强普通高等学校以新的机制和模式试办独立学院管理的若干意见》(以下简称8号文)，并召开了相关工作会议，布置和推动独立学院的试办工作。2003年8月教育部下发了《关于对各地批准试办的独立学院进行检查清理和重新报批工作的通知》(以下简称247号文)。从2003年下半年开始，各地按8号文和247号文的规定和要求，对原经地方批准试办的独立学院(民办二级学院)进行检查清理并重新报批确认。对“校中校”、以二级学院名义“双轨收费”、产权不明晰、民办机制不健全、不独立发文凭等办学失范行为，进行了整顿，使独立学院的办学逐步朝着“优”、“独”、“民”的健康方向发展。

纵观全国试办独立学院中表现出的主要问题，我们认为以下诸方面需要进行严格管理和进一步的规范。

——规范审批程序，严格设置标准。试办独立学院需要坚持实现高标准、高起点、严要求的原则，严格审核独立学院的办学条件、办学资金。对由企业投资新建校园、未达到国家有关本科院校设置基本标准的独立学院，应由企业增加投入，限期达到标准。

——严格审查申请者的办学资格。要严格核查公办普通高校作为独立学院申请者的办学资格，申办的学校一般应是办学历史较久，办学经验丰富，具有硕士及以上授予权，且教育教学管理水平较高，师资(含退休教师)确有余力，在独立学院办学初期，有能力调集师资和管理人员，为其承担相当比例的教学、管理工作量；具有较充裕的教学仪器设备和图书、期刊，在独立学院试办初期能够共享部分教育教学资源等。

——严格审查合作者的出资状况与经济能力。要严格核查作为独立学院合作者的企业、社会团体或个人的资信、资产、资金收入和后续资金投入能力等方面情况。除负责办学所需各项条件和设施外，不能提供必要投资或长期依靠银行贷款实现投入的企业、社会团体或个人，不具备作为独立学院合作者的资格。

——明晰产权，确立董事会(理事会)制度。明确界定独立学院的申办者、合作者和学院法人之间的责权利关系和法律责任，为独立学院的发展奠定坚实的体制基础。建立与落实董事会(理事会)领导下的校长负责制。

——保障独立学院的办学条件和办学质量。独立学院是民办机制的办学实体，必须面向社会需求不断提高办学水平和社会影响，即在办学理念、人才培养规格、专业设置、教师队伍建设、办学条件改善等方面形成自身特色，在不断提高社会服务能力和水平的同时，逐步实现自身的更高层次发展。但在试办独立学院期间，公办普通高校对独立学院的质量监控负有保证和落实的责任和义务。

——实现对独立学院的监督和管理。政府要定期对独立学院进行年检和评估，要委托有关机构对独立学院的财产、财务进行定期审核审计，确保国有资产和教育资源不流失。

——进一步完善独立学院发展的相关法规、政策。在“积极支持、规范管理”独立学院的前提下，鼓励独立学院与现有的民办高校互相促进、共同发展。按照《高等教育法》和《民办教育促进法》的有关规定，各级政府应鼓励办学历史较长、办学水平较高的一些民办高校，进一步改善办学条件，加强教师队伍和学科建设，根据社会需要，在条件具备时，可以申请升格为本科高等教育机构。并使这两类民办高校在招生、面向社会需求自主办学、筹资、指导毕业生就业等方面，能够在同一平台上进行公平竞争、共同发展。

(《中国教育报》2004年4月2日　阳春)

学校体育、卫生、艺术与国防教育

〔**开展“全国学生体质健康标准推广活动”**〕 为推动《学生体质健康标准》的贯彻落实，促进广大青少年学生身心健康发展，教育部、国家体育总局、共青团中央于2003年6月共同组织开展了“全国学生体质健康标准推广活动”（以下简称推广活动）。推广活动以推动《学生体质健康标准》的全面实施为核心，以组织形式多样的竞赛、评选等活动为手段，为学生进行体育锻炼创造良好的氛围，全面提高学生体质健康水平。

推广活动主要由以下三个部分组成。

第一部分是全国“健康少年”和“健康青年”评选和竞赛活动。活动采取评选和竞赛的方式进行，每年举办一次。“健康少年”分为中小学校、县、地、省、全国五个级别，分别用一至五个星代表；“健康青年”分高等学校、省和国家三个级别。“全国青少年体质健康大赛”是该活动中最高荣誉级别的活动形式，每年举办一届，以省为单位参加，分别设置小学、初中、高中、大学男女生组别，比赛的第一名将被授予“全国健康少年形象大使”和“全国健康青年形象大使”称号。

第二部分是学生体质健康达标单位评选活动。从2004年开始，在全国以地、县、学校为单位，开展学生体质健康达标单位评选活动。通过评选，对认真贯彻落实《学生体质健康标准》、学生体质健康达标率优良、学生体质状况提高幅度较大的单位，授予“学生体质健康达标示范市（区、县、校）”称号。

第三部分是“健康大使”的招募活动。组委会将向社会公开招募“健康大使”，充分发挥社会各界人士在促进学生体质健康方面的影响和作用，逐步形成全社会关心青少年健康的良好氛围。

〔**印发《全国普通高等学校体育教育本科专业课程方案》**〕 为进一步深化高校体育教育专业的改革，提高教育、教学质量，培养适应素质教育需要的体育教育人才，2003年6月，教育部组织课题组，对国内外普通高校体育本科专业教育、教学情况，进行了调查研究和分析论证，在此基础上，印发了《全国普通高等学校体育教育本科专业课程方案》。该方案对普通高等学校体育教育本科专业的培养目标、培养规格、专业课程领域（种类）及课时分配提出了原则性意见，规定体育教育本科专业各类课程课内总学时为2600～2800学时，其中公共课约720学时，专业课程按1900～2100学时、100～110学分安排。该方案从2004年新学年开始在全国普通高等学校体育教育本科专业中施行。

〔**制定《普通高等学校公共体育教师在职攻读硕士学位培养方案的指导意见》**〕 为加强高等学校公共体育教师队伍建设，根据教育部、国务院学位委员会印发的《关于开展高等学校教师在职攻读硕士学位工作的通知》精神，教育部体育卫生与艺术教育司制定了《普通高等学校公共体育教师在职攻读硕士学位培养方案的指导意见》，对体育教师攻读硕士学位的培养目标和要求、招生条件、入学考试要求、学习年限、教学方式、课程设置、学位授予等方面作了明确规定，确定北京师范大学、北京体育大学、华东师范大学、南京师范大学、苏州大学、福建师范大学、华南师范大学为体育教师硕士学位培养单位。

〔**开展国家级体育传统项目学校评定工作**〕 为加强体育传统项目学校的建设和管理，促进体育传统项目学校的健康发展，国家体育总局和教育部决定从2003年起，开展国家级体育传统项目学校评定工作。2003年4月，两部门共同印发了国家级体育传统项目学校评定办法和标准。根据各地推荐、上报的材料，经国家体育总局和教育部组织评审、核查，2003年11月，国家体育总局、教育部作出决定，命名北京市第八十中学等100所学校为国家级体育传统项目学校，并予以表彰。今后，国家体育总局、教育部将每四年评选命名一次国家级体育传统项目学校。

撰稿 卢 逊
审稿 杨贵仁

附

100所国家级体育传统项目学校名单

北京市

第八十中学
顺义区第一中学
中国人民大学附属中学
第二十二中学
北京师范大学附属实验中学

天津市

第四十三中学
塘沽区第二中学
第五十四中学
河西区南楼中学
河西区土城小学

河北省

保定市第二中学
沧州市第一中学
邢台市第一中学
唐山市第十六中学
河北辛集中学

山西省

太原三中
榆次市晋华中学

内蒙古自治区

呼和浩特市第二中学
包头市第一中学

辽宁省

沈阳市铁路实验中学
大连市第五十七中学
抚顺市教师进修学院附属小学校
丹东市第五中学
朝阳市第一中学

吉林省

东北师范大学附属中学
实验中学
长春市实验中学
吉林市五中

黑龙江省

鹤岗市师范附小
齐齐哈尔市和平街小学
哈尔滨市继红小学
哈尔滨市清滨小学

上海市

敬业中学
市北中学
复兴高级中学
曹杨第二中学
育才中学

江苏省

南京市九中
南京市三中
南通中学
镇江市八叉巷小学

浙江省

临海市回浦中学
嘉兴市实验小学

安徽省

合肥市南门小学
芜湖市一中
安庆市石化二小

福建省

福州市台江第五中心小学

莆田市第一中学
泉州市第七中学

江西省

新余钢铁有限责任公司第一小学
江西师范大学附属中学
南康中学

山东省

实验中学
淄博市第十中学
临沂市第一中学
博兴县实验小学
青岛市第二中学

河南省

实验中学
郑州市金水区优胜路小学
洛阳轴承集团有限公司第二小学
焦作市山阳区龙源湖学校

湖北省

武汉市硚口区崇仁路小学
黄石市第二中学
荆州沙市北京路第二小学
宜昌市伍家岗区实验小学

湖南省

郴州市第五中学
张家界市第一中学
长沙市雅礼中学
岳阳县第一中学

广东省

华南师范大学附属中学
中山市纪念中学
梅州市师范附属小学
东莞市横沥镇中心小学
广州市第五中学

广西壮族自治区

南宁市一中
梧州市一中
北海中学

海南省

文昌中学

重庆市

重庆市第一中学
重庆市七中

四川省

双流县中学
南充市高级中学
自贡市蜀光中学
乐山市第一中学

贵州省

贵阳市南明区都市路小学
贵阳市第二实验小学

云南省

昆明市第三中学
楚雄州第一中学
红河州元阳县第一中学

西藏自治区

拉萨市第三中学

陕西省

西北工业大学附属中学
西安市第八十九中学

甘肃省

兰州三十三中学
张掖中学

青海省

青海师范大学附属中学
大通二中

宁夏回族自治区

宁夏大学附中
石嘴山市第一中学

新疆维吾尔自治区

巴州和静县第一中学
伊宁市第二中学

〔**学校卫生防疫与食品卫生安全管理**〕 2003年，教育部在认真总结“非典”防控经验的基础上，采取切实措施，加大了学校卫生防疫与食品卫生安全管理的力度。

2003年6月5日，教育部召开全国教育系统卫生防疫和健康安全网络视频会议。教育部部长周济、副部长赵沁平，卫生部副部长马晓伟出席会议并讲话。会议总结了前一阶段全国教育系统“非典”防治工作，通报了近一个时期以来甲肝、肺结核、副伤寒、痢疾等传染病在学校流行情况和学生集体食物中毒发生情况，对造成学校传染病流行与食物中毒事件发生的主要原因进行了分析。会议要求，将抗击“非典”所取得的成功经验和做法用于学校卫生防疫和健康安全。要建立学校卫生防疫和健康安全的长效机制，“一把手”对学校卫生防疫和健康安全工作要亲自抓、负总责；各级教育行政部门要逐级、逐校签订学校卫生防疫与食品卫生安全工作的责任书；要建立健全传染病疫情和食品卫生安全事件报告制度及学校卫生防疫与食品卫生安全工作责任追究制度；要加大投入，不断改善学校特别是农村学校的卫生设施和条件，以消除事故隐患。北京市教委，广东、四川、河北省教育厅，北京科技大学负责人分别在会上介绍了各自开展学校“非典”防控及其他传染病、学生集体食物中毒预防与控制工作的情况。

2003 年 7 月 2 日，国务院办公厅转发了《教育部、卫生部关于加强学校卫生防疫与食品卫生安全工作意见的通知》（以下简称《意见》）。《意见》对加强学校卫生防疫与食品卫生安全工作提出了明确要求：（1）地方各级政府主要领导和分管教育、卫生工作的领导要切实负起领导责任，协调解决有关重大问题。各级教育行政部门和学校要成立由“一把手”负总责的学校卫生防疫与食品卫生安全工作领导小组，全面负责学校卫生防疫与食品卫生安全工作。（2）各级教育、卫生行政部门要逐级签订学校卫生防疫与食品卫生安全工作责任状，教育行政部门要与学校签订卫生防疫与食品卫生安全工作责任状。各级教育、卫生行政部门和学校要共同研究制订学校传染病流行、群体性食物中毒等突发事件的应急处理工作预案。要将学校卫生防疫与食品卫生安全应急处理工作纳入突发公共卫生事件应急处理体系之中。（3）要将公共卫生和食品卫生安全教育贯穿在日常教育之中，安排必要的课时进行相应的健康教育，使防病防疫知识深入人心。要严格学校特别是寄宿制学校的卫生防疫与食品卫生安全管理。要建立学生定期健康体检制度。学校发生食物中毒或者疑似食物中毒以及传染病流行事件，学校和有关部门要按照《中华人民共和国传染病防治法》和《突发公共卫生事件应急条例》的规定，立即上报。（4）各级教育督导部门要将学校卫生防疫与食品卫生安全的有关职责落实情况纳入对中小学的综合评估体系之中。省级卫生、教育行政部门每年至少安排一至两次专项检查；县级卫生、教育行政部门每学期至少安排一至两次专项检查，相关部门管理人员要经常深入学校进行巡查。学校要经常性地对食堂、教学环境与生活设施进行自查。对落实卫生防疫与食品卫生安全措施不力，导致学校发生传染病流行或食物中毒事件以及在发生传染病流行或食物中毒事件后不及时报告或隐瞒不报的，要依法查处直接责任人，并追究有关领导的领导责任。（5）各级政府要在学校规划、建设和危房改造过程中统筹考虑食堂、宿舍、厕所设施和条件的改善，每年必须安排相应的专项经费。教育行政部门和学校也要安排相应的专项经费，改善学校卫生基础设施和条件。各级教育行政部门必须将学校食堂、宿舍、厕所设施及学校卫生基础设施作为义务教育达标验收、示范高中达标验收的重要内容，予以统筹考虑。

2003 年 10 月 14 日～18 日，教育部体卫艺司在北京召开了全国学校食品卫生与营养工作现场会。全国政协委员、高教学会会长、教育部原副部长周远清、北京市副市长范伯元、卫生部卫生法制与监督司负责人出席会议并讲话。北京、重庆、长春、南阳市教委，北京市都丽梦学生营养餐公司分别就学校食品卫生与营养餐管理、农村初中食堂改造等进行了大会交流。会议要求，各地教育行政部门和学校要牢固树立健康安全第一的思想，进一步增强对学校食品卫生与营养工作重要性的认识。要狠抓各项食品卫生安全法规制度的执行和落实。要加强学校食品卫生管理人员和从业人员的培训工作，建立食堂从业人员培训后上岗的制度。要在进一步加大食品卫生安全教育和营养宣传教育的基础上，积极开展学生营养餐等试点工作，在关注和重视孩子们吃得卫生的同时，还要关注孩子们吃好、吃得科学、吃得营养与健康。会议还邀请有关专家就食品生产卫生规范（GMP）、危害分析及关键控制点方法（HACCP）、国外学生营养餐开展情况等进行了专题讲座，并组织与会代表观摩了北京市部分学生营养餐生产单位的生产与管理流程，使经验介绍、专题讲座与实际操作紧密结合，对推动各地各校进一步加强和改进学校食品卫生安全和营养工作，提升学校食品卫生管理水平起到了积极作用。

2003年11月，国家教育督导团组成5个检查组，分别对辽宁、吉林、江苏、安徽、山东、河南、湖南、广西、四川、云南等10省（自治区）进行了以学校食品卫生安全管理工作为重点的学校体育卫生与艺术教育工作专项督查。督导检查结果显示：10省（自治区）各级教育行政部门和学校普遍加强了学校卫生防疫和食品卫生安全工作，各项学校卫生防疫和食品卫生安全措施正在得到落实。被抽查的学校，均有专人负责学校食品卫生工作，食堂均按要求领取了卫生许可证，炊管人员基本能做到定期体检，多数食堂环境卫生较为整洁，基本能做到布局合理。部分学校还建立了比较完善的食品卫生安全管理制度和责任追究制度。各地通过开展多种形式的健康教育，学生卫生知识知晓率有了明显提高。但学校卫生工作仍然是一个薄弱环节。一些地区和学校卫生防疫与食品卫生安全工作机制不健全、措施不落实。部分学校食堂设施简陋、管理不规范、炊管人员卫生知识欠缺、操作不符合卫生要求、安全保卫意识淡漠，特别是对承包食堂疏于管理，存在着较多的卫生安全隐患问题，部分学校宿舍、厕所等生活设施及管理方面存在着影响学生健康的因素，甚至存在一定的安全隐患等。根据各地存在的问题，国家教育督导团分别提出了整改措施和建议，进一步推动了各地学校食品卫生安全措施的落实。

撰稿　张　芯
审稿　廖文科

〔**辽宁省鞍山市海城豆奶事件**〕　2003年3月19日，辽宁省鞍山市所属海城市兴海管理区铁西小学等8所学校部分学生饮用鞍山宝润乳业有限公司提供的豆奶后，出现腹痛、头晕、低热等不良反应。截至4月11日，饮用豆奶的3 936名学生中，出现不良反应的共有2 556人，其中中毒学生285人。经国家、省两级卫生部门的专家调查，此次海城学生豆奶“中毒”系活性豆粉中的胰蛋白酶抑制素等抗营养因子未彻底灭活所致。在辽宁省、鞍山市政府和有关部门的共同努力下，海城学生豆奶事件得到了妥善处理，学生全部得到妥善救治，教学秩序没有受到大的影响（一直未停课）。鞍山市、海城市政府及其有关主管部门、学校和企业的相关责任人已得到相应的处理。

豆奶事件发生后，教育部派遣工作组赴辽宁省鞍山海城市对出现不良反应的学生进行慰问，对豆奶事件的有关情况尤其是教育行政部门和学校在整个豆奶事件中的作用进行调查。调查发现，鞍山市“学生豆奶工程”系鞍山市政府自行确定的“工程”，没有得到辽宁省学生豆奶计划联席会议的认可。

针对海城豆奶事件所反映的问题，2003年5月，教育部和农业部联合发出《关于进一步加强“中小学生豆奶计划”试点工作管理的通知》，在对辽宁省鞍山市海城豆奶事件进行通报批评的同时，对进一步加强“中小学生豆奶计划”试点工作管理提出了要求，包括严格按照《教育部、农业部、财政部关于东北三省“中小学生豆奶计划”试点工作的实施意见》的规定要求实施“中小学生豆奶计划”；试点范围必须由省“中小学生豆奶计划”协调小组（或联席会议）确定；未纳入试点范围的地（市）、县（区），如要实施“中小学生豆奶计划”，必须报省“中小学生豆奶计划”协调小组（或联席会议）批准；实施“中小学生豆奶计划”试点的地（市）、县（区）必须成立由政府分管领导牵头、各有关部门参加的“中小学生豆奶计划”协调小组（或联席会议），明确各部门的分工，建立相应的责任制；“中小学生豆奶计划”定点生产企业必须由省政府确定的部门牵头组织认定，并以适当形式予以公布。地方教育部门或学校只能选用省政府确定的部门牵头组织认定的定点生产企业的豆奶产品；建立健全“中小学生豆奶计划”事故报告制度，凡因“中小学生豆奶计划”发生食物中毒或群体性不良反应事件的，必须及时上报“中小学生豆奶计划”协调小组（或联席会议）及上级主管部门；凡因不按照教育部、农业部等有关部门规定要求或擅自开展“中小学生豆奶计划”并造成食物中毒或引发群体性不良反应事件的，以及发生食物中毒或引发群体性不良反应事件后，未能及时报告或隐瞒不报的，要坚决对其主管领导和责任人进行严肃处理，并追究其行政责任，造成严重后果的要依法追究有关人员的法律责任。

撰稿 柴海鹰
审稿 廖文科

〔**发布2002年学生体质健康监测结果**〕 教育部于2003年11月11日在北京发布了2002年学生体质健康监测结果。教育部于2002年开始，在北京、内蒙古、辽宁、黑龙江、江苏、福建、河南、湖北、湖南、广东、云南、重庆、甘肃、新疆14个省、自治区、直辖市建立了“全国学生体质健康监测网络”，每两年对我国学生体质健康状况进行一次监测与公告。2002年学生体质健康监测是教育部建立“全国学生体质健康监测网络”以来的第一次监测。本次监测对象为7～22岁汉族城乡男女学生，监测人数为176 844人，监测内容包括身体形态、生理机能、体能素质、健康状况四个方面的13项指标。

监测结果表明：学生形态发育水平继续提高。身高、体重、胸围等形态发育指标与2000年相比，继续呈现增长趋势，7～18岁男、女学生身高分别平均增长0.48cm、0.38cm，体重分别平均增长1.35kg、1.03kg，胸围分别平均增长0.61cm、0.88cm。学生营养状况继续得到改善。与2000年、1995年相比，虽然学生中营养不良检出率下降幅度不大，但学生中的较低体重检出率下降明显，其中7～18岁城市男生由1995年的29.74%、2000年的24.95%，进一步下降到2002年的21.82%；城市女生由26.79%、25.58%，进一步下降到20.39%；乡村男生由33.44%、32.89%，进一步下降到27.96%；乡村女生由25.40%、27.31%，下降到21.31%。反映学生上臂力量的握力水平有所提高。与2000年相比，7～18岁男女生分别平均提高2.02 kg、1.93 kg。低血红蛋白检出率继续降低。7～17岁学生中低血红蛋白检出率在2000年比1995年下降的基础上继续下降，其中7～12岁城市小学生下降幅度较为明显，男生平均由1995年的20.61%、2000年的14.02%降至11.36%，女生平均由1995年的20.32%、2000年的18.42%降至15.37%。城乡学生龋齿患病率呈下降趋势，学生口腔卫生保健水平继续改善。城乡学生的乳牙龋齿患病率和恒牙龋齿患病率与2000年相比，均有所下降，其中7～17岁城市男、女学生恒牙龋齿患病率分别由2000年的11.1%、12.2%降至9.25%、11.0%，乡村男、女生分别由10.3%、13.1%降至8.55%、11.07%。

但是在学生体质健康得到继续改善的同时，也还存在着一些不容忽视的问题，如体能素质、肺活量水平持续下降、肥胖学生明显增加，近视率仍然居高不下，农村地区学生保健水平仍然较低等。这些问题的存在表明，学校体育卫生工作的开展还很不平衡，一些地区和学校还不能全面贯彻党的教育方针、不能坚持“学校教育要树立健康第一的指导思想”，各项学校体育卫生措施落实还不到位。

为此，教育部要求各级教育行政部门和学校领导要以“三个代表”重要思想为指导，坚持依法治教、执政为民，进一步加强责任意识，要以极端负责的态度，发扬抗“非典”的精神，切实采取有效措施，针对学生体质健康方面存在的问题，落实各项学校体育卫生工作。

首先，学校要按照教学大纲和课程标准（实验）的要求，开足并认真上好体育课，不得以任何理由挤占体育课课时。要落实学生每天一小时体育活动时间。要进一步加大体育课程和学生体育活动改革的力度，要针对学生体质健康存在的问题，重视选择具有一定运动负荷、能有效提高学生身体素质的体育项目，以改善学生的心肺功能，全面提高学生的身体素质，培养学生吃苦耐劳、坚韧不拔的意志品质。

第二，积极进行体育课程改革，围绕促进学生身心健康的核心目标，构建科学的《体育与健康》课程体系。继续积极推进学生课外体育活动和大课间活动的开展。改革学校体育效果评价方式，积极稳妥地推行“学生体质健康标准”。

第三，要积极探索健康教育的形式和途径，使学校健康教育为学生养成良好的卫生习惯和健康生活方式发挥作用。要把学校食品卫生安全工作作为学校各项工作的重中之重，加强其管理与监督，以预防食物中毒事件的发生。

第四，进一步深化教学改革，改进教学方法，采取切实措施，减轻学生过重的课业负担。学校校长要作为减轻学生课业负担的第一责任人督促学校教学主管部门协调各科教师的家庭作业量。

第五，要进一步加大对贯彻实施《学校体育工作条例》和《学校卫生工作条例》的检查力度，把对《条例》的督导检查纳入政府对教育的督导检查内容，对《条例》规定的学校体育卫生工作要求和措施进行定期督导检查，促使《条例》在学校得到真正贯彻落实。

撰稿　张　芯
审稿　廖文科

〔制定《中学生预防艾滋病专题教育大纲》〕 为进一步推进中学阶段预防艾滋病教育的开展，教育部2003年制定印发了《中学生预防艾滋病专题教育大纲》，要求从地方课程中安排10课时（初中6课时、高中4课时）用于预防艾滋病专题教育，并明确规定了预防艾滋病专题教育的总目标、分目标及教育内容。

中学生预防艾滋病专题教育的总目标为“通过专题教育形式，使学生了解预防艾滋病相关知识，培养其健康的生活方式，增强其自我保护意识和抵御艾滋病侵袭的能力”。初中阶段的分目标为“了解艾滋病的基本知识、预防方法和措施，增强自我保护意识”；高中阶段的分目标为“进一步了解预防与控制艾滋病的相关知识，正确对待艾滋病病毒感染者和患者，学会保护自己，培养对自己、他人及社会的责任感”。

初中预防艾滋病专题教育内容主要包括艾滋病基本知识；艾滋病对人类社会（重点在个人及家庭）的危害；判断安全行为与不安全行为；拒绝不安全行为的技巧；如何寻求帮助的途径和方法；与预防艾滋病教育相关的青春期生理和心理知识。

高中预防艾滋病专题教育内容主要包括艾滋病的流行趋势以及艾滋病对社会、经济所带来的危害；艾滋病病毒感染者与艾滋病病人的区别；艾滋病的窗口期、潜伏期；吸毒与艾滋病；无偿献血知识；预防艾滋病的方法和措施（在初中基础上扩展内容）；了解歧视对艾滋病防治工作的影响，如何正确对待和关爱艾滋病病毒感染者与艾滋病病人（在对艾滋病患者提供帮助时，如何进行自我保护）；在初中基础上增加与预防艾滋病教育相关的性道德与法制教育；我国预防控制艾滋病的相关政策。

撰稿　柴海鹰
审稿　廖文科

〔全国普通高校艺术教育工作研讨会〕 2003年12月28日～29日全国普通高校艺术教育工作研讨会在上海召开。来自全国104所普通高校艺术教研室（教研中心）的负责人、14个省（自治区、直辖市）教育厅（教委）的艺术教育管理干部以及教育部艺术教育委员会的部分委员共170余人出席了会议。本次研讨会的议题是：以“三个代表”重要思想和十六大精神为指导，以全面推进素质教育为目标，研讨如何从规范化、制度化、科学化入手，建立和完善普通高校艺术教育管理体制，加强普通高校艺术类课程建设，不断提高教育教学质量，加强教师队伍建设，普及和发展普通高校艺术教育。按照因地制宜、分区规划、分类指导的原则，进一步明确新形势下加快普通高校艺术教育发展的任务和改革的方向。

大家认为近几年来普通高校艺术教育工作取得了可喜的成绩。主要表现在以下几个方面：(1) 随着素质教育的全面推进，普通高校进一步提高了对艺术教育的功能、目标以及重要性的认识。艺术教育在普通高校教育中的地位开始得到确认。《中共中央国务院关于深化教育改革全面推进素质教育的决定》从素质教育的高度，将美育同德育、智育、体育一起写进了我们党的教育方针，从根本上解决了长期以来大家关注的美育在教育中的地位问题。(2) 以艺术教育课程建设为切入口，落实艺术教育的目标和要求，许多高校在开设艺术教育课程方面进行了积极探索，推动艺术教育沿着良性发展的轨道不断前进。(3) 开展丰富多彩的校园文化活动，营造健康向上的文化艺术氛围，打造良好的育人环境。(4) 充分开发艺术教育资源，形成了学校艺术教育与社会文化建设相整合的良好态势。(5) 加大高校艺术教师队伍建设的力度，艺术教师培训工作扎扎实实地向前推进。

研讨会上，大家分析了当前普通高校艺术教育工作存在的问题，主要表现为三个“不到位”：一是一些高校的领导对艺术教育的认识还不到位，学校缺乏对艺术教育的统一规划和领导；二是一些高校艺术教育课程的设置和师资配备还不到位，没有一支比较稳定的艺术教师队伍，难以有计划地开设艺术教育课；三是一些高校对艺术教育的管理还不到位，艺术教育管理体制还没有建立，艺术教育没有归口管理的部门，有的还处于多头管理或者管理无序的状态。

在充分研讨的基础上，与会代表就加强普通高校艺术教育工作形成了以下共识。第一，提高认识、提升理念是推进高校艺术教育改革和发展的前提。高校艺术教育要按照“三个代表”重要思想和十六大精神的要求，牢牢把握先进文化的发展方向，把学校的艺术教育工作、美育工作作为培养高素质人才和传播先进文化的重要手段，落实在学校教育的各个环节中。作为审美教育或情感教育的学校艺术教育，是学校实施美育最具操作性的主要形式和最有效的途径。艺术教育是中国教育事业重要的组成部分，是国民基础教育不可或缺的重要内容。普通高校艺术教育要坚持以育人为本的宗旨，坚持艺术教育的公平性，要让每一个学生都得到艺术的熏陶，提升审美素质，形成健全的人格。第二，加强艺术教育课程建设是提高高校艺术教育水平、推动艺术教育持续发展的核心。应该实实在在地落实《全国学校艺术教育发展规划（2001—2010)》提出的有关要求。第三，加强教师队伍建设是确保艺术教育具有强大后劲的关键。普通高校艺术教育首先要解决有合格教师上课的问题，配备一定数量的专职艺术教师。在做好普通高校公共艺术课教师在职攻读硕士学位的工作的同时，还要通过举办短期培训班、组织教学观摩活动和出国考察等形式，为普通高校培养一批具有较高的思想素质、良好的敬业精神、一定的艺术教育理论水平和较强的艺术教育能力的专业教师队伍。第四，经费投入是普通高校艺术教育工作顺利开展的重要保障。

〔举办全国第一届中小学生艺术展演活动〕 2003年，教育部、团中央联合举办了全国第一届中小学生艺术展演活动。展演活动的主题是“新世纪、新校园、新生活”。活动目的是为了全面贯彻党的教育方针，推进素质教育，激发学生对艺术的兴趣和爱好，培养中小学生健康的审美情趣和良好的艺术修养，培养学生欣赏美、创造美的能力，使素质教育能够贯彻到学生课内外、校内外生活的全过程，促进学生德智体美全面发展。活动内容分艺术表演（声乐、器乐、舞蹈），艺术作品（绘画、书法、摄影、篆刻），艺术教育科学论文报告会三部分。活动分为两个阶段：第一阶段为各省举办艺术展演活动；第二阶段为组委会举办全国中小学生艺术展演活动。全国有近亿名中小学生参加了本届艺术展演活动。

各地在策划设计、宣传发动、节目创作、排练演出、活动组织、评审评选等各个环节上，都坚持思想内容和艺术品位的导向性，使活动成为一次对学校艺术教育成果的检阅，也成为对学生进行审美教育的好机会。“重参与，重过程，重体验，重提高”，是本届活动的显著特点。各地坚持普及和提高相结合的原则，把广泛发动师生参加活动放在工作的首位，形成了“班班有歌声，校校有活动”的良好局面，推动了学校艺术教育的健康发展。

在第一阶段活动所取得成果的基础上，2004年1月30日～2月4日，艺术表演类节目在北京市第八十中学举行声乐、器乐和舞蹈共四个专场的决赛演出。2月3日～8日，优秀书画摄影作品在中华世纪坛展出。2月5日～9日，在首都师范大学举办艺术教育科学论文报告会。2月8日，展演活动在人民大会堂举行颁奖晚会。共评出优秀组织奖22个；艺术表演类节目一等奖41个，二等奖71个，三等奖112个，专业组优秀奖17个，优秀创作奖12个（小学组艺术表演类节目未评创作奖，中学组器乐节目创作奖空缺）；艺术作品一等奖63幅，二等奖302幅，三等奖732幅；科学论文一等奖21篇，二等奖68篇，三等奖122篇；艺术表演类节目和艺术作品一、二等奖的指导教师，获艺术展演活动指导教师奖。

展演活动主要收获表现在以下四个方面：(1) 充分体现了党和国家对中小学艺术教育的重视和对青少年健康成长的关心，学校艺术教育在基础教育和整个国民教育中的地位得到了进一步加强。(2) 充分体现了展演活动的育人宗旨，展现了中小学生德智体美全面发展的良好的综合素质和积极奋发、昂扬向上的精神风貌。(3) 充分展示了全国中小学校艺术教育的丰硕成果，展现了中小学生健康的审美情趣和杰出的艺术才华。(4) 充分体现出行政力量组织协调和专家参与策划相结合的优势。

本届展演活动取得成功的主要经验是：紧紧依靠各级领导的支持和指导，是保证展演活动沿着正确方向进展的前提。以育人为宗旨，面向全体学生，普及和提高相结合，是坚持展演活动导向性的根本原则。建立高效负责的工作班子，制定科学周密的工作流程，是展演活动有序运行的保证。坚持正确导向，充分发扬艺术民主，尊重和听取专家的意见，是提高展演活动质量水平的关键。

撰稿　万丽君
审稿　杨贵仁

〔印发《高级中学学生军事训练教学大纲》〕 为进一步贯彻落实《国务院办公厅中央军委办公厅转发教育部、总参谋部、总政治部关于在普通高等学校和高级中学开展学生军事训练工作意见的通知》精神，推动高级中学学生军事训练的开展，教育部、总参谋部、总政治部于2003年1月印发了《高级中学学生军事训练教学大纲》(以下简称《大纲》)。《大纲》规定：军事训练是高级中学学生的必修内容，是学校实施素质教育的重要措施。《大纲》是高级中学组织和实施学生军事训练教学，评估军事训练教学质量和督导军事训练教学工作的依据。《大纲》对高级中学学生军训的教学目标、教学课时分配、教学内容与要求、教学考核与评估作出了具体的规定，为高级中学学生军训的组织实施指明了方向。并要求教育行政部门和有关军事部门按照《大纲》的要求，切实保证高级中学学生军事训练时间、内容、质量和要求的落实。

〔制订《2003年—2005年全国学生军训工作发展规划》〕 为推动普通高等学校和高级中学学生军训工作向制度化、规范化方向发展，教育部、总参谋部、总政治部在研究各地学生军训工作开展现状的基础上，紧密联系新的形势和要求，于2003年6月制订了《2003年—2005年全国学生军训工作发展规划》(以下简称《规划》)。《规划》明确了学生军训的指导思想和目的，即坚持以毛泽东思想、邓小平理论和“三个代表”重要思想为指导，以《中华人民共和国国防法》、《中华人民共和国兵役法》、《中华人民共和国国防教育法》、《中共中央国务院关于深化教育改革全面推进素质教育的决定》和国务院有关文件为依据，按照教育要面向世界、面向未来、面向现代化的要求，围绕国家人才培养的长远战略目标和国防后备力量建设的需要，组织开展学生军训工作。通过开展学生军训工作，使学生提高思想政治觉悟，激发爱国热情，增强国防观念和国家安全意识，树立爱国主义和革命英雄主义精神，增强组织纪律观念，培养艰苦奋斗、吃苦耐劳作风，掌握基本军事知识和技能，提高学生的综合素质，为中国人民解放军培养合格的后备兵员和预备役军官，为国家培养社会主义事业的建设者和接班人打好基础。《规划》规定了学生军训的目标任务，要求到2005年全国基本实现所有高等学校、高级中学开展学生军训。《规划》强调，普通高等学校必须建立一支自配军事教师与军队派遣军官相结合、专职军事教师与兼职军事教师相结合的师资队伍；高级中学要配备兼职军事教师。《规划》强调要加强课程建设，普通高等学校学生军训是学生的必修课，要纳入学校整体教学计划；高级中学学生军训要统一纳入学生社会实践课程。军事技能训练和军事理论课教学要严格按照《普通高等学校军事课教学大纲》、《高级中学学生军事训练教学大纲》规定的教学内容和学时数实施教学。《规划》要求各级教学部门、军事部门和学校要把学生军训作为加强国防建设和实施素质教育的重要工作列入议事日程，切实加强对学生军训的组织领导，要认真调查研究，科学制订计划，严密组织实施，及时解决问题，抓好学生军训各项工作的落实。

〔**加强高等学校军事教师培养工作**〕 为加强普通高等学校军事教师的培养，解决目前军事教师紧缺的状况，教育部体育卫生与艺术教育司经与国务院学位办商议，选定武汉大学、西安交通大学、厦门大学、武汉理工大学、中南大学、东南大学在高等教育学中招收国防教育方向的硕士研究生，还专门制定了普通高等学校国防教育专业教师在职攻读硕士学位培养方案。国家教育主管部门专门部署普通高等学校国防教育专业教师在职攻读硕士学位工作是新中国成立以来的第一次，为普通高等学校国防教育教师的培养建立了规范化的培养渠道，有力推动了高等学校国防教育专业教师队伍建设。

〔**成立第二届全国普通高等学校军事教学指导委员会**〕 根据《国务院办公厅中央军委办公厅转发教育部、总参谋部、总政治部关于在普通高等学校和高级中学开展学生军事训练工作意见的通知》精神，高等学校普遍把军事技能训练和军事理论课作为必修课纳入教学计划，军事理论课作为课程进入了普通高等教育。2003 年 3 月，教育部发出《关于第二届全国普通高等学校军事教学指导委员会成员组成的通知》，全国普通高等学校军事教学指导委员会共计 13 人，由廖文科担任主任委员，郝翔、谭钢担任副主任委员。新组成的指导委员会召开了成立会议并制定了工作章程，研究了各项业务分工，明确了工作思路和近期工作计划。

〔**编写出版《学校国防教育史》**〕 教育部体育卫生与艺术教育司组织开展了全国哲学社会科学“九五”规划重大课题“中华人民共和国教育史研究”的子课题“学校国防教育史”的研究，并编撰出版了《学校国防教育史》。这一研究成果对新中国成立以来学校国防教育的发展历程从理论和实践的不同方面进行了研究，对正反两方面的经验和教训进行了分析和总结，对我们借鉴历史的经验、更好地指导学校国防教育的实践具有重要的意义。

撰稿 谭 钢

审稿 廖文科

教育信息化建设与远程教育

教育信息化建设

〔**CERNET2 建设**〕 2003 年 8 月，国务院批准国家发展改革委、科技部、信息产业部、国务院信息化工作办公室、教育部、中国科学院、中国工程院、国家自然科学基金委八部委联合提交的关于推动我国下一代互联网发展有关工作的请示。在国家发展改革委主持下，由中国工程院牵头的中国下一代互联网示范工程 CNGI 示范网络核心网建设项目正式启动。

8 月 15 日，CERNET 网络中心中标建设 CNGI 中最大的、也是唯一的学术性主干网——CERNET2 和 CNGI 北京国际/国内互联中心 CNGI-6IX 项目，总经费 1.68 亿元。其中国拨经费 1.13 亿元，教育部配套经费5 452万元。CERNET2 主干网采用纯 IPv6 技术，连接分布在 13 个城市的 G 比特核心接入节点。CNGI-6IX 项目实现与其他 CNGI 主干网（承担单位为中国电信、中国联通、中国网通/中科院、中国移动、中国铁通）的互联，为 CNGI 的研究与试验用户（由研究型大学、科研单位、大中型企业研发部门构成的 300 个左右用户接入网）提供国际下一代互联网连接服务。

CERNET2 的建成，将会有力推动我国高校重点学科的建设和发展，提高高校的科技竞争实力，为国民经济和社会发展作出更大的贡献。

〔**CERNET 高速地区网和重点学科信息服务体系建设**〕 2003 年 10 月，由教育部主持、清华大学等高校承担建设的“十五”211 工程公共服务体系——CERNET 高速地区网和重点学科信息服务体系建设项目，通过了中国国际工程咨询公司组织的可行性研究评估，待国家发展改革委批复。项目总经费 1.3 亿元，建设内容包括 CERNET 高速传输网扩容、高速地区主干网、主干网运行安全基本保障系统、教育科研网格以及重点学科信息服务体系五个专题。

项目计划于 2005 年 12 月完成。届时，CERNET高速传输网可提供 2.5 G 链路的节点数量将从 7 个扩展到 20 个，主干网的传输速率和网络可靠性也将大幅提升。

〔**中国教育科研网格计划项目建设**〕 中国教育科研网格计划（ChinaGrid）从 2002 年 9 月开始筹备，2003 年 1 月列入“十五”211 工程公共服务体系建设计划，建设经费 2 000 万元。2003 年 7 月底，ChinaGrid 领导小组和专家组成立，项目正式开始启动。

该项目由华中科技大学、清华大学、北京大学、北京航空航天大学、华南理工大学、上海交通大学、东南大学、国防科技大学、西安交通大学、东北大学、山东大学、中山大学 12 所高校联合承担，旨在建设上述 12 所高校的 ChinaGrid 计算网格主节点；建立聚合能力超过每秒 6 万亿次量级的、总存储容量超过 60TB 的教育科研网格；形成一套完整的网格服务支撑平台与面向 CERNET 的公共网格服务体系；研发 ChinaGrid 服务支撑平台标准；开展计算网格及信息服务网格典型应用示范，以充分利用高校丰富的计算资源和信息资源，实现资源有效共享，形成高水平、低成本的、服务于国家教育科研的大平台。该项目具体建设内容、技术方案和各校建设分工已确定；第一批经费已经拨付，所有合同已签订。部分研究成果已于2003年12月在上海召开的“第二届网格与协同计算国际学术会议”上成功展示。

撰稿 冯吉兵 娄 晶
审稿 雷朝滋

中央广播电视大学

〔“人才培养模式改革和开放教育试点”项目继续实施〕 中央广播电视大学“人才培养模式改革和开放教育试点”项目取得新的进展。2003年度共计开设专业36个，其中专科起点本科专业15个，专科专业21个。招生595 849人，其中本科254 820人，专科341 029人。2003年底全国电大累计注册在册学生总数为1 282 349人，其中本科为567 766人，专科为714 583人。年度批准设置教学点1 811个、考点1 752个。

〔面向农村和部队开展远程教育〕 为改善西部地区县级电大远程开放教育的办学条件，中央电大决定自筹1 000万元实施“西部地区百所县级电大援助工程”。开发制作农村实用技术系列教材，包括种植、养殖等100余项实用技术，以及《农业新技术》、《院士谈农业》讲座等系列课程。中央电大“三农”远程教育网12月11日开通。积极参与实施农村党员干部远程教育试点工作，提供音像教材495种，占总数1 114种的44.4%；时长469.8小时，占总时长921.8小时的51.0%。向首批党员干部远程教育试点省贵州、湖南、山东、安徽4省9个市、州、县捐赠由中央电大开发的农村实用技术系列培训教材。参与教育部“全国教师教育网络联盟”工作，开展农村中小学教师学历提升和岗位培训。年内开放教育农村中小学教师累计24万人注册。

中央电大八一学院年内开设4个大专专业和4个中专专业，在校生超过4万人，教学点延伸到西沙群岛等基层哨所。2003年6月，八一学院首届390名士官学员毕业。中央电大总参学院开设2个大专专业，在校生1万余人。2003年12月首届1769名法律专业学员毕业。

〔现代远程教育资源库和公共服务体系建设〕 2003年10月，经教育部高教司同意，中央电大“国家现代远程教育资源库工程建设”项目立项。项目实施周期为5年，项目建设以中央电大中央资源库为核心，以电大系统和普通高校为主要依托。建成国家现代远程教育资源库系统，对于整合、开发优秀教学资源，优化资源配置，促进优秀资源的利用和共享具有重要意义。

经教育部批准、由中央电大承担的现代远程教育公共服务体系建设项目进展顺利。中央电大与电大在线教育技术公司合作组建奥鹏远程教育中心，与11所高校签订合作协议，合作开设专业30个，审批同意设立地方学习中心199个，年内在读学生3 500人。

〔中央电大西藏学院远程教育系统启用〕 由中央电大投资60万元、15所省级电大投资75万元援建的西藏学院双向视频教室、计算机网络教室于2003年8月12日正式投入使用。西藏自治区副主席吴英杰以及西藏自治区教育厅、中央电大、西藏大学、十余所省级电大的负责同志分别出席了拉萨和北京两地通过双向视频同时举行的启用仪式。这两个教室的启用，对中央电大西藏学院利用国家天地网相结合的远程教育教学平台，开展现代远程开放教育和在西藏实施远程教育工程将产生积极的推动作用。

〔**中央电大、中国人民银行合作办学20周年**〕 2003年10月19日，中央电大与中国人民银行举行合作办学20周年庆祝活动，并对刘红兵等93名毕业生进行表彰，授予“全国金融系统广播电视大学优秀毕业生”称号。中央电大与中国人民银行从1983年起合作开办金融专科教育，1990年合作开展计算机在金融管理中的运用岗位培训项目，培训人员达10万人次。1999年合作开设开放教育金融专科和专升本教育，注册学生达16万人，其中绝大多数在金融系统各级岗位上工作。合作20年来已培养各类毕业生30万人。

撰稿　李彦忠
审稿　于云秀

中央电化教育馆

〔**西部中小学现代远程教育项目建成**〕 2003年12月16日，教育部和李嘉诚基金会西部中小学现代远程教育项目建成暨农村远程教育研讨会在北京举行。国务委员陈至立，香港实业家李嘉诚先生，教育部部长周济、副部长赵沁平等领导出席会议；出席会议的还有联合国儿童基金会等国际组织的有关人士，教育部有关司局的负责同志，项目专家，各项目省（自治区、直辖市）教育厅（教委）主管副厅长（主任），承担培训任务的部分高校代表，项目省电教馆馆长，项目县、项目学校代表等140多人。

教育部部长周济在会上宣布，由教育部和李嘉诚基金会合作，自2001年启动的西部中小学现代远程教育项目，经科学论证，认真实施，在西部12个省、自治区、直辖市240多个贫困县中10 000所乡村中小学的远程教学示范点已全部建成。

国务委员陈至立会上讲话。她指出：两年来，教育部、李嘉诚基金会和西部地区各级政府、各项目单位通力合作，调动各方面的积极性，集中各方面的人才优势，完成了西部12个省（自治区）及3个少数民族自治州的10 000个教学示范点建设。项目围绕技术培训、教学光盘制作、适合西部地区远程教育资源的开发，形成了用数字化资源带动信息技术应用的教育新模式。它是我国第一次在贫困地区农村中小学成功实施的大规模现代远程教育项目，为我们今后在中西部地区推进农村中小学现代远程教育进行了有益的探索，积累了宝贵的经验。希望承担试点工作的省、自治区要认真总结项目的成功经验，统筹规划，科学实施农村中小学现代远程教育工程，使工程真正为推进教育现代化，特别是农村教育的发展，创造有利的条件，奠定坚实的基础。

会上，周济部长和李嘉诚先生共同开通了“教育部和李嘉诚基金会西部中小学现代远程教育项目”网站。

〔**温家宝总理参观“农村中小学现代远程教育展”**〕 2003年9月19日，在全国农村教育工作会议期间，中共中央政治局常委、国务院总理温家宝，副总理回良玉，国务委员陈至立在教育部部长周济、副部长王湛以及国家发展改革委、财政部等部委领导同志的陪同下，参观了由教育部主办的“农村中小学现代远程教育展”。温家宝总理观看了专题片、农村中小学现代远程教育三种模式的试点工作情况和有关教育资源的展示。在参观中，陈至立、周济等领导就农村中小学现代远程教育工程中的一些重要问题向温家宝总理作了介绍。

“农村中小学现代远程教育展”是在农村中小学现代远程教育三种模式（教学光盘播放点、卫星教学收视点、计算机教室）展示的基础上，由中央电化教育馆会同有关单位共同举办的。

撰稿　郭忠民
审稿　陈志龙

〔**“加强中国西部基础教育能力项目”启动**〕　“加强中国西部基础教育能力项目”是中国和加拿大政府间的合作项目。项目旨在通过加强教师教育体系建设来提高中国西部地区的基础教育水平，重点是以学生为中心的教学法和远程教育的实施。中方项目执行单位为中央电化教育馆。根据语言、文化特征和当地的教育需求，选择了宁夏、四川和新疆的西吉县、原州区、康定县、天全县、阿勒泰市和鄯善县作为项目县。项目于2003年1月9日启动，合作周期为五年（2003—2007年）。

2003年是项目实施的第一年，已开展了以下工作：(1) 在宁夏银川市开展基线调查培训和基线调查活动；(2) 组织专家和项目管理人员赴加拿大同加方专家合作编写了《基础教育中以学生为中心的教学法给教师的课堂建议》和《基础教育中以学生为中心的教学法指导员手册》两本教材；(3) 在新疆乌鲁木齐市对3省、自治区6县的81名县级培训者开展了“以学生为中心教学法”的培训活动；(4) 在四川成都市组织了教学设计理论与实践培训班，中央电化教育馆和省级电化教育馆制作人员和教学设计人员参加了培训；(5) 为更好地交流国内和加拿大在远程教育、以学生为中心的教学和基础教育方面的信息，项目设计开发了自己的网页；(6) 组织21名各层项目管理人员到南京、苏州和上海观摩相对发达地区的“以学生为中心的教学法”课堂教学模式和相应的教师培训体系及方法；(7) 组织21名各层次项目管理人员赴加拿大考察，了解加拿大相关远程教育机构的管理方式，学习加拿大开展远程教育和实施以学生为中心的教学法的成功经验，确认项目后期发展的相关战略计划和政策措施。

撰稿　臧南南
审稿　陈志龙

〔**中小学现代教育技术实验学校工作**〕　全国中小学现代教育技术实验学校（以下简称全国实验校）工作，从1997年开始启动，至2003年底，教育部已经批准确认了961所全国实验校。几年来，全国实验校在信息化环境建设、现代教育资源建设、教师队伍建设、教育技术的应用和研究，以信息化带动教育现代化，推进区域教育信息化和促进教育均衡发展等方面发挥了示范和辐射作用，并且取得了一批具有推广和应用价值的教育教学科研成果。

2003年，全国实验校工作以基础教育新课程改革为契机，以教育技术科学研究为先导，以信息技术的教育应用和与学科教学整合为重点，以现代教育环境和资源建设为基础，以培养学生的创新精神和实践能力为根本，继续按照全国实验校工作设定的目标，并结合新时期基础教育改革与发展的形势和要求开展工作。

为了更好地推进全国实验校工作，中央电化教育馆和全国实验校工作领导小组于2003年12月18日～20日在北京召开了全国中小学现代教育技术实验学校工作交流会议。会议提出了新时期全国实验校工作的目标与任务，讨论通过了全国实验校工作领导小组和专家指导委员会研究制定的《全国中小学现代教育技术实验学校2003—2007年工作指导意见》。会议期间，全国实验校领导小组推出了《全国中小学现代教育技术实验学校科研成果论文集》，并决定陆续出版《全国中小学现代教育技术实验学校科研成果集》；从各地限报的近4 000个课件和1 000多个课例中，精选出500多个优秀课件和200多个优秀课例在会上进行了展示和展播；有25个省、自治区、直辖市的全国实验校工作成果通过展板形式在会议期间进行了展示。各地报送的交流材料及会上近50个单位的交流发言表明，全国实验校在推进区域教育信息化和促进教育均衡发展方面发挥了重要的示范和辐射作用。吉林、江西等地的全国实验校普遍开展了信息技术教育应用的开放日活动，对周边地区学校的信息技术的应用产生了广泛的影响；深圳宝安中学等学校成为当地教育系统的信息技术中心，积极为推进区域教育信息化服务；广东、上海等地的全国实验校积极开展了跨学校、跨地区的东西互动和校际合作与交流活动，较好地推动了优质资源共享和优秀科研成果的广泛交流。

撰稿 陈庆贵
审稿 陈志龙

〔**中央电化教育馆建馆25周年**〕 2003年11月16日，中央电化教育馆建馆25周年庆祝大会在北京举行。全国人大常委会副委员长傅铁山，教育部副部长、党组副书记张保庆，副部长赵沁平等领导以及各省、自治区、直辖市、计划单列市及部分省会城市电化教育馆馆长等近400人出席大会。

教育部部长周济发表了书面致辞。他指出，25年来，中央电化教育馆开拓进取，扎实工作，在多种媒体教育资源建设、中小学现代远程教育项目实施、教育技术理论与应用研究等多方面取得了显著成绩，在推进中小学教育技术普及和教育信息化建设工作中发挥了重要作用。他希望中央电化教育馆以邓小平理论和"三个代表"重要思想为指导，按照发展要有新思路、改革要有新突破、开放要有新局面、各项工作要有新举措的要求，加强宏观思考和战略研究。从大力推进教育信息化、实现教育跨越式发展的高度，科学规划未来蓝图，抓住机遇，加快发展。

张保庆在会上讲话，他说，25年前，邓小平同志在全国教育工作会议上指出："要制订加速发展电视、广播等现代化教育手段的措施，这是多快好省发展教育事业的重要途径，必须引起充分的重视。"随后，小平同志亲自批准组建了中央电化教育馆。这充分反映了党和政府对电化教育的高度重视和利用现代化手段迅速改变教育落后面貌的决心。多年来，在党中央、国务院的亲切关怀下，在教育部的直接领导下，中央电化教育馆会同地方电化教育馆，在加强多种媒体教育教学资源建设，承担国家及中外合作的教育技术、远程教育项目的实施，推动中小学远程教育发展，开展教育技术理论与应用研究，以及教育技术培训等方面都做了一系列重要的工作，取得了显著的成绩。希望中央电化教育馆能以25年馆庆为契机，紧密结合当前教育发展的形势和本职工作，认真学习领会党的十六大和十六届三中全会精神，创造性地实践"三个代表"重要思想，高度重视教育信息化的建设，充分运用现代教育技术手段与方法，推动教育的变革，促进教育的现代化，实现教育的跨越式发展。积极参与实施农村中小学现代远程教育工程，为实现优质教育资源共享，提高教育教学质量，推进教育均衡发展，促进农村"三个文明"建设发挥重要作用。

撰稿 郭忠民
审稿 陈志龙

教育考试

高校入学考试

〔**普通高考命题工作与试卷形式**〕 2003年有黑龙江、辽宁等10个省市实行新课程高考。

普通高考命题工作完成新课程和现行课程共8种试卷的命题任务，包括辽宁新课程 、河南的“3＋文理综合＋1”科目组，江苏的“3＋1＋1”科目组，黑龙江、山东、安徽、青海、天津、江西、山西等省市的“3＋文综/理综”科目组；现行课程广东的“3＋文理综合＋1”科目组，广西的“3＋2”科目组，湖北、福建等省市的“3＋文综/理综”科目组，云南新旧混合“理综”试卷和贵州新旧混合“理综”试卷。共编制普通高考试卷35科套，计算机机读卷19科套。

命题以能力测试为主导，考查相关学科基础知识、基本技能、基本方法的掌握程度和综合应用所学知识分析问题、解决问题的能力。试题充分体现课改的理念，更加关注高中课程改革的进展，汲取新课程中的新思想、新理念，使高考更加反映基础教育改革的发展方向。试题针对现实问题整合知识，注重综合素质的考查。强调知识的内在联系，具有综合性和时代感。答案和评分参考赋予考生比较充分的答题空间，鼓励考生有创见地回答问题，实现了高考的选拔功能。

撰稿　任子朝　韩家勋

〔**各类成人高校招生统一考试**〕 受“非典”疫情的影响，2003年全国各类成人高等学校招生统一考试（以下简称成人高考）从5月上旬推迟到11月15、16日举行。

2003年教育部调整了成人高考考试科目，其中高中起点升专科统考科目由5门减少到3门，为语文、数学（文、理）、外语；高中起点升本科统考科目由6门减少到4门，理科类考生考语文、数学（文、理）、物理化学综合课，文科类考生考语文、数学（文、理）、历史地理综合课；专科起点升本科统考科目按学科门类设置，不再按生源类别设置，统考科目为政治、外语和专业基础课，专业基础课根据各学科门类的特点设置为大学语文、艺术概论、高等数学（一）、高等数学（二）、民法、教育理论、生态学基础和医学综合8门，由招生院校按专业的需要规定考生应试其中一门。

新的考试科目设置简化了学科内容，缩短了考试时间，从而进一步提高了考试效率。

2003年度试题继续体现为成人高等学校选拔优秀新生的原则，根据成人考生的特点，着重考查考生的基本素质，考查考生分析问题和解决问题的实际能力。试题难度稳定，区分度合格。

撰稿　张伟明　陈　睿　韩家勋

〔**研究生入学统一考试改革**〕 2003年全国硕士研究生入学统一考试加大了考试科目和考试内容的改革力度。

1. 考试科目改革。教育部2002年5月发出《关于调整全国硕士研究生入学考试科目的通知》，2003年硕士研究生入学全国统一考试的初试科目由5门调整为4门，保留政治理论、外国语、基础课和专业基础课，政治理论、外国语的满分值仍为100分，基础课和专业基础课的满分值由100分调整为150分；政治理论科不再分文、理两种试卷；初试中的外语听力测试成绩计入外语考试成绩总分；将专业课的考试调整到复试中进行，加强复试对考生素质和综合能力的考查，加大复试的权重，加大差额复试的力度，提高复试有效性，更全面地了解考生，更准确地选拔硕士研究生。

2. 考试内容改革。根据考试科目的调整情况，全国统一考试命题各科目的考试内容均作了相应调整，其中政治理论课的考试内容还与普通高校“两课”课程设置新方案全面接轨。同时加强对考生能力和素质的考查，试题中增加了对知识的综合理解、运用知识分析和解决现实和实际问题能力的考查。命题中剔除了偏、难、怪的题目，以保证试题在一定的难度范围内，并有较好的区分度。

撰稿　陈　睿　韩家勋

自学考试

〔**综述**〕　2003年，高等教育自学考试的主要工作包括：成立第六届全国考委；进一步完善全国考委专业委员会工作机制；狠抓考风考纪，整顿各种不规范的考试，推行考务质量评审制度；全面总结专业调整情况，明确专业建设和管理改革方向与措施；与部门行业合作，大力发展非学历教育考试，与劳动和社会保障部联手推出劳动和社会保障岗位资格证书；强化命题管理制度化，加强对各命题中心的统一指导和管理；加强对社会助学工作的管理和指导；打击盗版教材活动，维护考生权益；逐步推进信息化建设等。

2003年全国高等教育自学考试学历教育部分报考人数为1 157万，其中上半年612万，下半年545万；报考本科专业的为568万，约占报考总人数的49%，报考专科专业的为589万，约占报考总人数的51%。非学历教育证书考试继续快速发展，其中：2003年英语等级考试报名人数为46.9万人次，与2002年的33.5万人次相比，增长40%；2003年计算机等级考试报名人数为247.9万人次，与2002年的212.2万人次相比，增长17%。

撰稿　刘粤平　王和军

〔**全国考委换届调整**〕　第五届全国高等教育自学考试指导委员会成立于1999年11月，随着国务院机构改革的完成和相关领导、专家工作的变动，全国考委的很多委员都已难以代表原单位和全国考委开展工作。根据国务院《高等教育自学考试暂行条例》的规定，为更好地发挥全国考委的作用，保持工作的连续性，充分发挥自学考试在构建我国继续教育、终身教育体系中的作用，经报教育部同意，筹备成立第六届全国考委。教育部自考办经与有关部门和单位协商，确定了第六届全国考委组成人员名单。2003年12月17日，教育部印发《关于成立第六届全国高等教育自学考试指导委员会的通知》，成立了以周济部长为主任委员，中组部、中宣部、发改委、财政部、人事部、劳动和社会保障部、广电总局、共青团中央等部门负责人和清华大学、北京大学、中国人民大学副校长为副主任委员，有关高等学校的校长、专家和地方教育行政部门领导为委员的新一届全国考委。

撰稿　刘粤平　王和军　王　燕

〔**自学考试专业建设和管理**〕　2003年自学考试专业建设和管理工作适应社会经济形势和教育环境变化，以形成有特色的专业体系和课程体系为目标，积极推进以建立主干课程为主体的改革，各项工作紧密围绕大力发展本科教育、积极拓展非学历教育和继续推进面向农村三个重点稳步推进。2003年10月28日～30日，教育部自考办在重庆召开自学考试专业建设工作会议，研讨进一步加强专业建设和管理问题。会议总结了高等教育自学考试专业的调整情况，研究了面临的问题，提出了加强专业建设、规范专业管理、改进专业管理机制的措施，部署了下一阶段专业建设工作。2003年，全国高等教育自学考试指导委员会制订、颁布了电子商务（独立本科段）、公共关系（独立本科段）、食品科学与工程（专科、独立本科段）专业考试计划；与中国烹饪协会合作制订、颁布餐饮管理（专科、独立本科段）专业考试计划和餐饮业职业经理人资格证书考试计划；审批（审核、备案）同意23个省（自治区、直辖市）和解放军开考263个专业点；对4个省未按规定程序和要求报送的51个专业考试计划进行了清理。

撰稿　刘粤平　杨　跃

〔**自学考试社会助学管理**〕　通过自学考试助学组织登记和助学活动考核工作，对社会助学活动进行指导和监督，以维护广大自学者和助学组织权益，保障助学活动健康发展。2003年，有14个省、自治区、直辖市向教育部自考办报送了1 068个助学组织情况。经审核，有904个助学组织基本符合登记、备案要求。其中：普通高校247个，占27%；成人高校66个，占7%；部门委托141个，占16%；社会办学447个，占49%；其他助学组织3个，占0.3%。有164个助学组织不符合要求。

接受这些助学组织助学的学员约74万。按照学员的学习形式分：全日制形式学习的有28万人，占38%；业余形式学习的有46万人，占62%。按照助学组织的主体类型分：普通高校25万人，占34%；成人高校3万人，占4%；部门委托5万人，占7%；社会办学40万人，占54%。

撰稿　刘粤平　汤新国　高尚勤

〔**开展“自考免费网上学”活动**〕　在2003年“非典”肆虐时期，为保证广大自考生在特殊情况下仍能够获得学习指导，华夏大地教育网开展了“直面非典无所惧　自考免费网上学”活动。已开通面向社会辅导网站的省级自考办也举办了相应活动。2003年5月15日，“直面非典无所惧　自考免费网上学”活动开播仪式在北京举行。针对疫情比较严重的北京地区，华夏大地教育网特别决定通过北京市卫生局向奋战在抗“非典”一线的医务工作者及其子女（参加自考者）赠送价值20万元的学习卡，以表达对他们的敬意。5月15日～6月30日，华夏大地教育网面向全国所有考生在其主网站推出40门免费自考精品课程（包括自考辅导及技能培训），考生可在这40门课程中任选两门，免费学习30天。

撰稿　刘粤平　王　燕

〔**自学考试信息化建设**〕　为加快高等教育自学考试信息化的进程，更好地适应自学考试深层次改革和发展的需要，2003年全国考办印发了《关于积极推进高等教育自学考试信息化建设的指导意见》（以下简称《意见》）。《意见》提出了高等教育自学考试信息化建设的总体目标：建成全国互联互通的自学考试办公网络平台和自学考试办公信息系统，实现办公管理的数字化、网络化；制定自学考试基本信息规范和标准，建成各类自学考试信息资源库，实现信息资源共享；建成基于计算机网络的学习服务支持体系，为广大考生提供网络助学服务；全面推行自学考试业务管理的计算机化，实现自学考试业务管理手段现代化。提出了坚持“统筹规划、资源共享、突出重点、分步实施”的工作方针，明确了高等教育自学考试信息化建设近期的任务和工作重点。

撰稿　储庆军

〔**《中国考试》“自考版”创刊**〕　《中国考试》“自考版”于2003年9月试刊出版发行，全年共试刊2期（9月刊和11月刊）。“自考版”是由全国高等教育自学指导委员会办公室指导，由《中国考试》杂志社编辑出版的月刊。“自考版”的运作以走向市场为目标，以自考文化为大平台，运用媒体自身的方式、语言、文体，全方位地围绕自考的各项工作，紧贴自考从业人员和广大的自学人员的需求，进行宣传报道及舆论监督。

撰稿 李燕铭 刘 芃

非学历教育证书考试

〔**全国英语等级考试**〕 全国英语等级考试(PETS)共有五个级别(其中1级下设一个附属级PETS-1B)。每个级别都包含笔试和口试两项，单项合格者将获得单项合格证书，两项均合格者将获得教育部考试中心颁发的相应级别的合格证书。2003年，PETS已在30个省(自治区、直辖市)开考，全年考生人数近47万。截止到2003年年底，逐年累计考生人数已超过119万，累计获证人数约47万。

为更好把握PETS口语考试的标准，满足培训口语考试教师的需要，教育部考试中心于2003年重新制作了PETS-1至PETS-4口试培训用录像带，并利用该录像带以及相关资料，完成了PETS省级考试承办机构的口试主考教师的再次培训。

撰稿 李 英 李光明

〔**全国计算机等级考试**〕 全国计算机等级考试(NCRE)包括四个等级，每个等级又包含多个科目或类别。每年开考两次，成绩合格者由教育部考试中心颁发考试合格证书。NCRE在全国31个省(自治区、直辖市)共设置考点1 300多个。2003年的考生人数超过250万(比上年增长19%)，获证人数达72万。截至2003年底，逐年累计考生人数超过1 050万，累计获证人数达352万。

2003年，教育部考试中心通过组织专家调研和论证，决定从2004年开始对NCRE逐步实施调整。调整内容主要包括停考二级中的FORTRAN、FoxBASE、QBASIC 3个科目；新开考一级WPS Office、二级Java、二级C++、二级Access 4个科目；对一级的3个科目均统一采取无纸化考试形式。

撰稿 黄啸波 李光明

〔**全国外语翻译证书考试**〕 全国外语翻译证书考试(NABTI)由教育部考试中心和北京外国语大学于2003年联合推出。该考试对外语从业人员和在校大学生的外语翻译能力进行科学考核并提供权威认证。NAETI考试分为笔译和口译两大类，每类又分初、中、高三个级别，其中初级、中级的口译和笔译每年考两次，高级口译和笔译每年考一次。考试时间为每年的5月和10月。考试合格者将得到由教育部考试中心和北京外国语大学共同颁发的合格证书。

目前NAETI仅设英语一个语种，今后将适时推出其他语种的考试和认证。2003年10月举行了首次考试，全国共设考点38个，报考人数1 780人。

撰稿 孙玉荣 李光明

〔**餐饮业职业经理人资格证书考试**〕 为提高我国餐饮业管理人员、技术人员的知识水平和职业能力，推进在全社会实行学历证书和职业资格证书并重制度和劳动准入制度，全国高等教育自学考试指导委员会和中国烹饪协会合作，在全国开考了高等教育自学考试餐饮管理专业，并共同实施中国餐饮业职业经理人资格证书考试，制订并颁布了中国餐饮业职业经理人资格证书考试计划和高等教育自学考试餐饮管理专业（专科、独立本科段）考试计划。2003 年，全国有 16 个省（自治区、直辖市）开展了该项考试。

撰稿　刘粤平　王和军

〔**劳动和社会保障岗位资格证书考试**〕　为提高我国劳动和社会保障系统管理人员、技术人员的知识水平和职业能力，积极应对加入 WTO 后劳动和社会保障系统面临的机遇和挑战，教育部高等教育自学考试办公室与劳动和社会保障部人事教育司、教育培训中心合作，在全国实施劳动和社会保障岗位资格证书考试，并合作开考高等教育自学考试劳动和社会保障专业专科和独立本科段。已制订并颁布了劳动和社会保障岗位资格证书考试计划和高等教育自学考试劳动和社会保障专业专科和独立本科段考试计划。该项考试将推动高等教育自学考试学历证书与非学历证书考试的紧密结合，推动自学考试与行业、部门的合作。

撰稿　刘粤平　刘素娟

〔**电子商务中、高级职业证书考试**〕　2003 年 6 月 26 日，教育部高等教育自学考试办公室与中国电子商务协会在北京签署《全国电子商务中、高级职业证书合作协议》，决定联合颁发全国电子商务中、高级职业证书。其中，依托高等教育自学考试电子商务专业专科课程中的主干课程发放中级职业证书，依托独立本科段课程中的主干课程发放高级职业证书。

全国电子商务中级职业证书考试课程为：市场营销，计算机与网络技术基础及其实践，电子商务概论及其实践，网页设计与制作及其实践，电子商务案例分析及其实践；全国电子商务高级职业证书考试课程为：电子商务概论及其实践，网页设计与制作及其实践，电子商务网站设计原理及其实践，网络营销与策划及其实践，网络经济与企业管理或互联网数据库及其实践，电子商务与金融及其实践或电子商务与现代物流及其实践。其中，除市场营销、网络经济与企业管理外，其他课程要求考生参加“全国电子商务实践网”的网上实践并获得合格证书。

2003 年 10 月 20 日，全国高等教育自学考试指导委员会印发了《关于颁发〈全国电子商务中级职业证书〉和〈全国电子商务高级职业证书〉有关事项的通知》，对证书申请条件、证书发放程序及收费进行了说明。

撰稿　刘粤平　杨　跃

〔**剑桥秘书证书考试**〕　剑桥秘书证书考试是剑桥大学考试委员会和教育部考试中心合作在我国实施的社会化职业证书考试项目。2003 年开始起步和发展，到年底已有 29 个省（自治区、直辖市）建立了区域考试服务中心（省级教育考试管理机构）。

2003 年 11 月，剑桥秘书证书考试第一次考试开考了《办公室管理》和《沟通和项目管理》2 个模块的初级、中级和高级，有 13 个省（自治区、直辖市）的考生参加了此次考试。

2003 年 12 月，由剑桥大学考试委员会派专家授课，中英中心组织召开了考官培训会议，共培训考官 21 人，顺利完成了 2003 年考卷的批阅工作。全部考生考试通过率为 83%，其中优秀率为 10%，合格率为 73%。

撰稿　黎　勇　潘　阳

〔**全国计算机应用技术证书考试**〕　全国计算机应用技术证书考试（简称 NIT）经过 8 年的发展，到 2003 年底已在 28 个省（自治区、直辖市）以及国家税务总局等系统建立了承办机构，培训机构和考试点达1 800多个。2003 年开考了《计算机应用基础（Windows 98 环境）》等 20 个模块，考试人数达316 263人。

2003 年 1 月召开了命题会，组织命题专家和教师对18个在考模块进行了补充性命题，共命制了90套题，保证了2003年全年考试工作的正常进行。

撰稿 赵英华 潘 阳

〔**全国少儿计算机考试**〕 全国少儿计算机考试（简称少儿NIT）是教育部考试中心组织全国计算机专家、计算机教育专家、教育心理学专家，针对5～16岁少年儿童的认知能力和心理特点研究设计的计算机应用能力培训与考试系统。少儿NIT自1999年底推出以来，在培训、考试等环节积累了宝贵经验。根据多年积累的经验和项目发展的需求，少儿NIT设计改造了更加适应信息教育发展的新体系，并完成了与之配套的教材编写、命题准备工作。

少儿NIT已经在2003年完成新体系的模块设置工作，新体系在原有10个模块的基础上，增加2个模块，共设12个模块。即：操作基本，文字处理，表格处理，画图，网络应用，PPT多媒体制作，动画制作，图像处理，网站设计，数据库，程序设计，智能机器人。重新划分为3个层次，分别为基础层、提高层、特长层，原有的金、银、铜牌也采用学分制的方法，进行了更合理的设计。配合少儿NIT新体系的推出，考试中心组织有关专家和作者编写了少儿NIT系列教材、培训考试大纲和少儿NIT手册，为教师、家长、学员提供更好的帮助。

撰稿 姜春红 潘 阳

海 外 考 试

〔**日本语能力测试**〕 随着改革开放和市场经济的发展，日本语能力测试已由最初的仅面向日语专业考生的校内考试逐步发展为面向社会的考试。从2003年开始，日本语能力测试的报名工作全部实行网上报名。8月20日开始受理报名。实际报名人数87 132人，比2002年增加12 000多人，创历次考试新高。

报名网站的日访问量达到50万次，最多时有1万多考生同时在线。实行网上报名有诸多优势，如提供方便、快捷、安全的报名渠道和方式，避免发生非正常收费现象，体现公开、公平、公正的原则等。

这次网上报名最突出的问题就是大量考生集中报名对网络造成的冲击。由于考生担心预定不到考试座位，纷纷在报名刚刚开始时集中上线操作，造成网络瞬间流量过大，使部分考生难以顺利注册；有一些考生注册时使用的不是本人身份证号码，此后又要求对个人信息进行更正，增加了网络流量和信息认证工作量，这些问题需要在今后加以改进。

撰稿 张 进 解 智

〔**德福考试**〕 德福考试是德国各大学认可的德语水平测试。2003年4月5日，全国5个考点（北京、上海、广州、武汉、西安）首次举办德福（TestDaF）考试。考试的报名全部采用网上报名的形式进行，共有283位考生报名，实际考试人数为276人。德福考试包括理解阅读、听力理解、笔头表达和口头表达四部分。考试持续时间为190分钟。口头表达部分考试通过播放录音和录制考生回答的方式进行。

撰稿 张 进

〔**美国护士认证考试**〕 2003年11月1日，在北京举办首次美国护士认证考试（CGFNS CP）。注册总人数为233人，实际参加考试218人。该考试是考生直接向美国外国学校毕业护士委员会提交申请进行资质审核，得到许可证后方可参加。考试中心作为CGFNS在中国的考试举办者组织考试并按照美方的规定安排在宾馆举行。CGFNS证书是所有在美国之外的护理专业人员进入美国从事护理工作所必需的认证证书。

撰稿 张 进

考务管理

〔**加强考试安全保密和考风考纪管理**〕 2003年上半年，全国大部分地区发生“非典”疫情。教育部提出要确保广大考生和考试工作人员的身体健康和生命安全，同时，明确要求各地采取切实措施，防止大规模违纪舞弊现象的发生。对推迟的考试项目，各级考试机构同样采取积极措施，严格管理。

2003年1月，湖北省鄂州市自学考试发生部分考场严重舞弊情况；6月，四川省南部县发生考前高考试卷被盗案；11月，黑龙江省牡丹江市成人高考个别考点手机作弊现象严重；12月，研究生考试前有不法分子在互联网上声称出售试题进行诈骗。这些事件，严重损害了国家教育考试的社会声誉和公正公平的原则，干扰了考试机构的正常工作。虽然相关责任人都受到了党纪、政纪处理或刑事处罚，但以上事件也同时暴露出有关教育行政部门、考试机构在思想认识、制度完善、规定落实等方面还有漏洞，必须迅速加以改进。教育部要求各级教育行政部门、考试机构把严格考试管理，严格考试纪律，狠刹考试违纪舞弊歪风，杜绝考场腐败的工作，当成是关系到维护广大人民群众的切身利益、树立政府形象、保持社会稳定的头等大事来抓，切实抓紧抓好。

撰稿 张为舟
审稿 马世晔

教育人事管理

教师管理和教师培训

〔**深化中小学人事制度改革**〕 2003年，各地中小学人事制度改革进一步深化。随着教师资格制度全面推行，中小学教师职业准入机制和教师来源多元化的制度正在形成。全国绝大多数地方已完成学校在编正式任教人员教师资格认定工作，上海、广东、海南、重庆、甘肃等10多个省（自治区、直辖市）首次面向社会认定教师资格工作亦已完成。各地核定中小学人员编制的工作顺利进行。全国绝大多数省（自治区、直辖市）出台了中小学教职工编制实施办法。湖北、四川、重庆、江苏、河南、甘肃、黑龙江、宁夏、湖南等省（自治区、直辖市）已经基本将中小学教职工编制核定到县。一些地方的教师聘任制和校长聘任制改革取得了明显成效。山西省积极推进中小学人事制度改革，实行教职工聘任制，促进城镇学校教师向农村流动，全省共辞退临时代课人员和不合格教师2.2万人，4 500余所过去从来没有过公办教师的农村山区学校有了公办教师。湖北省加快核定中小学教职工编制，实行教师全员聘任，改革校长选任办法，全省以竞争上岗的方式选任中小学校长4 300余人，其中面向社会公开选拔的1 100余人。

为贯彻落实全国农村教育工作会议和《国务院关于进一步加强农村教育工作的决定》的精神，人事部、教育部于2003年9月印发了《关于深化中小学人事制度改革的实施意见》，提出了中小学人事制度改革的具体措施和意见。

2003年11月，教育部人事司召开“全国中小学人事制度改革工作会”，总结中小学人事制度改革进展情况，部署下一步的重点工作。会议提出，中小学人事制度改革既到了攻坚的阶段，也具备了一定的条件。下一步改革的总体目标是，以实行聘任制为重点，以合理配置资源，优化队伍结构，全面提高教育质量和管理水平为核心，加快用人制度和分配制度改革，建立符合中小学特点的人事管理运行机制。

撰稿　宋永刚　杨　鸿

〔**教师资格制度实施工作**〕 2003年，教师资格制度实施工作取得新进展，教师资格认定工作逐步走上经常化、规范化、制度化轨道。在2002年全国基本结束学校在编正式任教人员教师资格认定工作的基础上，2003年，面向社会人员认定教师资格工作进展顺利。截至2003年底，全国大多数地方已开展面向社会认定教师资格工作，其中半数以上省（自治区、直辖市）已基本完成首次面向社会人员认定教师资格工作。据不完全统计，2001年以来，全国已有40多万社会人员通过认定取得教师资格。

撰稿　朱保江

〔**严禁向新任中小学教师收取“上岗费”**〕 近年来，科教兴国战略的实施和“以县为主”的农村义务教育管理体制的逐步完善，为稳定中小学教师队伍，提高教师素质，吸引更多优秀人才投身教育事业创造了条件。但是，有的地方，特别是一些农村地区出现了违反国家法规和人事工作政策，向新任中小学教师收取“上岗费”的现象，严重侵犯了教师的合法权益，给教师队伍建设造成了十分不利的影响。为此，2003 年 11 月，教育部、财政部、人事部、国务院纠风办联合发出了《严禁向新任中小学教师收取“上岗费”的通知》（以下简称《通知》）。

《通知》明确提出，各地要严格遵守和执行国家人事工作的法规和政策，切实维护中小学教师的合法权益，不得以任何名义向新任中小学教师收取或变相收取“上岗费”。对已收取的“上岗费”，要认真进行清理，限期尽快全部退还给教师本人，并追究有关领导和直接责任者的责任，情节严重的要给予党纪政纪处分。

《通知》强调，各地要进一步巩固完善“以县为主”的农村义务教育管理体制，认真贯彻落实《国务院关于基础教育改革与发展的决定》和《国务院办公厅关于完善农村义务教育管理体制的通知》的有关规定，切实将教职工工资发放和人事管理的权限上收到县，县级教育行政部门要切实履行对中小学校和教师的管理职能，乡（镇）、村不得聘用中小学教职工。各地要切实增加教育投入，保障中小学教职工工资按时足额发放，为在编制内顺利实施教师聘任工作创造条件。同时，各地要加快推进中小学人事制度改革，进一步提高教师队伍的整体素质。要尽快将中小学编制核定到学校（教学点），切实加强编制管理；全面推行教师聘任制，认真做好中小学教职工定岗、定员工作，坚决精简超编人员；严格掌握教师资格认定条件，强化教师职业准入机制，严禁聘用不具备教师资格的人员担任教师；不断调整和优化中小学教师队伍结构，积极鼓励和推动教师的有序合理流动，及时补充合格教师到缺编学校任教，逐步辞退临时代课人员。

《通知》要求，各地要大力开展教育人事法规和政策的宣传教育工作，认真开展监督检查，不断增强各级教育行政部门和县、乡（镇）有关领导的法制意识和政策观念，严格人事工作纪律，坚持依法行政、从严治教。各级教育行政部门和中小学校要切实履行职责，严把教师“入口”关，积极维护广大教师的合法权益。对违反本《通知》仍向新任中小学教师收取“上岗费”的，要坚决予以查处。

〔**加强中小学教师队伍管理和职业道德教育**〕 为了切实加强中小学教师队伍管理和职业道德教育工作，进一步提高教师的法律素质和职业道德水平，教育部于 2003 年 10 月发出《教育部关于进一步加强中小学教师队伍管理和职业道德教育的通知》（以下简称《通知》）。

《通知》指出：加强中小学教师队伍管理和职业道德教育工作，要以“三个代表”重要思想和党的十六大精神为指导，以《教师法》为依据，认真贯彻《国务院关于基础教育改革与发展的决定》和《国务院关于进一步加强农村教育工作的决定》，坚持依法行政、依法治教，建立健全教师队伍管理的各项规章制度，进一步加强师德教育和法制教育，不断加强教师和校长队伍建设，形成规范、长效的激励与约束机制，充分调动广大教师教书育人的积极性和创造性，切实提高师德和业务水平，使为人师表成为广大教师的行为准则，促进全社会进一步形成尊师重教的良好风尚。

《通知》要求：要依法实施教师资格制度，全面推行教师聘任制；完善考核制度，规范学校内部管理工作；加强师德和法制教育，提高职业道德修养；从严治教，坚决查处违纪违法行为；各地教育行政部门和学校要以办好让人民满意的教育为目标，切实加强领导，认真进行自查，分析问题，找出差距，制定切实可行的整改措施，有针对性地加强教师队伍管理和职业道德教育工作。

撰稿　赵　江　朱保江

〔**“特级教师计划”实施情况**〕 为培养一批在教书育人和教育教学研究方面造诣高深的中小学特级教师，造就若干名在教育界有重要影响的教育名师和教育家，并通过他们的带动和辐射作用，促进中小学教师队伍整体素质的进一步提高，推动中小学更好地实施素质教育，根据《面向 21 世纪教育振兴行动计划》的总体部署，教育部于 1999 年组织实施“跨世纪园丁工程特级教师计划”（以下简称“特级教师计划”)。“特级教师计划”主要包括四个方面：设立专设课题、举办名师教学方法高级研讨班、组织特级教师讲学团巡回讲学以及资助出版教育教学专著。由于有关各方的高度重视、密切配合、精心组织，“特级教师计划”取得了良好成效。到2003年，“特级教师计划”共资助专设课题164个，举办名师教学方法高级研讨班1个，组织24个特级教师讲学团赴西部地区巡回讲学，资助10位特级教师出版教育教学专著。

设立专设课题。为支持中小学骨干教师进行高水平的教学研究和教改实验课题研究，教育部设立了“全国教育科学规划‘特级教师计划’专设课题”，共资助专设课题164项。专设课题的设立，不仅有助于提高以特级教师为主体的骨干教师的科研水平，也调动了广大教师参与教育科研的积极性，对提高教育教学水平，提高教师队伍的整体素质，起到了积极的促进作用。

组织特级教师讲学团巡回讲学。我国西部地区尤其是边远、贫困地区的教师，缺少接受高质量在职培训的机会，广大教师急需学习先进的教育观念，掌握科学的教学思想，提高和改进教育教学方法。组织特级教师讲学团巡回讲学，送教上门，进行智力支持，使广大贫困地区的教师可以就近集中时间、集中听课，有针对性地接受培训，提高了培训工作的效益，实现了优质教育资源共享，受到了所到地广大教师和教育行政部门的欢迎。几年来，教育部委托江苏、上海、北京等地共组织24个特级教师讲学团赴西部地区巡回讲学，为西部地区培训中小学教师约17万人次。

资助出版《中国特级教师文库》。资助特级教师研究总结教研教改成果、编辑出版教育教学专著，即《中国特级教师文库》，是“特级教师计划”的一项重要内容。编辑出版《中国特级教师文库》，既有助于支持一批特级教师在思考、总结、提炼、升华自己多年来教育教学实践经验的过程中登临新的境界，也有利于推广特级教师教育教学改革实验、教育科研的成果与经验，将特级教师在一所学校、一个地区的带动、示范作用扩大到更广的范围。2003年教师节前夕，《中国特级教师文库》(第一辑)共10本专著由人民教育出版社出版发行，教育部副部长王湛作序。

撰稿　朱保江

〔**高等学校教师在职攻读硕士学位工作**〕　党的十六大指出，要“加强教师队伍建设，提高教师的师德和业务水平”。改革开放以来，特别是党的十三届四中全会以来，我国高等教育事业取得了举世瞩目的成就。随着高等教育的改革和发展，高等学校教师队伍建设取得了明显成效。但是，教师队伍的总体素质包括学位层次、知识结构和创新能力仍然不能适应知识创新和教育创新的需要，已经成为制约高等教育改革发展的关键问题之一。2002年底，全国普通高等学校教师中，具有硕士、博士学位的人员比例偏低，离我国新时期高等学校教师队伍建设的“863”总体规划目标（即硕士、博士学位者占教师总数的比例，教学科研型高等学校80%，教学为主的本科高等学校60%，高等职业学校、高等专科学校30%）仍有较大差距。

为贯彻落实党的十六大精神，加强高等学校教师队伍建设，促进高等教育事业发展，2003年3月，教育部、国务院学位委员会发出《关于开展高等学校教师在职攻读硕士学位工作的通知》。

开展高等学校教师在职攻读硕士学位工作的指导思想是，以党的十六大精神为指导，在遵循高层次人才培养规律的同时，为高等学校在职教师攻读硕士学位开辟途径，系统招生，规范培养，保证质量，为改善高等学校教师队伍结构和进一步发展高等教育积极创造条件。总体思路是，高等学校在职教师通过学校推荐报考，参加全国统一安排的入学考试，择优录取；入学后参照培养院校同专业研究生制订培养方案，可采取灵活多样的教学方式；课程考试合格并通过硕士学位论文答辩者，授予相应学科的硕士学位。

教育部、国务院学位委员会要求高等学校要认真组织教学工作，精选任教教师，对在职攻读硕士学位的高等学校教师，在学习、考核、论文答辩等环节，要与本校硕士研究生同等对待，切实加强管理，严格要求，确保培养质量。建立淘汰机制，对于不能较好地完成学习任务，达不到硕士学位标准者，坚决不能授予学位。

撰稿　宋永刚　杨　鸿
审稿　吕玉刚

高层次人才培养

〔**“优秀青年教师资助计划”实施情况**〕　为支持和鼓励我国留学人员学成后回国创业，在高等学校培养和造就一批年轻的骨干教师和学科带头人，1987年，根据小平同志接见陈省身先生时的重要讲话精神，在财政部的大力支持下，原国家教委利用国家财政安排的引进国外人才专项经费，设立了“国家教委优秀年轻教师基金”，2000年更名为教育部“优秀青年教师资助计划”。该计划被誉为优秀留学人员回国创业的“第一块馒头”。

教育部“优秀青年教师资助计划”坚持人与项目并重的原则，资助条件包含资助对象和资助项目两个方面。在项目水平评价相当时，主要考虑申请人的学术水平、研究能力和发展潜质。入选者是经过严格遴选、专家评审产生的。在个人申请、学校推荐、主管部门审核的基础上，邀请同行专家通讯评议和会议评审，由教育部“优秀青年教师资助计划”领导小组审议批准。“优秀青年教师资助计划”每年支持200人左右，人文社科类项目资助强度一般为4万元左右，自然科学类项目资助强度一般为8万元左右，最高为10万元。该计划主要支持高校青年教师从事基础研究和新兴学科、交叉学科的前瞻性研究，鼓励青年教师从事跨学科、跨单位的国内或国际合作研究，对边远地区或艰苦条件下的高校青年教师给予优先资助。近年来，为了配合国家实施西部大开发战略，该计划对西部地区高校给予适当倾斜和支持。

教育部“优秀青年教师资助计划”实施15年来共资助2 019人次，资助经费总额为1.29亿元。年度资助经费由1987年的600万元增加到2002年的1 500万元，每年支持的人数由1987年的121人增加到2002年的199人。涉及到388所院校，其中，中央部属高校121所，地方高校267所。据对1 091份有效问卷的统计，入选者受资助时的平均年龄为37岁，91%具有国外留学经历，91%具有博士学位，几乎全部具有高级教师职务。有90%以上的入选者在科研教学方面取得了突出成果，70%以上的入选者担负起了高校学科带头人的重任，其中有4人走上了部级领导岗位，13位当选为两院院士，29位担任国家“973”首席科学家和“863”专家，39位担任校级领导，738位成为院、系和重点实验室、工程中心负责人。另外，还有488人次在受本计划资助后的近几年内又入选更高层次的人才计划，如“长江学者奖励计划”、“国家杰出青年科学基金”、“创新研究群体科学基金”、“高校青年教师奖”、“跨世纪优秀人才计划”等。

为纪念小平同志扩大对外派遣留学人员重要讲话发表25周年和“优秀青年教师资助计划”实施15周年，2003年9月24日，教育部在北京大学举行了“优秀青年教师资助计划”实施15周年座谈会。科技部副部长程津培、人事部副部长王晓初、财政部党组成员、部长助理张少春和中组部干部教育局局长高世琦到会并讲话。教育部党组副书记、副部长张保庆代表教育部党组发表了讲话，充分肯定了“优秀青年教师资助计划”实施15年来的显著成效。他指出，“优秀青年教师资助计划”的实施，有力支持和稳定了一批优秀留学回国人员在高校任教，培养了一批年轻骨干和学科带头人，扶持一批研究项目取得了高水平的成果，推动了高校教学与人才培养工作，促进了高校学科发展和实验室建设。北京大学校长许智宏院士代表高等学校发言，历届资助计划入选者代表清华大学教授袁驷、南开大学教授李维安、西北工业大学教授叶正寅等用自己的亲身经历讲述了该计划实施所取得的成效。教育部副部长赵沁平、吴启迪及有关单位的负责同志和入选者代表、评审专家代表出席了会议。

2003年，教育部“优秀青年教师资助计划”共受理申报项目406项。为使评价工作更加科学、合理，2003年度每位申报者的材料由以前5位专家评审增为7位专家，并改革了以前简单地根据参评者所有得分的自然平均值确定上会人选的做法，采用平均分1、平均分2和差值三个参考数据，综合确定了280位提交会议评审的候选人。2003年10月15日～17日，教育部人事司会同高教司、科技司、社政司以及科技发展中心在华中科技大学召开了专家评审会议。根据专家评审意见，教育部人才发展办公室提出了2003年教育部“优秀青年教师资助计划”建议资助方案，经领导小组会议审定，确定了资助项目199项，并在教育部网站和《光明日报》上进行了公布。

〔第四届教育部“高校青年教师奖”颁奖〕 2003年2月20日，第四届教育部“高校青年教师奖”颁奖大会在人民大会堂举行，共有68所高校的115名教师获奖。国务院副总理李岚清在会前接见了与会代表，并发表了讲话。教育部部长陈至立在大会上指出，教育部自1999年起启动实施“高校青年教师奖”，立足国内培养造就了一批优秀拔尖人才和高水平的年轻学术带头人。这一计划取得了很好的成效，在激励和支持优秀拔尖人才、推动高校中青年学科带头人队伍建设方面产生了积极而广泛的影响。她希望获奖者按照江泽民同志在北师大百年校庆讲话中提出的“志存高远，爱国敬业，为人师表，教书育人，严谨笃学，与时俱进”的要求，不仅仅成为知识的精英、研究的巨匠，也要追求精神上的最高境界，成为为人师表和高尚学术品格的楷模。颁奖大会由教育部副部长周济主持。中组部、教育部、人事部、科技部、财政部、国家科教领导小组办公室、国务院港澳办、国家自然科学基金委等部门的领导以及部分高校领导、专家代表和有关司局负责同志出席了大会。浙江大学校长潘云鹤院士和中国人民大学王利明教授分别代表大学校长和第四届“高校青年教师奖”获奖者发了言。陈至立部长等领导和贵宾为第四届“高校青年教师奖”获奖者代表颁发了获奖证书。

第四届“高校青年教师奖”的申报领域主要为数学、物理、化学化工、生物、医药、机械、信息、材料、地学、土木、管理、哲学、法学、经济学、政治学、教育学、体育学、文学、艺术学、历史学、伦理学等学科。第四届共受理351人的申报材料。经过专家通讯评审，遴选出216人提交会议评审专家讨论。经专家评审、领导小组审定和公示，共有115人获得第四届教育部“高校青年教师奖”。获奖者平均年龄38.5岁，最小的32岁，其中男性108人，女性7人；博士109人，硕士6人；教授108人，副教授7人；自然科学79人，人文、社会科学36人；教育部直属高校87人，其他部委高校8人，解放军所属高校3人，地方高校17人。

教育部“高校青年教师奖”自1999年4月启动实施以来，共有139所高校的429名青年教师获奖，获奖者平均年龄约为38岁，年龄最小的仅29岁。人文社科类的获奖者120位，占28%。前四届获奖者都是高教战线的中坚力量，80%以上的获奖者为教学科研第一线的院（系、所）学术带头人，承担着高层次创新人才培养和国家重大科研任务，有的已受聘为“长江学者奖励计划”特聘教授。该计划实施虽然只有四年时间，但在加快高校学科带头人队伍建设和提升学科水平方面发挥着越来越重要的作用，已经成为一个有较大影响力的优秀人才计划项目品牌。

撰稿　唐　筠　姚发明

审稿　吕玉刚

附

第四届教育部“高校青年教师奖”获奖名单

序号	姓名	学校	专业
1	乔杰	北京大学	妇产科学、生殖内分泌
2	王世强	北京大学	生理学
3	吴国盛	北京大学	科学哲学、技术哲学
4	张立飞	北京大学	地质学、岩石学
5	焦宗夏	北京航空航天大学	流体传动及控制
6	张立群	北京化工大学	高分子材料
7	仲崇立	北京化工大学	化工热力学
8	邢献然	北京科技大学	应用化学
9	陈少良	北京林业大学	树木生理学
10	毛振明	北京师范大学	体育人文社会学
11	杨志峰	北京师范大学	水污染防治环境规划、评价
12	钟秉枢	北京体育大学	体育理论
13	李峰	北京中医药大学	中医诊断学
14	许强	成都理工大学	地质工程
15	吴玉章	第三军医大学	人体免疫学
16	尧德中	电子科技大学	生物医学工程
17	唐立新	东北大学	系统工程
18	张向葵	东北师范大学	教育心理学
19	陈建龙	东南大学	基础数学、代数学
20	宋爱国	东南大学	测控技术与仪器
21	杨玉盛	福建农林大学	森林培育、水土保持
22	吴泉水	复旦大学	基础数学、代数学
23	龙瑞军	甘肃农业大学	草业科学
24	吴大华	贵州民族学院	刑法
25	胡德文	国防科学技术大学	自动控制
26	李一军	哈尔滨工业大学	管理科学与工程
27	姚英学	哈尔滨工业大学	机械制造及自动化

续表

序号	姓 名	学 校	专 业
28	张素梅	哈尔滨工业大学	土木建筑结构其他学科
29	李金昌	杭州商学院	统计学
30	黄立宏	湖南大学	应用数学
31	杨胜刚	湖南大学	经济学
32	张国强	湖南大学	建筑环境与设备工程
33	黄书光	华东师范大学	教育史
34	季 浏	华东师范大学	运动人体科学
35	黄汉雄	华南理工大学	机械设计与理论、轻工机械
36	李 琳	华南理工大学	制糖工程
37	刘向东	华南农业大学	作物遗传育种
38	龚树生	华中科技大学	耳鼻喉科学
39	李 和	华中科技大学	人体解剖学与组织胚胎学
40	郑 权	华中科技大学	应用数学
41	李崇光	华中农业大学	经济学
42	曾汉来	华中农业大学	作物遗传育种
43	王殿海	吉林大学	交通信息工程及控制
44	张贤明	吉林大学	政治学
45	郑伟涛	吉林大学	材料物理与化学
46	田立新	江苏大学	应用数学
47	游 雄	解放军信息工程大学	地图学
48	彭金辉	昆明理工大学	有色金属冶金
49	贺德衍	兰州大学	薄膜物理学
50	王乃昂	兰州大学	自然地理学
51	韩国栋	内蒙古农业大学	生态学
52	陈贵海	南京大学	并行处理
53	谈哲敏	南京大学	动力气象学
54	张海林	南京大学	历史学
55	廖文和	南京航空航天大学	航空宇航制造
56	曲福田	南京农业大学	土地资源管理
57	沈振国	南京农业大学	植物营养学

续表

序号	姓 名	学　　校	专　　业
58	李翔海	南开大学	中国现代哲学
59	张 毅	南开大学	中国古代文学
60	张东刚	南开大学	中国近代经济史
61	俞红贤	青海大学	兽医
62	陈国强	清华大学	微生物
63	杭 间	清华大学	艺术设计史论
64	金 峰	清华大学	水工结构工程
65	万俊人	清华大学	伦理学
66	陈 炎	山东大学	文艺美学
67	张宪民	汕头大学	机械学
68	程浩忠	上海交通大学	电力系统及其自动化
69	胡 伟	上海交通大学	比较政治学
70	王德禹	上海交通大学	船舶、舰船工程
71	王浩伟	上海交通大学	复合材料
72	徐春明	石油大学	化学工艺
73	胡常伟	四川大学	物理化学
74	田卫东	四川大学	口腔科学
75	徐玖平	四川大学	系统科学
76	张伟年	四川大学	基础数学
77	陈 旭	天津大学	化工机械与设备
78	李国强	同济大学	结构工程
79	朱合华	同济大学	岩土工程
80	周叶中	武汉大学	宪法学与行政法学
81	华 林	武汉理工大学	材料成形与控制工程
82	水鹏朗	西安电子科技大学	信号与信息处理
83	黄廷林	西安建筑科技大学	市政工程
84	赖绍聪	西北大学	岩石学及岩石大地构造学
85	成来飞	西北工业大学	无机非金属及复合材料
86	叶正寅	西北工业大学	流体力学
87	蔡焕杰	西北农林科技大学	农田水利

续表

序号	姓 名	学 校	专 业
88	唐 明	西北农林科技大学	微生物学
89	卢小泉	西北师范大学	分析化学
90	赵德武	西南财经大学	会计学与财务管理
91	董发勤	西南科技大学	矿物材料
92	靳玉乐	西南师范大学	课程与教学论
93	刘海峰	厦门大学	高等教育学
94	牛汝极	新疆大学	维吾尔语文、西域古文献
95	陈 鹰	浙江大学	流体传动及控制
96	陈云敏	浙江大学	岩土工程
97	何 勇	浙江大学	农业机械化
98	金祥荣	浙江大学	外国经济思想史
99	刘 旭	浙江大学	光学工程
100	王彦广	浙江大学	有机化学
101	李华军	中国海洋大学	港口海岸及近海工程
102	葛世荣	中国矿业大学	矿山机械工程
103	王家臣	中国矿业大学	采矿工程
104	陈 阜	中国农业大学	作物栽培与耕作学
105	郭庆旺	中国人民大学	财政学
106	焦国成	中国人民大学	中国伦理思想史
107	王化成	中国人民大学	财务管理
108	王利明	中国人民大学	法学
109	高向东	中国药科大学	生化药学
110	顾幅华	中南大学	矿物加工
111	李建华	中南大学	伦理学
112	何建国	中山大学	动物学
113	魏明海	中山大学	会计学
114	曾进胜	中山大学	神经病学
115	蒲勇健	重庆大学	数量经济学

教育行政学院培训工作

〔**概述**〕 2003年，国家教育行政学院深化教学改革，开拓创新，按照年度计划全面完成了各项培训任务。教育部部长周济、副部长张保庆、王湛、袁贵仁、章新胜、吴启迪等分别为各类培训班作报告。

2003年，按照教育部“十五”干训规划要求，举办了第四期教育部直属高校中青年校级领导干部专题研修班，第二十二、二十三期高校领导干部研修班、第十九、二十期高校中青年干部培训班，第十三、十四期全国地市教育局长研修班，第五、六期全国县教育局长培训班，第六期教育部机关暨直属单位中青年干部培训班，教育部机关党校第十八期党员干部理论进修班，国家贫困地区义务教育工程项目县第一、二期教育局长培训班等。

积极拓展办班类型。2003年，承担了“教育部、国家外国专家局高校领导海外培训项目”两个团的培训任务，受教育部人事司委托举办了“第一期教育部机关新任公务员培训班”，受教育部办公厅委托举办了“教育与人力资源发展战略高级研讨班”，与中国残联联合举办了“全国残联系统教育干部培训班”等。在教育部人事司的指导下，组织两个高校中青年干部培训班赴美国和英国开展海外培训。另外，学院积极开展基础教育改革动态专题研修班、菲律宾华文学校管理人员中级培训班等。

据统计，2003年学院共举办不同规格和层次的培训班（项目）34个，培训人数达3 089人。

〔**调整教学计划，更新培训内容**〕 为进一步增强教育行政管理干部把握形势发展变化的客观要求，及时了解教育改革发展的前沿动态，增强执行有关教育方针、政策的自觉性和使命感，学院始终把及时调整教学计划，不断更新培训内容作为提高教育干部培训质量的中心环节来抓。2003年，为深入贯彻党的十六大精神，按照中组部和教育部的通知精神，学院将“三个代表”重要思想的学习纳入各类培训活动中。进一步调整完善教学计划，在政治理论部分突出“三个代表”重要思想和十六大精神学习研讨。在教育科学部分突出全面建设小康社会时期，教育改革发展的形势任务、宏观规划与基本的方针政策，突出教育创新的理论探讨与实践经验。同时，根据教学内容的变化，在全年各类培训班中，不断开设新的专题报告。通过调整教学计划，更新培训内容，增强了培训的针对性和时效性，培训质量有了进一步提高。

〔**开展研究性培训**〕 为深入研究和把握新形势下教育改革发展中的热点和难点问题，深化对相关问题的理性思考，增强教与学的互动性，进一步提高培训质量，学院加大研究性培训力度，充分调动参训学员的资源优势，有计划地组织学员开展研究性学习，为教育主管部门的决策提供了一定咨询参考作用。2003年，学院完成了一系列有价值的研究性成果，主要包括：第22期高校领导干部进修班及第19期高校中青年干部培训班专题研究成果汇编——《新时期高等教育创新发展若干热点问题研究》、第23期高校领导干部进修班及第20期高校中青年干部培训班的研究及考察成果《关注高等教育改革发展热点难点问题》、第13期全国地市教育局长研修班的研究报告——《关注热点难点问题，推动区域教育发展》、第14期全国地市教育局长研修班的研究成果——《透视中小学校收费问题》及《农村中小学教师队伍现状及发展对策》、第5

期全国县教育局长培训班研究报告——《基础教育改革发展若干热点问题研究》及第6期全国县教育局长培训班关于农村教育的研究报告等。

〔**培训教材及专题培训资料建设**〕 教材建设是干部培训工作的重点。如何进行培训教材建设，推出具有权威性、实效性的优质教材，是学院在长期培训实践中不断探索和思考的重要问题。利用集体科研优势进行攻关研究是进行教材建设的有效途径。2003年公开出版发行了《邓小平理论与中国现代化建设》、《高等教育论纲》等集体课题研究成果。学院组织力量于年初启动了教育管理干部培训成果开发计划，2003年出版了《西部基础教育创新与跨越式发展之路——来自西部中小学校长的思考与探索》和《区域教育探索》（第二辑）及《新时期高等教育发展的新思路——高等学校管理者的思考与探索》等。这些著作的出版，成为学院开展培训教学的重要参考用书，对提高培训社会效益、增强培训吸引力等方面产生了积极作用。

紧密结合国际国内形势，反映当前教育改革发展中的热点、难点、重点问题。学院精心组织专题培训资料选编工作，作为培训教材建设的必要补充，增强了培训资料的针对性和实效性。2003年，学院组织力量编写了《贯彻十六大精神，加快基础教育改革与发展》、《贯彻十六大精神，加强教育督导工作》、《教育与人力资源开发资料汇编》、《落实全国农村教育工作会议精神，探索全面建设小康社会时期农村教育发展之路》、《高等学校学生事务管理的理论与实务——比较的视角》、《大学教学管理与质量管理》、《大学科研开发与成果转化》、《大学国际交流与合作的组织管理》、《大学的定位与发展规划》、《大学的组织构架与学术管理》、《大学学科建设与教学质量的提高》等培训资料。

2003年，学院共组织编写教材及培训资料总量达600多万字。由于培训教材及教学资料主题突出，反映问题全面及时，具有很强的动态性，有力地促进了培训工作。

〔**高校领导海外培训**〕 根据中共中央《2001—2005年全国教育干部培训规划》和教育部党组《全国教育干部培训“十五”规划》精神，为加强高等学校领导干部的培训，使高校领导者了解发达国家高等学校管理的经验，开阔国际视野，增强全球竞争意识，进一步提高高等学校领导干部的教育理论水平和教育管理能力，推动高校办学质量，在教育部人事司和国际司的支持下，国家教育行政学院于2003年下半年分别举办了首期中国高校学生事务管理赴美国培训班和高校内部事务管理（课程管理及质量保障）赴英国培训班，两个培训班学员由教育部直属高校中青年干部组成，海外培训分别由美国德克萨斯州农工大学（TAMU）和英国伦敦大学承办。经过二至三周的国外学习、座谈和考察等活动，培训达到了预期目的。

为贯彻落实党的十六大关于国民教育事业发展创新的重要思想和宏观战略部署，进一步适应高等教育事业改革和发展的需要，教育部和国家外国专家局于2003年下半年共同组织了四期高校领导赴海外培训班。该项目是在国家财政支持下，教育部、国家外国专家局党组贯彻落实中央精神，创新干部培训模式以及提高干部培训质量的重要举措，也是国家教育行政学院承担的高校领导干部培训工作的进一步拓展和延伸。教育部党组书记、部长周济，国家外国专家局局长万学远出席了海外培训班的开班和结业仪式并讲话。

教育行政学院在承办该培训项目中较好地完成了主题分别为“大学科研开发与成果转化”和“大学学科建设与教学质量保障体系”的两个高校领导海外培训班的国内预培训和国外培训组织任务。两个培训班海外培训分别由美国哥伦比亚大学和宾夕法尼亚大学承担。通过学术讲座、参观考察、访问和座谈等形式，学员圆满完成了为期五周的海外培训任务。

高校领导海外培训工作取得了明显成效。一是开拓了国际视野，进一步提高了对加强和改善高校领导和管理体制及其工作的重要性和迫切性的认识。二是坚持解放思想、实事求是和与时俱进的精神，对中外高等教育管理进行了较为系统又重点突出的比较研究。三是通过对世界著名大学的研究和学习，对中国高等教育改革和发展提供了新的思考和建议。四是促进了中国高校的国际交流与合作，不少高校领导通过这次海外培训与世界著名大学建立了新的联系。

撰稿　王治军
审稿　俞家庆

教育财务与审计

教育财务

教育部　国家统计局　财政部关于2002年全国教育经费执行情况统计公告

（2003年12月15日）

〔**全国教育经费情况**〕　2002年，全国教育经费为5 480.03亿元，比上年的4 637.66亿元增长18.16%。其中，国家财政性教育经费（包括各级财政对教育的拨款、城乡教育费附加、企业办中小学支出以及校办产业减免税等项）为3 491.40亿元，比上年的3 057.01亿元增长14.21%。

〔**落实《教育法》规定的“三个增长”情况**〕

1. 中央和地方各级政府预算内教育拨款（不包括城市教育费附加）为3 114.24亿元，比上年的2 582.38亿元增长20.60%。同年，全国财政收入为18 904亿元，比上年增长15.36%，全国预算内教育拨款增长速度高于财政收入的增长速度5.24个百分点。

2. 各级教育生均预算内教育事业费支出增长情况

2002年全国普通小学、普通初中、普通高中、职业中学、普通高等学校生均预算内教育事业费支出情况是：

（1）全国普通小学生均预算内事业费支出为813.13元，比上年的645.28元增长26.01%，其中，农村普通小学生均预算内事业费支出为708.39元，比上年的550.96元增长28.57%。普通小学生均预算内事业费支出增长最快的是湖南省（50.48%）。

（2）全国普通初中生均预算内事业费支出为960.51元，比上年的817.02元增长17.56%，其中，农村普通初中生均预算内事业费支出为795.84元，比上年的656.18元增长21.28%。普通初中生均预算内事业费支出增长最快的是湖南省（37.28%）。

（3）全国普通高中生均预算内事业费支出为1 565.25元，比上年的1 471.12元增长6.40%。普通高中生均预算内事业费支出增长最快的是西藏自治区（25.66%）。

（4）全国职业中学生均预算内事业费支出为1 664.06元，比上年的1 547.32元增长7.54%。职业中学生均预算内事业费支出增长最快的是吉林省（27.97%）。

（5）全国普通高等学校生均预算内事业费支出

为 6 177.96 元，比上年的 6 816.23 元下降 9.36%。普通高等学校生均预算内事业费支出增长最快的是贵州省（50.69%）。

3. 各级教育生均预算内公用经费支出增长情况

2002 年全国普通小学、普通初中、普通高中、职业中学和普通高等学校生均预算内公用经费支出情况是：

（1）全国普通小学生均预算内公用经费支出为 60.21 元，比上年的 45.18 元增长 33.27%，其中，农村普通小学生均预算内公用经费支出为 42.73 元，比上年的 28.12 元增长 51.96%。普通小学生均预算内公用经费支出增长最快的是青海省（161.38%）。

（2）全国普通初中生均预算内公用经费支出为 104.21 元，比上年的 83.40 元增长 24.95%，其中，农村普通初中生均预算内公用经费支出为 66.58 元，比上年的 44.95 元增长 48.12%。普通初中生均预算内公用经费支出增长最快的是广西壮族自治区（143.44%）。

（3）全国普通高中生均预算内公用经费支出为 231.79 元，比上年的 237.98 元下降 2.60%。普通高中生均预算内公用经费支出增长最快的是青海省（45.90%）。

（4）全国职业中学生均预算内公用经费支出为 220.36 元，比上年的 220.39 元下降 0.01%。职业中学生均预算内公用经费支出增长最快的是上海市（31.90%）。

（5）全国普通高等学校生均预算内公用经费支出为 2 453.47 元，比上年的 2 613.56 元下降 6.13%。普通高等学校生均预算内公用经费支出增长最快的是贵州省（78.04%）。

〔预算内教育经费占财政支出比例情况〕 按预算内教育经费包含城市教育费附加的口径计算，2002 年全国预算内教育经费占财政支出 22 053 亿元（2003 年《中国统计年鉴》公布数）的比例为 14.76%，比上年 14.31%增加了 0.45 个百分点。从全国情况看，有 7 个省、自治区、直辖市预算内教育经费占财政支出比例比上年有不同程度的下降。

〔国家财政性教育经费占国内生产总值比例情况〕 据统计，国家财政性教育经费占国内生产总值比例为 3.41%，比上年的 3.19%增加了 0.22 个百分点，为 1989 年对此项指标进行监测以来的最高水平。

2002 年全国教育经费执行情况监测结果表明，各级政府通过贯彻《教育法》，落实教育优先发展的战略地位，政府教育投入总量继续增加，预算内教育经费占财政支出比例比上年有所上升，但仍有一些省、自治区、直辖市没有达到《教育法》规定的教育投入增长要求。

注：1. 公告中所列教育经费数据以教育经费统计口径为准，包括国民教育序列学校所支出的经费，不包括党政工团的教育经费、职工培训费、党政群干训费和军事院校的经费。

2. 公告中所涉及的全国性统计数据，均不包括台湾省、香港特别行政区、澳门特别行政区。

3. 全国财政收入 18 904 亿元和财政支出 22 053 亿元等数据来源于 2003 年《中国统计年鉴》。

4. 计算国家财政性教育经费占国内生产总值比例时，所用国内生产总值 102 398 亿元来源于《中国统计摘要 2003》。

附

2002年全国教育经费执行情况统计表

表一 2002年预算内教育拨款增长与财政经常性收入增长比较

地区	预算内教育拨款本年比上年增长（%）	财政经常性收入本年比上年增长（%）	增长幅度比较（%）
总计	**20.60**	**15.36**	**5.24**
北京市	15.26	14.09	1.17
天津市	15.37	12.07	3.30
河北省	22.61	2.65	19.96
山西省	16.44	13.64	2.80
内蒙古自治区	23.60	13.50	10.10
辽宁省	16.13	19.96	−3.83
吉林省	16.10	7.01	9.09
黑龙江省	21.10	8.57	12.53
上海市	15.94	14.90	1.04
江苏省	18.10	12.51	5.59
浙江省	26.10	13.21	12.89
安徽省	23.30	11.90	11.40
福建省	14.73	10.27	4.46
江西省	21.35	9.77	11.58
山东省	18.45	10.17	8.28
河南省	29.14	0.90	28.24
湖北省	22.15	8.19	13.96
湖南省	31.85	11.36	20.49
广东省	30.33	18.42	11.91
广西壮族自治区	24.20	15.64	8.56
海南省	19.28	8.04	11.24
重庆市	22.34	18.80	3.54
四川省	22.53	−0.40	22.93
贵州省	35.74	40.35	−4.61
云南省	11.56	8.09	3.47
西藏自治区	39.93	7.97	31.96
陕西省	16.06	8.13	7.93
甘肃省	23.16	8.37	14.79
青海省	20.79	−28.91	49.70
宁夏回族自治区	16.47	−4.24	20.71
新疆维吾尔自治区	15.16	21.99	−6.83

注：预算内教育拨款包括教育事业费、科研经费、基建经费和其他经费

表二 2002年预算内教育经费占财政支出比例情况

地区	预算内教育经费（亿元）			预算内教育经费占财政支出比例（%）		
	2001年	2002年	增长比例%	2001年	2002年	增减百分点
总　计	**2 705.66**	**3 254.94**	**20.30**	**14.31**	**14.76**	**0.45**
北京市	102.90	118.34	15.00	18.40	18.83	0.43
天津市	43.48	47.33	8.85	18.53	17.85	−0.68
河北省	103.35	126.79	22.68	20.10	21.99	1.89
山西省	59.41	69.28	16.61	20.52	20.73	0.21
内蒙古自治区	48.14	59.25	23.08	15.08	15.05	−0.03
辽宁省	95.78	110.70	15.58	15.07	16.02	0.95
吉林省	58.34	67.29	15.34	17.87	18.56	0.69
黑龙江省	72.49	85.51	17.96	15.16	16.08	0.92
上海市	123.61	143.84	16.37	17.46	16.68	−0.78
江苏省	161.37	191.24	18.51	22.12	22.23	0.11
浙江省	128.72	161.31	25.32	21.55	21.51	−0.04
安徽省	77.91	95.86	23.04	19.29	20.98	1.69
福建省	89.61	102.13	13.97	24.01	25.69	1.68
江西省	53.97	65.30	20.99	19.02	19.13	0.11
山东省	156.14	185.33	18.69	20.71	21.53	0.82
河南省	116.53	149.76	28.52	22.91	23.80	0.89
湖北省	75.76	92.11	21.58	15.64	18.01	2.37
湖南省	77.52	99.97	28.96	17.96	18.76	0.80
广东省	228.85	299.05	30.68	17.32	19.66	2.34
广西壮族自治区	68.61	84.73	23.50	19.51	20.18	0.67
海南省	14.17	16.87	19.05	17.95	18.29	0.34
重庆市	44.77	54.96	22.76	18.85	17.97	−0.88
四川省	106.55	129.99	22.00	17.93	18.53	0.60
贵州省	46.16	62.49	35.38	16.77	19.73	2.96
云南省	91.72	102.07	11.28	18.48	19.37	0.89
西藏自治区	9.59	13.41	39.83	9.17	9.73	0.56
陕西省	58.70	67.92	15.71	16.77	16.77	0.00
甘肃省	41.41	50.87	22.84	17.59	18.57	0.98
青海省	13.07	15.78	20.73	12.90	13.29	0.39
宁夏回族自治区	13.68	15.98	16.81	14.62	13.95	−0.67
新疆维吾尔自治区	56.74	65.22	14.95	21.55	18.06	−3.49

注：表中预算内教育经费含城市教育费附加

表三(1) 各级教育生均预算内教育事业费增长情况

单位：元

地区	普通小学			普通初中			普通高中		
	2001 年	2002 年	增长率（%）	2001 年	2002 年	增长率（%）	2001 年	2002 年	增长率（%）
总　计	**645.28**	**813.13**	**26.01**	**817.02**	**960.51**	**17.56**	**1 471.12**	**1 565.25**	**6.40**
北京市	2 437.81	2 891.43	18.61	2 840.43	3 273.16	15.23	3 943.99	4 421.89	12.12
天津市	1 622.86	1 848.73	13.92	1 872.27	1 983.89	5.96	3 782.54	3 834.71	1.38
河北省	502.54	712.48	41.78	651.91	787.39	20.78	1 280.95	1 281.02	0.01
山西省	613.25	721.98	17.73	803.98	877.70	9.17	1 239.16	1 232.96	−0.50
内蒙古自治区	834.12	1 083.04	29.84	855.23	1 069.67	25.07	1 167.80	1 255.38	7.50
辽宁省	714.74	901.10	26.07	953.31	1 140.42	19.63	1 400.23	1 586.55	13.31
吉林省	768.38	979.84	27.52	937.53	1 110.93	18.50	1 278.20	1 433.01	12.11
黑龙江省	1 153.48	1 496.87	29.77	966.89	1 089.86	12.72	1 629.56	1 780.62	9.27
上海市	3 612.05	4 389.66	21.53	3 411.21	4 257.49	24.81	4 967.45	5 411.19	8.93
江苏省	827.41	1 015.39	22.72	1 095.79	1 178.93	7.59	1 738.32	1 867.18	7.41
浙江省	1 132.55	1 455.37	28.50	1 339.17	1 716.19	28.15	2 135.76	2 353.33	10.19
安徽省	470.44	611.56	30.00	557.83	659.26	18.18	1 041.27	1 124.39	7.98
福建省	822.51	986.65	19.96	914.00	1 065.94	16.62	1 610.77	1 712.95	6.34
江西省	548.17	667.13	21.70	568.75	674.86	18.66	942.75	965.31	2.39
山东省	645.21	829.22	28.52	740.77	914.46	23.45	1 232.76	1 292.77	4.87
河南省	353.82	468.65	32.45	511.29	601.14	17.57	801.94	885.85	10.46
湖北省	393.53	547.48	39.12	641.60	789.72	23.09	939.02	1 044.58	11.24
湖南省	477.72	718.87	50.48	551.11	756.58	37.28	956.19	1 018.61	6.53
广东省	768.88	979.03	27.33	1 031.61	1 278.99	23.98	2 132.92	2 525.37	18.40
广西壮族自治区	579.30	676.20	16.73	638.10	781.86	22.53	1 039.83	1 194.11	14.84
海南省	608.69	737.58	21.17	876.48	932.01	6.34	1 525.16	1 638.47	7.43
重庆市	489.73	585.77	19.61	651.33	772.42	18.59	1 133.25	1 128.35	−0.43
四川省	503.93	616.55	22.35	628.24	721.10	14.78	1 160.57	1 176.83	1.40
贵州省	434.43	532.81	22.65	556.50	580.46	4.31	1 144.76	1 099.99	−3.91
云南省	808.40	957.03	18.39	1 020.03	1 088.48	6.71	1 946.64	2 023.18	3.93
西藏自治区	1 476.10	1 852.16	25.48	2 353.80	2 856.00	21.34	3 581.16	4 499.95	25.66
陕西省	477.11	599.26	25.60	655.91	733.29	11.80	882.29	940.33	6.58
甘肃省	555.07	675.00	21.61	728.89	828.19	13.62	1 373.05	1 379.16	0.44
青海省	979.58	1 152.79	17.68	1 294.01	1 398.44	8.07	1 942.81	2 105.62	8.38
宁夏回族自治区	792.31	963.86	21.65	1 043.92	1 067.14	2.22	1 325.96	1 280.82	−3.40
新疆维吾尔自治区	1 010.27	1 150.75	13.91	1 218.74	1 417.88	16.34	1 955.06	2 026.65	3.66

表三(1)　各级教育生均预算内教育事业费增长情况（续）

单位：元

地区	职业中学			普通高等学校		
	2001年	2002年	增长率（%）	2001年	2002年	增长率（%）
总计	**1 547.32**	**1 664.06**	**7.54**	**6 816.23**	**6 177.96**	**−9.36**
北京市	3 321.54	3 867.68	16.44	12 730.42	15 146.05	18.98
天津市	2 361.79	2 495.56	5.66	8 078.25	8 216.75	1.71
河北省	1 169.60	1 311.64	12.14	4 069.15	3 443.30	−15.38
山西省	1 350.97	1 440.69	6.64	5 179.06	4 031.52	−22.16
内蒙古自治区	1 196.63	1 385.78	15.81	3 470.16	3 336.36	−3.86
辽宁省	1 761.65	2 176.59	23.55	4 656.27	4 153.75	−10.79
吉林省	1 578.60	2 020.10	27.97	4 432.55	4 223.75	−4.71
黑龙江省	2 276.24	2 642.22	16.08	4 842.79	4 051.37	−16.34
上海市	3 036.51	3 759.40	23.81	12 455.66	8 441.94	−32.22
江苏省	2 005.74	2 047.77	2.10	5 420.89	4 481.34	−17.33
浙江省	1 914.74	2 052.30	7.18	7 430.12	6 651.29	−10.48
安徽省	631.83	765.63	21.18	3 709.97	3 279.43	−11.60
福建省	1 516.08	1 578.13	4.09	4 966.95	5 147.90	3.64
江西省	1 159.83	1 249.71	7.75	3 828.56	3 281.37	−14.29
山东省	1 947.62	1 932.66	−0.77	4 919.54	4 473.18	−9.07
河南省	951.70	991.96	4.23	3 283.87	3 901.45	18.81
湖北省	1 126.77	1 111.74	−1.33	3 702.23	3 195.03	−13.70
湖南省	1 264.63	1 343.36	6.23	3 213.57	3 007.05	−6.43
广东省	2 482.37	2 832.43	14.10	9 060.17	11 540.31	27.37
广西壮族自治区	1 439.91	1 516.03	5.29	4 538.87	4 701.34	3.58
海南省	2 618.51	1 660.25	−36.60	8 416.59	5 482.29	−34.86
重庆市	1 345.48	1 310.81	−2.58	5 219.51	4 263.44	−18.32
四川省	1 449.57	1 437.89	−0.81	3 179.71	2 306.02	−27.48
贵州省	1 142.97	1 145.24	0.20	2 124.67	3 201.67	50.69
云南省	1 665.32	1 980.01	18.90	7 508.51	6 843.33	−8.86
西藏自治区	4 222.73	4 751.27	12.52	14 448.07	16 006.62	10.79
陕西省	1 164.53	1 186.63	1.90	4 322.62	3 745.58	−13.35
甘肃省	1 728.85	1 656.15	−4.21	4 775.23	3 808.12	−20.25
青海省	1 978.78	2 116.76	6.97	4 893.83	4 727.40	−3.40
宁夏回族自治区	1 761.39	1 617.12	−8.19	7 036.23	5 649.18	−19.71
新疆维吾尔自治区	2 543.43	2 330.45	−8.37	2 162.31	2 681.37	24.00

表三(2) 各级教育生均预算内公用经费增长情况

单位：元

地区	普通小学			普通初中			普通高中		
	2001 年	2002 年	增长率（%）	2001 年	2002 年	增长率（%）	2001 年	2002 年	增长率（%）
总计	**45.18**	**60.21**	**33.27**	**83.40**	**104.21**	**24.95**	**237.98**	**231.79**	**−2.60**
北京市	566.92	667.95	17.82	871.95	1 064.74	22.11	1 346.82	1 602.94	19.02
天津市	143.68	154.31	7.40	418.10	419.09	0.24	945.41	1 007.76	6.60
河北省	23.60	42.91	81.82	45.01	63.03	40.04	194.97	155.86	−20.06
山西省	23.25	30.61	31.66	51.61	61.81	19.76	121.30	121.12	−0.15
内蒙古自治区	55.86	101.24	81.24	82.03	142.12	73.25	149.10	186.06	24.79
辽宁省	70.52	84.47	19.78	116.04	137.90	18.84	220.88	262.19	18.70
吉林省	64.71	84.48	30.55	112.73	153.89	36.51	241.65	285.22	18.03
黑龙江省	68.85	115.47	67.71	78.71	108.44	37.77	142.98	186.99	30.78
上海市	699.56	927.22	32.54	848.18	1 133.87	33.68	1 476.75	1 491.43	0.99
江苏省	35.98	43.09	19.76	72.71	87.20	19.93	183.63	178.76	−2.65
浙江省	96.78	128.32	32.59	172.88	229.60	32.81	489.11	488.52	−0.12
安徽省	19.61	31.60	61.14	38.00	42.06	10.68	80.89	47.26	−41.57
福建省	46.72	57.49	23.05	100.74	121.24	20.35	254.83	237.23	−6.91
江西省	17.76	28.68	61.49	25.08	41.26	64.51	43.96	35.14	−20.06
山东省	32.91	29.44	−10.54	38.45	43.63	13.47	126.61	97.05	−23.35
河南省	11.90	17.95	50.84	31.59	37.41	18.42	75.54	100.68	33.28
湖北省	19.03	27.67	45.40	43.25	49.00	13.29	103.76	86.78	−16.36
湖南省	18.42	31.63	71.72	30.34	55.12	81.67	88.91	110.92	24.76
广东省	106.70	137.26	28.64	175.03	209.15	19.49	482.27	515.49	6.89
广西壮族自治区	22.60	26.86	18.85	31.77	77.34	143.44	71.24	85.86	20.52
海南省	42.79	25.14	−41.25	109.41	63.58	−41.89	324.32	128.95	−60.24
重庆市	28.26	40.12	41.97	59.99	70.71	17.87	170.67	127.04	−25.56
四川省	27.03	38.59	42.77	46.25	48.93	5.79	137.60	121.49	−11.71
贵州省	10.54	21.86	107.40	30.25	49.70	64.30	125.09	98.36	−21.37
云南省	71.48	71.71	0.32	140.37	126.11	−10.16	396.54	351.78	−11.29
西藏自治区	164.23	166.10	1.14	253.20	338.72	33.78	888.45	811.12	−8.70
陕西省	18.90	33.16	75.45	41.73	59.34	42.20	74.23	90.75	22.26
甘肃省	20.84	50.26	141.17	37.43	86.49	131.07	98.59	120.28	22.00
青海省	48.06	125.62	161.38	78.05	126.38	61.92	122.05	178.07	45.90
宁夏回族自治区	64.78	121.82	88.05	121.86	124.67	2.31	156.00	147.63	−5.37
新疆维吾尔自治区	64.28	69.04	7.41	103.08	203.12	97.05	211.92	247.03	16.57

表三(2) 各级教育生均预算内公用经费增长情况（续）

单位：元

地区	职业中学			普通高等学校		
	2001 年	2002 年	增长率（%）	2001 年	2002 年	增长率（%）
总计	**220.39**	**220.36**	**−0.01**	**2 613.56**	**2 453.47**	**−6.13**
北京市	989.83	1 116.10	12.76	6 221.25	9 871.62	58.68
天津市	428.52	429.02	0.12	3 244.01	3 319.47	2.33
河北省	110.43	123.88	12.18	955.35	873.82	−8.53
山西省	203.08	162.33	−20.07	1 132.25	850.59	−24.88
内蒙古自治区	142.81	164.05	14.87	248.42	349.68	40.76
辽宁省	270.53	351.13	29.79	1 455.16	1 214.48	−16.54
吉林省	249.22	218.37	−12.38	1 327.84	1 974.21	48.68
黑龙江省	213.45	235.41	10.29	1 054.41	958.90	−9.06
上海市	843.88	1 113.06	31.90	6 504.37	3 362.52	−48.30
江苏省	163.14	163.66	0.32	1 709.49	1 796.47	5.09
浙江省	451.64	420.56	−6.88	2 538.45	2 736.07	7.79
安徽省	36.16	34.97	−3.29	499.33	213.15	−57.31
福建省	226.65	181.70	−19.83	1 655.96	1 898.74	14.66
江西省	73.61	94.95	28.99	1 029.75	1 078.38	4.72
山东省	115.29	78.02	−32.33	1 351.76	1 210.13	−10.48
河南省	81.87	90.21	10.19	1 021.80	1 166.77	14.19
湖北省	93.04	78.21	−15.94	1 644.63	1 442.68	−12.28
湖南省	110.14	118.43	7.53	968.72	774.75	−20.02
广东省	639.78	735.87	15.02	3 527.85	4 687.09	32.86
广西壮族自治区	152.61	129.12	−15.39	1 553.46	1 373.15	−11.61
海南省	388.06	110.36	−71.56	2 361.43	1 392.56	−41.03
重庆市	194.34	129.67	−33.28	2 375.14	2 290.85	−3.55
四川省	146.91	147.70	0.54	1 178.64	1 038.72	−11.87
贵州省	125.99	101.79	−19.21	408.10	726.58	78.04
云南省	285.34	258.63	−9.36	3 421.01	2 875.25	−15.95
西藏自治区	1 206.06	380.71	−68.43	3 483.68	3 785.65	8.67
陕西省	118.45	100.74	−14.95	1 141.66	902.90	−20.91
甘肃省	135.93	176.98	30.20	1 008.07	886.26	−12.08
青海省	294.47	351.71	19.44	1 614.27	811.22	−49.75
宁夏回族自治区	277.57	300.65	8.32	1 810.00	2 532.95	39.94
新疆维吾尔自治区	160.39	83.72	−47.80	346.99	539.24	55.41

〔**第二期“国家贫困地区义务教育工程”实施情况**〕　“十五”期间中央财政安排50亿元专项资金，加上地方配套资金，实施第二期“国家贫困地区义务教育工程”（以下简称“工程”）。到2003年，在各级政府的高度重视下，经各级教育、财政部门和项目单位的共同努力，“工程”进展顺利，已取得阶段性成效。

“工程”进展情况：(1)“工程”资金落实情况良好。20个项目省（含新疆生产建设兵团，下同）2001年—2003年的项目资金规划总数为47亿元，其中中央专款30亿元，省本级和省以下各级配套资金17亿元。截至2003年9月，实际落实到位资金近46亿元，完成规划总数的97.9%，其中中央专款30亿元，足额完成了规划任务，省本级和省以下各级配套资金近16亿元，完成规划的94.1%。(2)“工程”各项目的实施已取得显著成效。到2003年9月，“工程”共新建项目小学1 633所，新建项目初中1 043所；改扩建小学3 627所，改扩建初中1 898所；新建小学校舍105万平方米，新建初中校舍138万平方米；改扩建小学校舍166万平方米，改扩建初中校舍220万平方米；培训小学和初中校长与教师12.5万人次；向580万人次的贫困小学和初中学生免费提供了教科书；购置小学和初中课桌凳67万单人套，购置小学和初中图书536万册，购置小学和初中教学仪器设备价值4 088万元，配置小学和初中信息技术教育设备价值1.17亿元。以上各项目均基本完成了规划任务。(3)“工程”实施的社会效益显著。二期“工程”中央专款的投入力度加大，平均每个项目县（旗、团场）5年内可得到中央专款和省级配套资金近1 400万元。

撰稿　华成刚
审稿　陈伟光

〔**“农村中小学危房改造工程”实施情况**〕2001年－2002年，中央政府和地方各级政府共投入危房改造资金120亿元，实施了第一期“农村中小学危房改造工程”，总计改造2万余所中小学的3 000万平方米D级危房。其中：中央投入资金30亿元，地方各级政府配套资金38亿元，改造D级危房1 700多万平方米；“二期国家贫困地区义务教育工程”，中央专项资金中有11亿用于危房改造，地方政府配套资金5亿元，改造D级危房300万平方米；地方各级政府多渠道筹措危改资金36亿元，改造D级危房1 000万平方米。

虽然一期危改工程取得了很大成效，但截至2002年底，农村中小学还存在4 000万平方米D级危房。为加快农村中小学危房改造步伐，促进各地建立起农村中小学危房改造经费的投入保障机制，国务院决定，2003年至2005年继续实施“农村中小学危房改造工程”。中央每年安排20亿元专项资金，3年共计60亿元，对中西部贫困地区的农村中小学现存危房改造给予支持。2003年8月，国务院批准了《国家发展改革委、教育部、财政部关于农村中小学危房改造工程的实施方案》。2003年中央已安排危改资金20亿元，地方各级政府配套资金约31亿元，改造危房面积约980万平方米。

撰稿　宋家乐
审稿　陈伟光

〔**高校经济困难学生资助工作**〕　2003年，教育部继续把做好资助经济困难学生工作作为认真实践“三个代表”重要思想的大事来抓，全面落实和推进奖学金、学生贷款、勤工助学、特殊困难补助和学费减免政策及“绿色通道”制度，使资助高校经济困难学生工作得到进一步发展。

为进一步做好资助高校经济困难学生工作，针对招生过程中社会上出现的一些对经济困难学生问题的反映，保证2003年新录取的经济困难学生能顺利入学，2003年7月，教育部发出《关于切实做好资助高校经济困难学生工作的紧急通知》，对全国普通高校的资助工作进行全面部署，正确引导社会舆论，确保了这项工作的顺利开展。

2003年初，教育部与财政部在人民大会堂举行“首届国家奖学金发放仪式”，李岚清、陈至立、项怀诚等领导出席并为获奖学生代表发放奖学金。2003年底，在继续发放第二届国家奖学金的基础上，根据国务院领导同志的指示，中央财政又从总理预备金中专门增拨 4 000 万元，为 1 万名品学兼优的经济困难学生发放了国家奖学金。截至 2003 年底，全国累计已有 10 万名经济困难、品学兼优的学生领取到国家奖学金，总金额达 4.4 亿元。

2003 年，教育部积极配合中国人民银行大力推进国家助学贷款工作，继续向工、农、中、建四家国有商业银行下达了 2003 年国家助学贷款指导性计划。同时，为保证国家助学贷款工作广泛、健康、持续地开展，教育部建立了国家助学贷款学生个人信息查询系统并于 2002 年 9 月在一定范围内开通了网上查询，在此基础上，教育部办公厅就继续做好 2003 年高校国家助学贷款学生个人信息采集工作作了详细部署。经过各方面的共同努力，国家助学贷款工作在全国范围内继续得到了一定的发展。据统计，2003 年全国新增贷款学生 26.5 万人，新增贷款合同额 20.2 亿元；截止到 2003 年 12 月底，全国已签订国家助学贷款合同的学生人数累计达到 79.1 万人，贷款合同金额累计达到 65.2 亿元。

此外，教育部还通过组织召开专题新闻发布会、编印下发《高等学校学生资助政策问答》小册子等多种方式，加大了对高校资助经济困难学生政策的宣传力度。

实践表明，在党中央、国务院的高度重视和关心下，经过社会各方面的共同努力，我国已从总体上基本解决了高校经济困难学生问题，确保了高等教育改革的顺利发展。

撰稿　王　俊
审稿　崔邦焱

〔**规范学校收费管理**〕　近年来，在国务院的统一领导下，经过各级教育行政、价格、财政等有关部门和学校的共同努力，学校收费管理工作逐步规范，对促进教育事业健康发展起到了积极的作用。为进一步做好 2003 年学校收费管理工作，规范学校收费行为，教育部联合国家发展改革委、财政部发出《关于做好 2003 年学校收费工作有关问题的通知》（以下简称《通知》）。《通知》规定：（1）2003 年，政府举办的各级各类学校的收费标准不得提高，也不得设立新的收费项目，除按国家规定的项目和标准收费外，学校不得再向学生收取其他任何费用。（2）各地必须严格按照《教育部、国家计委、财政部关于切实做好 2002 年农村贫困地区义务教育阶段“一费制”试行工作的通知》规定，在所有国家扶贫开发工作重点县的农村小学和农村初中全面实行“一费制”收费办法，不得以任何借口推迟或不实行。（3）公办高中招收“择校生”要严格执行“三限”政策（即限分数、限人数、限钱数）。择校生最高收费标准由省级教育行政部门提出意见，经同级价格、财政部门审核后，由三部门共同报省级人民政府审批。招生比例和最低录取分数线由省级教育行政部门按照从严掌握的原则具体制定，并向社会公布，接受各方面监督。（4）高等学校招收的定向生、特长生、预科生、专升本学生应与同等学力层次学生执行同样的收费项目和收费标准，除按规定收取学费、住宿费外，不得额外收取其他任何费用。（5）经批准设立的民办二级学院、网络学院、计算机软件学院和中外合作办学机构，在严格核算生均培养成本的基础上，可实行按成本收取学费的原则，具体收费标准按属地化原则管理。普通高等学校不得将国家下达的计划内招生指标转到所属民办二级学院而变相高收费；不得借民办二级学院之名搞“校中校”，变相“双轨”收费；不得以降分录取的形式高收费、乱收费。（6）有关部门和高等学校要认真执行国家关于资助经济困难学生的有关规定，完善“奖、贷、助、补、减”等配套政策和措施，按照国务院要求继续进一步做好国家助学贷款工作。对中小学学生要进一步落实包括贫困学生助学金、减免学杂费等在内的资助政策和措施，帮助家庭经济困难的学生就学。（7）全国各级各类学校必须按照《国家计委、财政部、教育部关于印发〈教育收费公示制度〉的通知》的有关规定，全面实行公示制度，通过各种形式，将学校收费项目、收费标准、收费资金的使用情况和投诉电话等向社会公示，主动接受学生、家长和社会的监督，增强学校收费的透明度。（8）进一步加强学校收费收入管理。义务教育阶段学校的杂费、借读费收入全部用于补充学校公用经费的不足，不得用于教职工工资、津贴、福利、基建等项开支，不得用于平衡政府的财政预算，不得从中提取任何性质的调节基金；普通高中、高等学校的学费收入统筹用于办学支出。代收的课本费，由学校直接用于购买书本。学校的收费收入要严格按照同级财政部门规定及时缴财政专户，实行“收支两条线”管理。严禁任何部门、单位或个人以任何理由截留、挤占、挪用、平调学校收费收入。

在加强对学校收费管理的同时，针对一些地方的基层政府或单位违反规定通过学校搭车收费的现象，教育部又发出《关于禁止通过学校向学生搭车收费的通知》（以下简称《通知》）。《通知》明确规定：任何部门和单位对国家规定以外的费用不得下达给学校向学生收取，要严格按公示的项目和标准收费。对地方政府及有关部门的搭车收费，学校要坚决予以拒绝，并及时向上级教育主管部门和当地纪检、监察部门反映，绝不允许学校向学生提出收取这些费用的要求，更不得因学生不缴纳规定项目和标准之外的费用而拒绝学生上学。

撰稿 刘 景
审稿 郑富芝

〔**教育利用外资贷款**〕 完成世界银行贷款/英国政府赠款“西部地区基础教育发展”项目的谈判和启动工作。项目总投资12.16亿元人民币，其中：世界银行硬贷款1亿美元（约折合人民币8.25亿元），地方政府提供配套资金3.91亿元人民币。项目性质为统借自还项目。英国政府赠款用于软化世行贷款条件，不计入项目总投资。项目贷款利率为2%，贷款期限为20年（含宽限期8年）。项目支持西部四川、云南、广西、宁夏和甘肃5个省（自治区）的112个县普及九年义务教育，巩固“普九”成果。项目资金主要解决普及九年义务教育的问题，同时兼顾“普九”成果的巩固和提高；以建设贫困乡、村两级小学为重点，同时兼顾初中。项目资金主要用于改善办学条件，进行教师和管理人员培训以及开展教学和管理方面的改革创新活动。

撰稿 周 坚
审稿 郑富芝

〔**中、初等学校校办产业**〕 2003年全国中、初等学校校办产业（勤工俭学）基本情况如下。

一、校办产业（勤工俭学）基地情况。2003年，全国共有45万所中、初等学校开展了各种形式的勤工俭学活动和兴办了校办产业，安排学生参加劳动3.6亿人次。全国中、初等学校共有各类校办产业（勤工俭学）基地约45万个，比2002年减少1.89万个。其中：农、林、牧、渔基地28.83万个（农村学校24.59万个，用地40万公顷）；工业企业2.18万个；第三产业网点13.85万个。

二、校办产业（勤工俭学）规模及效益。2003年，全国中、初等学校校办产业（勤工俭学）资产总额为501.1亿元，比2002年减少97.4亿元，下降16.27%。其中：固定资产净值170亿元，比2002年减少20亿元，下降10.52%；流动资产293.7亿元，比2002年减少70.7亿元，下降19.4%；负债257.6亿元（资产负债率为51.4%）；所有者权益243.5亿元（实收资本122.2亿元）。全国从事勤工俭学和校办产业的各类职工达75.7万人（教职工16.3万人），其中农村学校28.86万人（教职工10.35万人）。2003年，全国中、初等学校校办产业（勤工俭学）销售收入及营业额768.6亿元，比2002年减少74亿元，下降8.78%。其中：农业销售收入39.2亿元；工业销售收入463.95亿元（工业产销率92.28%）；第三产业营业额186.4亿元；其他勤工俭学收入79.1亿元。校办产业（勤工俭学）利税总额达150亿元，其中利润总额117亿元（农村学校17.15亿元），比2002年减少5亿元，下降4.1%。

三、校办产业（勤工俭学）收益分配情况。2003年，全国勤工俭学和校办产业总收益用于补充教育经费的部分为66.4亿元（包括校办产业向学校提供的劳务和部分物品等），占校办产业（勤工俭学）总收益的56.7%，比2002年减少1.83亿元，下降2.68%。其中：用于改善办学条件（修建教学用房、购置教学设备、补助公用经费等）的资金为42.8亿元，比2002年减少2.5亿元，下降5.52%。此外，用于教职工福利开支及补助困难学生的部分为12.98亿元（农村学校为4.65亿元）。上缴国家税金33.3亿元，比2002年减少3.7亿元。2003年内返还税金为2.07亿元。

撰稿 杨 宇 张 丽
审稿 崔邦焱

教育审计

〔**教育部加强对教育审计工作的指导**〕 2003年初，教育部办公厅印发《2003年教育审计工作要点》，结合教育改革和发展的需要，提出教育审计工作的重点和要求。要求各部门、各单位要认真实施预算执行与财务决算审计制度；加强对“国家贫困地区义务教育工程”、《面向21世纪教育振兴行动计划》、“211工程”以及其他专项资金的管理与使用情况的审计；在校办企业改制和后勤社会化改革中加强审计监督，确保国有资产的安全完整；要加强对货币资金、固定资产、对外投资项目的审计；进一步规范经济责任审计；加强建设工程、修缮工程审计；积极开展审计调查等。在审计或审计调查中，各审计机构要加强对被审单位内控制度的评审，促进各项制度的完善和有效执行。各单位根据本单位的中心任务，制定了具体的工作计划。部分省、自治区、直辖市教育行政部门根据上述要点中提出的“各级教育部门内审机构要加强对本地区、本系统内审工作的指导，要深入进行调查研究，并定期进行监督检查，及时了解内审工作情况，总结交流经验，帮助排忧解难，促进内审工作的深入开展”的要求，对本部门、本地区教育内审工作开展情况进行了检查。

4月，教育部财务司在北京师范大学召开全国教育审计工作会，总结2002年教育审计工作情况、交流工作经验。司长杨周复在会上作了讲话，充分肯定了2002年教育审计取得的成绩，并对今后教育审计工作提出“紧跟形势、加强审计、适应形势、创新审计”的任务和要求。在大会交流和分组讨论中，大家认真总结了2002年的工作情况和经验。会议对推动教育审计的发展起到了重要的促进作用。

同时，组织教育系统内审人员学习审计署2003年颁布的《审计署关于内部审计工作规定》、中国内部审计协会制定的《内审基本准则》，使广大内审人员进一步明确新形势下审计的职责和任务，在审计业务中严格规范审计行为，确保审计质量。

〔**教育战线开展审计工作情况**〕 2003年，教育内审机构坚持“全面审计，突出重点”的原则，围绕教育改革和发展的中心任务，共完成财政和财务收支审计、预算执行与决算审计、工程审计、经济责任审计、企业经济效益审计、专项资金审计（含“211工程”、“国家贫困地区义务教育工程”、 “危房改造”等）等各项审计210 320项，审计资金约2 724亿元，查出有问题的资金近32亿元，促进增收节支11亿元。发现经济案件线索291件，移送司法机关40件，移送纪检部门185件。移送司法机关处理39人，受党纪政纪处分460人。在上述审计项目中有基建、修缮工程审计42 488个项目，送审额311亿多元，审减额31.2亿多元，审减率达10.03%，取得了较好的经济效益。

撰稿 刘 宜
审稿 杨周复

国际及与港、澳、台教育合作交流

留学工作

〔**出国留学**〕 自1978年至2003年底，各类出国留学人员总数70.02万人，留学回国人员总数17.28万人，留学国别108个。

2003年度，各类出国留学人员总数11.73万人（其中：国家公派占2.56%，单位公派占4.39%，自费留学占93.05%），留学回国人员总数2.01万人。仍在国外的52.74万留学人员（其中美洲占36.45%，欧洲占28.06%，亚洲占22.01%，大洋洲占12.89%，非洲占0.59%）中，有35.66万人仍在国外学习、合作研究、学术访问。

2003年是邓小平同志作出扩大派遣留学生指示25周年，教育部组织了系列纪念活动：通过媒体宣传介绍改革开放25年留学工作取得的成就，总结留学工作经验，推动新时期留学工作健康发展；组织慰问留学回国人员新春音乐会，2 000多名留学回国人员代表出席；会同中央组织部、中央宣传部、中央统战部、人事部、科学技术部在人民大会堂联合举办“全国留学回国人员先进个人和先进工作单位表彰大会”，表彰了311名留学回国先进个人和22个先进工作单位，胡锦涛、温家宝、贾庆林、曾庆红、李长春等中央领导会见与会代表，胡锦涛、曾庆红分别发表重要讲话；会同中央宣传部、人事部、科学技术部在北京联合举办全国留学人员回国创业成就展，教育部专门设立展区，组织65个单位参展，遴选90多套实物、300多幅照片集中展示25年来留学工作所取得的成就。

2003年国家公派留学实施“高级研究学者项目”，将高级研究学者的选派与建设一流大学和重点学科相结合，培养学科带头人和重点实验室主任。全面启动“西部地区人才培养特别项目”，并与西部13个省（自治区、直辖市、新疆生产建设兵团）签订合作协议，让国家公派出国留学项目全面走入西部地区。自2003年始，对国家公派留学人员奖学金资助标准进行调整，全面改善了国家公费留学人员在外生活条件，尤其对“高级研究学者”生活费标准有较大幅度提高，充分体现国家对培养高层次人才的重视。2003年设立“国家优秀自费留学生奖学金”，首先在美国、日本、英国、法国、德国5个国家进行试点，试点阶段的奖励规模为100人。2003年组织教育部出国留学人员培训部评估工作，进一步推动出国留学人员培训工作的健康发展。

2003年为加大吸引优秀留学人员回国服务的力度，继续采取“集团式、捆绑制、基地化”的工作模式，利用“春晖计划”资助在外留学人员赴广州、大连、重庆、广西、云南、甘肃、贵州、西藏、青海、新疆、内蒙古和陕西等地开展为国服务活动。会同有关部门组织“第六届中国留学人员广州科技交流会”，并在会上举办留学人员支持西部“春晖计划”专场、教育外交官座谈和留学回国创业论坛等活动。在“非典”期间，组织一批在外留学人员回国参加抗击“非典”一线工作，先后有7名留学人员获得教育部“春晖计划”资助；组织在外留学人员为防治“非典”献计献策，共收到报回的300余条建议和意见；组织海内外留学人员科技专家抗击“非典”网上专业论坛。

2003年度受理了第23批和第24批留学回国人员科研启动基金的申请，共批准资助1 045名留学回国人员。

撰稿 徐培祥
审稿 曹国兴

〔**来华留学**〕 2003年春天，在“非典”疫情到来的时候，中国政府对在华外国留学生的“非典”防控工作高度重视。2003年4月26日，温家宝总理看望了北京大学的外国留学生，对留学生们说：“中国政府非常关心外国留学生和外国专家的身体健康，如果你们需要回家、回国，中国政府会给你们提供一切方便。等一切都好了，欢迎你们再回来。”在党中央、国务院直接领导下，在各省、自治区、直辖市政府的关怀下，全国各级留学生管理部门和全体留学生管理干部和衷共济、众志成城，使在华和回国留学生无一感染“非典”或疑似“非典”病例。教育部确立的“以人为本、科学防治，来去自由，提供便利”的外国留学生抗击“非典”工作方针，在世界人民面前树立了中国政府在重大灾害面前负责任的政府形象。

为实现《2003—2007年教育振兴行动计划》，教育部在2003年确立了“扩大规模、提高层次、保证质量、规范管理”的来华留学工作思路，进一步完善外国留学生教育管理模式，克服“非典”带来的不利影响，创造性地开展工作，保证了来华留学规模的基本稳定。

2003年，教育部采取多项措施优化来华留学生学习环境：建立了专门为来华留学生服务的具有社会保险性质的医疗保险制度；在财政部的大力支持下，增加了来华留学奖学金生名额，同时开始奖学金货币化的改革工作；完善教育部对来华留学项目的管理、评估、服务制度；为提高来华留学生层次探索新办法；举办教育部高等学校来华留学管理综合业务培训班，建立来华留学生管理、业务干部的培训机制，培养职业化的留管干部队伍。

截至2003年12月31日，2003年全年在华的各类外国留学人员共计175个国家的77 715人，与2002年相比，国家数不变，人数减少9.45%，分布在全国31个省、自治区、直辖市的353所高等院校和其他教学机构（以上数据均不含台湾省、香港特别行政区和澳门特别行政区）。具体分类统计如下：

按学习期限统计：长期生（学习时间超过6个月的）为64 456人，占留学人员总数82.94%，比2002年增加6.54%。短期生（学习时间不足6个月）为13 259人，占留学人员总数17.06%，比2002年减少47.65%。

按经费办法统计：奖学金生6 153人，占留学人员总数7.92%，比2002年增加1.3%，其中长期生6 096人，短期生57人。自费生71 562人，占留学人员总数92.08%，比2002年减少10.27%，其中长期生58 360人，短期生13 202人。

按学生类别统计：（1）学历生24 616人，占留学人员总数31.67%，比2002年增加16.91%。2003年学历生分类统计如下：本科生19 319人，占留学人员总数24.85%；硕士研究生3 397人，占留学人员总数4.37%；博士研究生1 637人，占留学人员总数2.11%；专科生263人，占留学人员总数0.34%。（2）非学历生53 099人，占留学人员总数68.33%，比2002年减少18.02%。2003年非学历生分类统计如下：普通进修生39 026人，占留学人员总数50.21%；高级进修生814人，占留学人员总数1.05%；短期学生13 259人，占留学人员总数17.05%。

按学科类别统计：文科59 059人（含汉语类53 126人、艺术类918人），占留学人员总数75.99%；医科7 184人（含西医3 001人、中医4 183人），占留学人员总数9.23%；经济3 091人，占留学人员总数3.97%；工科2 693人，占留学人员总数3.46%；历史482人，占留学人员总数0.62%；法学2 053人，占留学人员总数2.64%；管理1 547人，占留学人员总数1.99%；教育725人（含体育类467人），占留学人员总数0.93%；理科465人，占留学人员总数0.60%；农科241人，占留学人员总数0.31%；哲学175人，占留学人员总数0.26%。

按洲别统计：亚洲 63 672 人，占留学人员总数 81.93%；欧洲 6 462 人，占留学人员总数 8.31%；美洲 4 703 人，占留学人员总数 6.05%；非洲 1 793 人，占留学人员总数 2.31%；大洋洲1 085人，占留学人员总数 1.40%。

按省市区统计：北京 29 332 人，上海 13 858 人，天津 4 952 人，江苏 3 684 人，辽宁 3 434 人，陕西 2 836 人，吉林 2 537 人，浙江 2 089 人，黑龙江 1 941 人，广西 1 686 人，福建 1 533 人，山东 1 451 人，云南 1 451 人，湖北 1 220 人，四川 1 097人，广东 1 071 人，河南 907 人，河北 487 人，安徽 383 人，新疆 371 人，湖南 302 人，内蒙古 274 人，重庆 159 人，江西 144 人，青海 125 人，甘肃 116 人，山西 69 人，海南 67 人，贵州 65 人，西藏 48 人，宁夏 26 人。

来华留学生人数超过 200 人的国家共有 25 个：韩国 35 353 人，日本 12 765 人，美国 3 693 人，越南 3 487 人，印度尼西亚 2 563 人，泰国 1 554 人，德国 1 280 人，俄罗斯 1 224 人，尼泊尔 1 199 人，蒙古 1 060 人，法国 962 人，澳大利亚 918 人，马来西亚 841 人，英国 657 人，朝鲜 638 人，菲律宾 602 人，巴基斯坦 598 人，加拿大 557 人，新加坡 551 人，老挝 403 人，也门 284 人，意大利 270 人，缅甸 232 人，瑞典 229 人，哈萨克斯坦 215 人。

根据我国与有关国家之间的教育交流协议和交流计划，2003 年教育部向 163 个国家提供了中国政府奖学金名额。2003 年 9 月共有来自 131 个国家的 1 879 名获得中国政府奖学金的新生进入中国高等学校学习，另有 123 名外国留学生和外国学者获得教育部“长城奖学金”（通过联合国教科文组织提供）、“优秀外国留学生奖学金”、“外国汉语教师短期研修奖学金”、“HSK 优胜者奖学金”和“中华文化研究奖学金”等专项奖学金来华学习或从事研究，加上已在校学习的学生，2003 年共有来自 153 个国家的6 153名外国留学生享受中国政府奖学金在华学习，占全年留学生总数的 7.92%，奖学金生总数比 2002 年增加 1.3%。其中，来自亚洲 3 076 名，占奖学金生总数的 50%；欧洲 1 442名，占 23.4%；非洲 1 244 名，占 20.2%；美洲 305 名，占 5%；大洋洲 86 名，占 1.4%。

接受学历教育的奖学金生共有 3 713 名，占奖学金生总数的 60.34%。其中博士研究生 609 名，比 2002 年增加 12.36%；硕士研究生 1 350 名，比 2002 年增加 13.06%；大学本科生 1 754 名，比 2002 年减少 3.73%。享受中国政府奖学金的高级进修生有 419 名，比 2002 年减少 3.4%；普通进修生 1 964 名，比 2002 年增加 0.2%。

2003 年中国高等学校通过各种国际交流渠道接受了来自 167 个国家的 71 562 名自费留学生，比 2002 年减少 10.27%，占全年留学生总数的 92.08%。其中，长期留学生58 360名，比 2002 年增加 6.99%；短期留学生 13 202 名，比 2002 年减少 47.63%。

此外，2003 年，中国留学服务中心继续组织国内的有关高等学校分别在印度尼西亚、英国和意大利举办了留学中国教育展，中国教育国际交流协会组织有关高等学校到法国举办了中国高等教育展，中国国家留学基金管理委员会秘书处组织有关高等学校赴尼泊尔、澳大利亚和新西兰举办了来华教育展。

撰稿 陈盈晖 赵灵山
审稿 张秀琴

〔**国家留学基金委工作**〕

一、出国留学选派与管理。2003 年，国家留学基金管理委员会共录取各类国家公派出国留学 3 276人，其中面上录取 2 171 人，各类留学项目录取 1 105 人。2003 年面上申报国家留学基金资助出国留学的人数为 5 106 人，根据年度选派计划（调整了访问学者类别，新设高级研究学者项目）和专家评审意见，录取 2 171 人。其中高级研究学者 204 人，占 9.4%，访问学者/进修人员1 967人（包括非通用语种本科生），占 90.6%。录取国别涉及 58 个国家。设立“高级研究学者”派出类别有助于对国家重点学科和实验室学术带头人的培养及尖端人才和学术梯队的建设与成长。“访问学者”资助期限的调整更符合留学人员的实际需要。

在做好面上选派工作的同时，留学基金委承担了中美富布赖特项目、中加学者交换项目、澳大利亚发展奖学金项目、新西兰政府发展援助奖学金项目、德意志学术交流中心（DAAD）奖学金项目、俄罗斯艺术类奖学金项目等留学项目的执行工作。此外，还负责“西部地区人才培养特别项目”、“基础课教学基地教师出国研修项目”、“软件学院项目”、“杰出青年学者出国研修数学物理项目”、“对外汉语教师出国研修项目”等的实施工作。此外，“研究生选派项目”、“博士后研究项目”、“入世后我国急需人才培养项目（金融行业）”的建议和实施办法等得到教育部、财政部的肯定和支持，项目已经立项并将从2004年起具体实施。

2003年，留学基金委在与云南、贵州、四川、重庆、新疆生产建设兵团签订合作协议的基础上，又与甘肃、新疆、陕西、宁夏、青海、广西、内蒙古、西藏分别签署“西部地区人才培养特别项目”协议。根据协议，2003年已完成了云南、贵州、甘肃、四川、重庆、新疆、青海等地区2003年的选拔工作，共录取各类留学人员384人。为更好地满足西部地区的实际需要，在西部项目中还设立了“高等教育行政管理人员研修项目”、“高级农业专业人员、教师研修项目”、“中学骨干英语教师出国研修项目”等子项目，采取统一安排，集中培训的方式，受到西部地区的广泛欢迎。2003年留学基金委继续执行“高校基础课教师出国研修项目”，此类项目由于派出的针对性强，课程安排符合实际需要，受到了派出单位和派出人员的欢迎。经教育部批准，留学基金委设立的“国家优秀自费留学生奖学金”项目试点工作，于2003年底启动，这一举措体现了党和国家对自费留学人员的关心和期望，受到驻外使（领）馆和海内外学生学者的欢迎。

为进一步完善在外留学人员跟踪管理和效益评估工作，留学基金委进一步加强留学人员回国验收工作，为公派留学工作的基本绩效评估搭建平台。广大留学人员的法律观念和意识增强，按期回国服务的责任感增强，逾期不归或超期回国的人数逐年降低。截至2003年12月31日，2003年年度内国家公派留学人员应到期回国2 511人，实际回国报到2 468人，回归率为98.29％。从2000年至今，国家公派出国留学按期回归率已连续四年保持在95％以上。

2003年留学基金委同驻外使（领）馆教育处（组）以及国内单位密切配合，妥善处理了发生在俄罗斯、泰国的我国家公派留学人员火灾遇难身亡、溺水身亡等意外事故以及留学其他国家的留学人员因病提前回国等各种问题。2003年11月，在俄罗斯卢蒙巴人民友谊大学学习的留学人员遭受了重大生命和财产损失，其中国家公派留学生二死一伤。在外交部、教育部的支持下，留学基金委紧急启动应急预案，密切配合国家的救援行动。

在完成政府间各种工作任务的同时，2003年留学基金委继续与英国外交与联邦事务部（FCO）、美国哈佛大学、荷兰莱顿大学、美国国际教育协会（IIE）、IBM公司等发展合作，着力开拓与国外教育机构建立实质性合作项目，并积极发展和巩固与包括美、英、法、日、澳、新，以及部分亚洲国家的高等院校、教育机构和组织建立的合作关系。已连续三年同英国外交与联邦事务部合作实施设立曼彻斯特大学“志奋领”联合奖学金项目，取得了较好效果。2003年续签了协议，并新设了伦敦大学学院“志奋领”联合奖学金项目。与哈佛大学连续五年合作实施“哈佛大学博士后项目”，连续六年接受委托实施“IBM中国优秀学生奖学金项目”，并同惠普公司合作新增设了“惠普奖学金”项目，为国家培养了大批有用人才。对于近一两年协议到期的项目，留学基金委积极与国外合作方进行沟通，促成新一轮协议的签署并执行。2002年留学基金委开始归口代理香港特区公立大学在内地招收自费本科生工作，2003年留学基金委协助香港8所大学录取学生338人。

2003年留学基金委作为主办方举办了“教育国际创新研讨会”，与博鳌亚洲论坛、联合国教科文组织合作主办了“亚洲教育北京论坛发起者会议”，扩大了基金委的影响，开拓了教育国际合作与交流的新领域。

二、来华留学录取工作。2003年留学基金委完成了2003/2004学年度中国政府奖学金生的招生录取、奖学金年度评审、在国外举办来华留学教育展、项目奖学金合作等工作。

2003年突发的“非典”疫情，对来华留学生招生工作造成较大干扰，报名录取和专项奖学金获奖人数均有不同程度下降。2003/2004学年度计划招收中国政府奖学金生2 754名，经审核，94所高校录取了2 014名新生，录取率为89.31%。其中根据政府间教育交流协议，录取1 891名，占录取总数的93.89%。录取的学生中共招收硕士研究生、博士研究生、高级进修生和访问学者738名，占录取总数的36.64%，比上一个学年度下降0.9个百分点；录取的学历生823名，占录取总数的40.86%，比上一学年度提高2.41个百分点；24所高校录取了35国93名用英语授课的学生，比上年减少9国49名学生。湖南大学和武汉理工大学继续开办计算机专业和工商管理（MBA）英语授课硕士研究生班。

2003年专项奖计划名额366名，实际录取123名。此外，2003年度共有84名留学生向留学基金委提出了“优秀外国留学生奖学金”申请。其中61人（全额奖学金38人，部分免学费奖学金23人）得到该项奖学金资助，继续在华攻读硕士或博士学位。

2003年留学基金委克服“非典”疫情造成的不利影响，及时与高校沟通，使各地的奖学金评审工作进展顺利。共有82所院校的2 623名学生参加了年度评审，2 581名学生评审合格，占参评总数的98.4%；18所高校的42名学生评审不合格，占参评总数的1.6%。完成了对139名“优秀外国留学生奖学金”学生的评审。

2003年来华留学工作进一步拓宽了领域。1月留学基金委与越南教育培训部通过换文方式签署了《中国国家留学基金管理委员会与越南海外培训计划委员会关于合作安排越南学生留学中国的协议书》。3月正式启动越南教育培训部来华学生项目（CSC－COTP项目）。19名学生入北京大学、清华大学、天津大学、浙江大学和上海大学，另有1名博士生直接进入北京体育大学，分别攻读学士、硕士或博士学位。8月，留学基金委通过换文方式签署了《中国国家留学基金管理委员会与巴基斯坦高等教育委员会关于合作安排巴基斯坦大学教师在中国高等学校攻读博士学位的协议》。该批35名学生于9月底分别进入清华大学、北京航空航天大学、北京理工大学、北京科技大学学习。2003年留学基金委承担了国家汉办“汉语桥”奖学金项目（CSC－HBH项目）的招生录取和日常管理工作。共受理53名学生的申请，安排他们进入北京大学、北京师范大学、北京语言大学和复旦大学等高校学习。

2003年4月、10月，留学基金委分别在尼泊尔、澳大利亚、新西兰举办了中国教育展，同时派员参加了澳大利亚教育国际开发署（IDP）第17届年会。中国教育展取得了很大成功，受到了欢迎，扩大了中国高等教育在海外的影响。

受教育部委托，国家留学基金委继续负责2003年全国来华留学生的数据统计工作，2003年全年在华的各类外国留学人员共计175个国家77 715人，与2002年相比，国家数不变，人数减少9.45%，分布在全国31个省、自治区、直辖市的353所高等院校和其他教学机构（以上数据均不含台湾地区、香港特别行政区和澳门特别行政区）。其中学历生24 616人，比2002年增加16.91%；非学历生53 099人，比2002年减少18.02%。

三、国家留学基金委第八次全体委员会议。国家留学基金委第八次全体委员会议于2003年12月25日在京举行，教育部副部长兼国家留学基金委主任章新胜出席会议并讲话。会议审议了国家留学基金委2003年度工作报告，对2004年国家公派出国留学和来华留学工作的改革思路、2003年—2007年发展规划提出了意见和建议。

会议充分肯定了留学基金委2003年的工作。“高级研究学者项目”和“西部地区人才培养特别项目”等重点项目进展顺利；新立项的“增加研究生选派项目”、“国家优秀自费留学生奖学金项目”、“入世后我国急需人才培养项目”适应了全面建设小康社会的发展需要，受到社会的广泛关注。会议分析了留学工作面临的形势和机遇，提出了今后的努力方向和具体任务。强调今后的留学工作一定要紧紧围绕小康社会建设目标，围绕科教兴国、人才强国战略，以“三个代表”重要思想为指导，认真落实全国人才工作会议精神，始终抓住培养高层次高质量人才这一根本不放松，树立全面、协调、可持续的发展观，求真务实，深化改革，努力在层次、规模、效益上作出新贡献。

撰稿 刘智勇 张 健
审稿 李旺荣 杨新育

〔**加强教育涉外活动监管**〕 为加强教育涉外监管工作，教育部于2002年底在国际合作与交流司增设了教育涉外监管处。

2003年初以来，在公安、工商及各地教育主管部门和驻外使（领）馆的支持和配合下，教育部针对自费出国留学中介活动中存在的问题，在加强自费出国留学中介机构管理，整顿和规范自费出国留学中介活动秩序方面重点开展了六个方面的工作。一是沟通信息。建立并开通了教育部教育涉外监管信息网（www.jsj.edu.cn），通过网站公布与留学中介工作相关的各种信息。该网已成为教育部在自费留学工作中向广大留学人员提供服务，打击非法留学中介活动，对留学中介机构进行日常监管的最有效的手段之一。网站日访问量超过1万人次。二是加强对国外学校的资质把关。先后分两批通过教育涉外监管信息网和中国留学网公布了21个中国公民主要留学对象国近万所学校名单。为客观全面地介绍国外学校的实际办学情况，对国外学校的资质认证工作进行了规范，自2003年8月起，中国驻外使（领）馆对国外学校的资质认证开始统一使用《国外教育机构资质情况认定表》。三是建立留学预警制度。就自费留学活动中的突出问题发布留学预警，全年共发布13期。内容包括国外学校资质、留学中介违法违规情况、外国留学政策新变化等，涉及加拿大、法国、新西兰、南非、挪威、丹麦、瑞士、瑞典、日本9个国家的10多所学校。发布留学预警引起社会各界广泛关注，在树立自费留学工作的正确导向和督促外国政府加强其学校的管理，提高其学校办学质量，维护我国留学人员利益等方面都发挥了很大作用。四是加强对自费出国留学中介机构日常活动的监管，严厉打击违法违规活动。为督促中介诚信经营，打击非法挂靠等，筹备公布270家中介机构资格证号、法人代表、办公地址等核心资质。先后处理整改了12家严重违规自费出国留学中介机构，并通过媒体进行了曝光。五是为解决留学人员“维权难”问题，联合国家工商行政管理总局起草制定了《自费出国留学中介服务委托合同（示范文本）》。六是推动与外国政府建立教育合作与交流磋商机制。就某些国家在其学校办学质量难以保证的情况下一味推销“教育出口”，盲目大量吸收我国留学生等情况，通过磋商要求外国政府采取切实可行的措施加强对其学校的管理，维护我国留学人员的合法权益。

同时，教育部还积极开展了中外合作办学、考试、国际教育展等教育涉外活动的整顿和规范工作。

撰稿 陶洪建
审稿 岑建君

对外合作与交流

〔**双边与多边合作交流**〕 中国教育国际合作与交流在2003年取得新进展：高层互访及交往得到加强，增进了相互了解，与有关国家建立了稳定的高层次工作磋商机制；双边与多边合作与交流向深层次、宽领域、全方位发展，“强强合作”的领域和范围进一步开拓和扩大。

2003年2月，教育部部长周济率中国大学校长团赴日本出席了第一届中日大学校长论坛。2003年9月24日～10月8日，周济部长出席了联合国教科文组织第32届大会，这是我国自1971年10

月恢复在该组织合法席位之后的第一位教育部部长率团与会。会议前后，周济部长顺访了德国和法国，重点围绕高层次人才培养特别是重点建设一流大学和高水平知名大学问题，以及在促进高校间的紧密联系、设立推动高水平和高层次领域科研合作的联合基金、联合培养博士研究生、开展合作办学、加强语言教学等方面，分别与德、法政府教育主管部门和教育科研机构达成广泛共识，签署了具有实质性意义的合作与交流协议。这次访问拓展了我国与西欧主要国家教育合作与交流的新渠道，开创了全面发展与西欧主要国家教育合作关系的新局面。

经国务院批准，6 月和 8 月，教育部副部长章新胜以中国大学生体育联合会主席的身份分别赴美国和韩国，竞选世界大学生体育联合会副主席职务，通过各有关部门通力协作，克服重重困难，以 93 票的历史最高票数当选，从领导决策层面上阻止了台湾当局企图利用国际体育组织扩展其政治空间的政治图谋，国务院领导及有关部委对此给予了高度评价。教育部副部长赵沁平率团出席在意大利召开的世界大学生体育联合会执行委员会年会，成功挫败台湾申办 2007 年世界大学生运动会的图谋，为我国顺利举办 2008 年奥运会扫清了政治障碍。

围绕高层次人才培养、重点建设世界一流大学和一批高水平知名大学以及实施《面向 21 世纪教育振兴行动计划》等内容，新签和续签了 31 个具有重要影响力的双边和多边教育交流与合作协议和执行计划（其中亚洲 4 个、欧洲 20 个、美洲和大洋洲 7 个）。

继 2002 年突破性地与德国签署了高等教育学历学位互认协议之后，又与法国、英国、澳大利亚和新西兰等教育发达国家签署了高等教育学历学位互认协议。这些协议的签署，标志着我国的学历学位教育获得了国际社会的公认，表明了西方发达国家对我国教育质量及标准的认可，为我国扩大与教育发达国家高水平合作及学生交流，包括高校间课程学分互认创造了良好条件。与奥地利、葡萄牙互认高等教育学历学位的协议也已基本达成一致；与荷兰、爱尔兰、瑞典互认高等教育学历学位协议正在加紧拟定之中；针对美国、加拿大、日本等国的特点，积极推动与其地区性教育评估机构和专业认证机构开展互认高等教育学历学位的合作；开始筹备与东盟国家互认高等教育学历学位的工作。

在新一届中俄教文卫体合作委员会（副总理级）和各合作分委会（部长级）的合作机制框架内，积极推动与俄罗斯的教育合作与交流，认真总结和全面规划了中俄人文及教育领域的长期合作；继续实施北京大学——莫斯科大学联合研究生院项目；积极派遣艺术类和军工类人才赴俄进修、学习；举办了首届中俄大学生艺术节。

在双边、多边以及地区教育交流与合作框架中，开辟了一些新的项目，吸引了国外大批资金投入；为落实农村教育工作会议精神，积极扩大与国际组织的合作，加强对西部教育的援助，与联合国开发署、儿童基金会和亚洲开发银行开展了利用现代远程教育手段培训贫困地区教师项目；对非洲等发展中国家的教育援助工作进行了富有成效的管理体制和模式创新。同时，与若干重要国家建立了教育交流与合作定期磋商机制，如：中澳第一次和中新第三次副部级工作磋商会，中英远程教育合作协调小组，中德职教协调会议，中国教育部和日本文部省司局级工作磋商会议，中奥、中法教育合作磋商会议等。

实施“走出去”战略，国家留学基金委和教育部留学服务中心组织我国高等学校首次赴尼泊尔、印度尼西亚、澳大利亚和新西兰等国举办中国教育展览；中国教育国际交流协会 11 月下旬在法国巴黎举办了“21 世纪中国高等教育展”，是我国在法举办的一次规模最大、层次最高的中国教育展览，国内共有 70 所知名高校，264 人参加。这些在国外举行的展会活动均获得了成功，对展示中国实施改革开放 20 多年来高等教育改革与发展的成果、促进教育国际合作与交流、开拓来华留学市场，起到了积极作用。

撰稿　戴继强
审稿　岑建君

〔**对外汉语教学**〕　2003 年，世界各国的汉语教学继续快速发展，对汉语的需求在更多地域出现。根据教育部所做的第一次全球汉语教学状况统计，2003 年共有 100 个国家开展汉语教学；1.24 万所学校开设汉语课程，其中大学 2 000 多所，中小学近 5 000 所，社会培训机构 5 000 多所；在学汉语人数为 334 万人，其中大学生 44 万人，中小学生 160 万人，其他人员 130 万人；汉语教师共计 4 万人。

为了回应国际社会对汉语教学的需求，加快对外汉语教学事业的发展，2003 年，国家对外汉语教学领导小组决定制订《“汉语桥”工程——2003 至 2007 年工作规划》。对外汉语教学工作将遵照“集成、创新、跨越”的指导方针，集成一切积极因素，采取创新的手段，实现对外汉语教学的跨越式发展。国家将在对外汉语教学的机构建设、资源建设和宣传推广三个方面加大投入。

2003 年，以中文列入美国大学理事会的 AP (Advanced Placement Programme) 课程为标识，汉语教学在美国取得重大进展。12 月 5 日，在温家宝总理访美前夕，中国驻美大使杨洁篪与美国大学理事会主席 Caston Caperton 在美国国会山共同宣布：中美合作实施 AP 中文课程及考试项目 (AP 中文项目)。中国教育部部长周济发去贺函表示祝贺。该项目的启动，标志着中文课程将更加广泛地在美国高中得到推广，并带动中小学和大学的汉语教学发展。AP 中文课程将于 2006 年开始授课，2007 年开始举办考试。

教育部 2003 年评选了第二批“中国语言文化友谊奖”获奖者，共计 6 人。他们是：俄罗斯科学院世界文学研究所首席研究员李福清 (Boris Riftin)，意大利威尼斯大学副校长、教授萨巴蒂尼 (Mario Sabattini)，美国俄亥俄州立大学东亚语言文学系教授吴伟克 (Galal Walker)，韩国高丽大学教授李充阳 (Lee Choong Yang)，法国教育部汉语总督学、法国东方语言学院教授白乐桑 (Joel Bellassen) 和菲律宾华文教育研究中心主席颜长城 (Emilio Gan)。

第二届“汉语桥”世界大学生中文比赛于 2003 年成功举办。38 个国家举办了预赛，28 个国家的 63 名优秀选手来华参加了复赛和决赛，比利时的沙阿诺、新加坡的陈佳颖、日本的泉谷晴香等 16 名优胜者分别获得了一、二、三等奖和“汉语语言使者”荣誉称号。

2003 年，国家汉语水平考试委员会通过了《HSK 改革、发展工作方案》。HSK（少儿）、HSK（旅游）、HSK（商务）和 HSK（文秘）4 个专项汉语水平考试的研发工作在紧张进行之中。全年共有 26 846 名考生在国外考点参加了 HSK 考试，同比增长 44%；国内考点考生 35 101 人。考生总数 61 947 人，比 2002 年增长 5.33%。国内外考点数量分别比 2002 年增长了 21%和 35%，共在 34 个国家和地区（含中国）设立了 140 个考点。

2003 年，经过对 17 所申报学校进行评审，南开大学、华东师范大学、南京师范大学、中国人民大学等 4 所学校被评为国家对外汉语教学基地。2002 年评审出的北京语言大学、复旦大学、北京师范大学、北京大学首批 4 个基地的建设工作得到落实。

2003 年，国家汉办组织开发了英语、西班牙语、阿拉伯语、俄语、德语、法语等世界主要语区使用的 9 套教材，已出版发行 13.8 万册。在教材编写上加强了国家间的合作，如与英国文化委员会合作的《快乐汉语》，与埃及艾因夏姆斯大学合作的《汉语 100》。满足不同学习目的的专项教材推陈出新，如启动了《奥运汉语》教材的编写工作。音像多媒体教材的制作受到重视，共计开发音像教材项目 15 个，完成音像教材 198 张/集，较 2002 年增长 52%，出版播出 153 张/集，较 2002 年增长 18%。教材推广工作得到加强，已有 80 多个国家 1 000 多所学校使用中国的教材和教辅材料。

“外国汉学研究学者短期访华计划”于 2003 年启动，邀请了 23 个国家的 53 名汉学学者来华进行学术访问，其中 36 名学者已经来华（另外 17 名学者将于 2004 年来华），并享受了该项目的资助。

2003 年，教育部向 69 个国家的大学和有关汉语教学机构赠送中文图书、音像制品共计 118 958 册（盒），比 2002 年增长 55.16%。另外还向突尼斯高等语言学院、荷兰莱顿大学、孟加拉达卡大学、拉托维亚大学、保加利亚达特尔诺沃大学、索非亚大学、吉尔吉斯坦教育文化部等国外 8 个单位赠送了电脑、卫星接收器、电视机、打印机、复印机等77套语言教学设备。

2003年，教育部向63个国家派出了97名汉语教师，与2002年相比，人数增长了136.59%。国家汉办还为新加坡教育部遴选了13名汉语教师赴新任教。为了利用我母语国人力资源丰富的优势，增加向国外派遣汉语教师的渠道，国家汉办进行了派遣志愿者的尝试，委托福建师范大学和云南师范大学分别向菲律宾和泰国派遣了53名汉语教师志愿者，在海外受到广泛好评。根据这一经验，国家汉办正在研究制定《国际汉语教师中国志愿者计划》。

2003年，报考对外汉语教师资格证书的人数大幅提高，共有3 463人报名，比2002年增加2 320人。1 056人获得了对外汉语教师资格证书，至此全国持有对外汉语教师资格证书的人数已达到3 690人。

2003年，来自22个国家的490名汉语教师在国内高校接受了培训；国家汉办派出国内10个专家组分赴8个国家进行讲学和培训，培训国外汉语教师1 216名。“外国汉语教师短期研修奖学金”项目，接受100名外国汉语教师来华培训。为规范汉语师资培训，国家汉办制定了国外汉语教师培训大纲，并开始网上培训课件的制作。

2003年，“中美网络汉语教学”项目完成了教学大纲、汉语课件的样课研制，共完成了4集故事脚本的编写和课件制作工作，并在美国进行了试验。启动了体现个性化教学的“长城汉语”多媒体网络教学模式的开发工作。北京语言大学通过竞标承担研发，计划36个月完成，首批课件将于2004年9月推出。

撰稿　赵国成
审稿　曹国兴

〔**中外合作办学**〕　10年来，随着中国改革开放的领域和层次不断扩大以及教育改革的不断深入，中外合作办学发展十分迅速，办学规模逐步扩大，办学层次逐渐提高，办学模式也趋于多样化，已成为中国高等教育对外开放的重要组成部分，是中国引进外国优质教育资源和先进经验的重要渠道以及提高中国高等教育国际竞争力的重要途径。

据不完全统计，截至2004年初，在中国有28个省、自治区和直辖市，经批准设立和举办的中外合作办学机构或项目近800个。从地域分布看，中外合作办学机构相对集中在经济、文化较发达的东部沿海省份及大中城市，如上海、北京、山东、江苏、辽宁、浙江、广东等省市，基本符合这些地区经济和社会发展对各类人才的迫切需求；从合作对象国别和地区分布看，外方合作者主要来自经济发达、科技及教育先进的国家和地区，如美国、澳大利亚、加拿大、日本、新加坡、英国、法国等国；从办学层次分布看，学历教育机构占大多数，非学历教育机构也拥有相当的数量，主要偏重于职业教育和技能培训；从专业分布看，开设工商管理类专业（如工商管理、市场营销、会计学、财务管理、人力资源管理、旅游管理）的机构和项目居多，外国语言文学类（如英语、德语、法语、俄语、日语）次之，其他专业还有诸如电气信息类（如计算机、计算机科学与技术、电子科学与技术）、经济学类（如国际经济、国际贸易、财政学、金融学）、艺术类（如艺术设计、戏剧影视文学）、教育学类等。

总体上看，中外合作办学的发展趋势健康平稳，已形成一批办得好、质量高、有特色、受欢迎的中外合作办学机构或项目。一些中外合作办学机构在办学实践中，积极引进国外优质教育资源，大胆探索新的办学模式和人才培养模式，积累了不少好的经验。中国的教育行政部门坚持依法行政和规范管理，不断探索有效的管理方式和手段，努力引导中外合作办学向着健康有序的方向发展。

实践证明，中外合作办学在发展过程中日益显示出其独特的优势和作用，主要体现在：一是成为培养现代化建设急需的短缺学科、急需人才的捷径。随着中国对外开放水平的不断提高，中国引进外资水平已居世界第一，急需适应对外开放需要的紧缺人才，中外合作办学可以解决目前中国高等教育中存在的短缺学科、急需学科和新兴学科建设和发展问题，培养中国改革开放及经济建设事业急需的各类人才；二是可以成建制地系统引进国外知名高等教育机构的课程计划、教材、教法，通过“解剖麻雀”，掌握外国教育和科技前沿的发展动态，为我国所用，促进中国教育事业的跨越式发展，努力赶超世界先进水平；三是让中外合作办学成为“不出国的留学”，以解决部分中国学生在国内接受国外教育，满足其出国学习国外先进文化科技知识的需求，同时达到节约教育成本的目的。

为适应中国加入WTO的形势，创造教育对外开放更加宽松的环境，逐步提升中外合作办学的层次和水平，既体现中国教育法规的要求，又满足中外合作办学实践的需要，教育部和有关部门根据《中华人民共和国教育法》的要求以及中国加入WTO对教育服务贸易的承诺，自2000年开始进行了广泛深入的调研。在此基础上，国务院于2003年3月1日颁布了《中外合作办学条例》，教育部正通过颁布配套的实施办法加以落实。

撰稿　戴继强

审稿　岑建君

与香港、澳门特别行政区和台湾地区的交流合作

〔**与香港的交流合作**〕　2003年邀请、接待香港教育界的爱国社团、办学团体、教授、中小学骨干教师、青少年学生领袖等22个团组，约1 200人次，到内地访问考察和交流。举办了第十届“华夏园丁大联欢”活动，第一次邀请到台湾地区及新加坡华语学校的中小学教师与香港、澳门、内地的教师300人在江苏省境内交流、联欢。组织青少年学生到延安、西昌卫星发射中心参观，安排香港的大学生到北京、上海、深圳、广州、江苏等地进行毕业实习。委托北京师范大学、华东师范大学、南京师范大学和华南师范大学分别为香港的中小学校长、幼儿园园长、教师举办教育改革和国情考察研修班。

鼓励和支持内地高校与香港高校开展合作办学。经教育部批准，在内地举办的有关工商管理、现代物流、国际房地产等专业的合作办学项目17个；在香港举办的有关中医、中药、普通话教学等方面的合作办学项目7个。

积极吸引香港地区青年学生到内地求学。内地高校招收香港本科生1 487名，研究生228名，预科生800名，插班生41名。内地11所高校为香港八所大学代招本科生144名，香港8所大学在内地招收自费生338名。

从2003年7月1日起，内地人员赴港就读、任教、合作研究及高级劳务人员所持证件，由因公改为因私。

加强与香港地区教育主管部门的沟通，建立高层互访机制。2003年6月香港特别行政区教育统筹局局长李国章访问教育部。教育部副部长章新胜于2004年1月访问了香港教统局。

〔**与澳门的交流合作**〕　2003年邀请并接待了7个澳门教育团组，密切了两地教育界间的联系，促进了教育交流与合作；向澳门3所爱国学校赠送了价值10万元人民币的内地图书；为澳门中小学校长分别举办了研修班；接待了澳门特区政府社会文化司司长崔世安先生一行；与澳门特区政府高等教育辅助办公室和教育暨青年局建立了定期交流沟通机制；批准内地高校与澳门合作办学项目6个；邀请80名澳门中小学教师来内地参加“华夏园丁大联欢”活动；内地高校招生宣传团赴澳门举办招生宣传，介绍内地高校情况，并招收120名保送生；澳门大学、澳门理工学院、澳门科技大学、澳门旅游学院等澳门的4所高校在内地的14个省、自治区、直辖市招收全日制自费生784人，其中本科生483人，预科生75人，研究生226人；内地高校招收澳门研究生326人，本科生1 296人，预科生138人，插班生3人。

〔**与台湾的交流合作**〕　2003年组织了两岸大学生交流活动和两岸学者参加的学术研讨会等交流

项目 30 个，参加上述活动的台湾研究生、大学生、专家学者近 1 000 人；委托吉林大学举办了台湾学生“北国风情冬令营”活动，有 90 名台湾大学生和 30 名祖国大陆大学生参加活动；邀请并接待了两个台湾教授访问团共 130 余人；协助中央电视台举办了由两岸高中学生参加的“第二届海峡两岸知识大赛”活动；首次邀请 13 名台湾中小学教师参加了在南京市举办的“华夏园丁大联欢”活动；祖国大陆的 10 余所大学与台湾的大学签订了校际交流协议，为两岸大学间开展对口交流奠定了基础；教育系统应邀赴台交流人员为 2 200 人次，包括教师、专家学者、教育行政管理人员、大学生、研究生等，交流的内容为参观、考察、参加学术研讨会、讲学、合作研究、参加两岸大学生交流营等。

祖国大陆高校招收台湾研究生 905 人，本科生 703 人，预科生 157 人，插班生 167 人。

〔**香港爱国人士及基金会教育捐款**〕 2003 年，香港邵逸夫基金会继续向内地提供第 16 批教育赠款 2 亿港元，用以重点支持西部教育事业发展，共捐助内地 378 所大中小学校建设教学楼、图书馆等。

霍英东教育基金会自 2003 年起，依据国民经济与社会发展需要，增加设立“优选资助课题”，用以资助在能源、信息、交通、材料、生命、环境六个学科领域有重要应用前景或能产生重大经济和社会效益的研究课题 32 项，共提供 64 万美元的科研经费。同时，霍英东教育基金会讨论确定了 2003 年第九届高等院校青年教师基金及青年教师奖获得者共 273 名，提供奖金及科研经费 210.91 万美元。

2003 年 12 月，为庆祝教育部与李嘉诚基金会西部农村中小学现代远程教育项目 10 000 个教学示范点的建成，国务委员陈至立和李嘉诚先生出席了由教育部举行的新闻发布会。该项目的实施，对农村现代远程教育起到了积极的示范推动作用。李嘉诚基金会为该项目提供了 1.2 亿元人民币的捐款。

曾宪梓教育基金 2003 年出资 630 万元人民币，资助 1 750 名贫困大学生在全国 35 所高校就读。此外，华夏基金会、王宽诚教育基金会、田家炳基金会、周凯旋基金会、方树福堂基金会等继续支持内地教育事业发展，分别资助和奖励优秀的贫困大学生或女大学生完成学业，资助高等院校举办国际会议或出国参加国际学术会议，支持内地职业技术教育发展和高中课程改革研究等项目。同时，2003 年，新设立邵方逸华奖学金，帮助西部部分贫困地区学生完成中等职业技术培训，以期通过他们带动西部贫困地区脱贫致富。

据不完全统计，截至 2003 年底，教育部接受的来自香港的教育基金会和爱国人士的教育捐款共计 22 888.3 万元人民币，各项教育捐款极大地促进了内地，特别是西部教育事业的发展。

撰稿 张 栋 纪建军 余 彬
审稿 丁雨秋

民 间 交 流

〔**拓展教育国际交流与合作**〕

一、全力开展“走出去”的品牌活动

举办 21 世纪中国高等教育展。2003 年 11 月 18 日～23 日，由中国教育国际交流协会承办的中法文化年重点项目之一“21 世纪中国高等教育展”在法国巴黎举办。教育部部长周济和法国教育部部长吕克·费里致信祝贺，教育部副部长章新胜率团出席了开幕式及全部主要活动。北京大学、清华大学等 70 所高校，清华控股、北大方正等 10 家高校高科技企业及国家留学基金委、留学服务中心、国家汉办等 6 家教育国际交流机构参展。总展览面积 1 500 平米，是我国首次在西方发达国家举办的最大规模的高层次教育展。中国高教展系列活动包括：展览展示、举办“中法高校校长论坛和研讨会”、访问对口院校、签署中法高校合作协议、中法大学生联谊等。高教展全面展示了改革开放20多年来中国高等教育取得的成果，突出宣传了“211”工程建设、高校科研以及国际合作与交流成果，为我国高校“走出去”搭建了一个合作与交流的平台。

11月20日举办的“中法高校校长论坛和研讨会”，有300余位中法高校负责人和教育界人士出席。清华大学顾秉林校长和巴黎大学校长等10位中法高校校长就21世纪高校面临的机遇和挑战、中法教育合作、高校科技成果转化和重点学科及重点实验室建设等问题进行了探讨与交流，并提出了有价值的建议。

展会期间，组织中国大学校长分8个组对口参观法国巴黎高师等院校，双方就中法合作办学、师资培训、项目开发与合作及重点学科建设等议题进行了交流与座谈。清华大学、北京大学、北京外国语大学、中国农业大学、对外经济贸易大学、南京理工大学等国内院校与巴黎高科、巴黎政治学院、法国兰斯高等商学院、阿雷斯矿业学院、巴黎十大等法国院校签署了20项合作协议。内容涉及增加人员交流、合作培养研究生、合作科研项目、合建实验室、中法合作办学以及校企合作等，其中大多数为实质性可操作项目。

巴黎市副市长、法国前财政、经济、工业部长等先后参观了中国高教展。有100余所法国高校代表来到现场与中国高校参展代表进行面对面的交流，展览期间接待了超过6万人次的参观者。展会的成功举办为进一步推动中法教育交流与合作创造了条件，也为中国高校“走出去”积累了经验。

二、全力开展“引进来”的品牌活动

举办中国教育国际交流协会年会。2003年10月18日～20日，在北京举办了2003年中国教育国际交流协会年会大型系列交流活动。活动主要包括：(1) 10月17日，举行了“第四届中国教育国际论坛暨中国国际教育展”开幕式。全国人大副委员长顾秀莲，教育部副部长袁贵仁，马来西亚教育部副部长、欧盟教育文化总司长等中外嘉宾约400人出席。中国教育国际交流协会会长柳斌致欢迎词。(2) 10月18日～20日，召开了“第四届中国教育国际论坛”。论坛的主题是“构建终身教育体系，建设学习型社会”。围绕主题，设有农村教育、高等教育与高校毕业生就业体系的建立、职业技术教育与职业资格证书等专题论坛和中外合作办学研讨会及项目洽谈会。来自中国、美国、德国、英国、澳大利亚、新西兰、泰国等17个国家和国际组织的专家学者，分别就“构建终身教育体系，建设学习型社会”的主题，以及“农村教育改革与发展”、“职业技术教育与职业资格证书”、“高等教育与建立高校毕业生就业体系”和“中外合作办学”等专题进行了演讲。在10月18日举行的“构建终身教育体系，建设学习型社会”的主论坛上，教育部袁贵仁副部长作了题为“构建终身教育体系，建设全民学习、终身学习的学习型社会”的主题报告。(3) 10月18日～26日，在北京和上海主办了“第五届中国国际教育展”。来自世界各地20多个国家和地区的近200所大专院校和教育机构参加了展览会，观众达3万人。德国学术交流中心、澳大利亚教育国际开发署、韩国教育和人力资源发展部、泰国高等教育部、马来西亚教育部和外贸促进中心、英国文化委员会和加拿大教育中心等均组织了庞大的国家展团。展览会有76场留学讲座和说明会，加拿大、英国、马来西亚、荷兰等国家的教育机构和驻华使馆的教育领事等应邀举行了专题讲座，重点推介所在国的正规院校、签证要求及教育质量认证制度。在展览会期间同时举行了海外院校与留学中介合作洽谈会，来自国内近70家合法留学中介参加了本次活动，参与洽谈会的海外教育机构及院校达15家。同时举办了中外合作办学研讨会和项目洽谈会，教育部有关领导就《中外合作办学条例实施细则》作了深入、全面的阐述，对国内外合作办学的成功案例和模式进行了研讨。参加研讨会的院校人数达600人，进行洽谈的中外院校达40家。

中英大学校长研讨会。2003年2月24日，中英大学校长研讨会在北京清华大学举行，来自英国牛津大学、诺丁汉大学、曼彻斯特大学、华威大学、伦敦政治经济学院和中国的北京大学、清华大学、中国人民大学、北京师范大学、北京航空航天大学、天津大学、山东大学、对外经济贸易大学等近20名大学校长、副校长参加了研讨会。正在中国访问的英国教育和技能部终身教育和高等教育国务大臣玛格丽特·霍奇女士、英国驻华大使韩魁发爵士、中国教育国际交流协会会长柳斌出席了研讨会。中国教育国际交流协会副秘书长杨孟和英格兰高等教育拨款委员会国际合作部主任詹尼特·蒋女士分别向与会人员介绍了“中英大学校长领导能力培训项目”的背景情况。根据协议，中英双方将各自遴选12名左右的校级领导者到对方国家进行培训学习。中英大学校长研讨会标志着“中英大学校长领导能力培训项目”的正式启动。该项目已经教育部批准，并被纳入教育部第三期“中英高等教育合作项目”。参加研讨会的大部分学校都是该项目的项目院校。研讨会围绕重点学科建设、加速教育信息化、校园文化建设、产学研结合、开展有效国际交流与合作等展开了讨论。

中国——奥地利维也纳音乐大师班及中奥音乐艺术教育研讨会。2003年2月14日～21日，中国教育国际交流协会协同奥地利音乐大师班委员会和奥中关系促进会在中国音乐学院共同主办了首届中国维也纳音乐大师班及中奥音乐艺术教育研讨会。来自国内近20所高校及音乐团体的领导和知名教授以及奥地利维也纳国立音乐及表演艺术大学、公立海顿音乐学院、维也纳新城音乐学院和维也纳音乐大师班委员会的一些世界级知名教授参加了研讨会。双方就两国教育体制、院校管理体制的差异及两国对传统文化的保留与外来文化的吸收与学习等议题进行了深入的探讨与交流。

纪念邓小平同志为北京景山学校“三个面向”题词发表20周年国际教育论坛。2003年9月13日～14日，中国教育国际交流协会和景山学校在北京联合举办了纪念邓小平同志为北京景山学校“三个面向”题词发表20周年国际教育论坛，400余位来自国内外的教育工作者出席了论坛。协会会长柳斌致欢迎词，教育部副部长王湛发表讲话。16位中外教育专家、学者、高级管理人员、教育行政官员在论坛上发表了演讲，除探讨邓小平同志“三个面向”题词的伟大历史意义和重大现实意义外，还结合当前国际国内教育发展的有关热点问题及教育教学领域的实际问题进行了研讨。

首届中俄大学生艺术节。中国教育国际交流协会于2003年10月24日在上海举办了首届中俄大学生艺术节。教育部副部长章新胜在艺术节开幕式上讲话，强调通过学生艺术节活动，进一步加强中俄教育交流与合作。艺术节作为2002年中国高等教育展的后续活动之一，对增进中国人民对俄罗斯文化的了解，展示俄罗斯高等艺术教育的风貌，促进中俄两国大学生在文化艺术领域的交流，特别是对两国青年之间的相互理解和发展友谊具有积极作用。

〔**拓展特色项目**〕 2003年，在探索体制创新，全力开拓新的国际合作项目方面取得重要进展。

高校领导者培训项目（LTP）。(1) 中澳大学校长跟班考察项目。2003年中国教育国际交流组派了由西安交通大学校长郑南宁为团长的大学校长代表团赴澳大利亚访问与交流。(2) 中美大学校长跟班考察项目。2003年10月，举办了中美地方/州立大学研讨会，中美12对项目院校代表及教育部高教司、国际司的代表等50余人到会。11月，中方5所院校的副校长到美方合作伙伴校访问。中美高校第二轮项目院校的第二批中方学员将于2004年4月派出。(3) 中加大学校长跟班考察项目。2003年中国教育国际交流协会与加拿大大学/学院协会合作实施的中加大学校长跟班项目的8对院校进行了互访，并分别在渥太华和北京召开研讨会。双方正在对项目进行评估，以便进行更好的合作。(4) 中英大学校长跟班考察项目。北京大学党委书记闵维方、清华大学副校长龚克等11所国内著名高校的11位党委书记、校长、副校长于2003年9月赴英国与牛津、剑桥等英国院校进行对口交流，并召开研讨会。英方项目院校正在陆续回访其中方项目伙伴院校。

AFS国际文化交流项目。该项目是中国教育国际交流协会与美国国际文化交流组织的多边合作师生交流项目。2003年派出学生121人分赴24个国家，派出教师24人赴美国；接待来自6个国家的学生23人，短期澳大利亚来华人员13人。全国项目办和地方项目主管人员、项目学校人员参加了AFS国际组织在美国、德国、马来西亚、中国香港地区的各类培训。

中新友好实验班项目。继2002年北京和天津2所中学成为项目学校以来，2003年江苏、温州等地9所学校成为项目学校。2003年，中国教育国际交流协会组派了“中学英语实验项目学校赴加拿大考察团”，开拓了与加拿大的教育交流，与多伦多市教育局长举行了工作会谈，就互相推动汉语与英语教学、中学校长和教育行政官员来华研修培训、暑期汉语（英语）夏令营和中学生交流等项目深入交换了意见，并达成初步谅解。

中德职教师资培训项目。2003年中国教育国际交流协会与德国继续教育和发展协会（InWEnt）合作，于11月底签署了中德职教师资培训项目合作协议。根据协议，该项目将在2004年－2006年的3年时间内，为中国的中等职业学校、职教师资培训基地等有关单位培训900名骨干师资。项目计划于2004年正式启动实施。

中英中学教师志愿者项目。经过多次协商与培训，2003年中国教育国际交流协会同英国中学英语教师志愿者组织（Project Trust）签订了合作备忘录。该项目将为山东、甘肃等省市选派英语教师志愿者到中小学任教。

〔**开展地区多边与双边国际合作项目**〕 美中友好志愿者项目。2003年4月3日～4日在重庆召开了项目省市评估会，时值“非典”初期，美方决定撤离在华的78名志愿者。中美双方正在商谈志愿者返华事宜。

艾森豪威尔基金会访问学者项目。该项目是中国教育国际交流协会承担的政府委托项目之一。经中美双方提名委员会的提名和评审，确定了2004年项目人员，并将于2004年赴美进行实地考察。

中美暑期英语教师培训项目。2003年北美教师40人来华进行暑期英语教师培训，在全国4个省市的5个培训基地推荐了近700名中国英语教师参加培训。

中美中学教师交换项目。该项目是中国教育国际交流协会与原合作方美国人文学会理事会（现转到美中关系全国委员会管理）的合作项目，获得FREEMAN基金会资助。经中美双方联合面试小组评审，确定来自北京、苏州、扬州、南京、大连、合肥和铜陵22名教师赴美国中小学任教。美方8名教师分别到扬州、苏州、南京和北京的8所学校任教。

中美青年交流项目。该项目是美国国务院发起并部分资助的旨在支持跨学科、跨文化的中美教育交流项目，为期3年，由中国教育国际交流协会同美国AFS联合组织执行。2003年1月和2月，分别召开了项目启动会和中方第二批6所项目学校协调人会议。到12月，有中方2所学校和美方6所学校完成了到伙伴学校访问的任务，中方直接参加访问人员达22人，美方来华人员66人。

中澳高校学生交流项目。该项目是中国教育国际交流协会与澳大利亚大学校长委员会新合作的项目。在澳大利亚教育科学培训部部长Brendan Nelson博士一行应教育部邀请来华访问期间，中国教育国际交流协会会长柳斌会见了部长一行。双方就2004年互派学生交流项目等事宜达成了共识。

中美高校学生交流项目（简称“1－2－1项目”），该项目是中国教育国际交流协会开展中外合作办学中的一个试点项目，主要内容是从中国地方高校中推荐选拔大学一年级学生到美国合作高校去学习2年（即第2～3年课程），然后回国在中国高校学习1年（即第4年课程），最后颁发中美两国合作大学文凭。2001年赴美学习的第一批学生已于2003年返回中国院校。

日本传统项目。2003年遴选5位学者赴日本研修一年；遴选中文教师赴京都外国语大学任教两年；另外，选派首都师范大学日语教师赴日本广岛短期进修等。

中澳音乐教育实验项目。该项目是中国教育国际交流协会配合素质教育的一个基础教育合作项目，先后有十几个省市的10多万学生受训。

〔**教育高层访问**〕 2003年10月26日，中国教育国际交流协会会长柳斌应邀赴日本进行工作访问。访日期间，柳斌会见了文部省原事务次官（副大臣）井内庆次郎、国会参议员中岛章夫（兼国际教育交流马场财团理事长）等日本教育界上层人士，与日本文部科学省所属国际教育交流马场财团理事长中岛章夫先生和长崎外国语大学理事长山本敏夫先生分别签订了《友好合作备忘录》。与樱美林大学举行了工作会谈，就进一步开展教育学术研究和教育合作取得了一致意见。

2003 年 11 月 4 日，中国教育国际交流协会副会长郝克明应邀对美国进行了工作访问，出席“美中关系的过去、现在与未来”高峰论坛。论坛期间，郝克明会见了美国前总统布什、国务卿鲍威尔等，并担任了“促进中美两国教育特别是高等学校与科学研究的交流与合作”专题研讨会的主席。会后，郝克明访问了德克萨斯农工大学、德克萨斯大学奥斯汀分校，探讨了双方开展合作的领域和可能性。

〔组派出国团组与接待来华团组〕　2003 年协会计划派出团组 50 个，由于受“非典”疫情影响，派出计划内团组 38 个、计划外团组 5 个，实际派出团组 43 个，派出人数为 858 人。虽然出国工作访问团组数量有所下降，但由于选择了有利时机，事先准备充分，均收到了良好效果，对推动中国教育国际交流协会非官方教育国际交流事业的发展起到了积极作用。

2003 年，中国教育国际交流协会邀请并接待了近 50 个国外代表团组，其中主要包括澳大利亚部长代表团、加拿大大学协会代表团、澳大利亚堪培拉教育联盟、英国龙比亚大学代表团、美国帝堡大学校长代表团、英国 Middle－Sex 大学校长代表团、美国私立学院协会代表团、美国西雅图社区学院代表团、美国英语学会代表团、美国 EEF 基金会代表、瑞典甲骨文公司访华代表团、日本京都外国语大学附中管乐团、日本爱福公司代表团、孟加拉国基础教育团、新西兰教育部长访华代表团等。邀请和接待来华教育代表团组，对于宣传中国改革开放和教育发展成果，洽谈新的合作意向，具有重要的意义。

〔召开中国教育国际交流协会理事会换届大会〕
中国教育国际交流协会第五届理事会第一次全体会议于 2003 年 10 月 21 日～22 日在北京召开。第五届理事会由 198 名理事和 14 名特邀理事组成。教育部部长周济和副部长章新胜分别出席会议开幕式和闭幕式并作了讲话。会议审议并通过了柳斌作的第四届理事会工作报告、第五届理事会工作规划建议。会议选举柳斌为第五届理事会会长，陈佳洱等 10 人为副会长，王生洪等 33 人为常务理事。完成了理事会换届工作。

这次换届是中国教育国际交流协会理事会建设的一次重要会议。会议增加了理事名额，吸收了一批很有代表性的各类高校，特别是地方高校的代表为理事；增加了常务理事会规模，由原来的 23 人扩大到了 33 人；还增加了特邀理事名额，主要对象是中国驻外使（领）馆的代表。会议标志着协会事业发展进入了一个新时期。

撰稿　袁　媛
审稿　尤少忠

中国教科文组织活动

〔出席教科文组织会议〕　出席教科文组织第 32 届大会。2003 年，教育部部长周济率团出席了联合国教科文组织第 32 届大会第一段会议，这是我国自 1971 年恢复在教科文组织合法席位以来首次由教育部部长率团出席教科文组织大会。周济部长分别出席了大会全会和教育部长圆桌会并作发言，受到普遍欢迎；与教科文组织总干事签署了《中华人民共和国教育部与联合国教科文组织合作备忘录》，为我国在今后一个时期稳步推进与教科文组织在教育领域的实质性合作打下了坚实的基础，拓宽了合作渠道。会议期间，周济部长还进行了一系列双边外交活动，与世界各地区重要国家与会的教育部长举行了会谈。教育部副部长章新胜作为我国出席教科文组织第32届大会代表团第二阶段团长、世界遗产委员会现任主席，出席了在大会期间举行的第14届世界遗产公约缔约国大会，代表世界遗产委员会作工作报告。并主持召开了世界遗产委员会主席团会议，听取了世界遗产中心主任的汇报，与有关各方就2004年在我国苏州举行的第28届世界遗产大会的筹备工作进行了充分沟通和周密筹划。在32届大会期间，我国参加了大会副主席、国际政府间水文计划、国际生物伦理政府间计划、社会变革管理计划等机构的竞选，并全部顺利当选。

出席教科文组织"全民教育高层小组会议"。11月，周济部长率团出席了联合国教科文组织在印度新德里召开的全民教育第三次高层小组会议。本次会议的目的在于充分调动国际社会的政治意愿和技术、财政资源，更好的为实现全民教育目标服务。主要内容是讨论全民教育全球监测报告特别是女童教育与教育中性别平等问题。周济部长应邀主持了高层小组会议的第五次工作会议并发言。

出席教科文组织第27届世界遗产会议。第27届世界遗产大会原定在我国苏州召开，由于SARS原因会议地点临时改在巴黎。章新胜副部长率代表团与会，在此次会议上，我国取得世界遗产委员会第28届会议的承办权，章新胜副部长当选世界遗产委员会第28届会议主席，我国"三江并流"自然景观被列为世界遗产名录，北京十三陵、南京明孝陵作为扩展项目被列入世界遗产名录。

出席"E－9国家全民教育部长级会议"。12月，章新胜副部长率代表团出席了在埃及举行的第五届"E－9全民教育部长级会议"并发言，就9个人口大国全民教育的实施以及我国在发展儿童早期发展方面的经验发表了意见。会议回顾了十年全民教育工作，特别是在儿童早期护理与教育（ECCE）领域的进展，讨论了E—9未来发展战略，通过了《开罗宣言》。

出席"国际文明间对话部长级会议"。7月，应总干事和印度人力资源部部长的邀请，章新胜副部长率团参加了在印度新德里举办的"国际文明间对话部长级会议"，并作了题为"创建学习国家"的发言，着重阐述了各民族间对话的基础。

出席执行局第166、167和168届会议。联合国教科文组织执行局分别于4月、9月和10月召开第166、167和第168届会议。第166和167届会议的主要议题是审议并通过总干事关于大会通过的计划与预算执行情况的报告；讨论并通过提请第32届大会审议通过的该组织《2004—2005年计划与预算草案》的初步建议，并为大会作各项准备工作。第168届会议的主要议题是选举执行局新一届主席及其领导机构。中国常驻教科文组织代表团大使衔代表张学忠代表中国执委出席了会议。执行局下设的公约与建议委员会继续对涉及我国人权个案来函进行审议。在第166届会议上，我国代表团成功打掉首个涉及"法轮功"的个案来函。

〔教育领域活动〕 围绕科教兴国战略和教育部的工作重点，进一步利用联合国教科文组织作为智力合作机构的优势，促进国际多边实质性合作，开展前瞻性研究。与联合国教科文组织在教育领域开展合作活动的受益范围已扩展到全国20个省、市、自治区。

1月，与联合国教科文组织合作在河北保定国际农村教育研究与培训中心举办了"国际农村教育研讨会"。来自40个国家和国际组织的80多位代表及我国的60多位专家、学者参加了会议。研讨会交流了当前农村教育发展的现状，分析了过去农村教育发展的经验和当前农村教育的发展政策和策略，提出最大限度地利用教育潜力为农村发展服务的方法，有利于发展中国家通过发展农村教育为农村发展服务。

11月，与联合国教科文组织、中央广播电视大学电大和上海广播电视大学合作举办了"2003年世界开放大学校长会议"。来自世界五大洲的13所和国内5所开放大学校长出席了会议，章新胜副部长出席开幕式并讲话。会议的目的是通过国际交流与合作，搭建远程教育公共平台，构建有中国特色的社会主义现代远程教育体系，为完善现代国民教育体系和终身教育体系，形成全民学习、终身学习的学习型社会提供重要的支撑。

11月，与联合国教科文组织亚太地区教育局、亚太地区教育革新为发展服务计划、上海市教委联合举办了“第九届亚太地区教育创新为发展服务教育国际会议”，章新胜副部长出席开幕式并作主题发言。会议的主题是：亚太地区教育创新为发展服务。来自40多个国家的400多名代表出席会议。

继续扩大和推广实施“教育促进环境、人口和发展（EPD）”项目。11月，与联合国教科文组织、北京教育科学研究院共同举办了“中国北京首届可持续发展教育国际论坛”，章新胜副部长出席开幕式。来自29个国家、地区以及8个国际组织的70多位代表和国内代表共400余人参加了论坛。

在联合国教科文组织的支持下和在联合国教科文达喀尔会议提出的全民教育六个目标的框架内，2003年底，我国成立了由10个部委和社会团体组成的中国全民教育论坛，提出了新的“中国全民教育行动计划”。王湛副部长出席开幕式并介绍了中国全民教育工作的进展情况。在该论坛项目下，将与教科文组织合作，每年组织一个主题的论坛活动/专题研讨会。

〔**自然科学领域活动**〕 2003年，结合相关领域工作重点，继续争取和引进项目，开展形式多样的国际交流与合作。

7月，由教科文组织支持，上海交通大学与日本SHIMAMO公司共同建立的“冷段技术开发与研究教席”正式启动。为争取联合国教科文组织在新疆大学建立“干旱半干旱地区生态技术教席”作出了努力，与设在伊朗和埃及的教科文组织“水资源管理中心”建立联系。上述活动的开展，推动了大学的“产学研”结合的创新与发展。

由国土资源部组织实施的申报“联合国教科文组织世界地质公园”的评审工作在2003年完成。经过专家评审小组评审，向教科文组织推荐8处地质遗迹申报“世界地质公园”。

〔**社会科学领域活动**〕 在联合国教科文组织倡议开展的保护文化多样性和促进不同文化和文明间对话活动框架下，参与该组织主办的一系列活动和国际会议，大力宣传了我国“和平共处”、“和而不同”、“相互尊重”等和平外交方针；与联合国教科文组织驻北京办事处共同开展关于城市新移民问题的活动；对中国“世界记忆委员会”进行了调整，协助其申报“世界文献档案遗产”。

〔**文化领域活动**〕 保护物质和非物质遗产是联合国教科文组织旗舰项目，也是国际社会广泛关注的热点。2003年，中国推荐的“三江并流”项目被批准列入《世界遗产名录》，使中国拥有的世界遗产总数增加到29处，遗产数量仅次于意大利和西班牙位列世界第三位。中国古琴继昆曲之后被联合国教科文组织宣布为第二批“人类口头和非物质遗产代表作”。联合国教科文组织第32届大会通过了《国际保护非物质文化遗产公约》。中国积极参与了该公约草案的制订工作，为该公约获得通过作出了贡献。

全面启动第28届世界遗产委员会会议的筹备工作，多次组织召开有关部委和苏州市政府等共同参加的部门协调会，数次赴苏州共同研究会议的组织工作。

与联合国教科文组织和有关部委合作，参加了“纪念避暑山庄肇建300周年大会”、举办了“世界遗产展览”、参与对都江堰遗产地的调查、推荐专家出席联合国教科文组织召开的遗产保护会议、参与中国艺术研究院举办的“非物质遗产国际研讨会”、南京云锦所举办的“云锦学术国际研讨会”等。

撰稿　窦春祥
审稿　田小刚

语言文字工作

〔**2003年度语言文字工作会议**〕　教育部语言文字应用管理司和语言文字信息管理司于2003年2月20日～21日在天津召开2003年度语言文字工作会议，各省、自治区、直辖市及计划单列市和省会、自治区首府语委办主任参加了会议，天津、河北、辽宁、浙江、福建、云南等省市教育厅（教委）、新疆民语委主管领导和中央文明办、公安部、人事部、卫生部、国家旅游局等有关部门同志出席会议，天津市副市长张俊芳出席会议并致辞。

教育部副部长、国家语委主任袁贵仁作了题为《认真学习贯彻十六大精神，宣传实施〈国家通用语言文字法〉，为全面建设小康社会贡献力量》的讲话。他回顾了十三届四中全会以来，特别是近五年来语言文字工作所取得的显著成绩，总结了取得成绩的根本原因和做好语言文字工作的基本经验，明确提出在十六大召开后新的形势下，必须更加深刻地认识“全面建设小康社会”奋斗目标对语言文字工作提出的新要求，积极创设与之相适应的良好语言文字环境，强调要抓巩固、抓落实、抓创新，不断开创语言文字工作新局面，更好地服务于社会主义现代化，为全面建设小康社会贡献力量。

河北、江苏、重庆、广西和黑龙江等地就城市语言文字工作评估、普通话水平测试、语言文字工作思路、推普周宣传活动以及地方立法等问题作了大会交流。

撰稿　魏　丹

〔**国家语委第三次咨询委员会会议**〕　国家语委咨询委员会第三次会议于2003年1月22日在北京召开。会议由全国人大常委会副委员长、国家语委咨询委员会主任许嘉璐主持，教育部副部长、国家语委主任袁贵仁出席了会议。语言文字应用管理司、语言文字信息管理司分别向会议通报了五年来特别是2002年工作进展情况和拟订的2003年工作要点，并就有关问题向委员们进行咨询。

许嘉璐指出，十六大的召开标志着我国改革开放进入了一个新的发展阶段，对语言文字工作和语言文字工作者也提出了新要求。第一，要正确分析当前形势，明确语言文字工作的定位。对未来需求要有充分的估计，要制定与现实发展需要相适应并具有前瞻性的工作计划和长远规划。第二，在人手紧、任务重的情况下，语委工作要突出重点，提高效率，要有全局性的战略思考。要有所为，有所不为；有先为，有后为；有重点为，有一般为。要及时转变职能，重点做好语言文字规范标准的制定和推行工作，并加强科学研究，把有限的资金投入到社会真正急需的项目上去，加强对社会语文生活的正确引导。第三，语言文字工作要有新思路、新举措、新方式，要与时俱进，开拓创新。要正确处理继承与创新的关系，在抓好常规工作的基础上不断创新。

袁贵仁在讲话中指出，新中国成立以来，在几代人的努力下，语言文字工作取得了巨大的成绩。我国加入世界贸易组织、十六大提出全面建设小康社会的奋斗目标、教育事业不断发展的新世纪新阶段，对语言文字工作提出了更高的要求。要在前人的基础上做得更好，必须坚持已经确定的工作思路和举措，不仅要常抓不懈，而且要常抓常新。第一，语言文字工作要增加文化含量，体现中华优秀传统文化，弘扬和培育民族精神，让语言文字的学习者和使用者深刻感受中华民族的民族精神，树立正确的人生观、价值观。第二，在坚持做好城市语言文字工作的同时，还要主动为农村和西部地区、特别是少数民族地区服务，首先要抓好这些地区的学校和行业系统的语言文字工作。第三，语言文字规范标准的制定和颁布要根据形势发展的需要，首先抓好社会急需的项目。要在调研的基础上，积极、稳妥、逐步地开展规范标准的研制工作。第四，针对目前社会语文生活中出现的不规范现象，要采取多种形式，发挥正确的舆论导向，引导语言文字社会应用朝着规范、健康的方向发展。

咨询委员发表的意见主要集中在宣传贯彻《国家通用语言文字法》、制定和推行规范标准、关于推广普通话工作、关于母语教育与外语教育的关系四个方面，并就下一阶段的工作提出了建议。会议认为，今后一个时期，语言文字工作要紧紧抓住我国新世纪头20年的重要战略机遇期，贯彻落实“三个代表”重要思想，为国家大局和中心工作服务、为全面建设小康社会服务。应充分利用有利时机，大力开展语言文字工作，扩大宣传，营造良好的语言文字环境，提高国民语言文字规范意识和语文素质。

撰稿　周道娟

〔**宣传贯彻《国家通用语言文字法》**〕　(1) 对上海市宣传贯彻《国家通用语言文字法》情况进行调研。11月18日～20日，全国人大教科文卫委员会、教育部、国家语委就上海市宣传贯彻《国家通用语言文字法》情况进行了联合调研。调研组由全国人大常委会委员、教科文卫委员会副主任委员邢世忠任组长，教育部副部长、国家语委主任袁贵仁任副组长。调研组听取了上海市人大教科文卫委员会、市教委、市语委以及有关部门、行业系统的汇报，考察了松江大学园区6所高校、浦东新区和建平实验学校、黄浦区和南京步行街、解放日报和文广传媒集团及东方电视台、普通话培训测试中心等单位。通过考察，调研组认为，上海市在语言文字规范化方面做了大量工作，取得了明显成效。市委、市人大、市政府以及市教委、语委等有关单位对宣传贯彻《国家通用语言文字法》十分重视，各单位把语言文字工作作为精神文明建设的一项重要内容，认识到位；干部、群众对《国家通用语言文字法》的意义、要求、规定比较熟悉，该法的社会认知度比较高；语言文字工作机构健全，队伍整齐，建立了“条块结合，齐抓共管”的工作机制和工作格局；相关单位都制定了相应的规定和管理办法，采取监测、评估、督导、签订责任书等措施，在依法加强管理方面进行了认真、有益的探索，收到了良好效果；社会语言观念、语言面貌发生了显著变化，普通话在全社会积极普及，普通话培训测试在教育、广播电视系统和公务员中普遍开展，社会用字通过宣传引导、综合治理，规范化程度不断提高，为全面提升城市管理水平、树立城市良好形象，为建设现代化国际大都市营造基本相适应的语言文字环境，作出了应有的贡献。调研组还对上海市今后语言文字工作的发展提出了希望和建议。

(2) 地方语言文字立法工作加大步伐。继2002年西藏自治区、黑龙江省、新疆维吾尔自治区根据《国家通用语言文字法》修订了已颁布的地方法规后，2003年，北京市、山西省人大常委会通过并颁布了当地的《国家通用语言文字法》实施办法，重庆市、湖北省的语言文字地方法规在审议中，还有十几个省（自治区、直辖市）的语言文字地方立法工作在进行中。到年底，在《国家通用语言文字法》之下，已颁布了1个国务院部门规章——《普通话测试管理规定》，9个地方性法规，20个地方规章。语言文字方面的法律法规体系初步建成，语言文字立法工作取得了较大进展。已颁布的一些语言文字地方法规质量高，在对《国家通用语言文字法》进行细化的过程中，解决了一些执法中的实际问题，体现了地方特色。通过地方语言文字立法，扩大了《国家通用语言文字法》的宣传面，提高了社会认知度。在立法的同时，也对执法机制进行了探索，为语言文字工作依法行政打下了坚实的基础。

撰稿　魏　丹

〔**纪念《汉语拼音方案》颁布45周年**〕　1958年2月11日，第一届全国人民代表大会第五次会议通过了《关于〈汉语拼音方案〉的决议》。2003年11月28日，全国人大教科文卫委员会、教育部、国家语言文字工作委员会在人民大会堂联合召开座谈会，纪念《汉语拼音方案》颁布45周年。全国人大常委会副委员长许嘉璐、国务委员陈至立、全国政协副主席王选出席会议。有关中央、国家机关和人民团体负责同志及各界代表100多人出席了会议。会议由全国人大教科文卫委员会副主任委员邢世忠主持。

许嘉璐在讲话中对《汉语拼音方案》的历史地位和作用给予高度评价。他指出，颁布推行《汉语拼音方案》，是中国文化发展史上值得纪念的一件大事，顺应了历史潮流，得到社会各界和人民群众的支持，体现了中国政府和人民面向现代化、面向世界、面向未来的眼光和胸襟。《汉语拼音方案》是国内外公认的一套较为科学、完善的方案，发挥了重要历史作用。在新世纪，全面建设小康社会，加快全社会的信息化进程，必须进一步加大汉语拼音的推行力度。这次会议是承上启下的一次盛会，要总结45年来推行汉语拼音所取得的成就，进一步规划好未来的推行工作。

陈至立在讲话中强调，汉语拼音的推行已经取得了很大的成绩，成为亿万群众普遍掌握的一种重要知识技能，在国际上也产生了很大影响。她要求：国务院各部门、各级政府部门要重视并加强这项工作，负起相关责任，做好各自领域的推行工作；要重视汉语拼音教学和研究的基础作用，加大人力、物力的投入，提高教学和科研能力；要扩大汉语拼音的应用范围并提高应用的规范化水平，纠正应用中的混乱现象，使汉语拼音的社会应用面貌在本世纪初得到较大改观。

教育部副部长、国家语委主任袁贵仁作了题为《大力推行汉语拼音，服务国家现代化建设》的讲话，强调了新世纪推行汉语拼音的重要性，提出了工作措施。国家民委副主任周明甫、新闻出版总署副署长柳斌杰、国家测绘局局长陈邦柱、中国残联副理事长孙先德，以及海军司令部通信部、国家对外汉语教学领导小组办公室、人民教育出版社负责同志，著名语言学家王均、中国工程院院士倪光南等在会上发言，介绍了汉语拼音在少数民族、残疾人、新闻出版事业和军事通信、语文教学、对外汉语教学、中文信息处理等方面的应用。

中国语文现代化学会、教育部语言文字应用研究所、语文出版社、中国文字学会于2003年11月28日～29日在北京召开了题为“信息网络时代的汉语拼音”学术研讨会，教育部副部长、国家语委主任袁贵仁，语言文字应用管理司、语言文字信息管理司负责人和来自全国各地的高校教师、语言文字工作者、信息科学工作者及有关学科的专家、学者50余人出席了会议。袁贵仁在研讨会上致辞，高度评价了汉语拼音在社会生产和生活中发挥的重要作用。中国语文现代化学会名誉会长王均、教育部语用司司长杨光、中国语文现代化学会会长苏培成先后发言。刘涌泉、王理嘉、苏培成、盛玉麒、马庆株等17位专家就汉语拼音在教学、信息处理、网络、地名、文化交流等方面的应用以及汉语拼音方案本体研究、正词法研究等方面的问题进行了学术交流，与会同志就当前如何进一步发挥汉语拼音的作用，扩大其使用范围等问题进行了讨论。与会专家一致倡议：社会各界，特别是与汉语拼音的推行和应用关系密切的行业和部门，要努力做好新世纪汉语拼音的推行工作，扩大汉语拼音的应用范围并遵守拼音规范；小学要加强汉语拼音教学，逐步引导学生学会直呼音节；通过汉语拼音学习普通话、通过汉语拼音输入法掌握使用电脑的技能，应当成为各级学校的努力方向；出版界要积极出版拼音教材和拼音读物，要遵守汉语拼音正词法的有关规定，带头实行分词连写；学术界要加强汉语拼音的理论研究和应用研究，就解决汉语拼音应用中的各种实际问题提出建议，制订、完善汉语拼音应用中的各项规范、标准；加强媒体用语、广播电视用语中汉语拼音的应用研究；有影响的新闻出版物应当恢复生僻字注音。会后，语文出版社出版了研讨会论文集《信息网络时代的汉语拼音》。

撰稿　于　虹　魏　丹

〔**城市语言文字工作评估**〕　2003年是城市语言文字工作评估全面推进的一年，为了加强对一类城市语言文字工作评估的指导，教育部语言文字应用管理司印发了《关于一类城市语言文字工作评估有关事项的通知》，发布了一类城市语言文字工作评估评审工作组成员名单。4月，语用司在海口市举办了城市语言文字工作评估培训班，来自17个省、自治区、直辖市及所属一类城市语言文字工作部门办事机构负责人，以及部分评估评审工作组成员40余人参加了培训。11月，受语用司委托，中国语文现代化学会在黄山市举办第四期全国地方语委干部城市评估专题培训班，来自22个省、自治区、直辖市的各级语委干部220人参加了培训。

评估工作取得进展。10～12月，乌鲁木齐、南京、合肥、石家庄、长沙5个城市相继通过上级评估认定。评估组认为，5城市的语言文字工作成绩显著，突出体现在：（1）领导重视，认识到位，各项制度措施得到落实；（2）重视法制建设，强调依法管理；（3）基本形成语言文字工作宏观管理机制；（4）初步营造了覆盖全市的语言文字规范化宣传氛围；（5）国家通用语言文字的普及程度较高，语言文字社会应用达到了一定的规范化水平。其他省、自治区也积极推进一类城市评估工作。山东、广东分别发出《关于开展城市语言文字工作评估的通知》，内蒙古、浙江、山西等地组织了城市评估培训班，上海、武汉等地扎实推进自评工作。

北京市认真总结一类城市评估工作经验，积极开展二类城市评估，至年底，全部完成10个郊区县的评估认定；黑龙江省完成对伊春、鹤岗两个二类城市的评估认定，制定下发了《关于印发黑龙江省三类城市语言文字工作评估指导标准（试行）》及其《实施细则》；安徽、广东制定并下发了本省《二类城市语言文字工作评估指导标准》及其《实施细则》。

撰稿　张映川

〔**普通话水平测试管理工作**〕　为了进一步提高推广普通话工作的制度化、规范化、科学化水平，完善普通话水平测试管理，教育部、国家语委以及国家发展和改革委员会、财政部于2003年先后发布或印发了有关普通话水平测试管理的重要文件。

2003年5月23日，教育部部长周济签发第16号教育部令，发布《普通话水平测试管理规定》。该《规定》共二十八条，对普通话水平测试的各级管理部门和测试机构的职责、测试员和测试视导员的条件、应接受测试人员范围、测试成绩认定和等级证书管理、测试收费以及财务制度等作出规定。《规定》自2003年6月15日起施行。

自1994年10月，普通话水平测试在全国教育系统、广播电视系统、国家机关和部分公共服务行业陆续开展以后，普通话水平达标已成为教师、播音员、节目主持人等岗位人员的准入资格或上岗条件，至2003年底，接受测试并获得等级证书的人员已超过1 000万人。《普通话水平测试管理规定》的发布，对依法加强测试工作管理具有十分重要的意义。

依据《普通话水平测试管理规定》，教育部语言文字应用管理司印发了《普通话水平测试工作评估指导标准》和《普通话水平测试规程》。

2003年10月10日，教育部、国家语委发出《关于印发〈普通话水平测试大纲〉的通知》。该《大纲》自2004年10月1日起施行。《普通话水平测试大纲》依据《普通话水平测试管理规定》和国家语委颁布的《普通话水平测试等级标准》制定，规定了普通话水平测试的性质、方式、测试内容和范围、试卷构成和评分、应试人普通话等级的确定，是对应试人的普通话语音、词汇、语法、朗读、说话以及普通话与方言区分判断进行培训测试的基本依据。国家测试机构依据该《大纲》编制《普通话水平测试实施纲要》，作为开展普通话培训测试的指导用书。

2003年12月11日，国家发展和改革委员会、财政部发出《关于普通话水平测试费和国家普通话水平等级证书工本费收费标准的通知》，规定了普通话水平测试及等级证书的收费标准。

撰稿　袁钟瑞

〔**第六届推广普通话宣传周活动**〕　第六届全国推广普通话宣传周活动于2003年9月14日～20日在全国各地展开。4月，教育部、中央宣传部、人事部、文化部、国家广电总局、解放军总政治部、国家语委、共青团中央联合发出《关于开展第六届全国推广普通话宣传周活动的通知》；8月，全国推普周领导小组进行了调整，教育部部长周济担任组长，副组长由教育部（国家语委）、中宣部、人事部、文化部、国家广电总局、解放军总政治部、共青团中央的副部级主管领导担任；9月初，全国推普周领导小组办公室与部分中央新闻媒体就活动的宣传报道进行了协调安排，并向各地发放了宣传画《普通话链接深情》、《普通话——我们的校园语言》和推普系列电视公益广告录像带。

第六届推普周以兰州、武汉、南宁、汕头为重点活动城市。全国人大副委员长许嘉璐、教育部副部长兼国家语委主任袁贵仁以及中宣部、人事部、文化部、解放军总政治部的有关部门负责人出席了在兰州举办的开幕式，参加了“大力推广普通话，齐心协力奔小康”万人签名等活动。甘肃省举办了全省学生推普书画展览和窗口行业普通话大赛颁奖晚会；南宁市举办了第六届推普周重点城市活动启动仪式，组织了推普文艺晚会和语言文字知识有奖竞答等活动；汕头市举办了窗口行业普通话大赛、小学生课本剧比赛、中小学生书画百人大赛和广场推普晚会；武汉市在推普周闭幕式上开展了“推普志愿者万民大行动”宣誓、推普风筝放飞、推普短信发送、“字若其人”三百米长卷规范汉字书法笔会、“美丽的语言”窗口行业优质服务展示、“我爱普通话”市民参与互动天地等形式新颖的宣传活动。

全国各行业系统围绕“大力推广普通话，齐心协力奔小康”这一活动主题，结合自身特点和日常工作开展了针对性强、富有新意的活动，使本届推普周宣传规模有所扩大，活动内容更加丰富，社会影响更为广泛。社区街道利用板报、标语、街头宣传、有线电视、讲座、现场咨询、普通话模拟测试、文艺演出等方式进行宣传；许多地区人事部门加大了在公务员中推广普通话工作的力度，不少领导同志带头参加普通话培训和测试；旅游、交通、商业、邮政、铁路等公共服务行业发挥“窗口”作用，对从业人员用语用字规范化水平提出更高要求；许多省区教育行政部门组织开展了教师和师范生普通话比赛；各级共青团和少先队组织积极开展主题鲜明、形式多样的团队会活动；解放军总政治部宣传部编写了《部队官兵语言文字文明手册》下发全军团以上机关和所有基层连队。本届推普周活动注重集中宣传与持续推进相结合，创新性与实效性相结合，突出重点与扩大覆盖面相结合，使推广普通话的社会参与面进一步拓展。

推普周期间，《人民日报》、中央电视台、《光明日报》、《中国教育报》、《人民教育》杂志、中国教育电视台及新华网、人民网、中国网、新浪网、搜狐网、中国教育和科研计算机网、中国广播网等媒体对推普周活动进行了及时、广泛、深入的报道，中央电视台《文化视点》、《开心辞典》等栏目还播出了推普周专题节目。

撰稿　高　阳

〔**第二期少数民族中小学汉语课骨干教师普通话培训班**〕　为配合西部大开发战略的实施，使语言文字工作更好地为少数民族地区的经济建设、社会发展服务，在2002年委托新疆维吾尔自治区教育厅举办少数民族中小学汉语课骨干教师普通话培训班受到热烈欢迎的基础上，2003年，教育部语言文字应用管理司继续委托新疆教育厅举办第二期培训班。培训班学员仍然是南疆四地州（和田地区、阿克苏地区、喀什地区和克孜勒苏柯尔克孜自治州）从事汉语教学的中小学教师。在35天的培训学习中，学员们接受了普通话知识和技能训练、第二语言教学与实践、普通话水平测试、汉语水平考试、教学大纲与教材分析等方面的培训，观摩了汉语示范课。来自自治区民语委、汉语考试办公室、汉语教科所、新疆教育学院、新疆师范大学等单位的专家、学者为培训班学员授课。

撰稿　周道娟
审稿　杨　光

〔**全国语言文字信息化工作会议**〕　2003年11月5日～6日，全国语言文字信息化工作会议在湖南长沙召开。各省、自治区、直辖市、新疆生产建设兵团语委办及部分省会城市语委办负责人，部分高等院校、科研院所语言文字及信息处理界专家共

100余人出席会议。教育部语言文字信息管理司司长李宇明在会上作了《把握信息时代脉搏，全力推进语言文字信息化》的主题报告。会议对全国语言文字政务信息化建设的情况进行了通报。在语言文字政务信息化建设中取得可喜成绩的江苏省语委办、上海市语委办、新疆维吾尔自治区民语委办和武汉市语委办介绍了各自的经验。会上还安排了4个学术发言，使与会代表对信息时代的语言文字工作、《规范汉字表》研制、中文信息处理研究和中文国际标准化等方面的现状和发展前景有了进一步的了解。

与会代表围绕语言文字本身的信息化以及推进语言文字工作手段的信息化和现代化等问题进行了讨论。认为在信息时代，做好语言文字工作应进一步开拓思路、转变观念、提高管理水平：(1) 适应时代需要，跟上时代步伐，大力推进语言文字信息化、现代化；(2) 加强新闻、网络、媒体的建设，全方位、多角度地为社会提供优良的语言文字信息和语言文字工作信息；(3) 动员最优秀的社会力量参与语言文字的标准建设，全力推进语言文字规范化、标准化；(4) 语言文字工作部门应主动联合有关单位和专家对社会繁杂的语言文字信息进行优选，不定期地向社会公布，以引导语言文字的社会应用；(5) 做好人才培养建设工作。

〔**全国语言文字工作系统政务信息化建设**〕 教育部语言文字信息管理司于3月底发出《关于开展语言文字工作系统政务信息化评优活动的通知》，提出对各省、自治区、直辖市语言文字工作部门的信息化建设进行评优。各地语委积极创造条件开展工作，全国语言文字工作系统的政务信息化已初具规模。到年底，全国有26个省、自治区、直辖市，9个省会城市、计划单列市建成了自己的网站（页），他们是：北京、上海、天津、重庆、河北、山西、辽宁、吉林、黑龙江、江苏、浙江、安徽、福建、江西、山东、河南、湖北、湖南、广西、四川、贵州、云南、陕西、甘肃、新疆、广东、厦门、南京、太原、青岛、成都、武汉、广州、长沙和哈尔滨。此外，有20多个地级市和直辖市的区建成了语言文字网站（页）。

2003年10月，语言文字信息管理司委托中国语言文字网站组织专家对各省、自治区、直辖市及部分省会城市（自治区首府）、计划单列市语言文字工作部门的信息化建设进行评优，评选出了一、二、三等奖和各单项奖。在11月召开的全国语言文字信息化工作会议上予以公布。一等奖：江苏、上海；二等奖：新疆、北京、江西；三等奖：山东、山西、湖北、重庆、湖南；城市优秀奖：武汉、青岛；页面设计奖：安徽；信息特色奖：福建；特别鼓励奖：四川遂宁。

通过大力推动全国语言文字工作系统的政务信息化建设，各地语言文字网站（页）已经成为宣传国家语言文字方针政策、实现语言文字管理工作和语言文字应用研究网络化的平台，成为向社会提供咨询和信息服务的平台，并且实现了地方语言文字网站（页）与中国语言文字网及其他相关语言文字网站的资源共享和信息交流，加强了各地方网向国家网的信息传送工作，语言文字工作系统各网站（页）初步成为一个有机的整体。

〔**全国语言文字标准化技术委员会分会陆续成立**〕 语言文字标准化工作有其自身的复杂性和特殊性，涉及多民族、多语种、多学科，关系到社会生活的方方面面，工作量大，政策性强，难点多，为此，需要加强语言文字标准化专业机构建设。2003年，教育部、国家语委把组建全国语言文字标准化技术委员会（简称语标委）的工作列入工作要点。语标委挂靠在教育部语言文字信息管理司，下设汉语语音与拼音、汉语语汇、汉语语法与语篇、汉字、少数民族语言文字和外语应用等6个分技术委员会。教育部语言文字信息管理司经函商有关单位，落实了各分技术委员会的秘书处以及委员单位和委员人选。至10月底，6个分技术委员会陆续组建完成。

11月23日，汉语语汇分技术委员会在南开大学宣告成立。来自全国有关高校和科研院所的16位委员出席了成立会。与会委员讨论通过了汉语语汇分技术委员会的工作章程和五年规划。

〔**《规范汉字表》研制工作**〕 经请示国务院法

制办同意，《规范汉字表》将由国务院审批发布。为确保该表收字的科学、合理，满足现代社会各领域基本用字的需要，2003年1月，教育部语言文字信息管理司向有关部门（单位）发函征集行业用字。民政部、国家测绘局、国家中医药管理局、总参谋部测绘局、全国科学技术名词审定委员会、故宫博物院、国家图书馆、人民教育出版社、中国大百科全书出版社等部门及时提供了有关的行业用字资料。

《规范汉字表》研制是一项继往开来的重要工作，学术性、政策性强，影响面广，工作量大。为使研制工作具有权威性和广泛代表性，经商有关部门，教育部（国家语委）于2003年12月15日成立了《规范汉字表》研制领导小组。领导小组办公室设在教育部语言文字信息管理司。

《规范汉字表》课题组在2002年研制工作的基础上，2003年继续进行字表草案的编制工作，并聘请全国多所高校、科研院所的研究人员承担子课题研制工作。到12月底，完成了《规范汉字表》草案初稿。与此同时，课题组着手把研制过程中的阶段成果和国内汉字规范方面专家学者的心得汇编成《汉字规范问题研究系列丛书》，交由商务印书馆陆续出版。已编辑完成《异体字研究》、《简化字研究》、《印刷字形研究》和《汉字规范问题百家谈》4本论文集。

〔**人名用字规范工作**〕 教育部、国家语委于2002年开始组织研制“人名用字规范”。人名用字规范的最终结果，将纳入到《规范汉字表》中。此事引起全国各大媒体和群众的广泛关注。据不完全统计，全国报道和参与讨论的网站、报社、电视台有100多家。许多语言文字工作者和专家学者也积极撰写文章参与讨论。

从新闻媒体、特别是网站的各种言论看，绝大多数人对人名用字规范极力支持并提出很好建议，也有人表示担心或反对。支持意见主要有：人名中使用生僻字、不规范字、自造字，给人们的交际带来许多不便，给户籍管理、人事、银行、保险、交通等领域的计算机信息处理带来很多麻烦和浪费，形成沉重的文化包袱，需要加以规范；人名用字是社会用字的一部分，应遵循社会用字规范化的要求；制定人名用字规范，适当限制人名用字量，不会限制公民的权益，不会破坏姓名文化，也不会增加重名率，相反会以更为合理合法的形式更好地维护公民的姓名权，会有利于促进姓名文化和社会文明的发展。不支持者，多数是表示担心和不理解，如认为“限定人名用字的字量，会增加重名率，破坏姓名文化”；少部分是情绪激烈地表示反对，如认为“制定和实施人名用字规范侵害公民的姓名权”、“限定人名用字是政府管理惰性的表现”等。

教育部语言文字信息管理司密切关注舆论反应，并适时进行一些引导工作。组织“中国语言文字网”开辟人名用字问题讨论专栏；组织课题组承担答疑解惑工作，适当接受媒体采访，跟踪梳理和解答网民关注和讨论的焦点问题，主动咨询法律和语言文字专家的意见。同时，向全国各地语委发函通报人名用字规范的研制和舆论反应情况。一些地方语委也做了大量工作，或在网上开辟讨论专栏，或约请专家撰写文章，或收集整理当地媒体意见。课题组认真分析和吸取富有建设性的意见和建议，进一步做好研制工作。

〔**组团考察德国、芬兰地名用语标准化工作**〕应德国联邦测绘局、芬兰语言研究所和芬兰国土测绘局的邀请，教育部“地名用语标准化交流考察团”（由教育部语言文字信息管理司、民政部地名研究所、教育部语言文字应用研究所、江苏省教育厅语委4个单位的人员组成）一行8人，于2003年9月14日～29日先后访问了德国和芬兰。

在考察交流中，德、芬两国语言文字和地名工作的情况和经验给考察团留下了深刻印象。根据考察交流的收获与感受，考察团对我国语言文字和地名工作提出了4条建议：(1) 加强语言文字部门与各专业部门的合作。语言文字工作涉及社会的方方面面，需要各有关部门的共同努力。语言文字部门应当总结与地名主管部门紧密合作的经验，协助专业主管部门做好语言文字工作。(2) 研究解决中国地名罗马化的标准统一问题。联合国地名标准化组织要求非罗马文字的国家实行地名“单一罗马化”书写形式。而我国地名罗马化的书写实际存在着4

种形式（汉语地名使用“汉语拼音”，少数民族语地名使用汉字“音译转写”，港澳地名使用“外文”，台湾地名使用“威妥玛式”旧拼法）。国家语言文字主管部门与地名主管部门应积极加强两岸四地的联系与沟通，针对中国地名的实际情况研究解决标准统一问题。（3）进一步开展地名工作领域的国际交往。我国的地名研究工作长期处于比较封闭的状态，对外交流不足，今后应争取组织在中国举办国际地名标准化学术研讨会，并根据我国的实际需要开展国际合作项目。（4）进一步加强地名标准的社会普及。我国目前已有了地名方面的国家标准、国际标准以及有关法规，但社会普及程度较低，许多地方把地名标志当成一般的指示和说明牌，放弃法定的汉语拼音形式，错误使用英文。国家语言文字和地名工作部门应进一步加强地名标准和法规的宣传、推行力度，逐步扭转当前地名拼写的混乱状况。

〔**“信息技术 通用多八位编码字符集”研制工作**〕 2003年，教育部语言文字信息管理司组织开展了“信息技术 通用多八位编码字符集”研制工作，取得了新的进展。

组织进行了以下4项国际标准提案的研究起草工作：古汉字编码方案（由北京师范大学中国民俗与文字研究中心的专家起草）、藏文大丁字符集提案修订版（2002年由西藏民语委和西藏大学的有关专家研究起草提案一稿，2003年根据国际会议决议进行了修订）、国际汉字基本子集中国子集提案（由教育部语用所有关专家研究起草）、中国语言音标扩充提案（由社科院语言所和民族所、北大方正公司的专家研究起草）。

派遣专家参加2003年11月17日～20日在桂林召开的ISO/IEC JTC1/SC2/WG2/IRG第21次会议。这次会议达成了与我国有关的如下决议：（1）关于CJK基本子集。接受CJK基本子集工作组的报告，将该子集定名为国际表意文字核心子集（International Ideographs Core，简称IICore——易扩），并认可其确定的收字原则（经过激烈的辩论，确定收入三类字，中国提出的6 944个汉字获得接受）、工作日程及数据格式。（2）关于CJK统一汉字的勘误。接受关于汉字认同和非认同的规则、字型修正以及今后的行动和计划。（3）关于CJK统一汉字扩充C1的工作进程。接受CJK_C1的计划报告，撤下3 500个韩国汉字。（4）关于古汉字编码。接受中国古汉字编码的参考建议，同意甲骨文、金文、小篆可能作为独立的文字形式被安排在标准不同的区域中，责成召集人与WG2召集人联系确定建立工作组的步骤。

撰稿　王翠叶　王　奇

审稿　王铁琨

教材建设、出版管理与教学仪器研究

人民教育出版社

〔**加强新教材使用培训工作，深入为实验区服务**〕 努力进行教材使用的培训工作，是人教社多年来一贯坚持的服务项目。特别是对新课程标准实验教材的实验地区，更是予以重视。2003年，对人教版教材的使用地区，人教社共组织近千场面对面的培训，培训天数累计1 300多天，派出1 200多人次，培训教师近17万人，覆盖除上海、西藏外的29个省、自治区、直辖市。

为贯彻落实教育部关于加强课程标准实验教材校本培训工作的指示精神，满足实验区教师校本培训的需要，克服2003年“非典”疫情对培训工作造成的影响，人教社抓紧时间赶制了“培训资料包”，为实验区的广大教师，尤其是边远地区的教师提供原汁原味的培训。制作培训资料包，解决了培训中的学科多、培训点多、培训时间长而又不可能同时做到全员培训的矛盾；另一方面也顺应了广大教师的需要，满足了实验区教育行政部门、教研部门有关人员希望反复学习培训材料的要求。

培训资料包涵盖了人教版教材的所有学科，形式分为音像资料和文字资料两部分。音像资料包括：新课程标准通识培训的内容；各学科教材主编、编者讲解各科教科书的总体编写思路、重点难点和各册教材介绍以及教学中应注意的问题；每册教科书的示范课、研讨课的案例。音像资料直观、形象，既有人物，又有文字、表格和图像，内容全面，画面生动，制作精细。文字资料则安排各科课程标准实验教材全面内容介绍，既有理论探讨，又有实践经验，包括各科教材内容介绍、实验区的教学经验、教学案例等。录制光盘257盘，共复制38万多张；文字材料200万字，分28本，共印制38万多册；合计制作16万多包（包括通识培训和教材总体介绍，小学8科、初中11科培训材料、课例光盘），另有散装文字材料和光盘，总投资500多万元。这些培训资料全部免费发送到所有使用人教版实验教材的实验区和全国各省（自治区、直辖市）的地区（市）、县教育部门。

此外，人教社还进行了多种培训形式的探索。一是从7月起，与中国教育电视台合作，利用“空中课堂”频道，播出培训节目，连续三个双休日，每天10小时，6天共播出60小时，内容包括所有学科；此后，在中国教育电视台第一套连续10天，每天100分钟，播出部分学科精彩内容。二是利用现代化网络，与华人教育网和TEACHER网合作，进行远程教育；利用人教社网站，介绍人教版教材。

〔**多种教育图书、期刊及音像制品获奖**〕 2003年，人民教育出版社编辑出版了一系列大型教育学术丛书以及教育学、心理学等师范教育教材，为我国教育科学理论研究的发展作出了突出贡献。在代表全国图书最高奖项的第六届国家图书奖评奖活动中，15卷教育理论丛书《教育科学分支学科丛书》荣获国家图书奖，这是人教版教育图书连续第五次荣获国家级大奖。《高等教育运行机制研究》获国家图书奖提名奖。《万众一心　众志成城　科学防治　战胜非典——预防非典型肺炎　做健康好学生》挂图获国家图书奖特别奖。在第三届全国教育图书奖评奖中，人教社报送的五种图书全部获奖，分别荣获全国教育图书奖一、二等奖。在全国性的期刊评奖中，人教社主办的《课程·教材·教法》月刊继获得“中国期刊方阵双百期刊”殊荣后，又荣获“第二届国家期刊奖百种重点期刊奖”。另外，人民教育出版社在大力发展传统纸介质图书出版的同时，也在不断地丰富着电子音像出版物的品种，为2003年重点图书《中华传统美德格言》配套制作的光盘荣获了第二届中华杯多媒体作品大奖赛文化奖，并与《标准中文》（光盘）同获特别推荐奖。

2003年获奖的主要出版物

图书	
教育科学分支学科丛书（15卷）	第六届国家图书奖
高等教育运行机制研究	第六届国家图书奖提名奖
教育科学分支学科丛书（15卷）	第三届全国教育图书奖一等奖
高等教育运行机制研究	第三届全国教育图书奖一等奖
鲁迅的教育思想和实践	第三届全国教育图书奖二等奖
现代教育的探索——杜威与实用主义教育思想	第三届全国教育图书奖二等奖
大学校长的教育理念与治校	第三届全国教育图书奖二等奖
期刊	
《课程·教材·教法》月刊	第二届国家期刊奖百种重点期刊奖
挂图	
万众一心　众志成城　科学防治　战胜非典——预防非典型肺炎　做健康好学生	第六届国家图书奖特别奖
电子音像制品	
中华传统美德格言（光盘）	第二届中华杯多媒体作品大奖赛文化奖
中华传统美德格言（光盘）	第二届中华杯多媒体作品大奖赛特别推荐奖
标准中文（光盘）	第二届中华杯多媒体作品大奖赛特别推荐奖

撰稿　宗晓雁　李　晨　邢克斌

审稿　魏国栋　吕　达

高等教育出版社

〔**概述**〕　2003年，高等教育出版社图书出版品种5 919种，其中新版图书1 502种，用纸130万令，销售码洋16.1亿元。

为实现“在世界范围内选择最优质的教育资源为中国教育服务”的任务，高教社与国外出版传媒企业广泛接触，加强了与世界著名出版集团的交流；与麦格劳·希尔公司签署了成立合资公司的协议；与培生集团开展战略性合作的谈判取得良好进展；版权引进步伐加快。

2003年4月18日，高教社与中山大学、吉林大学、天津大学重组大学出版社合作签字仪式在北京举行。11月，又与成都电子科技大学签订了重组合作协议。

为落实教育部2002年全国教育援藏工作会议精神，高教社与西藏大学、西藏民族学院、藏医药大学签订了援助协议。协议包括对各大学图书馆的重点援助、为特困生捐助教材、出版学术专著、援赠教学设备等。

〔**推进教材建设**〕 继2002年提出“立体化教材”的新概念后，高教社在2003年启动了教学资源立体化建设计划，并取得成果：出版立体化教学包50个，启动4个教学资源库建设，完成网站建设14个。

以立体化教材为基本内容，以教育技术为实施手段，高教社积极开展教师培训工作，2003年在全国举办各种形式的教师培训近200场，3万余人次参加了培训。

为贯彻国务院全国职业教育工作会议关于“积极引进国外优质职业教育资源”的精神，高教社成立了引进国外职业教育教材项目组。项目组所做的工作主要有：广泛调研，确定急需引进的专业和课程体系；分专业成立引进教材专家组；边引进，边推广；推荐、培训相结合；与国外出版商进行版权谈判。

2003年8月，高教社承办了“高等学校教材建设专题研讨会”，各省、市、自治区的教育专家分别就高校教材建设作了发言。

2003年8月24日～27日，“全国教师教育课程资源专家委员会成立大会暨教师教育优秀课程教材资源征集、遴选活动”在高教社举办，教育部副部长袁贵仁出席并讲话。9月8日～12日，“全国教师教育课程教材资源展览”在高教社举行。评选出的“推荐使用的教师教育优秀课程教材资源”45种和“推荐使用的教师教育课程教材资源”52种在展览中展出。

〔**“百门精品课程”项目正式启动**〕 高教社投资2 000余万元组织实施“高等教育本科百门精品课程教材建设计划”，支持全国高等学校开展本科教育精品课程教材的立项研究和出版工作。公布该计划后，共收到169所高校的立项申请材料1 151份。经过初审、初评和终评三个阶段，根据评审结果，最终批准了精品项目170项，立项研究项目184项，立项工作顺利完成。

〔**推荐优秀教材**〕 由教育部高教司、高教社和中国教育电视台联合推出的全国第一个以推荐优秀教材为主题的电视品牌栏目《大学书苑》，2003年1月24日在中国教育电视台第一套节目黄金时段开播，每期20分钟，每周一期，收视范围覆盖全国，全年共制作播出了52期。该栏目介绍了各高等学校在教学中优先选用获奖优秀教材的情况，促进高等教育教材建设，满足了全国高教战线了解优秀教材的需求，在广大师生中引起良好反响。

撰稿 黄亚丽
审稿 刘志鹏

出 版 管 理

〔**出版体制改革**〕 2003年是我国文化体制改革和出版体制改革重要的一年，教育部认真贯彻十六大精神，积极参与出版体制改革，重点抓改革、发展、繁荣和管理工作。根据出版改革发展的形势和新闻出版总署的要求，完成了内涵式发展专业出版集团试点单位的申报工作。新闻出版总署将人民教育出版社、高等教育出版社、清华大学出版社、中国人民大学出版社和外语教学与研究出版社5家出版社列入内涵式发展专业出版集团的试点。教育部社政司按照新闻出版总署要求，指导这些出版社按照现代企业制度的模式作出规划，制定组建集团的实施方案。方案重在提出解决理清出版社与主办单位的关系、法人治理结构、国有资产授权经营等问题的措施。

〔**高校出版管理**〕 开展高校出版社改革发展调研工作，关注高校出版社改革发展的实际情况，研究新问题，提出新思路，总结新经验，推进出版单位的改革发展。2003 年对广州、天津、长春、大连、武汉、河南、上海、南京和北京的一些高校出版社进行了调研。调研表明，高校出版社整体稳步发展，实力逐步增长，规模实力逐渐拉开，特色更加突出，联合或整合趋势愈加显现。

2003 年新建 1 家大学出版社—中央音乐学院出版社，使高校出版社发展到 98 家。华中科技大学出版社、南京大学出版社、大连理工大学出版社、华东科技大学出版社和中南大学出版社获得了音像出版权。与新闻出版总署共同举办了“第七届全国高校出版社社长总编辑岗位培训班”，43 位高校出版社领导参加了培训。

〔**参加“五个一工程”评选活动**〕 组织教育部直属单位和在京教育部直属高校有关单位推荐参评中宣部第九届“五个一工程”评选活动的作品，并组织专家评审。共向中宣部报送了电视剧 4 部、戏剧 1 部、图书 5 种、理论文章 2 篇和理论文献片 1 部。其中《制度、趋同与人文发展》获得图书奖，《论“以德治国的历史、理论与实践”》获理论文章奖，《青春跑道（滑稽剧）》获戏剧奖。

撰稿 魏小波

审稿 靳 诺

教学仪器研究

〔**教学仪器标准化**〕 2003 年全国教学仪器标准化技术委员会工作会议于 12 月 19 日～23 日在广西桂林市召开，会议审定了《液晶投影机》、《实验室设备电源系统》两项行业标准和《2004 年教学仪器设备标准制、修订项目》，并向标委会委员颁发了国家标准化管理委员会颁发的标委会委员证书。会议要求：更主动地适应教育领域的发展变化，以高度的敏感性和前瞻性，加强对学校实验室以及教学仪器设备的标准化建设，形成一个可持续发展的良性的教学仪器标准化工作机制，充分发挥标准化工作在学校规范化建设中的重要作用，争取社会广泛关注和支持，以适应国家基础教育改革和发展的需要。

全国教学仪器标准化技术委员会力学、热学仪器分技术委员会，电学、磁学仪器分技术委员会和光学、原子物理学仪器分技术委员会在 2003 年分别召开了工作会议，审定了“牛顿第二定律演示器”、“电学元件黑箱”、“解剖镜”等 13 项教育行业标准。

教育部颁布了《教学仪器设备产品一般质量要求》、《教学仪器设备产品的检验规则》两项通用、基础的教育行业标准。

〔**教学仪器产品质量检测**〕 教学仪器研究所检测中心分别对《视频展示台》、《学生信号发生器》等 42 种产品进行了两次全国性的抽样委托检验。其中“视频展示台”有 30 家企业的 32 件产品参检，参检合格率为 87.5%；“学生信号发生器”等 41 种产品，有 78 家企业的 289 件产品参检，参检产品的平均合格率为 84.3%。此次检测为企业全面了解和改进产品质量提供了可靠依据，同时为政府和学校招标、采购提供了重要参考。由于是厂家自愿参检，致使有相当多产品未参加检测；从检测结果看，某些产品存在着与标准不符、工艺差、有安全隐患、使用说明严重不符合要求等质量问题。在社会主义市场经济条件下，如何加强对市场监管，维护学校（用户）权益是亟待解决的问题。

〔**与联合国儿童基金会合作项目**〕　为执行中国政府与联合国儿童基金2001～2005年周期基础教育合作方案，教学仪器研究所为实施“爱生校”和“学校发展”子项目的979个教学点配备了教具包，对教具包按新课程标准作了改进，对1 050人进行了培训，改善了西部贫困地区教学点的办学条件，推动了教具的使用和教学方法的改革。合作项目的实施受到了联合国儿童基金会教育官员的好评。在河北保定举办了自制教具现场会，培训西部地区骨干教师60人。建立了拥有17个省市、200余人的自制教具专家库。

〔**教学仪器研究**〕　由教学仪器研究所研制的“化学实验废水处理装置”通过了成果鉴定。它是一套用于中学化学实验室的常规设备，既是处理化学实验废水的环保装置，又是对学生进行环保教育、帮助学生了解水的净化处理过程的教学仪器。该装置采用了与工业上处理废水基本相似的工艺流程（即：调整pH值→凝聚→过滤→活性炭吸附），通过半透明的塑料机箱，使学生观察到废水处理的全过程，从而对化学废水处理的原理及过程有一个基本的了解。所选用的水处理剂方便易得，价格低廉，用量少。使用该装置可以处理中学化学实验废水中的绝大多数污染物，经过处理后的废水能达到国家规定的排放标准。

教学仪器研究所的重点研究课题“21世纪的功能教室”发表了9个功能教室的装备要求，取得了阶段性成果。功能教室为学生依兴趣选择课程、主动探索知识、解决问题提供了必要的环境和条件，是推进素质教育、实施新课程的重要教学场所。课题组在广泛占有资料、进行大量调查研究、多方听取意见的基础上，结合当前国内配备需求的现状，按照不同学科功能教室的特点，提出了物理、化学、生物实验室，音乐、美术、3～6年级科学、语言、计算机教室和中小学校园网的装备要求。每个功能教室的“装备要求”中包括：功能教室的定义和类型，功能教室的基本功能和要求，不同类型功能教室的间数和面积，不同类型功能教室的环境要求、设计要求和设备要求。

课题组还提出了在进行功能教室建设时，应遵循的四条原则：(1) 符合现代信息时代特点，有利于各种信息媒体传播使用的教学环境；(2) 顺应素质教育和课程改革的发展形势，有利于营造加强实验教学和学生实践能力的培养与学科发展特点的实验环境；(3) 整合教育资源，探索新型实验教学模式，有利于学生主动参与，乐于探索，勤于动手的主动、个性化教学；(4) 突出环保，注重安全，有利于学生身心健康发展。

功能教室装备要求的发表，对普教系统科学规范地建设功能教室将起到指导作用。

撰稿　顾　敏
审稿　冯振家

教育科研、学术活动

中央教育科学研究所

〔举办庆祝中央教育科学研究所重建25周年学术月活动〕 中央教育科学研究所诞生于革命战争年代，前身是中国共产党在革命战争时期创建于延安的中央研究院中国教育研究室。1957年1月26日经国务院批准建立并命名为中央教育科学研究所。文化大革命时期被停办。1978年7月，经邓小平等中央领导同志亲自批示，国务院批准恢复重建。

2003年是中央教育科学研究所重建25周年，中央教育科学研究所于11月举办了所庆学术月活动。11月3日，召开"《教育研究者的足迹》出版座谈会"；11月8日～10日，由教科所主办、苏州市政府协办的"首届中国教育科学论坛"开幕，来自国内的知名教育专家和美国、日本、瑞典、新西兰等10个国家的学者作了主题发言。同时，还召开了第三届全国教育科学研究所（院）长联席会议；11月27日，举行了"庆祝中央教育科学研究所与北京大学联合申报教育学原理博士点成功联谊会与工作研讨会"。

学术月期间，中央教育科学研究所各研究部（中心）举办了各类学术活动。心理与特殊教育研究部举办了"中国特殊需要在线专家在线咨询"活动和"认知心理学及脑科学发展的前沿问题"的学术沙龙。教育发展研究部举办了"中外择校现象的比较研究"和"德国职业教育改革的最新动态及其在中国唐山地区农村职业教育项目中的实践"两场学术沙龙。教育理论研究部主办了"转型时期教育研究的理念与方法"学术研讨会，就"我国教育科学研究的困境与出路"、"教育理论与教育实践的关系"、"教育理论研究的发展与研究方法革新"等基本问题进行了广泛深入的讨论。学校教育研究部就全国教育科学"十五"规划国家重点课题"现代学校制度的理论与实践"的工作展开了讨论。课程教学研究部于11月28日举行了"教育部中央教育科学研究所基础教育课程研究中心"挂牌仪式暨课程改革研究学术报告会，还举办了幼儿教育研究学术报告会和"多重残疾儿童教育"实验学校教师培训会。教育与人力资源研究部举办了"学习化社会"主题学术沙龙。全国教育科学规划领导小组办公室主办了"教育科学规划发展20年的回顾与展望"座谈会。国际交流处主办了"出访成果报告会"。教科所首批访问学者组织了"告诉你——一个真实的基层教育科研"报告会，培训中心举行了"首届全国教师发展学校"开学典礼等。

学术月共举办活动22次（项），参加人员达1 200多人次。

〔举办"首届中国教育科学论坛"暨第三届全国教育科学研究所（院）长联席会议〕 2003年11月8日～10日，由中央教育科学研究所主办、苏州市人民政府协办的首届中国教育科学论坛在江苏省苏州市召开。第三届全国教育科学研究所（院）长工作联席会议同时举行。

教育部副部长王湛在论坛开幕式上发表了书面讲话，强调要坚持教育科学正确的前进方向，坚持理论与实践紧密结合，尊重教育科学的规律和特点发展教育科学，加大对教育科学的经费投入，把中国教育科学做大做强，为中国教育事业的发展多作贡献。来自中国、澳大利亚、新西兰、美国、英国、日本、瑞典、爱尔兰等国家及 OECD 的教育专家，就全球化背景下国际教育研究的发展趋势与走向进行了分析。与会的中国专家学者还就促进中国教育科学研究及其管理的科学化、现代化和国际化，提高广大教育科研人员的基本素质，提高中国教育科研的创新能力和服务水平等问题进行了专题研讨。与会者一致认为，教育科研要重视教育科学的原创性，发挥教育科学在教育事业发展中的基础性、战略性、先导性作用；要增强教育科学的开放性，推进研究视角和研究方法的更新；要深化对教育科研规律的认识，致力于教育科研管理的科学化；要强化教育研究者的学术责任意识，提升研究人员的综合素养；要积极开展校本研究，提高中小学教育科研水平。

第三届全国教育科学研究所（院）长联席会议就“全国教育科学研究所（院）重大课题协同攻关问题”和“地方教育科学研究所（院）规范化建设评价指标体系问题”作了深入研讨。

〔**举办“百年中国教育论坛”**〕　2003 年 12 月 27 日～29 日，为纪念中国第一个现代学制——《癸卯学制》（1903 年）颁布一百周年，由中央教育科学研究所主办，得到中国教育学会、中国高等教育学会、中国成人教育学会、中国职业技术教育学会、全国教育科学规划领导小组办公室支持的“百年中国教育论坛”在上海举行。全国人大常委会副委员长许嘉璐为大会发来贺信，全国政协副主席张怀西为大会题词。国内外著名专家学者、知名中小学校长和教师、地方教育行政部门领导、教育科研教研人员等 430 余人参加了大会。

本次论坛的主题是“百年中国现代教育的历史回顾与展望”，并分“现代学校制度改革”、“新课程与教育创新”、“农村教育发展模式探索”、“民办教育与教育产业问题”、“教师教育与教师专业化建设”、“教育政策建设与教育发展战略”六个专题。论坛结束后，组委会对论坛的报告、论文、演讲进行整理，编辑出版了《百年中国教育论坛》（文集）及大型画册《百年中国教育经典——200 名校风貌》。

撰稿　陈如平
审稿　田慧生

国家教育发展研究中心

〔**第二届教育服务贸易论坛**〕　2003 年 11 月 3 日～4 日在挪威特隆赫姆召开了“第二届教育服务贸易论坛”国际会议。这次论坛由经济合作与发展组织（OECD）与挪威教育部共同举办，来自 OECD、世界贸易组织（WTO）和联合国教科文（UNESCO）等国际组织的官员，OECD 国家和其他一些国家的教育与贸易官员，一些非政府机构、教育与培训机构，以及教师与学生组织的代表近 200 人出席了会议。挪威教育部长和 OECD、UNESCO 副总干事出席开幕式并发言。应 OECD 和挪威教育部邀请，由教育部教育发展研究中心副主任周满生为团长，教育部国际司和政法司共 4 人组成的代表团，出席了论坛。

这次会议是 2002 年 5 月在美国华盛顿召开的第一届教育服务贸易论坛的继续。本次会议的主题是“管理国际化的中等后教育”。大会讨论的主要议题有：跨境教育的主要形式与发展趋势及其国家政策，跨境教育与教育服务贸易的关系，跨境教育的资格认证与质量保证等。此外，与会代表还讨论了与上述议题相关的教育国际化、全球化与教育服务贸易的政策；在日益发展的跨境教育背景下，发达国家与发展中国家的教育机构与学生面临的挑战，特别是发展中国家如何保持自身教育传统和加强自身能力建设；以营利为目的的私人资本投资教育对教育公益性原则提出的新挑战；在日趋激烈的国际教育服务贸易中，如何保护消费者的利益等问题。

与第一次教育服务贸易论坛的一个主要区别是，挪威会议反复强调并频繁使用了“跨境教育”（Cross-border Education）的概念。为了区别于WTO所提出的教育服务贸易四种方式，这次会议将跨境教育活动归纳为三种主要形式：(1) 人员跨境流动，包括学生跨境学习和教师跨境进修两个方面。(2) 项目跨境流动，主要是指跨境教育合作项目、通过网络提供的学习项目和向国外机构出售或特许教育培训课程等。(3) 教育机构跨境流动，主要是在国外设立教育培训机构或开展合作办学等。

项目和机构流动包括几种相互联系的方式。(1) 远距离教育。学生在外国教育机构注册，通过邮件、交互网或其他电子工具转递教材，开设外国课程。(2) 特许经营和姊妹课程。在双方签订合同情况下，当地机构通过外国机构特许，颁发外国学位，在这种情况下，没有机构流动。在姊妹项目中，学生在一所外国机构注册，教授外国教材，在本国上一部分课程，在外国机构国家中完成课程。这种跨境教育构成了典型的学生和课程流动。(3) 学术合作。它主要是课程流动，并通过课程承认，促进学生流动。(4) 外国分校和外国所属机构办学。这是主要的机构流动形式。外国机构提供全部学位课程，全部由外国机构讲授。外国所属的学校由外资控制，但可能在国外也没有母校。

这几种新类型的跨境交付教育构成了中学后跨境教育的增长点。现有数据清楚表明，项目和机构流动主要出现在亚太地区、东欧和南美。最典型的是澳大利亚、英国和美国在新兴经济区开设项目和机构。主要形式是通过当地学校建立伙伴关系，通过跨境远距离教学，辅之以当地学校开设的大量面授课程。独立分校在跨境教育中占的比例很小。因此，与当地教育机构合作办学是跨境教育项目和机构流动的一种主要方式。

目前，跨境教育存在着四种哲学理念和相应的政策目标。(1) 增进国与国之间的联系和相互理解。相互理解曾一度被认为是中学后教育的国际基础。冷战时期，美国等国通过提供教育援助来遏制苏联对发展中国家的影响。日本20世纪90年代逐步强调国际化基础上的相互理解，大幅度提高了对外国学生的资助额。欧洲20世纪80年代中期以后，采取更广泛的形式，更加强调欧洲内部国际化。把学生流动作为增强相互理解，增强对其他欧洲国家文化和语言知识的学习，并在欧盟内促进和支持学习认可，将其作为统一市场公民自由流动的准备和前提条件。(2) 开发人力资源。这个理念欧洲最积极提倡。面对越来越多的非欧洲学生选择去美国而非去欧洲留学的事实，这项动议旨在提高欧洲高等教育系统的国际竞争力。尽管欧洲国际化政策主要针对欧洲，但这项动议也面向世界其余部分，也力图吸引外国高等教育学生到欧洲留学。除了加强欧洲一体化和促进高等教育合作外，支持高等教育国际化的政策也为了培养高水平学生，增强国际竞争力和发挥高等教育潜在的经济效益。通过国际化开发人力资源的主要特点是吸引大量外国学生，通过高等教育市场化与放宽外国学生长期居留的移民政策结合起来。在美国和加拿大，政府支持将高等教育国际化作为增强国家竞争力的一项驱动措施。在加拿大，跨境高等教育长期以来明显地被视为机构和能力建设的工具，但近些年来越来越转向开发人力资源的方式。对联邦政府部门和公私立高等教育机构的关于国际化理念认可度的调查表明“保持加拿大的竞争力”排在重要地位。联邦政府2002年通过的移民和难民保护法案承认“促进学生入境”作为一项重要目标，也明确表明“在加拿大暂时学习有利于未来独立移民的申请”。(3) 通过跨境教育获取经济收益。在某些OECD国家（尤其澳大利亚、新西兰和英国）的策略中，追求收益的思维方式变得日益突出。在澳大利亚和新西兰，高等教育国际化政策在理念上已发生了转移，政府的主导策略是促使教育成为一种出口产业，这两国政府不仅把教育视为一种增加收入的贸易和促进贸易平衡的方式，也希望通过教育服务贸易改进它们一直依赖初级产品出口的状况。澳大利亚确定了一个综合的国际化政策，它包括：对大学逐渐采用新的资助规则；协调澳大利亚大学教育市场和移民、签证政策以促进大量外国学生入学。1988年，澳大利亚对国际学生使用了差别收费标准，鼓励大学扩招国际学生，增加经济收益。政府规定自费国际学生要支付全额费用，禁止给缴费生补助金（新西兰也采取同样的政策），然后政府解除了对国际学生招生数额的限制，逐步削减对大多数资助入学的国际学生补助金。至此，一个“新的国际市场”建立起来，收费制度管制被撤消，大学有权根据市场自行确定收费标准。政府的政策推动将澳大利亚的高等教育塑造成一个竞争性的市场。大学经历了一个制度和文化上的转变，发展起一个类似商业的运作机制，提供更综合的管理性商业服务。新西兰教育部声称“教育产业是一种具有高附加值的知识产业，对新西兰的未来具有关键作用。”英国是少数明确提出跨境教育促进出口效益的国家。1999年英国首相提出一项动议，把英国从4个主要讲英语国家招收外国留学生的份额由1997年的17%增加到2005年的25%。其目标是，到2005年，接受高等教育的留学生达到50 000人，接受继续教育的留学生达到25 000人。美国更侧重国内市场，跨境教育追求收益更多侧重针对亚裔学生。（4）通过跨境教育加强能力建设。这种理念是将跨境教育作为解决本国紧迫教育需求，提高教育质量，加强能力建设的重要手段。如在墨西哥，通过跨境教育培训教师和专业人员，改进高等教育质量是其国际化的重要目的。虽然出国留学的学生多于到墨西哥留学的学生，但墨西哥并不是重要的高等教育出口国。许多亚洲国家，如印度尼西亚、马来西亚、泰国、新加坡、中国等都把跨境教育作为加强能力建设的重要手段。如泰国为公务员和学生提供奖学金，鼓励他们回国在高等学校任教。中国提出“吸引国外优质教育资源”，“引进国内紧迫需要的高水平课程和教材”。印度尼西亚制定法律鼓励国内大学与国外合作，“改进和提高高等教育的质量”。

挪威会议的与会者对教育服务贸易的理念进行了激烈的辩论。许多国家迄今不赞成把教育推向自由贸易，认为把教育纳入贸易规则与协定范围必然会引发对教育性质的激烈争论，尤其是那些在非营利基础上把教育作为一项公共服务的经合组织成员国。教育服务贸易是WTO多边贸易谈判中一个相当敏感的部分，也是其成员国做出承诺最少的类别之一。大多数发展中国家也未就教育服务做出承诺。WTO的代表反复强调《服务贸易总协定》（GATS）是一项多边的、可依法实施的、管理国际服务贸易的协议。它提供相互认可的规则，将市场准入与非歧视性的承诺以一种近似于货物关贸总协定、但却更加灵活的方式联系起来。GATS于1995年开始实施，由WTO管理。GATS表达的信念是：服务贸易的合理自由化将有助于国际服务贸易的增长和世界经济的发展。而且，GATS的序言中也声明，自由化过程必须尊重政府管理的需要和权利，以实现国家政策目标，并通过增强国内服务行业的能力、效益及竞争力，来促进发展中国家的一体化。GATS的特殊之处是它极其灵活的磋商制度。WTO成员不仅保留着选择他们愿意做出市场准入和国家待遇承诺的部门与提供方式的自由，而且可以决定承诺的内容及任何保留限制的范围。

服务贸易自由化的支持者认为GATS的存在给教育国际化发展趋势带来巨大的商业利益，吸引了大量私人资本投资教育而有利于满足社会日益增长的学习需求；批评者认为市场为导向将导致更多盈利性办学机构并产生质量问题，将损害教育公益性原则和受教育者权益。

许多国家从多角度审视WTO的作用，认为国际教育服务贸易市场的确在变化，贸易额大幅度增加，方式多样化，不断更新，WTO及其GATS起到了有益的推动作用，但未必是发生这些变化的决定性力量，其原因在于各国可以利用WTO规则、采取多种措施限制教育服务贸易自由化进程。会议认为，具有决定性作用的力量是：信息技术飞速发展并日益普及，知识经济方兴未艾且发展迅速，经济全球化不断深入，劳动力市场国际化和对高素质技工需求，以及交通与通信费用持续下降等等。此外，包括UNESCO和世界银行等国际组织也起到了重要的推动作用。这些变化，使得国家将人力资源能力建设作为增长的源泉并不断投资，使得人们把接受高等教育和继续教育作为实现个人利益的重要手段，使得社会对教育尤其是高等教育需求快速增长。正是在这样的背景下，任何一个国家不再可能是本国教育唯一的提供者，教育尤其是中学后教育的发展与政策也不再是教育自身所能左右的。各国开始越来越重视利用WTO规则和服务贸易自由化政策，为实现本国包括教育在内的经济社会发展目标与利益服务。

近年来随着跨境教育提供方式的多样化，跨境教育出现了新的趋向。一个趋向是一些新的中学后国际教育服务形式不断出现且增长迅速。另一个趋向是营利性服务和伙伴关系大量增长，“传统”的公立学校或私立非营利性学校不断增加提供私营服务。再者，跨境教育导致了新型伙伴关系的建立。传统大学或机构之间的伙伴关系一直是基于学术或研究目的，新的关系包含了更多数量和更多样化的伙伴——教育机构、服务提供者甚至公司。越来越多的传统大学建立了合股（consortia）或伙伴关系，用新的服务提供方式来满足国际需求。这些伙伴关系也带来了新的机会和挑战。伙伴关系可以分担跨境教育的费用和风险，利用规模经济运作，给教育机构带来更多的效益。但网上学习所要求的技术通常更多地掌握在信息技术公司或媒体公司手中，教育机构不起主导作用。由于这些伙伴关系带有很强的商业目的，也受到很多置疑。目前日益增多的混合机构正活跃在全球教育部门。

跨境教育的焦点集中在如何尽快建立一个国际通用的中学后教育质量保证体系。人们普遍认为，目前还没有一个国际公认的中学后教育认证和保障体系。这是影响国际教育服务贸易健康发展的关键因素。在OECD国家，现有的资格认证和质量保障体系大都只局限于本国教育机构和欧盟内部。更重要的是，在资格认证和质量保障方面，教育输出国与输入国之间缺乏合作和共识，很少有一个双边和多边认可的标准。国际社会虽曾做过几次尝试，但努力结果十分有限，也缺乏约束性。仅有的例外是，英国开始对其输出高等教育机构有比较系统的资格认证，澳大利亚和美国一些认证机构也开始着手制订标准开展相关的资格认证。为此，会议呼吁建立一个国际通用的中学后教育机构认证与质量保证体系。OECD积极倡议，联合国成员国应在UNESCO关于高等教育学历学位互认协定框架下加强合作，尽快建立国际通用的中学后教育机构认证标准和质量保障体系，以保护消费者不受低质量教育的损害，增加国际教育中等后教育市场的透明度。

中国代表团团长在大会上发言，重点介绍了中国在教育服务贸易方面的最新进展状况及相关政策。指出：在过去一年里，中国在跨境教育领域最重要的进展是2003年3月1日国务院颁布了《中华人民共和国合作办学条例》（以下简称《条例》），并于2003年9月1日起正式施行。这个《条例》重视遵守WTO的基本规则，强调WTO规则与中国教育服务承诺相衔接，按照法制统一原则，将中国的教育服务贸易承诺转化为国内法。《条例》体现了WTO规则的透明度原则和非歧视原则。《条例》依据GATS的例外条款，规定中外合作办学必须符合中国的公共道德，不得损害中国的国家主权、安全和社会公共利益。这个《条例》的颁布和实施，为加快教育对外开放步伐和促进中外合作办学的健康发展创造了良好的法律环境。目前，教育部有关机构正在抓紧制订《条例》的实施办法，以便于《条例》的具体操作。中国目前也在加强对出国留学市场的深入研究，清理整顿和规范完善自费留学中介服务市场的工作，加强政府教育涉外监管，加强境外教育机构的资质审定，维护广大自费出国留学者的利益，形成良好的市场秩序。

中国代表在发言中指出：我们非常关注各国代表关于跨境教育的辩论。我们认为过分强调教育服务贸易自由化，尤其是对发展中国家从“教育援助”变为“教育贸易”，有可能进一步扩大发展中国家与发达国家的“教育鸿沟”，会损害发展中国家的利益。我们也认为，在经合组织提出的跨境教育的四种政策目标中，追求经济收益不应成为各国发展跨境教育政策的主要目标，增进国与国之间的联系和相互理解，开发人力资源和加强能力建设都应该给予同等的重视。

撰稿　周满生

〔中国人口文化素质调查分析〕　受国务院第

五次人口普查领导小组办公室的委托，由国家教育发展研究中心张力、高书国主持承担的第五次全国人口普查国家级重点课题《中国人口文化素质分析报告》（以下简称《报告》），2003年12月通过专家组鉴定。

该《报告》以2000年全国第五次人口普查数据为基础，全面分析2000年全国人口文化素质整体状况与水平，提出我国人口文化素质存在的问题、面临的挑战和未来发展对策。《报告》包括八个部分：中国人口文化素质整体分析与评价，中国人口各种受教育程度分析，中国大学文化程度人口变化分析，中国人口文化素质的区域与城乡结构分析，中国人口文化素质的性别分析，中国文盲人口状况分析，中国人口素质发展特点与趋势，中国人口文化素质分析结果与对策建议。《报告》对中国人口文化素质发展研究的结论是：

一、中国人口文化素质已经达到发展中国家前列。全国第五次人口普查数据分析表明，2000年我国6岁以上人口人均受教育年限为7.65年，15岁以上人口受教育年限为7.79年。中国人口文化素质初步实现了人口素质的跨越式发展，并进入发展中国家前列。世界109个国家教育统计数据表明：1980年我国15岁以上人均受教育年限仅为5.33年，低于世界平均5.92年的水平；1990年为6.40年，与世界平均水平接近；2000年为7.79年，大大超过世界6.66年的平均水平。其中，2000年北京15岁以上人口受教育年限达到10.30年，超过经济合作与发展组织23个发达国家2000年的平均水平（9.76年）；上海（9.53年）和天津（9.33年）达到9年以上，河北、山西、辽宁、吉林、黑龙江、广东、海南和新疆8个省（自治区）人均受教育年限超过8年。中国人口文化素质位居发展中国家前列，有些指标已经达到或超过中等发达国家水平。

二、中国人口文化素质进入高速发展时期。中国正在进入“低出生率、低死亡率和低自然增长率”与“义务教育高普及率、高等教育高增长率”并行的时期。2002年人口出生率为12.86‰，死亡率为6.41‰，自然增长率为6.45‰。2002年全国实现“两基”地区人口覆盖率达到90%以上，小学学龄儿童入学率为98.58%，初中阶段毛入学率达到90%。高等教育连续四年扩大招生，在校生规模保持高速增长；高等教育毛入学率达到15%以上，进入国际通行的大众化阶段。21世纪头20年，中国人口出生率和教育发展速度提高将出现“一低一高”的“双重马太效应”，人力资源开发和人口素质提高将进入高速发展时期。从世界不同发展水平的国家或地区人口文化素质变化特点分析，1980—2000年，发达国家人均受教育年限提高了0.9年；转型国家提高了0.78年；东亚/太平洋地区提高了1.61年。从1982年到2000年，我国6岁以上人均受教育年限提高了2.36个百分点；1990—2000年提高了1.30个百分点。1982—2000年，中国15岁以上人口人均受教育年限提高了2.46年，年均提高0.13个百分点。1990－2000年我国每十万人口中大专以上文化人口数量年均增长率为9.77%。随着各级学龄人口规模下降，未来20年其年均增长率完全有可能保持在10%左右。中国人均受教育年限进入高增长时期。

三、人力资源开发和人口素质开始从低层次向中等层次开发过渡。以实行计划生育基本国策和实现科教兴国战略为标志，过去20年，中国各级政府从事了一次“将沉重的人口负担转变为丰富的人力资源”的伟大实践。据国家教育发展研究中心2001年《中国教育绿皮书》统计：从1990年至2000年，我国每十万人口在校生数发生了很大变化，其中高等教育在校生比重增长率为124.5%，高中阶段教育增长50.9%，初中增长45.03%，小学在校生规模基本持平。《报告》提出“人力资源开发阶段理论”，即人均受教育年限在8年以下的国家或地区处于低层次人力资源开发阶段，8～10年的为中层次人力资源开发阶段，10～12年的为中高层次人力资源开发阶段，12年以上的为高层次人力资源开发阶段。据此判断，我国15岁以上人口人均受教育年限为7.79年，正处于从低层次向中层次人力资源开发过渡的发展阶段。建国50多年来，我们已经完成了以普及九年义务教育为标志的教育和人力资源开发的初级阶段，未来50年，我们将逐步完成教育与人力资源开发由初级阶段向以全面建设小康社会为目标的中级阶段和以基本实现现代化为目标的高级阶段的发展。全面建设小康社会的未来20年，中国人力资源开发和人口文化素质将从“以基本普及义务教育和基本扫除青壮年文盲”为特点的初级开发，逐步向以普及高中阶段教育、高等教育大众化为标志的中等层次开发转变。

四、中国将从人力资源大国向人力资本强国转变。教育部《中国人力资源开发与教育问题报告：从人口大国迈向人力资本强国》的研究结果表明：2000年，中国人力资源占世界人力资源总量的24%，已经成为世界第一人力资源大国。如果说过去20年，中国已经完成了从人口大国向人力资源大国转变的话，那么，未来20年，中国将实现从人力资源大国向人力资本强国的历史性转变。为此，2003年12月召开的全国人才工作会议提出实施人才强国战略，这是科教兴国战略在全面建设小康社会时期的理论创新和实践创新。

2002年，我国高等教育在校生规模达到1 600万，2003年接近1 900万，已经成为世界高等教育第一大国。按照国家教育发展研究中心对于未来教育发展水平的预测，我国将于2015年前实现高中阶段教育普及化，2020年进入高等教育大众化后期阶段，2030年左右有可能实现高等教育普及化。2020年全面建设小康社会，我国人口文化素质将明显提高，15岁以上人口人均受教育年限可望达到10年左右。

五、人口文化素质的区域和人群差异依然十分明显。世界主要国家和中国人口受教育年限变化特点和规律表明，每年一个国家或地区人均受教育年限提升速度大体为0.1年，即如果一个国家或地区人均受教育年限每相差一年，人口文化素质的发展差距实际为十年左右。2000年，我国东部地区15岁以上人口人均受教育年限为8.16年，中部为7.87年，西部为7.12年，东西部发展水平的差距为10年以上。从地区差距分析，北京15岁以上人口受教育年限为10.30年，与人均受教育年限最低的五个省（自治区）——西藏（3.11年）、贵州（6.04年）、青海（6.08年）、云南（6.35年）、甘肃（6.57年）相比，人均受教育年限最低与最高相差7.19年，人口文化素质发展水平差距达几十年，发展不平衡的矛盾十分突出。我国农村劳动力文化素质处于低层次和低水平阶段。城市15岁以上人口人均受教育年限为9.82年，农村仅为6.75年，城市比农村地区人均受教育水平高3年以上。农村文盲人口比例仍达15.18%，比城市地区文盲率高近10个百分点。农村人力资源构成中有77%为小学和初中文化水平，加上文盲半文盲总计达93%以上。男女受教育水平存在较大差距，全国15岁以上女性人均受教育年限为7.09年，比男性的8.47年相差1.38年。同时，城乡贫困人口、弱势人群、少数民族的受教育状况存在问题更为严重，文化素质差距更大。

撰稿　高书国

审稿　周满生

高等学校社会科学发展研究中心

〔教育部邓小平理论研究中心工作〕　教育部邓小平理论研究中心（以下简称“理论中心”）成立以来一直担负着在全国教育系统特别是高校对邓小平理论的学习、研究和宣传进行学术理论性指导和组织协调的任务。2000年以来，对“三个代表”重要思想的学习、研究和宣传也成为“理论中心”的重要工作。从2004年1月1日起，“理论中心”改名为教育部邓小平理论和“三个代表”重要思想研究中心。

编写《“三个代表”重要思想青少年读本》（以

下简称《读本》)。此项工作于2002年12月启动，2003年10月由高等教育出版社出版。2003年7月1日胡锦涛同志在“三个代表”重要思想理论研讨会上的重要讲话发表后，《读本》中及时反映了讲话精神。《读本》以中学特别是高中阶段的学生为主要读者对象，以简明、通俗易懂的形式，比较全面、准确地阐述了“三个代表”重要思想的基本内容和主要观点。《读本》出版后，反映良好。

编写《邓小平理论和‘三个代表’重要思想研究丛书》(以下简称《丛书》)。《丛书》共13种，是“理论中心”1999年完成的《有中国特色社会主义论丛》的续集。这项工作于2002年正式展开，2003年完成了大部分书稿的编写任务。

筹备全国高校“三个代表”重要思想理论研讨会。为贯彻落实党的十六大精神，推动高校兴起学习贯彻“三个代表”重要思想的新高潮，“理论中心”于2003年上半年开始筹备全国高校“三个代表”重要思想理论研讨会。2～3月开展了征文工作，4月组织论文评审，评选出来自16个省(自治区、直辖市)22所高校的57篇入选论文，因受“非典”疫情影响，以出版论文集的形式代替研讨会的召开。论文集编辑工作已完成。

组织撰写了五篇由“理论中心”署名的文章在中央主要报刊上发表。这些文章是：《深入浅出联系实际——读〈干部群众关心的25个理论问题〉》(2003年4月25日《经济日报》)、《在抗击非典斗争中弘扬民族精神》(2003年6月3日《光明日报》)、《把“三个代表”重要思想贯彻到社会主义现代化建设的各个领域》(2003年6月23日《经济日报》)、《具有鲜明中国特色的马克思主义》(2003年7月14日《人民日报》)、《我们要建设的是社会主义政治文明》(2003年18期《求是》)。

纪念毛泽东同志诞辰110周年。按照中央关于纪念毛泽东同志诞辰110周年通知的精神，“理论中心”举办了全国高校纪念毛泽东同志诞辰110周年学术研讨会，同时开展为全国纪念毛泽东同志诞辰110周年学术研讨会推荐论文的工作。于12月9日～11日在湘潭大学召开了全国高校纪念毛泽东同志诞辰110周年学术研讨会。推荐15篇论文参加全国研讨会的论文评审，入选13篇。12月中旬，同中央教科所等单位共同举办了“毛泽东与中国教育”学术研讨会。

开展加强和改进马克思主义基础理论研究和教学工作的调研。6月至7月，受中宣部和马克思主义基础理论研究工程协调小组委托，围绕马克思主义基础理论经典著作出版情况、课程设置情况、教材建设情况、师资队伍情况，以及加强和改进马克思主义基础理论研究和教学工作的对策与建议开展了调研工作。调研组向全国100所高校发出调查表，向60位专家发出调查函，深入5所高校和人民出版社、中央编译局座谈，经反复讨论、修改，如期完成了调研报告。

开展对当前广大干部群众反映集中的热点、难点问题及对编写通俗理论读物的调研。11月至12月，就当前干部群众在学习贯彻“三个代表”重要思想、十六大精神以及十六届三中全会精神过程中提出的热点、难点问题以及对编写第二本通俗理论读物工作的意见和建议，在北京大学、清华大学、中国人民大学、北京师范大学等高校的专家学者和学生中开展调研，征求意见，收集问题，并向35位高校专家发出了问卷调查函，完成了《关于编写第二本通俗理论读物的意见和建议》、《当前高校师生在学习贯彻“三个代表”重要思想、十六大精神以及十六届三中全会精神过程中提出的热点、难点问题》两份调研报告。

筹备2004年纪念邓小平同志诞辰100周年的学术研讨活动。2003年2月，“理论中心”参加了中央文献研究室在重庆召开的邓小平研究述评研讨会，为2004年纪念邓小平诞辰100周年作学术准备。12月，开展了筹备2004年召开全国高校邓小平生平和思想研讨会并向全国的研讨会选送论文的工作。

〔哲学社会科学各学科学术研究工作〕 开展哲学社会科学各学科的多项课题研究，并结合研究工作跟踪学术理论动态，编报系列简报，供领导和有关部门决策参考。

苏联演变进程中的意识形态研究。完成了国家社科基金年度项目“苏联演变进程中的意识形态研究”课题专著的修改工作，与人民出版社签订了出版合同，该书将于2004年出版。

马克思主义哲学体系的坚持、发展和创新研究。进行了国家社会科学基金重点项目“马克思主义哲学体系的坚持、发展和创新研究”课题年度检查工作。

中国特色社会主义法律体系研究。社科中心“中国特色社会主义法律体系研究”课题组于2003年7月召开新时期宪法的理论与实践学术研讨会，学习中央有关修宪的精神，深入研究和回答关于修改宪法的一些理论和实际问题，总结关于修改宪法的历史经验。

党内民主建设研究。为贯彻党的十六大关于建设社会主义政治文明和加强党内民主建设的精神，社科中心3月设立了“党内民主建设研究”课题组，召开了以“发扬党内民主的重要性和紧迫性”为主题的研讨会，围绕党内民主的基本理论、中国共产党和外国共产党在党内民主问题上的经验教训、当前存在的问题和原因等开展研讨。

国际问题研究。“国际问题研究”课题组于2003年3月就伊拉克局势和国际形势问题举行了研讨会。

西方经济学与我国经济体制改革研究。“西方经济学与我国经济体制改革研究”课题组于2003年3月召开研讨会，研究十六大提出的全面建设小康社会的意义、内涵。8月，召开“经济安全、科技安全与国有企业改革”的理论研讨会。9月，召开研讨会，研讨新自由主义、国有企业改革过程中的一些突出问题。课题组部分成员于2003年1月赴北京房山区考察农村集体企业状况，调研报告《加强党的领导，发展集体经济，实现共同富裕——金鸡台启示录》发表在《高校理论战线》2003年第10期。3月，赴吉林省调研国有企业改革情况，调研报告《市场竞争中朝气蓬勃的国有企业》发表在《高校理论战线》2003年第5期。

中国社会主义现代化方略研究。2003年11月，课题组召开研讨会，就十六届三中全会决议展开研讨。12月，召开学术报告会，就台海局势、拉美新自由主义改革等方面听取了有关专家的演讲。

民族文化传承与学校艺术教育、学校艺术教育实践研究。继续开展民族文化传承与学校艺术教育、学校艺术教育实践等课题的研究。1月，社科中心承担的全国教育科学“九五”规划项目“学术艺术教育实践研究”课题组与青岛艺术学院在青岛联合召开了全国声乐理论研究与教学经验交流学术研讨会。社科中心承担的全国教育科学“十五”规划项目“信息科学技术在学校艺术教育科研与教学中的应用”课题第三阶段研究专题“北京地区民族音乐资源库”于2月19日启动。

为纪念马克思逝世120周年和诞辰185周年，贯彻十六大关于坚持社会科学和自然科学并重，发挥哲学社会科学在经济和社会发展中的重要作用的精神，社科中心、《高校理论战线》杂志和中央民族大学于4月17日联合召开马克思主义和哲学社会科学学术研讨会，研讨了马克思主义与哲学社会科学各学科的关系问题，会后发表了一批研究论文。

社科中心、中国史学会于5月联合召开“《走向共和》与中国近现代史”学术研讨会，会后发表了一批研究论文。组织编写了《近代中国是怎样走向共和的——大型电视剧〈走向共和〉引发的思考》一书，2003年10月由华龄出版社出版。

受中纪委驻教育部纪检组委托，开展“用‘三个代表’重要思想指导纪检监察工作新的实践”的研讨。7月至9月，与中纪委驻教育部纪检组共同召开了两次研讨会，讨论“用‘三个代表’重要思想指导纪检监察工作新的实践”的重要意义，并撰写了理论文章。

〔**《高校理论战线》办刊情况**〕　2003年，《高校理论战线》贯彻党的十六大精神、胡锦涛同志“七一”重要讲话精神和十六届三中全会的精神，发表了多篇深入研究、宣传马列主义、毛泽东思想、邓小平理论和“三个代表”重要思想的文章。

杂志编辑部参加了社科中心和“理论中心”的各项重要学术理论活动，发表这些活动的学术成果，努力提高杂志的学术理论质量。“社科学人”等栏目保持了特色，成为有影响的重要栏目。围绕一些重大理论问题如坚持和发展劳动价值理论、坚持唯物史观、坚持用马克思主义指导哲学社会科学、正确评价新自由主义、弘扬和培育民族精神等发表了一批有理论深度的文章，遵循“双百方针”

开展学术争鸣。

《高校理论战线》发表的文章《论“以德治国”的历史、理论与实践》，获得了“五个一工程”第九届“入选作品奖”。全年共发表200多篇文章，计160多万字。

撰稿 王炳权
审稿 田心铭

中国教育学会

〔概述〕 2003年，中国教育学会及分支机构和各省、自治区、直辖市教育学会以及广大会员以邓小平理论、“三个代表”重要思想为指导，开拓进取，积极开展群众性教育学术活动和教育改革实验，取得了显著成效。

为纪念毛泽东诞辰110周年，12月18日，中国教育学会与教育部中华人民共和国教育史研究工作小组、社会科学发展研究中心、中央教科所联合举办了“毛泽东与中国教育”学术研讨会。教育部副部长王湛，邹时炎、周远清、沙建孙、张健等60余位专家、学者参加研讨。研讨会加深了对毛泽东教育思想内涵、历史地位及其对当代中国教育理论与实践影响的认识，对新时期继承和发扬毛泽东教育思想进行了深入研讨和交流。

9月15日，中国教育学会与北京市教育学会、北京景山学校、教育部课程教材研究所等单位在北京人民大会堂联合召开邓小平“三个面向”题词发表20周年纪念会，教育界的专家、学者、师生代表700多人出席。中共中央政治局委员、北京市委书记刘淇，国务委员陈至立等发来贺信。孙孚凌出席纪念大会。专家们认为，邓小平同志“三个面向”的题词，为中国教育事业的发展指明了方向，对中国教育改革与发展产生了重大影响，特别是对解放思想、更新教育观念、深化教育改革、促进素质教育、发展教育理论等方面，都起到了历史性和战略性的指导作用。

4月7日～8日，中国教育学会与教育部课程教材研究所、上海市教育学会等单位在上海联合举办2003年小学外语教学国际论坛，来自内地和港澳台地区以及英国、加拿大、德国、新加坡的专家学者和教师近300人就中国外语教学改革和发展之路进行了深入探讨。与会专家认为，发展双语教学，可以为提高中国外语教学的实效性提供更为宽广的时空。双语教学的开展应该根据各地实际情况，边实践，边研究，不断积累经验，稳妥推进，务求实效。

12月下旬，中国教育学会和中国管理科学研究院共同召开了基础教育管理创新论坛。400多位中小学校长、地市教育局长参加了论坛。论坛从基础教育管理现实需要出发，组织专家和教育局长、校长代表对新形势下的基础教育管理创新开展了研讨。陶西平、张力、袁振国、劳凯声等专家分别作了专题报告。

2003年，中国教育学会编辑出版了大型教育学术年刊《中国教育科学（2002）》。年刊集录了教育界近140位著名专家和学者在教育研究各个领域中的学术论文、研究报告和实验报告等最新科研成果，具有较高的学术性和权威性。编辑出版了第15次学术年会论文集《新世纪教师专业化的理论与实践》。论文集精选了67篇有代表性的文章，反映了当前我国教师专业化研究最新研究成果。教育部副部长王湛、袁贵仁分别为该书作序。此外，还出版了《素质教育研究丛书》4套，《中国名校办学模式丛书》1套。

〔**召开教育学术界学风建设座谈会**〕 2003年3月19日，中国教育学会在京召开教育学术界学风建设座谈会，来自中等学校、高等院校、科研单位、教育行政部门和新闻媒体的领导和专家到会。

大家认为，改革开放以来，教育学术界积极开展教育学术研究和教育科学实验，对推进素质教育，繁荣教育科学作出了贡献。我国教育学术界主流是好的，成绩是主要的。但是应当看到，当前学术界存在的浮躁不专、急功近利、低水平重复，把学术活动商业化、谋取私利、抄袭剽窃、欺世盗名等不容忽视的问题，严重损害了教育工作者的形象，此风不刹，危害极大、后果严重。大家一致呼吁，教育界对此必须引起高度重视，并采取措施，切实予以纠正。会议讨论通过了《中国教育学会关于教育学术界学风建设倡议书》（以下简称《倡议书》），提出：要加强职业道德修养、提倡奉献精神；要率先垂范，诚信自律；要严谨治学、弘扬科学精神和发扬团队精神。

《倡议书》在教育界产生了一定影响。教育部纪检监察局编发的《教育纪检监察》第15期全文转发了《倡议书》，并在“编者按”中指出：“为加强学术风气建设，弘扬学术道德，中国教育学会发出了关于教育学术界学风建设的倡议书。这是结合行业实际落实党风廉政建设和反腐败工作的具体体现，对教育学术界坚持邓小平理论和‘三个代表’重要思想，端正学风，严谨治学，繁荣教育科学将起到推动作用。”

〔研讨“教育创新与现代教育制度建设”〕 中国教育学会于10月下旬在浙江杭州召开了以“教育创新与现代学校制度建立”为主题的第十六次学术年会（以下简称年会）。著名专家、学者和一线有丰富实践经验的管理工作者顾明远、谈松华、黄黔、茅以轼、张力、李仁和、劳凯声、靳希斌、裴娣娜、陈玉琨、胡瑞文、胡卫、文东茅等从各自不同的研究背景出发，对教育创新与现代学校制度建设的理论和实践问题进行了广泛研讨。

与会专家认为，随着社会主义市场经济体制的逐步确立和经济的快速发展，社会对教育的需求不断加大，从而引发了教育供需的深刻矛盾。社会事业特别是教育事业的基本建设应拓宽思路，广泛吸引社会资金。投资来源多元化有利于学校体制改革，也是现代学校制度建设提出的重要动因之一。

专家们提出了“建立现代学校制度有利于解放和发展教育生产力，有效地克服公办学校办学机制僵化、办学缺乏自主等弊端”；“股份制教育集团将成为我国教育的发展趋势之一”；“世界性的政府改革正导致各国公共教育体制的重构，市场化取向成为世界各国公共教育体制重构中的共同特点”；“以制度经济理论为指导，用制度改革与创新从根本上解决教育资源短缺、供给不足的问题，产权制度和委托——代理制具有根本性的作用”等观点和见解。年会对现代学校制度建设中的政府、社会与学校的关系问题，学校内部管理制度建设问题开展了讨论，同时对浙江的教育股份制、教育券的实验探索也给予了高度的关注。

年会还进行了优秀论文的评选。共评出获奖论文510篇，其中一等奖12篇，二等奖91篇，三等奖407篇。

〔教改实验区工作〕 中国教育学会从2001年开始在全国建立了上海市徐汇区、长春市宽城区、青岛市市南区、成都市青阳区等16个教改实验区。通过深入开展教育科研活动，有效提高了基础教育质量和广大教育工作者水平。各实验区在推动理论与实践相结合、教育创新等方面，都发挥了积极作用。

中国教育学会实验区工作已形成以下几个特点：一是领导高度重视，组织有关部门的共同参与，整合人、财、物等优势资源，有力保证了教改实验的顺利开展；二是实验区紧密结合当地教育发展中的突出问题，确定教育改革研究方向，使区域性的教育改革整体推进，带动了本地区社会、经济的协调发展；三是实验区工作的参与者们有机地将教育理论研究和教学实践统整在一起，边实验，边推广，使改革取得的成果不断得到深化；四是建立起一支高素质的校长、教师队伍。

实验区已在开展残障儿童随班就读，构建早期教育服务网络，深化农科教结合模式改革、提高农村初中教育教学质量，解决西部地区职校发展的“招生难、就业难”，推进基础教育管理体制、办学体制和中小学人事制度改革，推广课程改革实验、优化教育教学模式，构建现代化教育信息网络，探索评价制度改革等方面取得了丰硕成果。11月，中国教育学会在上海市徐汇区召开了2003年实验区工作会议，交流了各实验区的工作进展情况，并进一步明确了下一阶段实验区工作的努力方向。

〔开展“十五”课题中期检查〕 中国教育学会“十五”期间共立项课题222项，其中重点课题52项，规划课题170项。“十五”课题覆盖面广。从地域看，立项课题覆盖了全国26个省、市、自治区和学会所属分支机构；从研究领域看，课题内容涉及基础教育改革的各个方面：基础教育课程教材改革，教育创新与素质教育，教师教育改革的理论与实践，教育理论探索，教育信息化，学校、家庭、社会三结合教育，民办教育，劳动技术教育，特殊教育等。

2003年上半年，中国教育学会对“十五”立项课题研究情况进行了中期检查，70%的课题组按照中国教育学会的要求对课题研究进行了认真总结。中期检查表明：(1) 多数课题受到各地教育行政部门和课题所在学校领导高度重视，研究进展顺利、程序规范、总体形势良好。(2) 研究具有广泛的群众基础。从课题牵头单位和参与人员的构成看，既有省市学会、科研院（所）、教研室、党政机关、教育行政部门的负责人，又有中小学校、幼儿园、师范院校、教师进修院（校）、有关专业委员会以及综合院校的校长、教师和有关专家。(3) 各课题组注重课题研究动力机制的形成。(4) 注重从本校、本地区教育教学改革的实际出发，以课题研究带动校本培训，着力促进教师专业化建设和教育教学质量的提高。(5) 课题研究已经产出了一批水平较高的成果，这些成果有的已经成为决策的依据，有的对某一领域理论发展作出了积极贡献。

中国教育学会于9月13日在贵阳召开了中国教育学会“十五”课题经验交流会，对各地课题开展研究情况进行了小结。根据各地教育科研工作的发展需要，中国教育学会年底又审批了12项新课题。

〔围绕课程改革，举办多种形式的论坛和研讨会〕 随着新课程标准的实施，课程改革成为广大中小学的中心工作。面对这一新生事物，广大校长、教研人员以及广大学科教师，无论在观念上、理论上，还是在实践方面，都面临着大量新的课题要解答。为此，中国教育学会所属各分支机构，利用自身优势通过各种论坛、研讨会等形式推动教改，并取得很好的效果。如中学语文教学专业委员会召开了“走进新课程，全面提高学生的语文素养”主题研讨会；地理教学专业委员会围绕“走进新课程”这一主题召开了学术研讨会；教育理论刊物专业委员会就探讨基础教育课程改革所面临的重大问题及改善对策召开了学术年会；成都市教育学会举办了“课程改革与教师专业发展论坛”，并围绕着教育创新与课程改革的主题召开了教育创新研讨会；福建省教育学会围绕着“基础教育课程改革”这一主题举办了研讨会等等，这些活动对于树立新的教学改革理念，正确解读新课标，全面提高教学质量，起到了推动作用。

〔举办报告会、观摩课等活动〕 2003年，武汉市教育学会坚持为课改服务，组织了三次与实施国家新课程标准相结合的咨询服务活动，分别组织了“走进新课程学术报告会、展示会”、“课堂教学创新研究展示会”；吉林省教育学会围绕着十六大报告关于全面建设小康社会宏伟目标、落实教育优先发展战略地位等重大题目举办专题报告会；安徽省教育学会举办“基础教育课程改革学术报告会”；沈阳市教育学会举办了专场师德报告会和“21世纪以人为本的学校现代化管理的思考与实践”报告会；小学语文教学专业委员会举办了全国小学语文教学交流会暨历届阅读教学观摩活动成果展示与交流活动；外语教学专业委员会举办了“全国高中英语教学观摩暨研讨会”；物理教学专业委员会与有关单位联合组织了第十三届初中应用物理知识竞赛。为进一步加强对《基础教育课程改革纲要》和课程标准的学习宣传，小学科学教育专业委员会举办了2003年全国小学科学课“新标准、新理念、新实践”征文竞赛活动；书法教育专业委员会组织了第二届曙光杯全国中小学书法大赛；针对优秀班主任队伍不断年轻化的特点，北京市教育学会举办了“紫禁杯”优秀班主任培训班；山西省教育学会举办了“教师专业化成长与校长职业化成长”校本培训活动；湖北省教育学会充分发挥省教育学会中小学教学咨询服务部的作用，围绕课程改革这个中心，举办了小学语文、数学，初中语文、数学、英语，高中英语六个研讨班、讲习班。

〔**学术交流活动**〕 6月、8月，中国教育学会先后两次邀请台湾中华教授协会参观访问团来大陆访问；中国教育学会中学语文教学专业委员会反刍式教学法专题研究组主任钟德赣老师出席由新加坡知行教学与华文教师总会联合主办的“全国华文反刍式单元教学法研讨会与工作坊”，介绍该课题研究成果；中国教育学会小学语文教学专业委员会与香港小学中国语文教育研究学会在北京共同主办了第二届两岸四地小学中国语文教学观摩交流活动；中国教育学会书法教育专业委员会组织了中国马来西亚书法交流展及赴马来西亚代表团，并顺访了新加坡及泰国书法家协会，协商了进一步在更广泛领域合作的意向。北京市教育学会召开了海峡两岸私立（民办）学校交流座谈会并参加第九届海峡两岸暨港澳地区教育学术研讨会；重庆市教育学会组团赴港澳学习考察，参观了部分中小学校并与香港特别行政区政府教育署座谈。

撰稿　李云虹
审稿　连秀云

中国高等教育学会

〔**概述**〕 2003年，中国高等教育学会坚持以马克思主义、毛泽东思想、邓小平理论和“三个代表”重要思想为指导，学习宣传贯彻党的十六大精神，求真务实，与时俱进，大力推进教育创新；围绕高等教育改革和发展中的重大理论和现实问题，结合中国高等教育学会成立20周年，开展了一系列有影响、有创新、有价值、有特色的学术研究活动，为促进我国高等教育健康可持续发展发挥了重要作用。

学习贯彻十六大精神，掀起学习“三个代表”重要思想新高潮是学会系统2003年的首要工作。学会采取多种形式，围绕“大力推进教育创新，建立中国特色社会主义现代教育体系”这一主题，召开了一系列理论报告会、学术研讨会、辅导讲座等。1月17日～21日，中国高等教育学会在京召开了“全面建设小康社会与中国高等教育论坛”，探讨在全面建设小康社会进程中高等教育所肩负的历史重任。9月、11月分别与江苏省高等教育学会和湖南省高等教育学会举办了“全面建设小康社会与高教改革发展”学术研讨会。会议学习十六大精神，围绕全面建设小康社会对高等教育结构和质量、创新人才培养、高等职业教育和农村教育、民办教育、地方高等教育的新要求等问题展开了研究与分析。11月14日～18日，配合第十二次全国高校党的建设工作会议的召开，中国高等教育学会举办了“学习贯彻党建会精神，加强和改进高校党建与思想政治工作”高级讲习班。与会代表以邓小平理论和“三个代表”重要思想为指导，学习贯彻十六大精神，研究高校党建工作面临的新形势、新问题，从理论与实践相结合的层面，探讨了新时期进一步加强和改进高校学生党员发展工作的若干重要问题。

〔**加强教育科学研究，促进高等教育创新**〕 2003年是中国高等教育学会成立20周年，围绕“加强教育科学研究，促进高等教育创新”这一主题，学会举行了一系列纪念活动。10月18日～19日，中国高等教育学会与北京市教委联合举办“2003年高等教育国际论坛”。来自北京大学、清华大学、北京师范大学、浙江大学、北京外国语大学等100多所高校以及联合国教科文组织、澳大利亚驻华使馆、日本驻华使馆、世界银行驻中国代表处的外宾共计200余人出席了大会。教育部副部长吴启迪出席会议，并作了《坚持教育创新，不断推进高等教育的改革和发展》的讲话。北京市副市长范伯元代表论坛组委会致辞。周远清会长作了题为《加强教育科学研究，促进高等教育创新，建设高等教育强国》的主报告。清华大学党委书记陈希、北京师范大学校长钟秉林、北京大学原副校长王义遒、著名学者杨叔子、张岂之、联合国教科文组织教育规划研究所专家 David Atchoarena 等作了大会主题发言。此次论坛首次设立了高等教育博士生分论坛，与会的高等教育学博士研究生有47人，其中6位博士生代表6个高等教育学博士点在大会上作了所在高校有关高等教育学博士论文综述。

在主论坛和教育科学研究、高等教育创新、高等教育学博士研究生培养三个专题分论坛上，代表们围绕如何加强教育科学研究，如何以教育科学研究开辟教育创新之路，如何提高教育科学研究水平等问题进行了深入探讨，并从高等教育的体制与政策创新、高等学校的办学创新、高等教育的管理创新以及创新人才培养与人才培养创新等多个层面，探讨了新时期中国高等教育如何走改革发展创新之路这个重大的理论与实践问题。

为纪念中国高等教育学会成立20周年，学会组织编辑出版了《二十世纪的中国高等教育》、《回顾与展望——1983—2003年高教研究论文集》、《迈向新世纪的高等教育》、《人文教育和科学研究的融合》等重要著作。《二十世纪的中国高等教育》是全国教育科学“十五”规划重点课题。中国高等教育学会组织进行这一课题研究，旨在回顾中国高等教育100多年来的历史发展进程，认真总结历史经验教训，研究和探索符合中国国情和历史发展规律、具有中国特色社会主义高等教育的发展道路。这套历史研究专著按8个专题编撰，包括德育卷、体制卷、教学卷、学位与研究生卷、科学研究和科技产业卷、国际交流合作卷、高等教育研究卷和地方高等教育卷。其中地方卷由部分省、自治区和直辖市分别编撰。已出版的有德育卷、体制卷、学位与研究生卷、科学研究和科技产业卷及辽宁、广东两个地方卷。

11月9日～11日，与清华大学、华中科技大学、东南大学、高等教育出版社在南京联合举办中国人文教育高层论坛。

12月13日在北京与清华大学联合召开了纪念蒋南翔同志诞辰90周年座谈会。周远清会长出席了座谈会，并作了大会发言。

12月18日，与教育部中华人民共和国教育史研究工作小组、中国教育学会、教育部社会科学发展研究中心、中央教育科学研究所、中国教育报刊社在京联合召开“毛泽东与中国教育”学术研讨会。周远清会长作了题为《在新的历史条件下坚持和发展毛泽东教育思想》的发言，指出毛泽东教育思想是毛泽东思想的一个不可分割的有机组成部分，在指导中国社会主义教育的历史实践中获得了巨大成绩，经受了实践的检验，也丰富和发展了马克思主义教育思想。在新的历史条件下，毛泽东教育思想的基本理论对中国教育事业的改革、发展和创新，仍然具有重要的指导意义。

为促进我国高等教育事业的改革与发展，上海交通大学、武汉大学、南开大学、浙江大学4所高等学校于11月～12月陆续成立高等教育研究会。在一些高水平的大学建立高等教育研究会，一方面可以充分发挥调动高等学校，特别是重点高等院校重视与加强高等教育科学研究的积极性，发挥自身学科的优势，提升我国高等教育研究的总体水平；另一方面也是适应高等教育深化改革，准确定位，科学规划学校发展，加强院校管理，促进高等院校健康可持续发展的需要。

中国高等教育学会在成立20周年之际，决定设立高等教育改革与发展的信息平台——中国高等教育改革与发展网，进行高等教育政策、动态信息发布，推动教育思想、观念的转变，推动高等教育科学研究，交流科研成果和改革经验，为教育行政部门、高等学校和广大会员提供信息服务。12月中国高等教育改革与发展网开通。

2003年中国高等教育学会系统的各学会、分会、专业委员会围绕高等教育改革发展中的重大理论问题和现实问题，为地方社会经济发展服务，开展高等教育研究，召开了形式多样、学术水平较高、影响广泛、针对性强、有创新、有指导价值的学术研讨会60余次。如高等教育管理分会围绕学习贯彻《民办教育促进法》，召开民办高等教育发展论坛，对民办高等教育发展的法律建设和制度保证进行了深入探讨；围绕全面推动高等教育制度创新举行了学术年会。档案工作分会创新工作思路，开通了“高校档案工作 BBS 论坛”，将研究成果、学术观点、学会工作信息及时放到论坛上交流。保卫学专业委员会针对当前影响高校安全和稳定的不利因素，组织力量修订《大学生安全实用知识》一书。该书自 1992 年初出版以来的 10 年间，几经修改，不断完善，对加强大学生的安全教育，维护学校的稳定，起到了重要的作用。科研管理分会围绕加强学校基础研究、高新技术研究和科技成果转化以及产业化等科技创新工作举办了学术年会。师资管理研究分会以“教师素质提高与职务聘任”为主题，举行学术年会。校史研究分会针对目前社会上个别学校在举办校庆活动时希望本校历史越悠久越好，甚至相互攀比、不尊重历史、随意更改校庆年份等不良现象，专门召开研讨会，探讨中国学校校史确定的原则与标准。

2003 年全国高等教育科学研究机构协作组的工作取得新进展。11 月 22 日～23 日，与国务院学位委员会教育学科评议组在河海大学联合举办全国高等教育学研究生培养工作学术研讨会，围绕加强教育创新，提高高等教育学研究生培养质量以及研究生培养的层次与类型等问题进行了探讨，并对《关于改进和加强高等教育学研究生培养工作的几点意见》和《关于进一步加强高等教育研究机构建设的意见》两个文件的讨论稿提出了修改意见。

〔**突出特色，不断提高办刊质量**〕　中国高等教育学会主办的学术理论性会刊《中国高教研究》，服务于高等教育的改革和发展，努力反映高等教育理论与实践创新的最新成果，深入探讨高等教育改革和发展中的重大问题，刊发了一大批学术理论价值高、有创新、实践指导意义强、有应用价值的精品文章。配合 2003 年高等教育国际论坛的召开，围绕“加强教育科学研究，促进高等教育创新”这一主题，连续 6 期集中发表了 20 余篇由著名教育专家、学者、高校领导撰写的高质量学术论文，产生了很好的社会影响。“高等教育改革与发展”、“高校领导论坛”、“学位与研究生教育”、“高职高专教育研究”、“博士论文荟萃”、“探索与争鸣”等栏目的质量都有了新的提高，深受广大读者的好评。特别是《中国高教研究》编辑部自 2003 年 3 月起，组织进行了全国范围内有关高等教育科研论文成果的汇编统计工作。统计范围为 11 家全国中文核心期刊 2000—2002 年刊发的高等教育科研论文。这次统计共收录有效论文 6 442 篇，共有 675 个单位的论文被统计排名。浙江大学、清华大学、华中科技大学三校名列前三名。据了解，进行全国范围内的高等教育科研论文成果统计与排序，尚属首次。统计结果发布后有 10 余家报刊进行了转载，产生了较大的社会影响。

〔**开拓创新学会工作**〕　为更好地适应高等教育改革发展的需要，经过三年的努力，2003 年，中国高等教育学会原有的 36 个分支机构全部通过民政部社会团体分支机构的清理整顿，同时新设立 15 个分支机构。

4 月与《中国教育报》、中国地区开发促进会联合召开了第四次西部教育顾问会议，积极推动对西部教育的帮扶工作。

10 月举办了秋季全国高教仪器设备展示会，千余所高校和七八百厂家参展，各项指标均创历史新高。全国高教仪器设备展示会已成为全国会展经济中的知名品牌。

与教育部高教司、学生司、社政司等行政部门合作，分别在 1 月、4 月、9 月、11 月举办了 6 期各类培训班。参加培训的总人数近 2 000 人，产生了良好的社会影响。7 月正式注册成立了中国高等教育培训中心。

10 月组团赴欧洲考察，对法国、德国等国家高等教育的改革与发展状况进行了实地考察；围绕高等教育管理体制、投资体制、学生管理、后勤保障以及高等教育质量保证体系等方面与法、德两国的同行们进行了广泛接触与座谈，并从中获得对我国高教改革有益的启示。

撰稿　王小梅
审稿　张晋峰

教育报刊、电视台

中国教育报

〔**围绕工作大局，做好教育新闻宣传工作**〕从年初开始，中国教育报在继续开设“学习贯彻十六大精神，开创教育改革发展新局面”和“学习贯彻十六大精神笔谈”两个专栏的同时，着力宣传好党中央、国务院关于教育工作的方针政策，宣传好教育部贯彻落实十六大精神、推进教育改革的各项重点工作。

及时、详尽地报道教育部的重要工作会议。2003年教育部召开了全国普通高校招生工作会议、全国农村教育工作会议、全国普通高校毕业生就业工作会议、全国职业教育与成人教育工作会议等一系列会议，中国教育报对这些会议进行了及时、详细的报道，准确传达了教育部的决策和声音，保证了各地各级教育部门和广大师生员工理解和把握有关方针政策，推动了教育战线各项工作的顺利开展。

全面、深入地报道教育部突出强调、狠抓落实的重点、难点、热点问题。治理教育乱收费，促进大学毕业生就业，教育战线防控“非典”，提高高等教育质量，普通高校以新的机制和模式试办独立学院，教育战线学习“三个代表”重要思想，办好让人民满意的教育以及推进农村教育工作等，是2003年教育工作的重点、难点，也是读者关注的热点。围绕这些重点、难点、热点问题，中国教育报组织动员各方面的力量，精心策划，运用多种报道形式，点面结合，由浅入深，进行了全面、深入的宣传，以典型鼓舞人，以经验示范人，以正确的舆论引导人，在指导教育战线工作方面发挥了重要作用。

中国教育报还始终把目光对准教育战线的广大师生员工，对准教育教学改革的第一线，推出一系列来自基层的优秀人物和先进经验。如河南职业技术师范学院的孙阳吉，吉林珲春市山村女教师马宪华；新疆农业职业技术学院办学经验，云南省楚雄黎族自治州农村学校勤工俭学经验，沈阳市“小升初”、“公办不择校、择校找民办”的经验等，为地方教育改革提供了借鉴。

〔**“两会”宣传报道工作**〕 2003年的“两会”是人大和政协的换届会议，将选出新一届国家和政府领导人，因而更加引人注目。为做好“两会”的宣传报道工作，中国教育报提前策划，精心组织，围绕五年来教育改革取得的重要成就、“两会”关注的教育热点、难点问题以及代表委员的建议对策等展开报道，取得了很好的宣传效果。

早在“两会”召开前，中国教育报就开辟了“代表委员风采”和“‘两会’专访”专栏，同时陆续推出四篇“两会”特稿：《这五年，教育投入增长最快》、《这五年，教育改革巨大突破》、《这五年，教育需求极大满足》、《这五年，教育观念变化最大》，全面总结五年来的教育工作，展示教育事业取得的巨大成就，取得了很好的社会反响。

“两会”期间，中国教育报又增开了“‘两会’数字”、“‘两会’漫议”、“‘两会’视点”等多个专栏，对会议进行全方位多角度的报道，并在一版显要位置连续推出专题，报道代表委员关注的教育热点问题，如《人大代表关注义务教育》、《政协委员关注民工培训》、《政协委员关注研究生教育》、《代表委员关注高等教育》、《代表委员关注高校办学自主权》、《376 名代表建议修改〈义务教育法〉》、《人大代表关注教育优先发展》、《人大代表关注高等教育大众化》等。这些专题报道因内容切近现实、切近热点，版面处理又相对突出而受到了与会代表委员和读者的肯定。中国教育报陆续推出的“两会”专稿《教育，高举为人民服务的旗帜前行》、《教育，为弘扬培养民族精神奠基》、《教育，抓住战略机遇期加快发展》等，抓住新时期事关教育发展的重大问题进行报道，显示了中国最权威的教育新闻媒体在专业报道领域的高度和深度。同时，教育报各专刊、周刊也配合“两会”宣传，开设了“关注‘两会’关注教育”专辑，对许多热点问题进行集中性报道。所有这些，使得中国教育报的“两会”报道，具有专业性强，信息量大，关注度高，报道迅速、准确、权威的特点，因此受到了与会代表委员和读者的好评。

〔**为教育战线抗击“非典”提供精神动力和舆论支持**〕 在抗击“非典”的宣传报道中，中国教育报根据自己的特点，紧扣中央确定的宣传主题，坚持正确的舆论导向，以强大的声势突出主旋律，突出新闻亮点，为教育战线夺取抗击“非典”和教育教学改革与发展“双胜利”提供了精神动力和舆论支持。

及时准确传达中央的决策和声音。2003 年 4 月 15 日，中国教育报在一版刊登了教育部要求全国教育行政部门和各级各类学校认真贯彻全国非典型肺炎防治工作会议精神，做好学校非典型肺炎预防与控制工作的报道，由此拉开了抗击“非典”报道的序幕。此后，中国教育报一直根据疫情的动态变化，第一时间把党和政府的声音传达给每一个教育工作者，为各级各类学校和广大师生员工提供科学防治“非典”的资讯和经验，有力地指导了战线防控“非典”工作。同时，针对抗击“非典”期间社会广为关注的高考和大学毕业生就业问题，中国教育报开设“‘非典’期间高考特别报道”和“千方百计促进大学生就业”等专栏，组织力量，通过多种形式，报道教育部的政策和决定，报道各地在非常时期的非常举措，为解决抗击“非典”期间教育热点和难点问题提供了指导。

发挥正确舆论的引导作用。抗击“非典”期间，中国教育报先后刊发了近 20 篇社论、评论员文章和短评，从三方面发挥了舆论导向的强大作用。第一，传达中央的重大决策和部署，号召教育工作者增强责任感，坚定信心，为抗击“非典”斗争作出应有的贡献。第二，配合中央的重大决策，弘扬伟大的民族精神，宣传依靠科技力量战胜“非典”。系列评论“民族精神三论”之一，社论《筑起坚不可摧的青春长城——在抗击“非典”斗争中大力弘扬和培育民族精神》被国务委员陈至立批示为“好社论”。第三，配合教育部有关工作部署，及时发出自己的声音，有力地指导了相关工作。评论员文章《不懈不怠　严防死守——坚决打好防治“非典”的“校园保卫战”》，对纠正疫情稍显平稳后防控“非典”工作中的一些不良苗头发挥了很好的作用，得到了教育部部长周济的肯定。

大力宣传先进典型，鼓舞人心。从 4 月下旬开始，中国教育报推出了“众志成城抗非典”、“认知非典，积极应对”、“抗击非典特别报道”、“五一节高校特别行动”、“共产党员在一线”、“非典时期高校特别报道”等众多富有创意的栏目，宣传介绍教育战线的先进典型和经验，展示教育战线一手抓抗“非典”不放松，一手抓教育教学工作不动摇的良好形势。中国教育报推出的人物典型——河南职业技术师范学院医院院长孙阳吉在教育战线引起强烈反响。

抗击“非典”期间，中国教育报共刊发相关稿件 500 余篇，其报道多次受到国务院和教育部领导的高度评价。中国教育报编辑部荣获“全国新闻界抗击非典新闻宣传先进集体”称号，记者时晓玲荣获“全国新闻界抗击非典新闻宣传优秀记者”称号，系列评论“民族精神三论”系列报道、《聚焦五一节高校行动》、通讯《时代答卷　走近非典考验下的大学生群体》等荣获“全国新闻界抗击非典新闻宣传优秀新闻作品奖”。

〔**报道教育战线学习贯彻“三个代表”重要思想，办让人民满意的教育的典型经验**〕 把“三个代表”重要思想贯彻到我国教育事业的各个领域，切实解决当前教育战线改革与发展中的实际问题，努力办好让人民满意的教育，是教育战线学习贯彻“三个代表”重要思想的重要内容。2003年，中国教育报紧扣这一主题展开宣传报道，及时、准确地报道党中央和教育部党组的决策，有力地推动了教育战线兴起学习贯彻“三个代表”重要思想的新高潮。在新闻版开设了“教育为民身边事”专栏，用特写、新闻故事、现场短新闻的形式，记录各地教育部门、学校以及党员、干部、教师实践“三个代表”重要思想，满腔热情为民办事，为学生服务，做好教育工作的鲜活生动的故事。在一版头条位置开辟“学习实践‘三个代表’重要思想，办让人民满意的教育”专栏，精心策划，推出一系列教育战线践行“三个代表”的典型和经验。理论版则开辟“兴起学习贯彻‘三个代表’重要思想新高潮”栏目，组织专家学者撰写理论文章，注重做好“三个代表”重要思想的深层次分析和阐释，指导和推动了教育战线学习贯彻“三个代表”重要思想的实践。

〔**做好全国农村教育工作会议的宣传报道**〕 农村教育是我国教育事业发展中的重点和难点。2003年9月19日，建国以来首次以国务院名义举行的全国农村教育工作会议在京召开，会前国务院出台了《关于进一步加强农村教育工作的决定》。为做好会议的报道工作，中国教育报进行了精心的筹划和安排。会前就组织记者分赴各地采访农村教育，从9月9日至29日在一版开设“迎接全国农村教育工作会议召开·农村教育采访纪行”专栏，陆续刊发了本报记者采写的15篇稿件，通过记者的所见所闻、所思所感，展示了四川、贵州、云南、黑龙江、吉林、湖南、湖北、安徽、北京等地农村致力于教育发展，力争使教育在服务“三农”方面作出贡献的典型经验，并刊发了周济部长畅谈农村教育成就和目标的长篇文章。会议期间，教育报除进行会议报道外，还刊发《国务院关于进一步加强农村教育工作的决定》，发表社论《开创农村教育工作的崭新局面》；会后又推出“农村教育工作经验报道”专栏，介绍部分省市在发展农村教育方面取得的成就与经验，为农村教育发展提供借鉴。

〔**治理教育乱收费工作的宣传报道**〕 治理教育乱收费是2003年教育战线的一项重要工作，也是中国教育报全年始终关注、报道的重要内容。中国教育报从3月下旬报道全国教育系统治理中小学乱收费工作电视电话会议开始，多次报道国家和教育部有关从严治理教育乱收费的决定和措施，发表评论员文章《充分认识治理教育乱收费工作的重要性和紧迫性》，阐述治理教育乱收费工作的重要意义，传达国家和教育部对治理教育乱收费工作的要求，充分发挥新闻媒体的舆论导向作用，指导教育战线做好治理乱收费工作。教育报还在一版开设“坚决治理教育乱收费，树立教育良好形象”专栏，陆续报道各地治理教育乱收费的举措和经验。

撰稿　刘　微
审稿　刘仁镜

《人民教育》杂志

〔**概述**〕 2003年，《人民教育》的办刊指导思想是：以邓小平理论和“三个代表”重要思想为指导，贯彻党的十六大精神，坚持“政治家办报”，解放思想，奋发有为，创新办刊理念和宣传方式，为我国基础教育的改革与发展发挥舆论的导向和服务作用。2003年《人民教育》杂志改为“理论”、“管理”、“教学”、“生活”四大版块式结构，更集中紧凑地宣传教育战线的改革及经验。

强化刊物的权威性和指导性。围绕教育部有关基础教育的中心工作，及时组织刊发权威的指导性文章。如刊发教育部党组《学习贯彻十六大精神 开创教育改革发展新局面》的文章；根据陈至立同志在2003年度教育工作会议的讲话精神，发表《陈至立提出：分三步走 建立现代国民教育体系》的消息摘要；结合新一届政府成立，发表教育部部长周济在教育部司（局）级干部会上的讲话《牢记宗旨 不负使命 办好让人民满意的教育》；结合新时期教育战线的中心任务，发表教育部师范司袁振国《建立教育发展均衡系数 切实推进教育均衡发展》和基础司李连宁《努力做好义务教育公共服务的提供与管理》的文章；结合新一轮基础教育课程改革，派记者访问权威人士，编发《如何有效推进基础教育课程改革——访教育部基础教育司副司长朱慕菊》的专访文章，指导实验区的课改工作。

同时，加强新的教育思想、教育观念的宣传，增强刊物的思想性。2003年，《人民教育》密切关注教育战线思想前沿的最新动向，围绕深化教育改革，全面推进素质教育的中心任务，组织有关专家撰写具有前瞻性、思想性的理论文章，如张铁道等人的《新远景 新使命 新思路——全面建设小康社会与基础教育创新》，加德纳、陶西平等的介绍多元智能理论的文章《多元智能理论二十年》、《多元智能与课程改革》，杜育红的《农村基础教育财政体制发展与改革的走向》以及“努力完善‘以县为主’新体制”的系列文章。

〔**典型报道**〕 注重在宣传全国重要的教育教学改革的典型经验和先进人物时，在创新上下功夫，力求写出新意、写出深度、写得具体生动。2003年，《人民教育》在“本刊特别报道”栏目推出《川大附小：求解个性化教育难题》、《敢为天下先——记李金初和北京十一学校8年改革》、《浏阳人的教育投入“经”》、《看沙洋县如何为学校化解债务》、《办让农民满意的教育——湖北省枣阳市教育改革与发展纪实》等长篇通讯。配合德育工作及师德教育采写了《潮涌泉州湾——福建省泉州市中小学爱国主义教育纪实》、《给教育装上“驱动轮”——湖南省耒阳市实施科研战略纪实》、《新型教师从这里诞生——记黑龙江省哈尔滨市教师专业成长之路》。

〔**关注新课改**〕 多方位地关注新课改中的问题，尤其是教师在专业化发展中遇到的一些共性问题，以专家访谈及权威文章的形式提供解决问题的策略。如发表《如何有效推进基础教育课程改革——访教育部基础教育司副司长朱慕菊》、《新课程评价改革该如何进行——访北京师范大学副校长董奇》以及《关于教学设计的若干思考》、《在新课程中生发的以校为本教研制度》等。密切关注基础教育课程改革的进程，及时准确地报道教育部课改精神和部署，在暑期编发了《新课程优秀教学设计与课例研究专辑》（初中、小学各一册），向广大教师宣传新课程的理念，重点介绍实验区教师的具体做法和优秀教学案例，以帮助中小学教师将课改精神和新课程理念转化为课堂教学行为。

〔**关注基础教育重点、难点问题**〕 针对新形势下基础教育中存在的重点、难点问题，2003年，《人民教育》新设了“教师与法”栏目，就广大教师关心的法律问题相继刊登了《谁来保障教师的权利》、《〈学生伤害事故处理办法〉制定与适用的若干重要问题》、《如何确保民办学校教师的同等法律地位和权利》、《学校如何打官司》等文章；就学校文化建设，推出了“‘全国百所名校点击’系列报道”、“创建特色学校”栏目，刊登了文章《校长的教育思想是一所学校的灵魂——访北京四中校长邱济隆》、《杨瑞清和他的乡村教育》、《教育科研：创建特色学校的有效途径》；同时还就评价制度改革及校本教研等教师关心的问题，发表了《评价热的冷思考》、《怎样做“校本教学研究”》、《校本培训：学校可持续发展的绿色平台》等文章，引导广大教育工作增强法律意识，树立新的教育观念，提高自身专业素养，推动教师和学生共同发展。

〔**改进栏目设置，增强服务意识**〕 2003年，《人民教育》新开的“生活”版块从为教师服务的角度出发，设置了“名人访谈”、“名师人生”、“校园文化”、“教师书屋”、“编读往来”等栏目，用名师的成长经历、名校深厚的文化底蕴以及对好书的介绍品读，开拓教师的视野，增加刊物的理论和文化含量；通过读者在“编读往来”中倾诉的心声，加强编辑与读者的沟通，更加热诚地为读者服务。

2003 年，《人民教育》本着关注社会、引领基础教育改革的宗旨，首次推出了年终综述，就教育各层面、各领域存在的问题刊登了《从“一”到“十”：2003 看教育》、《2003 教育管理走向专业化》、《2003 教育法制建设一瞥》、《新课程理念的突围与反突围——和教师一起反思 2003》等文章，客观、公正、深入地分析了方方面面的问题，给广大教育工作者和关心教育的各界人士，提供了分析问题解决问题的新思路。

2003 年，《人民教育》突破沿袭了 52 年的出版周期，由月刊改为半月刊，发行量增加到月发行 40 万册，加大了为我国基础教育改革与发展服务的力度。

撰稿　胡久红

审稿　傅国亮　喻　让

《中国高等教育》杂志

〔**突出“三个代表”重要思想的学习与宣传**〕2003 年，《中国高等教育》开设了“在‘三个代表’旗帜下”专栏，约请一批理论工作者、高校党政领导等撰写文章。刊登的文章紧密结合高教战线学习“三个代表”、实践“三个代表”、推动“三个代表”重要思想“三进”等方面的工作，作了一些探索和思考。如在第 7 期发表的教育部副部长袁贵仁的《用十六大精神统领高校社科研究与思政工作》、在 13、14 期发表的中共中央党校副校长李君如的《在“三个代表”旗帜下　开创中国特色社会主义事业新局面》、在第 20 期发表的田建国的《创造“三个代表”重要思想“三进”工作的整体氛围》等文章，在高教界产生了比较好的影响。这些文章对为什么要兴起学习贯彻“三个代表”新高潮、“三个代表”重要思想的形成、理论体系及理论本质、根本要求和根本走向、对实践的指导作用等进行了系统深入的论述，对高校的思想理论建设和相关工作起到了指导和推动作用。

〔**关注高教发展和改革中前沿问题的探讨**〕在继续及时准确反映高等教育发展和改革的新思路、新举措的同时，对一些高等教育改革发展中出现的热点、难点问题进行了深入探讨。

第一，围绕办让人民满意的教育，阐发“教育为人民服务”方针的内涵。把“为人民服务”写入党的教育方针，是前所未有的事情，对它的重要时代意义和实践意义，在高教界还有待深入认识。为此，《中国高等教育》发表了评论员文章《深刻认识教育“为人民服务”的时代意义》。尤其是新任教育部部长周济的《牢记宗旨　不负使命　办好让人民满意的教育》一文在第 12 期发表后，引起教育界内外强烈反响，不断被媒体引用。

第二，全面宣传贯彻“巩固、深化、提高、发展”的高教发展方针，为提高教育质量和办学水平“鼓与呼”。《中国高等教育》第 2 期发表的教育部部长周济的文章《谋划发展　规划未来》，在高教界起到了有力的指导作用。教育部副部长张保庆的《树立科学的发展观　确保高等教育持续健康发展》及亚洲开发银行驻华首席经济学家汤敏博士谈《从深层次新视角思考大学生就业问题》、张尧学的《坚持就业导向　推进高等职业教育健康发展》、顾海良的《树立人文社会科学的“精品”、“上品”意识》等文章也产生了较好宣传效果。教育部副部长赵沁平撰写的《走出我国研究型大学的路子》、《请什么人上研究型大学的讲台》等系列文章，思考深刻，给人以启迪。

第三，关注依法治教，深入探讨如何坚持和完善党委领导下的校长负责制。党委领导下的校长负责制这一中国特色的高等学校领导体制经过多年的实践，已取得良好成效。但在实际贯彻中还有一些值得深入探讨的理论和实践问题。为了有助于高校理顺“党”和“政”的关系，更好地建立新的管理模式，使之真正成为我国高等教育事业快速发展的重要体制保障，从9月第18期开始，《中国高等教育》编辑部与教育部人事司共同开办专题讨论“笔谈党委领导下的校长负责制”，约请一批高校党政领导撰写文章，结合他们的实践和体会，对高校如何在新的形势和任务下更好地实行党委领导下的校长负责制进行深入研究，并展开讨论。已发表的一批相关文章，引起了读者普遍关注。关于如何面对司法审查，强化依法治校，《中国高等教育》发表的几篇文章，也给高校提供了重要参考。

〔围绕高教中心工作做好重点宣传和专题报道〕 继续把重点报道和专题报道作为提高刊物的宣传质量工作来抓，在“非常关注”、“本期聚集”等栏目，紧紧围绕高教中心工作，刊发了一系列专题报道，全年共有16期各围绕某个重点选题进行宣传，全年刊发的专题稿件达66篇。如在教育部直属高校工作咨询会第十三次会议上12位著名大学校长（书记）作了交流发言，发言既有宏观和战略思考，又有治校治教方略和可贵经验，《中国高等教育》及时将12位校长们的发言整理成文，在第2期刊登，取得了很好的宣传效果。《中国高等教育》还就大学生就业、重点学科建设、高校人力资源开发、弘扬和培育民族精神、学习贯彻实施《中外合作办学条例》、如何建设世界一流大学、人文社会科学教育教学改革、依法治校、做好新形势下的思想政治教育、大学制度创新、大学文化建设等专题进行了重点报道。

〔发挥言论导向作用，办好相关栏目〕 在做好重点宣传和专题报道的同时，还力求办好其他相关栏目，以提高刊物的质量。

一是继续发挥言论的导向作用。2003年，《中国高等教育》的评论员文章进一步增强了针对性和导向性。如在高等教育招生规模迅速扩大的同时，如何保证培养质量进一步提高是一个值得重视的问题。为配合教育部的工作，《中国高等教育》在第9期特刊发表了评论员文章《将“质量工程”进行到底》，对高等学校的教育教学质量工作建设起到了很好的推动作用。在抗击“非典”期间发表的评论员文章《让民族精神在抗击“非典”中传承弘扬》，为配合《中华人民共和国中外合作办学条例》施行发表的评论员文章《推动中外合作办学向高层次高水平迈进》，也都起到了很好的宣传效果。

二是加强理论探索性，办好体现刊物理论性和思想含量的栏目。《中国高等教育》辟有“教授进言”、“理论与实践”、“各抒己见”、“校长论坛”等多个栏目，对高教理论研究的前沿性问题进行了探索和研讨。

三是报道教育教学改革和提高教育教学质量。《中国高等教育》每期都有宣传高校教育教学改革的文章，仅“教改新视野”、“教坛广角”、“研究生与学位教育”栏目的文章就多达129篇。这些文章主要是交流各校教育教学改革经验，报道各高校如何提高教育教学质量，以对大家有所启发和借鉴。

四是报道党的建设和思想政治工作。如何在新时期做好高校党的建设和思想政治工作，也是《中国高等教育》一直非常关注的问题。2003年，主要就如何加强思想政治教育进网络、高校德育如何与时俱进、入世后高校德育工作面临的挑战及对策、心理健康教育与道德教育等问题进行了一些探讨。另外，“科技与产业”、“人物风采”、“管理天地”、“民办高教视窗”、“高职高专教育”、“学府春秋”、“外国高教之窗”等栏目，也配合教育部的工作重点，并根据读者感兴趣的一些问题精心组织稿件，进行深入报道，基本上办出了各自的特色。

五是加强信息服务性，使刊物更贴近读者。“来稿摘登”、“信息集粹”等栏目，对读者来稿中一些有益的见解、新的探索、好的建议以摘登的形式予以发表，增加信息量。

撰稿　李石纯
审稿　陈　浩

《神州学人》杂志

〔**概述**〕 2003年，《神州学人》杂志及网站继续以对在外留学人员进行爱国主义教育和中华民族传统文化教育，促使和鼓励留学人员回国工作或以适当形式为祖国服务为办刊宗旨。在“三个代表”重要思想指导下，按照宣传工作要“三贴近”的方针和全国外宣工作会议的精神，及时报道党和国家的大政方针、各级政府和用人单位对留学人员的优惠政策，留学人员刻苦学习、回国服务或为国服务的典型事迹等，为留学教育工作创造了良好的舆论环境。进一步解放思想，实事求是，与时俱进，大胆求变，开拓创新，顺利进行了网站改版。改革了杂志传统的发行办法，理顺了国外发行渠道，提高了宣传效果。

〔**围绕中心工作做好宣传报道**〕 (1) 全面深入报道留学人员抗击SARS工作。2003年上半年，SARS肆虐神州。许多留学人员心怀报国之志，投入到了抗击SARS的战斗中去。其中，在外留学人员或捐款捐物，或建言献策，有的回到国内，深入抗击SARS一线。为全面报道留学人员的感人事迹，配合全国范围内的抗击SARS斗争，《神州学人》杂志、网站专门开辟了“留学人员支援抗击SARS专栏”，并派记者深入抗击SARS一线，及时捕捉留学人员抗击SARS的最新信息。在网站上，开设了“我们同心——留学人员支援抗击‘非典’”专题，配发了题为《留学人员行动起来，为战胜“非典”作贡献》的评论文章和留学人员国内外抗击SARS的消息、通讯等各种体裁的文章；在杂志上，配发了题为《我们万众一心》的评论文章和《海外学人抗SARS》、《留学·SARS》等较有深度的文章。据统计，几个月来，杂志、网站共刊发有关留学人员抗击SARS的文章近300篇共计10多万字，推出了吴长有、施凌方、陈鲁妮、丘道明等在抗击SARS战斗中涌现出来的一批优秀留学人员，产生了很好的宣传效果。(2) 纪念邓小平同志关于作出扩大派遣出国留学人员讲话25周年专题。1978年6月23日，邓小平同志在听取教育部关于清华大学工作问题汇报时，发表了关于扩大派遣出国留学人员的重要讲话。为纪念中国出国留学史上这一划时代的伟大事件，杂志从第5期始开辟版面，进行重点策划报道。“感动中国——纪念邓小平关于扩大派遣出国留学人员讲话发表25周年专题报道”连载3期，共刊发教育部有关领导、留学人员、留学工作研究人员等撰写的文章20多篇共计10多万字，受到了读者的一致好评。(3) 连续推出一批重点文章。如《教育涉外监管从留学中介开始》、《中国高校人事制度改革专题》、《聚焦留学回国人员子女教育问题》、《纪念教育部优秀青年教师资助计划实施15周年专题》等大型报道，在读者中引起了极大的反响。(4) 出版增刊《留学宝典》。为配合有关部门规范国内留学前期市场，同时对广大欲出国留学人员进行正确引导，杂志出版了增刊《留学宝典》，这是杂志面向国内留学前期市场的一次积极尝试。

〔**《神州学人》网站改版**〕 2003年，《神州学人》网站改版，除设置和变更具体的栏目和内容外，还进行了网页制作、动画图片设计制作、链接及程序调整等复杂操作。新版网站开辟了8个频道、40多个栏目、4个专区和若干专题，全程追踪留学动态，全面服务留学人员。这次成功改版，加快了网站的发展，使网站点击率一路攀升，扩大了网站的影响。

撰稿　焦江方
审稿　杨长春

中国教育电视台

〔**概述**〕 2003年12月28日，中国教育电视台在北京大学举行中国教育电视台频道改版暨新台标启用新闻发布会。为贯彻落实党的十六大提出的坚持以人为本，树立全面、协调、可持续的发展观，促进社会和人的全面发展，推进教育创新，形成同社会发展要求相适应的教育体制，实现全面建设小康社会的伟大目标，中国教育电视台提出了“服务于创建学习型社会，服务于人力资源能力建设，服务于办人民满意的教育”的办台宗旨，以及创建全球最大的学习型平台的奋斗目标。为实现这一目标，决定对2004年的节目进行全面改版。改版后的节目，将通过降低重心、解析焦点、提升亮点、关注热点等措施，提升节目的亲和力，营造节目的平民化氛围，加强服务意识，增强节目的可视性，力求打造一个充满活力与朝气，与时代相吻合，倡导学习时尚，贴近校园、贴近师生、贴近家庭、锐意创新与进取的全新形象。

从2003年10月28日起，中国教育电视台开展了向全国征集台频道标识和台标志语的活动。在近30天的征集期间内，共收到全国各地的来稿1628份。经专家评审会评审，结合网上投票结果，最终选出了基本上能体现教育电视台新的办台宗旨、办台理念和办台特色的台标和台标志语。新台标以双手互握的造型构成主题，颜色采用了具有现代和动感的橙色为主色调，突出了中国教育电视台引领社会新时尚，充满活力与朝气，大胆创新，锐意进取的全新形象。台标志语为“学习改变命运 学习成就未来”。从2004年1月1日开始，中国教育电视台启用了新的台标和台标志语。

全力以赴为大学生就业服务。2003年6月，教育电视台负责录制并播出了共青团中央和教育部联合主办的《大学生志愿服务西部计划新闻发布会》节目播出后，在大学生中产生了强烈反响。在《教育新闻联播》作好大学生就业报道的同时，作为深度报道的《关注》栏目播出了5期共100分钟的特别节目。节目就全国高校毕业生就业工作电视电话会议和《国务院办公厅关于做好2003年普通高等学校毕业生就业工作的通知》精神、国家关于2003年毕业生就业的有关政策、大学生志愿服务西部计划、自主创业和灵活就业、加强就业指导和服务、就业与高教改革等话题进行了深入探讨。

2003年6月，中国教育电视台《首播剧场》开播，这是教育电视台在国家广电总局的帮助指导和教育部支持下，参与文化体制改革、尝试利用教育产品的专业化、对象化和个性化特征，在牢牢把握主导舆论的主阵地基础上，进行市场运作的积极探索。随着《首播剧场》一些剧目的热播，其栏目认知度逐渐提升，在北京地区和新闻界引起了一定反响。此外，2003年5月，教育电视台还播出了中国大型原创民族歌剧《悲怆的黎明》以及围绕该剧赶拍出来的电视访谈节目“黎明前的奋战——歌剧《悲怆的黎明》创作谈”及相关的新闻报道。《悲怆的黎明》描述了新中国诞生前夕，一群在东北解放区学习的青年学生，在面临生死抉择的关键时刻所经历的不同人生道路和心路历程，讴歌了那一代人的献身精神和无畏气概。教育电视台配合当时的抗击“非典”斗争播出该剧，宣传和弘扬剧中所表现出来的民族精神，激励广大观众特别是广大青年学生，与党同心同德，共渡难关，夺取抗击“非典”的最后胜利。

2003年8月12日，“法轮功”邪教组织攻击鑫诺1号卫星，中国教育电视台卫星数字电视节目受到严重干扰。中共中央政治局常委李长春以及教育部、国家广电总局的负责人到教育电视台现场办公，调查事故发生的原因，提出整改意见。通过规范管理制度，严格岗位操作程序，加强应急工作方案，加强沟通与协调，提高了全体职工的安全意识。自2003年国庆节以来，由于思想重视，组织精心，制度完善，在中央有关部门和国家广电总局安全播出指挥中心的协调和教育部的领导下，在网通2号站、鑫诺卫星测控站等单位的共同努力下，成功地挫败了“法轮功”的多次攻击，确保了节目的安全播出。

教育电视台现代远程教育关键技术研发应用取得进展。2003年7月，由教育电视台承担并与西安交通大学、中科院研究生院共同完成的“师生外交互工具（卫星因特网接入服务系统——课件点播）”和“中国教育卫星宽带传输网技术规范”两个项目顺利通过验收。来自上海交通大学、西安交通大学、清华大学、北京大学等校的教授、专家组成的验收委员会对两个项目给予了较好评价，并建议项目成果尽快在远程教育中推广应用。中国教育卫星宽带传输网（CEBsat）2003年1月通过教育部验收，其中加密系统具备了实际应用条件。为满足远程教育发展的需要，7月，北京邮电大学网络教育学院远程教育电视节目使用加密方式在CEB-sat上传输，标志着中国教育卫星宽带传输网加密系统进入实际应用阶段。

〔**推进学习贯彻“三个代表”重要思想新高潮**〕 为贯彻落实教育部党组《关于在教育战线兴起学习贯彻“三个代表”重要思想新高潮的通知》中提出的“充分发挥报刊、广播电视、网络等大众媒体的作用，广泛采取宣讲、知识竞赛、主题教育活动等形式，宣传‘三个代表’重要思想”的要求，教育电视台在中国共产党建党82周年前夕，推出6集理论文献纪录片《走进小康》。该片借鉴中国传统史学编年体的形式，按年分集纪录党的十五大以来的六年中，中国社会大发展的精粹。该片的播出，为教育战线广大师生员工特别是青年学生，提供了一部信息量大、可视性强的生动教材，配合与推动了在高校学生中兴起学习贯彻“三个代表”重要思想的新高潮。

〔**防控“非典”工作与开播空中课堂**〕 “非典”期间，中国教育电视台制定了《中国教育电视台预防和控制“非典型肺炎”应急方案》和《中国教育电视台防治“非典”宣传报道方案》。各部门积极行动，制作播出防治“非典”的新闻专题节目，并策划制作适合防治“非典”宣传需要的其他节目。

节目部《健康你我他》栏目推出5期现场直播《防治非典型肺炎》特别节目。“五一”期间，与北京广播学院共同完成连续5天的《校园真情》现场直播节目。35频道新制作播出了面向中小学的特别现场直播节目《快乐课堂》和《今天我在家》，《今天我在家》节目针对中、小学生“在家滞留”这一特殊的生活形态，解答他们可能遇到的心理难题和种种困惑；《快乐课堂》节目每天播出2小时，内容涵盖小学数学、英语、语文和自然四科，由各科特级教师授课。之后，与北京市教委共同开办了面向北京地区中小学的《空中课堂》节目。5月8日，国务委员陈至立来到教育电视台，考察《空中课堂》节目开设情况，给予了充分肯定。根据教育部党组的统一部署和安排，在国家广电总局的大力支持下，5月19日，中国教育电视台空中课堂频道如期开播。空中课堂频道是专门为因“非典”停课在家的全国各地中小学生及教师临时新增的提供教学服务的卫星电视教育频道，每天播出13小时节目。新频道开播后，不少停课的省份反响热烈，受到了广泛好评。

7月23日，中宣部、中华全国新闻工作者协会在北京举行“全国新闻界抗击非典宣传工作表彰大会”。中国教育电视台总编室被授予“全国新闻界抗击非典新闻宣传先进集体”荣誉称号。新闻部制作的《见证2003.6.7》和《SARS病区里的非常关爱》荣获“全国新闻界抗击非典优秀新闻作品”。

〔**《取信于民——治理教育乱收费现场访谈》节目直播**〕 教育电视台录制了四期《取信于民——治理教育乱收费现场访谈》电视直播节目。四期直播节目围绕四个选题进行，第一期为《以实际行动取信于民》，重点讲解治理教育乱收费的意义、作用，2003年治理教育乱收费的任务、目标和具体方案，以及治理教育乱收费在纠风工作中的重要地位；第二期为《教育收费知多少》，重点讲解教育收费的相关政策、收费标准，现场回答观众提出的各种问题，增加政策透明度；第三期为《建立完善相关制度》，重点讲解治理教育乱收费的各项制度要求，包括已制定的收费公示制度、收费听证制度、校务公开制度和收费审计制度，同时讲解为保证治理教育乱收费工作取得实效将要制定和完善的相关制度；第四期为《加大教育投入》，讲解治理教育乱收费的治本工程——教育投入保障问题。节目播出后观众反响热烈，很多观众不仅提出大量实际问题和建议，而且表示，通过节目一方面了解了相关的政策、制度，另一方面真正感受到了政府治理教育乱收费以实际行动取信于民的信心和决心，看到了党和政府的群众观念和务实作风。

〔为“三农”和全军士官进行现代远程教育服务〕　由教育部、农业部主办，中国教育电视台联合中央农业广播电视学校、中央广播电视大学、中国农业科学研究院和中国农业大学共同组织、承办的“坚持农科教相结合，推进蔬菜产业发展远程论坛”，于2003年4月21日～22日通过中国教育卫星宽带网传送，北京、山东寿光主会场和山东济南、山西太原、江西南昌等分会场同时参加。农业专家在会上作了相关报告，中国农业大学、农广校、中央电大的学员，农业科技工作者以及农户约6万名观众收看了远程论坛。这次论坛在“第四届中国（寿光）国际蔬菜博览会”期间召开，旨在利用现代远程教育手段——天地合一的中国教育卫星宽带传输网，落实国务院领导关于“农村教育改革、坚持农教结合，实行基础教育、职业教育、成人教育“三教”统筹，教学、科技生产相结合”的指示精神，通过宣传第四届（山东寿光）国际蔬菜博览会的盛况，落实科教兴国发展战略，推进现代农业新技术应用，并推进农业远程教育和信息化建设的进度。

教育电视台还承担了农村党员干部现代远程教育试点工作主前端播出平台的建设任务，依托中国教育卫星宽带传输网开通农村党员干部现代远程教育卫星数字专用频道。拟定了《农村党员干部现代远程教育试点工作主前端播出技术方案》，改建了一个IP数据广播专用机房，开通了农村党员干部现代远程教育试点工作IP数据广播课件、流媒体、信息专用频道。2003年12月18日，主前端播出平台IP数据广播系统通过验收。

此外，一个专门为全军士官进行远程教育服务的网络平台——中央电大八一学院的网络平台建设已初具规模，经过三年多的运行，正在全军远程教育中发挥重要作用。中国教育卫星宽带传输网专门开辟视频和IP两个传送通道，播出各类士官培训节目和信息，可进行全天候学习，解决了士官教育中诸如师资、课件等多方面的矛盾和问题。接收上述节目的有296个教学站点，有近2万名士官学员收看，覆盖面遍布祖国各地，包括戈壁、沙漠、高原、海岛。这种以卫星广播为主，配以军网为辅的天、地网合一的远程教育模式，受到部队指战员的欢迎。2003年底，第一批试点学员中有380人毕业并将获得国家承认的大、中专学历文凭。

〔中国教育电视台网站开通〕　中国教育电视台网站（www.cetv.edu.cn）于2003年10月1日正式开通。一期建设投资近100万元，配备了6台性能稳定可靠的服务器，100兆专线出口。网站所构建的信息平台具有较高的智能性，能够根据用户的需要方便快捷地提供新闻信息，并可以进行资料查询。现阶段实现了《教育新闻联播》和《关注》这两个栏目在视频和网络同步播出。围绕构建全球最大学习型平台的中心任务，网站开设了教育新闻、自然与环境、人力资源、科技创新、音乐、艺术、青少天地、校园内外、网上交流等100多个版块。通过网页，可以浏览到最新的国内外教育新闻，可以搜寻到中国教育电视台所属的CETV－1、CETV－2、CETV－3、CETV－空中课堂、中国卫星教育宽带传输网播出节目的内容介绍及其他相关信息。为方便浏览，网站将信息分为教育、新闻、社会、娱乐休闲四大模块，在四大模块下有100多个二级分类，从不同侧面、不同角度反映了我国教育战线的新风貌。

撰稿　黄秀根
审稿　康　宁

北京市教育

概　　况

〔基本情况〕

2003 年各级各类学校校数、教职工、专任教师情况

	学校数（所）	教职工数（人）	专任教师（人）
一、高等教育			
（一）研究生培养机构（不计校数）	164		
1. 普通高校	46		
2. 科研机构	118		
（二）普通高等学校	73	103 220	38 007
1. 本科院校	56	97 063	34 988
2. 专科院校	17	5 199	2 468
其中：职业技术学院	16	5 103	2 429
3. 分校、大专班（点）（不计校数）		958	551
（三）成人高等学校	33	9 393	3 841
（四）民办的其他高等教育机构	72	8 905	3 440
1. 学历文凭考试机构	32	6 050	2 264
2. 非学历文凭考试机构	40	2 855	1 176
二、中等教育			
（一）高中阶段教育	506	96 949	28 159
1. 高中	329	76 484	17 179
普通高中	329	76 484	17 179
成人高中			
2. 中等职业教育	177	20 465	10 980
普通中等专业学校	63	8 001	3 775
成人中等专业学校	17	1 008	414
职业高中	97	11 244	6 634
技工学校			
其他机构（教学点）（不计校数）	6	212	157
（二）初中阶段教育			
1. 普通初中	434		34 269
2. 职业初中	2		
3. 成人初中			

续表

	学校数（所）	教职工数（人）	专任教师（人）
三、初等教育			
（一）普通小学	1 652	63 174	49 843
（二）成人小学			
其中：扫盲班			
四、工读学校	6	419	220
五、特殊教育	25	929	667
六、学前教育	1 430	26 324	13 056

注：1. 普通高中教职工数包含普通初中教职工数；
2. 成人高等学校教职工数和专任教师数为 2002 年数据。

2003 年各级各类学历教育学生情况

	毕业生数（人）	招生数（人）	在校生数（人）
一、高等教育			
（一）研究生	21 917	45 970	116 522
（二）普通本专科	82 828	141 790	454 480
（三）成人本专科	78 235		359 644
（四）其他各类高等学历教育			
1. 在职人员攻读博士、硕士学位		8 345	23 531
2. 网络本专科生	1 959	53 199	133 660
3. 学历文凭考试	13 725	31 189	71 182
二、中等教育			
（一）高中阶段教育	114 466	159 831	467 940
1. 高中	56 601	94 894	250 959
普通高中	56 601	94 894	250 959
成人高中			
2. 中等职业教育	57 865	64 937	216 981
普通中专	29 248	35 271	116 725
成人中专	5 356	3 720	15 994
职业高中	23 261	25 946	84 262
技工学校			
（二）初中阶段教育			
1. 普通初中	177 606	123 666	453 446
2. 职业初中	5	1	11
3. 成人初中			
三、初等教育			
（一）普通小学	123 580	82 631	546 530
（二）成人小学			
其中：扫盲班			
四、工读学校	683	493	832
五、特殊教育	1 007	647	6 177
六、学前教育	76 879	86 465	199 390

注：1. 成人本专科毕业生、在校生数为 2002 年数据；
2. 其他各类高等教育学生数未包含成人高校举办的各类高等教育学生数。

2003 年各级各类非学历教育学生情况

	毕（结）业生数（人）	招生数（人）	在校生数（人）
一、高等教育	343 112	297 343	389 195
（一）研究生课程进修班	18 390	12 528	29 445
（二）自考助学班	23 362	38 855	144 674
（三）普通预科生	384	525	565
（四）证书教育	19 202	18 933	26 784
（五）岗位培训	146 489	129 278	112 223
（六）进修及培训	135 285	97 224	75 504
二、中等教育	2 790 642		1 842 645
（一）中等职业教育	65 612		45 357
（二）职业技术培训机构	2 725 030		1 797 288

注：高等教育非学历教育学生数未包含成人高校举办的非学历教育学生数。

2003 年各级民办教育基本情况

	学校数（所）	毕业生数（人）	招生数（人）	在校生数（人）	教职工数（人）	专任教师（人）
一、民办高等教育						
（一）普通高校	7	3 339	10 597	20 931	2 835	1 543
（二）成人高校						
（三）民办的其他高等教育机构	72	133 657	114 269	244 286	8 905	3 440
二、民办中等教育机构						
（一）高中阶段教育						
其中：民办普通高中	66	2 602	8 148	18 349	3 169	1 924
民办中等职业教育	19	1 504	1 251	4 344	989	528
（二）初中阶段教育						
其中：民办普通初中	15	3 791	4 572	15 533		
民办职业初中	2	5	1	11		
三、民办普通小学	10	777	845	4 750	797	540
四、民办幼儿园	218	6 358	9 118	21 808	4 341	2 134

注：民办普通高中教职工数包含民办普通初中教职工数。

2003 年，北京市教育把发展作为第一要务，不断满足经济建设和社会发展对各类人才的需求，稳步扩大规模，努力办让人民满意的教育。首先，积极扩大普通高中特别是优质高中招生规模。2003 年全市初中毕业生人数为历史最高峰，共计 177 606人，升学率达到 99.66%，基本实现“学者有其校”的目标。第二，努力满足社会对高等教育的求学需要。在高中毕业生连年增加的情况下，全市普通高考升学率已连续 4 年保持在 70%以上，2003 年为 74.3%，录取60 359人。第三，推进学习型社会建设，大力开展岗位培训、继续教育及社会文化生活教育。此外，10 个远郊区县和城八区“低保”家庭共 20 万名中小学生享受免交杂费和教科书费政策，流动人口中适龄儿童少年接受义务教育也得到政策保证。

〔**全力抗击“非典”**〕 2003 年春季，一场突如其来的“非典”疫情打乱了教育系统正常运转秩序，首都教育系统因其人员密集、流动性大、接触面广等特点，成为全市抗击“非典”斗争的主战场之一。自 3 月 21 日北京教育系统出现第一例学生“非典”病例到 4 月 22 日达到当日新增病例 40 例的高峰，北京市教委和北京市教育工委的领导带领北京市教育系统的广大干部，按照市防治“非典”

领导小组的统一部署，及时、慎重研究、周密部署和调整了有关工作，切实保护了广大师生的健康和安全，努力把“非典”造成的影响减至最小。其中一些工作在全国起到了示范作用，如中小学停止集中授课、高校实行“教师不停教、学生不停学、师生不离京（不离校）”以及校园封闭式管理等，最大限度地避免和减少校内人员的聚集，防止疫情传播。中小学开设了“空中课堂”，播出电视教学节目1 115节，广播教学节目3 450分钟，230位优秀教师参与了电视、广播授课，2 000名教研员参加备课、教研、监听工作，收视率列各频道之首。同时进行网上答疑和电话辅导，共有16个学科的教师参与网上答疑，网上点击6.7亿次，在线答疑630万道题。高校采用小班上课、网上授课、电话指导、学生自学等方式开展教学活动。“非典”防治期间，北京市果断开辟了首都高校大兴医学观察基地，加强对打工子弟学校防控工作的指导和监督，周密做好高校离校学生返校和毕业生离校、中小学生返校复课期间的防疫，利用北京高校毕业生就业信息网开展“网上双选周”活动等项工作，采取一系列措施确保高考、中考的安全顺利进行。

经过北京市教育系统广大干部师生的共同努力，全市4 607所学校中，4 362所学校未发生疫情，无疫情学校达到94.68%，为全市抗击“非典”斗争取得阶段性重大胜利作出了突出贡献。同时，为落实市领导“举一反三”的指示，在总结防控“非典”工作中行之有效的经验和做法的基础上，规范了高校发热筛选门诊，出台了《北京市教育系统预防与控制传染性非典型肺炎应急预案》，将“非典”防控工作纳入了法制化、科学化和规范化的轨道，构建了预防为主的长效管理与应急处理机制。

〔**教育执法检查**〕　北京市教育执法检查围绕教育经费“三个增长”、“一个提高”，落实普通教育公用经费新定额标准，加快农村基础教育发展。市政府有关部门对所属企业依法提取和使用职教经费管理等情况重点进行了检查。共检查了崇文、丰台、房山、怀柔、大兴、通州6个区和新燕莎集团公司、城建集团总公司、京城机电控股有限责任公司3个总公司（集团）。市人大教科文卫体委员会及部分人大代表参加了检查工作。通过检查，增强了各级领导和有关人员的执法意识，进一步明确了执法责任，促进了有关教育问题的解决。从检查结果看，教育经费能依法落实；普通教育公用经费新定额标准按计划实施；农村教育得到加强，办学条件明显改善；职工教育经费拨付和使用落实较好。

〔**教育督导评价**〕　北京市积极探索规范性与发展性相结合的督导评价新模式，重点研究和探索了区县政府、教委、学校三个层面如何发挥优势，自主发展和可持续发展。完成了对加强农村基础教育工作情况的重点督导检查。9月，对朝阳、海淀、丰台、石景山、昌平、大兴6个区政府创造条件保障流动儿童少年接受义务教育工作及加强对社会力量举办的流动儿童少年学校的管理情况进行了重点抽查。结果显示：区县政府贯彻落实市有关规定，制定工作方案，采取以公办中小学接收为主，基本解决了在京流动人口中适龄儿童接受义务教育的问题；进入公办中小学借读的流动儿童少年受到了与北京市儿童少年相同的良好教育；通过整顿，一批规模小、生源少、房屋极为破旧、安全隐患严重的流动儿童少年学校被撤消，有效维护了流动儿童少年的生命与健康。7月至10月，市督导室对东城、西城、丰台、朝阳、石景山、通州、顺义7个区发展职教的规划，用于职教财政性经费逐步增长的情况进行了督导检查。完成了中等职业学校合格评估工作。

〔**治理教育乱收费**〕　上半年，北京市就教育收费问题进行了四次较大规模的调研活动，7月下旬，召开北京市中小学治理教育乱收费工作交流会，成立了由市教委、市纠风办、市监察局、市物价局、市财政局、市审计局、市新闻出版局7个委办局组成的北京市治理教育乱收费联席会议及其办公室；公布了市、区两级专项治理举报电话，根据群众举报随时对有关学校进行检查，做到有报必查，违规必究，全面清理教育收费项目，取消、合并教育收费项目44项，其中明细项目71项，治理后保留执行教育收费项目27项，其中明细项目

144 项。2003 年全市义务教育阶段共接受捐资助学款20 060.49万元，同比下降17 182.39万元；收取共建费17 017.81万元，同比下降1 966.47万元。2003 年秋季开学，全市各中小学校按照《北京市中小学统一收费项目、标准卡》的规定进行收费，并按照规定进行了收费公示。乱收费、不规范收费等问题得到了有效控制。认真落实公办高中择校生“三限”政策，严格执行北京市确定的“三限”标准，要求区县和学校实行“三公示一报告”制度(学校向社会公示接收“择校生”比例、最低分数线和收费标准，向上级主管部门、纪检监察部门报告择校生名单、人数、分数、钱数和相关资料)。全市共招收择校生 13 256 人，共收取择校费26 801.80万元，平均每生为 2 万元。认真执行教育收费公示制度，所有中小学均实行了收费公示制度，建立了收费公示栏，逐步建立和完善了与收费公示制度和校务公开制度相配套的“收费公示备案”制度。坚持标本兼治，注重从源头上探索治理教育乱收费的有效途径。

〔**招生监察工作**〕 市教委组成普通高校招生录取工作联合督查组，印发了《北京市教育委员会关于 2003 年普通高校招生录取期间开展督查工作的通知》。联合督查组先后赴北京市高校录取工作现场和北京科技大学等 19 所大学的录取现场开展了督查工作，特别注意做好定向、自主选拔、体育艺术特长生等特殊类型招生监察工作，未发现违纪违规问题。在京各艺术院校高度重视招生监察工作，做到组织落实，制度规范，纪律严明，抓住关键环节，确保招生工作公平、公正。

〔**教师队伍建设**〕 市教委根据各级各类学校在主办单位和专业设置等方面存在的差异，对不同类型学校教师继续教育工作提出了不同的管理模式，理顺了教师继续教育的管理体制，完成了基础教育学科指导组和中等职业学校学科指导组、专业研修中心组的组建；分别制定并印发了幼儿园和中等职业学校教师继续教育的管理办法、考核办法、公共必修课培训意见、组建学科指导组等九个配套文件，并召开了幼儿园教师继续教育工作会议；继续实施“特级教师行动计划”，坚持开办“星期六特级教师课堂”，充分发挥“特级教师工作室”的作用。加强骨干教师队伍建设，规范对骨干教师的选拔与管理，印发了《北京市幼儿园、中小学、中等职业学校教师学科教学带头人、骨干教师选拔和管理暂行办法》。

同时，北京市教委完成了对中小学教师高级专业技术职务评审现状调研，并在广泛听取区县教委意见的基础上，与市人事局共同研究，提出了调整意见。下放评审权，由各区县组建中学教师高级专业技术职务评审委员会和学科评议组，负责完成本地区主要学科申报中学高级教师人员的评审工作。11 月底，完成市级评审工作，各区县评审工作整体进展顺利。

〔**毕业生就业工作**〕 2003 年，北京地区共有各类高校毕业生112 157人，毕业生总数比上年净增23 355人，增幅达 26.5%。北京市认真贯彻落实国家关于高校毕业生就业工作的方针政策，人事、教育、公安等有关部门以及各高校团结协作，较好地完成了北京地区高校毕业生就业工作任务。毕业生的初次就业率基本与上年持平。截止到 9 月底，毕业生的全员初次就业率为 86.88%（2002 年 7 月为 85.31%），研究生 94.08%（2002 年 94.35%），本科生 85.06%（2002 年 84.67%），专科生 84.63%（2002 年 87.39%），高职生 62.04%（2002 年 53%），基本与上年持平。此外，市委办公厅、市政府办公厅转发了《市委组织部、市人事局、市农委、市教委关于鼓励高校毕业生到农村基层工作，加快郊区经济发展的若干意见》的通知，鼓励和引导大学毕业生到农村基层建功立业，有 1 200 余名毕业生与农村基层单位签订了协议。积极采取灵活多样的供需见面方式，并简化相关手续。鼓励用人单位挖掘潜力，多接收毕业生；不得以“非典”为借口，拒收或少收毕业生，并取消“试工”行为。改变传统的集中办理就业手续的办法，变集中办理为分散办理；变面对面办公为通过网络传输数据进行审核的办法，变时段性工作为按学校要求延长办理时间的办法，受到毕业生、学校及社会的广泛好评。年内，市教委规范以学校为主的毕业生就业市场的同时，举办了五场分专业（电子信息类、财经政法类、建筑类、师范类、高职类）的大型社会招聘会，近10万人次参加，特别是为高职生举办了专场招聘会，受到了普遍欢迎。投资兴建了北京大学生就业之家，作为常年为北京高校毕业生就业提供服务的固定场所，占地2 000多平方米，于10月15日正式启动。对北京高校毕业生就业信息网进行升级改版，为毕业生择业、用人单位选人构筑了交互平台，网站点击率不断提高，每天近50万人次。举办北京地区高校毕业生就业工作人员培训班，共有86个单位的校、系两级干部近200人参加，为做好毕业生就业工作奠定了基础。

撰稿 王东江 任 彧

基础教育

〔综述〕 2003年，北京市落实《国务院关于进一步加强农村教育工作的决定》精神，继续完善“以县为主”的农村义务教育管理体制，加大对农村教育的政策倾斜和经费投入。2003年市教育费附加用于远郊区县基础教育的补助经费达到2.5亿元。市政府将“农村中小学全部取消明火取暖”和“为农村完小配备100个网络计算机教室”列为60件实事内容。按照适度超前、相对集中、服务群众、均衡发展的原则，全年撤并规模小、效益低的中小学216所。支持城八区继续改造60所办学困难学校，通过撤销、合并、改建、异地新建等多种方式，使义务教育阶段学校逐步做到规模办学，优质教育资源得到扩充。普通高中优质教育资源继续扩大。2003年普通高中招生达到9.4万人，占初中毕业生总数的52%。全市26所被认定的示范性高中招生规模占普通高中招生总数的1/4，进一步满足了人民群众接受优质教育的需求。

以课程改革为突破口，深化教育教学改革。继续推进课程教材改革实验，18个区县的600多所小学一至三年级的学生参加实验；初中在海淀、宣武、延庆3区县的百余所学校开展实验。参加实验的学生近17万人。实验教材覆盖实验各年级、各学科。在推广实验的同时，深化课堂教学改革，不断提升教师教育素养，研究探索教学质量监控评价办法，初步制定出义务教育教学质量监控评价体系，打破学业考试单一监控评价的传统做法，从学科教学过程、校本教研、教学视导、学生学业成绩水平和影响教学质量的因素五个方面实施教学质量监控与评价。继续开展走进学校素质教育系列展示活动。到2003年，共走进13所学校，5 000多人次参加观摩。

2003年，市财政投入1 755万元，为6个远郊区县的农村完小配备了100个网络计算机教室。同时采取企业垫资，市、区县共同分担的机制，为远郊区县205所完小建设计算机教室。年内，全市启动建设中小学校园网557个，其中为远郊区县中小学建设415个。至此，完成1 400所学校，占总任务的2/3；学生计算机配备共12万多台，基本达到10人一台；农村地区所有中学和中心小学基本实现校校通，全市完小以上学校全部开设计算机必修课，提前两年完成了教育部提出的开课任务。

关注弱势群体教育。市、区县投入900余万元，对具有北京市户口，处于最低生活保障线以下的农村贫困家庭、城市“低保”家庭及在特殊教育学校就读的义务教育阶段学生共3.1万人免收教科书费；免收1 016名特教学校住宿生的住宿费，并为每人每月提供100元伙食补助。对农村和城市低保家庭义务教育阶段学生实行免交杂费。从2002年秋季开学起，10个远郊区县和城市低保家庭义务教育阶段学生免交杂费，2003年度市财政按免交杂费总额的50%给予补助。2003年免交杂费的有享受城市低保家庭的学生10 926人，10个远郊区县学生595 171人，安排市级补助资金4 590万元。设立高中学生宏志奖学金，投入125万元，使2 500名贫困家庭的品学兼优学生继续深造。坚持区县管理为主，公办学校解决为主的原则，解决流动人口子女就学问题，公办学校接受借读生近18万人，占流动子女总数的78%，比上年净增4万人，增长13%。新批准了8所打工人员子弟学校，纳入社会力量办学管理。

2003年，北京市小学占地面积1 728公顷，校舍建筑面积504.9万平方米；固定资产总值51.1亿元，其中仪器设备资产7.15亿元。初中、高中占地面积2 388公顷，校舍建筑面积861.25万平方米；固定资产总值75.31亿元，其中仪器设备资产8.04亿元。

〔**教育教学创新**〕 加大教育创新力度，深入推进素质教育。继续进行义务教育课程改革实验，小学滚动实验到三年级，参加实验的学生达13万多人，初中实验扩大到宣武、海淀、延庆3个区县，参加实验的学生达3万多人。明确北京市基础教育课程改革实验工作思路和工作任务，义务教育课程改革将继续按照国家颁布的课程方案和课程标准，在吸收实验经验的基础上稳步推进。组织教研改革与创新研讨活动，邀请兄弟省市同行百余人参加研讨，建立校本教研制度，在课程改革实验样本学校开展实践，深化教学改革。继续组织“走进学校”北京市中小学素质教育系列展示活动，走进人大附中、实验二小、房山区良乡二小和崇文区光明小学4所学校。开展第二届北京市基础教育教学成果奖的评选活动，申报项目达300余项。组织首届中小学英语教与学展示会，近万名师生参与，推动了中小学英语教育改革。

〔**规范中小学管理行为**〕 12月16日，市教委和市政府教育督导室联合发出《关于进一步规范中小学管理行为的通知》，提出进一步规范学校管理行为的几点意见：一是要严格控制中小学班额，中学每班不得超过50人、小学每班不得超过45人。二是要严格执行现行课程标准和教学计划，开齐课程、开足课时，任何学校不得随意调整和增减国家规定的课程和教学计划，要保证学生每天一小时体育锻炼时间。严格禁止学校或教师个人利用节假日给学生集体补课或上新课，更不得以补课为由自定标准收费。三是要严格管理义务教育阶段学科竞赛活动，各区县教育部门和学校不得统一组织学生参加未经市教委批准的学科竞赛活动，严禁将社会力量举办的义务教育阶段的学科竞赛成绩与学生的升学挂钩。四是要严格控制义务教育阶段考试的科目和次数，继续探索学生综合素质评价的途径和办法，实行义务教育教学质量监控年报制度。

〔**中考中招工作**〕 2003年全市共有185 304名考生报名参加中考，其中有升学资格的考生为180 621人，借考考生为4 683人。有升学资格的考生中第一志愿报考普通高中有133 662人，占升学总人数的74%；第一志愿报考职技类学校有42 466人，占升学总人数的23.5%，另有少量考生未填报志愿。由于“非典”疫情的影响，全市中考考试科目调整为语文、数学、外语三科。除西城区外语科目、海淀区语文、数学、外语科目、顺义区语文科目由本区县自主命题外，其他区县均使用市考试院统一命制的中考试题。加强试卷的保密工作，认真抓好考风考纪建设，维护考试的统一性和公平性，保证了考试工作平稳顺利进行。全市提前招生录取考生17 150人，统一招生录取考生137 786人，补录录取考生9 340人（其中二次流动考生3 372人）。另外，公立普通高中在完成招生计划后，按招生计划10%左右的幅度进行了扩招。

〔**示范高中建设**〕 2003年，市教委认定北京市第二中学等12所学校为北京市示范性普通高中。市教委要求各区县教委要认真总结和推广示范高中的先进办学经验，继续对这些学校加强指导和管理，使其更充分地发挥示范和基地作用。要求全市各普通中学努力学习示范高中的教育教学改革经验，不断深化教育改革，提高办学水平。各示范高中要不断推进教育创新，深化教育教学改革，进一步提高办学质量和效益，使办学特色更加鲜明，为实现首都教育现代化作出更大贡献。11月20日—30日，组织专家对北京市示范高中进行评估验收，北京五中等20所学校参加了评估。评估专家组普遍认为北京市在示范高中建设过程中，突出了“三重”，即“重软件建设、重办出学校特色、重在地区及周边学校的示范和幅射作用”，为学校发展奠定了基础。

〔**改善办学条件**〕 市教委启动半山区及农村平原地区百所办学条件困难校改造工程，计划到2004年底，完成对10个远郊区县半山区和农村平原地区113所办学条件困难中小学的改造。2003年，市、区县两级共投入专项经费1.55亿元，完成了66所困难校的改造，占困难校总校数的58.4%。年内，市教委在为6个远郊区县的农村完小配备了100个NC计算机教室的基础上，暑期又支持平谷、怀柔、房山、大兴、通州5个远郊区县205所完小的计算机机房建设。市、区县投入4 600万元，为413所农村中小学改造供暖建筑面积58万平方米，彻底解决了农村学生冬季取暖可能出现的煤气中毒等安全隐患。对城八区普通中学进行调研，经研究决定，从2003年起用两年的时间，通过撤销、合并、改造等方式，加大投入、调整并完善相关政策，完成60所办学困难学校的改造任务。

〔**教育信息化建设**〕 北京市召开中小学教育信息化年度工作会议，进一步总结信息化工作和“空中课堂”活动经验，明确下一阶段信息化建设任务。制定印发教育信息资源建设、信息技术与学科教学整合等规范性文件。组织第四届中小学电脑作品评选活动。完成123个网络计算机教室和205个计算机教室的建设工作，建设557个校园网。截至年底，有校园网的学校达1 400所。全市完小以上中小学全部开设信息技术必修课，提前两年达到教育部要求。召开信息技术与学科教学整合研讨会，加快信息化在教学中的应用。利用现代网络技术手段开展教研，在全国率先实现教师网上备课和教学研究活动，指导郊区青年教师提高教学水平。

〔**学前教育**〕 北京市学前教育工作贯彻落实教育部颁发的《幼儿园教育指导纲要》和《北京市学前教育条例》，坚持依法治教，积极推进改革，全面提高质量。5月中旬，开设了学前空中课堂，包括在线指导、电话咨询、电台广播“亲情港湾”专题节目。印发了《北京市“十五”时期学前教育事业发展督导评价细则》，并于11月中旬对西城区和门头沟区的学前教育工作进行督导检查。对区县幼教管理干部、部分园长和骨干教师进行培训，共3 000人次。加强规范化管理，推进园所质量提高，开展了第三批北京市示范幼儿园评审工作，对区县推荐的9所幼儿园逐一进行评审认定。印发了《关于加强民办幼儿园管理的通知》，从9月起建立对民办幼儿园质量评估监督制度。对海淀、朝阳等10个区县验收上报的34所一级和一类幼儿园进行了审核，并完成了对全市各类园所“级、类证书”换发工作。2003年，全市新增一级幼儿园7所，一类幼儿园16所，一级一类幼儿园11所，全市一级和一类幼儿园已达到287所。为满足群众对学前教育高质量、多样化的需求，重点筹建30所社区早期教育示范基地，并已对社区0～3岁儿童开展了各项早期教育活动。

〔**特殊教育**〕 2003年，全市残疾儿童九年义务教育入学率达到97.5%。特殊教育学校专任教师学历合格率为96%。上半年起，市教委对石景山、通州、顺义3个区的特殊教育事业“十五”时期发展规划执行情况进行了检查，检查的范围包括特殊教育学校、开展随班就读工作的中小学。9月24日，历时半年的“北京市特殊教育教具展”活动结束。此次活动展出了特殊教育学校教师制作的电子课件、光盘、录像带、投影片、模型、图片等各类教具近千件。年内，市教委安排400万元特教经费，用于4个区县改扩建培智学校，13个区县建立资源教室、支持残疾学生随班就读和西城区建立北京首家孤独症研究中心。

〔**民族教育**〕 北京市有民族中学8所（包括潞河中学新疆高中班），民族职高2所、民族中专1所，民族小学39所，九年一贯制学校1所，在校生18 000人。民族幼儿园9所，在园幼儿1 321人。全市民族中学主要集中在东城、宣武、朝阳、海淀 、通州、怀柔、延庆。39所民族小学主要集中在朝阳、房山、通州、怀柔、密云、大兴。民族学校的学生总数由2000年的2.4万人减至2003年的1.8万人，民族小学由43所减至39所，民族幼儿园由31所减至9所。

撰稿 乔树平 任 彧

职业教育与成人教育

〔**综述**〕 2003年，北京职业与成人教育以首都率先建成学习型城市为目标，全面推动社区教育、企业教育和农村成人教育的发展。

北京市成人教育2003年工作重点是深入实施成人教育培训工程，把发展社区教育、企业教育以及农村教育与在全市构建终身教育体系和建立终身学习制度结合起来；与提高市民的整体素质，增强首都城市的综合竞争力结合起来。全年成人教育培训总人次为797.3万人次。

北京职业教育工作内涵发展的格局已基本形成。中职学校已由三年前的523所调整到180所(不含劳动局所管技工学校)，调整幅度高达66%。在校生规模已由校均470人增加到1 300人，增加了1.7倍；办学效益有了较大的提高。与此同时，中等职业学校招生总规模持续增长，校均招生人数已由115人增加到510人，增加了3.4倍。在调整中，作为中职校的骨干——30所国家级重点职业学校的办学实力得到极大的加强；校均占地面积已达到6.8万平方米，校均建筑面积已达到4.1万平方米。校均实验实习设备总值翻了一番以上，达到1 299万元，校均在校生规模达到2 900人。这期间作为中等职业教育的龙头——北京商贸学校、北京昌平职业学校等9所达到全国一流水平的现代化标志学校已初步建成。北京经济技术开发区职教园区正在加紧建设中。实施10个现代化标志专业，50个重点特色专业建设工程。新认定重点特色专业7个，使重点特色专业总数达到44个。中等职业学校的专业建设初步形成了10个现代化标志专业，50个市级重点特色专业以及150个区级和校骨干专业的梯次建设格局。

北京市中职毕业生就业情况良好，在市场需求持续上升的情况下，就业率达到97%以上。部分紧缺专业如数控加工、电子信息、分析与检测、生物制药、汽车制造与维修、金融、旅游与饭店服务、西餐烹饪等专业毕业生供不应求，就业率达到100%。

2003年，北京职业高中占地面积396公顷，校舍建筑面积120.27万平方米；固定资产总值8.97亿元，其中教学、实习仪器设备资产2.6亿元。中等专业学校产权占地面积242公顷，校舍建筑面积126.1万平方米；固定资产总值12亿元，其中教学、实习仪器设备资产3.4亿元。

〔**职业学校布局结构调整**〕 继续落实市政府转发的《北京市教育委员会关于中等职业学校结构布局调整的意见》，推动行业、部门和区县继续全面落实调整方案。全面推动了10所现代化标志学校的建设。加快了北京经济技术开发区职教园区的建设，近10万平方米建设项目的主体结构全部封顶。按照教育部印发的中等职业学校设置基本条件，对现有不达标的中等职业学校进行整顿规范。新评国家级示范校5所，省部级示范校3所。对原有25所国家级示范校进行了复评。

〔**教育教学改革**〕 北京职业教育进一步推广了学分制及弹性学制的教学制度改革，满足了学生分阶段完成学业及自主学习、多元化发展和终身学习的需求。特别是在成人中等职业教育中，进行了用学分银行的形式，将技能培训项目与学历教育有机结合起来的尝试，使成人学生在自主的时间和环境中，取得中等学历教育毕业证书。

〔**专业建设**〕 继续按照经济结构、产业结构调整以及劳动力市场需求，加快中等职业学校专业调整步伐，在改造一些传统专业的同时，优先发展市场急需的电子信息、生物工程和新医药、光机电一体化、新材料、环保与资源综合利用等高新技术产业和现代服务业所需要的新专业。经专家审核，全市中等职业学校新增设了计算机软件、电子与信息技术、通信技术、生物制药、外贸通关事务、物流管理、生态环境保护等专业。继续加强中等职业教育重点、骨干专业建设，完成了8个骨干特色专业评估。完成了全市7个重点实验实训基地的论证工作。指导各有关中等职业学校面向21世纪课程体系和教学内容改革项目计划的实施，特别是促进中等职业教育的人才培养和国际标准接轨，建立具有中国特色、首都特点的中等职业教育模式。召开课程体系整体改革试点学校交流会，组织专家指导学校通过引进国外先进的教育模式，进行教学模式创新。继续推广学分制等弹性学习制度的改革，召开了试点学校座谈会。

〔**非学历短期培训**〕 北京市大力开展非学历短期培训，培养了一大批中、高级技术工人。年内，全市中等职业学校共开展短期培训18.4万人次。与此同时，各中等职业学校利用已建立的数控加工、电工、焊接、汽车维修、办公设备维修、空调制冷维修、烹饪、推销、导游等相应工种和专业的考试鉴定中心，为社会开展大量的技能培训，培养了急需的中、高级技术工人及专业人员。

〔**信息化建设**〕 职业教育信息化建设进一步加强，2003年开发了多项“北京职成教信息网”网上办公系统，网上远程教育系统已初步运行。全市国家级和省部级重点校校园网建设已基本完成，计算机和多媒体教学设备以及网络设备进一步改善，其中国家级重点校学生和计算机之比已达到8∶1。多数学校已在各科教师中普及了现代教育技术，鼓励教师运用直观、形象的多媒体课件进行教学。同时，各校还积极开发了一批模拟仿真系统，推动了教学手段的现代化。

〔**重点职业学校建设**〕 落实全市职教工作会议精神，2003年投入8 000万元支持区县重点职业教育建设，力争经过市、区两级的努力，到“十五”末期，达到每个区县重点建设好一至两所重点职业学校。为达到这一目标，市级补助经费采用两种方式，除安排设施改造、设备补充更新7 000万元外，区县也采用贷款方式解决急需建设资金，市级另安排项目贷款贴息2 000万元，2003年已经下达1 000万元。

〔**社区教育**〕 北京市社区教育全面发展。2003年，全市8个城区均建有社区学院，200多个街道、镇都成立了社区教育中心（社区学校），居委会普遍建立了社区学校的办学点或市民学校，形成了社区教育网络。全市开展各种社区教育的总规模超过历年。社区教育开设的课程包括思想道德、时事形势、政策法规、科学技术、读书指导、家政服务等数十项内容。全市多数区县都建立了社区教育领导机构，形成了市、区、街道三级社区教育管理体系。市教委2003年安排500万元专项资金投入社区教育中，全市区县一级财政社区教育专项拨款（属教育经费以外）年内增加了700万元以上。2003年市教委组织专家在全市共评选出西城月坛街道社区教育中心等15个示范性社区教育中心。各类教育资源开放力度进一步加大，西城、海淀、崇文、宣武等区80%以上的中、小学和职业学校均以不同形式向社区开放。2003年，市教委组织专家经过评估又认定了崇文区为创建学习型社区先进区。西城、海淀、崇文、石景山及顺义等区也积极在本区范围内开展创建学习型社区、学习型小区及学习型家庭以及各种学习型组织的评选活动。

〔**企业教育**〕 北京市企业教育2003年又有新的发展。以提高各行业、企业职工整体素质为重点，以改善知识结构、增强创新能力、提高企业竞争力为目标，建设一支不仅在数量上而且在质量上适应经济全球化和高新技术发展的人才队伍，为北京的高新技术产业、现代制造业和现代服务业提供新的人才保障和智力支持。创建学习型企业已成为全市工业、商业、建设等系统的新的管理理念。市教委适时加强了对企业教育的指导，指导企业在深化改革中建立现代企业教育制度，发展企业教育，加快企业人力资源开发，提高企业的管理水平和技术创新能力。总结推广了西单商场有限责任公司、首钢总公司等一批先进企业在确立企业教育新理念，重点培训和全员培训相结合，把培养高素质人才队伍作为企业的“第一道工序”，建立企业教育新的运行机制和保障制度等先进经验；特别是这些企业在建立与企业知识管理系统相适应的学习体系与制度，实现企业员工与企业的共同发展目标，从而不断提高企业组织的创新和管理创新的成功经验。并组织专家开展了第三批“发展企业教育，创建学习型企业先进单位”的评估活动。共评出北京同仁堂集团、住总公司以及燕京啤酒集团等先进企业 13 个。与此同时，全市各主要待业企业在加强在职人员的培训，加速培养急需的技能型人才，严格劳动准入制度，积极推进职业资格证书培训，加强职工教育的投入，全面提高职工素质等多个方面都取得了新的进展。

〔**农业现代化培训工程**〕 大力实施农业现代化培训工程。2003 年，把加快农业的产业化和现代化以及推进农村城市化作为教育培训的重点。以开发农业科技示范项目为纽带，加大农科教结合的力度。积极开展了重点科技推广项目培训。继续推广在实践中形成的“实施一个项目，培训一批人才，搞活一个产业，致富一方农民”的经验，大力推广了科教兴村和科教兴乡镇的典型。进一步拓展农村远程教育功能。遍布郊区平原和山区的远程教育站点已达 210 多个，远程教育设施有了新改善。全市重点建设的顺义、大兴、平谷、怀柔 4 个农村远程教育基地已初具规模，并已有效地发挥了龙头和示范作用。农村远程教育的内容涉及农村种植养殖实用技术、科技知识普及、文明健康生活、民主法治管理等多个方面。进一步加强了乡镇、村两级成人学校建设。郊区各区县还充分利用乡镇中、小学布局调整的机遇，充实调整成人教育资源。2003 年仅朝阳、大兴、顺义等区就开展农村劳动力转移培训14 000人次，并全部实现了再就业。

〔**对外交流合作**〕 北京市中等职业学校合作项目 2003 年已达 30 多个，与英国、德国、澳大利亚、新加坡、美国、瑞士等多个国家建立了合作关系。合作方式主要有引进国外职业教育课程，引进国外职业资格证书，引进国外教育模式，合作办学学生在国内外分段学习等。初步形成了具有中国特色、首都特点的“综合性，应用性，模块化”的三种课程体系和教学模式，即：2＋X 多元混合模式，核心能力与研究性学习模式，主轴并行模式等。在推进国际交流的同时，北京市电子工业学校还率先将电子设备维修课程输出到新加坡，创造了中国职业学校课程向发达国家输出的先例。

撰稿　吴晓川　任　彧

高 等 教 育

〔**综述**〕 2003 年，北京高等教育发挥首都教育资源优势，提升整体水平。高等学校共建工作取得新的进展。4 月，市教委发布通告，112 所民办高等学校及中外合作举办的高等教育机构年度审核合格。5 月 25 日，市教委印发《关于高等学校现代远程教育校外学习中心管理实施意见的通知》，对62所在京现代远程教育校外学习中心开展检查和验收，年内，批准25所高等学校网络教育44个校外学习中心在京办学。

深化以专业、课程建设为核心的教育教学改革。对市属市管高校普通高考招生专业、成人高考招生专业进行了核定；同时组织民办高等学校学历文凭考试新开专业论证，在专家评议的基础上，增设了物流管理、武术、生物技术3个高等教育学历文凭考试专业。对评估合格的民办高校，经各校报专业教学计划备案表，审核各校开设学历文凭考试专业的名单，原则上每校不超过5个专业。

2003年，北京市组织高校进行年度教育质量分析，并整理有关高等教育质量方面的数据与文献，编辑出版《北京高等教育质量报告》（2002）。11月10日，召开北京高等教育质量年报工作研讨会，布置编写2003年度《北京高等教育质量报告》，组织专家制定进行教学质量调研的方案，开展教学质量调研。

高校科学研究和科技成果转化取得新进展。北京地区高校中已经形成了以国家重点实验室、教育部重点实验室、北京市重点实验室为代表的一批科技创新基地。推进大学科技园建设和高校知识产权管理和专利申请工作，推进高校与北京新兴产业合作。北京市举办了第十一届北京高校科研成果展洽会，市教委组织并资助北京近30余所高校参加了北京国际科技博览会。

市属市管高校校园网和信息建设进一步加快，全部市属市管高校基本建成了功能较为完善、设备比较先进的校园网。市属市管高校校园网信息点数达到55 169个，联网计算机台数达到43 490台。

学位与研究生教育得到进一步发展。北京地区新增博士单位2个，硕士单位4个，已有90%本科层次的市属市管高校可以培养研究生。北京市通过对高校国家级重点学科、北京市重点学科、北京市重点建设学科分层次建设，平均每个学科每年投入50万元的建设经费，学科建设成效初步显现。在69个北京市重点建设学科中，有1个学科被批准增列为一级学科学位授予权、11个学科被批准增列为博士学位授权点、6个学科被批准增列为硕士学位授权点，占北京市重点建设学科总数的26%。

2003年，北京市普通高等学校占地面积3 336公顷，校舍建筑面积2 130.96万平方米；固定资产总值316.34亿元，其中教学、科研仪器设备资产85.72亿元。其中，北京市属市管普通高校占地面积884公顷，校舍建筑面积566.56万平方米；固定资产总值71.97亿元，其中教学、科研仪器设备资产17.19亿元。

2003年北京市招收研究生的普通高等学校中有博士学位授予单位33个，硕士学位授予单位48个；博士、硕士授权一级学科168个（共覆盖796个二级学科），博士学位授权点178个，硕士学位授权点941个。其中市属市管普通高校中有17所学校具有招收研究生资格，当年研究生毕业生1 605人，招生3 988人，在校生9 157人。

〔**课程与教材建设**〕 北京市启动高等学校教学质量与教学改革工程精品课程建设工作。根据教育部《国家精品课程建设工作实施办法》，制定了北京地区高等学校精品课程建设工作实施意见和评审指标，组织有关专家对41所高校申报的216项课程进行评审，评出26所高校的98门课程为2003年度北京市级精品课程。其中34门被教育部评为国家级精品课程，占国家级精品课程总数的22.5%。

年内，市教委还组织开展对2001年北京精品教材建设立项项目中期检查；落实2002年精品教材立项项目经费支持，组织对262个立项项目出版单位的确认工作并统筹落实项目出版协议；组织开展2003年北京高等教育精品教材建设立项申报和评审，共评出2003年精品教材立项187个。至此，从2001年起，北京市共评审出高等教育精品教材立项达816项。

〔**共建与资源共享**〕 至2003年底，与北京市签订共建协议的高校有北京师范大学、中央民族大学、北京航空航天大学、北京理工大学。经过调研，北京市已形成意向性意见，在土地、资金、学生公寓建设、教师住宅向校外置换等方面，给予清华大学、北京大学、中国人民大学等高校有力度的支持。11月，教育部和北京市政府签署了《教育部和北京市人民政府关于重点共建中国人民大学的决定》。此外，在调查研究的基础上，完成了《北京市人民政府、国家广电总局共建北京电影学院协议》的起草工作和《北京外国语大学“关于建议北京市人民政府与教育部共建北京外国语大学的请示”的调研情况及对有关问题的意见》。3月19日，市教委组织召开北京学院路地区16所高校教学共同体工作研讨会，探索发挥首都优质高等教育资源作用，在不断拓宽公共选修课范围的同时，运用现代网络技术培养高水平人才的新方式、新途径，提高管理水平。

〔**民办高等教育**〕　北京市组织专家组对125所民办高校申报的年检材料进行审核，确定通过年检的学校名单，并公示、通告。组织召开北京民办高等教育工作会议，北京100多所民办高等学校近200人参加会议。2003年完成对112所民办高等学校及中外合作办学的高等教育机构的年度审核。在复评合格的基础上，批准12所学校为学历文凭考试试点学校。至此，学历文凭考试试点校达43所，纳入普通高校招生计划学校3所。

〔**科研管理**〕　北京市继续推进科研立项改革，2003年科研立项结构有了重要调整。主要表现在以下三个方面：一是部分重点项目，向中央院校开放，鼓励支持中央院校与市属市管高校联合承担重点项目，提高了科研立项水平；二是支持以北京市全面建设小康社会和率先基本实现现代化为目标的应用性科研立项，加强了同政府有关部门的合作，如2003年进行的“彩虹工程”立项，在北京经济建设中发挥实际作用；三是支持高校学术带头人和中青年骨干开展自由选题研究，支持一批应用性、基础性的研究项目。

加强科研创新基地建设。北京市重点实验室分布在信息科学与技术、先进制造技术、控制科学与技术、新材料与新能源、生命科学与新医药、环境科学、现代城市建设与交通等与首都经济建设密切相关的若干科技领域。2003年，制定了北京市属市管高校重点实验室建设规划，并按照立项建设的方式，有计划地进行了重点投入，年内到位经费达5 800万元，比2002年增加800万元；新增仪器设备总值2 200万元，10万元以上仪器设备新增86台件；发表论文358篇，获省部级以上科技成果奖8项，专利数为15项；科技成果转让金额达1 200万元，比2002年度增加40万元。

3月，北京市教育系统举办了为期一周的市属市管高校领导干部科研管理培训班。10月，完成了对80余个重点科研项目中期检查工作，帮助高校解决科研项目进展过程中的重要问题，取得了较好效果。11月，建立了“市属市管高校科研（科技）处长联席会”制度，加强了市属市管高校的工作交流、研究与合作。12月，与北京市科委联合对北京市重点实验室进行中期检查，并完成科研项目及成果数据库的建设。北京地区高校承担的科研项目经费总量比2002年增长18%。

〔**大学科技园建设与科技成果转化**〕　北京市推进大学科技园建设，2003年新认定中国农业大学科技园、中国人民大学科技园、首都师范大学科技园和华北电力大学科技园为北京市大学科技园。北京理工大学科技园、北师大－北中医大学科技园、北京航空航天大学科技园、北京邮电大学科技园被批准为国家大学科技园。至年底，北京地区共有国家大学科技园6家，国家大学科技园建设单位1家，北京市大学科技园7家，国家级大学科技园已占全国总数的1/6。2003年北京地区高等学校专利申请量达到1 500余件，比2002年增加50%。年底，启动新一轮高等学校科技成果转化项目，遴选10个左右的科技成果实施转化，支持经费达1 000万元。

〔**高教园区和大学生公寓建设**〕　北京市高教园区建设取得新进展。沙河高教园区：昌平区政府已经与北京航空航天大学、北京邮电大学、北京师范大学、中央财经大学、外交学院签订了入住协议；北京航空航天大学已完成规划方案的审批工作；园区“两横一纵”主干道共铺设柏油路面9.86公里；各项准备工作还在抓紧进行，2004年3月有望开工建设。良乡高教园区：北京工商大学已有约计13万平方米教学用房开工，年内将有近10万平方米完成结构施工进入装修，2004年招生有望投入使用；首都师范大学已于10月中旬进行了奠基开工。配套市政工程正在施工。

市教委加大大学生公寓建设工作组工作力度，通过对全市所有学校进行调查，对大学生公寓建设中存在的问题给予统一协调解决，共召开协调会近40次。为保证市属院校学生公寓建设的顺利进行，市政府采取有力措施，参照部委补助支持政策，落实了市属市管院校大学生公寓建设每平方米1 000元的补助资金。经过有关委办局的支持和学校的努力，2003年，北京市大学生公寓建设新开工150万平方米，竣工75万平方米，解决了6万多学生的住宿问题。

〔**家庭经济困难学生资助工作**〕 北京市教委统计汇总了2002年北京地区高校学生资助工作情况（包括在校生人数、奖学金、国家助学贷款、勤工助学、特困生补助、减免学费、绿色通道、西部助学工程的情况），为进一步做好学生资助工作提供了参考依据。8月20日印发了《关于做好家庭经济困难学生资助和未就业毕业生工作的通知》，要求各校切实落实“奖、贷、勤、补、减”等各项资助措施，在新生报到时继续开通“绿色通道”，同时认真落实国家助学贷款等各项资助政策和措施。北京地区高校没有发现因为家庭经济困难交不起学费而辍学的现象。

撰稿　李同峥　金红莲　周仁伯　任　彧
审稿　马胜杰

天津市教育

概　　况

〔基本情况〕

2003 年各级各类学校校数、教职工、专任教师情况

	学校数（所）	教职工数（人）	专任教师（人）
一、高等教育			
（一）研究生培养机构（不计校数）	16		
1. 普通高校	16		
2. 科研机构			
（二）普通高等学校	37	33 371	15 553
1. 本科院校	18	26 163	11 642
2. 专科院校	19	7 208	3 911
其中：职业技术学院	18	6 817	3 702
3. 分校、大专班（点）（不计校数）			
（三）成人高等学校	22	5 578	2 726
（四）民办的其他高等教育机构	46	1 328	512
1. 学历文凭考试机构	0		
2. 非学历文凭考试机构	46	1 328	512
二、中等教育			
（一）高中阶段教育	419	71 596	21 526
1. 高中	236	55 395	12 166
普通高中	222	55 107	12 024
成人高中	14	288	142
2. 中等职业教育	183	16 201	9 360
普通中等专业学校	51	6 814	3 600
成人中等专业学校	29	1 192	705
职业高中	103	7 559	4 637
技工学校			
其他机构（教学点）（不计校数）	35	636	418
（二）初中阶段教育			
1. 普通初中	442		29 398
2. 职业初中			
3. 成人初中	5	27	21

续表

	学校数（所）	教职工数（人）	专任教师（人）
三、初等教育			
（一）普通小学	1 136	52 603	43 829
（二）成人小学	149	107	107
其中：扫盲班			
四、工读学校	3	113	28
五、特殊教育	22	711	458
六、学前教育	1 778	15 309	9 737

注：1. 普通高中教职工数包含普通初中教职工数；
2. 成人高等学校教职工数和专任教师数为2002年数据。

2003年各级各类学历教育学生情况

	毕业生数（人）	招生数（人）	在校生数（人）
一、高等教育			
（一）研究生	3 252	8 506	20 657
（二）普通本专科	40 221	86 115	245 213
（三）成人本专科	24 832		104 270
（四）其他各类高等学历教育			
1. 在职人员攻读博士、硕士学位		1 667	5 056
2. 网络本专科生	196	4 987	8 683
3. 学历文凭考试			
二、中等教育			
（一）高中阶段教育	102 061	116 241	327 879
1. 高中	46 915	69 875	185 591
普通高中	44 968	69 875	182 529
成人高中	1 947		3 062
2. 中等职业教育	55 146	46 366	142 288
普通中专	23 071	23 844	73 254
成人中专	8 010	2 291	7 619
职业高中	24 065	20 231	61 415
技工学校			
（二）初中阶段教育			
1. 普通初中	139 271	128 428	432 505
2. 职业初中			
3. 成人初中	320		416
三、初等教育			
（一）普通小学	132 022	84 963	585 446
（二）成人小学	19 503		15 470
其中：扫盲班			
四、工读学校	107	56	82
五、特殊教育	535	230	3 167
六、学前教育	79 599	65 837	199 551

注：1. 成人本专科毕业生、在校生数为2002年数据；
2. 其他各类高等教育学生数未包含成人高校举办的各类高等教育学生数。

2003 年各级各类非学历教育学生情况

	毕（结）业生数（人）	招生数（人）	在校生数（人）
一、高等教育	52 799	29 546	38 274
（一）研究生课程进修班	2 134	1 406	3 065
（二）自考助学班	10 013	7 474	19 576
（三）普通预科生	25	60	60
（四）证书教育	1 610	1 759	2 680
（五）岗位培训	16 674	3 536	3 475
（六）进修及培训	22 343	15 311	9 418
二、中等教育	806 137		464 080
（一）中等职业教育	84 315		49 136
（二）职业技术培训机构	721 822		414 944

注：高等教育非学历教育学生数未包含成人高校举办的非学历教育学生数。

2003 年各级民办教育基本情况

	学校数（所）	毕业生数（人）	招生数（人）	在校生数（人）	教职工数（人）	专任教师（人）
一、民办高等教育						
（一）普通高校	1	338	590	1 967	129	103
（二）成人高校						
（三）民办的其他高等教育机构	46	29 290	14 638	22 146	1 328	512
二、民办中等教育机构						
（一）高中阶段教育						
其中：民办普通高中	26	3 773	6 397	15 648	2 542	1 429
民办中等职业教育	8	1 308	1 718	4 665	307	221
（二）初中阶段教育						
其中：民办普通初中	18	4 841	4 476	15 300		
民办职业初中						
三、民办普通小学	10	593	437	3 774	564	236
四、民办幼儿园	278	4 041	6 537	21 333	1 631	924

注：民办普通高中教职工数包含民办普通初中教职工数。

〔**年度教育工作方针**〕 2003 年是天津市教育系统加快建立比较完善的现代国民教育体系，使新增劳动者平均受教育年限达到 14 年，率先基本实现教育现代化进程中至关重要的一年。2003 年教育工作总的要求是：深入学习贯彻党的十六大和市委八届三次会议精神，以邓小平理论和“三个代表”重要思想为指导，以教育现代化建设为中心，以到 2005 年率先基本实现教育现代化为目标，坚持加快发展的主题不能变，适度超前发展的决心不能变，高质量地完成好市委、市政府确定的年度任务，加快赶超世界中等发达国家水平的步伐，让广大人民群众更多地得到教育发展带来的实惠，为天津市实现新一轮跨越式发展作出新的贡献。

撰稿　李　霞

〔**抗击“非典”工作**〕 2003 年 4 月 22 日，市教委召开区县教育局、普通高校、高职学院、市教委直属单位党政主要负责人会议，全面部署教育系统“非典”防控工作，市教委主任何致瑜，副主任王泓、王璟出席。会议印发了市教委《关于进一步加强教育系统非典型肺炎防控工作的紧急通知》。决定成立非典型肺炎防控工作领导小组，何致瑜任组长，王泓、王璟任副组长，各区县教育局、各级各类学校也都成立了“非典”防控工作领导小组，同时建立教育系统电子政务通讯系统，保证信息畅通。

“非典”防控期间，派出8批由市教委领导带队的“非典”防控工作督察组，并组织教委机关干部500人次，对21所普通高校，17所高职学院，21个区县教育局、办学单位及所属学校，20所市直属中小学，52所中专学校，21所成人高校和30个社会力量办学单位进行“非典”防控工作督察。

4月22日，市卫生局通报了第一例学生“非典”病例，截至6月2日，共通报教育系统“非典”病例10例，“非典”疑似病例13例。截至6月24日，全市教育系统“非典”病例和“非典”疑似病人全部出院。

4月27日，中共中央政治局委员、市委书记张立昌到市教委机关视察“非典”防控工作时，就关心抗击“非典”一线医务人员子女学习问题作出指示。为此，各区县教育局和中小学实施“关爱工程”，市内六区的495所中小学捐款83.94万元，市教委36个直属单位共捐款57.87万元，其中19所直属学校捐款53.95万元，对一线医务工作者的子女在学习和生活上给予关心和照顾。

“非典”防控期间，18所高职学院投入近200万元，中专学校投入126万元，市教委36个直属单位投入82.62万元。市教委发放防治“非典”特别节目VCD光盘1 350张。天津大学组成30余个攻关小组，300余名科研人员全身心投入，近20项科技攻关成果相继问世。“人体快速体温遥测系统”、“呼吸机呼出气体消毒器”、医用防护服研制成功并应用，产生了很好的社会效益。南开大学研制成功一套在恒定压力下测定无纺布对合成血液的渗透性的装置，已交付市技监局验收。南开大学天高国际经济发展公司开发生产的TG－Ⅰ空气消毒灭菌机，适用于“非典”疫情流行的医学、科研、食品加工等行业的消毒。天津医科大学有23个项目批准立项，研制出的诊断试剂盒申报了中国食品与药品监督局临床前批号。

撰稿 陈永利

〔**教育固定资产投资**〕 2003年，教育系统基本建设单位40个，施工项目59个，施工建筑面积128.8万平方米，竣工项目37个，竣工建筑面积73.4万平方米。项目计划总投资33.75亿元，2003年下达计划投资17.9亿元，完成投资19.1亿元，新增固定资产18.58亿元。2003年资金来源合计18.3亿元，其中国家预算内资金0.16亿元，国内贷款6.46亿元，自筹资金11亿元，其他来源资金0.68亿元。自筹资金中市自筹2.39亿元、区自筹1.14亿元、县自筹0.24亿元、学校自筹7.23亿元。2003年建设项目中，21所高等院校在施项目34个，竣工项目17个，在施建筑面积68.1万平方米，竣工建筑面积26.9万平方米；基础教育方面，11个区、县教育局及市教委直属学校8所，在施项目25个，竣工项目20个，在施建筑面积60.7万平方米，竣工建筑面积46.5万平方米。

撰稿 张俊晏

〔**资助贫困学生**〕 2003年，天津市进一步完善以国家助学贷款为主渠道的“奖、贷、助、补、免”的资助体系，开拓勤工助学渠道，增加助学岗位，同时对享受低保和特困学生给予学费减免。在实施经济资助的同时，还帮助经济困难学生克服自卑心理，树立自强自立的信心。截至年底，共发放奖学金额54 499.33万元，62 983人获得奖励（其中，国家奖学金952人，发放金额423.5万元）；完成国家助学贷款1.5亿元，占贷款需求量1.76亿元的85.2%；设立勤工助学岗位11 176个，有19 480人参加勤工助学，共投入经费1 595.75万元；对11 479名特困大学生发放补助金额318.48万元；减免学费1 365.81万元，其中对获得国家奖学金者减免学费416.25万元，对符合低保大学生3 474人减免706.43万元学费，对其他经济困难大学生1 154人减免学费243.13万元。

撰稿 刘怡蔓 武毓芳

〔**规范教育收费**〕 2003年4月18日，天津市双高普九暨规范中小学收费工作会议召开。市教委主任何致瑜就加快推进基础教育现代化建设和进一步加强教育系统行风建设作出部署。市委副书记邢元敏出席会议，市委常委、市委教卫工委书记陈超英主持会议并提出工作要求，副市长张俊芳和市纪委副书记、监察局局长梁文中到会并讲话。为进一步规范教育收费，市教委会同市纠风办、市委教卫工委、市财政局、市物价局、市新闻出版局制定印发了《关于进一步规范中小学收费管理的意见》，规范教育收费项目和标准；严格学校招生收费政策，进一步规范公办高中招收择校生的“三限”政策；严格学校收费使用管理；严格控制中小学收费办班；严格执行市物价局规定的中小学教材价格；严格管理中小学代收代办项目；推行校务公开，实行教育收费公示制度。《意见》印发后，各区县、各级各类学校重视规范收费，认真落实领导责任制和工作责任制。市教委与市纠风办、区县教育局与市教委、各中小学与区县教育局签订《规范中小学教育收费责任书》，加强行政监管和责任追究。4月至5月中旬，以区县为单位，开展中小学收费自查自纠。学校自查自纠面达100%，区县教育局对学校收费情况进行重点检查，检查面在30%以上。市教育系统纠风工作领导小组成员单位组成6个专项检查组，从2003年7月开始，由局级领导干部带队，对36所高校、高职院校，18个区县教育局和部分中小学进行两轮教育收费督查和收费专项检查，共督察436所学校，检查1 498所学校，对重点中小学的检查面达100%。学校采取多种方式将收费项目、收费标准、收费依据和收费时间向社会公示，实施收费公示的覆盖面达100%。在全市开展的行风评议中，社会对教育行风评议的满意率达到93%。

撰稿 王玉娥

基础教育

〔**综述**〕 2003年，天津市3～6岁儿童入园率为88.2%，义务教育和特殊教育入学率分别保持100%和95%，高中阶段教育入学率达到93.1%。31所示范性高中建成并投入使用，招生规模达到1.47万人，全市高中阶段新生接受优质教育的比例达到65%以上。规范化学校建设加快实施，市教委贷款4 000万元，市内六区筹资1.3亿元，建设规范化初中55所、小学106所。市财政局投资近1亿元，新建104所农村小学。中小学信息技术教育课全面普及，以光纤接入为主的“校校通”基本实现，新增计算机2.5万台、网络教室537间，建成规范的中小学校园网300多个，生机比为12∶1。探究式教学、研究性学习、“订单式”培养和网络化授课等教学创新模式，取得成果并得到推广。小学课程改革实验已在全市铺开，提前两年率先实现国家确定的改革目标。

撰稿 李 霞

〔**示范高中建设**〕 2003年，中共中央政治局委员、市委书记张立昌提出的关于“再建几所南开、耀华式的学校，满足广大人民群众的教育需求”的战略任务如期实现，南开中学、第一中学、耀华中学、新华中学、实验中学等首批31所示范性高中全部建成并投入使用。据统计，31所示范性高中总投入为25.32亿元，其中征地投入4.17亿元、土建投入18.57亿元、设备投入2.58亿元。市级补助共6.24亿元。31所示范性高中占地面积由建设前的130.76万平方米，提高到205.47万平方米。建筑面积由建设前的56.6万平方米，提高到115.3万平方米。校均占地面积达5.33万平方米，校均建筑面积达4.5万平方米。学校规模由原来18～24个班，扩大到36～48个班，有的达到60个班。2003年，31所示范性高中招生规模已经达到1.47万人，全市高中阶段新生接受优质教育的比例已经达到65%以上。第二批示范性高中建设分别在河东、河西、河北、南开、红桥、武清等区启动，其中四十五中、二十中、四中、五中、一〇九中和英华民办学校建设全面铺开，十四中已完成规划设计。

撰稿　皮德新

〔**规范化学校建设**〕　2003年6月9日，市教委、市财政局在河东区七十五中学召开市内六区改善办学条件建设规范化学校项目启动会。会议就规范化学校项目建设提出要求，即：提高思想认识，牢牢把握发展机遇；严格执行项目标准，确保工作质量；发扬勤俭办学精神，切实用好资金；切实加强组织领导，加快工程进度。会议同时要求各区要按照6∶2∶2的进度，分三年逐步实现规范化学校建设目标，2003年上半年要按计划完成公办初中规范化学校建设任务，确保50%以上的小学毕业生首先进入公办初中免费入学。会议颁布了《规范化学校项目管理办法》和《项目验收细则》等文件，明确了责任制度、监督制度和奖励制度。市内六区教育局局长在会上递交《规范化学校建设项目责任书》，交流了规范化学校建设经验和规划方案。至此，市区规范化学校建设全面启动。至年底，57所公办初中通过验收，达到市教委颁布的《市内六区建设规范化学校项目验收细则标准》，如期完成预定的公办规范化初中改造建设任务。市内六区申报的106所规范化小学全部达到验收标准，完成预定的公办小学规范化建设任务。为推动市区规范化学校建设，市教委贷款4 000万元，制定激励性政策，带动市内六区筹资1.3亿元，总投入达1.7亿元。经过改造建设的公办规范化初中校，校容校貌、教学装备、生活设施等方面发生了巨大变化。

〔**课程改革**〕　2003年，市教委正式启动大港区初中课程改革试验。在推进初中课改试验过程中，坚持以更新课程观念、改革教学方法为内容的学习培训制度，坚持以校为本的教学研究制度。同时，在全市范围内，特别是非实验区，以《走进新课程》为蓝本，广泛开展基础教育课程改革的通识培训，以此引导教师学习课程理论，转变教育思想，树立现代课程理念，提高在课堂教学中实施素质教育的能力和水平。2003年，课程改革的重点是改革教法、研究学法、改革考试评价办法。一是引导学校科学有效地开展双语教学的实验研究，在双语师资培养、教材选用、课时分配、课程实施、课题研究等方面进行深入探索，促其有所突破。二是深入贯彻《天津市中小学学科教学培养创新精神实践能力指导纲要》，努力探索课程领域培养学生创新精神实践能力的途径和方法。三是继续推进“名师创名法”活动，调动名师、骨干教师研究教育教学规律和钻研教法的积极性，推出一批科学的、体现现代教育理念的研究成果。四是深入推进基于网络环境下的教与学的实验研究，引导教师运用信息技术支持教学，改变教学内容的呈现方式、教师的教学方式和学生的学习方式。五是进行学生多元评价和学分制改革的研究。

2003年，全市18个区县和天津开发区、天津铁厂的小学全部参加课改实验，提前两年落实教育部关于全部参加课改实验的要求。全市1 136所小学参加课程改革实验，涉及4个年级，学生107 697人。其中一年级84 963人、二年级13 589人、三年级4 591人、六年级4 554人。同时，从三年级到五年级共有116 940名学生在起始学科“品德与社会”、“科学”课程开展实验。参加课改实验教师9 121名。在推进小学课改实验工作中，主要做了以下工作：一是按照教育部课改实验教材选用意见，组织义务教育课程标准实验教材展示活动，各区县成立教材选用委员会，按照民主、公开的程序，组织对实验教材的选用工作。二是根据教育部“先培训、后上岗、不培训、不上岗”和“全员培训、全程培训”的要求，市教育行政和教研部门联合录制课改通识培训、学科培训讲座，由天津电视台播放，并刻录成光盘下发各区县。组织收看中国教育电视台和人民教育出版社联合录制的电视课改培训节目。各区县利用暑期组织学科培训，重点聘请人教社等出版部门专家及市级教研人员对四个年级12个学科实验教师进行培训。同时，各实验学校围绕新课程，利用假期组织全员校本培训和校本教研活动。三是组织全市课改实验学校校长、教师参加和平区、河西区课改实验阶段性总结研讨活动，围绕新课改实验展示教学课、管理者论坛、学科沙龙、校本教研等活动。四是组织开展课改实验阶段性工作总结，推广课改实验典型经验22份，表彰课改实验先进集体17个，先进个人146名。

撰稿　皮德新　高国祥

〔**学前教育**〕　2003年，天津市继续探索以社区为依托的早期教育。一是推广和平区、河西区开展社区早期教育经验。4月18日，举办社区早期教育资源中心现场观摩交流活动，观摩单位有和平区劝业场街社区早期教育资源中心、和平区劝业场街宁夏路活动基地、河西区挂甲寺街社区早期教育资源中心、河西区挂甲寺街景兴里亲子俱乐部。各区县教育局幼教科科长、幼儿园教师、社区早期教育负责人等近300人参加活动。二是全面提高0～6岁儿童家长和看护人员的科学育儿能力，具体指导和推动家庭婴幼儿教育，提高养育技能和水平。3月28日，市教委制定印发《3岁前婴幼儿身心发展监测指标》和《3～6岁幼儿身心发展监测指标》，并通过幼儿园、社区早期教育资源中心发放到0～6岁儿童家庭。2003年，天津市继续实施以家庭、社区为基础的“早期儿童养育与发展”（ECCD）项目，召开2003年度天津市实施ECCD项目工作会和年审会，编辑《天津市教育委员会—联合国儿童基金会2001—2005周期“早期儿童养育与发展”项目资料汇编（上）》，撰写天津市实施ECCD项目中期监测评价报告。9月10日～12日，接受联合国儿基会对天津市实施ECCD项目的工作考察和财务审计。根据《国务院办公厅转发教育部等部门（单位）关于幼儿教育改革与发展指导意见的通知》精神，市教委起草了《天津市贯彻〈关于幼儿教育改革与发展指导意见〉的实施办法（讨论稿）》。举办了“关于社会宣传与传播策略”工具和“参与式农村评价”培训班、0～6岁儿童家长宣传资料包培训班。2003年，河西区、蓟县、和平区、南开区荣获全国幼儿教育先进区县称号。

撰稿　赵艳丽

职业教育与成人教育

〔**综述**〕　2003年，加大中等职业学校布局结构调整力度，通过合并、联合、划转、撤并等形式，使具有招生资格的中等职业学校从2002年的141所减少为115所。确定10所高职学院和16所中职学校进行“三、二分段”中职接高职试验。经专家评估、市政府批准，天津市塘沽区中等专业学校、天津市雍阳中等专业学校升格为省部级重点中等专业学校；天津市汉沽区中等专业学校、天津市西青区中等专业学校由省部级职业高级中学转为省部级重点中等专业学校。

2003年，市教委对21所独立设置的成人高校和13所举办成人高等教育的职业技术学院进行教学评价，分别有7所成人高校和4所职业技术学院被评为优秀；完成42个新增专业的审批工作，其中有4个本科专业。现代远程教育进一步发展，天津广播电视大学开放教育招生21 375人，增幅达36%。利用成人教育网站实现成人高校资源共享，联合开发多媒体系列教材13门。

经教育部审定，确定南开区为第二批全国社区教育实验区。

撰稿　李　霞

〔**重点中职学校建设**〕　2003年，经办学主管部门申报，市教委组织有关专家对23所原国家级重点中等职业学校和新申报国家级重点的14所中等职业学校进行全面评估。经评估，37所中等职业学校符合教育部新颁布的《国家级重点中等职业学校条件》，基本达到《国家级重点中等职业学校评估指标体系》的各项指标要求。市教委经过审核，认为这37所学校办学方向明确，办学条件优良，办学质量高，社会效益好，在天津市中等职业学校中起到了骨干示范作用，同意上报教育部重新认定和申报国家级重点中等职业学校。2003年，全市省部级以上重点中等职业学校试行学分制和弹性学习制度。试行该制度的学校，把学分作为学生毕业的重要依据，允许学生在修满学分后提前毕业；允许学生根据需要工学交替，分段完成学业；允许学生跨专业、跨学校选择课程，对从其他高中阶段学校转入的学生或具有同等学力的社会青年，承认其相应的学习经历和学分。课程设置分为必修课和任选课，学生任意选课的程度最大可达到20%。另外，学生在教育行政部门认可的各项竞赛中获奖或获得职业资格证书，可获得加分。学生在学习一个专业的同时，也可以选修另外一个专业的课程，取得相应的学分后，可获得双专业毕业证书。试行学分制或弹性学制的学校，撤消了学生降级制度，学生若有一门或两门课程成绩不及格，可以重修，直到修满学分为止。

撰稿　徐　铸　刘景连

〔**成人高校网络教学模式改革**〕　2003年，市教委继续推进成人高校网络教学模式改革，新增物流管理专业为试点专业，试点学校增至14所。电子商务和国际经济与贸易2个教改试点专业已招生两届，共有3 000余名学生，采取“2～6年学分制”的管理方式。其人才培养模式为复合应用型，聘请各校名师授课，采取多媒体网络教育技术为主的授课方式。到年底，完成电子商务和国际经济与贸易2个教改试点专业的28门多媒体课件和教材的开发。天津成人教育网站针对多媒体课件在教学中的应用问题，加强理论研究，论文《天津市成人教育信息资源网络建设实践研究》获2003年全国计算机辅助教育学会年会优秀论文奖，《多媒体课件制作中的问题与解决方法》获2003年全国第三届数字高峰论坛会一等奖。

〔**老年人教育**〕　2003年，部分市人大常委会委员、教科文卫委委员和内务司法委委员、市人大代表教育专业组代表检查《天津市老年人教育条例》（以下简称《条例》）实施情况，充分肯定全市各级政府在依法规范和推进老年人教育方面所发挥的作用。截至年底，有13个区（县）初步建成示范性老年大学，达到“五固定”（即固定的校舍、学员、师资、专业课程设置和教学计划）建设标准。其中9个区（县）利用的是教育资源（包括中小学、社区学院、电视大学、职教中心、少年宫），3个区利用的是文化资源（区文化馆），1个区利用的是老干部活动中心。全市有35所老年人大学，共设置54个专业学科，办学规模达1 000人以上的8所。河东区由区老龄办、新闻中心、教育局、老年大学联合创办河东老年电视大学，利用区有线电视台定期播放老年教育课程，由居委会组织收看和辅导，据12个街的统计，有组织的学习者已达8 000人。天津广播电视大学针对老年人对知识的需求特点，利用现代化教学手段，开通老年空中课堂，以技能、娱乐、长寿为主题，制作和播出了技能课程、强身保健、营养保健、护理常识、疾病防治、开心一笑和交流园地等9个栏目共57个专题。

撰稿　赵秀荣

高等教育

〔**综述**〕 2003年，全市有研究生培养单位16个，在校研究生20 657人，其中，地方院校研究生培养单位13个，在校研究生5 400人。普通高等学校37所，在校生245 213人，其中，地方院校34所，在校生205 745人；普通高等学校中本科院校18所，在校生145 159人。高水平大学和重点学科建设取得突破性进展，博士学位的一级学科、博士点和硕士点分别增长32%、32.2%和36%。高等教育毛入学率为49%，比5年前提高16个百分点，与中等发达国家水平的差距进一步缩小。职业教育层次结构明显升级，高职学生比重由5年前的1%提高到35%以上。新增劳动者平均受教育年限已超过13年。2003年，高校核心竞争力明显增强，布局结构调整基本定位，天津音乐学院、天津财经学院、天津商学院、天津职业技术师范学院等院校的征地工作先后完成，征地面积达500多公顷。高校大规模教学基础设施建设全面展开，"十五"综合投资计划加快实施。

撰稿 李 霞

〔**学位管理与研究生教育**〕 2003年，天津市研究生教育办学规模继续扩大，授予学位人数持续增长。2002/2003学年授予博士学位731人、硕士学位4 002人、学士学位22 189人，其中授予成人高等教育学士学位2 310人。专业学位研究生招生1 958人，在读专业学位研究生4 972人。第九次学位授予工作成效显著，新增联合培养博士生单位1个、硕士学位授予单位1个，研究生培养单位增至24个（含6个科研院所）；博士学位授权一级学科点、博士点、硕士点增幅均在30%以上，分别增至33个、201个和496个。新增天津美术学院、天津外国语学院为开展同等学力申请硕士学位工作单位；南开大学获准举办公共管理硕士（MPA）专业学位。国家发展改革委批复同意南开大学、天津大学"十五""211工程"可行性研究报告，并完成天津医科大学"十五""211工程"可行性研究报告的论证。天津大学、天津师范大学各有1篇论文入选全国优秀博士学位论文，评选并表彰首届10篇天津市优秀博士学位论文。同意备案研究生课程进修班76个，其中本地班55个，异地班21个。经国务院学位办批准，新增4个授予境外学位的中外合作办学项目，天津市高校与境外6个国家或地区开展的授予境外学位的中外合作办学项目达到13个。

撰稿 秦贤宝

〔**本科教育评估**〕 2003年12月，教育部专家组对天津工业大学、天津财经学院进行本科教学水平评估。两校依照教育部颁发的评估方案，本着"以评促改，以评促建，以评促管，评建结合，重在建设"的方针，从整顿课堂教学秩序，加强教学基本设施档案建设等方面入手，深化教学改革，狠抓教学质量，使学校的教育教学迈上新台阶。两校在10月首先通过了市教委组织的市级本科教学水平评估。市级专家组深入学校，对照部颁标准，为两校找差距，帮助学校在原有工作基础上进一步改进和创新，推动两校本科教育教学质量不断提高。通过此次本科教学水平评估，两校进一步树立了新时期的办学理念，明确了办学指导思想，促进了教育教学改革，推动了学校教学质量的提高。

撰稿 穆树发

〔**大学毕业生就业**〕 2003年，天津市高校毕业生就业率为83.36%，落实就业人数37 523人，其中研究生就业率97.8%，本科生就业率为92.5%，专科（含高职）毕业生就业率为68.5%。2003年共引进外地生源毕业生8 041人（含本市院校外地生源毕业生），其中研究生1 411人，本科6 630人；本市生源到外省市就业1 142人，其中研究生353人，本科生789人。4月22日，市教委发出转发《教育部关于进一步加强普通高等学校毕业生就业指导服务机构及队伍建设的几点意见》的通知。要求各校建立健全毕业生就业工作领导机构，学校党政一把手定期听取毕业生就业工作汇报，并把该项工作作为考核高校领导干部政绩的重要内容；各校建立健全毕业生就业管理和服务机构，专职就业指导教师和专职工作人员与应届毕业生的比例不低于1∶500；各校按毕业生人数从学生培养费总额中提取1%，作为毕业生就业工作的年度经费，并确保专款专用。

撰稿 张仁刚

〔**哲学社会科学实验基地建设**〕 南开大学亚太经合组织（APEC）研究中心、跨国公司研究中心、中国社会史研究中心和政治经济学研究中心为全国高校人文社会科学重点研究基地。截至2003年，APEC研究中心完成专著16部，论文34篇，其中2部专著获教育部第三届优秀成果一等奖和天津市第八届优秀成果一等奖，为党和政府决策提供咨询报告102篇。跨国公司研究中心完成专著18部，论文近80篇，其中7项成果获省部级奖。政治经济学研究中心出版政治经济学理论丛书3套，著作20余部，论文近200篇，获省部级以上科研及教学奖20多项。中国社会史研究中心著作被CSSCI引用130多次，论文被CSSCI引用80多次。各重点研究基地共举办国际学术会议6次，国内学术会议5次。重点研究基地实行“青年学者访问制度”，积极选派青年学者到国外进行访问研究。加强网络建设与管理，设置中英文网页，扩大信息源。重点研究基地成为具有强大辐射作用和广泛影响的信息交流基地。

2003年1月，由教育部人文社会科学重点研究基地——天津师范大学心理与行为研究中心创办的《心理与行为研究》杂志公开出版发行，全年共出版四期。在学科建设和科学研究方面，继获得心理学一级学科博士学位授权点后，又被批准建立心理学博士后科研流动站。截至年底，中心出版学术著作3部，在研项目29项，其中由首席专家沈德立教授申请的教育部哲学社会科学重大攻关项目《青少年心理健康素质调查研究》获得教育部资助80万元。2003年，中心举办两期全国普通高校大学生心理健康教育骨干教师培训班，为新疆师范大学开办的“发展与教育心理学”研究生课程班于8月结业。

撰稿 张金香 白学军

〔**国家大学科技园建设**〕 2002年2月，南开大学正式向科技部和教育部提交《南开大学国家大学科技园评估申请报告》，5月，科技部和教育部批准启动建设南开大学国家大学科技园。2003年8月，科技部、教育部组织专家组对南开大学科技园进行考察和论证，对科技园在建的基础设施和在孵企业，特别是科技园对孵化企业增值服务体系的建设，以及天津市各级政府对科技园的支持表示满意，科技园通过认定。2003年10月，在武汉召开的中国国家大学科技园工作会议上，南开大学科技园被授予国家大学科技园称号，并被正式授牌。南开大学科技园以孵化高新技术企业、培育复合型人才、聚集辐射技术产业为目的，走体制创新、技术创新的道路，发展势头迅猛。园内孵化企业60余家，其中留学归国创业企业16家，孵化毕业企业15家，累计完成专利授权77项，承担国家级项目36项，省市级项目21项，2003年实现总产值5.1亿元。

撰稿 万 俊

〔**合作办学**〕 2003年，南开大学、天津大学继续深入开展合作办学。在本科教学方面，两校合办专业“分子科学与工程”和“光电子技术科学”，年内招收第一届新生118人；互相开设选修课，南开大学为天津大学开设25门公选课，天津大学为南开大学开设23门公选课，两校互选课程人数达2 000余人次；进行互修双学位教学实践，南开大学为天津大学开设中文、历史、哲学、金融4个辅修学位专业，天津大学为南开大学开设工商管理、测控技术与仪器2个辅修学位专业；2003年，南开大学实际接收天津大学免试研究生52名，天津大学接收南开大学免试研究生30名。两校联合举办首届研究生学术节，促进研究生之间的学术交流。同时，两校合作的13个科研项目完成中期考核，两校校园网实现千兆速率的互联。另外两校在互联网建设、图书资源共享等公共服务体系合作方面也迈出实质性步伐。12月24日，教育部副部长吴启迪、高等教育学会会长周远清到天津视察两校合作办学进展情况，对两校合作办学成果给予肯定。

撰稿 原继东 牛 文

〔**招生工作**〕 2003年，天津市在高校招生工作中以服务为本，强化依法治招意识，主要做法有：(1)录取前，汇总在津招生院校章程，主动为高校提供天津市考生的总体报考情况，便于院校提前决策。举办高校招生网上咨询会、高校招生电话咨询会等，及时解答考生关心的问题。录取中，强化对招生录取一线工作人员的培训，使招生录取工作人员熟练掌握招生业务，熟悉院校招生特点，了解院校招生需求；明确服务主体是院校的观念，保证招生录取工作不延误；强化纪律要求，加强录取过程中的双向沟通，对于院校执行政策和招生工作中出现的问题，积极主动地与院校联络，共同协商解决问题的办法，帮助院校在政策允许范围内解决问题，在服务中加强监督管理。(2)强化依法治招的意识、探索依法治招的途径。在录取过程中，聘请律师、法律专家进驻信访现场，依法协调处理招生信访中的争端；组建由大学法学教授、法律专家、律师和招生考试专业人员组成的天津市普通高校依法治招课题组，就依法治招的理论和实践进行探索，确定招生章程的规范格式和样本，正在研究制定《关于天津市高等学校招生录取争议裁决办法》等操作性的文件。2003年12月，在昆明市召开的2004年全国普通高校招生工作会议上，教育部副部长袁贵仁代表教育部对天津市在服务考生中的做法给予肯定，他说："天津市把服务放在首位，在服务中加强管理和监督，明确院校在招生中的主体地位，为院校提供详细的信息和周到的服务，得到了广泛认可"。市高招办在会上交流了经验，受到与会代表好评。

撰稿 古光启
审稿 林炎生

河北省教育

概　况

〔基本情况〕

2003 年各级各类学校校数、教职工、专任教师情况

	学校数（所）	教职工数（人）	专任教师（人）
一、高等教育			
（一）研究生培养机构（不计校数）	15		
1. 普通高校	13		
2. 科研机构	2		
（二）普通高等学校	83	67 962	34 542
1. 本科院校	26	40 992	19 746
2. 专科院校	57	23 455	12 659
其中：职业技术学院	45	15 937	8 489
3. 分校、大专班（点）（不计校数）		3 515	2 137
（三）成人高等学校	14	4 398	2 214
（四）民办的其他高等教育机构	67	4 239	2 184
1. 学历文凭考试机构	21	2 243	1 188
2. 非学历文凭考试机构	46	1 996	996
二、中等教育			
（一）高中阶段教育	1 519	395 255	96 313
1. 高中	896	340 488	61 774
普通高中	810	339 848	61 285
成人高中	86	640	489
2. 中等职业教育	623	54 767	34 539
普通中等专业学校	133	14 890	7 816
成人中等专业学校	194	8 233	5 078
职业高中	296	24 267	17 670
技工学校			
其他机构（教学点）（不计校数）	64	7 377	3 975
（二）初中阶段教育			
1. 普通初中	4 214		224 580
2. 职业初中	59	2 743	2 320
3. 成人初中	163	1 068	482

续表

	学校数（所）	教职工数（人）	专任教师（人）
三、初等教育			
（一）普通小学	25 700	352 846	329 165
（二）成人小学	2 277	4 905	2 223
其中：扫盲班	722	1 673	757
四、工读学校			
五、特殊教育	97	2 097	1 605
六、学前教育	3 765	32 822	21 688

注：1. 普通高中教职工数包含普通初中教职工数；
2. 成人高等学校教职工数和专任教师数为 2002 年数据。

2003 年各级各类学历教育学生情况

	毕业生数（人）	招生数（人）	在校生数（人）
一、高等教育			
（一）研究生	2 012	5 022	11 171
（二）普通本专科	113 442	203 826	575 542
（三）成人本专科	60 549		295 562
（四）其他各类高等学历教育			
1. 在职人员攻读博士、硕士学位			
2. 网络本专科生			
3. 学历文凭考试	3 405	3 187	16 298
二、中等教育			
（一）高中阶段教育	460 810	680 830	1 749 141
1. 高中	272 709	449 334	1 150 779
普通高中	264 873	449 334	1 142 264
成人高中	7 836		8 515
2. 中等职业教育	188 101	231 496	598 362
普通中专	75 276	85 235	246 956
成人中专	28 300	22 098	59 723
职业高中	84 525	124 163	291 683
技工学校			
（二）初中阶段教育			
1. 普通初中	1 366 057	1 429 717	4 294 874
2. 职业初中	12 555	14 516	43 031
3. 成人初中	50 340		43 847
三、初等教育			
（一）普通小学	1 459 161	727 434	6 065 832
（二）成人小学	171 462		211 997
其中：扫盲班	15 128		20 314
四、工读学校			
五、特殊教育	1 987	1 794	13 481
六、学前教育	458 072	653 422	926 076

注：1. 成人本专科毕业生、在校生数为 2002 年数据；
2. 其他各类高等教育学生数未包含成人高校举办的各类高等教育学生数。

2003年各级各类非学历教育学生情况

	毕（结）业生数（人）	招生数（人）	在校生数（人）
一、高等教育	52 365	34 924	65 750
（一）研究生课程进修班	1 047	578	1 956
（二）自考助学班	7 897	9 303	51 738
（三）普通预科生		47	47
（四）证书教育	2 897	1 635	3 615
（五）岗位培训	20 706	12 068	4 566
（六）进修及培训	19 818	11 293	3 828
二、中等教育	4 234 163		3 146 098
（一）中等职业教育	331 044		185 403
（二）职业技术培训机构	3 903 119		2 960 695

注：高等教育非学历教育学生数未包含成人高校举办的非学历教育学生数。

2003年各级民办教育基本情况

	学校数（所）	毕业生数（人）	招生数（人）	在校生数（人）	教职工数（人）	专任教师（人）
一、民办高等教育						
（一）普通高校	12	564	23 851	55 272	5 108	2 996
（二）成人高校						
（三）民办的其他高等教育机构	67	18 082	20 974	57 439	4 239	2 184
二、民办中等教育机构						
（一）高中阶段教育						
其中：民办普通高中	159	17 491	41 862	88 913	23 793	16 851
民办中等职业教育	90	12 174	16 515	36 396	4 687	2 184
（二）初中阶段教育						
其中：民办普通初中	332	63 307	100 521	268 863		
民办职业初中	4	88	74	606	50	42
三、民办普通小学	421	42 545	14 401	171 558	11 650	8 150
四、民办幼儿园	913	21 977	51 506	92 635	7 891	4 892

注：民办普通高中教职工数包含民办普通初中教职工数。

〔**年度教育工作方针与目标任务**〕　2003年，全省教育工作的指导思想是：高举邓小平理论和“三个代表”重要思想伟大旗帜，全面贯彻党的十六大精神，紧紧围绕实现全面建设小康社会的目标，全面贯彻党的教育方针，坚持以加快发展为主题，以深化改革为动力，以全面提高教育质量为重点，进一步巩固提高“两基”成果，加快发展高中阶段教育，大力发展职业教育和成人教育，积极发展高等教育，努力构建终身学习体系，坚持与时俱进，推进教育创新，实现教育事业的新发展，最大限度地满足人民群众的教育需要，为实现全省经济的发展和社会全面进步提供人才支持和知识保障。

2003年，全省教育工作的主要目标和任务是继续实施八项重点工程。一是“两基”巩固提高工程。完成对48个县（市、区）的“普九”巩固提高复查任务。继续实施中小学危房改造工程，消灭危房60万平方米。深化基础教育课程改革，增加57个基础教育新课程改革实验区。扫除剩余青壮年文盲5万人。15个县（市、区）普及学前教育。15个县（市、区）普及特殊教育。二是普及高中阶段教育工程。加快普及高中阶段教育步伐，进一步扩大高中阶段招生规模，建设一批优质普通高中，20所普通高中进入省级示范性高中行列。加快发展中等职业教育，重点建设20所中等职业示范学校和30个示范专业。每个设区市重点建设

2～3所大规模、高水平的中等专业学校。三是高等教育大众化工程。继续加快高等教育大众化步伐，适度扩大招生规模。四是高等教育创新强校工程。加强10所重点骨干大学建设，启动河北工业大学“211工程”二期建设项目，推进河北大学省部共建及“211工程”二期重点建设工作。加强省级优势特色学科专业建设。重点建设2所国家级示范性高等职业技术学院，建设1～3所国家和省级高职软件学院，加强16个国家级高职专业教学改革试点建设，建设高职高专示范专业和精品专业，建设省级示范专业30个。加强重点实验室建设。燕山大学科技园区成为国家级大学科技园。五是农业产业化培训工程。完善县、乡、村三级成人教育网络，广泛开展农业产业化技术培训和实用技术培训，培训农村劳动力400万人次。培训城镇职工50万人次，培训下岗待业和失业人员10万人次。以河北农业大学为试点，推行“一村一名大学生工程”，提高农民科技素质。六是布局结构调整和办学条件改善工程。实施新一轮高校布局结构调整，完成有关学校合并工作。保持普通高中与中等职业教育的合理结构比例。调整中小学布局结构，省投资1 800万元，重点扶持建设28所示范性寄宿制中小学。加大办学条件改善力度，各级各类学校筹资32亿元，建设教学实验用房400万平方米；引进社会资金15亿元，建设学生公寓和食堂140万平方米；筹资10亿元，用于购置教学仪器设备和图书。七是师资队伍建设工程。做好“燕赵学者”特聘岗位增补和评估工作，为院士的遴选做好准备。全省高校中具有硕士以上学位的教师达到25%，中学具有本科以上学历教师达到30%，小学具有专科以上学历教师达到50%，分别比2002年提高1.8个百分点、6个百分点和9个百分点。对1 500名中小学骨干教师进行重点培养。八是教育信息化工程。加信息技术教育，85%的初中和45%的小学开设信息技术课，分别比2002年提高13个百分点和14个百分点。8 000所中小学与河北远程教育网联网，15个县（市、区）实现“校校通”。各级各类学校新增计算机11万台，多媒体教室1 700个，计算机教室2 750个，语音室1 800个。

〔更新教育发展理念〕 2003年，全省教育系统坚持以党的十六大精神和“三个代表”重要思想为指导，解放思想，与时俱进，把思想和行动统一到党的十六大精神上来，统一到为实现全面建设小康社会服务上来，在思想观念上实现“五个转变”，在改革与发展上确立“四个战略重点”，在奋斗目标上构建“三个体系”。实现“五个转变”：一是转变就教育办教育的传统观念，树立教育必须为全面建设小康社会培养高素质劳动者和创新人才的教育观。二是转变片面追求规模的发展观，树立规模、结构、质量和效益相统一的全面科学的发展观。三是转变单纯传授知识的教学观，树立知识教育、技术教育、能力教育和人文素质教育相统一的教学观。四是转变片面重视教学的办学模式，建立教学、科研、技术开发和生产转化相统一的新模式。五是转变单纯依靠财政投入的教育投资观念，建立以政府投入为主体，多渠道多元化筹措教育经费的投资观。确立“四个战略重点”：一是教育均衡发展战略，促进教育尤其是基础教育区域之间、城乡之间、校际之间、群体之间的整体协调发展。二是教育多元化发展战略，促进教育类型、投资主体和办学模式的多样化，为社会发展和人民群众提供多样化的教育服务。三是教育信息化发展战略，以教育信息化带动教育现代化，实现育人模式和管理方式的创新。四是教育国际化发展战略，千方百计扩大教育对外合作与交流，加速河北教育迈向世界的步伐。建立“三个体系”：现代国民教育体系、终身教育体系和优质教育体系，形成具有河北特色的全民学习型社会，为全面建设小康社会提供有力的人才支持和知识贡献。

〔全省农村教育工作会议〕 11月8日，全省农村教育工作会议在石家庄召开。会议提出全省农村教育发展的总体目标是：在巩固“两基”成果的基础上，努力实现全面普及九年义务教育，全面提高义务教育质量，同时大力发展职业教育和成人教育，促进农村各类教育的协调发展。其中巩固“两基”成果，仍然是发展农村教育的重点工作。要进一步明确政府保障农村义务教育投入的责任。各级政府要把农村教育切实纳入公共财政体系予以保障，确保每年新增教育经费主要用于农村，其中省级财政每年新增教育经费的70%以上用于农村，确保农村义务教育经费不低于税费改革前的水平并有所提高。切实解决农村中小学教职工工资保障问题。根据教师编制和国家有关工资标准的规定，确保按时足额发放农村中小学教职工工资，决不允许发生新的拖欠，对历年拖欠的教师工资，各市、县抓紧清理补发。把农村中小学校舍维护、改造、建设所需经费纳入政府预算。把布局调整与危房改造结合起来进行，进一步加快农村中小学布局调整步伐。办好农村教育，坚持为"三农"服务的方向，进一步深化农村教育体制改革。加快推进农村教育教学改革、"三教统筹"和"农科教结合"的综合改革、农村中小学人事制度改革。充分发挥城市教育对农村的服务功能，更积极、有效地为农村和农民提供服务。在推进农村教育改革的同时，积极推进"国有民办"、"公办民助"和"民办公助"等各种办学制度的发展，全力推进农村职业教育和成人教育的发展。各级教育、农业和劳动保障部门按照各自任务要求，每年培训农民达到600万人次，使农村劳动力普遍掌握1项～2项实用生产技术；每年进行农村劳动力转移培训50万人次。

〔**防控"非典"工作**〕　2003年春季，防控"非典"成为全省教育系统一项重要任务。4月21日，省委教育工委、省教育厅发出紧急通知，要求全省教育系统高度重视"非典"的预防和控制工作，强化措施、积极防范，坚决阻断"非典"在校内的传播。为进一步做好"非典"防治工作，4月28日，省委教育工委、省教育厅又发出紧急通知，提出防控"非典"的六项具体措施，确保全省学校广大师生的身体健康和生命安全。5月，为指导和丰富全省1 200万中小学生在防治"非典"停课放假期间的学习和生活，做到停课不停教、停课不停学，省教育厅、省广播电视局决定利用广播、电视开办"空中课堂"，主要内容包括：河北电视台、河北人民广播电台每天开办面向广大中小学、中小学生家长的学习指导专题讲座节目，着重进行自主学习新教育理念的讲授、学习方法的辅导、中小学生心理辅导和课外阅读指导等。5月8日，省教育厅发出紧急通知，要求全省高度重视农村中小学"非典"的预防和控制工作，采取有效措施，转变学习方式，广泛宣传教育，开展健身活动，严防"非典"疫情向农村中小学蔓延。5月20日，省委、省政府召开2003年全省普通高校招生考试工作电视电话会议，对普通高校招生考试工作和高考招生期间的"非典"防治工作进行了安排部署。会议强调，高考招生工作必须把广大考生和工作人员的身体健康和生命安全放在第一位，切实做好高考招生期间的"非典"防治工作。各级党委、政府和各级主管部门一定要牢固树立把全体考生和工作人员的身体健康和生命安全放在第一位的思想，按照属地管理原则，迅速建立强有力的领导指挥机构，明确有关领导、有关部门和有关人员的责任。精心组织、科学管理，严格排查，彻底消毒，合理安排，有序进行，确保所有考生和工作人员身体的安全。

〔**依法治校**〕　3月，省教育厅印发了《河北省依法治校工作考核标准》，将《标准》作为全省依法治校工作考核评估的依据。《标准》满分为300分，包括组织领导、法制教育、制度建设、规范管理、民主监督、工作成效6项任务，每项任务又被细化为若干项，共计40项考核内容。另有60分附加分，包括5项考核内容。从2003年开始，全省依据此《标准》开展依法治校的年度考核工作。对考核成绩突出的学校，给予通报表扬或授予年度依法治校先进单位称号，对问题突出的学校予以通报批评。

基础教育

〔**课程改革**〕 2001年，河北省开始进行基础教育课程改革实验工作，截至2003年，全省已有68个县（市、区）进入省级实验区，实验区学生已占全省学生总数的40%以上。4月4日，河北省基础教育课程改革动员会在石家庄召开。会议总结交流了全省国家级和省级课改实验区的经验，安排部署了下一步全省基础教育课程改革的实验与推广工作。会议提出，将再启动57个基础教育课改实验县（市、区），课改实验工作将进入由点向面过渡的关键阶段，各市及各课改实验县（市、区）要进一步提高认识，统一思想，把它作为实施素质教育的“重中之重”工程来实施。各地要紧紧围绕“理念先行，培训提高，教研推动，以点带面，评价引路，机制保障”的课改工作基本思路，重点抓以下几项工作：遵照“先立后破，先实验后推广”的方针组织实施课改工作；切实做好培训工作，确保新课程的有效实施；适应课程改革的需要，建立以校为本的教学研究制度；加强教材管理，规范教材选用的程序和行为；关注农村，注意解决县域内学校发展不平衡问题，全面提高农村中小学课程改革水平；加强对实施新课程后的学校管理、课程结构、评价制度等具有全局性、关键性问题的研究和探索；大力推进信息技术在新课程教学中的普遍应用，转变学习方式；进一步深化国家和省级实验区的课程改革实验工作；把实施新课程与基础教育改革发展的热点问题联系起来，系统、整体地抓好这项工作。

4月17日，河北省启动“就业创业教育实验与研究”课题。按照“以初中为重点，整体规划，全面推进”的原则，“就业创业教育实验与研究”课题将重点突破初中，逐步在小学、高中全面推开。省教育厅从全省69个基础教育课程改革实验县（市、区）中，确定22个县（市、区）作为“就业创业教育实验与研究”课题项目试点县。省教育厅要求这些县（市、区）把就业创业教育作为基础教育课程改革的一门必修课程，列入地方课程的教学时数。

〔**小公民道德建设**〕 2月19日，河北省召开小公民道德建设“四进”行动电视电话会，会议强调，要强化儿童主体参与意识，广泛开展形式多样的小公民道德建设实践活动，切实做好小公民道德建设进学校、进家庭、进社区、进公共场所的“四进”工作。在小公民道德建设计划实践活动中，各地要深入开展调查研究，摸清本省儿童道德素养状况和问题；学校和幼儿园要帮助少年儿童从家庭生活、学校生活、社会生活和大自然各个方面，寻找一个“岗位”，扮演一个角色，获得一种感受，明白一个道理，养成一种品质，学会一种本领，引导少年儿童在亲身实践中把做人做事的道理内化为健康的心理品质，转化为良好的行为习惯；要向家长广泛宣传小公民道德建设计划，让他们给儿童在家中当好“小帮手”、“小主人”等提供相应的机会和条件；要动员全社会都来关心和支持小公民道德建设，各地要根据当地实际，引导儿童开展各具特色的道德实践活动。

〔**普通高中教育**〕 2003年2月，省教育厅印发《关于进一步加快发展普通高中教育的意见》，决定通过资源整合、体制创新等措施，进一步加快普通高中发展，力争到2005年，普通高中达到800所左右，在校生达到130万人；到2010年，学校数量保持在原数以上，在校生达到160万人，其中规模在3000人的学校达到200所。在普通高中建设过程中，全省各地将通过新建、扩建、改造等整合教育资源的办法，全面推进标准化高中建设，提高普通高中整体发展水平。各地将采取鼓励政策和优惠措施，加快办学体制改革，大力支持各种社会力量以多种形式举办普通高中，并在确保现有国办普通高中人数不减少的前提下，建设一批“国有民办”、“公办民助”普通高中，按民办学校模式运行，促进办学体制多元化发展。

2003年，河北省全面推进标准化高中建设，大力推进示范性高中建设，努力扩大优质高中教育资源。标准化高中的基本条件为：设区市市区和山区县高中办学规模必须在1 200人以上，占地面积在4公顷以上；其他高中办学规模必须在1 200人以上，占地面积在5.3公顷以上。各级示范性高中的基本条件为：省级以上（含国家级）示范性高中办学规模必须达到3 000人，占地面积达到10公顷（其中设区市市区、山区县高中占地面积不少于6.6公顷）；省级示范性高中要进入国家级示范性高中，在其他条件达到要求的同时，教学用地面积必须达到10公顷，办学规模必须达到3 000人；市级示范性高中办学规模必须达到1 800人以上，占地面积达到6.6公顷以上。到2005年，全省要建成30所以上国家级示范性高中，170所省级示范性高中，200所市级示范性高中。为做到科学规划、合理布局，按照每30万人口设置2所示范性高中、1所标准化高中，或1所示范性高中、2所标准化高中的格局，进行统筹规划和布局。

开展高中“双自主”教育改革实验。12月8日—9日，全省高中“双自主”课题阶段性总结暨经验交流现场会在石家庄召开。1999年，河北省在小学阶段推进“自主学习自主发展”研究试验，2000年，初中、高中的研究实验相继推开，并取得重要成果。随着“双自主”研究实验的推进，全体教师教育教学观念发生重大变革，新的教学价值观、人才观和学生观树立起来，“自主、合作、探究”的教学模式凸显，“平等、民主、和谐”的教学氛围逐渐形成。同时，也推动了学生的学习目标、学习态度、学习动力、学习方式和学习方法的重大转变，学生“自主学习自主发展”的意识和能力明显增强，素质明显提高。会议指出，各级教育行政部门和参加实验的学校，要进一步深化对“双自主”教育教学改革重大意义的认识，增强推进教改实验的责任感和使命感，精心组织，扎实推进。

〔**特殊教育**〕 11月13日—14日，全省特殊教育现场会在秦皇岛召开。会议强调，特殊教育是帮助残疾儿童少年成为自尊、自理、自立、自强的社会人的奠基工程，要切实保障残疾儿童少年受教育的权力，把普及特殊教育纳入普及义务教育工作轨道。要全面落实省《特殊教育“十五”发展规划》，努力提高残疾人受教育的水平；各级教育行政部门要与各级残疾人联合会密切联系，调动各个部门支持特教的积极性，努力形成全社会关心特教、支持特教、捐资助教的新局面；要增加投入，多渠道筹措特教经费，确保特教事业健康发展；要继续加强教师队伍建设，提高特教教师的专业化水平；要加快普及特殊教育步伐，积极发展专业化特殊教育，完善随班就读工作的管理机制；要加强特教学校管理，努力提高特教学校的办学水平；要加强对特殊教育的督导评估。

〔**中小学学籍管理**〕 为建立有效的义务教育阶段控辍保学机制，加快全省中小学管理信息化发展步伐，河北省从2001年开始实施义务教育阶段学籍电子注册制度。至2003年，全省共有3 400多所初中建立起中小学学籍电子管理系统，各地小学学籍电子管理系统也正在以中心小学或学区为单位逐步展开；全省有102个县（市、区）教育行政部门建立起了县级中小学学籍电子管理系统，11个设区市级教育行政管理版软件已经编写完成并已开始使用。至2003年年底，全省已经建设成从学校、县（市、区）、市到省的义务教育阶段学生学籍电子管理网络。

〔**全省青少年科技创新作品展**〕 4月中旬，省科协、省教育厅、省科技厅、省环保局等7个部门共同主办，省青少年科技中心、省科技馆承办的第十八届全省青少年科技创新大赛作品展示活动在省科技馆举行。全省共有11个省辖市代表队的300多件作品参加了展示。全省青少年科技创新大赛是培养青少年的创新精神和实践能力、提高科学素养的大型青少年科普实践教育活动。本届大赛的主题是“让创新的智慧闪光”，全省共有3 200多所中小学校的72万名中小学生参与，创作作品1.5万件，涉及数学、物理学、化学、生物学、环境科学、医药卫生与健康学、社会科学等十几个学科。

〔**中小学语言文字工作**〕 9月29日—30日，全省创建中小学普及普通话达标县工作现场会在黄骅市召开。会议强调，全省语言文字工作要坚持以推进县、区语言文字规范化工作为重点，整合中小学普及普通话达标县和城市语言文字工作评估两项基本建设，积极推进创建语言文字应用规范化建设达标县（市、区）工作，建立和完善语言文字工作管理体制和运行机制，落实目标管理责任制，加强督导评估工作，分区规划，分类指导，到2010年基本实现全省语言文字工作规范化的目标。各地要按照到2008年全部达标、适当提前的原则，对两项达标统一规划、统一部署、统一实施、统一检查、同期达标，在原有中小学普及普通话的基础上，制定分县实现达标的分年度规划。会议要求，各市测试站对教师普通话测试要严格纪律和程序，坚持“先培训，后测试，不培训，不测试”的原则，搞好现场监督和抽测、复查，抓好档案建设。同时，各市教育局、语委要加大对创建中小学普及普通话达标县（市、区）工作的督导力度，确保达标县质量逐年提高，确保全省创建工作目标如期实现。

职业教育与成人教育

〔**发展职业教育**〕 2003年，河北省贯彻落实全国、全省职业教育工作会议精神，建立并逐步完善分级管理、地方为主、政府统筹、社会参与的职业教育管理体制。进一步强化设区市政府统筹职业教育发展的责任，优化结构、横向联合、以强带弱、突出特色，构建职业教育新格局。发展优质职业教育资源，调整学校布局，改造现有专业，办好面向新兴产业和现代服务业的专业。每个设区市重点办好2～3所大规模、高水平的中等专业学校。广泛开展各级各类培训和资格证书教育，实行学历教育和非学历教育培训相结合。深化职业教育课程改革，建立中等职业教育主干文化课和专业基础课的会考制度，探索中等职业学校学生通过会考实行注册形式进入高等职业学校学习。

〔**实施“BTEC”教育项目**〕 1月11日，英国BTEC职业教育项目说明会在石家庄职教中心举行，全省40多所职业学校的校长、骨干教师参加了会议。BTEC职业教育项目是英国商业与技术教育委员会推出的教育项目，在中、高等职业教育和人才培训方面具有世界领先地位。学生通过BTEC课程的学习，可以获得由英国爱德思（Edexcel）学历及职业资格考试委员会颁发的国家文凭（BTEC ND）或国家高级文凭（BTEC HND），具备了国际上公认的职业资格，可以直接就业或继续学习国家高级文凭。BTEC的课程涵盖商业、计算机、酒店、工程、旅游等众多实用领域。河北省首期申请BTEC授课中心的职业学校共有8所，设立专业包括计算机、机械制造、旅游、会计、酒店管理和餐饮服务等。

〔**成人高校招生考试科目调整**〕 2月21日，省教育厅召开全省成人高校招生工作会议，决定自2003年起，调整河北省成人高校招生考试科目。具体内容是，专升本统考科目按学科门类设置，不再按生源类别设置。统考科目为政治、外语和专业基础课3门，专业基础课根据各学科门类的特点设置为8门，考生根据所报考专业的学科门类应试其中1门。高中起点本科统考科目，还须增加专业基础课的考试，理科类专业基础课为“物理、化学综合”，文科类专业基础课为“历史、地理综合”。除上述统考科目外，招生院校可根据专业要求自行确定是否再加试考试科目，如需加试，加试工作由招生学校自行组织。

〔**自考工作**〕 截至2003年4月，自考报名考生达789万人次，有41.8万人取得本、专科毕业证书，1.3万人取得中专毕业证书，0.43万人取得学历文凭毕业证书，17.7万人取得社会考试合格证书，在籍考生107万人。建立和逐步完善普通高校在校生自学考试制度。按照省教育厅“构建高等教育立交桥，培养复合型人才”的要求，河北省在全国率先开展了普通高校在校生自学考试工作。初步形成了普通高校在校生自学考试管理体制，建立起了一套普通高校在校生自学考试规章制度，高校在校生自学考试和社会自学考试在总体上实现了管理统一、标准统一、要求统一。全省高校在校生自学考试已经达到10.2万人。自学考试向农村延伸也取得进展。在建立县、乡工作站和探索农村自学考试体系的试点基础上，共开考涉农专业13个，利用省、市、县三级农广校办学体系进行系统助学，解决了农村考生的教学辅导问题，新增考生达4万人。专业建设得到加强。结合专业调整，面向社会需求，加大新专业开考力度，增加了学科门类，扩大自学考试的服务范围。新开专业66个，使全省自学考试专业数达到123个。充分发挥自学考试的灵活性，主动为行业部门服务，为其培养急需人才。与29个厅局部门实现联合办学、办考，共为行业部门开考专业105个，占专业总数的85.4%，考生人数占全省自考生总数的80%，为经济建设提供了人才支持。为进一步促进自考工作，11月18日河北省召开自学教育开考20周年总结表彰会暨2003年考委会，会议强调要确保自学考试的质量，进一步深化改革，开创全省自学考试的新局面。

〔**国际职业资格认证培训**〕 2003年，美国认证协会（ACI）和英国伦敦工商会考试局（LCCIEB）两家国际权威认证机构的24个认证项目的报名、培训工作在全省范围内全面启动。符合以下条件之一的都可以报名参加培训；具有大专以上学历（或同等学力）、达到大学英语四级水平；大学专科以上相应专业（包括在校生）；从事相应职业两年以上、具有一定英语读写能力；大学专科以上学历（或同等学力）、且担任企事业单位、社会组织中高级管理职务或技术职务。国际职业资格认证培训工作由省国际人才交流协会国际人才培训中心会同有关单位，统一组织实施。教学过程严格按照ACI和LCCIEB提供的教材和教学大纲，依托省内高校作为培训基地，聘请相应机构认可的国内副教授以上的教师进行教学，确保学员掌握相关的专业技能。学员经过ACI、LCCIEB考试合格后，由相应的认证机构颁发证书。取得相应国际职业资格认证的在校大中专学生，毕业后可优先推荐就业。

〔**社区教育**〕 10月23日，全省社区教育工作会议召开。会议提出，各地教育行政部门要进一步推进社区教育，创建一批国家级实验区和一批具有区域特色的学习型街道（乡、镇）、学习型企业、学习型家庭等学习型组织，初步建立社区教育网络，把促进社区成员就业、再就业、创业、敬业作为社区教育的重点内容，开展形式多样、内容丰富的教育培训活动，满足社区成员的教育需求。河北省有石家庄、唐山、保定、邯郸4个省级社区教育实验区，基本形成了一套工作运行机制，建成了一批市民学校，构筑了社区教育工作平台和网络，探索出了一些有效的工作方法。为进一步推进全省社区教育的快速发展，会议强调，要进一步加强社区教育的组织领导，建立和完善社区教育的管理体制；加强宣传工作，扩大社区教育的社会影响；整合教育资源，学校的体育馆、图书馆等教学设施要向社会开放，充分发挥其教育的功能和作用；要积极配合政府有关部门，以社区内各类社区教育点为基础，充分发挥组织、协调、拓展、统筹社区内教育资源的作用，基本建立起覆盖全区的社区教育培训网络体系，为社区成员提供及时便利的教育服务。

高 等 教 育

〔**高职高专教育**〕 8月，省教育厅发出通知，从2004年开始，利用5年时间，对全省高职高专院校和成人高等学校进行一次全面的人才培养工作水平评估。据统计，1998年以来，全省共新增高职高专院校39所，总数达到61所。通知要求，各校要把评估工作作为学校改革、建设和发展的重要组成部分认真实施。要认真贯彻“以评促建，评建结合，重在建设”的方针，搞好自评工作。要以评估方案为导向，按照评估指标体系中要求的办学指导思想、人才培养目标和模式、师资队伍建设、教学条件与利用、教学改革与建设、教学管理和教学效果及办学特色七大方面16项指标进行总结，找出差距，制定整改建设计划、措施和进度安排，确保整改和建设工作的如期完成。

11月3日，河北省召开高职高专教育教学改革与发展研讨会，对全省高职高专改革与发展的思路与对策进行了研讨。会议强调，要以社会需求为导向，以提高应用型创新人才培养质量为中心，把工作的重点切实转移到加强高职高专教育的内涵建设上来，实现全省高职高专教育规模、结构、质量和效益全面协调发展。在人才培养上，要科学定位，明确培养目标和方向，同时淡化学科性教学，鼓励按照社会、企业生产一线的实际要求，开展订单式培养；在学校分工和发展目标上，要形成各自鲜明的办学特色和优势；在服务地方经济建设和社会发展上，要找准学校在全省和地方区域经济建设和社会发展中的地位和作用，与本地区的经济社会发展紧密结合起来，确保学校健康、稳定、持续发展。要坚持走校企合作、产学结合的办学道路，实现学校与社会用人部门结合，师生与劳动者结合，理论与实践结合。以社会需求为导向，不断调整优化专业结构，加强专业建设，深化教学内容和课程体系改革，全面提高人才培养质量。

〔**独立学院建设**〕 6月18日，省教育厅印发文件，明确了独立学院的有关政策。依托普通本科高校，按照新的机制和模式，全省试办了15所独立学院。其办学模式分为两大类，一是由本科院校在自身某一独立校区的基础上，通过与银行合作贷款举办，主要利用民办机制运作。二是由学校和其他社会力量合作举办，合作者提供办学场地和基础设施，本科院校负责教师及教学组织，不提供有形资金。独立学院坚持“四个独立”的根本原则，申请者和合作者之间债、权、利关系明确，合作办学协议经过司法公证。实行董事会或管理委员会领导下的院长负责制，其招生计划、教学计划、学生学籍等均由所依托的本科院校统一管理，教师及教学由本科院校承担。独立学院统一纳入普通高校招生序列，招生层次为本科，以“××大学××学院”的名义统一向社会公布，统一划定投档线，单批录取。各独立学院与校本部做到了“七个统一”，即培养目标规格统一，教学计划、教务管理统一，学术活动统一，考试政策统一，党团建设、学生会组织统一，学籍管理、文凭发放统一，学生待遇统一，在全省和学校统一组织的有关考试中，多数独立学院学生的英语、计算机等级考试通过率和结业考试及格率与校本部基本持平。全省独立学院占地总面积共333公顷，校舍建筑总面积150万平方米以上，在校生总数达到3万人。

〔**电大改革招生考试模式**〕 为进一步深化普通高等教育招生制度改革，探索宽进严出的教育教学管理模式，河北广播电视大学在部分教学点的普通高职（专科）专业实行单独考试招生，以拓宽高级中等教育毕业生继续深造的渠道。凡具备河北省高级中等教育学校毕业或同等学历者均可报名参加该专业的单独考试，其中应届普通高中毕业生应符合省教育厅规定的会考成绩要求。单独考试录取的学生将按照宽进严出的教育模式，实行弹性学制和完全学分制管理，学习最长年限为6年，在学习期间不得同其他类别同层次的学生相互转学。在学习最长年限内修完教学计划规定的课程及实践教学环节，所获得的学分累计达到毕业最低总学分，思想品德鉴定符合要求，经审核符合毕业资格的学生，将由省电大颁发普通高职毕业证书，并报省教育厅电子注册，国家承认学历，毕业时按当年普通高职毕业生就业政策就业。

〔**高校与企业联建 ERP 中心**〕 10月，石家庄铁道学院、华北航天工业学院、河北工程学院、承德石油高等专科学校4所高校与用友软件公司签订了共同建立ERP实验中心的协议，为校企联合进行实践性教学探索出一条新路子，成为河北省首批把先进的企业管理信息系统引进高校的院校。ERP是国际上较先进的企业管理信息系统，ERP实验中心能够对企业运作的全流程进行模拟实践，并包容了营销、管理、财务、生产等各个方面实验需求，不但可以安排计划内的各种教学，替代多专业企业实习，还可以为教师进行理论、实践教学的研究提供基础平台。

〔**大学生志愿者健康行动**〕 6月30日，团省委、省卫生厅、省财政厅、省人事厅、省教育厅在石家庄联合举行“河北省大学生志愿者健康行动计划启动暨新闻发布会”，标志着以招募志愿者到基层从事疾病防治工作为主要内容的大学生志愿者健康行动计划正式启动。此项活动按照公开招募、自愿服务、组织选拔、集中派遣的方式，从2003年河北省普通高等医学院校毕业生中招募了100名志愿者到张家口、承德两市部分乡镇从事为期一年的志愿服务活动。志愿者服务期满后，可扎根基层或自主择业，同时在参加成人专升本、研究生以及国家公务员考试时，享受一定的政策优惠。

〔**毕业生就业工作**〕 6月3日，河北省召开高校毕业生就业工作电视电话会议，对高校毕业生就业工作进行部署。会议强调，各市县要把高校毕业生就业工作当作一件关系全局的大事来抓，制定工作目标，层层落实责任制；各高校和各新闻单位要做好宣传教育工作，引导毕业生转变就业观念，拓宽眼界，自觉到基层就业、到中小企业和非公有制经济组织就业，树立临时就业、灵活就业、自主创业和先就业后择业的意识，通过树立新的就业观实现广大毕业生的广泛就业；继续采取优惠政策，引导毕业生到基层和艰苦地区锻炼成长、建功立业。8月，省劳动和社会保障厅与省教育厅联合发出通知，要求各级劳动和社会保障部门、就业服务机构和各中、高等职业学校为大中专毕业生提供全方位的就业服务，以促进大中专毕业生尽快实现就业。各级劳动和社会保障部门和各中、高等职业学校在针对大学生的服务中，首先要做好大学生就业前的训练工作，对参加就业训练的学生发放《河北省就业失业登记证》。各级公共就业服务机构要对持有《河北省就业失业登记证》的大中专毕业生在择业期内免费提供政策咨询、就业指导、求职登记、就业推荐服务等。参加就业训练的毕业生毕业后，无工作的，还可到劳动和社会保障部门就业训练机构报名参加社会急需专业的职业技能培训。至2003年底，全省高校毕业生签约率和上年同期总体持平，但由于大中专毕业生人数增加，就业任务仍十分艰巨。

鼓励大学生自主创业。2003年，河北省对大学生自主创业，实行优惠政策。大学生凭《毕业证书》、《报到证》自主创业、自谋职业，享受四项优惠政策。（1）新办的从事咨询业（包括科研、法律、会计、审计、税务等咨询）、信息业、技术服务业的企业或经营单位，经税务部门批准，自开业之日起，免征所得税两年。（2）新办的独立核算的从事交通运输业、邮电通讯业的企业或经营单位，自开业之日起，第一年免征所得税，第二年减半征收企业所得税。（3）新办的独立核算的从事公用事业、商业、物资业、对外贸易业、旅游业、仓储业、居民服务业、饮食业、教育文化事业、卫生事业的企业或经营单位，自开业之日起，经主管税务机关批准，可减征或免征企业所得税一年。（4）高校毕业生到国家确定的“老、少、边、穷”地区新办企业、经主管税务机关批准，可在三年内减征或免征企业所得税。

〔**选调优秀大学毕业生到基层工作**〕 2003年，河北省204名应届优秀大学毕业生被选调到基层岗位工作。在选调的204人中，取得双学士学位的有3人，获得校级以上奖励和奖学金的149人，38人获得省级“特别优秀毕业生”、“三好学生”等称号。一部分选调生被跨市安排工作，重点安排到张家口、承德以及太行山区、国家和省级扶贫开发工作重点县等艰苦地方工作。选调生到基层岗位工作前，系统学习了“三个代表”重要思想及农村基层组织建设和民主政治建设等内容。选调优秀应届大学毕业生到基层工作，是加强领导班子及后备干部队伍建设的一项基础性工作，是河北省按照中央要求在培养选拔优秀年轻干部方面采取的一项重要举措。

〔**教师队伍建设**〕 为解决扩招后高校师资力量相对短缺的矛盾，更好地挖掘各高校的师资潜力，实现师资有序流动，燕山大学、东北大学秦皇岛分校、河北理工学院、唐山师范学院、河北科技师范学院等9所高校达成协议，相互聘任教师。各高校教师在校内聘任的基础上，可以在秦皇岛、唐山间各高校受聘兼课，在教师隶属关系不变的情况下，由过去的身份聘任改为工作聘任。聘任可采取多种方式，既可互聘，也可联聘、兼聘。凡跨校间聘任的教师，各高校互相承认教师互聘期间的授课时数和工作量。教师无论在哪所高校任教，其工作业绩都被所在校纳入年终考核，作为评选先进、评定职称和晋升、晋职的依据。

11月，省教育厅开始实施《河北省申请认定高等学校教师资格人员教育教学基本素质和能力测试办法（试行)》，组织“河北省高等学校教师资格专家审查委员会”，对全省申请认定高等学校教师资格人员进行教育教学基本素质和能力测试。该测试办法从测试内容、测试步骤、评分等级等方面对申请认定高等学校教师资格作出具体规定。教师资格认定教育教学基本素质和能力测试包括笔试、试讲、答辩三个环节，主要考查测试对象的书面、口头表达能力以及思维能力，把握教材、教学大纲，设计教学方案，组织课堂教学的能力及考查是否掌握基本的专业知识、教学方法以及仪表仪态等方面是否适合做教师工作等。

〔**大学生心理健康教育**〕 为进一步推动全省大学生心理健康教育，11月，在河北大学召开大学生心理健康教育研究会年会，总结了全省前一阶段的大学生心理健康教育工作，对大学生心理健康教育先进集体和先进个人进行了表彰。全省各高校重视大学生心理健康教育，80%以上的院校成立了心理健康教育工作的专门机构，配备了专业水平较高的兼职人员，设立了专项经费，用科学量表开展心理测试，建立学生心理档案，举办辅导、讲座等，大学生心理健康教育工作是新形势下全面贯彻当代教育方针、实施素质教育的重要举措，各地教育部门和各高校把心理健康教育工作纳入学校德育工作管理体系，实行主管校长负责制，切实加强对大学生心理健康教育工作的领导，形成课内与课外、教育与指导、咨询与自助紧密结合的心理健康教育的网络和体系，为培养高素质人才服务。

撰稿　冯荣光　刘良业　刘立新
审稿　靳宝栓　霍炳泉

山西省教育

概　况

〔基本情况〕

2003 年各级各类学校校数、教职工、专任教师情况

	学校数（所）	教职工数（人）	专任教师（人）
一、高等教育			
（一）研究生培养机构（不计校数）	12		
1. 普通高校	8		
2. 科研机构	4		
（二）普通高等学校	45	38 358	20 224
1. 本科院校	14	24 656	12 483
2. 专科院校	31	12 880	7 138
其中：职业技术学院	24	8 552	4 772
3. 分校、大专班（点）（不计校数）		822	603
（三）成人高等学校	16	4 911	2 409
（四）民办的其他高等教育机构	45	2 251	1 002
1. 学历文凭考试机构	4	571	155
2. 非学历文凭考试机构	41	1 680	847
二、中等教育			
（一）高中阶段教育	1 010	209 884	51 396
1. 高中	564	180 294	32 603
普通高中	531	180 083	32 500
成人高中	33	211	103
2. 中等职业教育	446	29 590	18 793
普通中等专业学校	79	10 907	5 983
成人中等专业学校	160	4 507	2 761
职业高中	207	11 170	8 183
技工学校			
其他机构（教学点）（不计校数）	47	3 006	1 866
（二）初中阶段教育			
1. 普通初中	2 848		114 847
2. 职业初中	96	2 231	1 818
3. 成人初中	148	537	284

续表

	学校数（所）	教职工数（人）	专任教师（人）
三、初等教育			
（一）普通小学	31 126	202 648	188 109
（二）成人小学	8 249	10 500	5 959
其中：扫盲班	1 448	985	357
四、工读学校	2	86	60
五、特殊教育	36	1 116	870
六、学前教育	5 137	29 705	19 923

注：1. 普通高中教职工数包含普通初中教职工数；
2. 成人高等学校教职工数和专任教师数为 2002 年数据。

2003 年各级各类学历教育学生情况

	毕业生数（人）	招生数（人）	在校生数（人）
一、高等教育			
（一）研究生	1 158	2 979	6 669
（二）普通本专科	40 779	91 283	272 967
（三）成人本专科	26 302		156 318
（四）其他各类高等学历教育			
1. 在职人员攻读博士、硕士学位		1 399	2 580
2. 网络本专科生			
3. 学历文凭考试	503	783	3 124
二、中等教育			
（一）高中阶段教育	257 543	335 180	897 158
1. 高中	141 765	217 394	576 434
普通高中	138 440	217 394	573 639
成人高中	3 325		2 795
2. 中等职业教育	115 778	117 786	320 724
普通中专	73 444	57 295	191 902
成人中专	16 538	13 752	20 751
职业高中	25 796	46 739	108 071
技工学校			
（二）初中阶段教育			
1. 普通初中	451 365	585 139	1 932 486
2. 职业初中	10 067	10 106	30 240
3. 成人初中	39 411		25 659
三、初等教育			
（一）普通小学	597 477	734 901	3 635 608
（二）成人小学	207 310		213 343
其中：扫盲班	9 598		16 968
四、工读学校	7	2	26
五、特殊教育	422	782	5 852
六、学前教育	416 918	403 582	680 324

注：1. 成人本专科毕业生、在校生数为 2002 年数据；
2. 其他各类高等教育学生数未包含成人高校举办的各类高等教育学生数。

2003 年各级各类非学历教育学生情况

	毕（结）业生数（人）	招生数（人）	在校生数（人）
一、高等教育	14 727	12 734	19 939
（一）研究生课程进修班	2 486	730	2 217
（二）自考助学班	4 840	3 743	10 010
（三）普通预科生		74	74
（四）证书教育	637	75	75
（五）岗位培训	2 082	2 408	2 138
（六）进修及培训	4 682	5 704	5 425
二、中等教育	1 992 863		1 577 722
（一）中等职业教育	164 179		83 704
（二）职业技术培训机构	1 828 684		1 494 018

注：高等教育非学历教育学生数未包含成人高校举办的非学历教育学生数。

2003 年各级民办教育基本情况

	学校数（所）	毕业生数（人）	招生数（人）	在校生数（人）	教职工数（人）	专任教师（人）
一、民办高等教育						
（一）普通高校	2	169	4 823	5 596	1 103	763
（二）成人高校						
（三）民办的其他高等教育机构	45	12 397	12 313	19 866	2 251	1 002
二、民办中等教育机构						
（一）高中阶段教育						
其中：民办普通高中	144	17 564	32 696	74 989	17 896	12 167
民办中等职业教育	17	942	2 219	4 923	585	286
（二）初中阶段教育						
其中：民办普通初中	237	22 584	49 550	126 062		
民办职业初中	3	44	93	231	52	30
三、民办普通小学	169	9 782	17 815	76 273	7 445	5 114
四、民办幼儿园	651	29 991	42 360	69 084	5 515	3 328

注：民办普通高中教职工数包含民办普通初中教职工数。

〔**教育经费收入与支出**〕 2003 年教育经费总收入 128.29 亿元，较上年增长 10.51%。具体来源渠道为：预算内教育经费拨款 73.9 亿元，各级政府征收用于教育的税费收入达 4.79 亿元（其中：城市教育附加费 4.36 亿元，农村教育事业费附加 0.43 亿元）。企业办学教育经费 4.23 亿元，校办产业、勤工俭学和社会服务收入用于教育的经费 0.5 亿元，社会团体和公民个人办学经费 5.05 亿元，社会捐资办学经费 2.67 亿元，事业收入 35.44 亿元（其中，学杂费收入 25.64 亿元），其他收入 1.71 亿元。教育经费总支出情况为：全省地方教育经费总支出 117.26 亿元，其中，教育部门教育经费总支出 111.76 亿元，其他部门教育经费总支出 5.50 亿元。企业办学教育经费总支出 5.17 亿元，社会团体、公民个人办学教育经费总支出 5.17 亿元。

教育部门事业性经费支出情况：2003 年教育部门事业性经费总支出 104.72 亿元，比上年增长 13.02%（其中：个人部分支出 68.83 亿元，公用部分支出 35.89 亿元）。普通高校支出 19.91 亿元，其中：个人部分支出 10.61 亿元，公用部分支出 9.3 亿元。中等师范学校支出 2.19 亿元，其中：个人部分支出 1.09 亿元，公用部分支出 1.10 亿元。普通中学支出 35.73 亿元，其中：个人部分支出22.73亿元，公用部分支出13.00亿元。高级中学支出7.55亿元，其中：个人部分支出3.67亿元，公用部分支出3.88亿元。完全中学支出8.42亿元，其中：个人部分支出4.53亿元，公用部分支出3.89亿元。普通初中支出19.76亿元，其中：个人部分支出14.53亿元，公用部分支出5.23亿元。职业中学支出2.68亿元，其中：个人部分支出1.66亿元，公用部分支出1.03亿元。小学支出33.39亿元，其中：个人部分支出26.98亿元，公用部分支出6.41亿元。

教育部门财政预算内教育事业费支出情况：2003年度教育部门财政预算内教育事业费支出66.32亿元，比上年增长15.38%（其中：个人部分支出58.11亿元，公用部分支出8.21亿元）。普通高校支出8.83亿元（其中：个人部分支出7.13亿元，公用部分支出1.7亿元）。中等师范学校支出1.00亿元，其中，个人部分支出0.81亿元，公用部分支出0.19亿元。普通中学支出21.93亿元，其中，个人部分支出19.53亿元，公用部分支出2.40亿元。高级中学支出3.1亿元，其中个人部分支出2.87亿元，公用部分支出0.23亿元。完全中学支出3.56亿元，其中，个人部分支出3.05亿元，公用部分支出0.51亿元。普通初中支出15.27亿元，其中，个人部分支出13.61亿元，公用部分支出1.65亿元。职业中学支出1.58亿元，其中，个人部分支出1.40亿元，公用部分支出0.18亿元。普通小学支出26.53亿元，其中，个人部分支出24.54亿元，公用部分支出1.99亿元。

落实《教育法》规定的“三个增长”的情况。全省各级政府预算内教育拨款增长速度与财政收入的增长速度是2003年全省各级政府预算内教育拨款（不包括城市教育费附加）为73.90亿元，比上年增长11.49%。其中事业性经费支出68.92亿元，比上年增长15.12%（教育部门教育事业费支出66.32亿元，比上年增长15.38%）。同年全省财政收入为379.48亿元，比上年增长29.96%。全省预算内教育拨款增长速度低于财政收入的增长速度18.47个百分点，其中事业性经费支出低于财政收入增长14.84个百分点（教育部门教育事业费支出增长低于财政收入增长14.58个百分点）。各类教育生均预算内教育事业费支出增长情况为：全省普通小学生均预算内教育事业费支出为801.45元，比上年增长11.01%，其中农村普通小学生均预算内事业费支出为807.67元，比上年增长12.34%。全省普通初中生均预算内教育事业费支出为966.77元，比上年增长10.15%，其中农村普通初中生均预算内事业费支出为934.4元，比上年增长10.7%。全省普通高中生均预算内教育事业费支出为1 234.83元，比上年增长0.15%。全省职业中学生均预算内教育事业费支出为1 327.03元，比上年下降7.89%。全省中等师范学校生均预算内教育事业费支出为2 086.35元，比上年增长5.74%。全省普通高等学校生均预算内教育事业费支出为4 143.16元，比上年增长2.77%。

各类教育生均预算内公用经费支出增长情况：2003年度全省各类学校生均公用经费增长情况是普通小学生均预算内公用经费支出为60.05元，比上年增长96.18%，其中农村普通小学生均预算内公用经费支出为58.71元，比上年增长121.97%。普通初中生均预算内公用经费支出为107.12元，比上年增长73.31%，其中农村普通初中生均预算内公用经费支出为90.39元，比上年增长79.63%。普通高中生均预算内公用经费支出为129.9元，比上年增长7.25%。职业中学生均预算内公用经费支出为154.11元，比上年降低5.06%。中等师范学校生均预算内公用经费支出为404.53元，比上年降低14.85%。普通高等学校生均预算内公用经费支出为792.67元，比上年降低6.81%。

国家财政性教育经费支出占国民生产总值的比例：2003年全省国民生产总值为2 445.6亿元，国家财政性教育经费支出83.43亿元，占国民生产总值比例为3.41%，与上年国家财政性教育经费支出占国民生产总值比例3.87%相比，降低了0.46个百分点。

预算内教育经费占财政支出的比例：2003年全省预算内教育经费支出73.90亿元，其中事业性经费支出68.92亿元（教育部门教育事业费支出66.32亿元）。财政支出414.61亿元，预算内教育经费占财政支出比例为17.82%，比上年降低2.05

个百分点。其中：事业性经费支出占财政支出比例16.62%，比上年下降了1.33个百分点（教育部门教育事业费占财政支出的比例为16%，比上年下降1.23个百分点）。

2003年中央和省共下达教育系统基建投资15 540万元。其中：中央补助专项投资7 480万元（省属高校、中专及厅直单位3 700万元，市属普通教育3 780万元）；省统筹基建投资8 060万元（省属高校、中专及厅直单位6 150万元，市属普通教育1 910万元）。以上政府投资与自筹或其他资金配合，竣工校舍建筑面积2 083 994平方米。

2003年用于改善办学条件的资金共投入7.77亿元，其中：改造危房78.5万平方米，改造金额6.87亿元；购置课桌凳42.8万套，购置金额3 679.8万元；购置图书347.8万册，购置金额5 356.2万元。为提高教育质量、发展教育事业提供了必要的物质保证。

〔抗击“非典”工作〕 2003年3月29日，学生首例“非典”病例发生，截至6月4日，全省学生确诊病例72例（不包含北京地区高校返乡学生确诊病例3例，河北省高校返乡学生确诊病例1例，两所中专短期在职进修人员确诊病例2例），治愈出院69人。疫情波及6所普通高校、3所成人高校、4所省属中专学校、9个地市的10所中专及30所中小学（含1例幼儿园儿童）。疫情较重的山西医科大学，果断对与“非典”病人有过接触的63名学生实施医学隔离观察，对整个校区实施封闭隔离，校院系所有党员领导干部全部入驻校园，与学生同吃同住，组织落实各项防治措施，有效控制了疫情蔓延的势头。5月以后，几所发病人数较多的高校疫情得到有效控制。

在防控“非典”工作中教育系统采取了一系列有效措施。各级教育行政部门和学校均成立了预防和控制“非典”工作领导组；制定了工作预案，坚持了四项工作原则：一是及早部署安排，突出科学预防；二是加强组织领导，强化责任督查；三是规范报告制度，加大宣传力度；四是严格校园管理，阻断疫情传播。建立了四项制度，即全员体温晨检制度、定期消毒清洁制度、值班与零报告制度、跟踪联系制度。同时，建立了条块结合、全员参与、群防群控的工作体系。各级各类学校严格执行《中华人民共和国传染病防治法》中的有关规定，落实当地政府卫生防疫部门、疾控中心的各项制度、措施，与社区及时沟通信息，互相通报疫情，做好联防联控。各高校在坚持师生不离校、不放假的原则下，调整教学方式，采取分散教学、小班上课、提纲讲授、个别辅导相结合的办法，一些选修课程采取网络教学、电视教学、电话答疑等方式，避免交叉感染。为最大限度降低“非典”疫情对中小学教学工作的负面影响，开设了“空中课堂”广播电视教学节目，为中小学生在家学习提供指导和帮助。周密安排高考期间的预防“非典”工作，成立了以副省长张少琴为组长的普通高校招生与非典型肺炎预防控制工作领导组，省政府转发了省教育厅、卫生厅《2003年全省普通高校招生与非典型肺炎预防控制工作实施意见》，提出了“依法治考、规范管理、职责明确、责任到人、环节从简、属地负责”的工作原则，并召开专题电视电话会议进行安排部署。各地重视招生考试中预防“非典”的各项工作，一手抓考风考纪、一手抓预防“非典”，确保了全省高校招生考试的顺利进行。

在全省教育系统“非典”防控取得阶段性胜利之后，贯彻《中华人民共和国传染病防治法》、《突发公共卫生事件应急条例》以及《学校卫生工作条例》，依法继续做好各级各类学校的“非典”预防工作，并进一步加强督察工作。

〔全省农村教育工作会议〕 为贯彻落实全国农村教育工作会议和《国务院关于进一步加强农村教育工作的决定》精神，省政府于2003年12月8日～9日在太原召开全省农村教育工作会议。省委副书记、省长刘振华作了讲话，他要求各级政府要做到六个确保，即：确保农村义务教育经费的落实到位；确保农村中小学教职工工资按时足额统一发放到位；确保农村中小学公用经费的及时到位；确保农村中小学校舍的维护、改造和建设；确保农村家庭困难学生就学；确保各项农村教育制度到位。副省长张少琴也在会上作了工作报告。会议印发了《山西省人民政府关于进一步加强农村教育工作的决定》，确定了今后五年全省农村教育工作的目标和任务。奋斗目标是：围绕农村小康建设，全面提高农村教育普及程度和发展水平，改变全省农村教育发展滞后于城市、滞后于“三农”需求、滞后于发达地区的状况，建立起基本适应推进农村小康建设需要、具有山西地方特色的农村教育体系。主要任务是：（1）全面“普九”和提升“普九”水平，加快普及高中阶段教育和学前教育，大力发展职业教育和成人教育，实现各类教育协调发展。（2）加大危房改造力度，充实、更新教学设施设备，加强劳动实践基地和场所建设，使中小学办学条件显著改善。（3）推进现代远程教育，加快教育信息化进程，带动教育的跨越式发展。（4）引深教育综合改革，促进教育与农业、科技的紧密结合，增强教育为农服务的功效。（5）完善农村义务教育管理体制，建立以县为主、各级共同承担的义务教育投入保障新机制。（6）加强师资队伍建设，使教师素质明显提高，数量和结构满足需要，基本适应教育的改革和发展。会议还提出了抓好落实的保障措施和工作要求。

〔**体育、卫生、艺术与国防教育**〕 召开了各高校、市地体卫艺工作会议，布置和安排了2003年体育教学、体育竞赛、体育科研及贯彻执行《学生体质健康标准》的具体工作。并在华北工学院召开了贯彻《高校体育课程指导纲要》现场会，对高校体育教学改革起到了促进作用。3月召开了贯彻《学生体质健康标准》会议，为各高校、市地培训了一批执行《学生体质健康标准》的骨干队伍。组织部分院校篮球队赴福建参加全国比赛，太原理工大学队获第四名，山西大学队获第六名。

艺术教育工作。组织省内11个地市参加全国首届中小学生艺术展演活动。有8个节目、2篇论文获奖。10月，举办了全省师范类艺术专业学生的基本功大赛，通过比赛进一步端正了师范艺术类学生的培养目标和办学方向，对今后培养合格的中小学艺术教师起到了积极的促进作用。

军训和国防教育工作。根据全省高校的实际，修订和调整了全省《2003—2005年学生军训工作发展规划》。在总结学生军训工作的基础上，根据实际情况，对学生军训教材重新进行修订，保证了2003年高校新生使用该教材。10月在山西大学召开了全省高校军事教研室建设现场会，促进了学生军事理论教研室建设和教学工作。

〔**学校安全工作**〕 2003年3月28日，省政府召开全省教育系统安全工作电视电话会议，总结通报了2002年全省教育系统安全工作情况，安排部署了2003年全省各级各类学校安全工作。4月15日，组织召开了全省中小学安全工作座谈会。根据教育部和省政府有关精神，加大了安全工作检查力度，4月—5月，组织全省各级各类学校进行了为期一个多月的安全大检查。7月—8月，在全省教育系统组织开展了消防安全专项治理工作。并组织开展了以“大力提高中小学生及幼儿的自我保护意识和能力”为主题的宣传教育活动。进一步加大了对各级各类学校校园及周边治安秩序的集中整治力度，并印发了《2003年全省学校治安综合治理工作要点》、《关于开展净化育人环境，创建平安校园的意见》。与公安厅组织五个检查组对2003年全省高校“安全保卫工作优胜杯竞赛”活动进行了考核验收。

基 础 教 育

〔**幼儿教育**〕 2003年3月，省教育厅表彰了23个幼儿教育先进县（市、区）和200名幼儿教育先进个人。其中，阳泉市郊区、孝义市、太原市尖草坪区、芮城县受到教育部表彰，荣获全国幼儿教育先进县（市、区）称号。11月17日—27日，省教育厅抽调专人组成检查组，分赴10个地市对21所省级示范幼儿园进行了第二轮评估验收，16所幼儿园评为优秀，4所幼儿园为合格，1所幼儿园不合格。12月，省政府办公厅转发《省教育厅等部门（单位）贯彻教育部等部门（单位）关于幼儿教育改革与发展指导意见的实施意见》。2003年全省幼儿园5 137所，在园幼儿68.03万人，幼儿园教师19 923人。幼儿园校舍建筑总面积209.92万平方米，比上年增加2.1万平方米。

〔**义务教育**〕 3月，省教育厅印发《关于组织全省大专院校、部分原重点中学对口支援未“普九”县工作安排的意见》，并召开了对口支援工作会议。51所学校采取一校对一乡的办法，对口支援11个未“普九”县的九年义务教育工作。10月，对天镇县、阳高县和太原市晋源区进行了“普九”检查验收，均达到“普九”标准。全省达到普及九年义务教育要求的县（市、区）有110个，占全省县（市、区）总数的92.44%，“普九”人口覆盖率达到93.74%。根据“两基”复查制度的要求，对17个“普九”已达标的县区进行了巩固提高的复查。对“普九”未达标的9个县，省政府继续予以资助。在撤乡并镇过程中，对全省中小学布局结构继续进行了合理调整。

2003年，全省小学学龄儿童入学率98.83%，比上年下降0.21个百分点（其中女儿童入学率98.86%，下降0.08个百分点）。小学毕业生升学率99.63%，比上年提高2.08个百分点。小学校舍建筑面积1 644.67万平方米，生均校舍建筑面积4.52平方米，比上年减少0.02平方米。危房面积66.21万平方米，占校舍总面积的4.03%，危房率比上年提高0.16个百分点。初中阶段学龄人口入学率97.44%，比上年提高0.66个百分点。普通中学校舍建筑总面积1 687.85万平方米，比上年增加144.94万平方米。危房面积为50.61万平方米，危房率为3.0%，比上年下降0.08个百分点。其中：普通初中校舍建筑总面积912.79万平方米，危房面积38.54万平方米，危房率4.22%，比上年提高0.03个百分点。

〔**特殊教育**〕 2003年，山西省紧紧围绕贯彻落实全国农村教育工作会议精神和特殊教育工作会议精神，坚持“巩固、深化、提高、发展”的方针，狠抓特殊教育的布点建设工作。以贯彻落实全省特殊教育工作会议精神为契机，督促30万人口以上的县新建或改扩建特殊教育学校，平遥县、永济市各建成一所县级特殊教育学校。同时，充分发挥骨干学校的示范作用，继续开展特殊教育示范学校的创建工作，督促5个市级学校按照示范学校标准，加大投入力度，加快建设步伐，完善相关设施，争取尽快建成省级示范学校。按照建立随班就读支持保障体系实验县工作要求，在调查研究的基础上，确定曲沃、襄垣、汾阳3个县（市）为国家级实验区，参与国家实验。同时，确定平遥、介休2个省级实验县，开展随班就读支持保障体系实验工作。组织16名校长参加了教育部组织的特殊教育学校校长培训班。完成了11个市地级特殊教育学校校长接受国家级培训的任务。继续做好特殊教育奖学金和“大爱”奖学金的评选工作，共有100名优秀残疾学生获奖。

〔**中小学信息技术教育**〕 2003年，全省开设信息技术课的普通高中学校为491所，占应开课学校总数的86.9%，全省县城以上初中和中等发达县（市、区）县城以上的学校都开设了信息技术课。全省中小学共配备计算机142 467台，人机比达到37∶1，其中高中为13∶1，初中为35∶1，小学为54∶1。全省建设校园网1 143个，计算机教室4 568个，卫星地面接收站2 000多个。11月—12月，开展了全省信息技术与学科教学整合的专项培训，先后邀请清华大学、北京大学、北京师范大学、北京市电教馆的专家教授举办了学术讲座，11个市（地）的部分电教馆馆长、学校校长及学校教师共计793人接受了培训。为配合“全国第七届小学信息技术与课程整合教学观摩课”评选活动，进一步推进全省小学信息技术与学科教学整合的实践，在全省征集了31节优秀小学教学观摩课，从中选出3节课参加全国的评选，其中省实验小学彭莉老师的“神奇的线”一课获三等奖。为配合“全国第四届中小学生电脑制作”评选活动，加强全省中小学生的信息素养，4月份举办了“山西省第三届中小学生电脑制作”评选活动，选出49件优秀作品参加了“全国第四届中小学生电脑制作”评选活动，获一等奖2个，优秀奖12个。举办了“山西省第五届中小学优秀CAI课件”评选活动，共收到作品393件，从中选出12件参加全国评选，长治城区上南街小学耿庆焕老师制作的《认识人民币》荣获三等奖。

〔**基础教育课程改革**〕 2003年，全省共有11个县（市、区）进入省级基础教育课程改革实验。1月，省教育厅印发《山西省基础教育课程改革实验区实验教材选用工作制度（试行）》，对教材选用的程序、方法、原则等作了具体规定，同时，召开实验区实验教材选用工作会议，集中安排2003年课改实验县的教材选用工作。4月，组织专人对11个省级实验区课改实验启动、工作进展及初步成果等情况进行了检查，认真总结了课改工作的经验和不足。7月，召开了全省基础教育课程改革工作会议，全面部署了实验培训工作，由省、地、县三级培训调整为以县为主的培训。组织专人编写了各种培训资料20余种20余万册，制作了数万张培训光盘。截至8月底，全省2003年进入实验的60个县（市、区）的小学和初中的各科教师全部接受了培训。同时，与财政厅联合发出《关于加强基础教育课程改革有关工作的通知》，要求各市（地）及实验县财政部门每年要单列一定数额的课改专项经费，要按照课程改革的要求，积极改善办学条件。秋季开学后，基础教育课程改革进入实验推广阶段，实验范围扩大到60个县（市、区）。全省进行课程改革的县（市、区）达到73个，占全省县（市、区）总数的62.2%，实验区小学、初中起始年级学生约占全省同年级学生数的65%左右。

〔**中小学教师继续教育**〕 把师德教育放在中小学教师继续教育工作的首位。评选出11名山西省师德标兵。开设了《心理健康教育与教师心理素质》和《中小学教师视野中的课程改革》公共必修课，组织了省、市、县、校四级培训，23万名中小学教师参加了测评考试。信息技术初级培训已通过20万人，高级培训也在部分市开展。继续加强了成人师范类学历教育，教师学历合格率分别为：高中教师73.84%，初中教师88.85%，小学教师98.69%。小学教师具有专科学历的达到38%，初中教师具有本科学历的达到19%。对21所县级教师进修学校进行复查验收，督促县级政府和教育行政部门加大对教师进修学校的投入，加强学校内部管理，落实各种教师培训工作，评估验收结果为：优秀进修学校2所，合格进修学校19所。

职业教育与成人教育

〔**全省职业教育工作会议**〕 2003年9月17日，省政府召开全省职业教育工作会议。会议传达贯彻全国职教工作会议精神，安排部署了全省今后的职业教育工作，印发了《贯彻国务院关于大力推进职业教育改革与发展的决定的通知》。会议确定的今后5年全省职业技术教育发展的总体目标是：以十六大精神和“三个代表”重要思想为指导，坚持体制创新、制度创新和教育教学改革，以改革促发展、促提高；坚持面向社会、面向市场，全面提高劳动者素质，为经济结构调整和技术进步服务，为促进就业和再就业服务；坚持以农村为重点，以发展中等职业教育为主，为农业、农村和农民服务；加快构建适合山西实际，与市场需求和劳动就业紧密结合，与其他教育协调发展，结构合理、灵活开放、特色鲜明、自主发展的面向21世纪的现代职业教育体系。具体目标是：(1) 重点发展中等职业教育（含技工教育）。到2007年，全省各类中等职业学校年招生数达到20万人，在校生规模达到60万人，确保全省接受中等职业教育人数与接受普通高中教育人数的比例大体相当。各市（地）政府（行署）要对职业学校布局结构进行合并重组，重点办好2～5所现代化的中等职业技术学校，平均每所学校年招生1 500人，在校生达到4 500人以上。各县（区）要首先建成一所综合性、高标准的中等职业技术学校，35万人口以上的县（区）可建两所中等职业技术学校，平均每校年招生600人，在校生达到1 800人以上。全省办好80所技工学校，平均每校年招生300人以上，年招生数至少达到2 400人。全省要重点建设好一批国家级和省级示范中等职业技术学校和示范专业。（2）积极发展高等职业教育。到2007年，各市（地）都要集中力量办好一所高等职业技术学院。省直有关部门要下大力气办好各自主管的高等职业技术学院。全省要建设好40所左右高等职业技术学院，平均每校在校生规模达5 000人左右。加强中等职业教育和高等职业教育的衔接，每年招收一批中职毕业生接受高等职业教育，在有条件的职业技术学院要探索举办本科层次的高等职业教育，加快高级技工和技师的培养。

省长刘振华出席会议并在讲话中强调，山西职业教育发展要有新的突破，首先要解决两个问题：一是加大领导力度；二是加大投入力度。各级党委和政府要把职业教育摆上重要位置，一定要承担起统筹本地职业教育发展的职责，像抓经济工作一样抓职业教育，建立一套有效的领导机制，实行严格的目标责任制，把发展职业教育列入对政府领导的任期目标和年度工作考核范围。各级财政要增加职业教育专项经费，省财政每年增加职业教育专项经费1 000万元，用以重点支持全省职业教育发展。要突出“三个结合”，即发展职业教育要与全省经济社会发展的总体规划相结合，与实现和维护广大人民群众的根本利益和愿望相结合，与教育事业的整体发展和教育体制改革的不断深化相结合，开创职业教育发展新局面。

〔**重点学校建设**〕 按教育部颁布的《中等职业学校设置标准》，对全省206所中等职业学校进行了合格评估。制订了《国家级重点中等职业学校条件》和《国家级重点中等职业学校评估指标体系》，在学校认真进行自评、申报的基础上，组织专家对申报国家级重点中等职业学校的12所普通中专和23所职业高中进行了评估。根据评估结果，在充分考虑重点学校类别、行业、地市分布的基础上，决定将太原铁路机械学校等5所普通中专和平遥县职业学校等19所职业高中重新认定为国家级重点中等职业学校；将长治市卫生学校等7所普通中专和潞安矿业集团职业中学等4所职业高中申报为国家级重点中等职业学校；撤销山西省计划统计学校、太原市服装美术职业中专等14所学校国家级重点中等职业学校称号。

〔**教师队伍建设**〕 2003年，全省普通中专学校专任教师中具有副高级以上职称的1 393人，占专任教师总数的23.27%；具有中级职称的2 505人，占专任教师总数的41.87%。具有本科以上学历的教师有4 544人，占专任教师总数的75.95%，比上年提高1.02个百分点。普通中专教师与在校生之比为1∶32.07。2003年全省选送12名教师参加了教育部组织的中德职教师资进修项目的学习。选送了9名重点中等职业学校校长参加了全国职业技术学校骨干校长高级研修班。对专业课教师进行了培训。

〔**扫盲与农村成人教育**〕 继续推进高标准扫除青壮年剩余文盲工作，狠抓脱盲学员的巩固提高。充分利用县、乡、村三级办学网络，重点依托乡（镇）成人文化技术学校大力开展农村实用技术培训，全年总计完成培训任务150万人次。对提高农村劳动者素质，发展农村经济，增加农民收入起到了显著作用。“非典”期间，各级成人文化技术学校还大力开展了防治“非典”和卫生防疫知识的教育培训活动，充分发挥了成人文化技术学校在防治“非典”和精神文明建设中的积极作用。1月，召开了全省农村成人教育工作会议，总结交流了“九五”以来全省农村成人教育工作经验，安排部署了“十五”期间全省农村成人教育工作，印发了

《关于进一步加强农村成人教育工作的实施意见》，表彰奖励了一批全省农村教育先进个人、先进集体和100个“科教兴乡”先进集体，进一步推动了农村成人教育工作的健康发展。

〔**成人学历教育和社会化培训工作**〕 继续开展了普通高校函授站的评估工作，对37个函授站进行了复查评估，评出合格函授站32个，限期整改的函授站5个。撤销6个函授站。继续开展了计算机应用能力培训考核工作，2003年共有10.4万人次参加了考核，通过率达75%。2月对373个培训点考核点进行了评估，评出优秀培训考核点64个，合格培训考核点144个，不合格培训考核点35个，不符合评估条件未参加评估的培训考核点130个。通过评估，进一步掌握了全省培训考核工作的实际情况，强化了各市（地）考核办对本地区培训考核工作的监管力度。

高等教育

〔**综述**〕 2003年，全省普通高校招生比上年增长23.77%，在校生比上年增长31.50%。专任教师中具有高级职称的占专任教师总数的33.60%，比上年提高0.1个百分点。普通高校占地面积16 248 931平方米；校舍建筑面积931.60万平方米，比上年增加245.83万平方米，生均校舍建筑面积34.0平方米，比上年增加1.09平方米；学生宿舍面积201.69万平方米，比上年增加58.87万平方米，生均学生宿舍面积7.36平方米；全省普通高校教学仪器设备资产值140 105.24万元，比上年增加46 558.02万元，生均5 113.87元，比上年增加623.96元；学校藏书1 978.35万册，比上年增加393.39万册，生均72.21册，比上年减少3.86册。全省招收研究生2 979人（其中博士生274人、硕士生2 705人），在学研究生6 669人（其中博士生727人、硕士生5 942人），毕业研究生1 158人（其中博士生87人、硕士生1 071人）。

以教育部教学水平评估为契机，以评促建，狠抓高校教育教学质量。2003年，山西大学、太原理工大学、山西警官高等专科学校分别接受了教育部教学水平评估并受到专家组高度评价，办学质量得到新的提高。

2003年，在中国科学院和中国工程院新增院士评选中，山西大学彭堃墀教授和太原理工大学谢克昌教授分别当选为中国科学院技术科学部院士和中国工程院院士。

〔**高校结构调整**〕 2003年，经省政府批准，新成立临汾职业技术学院、太原城市职业技术学院、山西综合职业技术学院、山西煤炭职业技术学院、山西信息职业技术学院、山西金融职业技术学院6所高等职业技术学院，使全省普通高校校数增加到45所；联合举办了5所二级学院，对8所试办的独立学院进行了检查和重新报批工作；完成了4所高等职业技术学院的筹建审批工作。

〔**学位工作**〕 2003年，在全国第九次学位授权审核工作中，经国务院学位委员会第二十次会议审核批准，山西大学物理学、科学技术史、管理科学与工程，山西农业大学作物学，华北工学院兵器科学与技术5个学科获准增列为博士、硕士授权一级学科，新增20个博士点（含中科院煤化院1个）、101个硕士点和2个专业硕士学位点，使全省的博士、硕士授权一级学科达到7个，包括一级学科覆盖的博士点，博士点总数达到66个，硕士点达到331个。经人事部、全国博士后管委会批准，全省4所高校共9个学科获准新设博士后科研流动站，开展博士后工作，分别为：山西大学哲学、环境科学与工程 2 个学科，太原理工大学力学、机械工程、材料科学与工程、矿业工程 4 个学科，华北工学院仪器科学与技术、兵器科学与技术 2 个学科，山西农业大学作物学 1 个学科。

〔**高校科技创新**〕 以建设重点实验室、工程技术研究中心为重点，推动科技创新基地建设，构建高校科技创新平台。山西大学“化学生物与分子工程”实验室、太原理工大学“煤科学与技术”实验室成为教育部重点实验室；华北工学院“动态测试技术”实验室成为省部共建国家重点实验室培育基地，太原理工大学“新型传感器与智能控制”实验室成为省部共建教育部重点实验室，新增省重点实验室 2 个。承担国家重大项目能力增强，科技经费明显增加，共承担国家“973”项目 1 项，“948”项目 1 项，国家自然科学基金项目 44 项，科研经费突破 3 亿元。重大科技成果的研究开发取得新成果。

2003 年，高校有 4 项成果获得国家级科技成果奖励。华北工学院张文栋教授的“新型三轴加速度惯性传感器与实施数据压缩储存动态测试系统”获国家发明二等奖，所研制的“电子存储器”成功应用于“神舟五号”逃逸测试系统；山西大学张生万教授的“低度有色配制酒稳定性的研究与应用”，解决了汾酒集团竹叶青成色稳定性难题，获国家科技进步二等奖；山西大学程芳琴教授与南风集团合作研究的“芒硝法生产硫酸钾的关键技术研究及其工业化应用”有效促进了化工企业的技术进步，获国家科技进步二等奖；太原重机学院黄庆学教授的“延长大型轧机轴寿命研究”广泛应用于宝钢、鞍钢等大型冶金企业，获国家科技进步二等奖。太原理工天成科技股份公司于 5 月在上海证券交易所成功上市，实现了山西高校上市公司零的突破。

〔**毕业生就业工作**〕 2003 年 5 月，省政府成立大中专毕业生就业协调委员会，切实加强了对毕业生就业工作的统筹、协调和领导，加强了各相关职能部门的协作和配合。6 月，省政府办公厅印发了《关于做好 2003 年全省大中专学校毕业生就业工作的意见》，制定了具体的落实办法和措施。积极克服“非典”带来的影响，精心组织毕业生供需见面和网络招聘活动，多形式、多渠道扩大毕业生就业。全省高校研究生、本科生、专科生就业率分别达到 78％、85.6％、66.4％。

〔**高校党建和思想政治工作**〕 切实加强高校思想政治工作，不断推进邓小平理论和“三个代表”重要思想“三进”工作。创新方式，积极探索高校思政工作和“两课”教学新方法、新路子，在全省高校就思想政治工作和“两课”教育教学进行了调研，为进一步改进高校思政工作，建立新的“两课”课程体系提供了依据。贯彻落实全国高校党建会议精神，大力加强了高校党建工作。坚持以“三个代表”重要思想和党的十六大精神武装高校领导班子，进一步健全了高校党委民主和政治生活，有 20 余所高校召开了校级领导班子民主生活会，使高校领导班子作风进一步改善，解决自身问题能力进一步增强。高校党的制度建设、基层党组织建设和发展学生党员工作不断加强，有 5 所高校召开了党代会，新发展学生党员8 332人，全省高校学生党员达到13 540人，使高校党的凝聚力进一步增强，保证了高校稳定的政治局面。

〔**教育交流与合作**〕 2003 年，山西省录取公派留学生 13 人，其中高级研究学者 3 人、访问学者 10 人。省筹资金资助选派出国留学人员录取 28 人，其中高级访问学者 11 人、访问学者 17 人。山西工商学院等 20 所学校被批准为聘请外教资格单位，使全省具有聘请外专外教资格的学校达到 72 所。接收外国留学生工作有很大发展，共计接收长短期自费来华留学生 72 人。对外交流工作进一步加强。共计审核、批准教育系统 53 次、64 人短期出国合作研究、参加国际会议、学术讲座，赴香港、台湾学习或进行校际交流。接待外国人和港澳台人士来晋交流 148 次，共计 255 人。在外出国留学人员短期回国讲学或进行合作研究 48 人次。山西大学与美国签订了“121”中美教育交流计划，太原理工大学与英国哈特福德大学、加拿大大不列颠哥伦比亚理工学院签订了合作意向书，山西财经大学与澳大利亚南澳大学签订了 MBA 合作项目、与日本关东学院大学合作进行了法学研究项目。全年共批准派出考察团组5个。对自费出国留学中介服务机构进行了规范和整顿，规范了自费留学中介市场。认真做好教育系统外专外教和来华留学生的预防控制“非典”工作，确保外专外教和来华留学生身体健康。“非典”期间，全省外专外教和来华留学生无一例“非典”和疑似病人。

撰稿　刘月琴　侯文一
审稿　李东福

内蒙古自治区教育

概　　况

〔基本情况〕

2003 年各级各类学校校数、教职工、专任教师情况

	学校数（所）	教职工数（人）	专任教师（人）
一、高等教育			
（一）研究生培养机构（不计校数）	8		
1. 普通高校	7		
2. 科研机构	1		
（二）普通高等学校	27	22 592	12 153
1. 本科院校	10	16 399	8 466
2. 专科院校	17	6 193	3 687
其中：职业技术学院	14	4 679	2 755
3. 分校、大专班（点）（不计校数）			
（三）成人高等学校	7	3 743	2 038
（四）民办的其他高等教育机构	39	600	0
1. 学历文凭考试机构	5	287	0
2. 非学历文凭考试机构	34	313	0
二、中等教育			
（一）高中阶段教育	641	137 277	34 933
1. 高中	383	118 321	22 482
普通高中	381	118 311	22 472
成人高中	2	10	10
2. 中等职业教育	258	18 956	12 451
普通中等专业学校	58	7 391	4 386
成人中等专业学校	79	3 438	2 143
职业高中	121	7 847	5 714
技工学校			
其他机构（教学点）（不计校数）	64	280	208
（二）初中阶段教育			
1. 普通初中	1 362		67 463
2. 职业初中	190	8 880	6 929
3. 成人初中	49	95	71

续表

	学校数（所）	教职工数（人）	专任教师（人）
三、初等教育			
（一）普通小学	7 763	145 166	127 011
（二）成人小学	4 616	6 135	3 612
其中：扫盲班	3 726	5 190	2 724
四、工读学校	1	68	41
五、特殊教育	31	813	610
六、学前教育	1 140	15 839	9 735

注：1. 普通高中教职工数包含普通初中教职工数；
　　2. 成人高等学校教职工数和专任教师数为 2002 年数据。

2003 年各级各类学历教育学生情况

	毕业生数（人）	招生数（人）	在校生数（人）
一、高等教育			
（一）研究生	624	1 734	3 848
（二）普通本专科	24 919	59 450	157 602
（三）成人本专科	14 653		93 143
（四）其他各类高等学历教育			
1. 在职人员攻读博士、硕士学位		816	2 301
2. 网络本专科生			
3. 学历文凭考试	2 266	976	3 670
二、中等教育			
（一）高中阶段教育	159 937	229 782	594 467
1. 高中	102 838	165 772	420 176
普通高中	102 500	165 772	420 138
成人高中	338		38
2. 中等职业教育	57 099	64 010	174 291
普通中专	33 516	30 102	90 415
成人中专	5 486	4 473	11 326
职业高中	18 097	29 435	72 550
技工学校			
（二）初中阶段教育			
1. 普通初中	299 694	353 320	1 123 586
2. 职业初中	25 615	32 199	104 229
3. 成人初中	1 960		480
三、初等教育			
（一）普通小学	388 019	294 991	1 733 702
（二）成人小学	83 267		104 331
其中：扫盲班	51 421		64 361
四、工读学校	0	5	10
五、特殊教育	249	402	3 037
六、学前教育	208 475	220 008	290 612

注：1. 成人本专科毕业生、在校生数为 2002 年数据；
　　2. 其他各类高等教育学生数未包含成人高校举办的各类高等教育学生数。

2003 年各级各类非学历教育学生情况

	毕（结）业生数（人）	招生数（人）	在校生数（人）
一、高等教育	23 365	20 209	14 849
（一）研究生课程进修班		30	150
（二）自考助学班	1 546	2 520	4 984
（三）普通预科生	287	493	1 108
（四）证书教育	4 542	3 776	3 931
（五）岗位培训	9 492	5 541	857
（六）进修及培训	7 498	7 849	3 819
二、中等教育	614 495		541 204
（一）中等职业教育	89 452		22 945
（二）职业技术培训机构	525 043		518 259

注：高等教育非学历教育学生数未包含成人高校举办的非学历教育学生数。

2003 年各级民办教育基本情况

	学校数（所）	毕业生数（人）	招生数（人）	在校生数（人）	教职工数（人）	专任教师（人）
一、民办高等教育						
（一）普通高校	1	294	285	1 146	89	
（二）成人高校						
（三）民办的其他高等教育机构	39	9 628	9 105	13 245	600	
二、民办中等教育机构						
（一）高中阶段教育						
其中：民办普通高中	72	5 995	10 896	24 894	5 240	3 530
民办中等职业教育	5	154	272	717	90	50
（二）初中阶段教育						
其中：民办普通初中	81	7 652	13 320	36 444		
民办职业初中	2	60	329	848		
三、民办普通小学	98	9 073	7 425	49 238	2 999	2 266
四、民办幼儿园	518	17 120	31 502	43 562	3 681	2 069

注：民办普通高中教职工数包含民办普通初中教职工数。

〔**年度教育工作方针**〕　2003 年，全区教育工作总的指导思想是：深入学习、贯彻党的十六大精神，以“三个代表”重要思想为指导，按照教育部《2003 年工作要点》和自治区《政府工作报告》的总体要求，进一步落实教育优先发展的战略地位，继续深化教育改革，积极推进各项教育工程建设，促进各类教育事业协调发展；积极探索教育创新，全面实施素质教育，不断提高教育质量和办学效益；推进依法治校，加强学校管理，维护稳定大局，使教育更好地为自治区经济、社会发展服务。

〔**学校对口支援工作**〕　年内，组织召开了区内院校对口支援工作座谈会，会商北京市教委，对原直属中专的协作关系进行了调整。协调建立了北京市世贤学院为自治区培训教师的协作关系，先后举办教师培训班 4 期，培训教师 500 多人。积极开展区内对口支援活动，组织了区内计算机捐赠活动，动员社会各界向贫困地区中小学捐赠计算机 533 台。

〔**教育法制建设**〕　开展了《内蒙古自治区实施〈中华人民共和国职业教育法〉办法》的调研和草案的起草工作。该《办法》经自治区十届人大常委会第五次会议审议通过颁布，从 2003 年 12 月 1

日起实施。经自治区政府常务会议研究通过，印发《内蒙古自治区中小学教师继续教育规定》，并从2003年10月1日起执行。制定印发了《内蒙古自治区中小学教师继续教育规定》实施细则和《内蒙古自治区教育厅法制工作规程》，在全区学校开展了依法治校工作。

〔**防控“非典”工作**〕　2003年，按照自治区和呼和浩特地区防“非典”指挥部的统一部署和要求，切实加强对防“非典”工作的组织领导，采取了一系列切实有效的措施，使防控“非典”工作取得了阶段性成果。自治区教育厅被评为全区抗“非典”先进集体。主要成效表现在：一是有效地控制了疫情。全区教育系统共发现疑似和确诊病例33例。在人员密集、防护条件和能力相对不足的情况下，既没有发生一例校内交叉感染，也未把病情扩散向社会。二是做到了“非典”防控和教育教学工作两不误。坚持两手抓，实行了非常规的教学管理制度。协调广播电视系统和网络系统，对已放假的中小学生开办“空中课堂”和网上教学；对大中专学校学生实行灵活的小班额授课教学形式，既有效地防止了“非典”的传播和扩散，又尽可能地保障了教学工作的顺利进行。全区大中专学校基本没有停课，临时放假的中小学缩短了暑假并及时调整了教学计划。三是保证了高考的顺利进行。在考期提前、考生人数大幅度增加的情况下，自治区党委和政府专门召开全区普通高校招生工作电视电话会议。各级教育行政部门和招生考试机构切实加强了对普通高校招生工作的领导，建立和实行严格的岗位责任制，提前制定了预防“非典”的有关制度、措施和应急预案，采取了增大空间、减小人员密度，严格体检、增设备用考场等措施，确保了秋季高考及评卷、录取工作的顺利进行。抗“非典”斗争取得阶段性成果后，印发了《关于建立学校应对突发公共卫生和安全事件长效机制的决定》，部署了全区教育系统今后的防“非典”工作。

〔**电子政务建设**〕　按照教育部、自治区党委关于加快电子政务建设的要求，制定了《内蒙古自治区教育厅电子政务建设规划方案》，成立了内蒙古教育厅电子政务建设领导小组，明确了“十五”期间电子政务建设的目标和任务。为切实加强网络的使用和管理，制定了《内蒙古教育网络信息管理制度》、《关于切实加强教育系统网络信息安全管理工作的通知》。在内蒙古教育科研网的基础上，设计建立了内蒙古教育网站，并于11月18日正式开通。

〔**党风廉政建设和纠风工作**〕　召开了全区教育系统纪检监察工作会议，在全面总结教育系统党风廉政建设和纠风工作经验的同时，就今后一个时期的廉政建设工作进行了部署。要求全区教育系统进一步加强党风廉政责任制和领导干部廉洁自律。会同自治区纪委对高校党风廉政建设责任制和责任追究制的落实情况开展了专项检查。进一步加大治理教育乱收费工作力度，建立了自治区治理教育乱收费联席会议制度，制定了《自治区关于治理教育乱收费实施意见》，并以自治区政府的名义印发。共抽调检查人员1 830多人，组成181个检查组，历时2个多月，检查各级各类学校3 200所，教育行政部门39个，受理群众举报50多件，查处价格违纪案件670余起，查出价格违纪金额2 600余万元，实施经济制裁1 300多万元。为进一步严肃考风考纪，制定了《关于进一步加强高等教育自学考试管理狠抓考风考纪的意见》，落实了加强自学考试管理的具体措施。印发了《内蒙古自治区教育行政执法手册》，进一步规范了全区教育行政执法行为。

〔**教育外事工作**〕　在北京召开了全区教育外事工作会议。与国家留学基金委签署了《西部地区人才培养特别项目协议书》，全面启动了“西部地区人才培养特别项目”和旨在吸引海外留学归国人员的“春晖计划”。中外合作办学稳步发展，全区共聘请外国文教专家达60名。

〔**民办教育**〕　召开了学习宣传贯彻《中华人民共和国民办教育促进法》座谈会。开展了社会力量办学机构的复评工作，对22所民办教育机构进行了复查评估，有9所被评为合格学校，13所被评为基本合格学校。研究制定了民办教育年报审核备案制度，进一步规范了民办教育的办学行为。制定了《关于学历文凭试点院校与普通高校联合办学的实施意见》，已实现5所学历文凭试点的民办学校与公办高等学校的联合办学。年内，各类社会力量办学机构达到900多所。

基础教育

〔**“两基”达标工作**〕 组织开展了拟实现“两基”达标旗县的前期考察指导。开展了“以县为主”农村牧区义务教育管理体制的督导检查，进一步加快了“两基”达标的步伐。年内，新巴尔虎右旗、库伦旗、科左后旗、察右后旗、凉城县5个旗县顺利通过了“两基”达标验收，全区“两基”达标旗县累计达到79个，人口覆盖率达到74.33%，这是“十五”以来实现“两基”达标旗县最多的一年。11月下旬，又组织召开了全区“两基”攻坚现场经验交流会，规划和部署了今后一个时期全区“两基”攻坚的目标、任务。

〔**扫盲工作**〕 坚持“一堵、二扫、三提高”的方针，进一步提高了扫盲工作的质量和效益。制定了《内蒙古自治区“十五”期间扫除文盲工作实施意见》，并由自治区党委办公厅、政府办公厅批转各地执行。《意见》提出：“十五”期间，完成脱盲16万人，青壮年非文盲率稳定在96%以上，复盲率控制在5%以下。年内，下达扫盲任务1万人，实际扫除青壮年文盲2万人，参加各类实用技术培训共计30万人次。

〔**幼儿教育和特殊教育**〕 深入贯彻《幼儿园教育指导纲要（试行）》，继续加强幼儿教师培训，积极推进幼教改革。举办了贯彻纲要研讨培训班3期，参加培训的幼教干部、自治区示范性幼儿园园长、骨干教师共计300人次。对“金钥匙工程”进行了终结性评估。全区视障儿童入学率达到95%，以随班就读、全纳教育为主要形式，发展特殊教育、普及残疾儿童教育的格局初步形成。

〔**普通高中教育**〕 以自治区政府名义召开了全区普通高中教育工作现场经验交流会议，研究部署了今后一个时期自治区普通高中建设与发展的目标任务和政策措施。会议期间，自治区政府办公厅转发了《教育厅关于我区普通高中建设与发展的意见》。《意见》分析了全区普通高中面临的形势，提出了“十五”期间全区普通高中招生数增加到15万人，在校生数增加到45万人，高中阶段入学率提高到55%。年内，争取教育部补助资金540万元，用于优质高中等7个项目的建设。全区普通高中招生达到16.58万人，比上年增加2.22万人。

〔**素质教育**〕 启动了盟市级课改实验工作。确定38个盟市级课改实验旗县，加上国家和自治区级课改实验旗县，共有55个旗县开展了课改实验工作。以课改实验工作评估为重点，对自治区实验区教材选用、教师培训、课堂教学、校本教研等方面的情况进行了评估指导。创办了《课改专刊》，加强了对课改实验的指导工作。开展了“33211”工程（即三课：体育课、健康教育课、艺术课；三操：早操、课间操、眼保健操；二活动：体育锻炼活动、科技文体活动；一会：田径运动会；一节：艺术节）专项督导检查，推动了中小学体卫艺工作的深入开展。组织举办了全区首届中小学艺术展演活动，评选出38幅艺术作品、11个文艺节目报全国参展。

〔**二期“义教工程”和“危房改造工程”**〕 制定了自治区二期“危房改造工程”（2003—2005年）建设规划。争取国家资金3.2亿元，自治区配套资金2.3亿元，将完成141万平方米农村牧区中小学D级危房改造任务。二期“义教工程”年内新增建设项目175个，开工面积12.2万平方米。截至10月底，完成5.07万平方米建设任务。落实师资培训资金280.79万元，培训教师7 625人次。完成课桌凳购置资金363.93万元，购置桌椅4.11万单人套。继续实施“扶困助学工程”，到10月份，发放贫困生助学金152.35万元，补助4.2万人。

〔**现代远程教育工程**〕 自治区投入4 000万元用于农村牧区中小学现代远程教育工程，完成900余所农村牧区中小学地面卫星接收系统工程建设任务。落实了国家现代远程教育示范项目2 138所学校的建设任务，建成教育部、李嘉诚基金会远程教育项目学校790所。

〔**贯彻全国农村教育工作会议精神**〕 全国农村教育工作会议以后，自治区政府就学习、宣传和贯彻会议精神进行了部署。自治区教育厅在组织人力开展专题调研的基础上，会同有关厅局研究制定了全区“两基”攻坚规划。召开了全区“两基”攻坚现场经验交流会，部署了年度工作任务。在向自治区党委、政府汇报的同时，抽组力量着手会议的前期准备工作。

〔**安全工作**〕 制定了《内蒙古自治区加强中小学管理确保中小学生安全专项督导评估方案》，对8个旗县学校安全工作进行了专项督导评估。编写了《基础教育安全工作手册》，建立了全区中小学生安全督导检查长效机制，进一步加强了对学校安全工作的检查指导。制定印发了《关于规范管理中小学保险工作的几点意见》，进一步规范了全区中小学学生保险的管理工作。

〔**中小学人事制度改革**〕 组织开展了中小学人事制度改革情况调研，协调制定了自治区《中小学人事制度改革意见》，召开了全区中小学人事制度改革经验交流会议，全面交流了近年来各地在中小学人事、分配制度改革方面的经验，部署了下一步全区中小学人事制度改革的重点工作。

职业教育与成人教育

〔**布局调整**〕 贯彻落实自治区政府批转的《关于全区中等专业学校管理体制改革和布局结构调整的意见》，职业教育体制改革和学校布局结构的调整取得成果，在原7所直属中等专业学校的基础上组建4所高等职业学院，完成了内蒙古医药职工中专整体并入内蒙古医学院、内蒙古会计学校整体并入内蒙古工业大学的工作。制定了《内蒙古自治区教育厅关于举办五年制高等职业教育的实施意见》，标志着五年制高等职业教育在自治区开始起步。成人高校由“九五”末期的12所调整为2003年的7所。

〔**招生考试**〕 认真组织各类中职学校的招生工作，招生数量在上年的基础上又有了较大的突破，2003年招生数为6.91万人，较上年增长10%。加强对中等职业学校毕业生对口升学实践技能的考核，继续改革和完善对口招生的考试内容和方法，提高了实践技能考核在录取成绩中的比重。加强了对中等职业学校与高等学校、行业部门和企业开展联合办学的指导工作，开展了职业技能鉴定，年内有80%以上的中专毕业生参加了职业技能鉴定，其中90%的学生取得了职业资格证书。

〔**师资和教材建设**〕 进一步加强中等职业学校师资建设，选派优秀教师参加了国家骨干教师培训，组织了畜牧兽医专业自治区级骨干教师的培训，组织符合条件的教师参加了职业教育硕士研究生学位课程的学习。组织了中等职业学校教师资格的评审工作。加强了对国家规划教材使用的指导，组织翻译了畜牧兽医专业6种蒙文专业课教材，审定出版1种自治区职业学校教材和2种农职业中学的乡土教材。

高 等 教 育

〔**布局调整**〕　高校布局结构调整有新的突破，完成了包头钢铁学院、包头师范学院、包头医学院3所院校合并组建内蒙古科技大学，赤峰师范高等专科学校等5所学校合并组建赤峰学院和呼伦贝尔学院专升本工作；组建成立了内蒙古财税职业学院、包头轻工职业技术学院、锡林郭勒职业学院等7所新高职院校。年内，全区普通高等学校达到27所，其中本科院校10所，高职高专学校17所，在校生达到15.8万人，高校办学规模进一步扩大。

〔**高校基础设施建设**〕　全年投入约5.45亿元，其中国家投入0.54亿元，自治区投入0. 45亿元，高校自筹约4.46亿元，建成各类校舍约45.4万平方米。完成校舍面积与上年相比，增幅达30%。完成了“高等学校人才培养项目日元贷款”的各项基础工作，争取到日元贷款3.5亿元，自治区配套2.2亿元，集中用于改善全区高校的办学条件。

〔**高校招生和毕业生就业**〕　年内，全区普通高校春秋两季招生计划总量为94 537人，报名人数为17.8万人，实际录取新生11.6万人，录取率为68%，比上年提高9.7个百分点。全区共有11.9万人报名参加成人高考，比上年增加1.09万人。全区高校毕业生比上年增加9 871人，增幅为57%。截至9月1日，全区高校毕业生初次就业率达到54.21%，同比增长10个百分点。

〔**教学工作和学科专业建设**〕　指导各高校进一步加强教学基本建设，积极推动各高校开展校、自治区、国家三级“精品课程”建设工作，推荐上报5门“精品课程”参加国家级评选。修订完善了《关于进一步加强自治区高等学校学科专业建设的若干意见》，并提交自治区科教领导小组第六次会议和主席常务会议讨论。2003－2004年度共新增46个本科专业（其中有11专业待教育部审批）、49个专科（其中有3个医学专业待教育部审批）专业。全区新增博士授权单位1个，博士硕士一级学科3个、博士点7个、硕士点61个。

〔**高校稳定工作**〕　进一步落实维护高校稳定工作责任制和综合治理一票否决制，切实维护高校安全稳定。坚持高校敏感期一月一次形势分析会和形势报告制度，定期研究部署高校稳定工作。修订下发了自治区教育厅（高校工委）《关于加强矛盾调解防止和处置突发事件预案》，坚持实行敏感期厅机关干部、高校领导昼夜间值班制度、信息报告制度，全区高校已连续14年保持了稳定。

〔**高校后勤管理**〕　制定出台了“国家助学贷款风险基金管理办法”，扩大学校贷款面和贷款额度，进一步拓宽了贫困大学生贷款渠道，完善了助学贷款管理和毕业生信息采集制度。2003年度共发放学生助学贷款7 000多万元，资助困难学生1.5万多人。制定2003—2008年自治区普通高校学生公寓和食堂建设规划，加强高校后勤经济实体的管理，内蒙古大学、内蒙古师范大学学生食堂、学生公寓通过了质量认证评估。完成了标准化学生公寓和学生食堂的评估验收工作，9个学生食堂、12个学生公寓达到了评估验收标准。

民族教育

〔**贯彻全国民族教育工作会议精神**〕 学习贯彻《国务院关于深化改革加快发展民族教育的决定》和第五次全国民族教育工作会议精神，组织召开8省区蒙古族高中办学经验交流暨协作会议。深入有关盟市开展民族教育专题调研工作，积极研究制定《关于贯彻〈国务院关于深化改革加快发展民族教育的决定〉的实施意见》。会同自治区财政厅研究制定了《内蒙古自治区民族中小学助学金暂行办法》，并于2003年9月1日起实施。《办法》核定了全区民族中小学助学金标准：其中书费、杂费补助，小学为每生每学年150元～180元；初中为每生每学年250元～260元。住宿、伙食费补助标准，小学为每生每月60元～100元；初中为每生每月80元～120元。

〔**蒙语课程改革和教材建设**〕 贯彻落实《基础教育课程改革纲要（试行）》，研究制订了《内蒙古自治区义务教育阶段蒙语授课和加授蒙语中小学新课程计划（试行）》，全面启动了蒙语授课中小学新课程改革实验。组织进行了全国蒙古文中小学教材审查会议，共审查148种教材。

撰稿 张 波

审稿 郭明伦 秦政奇

辽宁省教育

概　　况

〔基本情况〕

2003 年各级各类学校校数、教职工、专任教师情况

	学校数（所）	教职工数（人）	专任教师（人）
一、高等教育			
（一）研究生培养机构（不计校数）	44		
1. 普通高校	31		
2. 科研机构	13		
（二）普通高等学校	70	75 632	38 086
1. 本科院校	38	58 842	28 780
2. 专科院校	32	15 153	8 366
其中：职业技术学院	23	9 950	5 542
3. 分校、大专班（点）（不计校数）		1 637	940
（三）成人高等学校	40	7 942	4 084
（四）民办的其他高等教育机构	27	1 168	525
1. 学历文凭考试机构	27	1 168	525
2. 非学历文凭考试机构			
二、中等教育			
（一）高中阶段教育	872	215 760	54 956
1. 高中	456	179 522	32 669
普通高中	456	179 521	32 668
成人高中	0	1	1
2. 中等职业教育	416	36 238	22 287
普通中等专业学校	130	15 615	8 521
成人中等专业学校	1	581	371
职业高中	285	19 662	13 015
技工学校			
其他机构（教学点）（不计校数）	84	380	380
（二）初中阶段教育			
1. 普通初中	1 885		111 348
2. 职业初中	13	81	58
3. 成人初中	68	226	177

续表

	学校数（所）	教职工数（人）	专任教师（人）
三、初等教育			
（一）普通小学	11 339	199 829	170 947
（二）成人小学	9	14	14
其中：扫盲班			
四、工读学校	10	329	195
五、特殊教育	75	2 474	1 854
六、学前教育	7 033	42 852	24 946

注：1. 普通高中教职工数包含普通初中教职工数；
2. 成人高等学校教职工数和专任教师数为 2002 年数据。

2003 年各级各类学历教育学生情况

	毕业生数（人）	招生数（人）	在校生数（人）
一、高等教育			
（一）研究生	5 256	13 882	33 627
（二）普通本专科	98 908	163 802	514 191
（三）成人本专科	48 748		201 302
（四）其他各类高等学历教育			
1. 在职人员攻读博士、硕士学位		4 391	10 231
2. 网络本专科生	185	9 568	21 061
3. 学历文凭考试	3 827	3 093	10 673
二、中等教育			
（一）高中阶段教育	254 543	381 947	979 082
1. 高中	148 519	232 730	602 460
普通高中	148 501	232 730	602 442
成人高中	18		18
2. 中等职业教育	106 024	149 217	376 622
普通中专	47 479	73 948	173 347
成人中专	10 651	3 220	17 731
职业高中	47 894	72 049	185 544
技工学校			
（二）初中阶段教育			
1. 普通初中	592 493	587 450	1 808 303
2. 职业初中	711	459	1 273
3. 成人初中	14 668		15 243
三、初等教育			
（一）普通小学	595 278	432 650	2 891 925
（二）成人小学	807		1 825
其中：扫盲班			
四、工读学校	382	313	1 409
五、特殊教育	790	803	8 429
六、学前教育	350 428	376 388	675 118

注：1. 成人本专科毕业生、在校生数为 2002 年数据；
2. 其他各类高等教育学生数未包含成人高校举办的各类高等教育学生数。

2003 年各级各类非学历教育学生情况

	毕（结）业生数（人）	招生数（人）	在校生数（人）
一、高等教育	28 908	32 039	37 937
（一）研究生课程进修班	3 378	4 062	9 333
（二）自考助学班	4 463	6 375	12 493
（三）普通预科生	342	291	301
（四）证书教育	1 022	2 916	3 382
（五）岗位培训	6 966	5 392	451
（六）进修及培训	12 737	13 003	11 977
二、中等教育	1 818 069		1 074 799
（一）中等职业教育	109 922		62 587
（二）职业技术培训机构	1 708 147		1 012 212

注：高等教育非学历教育学生数未包含成人高校举办的非学历教育学生数。

2003 年各级民办教育基本情况

	学校数（所）	毕业生数（人）	招生数（人）	在校生数（人）	教职工数（人）	专任教师（人）
一、民办高等教育						
（一）普通高校	5	2 631	20 688	58 355	3 714	2 265
（二）成人高校						
（三）民办的其他高等教育机构	27	7 537	7 969	19 573	1 168	525
二、民办中等教育机构						
（一）高中阶段教育						
其中：民办普通高中	99	13 587	20 828	49 980	4 497	3 594
民办中等职业教育	73	5 169	8 656	22 060	3 549	1 828
（二）初中阶段教育						
其中：民办普通初中	27	7 732	11 707	35 633		
民办职业初中	1	55	24	97	13	8
三、民办普通小学	29	3 135	1 907	14 749	1 056	955
四、民办幼儿园	3 624	58 358	94 208	208 067	18 668	10 293

注：民办普通高中教职工数包含民办普通初中教职工数。

〔全省农村教育和职业教育工作会议〕 2003年12月17—18日，省委、省政府召开全省农村教育和职业教育工作会议。省委书记、省人大常委会主任闻世震，省长薄熙来，省委常委、常务副省长许卫国，省人大常委会副主任龚世萍，副省长鲁昕，省政协副主席张毓茂等省领导出席会议。全省14个市分管教育工作的副书记、常务副市长、分管教育工作的副市长，各县县长，省、市教育、计委、财政等有关部门负责人及200多所职业学校和农村学校校长共计600余人参加了会议。会议部署了辽宁省职业教育、农村教育改革发展的总体思路和发展目标：扩大中等职业教育规模，2007年在校生规模达到80万人，年均增长16.1%；积极发展高等职业教育，2007年在校生规模达到25万人，年均增长13.5%；广泛开展职业培训，使城镇在岗职工、农村劳动力普遍接受相应的职业技能培训；到2005年，全面完成“普九”的巩固和提高任务；到2007年，普通高中在校生规模达到54.9万人，年均递增19.3%；到2010年，全面普及12年教育，农村适龄人口接受高中阶段和初中后职业培训的比例提高到97%以上，为加快振兴辽宁老工业基地作出新的更大的贡献。闻世震在讲话中指出，要认真贯彻全国农村教育工作会议和全国职业教育工作会议精神，在加快辽宁老工业基地振兴的新形势下，动员和组织各方面力量，跨越式发展农村教育，加快振兴职业教育，为老工业基地振兴提供智力支持和人才保障。薄熙来在讲话中指出，当前和今后一个时期，全省的中心任务就是加速振兴辽宁老工业基地。辽宁老工业基地振兴能否实现，在很大程度上取决于教育的发展和人才的培养，特别是要加快高等教育、农村教育和职业教育的发展。振兴老工业基地不仅需要数以百万计的专门人才和拔尖创新人才，更需要数以千万计的高素质劳动者和各类实用人才；不仅需要有高学历、高层次的技术研发人才、经营管理人才，更需要有大量在生产、建设、管理和服务第一线工作的应用型、复合型人才。鲁昕在会上作了工作报告。她强调，要加快教育创新，优化教育结构，提高教育质量，促进教育同老工业基地振兴的紧密结合，努力培养和造就一支规模宏大、结构合理、素质较高的人才队伍，为实现辽宁老工业基地振兴提供强有力的人才支撑。

〔**教育扶贫助困**〕 2003 年，全省继续开展资助 5 万名特困中小学生工作，总计已资助83 731名学生，资助金额1 232.9万元。对全省困难家庭学生实行免费义务教育，筹集资金9 236万元，资助学生 41.8 万名。筹集“寒窗基金”2 100万元，资助学生8 631名。省政府与高校共同设立3 000万元爱心助学专项资金，开展“助学爱心窗口”活动，为高校和职业院校的 3 万名特困学生发放了伙食补助。筹集扶困助学资金1 233万元，资助中学生83 731名。累计发放高校国家助学贷款 2.5 亿元，资助学生 2.8 万人；有11 527人获得了生源地助学贷款，合同贷款金额 2 亿多元，省财政贴息 358 万元。

〔**教育国际交流与合作**〕 2003 年，教育国际交流与合作蓬勃发展。(1) 省教育厅积极促进大连铁道学院等 5 所院校与澳大利亚伍伦贡大学“2＋2”合作项目的进展；在英国鲁顿大学召开了沈阳工业大学等辽宁 5 院校与鲁顿大学合作办学联席委员会会议，并达成合作意向。(2) 省教育厅对 130 多个申请接受来华专家资格的教育机构进行了资格审查认定，其中 123 家通过资格认定。到年底，全省具有接受来华专家资格的教育机构达到 351 家。(3) 新审批国际合作项目 13 个，全省共有 26 所院校、26 个专业开展了中外合作办学项目，涉及国外教育机构 32 家，在合作项目学习的学生共3 200余人，已出国学习的学生 727 人。(4) 全省申报国家留学基金资助出国和国家与地方政府联合资助出国留学人数 307 人，录取人数 144 人。

〔**民办教育**〕 2003 年，辽宁省健全和完善了对民办教育机构管理的规章制度，成立了辽宁省民办教育协会，推动全省民办教育事业健康发展。2003 年全省共有各级各类民办学校和教育机构 6 660所，在校生总规模达891 550人。

〔**教育行风建设**〕 全省教育系统行风建设成效显著。2003 年，全省进一步规范教育收费行为，推进全省教育系统行政事业性收费等政府非税收入收缴制度改革。开展了义务教育阶段全面推行“一费制”标准制定工作。完善了党风廉政建设责任制，实行了责任区责任追究制度。成立了 7 厅局治理教育乱收费联席会议，从严治理教育乱收费，取消不合理收费3 600万元，清退违规收费 560 万元。

〔**语言文字工作**〕 贯彻落实《国家通用语言文字法》，语言文字工作逐步加强。2003 年，辽宁省建立了“辽宁语言文字”网页，进一步加强了语言文字信息化建设。颁布了《辽宁省普通话水平测试管理办法》，加强了普通话水平测试工作的管理。组织开展了全省教师及相关专业学生的普通话水平测试，全省完成普通话水平测试的教师 2.5 万余人、学生 2.2 万余人。

〔**体育、卫生与艺术教育**〕 (1) 2003 年，省教育厅、卫生厅加强了对全省学校食品卫生安全工作督导检查，学校食品卫生安全工作进一步加强。(2) 2003 年，省教育厅制定了《辽宁省高校体育课程评估方案》，成立了高校体育教学指导委员会，推动了高校体育教学工作深入开展。组织参加了“飞利浦”全国大学生足球赛，取得了第二名的好成绩。举办了辽宁省中学生运动会。确定 2003 年为“足球年”，开展了“足球训练营”活动。（3）2003 年，成立了普通高等学校艺术教育研究会，举办了“辽宁省及沈阳市大学生纪念毛主席诞辰 110 周年大型歌咏晚会”，推进了全省普通高校艺术教育工作。举办了辽宁省首届中小学生优秀书法作品展，出版了书法作品集，受到广大师生的欢迎和好评。省教育厅联合有关部门面向全国举办了辽宁省“校园新歌”征集评选活动，共征集1 200首作品，评选出获奖作品 34 首，连同以往的优秀作品，出版了《歌满校园——优秀校园歌曲选编第一辑》，印刷 2 万册，免费发放到全省大中小学。全省大中小学广泛开展了优秀校园歌曲的传唱活动。

基础教育

〔**农村中小学布局调整和危房改造**〕 2003 年，全省共撤并了布局不合理学校 954 所，其中农村初中 62 所，农村小学 892 所；撤掉农村小学教学点 207 个。规划建设布局调整示范学校 44 所、寄宿制学校 28 所，建设面积 30 万平方米，总投资超过 2 亿元。结合布局调整，改造农村中小学校 640 所，投入危改专项资金 4.6 亿元，新建校舍 70 万平方米，消灭危房 48 万平方米。

〔**中小学校长和教师队伍建设**〕 2003 年，省教育厅开展了面向社会人员的教师资格认定工作，全省共有6 363人申请认定中小学教师资格的人员参加了全省统一考试，有4 716人考试合格。印发了《关于推进中小学校长、教师交流工作的意见》，开展了中小学校长、教师交流试点工作，全省试点城区交流校长 326 名，交流教师3 626名。推进教师培养模式改革，完成为贫困地区对接培养本科师资招生计划和“一所村小一名大学生”招生计划 1 080名，启动了 50 名基础教育拔尖人才培养工程和1 600名骨干教师省级培训工作。开展了名师、名校、名校长评选活动，评选出辽宁省功勋教师 10 名，辽宁省中小学优秀校长 9 名，辽宁省模范学校 25 所。省政府表彰了 105 名“辽宁省中小学师德标兵”。

〔**素质教育**〕 （1）全力推进义务教育课程改革。省教育厅加强了对第一批进入新课程改革的地区、学校的指导，并确定了新的课改实验区。组织制定了《地方课程标准》，启动了地方课程教材的编写工作。（2）推进素质教育迈上新台阶。学前教育、义务教育、高中教育以及教师教育，都以课程改革为核心，以教师队伍建设为关键，以考试评价制度改革为导向，以外语、科技、信息技术、研究性学习为特色，全面推进素质教育。2003 年，省教育厅召开了全省中小学科技教育工作座谈会，制定了《关于中小学进一步加强科技教育的实施意见》。协调有关部门开展了第四届中学生电脑制作竞赛活动，选送优秀作品参加全国竞赛，取得了优异成绩。召开了全省“双语”教学实验总结表彰暨“双语”教学国际会，对“双语”教学工作进行了全面总结和部署。

〔**学前教育**〕 （1）学前教育整体水平逐步提高。2003 年，制定了《辽宁省贯彻幼儿园教育指导纲要（试行）细则》、《辽宁省示范幼儿园标准》，推进学前教育事业发展。2003 年全省小学招生儿童中受学前教育率为 97.02%，达到了历史最好水平。全省在普及学前一年教育的基础上，93%的县区普及了学前两年教育，36%的县区普及了学前三年教育。沈阳市沈河区等 5 个县（市、区）受到教育部的表彰，被命名为全国幼儿教育先进县（市、区）。（2）学前教育管理体制改革不断深化和完善。

在2003年全省独立设置的7 033所幼儿园中，教育部门办300所，占4.3%，集体办2 293所，占32.7%，社会力量办3 624所，占51.5%，其他部门办816所，占11.5%，基本形成了以教育部门办园为示范，以社会力量办园为主体，公办、民办共同发展的良好格局。

〔**普通高中教育**〕 普通高中教育稳步发展，制约教育发展的“瓶颈”正在突破。2003年全省普通高中招生规模进一步扩大，招生总量达232 730人，比2002年增长14.99%；在校生规模达602 442人。2003年，完成了44个县（市）的高中发展规划，安排国债和配套资金7 900万元，扩建高中校舍45.3万平方米。开展了2003年度示范性普通高中的评估验收工作，又有40所省级重点高中通过了示范性普通高中的评估、验收，进一步提高了高中阶段教育教学质量和效益。

职业教育与成人教育

〔**高等职业教育**〕 2003年辽宁省共有高等职业教育办学单位69个，其中独立设置的高等职业技术学院23所。招生规模为6.4万人，在校生规模达到17万人。五年制高职的招生数量继续扩大，招生总量达1.1万人，在校生规模达7万人。2003年，经省政府批准，新组建了沈阳航空职业技术学院、辽宁体育运动职业技术学院、铁岭农业职业技术学院、辽宁林业职业技术学院和沈阳职业技术学院5所高职院校。有3所培养软件高等职业技术应用型人才的职业技术学院被教育部确定为国家首批示范性软件职业技术学院建设学校，至此，辽宁省的国家级示范性高等职业院校已由3所增加到6所。对高等职业技术学院进行了专业调整和建设，专业点由1 243个调整到1 038个。

〔**中等职业教育**〕 中等职业教育健康发展。2003年中等职业教育在校生规模比2002年增长13.6%。全省为了整合中等职业教育资源，调减学校40余所，校均在校生规模达到740人；开展了国家级重点中等职业学校评估工作，向教育部申报50所重点学校。积极探索了校企合作联合办学，推广了“双元制”及“CBE”等教学模式。

〔**标准化职业教育中心建设**〕 2003年2月，省委、省政府印发了《关于加快推进县（市、区）职教中心建设工作的意见》，明确了职教中心建设工作的思路和发展目标，以及加快建设与发展的具体措施。省教育厅认真落实省委确定的工作目标，把标准化职教中心建设工作作为年度工作重点，各县（市、区）政府和教育行政部门多次召开会议，讨论、研究标准化职教中心创建工作，把创建标准化职教中心工作列入政府的目标责任制和本地区发展规划，多方筹集资金，改善职教中心办学条件。2003年又有沈阳于洪区职教中心等11所职业教育中心被确定为标准化职业教育中心，全省标准化职业教育中心学校总数已达25所。

〔**中等职业学校招生制度改革**〕 进一步深化中等职业学校招生制度改革，明确了几项具体政策：一是各类中等职业学校（包括普通中专、职业中专和职业高中）均可实行春、秋两季招生，招生对象为初、高中毕业生；二是各地可以利用城市重点中等职业学校等优质教育资源与边远农村和贫困地区开展合作办学或联合办学，并在招生、收费和毕业生就业等方面采取切实可行的办法及优惠政策，为边远农村和贫困地区服务；三是调整农村职业教育中心大农业专业的学制，由三年调为二年。2003年，全省中等职业教育招生总数比2002年增长 3 万多人，增长率为 21.4%。

〔**成人高等教育**〕 成人高等教育规模持续发展。2003 年，全省成人高等教育本、专科招生总数为87 326人，比 2002 年增长 15.0%。其中本科招生37 808人，比 2002 年增长 21.1%；专科招生49 518人，比 2002 年增长 10.7%。2003 年，全省成人高等教育本、专科在校生总数达到224 982人，比 2002 年增长 11.8%。其中本科96 113人，比 2002 年增长 21.9%；专科128 869人，比 2002 年增长 5.3%。

高 等 教 育

〔**全省普通高校党委书记、校（院）长座谈会**〕 2003 年，8 月 11 日—13 日，省委组织部、省委宣传部、省教育厅等 6 部门在沈阳联合召开全省普通高等学校党委书记、校（院）长座谈会。会议的主题是贯彻落实省委、省政府关于兴起学习贯彻“三个代表”重要思想新高潮，加速辽宁老工业基地调整、改造和振兴的要求，深入研究推动高等教育事业加快发展，为振兴辽宁老工业基地建功立业。省委书记、省人大常委会主任闻世震到会讲话，省长薄熙来致信祝贺，省委副书记、省政协主席张文岳在会上部署了工作，教育部副部长吴启迪出席会议并讲话。副省长鲁昕就加快高等教育改革发展、为振兴辽宁老工业基地服务作了报告，省教育厅厅长张德祥就《教育为振兴辽宁老工业基地服务行动计划》作了说明。闻世震在讲话中强调，要紧紧围绕老工业基地调整改造这个主题，加快高等学校学科专业结构调整。运用市场经济规律，发展壮大教育产业。坚持教育改革创新，推进高等教育快速发展。扩大教育国际交流合作，推进教育强省建设进程。要加强高校领导班子建设，加强高校党建工作和思想政治工作。以“三个代表”重要思想为指导，不断提高党的建设水平。结合实际，注重实效，加强高校思想政治工作。张文岳在讲话中要求各高校认真学习、深刻领会胡锦涛同志“七一”重要讲话精神，全面兴起学习贯彻“三个代表”重要思想新高潮。教育部副部长吴启迪对近年来辽宁高等教育改革和发展所取得的成绩给予充分肯定，希望辽宁广大高等教育工作者要抓住辽宁老工业基地调整、改造和振兴的发展机遇，增强服务意识，加快改革发展步伐，努力提高人才培养质量。

〔**教育教学工作**〕 （1）专业建设逐步加强，高校教育教学质量显著提高。2003 年，省教育厅围绕产业结构调整，对就业率偏低、社会需求量较小、办学质量较差的专业进行了调整；评选出省级精品课程 100 门，其中本科 70 门，高职高专 30 门，并推荐 25 门课程参加国家精品课程的评审；审批同意设置新增专业及专业方向 150 个；评出辽宁省普通高校示范性专业 101 个；成立了“中外专业建设比较研究”课题组，全面启动中外专业建设比较研究工作，进一步加强专业改革和建设。（2）加强重点学校建设，改革人才培养模式，高校办学水平逐步提高。2003 年，东北大学、大连理工大学、大连海事大学、辽宁大学 4 所高校启动“211 工程”二期建设；省教育厅批准成立 3 所省级示范性软件学院，全省示范性软件学院总数达到 9 所；在省内部分高校中试办国际商学院，与境外知名大学、合法教育机构或有实力的企业合作，重点开设国际金融、国际贸易、国际会计、国际法律、国际工商管理等相关专业。

〔**科技工作**〕 高校科技为经济建设和社会发展的服务水平与贡献率不断提高。2003 年，全省高校校办产业实现资产总额 63 亿元，收入 38 亿元，利润总额 3 亿元，上交学校利润及各种费用 1 亿元，上缴税金 2.8 亿元。全省有 23 所高校在建大学科技园，入园和在孵的高新技术企业已达300多家。资产总额达到50亿元，产值35亿元，实现利润3.5亿元。在锦州市高新技术园区建设“辽西大学科技园”。东北大学科技园已被列入国家重点建设的国家大学科技园，大连理工大学——七贤岭大学科技园已被确定为启动建设的国家大学科技园。东北大学科技园、大连理工大学——七贤岭大学科技园、沈阳工业大学科技园、鞍山科技大学科技园被省教育厅、科技厅认定为首批省级大学科技园。

〔**校园建设和布局结构调整**〕 （1）普通高校校园建设规模不断扩大。2003年，全省普通高校完成基本建设投资34.7亿元，各类教学用房开工面积达407万平方米，竣工面积达到205万平方米。（2）普通高校布局结构更加合理。2003年，全省共有普通高等学校69所，与2002年的66所相比，合并减少2所，新增设5所。有9所办学条件明显改善、办学质量明显提高的普通高校已上报教育部更名或升格为大学或本科学院。有19所普通高校以新的机制和模式试办独立学院。

〔**招生和毕业生就业指导工作**〕 （1）普通高校继续保持扩招势头。2003年全省高等教育的毛入学率已经达到29.2%，每万人口在校大学生为186人。2003年全省高考录取16.4万人，增长8.4%；在全国率先开展了网上评卷，并取得成功，为在全国范围推广网上阅卷积累了经验。（2）高校毕业生就业工作成绩突出。2003年全省高校毕业生达10万人，比2002年增加了3万人。就业形势十分严峻。为此，省政府发出《关于促进普通高校毕业生就业若干政策的通知》，明确了42条具体政策；省高等学校毕业生就业指导服务中心印发了《关于贯彻辽宁省人民政府〈关于促进普通高校毕业生就业若干政策的通知〉的通知》，对贯彻落实文件提出明确要求，把各项政策落到实处。截至2003年8月31日，全省高校毕业生整体初次就业率达到76.2%，较2002年同期提高12.3个百分点。截至2003年12月31日，全省高校毕业生就业率达到85.2%，其中，研究生就业率达到97.2%，本科就业率达到94.3%，专科就业率达到71.6%。

〔**研究生教育与学科建设**〕 （1）普通高等教育研究生规模持续增长。2003年辽宁省普通高等教育招收研究生13 882人，比2002年增长36.3%。其中博士生2 249人，硕士生11 633人。2003年全省普通高等教育研究生在校生33 627人，比2002年增长32.0%，其中博士生7 030人，硕士生26 597人。（2）重点学科和重点实验室建设进一步加强。2003年全省新增博士学位授予单位1个、联合培养博士研究生单位34个、新增硕士学位授权单位3个，新增博士学位授权一级学科点13个、博士点60个、硕士点205个。2003年，省教育厅开展了94个重点学科、54个重点实验室面向国内外的推介活动；遴选出辽宁省高等学校建设国际一流重点学科10个，全省经济建设和社会发展急需、实力雄厚、发展前景好的国内一流重点学科55个，与全省经济建设和社会发展密切相关的省内一流的重点学科94个。省政府投入重点学科建设资金3 000万元，启动了省级重点学科建设；投入重点实验室建设资金2 000万元，启动了重点实验室市场化建设工作。（3）依法加强对研究生课程进修班的审批管理。对全省25个单位申请举办的254个研究生课程进修班进行了审核，批准举办研究生课程进修班236个（其中省内224个），拟招生11 950名（其中省内10 980名）。

〔**思想政治工作**〕 2003年，省委高校工委、省教育厅制定了《关于学习〈“三个代表”重要思想学习纲要〉兴起学习贯彻“三个代表”重要思想新高潮的工作意见》和《新学期高校兴起学习贯彻“三个代表”重要思想新高潮工作方案》；春夏两次举办了高校“三个代表”重要思想教师培训班和高校理论骨干培训班；组织高校暑期学习“三个代表”重要思想，改进宣传思想工作和“两课”教学4个研讨班，培训教师200人；组织召开了高校学习“三个代表”重要思想理论研讨会、高校学习胡锦涛同志“七一”重要讲话座谈会、高校学习《“三个代表”重要思想学习纲要》座谈会、兴起学习贯彻“三个代表”重要思想新高潮座谈会等。总结了高校邓小平理论研究基地的工作和辽宁工学院高校“三个代表”重要思想研究基地的工作，建立了6个辽宁高校“三个代表”重要思想研究基地，建立了辽宁高校“三个代表”重要思想网站。研究部署高校开设“三个代表”重要思想概论课，编写了《“三个代表”重要思想教程》，开展了《中国特色社会主义政治文明建设研究》、《辽宁高校思想政治工作研究》、《马克思主义理论教育重大问题研究》等课题研究。制定了《关于积极推进思想政治工作进网络的实施意见》、《关于积极推进思想政治工作进公寓的若干意见》、《关于积极推进思想政治工作进社团的试行意见》，推动高校思想政治工作进网络、进公寓、进社团工作。积极开展教育系统精神文明建设，评选表彰了2003年度全省教育系统巾帼建功先进集体和个人，评选推荐了全国三好学生、优秀学生干部、先进班集体。

〔**领导班子和教师队伍建设**〕 高校领导班子和教师队伍建设进一步加强。2003年，省委高校工委、省教育厅印发了《关于加强和改进高校领导班子建设的意见（试行）》，进一步加强全省高校领导班子建设的宏观指导工作。按省委的统一部署深入开展了“树组工干部形象”集中学习教育活动，重塑高校组工干部新形象。评选表彰省内高等学校教学名师20名，并有4人获评国家高等学校教学名师，受到教育部的表彰；评选出30名学科拔尖人才；向教育部推荐了3名“青年教师奖”人选和5名“优秀青年骨干教师资助计划”人选；完成了4 396名新教师岗前培训和3 110名高校教师的专业技术职务评审工作。

撰稿 褚 辉

审稿 李树森

大连市教育

〔**基本情况**〕

2003年各级各类学校校数、教职工、专任教师情况

	学校数（所）	教职工数（人）	专任教师（人）
一、高等教育	32	21 861	13 248
（一）研究生培养机构（不计校数）			
1. 普通高校	9		2 276
2. 研究机构	2		99
（二）普通高等学校	18	20 331	10 065
1. 本科院校	11	16 184	7 557
2. 专科院校	7	4 147	2 508
其中：职业技术学院	5	3 465	3 381
3. 分校、大专班（点）（不计校数）			
（三）成人高等学校	6	1 530	808
（四）民办的其他高等教育学院	8		
1. 学历文凭考试机构	8		
2. 非学历文凭考试机构			

续表

	学校数（所）	教职工数（人）	专任教师（人）
二、中等教育	377	30 812	23 796
（一）高中阶段教育	182	13 083	8 870
1. 高中	77	6 587	5 159
普通高中	77	6 587	5 159
成人高中			
2. 中等职业教育	105	6 496	3 711
普通中等专业学校	19	1 986	1 149
成人中等专业学校			
职业高中	50	2 799	1 834
技工学校	36	1 711	728
其他机构（教学点）（不计校数）			
（二）初中阶段教育	195	17 729	14 926
1. 普通初中	195	17 729	14 926
2. 职业初中			
3. 成人初中			
三、初等教育	1 169	23 364	19 684
（一）普通小学	1 169	23 364	19 684
（二）成人小学			
其中：扫盲班			
四、工读学校	1	40	15
五、特殊教育	9	352	255
六、学前教育	1 680	8 378	5 165

2003 年各级各类学历教育学生情况

	毕业生数（人）	招生数（人）	在校生数（人）
一、高等教育	47 300	77 557	229 748
（一）研究生	2 167	5 932	14 565
（二）普通本科	23 971	41 421	136 095
（三）成人本科	18 599	24 358	66 704
（四）其他各类高等学历教育	2 563	5 846	12 384
1. 在职人员攻读博士、硕士学位		2 025	4 587
2. 网络本、专科生		2 264	2 319
3. 学历文凭考试	2 563	1 557	5 478
二、中等教育	133 219	175 358	432 539
（一）高中阶段教育	44 755	93 701	172 581
1. 高中	23 602	38 103	96 241
普通高中	23 602	38 103	96 241
成人高中			
2. 中等职业教育	21 153	55 598	76 340
普通中等专业学校	8 285	9 480	23 935
成人中等专业学校			
职业高中	8 728	12 665	33 453
技工学校	4 140	11 672	18 952

续表

	毕业生数（人）	招生数（人）	在校生数（人）
（二）初中阶段教育	88 464	81 657	259 958
1. 普通初中	88 464	81 657	259 958
2. 职业初中			
3. 成人初中			
三、初等教育	81 445	55 370	379 912
（一）普通小学	81 445	55 370	379 912
（二）成人小学			
其中：扫盲班			
四、工读学校	167	4	60
五、特殊教育	150	98	1 281
六、学前教育	48 635	43 257	111 955

2003 年各级各类非学历教育学生情况

	毕（结）业生数（人）	招生数（人）	在校生数（人）
一、高等教育	22 987	20 718	30 537
（一）研究生课程进修班	1 120	527	5 830
（二）自考助学班	3 579	5 609	9 967
（三）普通预科生	318	271	271
（四）证书教育	1 363	1 375	2 592
（五）岗位培训	4 169	1 008	356
（六）进修及培训	12 438	11 928	11 521
二、中等教育	793 870		589 014
（一）中等职业教育			
（二）职业技术培训机构	793 870		589 014

2003 年各级民办教育基本情况

	学校数（所）	毕业生数（人）	招生数（人）	在校生数（人）	教职工数（人）	专任教师（人）
一、民办高等教育	12	3 202	9 076	26 085	2 528	1 683
（一）普通高校	4	639	7 519	20 607	2 528	1 683
（二）成人高校						
（三）民办的其他高等教育机构	8	2 563	1 557	5 478		
二、民办中等教育机构	38	3 429	6 791	24 587	1 126	757
（一）高中阶段教育	31	3 429	6 791	22 470	1 126	757
其中：民办普通高中	20	2 755	5 483	13 361	749	569
民办中等职业教育	11	674	1 308	2 473	377	188
（二）初中阶段教育	7			2 117		
其中：民办普通初中	7			2 117		
民办职业初中						
三、民办普通小学	7			2 293		
四、民办幼儿园	290					

2003年，大连市各级各类教育的总体水平进一步提高。学前3年幼儿受教育率达到87.3%，其中城市幼儿入园率为98.3%，提前完成“十五”计划发展目标。全市6～12岁人口小学毛入学率为99.2%，13～15岁人口初中入学率为99.9%。农村初中学生年巩固率为97.7%，比上年提高0.8个百分点。16～18岁适龄人口高中教育阶段毛入学率为74%。19～23岁人口高等教育毛入学率达27%。

全市教育经费收入32.01亿元，比上年增长23%。其中国家财政性教育经费收入23.49亿元，增长27%；占全市生产总值1 632.6亿元的1.44%，比上年提高0.13个百分点。全市教育经费支出总数为31.4亿元，其中国家财政性教育经费支出23.2亿元（其中地方财政预算内教育经费支出为23.1亿元）。预算内教育经费支出占全市财政支出总数的15.7%，预算内教育经费支出的增幅，比全市财政支出增幅高15个百分点。预算内教育事业费支出用于人员部分10亿元，占71%；用于公用部分4.1亿元，占29%。

各类教育资源进一步扩增。在农村，结合改造中小学危旧校舍和调整小学布局，新建、扩建中小学校舍16.3万平方米，改造危旧校舍11.3万平方米，消除危房4.7万平方米。全市投资3亿元，完成普通高中和中等职业学校校舍建设工程25个，新建、扩建校舍建筑面积26.8万平方。年内，又有85所中小学达到市级办学设施标准化要求。市财政投入9 000万元支持大连理工大学、大连大学、大连职业技术学院的建设和发展。旅顺大学园区建设启动，大连医科大学、大连外国语学院等院校开始通过扩建、换建方式扩大办学空间，全市新建大学生公寓12.6万平方米。

办学体制改革取得突破性进展。吸引社会力量投资1.8亿元，新增民办教育机构132所，其中学历教育机构6所，非学历教育机构126所。民办普通高校在校生数占全市普通高校本专科在校生总数的15.1%。城区民办高中招生数已占招生总数的21%，为缓解高中高峰期压力作出贡献。全市民办幼儿园在园幼儿数已占在园幼儿总数的16%。

12月4日，大连市委、大连市政府召开基础教育和职业教育工作会议，推出以农村为重点的发展与改革基础教育和职业教育的目标和政策，即建立比较完善的0～6岁儿童托幼一体化学前教育新体制；70%以上的区市县和乡镇的九年义务教育基本实现包括办学设施、教师队伍和管理水平在内的区域均衡化；实行就业准入制度，职业学校毕业生同时取得学历证书和职业资格证书的比例达到95%；全市产业技术工人中，高级技工、技师、高级技师的比例达到15%以上。

撰稿　*汤启贤*

〔**基础教育**〕　2003年，大连市教育局颁布《大连市〈幼儿园教育指导纲要〉实施细则（试行稿）》和“构建0～6岁儿童学前教育办学、管理、教育与服务”的工作思路。首批试点的10所幼儿园启动了教育部与中国科协共同倡导的“做中学”科学教育实验。全市已有9个区市县通过“辽宁省普及学前教育达标县（市、区）”的评估验收，甘井子区、旅顺口区获教育部“全国幼儿教育先进县（市、区）”称号。

义务教育区域均衡化发展取得新成效。全市农村小学调减69所，提前完成了市政府确定的农村小学布局调整工作指标。妥善解决外来务工人员子女就学问题，已有近3万名外来务工人员子女在公办中小学就读。取消了面向外来借读学生收取“赞助费”等不合理做法。

基础教育课程改革实验继续深入。实验面扩大到全市所有初中和小学，约计57万学生参加新课程教材实验，占全市中小学学生总数的89%。8—9月，市教育局基础教育课程教材发展中心组织各区、各实验校围绕新课程与教学改革、新课程与评价改革、课程资源的开发与管理、校本研究4个专题，对两年的实践进行了全面而深入的总结，提高了教师实施新课程的能力，促进了课程改革实验的高水平发展。

普通高中深入开展研究性学习，推行学分制的管理和评价办法，为实施普通高中新课程做准备。4月，市教育局召开普通高中研究性学习专题研讨会，总结开展研究性学习的经验。10月，市教育局推出《自主·开放·创新——大连市普通高中研究性学习初探》一书。11月4日—5日，市教育局召开全市普通高中研究性学习汇报交流会，对全市普通高中研究性学习课程开设情况进行专题研讨与点评；大连市第八中学等学校的干部、教师介绍了对研究性学习课程评价、学科教学与研究性学习的整合、综合研究性课程的组织实施等问题的探索；大连市二十四中学等6所学校的学生做了其研究性学习从开题到结题全过程的讲解和演示；对在研究性学习方面做出突出成绩的教师和学生进行了表彰和奖励。

全市共有32所中小学参加了辽宁省“双语”教学实验，实验涉及的学科有数学、科学、音乐、美术、体育、信息技术等。实验学科均采取校本课程形式，使用新加坡教材，在由学生自愿组成的实验班教室里授课，每周1～2课时；这些学科按国家规定课程计划，以汉语进行授课。

8月，大连市第一批小学低年级“做中学”科学教育实验启动。参与试点的有10所小学。这项实验，旨在培养儿童形成良好学习与生活的态度、方式，提高其科学素养水平，进而推动基础教育课程改革，实施素质教育，落实科教兴国战略。

中小学信息化建设有了新进展。已有5个区、县开通教育主干网络，已建成11个远程教育教室并投入使用，中小学配置计算机33 244台，学生与计算机之比为22∶1，其中城区生机比基本符合教育部规定的15∶1的要求；建有多媒体教室524所，建有校园网149所，接入宽带网的中小学220所，其中市内四区中小学基本实现接入宽带网。市内城区、金州区、开发区中小学均已开设信息技术课，而普兰店、瓦房店、庄河三市因专职教师严重缺乏，开课率高中平均不足80%，初中平均不足40%，小学平均不足12%，明显滞后。

2003年，大连市报考普通高等学校的应届高中毕业生共2.3万人。语文、数学、外语和文理综合4科考试总分达600分以上的697人，占全省600分以上总人数的24.18%，比上年提高2个百分点。录取人数21 909人，占报考人数93.93%，比上年提高6.92个百分点。被清华大学、北京大学录取人数110人，占两校在辽宁省录取总数的38.1%。

为确保基础教育均衡、持续、健康发展，市教育局制定评估指标体系，各区市县依据评估指标进行调查统计，市政府教育督导室组织评估核查与汇总，发布了《2002年大连市区市县基础教育发展水平分析报告》。《报告》从教育背景、教育投入、办学设施、师资队伍、事业发展、教育现状六个方面共43项，对各区市县基础教育的实际状况进行客观分析，对各区市县基础教育发展水平作出明确定位与判断。

2003年，大连市第一中学等4所普通高中被省教育厅批准为第二批辽宁省示范性高中，全市省级示范性高中校数增至7所。

撰稿　李浩田　汤启贤

〔职业教育与成人教育〕　2003年，中等职业学校实行学生填报志愿和学校自主招生相结合的招生政策，扩大了面向农村的招生，各类中等职业学校招生数占全市高中阶段招生总数的48%。城区职业学校在农村区市县招生达9 000余人。

为适应振兴老工业基地和建设“大大连”的需要，市教育局继续扩大优质教育资源，积极推进职业教育布局结构调整，完成了大连轻工业学校和服装职业中专的合并；协助主管部门完成了大连商业学校、大连商业贸易学校、大连财贸职工学院的合并和大连公用事业学校、大连交通学校、市交通局技校的合并；撤销了大连大学附属中等职业技术专业学校；调整了7所普通中等专业学校的专业设置。通过布局调整，共撤并44所中等职业学校，使现有105所中等职业学校校均规模达到738人。同时，加强市级职业教育专业教研中心建设，根据振兴老工业基地和建设“大大连”确定的产业布局规划，调整了原有的13个教研中心，新增了全市经济建设急缺专业的专业教研中心。调整后的教研中心，涵盖了机电技术应用、数控技术应用、电子技术应用、模具设计及应用、服装等18个学科。

2003年，市教育局对全市普通中专学校和职业高中（职业中专）进行了评估和复评，认定49所学校为合格学校，6所学校为基本合格学校，5

所学校为不合格学校。加强骨干示范学校建设取得成效。在新一轮重点中等职业学校评估中，有8所学校通过了国家级重点学校的初审，11所学校通过了省级重点学校的初审。

加强中等职业学校学生职业资格鉴定管理工作。针对高等学校扩大招生后首批毕业生大量涌入用人市场，市教育局印发《关于加强中等职业学校学生职业资格鉴定管理工作的意见》，由市职业技术教育培训中心具体负责全市职业学校学生的职业资格鉴定管理工作。全年有1.1万余名学生参加职业资格鉴定，为学生持“双证”（指毕业证书、技术等级证书）就业创造条件。各职业学校通过各种渠道，建立学校与用人单位的协作关系，积极开拓人才市场，努力做好毕业生推荐就业工作。全市有17 013名中等职业学校学生毕业，平均就业安置率达92.4%。除大部分毕业生走向社会就业外，还有1 941名学生报名参加高职招生考试，1 774人被录取（其中本科录取337人），录取率为90%。

加强专业教师队伍建设，提高职业学校教师的整体素质。依托教研中心开展师资培训，对全市1000余名职业学校专业课教师进行了培训。选派大连电子学校、大连轻工业学校等9所骨干学校的专业教师参加“教育部中德合作教师进修班”。2003年全市共认定职业中专、职业高中骨干教师202名。

12月，市委、市政府召开基础教育和职业教育工作会议，制订了《大连市人民政府关于大力推进职业教育改革与发展的决定》和《大连市职业教育振兴计划》，全面规划了今后5年大连市职业教育改革和发展目标。

2003年，成人高等教育机构有20所，在校生比上年增长11.1 %。其中独立设置的成人高等学校在校生比上年增长14%；普通高校成人教育学院在校生比上年增长10.3%。高等教育自学考试报考351 823科次，比上年增加12 325科次，考生学历层次进一步提高，具有专科以上学历者占报考总人数的37.3%；考生年龄呈低龄趋势，25岁以下考生占考生总数的81%。有4 012人年内获得本、专科毕业证书。中等专业教育自学考试稳定发展。全年举行两次统一考试，共2 431人报考6 450科次。在原有4个自考助学单位的基础上，年内新增3个中专自考助学单位。因职业教育与成人教育布局结构调整、整合教育资源，成人中等专业学校的校数、招生数和在校生数都比上年有所减少。

城乡成人技术培训学校培训各类人员79.4万人次，在学人数58.9万人，与上年持平。其中职工岗位培训内容不断扩大，培训机制从单纯为本企业服务向面对社会、走上市场转变，培训的手段走向现代化，大多数职工培训机构建了微机室、语音室，采取理论与实践相结合的培训方法，注重学员操作能力的培训。

社会力量办非学历教育机构638所，全年培训结业20.9万人次，在校生15.8万人。市教育局与大连日报社推出民办教育“诚信学校”创评活动，全市有141个民办非学历教育机构与市教育局签订“诚信学校”承诺协议，79所获得“大连市民办教育诚信学校”称号。

撰稿　武玉顺

〔**高等教育**〕　2003年，全市普通高等学校规模继续扩大。研究生招生比上年增长33.8%，在学研究生比上年增长30.7%。本专科招生比上年增长9.3%，在校生数比上年增长15.3%。其中地方高等院校普通本专科在校生1.93万人，比上年增长9%。民办高等职业院校在校生比上年增长52.5%。新增硕士点92个、博士点66个、博士后流动站5个，博士后流动站16个。

普通高等学校教育对外交流与合作不断加强，外籍在大连高校留学生达1 500人。大连大学与澳大利亚南十字星大学签订“2 + 2”合作办学协议（即大学本科 四年中，第一、第二学年在大连大学学习，第三、第四学年则在澳大利亚南十字星大学完成）。全年招生200人，学生完成学业，将同时获得大连大学和澳大利亚南十字星大学相关专业的学士学位。

2003年，旅顺大学园区建设已进入施工阶段。此项工程是“大大连”建设“西拓北进”战略和旅顺南路软件产业带建设的重要组成部分，园区规划总面积9平方公里，旅顺大学园区与旅顺南路的软件产业带构成了高新技术产业带。7月12日，举行了旅顺大学园区开工暨大连医科大学、大连外国语学院新校区奠基仪式。市政府还决定将第二粮食储运工业公司和大连市财经学校划归东北财经大学，11月和12月，分别举行了签字仪式和交接仪式。市政府还积极引导东软集团与大连外国语学院合作，共同成立了大连外国语学院东软信息技术学院，每年将培养1 000名日语和信息技术“双料”人才。大连市将成为全国日语和信息技术复合型人才培养基地。

撰稿 武玉顺 李 赤

审稿 丛者恕

吉林省教育

概　　况

〔基本情况〕

2003年各级各类学校校数、教职工、专任教师情况

	学校数（所）	教职工数（人）	专任教师（人）
一、高等教育			
（一）研究生培养机构（不计校数）	16		
1. 普通高校	12		
2. 科研机构	4		
（二）普通高等学校	40	46 950	21 824
1. 本科院校	22	39 791	18 222
2. 专科院校	18	6 600	3 402
其中：职业技术学院	10	4 112	1 987
3. 分校、大专班（点）（不计校数）		559	200
（三）成人高等学校	21	5 416	2 811
（四）民办的其他高等教育机构	24	948	526
1. 学历文凭考试机构	7	305	164
2. 非学历文凭考试机构	17	643	362
二、中等教育			
（一）高中阶段教育	566	147 894	36 167
1. 高中	298	122 120	20 903
普通高中	297	122 120	20 903
成人高中	1	0	0
2. 中等职业教育	268	25 774	15 264
普通中等专业学校	57	7 558	3 966
成人中等专业学校	98	6 571	4 231
职业高中	113	7 566	4 754
技工学校			
其他机构（教学点）（不计校数）	148	4 079	2 313
（二）初中阶段教育			
1. 普通初中	1 401		71 435
2. 职业初中	34	1 911	1 477
3. 成人初中			

续表

	学校数（所）	教职工数（人）	专任教师（人）
三、初等教育			
（一）普通小学	8 163	166 592	141 363
（二）成人小学	85	378	270
其中：扫盲班	19	254	229
四、工读学校	4	118	77
五、特殊教育	45	1 775	1 237
六、学前教育	2 404	16 994	10 107

注：1. 普通高中教职工数包含普通初中教职工数；
2. 成人高等学校教职工数和专任教师数为 2002 年数据。

2003 年各级各类学历教育学生情况

	毕业生数（人）	招生数（人）	在校生数（人）
一、高等教育			
（一）研究生	4 403	10 071	23 684
（二）普通本专科	52 605	107 125	319 504
（三）成人本专科	37 095		154 114
（四）其他各类高等学历教育			
1. 在职人员攻读博士、硕士学位		2 026	3 998
2. 网络本专科生	0	3 142	6 351
3. 学历文凭考试	703	416	1 263
二、中等教育			
（一）高中阶段教育	140 370	199 518	517 235
1. 高中	92 989	146 132	381 362
普通高中	92 934	146 132	381 362
成人高中	55		0
2. 中等职业教育	47 381	53 386	135 873
普通中专	25 373	27 261	77 955
成人中专			
职业高中	22 008	26 125	57 918
技工学校			
（二）初中阶段教育			
1. 普通初中	376 752	412 773	1 196 226
2. 职业初中	12 855	16 483	41 604
3. 成人初中			
三、初等教育			
（一）普通小学	437 518	250 000	1 833 141
（二）成人小学	68 257		70 188
其中：扫盲班	52 751		53 431
四、工读学校	50	35	288
五、特殊教育	466	477	4 748
六、学前教育	150 803	198 386	259 163

注：1. 成人本专科毕业生、在校生数为 2002 年数据；
2. 其他各类高等教育学生数未包含成人高校举办的各类高等教育学生数。

2003年各级各类非学历教育学生情况

	毕（结）业生数（人）	招生数（人）	在校生数（人）
一、高等教育	36 359	23 166	34 601
（一）研究生课程进修班	6 489	3 201	7 565
（二）自考助学班	6 936	6 951	20 796
（三）普通预科生	29	287	226
（四）证书教育	324	169	455
（五）岗位培训	18 148	8 826	4 110
（六）进修及培训	4 433	3 732	1 449
二、中等教育	701 286		757 066
（一）中等职业教育	40 203		22 114
（二）职业技术培训机构	661 083		734 952

注：高等教育非学历教育学生数未包含成人高校举办的非学历教育学生数。

2003年各级民办教育基本情况

	学校数（所）	毕业生数（人）	招生数（人）	在校生数（人）	教职工数（人）	专任教师（人）
一、民办高等教育						
（一）普通高校	3	767	2 488	5 310	1 063	503
（二）成人高校						
（三）民办的其他高等教育机构	24	4 709	4 086	9 416	948	526
二、民办中等教育机构						
（一）高中阶段教育						
其中：民办普通高中	35	3 927	8 497	19 324	4 322	2 640
民办中等职业教育	6	1 005	1 593	2 812	200	62
（二）初中阶段教育						
其中：民办普通初中	32	6 536	12 621	32 674		
民办职业初中						
三、民办普通小学	30	1 938	1 666	11 616	977	685
四、民办幼儿园	1 742	38 538	60 459	84 191	6 163	3 481

注：民办普通高中教职工数包含民办普通初中教职工数。

〔**教育经费投入**〕　2003年，全省教育经费总收入113.2亿元。其来源构成如下：国家财政性教育经费76.5亿元；社会团体和公民个人办学经费1.4亿元；社会捐集资经费2.4亿元；事业收入30.2亿元；其他收入2.7亿元。同年全省地方财政预算内教育事业费支出67.6亿元，比上年增长5%，各级学校生均预算内教育事业费支出的情况是：小学1184.34元，比上年增长21.14%；初中1132.8元，比上年增长1.93%；高中1242元，比上年减少13.33%。各级学校生均预算内公用经费支出的情况是：小学132.79元，比上年增长57.2%；初中167.11元，比上年增长8.6%；高中191.33元，比上年减少33%。2003年全省财政支出409.2亿元，全省预算内教育经费占财政支出的16.5%。2003年国家财政性教育经费占国民生产总值的3.03%。

〔**法制建设和教育督导**〕　进一步加强依法行政和法制建设。制定《2003－2007年吉林省教育立法计划》。“四五”普法工作全面推广，举行全省教师法律法规考试和知识竞赛，开设中小学生法制教育课，启动依法治校试点工作。积极推进教育系统政务公开，取消不合法的审批项目30多项，认定保留18项。贯彻落实《学生伤害事故处理办法》，组织教育行政部门工作人员、学校领导、师生及家长共同学习，了解学生伤害事故的处理程序和责任归属，减少了纠纷。

加强督导工作。实施2002年度教育重点工作目标责任书执行情况的年终评比，制订2003年度教育重点工作目标管理责任书文本及其督导评估指标体系。开展“两基”督导评估，对9个县（市、区）进行“两基”督导评估。并突出了对义务教育管理体制调整、教育投入、教师工资拖欠、控制学生辍学等问题的检查。建立职业教育督导评估机制。开展专项（随机）督导检查，推动教育难点问题的解决。以“质量万里行”的形式进行随机督导，共抽查了9个市（州）的18所农村初中。

〔**学校体育、卫生与艺术教育**〕　集中开展全省大学、中专校体育教学改革优秀课评选和全省学校体育教师科研先进个人评选工作，共评出99节优秀课，117名科研先进个人。实施吉林省农村学校艺术教育实验课题研究工作。按照《吉林省学校仪器卫生安全检查标准与评价》和《吉林省健康促进学校考核标准》，开展健康教育促进校评比工作，4所国家健康促进学校项目校顺利通过国家验收。制定《吉林省普通高等学校军事学科建设评估细则》，全省高校军事课程开课率达到100%。加大师资培训工作力度，特别是农村音、体、美和健康教育师资队伍的培训，举办吉林省第一期普通高等院校军事教师培训，90多名军事教师参加培训。组织参加全国第七届大学生运动会等重点活动和比赛，取得了较好成绩。

〔**教师队伍建设**〕　有效开展各种培训。加强师范院校教师新课程培训，发出《关于做好师范院校教师基础教育新课程培训的意见》，在全省师范院校中选拔92名教师参加国家培训。开展新课程改革试验区骨干教师和培训者培训，完成课改实验区管理者111人、培训者179人和骨干教师1 307人的省级培训任务。指导各市（州）开展农村教师的新课程培训，选拔推荐208名基础教育新课程骨干培训者参加第二期国家级培训。开展中小学教师信息技术培训，召开“英特尔未来教育”2002年总结表彰及2003年工作启动大会，表彰4个优秀管理单位和44名优秀个人。2003年全省9个市（州）完成8 000人的培训任务。

认真做好2003年高师分院招生及对口升学。2003年共落实537人对口升学计划。开展高师分院“三好学生”评选，评选省级“三好学生”5人，优秀学生1人，优秀学生干部1人。

启动面向社会认定教师资格工作。2003年印发《关于面向社会认定教师资格有关问题的通知》和《教师资格制定学习宣传手册》，召开由各市（州）、县（市、区）教育局长和各市（州）教育局、各高校人事处长和新闻媒体参加的全省面向社会实施教师资格制度工作会议，培训2 421人，参加考试2 636人。

加强师德建设，切实提高广大教师的思想政治素质和职业道德水平。授予珲春市果树新村小学教师马宪华“山区人民好教师”荣誉称号，并作出《关于开展向山区人民好教师马宪华同志学习活动的决定》。马宪华的先进事迹在《吉林日报》刊发和吉林电视台播出后，在全省教育系统和社会各界引起了强烈反响。全省教育战线普遍开展了向马宪华同志学习的活动。印发《关于认真做好全省教育系统师德标兵和师德先进个人表彰工作的通知》，开展全省教育系统师德标兵和师德先进个人评选奖励工作，评选出何会术等20名教师全省教育系统师德标兵和李冬野等383名教师全省教育系统师德先进个人。开展“郝水农村优秀教师奖”评选奖励工作，马宪华等10名教师获特等奖，孙胜等40名教师获优秀奖。

〔**治理中小学乱收费**〕　加大治理中小学乱收费工作。一是认识明确，各级政府和教育行政部门的主要领导同志，从实践“三个代表”重要思想、执政为民的高度来认识教育乱收费的危害性和治理乱收费的重要性和必要性。二是领导重视，从省政府到各市、县政府的领导同志普遍重视治理教育乱收费工作，分管领导亲自抓、具体抓。副省长李锦斌在《国务院办公厅转发教育部等部门关于2003

年治理教育乱收费工作实施意见的通知》印发后，批示省教育厅要认真研究，结合全省实际抓好落实。教育部等7部委联合召开全国治理教育乱收费工作电视电话会议后，吉林省当即在会场召开治理教育乱收费协调组会议，研究贯彻会议的具体措施。2003年，省教育厅党组6次开会研究治理乱收费问题。三是措施到位，明确提出了十个不准。在收费制度上逐步建立、健全八项收费制度。在治理措施上逐步加大力度，坚持标本兼治、综合治理的方针，对乱收费截源头、堵漏洞、压反弹，对乱收费的责任人出重拳、严处理。四是协调组工作有力，每季度召开一次治理教育乱收费工作调度会，让各成员单位直接听取各地区治理教育乱收费工作汇报。取消了学校代电影公司收取中小学生看电影费，将代新华书店收中小学生课本费由过去提前一个学年缩短为三个月。对2000年以来多收学生的课本费进行专项清退，仅这三项全年就减轻学生家长经济负担9 549万元。全省清理和取消教育收费项目4项，减轻学生家长一次性经济负担8 000万元。2003年在面临抗击"非典"的非常时期，坚持两手抓，加大监督检查和惩处力度，全省共组成350个检查组，检查4 766所中小学校，共查出违规收费491.6万元，已全部退还给学生家长。全省治理教育乱收费工作得到了省纪委和教育部的充分肯定。2003年3月24日，吉林省教育厅在教育部召开的全国治理教育乱收费电视电话会议上发言。6月8日，中国教育电视台播放了吉林省治理教育乱收费的专题片。

〔**教育交流与合作**〕　来华留学生工作有较大进展。2003年接受来华留学生和就读生学校已发展到49所，留学生和就读生总数达2 787人；为促进吉林省外国留学生教育管理工作的发展，对接受外国留学生的高等院校进行评估，并对评估优秀单位给予表彰和奖励，进一步提高了教学质量和管理水平。规范中小学接受外国学生来吉林省学习的管理工作，制定《吉林省中小学接受外国学生管理工作的若干规定》。组织200多名教师报名参加对外汉语教师资格考试，首次争取新加坡政府中学生奖学金项目获得批准，新加坡莱佛士书院、新加坡莱佛士女中、新加坡公教中学、新加坡女子中学4所学校在吉林省选拔12名中学生赴新留学（此项目为中新两国教育部合作交流项目）。继续与新加坡加强合作，2003年又选送12名高中生赴新留学。举办吉林省第十届大学生日语演讲比赛，13所高校17名日语专业学生参加了比赛。中外合作办学、出国留学及派出短期团组工作有新进展。2003年共审核、审批中外合作办学项目8个，其中日章学园长春高中的合作办学项目为吉林省引进境外资金3 000多万元。共受理260人申请国家留学基金项目，经初审83人获得国家留学基金资助出国留学资格。共有757个团组、2 351人次短期出国访问。成功举办2003年东北（吉林）出国留学咨询展示会，3 000人次参加展示会。加大对自费出国留学中介服务机构管理力度，截至2003年10月末，全省自费出国留学约6 200人。

基础教育

〔**综述**〕　2003年，全省初中毕业升学率为52.7%，高中阶段教育毛入学率为45.1%；优质高中136所，占全省高中总数的46%。全省共有普通中小学专任教师23.37万人，其中小学教师14.14万人，初中教师7.14万人，高中教师2.09万人；城市中小学专任教师5.96万人，农村中小学专任教师17.41万人。小学教师学历达标率为99.18%，初中教师学历达标率96.93%，普通高中教师学历达标率88.64%。其中农村初中、小学教师学历达标率分别达到95.8%、98.8%，农村初中教师具有本科以上学历达到32.8%，农村小学教师具有大专以上学历达到55.38%，都超过国家规定标准。全省中学生和小学生入学率分别达到98%和99%，青壮年扫盲率达到98.6%。

〔**课程改革**〕 2003年新一轮基础教育课程改革省级实验区达32个，全省进入新课改的实验区已有42个县（市、区），小学、初中起始年级70%以上学生参加了新课改，4次举办规模较大的现场交流研讨会。吉林省课改工作在全国基础教育课改实验推广会上介绍了经验，在全国农村教育工作会议上进行了交流。

〔**普通高中建设**〕 深入开展普通高中改革与发展专题调研，制定《关于加快高中教育发展与建设的意见》，进一步明确了吉林省高中教育发展与改革的目标任务和措施，对加快高中教育的发展与建设起到了重要指导作用。2003年全省普通高中招生比2002年增加1.4万人。全省新建、扩建、改建高中校舍达100万平方米，总投资10亿元。同时，开展全省纳入重点高中管理系列的评估和示范高中的检查评估，共对18所高中进行省级评估，21所普通高中接受检查评估，将长春市希望高中等18所学校纳入省重点高中管理序列，全省重点普通高中增加到136所。对2001年纳入省重点高中管理序列的普通高中整改情况进行复查，建立动态管理机制，改变了重点高中终身制。

〔**"对口支援"工作**〕 全面落实省直对口支援150所中小学校任务，已有123所实现了对接，援建金额达1 243.22万元，援建物资折合人民币553.64万元。市（州）级对口支援工程全面启动，援建金额累计达1 000多万元。与此同时，发出《关于组织城市优质中小学校对口支援农村薄弱中小学建设的通知》，要求从学校管理、教师培训和提高教育质量方面进行重点援助，填补了对口支援只重视硬件援建，而忽略教学管理软件建设的缺欠。

〔**特殊教育**〕 制定《吉林省特殊教育改革与发展意见》，进一步明确了吉林省特殊教育的发展目标、工作任务和政策措施。启动特殊教育实验学校建设评估工作，迎接建国以来首次国家督导团对吉林省特殊教育的督导评估，国家督导团对吉林省特殊教育的改革与发展给予高度评价。

〔**民族教育**〕 召开吉林省民族教育工作会议，印发《吉林省人民政府贯彻国务院关于深化改革加快发展民族教育决定的意见》，将其作为指导今后一个时期的纲领性文件予以贯彻落实。进一步深化民族学校双语教育、教学改革，全省三级双语教改实验学校达30多所。在全国率先推行中国少数民族汉语水平等级考试（MHK）。加强民族学校教师队伍建设和民文教材建设。举办各种培训班，1 450多名教师获得培训证书，100名民族中小学骨干校长接受培训。采取措施，培养民族边境地区校长后备干部，已安排3批40名民族、边境地区校长后备干部挂职锻炼。加强民族学校课程改革。全省开展民族团结教育活动的学校达90%，接受教育的学生占同年级学生总数的85%，每年总数达25万人次。承担了西藏日喀则地区干部培训任务。

〔**中考、会考工作**〕 2003年的中考、会考正值"非典"期间，省教育厅多次召开专题会议，制定应急预案和工作方案，发出《关于全省2003年中考工作安排意见》和致广大考生的一封公开信。经过多方努力，全省中考20万考生、高中会考30万考生顺利参加考试，确保了广大考生的健康安全和评卷、录取工作的顺利进行。

〔**中小学德育**〕 开展全省中小学生思想状况调查。在此基础上，进行分析、研究，提出有针对性的整改和加强德育工作的意见。继续认真抓好爱国主义影视教育活动，就新形势下如何抓好影视教育工作，在白山、四平、白城、松原等地进行调研。配合省委宣传部等部门开展了全省读书活动，对全省广大中小学生的思想政治教育、爱国主义教育和思想素质的提高，起到了重要的推动作用。加强校外教育工作。完成了对全省22所青少年宫等校外教育场所的评估检查和国家扶持青少年校外活动场所建设项目的有关工作，全省青少年校外活动场所建设规划正在实施，已有临江、龙井等6个国家级项目在建。为提高全省家庭教育水平，组织了优秀家长代表转变家庭教育观念报告会；与省妇联联合举办家庭教育培训班，培养家庭教育骨干队伍，评出104所省级优秀家长学校，有效地推动了全省家庭教育工作，提高了家长学校的办学水平。

职业教育与成人教育

〔**综述**〕 2003年，吉林省有中等职业学校416所。其中中等技术学校55所，中等师范学校2所，成人中等学校98所，职业高中113所，其他机构148所。有专任教师15 264人，其中正高级职称82人、副高级职称2 954人。

2003年，随着吉林省建设“工业省、科教省、生态省”经济发展战略目标的确定，特别是党中央、国务院启动“东北地区老工业基地振兴战略”，职业教育更加得到省委、省政府的高度重视。省政府召开全省职业教育工作会议，作出《吉林省人民政府关于大力推进职业教育改革与发展的决定》。坚持以就业为导向，适应市场需求，职业教育的办学活力进一步增强。据不完全统计，2003年全省各类中等职业学校招生7.8万人，比2002年增长10%。在高中阶段教育中，中等职业学校招生、在校生所占的比重与2002年基本持平，其中中心城市招生增速加快。全省有各类中等职业学校327所，在校学生20余万人。

积极进行社区教育试点工作，长春市朝阳区已被教育部确定为国家社区教育实验区。

〔**职业教育综合改革**〕 贯彻落实吉林省职业教育工作会议精神，进一步推进职业院校职业资格证书制度的实施和就业准入制度。启动了省示范性中等职业学校建设工作，对21所原国家级重点中等职业学校进行评估。进一步推进中等职业学校以能力为本的教育教学改革，组织开展全省中等职业学校师生专业技能系列竞赛活动，参赛师生39万人次。积极推进学分制、弹性学制试点工作。订单教育比重明显加大，与市场衔接程度有所提高。省属高校对口招生工作顺利完成，招生规模6600人，比2002年增长18.2%。加强职业指导工作，及时总结典型经验，有3所学校被教育部授予“全国中等职业学校职业指导工作先进学校”。

〔**自学考试**〕 2003年共组织各类考试8项15次；完成实践性环节考核科目9万次；省际间转考3 671人；免考9 409人；毕业30 815人；组织各类培训8次；自学考试2003年全年报考人数已达384 903人、1 029 622科次。截止到2003年底，全省自学考试专业总数已增至111个。所有考试科目基本上使用了主客观试题的分卷考试。

高 等 教 育

〔**综述**〕 吉林省普通高校中，有本科院校22所（教育部直属高校2所），其中吉林大学、东北师范大学和延边大学是国家“211 工程”重点建设院校。2003 年，全省高等教育毛入学率达到 23%，是全国较早进入高等教育大众化阶段的省份之一，平均每万人口高等教育在校生为 126.3 人，高考录取率达到 75%。普通高校专任教师 21 824 人，其中具有正高级职称的 2 544 人、副高级职称的 6 626人；博士 1 568 人、硕士 5 516 人。2003 年普通高校本科毕业生就业率达到 91%。

全省高校设有博士后科研流动站 27 个，一级学科博士、硕士学位授权点 23 个，博士点 66 个，硕士点 433 个，国家重点学科 22 个，省重点学科 150 个，国家重点实验室 6 个，国家级科研与人才培养基地 12 个。

吉林省高校人才实力雄厚，有两院院士 16 人，国务院学位委员会学科评议组成员 23 人，“长江学者”14 人，省特聘教授、首席教授各 7 人，主讲教授 20 人，中青年骨干教师 68 人，博士生导师 647 人。

省教育厅印发《吉林省省属普通高等学校本科学科专业结构调整的指导意见》，对省属普通高校本科学科专业结构进行调整。

精心组织，周密安排，圆满完成 2003 年高校“专升本”工作。

〔重点高校和重点学科建设〕 开展省重点高校遴选，制定《吉林省重点高等学校遴选指标体系及内涵》，成立专家组，深入到参评的 11 所高校进行考察，形成《关于吉林省重点高等学校遴选工作报告》已上报省政府。继续推进“211 工程”学校建设，受教育部和省政府委托，组织延边大学一期工程结项和二期立项论证会，推动该校提高综合实力和竞争能力。实施省重点学科资助项目遴选，从国务院有关部委和省教育厅已确定的省属高等学校省部级重点学科、省重点建设学科中遴选 18 个对吉林省经济建设有重大意义的学科，确定为省重点资助学科，促进了高校重点学科进一步提高学术水平，增强为地方经济建设服务的能力。

〔教学改革〕 一是组织教育创新专家报告会。请领导和专家作报告，形成氛围，展开讨论，促进了省内高校教育创新大讨论的深入开展和教育教学改革的深化。二是开展高校教学名师奖遴选、推荐工作。重点抓申报指导、省级遴选和向教育部推荐申报工作。经组织专家组评审，吉林大学孙正聿等 14 名教授获得省级教学名师奖，并推荐其中 6 名教授申报国家教学名师奖。经教育部评审，吉林省 5 名教师获国家首届高等学校教学名师奖。9 月 10 日在人民大会堂举行的首届教学名师奖表彰大会上，孙正聿教授代表全国百名获奖教师作大会发言。三是组织新一轮教学研究与教学改革立项。确定吉林大学“新时期应用数学人才培养”等 478 项课题为 2003 年吉林省高等教育教学研究立项课题。四是组织大学生应用能力竞赛。为促进高等学校大学生创新精神和创新能力的培养，组织高校学生参加一系列应用能力竞赛，并取得突出成绩。其中全国大学生电子设计竞赛获国家级一等奖 3 项，二等奖 12 项；数学建模竞赛获国家级一等奖 7 项，二等奖 16 项；英语竞赛获国家级特等奖 7 项，一等奖 33 项，二等奖 109 项，三等奖 217 项；在 CCTV 杯全国大学生英语演讲大赛吉林赛区复赛中获一等奖 3 项，二等奖 6 项，三等奖 10 项，优秀奖 8 项。全国大学生课外学术作品竞赛，吉林省高校有 30 项作品进入决赛，获一等奖 2 项，二等奖 4 项，三等奖 23 项；吉林大学以总分 230 分的好成绩捧得竞赛优胜杯，另有 3 所学校获组织工作优秀奖。五是加强职业技能鉴定工作。在 12 所高等学校建立职业技能鉴定所，推进“双证书”制度的实施，促进高等学校学生特别是高职学生提高职业技能和就业能力。六是强化高等学校教学工作评估。组织延边大学按教育部专家组要求，积极组织评建和整改工作，在参评的全国 32 所院校中取得优秀成绩。进行东北电力学院教学工作水平评估和长春汽车工业高等专科学校人才培养水平评估的预评估，以评促建、以评促改。

〔防治“非典”科技攻关项目立项〕 召开全省高校防治“非典”科技攻关工作会议，设立省高校防治“非典”科技攻关项目和专项经费。对全省高校申报的 89 个项目进行评审，确定吉林大学安力彬“消杀漱口液”等 25 个项目立项。在“非典”

期间，吉林省高校研制的部分防治“非典”科技成果已应用于实际，为防治“非典”工作作出了贡献。

〔**学位工作**〕　组织第九批新增博士学位授予单位和新增硕士学位授予单位的申报和省级初评工作。按照国务院学位委员会的授权，审核通过42个学科、专业为硕士点；同时向国务院学位委员会推荐11个学科、专业。经国务院学位办批准，吉林省新增东北电力学院、长春工业大学2个工程硕士授权单位。

〔**高校招生和毕业生就业工作**〕　在高考时间提前又面临“非典”疫情的情况下，省教育厅精心组织，周密部署，顺利完成2003年高校招生全国统一考试。高考期间，省教育厅组成9个督察组，分赴各地，对高考工作加强领导，全省没有出现“非典”疫情，实现了“两个确保”，即确保不出现“非典”疫情，确保考试顺利进行。同时，按照“公开、公正、透明”的原则，高校新生录取工作平稳有序。2003年吉林省高等学校招生9万余人，比2002年增长17%。2003年，全省省属普通高校在校生比2002年增长25%。

2003年吉林省共有高校毕业生58 348人，比2002年增加19 362人，增幅达46.7%。省政府出台9项优惠鼓励政策，促进高校毕业生充分就业。7月，省政府召开高校毕业生就业工作电视电话会议，常务副省长王儒林在会上讲话，有关部门和高校介绍了经验。吉林省高校毕业生就业工作取得了明显成效。在受“非典”疫情影响的情况下，截止到6月末，高校毕业生的一次就业率是：本科生75.8%，专科生39.4%，分别比2002年提高了5个和3个百分点。

〔**高校党建和思想政治工作**〕　切实加强高校基层党组织建设和高校领导班子建设。抽调专门力量，集中1个多月时间，深入十几所高校，对全省高校青年教师和大学生党员发展情况进行全面、系统的调查和分析，形成《吉林省高校青年教师、大学生党员发展工作情况调查报告》、《关于加强和改进在高校学生中发展党员工作的意见》（征求意见稿），在此基础上召开第十次全省高校党建工作会议。同时对全省民办高校党建工作进行专题调研，把民办高校党建工作作为新时期高校党建工作的新课题认真研究，完成《吉林省民办高校党建工作调研报告》，这一调研课题被省委组织部列为2003年重点课题。

大力加强和改进高校思想政治工作。印发《关于在全省教育战线兴起学习贯彻“三个代表”重要思想新高潮的通知》，深入23所高校总结经验，宣传典型，进行具体指导。利用第二课堂开展丰富多彩的学习实践“三个代表”重要思想主题活动，近10万名大学生投身暑期“三下乡”社会实践活动。进一步深化“两课”教学改革，积极推进“三个代表”重要思想进教材、进课堂、进学生头脑。重新编写“两课”教材，秋季开学后，各高校全部使用新编的“两课”教材，受到广大师生的欢迎和好评。组织教师培训，全面提高政治理论和业务素质，举办全省高校“两课”骨干教师培训班，全省200余名“两课”骨干教师参加培训。

做好高校安全保卫和政治稳定工作。首次对全省本科院校实施安全保卫工作检查评估，制定《高校保卫工作检查评估标准》和《高校保卫工作检查评估体系》。召开全省高校稳定工作会议，表彰10所高校保卫处和20名先进保卫干部。坚持内治外治相结合的办法，加强对全省学校周边环境综合治理工作。开展防火工作专项检查和消防安全疏散通道检查，查出火险隐患163处。继续坚持预防为主的工作方针，强化安全教育，发出《关于进一步加强高校安全教育工作的通知》，编写《大学生安全教育读本》；推广吉林大学经验，建立高校“校园110”报警综合服务系统。

〔**独立学院及民办高校管理**〕　教育部《关于规范并加强普通高校以新的机制和模式试办独立学院管理的若干意见》印发后，本着促进民办教育发展的原则，结合吉林省实际贯彻执行。同时，通过规范评估，促进投资方加大投入，办学条件得到较大改善，进一步推动了新制二级学院的健康发展。2003年，经省教育厅批准成立的11所新制二级学院占地总面积达146万平方米，校舍建筑总面积75万平方米，在校生总数26526人，固定资产总值近12亿元，有8所新制二级学院已基本达到教育部规定的独立学院的标准。积极促进独立设置民办高等教育的发展。吉林华侨外院通过全国高等学校设置评议委员会的考察及评估，由高职升入本科院校；吉林对外经贸职业学院完成易地建校。吉林省民办高等教育发展保持了良好的发展势头。

撰稿　陈凤君

审稿　王青逯

黑龙江省教育

概　　况

〔基本情况〕

2003年各级各类学校校数、教职工、专任教师情况

	学校数（所）	教职工数（人）	专任教师（人）
一、高等教育			
（一）研究生培养机构（不计校数）	22		
1. 普通高校	14		
2. 科研机构	8		
（二）普通高等学校	54	60 609	28 525
1. 本科院校	22	44 380	20 176
2. 专科院校	32	13 537	6 794
其中：职业技术学院	26	10 690	5 251
3. 分校、大专班（点）（不计校数）		2 692	1 555
（三）成人高等学校	37	9 810	5 033
（四）民办的其他高等教育机构	41	1 660	774
1. 学历文凭考试机构	6	333	202
2. 非学历文凭考试机构	35	1327	572
二、中等教育			
（一）高中阶段教育	825	209 997	44 224
1. 高中	494	186 682	29 877
普通高中	481	186 384	29 728
成人高中	13	298	149
2. 中等职业教育	331	23 315	14 347
普通中等专业学校	51	6 592	3 302
成人中等专业学校	127	6 139	4 028
职业高中	153	9 979	6 759
技工学校			
其他机构（教学点）（不计校数）	57	605	258
（二）初中阶段教育			
1. 普通初中	2 238		119 901
2. 职业初中	14	448	418
3. 成人初中	28	535	145

续表

	学校数（所）	教职工数（人）	专任教师（人）
三、初等教育			
（一）普通小学	11 400	204 820	178 122
（二）成人小学	2 723	4 166	1 261
其中：扫盲班	1 324	1 613	603
四、工读学校	1	28	26
五、特殊教育	71	2 546	1 926
六、学前教育	2 181	20 298	11 779

注：1. 普通高中教职工数包含普通初中教职工数；
　　2. 成人高等学校教职工数和专任教师数为2002年数据。

2003年各级各类学历教育学生情况

	毕业生数（人）	招生数（人）	在校生数（人）
一、高等教育			
（一）研究生	3 862	9 906	23 630
（二）普通本专科	69 050	121 984	392 246
（三）成人本专科	44 232		172 440
（四）其他各类高等学历教育			
1. 在职人员攻读博士、硕士学位		2 502	6 800
2. 网络本专科生	1 833	4 019	13 288
3. 学历文凭考试	1 098	899	2 598
二、中等教育			
（一）高中阶段教育	196 936	266 247	707 620
1. 高中	119 021	187 643	486 979
普通高中	115 778	187 643	486 096
成人高中	3 243		883
2. 中等职业教育	77 915	78 604	220 641
普通中专	45 279	36 258	111 540
成人中专	14 989	12 567	33 217
职业高中	17 647	29 779	75 884
技工学校			
（二）初中阶段教育			
1. 普通初中	543 199	431 234	1 987 827
2. 职业初中	7 468	1 561	13 032
3. 成人初中	15 235		1 653
三、初等教育			
（一）普通小学	438 212	405 337	2 401 918
（二）成人小学	73 709		50 951
其中：扫盲班	9 537		10 878
四、工读学校	30	51	51
五、特殊教育	536	830	6 404
六、学前教育	354 396	248 377	345 116

注：1. 成人本专科毕业生、在校生数为2002年数据；
　　2. 其他各类高等教育学生数未包含成人高校举办的各类高等教育学生数。

2003 年各级各类非学历教育学生情况

	毕（结）业生数（人）	招生数（人）	在校生数（人）
一、高等教育	41 797	30 299	37 853
（一）研究生课程进修班	1 296	899	2 456
（二）自考助学班	7 711	8 531	16 841
（三）普通预科生	488	3 122	2 868
（四）证书教育	3 801	973	1 523
（五）岗位培训	21 655	8 661	9 723
（六）进修及培训	6 846	8 113	4 442
二、中等教育	2 280 071		1 788 574
（一）中等职业教育	89 165		60 435
（二）职业技术培训机构	2 190 906		1 728 139

注：高等教育非学历教育学生数未包含成人高校举办的非学历教育学生数。

2003 年各级民办教育基本情况

	学校数（所）	毕业生数（人）	招生数（人）	在校生数（人）	教职工数（人）	专任教师（人）
一、民办高等教育						
（一）普通高校	3	900	8 842	13 884	3 233	1 904
（二）成人高校						
（三）民办的其他高等教育机构	41	16 754	13 196	17 333	1 660	774
二、民办中等教育机构						
（一）高中阶段教育						
其中：民办普通高中	92	8 027	22 200	46 613	8 448	6 289
民办中等职业教育	6	107	657	1 460	220	124
（二）初中阶段教育						
其中：民办普通初中	95	15 523	19 199	76 459		
民办职业初中						
三、民办普通小学	61	3 664	4 238	19 703	1 594	1 149
四、民办幼儿园	1 579	44 625	47 594	85 751	7 447	4 220

注：民办普通高中教职工数包含民办普通初中教职工数。

〔**制订教育发展纲要和为老工业基地振兴服务计划**〕 2003 年，黑龙江省教育厅紧紧围绕建设小康社会和老工业基地振兴，初步制订了《黑龙江省全面建设小康社会教育发展纲要》和《教育为黑龙江省老工业基地振兴服务计划》。《计划》提出，紧紧围绕老工业基地振兴，整合全省教育资源，发挥产学研结合的优势，有效利用国内外优质教育资源，创新人才培养模式，全面实施“紧缺人才培养培训工程”，包括：村村大学生计划、中高级实用型人才培养培训计划、紧缺本科层次人才培养计划、城市下岗转岗职工就业与再就业培训计划、高级经营管理人才培养培训计划、高级研发人员培训计划和高层次创新人才培养计划 。同时，《计划》强调，要围绕振兴老工业基地这个主题，大力加强高等教育机构与企业的紧密合作，为此，提出实施“科技创新、科技服务工程”，包括：重点实验室建设计划、校企共建工程技术研究中心与研发中心计划、振兴老工业基地重大项目支持计划、高新技术成果转化与推广计划、大学科技园发展计划、高校科技产业发展计划、兴农富民服务计划。

〔**扩大助学金发放范围**〕 省教育厅按照省委

“十项利民行动”的部署，实施助学行动中的“整合、扩大助学金”项目计划。目标是：建立多渠道、长期、稳定的助学机制，省、市、县三级政府全部建立助学金，省政府助学金由600万元增加到4 000万元，省财政每年投入2 000万元，发动社会赞助，设立长期稳定的政府助学金，不让一个学生因家庭贫困而失学。到2003年底，省政府助学金已经增加到1 489万元（其中省财政投入300万元，企业捐赠582万元，个人捐赠607万元）。省教育厅为此成立了助学办公室，进行组织管理。已经拿出680万元用于减免农村中小学贫困生杂费，共资助贫困学生68 000多名；拿出50万元用于解决贫困大学生生活补贴；建设希望小学两所。各地（市）、高等学校此项工作也已全面启动，并取得初步成效。

〔国家督查组检查黑龙江省教育收费情况〕 2003年10月9日～15日，国家七部委治理教育乱收费督查组对黑龙江省治理教育乱收费工作进行了专项检查。督查组采取听、看、查、谈、访等形式，抽查了鸡西市、铁力市、桦南县治理教育乱收费工作情况，与受检部门进行了座谈，督查组还深入部分学校和家庭，了解治理教育乱收费工作情况。

督查组对黑龙江省治理教育乱收费工作取得的成绩给予了充分肯定，认为：（1）黑龙江省各级党委和政府对治理教育乱收费工作非常重视。（2）各级组织和各个部门能够积极配合、协调行动、措施有力。（3）在处理好治理教育乱收费和发展教育事业的关系上，许多地区的教育投入高于一般财政支出的增长。在规章制度建设方面，各个被检地区都做得比较好。特别是收费公示制度，做到了科学规范，渠道畅通，各项规章制度得到了很好的落实。（4）各地积极发挥主观能动性，在具体治理方法和措施上有所创新，如伊春市全市实行“一次性收费”、桦南县建立各乡镇财务结算中心和鸡西市形成教育收费“三级监督网络”等。（5）黑龙江省的治理教育乱收费工作取得了明显成效，有效地控制了教育乱收费，群众满意率明显上升。

对于存在的问题，督查组提出了以下意见：（1）要进一步提高各级领导干部对治理教育乱收费工作的认识，统一大家的思想。在检查中发现，个别领导干部对治理教育乱收费与教育发展的关系仍存在模糊和错误认识。（2）治理教育乱收费工作还需要进一步规范。督查组在检查中发现，一些学校收费后，没有给学生开具收费票据，有的学校没有开具正规的收费票据；有的“一费制”地区的农村小学校的学生，一个学期交费165元，比省里规定多收80元。（3）对现行的一些收费项目还需要进一步清理。（4）要进一步落实国家有关农村学校教材选用、不要为中小学生统一购买或制做学生服、关于教辅材料等问题的规定，并请教育部门和出版发行部门严格执行。

〔对外交流与合作〕 2003年，黑龙江省与俄罗斯布拉戈维申斯克师范大学签订了教育合作意向，为双方联合培养黑龙江省高校俄语言学和教育学的高层次教师奠定了基础。黑龙江省教育厅设立专项资金用于省属高校聘请境外教师。经专家评审，2003年共有20人获得资助48万元。根据中国教育部与新加坡教育部的合作协议，新方于2003年在黑龙江省选拔20名高中生和15名初中生，于12月1日赴新加坡有关学校学习并享受全额奖学金；日本高知工科大学当年已接收黑龙江省高校9名青年教师赴日攻读博士学位，并提供全额奖学金，同时又提供10个攻读博士的奖学金名额。

经教育部批准，全省共有19家机构获得从事自费出国留学中介服务的资格，省教育厅、省公安厅、省工商行政管理局等有关部门一起对非法从事留学中介活动的机构进行了清理整顿，使黑龙江省留学中介服务走上制度化、正规化轨道。

积极做好智力引进工作。哈尔滨工业大学、黑龙江大学、哈尔滨工程大学等从俄罗斯等国聘请了航天、计算机等高新技术领域的专家进行合作研究。

撰稿 单雪丽

基础教育

〔**义务教育**〕 2003年7月，黑龙江省在肇州县召开义务教育“控辍”工作会议，副省长程幼东出席会议并作了讲话。会议总结了“普九”巩固提高和“控辍”工作的经验，并对下一步工作作出部署。

省政府决定重点强化以下几方面工作：一是强化政府行为，确保学生顺利完成九年义务教育。县级政府对农村义务教育负有主要责任，县（市、区）长是第一责任人，各级政府必须增强依法实施九年义务教育的责任感和使命感，实施“一把手工程”，把“控辍”工作纳入重要议事日程，当作一件大事抓紧抓实。要进一步完善“以县为主”的管理体制；建立“控辍”工作责任制。二是深化教育改革，确保学生“留得住、学得好、用得着”。要推进义务教育课程改革工作；积极开展“绿色证书”教育；深化教育评价制度的改革。三是坚持育人为本，加强师德师风建设。有针对性地做好“易辍生”的工作，规范教师的教育行为，坚决制止歧视、羞辱、体罚学生的错误行为。四是规范办学行为，创办人民满意的教育。严格执行国家和省政府规定的中小学收费标准，解除学生的经济负担，避免学生因过重的经济负担而辍学。同时，对全省“普九”巩固提高和“控辍”工作，要实行“季度报告”、“年度报告”制度，并建立“普九”巩固提高和“控辍”工作专项督导制度。县级督导部门每年都要集中进行两次专项督导检查，对全县的每个乡（镇）、每所学校都要查清查实，并通报检查结果。省、市教育督导部门对“控辍”工作每年至少进行一次督导检查。

〔**减免农村贫困中小学生杂费**〕 2003年11月，省教育厅批转《关于为农村特殊教育学校学生和农村贫困中小学生减免杂费的通知》，决定进一步解决特殊教育学校学生和农村家庭经济困难学生就学与辍学问题，启用省政府助学金中省委、省政府、省人大、省政协等省直机关的捐款，对这部分学生进行资助。减免杂费的对象为全省农村特殊教育学生和农村（不含县所在地）义务教育阶段部分家庭经济困难的中小学生，减免杂费的期限为一个学年，减免额度为各学校现行的杂费标准，减免的重点是初中和小学高年级学生，农村特殊教育学校的学生全部减免杂费。此次减免杂费原则上用于减免2004学年度的学生杂费，如有特殊情况需用于减免2003年秋季学期杂费的，对评定为享受减免的学生已收杂费应返还给学生。各地也要按照1∶1的比例配套落实地方减免的学生杂费。

〔**高中教育**〕 2003年，省政府制定了《关于进一步加强普通高中教育发展的意见》，确定了高中教育发展的规模目标、结构目标、质量效益目标和体制目标。（1）规模目标。“十五”末期，普通高中在校生人数力争比现在增加15万人左右，校均规模达到1 500人。2010年普通高中在校生人数达到57万人左右。（2）结构目标。普通高中教育与职业教育协调发展；国办、企办、民办高中齐头并进；全省每9万人口左右设一所高中，城乡布局合理、地域分布适宜，最大限度地满足不同群体对不同层次高中教育需求。（3）质量目标。到2005年全省接收优质普通高中教育的学生数力争达到普通高中在校生总数的70%左右；建立完整的示范高中三级体系，“十五”期间到2010年，努力建设30所左右国家级、60所左右省级示范性高中，每县都要办好1所示范性普通高中；到2005年全省整体实施新一轮普通高中课程改革，全面实施素质教育，强化学生创新精神和实践能力培养，不断满足全面建设小康社会对全省人力资源整体素质的迫切需求；着眼于学生个性的培养、潜能的开发，突出学校办学特色，多种办学模式并举，走特色办学之路，办好办活所有高中。(4) 效益目标。根据统筹兼顾、育人为本、提高效益的原则，树立成本意识和效益观念，不断优化资源配置。(5) 体制目标。建立保障高中教育快速、持续、健康发展的有效支撑体制，落实相关支持政策；构建多元投入和长效投入机制，为普通高中的发展奠定坚实的物质基础；改革管理体制和办学体制，坚持办学体制多元化，形成国办、民办、企办多种形式并存的办学格局；深化人事制度改革，推行新的用人管理机制，实现教育效益最大化。

2003 年 7 月 24 日—25 日，黑龙江省普通高中教育发展工作会议在哈尔滨召开。会议确定大力发展普通高中教育，到“十五”末，大中城市的市区和经济发达地区基本普及高中阶段教育；到 2010 年，高中阶段的毛入学率达到 70%左右；到 2020 年全省基本普及高中阶段教育，毛入学率达到 85%左右。

〔**特殊教育**〕 2003 年，省教育厅发出《关于做好完成九年义务教育残疾儿童少年继续教育的通知》，旨在做好九年义务教育后的残疾学生的继续教育工作。《通知》要求：(1) 正确认识做好完成九年义务教育残疾儿童少年继续教育工作的重要意义。各级教育行政部门要高度重视残疾儿童少年的教育问题，提高认识，为这部分学生创设良好的受教育环境。(2) 进一步加快残疾人高级中等职业技术教育发展。有条件的地市，要创办残疾人职业技术教育高级中等学校；不具备单独设校的地市，要充分利用现有教育资源，在具备条件的特殊教育学校（中心）、职业技术教育学校（中心）设立残疾人高级中等职业技术教育部或班。也可以依托工矿企业，开展适合残疾少年特点的职业技术教育。(3) 积极开展残疾少年普通高中随班就读工作。对于有继续接受普通高中教育需求的残疾少年，各级教育行政部门要积极创设条件，在普通高中设立特教班或者通过随班就读的方式予以解决。普通高中附设特教班班额不超过 15 人，每所普通高中班接受残疾儿童随班就读不超过 2 人。(4) 各级教育行政部门要积极鼓励普通高中开展随班就读工作，并选择学校开展试点，要给予财力和人力支持，帮助学校建设资源教室，强化师资培训，提供必要的政策支持和设备保障。(5) 各级教育行政部门要加强承担随班就读任务的教师队伍的培养和培训，为他们参加学习培训提供必要的时间和条件。(6) 对于完成九年义务教育后继续要求接受教育的残疾少年，无论是在职业学校还是在普通高中随班就读，都要按当地同类教育的最低收费标准收费，不能按照自费生标准收取相关费用。有条件的地方要减免学费和杂费。

〔**体育、卫生、艺术教育**〕 2003 年 6 月 16 日，省教育厅印发了《关于加强学校卫生工作的意见》。《意见》提出：学校教室内的噪声不超过 40 分贝。小学生教室楼高一般 2～3 层；中学生教室楼高不超过 4 层。小学生每班 45 人为宜，最多不超过 56 人，中学每班 50 人为宜，最多不超过 56 人；每天的课业学习小学生不超过 6 小时，中学生不超过 8 小时。

10 月，省教育厅在佳木斯市召开现场会，推进了学校体育、卫生和艺术教育课程改革及大课间、课外文体活动和国防教育基地建设。

2003 年，黑龙江省全面启动了“放心食品工程”。在完善“豆奶计划”试点的同时，启动了学生“饮用奶计划”和“营养餐计划”。

2003 年，省教育厅发出《关于在黑龙江省大中小学校开设性健康教育课的通知》，决定从 2004 年春季开学起，在全省中、小学校中开设性健康教育课。《通知》对授课时数、授课教师、教材建设等方面提出了明确的要求。并出版了大、中、小学生《性健康教育》教师用书和学生用书。

〔**中小学人事制度改革**〕 2003 年 10 月 22 日，省委组织部、省人事厅、省教育厅、省编委联合印发了《关于黑龙江省深化中小学人事制度改革若干意见》，提出中小学人事制度改革的主要内容是：(1) 实行分级管理、以县为主的义务教育管理体制，落实县（市、区）级以上教育行政部门对中小学教师的管理职责。(2) 原则上普通中学每班学生 45～50 人，城市小学 40～45 人，农村小学酌减。普通高中每班可配备教师 3.0 人，普通初中班每班可配备教师2.7人，城市小学和县镇小学每班可配备教师1.8人，农村小学配备教师数由市县根据情况确定。(3)中小学教师工作量按周课时数核定标准：高中教师（含职业中学）12～14节，初中教师14～16节，小学教师16～22节。(4)全面试行中小学校长聘任制度。推进校长竞争上岗，实行公开招聘、平等竞争、择优聘任、严格考核、合同管理。校长实行任期制和交流制。校长每届任期原则上为3～5年，同一学校连续任职原则上不超过两届。逐步取消中小学及校长的行政级别，实现校长职务与机关行政级别脱钩。

从2004年开始，中小学将全面实行教职工聘用制和教师职务聘任制。坚持以岗定人、公开竞争、双向选择、择优聘用的原则，学校与教职工在明确规定双方的权利、义务和责任的前提下，建立劳动合同关系。学校可按约定解聘或辞退不合格教职工，教职工有权辞聘或辞职。

〔**农村中小学危房改造**〕 2001年，全省核查出农村中小学危房总面积为262.5万平方米，其中：B级21.5万平方米，C级75万平方米，D级166万平方米。当年，省里启动了农村中小学危房改造工程。2001—2003年，全省通过国家危房改造工程、布局调整工程、二期义务教育工程和地方自筹等，共投入资金8.5亿元，其中：中央投入1.6亿元，省级投入2亿元，地方投入4.9亿元。改造中小学危房92.7万平方米，其中：B级3万平方米，C级16.7万平方米，D级73万平方米。截止到2003年9月，全省尚有农村中小学危房188.4万平方米，其中：B级17.3万平方米，C级44.4万平方米，D级126.7万平方米，占农村中小学校舍总面积的10%。

2003年11月12日，省教育厅、省计委、省财政厅联合制订了《黑龙江省农村中小学危房改造工程规划和年度实施计划》，提出从2003年开始，在全省范围内继续实施中小学危房改造工程。到2005年底前，力争基本消灭现存农村中小学D级危房，基本消灭所有现存中小学危房。同时，建立健全中小学危房的工作责任制度和资金投入保障的长效机制，保证新出现的危房得到及时维修和改造。用足用好中央补助黑龙江省的1.5亿元危改专项资金，以及省政府在2003—2005年间安排的2.1亿元危改专项资金，集中支持各市、县改造农村中小学D级危房。

撰稿　赵清福

职业教育与成人教育

〔**全省职业教育工作会议**〕 2003年10月28日，省政府在哈尔滨召开黑龙江省职业教育工作会议。省人大副主任董浩、副省长程幼东、省政协副主席张树平等出席会议。会议表彰了职教工作先进单位和先进个人。

副省长程幼东在讲话中强调，发展职业教育要紧紧围绕黑龙江省全面建设小康社会的战略目标，以就业和市场需求为导向，以培养学生和劳动者专业技能，岗位能力与创新能力为重点，以体制创新、制度创新为动力，为黑龙江省经济结构调整和科技进步服务，为促进就业和再就业服务，为农业、农村、农民服务，为老工业基地振兴服务。省教育厅厅长张永洲就贯彻会议精神强调要做好三项重点工作：一是实施高技能紧缺人才培养工程，为老工业基地振兴服务；二是实施兴农富民培训工程，为“三农”服务；三是实施就业与创业能力培训工程；为就业与再就业服务。

会议出台了《黑龙江省关于大力推进职业教育改革与发展的意见》。《意见》强调：要充分发挥行业、企业和社会力量的作用，形成政府主导，行业、企业的社会力量共同参与的多元办学格局。大力推进“三教统筹”和“农科教结合”，有效地为“三农”服务。全省重点建设200个县、乡（镇）“农科教结合示范基地”。《意见》还确定加大职业教育为就业和再就业及职工培训的服务力度，建立50个省级社区教育实验区，400个社区学习中心。职教专项经费从每年500万元增至1 500万元。主要用于示范性骨干院校和乡镇成人文化技术学校，实训基地、农科教结合示范基地、师资培训、骨干示范专业、课程教材开发，职业教育信息化网络建设等项目建设。

〔**中等职业学校设置评估**〕 根据《关于对全省中等职业学校进行学校设置和专业设置评估的通知》精神，省教育厅于2002年4月—11月，组织有关专家对93所学校进行了评估和抽查复评。2003年2月25日公布结果如下：获A级普通中专4所，职业高中（职教中心）1所；B级普通中专10所，职业高中（职教中心）16所，成人中专2所；C级普通中专7所，职业高中（职教中心）50所，成人中专68所。

2003年9月15日公布了评估中不合格学校及未参加评估学校名单，并要求这些学校限期整改。

〔**职教师资培训基地建设**〕 2003年1月22日，省教育厅根据黑龙江省《关于“十五”期间中等职业教育师资队伍建设的意见》精神和《黑龙江省中等职业学校专业教师培训基地设置标准》，制定了中等职业学校专业教师培训基地建设和专业教师培训工作等有关政策，其中对培训基地建设标准、培训内容和时间、经费和政策扶持，培训对象、培训工作管理等提出具体要求，同时公布了23个省级职教师资培训基地名单。

〔**职业学校专业建设**〕 2003年7月7日，省教育厅印发《关于贯彻实施教育部中等职业学校重点建设专业教学指导方案》，《方案》从培养目标和业务范围上对中等职业学校进行了重新定位，确定人才培养规格是面向生产和服务等一线技能型操作人才，改变了过去中等职业学校人才培养规格不明确，岗位适应性不强等问题。《方案》的适用范围为各级各类中等职业学校，包括普通中等专业学校、成人中等专业学校、职业高中（职教中心）。《方案》确定了83个专业，包括农林、医药、卫生、机电、电子、汽车、财经、餐旅、建筑等各类主干专业。

〔**职业学校学籍管理**〕 2003年4月23日，省教育厅颁发了新的《黑龙江省中等职业学校学籍管理规定》，适用范围为黑龙江省各类中等职业学校。规定中等职业学校入学资格即初中及以上文凭应、往届毕业生。成绩考核包括学业和操行两个方面，学业成绩分为理论成绩和技能成绩，理论考核一般采用百分制或五级分制（优秀、良好、中等、及格、不及格）和学分制等记分评定方式，技能考核按初级、中级和高级等级评定成绩；操行成绩指对学生的思想品德、组织纪律等方面进行考核评定。学制，规定初中起点的中等职业教育学制为3年至4年，以3年为主；高中起点的中等职业教育学制为1年半至2年。此外还对转学、转专业、升级和留级、休学与复学、退学、纪律与考勤、奖励与处分、毕业等都作了明确具体规定。

〔**农村成人教育**〕 2003年初，省教育厅转发了教育部《关于进一步加强农村成人教育若干意见》的通知。强调各级教育及相关部门应进一步提高对农村成人教育在地方经济和社会发展进程中的地位、作用和重要性的认识，大胆解放思想，切实转变观念，准确搞好定位，努力健全机构，实实在在地解决管理薄弱，投入减少和工作不力等问题。

为了大力发展职业和成人教育，实施农业产业调整主辅换位，省教育厅就核定农村成人教育编制有关事宜印发了通知，要求各地应根据当地人口多少和工作量大小核定乡镇成人文化技术学校的编制，包含乡镇中心校或综合中学的，应保留乡镇成人文化技术学校的编制和牌子等等。

发展农村成人教育，使黑龙江省一些县市大受裨益。佳木斯市汤原县成人中专办学面向农村实际，主动为“三农”需求服务，办学效益和质量不断提高，培养出一大批实用技术人才，受到当地农民的欢迎。杜蒙县职业教育主动为畜牧业服务，校企联办，积极开展畜牧技术培训，建立畜牧技术辐射点，无偿提供技术支持，与科研部门合作，强化职业学校科研能力，提高了为农服务的质量。

撰稿　崔多立

高等教育

〔**综述**〕　2003年，全省高等学校占地面积4 740.7万平方米，校舍建筑面积1 566.5万平方米，图书3 036.77万册，电子图书268.64万片，教学仪器设备总值29.8亿元。全省成人高等学校占地面积320.5万平方米，校舍建筑面积150.6万平方米，藏书471.86万册，电子图书70 375片，教学仪器设备总值2.5亿元。

2003年，省教育厅针对全省高校大学生心理健康教育工作的实际，协调有关部门建立并开通了"黑龙江高校心理健康教育网"，为高校师生学习、交流创设了网上平台；对各高校心理健康教育工作开展情况进行了调查，组织了心理咨询员、心理咨询师国家级职业资格培训班及鉴定考试，为全省高校培训了100多名心理健康教育骨干教师。

2003年，省教育厅修改和完善了《黑龙江省普通高等学校特聘教授岗位制度实施办法》，将特聘教授岗位奖金由每人每年6万元人民币提高到10万元人民币。同时，根据黑龙江省的实际情况，加大引进人才的力度，规定省属普通高校所有省级以上重点学科，均可设置特聘教授岗位。按照新《办法》，面向国内外公开招聘和部分高校推荐，经省教育厅组织的由院士组成的专家组的评审通过，已有8名博士、博士后或著名教授被省属高校聘为首批特聘教授，并签订了聘任合同，其中有6位是回国留学人员。

〔**高校布局调整**〕　经教育部批准，民办黑龙江东方学院升格为本科高等学校；成立了齐齐哈尔师范高等专科学校。新成立了黑龙江信息技术职业学院、黑龙江农牧水产职业学院、黑龙江北开职业技术学院、黑龙江农垦农业职业技术学院、黑龙江农垦林业职业技术学院、黑龙江商业职业学院、黑龙江公安警官专业学院7所高等学校。绥化师范专科学校、齐齐哈尔大学黑河分校、伊春职业学院、大庆高等专科学校升格为本科院校通过专家组考查。3所中等专业学校分别并入3所高校。省政府批准克山师范专科学校实质性并入齐齐哈尔大学。

为了进一步规范办学秩序，省教育厅对25个独立学院（原民办二级学院）进行了清理整顿，将普通高等本科学校在校内举办的14个独立学院（即校中校）全部取消。另外11个独立学院已报教育部备案。制定了黑龙江省《院校审批工作制度》、《计划管理工作制度》、《教育统计分析报告制度》，民办高校的办学行为得以规范。

2003年5月22日，省教育厅公布了哈尔滨学院松江公共关系学院等10所具有独立法人资格的民办二级学院名单。同年5月，东北农业大学成栋学院也获准成立，并于年底获得具有独立办学的法人资格。

〔**教育教学管理与改革**〕　2003年，各高等学校以提高质量为目标，继续实施黑龙江省新世纪高等教育教学改革工程，279个项目通过省级验收。哈尔滨理工大学和黑龙江中医药大学本科教学水平评估、哈尔滨医科大学七年制评估进展顺利。结合老工业基地振兴战略，加快调整高校学科专业结构和专业方向，加强重点学科建设，通过对普通高校"十五"重点学科建设情况进行中期检查，带动了高校整体水平和质量的提高。评选黑龙江省普通高等学校教学成果奖，共评出普通高等学校教学成果奖一等奖52个，二等奖149个。完成了普通高校专科生升入本科学习工作，共录取专升本学生

4 600余人。

各高等师范院校开展了教学改革与发展方向专题调研。启动了高等学校精品课程建设工作，按照教育部的统一部署，全省高等学校共评出省级精品课程35门，其中10门课程申报国家级精品课程评选。对各类高等学校学籍管理人员进行了电子注册业务培训，共完成12万名各类大学生学历证书电子注册工作，并已基本建成高等教育学生学籍管理省级数据库。按照教育部要求，全省高等学校名师表彰奖励结束，共评选出名师20名，其中有6名教师获得全国首届“高等学校教学名师奖”。

全省高校专业建设和管理工作进一步完善，2003年，新增本科专业54个。6所普通高校的21个实验室通过了省教育厅组织的评估，全部合格。继续加大了大学外语考试、计算机等级考试、数学建模竞赛、电子设计竞赛的专项工作，并取得了优异的成绩。各高等学校积极开展人才市场调查，为专业设置、结构调整以及教学内容的改革提供充分依据，努力为黑龙江省老工业基地改造提供人才支持。为加强省属高校重点专业建设工作的指导和管理，省教育厅对省属2所高校的86个专业进行了中期验收及初审工作，并对部分高校的省级重点专业进行实地考查。

〔**实施“村村大学生计划”**〕 2003年年底，黑龙江省全面组织实施“村村大学生计划”。实施该计划是为全省农村培养有现代农业发展理念、掌握先进农业技术和管理知识、带动群众致富的“留得住，用得上”的专科层次乡土人才。该计划的培养任务由东北农业大学、黑龙江八一农垦大学及黑龙江畜牧兽医职业学院等10所高等农业院校组成的服务联合体统一实施。凡是年龄不超过35周岁的，农村户口且在乡（含乡、镇）以下农村生活的普通高中、职业高中、中专毕业生均可以报名。入学时与县（区）政府有关部门签订回村协议（毕业后回村创业5年以上），实行“村来村去”，不迁移户口，不改变现有身份。各培养高校按照农村的实际需求制定培养方案，学制两年，教学计划要突出实用技术培养。同时实行特殊的学籍管理办法，建立专门档案，跟踪问效，提供服务。学生修完规定课程，经考核合格后，颁发省教育厅统一注册的专科层次的高等职业教育毕业证书。在评定技术职称和5年后报考公务员等方面与专科学历同等对待。学生免收学费，学生学费由省级政府和学校负担。

〔**科研工作与校办产业**〕 2003年，各高等学校参与科技研究的教师共计46 396人（其中人文、社会科学院研究人员8 536人）。自然科学研究获得经费20.95亿元（其中上年结转经费6.33亿元，当年拨入经费14.62亿元）。人文、社会科学研究项目经费0.25亿元。（1）自然科技研究项目共5 795项。其中基础研究项目1 517项，应用研究项目2 819项，实验发展项目373项，R&D成果应用项目281项，科技服务项目805项。这些项目中有国家“973”项目33项，国家科技攻关项目40项，国家“863”项目136项，国家自然科学基金项目397项。（2）人文、社会科学研究项目1 149项。其中基础研究项目750项，应用理论研究255项，应用研究项目144项。这些项目中有国家社科规划项目24项，教育部人文、社科规划项目28项，中央其他部门社科专门项目22项。

加强科研基地建设。哈尔滨医科大学生物制药国家重点实验室培育基地获批准建立，东北农业大学申报教育部重点实验室取得进展。在部委属高校启动重点实验室建设计划；省高校人文社会科学重点研究基地建设方案已经完成并正在实施中；省教育厅与有关部门积极协调，探索在高校建设若干工程技术研究中心。

2003年，全省高等学校出版科技专著590部，大专院校教科书628部；发表学术论文14 452篇；被SCIE、EI、ISTP三大检索收录的论文分别为539篇、871篇、452篇。科技成果获得国家科技进步奖8项，国务院各部门科技奖29项，省、市、自治区科技奖166项。签订专利转让合同108项，合同金额7 150.2万元，实际收入3 669.8万元。

各高校产业积极探索高校企业建立现代企业制度，探索与有关投资风险企业共建高校企业产业化投资基金。大学科技园建设加快，哈尔滨工业大学国家大学科技园通过科技部、教育部组织的评估，哈尔滨工程大学国家大学科技园也顺利通过验收评估。全省高等学校有校办产业 203 个，其中科技企业 106 个；注册总资金 17.6 亿元，资产总额 53 亿元；当年实现销售收入 23.86 亿元，实现利润总额 1.3 亿元；上交学校利润 889.7 万元，纳税金额 7 023.6万元；接纳实习学生 13 012 人。

加强“产学研”合作与成果转化。省教育厅与齐齐哈尔市委、市政府共同举办高校与企业科技对接洽谈会，建立厅、市、校长期科技合作关系；与省有关部门共同举办高校与企业技术合作洽谈会、对接会等。针对 2003 年春季发生的“非典”疫情，共有 8 所高校迅速启动抗“非典”专项科研项目 31 项，哈尔滨医科大学还建立了 P3 级实验室，收到良好的效果。

〔**党建与学生思想教育工作**〕 2003 年，开展了高校领导班子贯彻党委领导下的校长负责制状况专题调查，在此基础上形成了《黑龙江普通高等学校党委领导下的校长负责制实施细则》。切实抓好以发展青年骨干教师和优秀大学生入党工作为重点的高校基层党组织建设。据不完全统计，截至 2003 年底，全省 32 所高等学校在校生中有学生党员 21 149 人。

进一步推进“三个代表”重要思想“三进”工作。全省高校均开设了“邓小平理论和‘三个代表’重要思想概论”课，有的学校还成立了专门教研室。选送了部分教师参加教育部组织的“两课”各门课程骨干教师培训班，全年共有 200 余名教师受到了各种培训。进一步推进了“两课”教材建设。根据党的十六大精神和教育部课程建设和教学内容调整要求，本着“出精品、上档次”的原则，组织专家学者重新编写了全省高校“两课”教材。其中马克思主义理论课教材 4 部，思想品德课教材 6 部。

〔**学位工作**〕 黑龙江省原有一级学科博士点 26 个（覆盖二级学科博士点 90 个），二级学科博士点 52 个，硕士点 314 个。经国务院学位委员会第二十次会议批准，新增列哈尔滨商业大学为博士学位授予单位，黑龙江科技学院为硕士学位授予单位；新增列一级学科博士点 9 个（覆盖二级学科博士点 63 个），二级学科博士点 18 个，硕士点 123 个。2003 年，全省共有博士单位 12 个，硕士单位 15 个；一级学科博士点 35 个（覆盖二级学科博士点 155 个），二级学科博士点 46 个，硕士点 369 个。一级学科博士点增长率为 34.61%，二级学科硕士点增长率为 28.84%。黑龙江省已拥有 11 个学科门类，基本形成了除军事学科门类以外，学科齐全、结构较为合理的学位授权体系。

为了彻底杜绝替考现象，省教育厅在同等学力人员申请硕士学位外国语和学科综合水平全国统一考试、在职攻读硕士学位全国联考中采用了与哈尔滨工程大学共同研制的“考生指纹身份识别”系统。该系统性能完备，在黑龙江考区的考试中共识别 12631 人次，共查出 114 名替考者。

〔**毕业生就业工作**〕 2003 年，全省高校毕业生就业工作平稳推进，本科毕业生一次就业率达到 73.3%，比 2002 年提高 5 个百分点。

黑龙江省进一步深化改革，出台了促进毕业生就业的政策措施。放宽毕业生择业期限，对暂时不能就业的毕业生，如 3 年内找到工作单位，省教育厅按照规定给予办理有关毕业生就业手续；为毕业生保留人事及户口档案，两年内档案可保留在进行登记的各级毕业生就业指导机构或由政府所属的人才交流机构进行人事代理，户口可保留在原就读的学校，落实单位后，将档案和户口迁至工作单位所在地。

鼓励和支持高校毕业生到农村基层支教、支农、支医、扶贫等工作。大学生在基层经过两三年锻炼，根据工作需要和可能从中选拔优秀人员到县、乡（镇）机关和学校或企事业单位担任领导工作，或充实到基层金融、工商、税务、审计、公安、司法、质检等部门。上述部门、单位的领导和专业岗位，原则上都应由具备大专学历以上并具有相关专业证书的人员担任。根据省委“十项行动”的要求，正在启动“村村大学生”行动，将连续 3 年，每年选派 1000 名左右的大学生到乡（镇）、村工作。对自愿到省内边远及贫困地区就业的生源为大中城市的毕业生，其户口仍可落入原户口所在地，并由毕业生接收地给予一次性奖励；对自愿到黑龙江省边远及贫困地区就业的外省生源本科以上层次毕业生，由毕业生接收部门给予一次性安家补贴；凡到非国有单位就业的毕业生由各级政府人事部门所属的人才交流机构负责代理人事档案；各级公安部门放宽了对集体户口的审批条件。

进一步为毕业生就业创造条件。举办了以省教育厅牵头、各有关高等学校和政府有关部门合办的毕业生供需见面会 11 场，共有 10 万人次参加大会，各高校根据市场需求情况举办了不同科类、不同规模的毕业生就业洽谈会 40 余场，均收到了良好效果。认真落实“志愿服务西部”计划，有近千名大学生踊跃报名，经选拔，有 110 名大学生被选派到西部省区服务。

撰稿　崔多立

审稿　王普庆　姜广富

上海市教育

概　　况

〔基本情况〕

2003年各级各类学校校数、教职工、专任教师情况

	学校数（所）	教职工数（人）	专任教师（人）
一、高等教育			
（一）研究生培养机构（不计校数）	51		
1. 普通高校	20		
2. 科研机构	31		
（二）普通高等学校	56	63 138	24 387
1. 本科院校	26	55 701	20 859
2. 专科院校	30	7 437	3 528
其中：职业技术学院	24	5 419	2 721
3. 分校、大专班（点）（不计校数）			
（三）成人高等学校	27	4 863	2 232
（四）民办的其他高等教育机构	196	922	227
1. 学历文凭考试机构	19	338	86
2. 非学历文凭考试机构	177	584	141
二、中等教育			
（一）高中阶段教育	584	96 872	27 142
1. 高中	400	77 523	17 591
普通高中	343	76 853	17 252
成人高中	57	670	339
2. 中等职业教育	184	19 349	9 551
普通中等专业学校	83	11 912	5 286
成人中等专业学校	49	1 597	742
职业高中	52	5 459	3 293
技工学校			
其他机构（教学点）（不计校数）	11	381	230
（二）初中阶段教育			
1. 普通初中	515		34 203
2. 职业初中	3	90	39
3. 成人初中	0	5	2

续表

	学校数 （所）	教职工数 （人）	专任教师 （人）
三、初等教育			
（一）普通小学	698	54 157	39 408
（二）成人小学	0	1	1
其中：扫盲班	0	1	1
四、工读学校	13	656	372
五、特殊教育	31	1629	985
六、学前教育	1 032	25 087	15 089

注：1. 普通高中教职工数包含普通初中教职工数；
2. 成人高等学校教职工数和专任教师数为 2002 年数据。

2003 年各级各类学历教育学生情况

	毕业生数 （人）	招生数 （人）	在校生数 （人）
一、高等教育			
（一）研究生	10 079	22 524	59 090
（二）普通本专科	71 158	120 269	378 517
（三）成人本专科	30 830		170 852
（四）其他各类高等学历教育			
1. 在职人员攻读博士、硕士学位		6 086	12 798
2. 网络本专科生	1 404	14 198	29 472
3. 学历文凭考试	7 996	5 285	19 034
二、中等教育			
（一）高中阶段教育	172 419	173 461	576 473
1. 高中	108 077	104 030	349 916
普通高中	78 270	104 030	299 095
成人高中	29 807		50 821
2. 中等职业教育	64 342	69 431	226 557
普通中专	33 929	43 439	136 879
成人中专	8 759	5 033	20 243
职业高中	21 654	20 959	69 435
技工学校			
（二）初中阶段教育			
1. 普通初中	182 041	128 565	463 261
2. 职业初中	338	162	979
3. 成人初中	46		315
三、初等教育			
（一）普通小学	129 623	101 633	654 844
（二）成人小学	30		30
其中：扫盲班	30		30
四、工读学校	1 163	1 143	2 904
五、特殊教育	2 143	1 361	11 563
六、学前教育	90 426	88 173	254 821

注：1. 成人本专科毕业生、在校生数为 2002 年数据；
2. 其他各类高等教育学生数未包含成人高校举办的各类高等教育学生数。

2003年各级各类非学历教育学生情况

	毕（结）业生数（人）	招生数（人）	在校生数（人）
一、高等教育	335 240	401 773	195 293
（一）研究生课程进修班	5 801	5 358	10 890
（二）自考助学班	31 109	40 353	56 161
（三）普通预科生	121	289	259
（四）证书教育	15 268	22 971	12 190
（五）岗位培训	93 369	95 519	26 853
（六）进修及培训	189 572	237 283	88 940
二、中等教育	1 336 684		1 244 686
（一）中等职业教育	176 721		126 577
（二）职业技术培训机构	1 159 963		1 118 109

注：高等教育非学历教育学生数未包含成人高校举办的非学历教育学生数。

2003年各级民办教育基本情况

	学校数（所）	毕业生数（人）	招生数（人）	在校生数（人）	教职工数（人）	专任教师（人）
一、民办高等教育						
（一）普通高校	14	3 119	16 142	37 770	1 801	921
（二）成人高校	1	296		833	146	76
（三）民办的其他高等教育机构	196	249 121	316 977	144 974	922	227
二、民办中等教育机构						
（一）高中阶段教育						
其中：民办普通高中	131	17 265	22 322	67 396	8 465	5 723
民办中等职业教育	10	722	1 828	5 542	522	292
（二）初中阶段教育						
其中：民办普通初中	56	19 787	22 089	65 886		
民办职业初中						
三、民办普通小学	40	19 224	8 532	59 313	2 591	2 091
四、民办幼儿园	228	9 720	11 747	34 818	4 626	2 546

注：1. 民办高等教育中成人高校的有关数据为2002年数据；
2. 民办普通高中教职工数包含民办普通初中教职工数。

〔**年度教育工作方针**〕 2003年，上海市教育工作以邓小平理论和“三个代表”重要思想为指导，认真贯彻党的十六大精神，以“世博会与上海新一轮发展”和上海实施教育综合改革试验为契机，积极实施“科教兴市”战略，贯彻“科学技术是第一生产力”、“人才是第一资源”的思想，把坚持发展作为第一要务，以改革为动力，以素质教育为核心，推进现代化教育内涵建设，不断扩大优质教育资源，加快基础设施建设，努力满足市民对各级各类教育的需求，为上海教育事业的大发展奠定良好基础。

〔**教育投入、支出与投融资改革**〕 2003年，全市教育部门财政预算内教育经费拨款115.32亿元。其中：市级财政拨款21.91亿元；区县财政拨款93.41亿元。

2003年，全市教育部门教育经费总支出186.56亿元。当年全市教育事业费支出163.89亿元，完成当年财政拨款的142.12%。城市教育费附加支出14.72亿元，农村教育费附加支出1.47

亿元，社会事业建设费支出2.36亿元。

2003年，全市小学生生均支出6 149.54元（其中生均公用经费1 584.08元），比上年增加1 012.5元，增长19.71%；初中生生均支出6 695.58元（其中生均公用经费2 086.78元），比上年增加1 145.17元，增长20.63%；高中生生均支出10 909.10元（其中生均公用经费4 369.42元），比上年增加1 190.37元，增长12.25%；职校生生均支出6 848.78元（其中生均公用经费2 311.00元），比上年增加336.82元，增长5.17%；地方高校生均支出16 349.55元（其中生均公用经费7 055.89元），比上年增加858.16元，增长5.54%。

2003年，市教委部门预算财务事业费支出23.84亿元。委属22所高校及中专、中学等平均增长10%左右。从城市附加宏观调控部分安排1.5亿元用于实施义务教育均衡化工程，在义务教育均衡化资金安排中，重点向农村和经济困难区县倾斜。其中，安排5 000万元用于支持农村学校购置教育设备，安排5 000万元对崇明、南汇、金山、奉贤、普陀、杨浦6个经济困难区县进行补助，安排5 000万元资助全市实施义务教育均衡化工程，安排5 000万元用于中小学信息技术装备，安排1 900万元用于中小学食堂改造，安排1 857万元用于人口导入区公建配套学校开办费补助（资助区县完成新建住宅小区配套建设中学13所、小学6所、幼儿园29所），安排3 300万元用于内地西藏班、新疆班、回民中学专项补助和支援云南、西藏经费，安排7 000万元用于职业技术教育布局调整。

2003年，市教委通过教育专用税费安排高校重点工程的贴息资助，如高职建设贴息，投融资改革贴息等。专项安排2 000万元用于支助新划入的11所共建中央高校，帮助学校解决一些急迫问题，使其逐步提高生均支出水平。

利用社会资源加快高校及其他学校改革与发展。2003年通过融资共筹集资金11.31亿元，用于委属高校环境整治和下划高校修建、购买设备1.22亿元，松江大学园区建设2.98亿元，第二工业大学新建1.93亿元，上海师范大学奉贤校区建设0.7亿元，上海中医药大学新建3.37亿元，青少年活动基地建设1.11亿元。

运用投融资体制改革，通过申教投资有限公司投资4.5亿元组建新复旦建设公司，购入新江湾城100公顷教育用地用于建设复旦大学新江湾校区，购入原上海应用技术学院部分校园用于复旦大学新闻学院建设。

〔**教育发展决策研究**〕 根据市委关于开展“世博会与上海新一轮发展”大讨论工作的部署，围绕“两个如何”，即上海教育如何支撑城市的新一轮发展，上海教育如何实现自身的新一轮发展，开展“世博会与上海教育新一轮发展”大讨论活动。大讨论体现三个特点：一是广泛发动，凝聚师生的智慧和力量；二是结合实际，立足发展，拓展创新发展思路；三是借助媒体，营造舆论，吸引全社会关注和参与上海教育发展。大讨论取得阶段性成果，形成了《上海教育“三个转变、三个推进”行动纲要》、《“做活、做强、做大”上海教育，推动经济社会新一轮发展》等一批综合报告和《政府、学校、市场关系研究》、《上海教育与世界级城市人力资源与教育发展比较》等专题报告，形成新的工作思路和改革方案，拟订了《上海现代化国民教育体系及发展规划》、《上海现代化终身教育体系及发展规划》、《上海市教育三年行动计划》以及上海教育事业发展有关重大项目。

2003年，市教育党委和市教委向社会发布上海教育新一轮发展决策咨询的招标课题，共有“上海教育规划研究”、“上海教育改革研究”和“上海教育管理研究”三大类课题。这是全市首次通过公开招标的形式吸引社会各界参与教育决策课题研究，旨在破除“围墙”，开阔视野和思路，增强决策的科学性，进一步营造社会各界关心、支持和参与教育发展的浓厚氛围。

〔**教育综合改革试验**〕 2003年，上海获准实施教育综合改革试验。教育综合改革框架方案包括试点审批普通高等学校、试点审批全市高校在境外设立办学机构、试点审批独立设置的中外合作高等学历教育机构、试点审批普通高校和成人高校招生计划、试点审批普通高校自筹资金研究生招生计划、试点审批高等学校专业目录外的新兴交叉学科的硕士新专业、试点审批高等学校硕士授权点、高校布局调整、全面统筹和实施共建高校中长期发展规划、中小学课程教材改革、高等教育招生考试改革、教育经费筹措与教育收费改革等。

为此，市教委组织开展了上海实施教育综合改革试验的论证，并形成论证报告；制订了《关于本市实施教育综合改革试验的若干意见》。明确了教育综合改革包含的内涵：一是运用综合改革，从社会经济发展的需求出发，调整并优化上海高等教育布局与学科专业设置；二是不断提高现有高校的依法办学能力和办学效益；三是逐步探索构建教育现代化管理和运行体系；四是形成高等教育发展的竞争机制；五是让上海教育进一步融入到“长三角”和全国大发展之中。在此基础上，召开高校、区县教育行政部门党政负责干部会议，统一思想、明确认识、增强动力。

〔**签订长江三角洲地区教育合作协议**〕 10月，市教委分别与江苏、浙江两省签订关于加强三地教育交流合作协议和江浙沪毕业生就业工作合作组织合作协议书，加强教育思想和科研领域的合作，共同探讨中小学课程教材改革和中考、高考制度改革，组织中小学教师培训，开展校际教学合作，共同使用青少年素质教育基地，共同建设和利用职业教育实训基地，共同探索依法治教，相互交流信息资料，建立高校毕业生就业信息平台，扩大上海与江苏、浙江两省高校就业市场互相开放程度，实现长江三角洲地区教育资源的优化配置和利用。

〔**教育法制建设**〕 编制了2003—2007年教育地方性法规规划。学习贯彻《民办教育促进法》和《中外合作办学条例》，市教委印发了《关于贯彻实施〈民办教育促进法〉若干问题暂行规定》、《关于贯彻落实〈中外合作办学条例〉的若干意见》；开展了《上海市民办教育若干规定》、《上海市中外合作办学若干规定》的调研、起草工作；完成了市教委自1995年至《民办教育促进法》实施前发布的民办教育规范性文件的清理工作，其中继续有效的文件16件，已经失效的文件5件，需要修改的文件8件。完成《上海市职业教育条例（草案）》的起草工作。在上年加强教育秩序整顿的基础上，进一步加强与法院、公安、工商等部门的沟通，积极探索建立综合执法机制，在查处非法办学、违规办学、自费出国留学中介机构不规范操作、违规教育广告等方面取得明显成效。

〔**教育审计**〕 上海17所市属高校接受财务收支审计后，开展四方面工作：一是认真落实审计意见，明确整改责任，落实整改措施；二是纠正错账，提高净资产的真实性；三是收回风险较大的金融投资；四是建章立制，完善内部控制制度，一些高校的整改工作已取得显著成效。此外，制定了《关于建立教育系统局级干部离任经济责任审计制度的通知》，对教育系统局级干部经济责任审计的对象及经济责任、审计实施的工作格局、时间范围、操作程序、审计内容及重点等作了规定。

〔**教师与干部队伍建设**〕 深化高校教师职务和其他专业技术职务聘任制改革。制定《关于2003年度上海市中小学教师职务评聘工作的实施意见》和《关于2003年度上海市中等专业学校教师职务评聘工作的实施意见》，稳妥推进中小学高级教师职务评聘工作权力下放试点，依法建立教师聘任制度。

启动“上海高校选拔培养优秀青年教师工程”，设立“上海高校选拔培养优秀青年教师科研专项资金”，每人给予2万元～3万元人民币资助，学校按1∶1比例配套投资，由优秀青年教师自选课题，开展教学、科学研究工作。在培养期内，对优秀青年教师实行严格的目标管理，配备指导教师，安排党校培训，每年对他们的思想素质、业务水平、发展能力和工作实绩等状况进行考核。对在培养期内作出突出成绩的优秀青年教师，经选拔列入教育系统优秀年轻后备干部、学科带头人队伍，进一步加以重点培养。选拔从2003年起每年进行一次，每次选拔200名，培养期为两年。

中国工程院院士、上海第二医科大学教授王振义，中国科学院院士、中国工程院院士、同济大学教授李国豪，上海音乐学院教授周小燕，中国科学院院士、复旦大学教授谈家桢，东辉职业技术学校校长万善正，闸北八中校长刘京海，卢湾区辅读学校校长何金娣，上海市教育科学研究院副院长顾泠沅，上海中学校长唐盛昌9位奉献教育事业，在教育教学、教育科研、教育管理工作中作出重大贡献的优秀教育工作者获市政府颁发的“上海市教育功臣”金质勋章和证书。共有52名教师荣获2003年上海高校教学名师称号，其中7名荣获国家级教学名师称号。此项评奖旨在进一步形成教授上基础课的良好氛围，并在制度上给予保证。

制定推进中小学幼儿园二期课改、全面开展管理人员和教师培训工作的意见。组织举办全市中小学校长“人文精神、人文素养”专题培训报告会，全市中小学（含职校、特教、工读、民办学校）正职校长及区县教育局、教师进修院校有关领导共1800人参加。各区县结合报告内容，围绕“校长应有怎样的人文精神和人文素养”的主题，开展了形式多样的研讨。此外，组织开展了有1200名全市幼儿园园长参加的“现代学校制度建设”专题培训；组织开展了教育专家领衔的中小学校长、骨干教师专题培训。组织开展了以“我的教育理念与学校持续发展”为主题的中小学青年校长论坛，通过论坛展示和综合评价，最后评选出10名“十佳青年校长”和21位提名奖。实施“上海英语教师提高”项目，选派40名中小学英语骨干教师赴英国培训。开发使用全市中小学师资培训教务管理系统软件，全市10万多名中小学、幼儿园教师教育的基本数据已经输入，以提高对全市中小学教师教育的管理效率，为今后全市中小学教师通过网络参加培训打下了基础。

〔**语言文字工作**〕 以“学习宣传《国家通用语言文字法》，促进语言文字规范化”为主题，深入开展第六届全国推广普通话宣传周活动。成立了全市教育系统语言文字工作领导小组。制定《关于加强本市区县语言文字工作机构的建设与管理的通知》，强化“属地管理”，进一步明确区县政府职能。推动对高校、职校、中小学等各级各类学校语言文字工作的评估，通过评估促进学校语言文字工作进一步走上规范化、制度化、科学化的轨道。组织各类群众性宣传教育活动，举办师德论坛演讲比赛、中等职业学校学生普通话比赛。继续推动教师普通话培训测试以及持证上岗工作，加大了对未达到国家标准的教师的培训力度。切实加强学生语言文字规范意识和应用能力培养，进一步发挥学校在语言文字工作方面的基础和示范作用。

〔**教育国际交流**〕 举办“上海教育金秋酒会”，加强与在沪外国总领馆的教育国际交往与交流。成功举办第十八届世界中学生足球锦标赛，来自18个国家的27支男女足球队、532名运动员参加。国际巨型大学峰会在沪举行，来自国外从事高等教育和远程教学且学生规模达到10万人以上的开放大学的校长和代表，围绕“创新与合作——为远程教育的明天共同行动”的主题开展交流。联合国教科文组织亚太地区教育局APEID第8次年会在沪举行，来自44个国家的教育专家、政府官员，共商教育发展大事。由32个国家派队参加的世界大学生汉语比赛在沪举办，促进了汉语走向世界。

与墨西哥哈里斯科州、德国巴登—符腾堡州科技教育部、加拿大魁北克省教育部签订两地教育交流协议；与澳大利亚昆士兰州续签教育合作备忘录。继续执行与法国罗纳大区、韩国釜山等已签订交流协议中双方所商定的各项交流项目，努力拓展和丰富交流的新渠道和新内容。

对全市外国留学生教育开展较大规模调研，基本摸清发展外国留学生教育的主要影响因素、外国留学生教育对上海发展的贡献，提出未来几年的发展目标和相应措施。对24所有外国留学生的高校进行留学生的年度评估。在对全市71家中小学总体评估的基础上，增加有资格接受外国学生的中小学数量，以适应上海对外开放的需求。加强了高校外国留学生和中小学外国学生规范化管理，完善了有关法规。做好聘请外籍教师单位的年检工作，提高聘请外国专家的社会效益和经济效益。制订和完善聘请外国文教专家的管理规范。

〔**体育、卫生、艺术、科普、国防教育**〕 贯彻实施教育部《全国高等学校体育教学指导纲要》

和《学生体质健康标准》，创新学校体育教学理念与手段，坚持“以学生为本，健康第一，终身受益”的教学思想。全市31所高校的4500名大学生参加了上海市第六届大学生运动会，选拔组建参加第七届全国大学生运动会的上海市大学生体育集训队。首次举办高校体育教师艺术节。推进上海市“体教结合”创新工作，复兴高级中学、市北中学、敬业中学、育才中学和曹杨二中被批准为国家级体育传统项目学校。编制《体育与健身》课程标准，推进“中小学生课外文体活动工程”，积极创建全国级、市级中小学生课外文体活动工程示范区。制定《上海市学校艺术教育工作规程实施意见》。举办2003年上海市金孔雀学生舞蹈节。组织参加教育部举办的全国第一届中小学生艺术展演活动和全国学校艺术教育科学论文报告会。经全国专家评委的评审，在规定上报的8个节目中，有6个节目参加全国决赛。推进上海市第三轮学校艺术教育实验点工作，金山区、奉贤区被列为全国农村学校艺术教育实验区。

制定《关于进一步加强中小学校预防传染病公共卫生工作的意见》，启动学校公共卫生设施新一轮改造。举办上海市学校卫生与健康用品展示交流会，为学校与企业合作搭建平台。制定《上海市施行〈学校与学生集体用餐卫生管理规定〉的意见》，针对上海学校卫生工作的重点，对学校食堂规范、盒饭准入、饮水卫生、安全保卫、应急处理等方面提出明确要求。为配合《上海市学校食堂卫生管理办法》和《上海市盒饭卫生管理办法》的实施，各区县投入食堂和盒饭加热场所设备改造的资金总计达到1亿多元。开展中小学、中专校和高校卫生保健教师的培训工作，加强学校卫生防疫和食品卫生管理工作的督查。

沟通科普学科体系和科普课外实践渠道。制定《上海市学校科普教育“十五”后三年滚动发展计划》。举办第五届上海市青少年科技节活动。开展第二届大学生课外科技创新作品展示评优活动，13所高校100多件参赛作品参加了市级决赛，涵盖信息、环境、材料、化学、物理、机械、管理、数学、医学、生命科学等近30个专业。举办首届上海市青少年“明日科技之星”评选活动，评选出16名“明日科技之星”、34名“科技希望之星”。开展上海市科技教育特色示范学校评选，28所注重科学素养提高和科技教育创新的中小学、中等职业学校被评为上海市科技教育特色示范学校。

制定《上海市普通高等学校和高级中学学生开展军训工作的实施意见》、《关于加强上海市民防知识教育的实施意见》、《上海市学校民防教育教学基本要求》，为全市国防、民防教育、军训工作的开展奠定了依法行政的基础。成立了上海市学生军训工作领导小组及办公室，为全市学生军训工作的开展提供组织保证。开展了“国防教育电影展”、“心中的英雄”征文活动、以“爱我中华”为主题的“我与国防”读书活动等丰富多彩、小型多样的军体活动。进行2003年上海市冬季大学生征兵工作。

〔**民族教育与对口支援**〕 2003年，市教委投入1 639万元专项资金改善西藏班所在学校办学条件，向西藏日喀则教育局捐赠600万元，用于改善当地中小学办学条件；5月，完成上海市第三批援藏项目——日喀则中专教学楼建设工程，总投资800万元，总建筑面积为3 528平方米，并为该教学楼配置了远程教育接收设备。全市教育系统支援西藏教育各项投入为2 314.12万元，比上年增长76.8%。

2003年，市教委实施上海市与新疆阿克苏地区行署签订的人才培训项目，完成当地教育系统30名教育行政干部来沪培训任务。为云南省中等职业技术学校培训干部、教师208人，接受103名云南贫困地区小学教师来沪培训。上海交通大学、华东师范大学、上海大学、上海第二医科大学和上海师范大学5所高校为新疆阿克苏职业技术学院和西藏日喀则地区中专学校培训农林、医学、计算机、学前教育、旅游等紧缺专业教师9名。

全市各区县教育部门在云南省对口地区援建希望小学3所，改建学校1所，捐赠各类教学仪器设备108台，捐赠各类图书资料43 292册，资助贫困学生3 141人，接受59名教师、15名干部来沪培训，选派支教教师100人。上海10所高校接受云南省对口高校教师184人、干部13人来沪进修、培训和挂职锻炼，派遣60名专家、教师赴对口高校讲学，投入科研项目合作资金579万元。

全市教育系统接受对口省区教师、干部进修培训共923人，选派专家、教师赴对口省区支教、讲学223人，共投入资金767.79万元。全年用于西部地区援建、改建学校、捐赠教育经费、捐赠教学仪器设备和图书资料、资助贫困学生、接受教师干部培训或挂职进修、组织教师和专家支教讲学等各项投入总计6 846.82万元。

〔**社会力量办学**〕 2003年，市教委制定《上海市社会力量举办学校（非学历教育）办学水平分等定级评估指标（试行）》，组织各区县开展评估工作。全市经区县教育行政部门批准，持有《社会力量办学许可证》并由社团行政管理部门登记，具有法人资格的社会力量举办的学校共有1230所，其中931所学校向所在区县教育行政部门提出分等定级评估申请，到年底，完成分等定级评估的有745所，并向社会公布了评估结果。其中被认定为A级学校的174所，B级学校的472所，C级学校的90所，不合格学校的9所。

基础教育

〔**义务教育**〕 2003年，上海市制订了《推进本市义务教育均衡发展若干意见》。市教委会同市财政局发文，调整义务教育阶段生均公用经费定额标准，小学和初中生均公用经费定额标准分别从1995年的80元和94元提高到320元和400元，以适应基础教育改革与发展和中小学现代信息技术教学等需要。同时，加大对农村义务教育的投入：一是市教委继续设立农村教育专项基金每年5000万元，专门用于为农村中小学添置设施设备和图书；二是强化政府对农村义务教育的责任，市和区县对财政比较困难的地区和办学比较困难的学校，采取财政转移支付或专项投入等措施，改善农村中小学办学条件，促进城乡教育一体化发展。

2003年，市教委进一步做好进城务工就业农民子女义务教育工作，采取扩大公办学校借读、规范农民工子女学校办学行为等多种形式保障务工农民子女接受义务教育的权利。全市接受农民工子女约32万人，其中在公办中小学借读的约12.3万人，比上年增加约9 000人，增长7.9%；在农民工子女学校就读的约20万人。

2003年，上海市在各区县自报实验方案、专家评审的基础上，确定徐汇区为全国随班就读工作实验区，闸北区、青浦区、浦东新区、黄浦区为上海市随班就读工作实验区，分别对随班就读的管理、随班就读的评估、教室的配置与使用、教师的培养、初中随班就读的教育教学等专题开展研究，使随班就读工作走上规范化的轨道。

〔**初中学校建设**〕 2003年，市教委制定了《上海市“加强初中建设工程”重点建设学校内涵建设基本要求》，加大对初中教育的投入。同时，优化教育资源配置，配强配好初中校长；鼓励广大教师参与改革实践，促进教师专业发展；促进公办和民办初中协调发展，并进一步完善招生制度改革；命名了94所上海市素质教育实验学校，以点带面推进初中教育改革和发展。各区县相应制订了区县加强初中建设的三年规划，确定了列入“加强初中建设工程”需重点建设的初中学校共193所。各区县把“加强初中建设工程”列为实事，加强领导和指导，建立了党政领导联系学校的制度，实行目标责任制。

〔**郊区优质高中学校建设**〕 2003年，上海市启动实施郊区优质高中扩建工程。在南汇区、奉贤区、金山区、崇明县4个区县新建4所现代化寄宿制高中，被列入2003年市政府实事项目，并全面开工建设，至年底已基本完成主体建筑，确保2004年9月竣工并投入使用。南汇中学办学规模为72个班，其余3校各为48个班；每校计划投资1.5亿元～2.7亿元；占地面积为11.67公顷～23.33公顷，建筑面积为6.2万平方米～8.4万平方米。

〔**课程教材改革**〕 2003年，市教委印发《上海市中小学幼儿园课程教材改革第二期工程试验工作实施方案》，编制和修订教材和课程方案。秋季共推出18门学科33个品种49本中小学新课程教材，推出5本幼儿园教师参考用书和配套材料。二期课程教材改革的所有学科新教材在全市179所课改实验基地学校的起始年级试用。同时，对部分学科的教材进行了修订。此外，实施中小学信息技术和课程的整合，加强教育软件的开发，形成与二期课改配套的教学软件系列和数字化教学资源库。二期课程教材改革于2002年秋季试行，为总结二期课改教学实践的成果，2003年举办了全市二期课改教学成果展示会。

〔**学前教育**〕 继续开展0～3岁婴幼儿启蒙教育的研究工作，制订《0～3岁教养方案》，依托国家研究项目建立一批早期教育样板点，在7个区试点的基础上，扩大到11个区。举办全市实施《幼儿园教育指导纲要（试行）》和《上海市学前教育课程指南》现场展示活动。

〔**教育督导**〕 2003年，制定《上海市区县“加强初中建设工程”督导评估纲要》、《上海市区县“加强初中建设工程”督导评估指标（试行稿）》、《上海市积极推进中小学“学校发展性督导评价”的实施意见（试行稿）》和《上海市工读学校教育督导评估指标》。开展对区县政府和教育行政部门“城市教育费附加和农村教育事业费附加”、“特殊教育工作”和“学校食品卫生管理工作”的专项督导检查，对“中小学标准化建设工程”督导进行了回访。开展《上海市教育督导规定》实施情况的调研、“促进中小学校长、教师专业发展”的调研和“加强初中建设工程”的调研。全面推进中小学“学校发展性督导评价”工作。完成了市特约教育督导员的换届工作，有11名市民主党派、无党派人士被聘任为市第四届特约教育督导员。

〔**纠正行业不正之风**〕 突出四个工作重点：一是巩固公办高中招收择校生执行“三限”（限分数、限人数、限钱数）政策取得的成效；二是加大解决学校收取与入学挂钩的赞助费问题的力度；三是纠正学校违规办班收费的一些突出问题；四是进一步规范学校的代办收费管理。建立了上海市治理中小学乱收费联席会议制度，各区县也建立了相应的机构，健全治理工作领导体制和机制，落实工作责任，加强制度建设，实行教育收费公示，规范财务管理，加强查处工作，加大治本力度。市教育行政部门会同纠风、财政、物价部门组织开展了对19个区县治理中小学乱收费情况的联合检查，在学校自查、区县检查和市专项检查中，全年共查实违规收取与入学挂钩赞助费的学校6所，查处违反规定的收费2 368.06万元，处理责任人21人。

〔**现代学校制度建设**〕 根据上海市《科教兴市战略纲要》和教育部《关于中小学实施现代学校制度试验工作》的意见，市教委拟订了《现代学校制度建设的基本框架及行动纲领》，旨在通过建设现代学校制度，推进教育制度创新，构建开放型、充满活力的基础教育新体系，并培养和造就一批新时代的教育家。全市在若干个区和学校进行现代学校制度建设实验，其中浦东新区被教育部确定为国家现代学校制度建设实验区。

〔**学校周边环境整治**〕 上海市制定《学校及周边治安综合治理工作绩效评价办法》，推进学校周边环境建设长效管理机制建设。各区县制定了年度学校周边环境建设项目推进计划，以学校周边环境建设绩效评价办法为基准，以实施项目推进计划为抓手，明确工作重点区域、工作措施及工作目标，并纳入到区县综合治理工作考核体系。全市中小学、中等职业学校周边有“三乱”、治安等问题的占总数的 9.5％，比上年同期下降 10.3 个百分点。组建“网吧”义务社会监督员队伍，完善学校及周边治安综合治理工作的管理机制。针对 51 所学校提出的学校周边无证设摊、网吧、交通问题、娱乐场所、文化市场和违章建筑等 6 个方面的问题，开展集中整治，使其中 92％的问题及时得到解决。

职业教育与成人教育

〔**中等职业教育**〕　从 2001 年启动的 100 所中等职业学校重点建设工程，在 2003 年取得新进展。到年底已有 75 所学校完成“百校工程”建设，并通过评估验收。其中区县所属学校 31 所，行业（含高校）所属学校 43 所，民办学校 1 所。这 75 所学校，校均占地面积 4.93 公顷，校均建筑面积达 3 万平方米；共投入经费 14.2 亿元，其中市投入 1.6 亿元、主管单位投入 7.4 亿元、学校自筹 5.2 亿元，分别占 11％、52％、37％。学校的基础设施、电化教学、网络设施、实验、实习（实训）设备等有了明显的改善，提升了学校的综合竞争能力。

毕业生就业工作。2003 年，市教委制订和实施了《关于加强本市中等职业学校职业指导和毕业生工作的意见》，组织举办了职业指导校长研修班，建立了中等职业学校毕业生就业情况公告制度。2003 年，中等专业学校和职业高中毕业生共 5.56 万人，就业率 96.3％。

招生工作。2003 年，上海市中等职业学校（指普通中专、职业高中）联合对外省市招收初中毕业生。全市共有 23 所中等职业学校对外省市招生，其中国家级和省市级重点学校 19 所，占 83％。主要招收云南、新疆、陕西、内蒙古、甘肃、广西、贵州、四川等西部省市在内的 21 个省市，计划招生 1865 人（其中教育部办公厅下达西部地区招生计划 443 人），录取 1860 人，计划完成率为 99.73％。外省市学生在校享受上海学生相同待遇，取得毕业资格后可以参加上海市高等学校招生考试。

教学工作。2003 年制定了《上海市中等职业学校公共设施设备装备标准》、《上海市中等职业学校重点实验室、实训室装备标准》、《上海市中等职业教育教学管理规程》。全年共完成 20 个重点专业建设。至此，全市中等职业学校共有 63 个重点专业，与上海产业结构相配套的专业格局正在形成，大大提升中等职业教育服务经济的能力。

〔**首届师德论坛**〕　从 4 月开始，市教委和市中小学幼儿教师奖励基金会举办以“为了每一个学生”为主题的上海市中等职业学校师德论坛暨演讲比赛。共有 60 多所学校参加，共征集到演讲稿 300 多篇，评选出 60 篇征文参加演讲复赛。经过角逐，共有 10 位选手获得一等奖，20 位选手获得二等奖，30 位选手获得三等奖。15 所学校获得优秀组织奖，60 篇征文为入围奖。所有获奖作品汇编成《上海教师》专集，供各中等职业学校教师学习。由获奖教师组成的师德演讲团，在职教系统进行了 20 多场巡回演讲，近 30 所学校 3 500 多位教师听取了演讲。

〔**社区教育**〕　按照点上深化、面上推广的方针，全国社区教育实验区闸北区、嘉定区、浦东新区开展了社区教育实验工作。各区县整合社区教育资源，构建社区教育网络，全市社区学校有近 200 所，约占乡镇、街道总数的 84％。社区教育在整体上出现了四个变化：一是从以中小学生校外教育为主，向面向社区全体居民开展素质教育发展；二是从以优化青少年校外教育环境为主，向加快社会化终身教育体系建设、创建学习化社区发展；三是从以青少年学生德育为主，向努力全方位满足社区居民学习需求、提高社区居民整体素质和生活质量发展；四是从以社区为学校服务为主，向社区和学校相互支持、相互依靠，教育和社区建设互动发展。

〔**郊区成人教育**〕 2003年，制定《关于进一步加强本市郊区成人教育工作的意见》，召开郊区成人教育经验交流会。启动上海郊区农民远程教育网络的建设。郊区每个乡镇均有一所成人学校，各级各类成人学校全年共培训245万人次，郊区公办成人学校已有计算机3.4万台、村办学点1 209个、企业办学点1 492个。乡镇成人文化技术学校普遍以推进城乡一体化、农村城市化、农业现代化、农民市民化为目标，以增加农民收入为中心，重点开展三项培训：一是大力发展转岗技能培训，提高农村富余劳动力转行创业技能，促进农村富余劳动力向非农产业转移；二是结合产业结构调整，大力发展农村实用技术培训，用现代科技武装农民，提高农民依靠科技致富的本领；三是大力发展紧缺人才和以市场化、标准化、法制化、科技化、信息化、组织化、产业化、世贸运作为主要内容的紧缺知识培训，提高郊区经营管理人员应对市场经济的才能。

〔**老年教育**〕 2003年，全市有市级老年大学4所，市老年大学分校及区县、企业、部队等单位老年大学64所，街道、镇老年学校220所，居委会、村老年学校分校3 610所。全市老年大学、老年学校在校学生242 746人，老年大学集体收看电视学员109 823人，共计352 569人，另有381 819人次参加讲座、读书会和短训班，171 177人参加有组织的收视课程。

召开上海市老年教育工作会议，表彰74个市老年教育先进集体和148名市老年教育先进工作者。成立由市教委牵头、15个部门参加的上海市老年教育工作小组。市政府办公厅转发了市教委等部门《关于进一步加强上海老年教育工作的若干意见》。全市接受老年教育的人数约占老年人数的15％。

高 等 教 育

〔**高校布局结构调整**〕 2003年，经市政府批准，立信会计高等专科学校、上海金融高等专科学校、上海第二工业大学独立设置为普通本科院校。立信会计高等专科学校更名为上海立信会计学院，上海金融高等专科学校更名为上海金融学院；上海医疗器械高等专科学校、上海出版印刷高等专科学校和上海旅游高等专科学校分别划归上海理工大学、上海师范大学管理并组建相关学院，举办本科教育。经教育部和市政府批准，上海航空工业学校划归同济大学管理。

进行全局性规划，实行高校地方统筹，依照“2＋2＋X”计划的高校布局结构调整工作全面实施。建设南北两个以重点高校为核心的集聚高地，即建设以复旦大学为核心，具有综合性、多层次特点的杨浦知识创新区，建设以上海交通大学为核心，具有文理渗透、理工结合特点的闵行紫竹科学园区；形成东西两个采取政府主导与社会参与建设相结合的大学园区，即松江大学园区和南汇科教园区；建设若干个与产业联系密切，依托产业开发区发展的产学研一体化的高校。

经市政府批准，上海东方文化职业学院、上海思博职业技术学院、上海工艺美术职业学院、上海立达职业技术学院、上海欧华职业技术学院、上海民远职业技术学院、上海电影艺术职业学院7所高等职业技术学校建校。同时，筹建高等职业技术学校5所。

〔**高校园区建设**〕 完成松江大学园区一期工程上海外国语大学、上海对外贸易学院、上海立信会计学院3所学校总建筑面积约33万平方米的校舍建设。实施松江大学园区二期工程东华大学、华东政法学院、上海工程技术大学松江校区建设，3所学校完成首期建设项目达17.7万平方米，已有第一批8 000名新生入住。上海中医药大学新校区建设项目竣工，总建筑面积为15.4万平方米，学校完成整体搬迁。完成上海应用技术学院东校区搬迁工作。启动杨浦大学城复旦大学江湾新校区建设工程、华东师范大学闵行新校区建设工程、上海应用技术学院漕宝路校区扩建一期工程。启动华东理工大学、上海海运学院新校区建设和上海大学的新校区扩建、上海第二工业大学新校区二期工程建设的前期工作。实施市政府实事项目，完成首批10余所高校无障碍设施建设。

确定上海第二工业大学、同济大学高等技术学院、上海电机技术高等专科学校、上海商业职业技术学院、上海工商外国语职业学院、上海建桥职业技术学院、上海电子信息职业技术学院、上海海事职业技术学院 、上海第二医科大学卫生技术学院 、上海科学技术职业学院、上海大学巴士汽车学院共11所院校为上海市示范性高等职业技术院校建设单位。年内，组织开展9所示范性高等职业技术院校的建设工程贷款项目的检查。9所院校有近10亿资金投入建设，为构建具有上海特色、国内领先的一流高等职业教育奠定良好基础。

〔**招生与毕业生就业工作**〕 2003年，全市普通高等教育招收本专科新生比上年增加1.11万人，增长10.2%。2003年春季普通高校招生1 270人，其中本科888人，高职（专科）382人；有8所市属高等学校参加招生（其中本科院校5所）。

2003年，上海普通高校共有毕业生8.13万人，比上年增加28.8%，其中研究生1.01万人、本科生4万人、专科（含高职）生3.12万人。经各方齐心协力，紧密合作，克服各种不利因素，基本实现教育部提出的“确保2003年高校毕业生就业率不低于2002年水平”的工作目标。上海普通高校毕业生就业率为91%，其中研究生就业率为98%、本科生就业率为93%、专科生就业率为83%。此外，共引进2.6万名外省市生源高校毕业生来沪就业。

〔**学位管理**〕 开展第九批学位授权审核工作。经国务院学位委员会和上海市学位委员会批准，全市新增1所硕士学位授予单位，增列24个一级学科博士学位授权点和34个二级学科博士点，同时，增列194个二级学科硕士点。全市有硕士学位授予单位38所（普通高校21所，科研机构16所和党校1所），博士学位授予单位22所（普通高校20所，科研机构2所）。

〔**教学工作**〕 首次开展上海市高校精品课程评选，为本科生提供优质课程。共有79门课程评为2003年度上海市精品课程，并有22门课程向教育部推荐为国家级精品课程。通过精品课程评选，有效促进了高校课程建设。开展高校新专业检查工作，对全市高校1999年和2000年开设的62个新专业进行检查，以查促建，以查促改，进一步明确各校专业定位和发展专业特色，提高专业教学质量。2003年，上海高校调整、增设本科专业74个，一些专业填补了上海高校专业的空白。全年全市高校共设置本科专业717个，覆盖了教育部专业目录71个二级科类中的61个，二级科类覆盖率达86%，专业种类达197种。

以部分中青年骨干教师为核心，以教学协作组活动为载体，组织高校“两课”教师编写了《马克思主义哲学原理》、《马克思主义政治经济学原理》、《毛泽东思想概论》和《当代世界经济与政治》4本教材，2003年秋季投入使用。组织编写《“三个代表”重要思想概论》，作为上海高校进行“三个代表”重要思想教育教学的统编教材。组织开展了高校“两课”教师培训、高校“两课”教育教学调研，评选表彰上海市高校优秀“两课”教师。

〔**重点学科建设与科研工作**〕 2000年开始建

设的全市高校10个“重中之重”学科，3年建设周期已经结束。经组织对学科建设任务及目标的完成情况、建设成效和学科发展水平、学科自我发展能力及知识创新潜力的增强度、学科建设管理及运行机制等方面的评估，表明“重中之重”学科通过高层次研究基地建设、优秀人才集聚和培养、高水平科学研究“三位一体”的推进，使学科的人才集聚效应和知识创新能力得到了极大加强。其中，9个学科被列为教育部“高等学校重点学科”，8个学科的标志性实验大楼的建成和使用实现了一流基地和一流学科的匹配。

确定市教委年度科研项目507个，经费1 854.7万元，其中重点项目29个，经费310万元；自然科学研究项目235个，经费1 047.5万元；社会科学研究项目146个，经费256.7万元；青年教师研究项目97个，经费240.5万元。市教委和市知识产权局共同制定了《关于进一步加强上海市高等学校知识产权工作的若干意见》，对推动高校知识产权管理与产学研工作将发挥积极作用。

〔**后勤制度改革**〕 2003年，制定《上海市高等院校后勤质量管理体系》和《上海高等院校后勤质量管理体系评估细则》，推出高校食堂与宿舍两个标准和建设指标体系。制定《上海市教育委员会关于推进高校后勤质量管理体系建设的若干意见》，努力实现高校后勤社会化改革外延与内涵并举的工作目标。根据“自愿选择、试点先行、逐步完善、全面推进”的原则，逐步推进高校后勤质量管理体系建设。

由市教委牵头组建的上海高校后勤服务中心、上海高校后勤发展中心，率先在全国高校开展了集约管理、规模经营等后勤改革的深层次探索。到年底，上海教育超市有限公司已从1998年的10家发展到102家，年营业额达到1.5亿，年实现利税近500万元。上海生乐物业管理有限公司从1999年成立初期管理的10万平方米发展到150万平方米。由上海高校后勤服务股份有限公司新创办的上海学校餐饮管理有限公司在不到一年的时间里，已承接7个高校的食堂，为3万多名师生提供服务。实行团体采购、集约化经营的上海高校后勤配货管理中心，仅主副食品一项，销售额从1998年1 400万提高到2003年的近1亿元，并荣获“上海市食用农产品示范企业”称号。

召开“高校学生宿舍管理工作会议”，推广把党支部、团组织建到学生宿舍里，以及组织学生勤工助学、开展文明修身活动等新思路、新做法。明确学校、学生、物业部门的管理规范要求，制定了《上海市教育委员会关于进一步加强高校学生宿舍（公寓）管理的意见》，探索以学校为主体，各级党团组织和辅导员参与管理、学生自我管理与社会物业部门管理相结合的学生公寓管理新路子，提高学生宿舍（公寓）的管理水平，拓展学生宿舍的育人功能。

〔**E—研究院建设**〕 首批上海高校网格技术E—研究院、上海高校免疫学E—研究院、上海高校模式生物E—研究院、上海高校计算科学E—研究院、上海高校都市文化E—研究院和上海高校社会学E—研究院建设正式实施。同时，内分泌与代谢病学、中医内科学、水产养殖学3个教育部“高等学校重点学科”按照E—研究院的模式继续进行建设。为了加强和规范E—研究院的管理，实现管理体制和运行机制的创新，研究制订了《上海高校E—研究院建设计划实施意见》。E—研究院作为以信息网络为平台的一个全新的具有可变性的研究机构，将充分利用全市、全国乃至世界的学科研究资源，实现共享性、开放性、协同性、流动性和前沿性，创造多学科、跨地域开展科学研究和交流合作的环境，为提高相关学科的水平和创新能力提供平台。

撰稿　徐钦福　宣念蜀　杨友庆
审稿　张伟江

江苏省教育

概　　况

〔基本情况〕

2003年各级各类学校校数、教职工、专任教师情况

	学校数（所）	教职工数（人）	专任教师（人）
一、高等教育			
（一）研究生培养机构（不计校数）	39		
1. 普通高校	25		
2. 科研机构	14		
（二）普通高等学校	94	100 789	49 826
1. 本科院校	42	79 139	36 709
2. 专科院校	52	19 023	11 683
其中：职业技术学院	45	18 828	11 431
3. 分校、大专班（点）（不计校数）		2 627	1 434
（三）成人高等学校	29	11 455	6 940
（四）民办的其他高等教育机构	12	477	144
1. 学历文凭考试机构	12	477	144
2. 非学历文凭考试机构			
二、中等教育			
（一）高中阶段教育	1 649	370 960	110 355
1. 高中	1 091	320 555	75 990
普通高中	845	318 703	74 635
成人高中	246	1 852	1 355
2. 中等职业教育	558	50 405	34 365
普通中等专业学校	144	17 655	11 134
成人中等专业学校	156	7 950	4 349
职业高中	258	21 527	16 509
技工学校			
其他机构（教学点）（不计校数）	214	3 273	2 373
（二）初中阶段教育			
1. 普通初中	2 357		185 182
2. 职业初中			
3. 成人初中	86	532	364

续表

	学校数（所）	教职工数（人）	专任教师（人）
三、初等教育			
（一）普通小学	7 845	297 083	268 436
（二）成人小学	1 328	1 304	614
其中：扫盲班	250	467	118
四、工读学校	9	124	72
五、特殊教育	108	3 346	2 456
六、学前教育	6 875	64 317	46 239

注：1. 普通高中教职工数包含普通初中教职工数；
2. 成人高等学校教职工数和专任教师数为 2002 年数据。

2003 年各级各类学历教育学生情况

	毕业生数（人）	招生数（人）	在校生数（人）
一、高等教育			
（一）研究生	9 035	22 023	53 633
（二）普通本专科	137 048	256 595	859 674
（三）成人本专科	66 889		327 221
（四）其他各类高等学历教育			
1. 在职人员攻读博士、硕士学位		5 137	13 053
2. 网络本专科生		8 431	10 632
3. 学历文凭考试	2 509	2 176	5 526
二、中等教育			
（一）高中阶段教育	463 859	775 838	2 005 700
1. 高中	304 493	462 352	1 262 792
普通高中	291 593	462 352	1 240 038
成人高中	12 900		22 754
2. 中等职业教育	159 366	313 486	742 908
普通中专	92 456	189 064	461 328
成人中专	19 323	16 238	45 704
职业高中	47 587	108 184	235 876
技工学校			
（二）初中阶段教育			
1. 普通初中	1 030 282	1 283 001	3 703 519
2. 职业初中			
3. 成人初中	9 340		11 300
三、初等教育			
（一）普通小学	1 300 348	742 117	5 793 921
（二）成人小学	117 410		158 528
其中：扫盲班	18 636		34 367
四、工读学校	202	247	335
五、特殊教育	3 988	3 857	32 222
六、学前教育	630 810	589 551	1 252 515

注：1. 成人本专科毕业生、在校生数为 2002 年数据；
2. 其他各类高等教育学生数未包含成人高校举办的各类高等教育学生数。

2003 年各级各类非学历教育学生情况

	毕（结）业生数（人）	招生数（人）	在校生数（人）
一、高等教育	57 114	52 026	47 444
（一）研究生课程进修班	6 567	8 515	14 480
（二）自考助学班	117	5 020	13 801
（三）普通预科生	87	352	312
（四）证书教育	12 152	8 527	10 091
（五）岗位培训	21 762	11 846	3 713
（六）进修及培训	16 429	17 766	5 047
二、中等教育	6 918 337		5 871 791
（一）中等职业教育	554 401		166 264
（二）职业技术培训机构	6 363 936		5 705 527

注：高等教育非学历教育学生数未包含成人高校举办的非学历教育学生数。

2003 年各级民办教育基本情况

	学校数（所）	毕业生数（人）	招生数（人）	在校生数（人）	教职工数（人）	专任教师（人）
一、民办高等教育						
（一）普通高校	11	6 834	13 873	41 609	3 507	1 927
（二）成人高校						
（三）民办的其他高等教育机构	12	2 382	2 311	5 519	477	144
二、民办中等教育机构						
（一）高中阶段教育						
其中：民办普通高中	128	13 406	37 499	80 246	23 301	16 534
民办中等职业教育	19	1 972	6 835	13 532	982	571
（二）初中阶段教育						
其中：民办普通初中	184	41 522	85 473	226 477		
民办职业初中						
三、民办普通小学	82	10 749	13 495	89 890	5 487	3 968
四、民办幼儿园	2 272	141 027	137 477	278 813	17 136	11 712

注：民办普通高中教职工数包含民办普通初中教职工数。

〔**学校党建工作**〕　坚持以邓小平理论和“三个代表”重要思想为指导，深入学习贯彻党的十六大、十六届三中全会和胡锦涛同志“七一”重要讲话精神。坚持分类指导，突出重点的工作方针。加大省教育厅直管高职院和中专校领导班子建设的工作力度，协助省委组织部有计划地完成了高校领导班子的考察任务，举办高职高专党委书记研修班，选派厅直管高职院中层干部到本科高校挂职锻炼，举办高校组织部长培训班。高校党建工作的基础建设进一步加强，基层党组织建设进一步规范，研究制定《江苏省普通高等学校党建工作考核实施意见》及其《基本标准》，组织开展纪念中国共产党成立 82 周年活动，以青年知识分子党员发展工作为主题召开全省高校党建工作会议，对进一步做好青年知识分子党员的发展工作作出部署。适应农村义务教育管理体制改革的需要，探索和研究全省中小学校党的工作运行机制，分别召开了第三、四次全省基础教育系统党建工作例会。

撰稿　程光熙　张善平

〔**教师队伍建设**〕　以提高教师素质、适应基础教育改革发展的需要为中心，大力推进教师教育专业结构的调整，完善中小学教师培养目标规格，研究制定新的培养方案，规范教师教育课程设置及其质量标准，调整课程结构和内容。组织修订了五年制师范小学教育专业培养方案，探索和试行小学教师“5+2”培养模式，选拔五年制师范优秀应届毕业生到部分高师院校读本科的试点，增加五年制师范生的吸引力，改善生源结构。多方采取措施，努力率先在教师群体中建立终身教育制度。实施“省内高级访问学者计划”，组织48所高校的173名骨干教师到省内重点高校优势学科进行访学研修，完成2 260名中小学骨干教师和6 500名基础教育新课程师资省级培训，完成550名重点中学、示范性初中和实验小学校长的省级培训任务，组织100多名特级教师到高校集中研修，选拔和组织50名高职高专院校的骨干教师到北京、上海、天津等国家培训基地进行培训，开展职业教育基础课骨干教师和特殊教育骨干教师培训工作，分别完成450人和230人的省级培训任务。积极开展教师资格的认定工作，面向社会认定教师资格师资75 476人，认定高校教师资格9 382人。进一步加强高层次人才队伍的选拔和培养引进工作。认真落实省“333工程”各项培养、管理措施，推选省“333二期工程”培养对象68人。完成省高校教学名师奖的评选和全国高等学校教学名师奖推荐人选的选拔工作，评选表彰省教学名师奖28人，国家级教学名师奖9人。加快高校、中专校专业人员引进工作，引进应届优秀毕业生3 800余人，其中硕士研究生以上2 300多名，引进具有副高以上专业技术职务人员500多人。进一步修改完善《江苏省高等学校教师职务资格条件》和《江苏省中等专业学校教师职务资格条件》，完成高校、中专校教师的职务评聘工作，全省共有1 482名高校教师晋升为教授、副教授等高级职务，361名中专校教师晋升为高级职务。

撰稿　王　伟　傅祝余

〔**教育法制建设**〕　加快教育立法步伐，开展《江苏省高等教育发展条例》立法项目的研制工作，做好《江苏省学生伤害事故处理条例》及其他一些预备立法项目的制定准备工作，制定《民办教育促进法》、《中外合作办学条例》实施细则。深化普法宣传教育，组织开展《学生伤害事故处理办法》知识竞赛，召开新闻发布会暨颁奖仪式；贯彻落实《江苏省教育系统“四五”普法规划》，组织开展“四五”普法工作的中期检查，并对全省中小学法制教育的现状、问题及今后的工作措施开展大规模的调研活动。举办全省各县（市）、区教育局长法制培训班，组织2003年度全省教育系统70万干部、教师参加普法考试；举办《民办教育促进法》学习研讨班；组织开展纪念《中华人民共和国教师法》实施10周年的系列宣传活动，组织全省教师开展《教师法》知识大赛，推动全省教育系统干部、教师的普法教育工作。转发《教育部关于加强依法治校工作的若干意见》，积极开展“依法治校示范学校”活动，确定扬州大学为全省依法治校试点学校。会同省禁毒办组织推荐“毒品预防教育活动示范学校”，组织开展“禁毒宣传教育周”活动。

撰稿　张亚平　许小梅

〔**教育国际合作与交流**〕　积极实施“走出去”战略。2003年办理教育系统出国（境）681批2003人次，中小学生修学旅行团30批1 279人次。组织江苏省高等教育代表团赴马来西亚、新加坡、越南等国考察访问，举办“江苏的高等教育”、“江苏的文化和旅游”、“中医针灸的现状和发展”等专题讲座。开展教师国际培训，与分布在5个国家的18个培训基地签订教师国际培训协议，有675名教师赴国外接受培训。改革省政府留学奖学金申请录取方案，改公费全额资助为政府留学奖学金形式的差额资助。做好来华外国文教专家和留学生工作，有1 120名外籍专家来江苏任教。有25所高校接受外国留学生3693人，70所中、小学接受外国学生1 528人。举办江苏省中外大学生联欢活动周，召开第二届江浙沪两省一市留学生管理工作研讨会，在首批8所高校试行免审招生试点工作，支持南京大学、南京师范大学申请汉语教学基地工作。积极引进国外优质教育资源和先进办学理念，全省中外合作办学项目突破50个，首次举办“基础教育国际论坛”，邀请美国、英国、爱尔兰、加拿大等国的教育同行以及省内重点中学校长，研讨学校管理、德育教育和教育体制变革等共同关心的问题。进一步规范自费出国留学中介活动，对自费出国留学中介服务机构与外国机构签署的合作协议进行重新备案和确认，加强对留学中介服务机构的管理，建立了自费出国留学中介行业协会——江苏省自费留学中介管理协会。

撰稿　郭新宇

〔**教育信息化建设**〕　教育信息化基础设施建设取得新进展。江苏教育和科研计算机网（JSER-NET），实现与包括宿迁学院在内的全省13个省辖城市主节点的155M宽带信道连通，并通过各主节点实现了与全省专科及以上高等院校的连接，初步形成高速省域主干网、光纤城域网和各级各类学校校园网互联互通的三级网络体系。到2003年底，接入江苏教育和科研计算机网的用户已达60万人，用户单位97个，入网主机9万余台，网络的月信息流量为10 000G～20 000G左右。普通高校、中等专业学校数字化校园建设稳步推进。据统计，全省普通高校拥有教学用计算机180 669台，拥有多媒体教室座位403 633个。全省普通中等专业学校拥有教学用计算机29 776台，拥有多媒体教室座位数30 380个。全省共建成市、县（市、区）城域网30余个，全省普通中小学已经配备计算机450 324台，建成校园网2 430个，拥有计算机房及网络教室建筑面积993 081平方米；拥有各类电子图书2 418 161片。教育信息资源建设成绩显著。全省普通高校拥有电子图书2 150 800片，其中当年新增电子图书326 336片，完成约20%的必修课多媒体教学素材，实现网上教学的课程数达850种。全省各类中等职业教育拥有电子图书389 823片，当年新增电子图书120 923片，实现网上教学课程数4 004种。全省普通中小学拥有电子图书藏量已达2 418 161片。

在信息技术教育方面，2003年全省有90余所普通高校设置了与信息技术相关的本科专业点169个、专科专业点300多个；研究生培养单位22个，其中博士点23个，硕士点78个。全省有187 336人参加了全国计算机等级考试，3 415人参加全国计算机应用技术考试。全省有435 663名学生参加江苏省中小学信息技术（高级）等级考试，160 368名中小学教师参加省第二轮现代教育技术培训和考核工作。

撰稿　刘益刚

〔**学校体育、卫生工作**〕　制定《江苏省中小学体育器材设施设备配备目录标准》和《关于贯彻〈学生体质健康标准（试行方案）〉的实施意见（试行）》。举办全省各市县区教研员和骨干教师培训班和实施《体育与健康课程标准》现场观摩研讨活动及农村学校体育的现场观摩研讨活动，完成对南京大学等13所高校贯彻落实《学生体质健康标准》情况的测试及高校招收高水平运动员的专项测试工作。2003年新增体育硕士点6个，南京市第九中学、南京市第三中学、南通中学、镇江八叉巷小学被命名为首批国家级体育传统项目学校。

2003年，成立学生健康安全工作领导小组，建立健全学校卫生防疫和食品卫生安全报告制度和责任追究制度，严格执行《江苏省学校传染病预防控制管理有关规定（试行）》，把学校卫生防疫和食品卫生安全作为一项常规工作进行管理。成立防控督导检查组，深入全省高校、中小学和幼儿园，对学校卫生防疫和食品卫生安全工作进行督查。针对连续发生的食物中毒事件，专程赴盐城、无锡等地深入调研。举办江苏省首届学校健康教育宣传周，开展学校健康教育高层论坛、学校健康教育优秀活动方案征集评选、学校健康教育有奖征文等系列宣传活动。

撰稿　孙曙平　詹祥粉

〔**语言文字工作**〕　组织开展第六届全国推普周江苏省系列宣传活动，公务员普通话演讲比赛及第四届江苏省语言文字工作优秀论文评选。完成对南京市一类城市语言文字工作评估，启动二类城市语言文字工作评估。江苏语言文字网在全国语言文字工作政务信息化评优活动中荣获一等奖。举办两期省级测试员资格考核培训班，共有186名学员通过考核。全省有普通话培训测试站89个，国家级普通话水平测试员220人，省级普通话水平测试员2 957人。全省累计有82.1万人通过普通话水平测试获得相应的等级证书。

撰稿　王红蕾

〔**教育投入与支出**〕　2003年，全省教育经费总收入465.38亿元，其中地方教育经费总收入416.3亿元，比上年增长15.7%。全省教育经费总支出477.19亿元，其中地方教育经费总支出421.46亿元，比上年增长17.1%。在实际支出中，人员经费支出221.52亿元，比上年增长14.14%，占实际支出比例56.1%，比上年下降0.8个百分点；公用经费支出125亿元，比上年增长21.9%，占实际支出比例31.7%，比上年提高1.7个百分点；基本建设支出48.1亿元，比上年增长7.6%，占实际支出比例12.2%，比上年下降0.9个百分点。国家财政性教育经费总投入234.72亿元，比上年增长11.26%，占总投入的56.38%，比上年下降1.22个百分点。其中预算内教育经费拨款200.32亿元，各级政府征收用于教育的税费26.98亿元，企业办学经费3.13亿元，校办产业、勤工俭学和社会服务收入减免税部分用于教育的经费为4.29亿元。

2003年全省各级各类学校固定资产总额为708亿元，比上年增长27.11%。其中普通高等学校固定资产214亿元，比上年增长86.08%；普通中学固定资产总额达252亿元，比上年增长13.51%；普通小学固定资产总额150亿元，比上年增长7.14%。全省校舍面积9 528万平方米，比上年增长11.83%。其中普通高校校舍面积1 864万平方米，比上年增长58.64%；普通中学3 673万平方米，比上年增长18.18%；普通小学2 999万平方米，比上年下降3.88%。全省当年购置教学仪器设备投入资金21.51亿元；购置课桌凳163万单人套，投入资金1.6亿元；采购各类图书1 398万册，投入资金2.98亿元。

撰稿　马幸年　张　健

〔**教育审计**〕　开展校办企业会计报表年审，做好校企改制过程中的评估和审计工作。开展合并学校的清产核资工作，保证国有资产的安全完整。开展专项审计和专项审计调查，为领导决策服务。不断完善审计工作制度体系，建立完善审计制度。制定《教育系统内部审计工作检查项目及评分标准》、《江苏省省属院校财务预算执行情况及决算年审规定》、《江苏省教育系统建设工程项目审计监督办法》，对全省49所省属高校和9所厅直属中专校内审工作情况进行检查，评选表彰43个先进集体和62名先进个人。加大审计人员后续教育的力度，全省教育系统审计人员共有3 562人次参加各类培训。2003年全省各级教育审计部门完成审计项目12 946项，审计总金额236.73亿元，通过审计查出违规金额3.67亿元，发现经济案件线索11件，核减基建工程款4.09亿元，增收节支1.01亿元。其中省教育厅审计处共审计项目215个，包括财务收支审计32个，基建维修工程项目竣工审计109个，基建工程项目开工前审计66个，经济责任审计项目8个，审计总金额43亿元，核减基建投资金额0.49亿元。

撰稿　邵金良

基础教育

〔综述〕　2003年，全省幼儿园建筑面积604.56万平方米，占地面积1 420.32万平方米，幼师以上合格学历教师达标率94.83%。小学校舍建筑面积2 709.64万平方米，占地面积13 865.91万平方米；小学适龄儿童入学率为99.58%，在校生年巩固率100%，毕业生升学率98.67%，中专以上合格学历教师达标率98.43%。普通初中校舍建筑面积1 889.14万平方米，占地面积7 502.83万平方米；毕业班学生毕业率99.02%，在校生年巩固率98.13%，毕业生升学率83.20%，专科以上合格学历教师达标率93.04%。普通高中校舍建筑面积2 059.08万平方米，占地面积5 188.44万平方米；本科以上合格学历教师达标率80.56%。

撰稿　王　兵

〔幼儿教育〕　开展省级示范性实验幼儿园评估活动，确定71所幼儿园为江苏省示范性实验幼儿园。举办两期"贯彻新纲要，实施新课程"的教师培训，进一步贯彻教育部《幼儿园教育指导纲要(试行)》，推进实施素质教育，全省各市（县、区）教育局基教处分管处长、幼教干部、幼教教研员和部分幼儿园园长和骨干教师共400多人参加了培训。11月16日—25日，省卫生厅和教育厅联合组成检查组对全省托幼机构卫生保健与幼教督导工作进行全面检查，共抽查了52所托幼机构。举办首期民营幼儿园园长培训班，提升民营幼儿园园长科学办园的能力。举办省第三届小学、幼儿园"金箔杯"优秀论文评比，共收到论文4 008篇，经过专家严格评审，评出一等奖116篇。

撰稿　郁建文

〔中小学德育工作〕　贯彻中共中央办公厅、国务院办公厅《关于适应新形势进一步加强中小学德育工作的意见》，进一步加强中小学德育工作，对131所中小学德育工作先进学校进行表彰，表彰一批德、智、体全面发展的优秀个人和先进集体。审批资助13个省级青少年学生活动中心建设项目。

撰稿　陆志平　徐泰来

〔农村中小学"三新一亮"工程〕　针对苏北地区农村中小学基本办学条件较差现象，实施以"课桌新、板凳新、讲台新、电灯亮"为主要内容的"三新一亮"工程。工程启动以来，各市、县、乡（镇）千方百计筹集专项资金，苏南与苏北的对口支援把支持农村中小学实施"三新一亮"工程作为重点项目，省、市一些挂钩扶贫单位将扶贫资金适度倾斜用于"三新一亮"工程，全省高校、示范性高中和重点职业中学、许多企事业单位、社会团体和个人积极为"三新一亮"工程捐款，省通过财政安排、社会捐助等形式共筹集"三新一亮"工程专项资金6 600万元。2003年，全省累计维修课桌凳220万套；新增课桌椅87万套，其中省里完成41万套；维修讲台3.1万张，新增讲台5.3万张；通电教室7.3万个。累计投入资金1.5亿元，苏北地区部分农村中小学"三破一暗"状况得到了显著改变，苏北5个县通过了省级验收。

撰稿　刘存宽

〔省级示范初中建设〕　为加强省级示范初中建设，省教育厅委托江苏教育学院、盐城师范学院等院校，举办省级示范初中校长培训班，有100所省级示范初中的校长接受了为期两周的脱产培训。培训的主要内容包括教育法律法规、基础教育课程改革、学校常规管理、校本管理和教师校本培训等。2003 年全省有 161 所初级中学通过市级教育行政部门的检查评估，被评为省级实施教育现代化工程示范初中，703 所初级中学被评为省级示范初中，占全省初中的 29.8%。

撰稿 林 放

〔**基础教育课程改革**〕 课程改革实验推进速度进一步加快。省教育厅组织召开全省基础教育工作暨课程改革实验经验交流会、全省义务教育课程改革实验工作电视电话会议及全省基础教育课程改革实验工作研讨会，制定《关于进一步推进义务教育课程改革实验的意见》，增加培训专项投入。省教育厅除每年正常划拨 300 万元课改经费外，经与有关部门的协调，2003 年共筹措经费 1 000 万元，接受省级培训的骨干教师、教研人员、管理人员和培训人员增加到 12 000 多人次。加强对实验区的评估，促进课程改革的均衡化发展，重点解决村小的课改实验问题，以乡镇中心校为骨干、实现全乡镇课改联动，帮助和扶持村小共同进入新课程体系。

〔**开展“做中学”科学教育项目研究**〕 “做中学”科学教育项目研究工作是教育部和法国科学院共同发起的一项国际合作项目，旨在通过科学探究，提高小学和幼儿园阶段儿童的科学素养。2003 年 3 月，省教育厅决定将南京、苏州、无锡和常州 4 市的 36 所学校（包括小学和幼儿园）确立为项目实验学校。3 月 10 日—14 日，省教育厅在南京举办中法合作“做中学”科学教育项目高级研修班，来自省内 36 所项目学校和上海市项目学校的 80 名教师接受了法国专家为期一周的专项培训。根据中法两国的相关协议，9 月 29 日—10 月 12 日省教育厅组织了“做中学”科学教育项目考察团到法国进行为期 2 周的考察培训。通过观摩、研讨等活动，考察团成员对法国的科学教育有了更为深刻的了解。

撰稿 郁建文

〔**普通高中教育**〕 2003 年，江苏省全面推行普通高中星级评估制，高中获得的最高级为五星级。召开全省高中教育工作会议，副省长黄卫作在会上讲话，总结回顾“九五”以来全省高中教育改革和发展的主要成绩，提出全省高中教育发展的总目标：到 2005 年，高中阶段入学率稳定在 80%以上，全省达到三星级标准以上的优质高中占高中总数的 50%，优质高中招生规模占高中招生总数的 70%；到 2010 年，高中阶段入学率达 90%，全省达到三星级标准以上的优质高中占高中总数的 70%以上，优质高中招生规模占高中招生总数的 90%。启动高中课程改革，举办全省重点高中校长课程改革培训班，邀请国内课程专家介绍高中新课程方案。推进高中星级评估，星级评估不搞终身制，五年内必须审核一次，审核不通过不得保持原有称号，使激励作用具有长效性。从 2003 年9 月—12 月，省教育厅对 214 所重点高中和 98 所示范高中逐一进行星级转评的审定工作，即重点高中和示范高中分别转为三星级和四星级学校，对问题较多的学校暂缓“转星”，待整改后方可“转星”。

撰稿 殷天然

〔**特殊教育**〕 委托南京特殊教育职业技术学院，举办三期全省特教学校非特教专业毕业在职教师培训班，培训教师 400 人。江苏省教育学会特殊教育专业委员会分别在镇江市特教中心、扬州市培智学校、苏州市盲哑学校举办聋校、培智学校、盲校教学研究活动。在全省开展建立残疾儿童少年随班就读工作支持保障体系实验，将南京市白下区等 5 个县（市、区）上报教育部作为国家级实验县，丹阳市等 8 个县（市、区）为省级实验县，实验时间为一年。制定《江苏省特殊教育学校（班）义务教育阶段学生免费教育试行办法》，财政共支付 270 万元用于残疾儿童免费教育。组织全省特殊教育学校（院）工艺美术作品比赛，向社会广泛宣传残疾人自信、自立、自强的精神风貌，共评选出一等奖 100 名，二等奖 100 名，三等奖 200 名，一等奖的作品被推荐参加全国比赛。

撰稿 陆志平 徐泰来

〔**教育督导**〕 召开省督学工作座谈会，分析全省基础教育面临的形势，提出2003年教育督导工作思路。省政府教育督导团对新沂市等20个县（市、区）政府完善“以县为主”农村义务教育管理体制的工作情况进行专项督导检查。针对存在问题，要求提出整改报告，并派人员对其整改情况进行检查。结合贯彻全国农村教育工作会议精神，对淮安市所有8个县（市、区）进行了“两基”巩固提高的省级抽查，对常州市所有7个辖市（区）进行了高水平高质量普及九年义务教育情况调研性专项督查。

撰稿 何宝安

职业教育与成人教育

〔**综述**〕 2003年，中等职业学校（含技工学校，下同）比上年减少26所，招生比上年增加7.5万人，增幅达24%。高等院校面向中等职业学校毕业生对口招生22 968人，其中本科招生人数接近5 000人；五年制高职招生6万人，比上年增加2万人。加快推进骨干学校建设，评审认定12所省合格职教中心，全省合格职教中心达到90所；评审认定8所省重点职高和4所省重点中专，省重点中等职业学校达到195所。启动示范专业建设，全省上下投入1.5亿资金，建成90个省级中职示范专业和10个省级五年制高职示范专业。加快师资培养培训，全年培训师资近5 000人。大力实施“5112”教育富民工程，完成农村劳务输出培训30万人，其中培训新增劳动力25万人；新建12个省级乡镇农科教结合示范基地，新建10个农业信息服务网站，重点引进和推广100个省、市、县级农业科技致富项目，开展农村经纪人、信息员和营销员技能培训达30万人次，培训下岗（失业）转岗人员20万人。

〔**中等职业学校招生**〕 2003年，全省中等职业学校招生占高中阶段教育招生总数的45.5%，比上年提高了3个百分点。主要特点是：一是招生规模大；二是骨干学校招生比重大，占招生总量的34%；三是南北合作招生规模稳步扩大，接近1.2万人，比上年增加5 000多人；四是生源素质提高，部分中考成绩较好的学生进入了职业学校，职业教育的社会价值取向发生了新的变化。

〔**高等职业教育**〕 一是稳步扩大五年制高职规模，2003年招生6万人，比上年增加2万人。二是推进高等教育学历文凭考试，有20所试点院校的17个专业招生3 158人，比上年增加1 000多人。三是继续开展对口招生，全省82所高等院校对口招生22 968人，其中本科4 879人，专科18 089人，对口招生规模与上年持平。考试内容和考试模式进行改革，对机械、机电等9大类专业实行专业理论综合考试，对机械、计算机两大类专业的技能考核实行全省统考，引导职业学校在教育教学中全面提高学生的综合素质和职业能力。

〔**加强骨干学校建设**〕 评估认定合格职教中心12所，全省合格职教中心达到90所；评估认定8所省重点职业高中和4所省重点中专，省重点职业学校达到196所。根据教育部统一部署，组织开展新一轮国家级重点职业学校调整认定工作，本着“高标准、高起点，以评促建、以评促改”的原则，适当提高国家级重点评估指标体系中个别指标要求，经专家评审，向教育部推荐上报73所国家级重点职业学校。

〔**启动示范专业建设**〕 2003年，首批100个中职和10个五年制高职示范专业建设和评审认定工作启动，全省共有153所职业学校申报209个中职示范专业，17所五年制高职举办院校申报29个五年制高职示范专业，评审认定90个中职示范专业和16个五年制高职示范专业，10个中职专业限期整改。2003年87所职业学校新增教学设备1.5亿元，校均教学设备达1 002万元；100个示范专业新增教学设备7 830万元，专业平均教学设备达327万元。

〔**强化实践技能教学**〕　组织各类专业技能竞赛，推动职业学校的实践技能教学。一是与省劳动和社会保障厅联合举办职业学校计算机技能竞赛，全省160多所中等职业学校的1 000多名学生参加了各市组织的选拔赛，有22所高等职业技术学院组织了院内选拔赛，63所中职学校的132名选手和22所高等职业技术学院的119名选手参加决赛。二是与江苏国际时装节组委会联合举办第五届全省职业院校服装专业学生时装大赛及优秀作品展。三是与省财政厅、省珠算协会联合举办第23届江苏省珠算技术大赛。这些比赛规模大、参与面广，既展示了职业教育的教学成果，促进职业学校进一步重视实践技能教学，又巩固了广大职校生爱岗敬业的思想，提高了他们的实践能力和技能水平。

〔**开展农村劳动力转移培训**〕　召开全省农村劳动力转移培训工作座谈会，研究、部署了农村劳动力转移培训工作，制订《2003～2007年江苏省教育促进农村劳务输出培训计划》，重点加强对“两后”毕业生的培训，切实加强农村劳动力转移培训基地建设，加强南北对接工作，落实苏南对口支援苏北培训输出任务。建立农村劳动力转移培训工作月报制度，构建培训网络。根据“实用、实际、实效”的原则，做到“市场需要什么教什么，学员缺什么补什么”，提高组织培训的针对性和实效性。对农村富余劳动力侧重实用技术培训，对“两后”毕业生侧重职业技术培训。加强督促检查，共抽查16个县（市）、32个乡镇，走访64个村的150多户外出务工学员和家庭，全面了解工作情况，及时总结经验，确保培训取得实效。通过努力，2003年全省职成学校完成农村劳务输出培训30万人，其中培训新增劳动力25万人。

〔**管理体制和办学体制改革**〕　加强市级政府统筹管理各级各类职业学校，促进职教资源有效整合。苏州市建设国际教育园，把技工学校纳入调整范围，有10多家技工学校与职业学校联合组建中高等职业院校。连云港市将7所行业和非教育部门举办的中等职业学校（包括技工学校、职工中专、广播电视大学）划归市教育局管理，重新进行资源整合和优化配置，分别承担成人高等教育、技术工人职前培养和职后培训、旅游服务人才培养和其他中等专业技术人才培养培训，大力进行专业调整和学科建设，并在此基础上构建起4大中等职教实训中心，即机电一体化及CAD实训中心、电子商务和财会实训中心、旅游服务实训中心、城市经济花卉栽培和养植实训中心，集中优质资源，办出职教特色。推进办学体制改革，无锡商业职业技术学院和省农林职业技术学院分别组建了全省范围内以专业为纽带的职教集团，统筹利用教育资源，提高整个行业群体性职业学校服务经济的能力。推进投资体制改革，省有关部门在成立职业教育发展基金会方面进行了初步尝试。

〔**农科教结合**〕　一是加强基地建设。2003年新建12个省级乡镇农科教结合示范基地，举办一期省级乡镇农科教结合示范基地专业人员培训班，巩固、提高已建成的40个示范基地的管理水平和教育培训能力，重点引进和推广100个省、市、县级农业科技致富项目。二是加强农业信息服务网站建设。新建10个农业信息服务网站，完善信息资源库和网上农产品交易市场，向农民提供科技信息和市场信息，帮助农民把农产品引向市场。三是加强农村致富骨干培养。开展农村乡镇基层干部政策法规、专业技术、经营管理等业务培训，开展农村经纪人、信息员和营销员技能培训达30万人次。

〔**推进社区教育实验**〕　组织人员对全省23个省级实验区的社区教育实验工作情况进行全面视导，总结推广社区教育实验工作新经验，宣传社区教育发展新理念。在现有的3个国家级和23个省级教育实验区的基础上，新创建10个省级实验区。制定印发《江苏省省级社区教育实验区标准》，建立社区教育工作制度，定期研究社区教育发展的有关政策措施，协调解决社区教育实验工作存在的突出问题和矛盾。同时，在教育行政部门内部建立社区教育协调工作机制，创造有利于社区教育发展的良好环境。成立社区教育实验工作指导专家组，加强理论与实践研究，深化社区教育实验。

撰稿 马能和 眭 平 徐 萍

高等教育

〔**综述**〕 2003年全省共有部委属高校10所，地方属普通高校94所；独立设置的民办普通高校15所，民办二级学院（含独立学院）36所。2003年招收普通本专科生比上年增加3.37万人，普通本专科毕业生比上年增加3.3万人，在校本专科生比上年增加15.95万人。校舍建筑面积2 816.96万平方米，占地面积8 602.50万平方米。全省共有博士、硕士学位授权一级学科101个（普通高校96个）。招收全日制博士、硕士研究生比上年增加0.54万人，毕业研究生比上年增加0.28万人，在校研究生比上年增加1.25万人。成人高等学校校舍建筑面积261.06万平方米，占地面积530.43万平方米。高等教育自学考试全年报考总人数110万人，其中学历考试为85.8万人，非学历证书考试达23.8万人，毕业生3.5万余人。

撰稿 王 兵

〔**高等学校布局结构调整**〕 经省政府批准，南京海运学校和南京航运学校合并升格为江苏海事职业技术学院，江苏省丝绸学校和苏州商业学校合并升格为苏州经贸职业技术学院，苏州高级工业学校、苏州市机械学校及苏州市虎丘中等专业学校合并升格为苏州工业职业技术学院，扬州农业学校升格为扬州环境资源职业技术学院，南通农业学校升格为南通农业职业技术学院，江苏省幼儿师范学校改制为应天职业技术学院。此外，经省政府批准新建无锡科技职业技术学院、苏州托普信息职业技术学院、建东职业技术学院、江南影视艺术职业学院、江苏联合职业技术学院5所高等职业技术学院。省教育厅批准扬州化工学校与扬州建筑工业学校合并筹建扬州工业职业技术学院。南京经济学院经教育部批准正式更名为南京财经大学，华东船舶工业学院、常熟高等专科学校分别经教育部批准筹建江苏科技大学、常熟理工学院。制定《江苏省高等职业技术学校设置办法（五年制）》，统筹全省中等职业教育、普通高中教育和高等职业教育布局，共有9所学校被批准为高等职业技术学校。

〔**高校招生计划管理**〕 对普通高校研究生、本科生招生计划，一是根据国家下达的计划总数，按照各院校申报的计划数和各院校的实际办学条件，核定各院校的招生计划总数，各学科、专业招生计划数由各院校根据本校的办学条件和市场需求自主确定；二是坚持依法治教，加强办学秩序管理，严格控制在低层次学历教育的学校举办高层次学历教育；三是适当控制江苏地方高校面向外省投放本科招生计划的比例，确保省内考生的升学机会和高考录取率的稳定；四是取消外省高校与江苏省市、县进行“定向培养”的计划形式，凡外省高校投放“定向培养”的计划必须是公办本科计划，同时必须是面向全省招生；五是继续允许地方属高校在省核定的学校招生计划总数内，预留少量的招生计划作为“选择性计划”，用于调节地区间生源不平衡问题。对成人高校招生计划，坚持成人高等教育规模的扩大、结构的优化及效益的提高相统一，继续重点支持高等职业技术教育发展，重点支持基础教育、职业教育师资的培养，积极扩大社会需求的理、工类专业的招生规模，并根据实际需要调整学科、专业结构。

撰稿　朱卫国　杨树兵

〔**普通高校招生考试**〕　2003年全省高考报名总数为34.14万人，比上年增加18.1%，其中应届生28.58万人，往届生和社会人员5.56万人。全省共设考场1.8万个，考点397个，普通高校招生录取率为73.87%。实行“3+2”高考科目设置改革，“3”为语文、数学、外语3门必考科目，“2”为政治、历史、地理、物理、化学、生物6门学科中考生根据自己兴趣爱好任选的两门考试科目，其中一门必须符合考生拟报考院校选考科目要求。录取时按考生5门原始总分从高分到低分，按不超过高校招生计划数的120%投档录取。首次全面实行远程异地网上录取，录取现场不再安排院校招生人员，录取工作全部通过网络进行。进一步扩大自主录取院校的试点范围，省内试点院校增加到8所，外省有11所院校在我省进行自主录取试点，继续在省内院校实行使用5%预留计划进行选择性招生的办法。采取考后填报高考志愿的办法，在“无条件服从”前增加了10所院校的平行志愿，成功地完成了中国政法大学、中国人民大学、浙江大学等在前三志愿中未能录满计划的名牌高校的招生计划，极大程度地减少了高分落榜考生数量，为学校输送了优质生源。切实加强对高考工作的领导，全面部署高考工作，制定《2003年全省普通高校招生考试工作方案》；召开全省普通高校招生考试工作电视电话会议，对全省90%以上的考点进行全面检查和督改工作。

撰稿　季金莎

〔**民办高等教育**〕　在民办学校招生等方面，实施政策倾斜和特殊措施，大力扶持民办高校发展。采取将民办专科与普通专科、高职同时填报志愿，同批次录取的办法，并设置了6个院校志愿，争取了一部分高分考生报考民办高校；对未完成招生计划的民办高校，采取适当降分的录取办法；允许部分民办高校试办预科班，招收五年制学生。全省有独立设置的民办高校15所，批准筹建民办职业技术学院3所；占地面积共502.3万平方米，校舍面积共136.3万平方米，教学仪器设备总值1.72亿元；专任教师1 911人，其中在编专职教师约占50%；2003年民办普通高校共招生1.3万人，在校学生4万多人。2003年江苏省江南大学太湖学院和东南大学成贤学院获教育部批准，成为独立学院，具有独立法人资格。此外，全省有3所高校进行高校股份制办学试点。确立民办二级学院和独立学院共同发展的政策，有35所民办二级学院进行招生，在校生超过7万人。民办二级学院吸纳社会资金10亿多元，拥有校舍117万平方米，教学仪器设备总值达1.77亿元，图书250万册。

〔**高校后勤社会化改革**〕　举办江苏省高校后勤社会化改革研讨班，贯彻落实第四次全国高校后勤社会化改革工作会议精神；针对下半年市场食品原料价格持续上涨状况，印发《关于进一步加强学生食堂管理确保高校稳定发展的通知》；规范教育超市的管理和经营，对全省37所高校近80家门店的管理组织和各项规章制度、商品采购管理和商品质量控制、商品价格管理体系和商品零售价格、门店经营服务规范、门店形象及环境卫生五个方面进行检查。

〔**高校基本建设**〕　加大对校园总体规划和主要标志性建筑的审查管理，增加高校办学自主权。2003年共审核批准南京邮电学院、南京工程学院、淮阴师范学院等12所学校共65幢教学楼、图书馆等建筑的初步设计施工图，完成江苏大学、南通大学（筹）、苏州大学、苏州工艺美术职业技术学院、徐州建筑职业技术学院等新校区的总体规划评审工作。2003年全省84所高校在建项目686个，建设规模达696万平方米，计划总投资126亿元，实际完成投资66亿元，竣工350万平方米。全省有44

所院校（含中专）入住大学城（高教园区），仙林大学城、江宁大学城、常州大学城、南通大学园区、淮安高教园区、无锡大学城、苏州国际教育园区等7个大学城（高教园区）规划用地87.23平方公里，校园规划用地3 338公顷，规划建筑面积1 120.6万平方米，计划总投资244.15亿元，预计可形成在校学生规模44.53万人。此外，苏州研究生城和扬州扬子津教育园也正在积极启动和规划建设之中。

撰稿　朱卫国　杨树兵

〔**高等教育教学改革**〕　加强专业建设。遴选115个品牌专业建设点和167个特色专业建设点，重点突出四个导向：一是体现布局，注重分类，实现不同区域、不同类型、不同基础的高校差别式公平竞争，推进高等教育均衡发展。二是重点扶持与江苏经济产业结构调整与高等教育发展急需的专业。三是充分发挥重点学科和国家人才培养基地等优质高教资源在推进全省高校专业建设中的辐射作用。四是引导学校科学规划、正确定位，在相应层次上办出特色和水平。根据经济社会发展与就业需求，科学调整专业，在30所地方高校增设本科专业137个，共有44所高校新设专科专业255个，8个专业撤销或停办。推进教学内容改革。启动精品课程建设，在教育部首次组织的高等学校国家级精品课程评选中，有16门入选。常州信息高等职业技术学院与江苏信息高等职业技术学院被教育部列为国家级示范性软件职业技术学院，共有17所高等职业技术学院获选"国家技能型紧缺人才培养项目"试点。制订《常州大学城高等职业教育实验区方案》，指导高职教育改革实验，促进常州高职大学城办出特色，形成全国高职教育改革品牌。进一步加大医药类教学改革力度，结合防治"非典"，召开医药院校教学改革座谈会，深入研讨高等医药人才培养的新举措。组织全省本科院校积极申报教育部大学英语教学改革试点，制定大学英语课程教学改革方案。积极推进高校数字化图书馆建设，构建高校图书文献信息资源共建、共知、共享。在高校文献信息保障系统一期工程高质量通过专家验收的基础上，及时组织设计二期工程建设方案，并已通过论证正式立项建设。召开全省本科院校教学评估工作动员大会，进一步明确本科院校教学评估的思路与任务，研制新一轮教学评估时间表。加强对3所高校评估工作的组织协调，定期印发《高校教学评估工作动态》，加强信息交流。制定《高职类相关医学专业合格评估标准》，对高职院校相关医药类专业进行合格评估，规范高职类相关医学专业设置条件，保证医学卫生人才培养质量。对淮海工学院等12所高校的29个基础课教学实验室进行评估，修订评估标准、制定新一轮评估方案。

撰稿　王　煌　戚跃芳

〔**重点高校与重点学科建设**〕　省政府确定安排省属高校"十五""211工程"和重点高校建设专项经费2.8亿元，苏州大学与南京师范大学各1亿元，扬州大学重点建设专项经费0.8亿元，三校均按不低于1∶1的比例进行配套投入。组织开展"十五"省级重点学科中期建设情况检查，以查促建，切实推动和加强学科建设工作，认真落实各项建设措施，促进各学科更好地完成建设目标。同时通过中期检查，发现具有突出优势和发展潜力的学科，加强培育，推动这些学科加快发展，争取成为下一轮国家级重点学科。检查分学校、学科自查、专家会议评审、对部分学科实地考察、专家委员会审核等步骤，检查结果分A（优秀）、B（合格）、C（不合格）三档。经检查评审，10个"重中之重"学科和17.5个重点学科被评为A档，1个"重中之重"学科和83.5个重点学科被评为B档，没有出现C档学科。

撰稿　徐子敏

〔**学位工作与研究生教育**〕　开展第九批硕士点增列审批工作，审核增列硕士点216个。在全国博士学位授权一级学科和博士点的增列工作中，全省新增一级学科29个，博士点74个，另有研究生院单位自批硕士点155个。目前，全省共有博士硕士学位授权一级学科101个（普通高校96个）。在第九批博士、硕士学位授权单位审核中，南京财经大学、江苏工业学院、苏州科技学院被国务院学位委员会批准增列为硕士学位授予单位，南通医学院、南京审计学院分别被批准为博士研究生、硕士研究生联合培养单位。推进“江苏省研究生培养创新工程”建设，重点按培养质量保障体系、教育资源开放体系、研究生创新体系等三个体系实施了五个相关项目。一是建立第二批“江苏省产学研联合培养研究生示范基地”15个。二是遴选江苏省研究生培养开放课程30门。三是实施“江苏省研究生创新计划”，遴选50项研究生创新研究项目实施专项资助。四是继续实施优秀研究生学位论文评选，完成了2003年度江苏省百篇优秀硕士学位论文的评选工作，有8篇博士论文入选2003年全国百篇优秀博士论文。五是全面实施学位论文年度抽检评议，此项工作委托教育评估院承担，共抽检博士、硕士毕业论文596篇，有11篇博士论文和30篇硕士论文出现“不合格”评价，占抽检论文的6.9%。专业学位建设进取的新进展。首次实现专业学位招生网上报名，报考人数达到1.15万人，实际招生人数在6 000人以上。新增法律硕士培养单位1所，教育硕士培养单位3所，口腔医学硕士单位1所，工商管理硕士单位3所，公共管理硕士单位2所。在原有基础上，有17所高校被批准招收高校教师攻读硕士学位。全省参加同等学力申请硕士学位全国统一考试的人数达到6 542人次，比上年增加242人次。

撰稿　徐子敏

〔**学生管理与学籍管理**〕　认真贯彻《关于切实加强大学生心理健康教育的意见》，举办两期心理健康教师培训班和大学生心理健康论坛。印发《关于规范普通高校学生纪律处分有关问题的通知》。组织开展争先创优活动，有400名三好学生、优秀学生干部和100个先进班集体受到表彰，有30个班集体和30名个人被教育部和团中央授予先进集体和先进个人称号，1个班集体和1名优秀学生被评为全国标兵。

2003年完成了普通高等教育本专科毕业证书、成人高等教育学历证书、专业证书后教育证书的电子注册，审核发放三二分段、小教大专班等普通高等教育专科学历证书、成人高等教育学历证书、双专科学历证书。完成全省大中专毕业生的资格审核，成人高校新生资格审查和学籍注册工作，完成省电大、南京市电大开放专科教育、复转军人开放教育、新生资格复查和学籍注册工作。

〔**高校毕业生就业工作**〕　深入调查研究高校毕业生就业形势，召开全省毕业生就业会议，成立由分管省长任组长的高校毕业生就业工作领导小组，加强省辖市和高校校院（系）两级毕业就业领导机构建设。进一步完善毕业生就业政策，实现了毕业生全省无障碍就业、零收费就业、一站式就业，共办理153 021名非师范类大中专毕业生的就业派遣和离校手续，完成了28 066名师范生的分配就业工作。大力培育和完善以高校为主体的毕业生就业市场，各高校举办校内就业双选活动3 000多场次，为毕业生提供10多万就业岗位，各市县举办各类就业双选会200多场次，省招生就业指导服务中心分层次、分专业组织招聘专场30多场次。积极发展网上就业市场，各高校普遍开设了校园就业网，有条件的学校还建立了网上招聘就业视频系统，使毕业生在网上完成与用人单位的双选和面试。积极开展就业合作，与苏州市人民政府签订人才培养与服务合作协议书，与上海、浙江教育部门联合成立“长三角地区毕业生就业工作合作组织”，构建三省市毕业生就业大市场。组织开展毕业生就业工作大检查，先后组织8个工作组对全省各高校的就业工作进行全面检查。截至2003年底，全省高校毕业生就业率达88%，其中毕业研究生的就业率达97.8%，本科毕业生的就业率达95%，专科毕业生的就业率达79.4%，专科毕业就业率较上年提高了20个百分点，实现了各类高校毕业生就业率全面超过上年的目标。

撰稿　樊增荣　黄晓曦

〔**高校稳定与思想政治教育**〕　进一步完善稳定工作的责任制和运行机制，建立健全领导责任制和责任追究制，制定、完善处置突发事件的预案，开展校园及周边治安综合治理；加强对高校校园网有害信息的监控清理，组织高校制定网络突发事件稳定工作预案，确保校园网上信息的安全。深入学习贯彻“三个代表”重要思想。召开江苏高校学习《“三个代表”重要思想学习纲要》座谈会，印发《关于在全省教育系统不断兴起学习贯彻“三个代表”重要思想新高潮的通知》。举办全省教育系统领导干部理论研讨班、全省高校党委宣传部长理论研讨班、“两课”骨干教师培训班和新上岗的政工干部岗前培训班，共有500多人参加了培训。积极推进“三个代表”重要思想“三进”工作，在全省高校全面开设《邓小平理论和“三个代表”重要思想概论》课。组织论文征集活动，经过专家评选，共评选出60篇优秀论文。

撰稿 夏成满 张卫星

〔**高校科技与产业**〕 2003年，全省高校通过各种渠道共获得科技经费28.11亿元。高校承担的R&D经费17.86亿元，比上年增长9.4%。高校科技活动人员25 813人，其中研究与发展人员20 236人。实现技术转让781项，技术转让合同金额1.65亿元，当年实际收入0.94亿元。全年全省高校共申请专利972项，比上年翻一番，授权338项，比上年增加56%。全省高校出版科技专著525部，大专院校教科书714部，发表学术论文34 339篇，其中在国外学术刊物上发表论文3 481篇，SCIE收录论文2 420篇，EI收录1 383篇，ISTP收录690篇。出席国际学术会议2 821人次，交流论文2 665篇，国际合作研究共派遣1 103人次，接受967人次。全省高校共有187个国家级项目通过验收，有328项科技成果获得部省级以上科技成果奖，其中国家级科技成果奖14项（国家自然科学奖2项，国家发明奖1项，国家科技进步奖11项），国务院各部门奖107项，省级奖207项。

进一步加强省级重点实验室的建设和管理。对有关高校的17个省级重点实验室进行实地检查评价，南京医科大学原“江苏省医学分子生物学重点实验室”更名为“江苏省现代病原生物学重点实验室”。根据各重点实验室的不同研究方向，加强重点实验室的开放与交流，组织批准实验室开放课题100项，建立和完善高校省级重点实验室年报制度。全省高校新增教育部重点实验室7个。全省高校有国家级重点实验室10个，教育部重点实验室15个，省级重点实验室47个。对有关高校的优势学科进一步整合资源，搭建产学研结合平台，深化产学研结合程度。全省高校新立项建设工程（技术）研究中心8个。2003年，全省高校工程（技术）研究中心总数达42个，其中国家级5个、省级37个。组织南京大学、东南大学等17所高校与苏州等7市签订了科技全面合作协议，签约项目总经费达1.6亿多元。立项资助江苏高校高新技术产业发展面上项目59项，立项高校自然科学研究计划资助项目168项，指导性项目276项，对省属高校自然科学研究计划项目的执行情况进行结题验收评价。采用招投标制产生江苏省高校高新技术产业发展重大项目5项，项目内容涉及生物工程、资源与环境、电子信息等技术领域。

撰稿 张竹繁

〔**高校哲学社会科学研究**〕 确立围绕现实重大问题开展研究的哲学社科研究指导思想，加强“三个代表”主要思想的理论研究，设立19个重大、重点课题和33个重大和重点项目。南京大学、苏州大学等校分别研究出版了《“三个代表”思想论》等一批研究专著。进一步规范文科科研管理工作，制定《江苏省教育厅哲学社会科学基金项目管理办法》，拟定《江苏省新世纪高校哲学社会科学繁荣计划（征求意见稿）》。加强文科科研管理。组织高校申报2003年度高校哲学社会科学基金项目课题869项，共确定立项资助项目133项，指导性项目283项；完成全省高校2002年度哲学社会科学研究年报统计工作，以及教育部项目的中期检查、结项及2003年度项目的组织申报及报送工作，省属高校共申报教育部专项任务项目79项。

撰稿 夏成满 张卫星

〔**成人高等教育**〕 根据成人教育与远程教育办学特点，加强对成人与远程教育的管理。对省开放教育和军转开放教育进行抽样检查，对3万余名开放教育注册学员入学资格进行审查，对全省446个函授站、141个高校远程教育校外学习点进行年审，对新增的52个函授站、48个校外学习点进行考察审批。加强成人高教专业建设和管理，制定成人高教专业建设和管理的意见，下放成人高教专科专业审批权限。地方院校成人高教新增高中起点本科专业点31个，新增专科起点本科专业点100个，新增专科专业点102个。组织对2003—2004年度全省成人高等教育新增专业设置评审，共有17所高校的149个专业参加评审，其中103个本科专业通过评审。

撰稿　王　煌　戚跃芳

审稿　王斌泰

浙江省教育

概　　况

〔基本情况〕

2003 年各级各类学校校数、教职工、专任教师情况

	学校数（所）	教职工数（人）	专任教师（人）
一、高等教育			
（一）研究生培养机构（不计校数）	15		
1. 普通高校	11		
2. 科研机构	4		
（二）普通高等学校	64	54 331	29 945
1. 本科院校	23	33 055	16 328
2. 专科院校	41	14 847	9 190
其中：职业技术学院	34	12 796	8 013
3. 分校、大专班（点）（不计校数）		6 429	4 427
（三）成人高等学校	16	5 889	3 453
（四）民办的其他高等教育机构	37	1 890	987
1. 学历文凭考试机构	36	1 851	972
2. 非学历文凭考试机构	1	39	15
二、中等教育			
（一）高中阶段教育	1 456	229 309	79 251
1. 高中	884	189 806	50 142
普通高中	614	187 820	48 770
成人高中	270	1 986	1 372
2. 中等职业教育	572	39 503	29 109
普通中等专业学校	57	6 030	3 636
成人中等专业学校	98	2 878	1 849
职业高中	417	26 859	20 638
技工学校			
其他机构（教学点）（不计校数）	300	3 736	2 986
（二）初中阶段教育			
1. 普通初中	2 081		109 535
2. 职业初中	0	30	25
3. 成人初中	155	725	517

续表

	学校数（所）	教职工数（人）	专任教师（人）
三、初等教育			
（一）普通小学	7 712	175 366	159 127
（二）成人小学	671	838	380
其中：扫盲班	382	589	243
四、工读学校	2	51	40
五、特殊教育	63	1 445	1 133
六、学前教育	11 560	83 022	54 056

注：1. 普通高中教职工数包含普通初中教职工数；
2. 成人高等学校教职工数和专任教师数为2002年数据。

2003年各级各类学历教育学生情况

	毕业生数（人）	招生数（人）	在校生数（人）
一、高等教育			
（一）研究生	3 514	6 863	19 269
（二）普通本专科	78 685	168 167	484 135
（三）成人本专科	47 398		275 994
（四）其他各类高等学历教育			
1. 在职人员攻读博士、硕士学位		1 458	4 235
2. 网络本专科生	1 169	4 274	16 335
3. 学历文凭考试	5 694	11 100	23 687
二、中等教育			
（一）高中阶段教育	380 331	592 124	1 524 726
1. 高中	222 278	302 695	828 730
普通高中	196 142	302 695	787 249
成人高中	26 136		41 481
2. 中等职业教育	158 053	289 429	695 996
普通中专	41 198	46 666	120 658
成人中专	20 540	29 351	72 560
职业高中	96 315	213 412	502 778
技工学校			
（二）初中阶段教育			
1. 普通初中	684 726	607 199	1 919 386
2. 职业初中	236		403
3. 成人初中	39 022		18 474
三、初等教育			
（一）普通小学	597 818	524 509	3 402 942
（二）成人小学	45 700		25 468
其中：扫盲班	8 588		6 932
四、工读学校	59	91	158
五、特殊教育	2 561	1 947	15 357
六、学前教育	481 852	503 766	1 179 558

注：1. 成人本专科毕业生、在校生数为2002年数据；
2. 其他各类高等教育学生数未包含成人高校举办的各类高等教育学生数。

2003年各级各类非学历教育学生情况

	毕（结）业生数（人）	招生数（人）	在校生数（人）
一、高等教育	81 743	79 218	43 192
（一）研究生课程进修班	6 032	5 867	10 526
（二）自考助学班	2 161	4 920	10 086
（三）普通预科生		65	66
（四）证书教育	3 202	2 906	4 140
（五）岗位培训	29 667	25 343	6 846
（六）进修及培训	40 681	40 117	11 528
二、中等教育	5 201 443		5 019 948
（一）中等职业教育	255 336		120 064
（二）职业技术培训机构	4 946 107		4 899 884

注：高等教育非学历教育学生数未包含成人高校举办的非学历教育学生数。

2003年各级民办教育基本情况

	学校数（所）	毕业生数（人）	招生数（人）	在校生数（人）	教职工数（人）	专任教师（人）
一、民办高等教育						
（一）普通高校	7	7 770	36 928	106 858	7 251	4 949
（二）成人高校						
（三）民办的其他高等教育机构	37	19 167	25 865	30 374	1 890	987
二、民办中等教育机构						
（一）高中阶段教育						
其中：民办普通高中	186	30 298	66 439	148 037	19 990	14 353
民办中等职业教育	150	21 127	46 381	106 034	6 318	4 181
（二）初中阶段教育						
其中：民办普通初中	118	28 227	45 441	124 285		
民办职业初中	0	236	0	403	30	25
三、民办普通小学	128	13 474	23 067	121 289	7 875	5 567
四、民办幼儿园	9 230	280 995	313 251	739 897	56 283	35 249

注：民办普通高中教职工数包含民办普通初中教职工数。

〔**年度教育工作计划**〕　2003年全省教育工作总的要求是，以邓小平理论和“三个代表”重要思想为指导，认真学习贯彻党的十六大精神，深入贯彻落实省第十一次党代会和省十届人大一次会议精神，解放思想，继往开来，与时俱进，求真务实，大力开展教育创新，努力把全省教育提高到一个新水平，为提前基本实现现代化奠定扎实基础。

深刻领会“三个代表”重要思想，掀起学习宣传贯彻十六大精神的新高潮。坚持用马克思列宁主义、毛泽东思想、邓小平理论和“三个代表”重要思想武装广大干部师生。在“两课”教育中认真贯彻十六大精神，进一步深化邓小平理论、“三个代表”重要思想进课堂、进教材、进学生头脑工作。切实加强青少年学生思想道德教育，加强爱国主义和社会主义教育，引导青少年学生树立正确的世界观、人生观和价值观，提高道德水准。重视党员发展工作，认真做好吸收优秀知识分子入党和在青年学生中发展党员工作。进一步加强社会力量举办学校的党建工作。

以加快发展为主题，不断满足人民群众日益增长的教育需求。继续高标准、高质量普及九年义务教育。开展第三轮创建教育强县活动。启动“中小学标准化建设工程”，加快推进薄弱学校改造、新增破旧危房改造和城市化进程中中小学布局再调整。施行“教育凭证”制度，做好残疾儿童、女童、少数民族子女以及民工子女同步接受义务教育的有关工作，提高巩固率，降低辍学率。促进特殊教育向幼儿教育和高中段教育延伸，不断提高特殊教育质量。积极发展高中段教育和学前三年教育。推进中职学校布局调整，做大做强骨干中等职业学校。加强中职学校示范专业建设，不断提高办学水平。多元化、多形式发展幼儿教育，进一步规范幼教管理体制，提高幼儿教育质量。推进以高教园区为重点的高校建设，继续扩大普通高校招生规模。大力支持浙江大学的建设和发展。全面启动在杭高校老校区土地置换工作。加快高教园区建设，确保工程质量。2003 年，全省六大高教园区累计竣工建筑面积达到 650 万平方米。继续发展现代远程教育，大力推进自考事业，推进学历与非学历教育证书考试。

以提高质量为核心，大力推进教育创新。深化高等教育教学改革，强化教学管理，提升教学质量，全面提高大学生素质。继续开展“高等教育质量年”活动。新建一批省重点实验室和创新基地，提高高校培养高水平人才的能力。充分整合高教园区资源，实现教育教学资源的优化配置和开放共享。推进以运行机制、教学管理、毕业生就业、人事分配为重点内容的综合改革。逐步探索高校自主招生、政府宏观调控、社会有效监督的高校招生制度改革。深化高校后勤社会化改革。努力推进基础教育整体相对均衡发展，加大对经济欠发达地区教育的扶持力度，全面提高“普九”质量。推进基础教育课程改革，全面启动省级基础教育课程改革工作，完善相关政策和配套措施，积极稳妥地开发地方课程和学校课程。推进“校校通”工程，力争省、市和绝大部分县教育网互相联通，加快中小学普及信息技术进程。推进中等职业教育办学体制改革，支持组建以高等职业学校和重点职业学校为龙头，由相关企业和职业学校参与的职教集团，努力走出一条中等职业教育和高等职业教育相互衔接、产学研结合的职业教育新路子。推进职业学校人才培养模式改革，深化中职学校学分制和分层次教学试点，突出学生的个性发展，全面提高学生的综合素质。继续实施“百万农民培训工程”，启动“百万职工双证制教育培训工程”。开展多种形式的职业培训和农业实用技术培训。努力提高高校办学层次和办学水平。加大对省地方属高校用于办学水平方面的投入，启动“浙江省重点高校建设计划”，若干年内重点扶持一批高校升格为大学，重点扶持一批高校进军全国“211 工程”。加强对筹建的高职院校进行指导和管理，使其尽快达到设置要求。推进教育合作办学，大力引进国内外优质教育资源。创新办学体制，鼓励进行各种办学形式的试验和探索，引导社会力量重点发展学前教育、高中教育和职业教育。

以规范管理为抓手，提高依法治教的水平。全面落实“以县为主”的管理体制，强化县级政府的管理责任，落实乡镇在义务教育中应尽的责任。进一步完善高中会考制度。规范中等职业学校和综合高中的招生、办学行为，实施综合高中文化课和专业课全省会考制度，加强对职业教育的监督和调控。继续做好普通高校教学工作评估，基本完成对 53 所高校的评估工作，完善高等教育质量监控体系。进一步规范五年制高职管理，适度发展五年制高职。印发《关于加强成人高等教育教学工作的若干意见》，规范成人高校的教育教学工作。加强毕业生就业指导。面向社会实施教师资格制度，继续推进学校人事、分配制度改革，全面推进合同化管理，建立新的用人机制，进一步优化教师队伍。加强中小学师德教育。建立促进人员合理流动的教师交流制度，逐步解决师资的地区性、结构性失衡问题。进一步提高高校教师的研究生比例。继续实施中青年学科带头人培养计划、高级人才引进计划。加强教育法制建设，大力推进依法治教。加强教育督导工作，坚持和完善“两基”年审制度。

多渠道增加对教育的投入，加快教育事业发展。充分发挥政府投入的主渠道作用，继续落实省本级财政支出中教育经费所占比例每年提高不低于 1.2 个百分点的政策，努力推动各地落实教育经费的“三个增长”。实现全省农村中小学教师工资县级财政统一发放。进一步完善教育目标考核责任制，把中小学教职工工资发放、学校公用经费安排和危房改造情况列入市县党政领导科技目标责任制考核内容。调整学校收费标准，规范学校收费行为。切实关心家庭经济困难学生的学习和生活，认真落实各项资助政策措施。对城乡纳入“低保”家庭子女实施免费义务教育。继续做好助学贷款工作。

〔**加强安全工作**〕 2月，省教育厅、省公安厅转发教育部、公安部《关于加强高校安全保卫工作的通知》，提出了贯彻执行意见。要求各市教育局确定专人联系所在地高校的安全保卫工作，加大配合和支持力度。12月，省教育厅、省公安厅联合发出《关于开展学校消防安全大检查的紧急通知》，决定在全省范围内开展学校消防安全工作大检查。

12月19日，省委教育工委、省教育厅就加强全省学校安全工作召开网络视频会议。会议要求各地各校必须以对人民负责的态度着重做好以下工作：加强领导，提高认识，建立健全学校安全工作责任制和责任追究制，把学校安全工作作为学校考核、评估、评优、评奖的基本条件，实行安全工作一票否决制；突出重视消防安全，开展以消防安全为重点的安全大检查，杜绝一切违章使用电器行为；关注校舍安全，彻底消除隐患，做到措施到位，责任到人；切实加强交通安全教育与管理，提高学生的交通安全意识和自我保护能力；狠抓学校饮食卫生，培养师生良好的卫生习惯，坚决防止群体性食物中毒事件的发生；大力开展珍惜生命教育和心理健康教育，减少各类非正常死亡案件；做好寒假期间的学生教育和管理工作；加强校园周边环境的综合治理，为学校营造良好的教书育人环境；全面提高学校安全工作管理水平和应急能力，制订处置事故工作预案，提高快速反应能力，及时处置突发事件，最大限度地减少生命财产损失；加强值班和信息报送工作。

〔**治理教育乱收费**〕 浙江省把治理教育乱收费作为教育系统纠风工作的重点，坚持标本兼治，综合治理，不断加大治理力度，取得了较大成效。全省学校违规收费金额、乱收费案件总量分别比上年同期下降79.7%和82.6%。

从3月初开始，省纪委、省政府纠风办、省教育纪工委组成4个调研组，分赴全省各地调研中小学和高校收费情况，在此基础上制订了治理乱收费工作方案。8月，经省政府同意，由省教育厅牵头，成立了由省政府纠风办、财政、物价等部门组成的领导机构。省、市、县各级教育行政部门形成了“一把手”亲自抓、分管领导直接抓、相关领导协助抓、职能部门具体抓的工作格局。通过省内主要媒体向社会宣传各级各类学校收费政策、标准及投诉渠道。通过设立收费公示栏、校务公开栏等，增加工作透明度，接受广大学生家长和社会各界的监督。8月21日，省教育厅、省政府纠风办发出《关于进一步抓好治理教育乱收费工作的紧急通知》，要求各地各校进一步提高思想认识，加强领导，落实责任，对教育乱收费进行全面清理，要进一步规范教育收费行为，严格执行公办普通高中招收“择校生”的“三限”政策，要强化宣传和监督机制，加强教育收费管理，进一步加大查处力度。省教育厅还建立了教育收费情况定期报告制度，要求市、县教育行政部门每月向上级教育行政部门报告教育乱收费的投诉举报及查处情况。对乱收费案件发现一起查处一起，对违规收费的责任人予以严肃处理，对领导不重视、工作不到位造成重大违纪问题的，根据党风廉政责任制的规定，追究有关领导的责任。通过严肃处理违规收费行为，有力地遏制了乱收费势头。

6月19日，浙江省政府第156号令颁布了《浙江省义务教育收费管理办法》。此《办法》共40条，自2003年8月1日起施行。

〔**“长三角”教育合作交流**〕 为贯彻落实党的十六大精神，实现省第十一次党代会和省委十一届二次全会确定的奋斗目标，省教育厅与长江三角洲地区，特别是与上海开展了教育合作交流工作。10月，浙江、上海在互访、洽谈的基础上，在上海签署了《关于加强沪浙两地教育交流合作的意见》。10月，还与上海、江苏教育部门共同成立了“长三角地区高校毕业生就业工作合作组织”，并在上海召开了成立大会；在西湖博览会期间，推出了以“对话、合作、共进”为主题的“2003年中国杭州名师名校长论坛”，三省市教育行政部门领导纵论基础教育一体化课题，三省市中小学校长、教师4 000余人参加了活动。11月，在浙江绍兴召开了三省市教育行政部门职业教育与成人教育联席会议。10月，在杭州举办了以“21世纪初较发达地区社区教育发展战略”为主题的首届“长三角社区教育论坛”。

基础教育

〔综述〕 2003年浙江省以创建新一轮教育强县为抓手，继续落实“以县为主”的基础教育管理体制，关注弱势群体，积极推进高标准高质量普及九年义务教育，促进基础教育均衡发展。全省小学毕业升学比例达99.98%，初中入学率、巩固率分别为98.49%、99.85%，均比上年提高。普通高中招生比上年增加3.42万人，增长12.7%。初中毕业生升高中段比例达84.6%，比上年提高0.53个百分点。全省在园幼儿比上年增加0.35万人。学前三年毛入园率达84%。幼儿园、小学、初中、普通高中教师学历合格率分别达到93.5%、98.1%、96.8%和89%，分别比上年提高2.2个、0.7个、1.5个和3.6个百分点。小学专科及以上、初中本科及以上学历的教师比例分别达到45.9%和39.8%，比上年提高12.5个和9.5个百分点。教师资格认定工作全面启动，全省符合学历要求非师范类专业毕业生经过教师资格认定的有0.66万人。全省共评选出教坛新秀211人、第十六届“春蚕奖”300人、第十四届“绿叶奖”120人。

在继续推进中小学布局调整的同时，选择11个县（市、区）启动“浙江省九年义务教育万校标准化建设工程”，办学效益继续提高，办学条件差距逐步缩小。全省共撤并小学1 250所、初中92所，校均规模小学达到441人、初中922人。全省普通中小学校舍面积达5 030.91万平方米，比上年增加400.17万平方米，增长8%。中小学藏书11 827.96万册，比上年增加671.71万册，增长6%。小学、普通中学教学仪器设备值分别为12.95亿元和23.83亿元，比上年增长16.8%和25.8%。加强民族教育，12月，省教育厅同意绍兴县设立浙江省绍兴县西藏民族中学。

继续开展浙江省教育强县评定工作，根据创建第一、二批教育强县的经验和在广泛征求意见、调研的基础上，对2001年制订的《浙江省教育强县评定操作标准》进行了修订，并印发给各市教育局。

首次将教育投入列入市、县党政领导科技目标责任制考核内容，具体为教师工资、义务教育学校公用经费、危房改造和校舍建设等资金落实情况。

〔课程改革〕 为加快基础教育课程建设，3月，省教育厅制订了《浙江省基础教育地方课程建设指导意见》和《浙江省基础教育地方课程教材立项编写审定使用管理办法（试行）》。省教育厅将建立地方教材更新机制，定期对通过省中小学教材审定委员会审定的地方教材进行评估。11月18日，省教育厅印发了《浙江省基础教育学校课程建设指导意见（试行）》。《意见》要求，学校课程必须根据当地经济、社会发展的具体情况，结合学校的传统和优势、学生的兴趣和需要进行开发和实施。学校课程应更多地关注学生的个性发展，更多地从挖掘学校自身和周边环境、社区教育的资源出发，充分体现学校的教育思想和办学理念，更多地考虑学校教师的特点与专长，极大地发挥教师在课程建设中的主体作用。

《意见》强调，学校课程建设中应遵循五大原则：目标导向性原则、协调性原则、整合性原则、个性化原则和适宜性原则。课程建设还要量力而行、因地制宜、循序渐进。学校课程建设一般要经过校情分析、确定目标和计划、组织与实施以及评价与完善四个主要步骤。《意见》规定，学校课程的教育时间应不少于“地方与学校课程”总时数的三分之一，原则上不单独编写面向学生的教材。各级教育行政部门可选调一些富有经验的教研员或教师成立区域性的学校课程支持小组，逐步建立学校课程评估制度。

11 月 20 日，全省基础教育课程改革工作会议在杭州市余杭区召开。会议对课程改革工作作了部署和阐述。到 2004 年秋季，全省将全面实施新课程改革。

〔**考试制度改革**〕 11 月 25 日，省教育厅制定了关于 2004 年初中毕业升学考试改革的指导意见，要求加快推进升学考试与招生制度的改革，并就考试的形式、科目的设置和分值等提出了意见：考试形式将进行多样化改革，社会政治学科的考试采用开卷考试的形式；英语学科必须安排听力测试，分值不得低于 20 分；有条件的市还可以安排英语或语文口试，各科考试都允许学生使用计算器。在初中毕业、升学考试的命题上，要注重考查学生对学科知识的探究能力、对学科思想方法的理解能力以及综合运用所学知识分析和解决实际问题的能力，试题必须坚持时代性、教育性和人文性并重，并努力探索体现新课改理念的新题型。同时，要求各市中考的难度系数应控制在 0.70 以上，适当减少题量，尤其是纯粹记忆性的考核内容，增加主观题的比重。

〔**学校标准化建设**〕 为促进义务教育的均衡化，让广大人民群众子女接受更公平、更优质的九年义务教育，4 月，省教育厅印发了《关于实施“浙江省万校标准化建设工程”的通知》，对学校办学规模、用地面积、校舍面积、建设标准、环境配套及体育活动设施等提出了具体要求。9 月，省教育厅印发了《浙江省九年制义务教育标准化学校评定操作办法（试行）》、《浙江省九年制义务教育标准化学校评定操作标准》和《浙江省九年制义务教育标准化学校自查表》，要求各地认真组织实施。杭州市萧山区、宁波市北仑区、温州市瓯海区、海宁市、长兴县、诸暨市、义乌市、常山县、温岭市、丽水市莲都区、舟山市定海区列为 2003 年试点县（市、区）。

7 月，为适应全面建设小康社会的需要，省教育厅对《浙江省示范小学标准》、《浙江省示范初中标准》和《浙江省九年一贯制示范学校标准》作了修订。开展标准化建设学校的评估认定，继续进行省示范小学、省示范初中、省九年一贯制示范学校的认定。争取通过 8 年的努力，到 2010 年使全省义务教育阶段优质学校的比例达到 85％以上，让广大人民群众子女接受更均衡、更公平、更优质的九年义务教育。省义务教育阶段各类示范学校的认定工作采取自查与抽查相结合的办法。全省 11 个市的市区所有义务教育学校都应分别达到省义务教育阶段各类示范学校标准。省义务教育阶段各类示范学校不搞“终身制”。对已评上省义务教育阶段各类示范学校的学校，省将不定期地进行复评或抽查，对办学问题较多、达不到标准的，要取消其称号。要求各地重视创办义务教育阶段各类示范学校的工作，充分发挥各校的优势，促进学校办出各自特色，让学生个性特长得到和谐发展。同时，要求各地充分发挥义务教育阶段各类示范学校的示范作用，带动相对薄弱学校的建设，推动学校之间相互取长补短，努力实现学校布局合理化、办学条件标准化、教育管理规范化、办学特色多样化，全面提高教育质量和办学效益。

〔**幼儿教育**〕 7 月，为进一步加强示范性幼儿园建设，充分发挥示范性幼儿园在贯彻幼儿教育法规、传播科学教育理念、开展教育科学研究、培训师资和指导家庭、社区早期教育等方面的示范、辐射作用，省教育厅决定于 2003 年下半年进行省示范性幼儿园评估认定和命名工作，并对 1994 年以来已命名的省示范性幼儿园进行复查。

一季度，省政府教育督导室组织力量在全省范围内开展了幼儿教育专项督导检查。此次督查的对象是县（市、区）和乡镇人民政府及其教育行政部门和幼儿园。督查的主要内容是幼教事业发展规划的制订及实施、管理体制、幼教经费、保育教育质量提高和《教师法》等落实情况。督查采取逐级检查的方式，在县（市、区）自查的基础上，各市督导室组织力量对所属的县进行全面督查，省组织部分督学和幼教干部对不同类型的县（市、区）进行抽查。督查表明：1997 年省政府决定幼儿教育归口教育部门管理，特别是 2001 年全省基础教育工作会议以来，各地政府加强了对幼儿教育的领导，将其纳入本地经济社会发展的总体规划，制定了加快本地区幼儿教育改革与发展的规划、意见，采取了相应的政策和措施。全省已初步形成了以公办幼儿园为骨干（示范），以社会力量办园为主体，公办与民办、正规与非正规教育相结合的发展格局。

〔**素质教育**〕 8 月 8 日，浙江德育网正式开通。其主要作用是：传播德育新理念；促进德育信息和经验交流；推进德育课程改革；提高德育工作者专业素养；探讨德育工作方式方法；加强德育工作研究。

加强中小学生产实践教育。6 月，省教育厅发出了《关于加强中小学生产实践教育基地建设的意见》。《意见》对搞好生产实践教育基地建设提出了基本要求：在今后 2～3 年内，原则上每个县（市）建立一个规模较大、设施齐全、教育功能较强、具有地方特色的城区和城镇中小学学生生产实践教育基地，积极开展学生的社会实践和劳动技术教育活动。省辖市可以与县（市）共建基地，也可独立创建。有条件的地方可将原有的勤工俭学劳动基地，采取调整、联合、重组的方式，有计划分期分批改造成生产实践教育基地。

加强艺术教育。2 月，省教育厅、共青团浙江省委决定举办浙江省第四届学生艺术节。艺术节举办了学生美术、书法、摄影作品展，艺术教育科学论文评比，中小学生精品节目展演录像评比等比赛。6 月，省教育厅、省文化厅、省广播电视局、省残疾人联合会发出了《关于举办第三届浙江省盲、聋、培智学校学生艺术汇演的通知》，汇演采取分区参演、现场评审、综合评定的形式进行。

2 月，省教育厅、省计划生育委员会印发了《浙江省中小学人口与青春期性健康教育指导纲要》，提出了人口与青春期性健康教育的总目标，即：培养学生科学的人口意识、健康的性观念、正确的婚育观念和可持续发展的思想，促进中小学生身心全面和谐发展。

〔**完善扶困助学制度**〕 6 月，省教育厅、省财政厅经省政府同意，印发了《关于对经济困难家庭子女接受中小学教育实行免费入学的通知》，决定从 2003 年秋季开学始组织实施贫困学生接受免费教育工作。

《通知》明确了享受免费教育的对象，即：享受最低生活保障待遇家庭的子女、依法由社会福利机构监护的未成年人、革命烈士子女、列入农村五保户供养范围的未成年人。因受灾、疾病等原因造成家庭经济困难的学生，可以缓交、减交或免交有关费用。鼓励有条件的市、县（市、区）逐步扩大免交义务教育收费的学生范围。

《通知》确定了免费项目和标准。贫困学生免费项目为：九年制义务教育阶段的杂费、代管费、住宿费和借读费，高中阶段教育的学费和代管费。其他费用是否减免由各地自行确定。在各类民办学校或按民办机制运行的公办学校就读的贫困学生，其免费额度按当地公办学校的收费标准确定。

《通知》提出了统一的资助形式。全省推行“教育券”制度，“教育券”上载明政府资助贫困学生的具体金额和使用时限，面额不超过当地当年小学、初中、高中有关免费标准的总额。“教育券”通过教育行政部门直接发给贫困学生，学生交给学校充抵有关费用，学校按收到的“教育券”与同级财政或教育部门结算，取得拨款。要求各市、县（市、区）财政落实好贫困学生接受免费教育所需经费，同时积极鼓励社会企事业单位、社会团体和个人通过认购“教育券”的形式捐资助学。省财政安排专项资金，重点支持经济欠发达地区扶困助学工作。要求各级政府教育、财政部门和学校把资助贫困学生作为一项重要的经常性工作抓实抓好，密切配合，各负其责，建立正常的工作流程，确保各项工作环节顺畅高效。

根据《浙江省政府办公厅关于开展教育对口支援工作的实施意见》和省教育厅《关于教育对口支援工作实施过程中若干问题的意见》精神，上半年全省教育对口支援工作全面启动，各教育强县（市、区）与经济欠发达县（市、区）普遍签订了教育对口支援工作协议，开展教育援助工作。

〔**师资队伍建设**〕 为适应基础教育改革与发展的需要，大力提高小学教师培养规格和层次，2000年起浙江省在师范院校布局结构调整的基础上，停止了中等师范学校的招生，2002年起浙江省基本实现了三级师范向二级师范过渡的目标，从2003年起全面开展专科以上学历小学教师培养工作。为此，省教育厅于3月就当前小学教师培养工作中的若干问题提出了意见。从2003年起，浙江省小学教师（含幼儿园教师）的培养全部纳入高等教育体系。《意见》要求：各高师院校培养专科学历小学教师，应当以招收初中毕业生，实行“五年一贯制”师范类专科教育为主要形式；外语、计算机、艺术、体育等专业性较强的个别专业，可适当招收高中毕业生实行三年制专科教育；继续加强本科学历小学教师培养模式的研究，逐步扩大招收高中毕业生实行四年制本科教育小学教师培养的试点院校；有条件的高师院校，可根据需要逐步扩大本科学历小学教师的培养规模。

为培养和选拔中小学青年骨干教师和学科带头人，鼓励优秀青年教师在教育岗位上脱颖而出，促进高素质中小学教师队伍建设，2月，省教育厅决定评选一批浙江省中小学教坛新秀，并在教师节期间表彰奖励。评选范围为教龄满5年，年龄在35周岁以下（1968年9月10日以后出生）的普通中小学、幼儿园和中等职业技术学校的在职青年教师。推荐名额为200名。9月，经学校推荐、专家组考核、教育行政部门考察审定，省教育厅决定授予阮长海、倪金荣等211人“浙江省中小学教坛新秀”荣誉称号。

10月21日—25日，省教育厅组织检查组对临安市等14个县（市、区）的教师进修学校建设和教师培训工作进行专项检查。从检查情况看，14个县（市、区）中有12个建有专门教师培训机构。绝大部分具备一定的规模、师资和设备，承担着本地区小学教师和校长及部分中学教师的培训任务。但从总体而言，县级教师培训机构建设还未能列入当地政府和教育行政部门改善基础教育办学条件的主流渠道。

职业教育与成人教育

〔**综述**〕 加强职业学校专业课教师继续教育工作。经教育部批准，2003年新增浙江工业大学、浙江师范大学两个职教师资硕士学位研究生点，开设计算机科学等4个专业。全省共推荐230名专业课教师报考职教师资硕士学位研究生。全省中职学校专任教师学历合格率达71.7%，其中职业高中专任教师学历合格率达到69.7%，比上年提高8个百分点。全省专任教师中，专业课教师比例达40%，双师型教师占专业课教师的24.6%。11月，省教育厅确定宁波市职教中心数控技术应用等25个专业为第三批中等职业学校省级示范专业。中等职业教育校舍面积779.87万平方米，比上年增加105.03万平方米，增长15.6%；生均校舍建筑面积11.21平方米。中等职业教育藏书1 223.87万册，增加119.27万册，增长10.8%；仪器设备值为7.91亿元，比上年增加2.82亿元，增长55.4%。

4月，为促进职业教育的健康发展，省教育厅配合省人大教科文卫委员会在全省范围内开展了对实施《中华人民共和国职业教育法》、《浙江省中等职业技术教育条例》的情况进行执法检查，并对《浙江省中等职业技术教育条例》进行立法调研。12月，省教育厅、省发展计划委、省财政厅、省机电集团公司联合发出《关于将浙江宁波机械工业学校并入浙江万里学院的复函》，同意浙江省万里教育集团提出的将浙江宁波机械工业学校成建制并入浙江万里学院，撤消其独立建制，其编制、人员（含离退休）、资产均划归浙江万里学院，由浙江万里学院统一管理。浙江万里学院以浙江宁波机械工业学校为基础组建高职学院，该高职学院作为浙江万里学院二级教育机构，实行相对独立办学。

2003年浙江省全面实施以学历教育与非学历教育并举，岗位培训、继续教育为重点的成人教育。成人高等学历教育招生9.6万人，在校生达到30万人，比上年增加2.4万人，招生、在校生稳中有降。远程教育本专科招生4.29万人，在校生达10.7万人。130万人次参加各类学历教育和非学历教育证书的自学考试，其中有88.3万人次报考高等学历教育自学考试，全年本专科毕业2.58万人，比上年增长6.2%。全省非学历高等教育机构37所，共招生1万人，在校生2.15万人。成人中等专业学历教育招生2.94万人，在校生7.26万人。各类城乡文化技术学校培训职工、农民494.61万人，扫除青壮年文盲0.86万人。

〔**重点职校建设**〕 1月，省教育厅根据省评估组的评估报告，批准鄞州职业教育中心学校、温州农业学校、嘉兴市建筑工业学校、安吉职业高级中学、绍兴县财经学校、绍兴县工业学校、金华市九峰职业技术学校、黄岩农业技术学校、路桥中等职业技术学校9所学校为浙江省一级重点中等职业学校；批准湖州市南浔中学、椒江区洪家中学、普陀区沈家门中学为浙江省一级重点综合高中。

7月，省教育厅根据教育部《关于开展国家级重点中等职业学校调整认定工作的通知》精神，决定对原37所国家级重点中等职业学校进行调整认定工作，并通过评估向教育部推荐26所省级重点职业学校作为国家级重点职业学校候选单位。

〔**专业建设**〕 积极调整专业设置，推进示范专业建设。年初省教育厅就明确要求各地减少财会专业招生计划安排，控制计算机应用专业的发展，并在示范专业评审指导意见中明确可参评专业的专业目录，突出了与先进制造业和现代服务业有关专业，以引导各地各校的专业设置调整。各地加大了专业建设力度，共有54个专业点申报省级示范专业，经过专家评审，新增示范专业点25个，使全省省级示范专业达到100个。

〔**职教教学研究**〕 为全面贯彻落实《国务院关于大力推进职业教育改革与发展的决定》，积极探索职业教育工作的新思路、新模式，充分发挥教学研究在职业教育改革与发展中的作用，9月，省教育厅发出《关于进一步加强我省职业教育教学研究工作的意见》。《意见》提出：(1) 要进一步明确职教教研的指导思想，努力提高职教教研工作水平。(2) 强化职教教研机构建设，努力形成浙江省新的职教教研工作模式。(3) 点面结合，重点建设好一批专业教研基地。在3年内，重点建设好10个专业教研基地，每个教研基地各依托1～2所重点职业学校及省级示范专业点开展教研工作。专业教研基地由省、市两级教研部门分工协作、共同管理。(4) 充分发挥省专业教研大组和文化课教研大组的作用，开展各大类专业或课程的教研工作。(5) 推行“校本教研”，支持学校针对本校的实际开展教学研究活动。(6) 认真开展职业学校学生特点的研究，增强教研工作的针对性。(7) 建设一支专兼职相结合的教研员队伍。

〔**创建先进制造业技能型人才培养培训示范基地**〕 省委、省政府提出了建设先进制造业基地的战略部署，提出到2010年基本建成国内领先、具有较强国际竞争力的先进制造业基地，成为我国走新型工业化道路的先行地区。为此，省教育厅在调查研究了全省制造业类专业中职教育现状、总结各地校企结合办学经验的基础上，形成了《浙江省先进制造业和现代服务业技能型紧缺人才培养现状与对策》的调研报告；省教育厅、省发展和改革委、省经贸委、省劳动保障厅提出了创建“先进制造业技能型人才培养培训示范基地”的目标，即到2007年，依托设在国家级重点职校内的省、市级示范性专业，重点建设好20个左右省级先进制造业技能型人才培养培训示范基地和一批市级示范基地。每个省级示范基地确立2至3个与制造业相关的专业，年培养培训规模达1 000人以上，5年内培养培训10万名中高级技术工人。

〔**加强中职招生工作**〕 3月，省教育厅发出《关于做好2003年度五年制高职和中职学校招生工作的通知》。要求各地抓住机遇，根据当地经济建设和社会发展需要以及初升高的实际，确定2003年中职招生任务，力争中职招生规模在上年基础上有新的增长，确保中职招生总数占高中段招生总数的50%以上；采取切实措施，进一步扩大优质职业教育资源，努力增加国家级、省级重点职业学校的招生规模。《通知》要求各地完善中职招生工作责任制，进一步理顺中职招生管理体制，加强对中职招生工作的统筹和协调，合理安排中职招生计划和各类中职学校的招生批次，做好中职招生的宣传和服务工作，积极引导初中毕业生合理分流，促进高中段"普职两教"健康协调发展。《通知》还要求加大对招生专业设置、调整的管理力度。要努力扩大为先进制造业和现代服务业培养技能型紧缺人才的有关专业；对已不适应社会发展要求的专业，要予以调整；对于社会需求饱和且在校生规模偏大的计算机等专业，要适当控制。要采取财政专项资金补助、减免学费等措施，扶持社会急需且招生较困难的专业。

〔**社区教育**〕 积极推进学习型社会创建和社区教育实验工作。省教育厅与省民政厅、省精神文明办公室联合制定了《关于大力开展社区教育工作的意见》，并在全省范围组织开展社区教育工作。12月，省教育厅决定在各地开展社区教育的基础上，确定一批省级社区教育实验区，在较高层次上进行社区教育实验工作。今后五年浙江将在全省各地创建30个省级社区教育实验区，各市也要相应抓好一批市级社区教育实验区。省级社区教育实验区以区、县作为单位为主，同时也将选择若干个经济、教育基础好，城市化进程快，城镇人口在8万人以上的中心镇作为省级社区教育实验区。确定金华义乌市、杭州萧山区、宁波海曙区3个社区教育单位向教育部申报国家级社区教育实验区。

组织开展对社区教育的理论研究和培训工作，完成了教育部"十五"规划重点课题子课题《推进杭州市社区教育发展的实验研究》、《社区教育多种发展模式的研究》和国家级"十五"规划课题子课题《构建浙江社区教育体系的研究》的研究任务。举办了"长三角"社区教育论坛。

〔**自学考试**〕 2003年，全省自学考试学历与非学历项目34个，共有自考生130万人次，与上年同比增长9%。其中非学历证书项目考生40万人，增幅达100%。新增本科专业14个，专科专业7个。新设外语翻译证书和剑桥秘书证书等7项考试。在杭州商学院进行普通本科教育与自考学分互认的试点；有17所专科院校参与全日制专科教育与自考衔接试点，教育考试功能进一步拓展。首批接受并以优异成绩通过国家考办组织的全国考务考籍质量全面评审。

4月，省教育厅在转发教育部《关于进一步加强高等教育自学考试工作若干问题的意见》的同时提出了浙江省贯彻意见。要求各地各高等学校继续坚持大力发展自学考试事业的方针不动摇，加强领导，切实解决自考事业发展中的困难与问题，要把发展自学考试同十六大提出的建设全民学习、终身学习的学习型社会结合起来，统筹规划部署。要坚持多样化发展和学历非学历教育并举的方针，以社会需求为导向，以服务社会为根本目的，为经济社会发展提供人才支持和保障。要大力推进自考向农村、山区、海岛延伸，为农村城市化和工业化作出贡献。

〔**培训工作**〕 举办了全省示范性乡镇成人文化技术学校校长培训班，就全面贯彻落实全国农村教育工作会议精神，大力开展农民工培训等作了部署。继续开展"百万农民培训工程"和"百万职工双证制培训"。组织编写"百万职工双证制教育培训工程"职业道德和法律常识等8门文化课教材，编写了现代文阅读、应用数学、应用文写作3门课程的教学和考试意见。与浙江大学共同组织编写了10余种农业实用技术教材，向乡镇成校组织推荐现代农业、农村管理、种植、养殖、农产品加工等20种农业实用科技光盘。据2003年初步统计，全省乡镇成人文化技术学校积极开展"双百万工程"，共培训农民和乡镇企业职工318.9万人，其中有

234.8 万农民接受农村实用技术培训，46.1 万农民参加劳动力转移培训，有 20.7 万失土农民参加专项培训，培训农民工 14.3 万人，参加“双证制培训”的乡镇企业职工有 3 万人。

高等教育

〔**综述**〕 2003 年，全省普通高校达 72 所（含正在筹建的高职学校 8 所），研究生招生比上年增长 12.3%，在学研究生增长 18.2%。其中博士生招生、在校生分别为 1 536 人、5 144 人，较上年增长 6.3%和 18.8%。全省普通高校本专科招生比上年增长 13.4%，本专科在校生增长 23.3%。普通高考录取率达到 76.5%，比上年提高 3.5 个百分点。高等教育毛入学率达到 25%，比上年提高 5 个百分点。学生党员比例逐年上升，全省 19 所省属高校有本专科学生党员 1.8 万余人，占本专科学生总数的 10.4%；在校研究生党员近 6 000 人，比例达 42.3%；申请入党学生占学生总数的 50%左右。

为适应浙江省打造先进制造业基地的需要，高等职业教育得到了大力发展。浙江广厦建设职业技术学院、杭州万向职业技术学院、浙江轻纺职业技术学院和宁波城市职业技术学院 4 所高职院校正式成立。至此全省正式成立的高职院校达到 34 所。高等职业学校招生 6.29 万人，在校生 15.3 万人，分别比上年增长 18.5%和 30.4%，增长率高于全省地方属高校平均水平。生源结构逐步得到调整，招收各类中职学校毕业生 2.71 万人，增长 1.5%。“五年制”职业教育招生 2.26 万人，增长 18.3%。积极探索产学研相结合、中高职相衔接的职业教育发展新路子，2003 年组建了与浙江经济支柱产业相适应的宁波服装职教集团、浙江大港职教集团、浙江商贸职教集团、浙江金融职教集团等 4 个职业教育集团。6 月，省教育厅同意嘉兴学院在原平湖师范学校的基础上成立嘉兴学院平湖校区。校区由平湖市政府投资举办，办学由嘉兴学院负责。平湖校区成立后，撤消平湖师范学校独立建制。

在事业发展的同时，注重提高高等教育的质量，提高办学水平。继续开展高等教育质量年活动，对高等院校开展教学评估工作；全省新增本科、高职高专专业 220 个，其中工科类 96 个，占 43.6%；重点加强 100 个重点学科、100 个重点扶持学科、100 个重点专业、130 个基础实验室、100 种高校教材和 100 门高校精品课程的建设。科研工作得到进一步加强，2003 年全省高校科研经费 17 亿元，增长 30%。

4 月，省教育厅制定了《违反高等学校本专科统一招生考试管理规定的处理办法》。《办法》对违反考试管理规定的行为及处理程序等作了具体规定，共 22 条。7 月，省教育厅批准中国人民大学等 30 所现代远程教育试点学校在浙江省设立校外学习中心，并予以公布。9 月，根据教育部办公厅印发的《现代远程教育校外学习中心（点）暂行管理办法》精神，结合浙江实际，制定了《浙江省现代远程教育校外学习中心管理办法》。

高教园区建设又有新进展。全省普通高校完成投资 70 亿元，竣工面积 340 万平方米，其中 6 大高教园区完成投资 60 亿元，竣工面积 250 万平方米。至 2003 年秋季，6 大园区有 34 所高校投入使用，累计竣工面积 650 万平方米，完成投资 142 亿元，在校生达到 21.5 万人。杭州滨江、下沙西区、浙大紫金港校区及宁波、温州高教园区已基本建成，下沙东区、小和山园区一期工程投入使用。

〔**毕业生就业工作**〕 2003 年有浙江生源本专科毕业生 9.3 万人，较上年的 5.7 万人增长 63%。浙江省内普通高校本专科毕业生就有 8 万人，较上年的 4.9 万人增长 63.3%。是高校扩招后毕业生增长最多的一年，加上非典影响，毕业生就业压力较大。为此，省教育厅于5月28日发文提出了做好毕业生就业工作的意见。意见提出：(1) 高校年度招生计划安排与毕业生就业率适度挂钩。(2) 在制定和实施高校发展规划的工作中，要树立"就业意识"，充分考虑就业因素，即发展规划中必须有就业指标，实施规划时必须充分考虑毕业生的就业前景，增强对毕业生就业的敏感度。(3) 把毕业生就业率作为核定高校中长期发展的重要指标。(4) 进一步优化调整高校设置，把毕业生就业率作为设置高校的重要依据和参数，对就业状况较差的市，原则上不增设高校（含高等职业学校）。(5) 调整学科专业结构，加强对高校专业设置、调整的统筹管理和宏观调控。(6) 加快改革人才培养模式。高校特别是高等职业技术学校必须明确以就业和社会需求为导向，努力使专业教学内容与社会需求和国家职业标准相衔接，强化对毕业生的短期职业技能训练。(7) 加强毕业生就业指导和服务。各高校要把大学生就业指导课作为学生思想政治教育的重要组成部分，普遍开设大学生就业指导课，并纳入日常教学。(8) 把毕业生就业状况纳入高校评估指标体系，推进高校办学水平和教育、教学质量的全面提高。(9) 将学位工作与毕业生就业率适度挂钩。(10) 加大就业经费投入，加强就业指导教师队伍建设。

12月，省教育厅发出通知，取消对师范类毕业生就业的政策性限制。自2004年起，师范类毕业生可在全省范围内通过双向选择落实就业单位，并允许出教育系统就业（委培、定向毕业生回原委培、定向单位或地区就业）。

据统计，截至2003年9月1日，浙江省高校毕业生总就业率81.92%，研究生就业率98%，本科生就业率91.8%，专科（高职）生就业率74.8%。

〔**提高办学水平**〕　2003年，杭州商学院成为新增博士授予单位，浙江林学院、浙江财经学院、温州师范学院和中国计量学院成为新增硕士授予单位。完成了对9所本科院校和19所高职院校的教学评估工作；11月29日—12月5日，浙江工业大学、宁波大学和杭州电子工业学院3所学校接受了教育部本科教学工作水平评估。

为促进省属高校提高办学水平，全面增强浙江高等教育的整体实力，5月，省教育厅与浙江大学签署了《关于借助浙大力量提高浙江省高等教育整体办学水平的协议》。《协议》就联合培养研究生、师资队伍建设、资源共享等方面达成共识。10月13日，浙江省委教育工委、浙江省教育厅与上海市教育工委、上海市教委签署了《关于加强沪浙两地教育交流合作的意见》。《意见》在信息交流、学术研讨、扩大优质教育资源、加强校际合作、开展师资培训等方面达成了共识。

开展精品课程建设，提高教育质量。5月，省教育厅发出《关于开展高等学校精品课程建设工作的通知》，就在全省开展精品课程建设工作作出部署。力争通过3至5年的建设，建立各门类和专业的校、省、国家三级精品课程体系。在学校精品课程建设基础上，省重点建设500门从教学内容到教学方法、从教材到能力培养都能代表浙江高校教学水平并具有辐射示范作用的精品课程，并报教育部申请国家精品课程。要求各校将精品课程建设与浙江省开展的重点专业建设和重点教材建设结合起来。11月，经专家评审，确定了2003年度浙江省高等学校精品课程100门。省教育厅对每门课程补助建设经费5万元。

2月，经省政府批准，省教育厅公布了浙江工业大学国际经济与贸易等101个专业为浙江省普通高校重点建设专业。

开展了高等学校教学名师奖评选表彰工作，浙江大学林正炎、中国美术学院卓鹤君等31人为2003年度浙江省高等学校教学名师。浙江大学林正炎、吴秀明被教育部授予教学名师。

〔**实施高校教师培养计划**〕　为加强高校师资队伍建设，加大对青年教师的培养力度，提高青年教师的学术水平，培养一批优秀青年学术带头人，经省政府同意，省教育厅决定在省属高校实施浙江省高校教师培养计划。

一是实施浙江省高校中青年学科带头人重点资助计划。经过5～10年的培养，使培养人选成为政治思想好，师德高尚，具有严格的科学态度和团结协作、改革创新精神，在本学科领域中有一定的学术地位，能把握本学科发展方向，在国内同行中有一定影响的学科带头人。选拔工作每两年进行一次，每次选拔40名左右，每人每年资助4万元～10万元，连续资助两年。

二是实施浙江省高校青年教师资助计划。选拔与培养目标为：吸引和稳定优秀博士和硕士毕业生到浙江高校任教，促使他们在科研和教学岗位上尽快成长，使培养人选成为政治思想好，师德高尚，创新意识强，在教学科研工作中显露头角，成为新一代学术骨干和学科带头人。选拔条件是：年龄在40周岁（1963年1月1日以后出生）以下具有博士学位或35周岁（1968年1月1日以后出生）以下具有硕士学位，并在教学或科研岗位上的青年教师。以项目资助方式，通过承担研究课题，提高业务水平。每年选拔300名，每人一次性资助5 000元至1万元。

三是新增100名省高校中青年学科带头人。在条件相同的情况下，优先推荐2000年以来各高校引进的具有博士学位或具有副高级以上职务的专业技术人才。12月，省教育厅公布了中国美术学院龙翔、刘正等100名新增省高校中青年学科带头人名单。

四是扩大省属高校特聘教授岗位名额。将省属高校特聘教授岗位从原来的20个增加到40个，特聘教授岗位设置范围不再局限于省重点学科和重点扶持学科，有关高校在省教育厅下达的限额指标内面向国内外公开招聘，每个设岗学科原则上推荐1～2名特聘教授，省教育厅于每年5月底和10月底各受理一次申报材料。

〔**规范独立学院管理**〕 7月，省教育厅根据教育部《关于规范并加强普通高校以新的机制和模式试办独立学院管理的若干意见》，报经省政府同意，提出了浙江省的贯彻意见。浙江省本科院校从1999年开始试办独立学院，到2003年学校数为22所（其中筹建1所），在校生8.64万人。独立学院的发展已成为浙江高等教育新的增长点和重要组成部分。意见要求各普通本科院校、各市教育局进一步统一对独立学院的认识，贯彻执行教育部文件精神，对独立学院的设置、招生、收费、文凭发放等进行认真整改，规范管理，把独立学院的管理水平和教育教学水平推上新的平台。

各独立学院根据教育部和省教育厅的文件精神，于9月底前提出申请，10月，经省教育厅审核后有浙江大学城市学院等19所独立学院重新向教育部报批（浙江大学宁波理工学院已经教育部批准，浙江工程学院嘉泰学院暂缓报批，中国美术学院视觉艺术学院停办撤销）。

撰稿　钱晓芳

审稿　沈敏光

宁波市教育

〔基本情况〕

2003 年各级各类学校校数、教职工、专任教师情况

	学校数（所）	教职工数（人）	专任教师（人）
一、高等教育	14	7 155	4 595
（一）研究生培养机构（不计校数）	1	2 324	1 344
1. 普通高校	1	2 324	1 344
2. 科研机构			
（二）普通高等学校	12	6 604	4 225
1. 本科院校	3	3 580	2 251
2. 专科院校	9	3 024	1 974
其中：职业技术学院	8	2 610	1 823
3. 分校、大专班（点）（不计校数）			
（三）成人高等学校	2	551	370
（四）民办的其他高等教育机构			
1. 学历文凭考试机构			
2. 非学历文凭考试机构			
二、中等教育	450	5 996	22 774
（一）高中阶段教育	202	5 839	10 102
1. 高中	111	348	5 981
普通高中	80		5 693
成人高中	31	348	288
2. 中等职业教育	91	5 491	4 121
普通中等专业学校	10	1 067	782
成人中等专业学校	18	560	395
职业高中	51	3 010	2 333
技工学校	12	854	611
其他机构（教学点）（不计校数）			
（二）初中阶段教育	248	157	12 672
1. 普通初中	223		12 565
2. 职业初中			
3. 成人初中	25	157	107
三、初等教育	864	21 622	18 509
（一）普通小学	790	21 581	18 490
（二）成人小学	74	41	19
其中：扫盲班	41	32	14
四、工读学校			
五、特殊教育	7	198	139
六、学前教育	1 496	13 958	9 439

2003年各级各类学历教育学生情况

	毕业生数（人）	招生数（人）	在校生数（人）
一、高等教育	25 556	56 310	145 292
（一）研究生	17	130	222
（二）普通本专科	12 118	30 571	79 886
（三）成人本专科	10 812	12 126	35 853
（四）其他各类高等学历教育	2 609	13 483	29 331
1. 在职人员攻读博士、硕士学位			
2. 网络本专科生	2 609	13 483	29 331
3. 学历文凭考试			
二、中等教育	135 421	149 818	416 842
（一）高中阶段教育	51 249	77 875	190 117
1. 高中	24 023	34 823	90 127
普通高中	215 54	34 823	85 669
成人高中	2 469		4 458
2. 中等职业教育	27 226	43 052	99 990
普通中专	7 604	6 283	18 863
成人中专	3 145	2 968	6 317
职业高中	13 408	30 098	65 150
技工学校	3 069	3 703	9 660
（二）初中阶段教育	84 172	71 943	226 725
1. 普通初中	81 351	71 943	224 206
2. 职业初中	23		10
3. 成人初中	2 798		2 509
三、初等教育	71 899	69 320	453 415
（一）普通小学	70 909	69 320	452 560
（二）成人小学	990		855
其中：扫盲班	212		267
四、工读学校			
五、特殊教育	64	69	675
六、学前教育	60 588	57 929	165 957

2003年各级各类非学历教育学生情况

	毕（结）业生数（人）	招生数（人）	在校生数（人）
一、高等教育			
（一）研究生课程进修班			
（二）自考助学班			
（三）普通预科班			
（四）证书教育			
（五）岗位培训			
（六）进修及培训			
二、中等教育	716 409		740 221
（一）中等职业教育	53 951		12 759
（二）职业技术培训机构	662 458		727 462

2003 年各级民办教育基本情况

	学校数（所）	毕业生数（人）	在校生数（人）	教职工数（人）	专任教师（人）
一、民办高等教育	3				
（一）普通高校	3	3 839	31 426	1 782	1 231
（二）成人高校					
（三）民办的其他高等教育机构					
二、民办中等教育机构					
（一）高中阶段教育					
其中：民办普通高中	22	4 788	23 695	2 454	1 637
民办中等职业教育	14	1 295	6 947	410	285
（二）初中阶段教育					
其中：民办普通初中	14	1 157	5 334	408	288
民办职业初中					
三、民办普通小学	54	3 904	49 406	2 519	1 831
四、民办幼儿园	1 290	42 021	118 902	10 067	5 883

2003 年，全市共有各级各类学校 2 681 所，在校生 110.29 万人，教职工 7 万人。全市九年义务教育人口覆盖率为 100%，入学率、巩固率分别保持在 100% 和 99.85%，三残儿童入学率达 96.86%，幼儿学前三年毛入学率达 108.3%，比上年提高了近 6 个百分点。全市普及高中段教育取得新突破。2003 年，全市初升高进入最高峰，共有 8.5 万人参加中考，比上年增加 1.5 万人。经过挖潜扩容等多方面努力，共扩班 300 班，使全市初升高比例达到 90.29%，市三区达 98%以上，基本上满足了初中毕业生升入高中段学习的要求。普高与职高的招生比例基本稳定在 1∶1。2003 年全市高中毕业生 31 834 人报名参加高考，其中报考普通高校 25 243 人，报考高职院校 6 591 人，普通高校实际录取 21 656 人，报名录取率达 85.9%，比上年提高 4.5 个百分点，单考单招高职共录取 5 425人，报名录取率为 82.2%。全市高等教育毛入学率达到 32%，比上年提高 4.5 个百分点。

通过宣传学习贯彻党的十六大精神，学校党的建设和思想政治工作进一步加强。围绕“全面贯彻‘三个代表’重要思想，推进教育创新，全面建设小康社会”这个主题，在全市中小学分层次、有重点地开展了十六大精神学习宣讲活动，在中小学教师中开展了“贯彻十六大精神，推进教育创新”征文评比活动。在市教育局直属学校，对 300 多名党支部委员以上校领导干部、工会主席和部分政治教师分五个专题进行了十六大精神的学习培训。召开了全市中小学党建工作会议，按十六大精神就加强基层党建工作交流了经验，提出了今后一段时期中小学党建工作的要求。在庆祝建党 82 周年的系列活动中，表彰了 24 个先进基层党组织，28 名优秀党务工作者，119 名优秀共产党员。高校深入开展邓小平理论和“三个代表”重要思想进教材、进课堂、进学生头脑的“三进”活动，在中小学开展干部、教师“进家庭、进寝室（食堂）、进社区”的调研活动。

优化教育资源配置，促进各级各类教育事业协调发展。通过实施“高校建设园区化、县（市）区‘四中心’学校一体化、乡镇中心学校建设集约化”，带动了危旧校舍的改造和学校周边经济的发展。2003 年，全市共开工建设各类学校校舍 75 万余平方米，投入资金达 8 亿元。全市有 65%的乡镇已基本建成了“四中心”学校，乡镇一级的初中和中心小学建设工作也基本完成，高中段学校的布局调整正在积极推进。在市三区，市教育局与市规划局联合编制了新一轮《宁波市三江片基础教育设施规划》，启动了宁波九中、中泰、甬江职高迁建、新建的选址工作。在北仑区试点实施了“浙江省万校标准化建设工程”，学校标准化建设得到进一步推进。

信息技术教育全面普及。开展了“信息技术教育示范乡镇”创建活动，并进行了示范点建设；启动了全市第二批“现代教育技术示范学校”申报工作。建成市教科网的硬件平台后，进一步完善了各县（市）区教科网中心建设与管理，中国教科网宁波城市节点正式开通。随着学校硬件的改善，以信息化为抓手，努力提高学校管理水平与办学层次，优质教育资源不断扩大。

通过抗击“非典”工作，学校卫生防疫工作和安全工作得到改善。在“非典”期间，市教育局紧急拨款80万元，为学校配发喷雾器、消毒液、红外线测温仪和紫外线消毒灯等防护用品。为进一步加强学生饮用水的卫生工作，市教育局投入200余万元，为直属学校配置了标准的饮用水设施。暑假期间，又投入250万元，对20所直属学校的食堂进行维修改造。11月，召开了全市学校食品卫生安全工作会议，市教育局与卫生局联合制定印发了《宁波市学校食堂食品卫生监督量化分级管理实施办法》。市、县（市）区、学校建立了长期的学校防疫领导组织，形成了覆盖全市教育系统的学校卫生防疫防范工作网络。《宁波市学校安全条例》经市人大常委会审议通过后，已于11月6日获得省人大常委会批准通过，于2004年1月1日正式施行，使学校安全事故的处理有了明确的专项性地方法规。

东西部对口支援工作。2003年，共选派26名教师赴贵州黔东南自治州、黔西南自治州及新疆和田地区支教，加强对西藏自治区比如县的教育支援工作和与贵州对口学校的帮扶结对，完成了教育部下达的新疆班招生计划。宁波市教育局被中组部、教育部、财政部、人事部等7家单位评为全国学校对口支援工作先进单位。

撰稿　徐祥贤

〔**基础教育**〕　2003年，全市义务教育段和高中段学生接受优质教育资源比例分别达到55%和60%。有81 879名流动人口子女在宁波接受义务教育，其中公办学校接纳42 351名。

继续大力实施素质教育，突出培养学生的创新精神和实践能力。加大了中考改革力度，改进中考内容和方法，控制考试难度系数，综合测试采用开放式题目，社会实践能力列入中考成绩，并推行特长加分。改变过去单一评定学生成绩的办法，从制度机制上切实减轻学生过重的学业负担，促进教师培养引导学生自主学习，发展个性特长。

积极开展县、乡（镇）、学校三级道德教育试点工作，探讨对行为不良的学生进行新型有效的教育方式，会同市司法局、综治委联合召开全市青少年法制宣传教育工作会议，表彰了一批法制宣传教育先进集体和先进个人，全市中小学已基本配备了法制副校长。出台了新的《宁波市中学生日常行为规范》、《宁波市小学生日常行为规范》，并开展宣传落实工作。

2003年，召开了全市普通高中教育工作会议，总结回顾了近几年普通高中教育发展状况，部署了今后一个时期普通高中教育改革发展的目标和任务，为开创全市普通高中教育的新局面注入了强大的生命力。扩大城区省示范普通高中首批定向招生推荐名额，进一步规范了全市普通高中的学籍管理，强化了对普通高中办学行为的监管。

继北仑区在2002年秋列入国家级第八次基础教育课程改革实验区后，2003年，全市进一步推进新一轮的课改工作。3月17日，在北仑区召开了全市省级实验区课程改革动员大会。北仑区教育局介绍了课改实验工作进展情况。2003年秋季开始，海曙、江东、江北三区，慈溪市和市本级的小学、初中的起始年级已进入省级课改实验阶段。

加强干部教师队伍建设。制定了《宁波市“十五”校长培训管理职能分解实施意见》；在教职工实行聘任制的基础上，先后出台了《宁波市中小学骨干教师管理暂行办法》、《直属学校专业技术职务“评聘分离”的试行办法》，完善了对教师的考核使用管理与奖惩制度。同时推出了骨干教师跨校兼课制度，旨在通过骨干教师的有序流动，打破骨干教师学校所有制的体系，让更多的学校与学生共享优质教育资源，促进基础教育均衡发展。2003年有2万余名中小学教师参加了继续教育培训。

2003年，进行了宁波市第三届基础教育教学成果奖评审，镇海中学的《“场线结合”教学模式的探索》等9项成果，鄞州中学的《“启发引导，问题探究”化学教学模式的构建》等17项成果，慈溪市实验小学的《小学数学教学“四化”特色及其成效的研究》等25项成果，分别被宁波市政府授予一等奖、二等奖、三等奖。

至2003年底，全市中小学校布局更加合理，小学由2002年的901所，调整到790所；初中由226所调整到223所。小学、初中的校均学生数分别达到573人与1 005人。全市省级示范性学校（幼儿园）继续增加，省级示范性幼儿园达26所，另有12所报省教育厅待批；省级示范小学、初中达65所，另有32所报省教育厅待批；省一级、二级、三级示范高中分别达到10所、13所、12所。

撰稿　高祖祥　徐祥贤

〔**职业教育与成人教育**〕　2003年，全市中等职业学校招生3.87万人，职普招生比例保持在52.8∶47.2。2003年全市中职毕业生2.1万多人，城镇中等职业学校毕业生的当年一次就业率均保持在95%以上，部分学校就业率达到100%。

为贯彻全国职业教育工作会议精神，市政府成立了由教育、财政、劳动等成员单位组成的宁波市职业教育联席会议制度。8月5日，召开了全市职业教育工作会议，市政府印发了《关于加快宁波职业教育改革与发展的若干意见》，市教育局发出《关于切实加强职业教育与劳动就业的联系与衔接的通知》。并出台了一系列关于落实县（市）、区职教统筹经费、扶持全市紧缺专业等政策措施，为全市职业教育的进一步发展提供了保障。

重点职业学校和现代化专业建设成效显著。全市有省级以上重点职业学校25所，其中包括国家级重点职业中学12所（其中2所待公布）。慈溪、余姚、鄞州、宁海、象山、镇海六县（市）、区已建成或基本建成集“职教、成教、科研、培训”为一体的综合性职校，北仑区、奉化市正在规划中。截至2003年，全市综合性职业学校建设总投资已达7亿元，占地面积131公顷。围绕地方特色产业和块状特色经济，培育了一批服装、机电、涉外服务等特色专业和专业性特色学校。职业学校共开设20大类80多个专业，覆盖了全市一、二、三产业的全部行业。其中，国家级示范专业3个，省级示范专业17个，市现代化专业13个。在2003年全国职业学校职业指导工作会议上，宁波市教育局在会上作了经验介绍，象山职业高中被评为全国职业学校职业指导先进单位。

职业学校教育教学改革不断深入。确立了以“就业为导向、就业与升学并举”的培养模式。召开了全市职业学校德育工作会议，总结经验、探索新时期职业教育德育工作的发展方向。探索以“军事化管理、心理健康教育、企业文化熏陶”的三元整合模式，以专业技能为突破口、专业教学与德育有机结合的特色德育模式等系列化品牌德育模式。积极推行学分制和分层教学模式，开展多元教学，适应不同教育需求。开拓中西部教育合作，与陕西省进行中职学校合作办学招生，采用“2+1”形式进行教学（即前2年在当地学习，后1年在宁波学习和实习，并在宁波就业）。

加强产教结合与校企合作。一方面，倡导职业学校开展具有职业教育特色的进企业、进车间的“两进”活动，实现学校与工人、教室与车间、教师与师傅的“三合一”。另一方面，鼓励学校按产业化运作实习实训场地，建设具有区域特色的职教实习实训基地，使学生经常接触企业生产流程。象山职业高中、宁波外事学校等依托专业创办了多家产业实体，成为学生实习实训的场所。此外，市教育局于年底启动了以“走进企业，了解需求，服务经济，促进发展”为主题的牵手百家企业活动。各职业学校也积极探索校企合作的新模式，推进职业教育的改革和发展。

2003年，全市农村劳动力参加教育培训的总人数为132.56万人，占农村劳动力总人数的51.23%，其中参加长训的人数为22.94万人，占农村劳动力总人数的8.86%；全市社区教育培训人数达81.1万人次，创建5 790个学习型组织。

农民教育培训工作成绩显著。出台了《市委、市政府关于加快农村经济和社会发展的若干政策意见》，提出了加强农村职业教育和农民技术培训的要求，从2003年起，市和县级在土地出让金净收益中提取1%，重点用于农村劳动力培训、转移和山区移民。根据这一精神，市教育局会同市农办等部门出台了《关于加强农民培训工作的实施意见》，农村富余劳动力转岗职业培训、农民实用科技培训、农民文化学历教育等有关农民培训工作受到各级政府的高度重视。一是顺利完成199名优秀农民免费进宁波大学、浙江万里学院、宁波市农科院培训进修工作。二是全面启动对被征地人员培训工作，2003年，全市成人学校培训被征地人员达79 351人次，开设了计算机、车工、编织、家政服务等30多门职业培训课程，培训后就业率达64%，为全市农村城市化和社会稳定作出了重要贡献。三是充分发挥10个市级"百万农民培训工程"示范培训基地的作用，抓了200个"燎原计划"项目的实施，惠及农户达60 930户，辐射年产值达516 670.1万元。另外，余姚第二职技校、宁波水产技校、象山职业高中、奉化职技校等职业学校开设涉农专业实行免费教育，全年招生人数达382人。

社区教育实验工作进一步深化。继鄞州区之后，海曙区又被教育部列为全国社区教育实验区，全市农村社区教育学院增加到12所，全年共增加投入4 200万元，建筑面积增加12 000平方米。海曙、江东、江北三区社区教育得到普及，资源共享程度提高。2003年底，海曙、江东、江北三区所有街道社区教育专干全部到位。江北区区属学校全部向社区开放教育资源，由省政府批准的鄞州区社区学院于3月挂牌成立。慈溪、余姚、象山、镇海等县（市）也加强了社区教育试点工作。12月，江东区还举办了首届社区教育节，使社区教育在社会上产生了更大影响。

成人中等教育事业不断发展。出台了《关于成人高中实行教育改革的意见》，文化课程由原有的语文、数学、政治、地理、历史五门课程，调整为法律常识与职业道德、现代文阅读、应用文写作、应用数学、市民英语、计算机基础、社会科学常识或自然科学常识七门课程，从2003年秋季开始，成人高中新生实行注册录取，学习期限最短为一年半，单科考试成绩六年有效。

市民学英语活动推向新的高潮。成立了市民英语培训基地，市民（包括外来民工）可免费参加培训。据统计，全年培训总人数达到5 000余人次，其中外来务工人员占10%，中青年人群约占60%。

撰稿　张建君　卢伟芝

〔**高等教育**〕　2003年，宁波高等教育继续发展。省政府正式批准建立宁波城市职业技术学院，在甬高校达到14所，其中包括2所本科院校、1所本科独立学院、9所高职高专院校、2所成人高校。全日制普通高校在校生人数比上年增长28.8%，其中本科在校生达31 212人。全市高等教育毛入学率达到32%，比2002年提高4.5个百分点。2003年新增硕士点18个，硕士学位点达到27个。全市高校纵横向科研经费超过9 000余万元。全国共27所试点高校在甬设了35个远程教育校外学习中心。宁波高等专科学校已接受教育部院校设置专家组的本科院校设置评估。

宁波高等教育在规模数量发展的同时，坚持了"以条件定发展，以发展促办学条件改善"的原则，质量和水平不断提高，呈现出可持续发展的良好态势。全市以实施高校名师工程为龙头，加快高校师资队伍建设。2003年评选了第二批宁波市高校名教师，宁波大学陶祥兴等10人荣获宁波市首批高校名师称号。加快了高校学科带头人和高层次人才引进的步伐，2003年共培养、引进教授48人，副教授277人，博士36人，硕士301人。在甬高校专任教师达到4 768人，2003年，全市共拥有院士6人，正教授304人、副教授1 420人、博士169人、硕士1 162人，生师比16.9∶1。全市高校固定资产总值289 218.6万元，生均3.58万元；建筑面积229.31万平方米，生均28.43平方米；教学仪器设备总值53 277.4万元，生均6 605元；图书资料441.4万册，生均56册（不含电子图书）。2003年加大了学科建设投入，形成一批在国内有影响、省内领先的重点学科和专业。全市高校已有教育部示范性专业3个，教改试点专业6个，省级重点专业12个，省级高职高专重点建设专业8个，省级重点学科6个，省级扶植学科9个，市级重点学科16个，市级扶植学科5个，市级重点专业18个；并对市级第二批17个重点学科、首批18个重点专业进行了年度检查，并制订实施了《宁波市高校重点学科、专业建设管理暂行规定》，强化了学科建设全过程管理和评后管理，有力地促进了高校学科和专业建设。2003年根据教育部、省教育厅的指示精神，加强了对各远程教育校外学习中心的管理，组织专家组对各校外学习中心进行了评估检查，实行校外学习中心的年检、年审制度，严格了招生广告的审核，以规范远程教育的办学。

建立高校教学督导制度，规范教学管理。2003年进一步完善了市级教学督导制度，规范高校教学管理，初步构建了宁波市高等教育市级、校级和院系三级质量监管体系，保障了高校教学质量的稳步提高。成立了高校《基础数学》和《体育》两个公共学科教研大组，对加强课堂教学研究，提高基础学科教学水平起到了重要作用。加大对高校教学评估的指导，市高校教学督导组分别对浙江医药高等专科学校、宁波大红鹰职业技术学院、浙江轻纺职业技术学院和公安海警高等专科学校进行了教学工作预评估，使这4所学校顺利通过了省教育厅教学工作的评估。2003年宁波大学接受了教育部本科教学工作水平评估、宁波服装职业技术学院通过了教育部的高职高专院校人才培养工作水平评估。组织评选了第三届宁波市高校教学成果奖，宁波大学的《基于“平台＋模块”课程结构体系的人才培养模式》等40项课题获奖。

探索高教园区资源共享，完善高教园区功能。2003年，高教园区（南区）的公共图书信息中心和体育馆基本建成，从下半年起，在高教园区（南区）五所高校试行了10门特色、精品课程的互选，学分互认，高教园区的功能进一步完善。推进高等教育的国际化进程，积极引进国外优质教育资源，由浙江万里学院与英国诺丁汉大学共同建设的宁波诺丁汉大学将落户高教园区（南区），该校区规划用地60公顷，在校生规模6 000人。高教园区（北区）建设继续推进，浙江轻纺职业技术学院新校区正式投入使用；在原宁大职业技术学院基础上，新成立了宁波城市职业技术学院；宁波高等专科学校迁建工程已立项，占地91公顷，计划投资13亿元的工程已进入进行前期准备和方案设计阶段，力争2004年开工建设；高教园区（北区）的新格局正在形成和完善，建成后的高教园区（北区）将成为以研究生教育为龙头，本科教育为主体，科技孵化为载体的区域性人才高地，为全面建成浙江省高等教育副中心城市和进一步实现高等教育大众化打下坚实的基础。

提高教育为地方经济社会服务的贡献度。加速培养经济建设和社会发展急需的专门人才，优化高校学科设置，进一步扩大涉外经贸、计算机应用技术、机电技术应用、海洋和法律等学科的人才培养规模；同时，高校积极参与经济建设主战场，强化科研工作，建立科研配套经费，鼓励高校申报国家、部、省和市级科研立项，加大科研成果转化力度，一大批应用技术成果直接转化为生产力。2003年，在甬高校教师在一级学报发表科研论文237篇，其中有70篇被SCI收录，18篇被EI收录，另10个科研项目获市级以上科技进步奖。

完善大学生助学帮困体系。关心弱势群体家庭子女就学，落实奖学金、助学金、贷学金和结对帮扶等措施的同时，积极探索新形势下帮困助学的新途径、新方法，组织大学生开展勤工助学活动，筹集2 000余个校内外勤工助学岗位。2003年在甬高校助学贷款总额为355.4余万元，受益1 621人次，确保了每一个勤奋好学的大学生不因贫辍学、因贫失学。宁波市教育局又拨专款70万元，设立了宁波市政府奖学金，用于奖励和帮扶经济困难的大学生完成学业。

撰稿　冯雪蔚
审稿　沈健光

安徽省教育

概　　况

〔**基本情况**〕

2003 年各级各类学校校数、教职工、专任教师情况

	学校数（所）	教职工数（人）	专任教师（人）
一、高等教育			
（一）研究生培养机构（不计校数）	17		
1. 普通高校	12		
2. 科研机构	5		
（二）普通高等学校	73	44 395	24 744
1. 本科院校	24	29 535	15 687
2. 专科院校	49	14 860	9 057
其中：职业技术学院	41	11 942	7 079
3. 分校、大专班（点）（不计校数）			
（三）成人高等学校	11	4 339	2 432
（四）民办的其他高等教育机构	8	707	398
1. 学历文凭考试机构			
2. 非学历文凭考试机构	8	707	398
二、中等教育			
（一）高中阶段教育	1 265	238 294	59 482
1. 高中	744	210 283	41 041
普通高中	741	210 197	40 980
成人高中	3	86	61
2. 中等职业教育	521	28 011	18 441
普通中等专业学校	103	10 193	5 983
成人中等专业学校	114	3 158	1 606
职业高中	304	13 280	9 943
技工学校			
其他机构（教学点）（不计校数）	192	1 380	909
（二）初中阶段教育			
1. 普通初中	3 079		138 549
2. 职业初中	363	11 584	10 452
3. 成人初中	2	7	7

续表

	学校数（所）	教职工数（人）	专任教师（人）
三、初等教育			
（一）普通小学	22 328	279 648	266 458
（二）成人小学	1 492	3 686	2 448
其中：扫盲班	1 239	3 517	2 304
四、工读学校	3	91	48
五、特殊教育	71	1 295	973
六、学前教育	2 512	19 528	14 162

注：1. 普通高中教职工数包含普通初中教职工数；
　　2. 成人高等学校教职工数和专任教师数为2002年数据。

2003年各级各类学历教育学生情况

	毕业生数（人）	招生数（人）	在校生数（人）
一、高等教育			
（一）研究生	2 149	5 883	13 535
（二）普通本专科	65 685	142 361	410 041
（三）成人本专科	34 415		171 841
（四）其他各类高等学历教育			
1. 在职人员攻读博士、硕士学位		2 475	4 908
2. 网络本专科生			
3. 学历文凭考试	523	582	1 299
二、中等教育			
（一）高中阶段教育	319 383	522 356	1 314 079
1. 高中	209 778	344 862	900 922
普通高中	209 603	344 862	899 943
成人高中	175		979
2. 中等职业教育	109 605	177 494	413 157
普通中专	46 134	47 872	122 450
成人中专	11 398	10 615	26 348
职业高中	52 073	119 007	264 359
技工学校			
（二）初中阶段教育			
1. 普通初中	962 287	1 169 847	3 383 157
2. 职业初中	85 930	109 238	300 923
3. 成人初中	322		10 396
三、初等教育			
（一）普通小学	1 271 012	1 063 988	6 612 171
（二）成人小学	149 030		157 834
其中：扫盲班	136 206		143 234
四、工读学校	26	24	32
五、特殊教育	2 032	2 582	18 849
六、学前教育	500 390	542 361	715 064

注：1. 成人本专科毕业生、在校生数为2002年数据；
　　2. 其他各类高等教育学生数未包含成人高校举办的各类高等教育学生数。

2003 年各级各类非学历教育学生情况

	毕（结）业生数（人）	招生数（人）	在校生数（人）
一、高等教育	23 560	23 086	15 301
（一）研究生课程进修班	2 878	2 775	5 449
（二）自考助学班	1 258	1 195	4 380
（三）普通预科生		79	79
（四）证书教育	1 920	1 371	2 450
（五）岗位培训	14 901	14 140	613
（六）进修及培训	2 603	3 526	2 330
二、中等教育	17 539 35		1 351 010
（一）中等职业教育	147 038		48 547
（二）职业技术培训机构	1 606 897		1 302 463

注：高等教育非学历教育学生数未包含成人高校举办的非学历教育学生数。

2003 年各级民办教育基本情况

	学校数（所）	毕业生数（人）	招生数（人）	在校生数（人）	教职工数（人）	专任教师（人）
一、民办高等教育						
（一）普通高校	9	1 037	8 002	17 409	2 247	1 480
（二）成人高校						
（三）民办的其他高等教育机构	8	3 779	5 066	6 744	707	398
二、民办中等教育机构						
（一）高中阶段教育						
其中：民办普通高中	109	10 491	22 567	53 526	10 560	6 750
民办中等职业教育	61	8 453	17 774	38 285	2 259	1 272
（二）初中阶段教育						
其中：民办普通初中	185	30 881	60 309	155 470		
民办职业初中	28	3 860	6 952	17 030	777	539
三、民办普通小学	269	20 102	18 376	120 973	4 331	3 100
四、民办幼儿园	1 269	47 483	69 237	114 874	7 244	4 740

注：民办普通高中教职工数包含民办普通初中教职工数。

〔**年度教育工作方针**〕 2003 年，全省教育系统以十六大精神为指导，按照“三个代表”重要思想的要求，围绕全面建设小康社会的目标，切实落实教育优先发展的战略地位，坚持解放思想、实事求是、与时俱进的思想路线，坚持推进创新，深化改革，加快教育发展，优化教育结构，提高教育质量和管理水平，全面推进素质教育，进一步提高全省国民教育水平，以“为人民办教育，办人民满意的教育”为出发点和落脚点，努力为经济快速发展和社会全面进步作出新的、更大的贡献。

基本思路是：(1) 以教育创新为统帅。用创新精神统揽教育改革发展的全局，启动新世纪教育创新的伟大工程。大力推进全省教育的观念创新、理论创新、机制创新、制度创新和方法创新，开创教育改革发展的新境界。(2) 以加强建设为重点。按照全省全面建设小康社会的目标要求，根据增强教育综合实力和竞争能力的需要，全面加强现代化教育体系建设、各级各类教育的重点建设、教育信息化建设和教师队伍建设，推进教育事业的新发展。(3) 以改革开放为动力。应对全省经济发展、社会进步的要求和“入世”后的新形势，进一步深化各项改革，实现教育改革的新突破。进一步扩大教育对外交流与合作，增强教育的生机、活力和竞争能力，开创教育开放的新局面。(4) 面对国际国内的新形势，切实加强和改进党建和思想政治工作。(5) 加强教育法制建设和政风行风建设，创设良好的教育发展环境。

〔**教育投入与支出**〕 2003年全省教育经费收支情况。全省教育经费收入共183.49亿元，比上年增加19.44亿元，增长11.9%；其中财政预算内拨款108.12亿元，占58.9%；各级政府征收用于教育的税费4.57亿元，占2.5%；校办产业、勤工俭学、社会服务收入中用于教育的经费0.68亿元，占0.4%；企业、社会团体、公民个人办学经费6.25亿元，占3.4%；社会捐集资2.42亿元，占1.3%；事业收入56.84亿元，占31.0%。2003年全省全口径教育经费支出总额190.95亿元，比上年增加23.95亿元，增长14.3%。按隶属关系分，中央部委所属在皖院校教育经费支出19.95亿元，占10.4%；安徽地方各级各类学校经费支出171亿元，占89.6%。按部门划分，教育部门教育经费支出164.64亿元，占86.2%；其他部门、企业及社会团体、个人办学教育经费支出26.31亿元，占13.8%。

2003年地方教育部门教育经费支出情况。全省地方教育部门教育经费收入155.93亿元，比上年增加14.07亿元，增长9.9%。地方教育部门支出156.94亿元，比上年增加13.77亿元，增长9.6%。2003年度全省国家财政性教育经费支出105.84亿元，占当年国民生产总值的2.67%，较上年下降了0.09个百分点。

2003年度各级各类学校生均预算内教育经费及生均预算内公用经费情况。普通高中为1 090.45元和70.35元，普通初中为676.6元和53.5元，小学为669.31元和53.48元，职业中学为747.5元和72.6元，中等师范学校为2 204.58元和135.93元。

2003年教育基建情况。省属高校基建完成总投资21.2亿元（其中省统筹0.3亿元，中央专项补助0.19亿元，学校自筹17.73亿元，其他2.98亿元）。当年施工面积243.7万平方米，竣工136.4万平方米。全省普通中学、职业中学、小学校舍总面积比上年分别增加184.4万平方米、50.8万平方米和9.8万平方米。全省城镇中小学教职工住房建设完成投资1.23亿元，完成建筑面积20.47万平方米，建成住房2 216套。

〔**抗洪救灾**〕 2003年，安徽省遭受了洪涝灾害，在省委、省政府的领导下，省教育厅坚持抗灾、发展两手抓，两手强，打赢了抗灾复校工作的漂亮仗。洪灾发生后，省教育厅及时提出了“四个确保”（确保灾区各校9月1日按期开学、开学时学生有课本、校舍安全、学校灾后无疫情）的工作目标。多方筹措救灾资金1.3亿元，并广泛开展对口支援，向21个重灾县学校捐赠140.1万元，将机关各项开支压缩30%支持救灾复校工作，从而保证了灾区所有学校9月1日全部按时开学，全省灾区没有发生因灾而失学的现象，没有发生疫情流行，灾区53 339名中小学生全部于11月30日前告别帐篷庵棚，迁到可以安全过冬的房屋中上课。

〔**教育服务“三农”和经济建设**〕 针对安徽是农业大省的特点，全省教育把服务“三农”作为重点工作之一。省教育厅组织中国科技大学、合肥工业大学、安徽大学等省内10所著名高校与长丰县50家企事业单位和50多个科技大户进行了成功对接，在种养殖、工业、建筑业等方面达成合作意向22项。省教育厅和省劳动和社会保障厅联合实施高职高专毕业生职业资格培训工程，全省高职院校积极申报建立职业技能鉴定机构。职业学校瞄准劳务市场和农村经济发展趋势，广泛开展了农村劳动力转移培训，全面实施了农村回乡初高中生“3＋1”实用技能培训。芜湖职业技术学院开展农科专业单独招生试点工作，定向培养乡村致富带头人和农村基层政权接班人；安徽医学高等专科学校面向基层、面向农村，尤其是卫生技术人员比较紧缺的贫困县、山区县，定向招生150人，培养乡镇卫生院卫生技术人员，两项试点均取得成功，积累了经验。

针对全省经济建设需要，全省各大中专院校面向经济建设和社会发展，紧贴市场，发挥优势，注重特色，牢牢把握全省产业结构升级趋势，紧紧围绕全省“八大重点产业基地”、“六大基础工程”和农村经济建设设置调整专业。高等学校精心组织了新增专业的评审工作，全年共新增相关本、专科专业 371 个。各中等职业学校快速应对社区教育发展、产业结构调整和农村城镇化发展的需要，增设了一批物业物流管理、劳务经济和旅游等专业。学科专业结构的进一步优化，使高校自我发展、服务经济建设的能力大为增强，为全省全面建设小康社会、大力实施人才工程提供了基础性保障。

高校高新技术产业化步伐进一步加快。省教育厅设立了全省高等学校高新技术成果转化贴息项目，通过评审，共选立 13 项，资助贴息资金 102 万元；企业改制工作稳步推进，全省高校科技型企业销售总收入增长 10%；合肥国家大学科技园顺利通过教育部、科技部组织的专家评审。

〔**民办教育**〕 2003 年，安徽省以《民办教育促进法》颁布实施为契机，按照《民办教育促进法》的基本精神，坚持“积极鼓励、大力发展、正确引导、依法管理”的方针，积极为民办教育健康发展创设“两个环境”（政策环境、社会环境），构建“两个体系”（政府资助支持体系、质量评估评价体系），培育“三个市场”（投资市场、生源市场、就业市场），重点解决好民办教育的发展环境、发展平台和发展空间问题；强调抢抓政策机遇，用好法律工具，瞄准市场时机，促进民办教育发展；引导民办学校大力实施多元战略、开放战略、特色战略、品牌战略和人才战略，增强全省民办教育的综合实力和市场竞争力。同时引导 11 所本科院校引用国有民办机制试办的本科二级学院，生源爆满；新批准设立、筹建民办高校各 1 所，批准设立 3 所非学历高等教育机构。全省社会力量举办的各级各类教育机构达 2 861 所，在校学生达 63.50 万人，毕（结）业生 111.04 万人，专兼职教职工 3.84 万人，总资产达 35.89 亿元。8 月 29 日，省教育厅和合肥市政府联合举办了“安徽省暨合肥市民办教育成果展”，集中展示了安徽省民办教育事业改革和发展的成就，受到社会各界的好评。

撰稿　朱乃韬

〔**教师队伍建设**〕 积极组织实施高校和中小学 2002—2005 年教师队伍建设规划，坚持师德建设与业务素质建设并重、培养与培训并重、吸引人才与稳定人才并重的原则，以抓好骨干教师队伍建设为重点，全面提升教师队伍的整体水平。认真实施“皖江学者计划”，首批评出 6 名特聘教授和 5 名讲席教授人选。组织开展省级学术技术后备人选科研择优资助工作，向省人事厅推荐拟资助人选 52 名。对“高校优秀人才计划”首批计划入选人员资助经费 160 万元。经省政府批准，140 名中小学教师获“特级教师”称号。16 名高校教师和 8 名中专中小学教师入选 2003 年度享受政府特殊津贴人选。切实加强教师培训工作，全面启动并大力推进以基础教育课程改革师资培训为核心内容的新一轮中小学教师继续教育；高校师资培训得到加强，505 名教师参加 2003 年度高校教师进修班学习，3 787 名新进高校教师参加岗前培训，结业考试通过率达 90%。教师资格认定工作实现正常化，面向社会认定教师资格工作全面启动，有 66 737 人取得中等职业学校（含）及以下教师资格，2 711 人取得高校教师资格。师德建设取得新进展，拟订《高校教师师德规范》，并已征求各高校意见；在各级各类学校教师职务评审、评奖评先中，实行师德一票否决，师德师风进一步好转。

〔**体育、卫生与艺术教育**〕 以实施《学生体质健康标准》、《全国普通高等学校体育课程指导纲要》为重点，切实抓好学校体育工作。会同省体育部门对省、县级体校、省级体育传统项目学校进行了考核和重新认定工作，进一步抓好体育中学的建设，探索教体结合、培养新型体育人才的办学模式和有效途径。全省学校体育工作得到进一步加强和改进。

以学校卫生防疫与食品卫生安全工作为重点，认真贯彻落实教育部、卫生部文件精神，进一步加强对农村中小学食堂的管理和对全省中小学学生饮用奶的管理与指导。认真抓好课堂教学主渠道，加强对学校健康教育课开展情况的督查，强调中小学上好每周 0.5 课时的健康教育课和高中以上学段开设健康教育选修课或讲座，做到教材、教师、课时的落实，同时，认真抓好专题健康教育活动的开展。积极开展宣传教育，印发《关于加强血吸虫病和碘缺乏病防治健康教育的通知》、《学校预防艾滋病健康教育基本要求》、《关于组织开展2003年世界艾滋病日宣传工作的通知》等文件，全省学校卫生工作有了明显进步，学生的体质健康水平有了提高。

以实施《学校艺术教育规程》、《安徽省中小学艺术教育发展规划（2001—2010年）》为重点，积极推动大中小学艺术教育的发展。各地初中、小学普遍提高了艺术教育课程开课率，普通高中按课程计划基本开设了艺术欣赏课，学校艺术教育设备器材有了进一步充实；组织开展了第四届全国音乐、美术教育论文评选的征集活动等，促进了各地各校艺术教育活动蓬勃开展，学校艺术教育教学科研网络得到加强，师资队伍有了进一步充实，全省学校艺术教育工作有了新起色。

〔**语言文字工作**〕 加强城市语言文字工作。印发了《关于开展安徽省城市语言文字工作检查评估的通知》，修订了《安徽省城市语言文字工作目标规划》，进一步明确了各类城市达标要求和达标期限。合肥市语言文字工作顺利通过了国家评估验收。制定《安徽省二三类城市语言文字工作评估细则》及其操作方法，全面启动二类城市语言文字工作。印发关于开展创建语言文字工作示范校的通知，对全省学校语言文字工作进行了科学规划。强化普通话水平测试规范化管理。严格执行普通话水平测试申报制度，对全省测试工作进行统筹安排。严格执行测试验印的程序化，杜绝弄虚作假。研制了安徽省普通话水平电脑制卷系统，完善了《安徽省普通话水平测试数据库》。继续做好测试员队伍建设，举办了第21期省级普通话水平测试员培训班，来自全省各地的99位学员参加了学习，经过严格考核，80位学员取得省级测试员资格。积极筹建安徽省普通话培训测试中心。加大语言文字宣传工作力度。建立安徽省语言文字网站，成功组织了第六届全国推广普通话宣传周活动。

撰稿 郐平川

基础教育

〔**综述**〕 2003年，小学、初中适龄人口入学率为99.09%和96.44%，分别比上年提高了0.29和3.92个百分点，小学、初中毕业生升学率分别为100%和49.83%，提高了0.14和4.76个百分点；小学、初中辍学率分别为0.78%和2.01%，青壮年文盲率继续控制在5%以内，均在国家规定的标准之内。高中阶段教育强势发展。普通高中校数为741所，招生34.45万人，比上年增长13.7%，在校生90万人，增长16.6%。幼儿园为2 512所，比上年增加83所，在园幼儿71.5万人。特殊教育学校达到71所，残疾儿童少年在校生达到18 849人。

〔**中小学危房改造**〕 全年共投入危房改造资金9.2亿元，其中省级危改资金3.6亿元，市县配套资金2.4亿元，地方自筹资金3.2亿元；共消除D类危房183万平方米。自2001年一期危改工程启动以来，全省累计投入危改资金26.2亿元，包括中央补助专款1.6亿元，省级危改资金10.3亿元，市县配套及地方自筹14.3亿元；共改造D级危房458万平方米，全省农村中小学校舍安全状况明显好转。安徽省在危改工程实施过程中，严格实行以县为主的“五统一”管理模式，即统一校园规划、统一项目审批、统一资金管理、统一勘探设计、统一招标监督（工程量小资金少的项目实行打捆招标），把好“五关”，即把好规划设计关、建材质量关、施工质量关、竣工验收关、决算审计关。建立了严格的项目责任制、招投标制、工程监理制、竣工验收制和责任追究制等，始终将质量作为生命线牢牢抓紧，危改工程新建校舍的质量，经受住了2003年所受洪涝灾害的考验。在资金管理上，对专款的使用原则、范围、条件等作出明确规定。要求各地按照“突出重点、集中投入、限期完成、保证效益”的原则科学安排资金，设立危改资金专户，实行专户存储、封闭运行，按工程进度直接拨款至施工单位，减少中间环节，确保资金的按时足额到位，提高了危改资金的使用效益。同时，切实加大危改督查、检查力度，及时总结各地的经验和做法，对存在问题的有关县（市、区）进行通报批评，以纠正工作偏差，指导各地危改的顺利进行。认真做好二期危房改造项目启动的各项准备工作，编制全省农村中小学危房改造工程的总体规划和分年度改造计划。

〔**完善农村义务教育管理体制**〕 为进一步推动建立“以县为主”的农村义务教育管理体制，根据国务院办公厅《关于完善农村义务教育管理体制的通知》精神，按照省政府有关文件要求，结合安徽省实际，省教育厅会同省财政厅、人事厅、编办制定印发了《关于农村义务教育管理体制重点指导工作的若干意见》，确定肥西等13个县（市、区）作为完善农村义务教育管理体制重点指导县。各重点指导县（市、区）根据省统一要求，结合当地具体情况，制定了重点指导工作实施方案，进一步明确县乡政府职责，加强对农村义务教育管理，抓好“一破三立”，即撤销乡镇教育管理机构，设立乡镇中心学校、县教育经费结算分中心、县人才市场教育分中心。各县按照实施方案积极有序地开展工作。

〔**基础教育新课程改革**〕 省教育厅批准了30个县（市、区）为市级课改实验区。到2003年秋季开学时，省市实验区达到59个，占全省106个县（市、区）的55.6%。全省小学、初中一年级参加课改的学生数分别为52万和58万，占全省小学、初中一年级学生总数41%和50%。省教育厅组织专家对省级实验区课改工作进行了总结评估，4月在合肥召开了全省课改新教材展示会议；会后，深入各实验区调研，检查落实情况，并加大新课程培训工作力度，组织基础教育教学行政管理人员、教研人员和广大中小学校长、教师学习、培训；组织优秀教师录制了一批新课程典型课例，免费赠送给各地中小学。

〔**中小学信息技术教育**〕 根据实施规划，积极采取措施，推进城镇学校按规划开设信息技术课，顺利完成第二批“中小学多媒体网络电脑教室建设项目”，共建设636间多媒体网络电脑教室。积极运用信息技术教学手段，改进中小学教学方式，促进信息技术与学科教学的融合，提高教学效果。组织中小学生参加全国中学生信息学竞赛，获团体第三名，参加全国中小学生电脑制作比赛并取得了较好成绩。安徽教育资源中心网2003年6月启动建设，2003年9月开始测试运行，2003年12月正式开通。测试运行以后，立即得到了广大教育工作者、中小学校学生、学生家长以及社会各届人士的密切关注，仅12月上网点击量就有33万人次之多。完成安徽省第一批50所中小学现代教育技术实验学校课题结题和表彰工作。加强对100所全国实验学校和省现代教育技术实验学校的指导、检查和培训工作。组织全省108所中小学校开展全国教育科学十五课题的研究和管理工作，利用互联网进行课题的信息交流和指导工作。通过网上信息传递等方式组织全省课题研究学校分别参加南京、黄山、婺源、上海、桂林、北京、天津等地的学习、观摩和研讨会议。

〔**“两基”督导评估**〕 为建立“两基”巩固提高工作长效监管机制，年初，制定第二轮“两基”复查规划和考核评估办法，报经省政府同意，印发给各市、县政府及教育行政部门。鉴于当前“两基”工作的重点是完善农村义务教育管理体制，第二轮“两基”复查注意结合农村义务教育管理体制完善情况，着重检查农村义务教育管理体制上收到县、义务教育经费、教师工资发放、中小学危房改造、学校收费及公用经费安排、师资队伍建设、义务教育普及程度、学校管理水平和教育教学质量、扫盲及成人教育等情况。复查按照自下而上、上下结合的程序进行。在各县（市、区）自查、市对所辖的县（市、区）复核的基础上，省每年抽取部分县（市、区）重点进行复查。11月，抽取霍山等8县（市、区）进行了复查，并及时反馈复查结果，提出整改意见复查。复查工作在各地再一次营造了重视“两基”的氛围，大大推动了各地进一步提高对“两基”工作的认识，继续采取措施，加强教师队伍建设，控制农村中小学辍学，提高普及程度，加大经费投入，改善办学条件，加强学校内部管理，努力提高教育教学质量和办学水平。复查结束后，对“两基”巩固提高和完善农村义务教育管理体制工作认真进行了分析总结，报告省政府和国家教育督导团。

〔**治理中小学乱收费**〕　先后在全省教育系统纪检监察工作会议、新一届省政府召开的第一次廉政工作会议、全省治理中小学乱收费工作电视电话会议上，对治理教育乱收费尤其是治理中小学乱收费工作作出了具体部署；在教育部召开的全国教育系统治理中小学乱收费工作电视电话会议、全国治理教育乱收费工作网络视频会议和教育部、国务院纠风办在江西南昌召开的治理教育乱收费工作汇报会上，安徽省介绍了治理教育乱收费工作的做法。根据全国治理教育乱收费部际联席会议和省政府办公厅的要求，成立了由教育、纠风、监察、物价、财政、审计、新闻出版等7部门组成的全省治理教育乱收费工作厅局际联席会议及联络组、办公室。适时召开厅局际联席会议，对全省治理教育乱收费工作进行了认真研究安排。制定印发了《关于2003年全省教育系统治理中小学乱收费工作的实施意见》，按照党风廉政建设责任制的要求，对治理中小学乱收费工作的目标任务进行了责任分解，确定了分管领导和责任单位，明确了时间要求。加强对中小学收费情况的监督检查，适时开展监督检查，及时查处乱收费行为。国家发改委等7部委发出关于开展治理教育乱收费专项检查的通知后，积极协助省物价局做好组织实施工作，要求各级教育部门全力配合抓好这次检查。并将反映教育乱收费的来信来电集中整理，分别通报各市纪委书记和各市治理教育乱收费联席办公室，加强督办，限期查报结果。在各地普遍自查自纠的基础上，11月下旬，省教育厅又与省物价局、省监察厅分别带队，会同省财政厅、省审计厅、省新闻出版局组成3个检查组，对6个市的治理工作进行了重点督查。据初步统计，全省共组织县级以上（含县级）治理教育乱收费检查组1 083个，调查处理案件444件，受党纪政纪处分146人；查出各类教育乱收费3 020万元，实施经济制裁1 322.96万元，其中退还1 158.74万元，收缴财政164.22万元。

撰稿　邬平川

职业教育与成人教育

〔**综述**〕　2003年，全省职教系统坚持扩大招生量、提高就业率、增强学生能力的思路，着力健全三个体系（专业设置、就业指导和质量保证体系），拓展两个市场（招生和就业市场），构建一种模式（适应需求、结构合理、配置均衡、自主发展的现代职业教育框架模式），致力于贯彻落实全省职教工作会议精神，有效抵御“非典”和洪涝灾害的严重冲击，全省职业教育继续保持快速发展的良好态势。全年完成招生18.37万人，增长22.71%，其中职业高中招生11.9万人，增长24%，比2001年翻了近一番，是全国发展最快的省市之一，受到教育部的肯定。普通中专招生全面回升，比上年增长39.2%，创造了历史最好水平。高等职业院校迅速崛起，比上年增加11所，新增专科层次专业267个。不同类型不同层次的教育体系加速融合，高等院校对口招收职业高中和普通中专毕业生1.38万人，高等职业学校招收初中毕业生2万人，高职和高专毕业生进入本科院校学习4 130人，分别增长3%、10.56%和62%。

〔**全省职业教育工作会议**〕 省委、省政府高度重视职业教育。省委将加强职业教育列入工作要点，并作为科技教育工作三项重点之一；省政府将发展职业教育作为本届政府未来5年的15项重点任务之一，并作为目标管理的重要内容。4月下旬，省政府召开全省职业教育工作会议，省长王金山出席会议并作讲话，副省长蒋作君、黄海嵩参加会议并讲话。省政府印发了《实施国务院关于大力推进职业教育改革与发展决定的意见》。省教育厅等单位联合表彰了全省职业教育先进单位和先进个人。为落实会议精神，省教育厅与省财政厅联合发出《关于进一步加大职业教育投入的通知》，与省有关部门联合转发了《关于进一步推动职业学校实施职业资格证书制度的意见》。根据省政府《关于对〈政府工作报告〉五年重点任务进行分解落实的通知》，省教育厅制定了《安徽省职业教育五年重点工作实施方案》，并经省政府同意，以省教育厅名义印发各市县人民政府和省直有关部门贯彻执行。全省职教会议的召开和一系列配套文件的出台，为进一步推动安徽省职业教育的跨越发展提供了条件。

〔**职业教育招生改革**〕 坚持以中职招生、就业为重点，促进高中阶段教育优化结构、协调发展，要求中职招生比上年增长30%以上；坚持完善统分结合、以市为主的中考和中职招生工作领导体制，强调省市县（县级含学校）三级教育部门分别侧重于宏观调控、统筹协调和贯彻落实；坚持改革招生计划管理，将普通中专连同普通高中、职业高中、成人中专的招生任务一同分解到市；坚持完善激励机制，继续实行以奖代补，招生与经费挂钩，并实行一票否决；坚持完善通报制度，定期发布初中毕业生升学率、高中阶段普职比、各校毕业生升入职高和中专的比例情况；坚持完善招生办法，继续实行“五个放开”，春秋两季招生，秋招两次填报志愿，进一步扩大中职学校招生自主权；坚持开展一年至一年半制高中起点中专班、注册入学班、综合课程班招生等试点，充分调动学校办学积极性；坚持推动中专学校、职业高中及市县教育行政部门开展多形式的联合招生和合作办学；坚持创新中职招生宣传形式，进一步规范招生秩序。克服“非典”影响，开展网上咨询，开通“招生热线”，举办“中专教育”专栏，提高宣传实效。要求中考和中职招生防止不公平竞争和无序竞争，规范招生秩序，净化招生环境。从招生情况看，多数市中职招生增速迅猛，合肥等4市中职招生占高中阶段的比例超过45%，安庆等4市职高招生增幅超过40%；联合招生规模已突破2万人，有效解决了中专学校生源不足和职业学校优质资源不足的矛盾。

〔**创建工作与“三重”建设项目**〕 在全省中等职业学校开展国家级重点职业学校创建工作，35所学校作为备选单位被推荐上报；全面启动中等职业教育“三重”建设项目（重点学校、专业、基地），已被列入国家和省“三重”建设的示范学校达18所、示范专业（点）43个、示范基地14个，投入资金3 000万元，极大地促进了职业学校的基础建设，改善了办学条件；大力加强普通中专学校重点实验实训室和骨干示范专业建设，7所学校的省级重点实验室和25所学校的省级示范专业点获得专款支持。

〔**教育教学改革**〕 进一步强调教学的中心地位，继续将教育教学质量视作职业教育的生命线，综合施治，齐抓共管。实施评估带动方略，以评促建，以评促管，以评促改，评建结合，提高质量。以省为主在全省高职院校开展人才培养工作水平评估，淮南职业技术学院顺利通过了教育部的评估；以市为主在全省中等职业学校开展合格评估，截至年底全省各市基本完成了评估任务。积极推进以教学内容和课程改革为中心的教学改革，根据培养目标多元化的要求，探索分班、分层、现场教学的新路，以适应学生升学和就业的不同需求；全面贯彻“以人为本”的教育思想，坚持教书育人、管理育人、服务育人，努力做到为了学生的一切，一切为了学生。大力加强师资队伍建设，170多名职业学校教师和110余名职成教管理干部分别接受了专业培训。

〔**中等师范教育**〕 对全省中专学校管理体制进行调研，并形成体制调整的实施意见，中专师范学校管理体制趋于完善。坚持以推进教师专业发展、提高教师素质为目的，以统筹规划、分类指导、分层培训、贴近基教、注重实效为原则，以集中培训、以考代训、校本培训为主体形式。先后印发了《安徽省中小学教师继续教育第二轮岗位培训实施方案》等4个配套文件，组织编写了《新世纪教师素养》等两本教材，将培训任务分解到市，保证了全省中小学教师继续教育工作在“非典”之后能够顺利开展；中小学幼儿园省级骨干教师等一系列教师专项培训有序推进，共培训中专、师范学校教师近600人。

撰稿　林鑫德

〔**成人高等教育**〕 2003年全省成人高等教育招生54 544万人，其中本科17 458万人，高职（专科）37 086万人。成人高考报名人员层次明显提高，专升本报名人数大幅度增加，专升本、高中起点成人本科招生超额完成年度计划。成人高等教育毕业生53 120人，其中本科8 932人。在校生达到167 910万人，其中本科生42 826人。组织了全省成人高等教育本科毕业生申请学位外语统一考试，6 300多人报考，合格人数2 570人，全年发放成人学士学位证书7 521份，并做好学位证书数据库建立工作。

〔**自学考试和非学历教育考试**〕 2003年举办社会自学考试2次，应用型专业自学考试4次，报考人数突破50万人。高等教育自学考试毕业生近3万人。举办电大注册视听生考试2次，总报考人数达4万人。电大注册视听生2003年毕业7 611人。自学考试打破长期以来以专科为主的格局，坚持本、专科并重，大力发展本科教育，以满足专科生接考本科的需要。调整后，有专业75个，其中本科专业39个。继续为省公检法司、财贸、卫生、档案、新闻出版、农林、电力等部门举办本、专科行业委托考试；为全省中小学教师继续教育开设了10个师范本科专业，几年来吸引了7万多名中小学教师参加自考，已有4万多名教师取得了本科文凭。努力开拓非学历教育考试，2003年，先后举办剑桥少儿英语考试、全国英语等级考试、全国计算机等级考试各2次，其中全国计算机等级考试报考人数超过9万人。建立省自学考试网站（www.ahzk.net），并在各市建立了自考链接网页，为考生提供了方便快捷的信息咨询和网上报名服务。

〔**成人中专教育**〕 2003年，全省成人中专学校招生10 615人，毕业11 398人，在校学生数为26 348人。根据《国务院关于大力推进职业教育改革与发展的决定》和省政府的《实施意见》，积极进行成人中等教育管理体制改革试点工作。通过召开座谈会和印发征集意见稿等形式，在深入调研的基础上，提出改革和加强成人中等教育管理工作的初步意见，将按照属地管理原则，把各类成人中等专业学校的设置审批和管理权限下放到各市教育行政部门，成人中专学校的管理参照职业学校的管理办法，必须参加合格评估。

撰稿　崔裕超

高等教育

〔**综述**〕 2003年，省属普通高校本专科招生13.4万人，比上年增加2万人，增长17.1%；在校生达 37.9 万人，比上年增加 7.8 万人，增长 25.9%；招收研究生 2 116 人，比上年增加 701 人，增长 49.5%。高教毛入学率达 14%，比上年提高 1.5 个百分点。

2003 年，省级高等教育经费财政拨款 7.8 亿多元；争取到省级教育费附加 1 000 万元，解决了高校一些亟待解决的突出问题；首次制定出台二级学院、中外合作办学收费政策，增加投入近 4 000 万元；加快高校融资贷款建设步伐，截至 2003 年底，累计向全省高校下达贷款额度 18.65 亿元，实际贷款额度 17.4 亿元；实施日本协力银行贷款项目工作进展顺利。合肥大学城、芜湖和蚌埠两个高校园区以及高校新校区建设步伐加快，入住学生已达 5.4 万人。2003 年，省属高校累计完成基建投资额 15 亿元，竣工面积 207.5 万平方米。全省普通高校占地面积达 3 784 万平方米，比上年增加 671 万平方米，增长 21.6%；校舍建筑面积达 1 259 万平方米，比上年增加 268 万平方米，增长 27%；固定资产总值达 93.7 亿元，比上年增加 22.7 亿元，增长 32%；教学科研仪器设备值达 25.1 亿元，比上年增加 7.7 亿元，增长 44%；纸质图书达 2 789 万册，比上年增加 395 万册，增长 16.5%；电子图书达 43.5 万片，比上年增加 27.8 万片，增长 176.8%。

〔**体制改革和布局结构调整**〕 2003 年，组织省高校设置评议委员会专家对全省 15 所申请举办高等职业教育的学校进行了考察和评审，新设置 11 所高等职业技术学院。全省普通高校 73 所，其中高职院校 41 所。经省政府批准和教育部确认，在安徽大学等 11 所本科院校试办国有民办二级学院，进一步推动安徽省民办高等教育的发展。完成了 8 所高等学校设置（其中更名为大学 1 所，专升本 3 所，成人高校改制为普通高校 1 所，中专升格为专科 2 所，专科并入本科 1 所）的考察、省级论证和向教育部申报的工作。同时，指导学校做好迎接教育部专家组来皖考察的准备工作。

〔**学位工作与专业结构调整**〕 2003 年，安徽师范大学、安徽理工大学 2 所高校新增为博士授予单位，安徽工程科技学院、淮北煤炭师范学院 2 所高校新增为硕士授予单位。全省新增 4 个博士后科研流动站、14 个博士学位授权点、90 个硕士学位授权点和 2 个专业硕士学位授权点。调整增设了 371 个我省经济社会发展急需的本专科专业，工学类和经济学、法学、管理学等应用文科类专业点的比例，分别上升到 33%和 28%，高新技术类和与 WTO 相关的专业也得到较大发展，高校学科专业结构渐趋合理。

〔**国际交流与合作**〕 2003 年，高校各类出国留学、讲学、参加国际会议、进行合作研究、访问考察、培训的人数均有所增加；在安徽省高校工作的外籍教师和来华长期留学生人数分别比上年提高了 10%和 23%；安徽大学、安徽工业大学、安徽建筑工业学院、安徽医学高等专科学校、芜湖职业技术学院等高校，分别与德国、加拿大、日本、新加坡、美国等国家开展了各类合作办学，积极引进国外优质教育资源，推动了教学、科研工作。

〔**教学改革与教学基本建设**〕 2003 年，以实施“质量工程”为抓手，以贯彻落实教育部 4 号和 5 号文件精神为主线，召开了年度教学工作会议，并在增加教学投入、加强教学基本建设、深化教学改革、强化质量监控和管理等方面，制定出台了一系列政策措施。高校重点建设全面加强，安徽大学“211 工程”二期建设和芜湖职业技术学院国家示范性职业技术学院建设进展顺利；高校省级重点实验室建设取得突破，有 19 个重点实验室的申报材料已通过形式审查；省级重点学科、重点专业、重点课程和合肥国家级高职高专工程实训基地建设成效显著。

以专业教学改革为龙头，积极推进教学内容、课程体系和人才培养模式改革。遴选建设了 18 个省级本科教改示范专业和 15 个省级高职高专教改试点专业；开展了精品课程建设工作，遴选了 3 门国家精品课程和 8 门省级精品课程进行重点建设，并将精品课程的教案、大纲、习题、实验以及教学文件与参考资料上网开放，推进优质教学资源共享；倡导“以就业为导向”的新观念，大力推动订单培养、产学结合，积极实施高职毕业生职业资格培训工程，促进了高等职业教育进一步适应经济社会发展的要求。推进实验室管理体制调整和实验教学改革，通过开展省、校两级实验室评估，高校基础课实验室累计增加投入 2.4 亿元，实验室个数由原 261 个整合为 132 个，新增了 500 多个综合性、设计性实验项目，实验开出率由原来的 82%提高到 98%；在实验室合格评估工作的基础上，首批遴选了 28 个“省级基础课实验教学示范中心”进行重点建设。

加强高校教学质量监控和评估工作。制定了 2003 年—2007 年全省普通本科院校教学水平评估工作实施方案；组织安徽农业大学、安徽医科大学和淮南职业技术学院分别参加了教育部组织的教学工作水平评估和高职高专人才培养工作水平评估；会同省有关厅局布置开展了新建高职高专院校办学情况评议督查工作，促进学校的办学水平和人才培养工作上了一个新台阶。

〔**招生考试和招生改革**〕 2003 年，全省共有 29.2 万人参加高考，比上年增加 5 万人。面对报考人数大幅度增加、考试时间提前和防控“非典”疫情的严峻形势，经过周密部署、精心安排和各高校、各市县的共同努力，高考工作顺利完成，招生规模再创新高。全国 700 所院校在皖录取新生 17.41 万人，比上年增加 2.57 万人；同时，2003 年又是安徽省出台高校招生改革政策最多、改革力度最大的一年。首次全面实行远程网上录取并一举成功，网上录取公平公正的优势得到进一步体现和发挥。积极支持中国科技大学等 22 所高校进行自主选拔录取试点；同时在 6 所省属大学平稳有序地进行了选择性录取改革试点。高考志愿分本、专科两段填报的举措，既使考生填报志愿更有针对性，又有效地保护了高职院校的生源。首次实行省属高职高专院校统一招生与自主录取相结合的录取政策，进一步扩大了注册制招生改革的试点范围，有效提高了高职高专学校的入学报到率。

〔**高校毕业生就业工作**〕 2003 年，进一步完善高校毕业生就业政策，先后出台八个方面的 48 条政策措施，引导高校毕业生到基层，鼓励高校毕业生自主创业和灵活就业。建立健全毕业生就业市场，初步形成了“省级市场为主体、院校市场为补充”的市场体系，分层次、分类别、有针对性地组织招聘专场活动 40 余场次，有 4 万余名毕业生通过市场落实了就业岗位。成立了省级毕业生就业领导协调机构，初步建立了“党委统一领导、政府统筹协调、部门全力支持、社会共同努力”的毕业生就业工作体制，进一步确立了“市场导向、政府调控、学校推荐、学生与用人单位双向选择”的就业机制。组织开展了高校毕业生就业工作评估，促进毕业生就业各项工作落实。2003 年，全省共有普通高校毕业生 6.8 万人，比上年增加 2.1 万人，增幅 45.4%。高校毕业生总就业率达 74.2%，其中毕业研究生的就业率达 93%，本科毕业生的就业率达 88.12%，专科毕业生的就业率达 62.61%。在毕业生大幅增加和遭受“非典”疫情冲击的双重考验下，高校毕业生平均就业率超过了上年同期水平。

〔**高校科研与科技开发**〕 2003 年，全省高校科研的总经费预计达到 9 亿元，比上年增长 10%以上。通过科技资源整合，高校增强了承担国家重大科研项目的能力，省属高校获得国家资助的重大项目取得突破性进展，安徽理工大学、安徽工业大学、安徽农业大学、安徽医科大学等都获得了国家重大科技攻关项目或国家自然科学基金重大项目。在基础研究和高新技术研究方面，取得了一些自主知识产权的重大成果，中国科技大学在基础研究方面继续在全国高校中保持领先地位，取得一些具有国际影响的成果；安徽理工大学的一项科研成果获得了国家科技进步二等奖。高校人文社会科学研究取得新成果，组织开展了高校人文社会科学研究立项和优秀成果奖励工作，立项资助 200 个项目，奖励优秀成果 36 项。承担了近 80 项省部级以上社科课题，60 多项成果获得省社科奖，占全省获奖成果总数的 60%。

重点科研基地建设取得新进展。2003 年，新增了一批省部级重点实验室，促进了科技资源的整合，有力地支持了学科学位建设。安徽农业大学茶学实验室被科技部授予“国家重点实验室培育基地”。人文社会科学重点研究基地建设进一步加强，遴选了14个省级人文社科研究基地进行重点建设。全省高校科技产业继续保持强劲发展势头。校办产业的总产值预计达到10亿元。科技成果转化步伐加快，成果转化方式和渠道进一步拓展，每年约有100多项成果被转化，直接产生了经济效益。

〔**高校思想政治工作**〕 3月8日—15日，在合肥举办了全省高校宣传部长和“两课”教研室主任学习十六大会议精神和“三个代表”重要思想培训班。12月23日，会同省委宣传部、团省委召开了全省大学生学习贯彻“三个代表”重要思想经验交流会。继续推进宣传思想工作进网络、进公寓、进社团工作，不断扩大高校宣传思想工作的覆盖面，增强影响力。加大“三个代表”重要思想“三进”的工作力度。组织编写了“邓小平理论和‘三个代表’重要思想概论”；完成了对省编“两课”教材的修订和全省普通高校的“两课”调研；举办了全省高校“两课”教师培训班，就“三个代表”“三进”问题进行专题辅导；同时，在“两课”中分课举办“三个代表”重要思想“三进”的教学研修班，扎实推进“三个代表”重要思想“进课堂、进教材、进学生头脑”工作。深入贯彻落实《公民道德建设实施纲要》，将其内容渗透到“两课”教学中。举办了全省高校大学生“讲诚信——从我做起”演讲比赛；在全省高校举办了百场公民道德宣传报告会；制定并印发了《关于在全省青少年中开展诚信教育的实施方案》；组队参加了全省公民道德文艺调演，选送的“志愿者之歌”获得唯一的金奖；制定并印发了《安徽省高等学校和厅直属中专学校文明单位评选及管理办法》，评选产生了10个省级文明单位、1个省级文明窗口单位；组织合肥地区高校1.5万名师生观看了“上饶集中营革命传统教育展”；会同省委宣传部举办了全省中小学生“走向世界的中国”夏令营、“演讲比赛”、“校园歌曲大赛”、征文和网上知识竞赛等活动；组织大学生开展了文化科技卫生“三下乡”活动。这些活动的开展提高了师生的思想道德素质，促进了校园精神文明建设。

〔**高校领导班子建设**〕 2003年，省教育厅严格按照《条例》规定和干部“四化”方针、德才兼备原则，认真做好高校领导班子配备和建设工作。一是着力抓好重点高校、新建高校和薄弱学校的班子建设，完成了安徽大学、安徽师范大学、安徽医科大学3所高校的新老交替，黄山学院、安徽职业技术学院、安徽工商职院3所新建高校的班子组建工作。二是及时做好部分高校领导班子缺额补齐工作，先后对安徽理工等8所高校班子进行了调整充实。到10月底，省属高校共提拔和调整校级干部38人，是历年来调整配备力度最大的。三是加强了高校与高校、高校与地方之间干部交流力度，共交流任职18人。通过调整配备，高校领导班子的年龄结构、专业结构和学历层次结构明显改善，力量得到进一步加强。同时，进一步建立健全高校领导干部考察工作责任制、任前公示制、任职试用制、干部交流制等干部任用工作的制度体系；加强高校党委及组织部门自身建设，采取有效措施，落实领导班子和干部队伍建设工作责任制。开展了党建“评先评优”工作，进一步加强了高校领导班子的思想建设和后备干部的队伍建设。

撰稿 檀 俊

审稿 陈贤忠

福建省教育

概　　况

〔基本情况〕

2003年各级各类学校校数、教职工、专任教师情况

	学校数（所）	教职工数（人）	专任教师（人）
一、高等教育			
（一）研究生培养机构（不计校数）	9		
1．普通高校	7		
2．科研机构	2		
（二）普通高等学校	39	30 699	16 171
1．本科院校	14	21 151	10 605
2．专科院校	25	7 172	4 110
其中：职业技术学院	19	47 54	2 623
3．分校、大专班（点）（不计校数）		2 376	1 456
（三）成人高等学校	16	3 220	1 719
（四）民办的其他高等教育机构	11	935	492
1．学历文凭考试机构	11	935	492
2．非学历文凭考试机构			
二、中等教育			
（一）高中阶段教育	960	185 399	53 277
1．高中	605	160 295	35 920
普通高中	592	160 212	35 853
成人高中	13	83	67
2．中等职业教育	355	25 104	17 357
普通中等专业学校	355	22 684	15 769
成人中等专业学校			
职业高中			
技工学校			
其他机构（教学点）（不计校数）	86	2 420	1 588
（二）初中阶段教育			
1．普通初中	1 414		99 925
2．职业初中	1	29	23
3．成人初中	7	231	196

续表

	学校数（所）	教职工数（人）	专任教师（人）
三、初等教育			
（一）普通小学	12 406	189 027	177 248
（二）成人小学	2 505	1 259	529
其中：扫盲班	1 021	483	169
四、工读学校			
五、特殊教育	77	1 505	1 251
六、学前教育	7 064	38 671	27 238

注：1. 普通高中教职工数包含普通初中教职工数；
　　2. 成人高等学校教职工数和专任教师数为 2002 年数据。

2003 年各级各类学历教育学生情况

	毕业生数（人）	招生数（人）	在校生数（人）
一、高等教育			
（一）研究生	1 871	5 860	13 266
（二）普通本专科	47 792	106 715	257 417
（三）成人本专科	18 004		85 919
（四）其他各类高等学历教育			
1. 在职人员攻读博士、硕士学位		977	2 835
2. 网络本专科生		8 226	29 942
3. 学历文凭考试	1 037	7 211	14 229
二、中等教育			
（一）高中阶段教育	251 139	363 481	954 201
1. 高中	139 918	218 414	576 561
普通高中	139 457	218 414	575 152
成人高中	461		1 409
2. 中等职业教育	111 221	145 067	377 640
普通中专	105 747	136 465	358 575
成人中专	5 474	8 602	19 065
职业高中			
技工学校			
（二）初中阶段教育			
1. 普通初中	593 799	656 411	1 896 759
2. 职业初中	108	57	261
3. 成人初中	1 048		1 924
三、初等教育			
（一）普通小学	669 693	402 276	3 119 777
（二）成人小学	59 246		39 131
其中：扫盲班	18 065		16 920
四、工读学校			
五、特殊教育	6 677	5 270	40 921
六、学前教育	341 930	374 629	695 822

注：1. 成人本专科毕业生、在校生数为 2002 年数据；
　　2. 其他各类高等教育学生数未包含成人高校举办的各类高等教育学生数。

2003 年各级各类非学历教育学生情况

	毕（结）业生数（人）	招生数（人）	在校生数（人）
一、高等教育	16 851	18 807	15 143
（一）研究生课程进修班	1 216	1 395	2 685
（二）自考助学班	1 649	3 156	7 559
（三）普通预科生	1 589	1 175	827
（四）证书教育	400	1 550	1 150
（五）岗位培训	6 891	6 849	1 204
（六）进修及培训	5 106	4 682	1 718
二、中等教育	2 210 285		2 032 353
（一）中等职业教育	252 892		230 699
（二）职业技术培训机构	1 957 393		1 801 654

注：高等教育非学历教育学生数未包含成人高校举办的非学历教育学生数。

2003 年各级民办教育基本情况

	学校数（所）	毕业生数（人）	招生数（人）	在校生数（人）	教职工数（人）	专任教师（人）
一、民办高等教育						
（一）普通高校	8	1 991	17 260	29 162	2 888	1 611
（二）成人高校						
（三）民办的其他高等教育机构	11	223	7 205	12 153	935	492
二、民办中等教育机构						
（一）高中阶段教育						
其中：民办普通高中	66	5 174	13 357	28 628	6 523	4 604
民办中等职业教育	54	6 284	11 426	25 906	1 884	1 125
（二）初中阶段教育						
其中：民办普通初中	59	6 768	25 185	53 779		
民办职业初中						
三、民办普通小学	99	5 679	7 566	42 566	2 635	1 913
四、民办幼儿园	2 075	66 781	90 090	176 355	13 871	8 492

注：民办普通高中教职工数包含民办普通初中教职工数。

〔**年度教育工作方针**〕 2003 年，福建省教育工作指导思想和工作要求是：高举邓小平理论伟大旗帜，以“三个代表”重要思想为指导，深入学习贯彻党的十六大和省委七届四次全会精神，认真落实教育部年度工作会议的各项部署，围绕全省提前实现全面建设小康社会的奋斗目标，进一步解放思想、实事求是、与时俱进，大力推进教育创新；继续深化改革，加快发展，优化结构，提高质量，保持稳定，加快建立现代国民教育体系，开创教育工作新局面。要把基础教育摆在优先地位并适度超前发展，把“两基”作为教育工作的“重中之重”，促进基础教育事业全面协调发展；要认真贯彻全省职业教育工作会议精神，加快发展职业教育，大力培养高素质劳动者和专门人才；要加快发展高等教育，进一步拓展高等教育发展空间，大力提高办学质量和水平；要大力加强教师队伍建设，提高教师队伍的整体素质和水平，努力增加教育投入，拓宽教育经费来源渠道，不断提高经费使用效益；要加强教育信息化建设，进一步扩大教育的对外开放；要坚持依法治教，加强教育督导，提高教育管理水平；要加强高校党建工作，推动学校思想政治和德育工作创新，维护学校安定稳定，切实加强教育战线作风建设，营造促进教育事业健康发展的良好氛围。

2003年，全省教育系统明确把兴起学习贯彻“三个代表”重要思想新高潮作为首要政治任务，扎实抓好“三个代表”重要思想的学习贯彻工作。省教育厅结合实际，扎实推进“三个代表”重要思想进教材、进课堂、进学生头脑工作，举办了学习贯彻“三个代表”重要思想骨干研讨班、培训班，并组织教育系统“三个代表”重要思想宣讲团，举办了60多场宣讲辅导报告，在广大师生中产生了积极影响。同时，坚持把学习贯彻“三个代表”重要思想，同正在做的具体工作以及具体承担的职责结合起来，做到所有工作都围绕学习贯彻“三个代表”重要思想来落实。精心谋划发展，初步制订了《福建教育振兴行动计划》。

〔**教育投入**〕 2003年，省教育厅进一步抓好教育经费投入工作，切实落实中央和省已出台的增加教育投入政策，扎实做好农村税费改革后转移支付的各项工作，建立了农村义务教育投入保障机制。积极引导华侨、港澳台同胞和国际友好人士捐资办学，全年受表彰的华侨捐资金额达8 850万元。同时，扎实抓好中小学教职工工资县级国库统一发放工作，县级政府对中小学教师工资发放的统筹功能得到加强，全省绝大多数县已将中小学教师工资收归县管，基本做到了按时足额发放，并陆续兑现了历年积欠的教职工工资1 914万元，兑现率达56.2%。国家助学贷款工作取得新的进展，全省开展国家助学贷款工作的高校新增7所，达到35所，实际发放贷款累计达1.16亿元，受益学生达2.15万人。教育对口支援工作也得到加强。组织实施省内城市对口支援经济欠发达地区学校工程，落实项目177个。积极开展闽宁教育对口支援、教育援藏、援疆和支援三峡库区工作，派出第五批70名骨干教师赴宁夏支教，组织首批特级教师讲学团赴西藏讲学，新招收了100名西藏初、高中学生。

〔**教师队伍建设**〕 2003年，省教育厅进一步把教师队伍建设摆上教育工作的突出位置，采取切实措施，大力提高教师队伍的整体素质。全年开展中小学新课程师资培训达25万人次，通过全省信息技术统一考试的教师达9万人，参加本、专科学历进修的教师达12.5万人。全省普通高中专任教师达3.6万人，比上年增加4 000多人。初中、小学专任教师学历达标率分别达到96.5%、98%，其中小学专任教师中具有专科学历的比例达29.7%，比上年提高7.4个百分点。认真实施教师资格制度，共认定了2.3万名社会人员的教师资格。高校教师队伍建设取得新进展，以学科建设需求为导向，面向海内外广泛吸纳中青年学术骨干和高层次人才，从国内重点大学、科研机构引进一批优秀人才。全省普通高校专任教师比上年增加3 700人，增长29.7%，其中具有博士、硕士学位的专任教师增加1 428人。

〔**民办教育**〕 2003年，全省各级政府和教育行政部门以贯彻实施《民办教育促进法》为契机，进一步抓好民办教育发展工作。到年底，全省经审批的各级各类民办教育机构达2 372所，占学校总数的7.31%。各级民办学校在校生总数达35.65万人（其中学历教育18.01万人，幼儿园在园幼儿17.64万人），占全省各类学校在校生总数的5.11%。2003年，全省还通过采取新的机制和新的模式在普通高校中试办了10所独立学院，批准筹建了18所民办高职院校，全省独立学院和民办高校完成招生1.7万人，比上年增长200.4%；民办高校在校生2.85万人，比上年增长144.6%。经过努力，全省各级各类民办教育机构的固定资产、仪器设备总值已累计达25.4亿元，校舍建筑面积超过270万平方米，藏书量达232万册，全省民办教育事业总体上进入了一个新的发展阶段。

〔**教育合作与交流**〕 2003年，高校各类出国留学人数达158人。出国留学人员学成回国到本省高校工作的人数达118人，是历年来人数最多的一年。接收外国来华留学生人数首次突破1 500人。组织了首批汉语志愿者赴菲律宾任教。引进国外智力工作又有新进展，共聘请长短期外国文教专家与教师800多人，其中长期聘请的达320人，比上年增长28%。中外合作办学工作迈出新步伐，全省中外合作办学机构或项目达 23 个。集美大学与美国库克大学合作实施工商管理和国际会计学士学位课程教育，福建农林大学、泉州师范学院分别与加拿大新斯科舍农学院、澳大利亚西悉尼大学联合开展本科课程教学合作，实现了对外合作办学上的新突破。

与台港澳教育合作与交流日益活跃。举办了第二届海峡两岸大学生辩论邀请赛，实施了多项闽台青少年交流项目。全年共招收港澳台学生 1 900 人。首次选派学生到台湾地区高校攻读博士学位。香港 8 所高校首次在福建省招收本科生 57 名。

〔**党建和思想政治工作**〕 2003 年，全省认真贯彻落实全国高校党建工作会议精神，大力加强高校党的建设，进一步做好在高校青年教师和学生中发展党员工作，全省高校学生党员比例达 6.2%，申请入党的学生比例达 60%。积极理顺民办高校党组织隶属关系，扩大了党组织在民办高校的覆盖面。开展高校党支部工作“立项活动”，评选表彰了 56 项优秀成果。组织新一轮高校“两课”教材编写工作，深化“两课”教育教学改革。在全省高校开展了思想政治教育方法、途径和手段创新活动。全省确定 60 个示范学校、社区，推动小公民道德建设“四进”工作。加快了青少年学生校外活动场所建设步伐。学校安全和稳定工作得到进一步落实。加强了安全工作各项制度建设，狠抓安全责任制的落实，做好各种伤害事故的安全防范。在全省范围内深入开展了校园及周边地区治安秩序整治专项行动。各高等学校和中等职业学校进一步加强毕业生思想教育和职业指导，保持了教育系统尤其是高等学校的安定。

〔**党风廉政建设和行风建设**〕 2003 年，全省进一步重视抓好教育系统的党风廉政建设和行风建设工作，深化开展反腐败三项工作，坚持标本兼治，加大案件查处力度，健全完善反腐倡廉“六个机制”。认真执行招生工作中“三个不准、一个禁止”的规定，印发了《福建省高校网上录取工作监督办法》和《福建省高中会考违纪舞弊考生处理规定（试行）》。成立了福州地区大学城建设监察小组，建立了大学城建设廉政工作的各项制度。加强教育系统内部审计工作，开展了专项审计调查与监督。教育系统行风建设深入推进，建立了省治理教育乱收费厅际联席会议制度，加大对教育收费工作的检查和整改。各级教育行政部门共查出违规收费金额 1 460 万元，清退违规资金 1 345 万元，调查处理涉及教育乱收费案件 188 件，撤销校长职务 6 人。进一步深化校务公开工作，表彰了一批校务公开先进集体和先进个人。

基 础 教 育

〔**综述**〕 2003 年，全省小学比上年减少 518 所，招生减少 7.29 万人，在校生减少 27.21 万人，每万人口小学在校生 900.12 人，适龄儿童小学入学率 99.6%。全省普通中学比上年增加 8 所。初中招生比上年增加 2.5 万人，在校生减少 0.31 万人，每万人口初中在校生 547.26 人，毕业生 59.38 万人，减少 0.76 万人。高中招生比上年增加 2.49 万人，在校生增加 6.74 万人，每万人口高中在校生 165.95 人，毕业生增加 2.36 万人。全省特殊教育学校比上年增加 1 所，在校生减少 0.12 万人。全省幼儿园比上年减少 265 所，在园幼儿增加 2.87 万人，3 至未满 7 周岁幼儿入园率 81.3%，每万人口在园幼儿 200.75 人，居全国第 4 位。

〔**义务教育**〕 2003 年，全省义务教育继续抓好“两基”巩固提高工作。按照全省基础教育“十五”规划和年度工作安排，重点落实五项工作。一是加强对事业发展指标的监控和落实工作，以县为单位，就基础教育事业发展的主要指标进行通报，使各地了解所辖区基础教育各阶段发展水平在全省中的位置，要求各地编制和下达2003年度基础教育事业发展指标，明确目标和责任，进行量化的追踪监控。二是根据分类推进“两基”巩固提高工作规划，继续抓好教育“两基”巩固提高的跟踪督查工作。对永泰、荔城等16个县（市、区）进行教育“两基”巩固提高跟踪督查工作。启动首批“双高普九”（高水平、高质量普及九年义务教育）县（市、区）的评估验收工作，对福州市鼓楼区、台江区，厦门市鼓浪屿区、思明区、开元区，泉州市鲤城区进行了“双高普九”评估验收，有力促进了各地教育的发展。三是根据当前“两基”巩固提高的工作重点和难点在初中的实际，加大了依法治教的力度，突出抓好初中招生和控制初中学生辍学的工作，组织两次专项检查，对全省2002－2003学年上学期初中学额巩固情况进行通报，要求各地进一步落实政府行为，严格执行控辍保学通报制度和专项督查制度，依法控制中小学生辍学。10月中旬，在南安市召开了“全省中小学管理建设工作座谈会”，会议传达了全国农村教育工作会议精神，总结交流了各地加强农村中小学管理建设及控制初中生辍学的成功做法和经验。四是抓好农村初中“绿色证书”教育，确认175所农村初中实施“绿色证书”教育，促进农村初中教育模式改革。五是配合省人大执法检查和省政协调研，开展以县为主的管理体制跟踪督查，加大对各地落实义务教育经费投入，教师工资发放，教职工编制执行等情况的监督检查，并及时向各级政府通报督查情况，对督查中发现问题的，要求限期整改。经过努力，2003年全省适龄儿童小学入学率达99.6％，初中入学率达91％，辍学率控制在3％以下。

〔**高中教育**〕　认真贯彻全国高中发展与建设工作经验交流会精神，要求各地合理规划普通高中教育发展，将培育和拓展优质高中资源作为重点，将鼓励民办高中发展作为新的增长点，加快全省普通高中教育发展。3月，在广泛调查研究的基础上，印发了《关于加快我省普通高中发展与建设的若干意见》，着重就扩大现有普通高中特别是优质高中规模，改革高中办学体制，发展民办高中，深化教育教学改革，创建高质量普通高中，增加普通高中经费投入，加强师资队伍建设方面提出10条政策措施，进一步明确目标任务。为推广各地高中建设经验，7月，在福清市召开了全省高中发展与建设工作经验交流会，总结交流各地在高中教育发展与建设方面的经验，研究部署加快全省农村高中事业发展和推进民办教育的任务与措施。为加快优质高中建设步伐，促进普通高中提高办学质量，发挥达标高中的示范、辐射作用，省教育厅修订了普通高中定级验收和示范性高中评估标准与办法，限定达标高中最低招生规模，扩大优质高中资源的利用。2003年，全省启动首批12所示范性高中省级评估，审定12所三级达标高中、8所二级达标高中和2所一级达标高中，使全省三级以上达标高中达到206所，扩大了优质高中教育的规模。全省普通高中达592所，比上年增加4所；招生21.8万人，在校生57.5万人，分别比上年增长12.9％和13.3％。

〔**幼儿教育**〕　2003年11月，省政府办公厅印发了《福建省幼儿教育改革与发展指导意见》，就解决当前全省幼教事业发展中存在的突出问题，促进幼教事业的健康发展提出了全方位的指导性意见。在提高幼儿教育质量方面，以实施《福建省幼儿园教育指南》为抓手，以泉州、福州的16所首批省级幼教课改试点园为基地，建立有效的幼教学科教研指导机制，深化幼教课程改革。5月和11月，分别在泉州和福州组织了贯彻《幼儿园教育指导纲要》省级试点园现场观摩研讨活动，及时交流、总结幼教课程改革中的热点、难点和共性问题。为推动各设区市幼教课改进程，在总结和推广16个省级首批试点园经验的基础上，经各设区市申报，在福州、泉州以外地区又确立了18个第二批省级幼教课改试点园。为充分发挥评估标准的导向作用，组织修订了《福建省优质幼儿园评估标准》。进一步完善农村幼儿园管理体制，努力推行适合于农村实际的正规与非正规教育模式，为广大农村幼儿提供更多接受早期教育的机会，促进农村幼教事业的发展。2003 年，全省幼儿园入园率达 81.3%，比上年提高 6.2 个百分点。

〔**特殊教育**〕　在巩固提高特殊教育“普九”水平的基础上，积极发展残疾儿童学前教育和职业教育，选送优质残疾学生参加各种形式的高等教育入学考试，提高残疾儿童接受高等教育的机会。努力创造条件，积极推动各地建立随班就读支持、保障体系，2003 年有 5 个县（市、区）被确定为全国试点县。为改善特教师资队伍素质，提高特殊教育质量，选送了 20 名优秀特教学校校长参加全国特教校长班培训，同时，举办了全省特教学校骨干教师和随班就读指导人员培训班，转变特教教师观念，使新的课改理念逐步覆盖到特殊教育领域。11 月，举办以“身残志更坚，巧手绘明天”为主题的全省首届特殊教育学校学生美术大赛活动。全年招收三类残疾儿童 5 270 人，三类残疾儿童入学率达 90%以上。

〔**民族教育**〕　贯彻省政府《关于深化改革加快发展民族教育的实施意见》，落实全省高中教育与民族教育工作会议精神，设立民族教育专项补助经费，加强民族中小学建设，促进各地科学合理地进行学校布局调整，在有需要、有条件的地区兴建寄宿制小学，帮助民族地区中小学改善办学条件。在扶持民族地区巩固提高“两基”水平的基础上，通过实行少数民族学生中考、高考加分录取等政策倾斜，扶持少数民族学生接受高中阶段和高等教育。省教育厅、省民族宗教厅、省公安厅联合下发《关于正确认定少数民族学生成分认真执行少数民族学生中考加分政策的通知》，各地规范工作程序，制定了中考加分细则，为提高少数民族学生高中阶段入学率提供了强有力的政策支持。

〔**信息技术教育**〕　在认真分析 2002 年各地中小学信息化建设的进展情况和存在差距的基础上，省教育厅发出《关于进一步落实 2003 年秋中小学开设信息技术必修课工作的通知》，要求从 2003 年秋起全省初中校、县镇以上小学、乡中心小学和沿海经济比较发达地区的完小都要开设信息技术必修课。同时积极开展中小学信息技术专任教师岗前培训，要求新任教师先培训后上岗；积极推进城域网及中心资源库的建设；充分发挥信息技术教育实验区、实验校的作用，加强信息技术与学科教学的整合，加快中小学信息化基础设施建设，促进教学方式和学习方式的变革，为扎实推进素质教育服务。据统计，至 2003 年底，全省中小学计算机装备达到 24 万台，比上年增加 4 万台；人机比从上年的 28∶1 降到 22∶1；全省普通高中已全部开设信息技术课；初中开课率达到 94.6%，小学开课率达 35.4%，分别比上年提高 16 个百分点和 13 个百分点。

〔**课程改革**〕　2003 年，全省基础教育课程改革扎实推进，主要抓了几个方面，一是滚动扩大基础教育课改实验县。新审核确定 26 个基础教育课改实验县，有 66%左右的中小学起始年级学生实施新课程，为 2005 年义务教育阶段起始年级全面实施新课程奠定了基础。二是建立基础教育课改实验基地校，深化课改研究。确定了 70 个省级课改实验基地校，明确实验基地校在研究、总结试点经验和发挥示范和辐射作用等方面的工作任务，并对实验基地校的组织与管理提出明确要求，促进基地校的建设。召开全省普通高中研究性学习经验交流会，总结、交流各地开展研究性学习的做法和经验，研究、部署进一步推进的方法和具体要求。三是建立新教材的选用机制。3 月，在福州举办义务教育课程标准实验教学用书选用展示会，30 家出版社 160 多种教材参与展示，初步建立了规范有序、公正透明、民主科学的新教材选用机制。四是加强重点课题研究。确定了“福建省中小学评价与考试制度改革研究”重点研究课题，下设中小学学生评价、中小学教师评价和初中毕业升学考试及高中招生录取制度改革 3 个子课题，拟定了《中小学教师评价方案》、《中小学学生评价方案》及《初中毕业升学考试和高中招生录取制度改革方案》。五是开展新一轮课改师资培训工作。下达新学年培训计划，改革培训模式。在培训内容上实行分层分类培训，使培训更符合实际，更具针对性。六是建立实验区工作评估指标体系，对 23 个省级课改实验区开展了中期评估。

〔农村中小学危房改造工程〕 2003年，全省经过多渠道筹措危改资金9.12亿元，其中：中央和省级安排1.6亿元，市县政府投入2.37亿元，其他自筹经费5.15亿元。利用这笔资金，全省改造中小学危房面积97万平方米。其中纳入中央危改工程项目509个，竣工率99.5%；2003年初中央奖励经费安排危改新项目78项，已竣工77%；地方自筹危改建设项目641项。全省累计新建中小学校舍建筑面积160万平方米，共有1 228所农村中小学的办学条件得到了改善。

职业教育与成人教育

〔综述〕 2003年，全省中等职业教育学校355所，毕业生11.12万人，招生14.51万人，在校生37.76万人。成人中学比上年减少14所，注册学生减少2 020人。成人高校招生38 988人，比上年增加3 606人；在校生增加12 708人，毕业生增加5 286人。

鼓励和支持民办职业教育的发展，简化审批手续，将审批权下放到设区市，推动形成政府主导、依靠企业、行业，鼓励社会力量参与的多元办学格局。至2003年底，全省已有民办中等职业学校62所。

根据社会需求和人才成长的特点，通过中等职业教育与高等职业教育相衔接的培养模式，构建各类人才成长立交桥。2003年，全省高职单招录取新生8 858人，五年制高职招生8 000人，并有3 830名高职高专毕业生进入本科高校学习。

〔中职招生〕 针对近年来中职招生滑坡的情况，2月，省教育厅按照全省职教“十五”规划要求，下达2003年中职招生19万人任务，公布2003年具有招生资格中职学校名单，采取有力措施，积极完成招生任务。2003年全省中等职业学校完成招生任务14.51万人，在校生达37.76万人，有1/3以上的中等职业学校在校生达千人以上。结合闽宁对口支援工作，省教育厅发出《关于做好2003年我省中职学校招收宁夏学生的通知》，选择办学条件好的中职学校与宁夏中职学校挂钩，采取“2+1”形式与宁夏中职学校合作办学，首次面向西部招收中职学生，落实招生任务320人。

〔人才培养模式改革〕 2003年，福建省职业教育人才培养模式改革取得突破性进展。全省软件高职招生达1.5万人。与世界著名软件企业和厂商联合推出软件高职人才培养方案，实行学历教育和职业资格认证教育并重的人才培养模式；举办了9个软件高职专业，经教育部批准列入全国高职专业目录；出版了软件高职专业系列教材和认证教育教材；建立了面向全国的软件高职师资培训基地；构建新型课程和教学内容，将中职原来的计算机专业改造为岗位适应性更强的信息处理与应用、图形图像设计与制作、网络管理与维护3个专门化软件专业。全省有31所中等职业学校举办软件专业，首次招生3 602人。全省中职学校已有数控技术应用、机械制造与控制、机电技术应用、汽车运用与维修、生物化工等专业，依据企业对岗位所必须具备的专业知识和技能的要求，进行包括课程设置、实践教学、认证教育等方面人才培养模式改革。

〔重点专业建设〕 在全省中等职业学校开设的100多个专业中遴选出适应省“十五”期间产业结构优化升级和社会急需的数控技术应用、机械制造与控制、汽车运用与维修、生物化工、电子技术应用、软件专业等20个专业为首批重点建设专业。提出了重点专业建设的目标、建设标准以及包括推进课程改革、加强“双师型”教师培养、加强校内外实训基地建设、大力提高职业学校服务地方经济和社会发展的能力五个方面的主要任务及具体要求，制订了建设方案，着手开展重点建设。

〔**扫盲工作与成人培训**〕 按照中共中央办公厅、国务院办公厅转发教育部等部门《关于“十五”期间扫盲教育工作意见》，进一步摸清文盲底数，逐步健全档案。广泛开展杜绝新生文盲和扫盲后的巩固提高工作，重点推进少数民族地区、经济欠发达地区和妇女的扫盲教育。探索扫盲课程与教学改革，提高扫盲教育的质量与效益。全省共举办扫盲班 1 482 个，毕业 1.8 万人；举办各类成人职业技术培训班 19 331 个，195.74 万人次接受了各类实用技术培训。全省青壮年非文盲率达 98.5%，脱盲巩固率继续保持在 95%以上。积极推动县职业中学和农村成人学校，采取灵活措施，吸引农村生源，举办学历教育班，广泛开展农村实用技术培训和农村劳动力转移培训。

〔**自学考试和社会考试**〕 2003 年，全省高等教育自学考试（含体制改革试点专业考试）共开考 43 个本科专业、67 个专科专业，全年报考人数为 55 万人、考试人次为 123 万，毕业生数为 21 000 人；同时，全年还组织实践环节考核、毕业论文答辩等小规模考试 23 场次；为全省 17 所民办高校开考了 89 个专科专业的国家学历文凭考试，报考人数为 16 564 人；电大“注册视听生考试”报考科次达 42 953。全国计算机等级考试报考人数 151 598 人、全国英语等级考试报考人数 15 862 人、全国计算机应用技术证书考试报考人数 8 462 人、全国剑桥少儿英语考试报考人数 2 071 人、全国少儿计算机应用技术证书考试报考人数 140 人、全省中小学教师信息技术考试报考人数 90 129 人、全省教师资格认定“两学”证书考试报考人数 5 991 人、全省艺术水平考级报考人数 9 577 人（音乐 7 743人，中国舞 1 834 人）。其中，全国计算机等级考试报考人数连续七年名列全国前茅，全国英语等级考试每次报考人数都逐年大幅增长。为深化自考改革，加快自考发展，着力抓好五项工作：一是积极开考新专业、新项目，2003 年新开考了财税、人力资源管理、监所管理、日语、新闻学等本、专科 10 个专业。二是加快信息化进程，规范考务考籍管理。全面推广使用“全国高等教育自学考试考务考籍管理系统”；继续推行自学考试“网络报考”和“网上评卷”试点；建立电子档案，实现考籍管理信息化，对原有的“福建自考网站”进行了全面改版。三是坚持命题标准，保证自学考试教育质量。四是加强社会助学管理，进一步健全助学服务体系。出台了自学考试社会助学工作管理办法，经对全省助学单位的认真检查和严格评估，2003 年分两次共批准了 31 所获得助学资格的助学单位。五是逐步完善教材供应办法，整顿自学考试教材市场。出台了自学考试学习媒体供应管理办法，切实为考生做好服务工作。

高 等 教 育

〔**综述**〕 2003 年，全省高等学校规模不断扩大，经教育部批准筹建了 3 所本科院校和 4 所医学高等专科学校，经省政府批准试办了 6 所独立学院，设置了 6 所高等职业技术学院。在校研究生比上年增加 4 404 人，增长 50.08%。本科在校生占本专科在校生比例为 51.45%。全省普通高校专任教师 1.62 万人，比上年增加 3 700 多人，其中博士、硕士增加 1 428 人，副教授以上教师占专任教师总数的 38.56%。

2003 年，全省全力以赴投入福州地区大学城一期工程建设的攻坚工作，前后历经 8 个多月时间，到 8 月 20 日顺利竣工，如期完成了大学城一期工程建设投资 10.6 亿元，建成了 40 万平方米的教学用房和生活用房，配备了必要的教学和生活设施，保证了首批万名新生的如期入学。

〔**高校教学工作**〕 启动实施“福建省高等学校教学质量和教学改革工程”，进一步加强对高等学校教学工作的宏观指导和调控，全面提高人才培养的质量。组织高等学校教学名师的评选工作，遴选确定省教学名师15名，其中推荐国家级教学名师3名。通过表彰奖励活动，鼓励教授上讲台，组织优秀教师到教学第一线承担基础课教学工作。确定2003年度高等学校精品课程20门，并遴选99门课程作为省级精品课程立项，进行规划建设。组织开展高等学校基本工作状态数据库建设。部署开展“新世纪高等教育教学改革工程”中期检查工作。组织完成“高等学校基础课教学实验室建设改造工程”一期建设情况的验收工作，本科院校基础课教学实验室合格率已达95%以上，提出二期建设的意见。高教学科建设取得重要进展，新增国家级重点学科8个，其中省属高校2个。省属学校新开设了经济社会发展急需的理工类专业99个。

〔**高等教育改革**〕 全省10所独立学院和8所民办高校招生1.66万人，增长200.36%；民办高校在校生2.85万人，增长144.60%。在福州大学、集美大学、漳州师院、泉州师院、闽江学院等5所高校组织开展了软件人才培养基地建设，通过加强与省内外软件园的联系与合作，积极争取国际国内著名软件企业（公司）支持、参与办学，联合制订教育教学方案，协作培养人才，组织教师培养培训，共建实验室与实习基地，加快软件人才培养。

〔**学位管理与研究生教育**〕 经国务院学位委员会批准，集美大学和漳州师范学院新增为硕士学位授予单位，新增一级学科博士点5个，达14个；新增博士点34个，达124个；新增硕士点106个，达390个。组织完成了同等学力人员申请硕士学位考试工作。2003年，同等学力考试科目27个，报名人数2 878人，其中外语5个语种，报名人数1 651人；学科综合考试22科，报名人数1 227人。完成了高校学位委员会成员改选和增补工作。完成了集美大学、福建农林大学、福建师范大学、仰恩大学增列学上学位授予专业的审核工作；做好学士学位证书审核与发放工作；配合省委组织部进行了有关学历、学位审核工作。

〔**科技工作**〕 2003年，高校承接国家科研项目能力进一步增强，全年新增国家级科研项目达199项。获教育部提名国家科学技术奖4项，获奖2项。在2003年福建省科学技术重大贡献奖2名，其中，高校占了1名。获省科学技术奖62项，占全省32%。高校科技创新能力明显增强，获准立项建设省部共建教育部重点实施室2个，新增省级重点实验室7个，新建省产学研开发基地1个。

〔**重点高校建设**〕 组织制定《关于开展重点高校建设的意见》，重点建设厦门大学、福州大学、华侨大学、福建师范大学、福建农林大学、福建医科大学、福建中医学院、集美大学8所高校。重点高校按两个层面、三个重点进行建设。通过创新建设机制，突破学校、学科和体制的界限，大力引进和利用国内外优质教育资源，实行全过程、全方位的开放式建设；通过改革建设模式，坚持以项目为抓手，以项目建设为载体，以项目建设推动整体建设，不断提高建设水平；通过整合教育资源，构建创新平台，建立“学科特区”，增强综合实力和竞争能力；通过创新投融资机制，建立多元化的建设投入体制，增强重点高校建设的可持续发展能力。

〔**教育教学评估**〕 制订了2003—2007年全省高等学校本科教学工作水平评估的5年评估计划；华侨大学、福建医科大学迎评预案；高职高专人才培养工作水平评估方案、评估指标体系和2003—2007年评估工作计划，在全省高等职业院校、高等专科院校、成人高等学校开展人才培养工作水平评估工作；制订了福建省交通职业技术学院迎评方案。加强对现代远程教育教学站（点）的管理，制订评估指标体系，组织专家组，开展了检查与评估。

撰稿 张 路 肖 铮 张学强 杨振坦
审稿 朱之文

厦门市教育

〔基本情况〕

2003年各级各类学校校数、教职工、专任教师情况

	学校数（所）	教职工数（人）	专任教师（人）
一、高等教育	18	8 605	3 909
（一）研究生培训机构			
1. 普通高校			
2. 科研机构			
（二）普通高等学校	6	7 581	3 349
1. 本科院校	2	6 675	2 912
2. 专科院校	4	906	437
其中：职业技术学员	4	906	437
3. 分校、大专班（点）（不计校数）			
（三）成人高等学校	3	332	224
（四）民办的其他高等教育机构	9	692	336
1. 学历文凭考试机构	9	692	336
2. 非学历文凭考试机构			
二、中等教育	118	10 659	8 381
（一）高中阶段教育	86	10 659	8 381
1. 高中	38	8 419	7 000
普通高中	34	8 396	6 981
成人高中	4	23	19
2. 中等职业教育	48	2 240	1 381
中等职业学校（机构）	36	2 004	1 219
技工学校	3	219	147
其他机构（教学点）（不计校数）	9	17	15
（二）初中阶段教育	32		
1. 普通初中	32		
2. 职业初中			
3. 成人初中			
三、初等教育	403	8 567	7 796
（一）普通小学	376	8 564	7 793
（二）成人小学	27	3	3
其中：扫盲班	1	0	0
四、工读学校	0	0	0
五、特殊教育	4	117	98
六、学前教育	443	3 139	2 159

注：普通高中包含普通初中的教职工数。

2003年各级各类学历教育学生情况

	毕业生数（人）	招生数（人）	在校生数（人）
一、高等教育	13 000	36 174	86 159
（一）研究生	920	3 248	7 387
（二）普通本专科	7 256	15 573	40 427
（三）成人本专科	3 985	9 486	21 543
（四）其他各类高等学历教育	839	7 867	16 802
1. 在职人员攻读博士、硕士学位	110	622	1 405
2. 网络本专科生	0	1 462	4 509
3. 学历文凭考试	729	5 783	10 888
二、中等教育	39 169	52 066	143 803
（一）高中阶段教育	17 791	23 783	64 723
1. 高中	8 855	11 584	32 480
普通高中	8 811	11 584	32 362
成人高中	44		118
2. 中等职业教育	8 936	12 199	32 243
中等职业学校（机构）	8 077	10 769	29 293
技工学校	859	1 430	2 950
（二）初中阶段教育	21 378	28 283	79 080
1. 普通初中	21 378	28 283	79 080
2. 职业初中	0	0	0
3. 成人初中	0	0	0
三、初等教育	29 124	21 464	140 779
（一）普通小学	28 684	21 464	140 245
（二）成人小学	440		534
其中：扫盲班	5		0
四、工读学校	0	0	0
五、特殊教育	52	32	393
六、学前教育	17 177	20 786	40 967

注：成人中学、成人小学未统计招生数。

2003年各级各类非学历教育学生情况

	毕（结）业学生数（人）	招生数（人）	在校学生数（人）
一、高等教育	2 915	2 607	5 367
（一）研究生课程进修班	605	1 003	1 513
（二）自考助学班	706	1 281	3 531
（三）普通预科生	1 043	38	38
（四）证书教育	0	0	0
（五）岗位培训	0	0	0
（六）进修及培训	561	285	285
二、中等教育	97 271	10 769	113 671
（一）中等职业教育	8 077	10 769	29 293
（二）职业技术培训机构	89 194		84 378

2003年各级民办教育基本情况

	学校数（所）	毕业生数（人）	招生数（人）	在校学生数（人）	教职工数（人）	专任教师（人）
一、民办高等教育	10	729	7 041	13 137	843	411
（一）普通高校	1	0	1 258	2 249	151	75
（二）成人高校	0	0	0	0	0	0
（三）民办的其他高等教育机构	9	729	5 783	10 888	692	336
二、民办中等教育机构	14	1 445	3 740	10 285	983	680
（一）高中阶段教育	11	1 068	2 367	7 172	983	680
其中：民办普通高中	3	556	1 042	2 692	609	477
民办中等职业教育	8	512	1 325	4 480	374	203
（二）初中阶段教育	3	377	1 373	3 113		
其中：民办普通初中	0	0	0	0		
民办职业初中	0	0	0	0	0	0
三、民办普通小学	23	1 676	3 347	17 336	998	736
四、民办幼儿园	150	4 959	7 457	15 335	1 644	1 013

注：1．民办初中的教职工数包含在民办高中的教职工数中；
2．职业技术培训机构未统计招生数。

2003年，厦门市教育体制改革有新突破，教育资源整合取得新进展。一是改革学校管理体制。23所市属中小学、幼儿园管理权限统一下放到学校所在区政府，同时将同安一中划归市教育局管理。二是改革学校人事、分配制度。在实行多年的教师职务聘任制基础上，全市中小学开始全面推行教师聘用制。三是改革教育投融资体制。部分优质高中通过政府贴息、收费还贷的发展机制进行扩招，扩大优质教育资源的受益面。尝试推行教育招商，4所一级达标学校新校区建设全部采用新的投融资办法。以兴办理工类、医学类高校为主的集美文教区规划建设正式启动，并积极吸引海内外名校和投资者前来兴办。落户和计划落户其间的高校有厦门理工学院，华侨大学厦门校区，哈尔滨工业大学，厦门大学医学院、生命科学学院、福建软件学院和厦门职业技术学院。

2003年，厦门市大力发展农村教育，解决进城农民工子女就学问题。（1）建立农村教育投入保障机制。市政府决定，从2004年起每年拨出1个亿资金专门用于农村学校的布局结构调整、添置教学设施和完善农村公共医疗设施。继续落实农村义务教育管理体制，把农村义务教育纳入公共财政体系予以保障，新增教育经费也主要用于农村。（2）加快农村学校撤点并校步伐，确定调整布局方案，先后撤并30多所学校和教学点，农村学校布点分散、效益低下的状况得到改善。（3）全年投入6 281万元，改扩建10所中小学，解决了初中生招生数猛增而校舍不足的矛盾。（4）落实岛内住宅小区学校配套建设方案，确定需配套建设项目15个。（5）解决进城农民工子弟就学问题。一方面，公办学校大量接收农民工子弟入学；另一方面，通过有关渠道进行协调，争取为经批准创办的民办学校筹措教育成本费。

为促进民办教育健康有序发展，2003年，市教育局联合建设局、消防支队等单位对民办学校进行安全督查，规范办学行为。全年关闭30所无证办学的民办小学，整改一批消防安全存在严重隐患的民办学校，确保了办学安全；拟定《厦门市民办高校管理办法》，协调有关部门解决民办学校尤其是民办高校发展中用地不足等难题；根据中组部、教育部《关于加强社会力量举办学校党的建设工作的意见》，加强对民办学校党建工作的调研和指导，探索工作对策，制定关于加强民办学校党建工作意见。

2003年，厦门市高等教育建设力度加大。治理教育乱收费工作取得了明显成效。

〔**基础教育**〕 2003年，厦门市有各类幼儿园

443所，在园人数4.10万人。小学376所，在校生14.02万人。普通中学66所，年内招生3.99万人，增长7.3%，在校生11.14万人，增长8.8%。全市2 1378名初中毕业生升入高中，升学率91.9%，实现普及高中阶段教育。通过招生改革让更多的人享受优质教育，厦门一中、双十、六中3所学校优质高中在完成原招生计划基础上，增加招生558人。原开元区、思明区、鼓浪屿区被评为福建省首批“双高普九”先进区。

2003年，厦门市进一步扩大优质教育资源，确定厦门一中、双十中学、厦门六中、外国语学校4所一级达标中学合并扩招方案，4所一级达标中学新校区已开工建设。

为配合行政区划调整，建立和完善与海湾型城市建设发展相适应的市、区两级事权管理体制与财政管理体制，12月18日，市教育局与思明区、湖里区、集美区、同安区政府分别签订学校移交议定书，将23所市教育局直属中小学、幼儿园管理权限下放到学校所在区政府，同时将同安一中划归市教育局管理。划转后，教育投入不减，教师待遇不变。今后，市教育局直属管理省一级达标中学、实验小学。

2003年，为缓解初中生生源猛增、校舍不足的矛盾，厦门市投入6 281万元对10所中小学进行改扩建，共涉及13个项目。至年底，所有项目基本竣工。学校改扩建后，解决了新增2 000多名初中生如期入学问题，落实了义务教育阶段“一个也不能少”的社会承诺，并有效缓解今后3年的招生压力。同时，为解决进城农民工子女就学探索出一条充分利用有限教育资源、实施低成本扩张学校的改革发展新路子。

9月12日，北京师范大学海沧附属学校举行了开学典礼，该校是一所“从小学到初、高中”一体化的示范学校，采用“企业投入、委托管理、自主办学”的全新办学机制，由投资区国有厦门海沧投总房地产公司负责出资建设，建成后委托北京师范大学进行管理。

2003年，基础教育课程改革实验又有新推进，尤其在考试评价、重建教学管理制度、教学方式转变和校本课程开发四个方面取得新的进展。通过举行课改实验课堂教学创新大赛，各学校涌现出一批创新能手。2003年，在兰州举行的学生创新大赛中，厦门市有5项成果获二等奖、1项获三等奖；在第十四届全国发明展览会上，厦门市中学生的参展作品共获8金1银6铜好成绩；在福建省首届青少年电脑机器人竞赛中，市代表队获5个一等奖，4个二等奖，3个三等奖；在第三届福建省小科学家评选活动中，全市有5位学生入选。

12月6日，厦门市参与的一项国家级试验课题——《基础教育英语教学评价试验项目》接受教育部基础课程教材发展中心派出的专家组的验收。该课题是教育部基础课程教材发展中心根据课程改革设立的6个攻关课题之一。专家组对厦门教师在评价主体上做的有益尝试，以及参加试验学校的多样性都给予充分肯定。

5月17日，在美国俄亥俄州克利夫兰市举行的第五十四届“英特尔国际科学与工程学大奖赛”上，厦门一中生物教师曾国寿获杰出教师奖第一名，这是国内教师首次在这一赛事中获奖。曾国寿指导的学生在2001年曾获得该赛事集体项目四等奖，2002年获三等奖。

2003年，厦门市加大了治理教育乱收费的力度。市教育局与监察局、物价局等7个相关单位领导组成了局际联席会议制度，根据厦门市实际情况制定治理教育乱收费10条措施，特别是对高中阶段的招收借读生和小学阶段招收片外生情况，提出对策和治理乱收费意见并在全市执行。市教育局还将治理教育乱收费纳入教育系统党风廉政建设责任制的重要内容，狠抓落实，先后召开9次专题会议，组织4次专项大检查，全年查处违规收费39.3万元，退还教育捐资费1 900多万元，其整治力度为历年之最。

〔职业教育与成人教育〕 为了进一步提高中等职业学校德育课教学实效，提高学生的职业道德素质和实践能力，2003年4月—6月继续对全市各职校的毕业生和实习生进行职业道德实践指导、就业指导和实践调查。

3月，厦门演艺职业学院和厦门华天涉外职业技术学院2所民办高校列入福建省高招计划。至此，厦门市正式建校的民办高校 3 所。

厦门市共有民办高校 10 所，其余 7 所处于筹办阶段。正式建立和筹办的区别在于：筹办的民办高校没有被列入省普通高考招生计划，只能招收学历文凭学生，即学生要通过国家、省和学校三方组织的考试，才能获得毕业证书，毕业证书必须同时由省自考办和学校联合盖章。而正式建校的学校，其列入省高招计划的学生，只要完成学校课程并通过考试，就可以获得毕业证书，毕业证书只要学校盖章即可。

厦门教育学院、市广播电视大学、厦门职工大学 3 所成人高校合并办学的前埔新校园一期工程竣工并交付使用，一期工程建筑面积 5.2 万平方米，投入 1.55 亿元，秋季部分学生迁入新校区，实质性合并工作和二期建设正抓紧进行。

〔**高等教育**〕 市政府专题听取厦门大学创世界一流大学工作情况汇报，进一步加大了共建厦门大学、联办集美大学的工作力度，共建项目更加拓展，目标更加明确。

9 月 12 日，北京师范大学教师培训厦门基地奠基仪式举行，该培训基地是海沧投资区加大教育投入、提升教育层次的一个重要配套项目。基地建成后将成为南中国最大的教师培训中心，辐射东南亚等地。

12 月 30 日，专家评审了《集美学城控制性详细规划》。《规划》范围包括集美学城及杏林北部居住区（九天湖附近），总用地面积 31.32 平方公里。按照此规划，未来集美学城将成为集学、研、产、住一体化的综合性城市区域。除教育、文化等主要特征外，还将大力发展高校旅游。专家们一致认为，该规划思路清晰，布局合理，明确了未来集美学城功能配置及各种相关功能区的用地比例，对将来的开发建设将起到很好的把关作用。

撰稿 赵家明

审稿 赖 菡

江西省教育

概　　况

〔基本情况〕

2003年各级各类学校校数、教职工、专任教师情况

	学校数（所）	教职工数（人）	专任教师（人）
一、高等教育			
（一）研究生培养机构（不计校数）	10		
1. 普通高校	10		
2. 科研机构			
（二）普通高等学校	54	41 621	21 938
1. 本科院校	17	24 519	12 276
2. 专科院校	37	13 306	7 278
其中：职业技术学院	32	11 357	6 055
3. 分校、大专班（点）（不计校数）		3 796	2 384
（三）成人高等学校	15	4 132	2 029
（四）民办的其他高等教育机构	34	1 560	635
1. 学历文凭考试机构	24	1 062	448
2. 非学历文凭考试机构	10	498	187
二、中等教育			
（一）高中阶段教育	1 003	196 845	52 571
1. 高中	636	176 197	39 169
普通高中	629	176 175	39 160
成人高中	7	22	9
2. 中等职业教育	367	20 648	13 402
普通中等专业学校	58	7 396	4 374
成人中等专业学校	100	3 280	1 838
职业高中	209	9 372	6 841
技工学校			
其他机构（教学点）（不计校数）	55	600	349
（二）初中阶段教育			
1. 普通初中	2 219		116 604
2. 职业初中	11	286	261
3. 成人初中	85	101	66

续表

	学校数（所）	教职工数（人）	专任教师（人）
三、初等教育			
（一）普通小学	15 862	207 306	198 513
（二）成人小学	3 289	5 687	2 704
其中：扫盲班	1 954	3 081	1 316
四、工读学校	1	5	0
五、特殊教育	49	509	413
六、学前教育	4 478	26 515	17 612

注：1. 普通高中教职工数包含普通初中教职工数；
2. 成人高等学校教职工数和专任教师数为 2002 年数据。

2003 年各级各类学历教育学生情况

	毕业生数（人）	招生数（人）	在校生数（人）
一、高等教育			
（一）研究生	973	2 562	5 711
（二）普通本专科	47 167	141 571	358 622
（三）成人本专科	25 001		143 136
（四）其他各类高等学历教育			
1. 在职人员攻读博士、硕士学位		577	1 321
2. 网络本专科生			
3. 学历文凭考试	13 360	20 131	41 201
二、中等教育			
（一）高中阶段教育	253 318	416 884	1 047 655
1. 高中	155 831	278 808	724 411
普通高中	155 520	278 808	724 053
成人高中	311		358
2. 中等职业教育	97 487	138 076	323 244
普通中专	56 174	66 391	155 084
成人中专	6 092	9 360	24 152
职业高中	35 221	62 325	144 008
技工学校			
（二）初中阶段教育			
1. 普通初中	684 057	757 786	2 286 573
2. 职业初中	2 585	1 859	5 394
3. 成人初中	4 326		5 009
三、初等教育			
（一）普通小学	757 359	733 559	3 905 386
（二）成人小学	142 480		106 363
其中：扫盲班	98 036		44 565
四、工读学校			
五、特殊教育	1 025	2 262	14 854
六、学前教育	230 973	504 672	633 073

注：1. 成人本专科毕业生、在校生数为 2002 年数据；
2. 其他各类高等教育学生数未包含成人高校举办的各类高等教育学生数。

2003 年各级各类非学历教育学生情况

	毕（结）业生数（人）	招生数（人）	在校生数（人）
一、高等教育	47 361	46 088	45 968
（一）研究生课程进修班	437	880	1 152
（二）自考助学班	5 035	8 330	12 184
（三）普通预科生			
（四）证书教育	2 859	1 446	725
（五）岗位培训	11 707	7 311	1 097
（六）进修及培训	27 323	28 121	30 810
二、中等教育	946 302		826 598
（一）中等职业教育	86 072		76 316
（二）职业技术培训机构	860 230		750 282

注：高等教育非学历教育学生数未包含成人高校举办的非学历教育学生数。

2003 年各级民办教育基本情况

	学校数（所）	毕业生数（人）	招生数（人）	在校生数（人）	教职工数（人）	专任教师（人）
一、民办高等教育						
（一）普通高校	8	493	25 774	48 631	6 444	3 900
（二）成人高校						
（三）民办的其他高等教育机构	34	29 809	33 730	41 403	1 560	635
二、民办中等教育机构						
（一）高中阶段教育						
其中：民办普通高中	211	10 534	43 693	90 216	14 226	10 006
民办中等职业教育	85	12 804	30 123	59 955	4 035	2 438
（二）初中阶段教育						
其中：民办普通初中	124	18 497	32 674	93 017		
民办职业初中	1	243	201	578	43	33
三、民办普通小学	100	5 975	8 184	41 524	2 781	2 126
四、民办幼儿园	3 885	61 615	180 683	241 920	17 206	11 194

注：民办普通高中教职工数包含民办普通初中教职工数。

〔**年度教育工作方针**〕 2003 年，江西省教育系统高举邓小平理论伟大旗帜，以“三个代表”重要思想为指导，深入学习贯彻十六大精神，紧紧围绕实现江西崛起和全面建设小康社会的奋斗目标，着眼服务于江西现代化建设大局，作好“更新教育观念、创新教育体制、转换教育机制、优化发展环境、构筑人才高地”五篇文章，坚持把发展作为教育的第一要务，积极推进教育创新，继续深化教育改革，全面贯彻教育方针，在扩大教育供给，提高教育质量，促进教育与经济的紧密结合，加快构建现代国民教育体系和终身教育体系，为全省经济建设和社会发展提供强有力的人才支持和知识贡献。从实际出发，突出工作重点，努力破解难题，着力抓好十个方面的工作：一是认真学习贯彻十六大精神，加快江西教育改革和发展步伐；二是完善“以县为主”管理体制，落实基础教育优先发展战略地位；三是调动一切积极因素，大力发展职业教育和成人教育；四是贯彻“巩固、深化、提高、发展”方针，推动高等教育持续健康发展；五是积极贯彻《民办教育促进法》，大力促进民办教育发展；六是加强高校科学研究，扩大教育对外开放；七是千方百计增加投入，大力治理教育乱收费，切实保障教育发展；八是全面贯彻教育方针，扎实推进素质教育；九是加强教育系统党的建设，增强党组织的凝聚力和战斗力；十是大力推行依法治教，切实改进工作作风。

〔**教育经费投入**〕 2003年，全省（地方）教育经费为133.85亿元，比上年增长14.86%。其中国家财政性教育经费为72.89亿元，比上年增长5.91%。国家财政性教育经费支出占全省国民生产总值的比例为2.58%。2003年，中央共下达江西省教育专项补助资金5.24亿元，中央补助资金已连续三年在5亿元以上。

省政府对教育工作的投入力度进一步加大。省委、省政府出台了《关于进一步推进农村税费配套改革的意见》，从2003年起，省财政连续三年安排危改经费4 000万元，11个设区市安排3 000万元，每个县安排100万元左右。同时，按照农村小学生均20元左右、初中生均30元左右的标准，由县乡在转移支付资金中安排学校公用经费。“一费制”学校由省财政按生均10元的标准安排专项转移支付资金另行补助。仅此两项，每年增加农村教育经费近3亿元。为切实改善农村中小学校办学条件，从2003年下半年开始，省教育厅、省财政厅、省发改委联合组织实施第二期“农村中小学危房改造工程”，预计筹措资金10亿元，消除全部现存农村中小学危房。2003年已落实危改资金3亿元，改造危房100万平方米。与此同时，江西省还实施了“国家贫困地区义务教育工程”、“邵逸夫先生教育赠款工程”、“中国太平洋保险公司（集团）股份有限公司教育赠款工程”，结合农村中小学布局调整和寄宿制学校的建设，投入资金8 000多万元，建设和改造了一批农村学校的教学楼，并新建了一批农村寄宿学校的学生宿舍和公寓，大大改善了农村学校师生的工作和生活条件。

2003年，全省在改革、创新教育投融资体制和机制方面迈出了重要步伐。在昌东、昌北高校新区建设中，通过政策扶持和资本运作，引导银行贷款52亿元、社会资金16.4亿元进入高校新区建设，顺利完成了一期工程，并在全省范围内兴起了高校新区建设热潮。为帮助家庭经济困难的中小学生完成学业，全省在组织实施“十五”“国家贫困地区义务教育工程”中，共安排1 500万元专项资金，2003年又争取了中央专项补助800万元，一起用于波阳、余干、横峰、金溪、都昌、寻乌6个“两基”未达标县，为贫困学生免费提供教科书。2002、2003两年，省教育厅、省财政厅共安排500万元专项资金，用于帮助各地抵减贫困学生的杂费、课本费以及补助寄宿制贫困生生活费等。为资助品学兼优的贫困大学生完成学业，从2002年开始，省教育厅配合省财政厅实行了“国家奖学金”制度，2002、2003两年共评选优秀大学生1 338人，发放国家奖学金600万元。

〔**教师队伍建设**〕 组织实施中小学教师培训工程。积极开展以新观念、新课程、新教材、新方法为主要内容的新一轮教师培训，选送208名中小学骨干教师参加基础教育新课程国家级培训，全省7 872名教师进行了基础教育新课程师资骨干第二期培训，8 135名教育局领导和中小学校长进行了教育干部培训，10.07万名教师进行了基础教育课程改革师资培训，为2005年义务教育阶段小学和初中起始年级全部使用新教材打下了坚实基础。

高校名师队伍打造取得成绩。启动了人才建设平台的“十百千工程”，进行了第五批中青年学科带头人和骨干教师的遴选工作，确定140名学科带头人。加强了高职高专教育师资培训，开展了高校教师在职攻读硕士学位工作，改善教师学历结构，2003年共有1 544名青年教师参加了岗位培训，2 100人在职攻读硕士学位，1 123人参加了教育技术培训，派出访问学者640人。同时积极引进和留住人才，使全省涌现出省级名师33人，其中江西财经大学的胡援成教授获全国第一届高校教学名师称号。

大力加强职业教育师资培训工作，委托江西农业大学和江西科技师范学院职教师资培训基地举办2003年暑期全省中等职业学校专业教师提高培训班、校长岗位培训班和职教师资专升本自学考试助学班；与语文出版社、高教出版社举办了语文、数学、英语教师培训班。全省共有2 000多名职业学校教师参加培训，培训强调实用性，突出了“新理念”、“新知识”、“新技术”、“新形式”的要求。

〔**治理教育乱收费**〕 全省查处教育乱收费案件493起，处理责任人184人，撤销31个校长职务，查出违纪金2 290万元，清退违规金额2 132万元。

2003年4月，省政府纠风办、省教育厅联合印发《2003年治理教育乱收费工作意见》，成立了由省教育厅厅长漆权任组长的治理教育乱收费工作领导小组，下设专项治理办公室。先后召开了两次全省性乱收费座谈会和两次电视电话会议。印发了《致学生家长、致校长和教师的公开信》，动员114所省重点中学及62所省重点建设中学联合发出《倡议书》。通过《江西日报》、《江西商报》和江西人民广播电台开辟专版（栏），公布收费项目和收费标准，公开举报电话和举报信箱。制定了中小学教育收费目标管理责任制、教育收费公示制、教育收费责任追究制等七项制度。广泛开展了“收费达标学校”挂牌活动。严格执行“一费制”和“三限”政策。在21个国家扶贫开发工作重点县和省定的281个扶贫开发工作重点乡实行了“一费制”。认真落实公办高中招收“择校生”限分数、限人数、限钱数的“三限”政策。“择校生”比例按上一年实际招生数的20%和当年新增招生数的70%确定；“择校生”收费不得突破省定最高限额6 900元的标准。在治理教育乱收费的同时，进一步优化教育发展环境。严把开学收费关口。派出16个督查组，分赴全省99个县（市、区），进行明查暗访式的督查，并将督查结果向全省进行通报。

经过治理，2003年全省教育乱收费实现了信访量、违规金额总量、乱收费案件数量“三个下降”的工作目标，教育乱收费现象得到遏制。8月14日召开的全国治理教育乱收费工作视频会议，江西省介绍了开展治理教育乱收费工作的经验和做法。

〔**社会力量办学**〕 2003年，全省掀起学习、宣传、贯彻《民办教育促进法》高潮。省人大、省政府召开人事、财政、计划、教育、民政、税务、工商等省直厅局和南昌铁路局负责人参加的《民办教育促进法》贯彻施行座谈会。省人大法制办和省教育厅开始起草《江西省〈中华人民共和国民办教育促进法〉实施办法》。省教育厅举办民办高校领导班子学法培训班，组织民办高校学法知识竞赛，出台规范民办学校招生文件，严格审查民办高校招生广告并监督学校招生行为。民办高校党建工作继续加强。省社会力量办学党委在直辖民办高校共审定188名入党积极分子、发展64名党员，评选表彰5个先进基层党组织、19名优秀党务工作者、51名优秀党员、70名优秀学生干部和122名三好学生。省社会力量办学团委被评为省直团的工作先进单位。成立省民办教育协会，创办了《江西民办教育》会刊。

〔**教育交流**〕 2003年，全省共派出159批，468人次赴美国、德国、法国、加拿大、英国、澳大利亚等30多个国家和地区进行访问和学术交流；接待20多批来访和洽谈项目的国外项目代表和我国港澳台地区学校代表。来赣任教的外籍教师达277人，共有81所院校（单位）获得外专聘请资格。外国留学生达183人。批准中外合作办学项目16个，其中硕士层次项目5个，高职教育项目2个，非学历教育9个。3月5日，在南昌举办澳大利亚教育展，10多所澳大利亚大学来赣参展。

为扩大对外交流与合作。2003年3月，江西电力职业技术学院与澳大利亚启思蒙职业技术学院合作办学，成立江西电力职业技术学院中澳合作办学中心，南昌航空工业学院与澳大利亚北墨尔本高等技术学院合作办学，成立了南昌航空工业学院IEN国际教育中心。

进一步实施走出去办学战略，江西中医学院与香港中医学院科技学院合作，在香港设立“江西中医学院香港教育中心”，开展中医药本科教育，颁发江西中医学院的毕业证。

全省2003年有85人申请国家留学基金资助出国留学项目，共有37人被录取。

基础教育

〔**综述**〕 2003年，全省基础教育工作坚持以完善“以县为主”农村义务教育管理体制为工作重点，积极推动远程教育、结对帮扶、课程改革、危房改造、教师培训五大工程建设。全省小学适龄儿童入学率达99.01%，小学重读率为1.39%，小学毕业生升普通初中的比例达99.38%；初中阶段适龄人口入学率达93.49%，初中阶段毛入学率达110.52%，初中辍学率下降到3.23%，初中重读率为0.46%。青壮年文盲率降到1.58%以下。

2003年，省教育厅加强了中小学管理，印发了《关于进一步加强公办中小学和幼儿园办学管理问题的通知》，规范公办学校办学行为。继续在全省普通中学评选省级“三好学生”、省级“优秀学生干部”和“省级优秀学生”。加强了中小学学科竞赛工作和青少年校外活动场所建设和管理工作，2002/2003学年度全省共有2 200名学生在各学科竞赛中获奖，新增10个国家扶持、5个省扶持的青少年校外活动中心。

〔**义务教育**〕 积极推动“以县为主”的农村义务教育管理体制的建立和完善，全省99个县（市、区）已全部实行教师工资由县级财政统一发放，省委、省政府结合农村税费改革确定的农村中小学生均公用经费标准为小学每生每年20元，初中每生每年30元，对实行“一费制”贫困地区，由省财政另增加生均公用经费10元的政策基本得到落实。全省撤销了乡镇教育管理机构，90%以上的县（市、区）农村中小学教师人事调配管理已上收到县级教育行政部门归口管理。“以县为主”的农村义务教育管理体制的基本建立，保证了义务教育持续健康发展。

继续坚持“两基”重中之重的地位不动摇，对尚未通过“普九”验收的县加大过程督导力度，实施“普九”攻坚。继续开展“两基”巩固提高年检复查工作，并在全省范围内开展“三保”（保工资、保安全、保运转）的专项督查。

进一步加快义务教育“五三”学制向“六三”学制的调整步伐。2003年，全省小学从一年级开始实行六年制的小学已占小学总数的95%以上，小学各年级已实行六年制的学校已占小学总数的50%。大力推动中小学外语教学工作，到2003年，全省从三年级开始开设英语课的学校约占小学总数的23%。

〔**特殊教育和民族教育**〕 把发展特殊教育纳入义务教育重要内容，继续争取特殊教育的专项经费投入，推动各地建校、办班，改善办学条件。确定上高、新建、于都、泰和4个国家随班就读工作支持保障体系实验县，扩大了随班就读的数量，提高随班就读质量。与省残联共同举办了“身残志更坚，巧手绘明天”首届全省残疾学生美术大赛活动，展示了特殊教育开展素质教育的丰硕成果。2003年，全省特殊教育在校生人数达14 854人，较上年增长11.24%。

加大对民族教育的扶持力度，全省民族乡村小学适龄学生入学率达到98.26%，适龄中学生入学率达92.9%。努力办好西藏班，高质量地完成西藏班扩招任务。2003年，西藏班共招收初中新生85人，初中毕业77人，毕业率100%；做好西藏高一新生插班就读工作，录招新生20人，使在江西省就读高中的西藏学生总数到34人。

〔**实施“结对帮扶”和远程教育工程**〕 2003年，重点向农村教育倾斜，一是组织实施了全省大中专院校对口支援贫困县乡农村中小学“结对帮扶工程”。全省102所大中专院校，与全省21个国家扶贫开发工作重点县和省定281个贫困乡的363所初中、小学结对帮扶，“工程”每两年为一期。各大中专院校按照省教育厅的要求，全面启动了这项工作，开展了各种形式的帮扶活动。据不完全统计，仅南昌大学等39所学校为受援学校提供帮扶资金300万元。二是组织实施“江西省农村中小学远程教育建设工程”，用三年左右的时间，在全省农村中小学兴建和改建卫星地面接收站，并在有条件的学校建立多媒体网络教室。2003年省级安排专项资金1 000万元，为527所农村初中或小学安装了卫星地面接收装置。

〔**幼儿教育**〕　重视和发展学前教育，促进幼儿教育持续健康发展，印发了《江西省教育厅实施〈江西省妇女发展纲要〉和〈江西省儿童发展纲要〉(2001—2010年）方案》，修订了《江西省省级示范幼儿园评估（试行）》和《江西省省级示范幼儿园复评方案（试行）》，继续开展省级示范幼儿园评估和复评工作，至2003年，省级示范幼儿园累计达67所。组织了首次全省幼儿教师说课竞赛活动，推动了幼教科研工作的发展。充分发挥幼儿教育研究会的作用，在全省开展了幼儿教学教改论文征集评选活动。全省涌现了一批幼教工作先进单位，南昌市东湖区、萍乡市安源区、广昌县荣获全国幼儿教育先进县（市、区）称号，受到国务院的表彰和奖励。

〔**高中教育**〕　经省政府批准，召开了全省高中教育工作电视电话会议。会议明确了今后几年全省高中教育发展的任务和工作思路，对扩充优质高中教育资源起到了积极的推动作用。在收费标准未作调整的情况下，2003年全省普通高中招生比2002年增长8.5%；在校生增长18.72%；全省高中阶段毛入学率达50%，比2002年提高7个百分点。

2003年，省教育厅批复江西师范大学创建“江西师范大学附中教育集团”；批准江西师范大学附中等6所高中试办三年制理科实验班，批准江西师范大学第二附属中学试办英语、音乐、美术特色班；将重组后的南昌市八一中学、南昌大学附属中学、上高中学列为“十五”期间省重点建设中学。到2003年底，全省共有省重点中学114所，省重点建设中学63所。

〔**中小学信息化建设**〕　通过与国内计算机知名品牌企业合作，以市场换资金，全省中小学计算机的装备工作进一步加快。至2003年，全省中小学共装备计算机16.4万台，平均每42名中小学生拥有一台计算机。积极推进中小学信息技术课程开设，全省88%的普通高中、72%的普通初中、15%的小学已开设了信息技术课。

〔**课程改革**〕　2003年初，召开了全省基础教育课程改革实验区研讨会，确定了分宜县等33个县（市、区）为2003年省级课程改革实验区，全省国家、省级课改实验区累计达到50个。对26个实验县（市、区）的课程改革实验工作进行专项调研和督查，在此基础上形成了《江西省基础教育课程改革实验区实验工作情况调研报告》，在全国课改研讨会上进行了交流。

职业教育与成人教育

〔**建立省职教工作联席会议制度**〕　根据《国务院关于大力推进职业教育改革与发展的决定》要求，2003年8月，省政府建立“江西省职业教育工作联席会议”制度，副省长赵智勇担任联席会议主任，省教育厅厅长漆权、省政府副秘书长郑克强担任副主任，省计委、省经贸委、省教育厅、省劳动厅、省人事厅、省财政厅、省农业厅、省国税局、省地税局、省工商局、中国人民银行南昌中心支行11个部门分管职业教育工作的负责同志为成员。“联席会议”在省政府领导下开展工作，研究决定有关职业教育改革与发展的重大问题。

2003年9月，副省长赵智勇主持召开了江西省职业教育工作联席会议第一次全体成员会议，会议传达了全国职业教育工作会议主要精神，讨论审议了《江西省人民政府贯彻〈国务院关于大力推进职业教育改革与发展的决定〉的实施意见》和《江西省职业教育工作会议筹备方案》。

〔**全省职业教育工作会议**〕 2003年12月1日—2日，省政府召开全省职业教育工作会议。会议的主要任务是：贯彻落实2002年国务院召开的全国职业教育工作会议和省委第十一届四次全会精神，围绕实现江西在中部地区崛起的奋斗目标，总结交流职业教育改革与发展的经验，部署2004年及今后一个时期全省职业教育工作。省委书记孟建柱、省长黄智权出席会议并讲话。副省长赵智勇在会上作了题为《大力发展职业教育，为江西在中部地区崛起提供人才保障和智力支持》的工作报告。会上，表彰了江西现代职业技术学院等50个全省职业教育工作先进单位和邓晓阳等100名全省职业教育工作先进个人。

〔**职业教育督导评估**〕 加强了对市、县两级职业教育的督导检查工作，先后印发了《关于对设区市、县（区）职业教育工作目标考评的意见》，《关于开展全省中等职业教育专项督导检查的通知》。2003年12月，省教育厅召开2003年度全省职业教育与成人教育工作总结会，对各设区市2003年完成职业教育工作目标情况进行了考评。

组织开展了对全省中等职业学校合格评估活动。印发了《江西省中等职业学校办学条件合格评估评分细则》，就评估对象、评估标准和结论，评估工作程序和组织领导以及评估时间安排等作出规定。截至2003年9月底，全省完成了学校自查、设区市教育局对职业中学复查以及省教育厅对27所中专学校直接评估、对各设区市职业中学进行抽查等各个环节的工作。根据教育部的要求，2003年11月，省教育厅又对13所原国家级重点中等职业学校进行了复评工作。

〔**社区教育实验**〕 根据教育部《关于申报扩大全国社区教育实验区的通知》精神，江西省确定基础较好的赣州市、南昌市作为申报国家级社区教育实验区的重点 。2003年4月，省教育厅在南昌市召开了由南昌市西湖区、赣州市章贡区政府和教育、宣传等部门有关负责人参加的座谈会，总结交流经验，研讨下一步的工作。会后，南昌市、赣州市做了大量的工作，经过综合评定，教育部于12月22日批准赣州市章贡区为全国社区教育实验区。12月24日—25日，省教育厅在赣州市召开全省社区教育经验交流会议，总结推广赣州市章贡区的经验，进一步推动全省的社区教育工作。

高等教育

〔**综述**〕 2003年，全省普通本专科招生比上年增长35.37%，在校学生比上年增长34.7%，成人本专科在校学生16.42万人，比上年增长14.7%。研究生招生比上年增长42.7%，在校研究生比上年增长38.52%。2003年，高等教育毛入学率提高到17.11%。

为适应江西经济社会发展和实现高教事业可持续发展的需要，全省继续深化高校管理体制改革和布局结构调整工作。在井冈山师范学院、井冈山医学专科学校、井冈山职业技术学院的基础上筹建“井冈山大学”；以江西科技师范学院、南昌高等专科学校为主组建“南昌科技大学”；将抚州师范专科学校并入“东华理工学院”。2003年新增高等职业学校11所。

2002年10月，省委、省政府作出建设南昌昌东、昌北高校园区的决定。到2003年，高校新园区第一期工程已投资29亿元，建成120万平方米教学设施，已有4.5万名师生入住园区就读。

〔**教学改革和管理**〕 继续调整学科、专业结构，全省高校新增95个本科专业和338个专科专业，其中多数是江西经济和社会发展急需的专业。

实施“高等学校质量工程”。拨出专款对全省高校103个本科品牌专业和15个专科示范专业进行重点建设。开展了省级优质课程评选工作，确定155门省级优质课程候选课程。

开展办学模式的改革探索。一批高校引进国外先进办学模式，进行本科教学改革试验。南昌大学、江西财经大学、华东交通大学、南昌航空工业学院、江西中医学院、江西科技师范学院等高校开设本科教学改革试验班，采用先进的教学方法、教学模式培养拔尖创新人才。

省教育厅出台了《关于支持高校学生参加各类竞赛培养创新能力的暂行办法》，支持高校组织大学生参加旨在培养大学生创新精神、团队意识、实践能力和创业素质的各类竞赛，包括全国大学生数学建模竞赛、电子设计竞赛、“挑战杯”竞赛、外语竞赛。2003年，南昌大学首次组队参加“美国大学生数学建模竞赛”，派出3个代表团参赛，取得1个二等奖，2个三等奖的成绩，为学校争得了荣誉。

继续开展全省高校“专升本”选拔工作。全省共有11 492名优秀专科学生参加选拔考试，各本科院校共录取4 466名学生进入本科阶段学习。

江西高教评估所开展了各种教学评估，如重点学科建设评估、新增专业评估、成人高教教学评估。继续实施“高校工作状态数据公示制”，公布各高校工作状态数据，对高校办学条件、管理水平、教育教学质量等进行全面监控。全省高校的办学条件不断完善，江西高等教育的各项主要指标趋于合理，师生比为1∶16.97，生均校舍面积41平方米，生均教学行政用房18平方米，生均教学仪器设备值5 435.39元，生均图书60册。

〔**高校科研工作**〕 2003年全省高校从事科技活动人员6 019人，其中研究与发展人员5 086人，比上年增长16%。科技活动机构79个，从业人员1 382人。2003年高校通过各种渠道共获得科技经费17 575.3万元（其中R&D经费9 991.5万元），比上年增长78%。共承担各类科技课题2 344项，比上年增长23.8%。出版科技专著52部，发表学术论文5 664篇（其中SCIE收录151篇，EI收录66篇，ISTP收录27篇）；申请专利26项（其中发明专利11项），获专利授权16项；签订技术转让合同23项，合同金额8 286万元，实际收入2 746万元。

基础研究和高技术研究取得进展，国家级项目数增多。2003年江西高校获国家自然科学基金项目28项（含合作项目），经费416.4万元。获江西省自然（青年）科学基金项目78项，经费140.3万元，占全省自然（青年）科学基金项目数的88.6%，经费的87.7%。江西中医学院的“江香薷等十五种中药材规范化种植研究”项目列入国家“十五”重大科技专项，获科研经费380万元。

高校科研平台建设取得突破。到2003年底，全省高校共有重点学科76个，省级以上重点实验室12个，省级以上工程技术研究中心13个。2003年新增重点实验室、工程研究中心4个。以景德镇陶瓷学院为主组建的“国家日用及建筑陶瓷工程技术研究中心”获科技部批准。江西农业大学的“动物生物技术重点实验室”被列为农业部重点实验室，并被科技部批准为省部共建国家重点实验室。江西中医学院的“现代中药制剂”、江西师范大学和南昌大学共同建设的“鄱阳湖湖泊生态与生物资源利用”实验室被教育部批准为省部共建教育部重点实验室。

高校科技成果转化取得显著成效。南昌大学的“新型稀土聚氨酯高速抛光粉”项目与中国稀土控股宜兴新威利成稀土有限公司合作建设年产1 000吨规模的生产线，产值上亿元；该技术水平达到了国内领先水平，产品的应用性能指标达到国际先进水平。南昌大学“铟镓氮绿光、紫光二极管外延材料（蓝宝石衬底）制备技术”转让给江西联创光电科技股份有限公司，转让费400万元。江西师范大学的石油添加剂科技成果转让给上海吴泾化工集团有限公司，技术转让费163万元。南方冶金学院的稀土铜系列产品成果转化，已引入社会资金，投资120万元，建成一条年产600吨的异型高效散热管生产线。南昌大学科技园被科技部、教育部列为国家大学科技园启动建设单位，已投入近7 000万元进行建设，进展顺利。

2003年度江西省科学技术奖，高校共获自然科学奖5项（全省共6项），其中二等奖2项，三等奖3项；获技术发明奖2项（全省共3项），其中一等奖1项、三等奖1项；获科技进步奖7项（全省共59项），其中二等奖2项，三等奖5项。

〔**学位工作与研究生教育**〕 2003年，江西省新增博士授予单位2个，博士点9个，新增硕士授予单位1个，硕士点76个。新增南昌大学工商管理硕士、公共管理硕士，江西财经大学法律硕士3个专业学位教育授权专业，增加7个工程硕士专业学位教育授权领域。新增南昌大学与法国普瓦提埃大学合作培养“医院管理”硕士研究生、江西师范大学与澳大利亚堪培拉大学联合培养TESOL（英语教学）硕士生2个中外合作办学项目。新增2个第二学士学位专业（华东交通大学国际经济与贸易、计算机科学与技术）。遴选24个示范性硕士点，通过1～2个周期（2～4年）的重点建设，使其达到博士学位授权点水平。开展了第六批硕士点基本条件合格评估工作，参评的23个硕士点全部合格，其中优秀15个，良好7个。开展了2003年优秀硕士学位论文评审工作，在参评的59篇论文中评选出24篇优秀硕士学位论文。制定了《学历和学位证书征订发放管理办法》、《江西省普通高等学校新增学士学位授予单位审核工作的暂行办法》等规范管理文件。组织了2003年同等学力人员申请硕士学位外国语水平和学科综合水平全国统一考试、在职人员攻读硕士学位全国联考江西考区的报名考试工作，以及成人高等教育（自学考试）本科学生申请学士学位外语水平全省统一考试的报名考试工作。

〔**高校党建和思想政治工作**〕 围绕党的建设，加大了高校领导班子建设和教育系统党建工作的指导力度。对11所高校领导班子进行了调整充实，配备了25位校级领导干部。组织开展了全省教育系统各级各类学校党组织建设和党员队伍状况的调研，形成调查报告为省委领导提供了第一手资料。组织了32所高校党建工作评估，促进了高校基层党组织活动的制度化、规范化建设，增强了基层党组织的凝聚力、战斗力和创造力。在全省教育系统开展历时三个月的学习十六大报告和新党章知识竞赛活动，并在基层党组织中开展了争创“十面红旗”活动，提升了基层党组织建设和党员队伍建设的工作水平。

在全省高校全面启动了“三个代表”重要思想“三进”（即进教材、进课堂、进头脑）工作，开展了“三个代表”在校园和实践“三个代表”的主题教育活动，“四个一百”评比活动（即100篇心得体会文章、100次主题班会、100个专题讲座、100支实践服务团队的评比），为大学生学习实践“三个代表”创造了经验。

撰稿 曹连平 刘雪萍 杜 侦 傅小军 熊庆任 黄周村 熊志远 汤泾洪 曾宪瑛

审稿 漆 权 郑守华 李国祥 刘润保

山东省教育

概　　况

〔基本情况〕

2003 年各级各类学校校数、教职工、专任教师情况

	学校数（所）	教职工数（人）	专任教师（人）
一、高等教育			
（一）研究生培养机构（不计校数）	27		
1. 普通高校	23		
2. 科研机构	4		
（二）普通高等学校	85	84 393	45 457
1. 本科院校	33	56 185	29 027
2. 专科院校	52	24 862	14 618
其中：职业技术学院	42	20 778	12 385
3. 分校、大专班（点）（不计校数）		3 346	1 812
（三）成人高等学校	28	11 797	6 182
（四）民办的其他高等教育机构	106	6 385	3 600
1. 学历文凭考试机构	35	3 538	2 054
2. 非学历文凭考试机构	71	2 847	1 546
二、中等教育			
（一）高中阶段教育	2 019	546 763	142 215
1. 高中	1 268	470 343	92 949
普通高中	845	468 627	91 629
成人高中	423	1 716	1 320
2. 中等职业教育	751	76 420	49 266
普通中等专业学校	154	23 630	13 761
成人中等专业学校	197	10 817	6 712
职业高中	400	39 541	27 259
技工学校			
其他机构（教学点）（不计校数）	114	2 432	1 534
（二）初中阶段教育			
1. 普通初中	3 761		283 182
2. 职业初中	6	303	243
3. 成人初中	233	766	672

	学校数 （所）	教职工数 （人）	专任教师 （人）
三、初等教育			
（一）普通小学	18 303	410 968	380 066
（二）成人小学	815	2 039	1 318
其中：扫盲班	617	1 119	688
四、工读学校			
五、特殊教育	138	5 135	3 585
六、学前教育	17 070	80 216	57 349

注：1. 普通高中教职工数包含普通初中教职工数；
2. 成人高等学校教职工数和专任教师数为 2002 年数据。

2003 年各级各类学历教育学生情况

	毕业生数 （人）	招生数 （人）	在校生数 （人）
一、高等教育			
（一）研究生	3 694	9 764	21 910
（二）普通本专科	117 253	273 894	761 417
（三）成人本专科	69 723		316 605
（四）其他各类高等学历教育			
1. 在职人员攻读博士、硕士学位		1 526	3 596
2. 网络本专科生	97	5 182	18 824
3. 学历文凭考试	8 785	18 229	50 099
二、中等教育			
（一）高中阶段教育	677 491	1 007 671	2 611 124
1. 高中	426 771	638 087	1 709 232
普通高中	413 708	638 087	1 690 657
成人高中	13 063		18 575
2. 中等职业教育	250 720	369 584	901 892
普通中专	89 550	122 832	336 691
成人中专	37 752	48 997	100 988
职业高中	123 418	197 755	464 213
技工学校			
（二）初中阶段教育			
1. 普通初中	1 814 459	1 291 354	4 852 715
2. 职业初中	1 124	813	4 027
3. 成人初中	42 371		54 376
三、初等教育			
（一）普通小学	1 282 382	1 078 606	6 427 848
（二）成人小学	42 340		135 098
其中：扫盲班	27 591		76 124
四、工读学校			
五、特殊教育	2 012	2 308	17 154
六、学前教育	655 392	807 095	1 432 854

注：1. 成人本专科毕业生、在校生数为 2002 年数据；
2. 其他各类高等教育学生数未包含成人高校举办的各类高等教育学生数。

2003 年各级各类非学历教育学生情况

	毕（结）业生数（人）	招生数（人）	在校生数（人）
一、高等教育	75 833	61 977	72 159
（一）研究生课程进修班	8 864	6 119	14 795
（二）自考助学班	4 953	8 856	20 923
（三）普通预科生	105	173	172
（四）证书教育	5 861	7 200	8 536
（五）岗位培训	28 325	18 294	9 541
（六）进修及培训	27 725	21 335	18 192
二、中等教育	5 284 972		4 316 114
（一）中等职业教育	230 107		102 444
（二）职业技术培训机构	5 054 865		4 213 670

注：高等教育非学历教育学生数未包含成人高校举办的非学历教育学生数。

2003 年各级民办教育基本情况

	学校数（所）	毕业生数（人）	招生数（人）	在校生数（人）	教职工数（人）	专任教师（人）
一、民办高等教育						
（一）普通高校	16	2 372	47 919	81 035	10 639	6 631
（二）成人高校						
（三）民办的其他高等教育机构	106	58 576	54 527	62 479	6 385	3 600
二、民办中等教育机构						
（一）高中阶段教育						
其中：民办普通高中	209	25 105	71 528	165 057	26 982	18 937
民办中等职业教育	70	8 857	25 396	49 691	5 268	3 254
（二）初中阶段教育						
其中：民办普通初中	224	55 000	63 614	208 311		
民办职业初中		135	114	513	51	36
三、民办普通小学	152	11 840	15 236	103 002	9 308	6 720
四、民办幼儿园	2 576	73 275	120 321	206 452	14 055	9 537

注：民办普通高中教职工数包含民办普通初中教职工数。

〔**解决农村教育突出问题**〕 11 月 6 日，山东省农村教育工作会议在平度市召开。省委副书记、省长韩寓群出席会议并讲话，副省长王军民主持会议。会前，省政府印发了《山东省人民政府关于加快农村教育改革与发展的决定》等 10 多个配套文件。会议全面总结了近几年全省农村教育工作，对下一步农村教育工作的改革与发展作出了部署。会议指出，要进一步巩固提高“普九”水平，大力发展高中段教育和农村学前教育，全面推进素质教育，实行基础教育、职业教育和成人教育“三教统筹”，有效整合教育资源，坚持为“三农”服务的方向，努力促进“三农”问题的解决。会议强调，要完善机制，突出重点，加大措施，增加投入，确保农村教育经费，重点解决全省农村教育存在的教师工资发放、公用经费短缺、危房改造及学生辍学四个突出问题。（1）教师工资由县级财政统一发放，不准任何县市拖欠教师工资，教师工资不低于当地公务员的平均水平。在安排年度预算时，应当调整财政支出结构，将农村中小学教职工工资全额纳入本级财政预算，不得留有缺口。各地在安排使用上级的工资性转移支付资金、农村税费改革转移支付资金和一般性转移支付资金时，一定优先保障农村中小学教职工工资，确保教师工资按时发放。同时，逐级建立责任追究制度。（2）建立公用经费保障机制，确保农村中小学公用经费，从根本上制止中小学乱收费。建立健全农村中小学公用经费保障机制，农村中小学公用经费资金来源除学校按规定收取的杂费外，其余部分由县乡两级政府预算安排。学校要坚持收费项目公开，按照规定收费，接受社会监督。确保中小学收取的费用全部用于中小学公用经费支出，严禁挪用农村中小学杂费（包括高中阶段学校收取的学费）平衡财政预算，严禁挪用农村中小学杂费收入发放教师工资和用于基建开支。同时，加强经费管理，加大资金使用的监管力度，提高教育经费使用效益。（3）多渠道筹措经费，加快危房改造步伐，用3年时间消除现存危房。各级财政都要在预算中适当增加危改专项经费，从税费改革转移支付资金中安排一定资金用于危房改造。制定有关资产置换的优惠政策，鼓励通过置换闲置校舍、盘活资产筹集危改资金。鼓励通过城乡结合等对口支援方式，帮助农村进行危房改造。动员行业、企业等社会力量采取捐资助学等形式参与农村中小学危房改造。(4）严格控制学生辍学，依法保证所有适龄儿童接受义务教育。加强和规范小学、初中学生学籍管理，建立控制学生辍学的机制，及时预测学生辍学的动向，把制止辍学的工作做在前面。加强对家庭经济困难学生的资助。2003年，省财政安排800万元的贫困学生助学金。还安排500万元的免费提供教科书资金，实行政府集中购买、学校所有、学生循环使用的办法，向部分家庭经济贫困的学生免费提供教科书。各市、县、乡也要拿出部分资金，建立贫困生助学基金，用于帮助贫困学生就学。探索建立初中阶段学生分流制度，同时防止借分流排挤学习成绩差的学生，要确保分流学生完成中职学业。对县级政府实施九年义务教育工作实行动态监控，加大查处力度，严格控制学生辍学，对辍学严重超标的，一经查实，取消该县（市、区）“普九”达标称号，限期整改。

〔**教师教育发展基本思路**〕 继续坚持师范院校在中小学教师培养中的主体地位，调动其他院校参与教师教育的积极性，逐步促进中小学教师来源的多元化，全面完成师范教育由三级到二级的过渡，建设适应基础教育需要的新的教师教育体系。新的教师教育体系主要包括本科师范院校和专科师范院校两个层次。以原本科师范院校为主，并在一些市属综合院校（包括在现有师专的基础上将要组建的市属综合院校），继续保留教师教育专业，承担培养有本科学历要求的初中以上层次学校教师的任务，支持部分办学条件好的综合院校参与培养本科层次的中学教师，鼓励本科师范院校试办本科小学教育专业，为发达的地区培养本科小学教师。师范专科学校的组建拟以现有师范学校为主进行重组，淄博师范学校、文登师范学校独立升格为高等师范专科学校，依托现有三所幼儿师范重组师范教育资源，再组建3所培养幼儿园教师为主的高等师范专科学校。师范专科学校面向全省，近期承担培养专科层次小学（幼儿园）教师的任务。以招收初中毕业生、学制5年、进行综合培养为主要办学形式。近几年以培养小学教师为主，逐步向以培养学前教育师资为主过渡。

〔**师范类毕业生就业**〕 根据师范类毕业生供需形势发生的新变化，印发了《关于做好2003年师范类毕业生就业工作的通知》，在保持政策连续性的基础上，对有关就业政策和办法进行了调整，进一步放宽了对师范生就业的限制。一是允许50%的毕业生面向全省就业，其余50%的毕业生除升学者外，面向生源地就业，如果生源地同意，也可面向其他地区就业；二是拓宽了毕业生就业范围，对于毕业生出省、出系统就业不再限制，同时取消了毕业生“师范教育补偿费”的收取；三是积极响应共青团中央、教育部等部委提出的“支援西部行动计划”，对于服务期满的大学生志愿者，实行延长一年择业期的规定，即由原来的2年择业期延长为3年；四是为了准确、及时地统计毕业生就业率，掌握全省毕业生就业状况，将高校毕业生就业报到证的签发统一由省教育厅负责，解决了同一学校毕业生的报到证由多部门签发、全省工作进度不一、政策掌握“宽”“严”不同的问题。2003年，全省师范院校毕业研究生531人，师范类本科毕业生14 537人，专科毕业生15 985人，是高校师范类毕业生数量最多的一年。由于坚持了改革的方向，采取了有效措施，毕业生就业率仍然保持了较高的水平。

〔**治理教育乱收费**〕 认真落实国家有关会议精神，进一步加大了治理教育乱收费工作力度。建立了治理乱收费联席会议制度，将学生收费标准进行了认真核定，对现行收费项目进行了清理，共清理取消收费项目28项，涉及金额2 077万元，降低收费标准17项，涉及金额483万元。之后又对核定的收费项目进行了公示，并设立举报电话，加大监督处罚力度。截止到10月底，共受理群众举报信件557件（次），举报电话211件（次），都做了认真处理。全省查出教育乱收费金额17 473万元，清退1 567.7万元；因乱收费受党政纪处分46人，通报批评48人。

基础教育

〔**综述**〕 2003年全省小学比上年减少1 287所，招生比上年增加0.6万人，在校生比上年减少19.8万人。普通高中比上年增加35所，招生比上年增加5.9万人，在校生比上年增加2.2万人。普通初中比上年减少77所，招生比上年减少14.6万人，在校生比上年减少57万人。

2003年全省小学学龄儿童入学率为99.83%，比上年提高0.01个百分点，其中小学女童学龄儿童入学率为99.83%，与去年持平。小学毕业生升学率为100%（含升入职业初中学生）。初中毕业生升入普通高中升学率为35.17%，比上年提高1.32个百分点。2003年全省小学在校生辍学率为0，普通初中在校生辍学率为0.9%。2003年全省普通初中、小学重读生人数分别为2 240人和360人。

2003年全省普通中学专任教师整体素质继续提高。全省普通高中专任教师比上年增加1.1万人，其中本科学历及以上的72 066人，教师学历达标率（具有本科及以上学历的专任教师占专任教师总数的比重）为78.65%，比上年提高3.05个百分点。普通高中生师比为18.45∶1，高于上学年。普通初中专任教师比上年减少0.6万人，其中具有本科学历及以上的7.1万人，占教师总数的25.24%，比上年提高4.47个百分点；具有专科学历的19.2万人，占教师总数的67.84%，教师学历达标率（具有专科及以上学历的专任教师占专任教师总数的比重）为93.07%，比上年提高1.68个百分点。普通初中生师比为17.14∶1，低于上学年。

2003年全省小学专任教师比上年减少0.38万人。其中具有本科学历及以上的17 344人，占专任教师总数的4.56%，比上年提高1.31个百分点。具有专科学历的14.4万人，占专任教师总数的37.92%，比上年提高3.93个百分点。高中阶段毕业的21.5万人，占专任教师总数的56.49%，比上年降低5.05个百分点。教师学历达标率（取得高中阶段及以上学历的专任教师占专任教师总数的比重）为98.97%，比上年提高0.20个百分点。小学生师比为16.91∶1，低于上学年。

2003年全省幼儿教师比上年增加0.3万人，幼儿教师中具有专科及以上学历的1.6万人，占幼儿教师总数的28.27%，比上年提高2.23个百分点。高中阶段毕业的37 208人，占幼儿教师总数的64.88%。

2003年普通中小学平均在校生规模为：小学351.2人，普通初中1 290.3人，普通高中2 000.8人。每校平均班数为：小学9.5个，普通初中21.8个，普通高中31.8个。平均班额为：小学36.8人，普通初中59.3人，普通高中62.9人。

〔**实施义务教育新课程**〕 山东省2001年启动义务教育阶段新课改，有2个国家级实验区和5个省级实验区（共辖10个县市区）。2002年又有36

个县市区作为省级实验区进入新课改。2003 年，全省又有 60 个县市区参与新课改，使全省实施义务教育新课程的县市区达到 106 个，占全省县市区总数的 76%，为 2004 年全省全面实施新课改打下了基础。同时，山东省已有 9 种实验教材通过国家审定，10 种实验教材的编写通过国家立项，25 种地方课程学习指导书通过省中小学教材审定委员会审定，供学校和学生选用。在大学和教研机构内成立了 6 个基础教育课程研究中心和一个评价课题组，初步建立了课改的专业支持系统，基础教育课程改革正向纵深推进。

〔**信息技术教育**〕 截至 2003 年底，全省高中、初中、小学的信息技术必修课开课率分别达到 100%、84.4% 和 38.8%；学校上网率分别达到 93%、53% 和 18%；建有校园网的学校分别达到 458 个、1 149个和 1075 个；中小学拥有计算机 55 万多台，平均 26 名学生拥有一台计算机；全省共有 14 个市和大企业建成市级教育城域网，80 个县（市、区）建成县级城域网；信息技术教育年度经费总投入约为 9.86 亿人民币；全省中小学信息技术学科教师共有 15 406 人，其中专职教师10 037人，占信息技术教师总数的 65.15%；兼职教师 5 369人，占信息技术教师总数的 34.85%。

〔**为农村贫困学生免费提供教科书**〕 10 月，省教育厅、省财政厅印发了《关于对农村地区家庭经济困难中小学生免费提供教科书的发放管理办法（试行）》，使免费提供教科书有了规范的操作依据。《办法》确定由省财政设专项资金为农村地区家庭经济困难中小学生免费提供教科书。市级教育、财政等部门负责组织和实施，每年核定一次农村小学、初中贫困学生数和特殊教育学生数。县级教育、财政行政部门确定具体人数并落实到具体学校。学校公示享受免费提供教科书的学生名单，无异议后上报。教科书发行单位根据县教育行政部门的要求和规定，按照“课前到书，人手一册”的原则，将免费教科书义务发往有关学校。免费教科书扉页注明“政府提供，免费使用，注意爱护，用完交回”的字样。指派专人做好教科书的回收和维护管理工作，力争教科书的二次使用率不低于 70%。《办法》还确定了免费发放教科书的对象和教科书种类，对资金的结算也制订了严格的规程。

〔**城镇教师到乡村任教**〕 针对农村中小学师资短缺现象长期存在的问题，在省政府《关于加快农村教育改革与发展的决定》中，提出建立城镇中小学教师到乡村任教服务期制度，要求市、县（市、区）教育行政部门建立区域内城乡“校对校”教师定期交流制度。城镇教师到农村任教，可不转户口，工资标准在原来工资基础上浮动一级。城镇中小学教师晋升高级教师职务，应有在乡村中小学任教 1 年以上的经历。各地对农村地区、边远地区、贫困地区中小学教师实行一定的津贴、补贴，适当提高乡村中小学中、高级教师职务岗位比例。对在农村任教的教师，在职称评定、工资待遇、子女入学等方面予以照顾。考虑到农村中小学区域广、生源分散、教学点较多等特点，要充分保证这些地区的教学编制，任何单位和部门不得违反规定占用或变相占用。这项制度将在一定程度上缓解农村中小学教师短缺的矛盾。

〔**印发《中小学弘扬和培育民族精神实施纲要》**〕 1月，省教育厅印发了《中小学弘扬和培育民族精神实施纲要》，把十六大报告中“弘扬和培育民族精神纳入国民教育全过程”的要求落实到教育教学之中。《纲要》要求全省中小学结合齐鲁文化特色，根据青少年的身心发展特点和成长规律，采取灵活多样的教育方式和方法，加强弘扬和培育民族精神教育。《纲要》对弘扬和培育民族精神的指导思想、实施原则、目标任务、主要内容、途径与方法都提出明确要求。《纲要》要求弘扬和培育民族精神要结合学生不同成长阶段的身心特点，根据不同知识水平和接受能力，分阶段、分层次、有针对性地实施，小学、初中、高中要分别达到不同的培育目标。要贯穿于学生品格形成的全过程，落实到学生学习、生活和社会实践的各个环节。课堂教学是培育民族精神的主渠道；专题教育活动是课堂教学的重要补充；综合实践活动是弘扬和培育民族精神的重要途径；校园文化建设、校内外各种教育资源都要充分利用，同时要发挥现代教育技术的作用。《纲要》还对实施过程中的组织领导、骨干教师培养、专家咨询、相应经费及考核评估都作了相应规定。

〔**学前教育**〕 11月，省政府办公厅转发省教育厅等部门（单位）《关于学前教育改革与发展的意见》，确定了地方负责、分级管理和有关部门分工负责的学前教育管理机制。各级政府负责本行政辖区内学前教育工作，统筹制定学前教育发展政策和规划并组织实施。县级政府负责本行政区域幼儿园布局调整、公办幼儿园建设和各类幼儿园的管理，办好实验幼儿园。城市街道办事处负责宣传科学育儿知识，指导家庭开展早期教育，提供活动场所和设备、设施，筹措经费，组织志愿者开展义务服务。乡镇政府承担发展农村学前教育的责任，负责规划建设与乡镇人口相适应的幼儿园，协调各村民委员会合理调整幼儿园布局，举办乡镇中心幼儿园，筹措经费，改善办园条件。充分发挥村民自治组织在发展幼儿教育中的作用。并明确建立由教育部门主管，卫生、价格、建设（规划）、民政、劳动保障、编制、妇联等主管部门协调配合，共同推动学前教育事业健康发展的管理机制。

该《意见》还确定了全省学前教育改革与发展的目标：到2010年，形成以政府举办幼儿园为骨干和示范，以社会力量兴办幼儿园为主体，公办与民办学前教育相结合的发展格局。在城市，逐步建立以社区为基础，以实验（示范）性幼儿园为中心，灵活多样的学前教育形式相结合的学前教育服务网络；在农村，形成以县（市、区）实验幼儿园为示范，以乡镇中心幼儿园为骨干，以村级办园为主体、个人办园为补充的发展格局。全省学前教育事业发展的总目标是：到2007年，全省学前三年儿童受教育率达到75%以上，学前一年儿童受教育率达到85%以上，城市及经济发达地区农村学前三年儿童受教育率达到85%以上，其他地区达到70%以上。到2010年，全省学前三年儿童受教育率达到85%以上，学前一年儿童受教育率达到90%以上。全面提高0～6岁婴幼儿家长及看护人员的科学育儿能力。

〔**特殊教育**〕 山东省把残疾儿童教育纳入九年义务教育轨道，与正常儿童少年义务教育统一规划、统一部署、统一领导、统一检查，摸索出了一条加快残疾儿童教育普及步伐，保证教育质量的特殊教育发展路子，逐步形成了以随班就读和附设特教班为主体、以特教学校为骨干的特殊教育办学格局。加强特殊教育学校建设，重视普通学校附设特教班建设。总结推广枣庄市普通学校的附设特教班经验，全面推行轻度智力残疾儿童随班就读工作。济南历下区十亩园小学，为听力残疾儿童少年随班就读开展了“聋健一体化教育实验”，从1989年以来一直坚持招生，十几名听力残疾儿童在学校受到了良好的教育。昌乐县十几年来始终把残疾儿童随班就读工作作为实施义务教育，巩固提高“普九”成果，实现教育均衡发展的重要内容常抓不懈。山东省还编写了《轻度智力残疾儿童随班就读工作手册》，成为全国承担随班就读学生教学任务和特教干部的必读书目。2003年，在普通小学和普通初中（包括职业初中）随班就读的为4 534人。

〔**教师培训**〕 为配合基础教育课程改革，搞好新课程师资培训，山东省着重抓了六个方面的工作。一是在总结上年基础教育新课程师资培训工作的基础上，根据全省新课程师资培训督导检查发现的问题，研究制定了2003年新课程师资培训指导意见，对全年培训工作进行了部署。二是与教育部北京师范大学基础教育课程研究中心联合，在国家高级教育行政学院举办了基础教育课程通识培训班，邀请有关领导和专家作专题报告，对市县教育局和教师进修院校、师范学校的有关领导进行了培训。三是改革培训模式，利用远程教育手段，开设空中课堂，进行新课程骨干培训者省级培训工作。召开了全省新课程师资培训电视会议，就新课程师资培训作了动员部署，统一思想，明确要求。通过ATM会议视频系统，开设空中课堂，为各市、各实验区培训骨干师资，为各地开展一线实验教师培训奠定基础。四是落实教育部“先培训、后上岗，不培训、不上岗”的要求，制定了新课程师资培训考试工作意见。全省统一组织了实验教师的新课程培训考试，为合格者颁发了新课程师资培训合格证书，使实验教师做到“持证上岗”。五是有效地整合培训资源，组建了全省新课程师资培训专家资源库，为各地培训提供了师资保障。六是根据全省2004年高中全部进入课改实验的实际，早动手，早准备，召开了高中课改师资培训工作研讨会，研究制定了高中新课程师资培训方案，即将启动培训工作。

为保证继续教育成效落到实处，帮助在职教师提升教育理念、教育能力，建立教师岗位成长机制，体现终身教育思想，促进教师专业化发展，印发了《山东省教育厅关于开展校本培训工作的指导意见》和《山东省中小学教师校本培训实施方案(2004～2008年)》。在青岛召开了全省校本培训工作现场经验交流会，推广了青岛的经验，全省的中小学教师校本培训工作正在扎扎实实地开展。为促进教师队伍整体素质提高，组织有关人员赴湖北学习考察教师队伍建设的经验，在此基础上，经广泛调研和征求意见，初步拟定出《山东省中小学名师“111”工程方案（2004～2008年)》。提出在全省选拔产生10名教育教学专家、100名省级学科带头人和1 000名省级骨干教师，组建全省中小学名师队伍，带动全省教师队伍素质的提高。

〔**校长培训**〕 为造就一支学校管理的带头人和专家型校长队伍，高质量地实施了骨干校长高级研修“512”工程。年内已完成“工程”要求的初中和小学校长高级研修任务，在此基础上将尽快启动高中骨干校长的高级研修班。在培训内容设计上，一是注意了校长领导艺术和治校谋略，二是将基础教育课程改革纳入其中，三是加大了科研指导力度，四是组织学员到省外、国外学习考察和调研，从而增加了培训的针对性和时效性。同时，也为各地开展市级中小学骨干校长高级研修起到了指导作用。

为进一步落实《山东省中小学校长培训规定》和中小学校长“持证上岗”制度，推进校长培训“十五”规划的顺利实施，切实提高全省校长队伍的整体素质，制定了《中小学校长培训工作评估指标体系》和《中小学校长培训工作及“持证上岗”情况市级自评指南》，印发了《关于对中小学校长培训工作进行督导检查的通知》。对各市、县中小学校长培训自评工作以及全省开展督导检查工作，进行了部署安排。坚持中小学校长“持证上岗”制度。年内共举办高中校长任职资格培训和提高培训班两期，培训高中校长271人。为使中小学校长培训工作纳入科学化、规范化管理轨道，及时、准确的获取中小学校长参加培训的有关信息，提高管理水平，经过近两年的精心筹备，编制了“山东省中小学校长参训学员数据库”和“山东省干训教师数据库”软件，基本完成了“山东省中小学校长培训数据库管理系统”，为实现中小学校长培训工作管理的科学化、规范化奠定了基础。

〔**中小学危房改造**〕 2003年，山东省进一步明确了政府、部门、学校及办学者的校舍管理职责，建立了危改工作联系会议制度，启动了新一轮农村中小学危房改造工程。组织各地对校舍进行了拉网式排查、鉴定。建立了校舍安全预警体系，加强校舍查勘鉴定和危改工程质量管理。通过适当增加危改经费，鼓励通过置换闲置校舍、盘活资产、对口支援、吸取社会力量捐助及村民自愿提供劳务等形式多渠道筹措经费，加快危房改造步伐。2003年全省共筹措危房改造资金6.86亿元，改造完成危房140万平方米，基本完成2001、2002项目的改造任务。

职业教育与成人教育

〔**职教管理体制改革**〕 为贯彻落实《国务院关于大力推进职业教育改革与发展的决定》，深化职业教育管理体制改革，11月，省政府确定由市级政府（指设区的市，下同）统筹管理本行政区域内的职业教育。市级政府统筹管理职业教育的职责主要是：统筹管理市属和县（市、区）属的中等职业教育、中等成人教育和高等职业教育、高等成人教育、民办高等教育。负责审核和批准市属和县（市、区）属中等职业学校、成人中专的设置、合并、撤销；负责市和县（市、区）举办的中等职业学校和成人中专的招生计划、录取、专业设置、教学管理、学籍管理等工作，其中普通中专的招生计划要报省有关部门备案；统筹管理市属高等职业教育、高等成人教育、民办高等教育的专业设置，报省教育厅备案。统筹做好职业教育的发展规划。统筹职业教育资源合理配置。鼓励部门、行业、企业、社会力量和个人积极举办职业教育。统筹制定促进职业教育改革与发展的政策和措施。努力为职业教育的改革与发展创造良好的政策环境、社会氛围和市场规则条件。

〔**力促职业教育再升温**〕 2月20日，在龙口市召开的全省职教与成教2003年度工作会议提出，将在上年职业教育招生大幅回升的情况下，再出台“一揽子计划”，靠政策支持，发展高职拉动中职，力促职业教育再升温。一是把抓好“市级统筹”作为发展职业教育的第一要务，强化市级政府统筹的职能，切实落实市级政府统筹职业教育的责任。将职业教育纳入政府教育督导范畴，重点督导市级政府统筹职业教育的落实情况。二是改革中职招生制度、办法，扩大中等职业学校招生规模，确保2003年全省中等职业学校招生45万人。鼓励学校和企业在招生培养等方面进行合作，拓宽国内就业和国际劳务输出渠道，促进中职学校的招生。三是进一步完善高职发展的“三扩大一沟通”政策，增设本科层次高职。扩大专科高等职业教育招收中等职业学校毕业生的比例，扩大初中后五年制专科高等职业教育的规模，扩大高等职业教育专科毕业生接受本科教育的比例。四是正式启动职业教育重点建设“十百千工程”。五是加强职业教育师资培养培训工作，在山东理工大学、山东农业大学和聊城大学设立3所职业技术教育师范学院，2003年起每校单列师范本科招生计划，专门为高等职业教育培养师资。省职教师资培训中心每年从有实践经验的往届专科毕业生中，招收一定数量的学生进行培养，毕业后充实职教师资队伍。组织2 000名专业教师在省内五处国家级重点职教师资培训基地进行具有职教特色的新知识、新技术、新工艺、新方法培训。

〔**启动职业教育重点建设“十百千工程”**〕 山东省职业教育重点建设“十百千工程”于2003年正式启动，计划用5年时间在全省重点建设10处职业教育实习实践基地，100所高水平的现代化示范骨干中等职业学校，1 000个具有现代职业教育特色水平的示范专业（点）。根据此项计划，在全省有重点、有步骤地建设10处具有示范、辐射作用的职业教育实习实践基地，促进职业学校运用现代教育思想和观念系统地进行实习实践教学内容、实习实践方法和手段的改革，改善职业教育实习实践教学条件。首批基地建设的专业范围初步确定为农林、养殖、机械、机电、信息、建设、商贸、旅游、纺织、轻工十大类。基地要满足200人同时实习的要求；重点选择一些适应和服务于市场经济、专业设置对路、毕业生就业市场广阔、特色鲜明、发展潜力巨大的骨干学校，重点建设100所骨干示范中等职业学校。到2005年，在全省建成1 000个特色鲜明、具有带头示范作用的示范专业（点），推动中等职业教育改革与发展。

〔**推行职业资格证书制度**〕 7月，山东省劳动和社会保障厅与省教育厅联合发文，要求在2003年高职院校毕业生中开展职业资格培训。文件要求，各高职院校要结合专业特点，根据国家职业标准的对应关系，组织学生参加与所学专业相关、相近职业的职业技能和职业资格培训。对培训考核合格的学生，由劳动保障行政部门按规定核发《高职院校学生职业培训合格证书》，作为学生参加职业技能鉴定和劳动力市场求职就业的凭证。为实现高职院校毕业生持“双证”就业的目标，山东省将积极面向高职院校毕业生开展职业技能鉴定工作，在符合条件的高职院校建立职业技能培训鉴定基地。

〔**东西部中职教育联合办学**〕 4月，第三届山东省东西部中等职业教育联合办学洽谈会在青岛举办。自2001年起，山东省就开始打破以往中等职业学校招生仅限本地生源的规定，开展全省各地间跨地区、无地域界限招生，并实施东西部地区职业学校联合办学。在坚持双方自愿、优势互补、互惠互利、共同负责的原则基础上，实行全省东西部地区中等职业学校联合办学，不仅促进了全省中等职业教育资源的优化配置和共享，也解决了西部地区中等职业学校毕业生就业安置困难的问题，实现了东西部地区中职教育的双赢。

〔**为“三农”服务**〕 2003年11月召开的山东省农村教育工作会议提出，今后农村教育应该增强办学的针对性和实用性，紧密联系农村实际，注重受教育者实践能力和就业能力的培养。要以中等职业教育为重点，构建初、中、高相互衔接又与其他教育相互沟通的职业教育体系。将在农村初、高中适当增加职业教育的内容，继续开展“绿色证书”教育，并积极创造条件或利用职业学校的资源，开设以实用技术为主的课程，鼓励学生在获得毕业证书的同时获得职业资格证书或绿色证书。同时，在职业学校加强实践能力和就业能力的培养，实行企业和职业学校合作培养，开展“订单”培训。农民培训和农村劳动力转移培训也将受到高度重视。每年将培训农村劳动力600万人次，争取用6年时间将全省农村劳动力培训一遍；实施农村劳动力转移培训，每年培训100万人次，使农村劳动力和转岗人员都能接受培训，并获得相应的职业资格或培训证书。

〔**“双元制”职业教育培训基地成立**〕 11月，山东省“双元制”职业教育培训基地在青岛市平度职业教育中心成立。平度市职教中心在多年的办学实践中，积极开展与德国汉斯赛德尔基金会的友好合作，引进并树立先进的办学理念，对以“双元制”为基本特色的职教模式，进行了有益的成功尝试，为职业教育的健康发展提供了范例。根据安排，2003年内，将在此进行1 000人次的全省职业学校校长、职业教育行政管理人员和专业教师的系列培训。

〔**社区教育**〕 为进一步落实教育部工作部署和《山东省教育厅关于开展社区教育实验工作的意见》精神，在各市申报的基础上，经省教育厅研究决定，青岛市城阳区、李沧区，潍坊市潍城区、青州市，淄博市淄川区、博山区、周村区、临淄区，济宁市邹城市，临沂市兰山区、罗庄区，东营市东营区12个社区为全省第二批省级社区教育实验区。省教育厅要求，各实验区要按照《意见》中提出的工作规划、目标和任务，从当地经济社会发展实际出发，因地制宜，突出特色，制定切实可行的政策措施。按照“政府统筹领导、教育部门主管、有关部门配合、社会积极支持、社区自主活动、群众广泛参与”的社区教育管理模式，把社区教育工作列入当地教育事业发展规划，争取当地政府的支持和有关部门的共同配合参与，不断完善社区教育管理体制和管理机制。要分期分批逐步开放和利用社区内的教育资源，开展多形式、多层次、多规格的教育培训活动，推进学习型组织的创建工作。要抓好社区教育师资队伍和管理队伍的建设，加大宣传力度，形成全社会了解、关心、支持社区教育工作的良好氛围。要把“政府拨一点、社会筹一点、单位出一点、个人拿一点”的多方筹措社区教育经费的办法落到实处，确保社区教育工作的顺利开展。各实验区应积极探索，不断创新，把社区教育实验工作扎实有效地开展起来。

〔**职工培训**〕 省政府《关于加强职业培训提高城乡劳动者就业能力的通知》提出，用5年左右的时间，把企业在职职工基本轮训一遍，逐步建立起企业职工终身培训机制；通过培训，到“十五”末，全省高级工占在职职工总数的比重由5%提高到8%以上，工人技师增加1倍；每年培训农村转移劳动力100万人左右；从2003年开始，有就业培训要求的下岗失业人员都能够得到相应的培训。为确保实现目标，《通知》提出了四项具体措施：一是统筹各类培训教育资源，提高培训工作整体效益。二是转变人才观念，完善政策，给予技能人才应有的待遇。三是突出抓好农村劳动力转移培训。

四是加强企业在职职工培训，逐步形成以中级技工为主体，高级技工、技师、高级技师为骨干的企业职工队伍。

〔**农村成人教育**〕 2003年初，山东省召开了全省农村教育工作会议，会议交流了近年来全省开展农村成人教育工作的经验，现场参观考查了成人教育办学点，对全年的农村成人教育进行了安排部署，提出了具体工作目标和要求。根据工作部署，2003年全省各地进一步加强县、乡三级成人教育网的建设；积极开展“农村富民培训工程”，围绕当地农村产业结构调整和“绿色无公害农业”，大力开展农村实用技术培训和技术推广；对农村外出务工人员开展专项培训。据不完全统计，全省乡镇成人教育中心（成人文化技术学校）已达2 000多处，全年培训人员800万人次；全省各类成人中等专业学校197所，在校学生92 000多人。全省出现了济南、青岛、潍坊、寿光、五莲、诸城等一大批成人教育先进市县。

高 等 教 育

〔**综述**〕 2003年，全省研究生招生比上年增加0.3万人。其中招收博士生1 399人，比上年增加467人；招收硕士生8 365人，比上年增加2 702人。在校研究生比上年增加0.6万人。其中在校博士生3 293人，比上年增加920人；在校硕士生18 617人，比上年增加5 108人。全省共有研究生指导教师5 837人，比上年增加745人。

2003年全省普通高等教育（含85所普通高校、部分成人高校举办的高职班和电大普通专科班，下同）招生比上年增加5.5万人。地方所属普通高等教育共招生25.9万人，比上年增加6.8万人。

2003年全省普通高等教育在校生比上年增加17.8万人。地方所属普通高等教育在校生70.7万人，比上年增加19.5万人。全省普通高校教职工比上年增加1.2万人，其中专任教师比上年增加0.8万人。专任教师中具有正高级职称的4 752人，比上年增加964人，具有副高级职称的14 280人，比上年增加2 214人。专任教师总数中，具有博士学位的2 734人，比上年增加557人；具有硕士学位的11 762人，比上年增加3 099人。

〔**出台大力发展高等教育的意见**〕 6月19日，中共山东省委印发了《中共山东省委 山东省人民政府关于大力发展高等教育的意见》，对今后一个时期全省高等教育的发展提出了具体明确的目标和要求。《意见》提出，进一步加大高等教育投入，扩大高等教育规模，提高高等教育的质量和水平。到2010年，高等教育毛入学率达到18%，普通高等教育在校人数达到100万人。《意见》指出，要做好大学园区、分校和大学科技园区建设。将大学园区及时列入城市重大项目进行规划建设。采取有力措施，吸引国内外著名高校来山东举办分校和“一园多校”、“一校多制”的大学科技园区，吸引国内外一流的优质高教资源到山东省发展。大学科技园区享受山东省高新技术产业开发区的优惠政策，园区内企业享受财政专项资金扶持。各级政府要将高校建设纳入土地利用总体规划和城市规划。高校公益性建设用地以行政划拨方式供给，用地指标不足的，由省、市国土资源管理部门统一协调解决。对高校设施建设的各项收费继续给予优惠，并将配套设施建设纳入市政建设规划，道路、交通、电力、煤气、给排水、路灯、供暖、通讯、网络等工程由市政府统筹建设。《意见》共23条，对民办高等教育、高等职业教育、研究生教育等发展目标都提出了具体要求，对高等教育领域内的各项改革也提出了指导意见。

〔**实施“泰山学者”工程**〕 为更好地培养、吸引和凝聚高层次创新型人才，全面提升山东高等学校的综合实力和科技创新能力，带动全省优势学科赶超国内外先进水平，促进经济和社会各项事业跨越式发展，11月，省委、省政府提出在全省高等学校中实施“泰山学者”建设工程。通过实施“泰山学者”工程，为山东高校延揽一批学术精英，带出一批高水平学术团队，建设一批强势学科，造就一批学术大师。“泰山学者”工程分期实施，从2003年到2008年，实施第一期工程。主要内容是：在高等学校设置“泰山学者”特聘教授岗位，从2003年起，在全省高校优势学科中分步设置100个特聘教授岗位，面向国内外公开招聘100名学术造诣深、发展潜力大、具有领导本学科保持或赶超国内外先进水平能力的中青年杰出人才；发挥特聘教授的带动示范作用，在全省高校中建成100个高水平的学术团队，培养400～600名学术骨干；以“泰山学者”特聘教授为核心，以学术团队为依托，重点建设100个优势学科；营造良好环境，为“泰山学者”特聘教授充分发挥作用创造条件；为“泰山学者”特聘教授及所带团队提供岗位津贴和科研补助，省财政和设岗学校每年列专项资金支持“泰山学者”工程。一期工程中，省财政每年给予每位特聘教授10万元、所带学术团队5万元岗位津贴，每年为每位特聘教授提供5万元科研补助经费，设岗学校每年给予每个“泰山学者”特聘教授所带学术团队提供5万元岗位津贴配套经费，每年为每位自然科学类特聘教授提供15万元、每位人文社会科学类特聘教授提供5万元科研配套经费，5年间为特聘教授所在的自然科学类提供200万元、人文社会科学类学科提供50万元的学科建设经费。这期特聘教授岗位将优先在国家和省级重点学科、重点实验室中设置，山东省鼓励留学归国人员、省内科研机构和企事业符合条件的高层次人才以多种形式到高校竞聘“泰山学者”特聘教授岗位。

〔**学位工作与研究生教育**〕 在全国第9次博士、硕士学位授权审核工作中，山东省博士、硕士授予单位在质量和数量上有新的提高，填补山东省博士学位授权空白二级学科55个，硕士学位授权空白二级学科42个；博士学位授权二级学科覆盖率达到45%，硕士学位授权二级学科覆盖率达到83%。另外，山东省还有5所大学分别获得了相关专业硕士学位授予权，基本建立起学科门类较为齐全的高层次学位与研究生教育体系。同时，进一步加强和规范了研究生课程进修班的监管和指导，年内审核批准了研究生课程进修班共155个。

〔**重奖克隆牛研究突出贡献者**〕 11月10日，莱阳农学院举行仪式，特别奖励在克隆牛技术研究方面作出突出贡献的董雅娟、柏学进夫妇。董雅娟博士和柏学进教授长期致力于胚胎工程的教学和科研工作，在克隆牛技术的研究方面创造了一系列重大的科研成果。他们主持研究的我国首例和第二例健康成活的体细胞克隆牛于2001年11月成功降生。之后，他们又对克隆牛项目进行了后续研究。2003年10月8日，世界首例玻璃化超快速冷冻保存的体细胞克隆牛胚胎移植犊牛顺利降生，10月28日和31日，中国克隆牛首例自繁后代和中国首例体细胞克隆牛自繁后代又相继成功出生。克隆牛研究技术成果的相继取得，标志着莱阳农学院在这一学科领域的研究水平达到了国际领先地位。克隆牛技术的研究先后荣获山东省2001年十大科技成果、山东高等学校优秀科研成果特别奖和2002年度山东省科技进步一等奖。

〔**北京大学、清华大学联袂援建烟台大学**〕 11月1日，山东省副省长王军民，烟台市委书记焉荣竹，山东省教育厅副厅长刘向信等，同北京大学校长许智宏、清华大学副校长岑章志等30多名专家商讨，具体协商两校援建烟台大学事宜，达成多项援建意向：在烟台大学开设“北大、清华名师讲堂”，由两校定期选派专家、名师到烟台大学讲学；两校组成专家组，对烟台大学的学科建设提供指导性意见；烟台大学优秀在校研究生可到两校进行短期课程学习；欢迎烟台大学教师报考两校博士研究生，在符合考博要求的前提下，同等情况优先录取；进一步建立烟台大学相关院系与两校对口院系博导的良好沟通与合作关系。

〔**高教自学考试**〕 2003年，山东省共组织了高等教育自学考试、教师自学考试、高等教育学历文凭考试等十次大型考试，开考专业124个，考试科目1 130多门，全年累计报考1 837 328科次。全年累计设立考点678个，组织省派高校检查人员1 000多人次，组织监考、主考等各类考试工作人员3万多人次，处理违纪作弊考生19 744人次。

撰稿 刘 鸣 孟 华

审稿 陈光华 张士俊

青岛市教育

〔**基本情况**〕

2003年各级各类学校校数、教职工、专任教师情况

	学校数（所）	教职工数（人）	专任教师（人）
一、高等教育	15	14 744	8 029
（一）研究生培养机构（不计校数）			
1. 普通高校	4	9 194	4 478
2. 科研机构			
（二）普通高等学校	13	15 971	8 694
1. 本科院校	4	9 194	4 478
2. 专科院校	9	4 362	2 886
其中：职业技术学院	9	4 362	2 886
3. 分校、大专班（点）（不计校数）	2	2 415	1 330
（三）成人高等学校	2	1 188	665
（四）民办的其他高等教育机构			
1. 学历文凭考试机构	13	3 780	2 534
2. 非学历文凭考试机构			
二、中等教育			
（一）高中阶段教育	150		13 462
1. 高中			
普通高中	68		7 732
成人高中			
2. 中等职业教育	82	8 774	5 730
普通中等专业学校	8	949	518
成人中等专业学校	26	1 011	661
职业高中	48	6 814	4 551
技工学校			
其他机构（教学点）（不计校数）	6	7 593	
（二）初中阶段教育	271		22 270
1. 普通初中	271		22 270
2. 职业初中			
3. 成人初中			
三、初等教育			
（一）普通小学	1 084	34 207	31 312
（二）成人小学			
其中：扫盲班			
四、工读学校			
五、特殊教育	13	557	401
六、学前教育	2 165	11 089	8 241

2003 年各级各类学历教育学生情况

	毕业生数（人）	招生数（人）	在校生数（人）
一、高等教育	24 300	64 120	168 891
（一）研究生	730	2 290	5 129
（二）普通本专科	20 170	50 747	138 808
（三）成人本专科	3 400	3 952	7 422
（四）其他各类高等学历教育		7 131	17 532
1. 在职人员攻读博士、硕士学位			
2. 网络本专科生			
3. 学历文凭考试		7 131	17 532
二、中等教育			
（一）高中阶段教育			
1. 高中			
普通高中	28 625	48 704	122 162
成人高中			
2. 中等职业教育	36 215	46 780	115 803
普通中专	2 794	4 296	11 866
成人中专	8 074	4 595	11 683
职业高中	21 974	36 269	84 661
其他机构（教学点）（不计校数）	3 373	1 620	7 593
（二）初中阶段教育	119 985	96 729	338 451
1. 普通初中	119 985	96 729	338 451
2. 职业初中			
3. 成人初中			
三、初等教育			
（一）普通小学	96 673	83 596	467 560
（二）成人小学	96 673	83 596	467 560
其中：扫盲班			
四、工读学校			
五、特殊教育	657	662	2 774
六、学前教育	59 095	44 328	132 048

12 月 8 日，青岛市政府召开全市农村教育会议，落实全国、全省农村教育工作会议精神。会议提出要将农村教育置于重中之重的地位，到 2005 年，农村义务教育学校建设基本达到标准化，力争到 2010 年基本实现全市农村教育现代化，并实施农村教育综合改革、建立有效机制，深化“以县为主”的管理体制、完善教育经费保障机制，加强城市对农村教育的支持力度，完善农村教师用人机制，提高农村学校装备现代化水平。

贯彻实施《青岛市行政执法评议考核办法》，建立了对区（市）教育行政机关法制工作年度考评制度和依法治教示范学校评选制度。《青岛市实施〈教师法〉若干规定》经市人大常委会审议和省人大批准实施。首次由在青的国家、省督学及市督学组成考核组，对各区（市）政府教育工作重点目标完成情况进行督导评估，把落实市政府与各区（市）政府签订的《保障农村义务教育经费投入责任书》作为考核重点。年内市政府教育督导室被教育部表彰为“全国教育督导工作先进集体”。

市教育局继续深化“服务型教育局”建设，并把这一理念推广到基层教育工作者，将“真情塑造未来”确立为教育服务品牌，提高服务质量，拓宽服务渠道。其中包括：精简行政审批事项，规范审批行为，实行政务公开；开通教育服务热线电话，为市民解决实际问题；开展“爱心结对帮扶”活动，发动广大党团员、干部和教师帮扶困难家庭学生；加大对弱势群体的资助力度，减免困难学生学杂费，设立资助城市特困家庭子女学习的“弘毅班”。

在全国部分地区流行非典型性肺炎期间，青岛市各级教育行政部门和学校把防控“非典”工作作为头等大事，日夜防范，并利用一切形式宣传抗“非典”知识，消除恐慌心理。全市中小学教育系统为防“非典”共投入1 102万元，师生自愿捐款6万元，有9 636人报名献血，1 671人参加了防“非典”青年突击队，参加防“非典”公益活动的学生达72万人次，同时对参加防治“非典”一线人员的子女给予特别照顾和服务。经艰苦努力，全市教育系统无一人感染“非典”，保证了师生健康和学校的正常教学秩序。

加强校长和教师队伍建设。组织73名校级领导干部赴国家高级教育行政学院培训，与中国人民大学联办了教育管理研究生课程班，举办了全市高中校长任职资格及初中校长提高培训班。加强教师职业道德全员培训和师德考核，进一步规范教师的从教行为，推选出“爱心伴你成长”、“师生零距离”等7个教育服务名牌。组织1万多名中小学教师参加了新课程师资培训和考试，做到教师持合格证上岗。成立了华东师范大学继续教育学院青岛师资培训基地和山东师范大学教育硕士青岛教学基地。适应课程改革要求，开通了网上教师培训学校。

2003年度全市教育经费总收入42.48亿元，其中财政性教育经费27.70亿元；全年教育事业费拨款23.62亿元。小学、初中、普通高中、职业高中的生均预算内教育事业费支出、生均预算内公用经费支出均有增加。全市中小学固定资产总值达59.24亿元。合理调配教育资金，对偏远、薄弱学校给予较大倾斜。确定了全市农村中小学公用经费标准：初中每生每年200元～360元，小学每生每年130元～280元。发挥教育审计的监督职能，建立审计通报制度，强化学校财务管理，全年共审计176个项目。加大中小学乱收费治理力度，共查处乱收费问题200多件，对有乱收费行为的26所学校及6名校长给予通报批评，5名校长受到纪律处分，清退违规收费52.32万元。关注弱势群体和经济困难的乡村学校，全年共利用教育基金资助3 763名困难家庭学生79万元，捐助农村中小学210台计算机和4 600套双人课桌椅。

有23所局属中学铺设了塑胶操场，76所学校达到“花园式学校”标准。全年改造实验室83个，局属中学全部配备了标准化实验室设施，在部分高中配备了教室多媒体设备、数字语音室等。全市中小学教学仪器设备总值达64 740.34万元，各种装备用房使用面积118.75万平方米，藏书1 628.23万册，实现了全市中小学教育技术装备计算机管理。全市中小学计算机总数达8万台，其中年内新增2万多台，学生人机比由上年的21.1∶1提高到16.9∶1，教师人机比达4.3∶1，计算机网络教室总数达1 584个，校园网总数395个，接入互连网的学校达774所。局属学校实现了“班班通”和与教育城域网、因特网互连，教师人手一台计算机；农村中小学基本消除了计算机空白点。年内青岛市被教育部“信息技术在教学中应用项目组”确立为项目示范区，市教育局开通了中小学德育教育网、普通教育教研网、教育人才网、语言文字网、教育招商网等10多个专业网站，开展网上行政、教研和服务。

青岛市“十五”规划教育科研课题已达410项。由青岛市教育科学研究所承担的教育部重点课题“基础教育阶段双语教育研究与实验”课题已有多篇论文在国家核心期刊发表，出版了三册英语阅读教材；承担的中国教育学会“十五”研究重点课题“家庭生活方式与家庭教育对策研究”课题已完成研究报告。

青岛市作为全国中小学心理健康教育实验区，制定了《中小学心理健康教育实施纲要》实施意见，成立了青岛市少年科学院，引导中小学生开展科学探索和科技竞赛活动，共评选出242名小院士、小研究员和助理研究员。全面启用青岛市中小学素质教育活动基地，市区6 000多名中学生参加了学农劳动。青岛市综合实践教育中心的专业从8

个增加到16个。

民办教育。全市共有各级各类民办学校（班）505所，其中学历教育学校85所（含民办中小学69所，成人中专11所），非学历教育学校420所，高等教育学历文凭考试试点院校13所（含独立颁发学历的民办高校5所），国际学校2所，中外合作办学学校14所，有中外合作办学项目的学校17所。民办学校共有教职工2.01万人，外籍教师164人；在校生24.29万人，全年招生培训38.84万人；其中中小学共有在校生3万余人，比上年增加近5 000人；高职学院共招生1.1万余人，比上年增加1 000多人；学历文凭高校共招生5 900余人，比上年增加3 000余人。共有财产20亿元，其中固定资产约7.12亿元；全年上缴社会力量办学发展基金180万元，非学历学校全年上缴税款300余万元。民办学校已呈现规模发展局面。青岛南洋学校、国基外语学校、滨海职业技术学院、飞洋职业技术学院、黄海职业学院等5所院校投资已过亿元；滨海职业技术学院、黄海职业学院和飞洋职业技术学院等3所院校的在校生超过或接近万人。年内，又有黄海职业学院、求实职业技术学院成为独立颁发学历文凭的民办高职院校，从而使全市独立颁发学历文凭的民办高职院校达到5所。《民办教育促进法》颁布实施后，社会各界办学的热情空前高涨，新涌现出一批具有一定规模、办学条件较好的民办学校和中外合作办学学校。

〔**基础教育**〕　2003年，全市共有省、市级示范幼儿园141所、市级一类幼儿园513所，招收0～3岁婴幼儿的托儿所和亲子园等机构220所，3～6岁幼儿入园率达93%，市内4区0～3岁散居婴幼儿受教育率达50%以上。全市12个区、市全部参加了教育部——联合国儿基会“早期儿童养育发展”（ECCD）项目，全面实施托幼一体化工程。年内在青岛召开了ECCD合作项目工作年度审评会。

市政府召开了全市农村教育工作会议，进一步强化政府行为，高水平高质量实施九年义务教育，小学基本杜绝了辍学现象，初中辍学率下降至0.5%。大力推进义务教育均衡发展，又有206所中小学通过标准化验收，全市已有951所中小学达到标准化指标，占义务教育学校总数的67.7%。努力缩小城区南北教育差距，对城区初中在教学设施和教师配备等方面给予不同程度的政策倾斜和资金扶持。全市视、听、智残疾儿童少年入学率分别达98%、96%、95%。11月2日，第二届华人视障资讯科技研讨会在青岛举行。努力扩大优质普通高中规模，采取调整布局、扩建名牌学校、加强规范化学校建设等多种措施，使城乡高中阶段入学率达到85.2%，连续三年保持基本普及高中阶段教育目标。

全市12个区（市）义务教育学段已全部参加课程改革实验，共有1.5万名教师和学校领导接受课改培训。由青岛市编写的地方教材《蓝色的家园》通过山东省教育厅审定，供全省选用；编写的《课程标准理解与实践》共18本在全国发行；围绕课改重点、热点问题编写了《教学评价的探索与实践》、《学校课程的开发与实施》、《综合实践活动案例》三个专辑，用于指导实验区工作。

青岛市作为全国中小学心理健康教育实验区，制定了《中小学心理健康教育实施纲要》实施意见，成立了青岛市少年科学院，引导中小学生开展科学探索和科技竞赛活动，共评选出242名小院士、小研究员和助理研究员。全面启用青岛市中小学素质教育活动基地，市区6 000多名中学生参加了学农劳动。青岛市综合实践教育中心的专业从8个增加到16个。

〔**职业教育与成人教育**〕　继续实施“双名牌”（名牌学校、名牌专业）工程建设，年内又有64所学校通过中等职业学校合格评估，9所学校晋升为省重点职业学校，18个专业成为市级骨干专业。全市国家级、省级、市级重点职业学校已分别达11所、15所、8所，骨干专业已达72个；三级重点职校在校生人数已占全市职校生的70%以上，就读骨干专业的学生占职校生总数的50%以上。各职校进一步调整专业设置，突出办学特色，增加第二产业专业，注重培养数控技术等高新技术产业及外资、民营企业需求的人才，进一步提高服务经济与社会发展的能力，一批与青岛支柱产业（行业）相匹配，社会高度认可的名牌学校和名牌专业逐步形成。市教育局通过加强“双名牌”工程建设、加强就业服务体系建设和东西部联合办学、加大宣传力度等措施，扩大职业学校招生数，各类中等职业学校招生比上年增幅 27.41%，高中段招生职普比例为 5.3∶4.7。

加强教育管理体制、教学评价机制和教学方法创新，在职业学校中推进学分制，实行分层次教学和分层次统一考试制度。加强专业建设，突出技能教学，提高学生综合素质。年内分别有7 537名、9 321名学生参加了职业资格和岗位合格考核，合格率各为 95.5%、96.5%；共有5 189人升入本、专科高职院校。开展多种专业的师生技能比赛，有13 500名学生参加了全国和山东省计算机考试、考核；加强创业教育，举办了创业教育师资培训班，组织全市“创业指南”公开课观摩和优质课评比。

2003 年，青岛市委印发了《青岛市创建学习型城市的意见》，市教育局会同有关主管部门印发了《关于在全市开展社区教育实验工作的意见》，对社区教育工作进行了全面规划，提出了推进社区教育工作的具体措施。全市共确定了国家级、省级、市级社区教育实验区 18 个，形成了以城市为重点，辐射带动农村城镇的社区教育网络，建立起“政府统筹、教育主管、社区自主，群众自愿”的社区教育管理体制。各区（市）积极开展社区教育活动和学习型组织创建活动，涌现出一批学习型社区、学习型家庭、学习型企业。年内对全市社区教育实验区进行了评估，评选出海尔集团和海信集团为创建学习型企业先进单位。

2003 年，继续以推广农业科技知识、技能和转移农村劳动力培训为重点，实行“多层次、全方位、经营型、实体化”办学，加大“双五富民”工程实施力度，使参加“工程”的 10 万农户，户均收入15 000元，比其他农户增收超过 10%。年内，联合国科教文卫组织在保定市召开的农村教育会议上，青岛市介绍了经验。

〔**高等教育**〕 2003 年，全市报考高等学校普通本、专科的人数达31 963人，实际录取25 179人，本科录取人数首次突破万人，录取率达 42%。驻青岛高校共有博士后流动站 5 个，博士点 40 个，硕士点 183 个。其中博士点比上年增加 22 个，硕士点增加 65 个。共有国家级重点学科 5 个，省部级重点学科 26 个，省部级以上研究中心、重点实验室 33 个，共有藏书 800 多万册。各高校专任教师中，有正高级职称1 273人，副高级职称2 986人；两院院士 23 人（含外聘院士 13 人），博士生导师 187 人，具有博士学位的 629 人，具有硕士学位的1 778人。各高校年内共引进双聘院士 2 名，博士生导师 5 人，博士后 12 人，博士 102 人，硕士 262 人；共培养博士后 6 名，博士 60 名，硕士 56 名。

各高校加快基本建设步伐。仅青岛大学全年竣工建筑面积33 250平方米、各种场地面积27 000平方米，新开工建筑面积93 000平方米，在建工程施工面积109 610平方米；大学生活动中心、艺术楼、体育馆主体及体育场改造等工程已经完工，科技馆、实验楼等工程已开始动工，东部新校区建设工作进展顺利。年内青岛市申报的 4 所高职院校全部获山东省政府批准。青岛职业技术学院二期工程顺利开工，青岛电视大学新校区校址选定和设计规划基本完成。青岛市积极推进大学城建设，基本形成了大学城建设方案。高校引进与共建又有新进展，莱阳农学院青岛校区的在校生规模已达11 000多人，石油大学青岛科教园区的校舍主体建设已完工。

各高校大力探索办学模式改革，所有驻青学历高校都举办了高等职业教育，普通高职在校生已达55 477人，其中独立设置的高职院校已有 9 所，在校生超过 3 万人。民办高等教育发展迅速。至 2003 年底，全市共有民办学历文凭考试试点高校 13 所，在校学生总数34 617人，专任教师2 534人；总占地面积 247 公顷，图书资料 145 万册，固定资产总值 11.6 亿元；其中具有颁发学历资格的民办高校 5 所，在校生17 094人，约占全市高校普通高职高专在校生总数的三分之一。

各高校充分发挥科研和社会服务的职能，为地方经济和社会发展做出积极贡献。中国海洋大学、青岛大学、青岛科技大学、青岛建筑工程学院 4 所普通高校共承担国家级科研课题 332 项，比上年增加70项，省部级科研课题279项，市级科研课题512项，“973”计划两项，国家自然科学基金项目49项，国家社科基金项目8项；科技成果经过鉴定达到国际领先水平10项，国际先进水平25项，国内领先的27项，国内先进的28项；获省部级以上科技进步奖59项；全年实现科技成果转让75项。

撰稿　翟广顺　徐国臣　孙新兴
审稿　李振江

河南省教育

概　　况

〔基本情况〕

2003年各级各类学校校数、教职工、专任教师情况

	学校数（所）	教职工数（人）	专任教师（人）
一、高等教育			
（一）研究生培养机构（不计校数）	21		
1．普通高校	13		
2．科研机构	8		
（二）普通高等学校	71	59 680	33 344
1．本科院校	24	36 406	19 447
2．专科院校	47	22 530	13 245
其中：职业技术学院	29	12 357	7 416
3．分校、大专班（点）（不计校数）		744	652
（三）成人高等学校	24	7 780	4 477
（四）民办的其他高等教育机构	81	3 217	1 703
1．学历文凭考试机构	20	1 046	545
2．非学历文凭考试机构	61	2 171	1 158
二、中等教育			
（一）高中阶段教育	1 713	485 619	110 756
1．高中	892	417 715	67 224
普通高中	888	417 707	67 217
成人高中	4	8	7
2．中等职业教育	821	67 904	43 532
普通中等专业学校	137	23 697	12 200
成人中等专业学校	233	13 785	8 545
职业高中	451	28 784	21 776
技工学校			
其他机构（教学点）（不计校数）	119	1 638	1 011
（二）初中阶段教育			
1．普通初中	5 475		291 623
2．职业初中	11	333	292
3．成人初中	100	226	191

续表

	学校数（所）	教职工数（人）	专任教师（人）
三、初等教育			
（一）普通小学	36 379	516 735	488 490
（二）成人小学	16 866	12 341	8 817
其中：扫盲班	10 746	7 331	5 435
四、工读学校	3	61	45
五、特殊教育	123	3 194	2 510
六、学前教育	2 659	41 756	26 242

注：1. 普通高中教职工数包含普通初中教职工数；
2. 成人高等学校教职工数和专任教师数为 2002 年数据。

2003 年各级各类学历教育学生情况

	毕业生数（人）	招生数（人）	在校生数（人）
一、高等教育			
（一）研究生	1 488	3 818	8 465
（二）普通本专科	108 975	190 214	557 240
（三）成人本专科	49 080		254 016
（四）其他各类高等学历教育			
1. 在职人员攻读博士、硕士学位		1 474	2 579
2. 网络本专科生		1 524	3 020
3. 学历文凭考试	3 870	3 547	15 970
二、中等教育			
（一）高中阶段教育	622 819	899 968	2 361 324
1. 高中	369 005	537 749	1 468 852
普通高中	363 787	537 749	1 464 205
成人高中	5 218		4 647
2. 中等职业教育	253 814	362 219	892 472
普通中专	100 630	134 915	364 252
成人中专	39 488	60 970	113 262
职业高中	113 696	166 334	414 958
技工学校			
（二）初中阶段教育			
1. 普通初中	1 887 770	1 994 221	6 040 927
2. 职业初中	3 057	2 184	8 214
3. 成人初中	65 053		56 723
三、初等教育			
（一）普通小学	2 041 813	1 643 456	10 586 075
（二）成人小学	817 729		799 311
其中：扫盲班	146 021		206 845
四、工读学校	39	26	181
五、特殊教育	1 977	2 634	19 146
六、学前教育	861 610	1 188 469	1 494 284

注：1. 成人本专科毕业生、在校生数为 2002 年数据；
2. 其他各类高等教育学生数未包含成人高校举办的各类高等教育学生数。

2003 年各级各类非学历教育学生情况

	毕（结）业生数（人）	招生数（人）	在校生数（人）
一、高等教育	76 153	47 619	82 406
（一）研究生课程进修班	2 584	4 098	5 466
（二）自考助学班	25 135	22 758	55 453
（三）普通预科生		1 317	1 317
（四）证书教育	27 454	2 782	3 702
（五）岗位培训	11 678	4 871	6 853
（六）进修及培训	9 302	11 793	9 615
二、中等教育	5 907 130		4 736 564
（一）中等职业教育	526 590		269 549
（二）职业技术培训机构	5 380 540		4 467 015

注：高等教育非学历教育学生数未包含成人高校举办的非学历教育学生数。

2003 年各级民办教育基本情况

	学校数（所）	毕业生数（人）	招生数（人）	在校生数（人）	教职工数（人）	专任教师（人）
一、民办高等教育						
（一）普通高校	8	2 022	10 567	21 849	3 662	2 385
（二）成人高校						
（三）民办的其他高等教育机构	81	49 588	38 476	79 472	3 217	1 703
二、民办中等教育机构						
（一）高中阶段教育						
其中：民办普通高中	147	14 204	42 442	89 879	21 043	14 902
民办中等职业教育	36	9 002	22 441	45 427	2 699	1 610
（二）初中阶段教育						
其中：民办普通初中	369	45 566	74 749	215 294		
民办职业初中		152	153	438		
三、民办普通小学	535	29 437	27 057	195 085	12 641	9 047
四、民办幼儿园	1 328	50 713	118 798	188 555	13 781	8 540

注：民办普通高中教职工数包含民办普通初中教职工数。

〔**年度教育工作方针**〕 2003 年河南省教育工作的指导思想是：高举邓小平理论伟大旗帜，以“三个代表”重要思想为指导，深入学习贯彻党的十六大精神，围绕全面建设小康社会目标，改革创新，加快发展，加强管理，优化资源，提高质量，确保稳定，努力开创教育工作新局面。主要工作措施是：(1) 进一步完善“在国务院领导下，由地方政府负责，分级管理、以县为主”的农村义务教育管理体制，落实县级政府的管理职责，明确并落实乡、镇在普及义务教育中应尽的责任。(2) 认真贯彻《国务院关于大力推进职业教育改革与发展的决定》，创新职业教育体制，强化市级政府统筹力度，落实行业、企业发展职业教育的责任。(3) 巩固高等教育管理体制改革成果，继续完善高校布局结构调整工作。继续指导、协调郑州大学、河南大学和河南科技大学等高校的实质性融合和发展工作，继续搞好高校体制改革和布局结构调整工作。(4) 推进高考制度改革，落实高校招生自主权，进一步完善本省高考科目改革方案，做好全国普通高校招生统一考试提前进行的各项工作，确保网上录取顺利实施。启动实施“研究生教育创新工程”，完善研究生培养制度，提高培养质量。(5) 创新办学体制，鼓励进行多种办学形式的实验和探索。采取有效措施，认真贯彻落实《民办教育促进法》和省政府《关于大力发展民办高等教育的意见》，促进民办教育持续、快速、健康发展。(6) 加大河南教育对外开放力度，推进教育国际交流与合作，使全省教育水平不断提高，逐步与国际接轨。加强对外宣传，积极引进国外优质教育资源。

〔**教育投入与支出**〕 2003 年全省全口径教育经费达到 252.74 亿元，较上年的 226.77 亿元增加 25.97 亿元，增长 11.5％。其中国家财政性教育经费（含预算内教育经费、各级政府征收用于教育的税费、企业办学经费和校办产业等用于教育的经费）达到 168.75 亿元，较上年的 154.87 亿元增加 13.88 亿元，增长 9％。2003 年全省预算内教育经费（含教育事业费、基建拨款、科研经费拨款和其他经费拨款）达到 157.63 亿元，较上年增加 14.54 亿元，增长 10.2％。其中教育事业费拨款达到 133.22 亿元，较上年增加 9.9 亿元，增长 8％。教育投入的增加改善了各级各类学校的办学条件。

〔**开展教育管理年活动**〕 为了全面提高教育质量和管理水平，树立教育系统良好行风，2003 年，省教育厅在全省教育系统深入开展了“教育管理年”活动。制定印发了《关于开展“教育管理年”活动的意见》和《“教育管理年”活动实施方案》，对活动进行了周密部署和安排。各级教育行政部门和各级各类学校按照要求，结合本地、本单位情况，狠抓管理，向管理要效益、要质量，取得了初步成效。主要表现在以下几个方面：

一是教师队伍建设进一步加强。首次面向社会人员开展教师资格认定工作。全省共有 14.53 万人通过了教师资格认定。会同省直有关部门分批完成了中小学编制的核定工作，全省共核定中小学人员编制 82 万个，为教育系统的人员定岗和人事制度改革奠定了良好基础。中小学教师“百千万工程”第四期 6 000 多名骨干教师培训任务顺利完成。新课程培训完成了 5 500 名培训者和 10 万名中小学教师的培训任务。职业教育师资培训工作进一步加强，安排了教育行政干部、中小学校长和中职学校骨干教师培训工作。继续实施“河南省高等学校创新人才培养工程”和“骨干教师资助计划”，举办了高等学校青年教师研究生课程班，加强学术带头人和中青年骨干教师的培养工作。2003 年，全省普通高等学校专任教师中副高以上职称的占 33.6％，研究生及以上学历的占 24.9％，其中本科院校专任教师研究生及以上学历的占 32.0％。

二是加强学校基建工程质量管理。成立了河南省普通高等学校重点建设项目领导小组和工程质量督查组，印发了《关于加强高校校舍工程质量管理的意见》，对高校校舍工程质量管理提出了严格执行基本建设程序，实行高校工程建设情况季报制度，定期检查等措施，确保了全省高校校舍质量。

三是财务管理进一步规范。印发《河南省省级教育事业专项经费管理办法》，加强专项资金的分配、管理和监督，保证了资金的有效利用。

四是深入开展纠风治乱工作。2003 年，河南省进一步完善收费政策，规范收费行为，认真抓了收费项目清理，落实了农村贫困地区义务教育“一费制”收费办法和城市高中“择校生”“三限”政策等。据不完全统计，2003 年，全省共查处违规收费金额 4 036.44 万元，清退违规收费 3 627.36 万元，调查处理乱收费案件 1 122 件，处理有关责任人 862 人，其中给予党纪政纪处分 4 66 人。同时，认真开展干部学历、学位检查清理工作。在省委组织部、省监察厅的支持下，先后对全省 400 多个行政、企事业单位的干部学历进行了清查，共鉴定学历证书 29 072 个、学位证书 6 865 个，共查处无效证书 346 个。

五是育人环境不断优化。各地、各高校在积极配合当地有关部门抓好学校周边环境治理的同时，认真加强校园内部管理，开展安全文明校园创建活动，落实学生安全教育和法制教育，积极营造健康向上、安全洁净的校园环境。省教育厅分别于春季和秋季组织开展了中小学“安全教育月”活动和“学校安全月”活动，并专门组成检查组赴 18 个市进行督查，有效地预防和减少了校园伤害事故的发生。

〔**制订全面建设小康社会教育事业发展规划**〕 省教育厅按照省委印发的《关于全面建设小康社会规划》要求，在充分调研的基础上，制订了《河南省全面建设小康社会教育事业发展规划》。其总体目标是：2010年，全省每10万人口中，高中阶段学历者达到2万人左右，专科及以上学历者达到6 000人以上。在从业人员中，专科及以上学历者占8%左右，文盲半文盲比例降到4%以下。全省人均受教育年限达到9.5年。2020年，全省每10万人口中高中阶段学历者达到3.1万人左右，专科及以上学历者达到1.35万人左右。在从业人员中，专科以上学历者上升到15%左右。文盲半文盲比例降到2%以下，全省人均受教育年限接近11年，人民享有接受良好教育的机会。形成规模适当、结构合理、具有时代特色的学前教育、初等教育、中等教育和高等教育的现代国民教育体系。

其主要政策措施是：(1) 继续实施科教兴豫战略，落实教育优先发展的战略地位。省、市、县三级政府成立由一把手任组长的科教工作领导小组，定期研究和解决教育发展过程中的重大问题。实行教育工作责任制，把教育发展和人力资源开发的各项工作分解到政府各个部门，明确各自职责。(2) 创新教育体制，增强教育发展活力。鼓励和支持社会力量办学，实行“国有民办”、“民办公助”、“公办民助”和股份制等多种形式办学。鼓励、支持高等院校和科研院（所）合并或合作办学，与社会力量联合建设教学、生活设施和购置仪器设备。整合和充分利用现有各类职业教育资源，打破部门和学校类型界限，发挥市场机制的作用，提高办学效益。积极调整高等教育层次、科类结构，大力发展研究生教育，积极发展本科教育，鼓励有条件的省辖市和个别行业举办本科院校。(3) 加大教师教育创新力度，建设适应素质教育和终身学习需要的教师队伍。(4) 改革完善以政府投入为主，多渠道筹措教育经费的保障制度。认真落实《教育法》规定的教育经费的“三个增长”。建立健全与公共财政制度和税收制度相适应的现代公共教育财政制度，积极鼓励和引导社会力量办学，建立民间资本投资教育的激励机制。(5) 深化改革，提高质量，大力推进素质教育。

〔**教育信息化建设**〕 省教育厅在组织河南教育和科研计算机网主干网二期工程线路、设备调试工作的同时，按照《河南省教育科研计算机网络建设规划》，组织有关高校和省辖市论证主干网三期工程建设方案，重点建设洛阳至三门峡、洛阳至平顶山、许昌至漯河3条主干冗余线路，建成覆盖全省高速度、高稳定性的省级教育骨干网络。安排专项资金1 300万元用于高校、中小学信息化建设。郑州轻工业学院、河南科技大学、郑州工程学院、河南广播电视大学、郑州大学、新乡医学院、焦作工学院、中原工学院8所高校列为2003年度“河南省高等学校数字化校园示范工程”学校。组织开展了河南省校园网示范校评估工作，确定郑州市第二中学等114所学校为首批省级校园网示范校。全年开发出版电教教材126个盒号，310多个学时。在教育部农村中小学现代远程教育工程配套光盘征集招标项目中，河南省上报的206种电教教材全部被教育部招标组选中。

〔**教育交流与合作办学**〕 2003年，全省共派出教育出访团组109个、178人次；共接待加拿大新斯科舍省教育部和澳大利亚、新西兰等国家驻华使领馆教育文化官员等国外友好团组8个、50余人次来河南省进行教育考察访问。在豫外籍文教专家教师人数达300人，招收留学生资格单位达到20家，在豫学习的留学生和港澳台学生近千人。

中外合作办学取得新进展，2003年，省教育厅审批中外合作办学项目24个，其中优质高等教育合作项目15个，中外合作办学在校生达到16 000人。与世界名校的合作取得突破性进展，河南大学与俄罗斯国立圣彼得堡大学实现了联合办学；郑州大学与美国哈佛大学医学院签订了合作协议，就合作办学与师资交流达成共识。

〔**体育、卫生与艺术教育**〕 2003年，省教育厅对全省初中毕业生升学体育考试办法进行改革，把《学生体质健康标准》实施工作与中招体育考试结合起来，将其内容和评分标准引入中招体育考试之中，实行教考分离，使考试手段、考试方法更加科学化。

继续开展中学生“晨光”体育活动，举办了首届中小学生艺术节和河南省第十八届中学生田径运动会以及高校、中等专业学校3项体育竞赛活动。

基础教育

〔**召开农村教育工作会议**〕 国务院召开全国农村教育工作会议后，省政府于10月25日召开了全省农村教育工作会议。会前，省政府印发了《河南省人民政府贯彻国务院关于进一步加强农村教育工作的决定的实施意见》及《省政府办公厅批转教育厅等部门关于农村中小学危房改造工程实施方案的通知》、《省政府办公厅批转教育厅等部门关于开展经常性助学活动意见的通知》、《省政府办公厅关于确保中小学教师工资按时足额发放的通知》等10多个配套文件。省长李成玉和副省长贾连朝到会讲话，省教育厅厅长蒋笃运、省财政厅厅长赵江涛等部门负责人分别在会上发言。

会议明确了今后一个时期农村教育发展与改革的目标和任务，提出了加强农村教育工作的一系列重大政策措施。进一步强化了以县为主的管理体制和县级政府管理农村义务教育工作的责任；明确了今后新增教育经费主要用于农村的措施，将农村义务教育纳入公共财政体系并予以保障。省政府制定了落实国务院召开的全国农村教育工作会议的"三保"政策措施。在保工资方面，决定从2004年1月起执行国家规定的现行工资标准；在保安全方面，三年筹措16亿元资金彻底改造全省现有农村中小学400万平方米D级危房；在保运转方面，适当提高中小学杂费标准、高中学费标准，明确财政对中小学公用经费拨付标准，保证农村中小学正常运转。制定了农村中小学人事制度改革方案，稳步推进了中小学教师队伍的核编定岗工作，全省共核定中小学人员编制82万个。积极完善教育成本分担机制，进一步理顺农村中小学杂费标准，小学从每生每期20元～25元调整至45元，初中从35元～40元调整至60元。出台了主要针对农村地区的《河南省义务教育阶段学校内部管理的基本要求50条》。

会后，各地按照会议精神，认真抓落实，相继召开了当地的农村教育工作会议。

〔**义务教育**〕 4月15日，省教育厅发出《关于下达2003年度义务教育目标任务的通知》，对各省辖市下达了年度小学入学率、巩固率，初中入学率、巩固率，初中班额等目标任务，并就进一步落实目标管理责任制、控制初中班额、探索义务教育阶段学籍信息管理网络系统，严格学籍管理，控制学生辍学等提出了具体要求。各地按照要求把"普九"巩固提高工作作为"重中之重"，实行目标管理，采取切实措施，狠抓落实，巩固了"普九"成果，提高了"普九"水平。为切实作好义务教育工作，教育厅落实和下达了2003年中央和省国家贫困地区义务教育工程项目资金，并根据项目规划，开展了省级项目县中小学校校长、教师培训活动，共培训贫困县的1 550名校长和教师。

加强义务教育阶段学校管理。省教育厅于12月制订印发了《河南省义务教育阶段学校内部管理基本要求50条（试行）》，从行政、教学、教职工队伍、学生、校园、财务与后勤、档案、安全八个方面对义务教育阶段学校的内部管理提出了50条措施，要求各级教育行政部门把加强义务教育阶段学校的管理列入重要议事日程，作为教育管理年的一项重要工作，加强领导，科学规划，精心组织，常抓不懈。

〔**"两基"巩固提高和教育督导工作**〕 2003年，对42个县（市、区）进行了"两基"复查。复查结果表明，各地实现"两基"以后，及时调整思路，把工作重点迅速转移到巩固提高上来，基本做到了认识到位、领导到位、措施到位，从而进一步巩固了“两基”成果，提高了“两基”水平。主要表现在：（1）领导重视，政府行为得到进一步强化。（2）多方筹资，加大投入，进一步改善办学条件。（3）进一步落实农村义务教育“以县为主”的管理体制，确保教师工资按时发放。（4）把扫盲与实用技术培训有机结合起来。复查中存在的主要问题是：一些地方教育投入仍达不到有关要求，教师工资发放情况不够平衡，城乡教师工资标准不一样；一些农村学校的办学条件存在薄弱环节等。

5月12日，河南省扫盲工作领导小组发出《关于下达2003年度扫盲目标任务的通知》，对各省辖市下达了共计10万人脱盲和40万人次扫盲后继续教育的扫盲任务。各地结合实际，认真组织实施，全省共扫除青壮年文盲14.6万人，超额完成了目标任务。

杞县是全省唯一未实现“普九”的县。省教育厅先后两次组织人员对该县义务教育阶段的教育投入，办学条件、普及程度、师资水平等情况进行了过程督导，促使其落实政府行为，较好地解决了拖欠部分教师工资，一些学校办学条件及图书仪器设备不足，部分学校周边环境较差，学校管理水平低，“普九”档案及帐册不完善等问题，使全县学校面貌发生了很大变化，并通过了省政府委托省教育厅组织的评估验收组的评估验收。成为普及九年义务教育、扫除青壮年文盲单位。

10月18日，省政府印发《关于组建河南省人民政府教育督导团的批复》，决定建立河南省人民政府教育督导团，聘任马振海为总督学、吴廷伟为副总督学，张青川等38人为省督学，聘任戚建庄等6人为特约督学。

〔**中小学德育**〕　召开第四次少先队代表大会。省教育厅与团省委、省少工委于2003年11月在郑州联合召开了中国少年先锋队河南省第四次代表大会。会议以邓小平理论和“三个代表”重要思想为指导，进一步动员和部署全省少先队组织和少先队员广泛深入地开展以“实现宏伟蓝图，做好全面准备”为主题的系列活动．省委书记李克强、省长李成玉等领导接见了会议代表，省委副书记王全书在开幕式上讲话。会议选举产生了少先队河南省第四届工作委员会。

青少年学生校外活动场所建设。在各地申报的基础上，报经省政府同意，全国青少年校外教育工作联席会议办公室批准，兰考县、栾川县、舞钢市、长垣县等11个县被确定为2003年国家资助建设的青少年学生校外活动场所建设项目县。开封县、温县、淇县、虞城县、民权县、沈丘县、罗山县、光山县被确定为2003年省资助建设的青少年学生校外活动场所建设项目县。至此，国家彩票公益金全额资助建设的青少年学生校外活动场所达到41个。

德育教材建设。2003年，省教育厅向教育部申报的小学《品德与生活》、《品德与社会》等三门课程项目获国家立项。省教育厅制订的《河南省义务教育课程设置方案》和《省情》、《礼仪》、《心理健康》、《书法艺术》、《新科技》、《综合知识》6门学科地方教材的课程标准在全省顺利实施。为落实省义务教育地方课程方案，省教育厅编写出《书法艺术》、《省情　礼仪　心理健康　综合知识》、《心理健康新科技综合知识》等地方教材，供省内各地选用。

〔**基础教育课程改革**〕　继续扩大新课程实验范围。4月1日，省教育厅发出《关于同意省辖市级基础教育课程改革实验区备案的通知》，确定郑州市中原区等49个县（市、区）为省辖市级课改实验区。截至2003年底，全省共有82个实验区，参加实验学生达到100多万人，其中起始年级学生占同年级学生的25%左右。

开展基础教育课程改革研究。4月15日，省教育厅发出《河南省基础教育课程改革研究项目的通知》，确定了84个研究项目。9月28日—29日，省教育厅在罗山县召开了全省基础教育课程改革经验交流会。金水区等6个实验区在大会上作了典型发言。

〔**农村中小学危房改造**〕　省政府确定省本级筹措6.6亿元，加上中央补助3亿元，市县筹措6

亿元，全省共计15.6亿元，用于消除全省农村现有中小学480万平方米的D级危房。11月14日，省政府召开全省农村中小学危房改造工作会议，副省长贾连朝到会讲话。会议印发了《河南省农村中小学危房改造工程实施意见》，对工程实施进行了部署。在对各地危房情况进行了重新摸底的基础上，上报了工程项目学校，并通过了全国危改办的审批。郑州、洛阳、新乡等省辖市对中小学危房改造工作实行“三年规划，一年完成”，提前完成改造任务。其中洛阳市以市政府的名义贷款2000万元，加大改造农村中小学危房工作的力度。

〔**中小学安全教育**〕 开展学校安全月活动。1月16日，省教育厅联合省妇联、团省委、省少工委及时转发了教育部办公厅等四部委《关于做好2003年全国中小学生安全教育日主题活动及中小学安全工作的通知》，决定自3月31日—4月30日在全省开展中小学安全教育月活动。各地、各学校在多种形式开展中小学安全教育活动的同时，组织人员开展大规模的学校安全隐患排查，防患于未然。9月25日，省教育厅发出《关于在全省开展学校安全月活动的通知》，要求各地、各学校在10月8日—31日，迅速开展为期一个月的学校安全检查和学生安全教育活动。省教育厅组成19个督察小组，分别负责18个省辖市的督察工作，消除了一大批安全隐患，提高了广大师生的安全意识和防护能力。9月25日，省政府召开全省学校安全工作电视电话会议，副省长贾连朝、教育厅长蒋笃运分别讲话，对全省学校安全工作进行了部署。

〔**特殊教育**〕 6月17日，省教育厅等9厅局联合印发了《关于进一步加强特殊教育工作的意见》，对“十五”乃至2010年全省特殊教育工作进行了规划，提出了不同地区的发展目标，制定了实现目标的政策措施。4月14日，省教育厅发出《关于推荐开展建立随班就读工作支持保障体系实验县（市、区）的通知》。经过考察筛选，确定巩义市、孟州市、延津县、罗山县、济源市5个县（市）为国家试点县。省教育厅又确定14个县为省级实验县。为了更好地开展实验试点工作，省教育厅召开试点工作座谈会，对试点工作进行部署，并对有关人员进行了培训。同时，省教育厅举办了特殊教育学校优质课评选活动，举办了河南省第四届盲、聋、培智学校学生艺术汇演、“身残志更坚 巧手绘明天”首届全省特殊教育学校（院）学生美术大赛暨展览活动，并对全省特殊教育工作进行了全面检查，推动了特殊教育事业的发展。

〔**民族教育**〕 4月28日，省教育厅和省民委联合发出《关于在全省中小学开展民族团结教育活动的通知》，决定从2003年秋季起，在全省中小学普遍开展民族团结教育活动。各地把民族团结教育作为爱国主义的重要内容，切实加强领导，统一规划，协调安排，有条不紊地组织实施，确保了课时、教师、活动材料三落实。完成了郑州四中西藏班的初、高中招生和省实验中学、郑州一中、郑州外国语中学、郑州四中西藏班高中插班生的招生任务。同时，加强对西藏班学生的管理，保障了西藏班学生教育教学质量的提高。

〔**普通高中教育**〕 超额完成普通高中招生任务。2003年共完成招生53.77万人，超计划1.77万人，全省普通高中在校生达到146万余人。

启动基础教育助学工程。省教育厅决定从2003年起，在继续做好国家级“宏志班”招生工作的基础上，在省实验中学、郑州47中、鹤壁高中、平顶山一高和漯河高中再举办6个普通高中“宏志班”，对“宏志班”的学生实行免费教育。5所优质普通高中共录取宏志班学生300人。

2003年，天津市、上海市部分优质普通高中按照择优录取的原则，共在河南录取学生368名。

制订普通高中教育改革与发展规划。4月4日，省教育厅印发了《关于普通高中教育改革与发展的意见》，对全省普通高中教育的改革与发展进行了全面规划，明确了今后几年高中教育发展的目标和任务。

〔**幼儿教育**〕 2003年，焦作市实验幼儿园、三门峡市实验幼儿园被确定为河南省第五批示范幼儿园，至此，全省省级示范幼儿园达到36所。

省教育厅发出《关于加强乡（镇）中心幼儿园建设的通知》，要求各地明确目标，制订规划，完善措施，确保2005年全省85%以上的乡镇建一所乡（镇）中心幼儿园。2003年全省新建乡镇中心幼儿园381所。9月，省教育厅举办了第二期《幼儿园教育指导纲要（试行）》培训班。各省辖市实验幼儿园、县（市、区）直幼儿园园长、部分骨干教师300多人参加了培训。7月，省教育厅举办了全省首届幼儿园（班）自制玩教具大赛，经过各省辖市认真评选推荐，共有近200件作品参加了评选，115件参赛作品获奖。

〔**中小学教师培训**〕 中小学骨干教师省级培训（简称“百千万工程”）。2003年，省教育厅对参加第四期培训的6 200多名中小学骨干教师开展了第二阶段的集中培训，主要以拓展和更新学科知识、提高信息技术水平与教育科研能力为重点。3月16日，省教育厅在郑州举行河南省“跨世纪园丁工程”教育教学专家培训学员颁证及赠书仪式，共有3 279人取得了骨干教师（含教育教学专家、学科带头人）培训合格证书。中小学骨干教师省级培训2000年启动至2003年，已培训1万余人，绝大多数骨干教师已完成集中培训任务。在“百千万工程”培训工作的带动下，各地普遍开展了骨干教师培训工作。本周期全省共培训骨干教师8.5万名，其中国家级630名，省级1.1万名，市级3.6万多名，县级3.7多万名，基本形成了中小学骨干教师梯队。

中小学教师岗位培训。2003年是河南省1999年启动的本周期中小学教师继续教育的收尾年。在培训内容上，继续以师德教育、新课程培训和信息技术培训为重点。据不完全统计，2003年全省先后有10万名中小学教师参加岗位培训。从1999年开始至2003年底，全省约有60万名中小学教师先后参加了岗位培训，圆满完成了本周期的岗位培训任务。

基础教育新课程教师培训。根据参加新课改教师人数多、培训任务重的特点，省教育厅采取通识培训由各实验区负责安排；课标和教材培训先进行培训者培训，而后再由培训者培训其他教师的办法进行。截至8月底，全省已圆满完成近6 000名培训者培训和10万名中小学教师的集中培训任务。

职业教育与成人教育

〔**召开职业教育工作会议**〕 6月20日，省政府在郑州召开了改革开放以来第四次全省职业教育工作会议。各省辖市主管教育的副市长及教育、劳动保障、经贸部门的主要负责同志，省直有关单位负责人，部分职业教育先进集体和先进个人代表参加了会议。省长李成玉、副省长贾连朝到会讲话，省人大、省政协有关领导出席会议，省教育厅厅长蒋笃运、省劳动和社会保障厅厅长朱天宝、省经贸委主任范保国作大会发言，郑州市政府、漯河市政府、郑州铁路局、开封县政府、周口海燕职业中专、开封市高级技工学校、省财经学校等21个单位介绍了典型经验。会上印发了《河南省人民政府贯彻国务院关于大力推进职业教育改革与发展的决定的实施意见》。其主要内容是：（1）建立符合河南实际、结构合理、灵活开放、特色鲜明、自主发展的现代职业教育体系。坚持以中等职业教育为重点，保持中等职业教育与普通高中教育的比例大体相当；同时，积极发展高等职业教育和培训，适度发展5年制高等职业教育。“十五”期间，全省要为社会输送160万名中等职业学校毕业生、65万名高等职业学校毕业生；每年培训农村劳动力600万人次、城镇职工260万人次、下岗失业人员35万人次；大力加强技术工人尤其是高级技术工人和技师的培养，努力使具有高级技能职业资格证书人员达到持证人数的20%以上。(2) 大力推进职业教育管理体制和办学体制改革。要建立并逐步完善在省政府领导下，分级管理、以省辖市为主，政府统筹、社会参与的职业教育管理体制。在办学体制改革上，要形成政府主导、依靠企业、充分发挥行业作用、社会力量积极参与的多元办学格局。政府要重点办好骨干和示范作用的职业学校和职业培训机构。“十五”期间，全省要重点建设10所示范高等职业学校、30所示范性中等职业学校（含10所示范性技工学校）和5所技师培训学院；各省辖市在重点建设好骨干职业学校的同时，可以创造条件举办综合性、社区性的职业技术学院，积极鼓励和支持民办职业教育的发展。(3) 深化教育教学改革，积极推进职业教育课程和教材改革。开发和编写富有特色的职业教育课程和教材；完善职业教育教学评估体系，把就业率作为衡量职业学校办学水平和效益的一项重要指标；加强实践教学，提高受教育者的职业能力；推行学分制等弹性学习制度，为学生半工半读、工学交替、分阶段完成学业等创造条件。(4) 加快农村职业教育发展，继续推进农科教结合和基础教育、职业教育、成人教育“三教统筹”。大力开展“星火人才”培训，推行“绿色证书”教育；加强城市和农村职业学校对口支援工作，鼓励城市职业学校的校长和教师到农村职业学校任职和办学。(5) 增加职业教育经费投入。从2003年起，城市教育费附加用于职业教育的比例不低于20%。省政府要增加职业教育专项经费，省辖市、县（市、区）财政都要设立职业教育专项经费并逐年有所增加；各级政府将农村科学技术开发、技术推广经费的10%～20%用于农村职业教育；各级政府有关部门要把扶贫资金的5%作为农村劳动力培训经费；各类企业要按规定实施职工教育和培训。金融机构要为家庭经济困难学生接受职业教育提供助学贷款，优先为符合条件的农村职业学校毕业生开展生产经营提供小额贷款。新建、扩建职业学校所需用地，免收配套费用。

〔**中等职业教育招生与就业**〕 2003年，全省中等职业教育招生41.66万人、初中后职业培训29万人，分别超额9.64%和16%完成了全年任务。为加强职业学校职业指导与就业服务工作，确定了20个省级职业指导与就业服务基地，组织开展了中职学校毕业生就业情况调查。2003年，全省中职学校毕业生就业率达到95%。为大力开展成人职业技术培训工作，确定省经贸学校等38所学校为省级“再就业培训定点学校”。

〔**师资培训**〕 组织开展了中等职业学校数学教师自制课件成果评比、德育教师基本功竞赛、物理教师演示实验技能竞赛和化学教师演示技能竞赛以及养殖专业、美术专业教师技能竞赛。举办了中等职业学校语文、数学、体育等部分文化课国家规划教材培训班和中等职业学校德育课贯彻十六大精神教学指导纲要培训班，组织了省颁19个专业教学指导方案培训班、教师创新能力培训班等活动。2003年，还成立了种植、养殖等15个专业的教研中心，加大了职教教研队伍的建设力度。

〔**教学改革**〕 经过评估，认定了470所合格中等职业学校、109所省级重点中等职业学校和28个新的重点专业点。为加强教学理论研究，探索教改模式，省教育厅印发《河南省中等职业学校种植类等19个重点建设专业教学指导方案》。为各类中等职业学校加强专业和课程建设，安排和组织教学活动提供了依据。同时也为河南省对口招生，进行专业知识与实践能力考核提供了指导方向。在调研的基础上，制订、印发了《河南省中等职业学校数学教学大纲（试行）》。对准备就业和准备升学的学生进行不同层次不同要求的教学，满足不同需要。

高 等 教 育

〔**“211 工程”和重点学科建设**〕 2003 年，河南省集中资金推动重点工作的实施。一是积极支持重点大学建设。集中资金 8 300 万元用于郑州大学和河南大学的建设。二是集中资金加强重点学科、重点实验室建设。2003 年共安排重点学科、重点实验室建设经费 2 000 万元。三是安排贴息经费 2 200 万元，用于实验室、基础设施改造贷款贴息及国家助学贷款贴息，鼓励高等学校利用信贷资金发展高等教育。

10 月，河南省高等学校重点学科专家咨询组对 2001—2003 年 85 个省级重点学科点的建设情况进行了验收评估，并进行了总结。经过 3 年重点建设，各学科点的研究方向得到了不同程度的凝练、整合，特色和优势更加明显，构筑了一批高水平的基地，汇聚了一支高层次、高素质的队伍，扩大了国内外学术交流，探索了重点学科点的运行机制和规范化管理。

重点学科开放实验室建设取得新突破。河南省高等学校重点学科开放实验室第一批 7 个实验室始终坚持边建设、边研究、边出成果，取得了较为显著的成绩，其中郑州大学离子束诱变育种及生物工程重点学科开放实验室和“211 工程”材料物理实验室被批准为教育部重点实验室，合并命名为材料物理重点实验室；河南大学润滑与功能材料重点学科开放实验室成为教育部和省共建重点实验室，被命名为特种功能材料实验室。4 月，省教育厅组织省内外同行专家论证，确定第二批河南省高等学校重点学科开放实验室是：郑州大学的临床医学和信息网络，河南大学的人文学科，河南科技大学的先进制造技术学科，焦作工学院的安全工程重点学科开放实验室。

8 月 8 日—11 日，省教育厅在洛阳召开“河南省普通高等学校学科建设研讨会”，总结 15 年来全省高校重点学科建设取得的成绩和经验，分析高校重点学科建设面临的挑战，研究新形势下重点学科建设的新思路、新举措，以全面推进学科建设，构建适应河南经济社会发展需要的学科体系。

〔**教育教学改革**〕 启动精品课程建设。省教育厅制定了《河南省高校精品课程建设工作实施办法》，组织专家对各高等学校申报的精品课程进行了论证评审，确定郑州大学物理化学等 11 门课程上报教育部参评。黄河水利职业技术学院水力学入选“2003 年度国家精品课程”。

开办软件职业技术学院。9 月，省教育厅组织专家对 14 所申办软件职业技术学院的学校进行实地考察、论证和遴选，向教育部推荐郑州大学等 4 所高校试办示范性软件职业技术学院。11 月，教育部批准郑州大学为我国首批试办示范性软件职业技术学院的高等学校之一。

教学评估。1 月 3 日—7 日，省教育厅组织专家对全省高等学校医药卫生类专业进行评估。按照教育部、卫生部文件要求，共考察了 12 所学校的 32 个专业，经考察评估，7 所高校的 27 个专业为合格专业，可以继续招生。3 个学校的 3 个专业需要进一步改善办学条件，本年压缩招生计划。2 所高校的 2 个专业为不合格专业，予以撤销，停止招生。

教学工作评估检查。3 月下旬至 4 月上旬，省教育厅组织 10 个专家组对全省所有普通高等学校及承担普通高等教育的办学机构（包括二级学院、分校办学点、电大普通专科班等）进行了全方位的教学工作评估检查，全面了解各高等学校教学工作的基本情况，对促进各校教学条件的改善、教学秩序的稳定、教学质量的提高和教学工作在学校中心地位的确立起到了积极推动作用。9 月 15 日—19 日，省教育厅协助教育部专家组，完成了对郑州铁路职业技术学院的水平评估工作。10 月 8 日—11

月30日，省教育厅、省电大组织专家组，对全省95个县级电大教学点进行了检查评估，评估合格的86个，暂缓通过的9个。

〔**学位工作与研究生教育**〕 2003年，共授予博士学位53人，硕士学位1 716人，学士学位36 048人。

组织第二次自主审核新增硕士点。2003年，省学位委员会组织了第九批学位点的申报和评审工作。本年河南省向国务院学位委员会申报了259个学科点。经国务院学位委员会第九次博士、硕士学位授权评审通过，全省新增博士学位单位1个（焦作工学院）、新增博士点20个，新增硕士单位1个（中原工学院）、新增硕士点152个。至此，全省有博士学位授予单位4个，博士点35个，硕士学位授予单位25个（含军队院校3个，科研院所8个），硕士点455个。经过多年的努力，省学位与研究生教育得到了较快发展，学位点实现了历史性突破。

研究生招生规模扩大。2003年全省研究生招生3 818人，比2002年增长41%。全省硕士专业学位招生人数达到1 100多人。全省在校博士研究生308人，与1998年的20人相比，增加15.4倍。

新增开展同等学力工作培养单位。1月29日，国务院学位委员会批准河南财经学院开展同等学力人员申请硕士学位工作。至此，全省已有13所高校具有同等学力硕士学位授予权。5月15日，省教育厅发文批复同意郑州大学等12所高校127个学科专业点举办研究生课程进修班；同意省外26所高校26个学科专业在本省举办研究生课程进修班。

〔**院校设置**〕 2003年，省政府批准设置了郑州交通职业学院、郑州经贸职业学院、河南检察职业学院、河南质量工程职业学院4所高等职业学院。

为广泛动员社会资源举办高等教育，加快多元化办学体制的形成，省教育厅审批试办了安阳师范学院人文管理学院、新乡医学院三全学院、中原工学院信息商务学院、信阳师范学院华锐学院、河南大学民生学院、河南职业技术师范学院新科学院、河南师范大学新联学院7所独立学院。

〔**高校扩容建设**〕 2003年，全省普通高校占地面积达5 123公顷，校舍建筑面积达1 945万平方米。积极实施“高校扩容建设工程”，扩大高等教育资源。省重点建设工程项目郑州大学、河南大学、河南科技大学新校区建设按计划实施。郑州大学新区全年共投资4.5亿元，完成了二期教学用房18.9万平方米、学生生活用房13.8万平方米和部分供电、供暖、通讯、道路、体育场馆等基础设施的建设。秋季开学后入住学生16 000余人。河南大学新校区全年投资4亿元，首期工程14万平方米的教学和6万余平方米的学生生活用房建成投入使用。秋季开学后入住学生8 000余人。河南科技大学新校区建设于10月31日举行了奠基仪式，12月底首期工程正式开工建设。郑东新区高校园区建设平稳推进。郑州航空工业管理学院、河南教育学院、河南广播电视大学等新校区总体规划方案获得批复。河南中医学院、华北水利水电学院等完成总体规划方案设计招标工作。焦作工学院、安阳师范学院、新乡医学院、郑州工程学院、中原工学院、郑州工业高等专科学校、黄河水利职业技术学院等10余所院校的新校区建设顺利实施。

积极利用国内外信贷资金，促进高等学校的发展。截至2003年底，全省高等学校累计利用信贷资金63亿元，贷款余额52亿元。同时，争取到日元贷款高等教育项目3 880万美元，争取到西班牙外国政府贷款高等教育项目2 000万美元。据统计，各高等学校利用信贷资金近40亿元投入到新校区征地等基本建设项目，其中有183万平方米的建筑物投入使用，在建工程面积为223万平方米；投入6.2亿元购置教学仪器设备，新建、改造一大批实验室，资金投入量相当于1999年度省属高校教学仪器设备的总值；投入5.4亿元进行水、电、暖等基础设施的改造，基本上改变了长期以来基础设施陈旧落后制约河南省高等教育发展的状况。

〔**科学研究和技术攻关**〕 “非典”疫情发生以后，省教育厅协调郑州大学、河南中医学院、新乡医学院共同组成防治“非典”科技攻关小组。经论证，确定启动郑州大学申报的“河南省非典型肺炎（SARS）的系列综合研究”、河南中医学院的“中医药治疗非典型肺炎的实验研究”、新乡医学院的“多弹头特异性抗 SARS 免疫核糖核酸研究”3 项课题作为省教育厅防治“非典”的科技攻关课题。同时，省教育厅决定从科研经费中拿出 100 万元作为专项予以支持，并要求有关高校给予不低于1∶1的资金配套。

河南省国家大学科技园建设。2003 年，河南省国家大学科技园采取“基地园区加分园”的建设模式，基地园区设在郑州高新技术产业开发区，由郑州高新区和郑州大学等高校共同建设。由郑州高新区和各入园高校共同出资设立河南省大学科技园发展有限公司，作为大学科技园的运行实体，负责大学科技园建设、融资和资本运作。在运行模式上实行政府引导、政策扶持、依托高校、市场运营。在管理上实行封闭式管理、开放式运行，实行企业项目入园认定制度。

省政府出台《关于促进河南省国家大学科技园发展的若干政策意见》，明确河南省大学科技园（基地园和分园）建设与发展中享受国家和省各项优惠政策。省教育厅、省科技厅各出资 500 万元，用于资助入园企业和项目。按照河南省大学科技园建设规划方案，各高校分园分别采取多种形式和融资方式建设具有不同特色的科技分园。

6 月 7 日，省教育厅印发《关于发展繁荣高校哲学社会科学的实施意见》，决定启动并实施哲学社会科学发展繁荣“六项”计划，即重大课题攻关计划、重点基地建设计划、人才培养计划、科研成果奖励计划、学术交流计划、教育改革计划。

〔**高校后勤改革**〕 一是继续推进后勤管理体制改革运行机制的转换，确保后勤实体的健康、规范运作。二是多元筹资，加快学生公寓、食堂等后勤基础设施的建设。全年全省高校完成 60 万平方米的学生公寓与食堂的扩容建设任务。三是围绕“教育管理年”活动的开展，进一步加强后勤的规范管理。四是启动实施了高等学校学生公寓与食堂评估活动，对 37 所高校中的 79 所食堂和 178 栋学生公寓进行了评估，确保了高校后勤改革工作的顺利实施。

〔**资助困难学生**〕 2003 年，省属高校用于奖学金、资助家庭经济困难学生的经费达 4.1 亿元。12 月 9 日，省政府召开全省普通高校困难学生资助工作电视电话会议，对下一阶段普通高校困难学生资助工作进行了部署。并决定建立经常性助学活动联席会议制度，推动了普通高校困难学生资助工作顺利进行，基本形成了“奖、贷、助、补、减”的资助家庭经济困难学生的政策体系。基本实现了“确保没有一名考入公办普通高等学校的学生因家庭经济困难而辍学”的工作目标。

推动国家助学贷款工作稳步开展。截至 2003 年底，全省高校累计有 2.8 万名学生同银行签订了贷款协议，协议金额 1.1 亿元；实际发放 9 800 万元，共资助困难学生 2.7 万人。

〔**思想政治教育**〕 6 月 17 日，省委高校工委、省教育厅党组印发《关于学习〈“三个代表”重要思想学习纲要〉的通知》，要求各地教育部门和各级各类学校集中一段时间，组织好广大党员、干部和师生员工的学习；要求高校把大学生的学习同积极推进和深化“三个代表”重要思想“三进”工作结合起来，并作为本年度大学生暑期“三下乡”活动的重要内容。6 月 30 日，省委高校工委、省教育厅党组又印发了《关于在全省教育战线兴起学习贯彻“三个代表”重要思想新高潮的通知》，全省教育战线兴起了学习贯彻“三个代表”重要思想新高潮。举办了全省高校学习贯彻“三个代表”重要思想理论骨干培训班，共培训教师和宣讲员 300 多名。

形势与政策教育。9 月 14 日—16 日，省教育厅举办“高等学校《形势与政策》课 2003 年秋季集体备课班”，研讨了形势与政策教育教学要点，安排部署了形势与政策教育教学工作，邀请省内外专家作了专题报告。组织编写了《十三年伟大实践的科学总结》、《认真学习和全面贯彻“三个代表”重要思想》、《我们靠什么战胜“非典”》、《当前国内经济形势和主要经济政策》等专题教育材料，由河南人民出版社出版。

思想道德教育。9月，省委高校工委、省教育厅决定组织河南省延安精神报告团到全省高校作巡回报告。以此项活动为契机，开展以弘扬和培育爱国主义为核心的伟大民族精神教育，把弘扬培育民族精神纳入学校教育和精神文明建设的全过程，积极探索适合大学生特点的教育形式，不断提高教育成效。10月30日，省委高校工委、省教育厅党组印发《关于深入开展以弘扬载人航天精神为主题的爱国主义、民族精神和科学精神学习教育活动的通知》，要求全省教育战线认真组织学习教育活动，把载人航天精神作为推动教育战线各项工作的强大动力，因势利导，把学习教育活动中焕发的政治热情和爱国精神引导到进一步推进教育事业发展上来，努力开创教育工作的新局面。

“两课”教育教学改革。3月3日，省委高校工委、省教育厅印发《关于进一步深化“三个代表”重要思想“三进”工作的实施意见》，将普通高校《邓小平理论概论》课调整为《邓小平理论和“三个代表”重要思想概论》课，本科生安排70学时，专科生安排60学时。省教育厅组织编写了《邓小平理论和“三个代表”重要思想概论》教材，对《马克思主义哲学原理》等6门课程的统编教材进行了修订。2月至5月，举办了《邓小平理论和“三个代表”重要思想概论》师资培训班和集体备课班，全省高校50多名“两课”专职教师参加了培训。5月至6月，组织8所高校的11名专家成立了课题组，对普通高校“两课”建设和改革问题进行了综合调研，在此基础上，提出了新世纪新阶段高校“两课”建设和改革的总体思路。

大学生暑期文化科技卫生“三下乡”社会实践活动。据统计，全省15万余名大中专学生参加了活动，共组建各种志愿服务队2 000余支，举办文艺演出500余场次，各类讲座和培训班1 000余场次，发放各种宣传资料8万余份，捐赠图书近万册。

〔**招生工作**〕　2003年，高校招生考试时间由7月上旬提前到6月上旬；全省招生规模大幅度增加，考生接近50万人，招生组织工作量进一步加大；高考制卷、考试、评卷、体检、填报志愿等工作，正值防治“非典”时期，工作难度大，任务艰巨；同时，第一年全面实行远程网上录取。

针对2003年招生考试工作的新形势和新情况，省教育厅精心组织，周密安排，确保了高考平稳顺利进行。全省网上录取工作现场及各高校录取现场都得到了当地政府和有关部门的积极配合、大力支持，保证了录取顺利进行。录取结束后，省教育厅根据社会各界的强烈要求和招生工作实际，在认真调查研究、充分征求意见的基础上，周密论证，决定对高考科目设置方案进行调整，建议将现行的“3＋大综合”高考科目设置方案调整为“3＋文综/理综”。经报请省政府和教育部同意，定于2004年实行。

〔**毕业生就业工作**〕　高等学校毕业生学历证书电子注册工作顺利完成。本年，全省普通高等教育学历证书采用统一审核，统一打印的方式，共发放普通高等教育学历证书12.1万份，成人高等教育毕业证书6.1万份。

根据毕业生就业制度改革的需要，省政府调整了大中专毕业生就业工作管理体制，将省人事厅承担的部分毕业生就业工作整建制移交省教育厅。2003年，全省共有毕业研究生、大中专毕业生24.6万人，比上年增长23.0％。5月30日开通了“河南省毕业生就业信息网”，为给毕业生提供便捷、高效、优质的服务创造了条件。截止到年底，全省高校毕业生整体就业率为85.49％（其中，毕业研究生、本科毕业生、专科毕业生分别为96.73％、94.24％和79.98％）。

〔**师资队伍建设**〕　高等学校教师资格认定教育教学能力测试活动首次开展。据统计，全省共有3 980名高校教师资格申请者参加了测试，经过专业组组织面试、答辩、试讲，评委会审议表决，共评审通过3 855名，通过率为95.28％。

确定第三批特聘教授人选。在各校论证申报的基础上，10月，省教育厅聘请部分“两院院士”和国务院学位委员会学科评议组成员组成评审工作组，对6所本科高校推荐的33个特聘教授人选进行了认真论证评审，最终确定郑州大学曹少魁等23人为河南省高校第三批特聘教授人选。

组织教学名师奖评审，郑州大学李梦如教授获首批高等学校百名国家级“教学名师”称号。同时，开展了2003年度全省高校教学名师奖评选工作，郑州大学石杰等14人获河南省高校首批“教学名师”奖称号。

〔**干部培训**〕 2003年，省教育厅进一步加强对高校干部培训工作的指导，特别加强了对省高校干部培训中心工作的指导，邀请有关部门和高校的领导及著名专家学者到培训班举办专题讲座和授课。12月初，组织了首批学员赴香港中文大学和澳门大学参观考察，使学员们学到了先进办学理念和优秀管理经验，开阔了眼界。全年共向国家教育行政学院、省委党校和教育部中南干训中心选派了60多名学员参加学习，向河南省高校干部培训中心选派了117名处级干部参加学习。

举办了全省高校副校级领导干部学习贯彻“三个代表”重要思想轮训班，分三期进行集中轮训，每期5天，有321人参加学习。

〔**成人高等教育**〕 为推动成人高等教育的改革与发展，切实保证办学条件，提高教育教学质量，省教育厅印发了《关于开展普通高校成人高等教育检查的通知》。并组织专家对南阳理工学院成人高等教育的教育教学质量进行了全面检查并反馈了检查意见。印发《河南省高等学校成人本科教育毕业设计（论文）工作指导意见》，对毕业设计工作的组织管理、基本格式、工作程序、工作准则、质量要求提出规范指导意见。加强函授站管理。发出《关于规范高等学校函授教育辅导站管理的通知》，对规范高等学校函授教育教学管理工作，提高成人高等教育管理水平和教育质量，加强高等学校函授教育辅导站的管理作出了明确规定。11月14日，省教育厅同意吉林大学等19个函授站在河南省备案。

为使全省成人本科毕业生申请学士学位外国语水平统一考试规范化、科学化，做到有章可循，省学位办发出《关于做好2003年成人高等教育本科毕业生申请学士学位外国语水平统一考试工作的通知》，制定了《河南省成人高等教育本科生申请学士学位外国语水平统一考试规则》。本年14 000余人参加申请学士学位考试，合格5 303人，通过率占实考人数的40%。

撰稿　韩　冰　赵发中　李明霞
审稿　蒋笃运　尹洪斌　高培华

湖北省教育

概　　况

〔基本情况〕

2003 年各级各类学校校数、教职工、专任教师情况

	学校数（所）	教职工数（人）	专任教师（人）
一、高等教育			
（一）研究生培养机构（不计校数）	39		
1. 普通高校	18		
2. 科研机构	21		
（二）普通高等学校	75	94 215	46 947
1. 本科院校	31	68 081	31 548
2. 专科院校	44	20 563	12 061
其中：职业技术学院	39	18 423	10 590
3. 分校、大专班（点）（不计校数）		5 571	3 338
（三）成人高等学校	23	7 807	4 118
（四）民办的其他高等教育机构	15	821	344
1. 学历文凭考试机构			
2. 非学历文凭考试机构	15	821	344
二、中等教育			
（一）高中阶段教育	1 017	296 630	76 804
1. 高中	627	263 880	56 541
普通高中	626	263 879	56 540
成人高中	1	1	1
2. 中等职业教育	390	32 750	20 263
普通中等专业学校	174	17 402	10 317
成人中等专业学校	72	5 083	2 889
职业高中	144	7 977	5 717
技工学校			
其他机构（教学点）（不计校数）	64	2 288	1 340
（二）初中阶段教育			
1. 普通初中	2 679		167 211
2. 职业初中	43	1 973	1 749
3. 成人初中	80	777	188

续表

	学校数 （所）	教职工数 （人）	专任教师 （人）
三、初等教育			
（一）普通小学	15 746	252 645	233 902
（二）成人小学	1 344	1 532	400
其中：扫盲班	773	972	275
四、工读学校	3	61	45
五、特殊教育	76	1 633	1 243
六、学前教育	2 258	28 905	17 815

注：1. 普通高中教职工数包含普通初中教职工数；
2. 成人高等学校教职工数和专任教师数为 2002 年数据。

2003 年各级各类学历教育学生情况

	毕业生数 （人）	招生数 （人）	在校生数 （人）
一、高等教育			
（一）研究生	9 079	22 191	52 297
（二）普通本专科	119 118	250 198	721 513
（三）成人本专科	77 118		319 664
（四）其他各类高等学历教育			
1. 在职人员攻读博士、硕士学位		4 416	8 687
2. 网络本专科生	2 875	27 412	50 794
3. 学历文凭考试			
二、中等教育			
（一）高中阶段教育	381 707	547 975	1 437 190
1. 高中	272 771	396 137	1 072 914
普通高中	272 741	396 137	1 072 914
成人高中	30		0
2. 中等职业教育	108 936	151 838	364 276
普通中专	71 978	89 749	222 006
成人中专	7 172	11 356	27 772
职业高中	29 786	50 733	114 498
技工学校			
（二）初中阶段教育			
1. 普通初中	916 054	1 164 538	3 341 801
2. 职业初中	11 682	13 789	37 227
3. 成人初中	9 424		4 971
三、初等教育			
（一）普通小学	1 186 986	651 856	5 281 177
（二）成人小学	66 164		62 797
其中：扫盲班	25 051		22 566
四、工读学校	298	368	162
五、特殊教育	774	1 118	7 908
六、学前教育	282 539	425 259	597 841

注：1. 成人本专科毕业生、在校生数为 2002 年数据；
2. 其他各类高等教育学生数未包含成人高校举办的各类高等教育学生数。

2003 年各级各类非学历教育学生情况

	毕（结）业生数（人）	招生数（人）	在校生数（人）
一、高等教育	101 338	101 930	88 536
（一）研究生课程进修班	9 398	16 622	15 011
（二）自考助学班	9 891	12 057	53 563
（三）普通预科生	200	646	646
（四）证书教育	11 841	11 099	1 752
（五）岗位培训	38 137	31 104	7 644
（六）进修及培训	31 871	30 402	9 920
二、中等教育	1 145 934		709 184
（一）中等职业教育	190 631		177 462
（二）职业技术培训机构	955 303		531 722

注：高等教育非学历教育学生数未包含成人高校举办的非学历教育学生数。

2003 年各级民办教育基本情况

	学校数（所）	毕业生数（人）	招生数（人）	在校生数（人）	教职工数（人）	专任教师（人）
一、民办高等教育						
（一）普通高校	9	4 864	43 789	83 731	6 964	4 509
（二）成人高校						
（三）民办的其他高等教育机构	15	19 851	17 817	9 744	821	344
二、民办中等教育机构						
（一）高中阶段教育						
其中：民办普通高中	81	7 812	19 994	40 985	7 386	4 779
民办中等职业教育	25	2 577	6 028	10 790	1 111	620
（二）初中阶段教育						
其中：民办普通初中	107	7 461	14 182	38 221		
民办职业初中	3	29	255	604	66	48
三、民办普通小学	141	12 704	9 092	74 385	4 079	2 962
四、民办幼儿园	1 063	31 784	61 492	104 244	8 151	4 706

注：民办普通高中教职工数包含民办普通初中教职工数。

〔**年度教育工作指导思想与工作要点**〕　2003 年，湖北省教育工作总的指导思想是：高举邓小平理论伟大旗帜，以“三个代表”重要思想为指导，深入学习贯彻十六大精神，以发展为主题，坚持解放思想、实事求是、与时俱进，大力推进教育体制机制创新；继续深化教育教学改革，稳步提高质量，扩大对外开放；突出重点，狠抓落实，严格管理，保持稳定，促进全省各级各类教育协调健康发展。

工作要点是：(1) 学习贯彻十六大精神，加强学校党的建设和思想政治工作，维护社会稳定。(2) 完善农村义务教育管理体制，提高普及义务教育的质量水平，加快发展高中教育。(3) 创新职业教育体制，推进职业教育发展，开展多种形式的职业培训。(4) 巩固高等教育管理体制改革成果，提高办学质量，加强高校科技创新工作。(5) 加强教师培养培训，深化学校人事制度改革，建设高素质的师资队伍。(6) 大力发展现代远程教育，加强教育信息化建设，加快教育现代化进程。(7) 多渠道筹措教育经费，加强经费收支监管工作，加大资助贫困生工作力度。加强教育扶贫帮困工作，支持贫困地区、民族地区加快教育发展。(8) 扩大教育国际合作与交流，积极推进中外合作办学，鼓励社会力量办学。(9) 坚持依法治教，规范教育管理和办学秩序，加强教育战线党风廉政建设。

〔**教育系统行风评议**〕 按照省委、省政府的统一部署，开展了历时半年的行风评议工作，实现了力争行评合格单位的预期目标。在10月9日—11日的全省民主评议行风大会上，加强对教育系统行评工作的组织领导。省教育厅召开全省教育系统行风评议动员大会，提出了明确要求，层层建立行风评议工作责任制。同时，通过各种形式进行宣传发动。省教育厅共发布教育信息1 000余条（次），摄制了“招生考试看行风”等3期电视专题节目，组织编印了“教育系统行风评议资料选编”等3个专题材料，编发了《纠风简报》64期，组织了5次大型行风建设采访活动。

全省教育系统坚持以群众是否满意为标准，广泛听取各方面的意见。行评期间，网站和举报电话共受理咨询和举报7 100余人（次）；向社会发放调查问卷1万份，回收5 366份，共反馈意见和建议2 114条；通过召开座谈会、上门征求意见等形式，收集行评代表、行风监督员意见450余条。

突出重点抓整改，以实际行动取信于民。(1)采取过硬措施治理教育乱收费。完善联合治理的工作机制，加大督办检查力度，会同监察、纠风、财政、物价、审计、新闻出版等部门建立治理教育乱收费厅际联席会议制度；明确收费标准，健全收费管理制度，进一步规范学校收费行为；完善治理乱收费工作责任制和责任追究制；加大责任追究的力度，严肃查处违纪行为。(2)从严规范招生考试。严肃纪律规定，落实责任制和责任追究制；公开高校招生中一切可以公开的信息，主动接受社会监督；严肃查处违纪违规行为。(3)坚决规范办学行为。教育厅先后4次召开全省普通本科院校领导和独立学院负责人会议，制订了加强独立学院管理的整改措施。(4)大力加强师德师风建设，在全省中小学实行教师师德档案制度。

〔**治理教育乱收费**〕 2003年，湖北省采取措施，坚决治理教育乱收费。(1)以中央精神统一各级政府、教育行政部门和各级各类学校领导的思想。8月，省政府召开全省治理教育乱收费电视电话会，贯彻中央7部委电视电话会议精神。省教育厅还分别召开了高校党政一把手和市（州）教育局长会议，学习中央有关文件精神，部署治理乱收费工作。制订和完善一系列政策，年内出台了关于高校、高中、义务教育收费的3个文件，规范了收费行为。(2)加大对农村中小学投入力度。省政府决定，采取“标本兼治、治本为主”的方针治理教育乱收费。印发了《省政府关于确保农村义务教育正常运转的通知》。(3)强化学校收费规范管理。各级各类学校的收费一律实行公示。实行收费“三统一”：统一由财政部门负责，统一使用财政部门印制的票据，统一实行“收支两条线”管理。(4)坚持综合治理方针。成立了由省教育厅、省纠风办牵头，省监察厅、省财政厅、省物价局、省审计厅、省新闻出版局参加的厅际联席会议，综合治理教育乱收费。各市（州）也相应成立了治理教育乱收费工作领导小组。(5)加大检查督办和查处力度。省教育厅领导带队，深入到高校和市（州）、县调研收费情况。在招生期间，组织9个督查组分头到高校督办检查招生收费问题。9月，厅际联席会议成员单位组织一次联合检查行动，对17个市（州）、29个县、150余所学校治理教育乱收费的问题进行督办检查，对违规收费行为进行查处通报，对乱收费责任人进行责任追究和纪律处分。2003年，全省共查处乱收费案件531件，追究责任人395人，其中76名校长被撤职。秋季开学，全省中小学清退违规收费3 252万元，高校清退违规收费近3 000万元。

〔**资助贫困学生工作**〕 加大资助贫困学生经费投入力度，筹措资助中小学贫困学生专项经费2 324万元。建立政府奖学金制度。2003年，省教育厅从教育经费预算中安排专项经费200万元，奖励优秀贫困学生925名。省属高校有1 001名学生获得国家奖学金，获得资助经费444.8万元。大力推进助学贷款工作。全省高校有6万余名学生申请助学贷款，中国人民银行向湖北省商业银行下达助学贷款指导性计划3亿元。据统计，1—12月，银行审批发放贷款37 650笔，合同金额26 057万元，发放贷款18 380万元。助学贷款累计总金额已达

43 345 万元。保持“绿色通道”畅通，做好“奖、贷、助、补、减”资助工作。秋季开学，全省有 2 万余名新录取的贫困大学生和 66 万余名贫困中小学生通过“绿色通道”入学，有近 13 万名高校贫困老生办理了缓缴学费手续。学生入学后，学校又多方筹措资金开展资助工作，全省高校投入资助经费 2 亿多元，全省中小学投入资助经费近 1 亿元。积极争取社会力量对贫困生的资助。一是组织实施“西部开发助学工程”。2003 年，湖北省西部有 100 名考入大学的贫困学生，每人获得资助 2 万元；资助高中“宏志班”（专收品学兼优贫困生）学生 100 名，每人资助 6 000 元。二是争取基金会资助。全省有 35 个贫困县（市）列入中国扶贫基金会 2003 年度“新长城——特困大学生资助项目”，有 344 名考入大学的贫困学生获得了资助。三是设立银财助学资金。在省财政厅和有关商业银行的大力支持下，筹措资金 300 万元，资助贫困中小学生 5 400 人。

〔**民办教育**〕 2003 年，湖北省采取措施，依法管理，规范办学行为，促进民办教育健康发展。全省各级教育行政部门审批的民办学校及民办教育机构 1 500 多所，专职教师 2 万人，在校学生 36 万多人。独立设置的民办普通高校 9 所，以民营机制运作的普通高校独立学院 33 所，民办高等教育机构 95 所。民办中小学 329 所，在校生 15.36 万人，占中小学在校生总数的 1.58%；职业中学 3 所，在校生 604 人；幼儿园 1063 所，在园幼儿 10.42 万人，占幼儿园在园幼儿数的 17.44%。

〔**教育人事制度改革**〕 教育人事制度改革不断深入。全省 102 个县（市、区）中有 95 个完成了教职工编制核定工作，共核编 45.5 万名。部分县（市）在核编过程中，按照国家规定，考虑了农村中小学区域广、生源分散、教学点多和寄宿生增多等情况，适当增加了编制。到年底，全省已完成核编任务的县（市、区），共核定附加编制 5 396 名，保证了教育教学的实际需要。

逐步推行教职工全员聘用制。一是制订了《湖北省中小学聘用合同指导文本》，规范的合同文本促进了中小学教师由身份管理逐步向契约管理的转变。二是建立准入制度，严格聘用条件，严禁聘用不具备教师资格的人员担任教师，积极清退代课教师，拒聘有师德问题的教师。三是加强岗位管理，完善聘期考核，探索推行高职低聘和低职高聘。全省实施聘用制改革的学校共 8 816 所，占全省中小学总数的 33.4%；实行聘用制的教师 15.7 万人，占全省中小学教师总数的 31.3%。

取消行政级别，完善校长选拔任用制度。经试点，中小学校长选拔任用制度基本建立。一是尝试取消校长的行政级别，规定今后选任的校长一般不再对应行政级别，并逐步归口由教育行政部门任免。二是建立校长聘任制度。由教育行政部门与校长签订行政聘任合同，明确校长的任职和任期，约定权利、义务和职责关系。三是实行校长公开选拔、竞争上岗。至年底，全省以竞争上岗的方式选任校长 4 371 人，其中面向社会公开选拔的有 1 160 人。

〔**教师队伍建设**〕 启动“名师工程”。为在各级各类学校选拔、培养、造就一批高水平教师，省教育厅计划用 5 年的时间，在全省中等及以下学校选拔培养 6 000 名高水平教师，其中特级教师 1 000名，省级骨干教师 5 000 名；在全省高等学校选拔、培养 1 500 名高水平教师，其中省级学科带头人 500 名，学术骨干 1 000 名。2003 年评出首批名师 27 名，其中，初等学校、中等学校和高等学校（教学名师）各 9 名。9 月 10 日，中共湖北省委、省政府召开庆祝教师节大会，会上对首批名师颁发荣誉证书和奖金。全省各地也相继开展评选“师德标兵”、“明星教师”、“十佳教师”、“十佳校长”等活动。

加强师德建设。4 月，省教育厅印发《关于实行教师师德档案制度的通知》，决定建立教师师德档案，将教师师德情况记入师德档案，作为教师考核、评先进的重要依据。9 月，省教育厅举办以师德建设与教育创新为主题的“湖北省中小学师德论坛”，编辑出版《师德论坛文萃——湖北省中小学师德建设的理论与实践》一书。

推进中小学教师继续教育。加强新课程师资培训，选定华中师范大学、湖北大学等 8 所院校承担 4 000 名省级骨干教师培训者的培训任务。各市

(州)按照“先培训，后上岗；不培训，不上岗”的原则，利用暑期开展新课程师资培训。在十堰市召开了中小学教师校本培训研讨会，交流全省各地开展校本培训的经验和成果。启动英特尔未来教育项目，培训教师5 000人。

加强校长培训。完成了省级中小学校长培训任务，共举办中小学校长培训班14期，培训1 500人。经推荐、评审，确定第三批中小学骨干校长研修班培训对象234名。

加强高等学校教师培训和管理。开展高校教师岗前培训，举办在职攻读硕士学位班，进一步加强高校教师队伍建设。组织完成了教育部第五届“高校青年教师奖”和2003年度“优秀青年教师资助计划”的申报工作。规范了省属本科高等学校聘请名誉教授程序。

实施“楚天学者计划”。省教育厅拨付特聘教授岗位津贴200万元，各学校配套科研启动经费及其他相关经费1 700多万元。2003年，全省共评出特聘教授设岗学科53个，特聘教授31人，已聘任上岗17人。

完成湖北省首次教师资格认定工作。在全省17个市（州）、102个县（市）中等及以下学校教师及全省普通高校、成人高校的在职教师中，共受理164 126人的申请，133 918人取得了相应的教师资格。其中，幼儿园教师8 136人，小学教师47 183人，初级中学教师31 935人，高级中学教师23 905人，中等职业学校教师14 315人，中等职业学校实习指导教师835人，高等学校教师7 609人。

〔**教育合作与交流**〕 2003年，湖北省共考察上报申请聘请外国文教专家资格的学校60所，批准各级各类院校聘请外国文教专家人选538名；审批外国来华留学生381名、港澳台学生115名；受理、审核并向国家留学基金委上报376名申请国家公派人员的材料，其中188名被录取；受国家留学基金委的委托，组织全省53名专家对全国1 179份出国人员申请材料进行评审；依托省教育学院、中法职教培训中心等培训全省英语教师208名、职业教育专业教师25名，组织49名各级英语教学骨干教师和60名职业教育管理人员赴国外短期培训；与英国驻华大使馆合作举办了国际教育展（英国展），英国的38所院校参展；与英国大使馆文化教育处合作举办2003年中英·湖北职教国际研讨会，参加人员180多人；根据中国教育国际交流协会的安排，组织选派15名职业教育优秀教师赴埃塞俄比亚任教。

7月，召开第一次全省教育外事工作会议，会议提出湖北省教育外事工作的思路：建立一个评价体系，实施两个战略（“请进来”与“走出去”战略），实现三个加强（制度建设、监管、信息化发展）。

实施教育国际合作与交流项目。其中主要项目有：中法·湖北职业教育培训中心项目、中英·湖北职业教育项目、中新（新加坡）师生交流项目等。

努力提升中外合作办学的层次。到2003年，全省经教育部批准举办硕士教育的合作办学项目3个，经省政府批准开办大专层次合作办学项目4个，举办高中教育的合作办学项目3个。

进一步规范自费留学中介市场。3月，对10个中介机构进行资格评审，并上报教育部。对违规中介活动及其他违规涉外教育活动进行查处。先后3次召开全省合法中介机构负责人会议，重申中介机构的管理规定。

基 础 教 育

〔**综述**〕 2003年，基础教育以巩固“两基”成果为重点，注重抓好义务教育阶段学生入学率的巩固和提高，切实做好“防流控辍”工作。启动了新一轮“扫盲”工作，确定襄樊、恩施、黄冈、荆州4个市为“扫盲”调研点，并从湖北省第五次全国人口普查数据中分列出分县（市）文盲的情况。特殊教育工作有了新进展，开展全省特殊教育工作的督导检查，确定4个县（市）为全省随班就读工作支持体系试点县（市）。以湖北省幼儿教育百年为契机，召开了湖北省幼儿教育工作会议暨湖北省幼儿教育100周年纪念大会，表彰了全省幼教工作先进集体和先进个人；修订了《幼儿园登记注册标准》、《湖北省示范幼儿园评估标准》；会同省民办中小学、幼儿园协会，开展了全省先进民办幼儿园和优秀民办幼儿园园长评选、表彰活动。结合湖北省教育系统行风建设，着力规范基础教育的办学行为和加强师德师风建设，大力推进中小学教师继续教育工程，努力提高教师队伍素质。进一步改进和加强德育工作，加强体育、卫生和艺术教育。积极开展民族教育，对湖北省少数民族地区今后10年的人才需求进行了预测。积极开展教育对口支援，落实了对神农架林区教育对口支援的资金以及中小学教师对口支教等工作。

2003年，全省小学适龄儿童入学率达到99.67%，初中阶段入学率达到97.96%，小学、初中年辍学率分别控制在0.1%和1.42%。普通高中实际招生39.6万人。

〔**农村义务教育**〕 8月，省政府发出通知，提出确保农村义务教育正常运转的政策性硬措施：（1）全省农村税费改革转移支付资金用于教育的比例，应不低于固定性转移支付的60%。从2003年起，省财政厅在下达各县（市、区）税费改革转移支付指标时，要将用于教育的部分单列，并监督各地落实到位。（2）建立健全教师工资发放的有效机制。教师工资发放实行县长负责制，对拖欠教师工资的县（市），由市（州）长督促县（市）长限期解决。（3）建立健全农村中小学公用经费保障机制，确保学校正常运转。“一费制”地区农村中小学公用经费，由省财政按农村学生每生每年30元的标准给予补助；非“一费制”地区中小学公用经费，由县（市）财政按学生年平均不得低于15元的标准给予拨款。（4）建立健全农村中小学危房改造的投入机制，确保中小学校舍和师生的安全。农村税费改革固定性转移支付给农村中小学教育的资金，用于危房改造的比例不得低于10%。（5）建立健全中小学收费监管机制。各级政府的分管领导、教育行政部门主要负责人以及中小学校长，是治理中小学乱收费的主要责任人。对治理学校乱收费措施不力，群众反映强烈的，要追究其责任。（6）建立健全化解“普九”债务的工作机制。“普九”债务是各地在普及九年义务教育中因改善办学条件所欠的债务，应分别由举办学校的县（市、区）、乡（镇）人民政府和村民委员会负责偿还。（7）全面实行农村义务教育经费专户管理。建立教师工资专户、中小学危房改造资金专户、中小学公用经费管理专户。

〔**流动人口适龄子女接受义务教育问题**〕 4月，省政府颁发《湖北省保障流动人口适龄子女接受义务教育暂行办法》。《办法》规定：（1）流动人口应依法保障其子女在原籍或在暂住地接受九年义务教育。（2）各级人民政府应负责本行政区内符合本办法规定的流动人口适龄子女的义务教育工作。（3）各级教育行政部门应将流动人口适龄子女就学纳入工作规划，统筹安排，并具体组织实施。各市（州）、县教育行政部门应当指定一部分城区或城郊公办中小学接收流动人口子女入学就读。（4）接受流动人口适龄子女就学的全日制公办中小学校，对流动人口适龄子女在入学条件等方面与当地学生一视同仁，不得违规乱收费。（5）各级教育行政部门和学校应当维护流动人口适龄子女在学校的正当权益。流动人口适龄子女的学籍按借读生管理规定管理。（6）社会力量举办的中小学也应依法接纳符合本办法规定的流动人口适龄子女就读。

近年来，外地来武汉市务工的流动人口总量达到115万人，其子女达11.33万人。为解决这些子女的就学问题，武汉市政府将进城务工人员子女中适龄儿童接受义务教育问题，纳入全市教育事业发展计划，统筹安排城区公办中小学招收进城务工人员子女入学。江汉区指定9所公办学校接纳进城务工人员子女就读；汉口区安排6所公办学校对口招收进城务工人员子女中的小学毕业生；汉阳区除了确定7所办学容量不足的公办学校招收进城务工人员子女外，其他41所公办中小学均招收进城务工人员子女入学。武汉市对招收进城务工人员子女的公办学校，制定免收借读费、实行“一费制”的政策，以减轻进城务工人员的经济负担。江汉区对进城务工人员子女入学，一学期按220元至280元标准一次性收取费用，学期中途不再加收任何费用。青山、汉阳等区的公办学校对进城务工人员子女的收费，与武汉市户籍学生同等对待，实行“一费制”。此外，武汉市在教育教学评价和学籍管理等方面，对招收进城务工人员子女的学校实行单列。近年来，武汉市还审批设立了109所由社会力量举办的基本符合条件的简易学校招收进城务工人员子女入学，并将其学籍纳入全市义务教育阶段学生的学籍统一管理，与武汉市户籍的学生同等对待。市、区教育行政部门规范对简易学校审批，实行属地管理。武昌区规定简易学校校长和教师必须持证上岗。洪山区对经批准的简易学校划定服务范围招生。汉阳区实行简易学校与公办中小学挂靠管理制度，做到进城务工人员子女在教育教学管理上与公办学校同等要求。2003年，武汉市进城经商务工人员子女在公办中小学就读的学生5.79万人，在社会力量举办的中小学就读的学生5.54万人。

〔**课程改革**〕 2003年，全省基础教育课程改革实验区已发展到62个，参加学生达100万人，课程改革正处于向纵深发展的关键时期。为摸清情况、发现问题，省教育厅组成7个调研组，对32个实验区开展了为期2周的专项调研。对7 000名教育工作者及学生进行了问卷调查，形成了《基础教育课程改革调研报告》。制订了《湖北省基础教育课程改革行动计划》，确定了未来5年湖北省基础教育课程改革的目标，明确工作思路，提出实施措施。召开湖北省校本教研制度建设工作研讨会，确定了一批校本教研制度建设试点学校。

〔**规范办学行为**〕 加强基础教育教学常规管理。先后印发了《加强中小学教育教学管理十项规定》、《关于进一步加强对中小学各类实验班管理的通知》，对部分地方和学校出现的违反教育管理规定的问题进行了严肃查处，并以省政府教育督导室、省教育厅的名义发出《督导通报》。进一步推行学校民主管理。省教育厅印发了《关于进一步推进学校民主管理自觉接受社会监督的意见》，要求各中小学进一步健全和完善家长、社会参与学校民主管理的机制，规范教育教学行为。加强调查研究，推动公办中小学改制工作有序进行。会同省政府研究室，起草了《关于推进与规范公办中小学办学体制改革的意见（试行）》（征求意见稿）。加强地方教材编写和审定工作的管理，规范教辅资料的发行秩序，减轻学生的课业负担和经济负担。6月，成立了湖北省中小学教材审定委员会，并制订《湖北省中小学教材编写审定管理暂行办法》和《湖北省中小学教材审定委员会工作章程》，就中小学地方教材编写、审定的原则、程序等提出了要求。针对一些地方和学校教辅资料出版、发行比较混乱的情况，与省新闻出版局、省“扫黄打非办”联合印发了关于对全省中小学教学用书（含教辅资料）出版和发行工作进行检查的通知，并对部分地方和学校进行了抽查。

〔**中小学德育工作**〕 2003年，在全省中小学生中开展了“弘扬和培育民族精神”主题教育活动和“看世界、看中国、看湖北”中小学生征文、演讲比赛活动，推动中小学生进一步学习十六大精神。举办了“湖北省中小学德育改革与创新研讨班”，邀请全国知名德育专家讲课，全省教育行政部门干部、中小学校长和德育专职干部共200多人参加了研讨班。全国教育科学“十五”规划课题——“社区德育理论与实践研究”工作也正式启动。继续贯彻落实《公民道德建设实施纲要》，会同省妇联等部门在中小学校进一步开展了以“做父母的小帮手、做文明礼貌的小标兵、做小朋友和同学的小伙伴、做保护环境的小卫士、做主宰自己的小主人”为主题的小公民道德建设活动。对已确定的国家级青少年学生校外活动中心建设项目进行了检查。全省青少年学生校外活动场所建设项目进展顺利。在全国青少年学生校外活动场所建设和管理工作培训班上，湖北省题为“全面规划，规范管理，加强全省青少年学生校外活动场所建设”的经验材料在大会上进行了交流。

〔**教育督导**〕　加强教育督导队伍及规章制度建设。省政府召开全省教育督导工作会议，制订印发了《关于进一步加强我省教育督导工作的意见》，完成了第五届省督学的换届工作，新聘任省督学顾问3人、省督学33人。颁发了《湖北省民办中小学办学水平综合督导评估方案》，并委托省民办中小学协会组织各地教育督导干部和部分民办中小学校长共100多人参加《评估方案》讲习班。

进一步加大“督政”工作的力度，督促落实“以县为主”管理体制的落实。一是对各地确保“以县为主”管理体制落实情况、中小学教师工资发放以及2003年春季开学情况，及时编发4期《湖北教育督导通报》，宣传部分地方基础教育的先进经验，对4个县（市、区）的教师工资管理体制的专项督查结果进行了通报。对10个县（市、区）基础教育的热点问题进行了专项督查与调研。到年底，全省102个县（市、区）的教师人事管理体制全部上收到县（市、区），99个县（市、区）的教师工资管理体制也上收到县（市、区）。管理体制改革后，教职工的工资发放情况明显好转，财政拨款明显增加，中小学违规收费现象逐步减少。二是坚持“普九”复查制度，巩固和提高“普九”成果。2003年完成了对17个县（市、区）的“普九”复查工作。三是根据省委、省政府印发的《县（市、区）党政领导基础教育工作责任目标考核方案》和省政府教育督导室印发的《县（市、区）党政领导基础教育工作责任目标考核工作细则》，1月，由省政府教育督导室和省委组织部共同负责，省政府教育督导室具体负责组织考核小组，对宜都市、赤壁市2002年度党政领导基础教育责任目标落实情况进行了试点考核。

进一步完善普通中小学办学水平综合督导评估机制，积极推进中小学校全面实施素质教育。召开47所示范高中校长座谈会，对11所学校进行了实施素质教育办学水平的综合督导评估，对9所学校进行了综合督导前的考察与指导，对5所学校进行了评估后的回访复查工作，对2所省级示范学校进行了每4年一轮的复查。

〔**初中升学体育考试改革**〕　省教育厅推行初中升学体育考试与实施《学生体质健康标准》相结合的考试改革，将身体形态、身体机能指标列入考试内容。在上年仙桃、黄石、鄂州等市试点体育中考改革的基础上，2003年又有武汉、天门、孝感、宜昌等地进行了体育考试改革。全省体育中考实施面为94%。各地应届初中毕业生约91万人，参加考试的学生约75万人，约占初中毕业生的82%。全省共设考点近2 200个，比上年增设约780个。体育考试改革，将以前单一的身体素质测试改为综合素质评价，更能全面反映学生体质健康水平，也有利于推进《体育与健康》新课程和《学生体质健康标准》的实施。改革考试办法，采取电子仪器测试、微机管理，克服了人为因素，更加体现了公平、公正、公开的原则。改革考试场所，由室外转为室内测试，克服了天气对体育考试的影响。测试办法简便易行、安全可靠，便于各地实施“送考到校”的考试办法，方便了学生就近参加考试。扩大了考试面，为一些有生理缺陷或身体残疾的考生提供了参加考试的机会。

〔**幼教事业开创百年纪念活动**〕　12月8日，庆祝湖北幼教百年大会在武昌举行。1903年，经湖广总督张之洞策划，湖北巡抚端方在武昌阅马场寻常小学堂内创办湖北幼稚园，史称“中国第一园”，该园现名湖北省实验幼儿园。

百年来，湖北幼教从这里起步，不断发展。新中国成立后，幼儿教育在党和政府的领导下蓬勃发展，特别是党的十一届三中全会以来，幼儿教育取得很大的成就。至2003年底，全省有幼儿园2 258所，其中民办（含民办机制）幼儿园1 063所；在园幼儿597 841人，其中民办在园幼儿104 244人；幼儿园专任教师17 815人，学历合格率达96.2%。办学条件不断改善。全省幼儿园占地407万平方米，建筑面积242万平方米。

职业教育与成人教育

〔**综述**〕 2003年，湖北省积极贯彻落实全国及全省职业教育工作会议精神，推动各地抓紧调查研究，结合地方实际制订加快职业教育改革和发展的意见及措施。全省相继有武汉等5个市召开了职业教育工作会议，襄樊、十堰等市印发了加快职业教育改革与发展的决定。

规范办学行为。6月，召开全省职业教育与成人教育战线行风评议动员大会，对公安、司法类学校开展了集中清理整顿工作，提出规范办学行为意见，妥善处理遗留问题，切实维护学生合法权益，并向省政府写出了清理整顿报告。

继续引导各中等职业学校采取措施，进一步拓宽中职毕业生的就业、升学“出口”，拉动中等职业教育的学生“入口”。对学生进一步加强创业教育和就业指导，提高中职学校毕业生的就业率。据对10所不同地区、不同类型的中等职业学校毕业生的就业形势抽样分析，中职毕业生就业率达84.2%。印发了《省教育厅关于切实抓好中等职业学校招生工作的通知》，并加大宣传力度，扩大中职教育的影响，全省中等职业教育招生规模进一步扩大；与此同时，增加中职毕业生接受本科教育的人数，进一步扩大“3＋2”分段制高等职业教育、中职毕业生对口升高职的规模。2003年，“3＋2”分段制高等职业教育招生1.8万人，中职对口升高职2.1万人。

〔**职业教育改革**〕 加强省级重点学校和重点专业建设，优化职业教育资源配置。按照教育部的部署，湖北省重新评估、清理了中等职业教育的合格学校和各类重点学校。继续实施“512工程”，推动中等职业学校布局结构调整和资源重组，职业教育规模效益不断提高，在校生规模扩大，校均在校生增加165人。在此基础上，全省申办国家级重点学校61所，创建“512工程”合格学校5所。推动职业学校加强专业现代化建设，不断提高教学质量，办出职教特色。推动以市场为导向，以职业资格标准为基础的教育教学改革。在职业资格证书与学历文凭证书“双证沟通”课题研究的基础上，确定了“以市场为导向，以职业资格标准为基础，以课程改革为核心”的教学改革思路。在钟祥市职业高中召开了“全省中等职业学校教育教学改革经验交流会”，推广了钟祥职业高中紧贴市场办学、校企结合兴校、主动服务“三农”、积极沟通“双证”的经验。中等职业学校开展学分制、弹性学制试点的范围进一步扩大，教育教学制度更加灵活。

〔**农村教育与职业培训**〕 2003年，湖北省将农村教育和职业培训作为职业教育新的增长点。在英山县职教中心开展“初中辍学生再就学工程”试点的基础上，制定了《省教育厅关于实施“初中辍学生再就学工程”的意见》。在全省推广了英山县的做法，帮助农村初中辍学生在完成九年义务教育的基础上，学习一技之长，让他们取得初级或者中级职业资格证书，并积极推荐就业。

全省职业和成人学校积极开展下岗失业人员再就业培训，成为当地的再就业培训基地，全年完成培训20多万人次。推动了全省乡（镇）成人学校建设，评估认定了一批“湖北省乡（镇）成人文化技术教育示范学校”和“湖北省教育兴农示范基地”。全省职业和成人学校开展农村实用技术培训300多万人次，其中农村劳动力转移培训30多万人次。

〔**社区教育实验工作**〕 按照理论研究与实验试点相结合的原则，完成了湖北省社区教育实验研究课题，理论成果汇编成《湖北省社区教育理论与实践》专辑。在实验试点方面，积极推进了全省学习型企业的创建工作，已有武汉钢铁公司、江汉油田、葛洲坝集团等企业被教育部认定为创建学习型企业先进单位。在武汉市开展了创建学习型家庭的课题研究与试点工作，并在汉口召开了创建学习型家庭经验交流会。在荆州市设立了荆州市沙市区社区学院。同时，还积极支持荆州市沙市区、武汉市青山区向教育部申报国家级社区教育实验区。

〔**职业教育师资培训**〕 经教育部批准，华中科技大学成为国家重点建设的职业教育师资培训基地，使湖北省国家级职教师资培训基地达到5所（湖北工学院、武汉职业技术学院、华中科技大学、湖北省啤酒学校、东风汽车高级技校）。依托国家级及省级师资培训基地，全年举办6期校长、8期专任教师培训班，培训校长200人、骨干教师350人。组织中职学校骨干教师在职攻读硕士学位80人，专升本1 000人。组织40名教师出国培训。在“中英·湖北职业教育与培训中心”举办2期职业学校校长和骨干教师培训班，培训200人次；在“中法·湖北职业教育与培训中心”培训职业学校教师25人。与德国赛得尔基金会合作，在湖北轻工职业学院举办了面向中西部地区的职业学校校长培训班，为贵州、青海、甘肃等西部地区培训校长20多人，同时培训省内校长70名。

高等教育

〔**管理体制改革和布局调整**〕 2003年，经教育部及省政府批准，正式组建了长江大学和新湖北中医学院。至此，全省普通本科院校为31所，其中，省属大学增加1所，达到5所。高等教育管理体制和布局结构进一步优化，服务经济建设和社会发展的能力继续增强。完成了湖北工学院更名为湖北工业大学，武汉化工学院更名为武汉工程大学，黄石高等专科学校与黄石教育学院合并组建湖北工程学院，武汉商业服务学院等4校合并组建武汉商学院，武汉生物工程职业技术学院申办武汉生物工程学院，湖北省实验幼儿师范学校申办湖北幼儿师范高等专科学校的论证及向教育部的申报工作。教育部已初步决定有4所高校列入专家组考察、评审范围。

推进武汉市政府与教育部、国家民委合作建设8所中央在汉高校的工作。武汉市政府加大了中央在汉高校周边环境的治理力度；8所中央在汉高校增加了在汉招生计划，落实合作建设本科招生计划1 420人，比上年实际招生增长25%。

〔**高等职业教育**〕 省政府办公厅转发了省教育厅《关于湖北省高等职业教育改革与发展意见》，提出了加快高等职业教育改革与发展的政策与措施。在高等职业学校实施“二定一发展”计划，即“确定办学规模、制订校园建设规划、确立学校发展目标”。计划提出：经过5年努力，全省将建设10所省级示范性高职学校，力争1至2所高职学校达到全国一流水平；到2007年，全省建成100个高职教育精品专业；到2010年，全省独立设置的高等职业学校的数量在50所左右，在校生规模达到25万人。

根据高等职业学校设置规划，对2002年批准筹建的“咸宁职业技术学院”、“湖北艺术职业学院”进行考察、审核，报省政府正式批准设立；将武汉交通管理干部学院与武汉水运工业学校合并组建了武汉交通职业学院；将长江职工大学更名为长江工程职业技术学院。全省高等职业学校已达到40所（公办高职31所，民办高职9所）。

加强新设高等职业学校办学条件的督查。年初，省教育厅组织省高校设置评议委员会委员对2002年批准设立的12所高等职业学校的办学条件进行了检查。据检查，12所高等职业学校自省政府批准成立以来，主管部门（举办者）和学校多方筹措资金，累计投入1.4亿元用于改善办学条件，新增土地面积80公顷，竣工校舍建筑面积近5万平方米，已经和即将开工建设的校舍40万平方米，新增设备、图书价值超过1 000万元。12所学校共有专任教师2 264人，其中具有高级职称的667人，占专任教师的29.5%；教学仪器设备总值1.26亿元，校均1 045.2万元；图书201.79万册，校均16.8万册。

〔**试办独立学院**〕 年初，省教育厅决定以发展普通本科院校独立学院为突破口，探索高等教育办学体制和运行机制改革，完善省属高等教育体系，提高办学质量和效益。

经专家考察评审，报教育部批准设立了1所普通高校独立学院，省教育厅批准试办18所独立学院。至年底，全省普通高校独立学院达到33所(含中央部委院校试办5所，有3所学校本年未招生)。2003年，独立学院招生2.9万人，在校生5.4万人，其中，本科生2.7万人，专科生2.7万人。据初步统计，湖北省近几年通过多种渠道共吸纳21亿元资金用于建设独立学院，独立学院占地面积达592公顷，教学行政用房面积已达135万平方米，教学仪器设备总值3.3亿元，图书243万册，已成为湖北省普通高等教育的重要组成部分和新的增长点。

教育部《关于规范并加强普通高校以新的机制和模式试办独立学院管理的若干意见》印发后，湖北省积极按要求进行规范，对全省独立学院进行了检查清理，在教育部批准或备案的7所独立学院基础上，对符合教育部要求的21所独立学院进行了重新报批，暂缓报批的独立学院4所，停办1所。

〔**开展“高校建设年”活动**〕 近几年，湖北省高教事业快速发展，办学规模持续扩大，学校建设相对滞后。针对这种状况，2003年，湖北省在高校开展了“高校建设年”活动。3月，省教育厅在武汉化工学院召开省属本科院校建设现场会，正式启动“高校建设年”活动，会议提出要多方筹资，加快建设，力争3年左右时间基本完成省属高校基本建设任务。

通过开展“高校建设年”活动，加快了高校建设。全省14所高校、5所高校独立学院启动了新校区建设，省属本科院校新增基建项目27项，计划总建筑面积126万平方米，建设总投资18亿元。2003年，全省普通高校占地面积达6 305万平方米，比上年增加1 572万平方米，增长33%；校舍建筑面积达2 601.94万平方米，比上年增加505.12万平方米，增长24%；学校藏书5 204.63万册，比上年增加526.77万册，增长19.6%；固定资产总值达219.46亿元，比上年增加41.27亿元，增长23%；教学仪器设备总值达47.56亿元，比上年增加9.66亿元，增长25.49%。普通高校生均校舍建筑面积持续下降的趋势得到了有效遏制。

同时，启动日元贷款省属项目申报工作。12所本科院校争取贷款4 300万美元的审核报批工作已完成。积极利用银行贷款。从2003年起，省教育厅每年安排贴息资金1 600万元，用于高校基本建设贷款贴息，2003年贴息资金达到2 000万元。同时，改进贴息资金管理办法，确保贷款到位。2003年，23所省属本科院校基本建设贷款额度达12亿元，比上年有较大幅度的增长。

〔**教学基本建设与教学管理**〕 (1)实施“湖北省高等学校人才培养质量与创新工程”。“工程”从专业建设、实验室建设、课程建设等方面入手，进行专项建设。2003年，精品课程建设项目、本科品牌专业建设项目、高等教育人才培养模式和教学内容、课程体系改革与实践研究项目（共301项）已开始实施，大学英语教学改革项目已进行前期调研工作。(2)继续开展专业办学水平合格评价。对在2002年专业合格评价中基本合格的22所学校的32个专业和医药卫生类8个基本合格专业，开展整改复查。同时，新抽查36个本专科专业，促进学校进一步加强专业建设，改善办学条件。(3) 开展省和国家精品课程建设工作。根据教育部要求，组织高校在省级优质课程中开展精品课程建设，向教育部推荐30门课程申报国家精品课程。同时，对省级100门精品课程进行跟踪评选。(4) 评选教学名师。在全省本科院校推荐的基础上，组织专家评选推荐出10名教师参加全国高校教学名师奖的评选，经教育部评审，湖北省高校有8名教师获全国第一届高等学校教学名师奖。在湖北省“名师”评选中，有9名高校教师入选。(5) 加强教学巡视工作。根据《湖北省高等学校教学巡视工作实施办法》，组织30多名省高等学校教学巡视员到各高等学校随堂听课，对学校教学基本条件、教师教学、学生课堂与实践学习情况，教材建设、教学管理制度建设与落实情况等进行检查，教学巡视员在34所学校听课345门次。(6) 开展2003年普通高等学校“专升本”工作。39所高职高专学校向22所本科院校推荐7 149名学生，经考试选拔，3 892名学生进入相关本科院校学习。(7) 加强实验室建设与管理。继续开展基础课实验室评估。2003年，又有12个实验室通过了评估。到年底，全省共有202个基础课教学实验室通过了省级评估。(8) 建设教学实验示范中心。省教育厅投入2 000万元启动第一批省属高校教学实验示范中心建设。经专家组考察、审定，确定在湖北大学、武汉科技大学、湖北工学院、武汉化工学院、长江大学、三峡大学建立6个基础课教学实验示范中心，学校按不低于1∶1的比例进行配套建设。

〔**召开高校精神文明创建经验交流会**〕 9月18日，省委高校工委召开“湖北省高校省级文明单位授牌暨高校精神文明创建经验交流会”，对高校文明创建进行总结表彰、交流及再动员，省委副书记邓道坤到会并讲话，省教育厅厅长路钢对高校加强精神文明建设提出了具体意见。

高校精神文明创建工作取得显著成绩：一是提高了高校领导的认识，坚持把精神文明创建工作摆在突出位置，列入党委的重要议事日程，实行创建工作“一把手”负责制。二是促进了高校的改革和发展。三是提高了广大师生的文明素质。四是促进了高校党风廉政建设。

至9月，全省76所普通高校，有2所被评为“全国文明单位”，12所被评为“省级最佳文明单位”，20所被评为“省级文明单位”，共占全省高校总数的44.7%。另外，还有一批高校被评为市(区)一级文明单位。全省高校评出“三好”学生145名、优秀学生干部73名、先进学生班集体147个；有11名先进个人、13个先进集体报教育部、团中央表彰。

〔**开展向许志伟学习活动**〕 2003年7月15日，武汉化工学院学生许志伟因抢救落水儿童英勇牺牲，其英雄事迹在社会上引起强烈反响。省委书记俞正声在许志伟事迹材料上作出批示：“许志伟同学的英雄事迹感人至深。在他身上，看到了新一代大学生忠于祖国、忠于人民的优秀品质，看到了祖国未来的希望”，并要求省委高校工委在全省高校开展向许志伟同学学习的活动。教育部追授许志伟同学“舍己救人优秀大学生”称号，团中央追授其为“舍己救人英雄青年”，中共湖北省委追授其为“优秀共产党员”，湖北省政府批准其为“革命烈士”。10月16日，省委组织部、省委宣传部、省委高校工委、省教育厅、团省委在武汉化工学院联合召开优秀大学生许志伟命名表彰暨英雄事迹报告会，省委副书记邓道坤到会讲话。教育部、省委办公厅、省政府办公厅及省直有关部门负责人，武汉地区52所高校分管领导、师生代表等共15 000多人参加了会议。10月26日，省委高校工委、省教育厅印发了《关于深入开展向许志伟同志学习活动的通知》。全省各高校发挥党团组织、党校团校、学生社团组织的优势，通过座谈会、研讨会、主题班会以及演讲赛、征文赛、诗歌朗诵等形式，利用校园广播、电视、板报、橱窗、报纸、网络等媒体，积极开展学习活动。

〔**高校“两课”教学改革**〕 推进“三个代表”重要思想“三进”工作。组织专家、教授重新编写“两课”新教材。《马克思主义哲学原理》等7本新教材由有关出版社出版，截至11月，全省各高校共征订新版教材70多万册。

建立高校“两课”督导员制度。聘请高校教授、专家30人为高校“两课”督导员。4月，集中对武汉地区30所高校进行“两课”督导。年内，30名督导员在全省67所高校进行督导检查活动，共听课1 730节，召开座谈会233次，并将督导检查的有关情况通报各高校。

开展高校“两课”教学调查研究。组织高校专家、教授组成调研组，在全省高校开展教学调研工作，分别召开校级领导干部、学生、“两课”教师、非“两课”教师和毕业生等各方面人员参加的多种形式的座谈会15个，参加座谈的有200多人次；对武汉大学等5所不同层次高校的共2 200名学生展开问卷调查；组织5所具有代表性的大学进行了分专题教学研究，有关调研报告上报教育部“两课”调研综合组。

加强高校“两课”师资队伍建设。举办高校“两课”骨干教师学习贯彻中共十六大精神培训班，来自全省高校的130多名教师参加了培训；选派近40名教师参加教育部举办的《邓小平理论和“三个代表”重要思想概论》课的培训。8月下旬，举办全省高校“两课”骨干教师培训班，有340人参加了培训。

〔**学位工作与研究生教育**〕 2003年，经国务院学位委员会审核：湖北大学和空军雷达学院新增为博士学位授予单位；武汉科技学院、武汉工业学院、中共湖北省委党校、原湖北农学院新增为硕士学位授予单位。此外，中南民族大学、长江大学和武汉体育学院被批准为联合招收博士生单位。全省共增列博士、硕士学位授权一级学科21个，博士点58个。按照国务院学位委员会授权，湖北省自行组织第四次硕士学位点评审工作。经评审，新增硕士点111个。此外，3个具有研究生院的高校自行增列硕士点69个，5所军事院校增列硕士点6个，全省本次评审共增列硕士点186个。

组织省内外100多位专家对部委属高校第二批68个省级重点学科进行验收，对省属高校第三批38个省级重点学科进行中期检查。启动了第三批博士点、硕士点立项建设工作。12月中旬召开立项论证会，批准新一轮立项建设的拟增列博士、硕士学位授权一级学科4个，博士点96个，硕士点250个。

对2002年度的6.7万条学位证书信息和2003年度部分信息进行登记上网。评选省级优秀博士毕业论文158篇、省级优秀硕士毕业论文233篇，并对上述毕业论文的391名研究生及其指导教师进行表彰。对2002届有关单位、专业的102篇硕士学位论文进行了抽查，并将抽查结果通报高校。

2003年，湖北省有举办研究生资格的普通高校20所（地方院校12所），科研机构23个，共招收研究生22 191人，其中博士生4 230人；在校（学）研究生52 297人，其中博士生10 839人。

〔**高校科技工作**〕 实施高校优秀中青年科技创新团队资助计划项目。该计划主要内容是通过建立新的制度平台，将一批有共同或相近的研究方向和一定科研合作基础的中青年学术骨干组织起来，努力取得一批标志性的科研成果，造就一批年轻的学科带头人和优秀学术队伍。省教育厅对创新团队每项资助15万元～20万元。经过评审专家组答辩评审，首批共有19个团队获得资助，这些团队一般在7人左右，19个团队共128人，平均年龄在40岁以下，中青年学者占总人数的93.8%；博士占总人数的74.2%，副教授以上职称的占92.3%，其中教授占64.1%。

进一步推动高校重点科研基地建设。推荐长江大学（江汉石油学院）地下信息探测技术与仪器实验室申报教育部重点实验室。组织和主持华中科技大学的数字流域科学与技术实验室等6个湖北省重点实验室、华中农业大学和湖北农学院的湖北农村发展研究中心等6个湖北省高校人文社科重点研究基地的立项评审。

组织实施省教育厅科研项目计划。完成2003年度省教育厅科研计划项目的专家评审。在省属高校组织开展了重大项目研究21项、重点研究项目216项、优秀中青年人才项目32项、国际合作项目3项、技术创新项目16项。同时组织省属高校申报教育部重点科研计划项目8项。组织申报2003年度湖北省科学技术奖。全省高校共获奖146项，占省科技奖项总数的51.4%，其中一等奖25

项、二等奖55项、三等奖66项。按照“坚持标准、保证质量”的原则，组织鉴定高校重要科技成果20项，鉴定水平达到国内领先水平以上的成果12项。

支持县域经济发展，重点在宜都、应城两市组织开展高校科技力量为县域经济发展服务的产学研合作活动。高校与两市的企业签订技术攻关协议和合同几十项，省教育厅对其中创新意义较大的15项给予立项支持。在宜都市，有46所高校、44家企业参加，洽谈合作项目92项。有关高校还派出专家百余人次到企业现场考察和调研。

〔**高校招生工作**〕 2003年，湖北全省考生33.1万人，比上年增加近5万人，在湖北省招生的高校共1 002所。全省实际录取21.3万人，其中本科10万人、专科11.3万人，录取率为64%。2003年，湖北省招生录取工作有几个特点：一是首次实行全部异地远程录取；二是坚持各批次院校录取分数不降低，较好地体现了公开公平公正原则；三是高分考生保护和残疾考生的录取工作取得较好成绩；四是实施“透明工程”，让社会及时了解招生录取信息。

〔**学籍学历管理**〕 完成了2003年各类高等学校37.3万名学生学籍电子注册，其中，普通高等学校19万人，成人高等学校13万人，研究生教育1.3万人，网络教育4万人。至此，全省在校生累计注册104.8万人，其中普通高等教育59万人，成人高等教育33万人，研究生教育3.3万人，网络教育9.5万人。

完成2003年各类高等教育28.1万份各层次学历证书电子注册，其中研究生教育0.7万份，普通本专科11.3万份，成人本专科10.9万份，网络教育2.2万份，自学考试3万份。2001－2003年，全省累计注册各类高等教育各层次学历证书65.5万份，其中研究生教育1.8万份，普通本专科24.8万份，成人本专科25.9万份，网络教育2.9万份，自学考试10.1万份。

开展全省干部学历检查清理工作。根据省委部署，2003年，对全省246个单位160 173份学历证书进行了审核认证，完成了省直各部门和各市（州）副县级以上干部以及其他干部的学历检查清理工作。

〔**高校毕业生就业**〕 省政府出台了《关于切实做好普通高校毕业生就业工作的意见》，进一步清除了高校毕业生就业的体制性障碍，拓宽了毕业生的就业渠道，为毕业生充分就业营造了更加宽松的政策环境。省教育厅会同省劳动和社会保障厅印发了《湖北省高职高专学校毕业生职业资格培训实施办法》。据统计，全省有79 650名毕业生参加了职业资格培训，有11 655名毕业生参加了职业技能鉴定。

狠抓高校毕业生就业市场建设。全省已有14所高校建有毕业生就业服务信息网，省教育厅建有毕业生就业信息网站，日最高点击率22万人次。该网站已与中国高校毕业生就业信息网链接。2月26日—3月8日，省毕业生就业办公室、省高校毕业生就业指导服务中心组织武汉大学、湖北工学院等22所本科院校和部分高职院校举办“湖北省2003年高校毕业生就业供需见面周”，1 708家用人单位参加供需见面周活动，提供供需岗位2.3万个，参会毕业生达8万人次，现场签约3 220人，签订就业意向协议4.69万份。会同团省委组织落实“大学生志愿服务西部计划”，共有2 318人报名，顺利完成团中央分配给湖北省的400名指标；组织17名应届毕业生赴西藏工作。

截至9月1日，全省高校毕业生平均就业率为71.4%，其中毕业研究生为94.5%，本科毕业生为84.3%，高职高专毕业生为50.9%。

撰稿 雷方圣 李连华

审稿 郑年春 涂桂辛 邓荣

湖南省教育

概　　况

〔基本情况〕

2003 年各级各类学校校数、教职工、专任教师情况

	学校数（所）	教职工数（人）	专任教师（人）
一、高等教育			
（一）研究生培养机构（不计校数）	15		
1. 普通高校	10		
2. 科研机构	5		
（二）普通高等学校	73	66 084	33 229
1. 本科院校	22	42 270	20 088
2. 专科院校	51	21 780	11 764
其中：职业技术学院	42	17 511	9 389
3. 分校、大专班（点）（不计校数）		2 034	1 377
（三）成人高等学校	22	5 142	2 889
（四）民办的其他高等教育机构	60	3 133	1 587
1. 学历文凭考试机构	23	1 843	935
2. 非学历文凭考试机构	37	1 290	652
二、中等教育			
（一）高中阶段教育	1 442	343 872	82 929
1. 高中	774	301 484	56 320
普通高中	765	301 306	56 185
成人高中	9	178	135
2. 中等职业教育	668	42 388	26 609
普通中等专业学校	81	11 471	6 377
成人中等专业学校	134	5 771	3 565
职业高中	453	23 504	15 633
技工学校			
其他机构（教学点）（不计校数）	78	1 642	1 034
（二）初中阶段教育			
1. 普通初中	3 924		203 096
2. 职业初中	11	198	181
3. 成人初中	99	386	230

续表

	学校数（所）	教职工数（人）	专任教师（人）
三、初等教育			
（一）普通小学	24 673	275 811	260 704
（二）成人小学	552	686	574
其中：扫盲班	460	491	450
四、工读学校	1	6	6
五、特殊教育	55	1 219	923
六、学前教育	2 331	24 208	12 662

注：1. 普通高中教职工数包含普通初中教职工数；
　　2. 成人高等学校教职工数和专任教师数为 2002 年数据。

2003 年各级各类学历教育学生情况

	毕业生数（人）	招生数（人）	在校生数（人）
一、高等教育			
（一）研究生	3 099	8 597	19 421
（二）普通本专科	90 035	193 830	537 220
（三）成人本专科	68 872		301 780
（四）其他各类高等学历教育			
1. 在职人员攻读博士、硕士学位		1 778	5 614
2. 网络本专科生	950	8 049	24 156
3. 学历文凭考试	9 399	6 230	18 686
二、中等教育			
（一）高中阶段教育	379 828	699 462	1 642 983
1. 高中	235 643	422 322	1 068 842
普通高中	233 929	422 322	1 065 740
成人高中	1 714		3 102
2. 中等职业教育	144 185	277 140	574 141
普通中专	60 664	92 245	226 487
成人中专	14 959	25 124	51 716
职业高中	68 562	159 771	295 938
技工学校			
（二）初中阶段教育			
1. 普通初中	1 091 623	1 291 864	3 822 026
2. 职业初中	926	733	3 207
3. 成人初中	9 866		10 901
三、初等教育			
（一）普通小学	1 294 814	714 944	4 686 892
（二）成人小学	4 538		7 032
其中：扫盲班	2 979		3 728
四、工读学校			
五、特殊教育	2 192	2 154	13 634
六、学前教育	338 076	566 568	657 070

注：1. 成人本专科毕业生、在校生数为 2002 年数据；
　　2. 其他各类高等教育学生数未包含成人高校举办的各类高等教育学生数。

2003 年各级各类非学历教育学生情况

	毕（结）业生数（人）	招生数（人）	在校生数（人）
一、高等教育	79 930	62 704	69 317
（一）研究生课程进修班	1 858	8 849	3 786
（二）自考助学班	9 536	10 206	38 525
（三）普通预科生	725	978	917
（四）证书教育	6 788	2 193	2 835
（五）岗位培训	33 861	22 406	18 811
（六）进修及培训	27 162	18 072	4 443
二、中等教育	369 172		289 083
（一）中等职业教育	138 953		96 890
（二）职业技术培训机构	230 219		192 193

注：高等教育非学历教育学生数未包含成人高校举办的非学历教育学生数。

2003 年各级民办教育基本情况

	学校数（所）	毕业生数（人）	招生数（人）	在校生数（人）	教职工数（人）	专任教师（人）
一、民办高等教育						
（一）普通高校	5	1 351	20 436	46 977	4 060	2 345
（二）成人高校						
（三）民办的其他高等教育机构	60	47 030	37 583	43 698	3 133	1 587
二、民办中等教育机构						
（一）高中阶段教育						
其中：民办普通高中	125	13 033	35 457	74 048	14 283	10 356
民办中等职业教育	221	28 699	70 426	120 021	9 088	5 381
（二）初中阶段教育						
其中：民办普通初中	173	30 690	61 101	164 683		
民办职业初中	2	56	50	162	18	11
三、民办普通小学	231	12 685	10 534	64 309	4 600	3 246
四、民办幼儿园	1 777	45 138	117 072	153 341	13 328	6 972

注：民办普通高中教职工数包含民办普通初中教职工数。

〔**教育投入与支出**〕　2003 年，全省地方教育经费支出 212 亿元，比上年增加 19.3 亿元，增长 10%。省本级教育经费支出 45 亿元，比上年增加 8 亿元，增长 21.6%。教育投资体制发生重大变化，农村义务教育投入进一步增加。港资利用工作取得进展，完成了第十二、十三和十四批邵氏项目奖金及第十五、十六批增款资金的提取和拨付，共提取拨付资金1 717.5万港元、32 .5 万元人民币。新一轮中小学危房改造开始启动，争取到国家资金 2.7 亿元。全省高校共完成基本建设投资 6 亿元，通过后勤社会化改革引资 19 亿元。

〔**义务教育执法检查**〕　2003 年，省十届人大常委会组织开展了第一次执法检查，检查的主要对象是省政府及其计划、教育、财政、人事部门。检查的重点是“以县为主”的基础教育管理体制的落实情况，即是否坚持了国家拨给的义务教育经费由县级以上教育行政部门统一管理，教师工资由县财政统一发放的规定；各级政府依法落实财政性义务教育投入的情况，即法律规定的“两个比例、三个增长”的落实情况，特别是着重检查税费改革后财政性义务教育投入的情况；义务教育普及程度的情况，主要是辍学率的情况等。根据省人大常委会和省政府的部署，省教育厅、省财政厅、省人事厅等部门在本部门、本系统开展了自查和迎检工作。在全面自查的基础上，省人大常委会组织检查组，对全省义务教育执法情况进行了抽查，并对省政府抓好义务教育执法检查的整改落实工作提出了具体要求和建议。

〔**教育信息化建设**〕 根据教育部和省委、省政府的统一部署，制定了《湖南省2003—2005年教育政务信息化实施要点》，启动了办公自动化系统及电子公文传输网建设，大力加强了湖南教育信息网（www.hnedu.com）建设。截止到年底，有7个市州教育局、78所高校建立了内部局域网；10个市州教育局、49个县市教育局和198所学校建立了自己的公众信息网；教育厅门户网站——湖南教育信息网影响力和知名度大幅提升，网上总资源量达65G。启动了教育管理信息化标准示范区建设，常德、益阳、长沙3市被列为国家“教育管理信息化标准示范区。”开展了教育统计数据“建库上网”试点工作。开发了教育系统信息网上报送系统，开通了与教育部的远程视频会议系统。大力开展农村中小学现代远程教育。省教育厅和常德、岳阳、韶山3个试点市的教育行政部门成立了专门的工作班子，制定了试点市中小学站点建设方案和建设标准草案，全年完成了近一半的站点建设任务和近6 000人的培训任务。

〔**教师队伍建设**〕 2003年，全省教育系统认真实施人才兴校、人才强教战略，切实加强了教师队伍建设。一是召开全省教师工作会议，专题研究和部署师资队伍建设。会议分析了当前教师队伍建设面临的新形势，提出了2010年教师队伍建设的目标、任务及主要措施。制定了《关于进一步加强教师队伍建设的意见》。二是大力加强中小学教师继续教育工作。新组建了湖南省中小学教师继续教育指导中心。主要职责是：负责湖南省中小学教师继续教育的业务指导；举办中小学骨干教师、校长培训班、研修班；承担市、县两级教师培训机构教师培训；开展中小学教师继续教育研究等。出台了《关于进一步加强和改进中小学校长培训工作的意见》。全年共举办中小学校长、幼儿园园长各类培训班60期，培训学员4 200人次。三是大力开展教师表彰奖励活动。为总结和表彰广大农村教师的先进事迹，省教育厅对在农村中小学从事教育教学工作10年以上、成绩突出的57名教师授予了“湖南省农村教师突出贡献奖”。在教育部组织的第一届高等学校教学名师奖评选中，中南大学蔡自兴、文继舫，国防科技大学邹逢兴，湖南科技大学杨鹏程4名教授获得“国家级教学名师奖”。

〔**教育对外交流**〕 加强对自费出国留学中介服务机构的监管。制定了登刊留学广告的审核办法。制定了对国外合作机构的确认办法，凡未经国外权威机构认证的教育机构一律不得以合作形式进入湖南留学中介服务市场。同时加强了对现有中介机构的整顿力度，扎扎实实推进中外合作办学。根据新的《中外合作办学条例》，开展了中外合作办学项目的清理工作，出台了《关于加强中外合作办学管理的意见》，规定所有新申请的中外合作办学项目一律按新《条例》要求进行规范审批。加强留学人员选派工作，全年共录取国家公费出国留学人员148人。

〔**办学体制改革与民办教育**〕 为学习宣传、贯彻落实《民办教育促进法》，促进全省民办教育的持续健康发展，8月，省教育厅在全省范围内开展了《民办教育促进法》宣传月活动。11月，省教育厅对17所独立学院进行了检查清理和重新报批，经审查，教育部首批核准试办湖南师范大学树达学院、湖南商学院北津学院、湖南农业大学东方科技学院、长沙理工大学城南学院、中南林学院涉外学院、株洲工学院科技学院、湖南科技大学理工学院、湘潭大学兴湘学院、湖南文理学院芙蓉学院、湖南理工学院南湖学院、吉首大学张家界学院、南华大学船山学院12所独立学院。

〔**治理教育乱收费**〕 2003年，全省按照“办让人民满意的教育”的要求，切实加大治理教育乱收费的力度。主要做了以下工作：一是全面部署加强治理教育乱收费工作。4月，省委办公厅、省政府办公厅发出《关于坚决制止和纠正教育乱收费的紧急通知》。全省治理教育乱收费工作由省委副书记、省纪委书记孙载夫和副省长许云昭负总责，建立了治理教育乱收费工作厅际联系联席会议制度，成员单位由教育、财政、纠风、物价、宣传、新闻出版等部门组成，由教育厅长任联席会议办公室主任。按照《通知》要求，治理工作分三个阶段进行，2003年1月—6月为第一阶段，主要是刹风治乱，遏制反弹；7月—12月为第二阶段，主要是监督检查，巩固治理成果，不出现严重的普遍性的乱收费问题；2004年全年为第三阶段，主要是调查研究，规范行为，从根本上解决问题。

二是全面开展教育收费自查自纠工作。从五个方面对教育收费问题进行全面自查自纠：(1) 市州及以下各级政府、部门自行出台的收费文件、收费项目、收费标准及数额；(2) 部门搭车收费收税，包括强卖省定教学书目以外的书刊、资料、学具、音像制品；(3) 学校乱办校、乱办班、乱收费、乱集资，以及所收经费的使用情况；(4) 各级财政对教育的投入，尤其是农村税费改革财政转移支付用于教育的资金的落实情况；(5) 学杂费的使用情况等。同时，停止一切有关学校新增收费项目的审批，停止中小学校名校办民校、高中办实验班的审批，停止除中央规定以外的中小学教育达标升级活动。严禁各级政府及部门巧立名目出台收费文件，乱开收费口子向学生乱收费、乱集资、乱摊派；严禁部门和单位向学校搭车收费收税、强迫或变相强迫学校订阅、购买省定书目以外的书刊、资料、学具以及音像制品；严禁未经教育行政部门批准，违规乱办校、乱办班，从中乱收费；严禁学校自立项目向学生乱收费。

三是切实规范教育系统自身的收费行为。为加强教育系统行风建设，切实规范中小学收费行为，省教育厅提出了“九个不准”，即不准擅立项目、擅提标准和扩大范围收费；不准在省定书目之外强迫学校、学生统一订购教学复习辅导资料、知识读本和各类书刊；不准教育行政部门和学校、教师向学校、学生推荐、推销商品，包括教具、作业本、教辅资料、校服以及其他各类办公和教学用品；不准向义务教育阶段的学生收取择校费；不准突破公办高中招收择校生的“三限”政策；不准乱办学、乱办班；不准以其他任何形式强制性收费；不准学校代政府和部门“随读代征”和“搭车收费”；不准学校把收费与学生报名、领书和上学挂钩，与教师的工资、福利、评先评优和晋升挂钩，不能因收费将学生拒之于学校门外等。

四是严格控制公办高中招收择校生。省教育厅、省物价局、省财政厅联合发文，规定：凡举办了民办高中的学校，执行民办高中学校的收费标准，不准再收取择校费；未举办民办高中的省市级重点中学，允许招收一定的择校生，并实行限人数、限钱数和限分数政策，具体比例为省级重点中学不超过当年招生总数的50%，市级重点中学不超过当年招生总数的30%。择校费由学校在学生入学时一次性收取，非重点学校不得收取择校生费。择校生最低分数为低于公办高中计划内录取分数线50分，由各市州教育部门按照从严控制的原则具体制定，并向社会公布接受监督，严禁擅自扩大择校生比例、提高收费标准或在限定金额外收取其他费用、降低分数线。

〔**教学与科研工作**〕 2003年，全省有全国教育科学“十五”规划立项课题105项，其中，国家一般课题5项，国家青年基金课题1项，教育部重点课题45项，教育部青年专项课题20项，教育部规划课题30项和教育部人事司特级教师专项课题4项。在研省教育科学“十五”规划课题达到510项。认真组织实施“湖南省高等教育新世纪教改项目计划”，新立项资助113个项目，其中，重点项目22项，推动了高校教研活动的广泛开展，促进了教学改革的不断深化。立项资助了“湖南省高等教育21世纪课程教材”计划第三批教材30种，逐步建设了一批特色明显、内容先进、能反映学科发展前沿的高水平教材。2003年，全省高校有133个项目获湖南省高等教育省级教学成果奖，其中，一等奖24项，二等奖39项，三等奖70项。积极推进研究生教育创新，围绕研究生教育质量保证体系和导师队伍建设两个专题，立项资助了42项湖南省2003年研究生教育教改研究项目。组织开展了湖南民族教育改革和发展研究优秀论文评选活动，共评出优秀论文一等奖4篇，二等奖17篇，三等奖27篇。湖南教育史志研究取得重要成果，《湖南教育史》一书获全国图书评比二等奖。

〔**民族教育和教育援藏工作**〕 2003年，湖南省全面贯彻落实全国第五次民族教育工作会议精神，民族教育和教育援藏工作取得了新的成就。一是少数民族教育工作得到加强。省教育厅、省民委联合组成3个调研组，对5个民族自治县及其14个乡镇、6个散居民族乡的教育工作进行了抽样调查，调查内容涉及民族地区经济社会发展现状、教育投入、教育规模、教育教学改革、师资队伍建设、办学条件、中小学辍学等各个方面。组织开展了普通大中专院校应届毕业生向民族地区中小学捐赠图书资料和学习用品活动，共有28所学校组织捐赠图书资料51 000多册，学习用品47 000余件和部分衣物。择优选拔了11名应届初中毕业生到中央民族大学附属高级中学就读。省属高校共招收民族预科生1 200余人。二是教育援藏工作取得新进展。湖南支援西藏山南地区的第四批援藏教师完成支教任务返湘，被山南地区行署授予"优秀援藏教师队"称号。8月，省教育厅从长沙、湘潭、益阳、邵阳4市选拔10名优秀中学骨干教师，组成新一届援藏教师队赴西藏山南地区支教。全省西藏班共录取五年制小教大专班藏族新生180名，高中新生180名，西藏班在校学生总规模达到1 084人，比上年净增100名。岳阳市一中首届西藏高中班学生毕业参加全国高等学校招生统一考试，81名学生全部被北京大学等56所重点大学录取。

〔**语言文字工作**〕 2003年，认真实施《国家通用语言文字法》，语言文字工作取得了新进展。一是切实加强语言文字工作的领导与管理。省政府对湖南省语言文字工作委员会进行了调整，主任由副省长许云昭担任。制定了《湖南省普通话水平测试工作评估细则》，进一步规范普通话水平测试工作，加强了普通话培训工作管理。在全省高等院校、普通中专学校非师范类学生中实行普通话等级证书制度，继续开展高校在职教师的普通话水平测试。二是开展城市语言文字评估工作。12月25—27日，省教育厅副厅长、省语委副主任朱俊杰率评估团对长沙市的语言文字工作进行了评估。评估团分为四个小组，分别对长沙市的学校、新闻媒体、党政机关和主要服务行业四个重点领域20家单位进行了考查评估。评估团认为，长沙市的语言文字工作规范化程度较高，达到了国家一类城市语言文字规定的要求。三是举办首届大学生辩论赛。省语委办等单位联合举办了"中粮可口可乐杯"湖南省首届大学生辩论赛，从2003年11月开始，到2004年5月结束。辩论赛由省内各普通高校自愿报名参赛。

撰稿 张　平　王俊良　黄国圣　张晓春
邓士煌　谢　民　贾腊生　雷桂平
杨承玖　舒凡卿　王吉平　彭干瑜
符润中　谭小京　余伟良　樊国斌

基础教育

〔**"两基"工作**〕 2003年，全省始终坚持把"普九"作为教育工作的重中之重，按照"积极进取、实事求是、分区规划、分类指导"的原则，扎扎实实推进"两基"巩固提高。一是颁发了《基础教育分类指导和评估的实施意见》，确定了湖南省"十五"期间三类不同地区基础教育改革与发展的主要目标和质量要求。同时，认真组织实施第二期"国家贫困地区义教工程"，共下拨专项资金2亿元，15个项目县共新建校舍40.3万平方米，完成仪器设备购置358.2万元，采购图书43.7万册，添置课桌凳28 475套，购置信息技术教育设备3 785台（件），培训校长和教师12 575人，救助贫困学生25 187人。二是坚持把“控流保学”作为“普九”工作的重中之重来抓。组织开展春秋两季开学工作检查，把“控流保学”的责任落实到基层政府和相关单位。坚持初中毕业会考“两考合一”的做法，控制考试难度，同时进一步加强中小学用书管理，减轻学生和家长的经济负担，努力控制中小学生的辍学比例。全年累计向经济困难中小学生发放助学金450万元，资助学生约5万人。此外，还争取中央免费教科书专项1 600万元，免费发放教科书20万套。三是省委办公厅、省政府办公厅转发了省教育厅等部门《关于“十五”期间扫除文盲工作的实施意见》，明确了全省扫盲工作的指导思想、目标任务、工作原则、主要对象，出台了相关政策措施。

〔**普通高中教育**〕 2003年，全省普通高中教育继续保持快速健康发展的势头。主要抓了以下工作：一是组织开展了普通高中调研工作。省教育厅分批组织对全省经济、教育发展水平不同地区的高中教育进行了调研，同时组织省、市教育行政部门等有关单位负责人赴广东、海南考察，全面把握高中教育发展现状，充分借鉴外省发展经验，进一步完善了全省高中教育改革和发展的思路。二是切实加强了普通高中教育的管理。省教育厅先后印发了《湖南省重点高中管理办法》、《湖南省普通高中学生学籍管理办法》、《关于进一步规范公办重点高中举办民办学校管理的通知》等文件，保障和促进了普通高中教育的持续健康发展。三是进一步加强了省级重点高中建设。建立了省级重点高中检查与评审分离的制度，成立了普通高中建设指导专家库和评委库，新认定20所省级重点高中，同时对14所新申报省级重点高中的学校加强了调研指导。

〔**学前教育与特殊教育**〕 2003年，全省学前教育和特殊教育得到进一步发展。修订了《湖南省示范性幼儿园标准》，对示范性幼儿园的办园方向、办园条件、保教队伍、园务管理和保教质量等作出明确规定，重新启动了示范性幼儿园建设。根据教育部的统一部署，组织开展了对各地幼儿教育的自查工作。对湘阴县和长沙县的学前教育进行了调查研究，制定了《关于加快幼儿教育改革与发展的若干意见》。认真落实《湖南省特殊教育事业“十五”发展规划》，以教育部确定的浏阳、醴陵、桃江、洞口4个随班就读工作支持保障体系实验县为示范，逐步建立起了全省随班就读支持保障体系，全面推进了随班就读工作。实行对特殊教育学校学生提供免费教科书的制度，积极推动各地对特教学生实行“两免一补”。

〔**教育督导**〕 2003年，全省各级教育督导部门坚持督政与督学相结合，积极探索推动基础教育发展的督导工作新机制，主要抓了以下工作：一是继续开展省级重点高中的督导评估。对1999年底前挂牌、尚未接受督导评估的46所省级重点高中进行了督导评估，重点对学校的办学方向、办学行为和经费投入进行了检查，共督促财政向学校追补欠拨的教师工资966.54万元、基建经费242.24万元、公用经费288.16万元，向学校返还收缴的调节基金、统筹基金等4 920.44万元。二是针对教育难点热点问题开展专项督查。结合全省义务教育执法检查，对全省122个县市区开展了教育投入专项督查。开展了中小学办学行为的专项督查，重点查处了中小学乱收费、乱发书刊资料、办复读班、招复读生、办重点班、招寄读生、节假日成建制补课等问题。三是完善了常规教育督导评估制度。建立了省督学督导工作区制度，将全省划分为湘西、湘北、湘中、湘南四个工作区，明确了各工作区的组织机构、主要职责、工作程序等；制定了《湖南省幼儿园督导评估工作指导纲要》和《湖南省民办中小学督导评估工作指导纲要》，正式建立了幼儿园督导评估制度和民办学校督导评估制度；制定了《湖南省中小学办学水平督导评估指导纲要》，启动了新一轮中小学办学水平评估。

〔**课程改革实验**〕 2003年，全省省级课改实验区达到103个（新增86个县市区），约占全省县市区总数的84%，参加课改的学生约占起始年级学生总数的90%。为切实做好义务教育课程改革实验工作，省教育厅发出《关于进一步推进义务教育新课程实验工作的通知》、《关于进一步做好义务教育课程改革实验推广工作的意见》，明确了课改的目标、任务和措施，并就课改的经费投入、教师培训、教材选用等提出了指导性意见。7月，在娄底召开了基础教育课程改革实验现场研讨会，总结交流课程改革经验，全面部署新学年度课改工作。全省按照“市州统筹，以县为主，落实到校”的原则和“谁受益，谁培训”的要求，落实了出版部门的培训职责，通过多方筹措经费，完成了实验区教师全员培训的任务。此外，根据教育部的总体要求，颁发了《湖南省义务教育地方课程设置方案(试行)》，研制了《湖南地方文化常识课程标准》，组织开发了心理健康教育、科技活动、地方文化等地方教材。

〔**中小学人事制度改革**〕　2003年，全省教育系统以核编定岗工作为重点，大力推进了中小学人事制度改革。一是合理制定农村中小学教职工编制标准。全省按新定教职工编制总量的3%增加附加编制共16 277名，用于解决边远山区中小学师资缺乏问题，其中0.5%不核定到县市区，由省调剂分配到分流比例高于全省平均水平的市州。农村教学点实行单独核编，规定在校学生不足23人的教学点配备1名教师。二是认真开展中小学教职工核编工作。对全省中小学教职工在编人数和学生数分县市区进行了清理，并根据学生数逐县核准教职工编制。全省134个县市区、农场和14个市州直属中小学的教职工编制已全部行文核定，共有中小学教职工编制557 926名，核减4.78%。三是全面推行中小学教职工聘任制。省教育厅、人事厅、财政厅、省编办制定了《湖南省中小学教职工核编定岗工作实施意见》，对中小学岗位设置、全面推行聘任制以及人员分流和安置政策等重大问题进行了规范。中小学在编教职工的人员分流，参照当地机构改革行政机关工作人员的分流政策执行，同时建立和实行以单位内部消化为主，多层次多形式安置未聘教职工。中小学教职工由县级以上教育行政部门批准聘任。

〔**学校体育、艺术工作**〕　2003年，全省学校体育艺术工作取得了显著成绩。一是举办了湖南省第一届中小学生艺术展演活动，获奖作品参加全国展演评选，共获得艺术作品全国一等奖6件、二等奖14件、三等奖20件；艺术表演类节目全国二等奖6个、三等奖2个；科学论文全国一等奖1篇、二等奖1篇，省教育厅获教育部颁发的优秀组织单位奖。二是举办了湖南省中小学生“海韵琴行”杯独唱、独奏、独舞比赛。三是举办了2003年全省中学生排球赛、全省中学生（男子）足球赛、全省中学生篮球赛、全省中学生定向越野赛、省中学生田径锦标赛。

〔**农村义务教育实行“一费制”**〕　从2003年开始，花垣、龙山、永顺、凤凰、保靖、古丈等20个国家扶贫开发工作重点县农村义务教育学校全面实行“一费制”。具体办法是将学生普遍承担的杂费和必订书籍课本费、音像教材费、作业本费等代收费作为“一费制”的内容，开学时由学校一次性向学生收取，学校不得再向学生收取其他任何费用。具体收费标准为每生每期小学96元，初中156元。代收费中的自愿部分和借读费、计算机维护费等非普遍收费项目，由学生及家长自愿选择，按其他地区的收费项目和标准执行。实行“一费制”后，学校因收费标准降低形成的经费缺口全省每年达5 400万元，对此由省、市、县三级财政按5∶2∶3的比例分担，其中省、市财政承担部分通过专项转移支付方式补助到县，由各县市区财政部门和教育行政部门按学生人数分解补助到农村中小学，用于弥补学校公用经费的不足。

撰稿　张晓春　张毅龙　樊国斌　石灯明
雷桂平　何伟建　周　军　刘大维
陈书国

职业教育与成人教育

〔**高等职业教育**〕 2003年，全省独立设置的高等职业学校发展到50所（含筹建8所）；共招生10.8万人，比上年增加3.2万人，增长30%，在校生23.5万人，比上年增加6.6万人，增长39%。高等职业教育在实现快速发展的同时，各项改革顺利推进。一是办学模式改革取得突破。永州职业技术学院坚持“对准市场设专业，对准岗位设课程，对准实践抓教学，对准入世育人才”，大力开展产学研结合，“以服务求支持，以贡献求发展”，主动为地方经济和社会发展服务，得到学生、企业和社会的广泛认同，并取得了良好的社会经济效益。该校已进入国家级示范性高职学院重点建设行列，顺利通过了教育部组织的人才培养工作水平评估。二是各项重点建设取得进展。湖南铁道职业技术学院被遴选为国家级先进制造技术实训建设基地。湖南科技职业技术学院被教育部批准试办软件学院，并成为全国首批35所试办院校之一；启动了高等职业学校省级教学改革试点专业建设和省级IT专业改革试点工作，成立了高职IT专业教学改革指导委员会。全省有国家级精品专业3个，国家级教学改革试点专业13个，省级教学改革试点专业22个，省级IT改革试点专业179个。三是职业教育规范管理得到加强。制定《湖南省高等职业学校、成人高校及省外高校（在湘）高等教育函授教育辅导站管理办法》，建立了函授站的审批原则、审批程序、归口管理、年审检查和奖惩等制度，并对236个函授站的办学情况进行了年检，认定合格216个，限期整改4个，撤消、停办16个，新增47个；制定《关于规范职业技术学历教育若干问题的通知》，从职业学校名称、办学条件、广告宣传、规范管理等方面设立标准，使职业教育发展环境进一步优化。此外，全省职业学校全面实行了新生电子注册制度，落实了五年制高职和“中高连读”的“注册制”。

〔**中等职业教育**〕 2003年，全省中等职业学校招生人数占高中阶段学校招生人数的40%，同上年基本持平。全省中等职业学校注册学生达61.97万人。中等职业学校国家级重点建设专业6个，省级重点建设专业22个、重点建设专业点53个。上半年，省教育厅对54所中等职业学校进行了教学工作专项评估，并对上年教学工作专项评估结论不合格的83所学校进行了复查，其中，有18所学校被勒令停办，24所停止学历教育招生，17所限期整改。9月，省教育厅在全省遴选了13个县市进行中等职业教育专项调研，每个县市重点调查了1所公办中等职业学校、1所民办职业学校，调研内容包括办学环境、办学方向、办学条件、办学质量和教育投入等方面。9月—12月，省教育厅组织开展了国家级重点中等职业学校调整认定工作，全省申报参评的70所中等职业学校共有48所顺利通过了国家级重点中等职业学校评估。

〔**成人教育**〕 2003年，全省独立设置的成人高校有22所，招生12.57万人，在校生31.5万人。省内外高校、高职学院和成人高校在湖南省设置的高等教育函授站达257个。各级各类职业学校和成人高校多方位开展职业技术培训，全省共培训城乡劳动力500多万人次。继长沙市雨花区列为首批国家级社区教育实验区后，2003年长沙市岳麓区也被列为国家级社区教育实验区，为全省农村剩余劳动力转移、城市下岗失业人员转岗、再就业培训提供了更多的平台。

撰稿 汪忠明

高 等 教 育

〔**制订《2010年高等教育事业发展规划》**〕根据党的十六大精神和湖南实际，省教育厅组织制订了《湖南省2010年高等教育事业发展规划》。《规划》提出了2010年全省高等教育发展的主要目标：在办学规模上，全省高等教育在校学生总数达到175万人左右，其中全日制研究生6万人，全日制普通本专科约89万人，非全日制研究生、成人高等教育、远程教育和高等教育自学考试等折合约80万人。高等教育毛入学率达到27%。在学校发展格局上，全省普通高校发展到90所左右；本科院校28所左右，其中冠以“大学”名称的综合性或多科性学校10～12所；争取设置2所左右民办本科高校；普通专科和独立设置的高等职业学校62所左右。在学科专业建设上，重点建设国家或省级重点学科150个左右，重点实验室40个左右，工程研究中心10个；重点建设150个省级重点专业。高等职业教育建设40个左右国家级重点专业，2～3个国家级实习实训基地，10个左右省级实习实训基地。在教师队伍建设上，本科院校专任教师中具有硕士学位的达到60%，具有博士学位的达到15%。专科学校专任教师具有硕士学位的达到30%，高职学院“双师型”教师比例达到50%。努力培养和造就一批学术骨干和学科带头人，培养一批具有较大影响的教学名师。高等学校教师总量和学科专业分布基本适应事业发展的要求；在办学条件上，全省高校教学基本条件达到教育部规定标准，教育信息化水平大幅提升，2005年左右建成全省网上教育平台，课堂教学现代化手段运用率达到50%，2010年基本实现教学手段现代化；在科研和服务能力上，高校承担国家和省级重大科研课题研究及高水平原创性研究的能力进一步增强，应用性科技成果转化率大幅提高。高校哲学社会科学研究进一步加强，成为全省精神文明建设和民主法制建设的重要思想库和人才库。

为实现上述目标，《规划》提出：一是完善高等学校管理体制，加强省级政府对高等学校管理，进一步加大市州政府的办学责任，同时转变政府职能，大力推进依法行政、依法治教，依法落实高等学校的办校自主权。二是在引导高校正确定位、突出办学特色的基础上，进一步深化高等学校的人事、分配等制度改革，大力推进高校后勤社会化，增强高校发展的生机和活力。三是深入贯彻《民办教育促进法》，营造民办高等教育发展的有利环境，鼓励普通高校举办民办独立学院，支持社会力量举办高等教育。四是深化教育教学改革，调整和优化学科专业结构，加强课程教材体系建设，推进教学手段现代化，建立灵活开放的学习制度，努力构建新的人才培养模式，提高人才培养质量。五是加强师资队伍建设，加大教师培养培训和人才引进工作力度，重点培养和造就一批高水平的学术带头人和教学骨干，建设一支高水平的管理队伍。六是加大投入力度，努力改善高等学校的办学条件。同时，通过股份制、信贷、教育成本分担等多种措施，拓宽高等教育筹资渠道。七是加强高校对外合作和交流，积极稳妥地发展中外合作办学，加强留学生教育，全方位推进高等教育对外开放。

〔**教育教学改革**〕 2003年，全省高校认真实施新世纪教学改革工程，积极探索建立新的人才培养模式，教育教学质量明显提高。

一是大力推进教育创新，努力营造人才成长的良好环境。举办了全省普通高校领导干部暑期研讨班，进一步更新教育观念，端正办学思想。全省高校坚持以学分制改革为突破口，大力推进教学制度创新，积极探索新的人才培养模式。选择中南林学院等4所学校开展了完全学分制的试点工作。中南大学、湖南大学、湖南师范大学正式签订资源共享框架协议，共享范围包括教学、科研、师资、教学科研设备、图书情报资料等领域，逐步打破了高校间的学科壁垒和校际壁垒，促进了复合型人才的培养。

二是调整优化专业课程体系，努力提高高校人才培养质量。2003年，全省普通高等学校新增全日制本科专业81个、专科专业29个，成教专业23个。同时，切实加强重点课程建设，不断优化课程体系。在已有41门省级优秀课程的基础上，新立项59门省级重点建设课程，中南大学的人工智能、管理信息系统、病理学、生理学、人体解剖学和湖南大学的工业设计史6门课程入选2003年国家精品课程。

三是积极组织各类竞赛活动，促进高素质创新人才培养。省教育厅组织全省高等学校参加全国大学生科技竞赛活动，取得显著成绩。全国大学生数学建模竞赛有5个队获一等奖，15个队获二等奖；全国大学生电子设计竞赛有4个队获一等奖，5个队获二等奖。为提高大学生学习英语的积极性和主动性，推动学校加强英语教学改革，省教育厅举办了全省普通高校第九届大学生英语演讲比赛，全省共有35支代表队、105名选手参赛。遴选湘潭大学和湖南商学院的三名大学生参加全国“CCTV”杯大学生英语演讲比赛，分获第4、7、14名。

四是积极推进教学基本条件达标工作，增强高校办学实力。加速推进普通高校教学实验室建设，深化实验室管理体制和实验教学改革，全省普通高校新增10个基础课实验室作为湖南省普通高校基础课示范实验室进行重点建设。经财政部批准，湖南师范大学、湖南农业大学、南华大学、长沙理工大学、湖南科技大学、中南林学院、株洲工学院、湖南工程学院8所高校被列为财政部部省共建高校基础实验室试点单位，有力促进了实验仪器设备的更新，改善了高校基本教学条件。

五是构建教学质量监控机制，确保高校人才培养质量。积极配合教育部开展本科教学工作水平评估，湘潭大学被教育部评为教学工作水平评估优秀学校，湖南中医学院的教学工作也被教育部专家组评为优秀。对省属普通高校1999年新设的47个本科专业和2000年新设的92个专科专业的办学水平进行了全面检查评估，撤销了38个专科专业，推动了学校专业结构的调整。此外，还进一步加强了对高校成人函授教育辅导站和远程教育校外学习中心的监督管理，促进了成人高等学历教育和远程网络教育的健康发展。

〔**高校党建工作**〕 2003年，全省高校进一步加强和改进高校党建工作，维护了高校稳定，推动了高等教育的改革发展。

一是以提高素质、优化结构、改进作风和增强团结为重点，进一步加强了高校领导干部队伍和领导班子建设。大力推进领导干部选拔任用制度改革，加大培养优秀年轻干部的力度，逐步把一批懂政治、懂教育、懂管理和具有国际视野的中青年骨干人才充实到高校领导干部队伍中来。同时大力推动党风廉政建设和反腐败工作，保持了高校党组织的纯洁健康。

二是不断深化“三个代表”重要思想“三进”工作。通过组织报告会、巡回报告团等形式，开展了丰富多彩的学习教育活动。充分发挥课堂教学主渠道作用，在全省22所本科院校和2所高职院校单独开设了课程，其他院校开设了《邓小平理论和“三个代表”重要思想概论》课程，积极推动高校“三个代表”和十六大精神“三进”工作。

三是按照《湖南省普通高校党建工作评估方案》，大力开展高校党建评估工作。全省首批通过党建评估的高校有4所，其中，湖南农业大学和南华大学确定为“湖南省党建工作先进高校”，湖南理工学院和湖南文理学院确定为“湖南省党建工作合格高校”。

四是适应高等教育改革发展新形势，不断创新大学生思想政治工作。组织开展了向全国优秀大学生陈野平学习的系列活动。积极推广中南大学网络德育工作经验，充分利用高校网络资源开展学生思想政治工作。积极探索了公寓内大学生思想教育和管理工作的新方式。大力加强了大学生的心理健康教育。

〔**体制改革与布局调整**〕 2003年，全省大中专学校体制改革和布局结构调整继续推进。教育部正式批准长沙交通学院、长沙电力学院合并组建长沙理工大学，湘潭师范学院、湘潭工学院合并组建湖南科技大学，郴州师范高等专科学校、郴州医学高等专科学校和郴州教育学院合并组建湘南学院。省政府批准设置了保险职业学院、长沙特殊教育职业学院、长沙南方职业学院、长沙社会安全职业技术学院、湖南化工职业技术学院、湖南城建职业技术学院等18所高等职业学校。经省政府同意，郴州师范学校并入湘南学院，湖南二轻工业学校并入湖南科技职业学院，零陵商业学校、零陵工业学校、零陵师范学校并入永州职业技术学院，株洲工学院、株洲师范高等专科学校、湖南冶金职业技术学院三校合并筹建湖南工业大学，湖南大学衡阳分校、湖南建材高等专科学校合并筹建湖南工学院。

〔**重点学科与专业建设**〕 2003年，全省重点学科建设投入超过1.1亿元，其中省教育厅投入2 300万元，学校配套投入超过6 000万元，重点学科自筹经费超过3 000万元。开展省级重点学科和省属高校国家重点学科的中期检查，根据各学科《建设计划任务书》指标，全面检查立项建设以来的建设成效。在中期检查中全面落实滚动管理制度，根据各学科建设情况确定出三类评价结果，对建设成效突出的一类学科，将在下年增拨建设经费；对建设成效不够明显的三类学科，将在下年减少下拨经费。重点学科建设推动了高校办学思路的调整和教育资源的合理配置；促进了师资队伍建设，尤其是中青年学术骨干的成长；改善了高校整体办学条件，提高了教学质量、科研水平以及为经济建设和社会发展服务的能力。10月，省教育厅组织专家组抽查了15个省级重点专业和18个省级重点建设专业，督促学校切实加强专业建设，不断提高专业教学水平。

〔**高校骨干教师队伍建设**〕 2003年，全省以培养和引进学术大师和学科带头人为重点，切实加强了高校骨干教师队伍建设。一是高校学科带头人和青年骨干教师培养对象培养选拔工作。对普通高校学科带头人和青年骨干教师培养对象培养计划的执行情况进行了检查验收，共检查验收学科带头人培养对象46名，青年骨干教师培养对象135名，其中32名教师被确定为优秀，140名被确定为合格。同时，认真开展了培养对象的选拔工作，全省共选拔出41所普通高校的149名教师为青年骨干教师培养对象，至此，全省已选拔高校青年骨干教师培养对象1 558人。二是“芙蓉学者计划”特聘教授评审工作。确认了第二批特聘教授人选7名，到年底，共确认“芙蓉学者计划”特聘教授人选18名，其中10人已与聘任学校签订聘用合同，从2003年元月起正式上岗工作。特聘教授在学科建设中的重要作用开始显现，10名特聘教授共指导博士研究生26名、硕士研究生22名，开设了一批核心课程，成功申报了4项国家级或国际合作课题，发表文章30余篇，主持召开了3次国内、国际学术会议。

〔**招生考试工作**〕 2003年，全省克服“非典”疫情、高考时间提前、考生大幅增加等因素带来的种种困难，顺利完成了各类教育招生考试的任务。全年共组织各类教育统一考试38次，各类考生达152万人，其中参加研究生招生考试考生3.72万人，比上年增长27%；普通高考30万人，比上年增长15.9%；成人高考18万人，比上年略有减少；高等教育自学考试65.8万人，比上年增长15.2%；全日制自学考试、学历文凭考试40万科次；全国计算机等级考试11.88万人。共录取各类新生34.14万人，其中研究生7 182人，比上年增长48.79%；普通高校新生20.85万人，比上年增长31%，录取率为69.7%；成人高等教育新生11.78万人，比上年下降8.2%。从2003年开始，对普通高校招生的志愿结构和填报方法作了调整，本科一批设3个并列一志愿，本科二批、三批和专科批设5个并列一志愿，取消二志愿和服从志愿，各批次录取后，全省统一在规定时间内通过网络、媒体向社会公布院校缺额，再次征求未录取上线考生的志愿，按征求志愿从高分到低分投档，学校择优录取，增加了考生投档机会，降低了填报志愿风险，保护了高分考生的利益。6月，举办了首次普通高校招生网上咨询会，参加咨询活动的高校200多所，注册考生3万余人，总访问量达到52.5万人次。

〔**研究生教育与学位工作**〕 2003 年，全省共有博士学位授权单位 10 个，硕士学位授权单位 19 个，学士学位授权单位 17 个，有博士学位一级授权点 38 个，博士点 243 个，硕士点 680 个。

2003 年，新增长沙理工大学、南华大学 2 个博士学位授权单位，新增吉首大学、株洲工学院、省委党校 3 个硕士学位授权单位，增列 17 个一级学科博士点、46 个二级学科博士点、221 个硕士点。省学位委员会审核批准了湖南理工学院、湖南文理学院、衡阳师范学院 3 所学校为学士学位授权单位，湖南师范大学等 11 所高校的 24 个有首届毕业生的学科专业获得学士学位授予权。

推进研究生教育优质资源共享。国防科技大学、中南大学、湖南大学、湖南师范大学 4 所学校签订了研究生教育优质课程互选协议，开发了“湖南研究生教育优质课程互选网上管理信息系统”，自 2003 年秋季起，4 所学校的优质课程主讲教师可以互聘，研究生可以跨校选修首批认定的 25 门优质课程，学分按课程所在学校的学分计算。遴选了 38 门课程作为“湖南省研究生精品课程”进行建设，期限三年，这些课程将作为高校开展“课程互选、学分互认”的试点课程。

继续开展了研究生学位论文评优和抽检工作。评选出 20 篇湖南省优秀博士论文、100 篇优秀硕士论文。有 8 篇博士论文获全国优秀博士学位论文提名；对全省 2002—2003 学年度毕业研究生的学位论文进行了抽样检查，共抽检 40 篇博士学位论文、349 篇硕士学位论文，占全部学位论文总数的 9.09％。

省学位委员会组成人员换届调整。新成立的第三届省学位委员会共有成员 32 人，副省长许云昭任主任委员。

〔**高校科研工作**〕 2003 年，全省高校科技经费收入总额达 9.94 亿元，比上年增长 9％，高校科技和社科工作为湖南经济社会发展提供了有力的智力支持。一是科研队伍不断壮大。全省高校共有科技人员 36 481 人；其中具有高级职称的 12 131 人，占 33％，比上年增长 801 人。共有社科研究人员10 898人，比上年增加 4％，其中具有高级职称的人员 3 843 人。二是科研基地建设成绩显著。全省高校共建有 3 个国家工程研究中心，8 个国家重点实验室，9 个教育部重点实验室，3 个教育部工程研究中心。三是科技实力明显增强。全省高校共承担各类科研课题5 806项，其中，“973”项目 42 项、“863”项目 115 项、国家科技攻关项目 59 项、国家自然科学基金项目 438 项。出版科技专著 270 部、发表学术论文 1.73 万篇。获省部级以上科技奖励 135 项，其中国家级奖励 10 项（国家自然科学二等奖 1 项，国家科技进步二等奖 9 项）。湖南师范大学的“异源四倍体鱼和三倍体鲫（鲤）鱼研究”和湖南农业大学的“双低油菜新品种湘油 15 号选育及配套技术研究”，项目获得国家二等奖。四是高校哲学社会科学进一步繁荣。全省高校共承担社会科学研究课题2 685项，其中承担国家社科规划课题 140 项、教育部社科规划课题 76 项。全年社科研究与发展经费8 213.56万元，比上年增长 39.8％。获社科省部级以上奖励 15 项，出版专著 334 部，发表论文10 491篇，编著教材 340 部。

〔**高校毕业生就业工作**〕 2003 年，全省高校毕业生就业人数为72 794人，其中研究生3 046人，就业率为 93.38％；本科生38 002人，就业率为 87.09％；专科生31 746人，就业率为 63.34％。

为切实动员全社会力量，共同做好高校毕业生就业工作，5 月 19 日，省政府召开全省普通高校毕业生就业工作电视电话会议，强调要实施高校毕业生就业工作“一把手”工程，建立健全毕业生就业工作领导协调、行政管理和指导服务机构，确保高校毕业生充分、顺利就业。为此，一要坚持市场导向，加强就业市场建设，规范就业市场管理，建立现代化的就业信息服务体系，促进全省毕业生就业市场建设。二要拓宽就业渠道，为毕业生就业提供较充足的就业岗位，同时取消各类限制性政策，拓宽毕业生到省外就业、到小城镇和农村就业的渠道，引导毕业生面向非公有制单位、以多种形式就业，逐步实现无障碍就业。三要采取有效措施，切实解决高职专科毕业生就业难问题。同时，认真做好待就业毕业生的管理、就业指导和服务工作。

成立了湖南省大中专学校学生信息咨询与就业

指导中心，主要职责是：负责全省毕业生供需信息的收集、发布和管理，开展毕业生就业信息和用人单位需求信息的交流和咨询服务；协助管理全省毕业生就业市场，负责管理用人单位招聘毕业生活动，指导、组织和承办毕业生就业市场活动，推荐毕业生就业，为用人单位选聘毕业生提供服务；指导各地、各单位毕业生就业指导机构及大中专学校开展毕业生就业指导工作，培训毕业生就业指导工作人员，规划、指导毕业生就业指导课建设，协助组织毕业生教育，为毕业生提供择业技巧、择业政策、择业心理调适等方面的咨询服务；协助管理择业期（2年）内待落实就业单位毕业生档案；组织开展待落实就业单位毕业生的岗位技术与技能培训；宣传国家和省有关毕业生的就业方针、政策和法规，组织开展毕业生就业状况调查和毕业生就业指导工作研究，为教育行政部门、大中专学校和用人单位提供反馈信息；在有关部门的支持下，开展人事代理服务等。

〔**高校后勤社会化改革**〕　2003年，湖南省高校后勤社会化改革继续大力推进。一是学生公寓、食堂建设步伐进一步加快。全省有54所高校计划兴建大学生公寓136.4万平方米，学生食堂15.2万平方米，建设面积比上年增长35%，其中，学生公寓竣工98万平方米、食堂15.2万平方米已全部竣工。二是长沙市高校二期学生公寓建设及麓山南路拓改整治工作取得突破性进展。共拆除房屋540户，腾空560户，完成拆迁面积15万平方米。三是继续进行高校后勤规范分离工作。湘潭大学、湖南城市学院、邵阳学院3所本科院校的规范分离工作已基本到位。全省列入改革规划的34所高职院校中，有14所实行了规范分离，共分离后勤职工472人。四是高校后勤管理体制和运行机制改革不断深化。中南大学、中南林学院、湖南文理学院、娄底师专等组建后勤服务实体的高校，按照现代企业管理模式积极推进后勤管理体制和运行机制改革，取得了明显成效。五是组织开展了第二次全省高校标准化学生食堂、学生公寓评定工作。全省共评定了21个标准化学生食堂和11栋标准化学生公寓。

〔**国家助学贷款工作**〕　2003年，全省国家助学贷款业务由工行、农行、建行共同承办，工作面扩展到长沙、湘潭、岳阳、衡阳、益阳、怀化、常德、株洲、永州、娄底、邵阳、湘西12个市州。全省共有37所高校与银行签订了银校协议，占符合贷款条件高校的66%；有30所高校的学生得到国家助学贷款，比上年增加9所。全省累计发放国家助学贷款12 752.35万元，资助经济困难学生26 874人，其中2003年发放国家助学贷款4 764.73万元；实际资助经济困难学生10 300人。此外，全年还下达省属高校资助经济困难学生专项补助1 000万元，向966名学生发放国家奖学金429万元，向477名省特困优秀大学生发放奖学金71.9万元。

〔**湖南省第七届大学生运动会**〕　由省教育厅主办，吉首大学承办，省学生体育协会和省高教学会体育专业委员会协办的湖南省第七届大学生运动会于2003年8月—11月举行。运动会共设田径、篮球、排球、足球、乒乓球、定向越野和健美操七项竞赛项目。共有55所高校组团，206支运动队，2 300多名大学生运动员参赛。中南大学、湖南师范大学、湖南大学、吉首大学、湘潭大学、湖南科技大学、中南林学院和邵阳学院获本科组代表团总分前八名，湘南学院、株洲师范高等专科学校、娄底师范高等专科学校、湖南涉外经济职业学院、长沙大学、湖南冶金职业技术学院、长沙民政职业技术学院和湖南网络工程职业技术学院获专科组代表团总分前八名。有32人（队）次破20项省大学生田径最高纪录。大会评选出吉首大学、湖南大学等16个优秀体育代表团，49支优秀运动队，464名优秀运动员，72名优秀教练员和72名优秀裁判员。本届大运会同时举行了体育科学论文报告会，召开了全省高校贯彻《学校体育工作条例》优秀学校表彰大会。

撰稿　刘少波　彭小奇　杨承玖　左　清
王文斌　黎佑甫　刘洪秋　贺星辉
潘　军　邓士煌　尹坚毅　余伟良
金　彪　陈书国　何伟建
审稿　张放平

广东省教育

概　　况

〔基本情况〕

2003年各级各类学校校数、教职工、专任教师情况

	学校数（所）	教职工数（人）	专任教师（人）
一、高等教育			
（一）研究生培养机构（不计校数）	25		
1. 普通高校	17		
2. 科研机构	8		
（二）普通高等学校	77	70 394	40 192
1. 本科院校	31	51 573	27 907
2. 专科院校	46	18 107	11 778
其中：职业技术学院	40	14 556	9 627
3. 分校、大专班（点）（不计校数）		714	507
（三）成人高等学校	35	13 505	7 726
（四）民办的其他高等教育机构	63	4 281	2 347
1. 学历文凭考试机构	51	3 717	2 038
2. 非学历文凭考试机构	12	564	309
二、中等教育			
（一）高中阶段教育	1 725	372 791	99 966
1. 高中	1 008	323 235	66 266
普通高中	995	323 075	66 190
成人高中	13	160	76
2. 中等职业教育	717	49 556	33 700
普通中等专业学校	248	22 769	14 381
成人中等专业学校	190	8 691	5 461
职业高中	279	15 715	12 135
技工学校			
其他机构（教学点）（不计校数）	125	2 381	1 723
（二）初中阶段教育			
1. 普通初中	3 181		205 399
2. 职业初中	0	148	132
3. 成人初中	5	17	2

续表

	学校数（所）	教职工数（人）	专任教师（人）
三、初等教育			
（一）普通小学	22 792	447 013	389 262
（二）成人小学	115	464	350
其中：扫盲班	47	342	312
四、工读学校	2	75	54
五、特殊教育	67	1 655	1 311
六、学前教育	10 067	143 381	82 186

注：1. 普通高中教职工数包含普通初中教职工数；
　　2. 成人高等学校教职工数和专任教师数为 2002 年数据。

2003 年各级各类学历教育学生情况

	毕业生数（人）	招生数（人）	在校生数（人）
一、高等教育			
（一）研究生	4 701	11 619	27 896
（二）普通本专科	105 533	225 837	587 779
（三）成人本专科	56 437		288 992
（四）其他各类高等学历教育			
1. 在职人员攻读博士、硕士学位		2 666	5 913
2. 网络本专科生	778	11 908	23 924
3. 学历文凭考试	3 353	9 503	18 599
二、中等教育			
（一）高中阶段教育	452 895	675 877	1 770 155
1. 高中	276 403	442 596	1 139 337
普通高中	274 956	442 596	1 137 234
成人高中	1 447		2 103
2. 中等职业教育	176 492	233 281	630 818
普通中专	83 871	111 574	306 714
成人中专	35 435	44 072	120 096
职业高中	57 186	77 635	204 008
技工学校			
（二）初中阶段教育			
1. 普通初中	1 282 353	1 548 622	4 321 843
2. 职业初中	707	583	1 792
3. 成人初中	174		57
三、初等教育			
（一）普通小学	1 586 749	1 729 914	10 253 706
（二）成人小学	5 883		8 935
其中：扫盲班	1 254		1 066
四、工读学校	110	176	339
五、特殊教育	3 396	3 462	27 073
六、学前教育	1 145 873	1 301 523	2 125 196

注：1. 成人本专科毕业生、在校生数为 2002 年数据；
　　2. 其他各类高等教育学生数未包含成人高校举办的各类高等教育学生数。

2003 年各级各类非学历教育学生情况

	毕（结）业生数（人）	招生数（人）	在校生数（人）
一、高等教育	106 632	109 671	71 796
（一）研究生课程进修班	3 919	3 286	7 180
（二）自考助学班	10 203	14 789	26 241
（三）普通预科生	647	656	656
（四）证书教育	8 959	10 408	4 800
（五）岗位培训	39 589	36 749	13 401
（六）进修及培训	43 315	43 783	19 518
二、中等教育	2 103 557		1 642 991
（一）中等职业教育	404 952		206 067
（二）职业技术培训机构	1 698 605		1 436 924

注：高等教育非学历教育学生数未包含成人高校举办的非学历教育学生数。

2003 年各级民办教育基本情况

	学校数（所）	毕业生数（人）	招生数（人）	在校生数（人）	教职工数（人）	专任教师（人）
一、民办高等教育						
（一）普通高校	12	4 454	18 771	37 787	4 400	2 593
（二）成人高校	1	199		1 488	117	67
（三）民办的其他高等教育机构	63	59 137	75 703	55 665	4 281	2 347
二、民办中等教育机构						
（一）高中阶段教育						
其中：民办普通高中	66	5 760	16 675	37 047	17 426	11 740
民办中等职业教育	85	11 586	21 951	51 524	4 027	2 530
（二）初中阶段教育						
其中：民办普通初中	286	26 986	73 831	173 056		
民办职业初中						
三、民办普通小学	660	60 753	145 773	679 540	41 128	28 555
四、民办幼儿园	5 888	278 616	319 093	734 867	80 717	46 076

注：1. 民办高等教育中成人高校的有关数据为 2002 年数据；
2. 民办普通高中教职工数包含民办普通初中教职工数。

〔**年度教育工作指导思想**〕 2003 年，广东教育工作的指导思想是，坚持以邓小平理论和“三个代表”重要思想为指导，贯彻落实党的十六大和广东省九次党代会精神，围绕全省率先基本实现社会主义现代化的总目标和建立比较完善的现代国民教育体系、终身教育体系和学习型社会的总要求，坚持以发展为主题，以结构调整为主线，解放思想，实事求是、与时俱进，大力推进办学体制、管理运作机制和人才培养模式等教育制度创新，全面提高教育质量和办学水平，促进广东高等教育事业持续稳定健康发展。

2003 年，省教育厅认真组织实施省委、省政府提出重点抓好的“十件大事”和“十项工程”中的教育项目，加快广州地区高校新校区建设，大力推动高等教育跨越式发展，继续巩固提高普及九年义务教育，特别是农村义务教育，加快普及高中阶段教育，积极发展职业教育，优化教育结构，不断推进教育创新，不断提高教育质量和办学水平，全省教育各项事业取得了新进展。

〔**防控“非典”工作**〕 2003 年初，传染性非典型肺炎突袭广东省。按照广东省委、省政府和教育部关于防控非典型肺炎的指示精神和工作部署，广东省教育系统采取了一系列有效措施，切实做好“非典”防控工作。各级教育行政部门和学校，成立一个机构，即防治“非典”领导小组；加强两项教育，即正面教育和科学教育；开展三项活动，即爱国卫生运动、全民健身活动和卫生知识宣传活动；建立四项制度，即晨检探热制度、隔离制度、零报告制度和跟踪联系制度；采取五项措施，即完善应急预案、调整教学方式、加强校园管理、搞好食品卫生与消毒、组织高校科技攻关。经过艰苦的斗争，学校防治“非典”工作取得了重大的胜利。“非典”疫情没有在学校聚集性传播，学校疫情得到有效控制，坚持了正常的教学秩序，切实做到了学校不放假，教师不停教，学生不停学，师生不离校，维护了校园的安全和稳定，维护了教育事业的持续健康发展。在6月5日教育部召开的全国教育系统非典型肺炎及其他传染病预防与控制网络视频会议上，广东省教育厅介绍了防控“非典”工作的经验和做法。

〔**全省农村教育工作会议**〕 为贯彻落实全国农村教育工作会议精神和《国务院关于进一步加强农村教育工作的决定》，12月25日，省政府在广州市召开广东省农村教育工作会议。会议由常务副省长钟胜阳主持，省委副书记、省长黄华华出席会议并讲话，副省长宋海作工作报告。各地级以上市政府市长、分管教育副市长、计委主任、财政局长、教育局长、农业局长，省直有关部门主要负责人出席了会议。

省政府印发了《关于贯彻落实国务院进一步加强农村教育工作决定的意见》，提出了全省加快农村教育发展的总体目标和任务：全面巩固提高农村九年义务教育，大力发展农村高中阶段教育和幼儿教育，努力争取基本普及高中阶段教育，农村职业教育和成人教育基本满足经济社会发展的需要；农村各项教育事业协调发展，形成完善的农村教育综合体系，为全省实现全面建设小康社会的目标奠定基础。全面推进中小学布局调整，提高全省农村中小学的办学水平。大力发展农村职业教育和成人教育，构建为“三农”服务的农村教育体系。大力推进普及信息技术教育、英语教育和普通话，加强农村中小学管理，推进农村中小学课程和教学改革，全面提高教学质量。

为落实这些目标任务，广东省政府提出了推进农村教育工作发展的措施：

一是县级政府必须切实担负起对农村义务教育经费投入的责任，调整财政支出结构，将农村义务教育所需的经费纳入公共财政体系并予以保障，要将中小学布局调整所需的校舍扩建、农村破旧校舍的改建以及解决大班额所需新建扩建学校的经费纳入每年的财政预算予以安排。

二是省、市财政要加大对经济困难县的财政转移支付力度。从2003年至2007年，省财政每年安排5亿元专项资金用于支持经济欠发达地区农村发展教育事业，用于中小学布局调整的校舍扩建和危房改造；从2004年开始连续4年每年安排3 000万元专项经费用于农村中小学的计算机室和语音室的建设。

三是实行税费改革后，省、市下拨的税费改革专项转移支付资金要高于当地测算的农村教育收支的缺口，来安排教育补助资金，各市、县确定的比例必须报省财政厅和省教育厅核定后执行，并在省税费改革专项转移支付资金中明确用于教育的基数，主要用于弥补农村教育费附加和农民集资取消后所形成的农村中小学危房改造和学校布局调整及学校的装备等经费缺口，不得挪作他用，违者将严肃处理有关责任人。

四是省财政按“一费制”的标准对农村义务教育阶段家庭人均收入低于1 500元的学生给予“两免一补”（即免杂费、免书本费、补助寄宿生生活费）的资助；安排2.1亿元继续实施每年资助5 000名贫困家庭子女就读技工学校计划。

五是从2003年起，省委组织部和省教育厅每年对全省各县（市、区）党政主要领导农村教育工作实绩考核，作为考核领导干部政绩的重要内容和进行表彰奖励或责任追究的重要依据。

会上，省政府与各有关市政府签订了解决农村义务教育负债责任书。

〔**教育体制改革**〕 农村义务教育“以县为主”

的管理体制已基本落实，乡镇教办已基本撤销，人事管理和学校管理已上移到县，财政保教师工资等“三保”基本得到落实。完善高等教育管理体制。鼓励和支持地方政府举办高等教育。积极鼓励和大力支持民办教育事业发展。2003 年新设立 3 所民办普通高校，使全省民办普通高校达到 12 所。民办二级学院 12 所，在校生约 6 万人。在校生万人以上的民办高校 2 所。

〔**教育扶贫助学工程**〕 2003 年省财政拨款 4.3 亿元，免收 103 万名农村困难家庭子女义务教育阶段书杂费。全省高校签订国家助学贷款合同金额 2.85 亿元，实际发放贷款 1.75 亿元。分别比 2002 年增长 79%和 98%。现有 4 所民办高校发放贷款。1 800多名高校品学兼优的特别困难家庭学生接受国家奖学金资助。开通“绿色通道”，4 600多名交不起学费的高校贫困生顺利入学。

〔**教育投入与支出**〕 2003 年省级财政教育经费投入 54 亿元（不包括广州大学城建设 10 亿元），比 2002 年增长 22.68%。其中省财政拨款 4.3 亿元，免收 103 万名农村家庭困难子女义务教育阶段教科书杂费。省财政再次拨款 3 亿元，完成第二批 1 000所老区山区小学改造任务。安排 6.5 亿元支持中小学布局调整工作。改革省属高校的基建投资方式，把直接投资改为基建贴息贷款，高校贴息贷款规模为 120 亿元。改革高校拨款方式，实行生均定额拨款，2004 年起开始实行。调整高校收费管理政策。

〔**语言文字工作**〕 贯彻落实全国学校语言文字工作会议精神，全面加强学校语言文字工作。稳步开展城市语言文字工作评估。制定《广东省二类城市语言文字工作评估标准》。根据《国家通用语言文字法》规定和国家语委的要求，在广州、深圳、珠海、佛山、汕头、湛江 6 市首先开展普通话测试的试点工作。加强普通话测试员队伍建设。积极推进等级学校教师的普通话测试工作。全省接受普通话水平测试的师生约 18 万人次。建成开通广东语言文字网。举办第六届全国推普宣传活动，汕头市作为全国推普宣传周的重点宣传城市，活动丰富多彩，有声有色。

基 础 教 育

〔**综述**〕 2003 年，全省九年义务教育进一步巩固提高，特别是农村义务教育得到了较大发展。2003 年学龄儿童入学率 99.53%，小学毕业生升学率为 97.63%，初中毕业生升学率为 61.12%。小学生均校舍面积为 5.68 平方米，小学生均图书 14.43 册，普通初中生均图书 14.96 册。

〔**中小学布局调整**〕 中小学布局调整工作 2001 年在肇庆试点，2002 年在各市部分县试点，试点共安排补助资金 1.944 亿元，补助给小学 162 所、中学 54 所。2003 年在各市全面铺开，省财政安排 6.5 亿元，补助给小学 367 所、初中 297 所。省财政再拨 3 亿元，基本完成第二批老区山区 1 000所小学改造任务。按各地上报的规划，到 2007 年全省要将小学和初中逐步调整为18 484所和2 736所。在布局调整中，全省除珠江三角洲以外的 15 个市需新建扩建小学6 333所、初中1 443所，涉及资金 67.8 亿元（省补小学每所 80 万元，初中每所 120 万元）。小学布局调整的重点是建设优质学校，通过优质学位规模的扩大推动中小学布局调整，2003 年省教育厅以4 000所乡镇中心小学建设为重点，启动优质初中和优质小学的建设工作。

〔**普通高中教育**〕 2003年，省教育厅印发了《关于加快发展普通高中教育的若干意见》，对全省普通高中的发展目标和主要任务提出了明确要求。提出抓高中的发展是以体制、机制创新促发展（公办民助、民办公助、名校办民校），把名校老校扩充作为优质教育的龙头；把抓县级高中的发展作为整个高中发展新的增长点；把抓典型带动作为推动整个高中支撑点（茂名）；把建立示范性高中作为抓手。2003年，普通高中的建设和发展出现了好的发展势头。东西两翼、粤北山区大部分县都在新建扩建高中。

〔**教育信息化建设**〕 全省所有的高中、初中和珠江三角洲镇以上小学基本开设了信息技术课。全省初中、高中都配置了计算机室。到2003年底，全省高中拥有计算机20万台，初中24万台，小学16万台，生机比25∶1。东西两翼和粤北山区15个市采取"卖方信贷"创新机制建设的1 769个初中计算机网络教室全部建成，总台数为10.9万台。为山区、经济欠发达地区高中补充配备5 964台计算机。基础教育专网正在向各市、县、学校联通。中小学计算机教育也取得显著成果，在2003年举行的第四届全国中小学电脑作品大赛活动中，广东省成绩名列全国之首。省教育厅荣获最佳组织奖。

〔**中小学课程改革**〕 全省已有76个县、区进入了义务教育新课程实验，占全省124个县（市、区）数60%以上，参加课程改革的学生超过280万人，参与实验的教师超过12万人。1.2万名中小学教师进行义务教育新课程教材省级培训，培训涉及16个学科40个版本实验教材，培训人数比2002年同期增加5 000人。全省通过教育部批准立项编写的新课程教材共有23套，其中小学8套（7科）、初中7套、普通高中8科。

〔**教育督导评估**〕 省教育厅与省委组织部制定了对各县党政一把手基础教育工作的业绩考核督导标准和细则。加快教育强区、强镇的督导评估。全省已评出教育强镇44个，教育强区15个，促使各级政府投入资金超过200亿元。督导验收省一级学校114所，是近10年来验收学校最多的一年。全省累计已有省一级学校503所，市一级学校1 200多所，县一级学校2 300所。省市一级学校优质学位250万个，县一级学校优质学位250万个，省、市、县三级学校优质学位500万个，占全省1 500多万中小学学位的1/3。

〔**德育工作**〕 全面推进中小学校聘任法制副校长工作，全省各乡镇中心小学学校聘请法制副校长已达80%以上，深圳、阳江等市已达100%。全省培训中小学心理健康教育骨干教师5 000多人。省委、省政府办公厅联合印发《广东省青少年校外教育活动场所管理意见》，督促检查第一批青少年学生校外教育活动场所10个项目的验收以及设备的配置和第二批9个项目的建设进度，考察落实第三批16个项目的立项申报和建筑设计招标。

〔**民族教育**〕 省政府发出《关于深化改革加快发展民族教育的通知》，明确了全省民族教育发展的目标、基本方针和政策措施，提出了具体工作要求。2003年省级财政给民族地区中小学专项投入1 900万元，重点促进3个民族自治县普通高中的建设。连山、连南、乳源3个民族地区中小学布局调整工作已全面规划。乳源县高级中学首期工程竣工并于9月1日正式开学；连山实验高中9月底奠基；连南高级中学也正抓紧施工。西藏班和新疆班的办班情况良好。

〔**教师工作**〕 省教育厅与省编办联合召开全省中小学编制管理暨人事制度改革工作会议，全面部署中小学人事制度改革工作。与省编办、省财政厅共同制定《广东省中小学教职工编制标准实施办法》，与省人事厅联合制定了《关于深化我省中小学人事制度改革的意见》。全面启动中小学编制核编工作和人事制度改革。

〔**治理中小学乱收费**〕 进一步完善中小学"一费制"和高中择校生"三限"（限人数、限分数、限钱数）的有关规定。全省各地共组织896个检查组，检查8 758所小学和1 958所中学。清理违规收费项目 18 个，清退违规收费金额 936.32 万元，查处教育乱收费责任人 48 人。

〔**中小学艺术展演**〕　根据教育部、文化部、共青团中央要求，广东省举办了第一届中小学艺术展演活动。展演活动分初赛、复赛和决赛三个阶段。其中选出艺术表演类节目 8 个，美术作品 40 件，论文 54 篇报送教育部参加全国第一届中小学艺术展演评选。其中荣获一等奖的艺术表演类节目 5 个，艺术类作品 9 件。其中有 5 个表演类节目参加了 2004 年 2 月 8 日在北京举行的颁奖晚会演出，充分展示了广东省学校艺术教育的成果。

职业教育与成人教育

〔**全省职业教育工作会议**〕　2003 年 4 月 9 日—10 日，为贯彻落实国务院召开的全国职业教育工作会议精神和《国务院关于大力推进职业教育改革与发展的决定》精神，省政府在东莞市召开广东省职业教育工作会议，会议全面总结了第三次全省职业教育工作会议以来全省职业教育改革与发展的经验，提出了“十五”期间全省职业教育改革与发展的目标、任务和要求。副省长谢强华、宋海到会讲话。

省政府确定的“十五”期间职业教育改革与发展的主要目标和具体任务是：大力发展中等职业教育。到 2005 年，中等职业教育与普通高中教育的比例保持大体相当；重点建设 100 所规模在3 000人以上的国家级重点职业技术学校（其中国家级重点技工学校 25 所）、150 所规模在2 000人以上的省级重点职业技术学校（其中省重点技工学校 30 所），以及 125 个中等职业教育实训中心（其中技工实训中心 25 个）、40 个左右省级重点建设专业、150 个左右省级重点建设示范专业点和一批国家级重点建设示范专业点。积极发展高等职业教育和高级技工教育。到 2005 年，重点建设 45 所左右职业技术学院，在校生达到 28 万人左右；建设 20 所高级技工学校和技师学院，在校生达到 10 万人左右；同时建设一批国家级、省级重点职业技术院校示范专业和实训基地。

会议要求：一是继续深化改革，完善职业教育管理体制和办学体制；二是加大教育教学改革力度，培养适应经济发展和现代化建设需求的各类技术人才；三是严格实行就业准入制度，推进职业教育与劳动就业的紧密结合；四是建立多渠道筹措职业教育经费体制，努力增加对职业教育的投入；五是加强领导，狠抓落实，积极为职业教育改革和发展创造有利条件。会议决定，从 2004 年开始到 2005 年，在原有中等职业教育专项经费的基础上，每年增加3 000万元，用于加强省级以上重点职业技术学校、实训中心、示范专业建设、师资培训和扶持农村地区发展职业教育。

〔**中等职业学校建设**〕　各地按照省政府《关于我省中等职业教育布局调整的实施意见》的要求，积极推进中等职业教育的结构调整。中等职业教育保持稳定发展态势。2003 年广东省有国家级重点中等职业学校 65 所，新增 33 所省级重点中职学校，使全省省级以上重点中职学校达 171 所，重点中职学校数及其在校生数分别占全省中职学校总数和在校生总数的 20%。全省中等职业教育实训中心和重点建设专业点分别达到 78 个和 66 个。公布了第一批合格中等职业学校 510 所。

〔**农村成人教育**〕　修订颁布了《广东省乡镇成人文化技术学校评估方案》，开展了省级示范性乡镇成人文化技术学校评估和复评工作。根据城市化发展和农村劳动力转移的需要，各地示范乡镇成人文化技术学校的建设逐步向中心镇转移，并加大了农村劳动力转移培训的力度。全省新增示范镇成人文化技术学校23所。

〔**民办非学历教育**〕 印发了《进一步规范我省民办非学历教育机构招生工作的意见》和《广东省民办非学历教育机构退费管理办法》。根据省政府关于行政审批制度改革的有关文件要求，将202所自学教育辅导机构下放给各地级市管理，31所专修学院和培训机构下放给广州、深圳市管理；新审批10所民办非学历教育机构；完成300余所民办非学历教育机构的年检。调整了高等教育学历文凭考试16个教学计划，组织制定63门课程教学大纲，调整了专业课程结构。2003年专修学院高等教育学历文凭考试新生录取备案新生6 518人。

〔**社区教育**〕 为推动社区教育的实验，召开了第二次社区教育实验工作研讨会；实验工作进展顺利，22个省级社区教育实验区均成立了领导机构，制定了实验工作方案；深圳、中山等市的社区教育实验已经推进到所有的乡镇和街道。

高等教育

〔**综述**〕 2003年，全省普通高校从2002年的71所增加到77所，高等教育毛入学率从2002年的15.3%提高到2003年的17.5%。成人高等教育也有新进展。积极推进网络远程教育发展，有32所试点高校设立109个学习中心（点），在校生达5万人。2003年，自学考试报考人数99.66万人。参加高等教育学历文凭（专科）考试5.42万人次。

2003年，广东省高校教师总数比上年有较大增加，其中引进高层次人才和选留优秀毕业生共4 216人。委托中山大学、华南理工大学举办硕士研究生班，1 000多名在职教师参加学习。评出国家级高等学校名师6人，省级15人。

〔**广州大学城建设**〕 省教育厅和各有关高校积极配合广州大学城建设指挥部工作。校区一期建筑工程全部开工。75亿元贴息贷款建设资金已落实。初步探索广州地区高校新校区管理模式和运作机制。

〔**学科建设**〕 “211工程”建设进展顺利。全省8所“九五”期间立项建设的“211工程”学校，已全部进行了整体项目验收工作，并实施“十五”期间建设计划。有国家级重点学科43个，评定省级重点学科172个。省重点建设名牌专业50门，国家和省级高等职业教育改革示范专业50个，建立50门省级精品课程。

〔**学位工作**〕 在全国第九次申报新增学位授权单位和学位点的工作中，广东省新增硕士学位授权单位4个，新增博士、硕士学位授权一级学科点20个；新增博士学位授权点100个，新增硕士学位授权点205个。

〔**招生与就业工作**〕 普通高考所有考试科目成功地实行计算机网上辅助评卷，调整高校录取批次，将民办高校和同规格的公办高校安排在同一批次招生。进一步规范艺术类、体育尖子招生工作。对各类保送生、自主招生的考生、小语种考生实行公示制度。

努力提高高校毕业生就业率，截至2003年12月，研究生就业率为99%、本科生为94.45%、专科生为88.88%。

〔**改善办学条件**〕 2002年、2003年安排省属高校贴息贷款近6亿元，用于增添、更新教学仪器设备。据不完全统计，到2003年底，全省高校新建实验室605个，改造实验室638个，用于教学的计算机有17.3万台，语言实验室4.5万个，多媒体教室31.4万个。加快高校图书达标和电子图书馆建设步伐。大多数高校在扩招情况下努力改善办学条件，使教学仪器设备能够基本满足教学需要。

〔**高校思想政治教育**〕 以推进"三个代表"重要思想"三进"工作为重点，深化高校"两课"教学改革。为适应形势发展的需要，在普通高校"两课"教育教学中全面贯彻党的十六大精神和"三个代表"重要思想。组织编写了"两课"7门课程的新教材；组织了对400多名"两课"骨干教师的学习培训；组织开发了7门课程课件，并对教师进行现代教育技术的培训。

以宣传贯彻十六大精神和"三个代表"重要思想为主线，推进高校思想政治工作创新。研究制定了关于加强和创新学生思想政治工作的若干意见。针对当前高校校园网和学生心理健康状况，积极推进思想政治教育进网络、进社团、进公寓工作。全省已建校园网的学校都在网上建有宣传和学生工作网页。同时，根据学生心理健康实际，广泛开展大学生心理健康教育和心理咨询服务。组织开展"弘扬民族精神，加强理想信念教育"的主题系列教育活动，产生了比较好的教育效果和社会效果。

〔**广东省第六届大学生运动会**〕 广东省第六届大学生运动会7月15日—8月26日在湛江、广州举行。开设11个比赛项目，67所院校的6 338名运动员、教练员等参加运动会。本届大运会是广东省至今规模最大，比赛项目、参赛人员最多的体育盛会，展示了全省社会经济发展水平和高等院校教育改革的丰硕成果。

撰稿 石勰平 张幼铎
审稿 郑德涛

深圳市教育

〔**基本情况**〕

2003年各级各类学校校数、教职工、专任教师情况

	学校数（所）	教职工数（人）	专任教师（人）
一、高等教育	10	4 276	2 576
（一）研究生培养机构（不计校数）	4	266	175
1. 普通高校	4	266	175
2. 科研机构			
（二）普通高等学校	3	3 112	1 948
1. 本科院校	1	1 546	929
2. 专科院校	2	1 518	994
其中：职业技术学院	2	1 518	994
3. 分校、大专班（点）（不计校数）		48	25
（三）成人高等学校	1	456	235
（四）民办的其他高等教育机构	2	442	218
1. 学历文凭考试机构	2	442	218
2. 非学历文凭考试机构			

续表

	学校数（所）	教职工数（人）	专任教师（人）
二、中等教育	215	15 753	10 357
（一）高中阶段教育	82	15 753	4 440
1. 高中	56	13 461	2 893
普通高中	46	13 379	2 822
成人高中	10	82	71
2. 中等职业教育	26	2 292	1 547
普通中等专业学校	8	980	584
成人中等专业学校	9	207	142
职业高中	8	842	666
技工学校	1	263	155
其他机构（教学点）（不计校数）			
（二）初中阶段教育	133		5 917
1. 普通初中	133		5 917
2. 职业初中			
3. 成人初中			
三、初等教育	376	23 382	17 920
（一）普通小学	376	23 382	17 920
（二）成人小学			
其中：扫盲班			
四、工读学校	1	35	26
五、特殊教育	1	150	120
六、学前教育	656	17 778	9 539

注：普通高中教职工数包含普通初中教职工数；

2003 年各级各类学历教育学生情况

	毕业生数（人）	招生数（人）	在校生数（人）
一、高等教育	4 740	12 324	51 764
（一）研究生	57	1 337	2 424
（二）普通本专科	4 683	10 578	29 682
（三）成人本专科		409	19 658
（四）其他各类高等学历教育			
1. 在职人员攻读博士、硕士学位			
2. 网络本专科生			
3. 学历文凭考试			
二、中等教育			
（一）高中阶段教育	15 813	26 686	68 658
1. 高中	10 253	19 359	47 486
普通高中	9 900	19 099	46 695
成人高中	353	260	791
2. 中等职业教育	5 560	7 327	21 172
普通中专	1 925	2 020	5 624
成人中专	921	1 408	3 622
职业高中	2 295	2 680	7 764
技工学校	419	1 219	4 162
（二）初中阶段教育	30 300	50 612	132 933
1. 普通初中	30 300	50 612	132 933
2. 职业初中			
3. 成人初中			
三、初等教育	55 017	88 203	469 684
（一）普通小学	55 017	88 203	469 684
（二）成人小学			
其中：扫盲班			
四、工读学校	45	91	189
五、特殊教育	41	60	504
六、学前教育	48 797	51 966	123 856

注：其他各类高等教育学生数未包含成人高校举办的各类高等教育学生数。

2003 年各级民办教育基本情况

	学校数（所）	毕业生数（人）	招生数（人）	在校生数（人）	教职工数（人）	专任教师（人）
一、民办高等教育	2	232	1 870	3 324	442	218
（一）普通高校	2	232	1 870	3 324	442	218
（二）成人高校						
（三）民办的其他高等教育机构						
二、民办中等教育机构	93	5 702	16 660	39 239	4 080	2 728
（一）高中阶段教育	93	799	2 705	6 795	4 080	595
其中：民办普通高中	93	799	2 705	6 795	4 080	595
民办中等职业教育						
（二）初中阶段教育		4 903	13 955	32 444		2 133
其中：民办普通初中		4 903	13 955	32 444		2 133
民办职业初中						
三、民办普通小学	125	16 977	41 545	190 395	12 006	5 272
四、民办幼儿园	489	32 704	35 252	85 607	12 846	8 005

注：1. 民办普通高中教职工数包含民办普通初中教职工数；
2. 民办普通高中学校数包含民办普通初中学校数。

2003 年，深圳市教育事业继续取得进展，共有各级各类学校1 259所。

教育经费投入情况。2003 年全市教育经费总投入 91.28 亿元，比上年增加 14.16 亿元，增长 18.36%。其中：预算内教育经费投入 60.09 亿元，比上年增加 8.65 亿元，增长 16.81%；国家财政性教育经费 64.49 亿元，比上年增长 16.10%；社会团体和公民个人办学经费 13.25 亿元，比上年增长 37.54%。教育经费增加的主要因素有：（1）新建、扩建中小学校增加基建投入 1.51 亿元。（2）政策性增加人员经费投入 4.97 亿元。（3）教育事业不断发展，全年公办学校收费收入 11.54 亿元，比上年增加 2.19 亿元。（4）民办教育持续快速发展，2003 年民办学校办学经费投入 13.25 亿元，比上年增加 3.62 亿元。（5）继续实施中小学校标准化建设及创建教育强区（镇）。2003 年，宝安、龙岗等区为创建教育强区（镇），市、区、镇三级财政加大教育投入，增加专项投入 1.87 亿元。

加快教育强区强镇建设。2003 年，市、区两级督导部门继续把创建等级学校和教育强区强镇作为工作重点，宝安区、盐田区、龙岗区 3 区和观澜镇、光明街道办、平湖镇、坪地镇、坑梓镇 5 镇，先后顺利通过省教育强区、强镇的评估。全市 6 区都成为省教育强区，20 个镇有 18 个镇成为省教育强镇，基本完成教育强区强镇创建工作任务，为建设教育强市打下良好基础。

全面实现教育城市化。2003 年，市委、市政府作出了加快宝安、龙岗两区城市化进程的决定，对这两个区的教育管理体制也相应进行了重大改革，要求宝安、龙岗两区的教育管理体制由原来的“分级办学、以区镇管理为主”转为“一级管理，以区为主；多方投入，以政府为主；多元办学，以公办为主”，将两区 96 所村小移交给区政府管理，年内基本完成农村教育向城市教育的转变，做到特区内外教育管理体制相一致，推进区域教育现代化协调发展。

制止教育乱收费。2003 年，全市实行教育收费公示制度，加强中小学收费规范管理，并印制《深圳市公办中小学学生交费登记手册》，自觉接受社会和家长监督，基本杜绝了公办中小学乱收费，群众投诉大为减少。针对民办学校乱收费，教育行政部门会同物价、财政、劳动等部门联手治理，印发了《关于规范民办学校收费管理的通知》，使民办学校的收费行为走上了规范有序的轨道。

教师队伍建设。一是搞好师德师风。开展“立高尚师德，树行业新风”活动。二是强化继续教育。为搞好新一轮教师继续教育，结合新课程的师资培训，积极开发课改教师培训课程，同时推出了

“百、千、万计划”和海外培训工程，计划在5年时间内输送百名校长和千名骨干教师和学科带头人到发达国家或地区进修培训。2003年已派两批人员赴美培训，还将拓展英国、香港等培训基地。三是实施“名师工程”。2003年在首批“名师”进行复评的基础上，评出第二批“名师”，表彰了4位“名校长”、44位“学科带头人”和233位“中青年骨干教师”。2003年省政府将副高评委会组建权和评审权下放，深圳市新组建了三个高评委，完善评委专家库和评审程序，健全公示制度，提高职称评定工作水平，432名教师已通过高评委评审。四是完善用人机制。在完成在职在编教师资格认定的基础上，开展面向社会认定教师资格工作，建立教师资格制度，健全教师队伍的“准入”机制。全市学校要建立新的人事和分配机制，实行职员职级制，坚持因事设岗、按需设岗，推行评聘分开、择优聘任的职称改革，实施拉开差距、鼓励竞争的工资分配制度，普遍推行校级领导缺员竞争上岗、中层干部全员竞争上岗、教师全员聘任制。

〔**基础教育**〕 2003年，深圳市有普通小学376所，比上年减少19所。小学招生88 203人，比上年增长8.7%；毕业生55 017人，比上年增长17.0%；在校学生469 684人，增长13.2%，其中：非深圳户籍332 483人，增加48 796人，增长17.2%。小学教职工23 382人，比上年增长13.4%，其中专任教师17 920人，比上年增长13.7%。小学学龄儿童入学率和小学毕业生升学率继续保持100%。

2003年普通初中招生50 612人，比上年增长16.9%；毕业生30 300人，比上年增长21.8%；在校学生132 933人，比上年增长18.0%，其中：非深圳户籍63 989人，增加13 573人，增长26.9%。专任教师7 167人，增长16.0%。初中毕业生升学率达97.4%。

2003年普通高中招生19 099人，增长22.9%。毕业生9 900人，增长29.8%。在校学生46 695人，增长22.8%，其中：非深圳户籍10 242人，增加2 488人，增长32.1%。专任教师2 822人，增长14.6%。

幼儿园656所，比上年增加22所。招生（含学前班，下同）51 989人，比上年增长28.3%。离园幼儿48 797人，比上年增长11.1%。在园幼儿123 856人，比上年增长12.2%。教职工17 778人，比上年增长7.9%，其中专任教师9 539人，比上年增长7.3%。

全市初中和小学招收非户籍生39.6万人，占义务教育阶段在校生总数的65.7%；其中公办学校解决19.7万人，占就读总数的50.3%。

2003年，全市小学、初中、普通高中专任教师学历合格率分别为99.9%、99.7%、97.4%。小学教师专科以上学历15 541人，增加2 045人，增长15.2%。初中教师本科以上学历5 838人，增加732人，增长14.3%。高中教师研究生以上学历146人，增加25人，增长10.7%。具有高、中级专业技术资格的中小学教师分别为2 601人、12 091人，分别比上年增长12.4%、6.2%。

课程改革。根据教育部和省教育厅的要求，按照“统筹协调，先行试点，分步跟进，自主实验”的思路，全面推进课改实验。2003年，省级课改实验区扩大到宝安、龙岗。全市参加实验的中小学545所，占中小学总数的99%，基本做到公办、民办学校全面推开。全力推进课改实验，带来教育理念、教学内容、教学方法的更新和改革，推进素质教育的全面实施，着力培养学生的综合素质、创新精神和实践能力，促进学生全面发展，教育质量稳步提高。

教育创新。随着教育现代化的推进，深圳市一方面抓原有特色的强化，另一方面抓新特色的形成，把计算机教育拓展为信息技术教育，小学三年级就开设信息技术课程，英语教学延伸到小学一年级，“双语教学”实验逐步推开，法制教育读本进入课堂，科技教育广泛开展，艺术教育按照“普及与提高互动、专业与业余结合、学校与社会呼应、国际与国内打通、教育与文化一体”的路子，全面提高学生艺术素养。

建立学校安全机制。为加强法制教育和保证学校及学生安全，全市大力开展警校共建活动，在全国率先实行了一校一警制度，全市聘请919名政法干警兼任中小学法制副校长、法制辅导员（校警）。

市教育局还会同市维稳及综治办、公安局、中级人民法院、检察院、司法局等部门联合印发《关于进一步加强中小学安全文明建设和法制副校长辅导员（校警）聘任工作的意见》，完善聘任制度，明确职责要求，实行年度考核培训，建立约束激励机制。为建立学校安全文明的长效机制，我们研究制定的《深圳市学校安全条例》已进入了立法程序。

〔**职业教育与成人教育**〕　根据省政府批准的《深圳市中等职业教育布局结构调整方案》，全市中等职校调整到 16 所，招生7 587人，增长 1.7%。毕业生5 913人，比上年减少 591 人。在校学生21 963人，增长 7.6%。教职工2 374人，增长10.8%，其中，专任教师1 618人，增长 11.4%。

2003 年，全市有成人中专 9 所，招生1 408人，在校生3 622人，专任教师 142 人。

教学改革。以电子学校为试点进行中职学分制改革，为搞好试点工作，电子学校研制了《学分制改革实施办法》等文件，编制了学分制管理软件，合理设置专业必修课、限定选修课和任意选修课的比例，实行弹性学制，逐步做到全日制、半工半读、工学交替、分阶段完成学业，并建立课程学分与计算、课程选修与免修、成绩考核与重修、学分认定与学籍管理等一系列规程，力争利用 2 年左右的时间，从不完全学分制（校内课业、实习实训、实践活动、技能等级证、竞赛获奖的学分认定等），过渡到完全学分制（校际之间的学分互认等）。

〔**高等教育**〕　2003 年，深圳市普通高等学校 10 所，其中市属普通高校 3 所。招生比上年增长16.7%，毕业生比上年增长 20.7%，在校学生比上年增长 19.9%，专任教师比上年增长 12.5%。全市有成人高等学校 1 所（深圳电视大学）。成人高等教育（含深圳大学、职业技术学院和新安职业技术学院的函授部）招生比上年增长 50%，毕业生比上年增长 55.6%，在校生比上年增长 49.4%。2003 年，户籍青年 18～22 周岁全日制高等教育毛入学率达到 37%，比上年提高 8%，为实现高等教育普及化创造了条件。

深圳大学继续向教学科研并重型大学的办学目标迈进。2003 年新增硕士点 20 个，研究生招生比上年增长 61%；学科建设得到加强，新增省级名牌专业 3 个；经国务院学位办批准，光学工程、信号与信息处理、文艺学专业 3 个学科计划单列招收博士生。深圳职业技术学院 2003 年新增 5 个专业，在校生比上年增加1 546人，并以优异成绩通过教育部高职高专院校人才培养工作水平评估。深圳信息技术学院 2003 年新增 6 个专业，11 月被教育部批准为全国 35 所示范性“软件学院”之一。

继续加快大学城建设，2003 年 38 栋校舍如期竣工交付使用。研究制定了《深圳大学城学院招生计划及学生学籍管理暂行办法》、《深圳大学城国家重点实验室建设办法》以及大学城管理模式等规范性文件，使大学城办学有章可循。各院积极探索产学研结合的新模式，重视与企业的紧密合作，促进科研成果转化为现实生产力，更好地服务深圳经济社会发展。

撰稿　赖群阳
审稿　黄励军

广西壮族自治区教育

概　　况

〔基本情况〕

2003 年各级各类学校校数、教职工、专任教师情况

	学校数（所）	教职工数（人）	专任教师（人）
一、高等教育			
（一）研究生培养机构（不计校数）	9		
1. 普通高校	9		
2. 科研机构			
（二）普通高等学校	45	24 746	14 106
1. 本科院校	14	14 960	8 351
2. 专科院校	31	9 455	5 558
其中：职业技术学院	17	4 583	2 593
3. 分校、大专班（点）（不计校数）		331	197
（三）成人高等学校	8	3 265	1 675
（四）民办的其他高等教育机构	4	148	96
1. 学历文凭考试机构	1	13	0
2. 非学历文凭考试机构	3	135	96
二、中等教育			
（一）高中阶段教育	948	218 043	47 440
1. 高中	524	187 602	29 356
普通高中	519	187 457	29 258
成人高中	5	145	98
2. 中等职业教育	424	30 441	18 084
普通中等专业学校	106	14 057	7 969
成人中等专业学校	115	5 857	3 124
职业高中	203	9 719	6 537
技工学校			
其他机构（教学点）（不计校数）	26	808	454
（二）初中阶段教育			
1. 普通初中	2 471		115 717
2. 职业初中	18	692	506
3. 成人初中	111	437	305

续表

	学校数（所）	教职工数（人）	专任教师（人）
三、初等教育			
（一）普通小学	16 102	235 014	205 142
（二）成人小学	1 552	4 115	695
其中：扫盲班	1 005	2 578	431
四、工读学校	3	37	26
五、特殊教育	47	719	495
六、学前教育	2 670	23 374	13 702

注：1. 普通高中教职工数包含普通初中教职工数；
2. 成人高等学校教职工数和专任教师数为2002年数据。

2003年各级各类学历教育学生情况

	毕业生数（人）	招生数（人）	在校生数（人）
一、高等教育			
（一）研究生	886	2 643	5 774
（二）普通本专科	40 178	82 537	227 257
（三）成人本专科	28 471		173 329
（四）其他各类高等学历教育			
1. 在职人员攻读博士、硕士学位		105	582
2. 网络本专科生			
3. 学历文凭考试	113	33	127
二、中等教育			
（一）高中阶段教育	238 995	345 053	910 308
1. 高中	141 252	216 817	586 179
普通高中	140 988	216 817	585 085
成人高中	264		1 094
2. 中等职业教育	97 743	128 236	324 129
普通中专	57 941	63 742	173 173
成人中专	14 610	13 030	39 666
职业高中	25 192	51 464	111 290
技工学校			
（二）初中阶段教育			
1. 普通初中	747 437	876 348	2 449 891
2. 职业初中	12 664	3 798	11 740
3. 成人初中	16 208		21 047
三、初等教育			
（一）普通小学	923 669	770 795	4 918 503
（二）成人小学	164 562		186 632
其中：扫盲班	99 929		120 301
四、工读学校			30
五、特殊教育	1 579	2 918	15 874
六、学前教育	527 988	693 064	843 289

注：1. 成人本专科毕业生、在校生数为2002年数据；
2. 其他各类高等教育学生数未包含成人高校举办的各类高等教育学生数。

2003 年各级各类非学历教育学生情况

	毕（结）业生数（人）	招生数（人）	在校生数（人）
一、高等教育	34 334	35 198	15 932
（一）研究生课程进修班	3 354	3 854	809
（二）自考助学班	1 987	4 423	11 413
（三）普通预科生	195	324	324
（四）证书教育	1 536	1 649	1 052
（五）岗位培训	15 639	13 199	1 420
（六）进修及培训	11 623	11 749	914
二、中等教育	2 915 365		2 140 332
（一）中等职业教育	135 899		89 219
（二）职业技术培训机构	2 779 466		2 051 113

注：高等教育非学历教育学生数未包含成人高校举办的非学历教育学生数。

2003 年各级民办教育基本情况

	学校数（所）	毕业生数（人）	招生数（人）	在校生数（人）	教职工数（人）	专任教师（人）
一、民办高等教育						
（一）普通高校	4	443	1 464	3 202	416	242
（二）成人高校						
（三）民办的其他高等教育机构	4	179	850	1 086	148	96
二、民办中等教育机构						
（一）高中阶段教育						
其中：民办普通高中	99	6 573	19 065	47 801	10 871	7 344
民办中等职业教育	73	7 105	16 542	31 727	2 591	1 543
（二）初中阶段教育						
其中：民办普通初中	205	26 495	45 219	117 539		
民办职业初中	1	45	135	354	52	28
三、民办普通小学	370	22 251	24 497	145 091	6 090	4 831
四、民办幼儿园	1 868	69 843	100 364	149 795	10 485	6 001

注：民办普通高中教职工数包含民办普通初中教职工数。

〔**教育经费投入与支出**〕 2003 年教育经费总收入 143.78 亿元，比上年增加 9.09 亿元，增长 6.75%。其中：预算内教育经费拨款为 87.13 亿元，比上年增加 4.66 亿元，增长 5.65%。

2003 年普通高校生均事业费 4 269.1 元，比上年下降 9.19%；其中公用经费 1 183.2 元，下降 13.83%。普通高中生均事业费 1 281.65 元，比上年增加 87.54 元，增长 7.33%；其中公用经费 95.73 元，比上年增加 9.87 元，增长 11.5%。普通小学生均事业费 774.89 元，比上年增加 98.69 元，增长 14.59%；其中公用经费 27.97 元，比上年增加 1.11 元，增长 4.13%。

〔**教育基本建设及重点工程建设**〕 2003 年广西地方所属各级学校基本建设计划总投资 25.86 亿元，比上年增加 2.76 亿元，增长 11.92%。全区各级学校共完成投资 20.13 亿元，完成整个教育基建投资计划的 77.85%。共建设各类教学用房 343.08 万平方米，其中：教学及辅助用房 214.38 万平方米，行政办公用房 6.82 万平方米，其他用房 121.88 万平方米。实际竣工面积 235.38 万平方米，其中教学及辅助用房 152.76 万平方米，行政办公用房 3.84 万平方米，其他用房 78.77 万平方米。

“二期义教”工程建设情况。2001－2003 年，第二期“国家贫困地区义务教育工程”计划总投资为2.42亿元，建设学校536所，建设项目694个，计划建设校舍47.7万平方米。至2003年12月底，已有643个项目开工建设，其中有466个项目已经竣工，竣工建筑面积为29.49万平方米，竣工率67.15%。

中小学危房改造工程建设情况。到2003年，中央国债专项资金累计安排给广西中小学危房改造资金2.11亿元，其中2003年国债项目安排危房改造资金1.19亿元，地方自筹8 214.8万元，学校自筹764万元，计划建设校舍60.10万平方米，计划改造项目711个。至2003年12月31日，已经安排的260个项目已全部开工，开工项目总建筑面积为23.35万平方米，其中有224个项目已经竣工，竣工项目建筑面积为19.69万平方米，项目竣工率86.92%。

中央国债项目建设情况。职业教育中央国债项目总投资3 510万元，其中中央国债2 500万元，县（市）自筹1 010万元。用于土建工程的总投资1 451万元，总建筑面积26 137平方米，用于设备采购1 837.82万元。土建项目已全部竣工，设备工程完成总投资1 794.46万元。中央国债项目共安排广西高校校舍建设项目11个，计划总投资3.76亿元，计划建筑面积247 029平方米，实际建设面积为256 995平方米，年底，有8个项目已竣工验收。基础设施（老校区水、电、路改造）国债项目共安排广西建设项目3个，计划总投资6 594万元，至2003年12月底，完成投资2 262.2万元。“西部大学校园计算机网络建设工程”项目总投资6 700万元，其中，由教育部统一采购的经费3 900万元，非集中采购部分为2 810万元，非集中采购部分完成投资1 777.06万元。

〔**全区农村教育工作会议**〕 2003年10月，广西召开了全区农村教育工作会议，出台了《自治区人民政府贯彻落实国务院关于进一步加强农村教育工作的决定的意见》，明确了农村教育重中之重地位，提出了发展农村教育的任务和政策措施，特别提出了要突出“普九”攻坚和“两基”巩固提高这个重点，为提高农村人口素质、农业增效、农民增收服务，充分发挥城市教育优势帮扶农村教育，深化农村教育改革。自治区人民政府决定用5年时间组织实施“3大计划12个项目”，即“普九”攻坚计划的“中小学危房改造项目”、“农村中小学远程教育项目”、“扶贫关爱项目”、“学校减负项目”；“服务‘三农’计划”的“教育兴农金色项目”、“劳动力转移培训项目”、“农业先进实用技术传播项目”、“县级示范职业学校基地建设项目”；“城乡帮扶计划”的“城市帮扶农村中小学项目”、“农村中小学教师培训项目”、“进城农民工子女就学服务项目”、“城市职业学校面向农村扩招项目”。自治区政府决定到2007年全区基本实现“两基”目标。

〔**考试制度改革**〕 考试评价和招生录取制度进一步创新。2003年高考“3+X”科目设置改革和一年两次高考方案进一步优化，统一性考试和选择性考试有机结合，本、专科继续分开考试。招生考试管理电子化程度进一步提高。2003年普通高考实现试卷和考生体检表、志愿卡计算机处理，准确无误地完成了分数合成和标准分转换等工作；无纸化阅卷科目稳定为4门，对人工阅卷部分强化了常规管理和复查、复核环节，确保考生成绩真实可靠，准确无误；为所有高考考生都建立了电子档案，全面实行网上远程录取。中专学校招生录取模式进一步调整，学校招生自主权进一步扩大，学校、考生实现了“双向选择”。综合高中班学生相关学科的毕业考试（含考查科目）纳入自治区普通高中毕业会考。坚持高中会考，逐步将初中升高中阶段考试的命题权下放给地级市，2003年把独立命题和组织考试扩大到国家级课程改革实验区。

〔**卫生工作**〕 年内开展学校食物中毒、传染病防治工作人员培训和学校卫生和食堂卫生安全检查，各级各类学校依法治校和卫生防病意识进一步增强。学校卫生工作的各种管理、检查、监管制度进一步健全。全区教育系统按照党中央、国务院、自治区党委政府的统一部署，研究制订了防治“非典”工作措施，部署落实全区教育系统防治“非典”工作，抗击“非典”斗争取得无一例师生员工被感染或交叉感染，无一例师生死亡的成绩。

〔**语言文字工作**〕　全区语言文字科研取得新进展。据 2003 年底统计，全区已有测试员 1 137 人（其中：国测员 138 人，省测员 999 人）。全年全区 52 个市、区、县和 20 所高校、34 所中等职校共组织教师、学生、公务员及服务行业人员 11.5 万人（次）参加普通话水平测试。

〔**国际交流与合作**〕　2003 年，全区有资格聘用外国专家和外籍教师院校数目上升到 84 个，聘请了长期外籍教师共 204 人。全区各级各类学校共邀请短期专家近 100 人。共招收外国自费留学生 1 018人，其中半年以上长期生 922 人，短期生 96 人。区内 7 所高校与国外大学或教育机构合作办学。

基础教育

〔**“两基”工作**〕　2003 年底，全区通过地市级“普九”验收的乡镇累计超过 200 个，通过自治区“普九”验收的县（市、区）达 82 个，比上年增加 2 个县；覆盖人口 3 907.97 万人，人口覆盖率达 81.62%以上，比上年提高 1.62 个百分点。其中累计有 69 个县（市、区）通过了国家“普九”验收，人口覆盖率为 71.8%。青壮年文盲率已下降到 5%以下，其中 15～51 岁人口文盲率已降到 0.95%。

〔**高中教育**〕　继续组织实施自治区示范性普通高中建设工程。到 2003 年已有 100 所学校被立项建设，通过政府投入、政府贴息贷款、学校自筹、引进社会资金和国家支持等途径，投入总额达 14.29 亿元。5 月，经过专家小组的评估，自治区教育厅确认南宁二中等 20 所普通高中为自治区示范性普通高中。到 2003 年年底，全区累计有 42 所学校通过自治区评估验收，被正式认定为自治区示范性普通高中。

制定《2003—2020 年广西普通高中教育发展规划》。为进一步明确普通高中发展的任务、目标和思路，采取切实可行的措施，加快普通高中教育的发展，努力实现基础教育发展的新跨越，自治区教育厅于 2003 年 5 月印发了《2003—2020 年广西普通高中教育发展规划》，按照积极进取、实事求是，分区规划、分步实施的原则，确定了广西发展普通高中目标：从现在起到 2005 年，在巩固“两基”成果、打好“普九”攻坚战的基础上，使高中阶段毛入学率达到 45%；到 2010 年，要普及九年义务教育，高中阶段毛入学率达到 54%；到 2020 年，在高质量普及九年义务教育的基础上，高中阶段毛入学率达到 85%，高中阶段教育无论在数量上还是质量上都有更大的发展。

〔**幼儿教育**〕　自治区教育厅根据“自培和异地培训相结合，大力推进幼儿园领导队伍素质建设步伐”的新的幼儿教育师资培训思路，10 月 24 日—11 月 6 日，委托南京师范大学、华东师范大学举办了首届广西幼教专干、教研员和自治区示范幼儿园园长高级研修班，共 40 人参加了培训。自治区教育厅加大了早期儿童养育项目和女童职业教育项目指导力度，开展了有关幼儿玩具制作、幼儿园环境创设、幼儿活动组织等技能培训活动，举办“女童职业教育项目”管理人员培训。2003 年 10 月，联合国教科文组织组织专家对广西实施“女童职业教育项目”情况进行中期评估，专家高度评价田东县实施项目的经验为“田东模式”。2003 年 11 月，教育部组织专家对广西实施早期儿童养育项目情况进行评估，对项目实施情况给予高度评价认为“有地方特色”。

〔**特殊教育**〕 广西正式启动随班就读工作支持保障体系国家级实验县（市、区）项目，柳州市鱼峰区、崇左市扶绥县、百色市隆林县、桂林市灵川县为国家级实验区。举办首届全区特殊教育学校学生美术作品大赛。2003年10月，自治区教育厅和自治区残疾人联合会共同举办了首届以“身残志更坚，巧手共绘明天”为主题的全区特殊教育学校学生美术作品大赛，共收到作品268幅，评出一等奖40幅，二等奖58幅，三等奖137幅。

〔**完善农村义务教育管理体制**〕 年内全区农村义务教育管理体制工作取得初步成效，表现为“两个完成”即：全部把中小学教职工工资发放权收归县级人民政府管理，全部完成中小学教职工人事管理权收到县级人民政府管理。“一个基本”，即：全区基本建立中小学教职工工资发放机制。“五个初见成效”，即：全区清偿教育欠债初见成效，中小学危房改造初见成效，中小学撤点并校初见成效，清理代课人员初见成效，撤消乡镇教办初见成效。

〔**教育督导**〕 开展普通高中等级学校评估。年内自治区政府教育督导团办公室制定了普通高中等级学校评估标准，组织进行了普通高中等级学校评估。自治区、市、县督学、督导室主任、基础教育科长、高中校长共200多人参与评估，此次受评估学校为普通高完中519所，共评出示范高中42所、一级学校193所、二级学校35所、三级学校3所。

年内，自治区政府教育督导团对田阳县、东兴市、临桂县、阳朔县、恭城县、富川县、上林县、崇左市江州区“两基”工作进行了复核并报自治区政府认定合格；对凭祥市、扶绥县、横县、全州县等10个县（市）进行“两基”工作全面复查。

〔**基础教育课程改革实验**〕 2003年，全区参加课改实验县（包括国家级、省级）达到49个，参加实验的小学一年级起始学生39.46万人，占同年级学生的46%左右；初中一年级的起始学生25.79万人，占同年级学生的31.31%。11月，自治区教育厅组织有关专家对2002年确定的17个省级课改实验区进行评估，对实验区一年来的工作进行了全面总结，重点检查各实验区在实施基础教育课程改革组织与领导、相关政策保障措施落实、家长和社区的参与，新课程师资培训、新课程推进的专业指导，教学过程的转变，教研活动、课题研究、课程资源开发等方面的情况。评估结果表明，各地课程改革实验工作取得了较大进展，基本达到了预期的实验目标，但也存在经费投人不足、装备条件简陋、教师培训不到位、现代教育理念不能较好转化为教学行为等问题。

〔**教师队伍建设**〕 （1）自治区出台中小学教职工编制标准，核定农村中小学教师编制工作正在逐步到位。自治区编委年内审批了14个市的中小学教师编制方案。各地中小学正在按照已审核的编制方案做好定编定员定岗工作。（2）各项中小学教师培训工作有序开展。自治区教育厅确定邕宁县教师进修学校等10所学校为立项建设示范性教师进修学校。（3）“21世纪园丁工程”进入总结阶段，上万名“21世纪园丁工程”学员进行工程5年期学习总结；197名教师被选送参加第二期基础教育新课程骨干教师国家级培训；课改新实验区教师有25 000人次获得基础教育课程改革通识和教材培训；65 567名中小学教师参加了二期“义教工程”中小学教师培训；以《广西中小学教师专业发展报告册》为载体的校本培训实验项目等中小学教师培训工作也顺利开展。中小学教师学历合格率小学为97%，初中为91%。

〔**教育信息化与现代远程教育**〕 2003年，广西实施了“广西乡镇现代教育资源中心工程”、第二期“国家贫困地区义务教育工程”信息技术设备项目和“教育部李嘉诚基金会西部中小学现代远程教育工程”等三大中小学信息技术教育工程项目。“广西乡镇现代教育资源中心工程”项目示范点灵川县13个乡镇的13所项目学校资源中心已建成投入使用，邕宁等292个乡镇中心校完成项目设备采购工作。二期“义教工程”和“教育部李嘉诚基金会西部中小学现代远程教育工程”建设的 1 909 所中小学校已进入信息技术设备调试和维护工作阶段。

职业教育与成人教育

〔**综述**〕　2003 年 8 月，自治区政府召开全区职业教育工作会议，自治区代主席陆兵、副主席吴恒等领导出席会议并发表讲话。会议出台了《自治区人民政府贯彻落实国务院关于大力推进职业教育改革与发展的决定的意见》，进一步明确了把职业教育工作列入全区经济和社会发展整体规划，明确了职业教育改革与发展的目标、思路和任务措施。

2003 年，全区中等职业学校毕业生的就业率仍然保持在 85%以上，其中一些骨干示范学校、特色学校如广西药科学校、金秀瑶族自治县中等职业技术学校、广西纺织工业学校、广西机电工程学校、广西建材工业学校、柳州畜牧兽医学校、桂林市旅游职业中等专业学校毕业生就业率达到 95%以上。

中等职业教育办学体制改革。民办职业教育发展出现了新的局面，玉林市、梧州市、贵港市等地的民办职业教育有了较大的发展，出现了民办职业学校租用企业闲置设备，与企业联合办学的新情况。

〔**职业教育师资培养培训**〕　中等职业教育师资工作坚持制度建设与师资培养培训并举。自治区批准建立了 4 个自治区级职教师资培养培训基地，即广西机电职业技术学院、农业职业技术学院、交通职业技术学院、柳州市第一职业中专。2003 年共举办 18 期各类中等职业学校教师和管理干部短期培训班，1 030 名中职学校管理干部、专业教师参加培训。全区有 12 所学校 61 名专业教师参加教育部中德职教师资进修项目培训。

〔**职业教育教学改革**〕　职业教育教学改革创新力度加大。全区共有 50 所中等职业学校实施学分制。自治区教育厅实施中等职业学校教育教学改革项目及教育教学改革成果奖励制度，确立 113 个项目为 2003 年度广西中等职业教育教学改革立项项目，评出 22 个第二届中等职业学校教育教学改革获奖项目。

〔**职业教育骨干示范学校和专业建设**〕　中等职业教育骨干示范学校和专业建设得到加强。自治区教育厅认定柳州铁路运输学校等 16 所学校达到或基本达到国家级重点中等职业学校的标准，同意推荐为国家级重点中等职业学校；认定 32 所学校为自治区级重点中等职业学校；对办学 3 年以上的 475 所中职学校进行了合格评估。全区有国家级重点中职学校 27 所，自治区级重点中职学校 36 所。中职学校骨干专业建设加强，全区有 6 所学校的 6 个专业被确定为全国首批中等职业学校示范专业（点）。

〔**职业培训**〕　全区各相关部门加大了人力资源开发的工作力度。2003 年，全区农村成人文化技术学校培训农村劳动力达 500 万人；职工培训普遍得到加强，在每年 40 多万名企业员工接受各类培训的基础上，各行业员工培训率比去年同期高出 3 个百分点；各地职业学校和成人教育机构面向 8 万多名下岗失业人员开展再就业培训，培训合格率达 90%以上，培训后再就业率达 60%。社区教育继续发展，全国社区教育实验区之一的南宁市新城区参加培训人数达到 4 万多人，龙胜各族自治县开展农村社区教育培训人数达到 6 万多人，南宁市兴宁区、柳州市柳南区、龙胜各族自治县正式向国家申报进入新一轮社区教育实验区。

高 等 教 育

〔**综述**〕 2003年，经国务院学位委员会批准，广西高等教育新增1个博士授权点、3个博士专业点、81个硕士专业点，办学层次进一步提高。全区高校有博士后科研流动站1个，博士授权单位3个，博士专业点12个。

2003年，广西大学“211工程”二期建设中的大型设备采购和10个自治区级重点学科建设的论证工作已经完成。通过专家论证和评估，广西大学“亚热带动植物的保护和利用”实验室成为省部共建国家级重点实验室培育基地，在科技部正式立项建设；速生林培育实验室成为林业部重点实验室；广西大学和桂林工学院共建的“有色金属材料及其加工新技术实验室”成为省部共建教育部重点实验室。

继续开展教师资格认定工作，拓宽教师来源。2003年，全区51所高校共有2 625人取得高等学校教师资格。

到2003年10月底，区内院校毕业生就业率为80.81%，比上年同期提高13个百分点。

全区37所普通高校有二层机构党委27个，党总支158个，党支部1 263个。

〔**高校学生思想政治工作**〕 进一步加强高校宣传思想政治工作。为增强思想政治工作的针对性、时效性，2003年，制定实施了《关于加强我区高等学校思想政治工作的若干意见》和《关于加强高职院校思想政治工作的若干意见》；召开了全区高校思想政治工作座谈会，认真总结近年来全区高校思想政治工作的成绩和经验，全面分析了当前高校思想政治工作所面临的新形势、新情况和新问题，提出进一步加强和改进高校思想政治工作的新举措。

大力推进学生思想政治教育“进网络”工程。为充分利用网络教育资源，创新高校德育和思想政治工作的方法，2月制订实施了区属普通高校宣传思想政治教育“进网络”建设方案，启动22所区属普通高校宣传思想政治教育进网络主题网站立项建设工作，共投入建设经费600万元，并对其中11所本科高校的主题网站建设进行了中期检查评估，取得了阶段性建设成果。举办了2期思想政治教育进网络技术培训班，共有20所区属普通高校90多人参加了培训。

〔**高校教学改革**〕 2003年，广西高等教育以提高教学质量为中心，进一步更新教育思想观念，深化教学内容和课程体系改革。(1) 积极推进新世纪广西高等教育教学改革工程，2003年新增立项48个，立项项目总数305个。重点资助新世纪教学改革项目74个，项目资助经费156万元（其中自治区教育厅下拨52万元，学校配套104万元）。(2) 实施精品专业、重点专业建设工程。印发了《广西高等学校普通本科专业评估方案（试行）》，并按此方案对广西大学等6所高校的“电子商务”等6个新办普通本科专业进行了评估，促使各高校重视对新办专业的建设和改革。确定了广西大学土木工程系13个普通本科专业为“十五”期间首批自治区级精品专业和广西大学化学工程与工艺等19个普通本科专业为自治区重点专业，并对以上专业的教学改革和实践工作资助经费90.9万元（其中高校配套60.6万元，自治区教育厅下拨30.3万元）。(3) 进一步推进高职高专专业教学改革。实施第二轮高职高专专业教学改革试点工程，确定了广西财政高等专科学校保险等21个专业作为自治区级第二轮高职高专教学改革与建设试点。搞好国家级精品及试点专业建设。南宁职业技术学院的“室内设计与装修”专业获得首次国家级高职高专精品专业建设立项，广西机电职业技术学院“数控技术应用”、柳州职业技术学院“汽车运用与维护”、广西教育学院“现代教育技术”、桂林旅游高等专科学校“酒店管理”、广西财政高等专科学校“会计”和桂林电子工业学院“电子与信息技术”等6个专业被列为第四批教育部级高职高专教育专业教学改革试点专业。在实施高职高专专业改革试点的基础上，确定广西职业技术学院应用生物技术专业等7个专业为“十五”期间首批自治区和重点精品专业，并资助经费33.6万元。(4) 实施精品课程、重点课程建设工程。确定了广西医科大学药理学等25门课程为“十五”期间首批精品课程和广西大学机械技术基础等32门课程为“十五”期间首批自治区重点课程，共资助79.2万元。(5) 进一步推进专业结构调整。组织专家组完成了2003年度学校申报的70个新增普通本科、成人本专科、高职高专专业的申报及评审工作。(6) 实施精品教材和重点教材建设工程。确定了广西大学“农业植物病理学”等20个项目为自治区精品教材，确定了广西师范大学“热力学与统计物理学基础”等46项为自治区重点教材，共资助47.6万元。(7) 进一步构建和完善各级各类高等教育相互衔接，相互沟通的“立交桥”，规范“优秀专科生选拔制”的专升本、高职升本工作。2003年共选拔1 204名高职高专学生进入普通本科学习，选拔了4 104名成高专科学生进入成高本科学习。(8) 进一步深化大学英语教学改革。开展了全区普通高等学校大学英语教学状况调查，对全区13所普通本科高校大学英语教学工作进行了评估，在广西大学举行了大学英语多媒体公开课；高职高专英语教学实行由大学英语三级向全国高等学校英语应用能力考试转轨。举办了有15所高校校领导参加的为期4个月全脱产的首届广西高校领导英语培训班。(9) 积极组织高校学生参加“六赛”活动，即全国高校电子设计大赛、全国大学生英语竞赛、全国大学生翻译、写作竞赛、全国大学生数学建模竞赛、全国大学生CCTV级英语演讲比赛，全区高校化学实验技能竞赛及化学化工类论文竞赛。在全国大学生数学建模竞赛中广西本科组有2个队获全国一等奖，4个队获全国二等奖；专科组有1个队获全国一等奖，2个队获全国二等奖。

〔**高校教学管理**〕 制定并印发了《关于加强自治区普通高等学校本科教学工作水平评估的若干意见》，就如何做好全区各普通本科院校的教学评估工作提出了指导性原则意见。建立自治区属高校办学水平评估工作联席会议制度；成立了全区普通本科学校迎评工作领导小组，评估专家委员会，负责普通本科学校教学工作水平评估的研究、咨询、监督、检查与实施；指导广西中医学院、广西民族学院接受教育部的本科教学工作水平评估；启动广西高职高专院校人才培养工作评估试点工作，桂林航天工业高等专科学校顺利通过教育部评估。成立了外语、化学化工、中文、计算机教学与考试等4个教学指导委员会，以充分发挥各科类专家学者对教育教学改革与建设的研究和指导作用。

开展全区普通高校基础课教学实验室评估总结及表彰活动，表彰了16个实验室评估工作先进学校，60个实验室评估工作先进个人。推动高校多媒体课件及网络资源建设，加强与各省市高校间的交流与合作，举办了第三届广西高等教育教学软件大赛，鼓励广大教师应用开发多媒体课件、网络课件等。加强教师培训工作。举办了全区高校大学英语、《WTO概论》、现代教育技术、数学建模竞赛四个骨干教师培训（研讨）班，促进教师素质提高。加强了高校教材建设和管理。评选出一批优秀教材，下拨奖励经费12.2万元。组织召开了部分高校成教院成人高等教育多媒体教材建设研讨会，对立体化教材建设进行了研讨，提出了初步建设方案，并协助教材中心立项建设50门成人高等教育教材。

〔**高校科研**〕 2003年，广西高校承担各级各类科学研究项目经费达1.15亿元，比上年增加34.89%，其中国家自然科学基金项目56项，比上年增加41项；获国家社科基金资助项目8项；获授权专利21项；获省部级科技奖励33项；获教育部科学技术研究重点项目立项6项。年内共有26项高校科研成果获广西科技进步奖，占奖励总数的21.13%，其中广西师范大学梁宏博士等完成的

"若干含N，S配体的金属配合物的合成、结构和生物活性的研究"成果获一等奖。

〔**家庭经济困难学生资助工作**〕 (1)经向自治区政府请示，从2003年起将原自治区政府"春雨奖学金"更名为"自治区人民政府奖学金"，由自治区本级财政从2003年起每年安排500万元专项资金（即在"春雨奖学金"每年200万元的基础上增加300万元），奖励2 800名普通高校贫困生中品学兼优的学生。制订印发了《广西壮族自治区人民政府奖学金管理办法》，5月评选奖励了2 800名普通高校贫困生中品学兼优的学生。(2)3月份评选奖励"国家奖学金"，受奖经济困难学生795人，奖励金额353.4万元；同时做好"广西福彩中心资助家庭经济困难学生基金"（奖金总额25万元）和"西部开发助学工程"奖学金（奖金总额120万元）的评选资助工作。(3)加强和完善福特基金"贫困生个人能力提高"项目的实施工作，广西师范大学、广西民族学院、广西师范学院3所高校充分利用国际福特基金会提供的基金，加强项目建设，以新的观念和方法开展经济困难学生的资助工作，取得了初步成效。(4)印发了《关于加强大学生校外勤工助学活动管理工作的通知》，抓好校内勤工助学工作，重点检查督促各高校从学费收入中拿出10%用于资助经济困难学生。

民 族 教 育

〔**综述**〕 2003年全区各级各类学校在校少数民族学生数及其所占比重分别为：幼儿园25.53万人，占30.27%；小学177.34万人，占36.06%；普通中学112.38万人，占37.03%；职业高中2.97万人，占28.33%；普通中等专业学校6.08万人，占37.99%；普通高等教育6.71万人，占29.53%；研究生1140人，占19.74%。少数民族专任教师数及其所占比重分别为：小学8.78万人，占42.79%；普通中学5.39万人，占37.19%；职业高中0.14万人，占21.46%；普通中等专业学校0.19万人，占24.38%；普通高等院校0.33万人，占23.30%。

〔**全区民族教育工作会议**〕 2003年8月，自治区政府召开全区民族教育工作会议，这是建国以来广西第一次召开的全区民族教育工作会议。会上，自治区政府代主席陆兵、副主席吴恒发表了讲话，自治区教育厅厅长余益中作了关于广西民族教育发展状况和改革发展工作的报告，自治区民族事务委员会主任罗黎明作会议总结讲话。会议出台了《自治区人民政府贯彻落实国务院关于深化改革加快发展民族教育的决定的意见》、《广西壮族自治区民族教育事业2003年～2007年发展规划》、《广西壮族自治区寄宿制民族班2004年～2006年发展规划》、自治区教育厅、自治区民委《关于加快我区高等学校少数民族预科教育发展的实施办法》等重要文件。

撰稿　黄雄彪　李美清　赵益真
审稿　余益中

海南省教育

概　　况

〔基本情况〕

2003 年各级各类学校校数、教职工、专任教师情况

	学校数（所）	教职工数（人）	专任教师（人）
一、高等教育			
（一）研究生培养机构（不计校数）	2		
1. 普通高校	2		
2. 科研机构			
（二）普通高等学校	11	5 157	2 699
1. 本科院校	4	3 401	1 704
2. 专科院校	7	1 756	995
其中：职业技术学院	6	1 282	769
3. 分校、大专班（点）（不计校数）			
（三）成人高等学校	1	95	59
（四）民办的其他高等教育机构	1	21	19
1. 学历文凭考试机构	1	21	19
2. 非学历文凭考试机构	0		
二、中等教育			
（一）高中阶段教育	198	36 643	7 822
1. 高中	109	31 552	4 776
普通高中	105	31 537	4 768
成人高中	4	15	8
2. 中等职业教育	89	5 091	3 046
普通中等专业学校	30	2 627	1 480
成人中等专业学校	14	416	229
职业高中	45	1 260	858
技工学校			
其他机构（教学点）（不计校数）	8	788	479
（二）初中阶段教育			
1. 普通初中	437		20 135
2. 职业初中			
3. 成人初中	3	24	0

续表

	学校数 （所）	教职工数 （人）	专任教师 （人）
三、初等教育			
（一）普通小学	3 287	54 869	49 367
（二）成人小学	589	628	134
其中：扫盲班	145	208	48
四、工读学校			
五、特殊教育	4	100	65
六、学前教育	662	7 685	4 308

注：1. 普通高中教职工数包含普通初中教职工数；
2. 成人高等学校教职工数和专任教师数为 2002 年数据。

2003 年各级各类学历教育学生情况

	毕业生数 （人）	招生数 （人）	在校生数 （人）
一、高等教育			
（一）研究生	64	204	442
（二）普通本专科	5 846	17 006	43 498
（三）成人本专科	4 201		22 873
（四）其他各类高等学历教育			
1. 在职人员攻读博士、硕士学位		17	44
2. 网络本专科生			
3. 学历文凭考试			
二、中等教育			
（一）高中阶段教育	35 017	49 729	133 696
1. 高中	22 352	32 620	89 080
普通高中	22 299	32 620	88 946
成人高中	53		134
2. 中等职业教育	12 665	17 109	44 616
普通中专	9 637	13 180	36 427
成人中专	702	421	1 117
职业高中	2 326	3 508	7 072
技工学校			
（二）初中阶段教育			
1. 普通初中	119 122	156 650	418 940
2. 职业初中			
3. 成人初中	249		72
三、初等教育			
（一）普通小学	173 992	164 629	1 008 860
（二）成人小学	5 188		5 719
其中：扫盲班	1 538		2 367
四、工读学校			
五、特殊教育	71	213	1 665
六、学前教育	55 246	79 194	113 367

注：1. 成人本专科毕业生、在校生数为 2002 年数据；
2. 其他各类高等教育学生数未包含成人高校举办的各类高等教育学生数。

2003 年各级各类非学历教育学生情况

	毕（结）业生数（人）	招生数（人）	在校生数（人）
一、高等教育	1 582	846	734
（一）研究生课程进修班	90		11
（二）自考助学班	327	102	361
（三）普通预科生	39	75	75
（四）证书教育	180	203	230
（五）岗位培训	494	409	
（六）进修及培训	452	57	57
二、中等教育	230 032		209 222
（一）中等职业教育	12 186		4 096
（二）职业技术培训机构	217 846		205 126

注：高等教育非学历教育学生数未包含成人高校举办的非学历教育学生数。

2003 年各级民办教育基本情况

	学校数（所）	毕业生数（人）	招生数（人）	在校生数（人）	教职工数（人）	专任教师（人）
一、民办高等教育						
（一）普通高校	1			328	118	79
（二）成人高校						
（三）民办的其他高等教育机构	1	197	253	567	21	19
二、民办中等教育机构						
（一）高中阶段教育						
其中：民办普通高中	16	1 039	1 670	4 428	2 807	1 671
民办中等职业教育	13	582	1 094	2 234	306	159
（二）初中阶段教育						
其中：民办普通初中	55	4 965	8 801	22 597		
民办职业初中						
三、民办普通小学	104	7 939	10 105	59 100	4 552	3 047
四、民办幼儿园	497	15 836	27 545	48 139	4 749	2 533

注：民办普通高中教职工数包含民办普通初中教职工数。

〔**年度教育工作方针**〕　2003 年，全省教育工作以邓小平理论和“三个代表”重要思想为指导，全面贯彻党的十六大和省第四次党代会精神，按照全省经济工作会议和教育部 2003 年度工作会议及全国农村教育工作会议部署，围绕“巩固成果、深化改革、提高质量、持续发展”的工作方针，实施科教兴琼战略，抓好省政府重点推进项目的落实，进一步深化教育改革，加快教育发展，推动教育创新，为提高全省国民整体素质、促进经济社会全面进步、全面建设小康社会作出应有的贡献。

〔**全省农村教育调查**〕　为贯彻落实《国务院关于进一步加强农村教育工作的决定》和全国农村教育工作会议精神，省政府第 23 次常务会议决定开展全省农村教育工作调查，了解农村教育的现状，为进一步改革与发展农村教育提供依据。2003 年 11 月 5 日，成立了由代省长卫留成担任总队长、副省长林方略、省教育厅厅长黄国泰为副总队长、从省直 8 个部门抽调 36 名干部组成的省农村教育工作调查队，对陵水、乐东、保亭、五指山、白沙、琼中、昌江、东方、临高、屯昌、定安 11 个国家和省扶贫开发工作重点市县开展了为期近 2 个月的调查。通过调查，基本掌握了全省农村教育的情况，向省政府呈送了《全省农村教育调查报告》，为省委、省政府作出加快农村教育改革与发展的决策提供客观、科学的依据。

〔**教育投入与支出**〕 2003年，在努力依法增加教育财政拨款的同时，进一步拓宽教育经费筹措渠道，逐步建立教育成本分担机制，在深入调研的基础上，核定全省中小学生均公用经费定额标准，明确转移支付资金用于教育的比例，确保农村税费改革后，农村义务教育实现“三保”（保工资、保运转、保安全）和适度发展的目标。

2003年全省各级各类教育总投入32.92亿元，比上年增长10.35%。其中国家财政性教育经费20.80亿元（其中预算内教育经费17.40亿元，各级政府征收用于教育的税费1.18亿元，企业办学经费1.99亿元，校办产业、勤工俭学和社会服务收入用于教育的经费0.23亿元），比上年增长0.8%；社会团体和公民个人办学经费1.69亿元，比上年增长44.44%；社会捐、集资办学经费0.71亿元，比上年增长2.89%；事业收入8.77亿元（其中学、杂费6.05亿元），比上年增长32.42%；其他收入0.95亿元。国家财政性教育经费占国内生产总值的比例为2.98%，比上年下降0.32个百分点；预算内教育经费占财政支出的比例为15.1%，比上年下降0.1个百分点。

2003年，各级各类教育总支出32.77亿元，其中国家财政性教育经费支出21.45亿元（其中预算内教育经费支出16.52亿元，各级政府征收用于教育的税费支出1.66亿元，企业办学经费支出3.13亿元，校办产业、勤工俭学和社会服务收入用于教育的经费支出0.14亿元），社会团体和公民个人办学经费支出1.81亿元，社会捐、集资办学经费支出0.75亿元，学、杂费支出6.39亿元，其他支出2.37亿元。

〔**民族教育**〕 2月18日召开第二次全省民族教育工作会议，印发了《海南省人民政府贯彻〈国务院关于深化改革加快发展民族教育的决定〉的实施意见》，明确全省“十五”期间及2010年民族教育改革与发展的目标任务，注重体现对民族教育的倾斜扶持政策和措施。从2003年起，省财政每年安排500万元，有关市县配套一定数额的资金，用于为少数民族地区义务教育阶段特困生免费提供教科书；省财政每年安排310万元，要求有关县（市）财政每年在预算中安排专项资金，用于寄宿制民族班学生生活补贴等。教育厅会同有关部门印发了《关于学习贯彻〈海南省人民政府贯彻国务院关于深化改革加快发展民族教育的决定的实施意见〉和第二次全省民族教育工作会议精神的通知》、《关于做好为少数民族市县义务教育阶段特困生免费提供教科书工作的通知》、《关于办好寄宿制民族班有关事项的通知》和《关于鼓励琼籍少数民族考生报考和攻读研究生的办法》等有关配套文件，加快了全省民族教育改革与发展步伐。

〔**教育法制建设**〕 继续推动全省各级教育行政部门、各级各类学校贯彻实施《海南省教育系统法制宣传教育第四个五年规划》，提出了2003—2007年海南省教育立法规划。加强教育行政机关干部、全省教育督导和教育法制工作人员对通用法律知识，对国家有关教育的法律、法规、规章以及教育方针、政策等的学习，提高其学法、用法、依法行政的自觉性和能力。对中小学校开展法制教育作出具体部署，举行青少年法制教育周，开展形式多样的普法活动。逐步做到法制教育“计划、教材、课程、师资”四落实。省教育厅同省普法办联合对各市县、学校聘请中小学兼职法制副校长及法制副校长工作情况进行了调查，为进一步建立健全兼职法制副校长聘任和管理制度、加强学校法制教育工作打下良好基础。

〔**教育督导**〕 2003年，省政府教育督导室对全省高中、初中、小学的办学水平督导评估方案及其实施细则进行全面修订，使评估制度和办法更加完善，并与推进中小学课程改革相适应，组织开展了对有关学校申报省示范小学、一级小学、一级完全中学的审核、评估工作。适应教育督导工作要求，重新聘任了省兼职督学，把一批年富力强、经验丰富、在职的教育行政部门领导和学校领导充实到督学队伍，强化了督导力量，为今后教育督导工作的进一步开展创造了有利条件。在部署各市县全面开展“两基”工作年检的基础上，开展对“两基”巩固提高的复查工作。通过复查，评选出乐东黎族自治县、海口市龙华区、东方市、农垦新中农场和6个乡镇为“海南省‘两基’巩固提高工作先进单位”并进行了表彰。开展对教育重点和热点问题的调研，包括对农村税费改革后如何保障农村义务教育投入、当前初中学校招生中存在的问题等方面的调研。省政府教育督导室起草的《坚持“两基”重中之重地位不动摇》、《不畏困难，积极进取，胜利完成“两基”历史重任》分别作为经验材料在全国农村教育工作会议和全国教育督导会上交流。

〔**教育交流与合作**〕 2003年组织2批教育考察团共32人到日本、韩国和我国港澳台地区进行教育考察。审核上报海南大学经济管理学院、海南职业技术学院和海南粮食学校3所学校的中外合作办学项目（已被批准）。完成25名公派留学生和56名外国来华留学生的审核工作，做好71名外籍教师的聘请和管理工作。积极与美国国际教育交流协会联系，邀请4名具有丰富教学经验的教师来海南，为全省9个少数民族市县的80多名教师免费授课。还组织外籍教师参加“中部农村地区扶贫讲师团”赴琼中、白沙、保亭等地巡回讲学。接待了美国、加拿大、英国、澳大利亚等国家和我国港澳台地区18批教育界人士的来访。

〔**语言文字工作**〕 2003年，进一步完善全省普通话水平测试工作机构网络，批准设立陵水县、临高县、昌江县教育局3个基层普通话水平测试站，使全省基层普通话水平测试站数量达到17个。举办第8期全省省级普通话水平测试员培训班，培训学员30多名，其中10人获得省级普通话水平测试员资格。举办全省省级普通话水平测试员培训班，聘请国家普通话水平测试中心对全省100多名普通话水平测试员进行国际音标、测试理论和测试技能培训，切实提高普通话水平测试员的语音知识和测试技能。省普通话测试中心和各市县、省直单位共举办12期教师普通话培训班，培训教师2 000多人。继续开展教师普通话测试工作，对8 000多名教师、学生及社会人士进行了普通话水平测试。开展第六届推广普通话活动宣传周活动，宣传《国家通用语言文字法》和做好普通话推广使用工作，组织举办全省第一届中小学语文教师普通话演讲比赛。

〔**教育信息化工作**〕 加快推进教育信息化步伐，进一步提高教育现代化水平。(1) 制订《海南省教育信息化发展规划》。加强网络、网站、远程教育、软件管理，优化网络环境，确保全省网络信息安全。(2) 加快全省教育系统电子政务工作进程。已经建成海南省教育网络信息中心，开通省教育厅网站和海南教育网站，网络视频会议系统与教育部会议中心联接。新建市县教育局计算机网站2个、校园网络58个。2003年，全省有12个市县教育局建成了计算机网络信息中心，所有高校、12所中专学校建成校园网实现宽带联网，680多所中小学可以通过校园网、电话拨号、租用专线等方式上网。(3) 继续实施“校校通”工程。全面开展卫星宽带接收网站建设工作，已有15个市县新装128套接收设备系统，至2003年已建成卫星教育接收站490多个，扩大了中国卫星宽带传输网在我省的覆盖面，中小学“校校通”普及程度进一步提高。全省教育系统电子政务、远程教育传输网络已初步形成。(4) 加快省教育资源库建设，资源信息量已达200G，海南教育网的影响力大大加强。(5) 加强学校信息技术教育，大力推进以多媒体技术为重点的现代教育信息技术在教育教学上的应用。全省中小学新装计算机1 947台，总数达到30 458台；新建多媒体教室60多间，总数达到560多个；各级各类学校新建计算机网络教室186间。上网学校1 200多所，绝大多数乡镇中心小学以上中小学校开展信息技术教育活动。推动所有市县城区初中和条件较好的小学及有条件的乡镇初中、中心小学开设信息技术教育必修课。加强对现代教育技术实验学校“十五”重点课题研究指导，坚持在教学中研究，以研究促教学。加强教师现代化技术培训，有计划地组织各级各类学校的教师参加多媒体软件编制、网络技术、电教科研、设备维护等方面的专业班培训。

〔**体育、卫生与艺术教育**〕 切实加强领导，加大宣传力度，制定防范措施和制度，狠抓落实，认真做好教育系统预防“非典”工作。制定《学生体质健康标准》，并对有关人员进行实施工作培训。总结实施国家“学生饮用奶计划”工作经验，进一步推动全省实施国家“学生饮用奶计划”工作的深入开展。拟定海南省高等学校和高级中学学生军训发展规划，抓好全省大中专、中师、中学学生的军训工作。加强艺术、体育教师队伍建设，举办全省艺术骨干教师论文写作培训班，开展艺术教师论文评比活动，举办海南省第四届小学体育教师优质课调教活动，提高艺术、体育教师队伍整体素质。举办全省第五届大中专、中师学生田径运动会、第四届中学生文艺汇演，开展全省中学生足球赛、篮球赛、排球赛、大学生足球赛等多项文体竞赛活动。组队中学生男子排球队，代表中国参加亚洲中学生男子排球锦标赛并获得冠军，组织参加教育部和团中央主办的首届全国中小学生艺术展演活动，获得优异成绩。

〔**社会力量办学**〕 2003 年，坚持“积极鼓励、大力支持、正确引导、依法管理”的方针，深化民办基础教育体制改革。针对全省民办基础教育工作中存在的办学行为不规范等问题，指导各地认真整改，严把民办中小学校办学审批关，加大民办中小学校财务审计工作力度，加强民办中小学校年检工作，加大对非法办学的治理力度，使民办基础教育办学行为进一步走上规范化轨道。组织开展全国、全省先进民办中小学、幼儿园的评选工作，经过认真评选，海南国科园实验学校、海口市寰岛实验小学、三亚市第八小学 3 所学校和海南琼海师范幼儿园、琼海市小明星艺术幼儿园分别被推荐为全国表彰的民办中小学、幼儿园。

基础教育

〔**综述**〕 2003 年以“两基”巩固提高工作和推进基础教育课程改革为重点，坚持基础教育积极、均衡、协调和持续发展，深化改革，推进教育创新，切实加强管理，不断提高教育质量，基础教育持续健康发展。

2003 年，普通高中比上年增加 4 所，在校生比上年增加 1.06 万人；普通初中（含九年一贯制学校）比上年增加 4 所，在校生比上年增加 2.09 万人；小学调整到 3 287 所，比上年减少 33 所，在校生比上年减少 1.3 万人。

2003 年 6 月举行了教育系统“爱生态、别陋习、强素质、树新风”精神文明创建系列活动启动仪式，对文明创建活动作了部署。组织编写中小学生安全、卫生、文明读本，以图文并茂的形式，引导中小学生养成文明守纪、卫生勤俭的习惯。7 月 18 日，在屯昌县召开全省中小学文明生态学校建设现场会，总结交流全省中小学开展校容校貌建设工作的经验，研究部署今后一个时期中小学文明生态学校创建工作。

〔**义务教育**〕 完善“以县为主”的农村义务教育管理体制，推动农村义务教育持续健康发展。坚持把控制义务教育阶段在校生辍学作为“两基”巩固提高工作的重点来抓，加强指导和检查力度，切实提高适龄儿童少年入学率，控制在校生辍学率。对海口市龙华区、万宁市、定安县、临高县、乐东县、东方市、保亭县、白沙县、昌江县、省农垦（抽查北片 4 个农场）等地的“两基”工作进行了年检复查，进一步巩固和提高“普九”成果。2003 年全省小学入学率为 99.27%；初中（含完全中学、九年一贯制学校）入学率为 98.49%；小学和初中年辍学率分别为 0.33%和 4.12%。

〔**普通高中教育**〕　研究制定全省扩大普通高中教育规模、促进改革与发展的有关政策、措施，撰写了《海南省普通高中现状、存在问题、发展思路和基本对策》，起草了《海南省人民政府关于加快普通高中教育改革与发展的意见》和《海南省示范性普通高中建设标准》；召开了普通高中课程改革研讨会和全省重点中学校长协作会；印发了《海南省高级中学学籍管理规定》，加强了普通高中学籍管理工作。全省普通高中办学规模迅速扩大，教育质量和办学效益稳步提高。2003年，全省完全中学99所、高级中学6所，普通高中在校生比上年增长13.58%。

〔**幼儿教育与特殊教育**〕　深入学习贯彻《幼儿园教育指导纲要（试行）》，认真实施《纲要》行动计划，举办了多期幼儿教育园长、师资培训班；进一步加强对幼儿教育管理的指导，整顿和规范幼儿园办园行为；指导全省国家级实验区和实验园的实验工作；对省审批的一级幼儿园进行复查和部分申报定级的幼儿园进行现场指导；对上报国家级和省级先进的幼儿园检查指导，评出海南省先进民办幼儿园12所，对5所省示范幼儿园进行了复查，对新申报省优秀一级幼儿园和省一级幼儿园进行了评估；组织开展了丰富多彩的庆祝“六・一”国际儿童节活动工作。

开展2003年助残日活动，发动社会捐款30多万元，向省特教学校捐赠了价值6 000元的电教设备和价值1万元的图书；印发了《海南省残疾儿童少年随班就读工作意见（试行）》，规范残疾儿童随班就读工作；确定了文昌市、澄迈县、乐东县为海南省开展建立随班就读工作支持保障体系实验市县，实验工作进展顺利；开展特殊教育督导检查工作；举办了第六期特殊学校师资培训班。

〔**基础教育课程改革**〕　推进全省基础教育课程改革实验工作。一是加强了对全省基础教育课程改革实验工作的领导和指导；二是精心选择实验区，在组织各地自愿申报的基础上选定三亚市、琼海市、文昌市和省农垦总局作为第二批省级课改实验区，并召开了省级课改实验区工作会议进行部署；三是做好新课程师资培训工作，培训实验区管理干部、教师共1 300多人次；四是组织省级实验区部分管理者和中小学校长共40人，赴福建省厦门、泉州等地考察学习；五是对全省首批省级实验区启动阶段的情况进行评估，为全面推开实验工作积累了宝贵经验；六是召开了全省基础教育课程改革实验总结表彰暨推广工作会议，总结经验，表彰先进，部署实验推广工作，决定从2004年秋季起，全面推进全省基础教育课程改革；七是出台了《海南省普通高中课程改革实验工作方案》，为2004年秋季全面启动高中课程改革打下基础。

〔**教师队伍建设**〕　加强师资队伍建设，提高教师队伍整体素质和水平。（1）制订推进师资培训工作法规，进一步完善教师培训工作管理制度和管理体系。2003年省教育厅印发了《关于进一步加强师资培训工作意见》、《关于加强中小学教师职业道德建设的意见》、《海南省民族贫困地区中小学教师助训工程实施方案》、《关于建立和推行校本研究和培训制度的工作意见》、《关于进一步推进基础教育新课程师资培训工作的意见》等一系列文件，明确规定市县培训机构基地必须承担本区域中小学教师继续教育任务；将教师参加新课程师资培训纳入教师继续教育管理体系，全面建立中小学教师继续教育个人培训档案和实行学分登记制度，并逐步建立健全各项培训工作的监管制度。（2）大力推进实施以师德为首，能力为本的中小学骨干教师、学科带头人和民族贫困地区扶贫助困等培训工程。组织经全省选拔培训的小学语文、数学学科带头人共60名，分别到琼中、屯昌等11个贫困市县开展导师式培训助教活动。举办680名教师参加的中学地理、历史、生物、体育、音乐、美术和计算机7个学科骨干教师省级基础教育新课程培训班，其中免费为民族贫困市县培训中学教师300名。（3）对全省小学教师第一轮继续教育工程进行了省级终结性考核验收。5月10日—7月4日，组织对全省19个市县和两个企业（农垦、铁矿）小学教师六项课堂教学基本技能培训项目进行考核验收。全省50 920名小学教师参加，占小学教师总数的98%，经培训考核，成绩合格率达95%以上，受检单位基本通过省级考核验收。(4) 以校本培训为重点，大力实施中学教师继续教育工程。一是印发了《关于建立和推行校本研究和培训制度的工作意见》，通过召开现场会总结推广琼海加积中学开展校本培训的经验。二是利用暑假分别在琼海、儋州、海口和三亚举办324名中学校长、教育行政干部和培训机构负责人参加的校本培训专题培训班，全面实行中学教师校本培训学分登记制度；三是对全省19个市县和两个企业（农垦、铁矿）39所中学校本培训进行了阶段性检查评估，扭转了开展中学教师全员岗位培训的被动局面。(5) 切实加强对中小学骨干教师和校长的培训。一是组织180名中小学骨干教师参加由教育部举办的基础教育新课程培训；二是举办地理、历史、生物、体育、音乐、美术、计算机等7个学科省级中学骨干教师培训班，共培训中学骨干教师242名；举办小学英语、思想品德和科学三个学科骨干教师培训班，共培训省级小学骨干教师192名；三是通过省级基地举办中小学校长任职资格培训班和骨干校长高级研修班，培训中小学校长900名。

〔**学校稳定、安全工作**〕 加强治安综合治理，创建安全文明校园。2003年5月，省综治委学校及周边治安综治工作领导小组召开工作会议，研究部署2003年学校及周边治安综治工作，讨论修改领导小组会议制度。制订了《海南省学校及周边治安秩序专项整治工作方案》，并印发各市县组织实施。各市县和各级各类学校开展了学校及周边治安专项整治工作。2003年10月，省综治委学校及周边治安综治工作领导小组对部分市县的学校及周边治安秩序专项整治工作进行了检查。经过整治，全省学校及周边治安环境得到进一步改善，综治工作取得了阶段性成果。组织开展以“大力提高中小学生、幼儿的自我保护意识和能力”为主题的安全教育日活动；会同有关部门举办“海南省青少年安全健康科普教育巡回展”；进一步加强对中小学安全工作的检查指导，促进学校健全安全规章制度，消除各种安全隐患。

〔**勤工俭学**〕 以服务素质教育为中心，以服务教育改革与发展为重点，结合省内资源优势，大力发展校园经济和建设生产基地，为全省教育事业的发展作出了贡献。2003年，全省勤工俭学、校办产业总产值及营业额1.76亿元，纯收入7 300万元，用于补充教育经费5 200万元，通过勤工俭学创收救助贫困学生逾1万人。全省中等、初等学校勤工俭学、校办产业生产基地有4 600个，面积达5 000公顷以上，全年接纳学生参加劳动实践教育近200万人次。

〔**治理教育乱收费**〕 加强领导，强化监督，切实规范教育收费工作。成立了由有关厅局参加的海南省治理教育乱收费领导小组，对全省中小学校收费情况进行检查，查处有关学校乱收费行为。召开全省教育系统加强党风廉政建设规范办学行为工作会议，出台了一系列规范办学行为的规章制度，并由省教育厅领导分别与各市县教育（教科）局、各高等学校、中等学校签订了《海南省治理教育乱收费责任书》，切实落实教育收费领导责任制。设置举报电话，实行举报电话登记和反馈制度，加强检查监督，不断加大治理力度，逐步规范各级各类学校收费行为，坚决制止乱收费。学校办学行为进一步规范，人民群众反映强烈的教育乱收费现象得到了很好的遏制。

〔**中小学危房改造**〕 全省中小学共筹措资金4.1亿元，新建校舍34万平方米，使全省中小学校舍建筑面积达696万平方米，其中钢筋水泥结构校舍建筑面积609万平方米，占校舍建筑总面积的87.5%。全年共改造农村中小学危房33.94万平方米，其中D级危房24.8万平方米，完成年度计划任务的413.3%，新建及改造农村学校教师工作间2.4万平方米，完成年度计划任务120%。

职业教育与成人教育

〔**综述**〕 (1) 加快中等职业教育布局调整步伐。贯彻落实《国务院关于大力推进职业教育改革与发展的决定》，2月19日召开全省职业教育工作会议，出台了《海南省人民政府关于加快我省职业教育改革与发展的实施意见》，初步制定了《海南省中等职业学校布局结构调整总体方案》。继续办好“小康班”、“9+1班”、“农民技术专修班”，积极开展校际、校企联合办学。(2) 努力提高教育教学质量，开展中等职业学校“优秀教学能手”评选活动和教师课件制作培训班，组织专家对省级重点专业进行评估，确定省级重点专业25个。(3) 加大对职业教育的宣传力度。成立200多人的海南省职业教育艺术团下乡巡回演出，组织各中专学校开展“三下乡”服务活动。充分发挥海南省职业教育讲师团的作用，先后到15个市县传授科学技术，接受培训的人数约2万人次。

2003年，全省中等职业学校招生2.1万人(含技工学校)，占高中阶段招生数的38.9%，普职比约6∶4。中专毕业生(不含中师、技工学校)就业率79.5%，其中普通中专学校毕业生一次性就业率83.6%，市县职业学校、民办学校毕业生就业率71.5%。

〔**中等师范学校调整**〕 适应基础教育发展需要，推进师范院校布局结构调整，实现三级师范向二级师范过渡。对全省8所中等师范学校进行调整改革，除海南民族师范学校、海南东方师范学校保留不变外，原海南农垦加来师范学校、农垦通什师范学校改办普通中学；经省政府批准，教育部备案，海南琼海师范学校改制升格为海南软件职业技术学院，海南外国语师范学校改制升格为海南外国语职业学院；将海南琼台师范学校、临高师范学校合并成立海南琼台师范高等专科学校，这一方案已经省政府同意并报教育部审批。

〔**科技扶贫**〕 继续办好“小康班”、民族地区农村青年技术专修班和“9+1”农业职业培训班，为农村培养致富带头人。2003年，从全省720个贫困村中招收中专“小康班”360人，大专“小康班”40名，民族地区农村青年技术专修班60人。“9+1”农业职业培训班学员820人，参加短期技术培训班3 100人。抓好全省每市县三个示范乡镇和示范村委会成人文化学校的阵地建设和农民培训。组织农民学文化、学技术，开展科技咨询活动，不断提高广大农民运用科学技术的自觉性。全年共培训31万人次。组织海口地区省市属12所中小学校35名高级教师成立扶贫支教讲师团，分别到12个市县126所学校开展讲学、讲座、指导办学等活动。

高等教育

〔**综述**〕 2003年，高等教育规模进一步扩大，布局结构进一步优化。完成琼海师范学校和文昌外国语师范学校转制升格工作，分别成立海南软件职业技术学院和海南外国语职业学院；完成海南政法学校升格为海南政法职业学院的报备工作；批准筹建海南迈拓信息职业技术学院（民办）。指导海南职业技术学院接受教育部高职高专院校人才培养工作水平评估；组织开展全省高职院校办学条件和教育质量检查。开展高职“专升本”考试，4所本科院校共有7个本科专业招收280名高职毕业生进入本科阶段学习。

开展现代远程教育试点高校海南校外学习中心年审工作。批准中国农业大学等8所现代远程教育试点高校在海南设立校外学习中心（点）。

2003年全国共有94所成人高等院校计划在海南招生2.03万人，报考人数2.53万人，实际录取1.90万人。

高等教育自学考试开考专业42个，其中本科22个，专科20个，共有5.99万人报名参加考试，报考本科人数2.94万人，报考专科人数3.05万人。有4 242人取得自学考试毕业文凭，其中本科1 754人，专科2 488人。组织全国PETS考试2次，571人参加；全国计算机等级考试2次，5 684人参加；剑桥少儿英语2次，847人参加；组织各种招聘录用、竞岗考试14次（省外2次），共有4 678人参加。

〔**党建与思想政治工作**〕　制定印发了《中共海南省教育工委关于在教育系统兴起学习贯彻“三个代表”重要思想新高潮的通知》，在高校和省教育厅直属学校兴起学习贯彻十六大精神的热潮。为提高教育工委系统党员干部的理论水平和业务水平，促进学校党的建设工作和教育改革发展，省教育工委举办2003年海南省高校领导干部和理论骨干暑期理论研讨班，并于2003年11月成立中共海南省教育工委党校，举办了省教育工委系统领导干部学习“三个代表”重要思想第一期培训班，提高教育工委系统党员领导干部的思想理论素质和业务能力。组织“三个代表”重要思想“三进”（进教材、进课堂、进学生头脑）教学观摩活动。2003年5月，举办了《邓小平理论和“三个代表”重要思想》课教师培训班，编写《邓小平理论和“三个代表”重要思想概论》课教材。全省高校已普遍使用该教材，师生反映良好。召开海南省高校思想政治教育研究会2003年年会。选举产生了第四届理事会，表彰了一批优秀论文、专著。在大学生中开展“三个代表”重要思想主题征文比赛，优秀文章结集《旗帜飘扬——海南省高校大学生学习“三个代表”重要思想文集》出版。组织大学生学习《公民道德实施纲要》演讲比赛，增强高校大学生文明道德意识。深入开展同“法轮功”邪教的斗争。2003年4月29日，省教育工委分别与海南大学、华南热带农业大学、海南医学院、海南中学签订教育转化责任书，切实做好教育转化工作。

加强教育系统党建工作。指导符合成立党委条件的厅直属学校成立党委，分别指导海南职业技术学院和海口经济职业技术学院召开党员大会，选举产生新党委。6月27日下午，召开教育工委庆祝“七一”暨先进基层党组织、优秀共产党员和优秀党务工作者表彰大会，对36个先进基层党组织、42名优秀共产党员和24名优秀党务工作者进行了表彰。中共海南大学法学院党总支部、中共华南热带农业大学党委被中共海南省委评为“先进基层党组织”，温强、谢越华、辜孔进、符玉梅、云玉霞、陈渊竣、宋张波等被评为“优秀党务工作者”、“优秀共产党员”。

〔**教学与科研工作**〕　贯彻落实教育部教学质量改革工程，全面提高教学质量。开展“教学名师”评选，有4位教师被评为省级“教学名师”。启动高校“精品课程”建设，评定海南大学计算机公共基础等5门课程为省级“精品课程”。开展高校新办本科专业办学水平评估，对3所本科高校有首届毕业生的6个本科专业办学水平进行评估。对高校申请增设的本专科专业进行评审，批准增设14个本科专业和20个高职专科专业。举办第三届全省高校青年教师教学大赛和第四届全省高校大学生英语演讲比赛。

高校科研工作取得突破，获得国家863项目5个，是历年来海南省高校科研工作成绩最好的一年。省教育厅实行高校科研资助项目、优秀中青年青年教师科研——教学奖励基金、省级重点学科建设等，推动高校的科研工作，进一步增强了高校的科研竞争力。加强对高校科研工作的指导和管理。

组织专家对省教育厅立项项目、教育部骨干教师资助计划项目进行结题验收，对10个海南省优秀中青年青年教师科研——教学奖励基金项目、8个省级重点学科进行中期检查，对第二批8个省级重点学科进行年度检查，促进了高校的人才培养，拉动了一批具有高水平的科学研究，取得了一批科研成果。

〔**研究生教育**〕 2003年，积极发展研究生教育，与全省高校特点紧密结合、质量效益明显提高的研究生教育体系开始形成。海南大学新增硕士点3个，专业学位点2个、高校教师在职攻读硕士学位5个。海南师范学院新增为硕士学位授予单位，获得4个学位授予权。华南热带农业大学新增博士点1个、硕士点8个、高校教师在职攻读硕士学位2个。2003年，全省高校硕士点已达40个，博士生导师17人，硕士生导师194人，2003年招收博士生19人，硕士生185人，现有在校研究生共442人，其中博士46人，硕士396人。

〔**国家助学贷款工作**〕 积极推进经济困难学生资助工作。协助有关商业银行和学校做好高校贫困学生国家助学贷款工作，到2003年，全省高校累计落实贷款人数5 674人，贷款合同金额5 962万元，已发放贷款人数5 055人，共发放3 836万元。及时发放2002年度国家奖学金，共发放89人，奖金总额为39.6万元。2003年海南省优秀贫困大学生奖学金，奖励300名优秀贫困大学生，发放奖金52万元。

〔**图书馆建设**〕 全省各高校认真贯彻《普通高等学校图书馆规程（试行）》，加大对图书馆的投入，进一步加强高校图书馆的数字化建设和海南地方特色文献资源数字资源库建设，并已取得阶段性成果。海南大学图书馆的海南旅游资源库、海南师范学院图书馆的海南历史文献资源库取得较大突破。图书馆馆藏电子数字资源量已达到图书总量的31%。读者培训工作力度加大，华南热带农业大学把读者培训工作列入教学计划。高校图书馆馆际互借顺利开展，各高校图书馆共同签订了馆际互借公约，分别成立了馆际互借运行小组。

〔**大学生社会实践活动**〕 2003年省教育工委、省教育厅和省委宣传部、省文明办、团省委、省学联继续组织开展了海南省大学生志愿者暑期文化、科技、卫生“三下乡”社会实践活动。活动以“实践三个代表，弘扬民族精神”为主题，深入企业、乡镇，广泛开展了科技支农、法律宣传、支教扫盲、企业帮扶活动。海南省大学生组织了“爱生态、别陋习、强素质、树新风”宣传实践服务团，奔赴全省18个市县的贫困乡村，为群众宣传防治“非典”知识，发放宣传资料，组织参与爱国卫生运动。青年学生在社会实践中得到了锻炼，为全省经济文化的发展作出了贡献。

〔**招生和毕业生就业工作**〕 2003年，全省共有3.01万人报名参加普通高等学校招生考试，实际录取2.45万人。比上年增长15%。

2003年，全省普通高等院校有毕业生5 846人，其中师范类毕业生1 485人。师范类毕业生中，本科毕业生870人，当年就业739人，就业率85%；专科毕业生615人，当年就业339人，就业率55.2%。

撰稿 王世翔

审稿 黄国泰

重庆市教育

概　　况

〔基本情况〕

2003年各级各类学校校数、教职工、专任教师情况

	学校数（所）	教职工数（人）	专任教师（人）
一、高等教育			
（一）研究生培养机构（不计校数）	11		
1. 普通高校	10		
2. 科研机构	1		
（二）普通高等学校	34	31 070	16 013
1. 本科院校	16	25 359	12 793
2. 专科院校	18	5 319	2 997
其中：职业技术学院	15	3 893	2 330
3. 分校、大专班（点）（不计校数）		392	223
（三）成人高等学校	12	3 817	1 950
（四）民办的其他高等教育机构	15	1 415	757
1. 学历文凭考试机构	3	159	62
2. 非学历文凭考试机构	12	1 256	695
二、中等教育			
（一）高中阶段教育	603	129 618	33 882
1. 高中	308	110 216	21 625
普通高中	293	110 133	21 561
成人高中	15	83	64
2. 中等职业教育	295	19 402	12 257
普通中等专业学校	39	5 022	2 656
成人中等专业学校	91	4 313	2 443
职业高中	165	9 190	6 502
技工学校			
其他机构（教学点）（不计校数）	71	877	656
（二）初中阶段教育			
1. 普通初中	1 271		67 999
2. 职业初中	3	53	40
3. 成人初中	55	225	133

续表

	学校数（所）	教职工数（人）	专任教师（人）
三、初等教育			
（一）普通小学	10 966	129 140	115 212
（二）成人小学	1 870	2 823	725
其中：扫盲班	1 238	2 091	498
四、工读学校	6	108	72
五、特殊教育	41	697	543
六、学前教育	3 093	19 013	12 141

注：1. 普通高中教职工数包含普通初中教职工数；
　　2. 成人高等学校教职工数和专任教师数为2002年数据。

2003年各级各类学历教育学生情况

	毕业生数（人）	招生数（人）	在校生数（人）
一、高等教育			
（一）研究生	2 715	6 392	14 763
（二）普通本专科	42 653	85 474	240 503
（三）成人本专科	27 410		122 094
（四）其他各类高等学历教育			
1. 在职人员攻读博士、硕士学位		1 592	4 393
2. 网络本专科生	0	18 122	36 366
3. 学历文凭考试	79	77	150
二、中等教育			
（一）高中阶段教育	142 052	280 131	696 328
1. 高中	75 504	157 825	408 702
普通高中	74 895	157 825	407 905
成人高中	609		797
2. 中等职业教育	66 548	122 306	287 626
普通中专	23 414	34 621	95 057
成人中专	13 260	25 083	57 216
职业高中	29 874	62 602	135 353
技工学校			
（二）初中阶段教育			
1. 普通初中	400 171	445 833	1 255 823
2. 职业初中	191	129	308
3. 成人初中	3 607		5 604
三、初等教育			
（一）普通小学	456 848	444 276	2 779 441
（二）成人小学	49 729		58 847
其中：扫盲班	8 452		31 346
四、工读学校	98	67	175
五、特殊教育	1 891	1 513	14 483
六、学前教育	313 689	407 641	572 538

注：1. 成人本专科毕业生、在校生数为2002年数据；
　　2. 其他各类高等教育学生数未包含成人高校举办的各类高等教育学生数。

2003 年各级各类非学历教育学生情况

	毕（结）业生数（人）	招生数（人）	在校生数（人）
一、高等教育	46 439	49 341	41 431
（一）研究生课程进修班	1 827	582	1 264
（二）自考助学班	10 792	11 061	23 651
（三）普通预科生	556	746	746
（四）证书教育	1 210	1 337	1 027
（五）岗位培训	5 034	8 702	11 493
（六）进修及培训	27 020	26 913	3 250
二、中等教育	3 136 207		2 347 741
（一）中等职业教育	59 701		34 178
（二）职业技术培训机构	3 076 506		2 313 563

注：高等教育非学历教育学生数未包含成人高校举办的非学历教育学生数。

2003 年各级民办教育基本情况

	学校数（所）	毕业生数（人）	招生数（人）	在校生数（人）	教职工数（人）	专任教师（人）
一、民办高等教育						
（一）普通高校	5	261	3 144	6 128	1 494	983
（二）成人高校						
（三）民办的其他高等教育机构	15	7 900	10 566	19 629	1 415	757
二、民办中等教育机构						
（一）高中阶段教育						
其中：民办普通高中	23	1 214	4 541	10 564	3 564	2 352
民办中等职业教育	66	7 236	23 445	43 565	2 887	1 739
（二）初中阶段教育						
其中：民办普通初中	138	11 099	16 186	44 983		
民办职业初中	1	38	17	63	33	20
三、民办普通小学	369	8 354	13 759	78 386	2 540	1 840
四、民办幼儿园	1 675	48 496	95 229	140 356	9 216	5 369

注：民办普通高中教职工数包含民办普通初中教职工数。

〔**教育信息化建设**〕 全市高校校园计算机网络建设工程项目已进入测试和系统集成阶段，累计建成远程教育卫星接收点 1 450 个。中小学“校校通”工程建设进一步加快，有 3 个区县建成教育城域网，5 个区县正在建设城域网，10 多个区县正在计划筹建教育城域网；已建校园局域网并能上网的普通中小学和职业中学达 757 所，其中建立校园网的学校 224 所，实现“班班通”的学校 41 所，校园网覆盖率为 5.5%。信息技术课程普通高中开课率为 100%、初中为 56.5%、小学为 25%。全市中小学已拥有计算机 14 万台，学生人机比达 25∶1。

撰稿　程翔宇

〔**教育督导机构和队伍建设**〕 结合“两基”复查，对 11 个区县的教育督导机构及队伍建设进行了第二轮督导评估。绝大部分区县加强了对教育督导工作的领导，认真贯彻《重庆市教育督导规定》的实施意见，把教育督导工作摆上了重要议事日程。不少区县加强了督导机构和队伍建设，增加督导编制，调整人员结构，充实督导人员，改善工作条件，加强和改进了督导工作。

撰稿　王　勇

〔**教育投入与支出**〕 2003 年，全市地方教育部门及其他部门预算内教育事业费支出 41.8 亿元。

其中：公用经费支出8.47亿元，预算内教育事业费支出中，普通高等学校支出7.03亿元，其中公用经费支出3.7亿元；中等专业学校支出1.58亿元，其中公用经费支出4 034.3万元；普通中学支出13.27亿元，其中公用经费支出1.63亿元；职业中学支出1.22亿元，其中公用经费支出1 777.7万元；普通小学支出16.38亿元，其中公用经费支出1.6亿元；幼儿园支出4 274万元，其中公用经费支出457.2万元；特殊教育支出1 184.6万元，其中公用经费支出190.6万元。全市地方教育部门及其他部门预算内基建支出2.31亿元。

撰稿　张代忠

〔**校办产业**〕　2003年，全市有19所高校共88个企业参加了统计汇总。参加汇总的校办产业资产总额为15.38亿元，负债总额为8.83亿元，所有者权益为6.55亿元；从事校办产业的职工人数为5 282人，其中事业编制897人，企业编制1 587人；专业技术人员总数为1 854人，其中高级技术人员为581人，中级技术人员为902人。全市高校校办产业全年共接纳实习学生12 642人，培养研究生176人，其中硕士119人，博士57人。

全市高校校办产业收入总额为7.2亿元，较上年增长23.74%，其中创汇118万美元，较上年增长787.2%；利润总额0.67亿元，较上年增长30.43%；提供办学经费2 839万元，较上年增长59.19%；上缴税金7 966万元，较上年增长133.77%。

全市1.13万所中初等学校开展了各种形式的勤工俭学活动。勤工俭学基地有5 122个，比2002年减少224个。全市中、初等学校校办产业资产总额为11.68亿元，从事校办产业的各类职工人数为21 279人，其中教职工4 771人。校办产业全年共接纳学生参加劳动达758万人次。

全市中初等学校校办产业完成总产值19.79亿元（其中工农业总产值74 970万元，第三产业营业额73 573万元，其他勤工俭学收入49 309万元），比2002年增加984万元，增长0.5%；利润2.58亿元，比上年增加975万元，增长3.9%；补助教育经费1.57亿元，全市校产企业应缴税金5 364万元，比上年减少561万元，降低9.46%；年内减免税金1 121万元，比上年减少28万元，降低2.43%；年内返还税金617万元，比上年增加190万元，增长44.49%。

全市有7个区、县（市）利润超过1 000万元，利润在10万元以上的企业有220个，其中利润在100万元以上的企业有14个。

〔**教育扶贫及对口支援**〕　2003年继续开展主城区对口支援全市14个国家扶贫工作重点县的对口支教工作，选派109名青年骨干教师到边远贫困地区进行支教。渝中区教委、重庆市第一中学被授予“全国对口支援先进集体”，欧可平、金先庆、刘中慧和陈坤被授予“全国对口支援先进个人”的荣誉称号。积极发动各界力量，多方筹集社会捐赠。2003年，重庆市城市建设投资公司、上海轮胎橡胶（集团）股份有限公司、北大方正集团公司等先后捐赠人民币近1 000万元，有力地支持了重庆教育的发展。

〔**教育援藏工作**〕　为贯彻中央第三次西藏工作座谈会精神，完成中央赋予重庆市关于对口支援西藏昌都地区教育工作这一政治任务，按照重庆市《关于我市对口支援西藏昌都地区工作会议纪要》的要求，根据市援藏办的统一部署，结合自身的条件和优势，市教委把对口支援的工作重点放在帮助提高昌都地区师资水平上。2003年，市教委派遣5名校级管理干部到昌都担任校长或主持工作的常务副校长，同时接收11名昌都地区选送的小学青年教师到重庆主城区重点学校进行为期一年的业务培训。此外，通过涪陵师范学院为昌都地区落实50名师范类定向生招生名额，加大了对昌都地区教师的培养力度。

撰稿　姚友明　秦　斌

〔**三峡库区重庆段移民迁校**〕　2003年，三峡库区重庆段移民迁建学校动工建设43所，新征校地85.39万平方米，征地补偿投资3 855.9万元；

新建校舍 43.79 万平方米，投资为 2.77 亿元；基础投资为 1.23 亿元；总投资为 4.38 亿元。其中移民补偿投资为 6 868.6 万元，对口支援为 1 411 万元，中央补助为 644 万元，区县补助为 2 292 万元，学校自筹 5 241 万元（含贷款），其他经费投资为 2 193.8 万元，贷款 2 亿元，建筑公司垫款 6 796.48万元，资金缺口为 2.69 亿元。

已竣工交付使用的学校 21 所，新建校舍面积为 29.47 万平方米，投资 1.93 亿元；基础设施投资为 9 286.81 万元，总投资为 3.24 亿元。其中移民补偿 5 393.05 万元，对口支援 911 万元，中央补助 644 万元，区县补助 2 018 万元，学校自筹 3 160.2万元，其他资金投资 2 055.8 万元，贷款 1.56 亿元，建筑公司垫款 4 235.42 万元，资金缺口为 1.99 亿元。

在建项目学校 23 所，划拨土地 48.02 万平方米（含部分新征地），征地补偿投资 3 124 万元，新建校舍 28.1 万平方米，投资为 1.4 亿元，基础设施投资为 2 651 万元，总投资为 1.97 亿元；其中移民补偿投资 3 739 万元，对口支援 94 万元，中央补助 530 万元，学校自筹 5 464 万元，其他投资 428 万元，资金缺口为 9 479 万元。

截至 2003 年底，三峡库区移民迁建学校累计竣工交付使用 172 所，二期移民工程学校迁建任务如期完成。三峡工程二期移民学校迁建，新征校地面积为 235.79 万平方米，征地补偿投资为7 948万元；建设校舍建筑面积为 121.49 万平方米，校舍建设投资为 7.01 亿元，总投资 7.80 亿元，其中学校贷款和建筑公司垫款为 2.98 亿元。

撰稿　陈源国

〔**治理教育乱收费**〕　2003 年，全市教育系统按照中纪委、教育部和市纪委的部署，结合全市教育工作的实际，以深入开展行风评议为契机，继续坚持“标本兼治、综合治理”的方针和“谁主管、谁负责”的原则，加强领导，健全制度，从严查处，狠抓落实，取得了成果。据来自 40 个区县的统计数据，截至 11 月中旬，全市教育系统共受理群众举报投诉 2 522 件，办结 2 262 件；共组成 872 个督查组，出动 1 万余人次，检查了近 1.5 万所学校；共查处违纪违规案件 334 起，涉及违规金额 1 331.6 万元，清退 707.3 万元，罚没 292.1 万元；共处理责任人 135 名，其中，47 人受到党纪政纪处分，11 名中小学校长受到撤职或免职处理，另有 20 多名校长和副校长被追究领导责任。

通过全市教育系统干部和教职员工的共同努力，治理教育乱收费工作取得了明显成效。领导体制和工作机制更加完善，“一费制”试行工作稳步推进，普通高中招收择校生的“三限”规定得到进一步落实，乱收费行为得到严肃查处。

撰稿　杨兴文

〔**教师队伍建设**〕　2003 年，全市 40 个区县已有 34 个区县、9 000 多所中小学全面开展中小学人事制度改革，在 16 万名教职工中实行了聘任制和聘用合同制；全市 16 所普通高校已有 12 所高校开展人事制度改革，在 6 000 多名高校教职工中实行了聘任制和聘用合同制。初步建立了“按需设岗、公开招聘、平等竞争、择优聘任、科学考核、合同管理”的新型学校人事制度，实行了“重能力、重实绩、重贡献”的分配激励机制，按《重庆市中小学教职工人员编制标准》完成了全市中小学的核编工作。

进一步推进了教师资格制度的实施，完成了 7 136 名应届师范教育类毕业生的教师资格认定工作。

切实加强了教师培训基地建设，开展了多种形式的教师培训活动，提高了师资培训质量。培训国家级课改骨干教师 200 人；培训市级中学、小学、幼儿园、职业高中骨干教师 1 100 名；培训区县级中学、小学、幼儿园、职业高中骨干教师 3 200 名；中小学教师接受计算机培训并取得初级证书 41 000 人；培训“英特尔未来教育”学科教师 2 000人；培训高校新师资 1 100 多人；市级首批培训中小学骨干校长 110 人，区县级培训中小学骨干校长 1 000 人。启动了高校教师“学历工程”，开展了高校教师在职攻读硕士学位工作。大力推进职教新师资队伍建设，初步形成“学历教育、继续教育、出国深造、短期培训、基地轮训、专家培训及教师互训有机结合”的新型职教师资培训体系。2003年，全市幼儿园、小学、初中、普通高中、职高（独立设置）教师学历合格率分别达到91.75%、97.41%、93.36%、74.09%、54.66%，其学历提高率分别达到37.78%、50.82%、30.4%、0.87%、0.58%，初步建立起一支具有现代教育思想、先进教育理念和先进教育技术、具有一定科研能力和较高水平的教师队伍。

撰稿　金　玲　程翔宇

〔**社会力量办学**〕　2003年，全市社会力量办学蓬勃发展。初步形成了办学主体多元，门类层次齐备，办学模式多样的社会力量办学体系。已出现一批投入较多、实力较强、硬件较好、生源充足、管理规范、运行良好、社会认同度较高的民办窗口院校。各类民办教育机构实施学历教育的在校生27.62万人，占全市学历教育在校生总数4.87%；教师1.6万人，占全市教师总数6.72%。各类民办教育机构累计投入办学资金20多亿元。2003年，市级有关部门对全市社会力量办学投资结构和经费管理组织了全面自查，开展了重点审计，分别以“终止办学”、“整体收购”、“股权转让”、“无形资产和债务转让”及“多校共管”、“分别清偿”等形式，对收取“教育储备金”、拖欠基建经费或其他欠账无力偿还的几所民办学校的资产、负债、经营情况进行了清理处置，为妥善解决此类历史遗留问题积累了经验，提供了借鉴。

撰稿　张　荣　王延风　严欣平

〔**民族教育**〕　2003年，重庆市委、市政府印发了《关于加快渝东南少数民族地区经济社会发展的意见》，明确了将渝东南少数民族地区建成“渝东南特色经济走廊”和“武陵山区少数民族地区的经济高地”的发展目标，将大力发展科技教育，强化加快发展的智力支持作为加快渝东南少数民族地区发展的重要任务，明确提出“积极发展民族地区高等教育，在黔江新建一所高等学校，继续抓好‘普九’教育，在2005年内将筹措1.2亿元～1.5亿元的资金帮助渝东南五县解决‘双基’方面的部分欠账”等。

市政府印发《贯彻国务院关于深化改革加快发展民族教育的决定的实施意见》，将发展目标规划为：“十五”期间，全市要在进一步巩固民族自治区县“两基”成果的基础上，使所有民族自治区县都全面完成“两基”任务；80%的民族自治地区3～6岁儿童接受学前教育率达到70%以上；60%以上的民族自治地区万人平均在校高中生达到全市的平均水平；民族高中毕业生升学率达到75%以上；到2010年，全市民族教育整体水平进一步提高，达到或接近全市教育的整体水平，教育结构进一步优化，办学条件进一步改善，基本形成具有中国特色、时代特征、重庆特点、适应21世纪信息化和现代化建设需要、充满生机活力的民族教育体系。提出了加快“两基”步伐、加大民族教育的投入、增强对民族教育的扶持力度、大力加强教师队伍建设、积极推进民族教育信息化进程等保障民族地区教育事业持续健康发展措施。

撰稿　肖　钢　马　骁

〔**学校体育工作**〕　2003年重庆市学校体育工作以贯彻《学校体育工作条例》为中心，推进学校体育综合改革，狠抓教育思想的转变和师资、场地器材、教学常规建设及《学生体质健康标准》的实施。大中小学校已有50%实施了《学生体质健康标准》；为规范中小学体育课教学，市教委制定了《重庆市中小学体育教学常规》，并对执行情况进行不定期检查；11月举办了首次市重点中学体育课教学大赛，共有54所重点中学参赛，评出一等奖9名、二等奖16名、三等奖29名，极大地提高了重点中学广大体育教师钻研业务的积极性；12月在荣昌中学举办校运动会改革现场会，来自各区市县近400名体育教师到现场观摩；举办市级骨干体育教师培训班，共有129名骨干教师参加培训并结业。市教委于10月23日—30日，对全市16所区县60余所学校的体卫艺工作进行了专项督导检查。西南师范大学学生陈丽莎在第22届世界大学生运动会和第15届亚洲田径锦标赛上，分别获得4×100米接力金牌。

撰稿 蔡 渝

〔**教育交流与合作**〕 2003年，全市引进长期外籍教师197人，短期外籍专家314人；举办国际会议15次；举办教育展4次。以公派留学形式组织138人赴国外学习、284人赴境外参加学术会议和短期培训，办理自费留学800余人；接纳来渝留学生338人；培养对外汉语教师30人；引进中外合作办学机构4家、国际学校1所。2003年，全市中外合作办学机构共达25家，与境外教育机构达成免费培训项目协议10项。培训国际商务人才120人，在13个学校实施“联合培养和校际师生交流项目”，实施了AFS项目，与欧美发达国家建立了教师、学生长期交换关系。

2003年建立中外合作办学机构和二级学院4家；重庆邮电学院、四川外语学院、西南师范大学、西南政法大学、四川外语学院附属外国语学校与英国、澳大利亚、美国、新加坡等国家的13个学校实施联合培养项目。实施外国大学预科教育和高中课程引进。引进各种教材100多种（包括我国香港地区和美国、英国、欧洲国家以及英国伦敦工商总会（LCCI）等行业机构通用教材）。

全市有对外汉语教师144人。其中专职教师33人，兼职教师111人。2003年重庆师范大学加强了华文教育基地在海外工作，争取为泰国派出更多的汉语教师和为泰国招募教授汉语的毕业生。涪陵师范学院与香港教育机构签订协议，为香港培训普通话教师。

撰稿 傅明华 程翔宇

基 础 教 育

〔**综述**〕 2003年，全市中小学布局结构调整取得新的进展。全市有幼儿园3 093所，在园幼儿57.3万人；小学比上年减少1 065所，减幅9%，校均在校生规模由上年的233人提高到253人，增幅8.6%；普通初中比上年减少14所；普通高中比上年增加4所。示范学校建设工程全面启动。年内建成示范小学5所、示范初中3所、示范高中1所、市级重点高中6所；全市重点普高在校生达12.9万人，占全市普高在校生总数的31.6%。全市小学入学率为99.8%，年辍学率为0.2%，毕业率为99.7%；15周岁初等教育完成率为97.5%。全市初中阶段适龄少年入学率为98.2%，年辍学率为2.2%，毕业率为97.8%，17周岁初级中等教育完成率为90.8%。初中毕业生升入高中段教育的达到76.5%，比上年提高9个百分点。

2003年，重庆市聋哑学校2名学生考入北京联合大学、天津理工大学。

撰稿 程翔宇

〔**“两基”攻坚及巩固提高工作**〕 2003年，云阳、秀山两县通过了市政府“两基”评估验收和教育部认定，到年底，全市已有37个区县（自治县、市）实现了“两基”，人口覆盖率达到95.3%。

已实现“两基”的地区将“两基”巩固和提高列入重点，建立“两基”复查工作制度，明确工作措施，加大工作力度。2003年接受“两基”复查的11个区县（市）党委、政府建立了“两基”巩固提高的工作机制，依法治教，增大投入，强化管理，改善条件，“两基”水平比评估验收年有较大提高。经综合评估，永川市、合川市、铜梁县、双桥区、江津市、长寿区、万州区、万盛区、垫江县、南川市、巴南区 11 个区县（市）顺利通过 2003 年“两基”复查评估验收。

〔**义务教育**〕 市政府根据全市农村教育的实际，着力落实“以县为主”的农村义务教育管理体制，印发了《重庆市人民政府关于完善农村义务教育管理体制的通知》，进一步明确了各级政府的农村义务教育管理职责，对建立保工资、保安全、保运转的农村义务教育运行机制等提出了明确要求，加大了农村义务教育保障力度。

2003 年，全市市级示范小学达到 21 所，市级示范初中达到 3 所。市教委全面调研了农村义务教育阶段寄宿制学校情况；加大了协调解决进城务工农民子女接受义务教育问题的工作力度，印发了《重庆市教育委员会关于进一步做好进城务工农民子女接受义务教育工作的通知》；改革了市外语校初中招生办法，初步解决了该校多年来大规模集中举行升学考试的问题；适时调整了义务教育阶段的学生上课时间。

撰稿 肖 钢

〔**素质教育**〕 2003 年，全市义务教育新课程由实验阶段转入推广阶段，新课程实验区县达 36 个，义务教育起始年级参加新课程实验的学生人数占同年级学生总数的 60.5%，全市义务教育阶段使用课程标准实验教材的学生人数达到 100 万左右。继续做好中小学教师新课程的通识培训、课程标准培训和教材培训工作。义务教育阶段新课程评价改革进一步推进，北碚区在新课程学生评价研究上进行了新探索，初步构建了学生评价的“北碚模式”。

中小学德育工作不断改进和加强。继续贯彻落实《公民道德建设实施纲要》，在全市中小学广泛开展“争做五好小公民”、“高举光辉旗帜，誓做时代新人”、“争创优秀学生、三好学生”等主题教育活动，表彰了一批市级优秀学生、三好学生、优秀学生干部。切实加强对学生进行心理健康教育、法制教育、毒品预防教育等专题教育。命名表彰一批德育示范学校、德育示范区县。继续加强对家庭教育指导管理工作，全市已办家长学校 8 000 余所，命名表彰市级优秀家长学校 75 所。

继续推进环境教育和绿色学校创建工作，有 5 所学校获得“全国争创绿色学校先进单位”荣誉称号，5 位教师荣获“全国绿色园丁奖”。

中小学科技教育和艺术教育成绩斐然。重庆市参加第 18 届全国青少年科技创新大赛获得科学幻想绘画类一等奖 2 个、二等奖 5 个、三等奖 9 个，机器人类二等奖 2 个，论文类二等奖 2 个、三等奖 3 个，实践活动类二等奖 3 个、三等奖 4 个，南岸区青少年科技辅导站等 5 家单位获得优秀组织奖。巴蜀小学、重庆一中、重庆八中、育才中学等代表重庆市参加全国第一届中小学生艺术展演活动，获得艺术表演类一等奖 3 个、二等奖 1 个、三等奖 3 个，艺术作品类一等奖 2 个、二等奖 14 个、三等奖 18 个。

撰稿 万 力 马 骁

〔**普通高中教育**〕 2003 年普通高中教育发展的主题是优质高中建设。年初，全面启动了示范高中创建工作，明确了示范高中建设的基本思路和总体规划，成立了重庆市示范高中建设领导小组，组织专家组对首批申报市级示范高中的 30 所学校进行了创建过程专题调研，并分校下达了整改意见。召开了两次全市示范高中建设研讨会。对全市重点中学校长进行教育教学理论与学校管理方面的定时论文考试。

继续开展市级重点中学建设和评估验收工作。重庆第二外语学校、江津聚奎中学、荣昌安富中学、万州三中、巫山中学和江津二中 6 所学校通过第四批市级重点中学验收，全市重点中学达到 59 所。

继续推进普通高中招生考试制度改革，新增“联招”学校 8 所，“联招”范围扩大到 21 个区县（市）76 所高中学校，“联招”指令性计划 2.1 万人，比 2002 年增长近 30%。

撰稿 李源田 马 骁

〔**幼儿教育**〕 2003年，市政府进一步明确了市、区县、乡镇、街道各级政府和各有关部门幼教工作的职责，完善了幼儿教育管理体制和具体的管理办法，建立和健全了全市幼儿教育改革与发展顺利进行的保障机制和保证措施，进一步确定了重庆市幼儿教育的指导思想、规划和具体目标，即到2007年，全市学前三年儿童受教育率达到65%；城镇地区基本普及学前三年教育，逐步满足3岁前儿童受教育的需求；扩大农村地区3岁以上儿童受教育面，学前一年儿童受教育率达到95%；0～6岁儿童家长及看护人员普遍得到科学育人的指导。

市教委为了推动《幼儿教育指导纲要》的全面实施，先后印发了《重庆市贯彻〈纲要〉的实施意见》和《实施方案》。召开了工作会，交流实施《纲要》的经验，现场观摩了渝中区实验幼儿园的教育、教研活动和江北区荟暭幼儿园的科技活动。

继续推进市级示范幼儿园的创建和复查验收工作。市教委印发了《重庆市示范幼儿园基本要求》，并根据本文件的标准，组织专家组对申报的幼儿园进行了评估验收，18所幼儿园通过第二批市级示范幼儿园的复查验收。

撰稿　任桂容　黄荣淑

〔**中小学危房改造工程**〕 2003年，全市共消除中小学危房50万平方米。其中D级危房40万平方米，B、C级危房10万平方米，危改工程累计竣工54万平方米，累计完成投资2.8亿元，完成市委、市政府下达的中小学危房改造年度目标任务。全年累计到位资金1.78亿元，其中，中央补助3 759万元，市级补助1 272万元，区县补助（含教育费附加安排）5 620万元，学校自筹3 674万元，社会捐赠417万元，其他3 105万元。

撰稿　雷晓兵　程翔宇

职业教育与成人教育

〔**综述**〕 2003年，全市有中等职业学校共361所，其中职业高中165所，普通中专39所，成人中专91所，技工学校66所。全市有高等职业技术学院（点）46所，其中独立设置的高等职业技术学院15所，普通高校设置二级高职学院16所，高等职业教育校点15个，高等职业学院在校生5万余人。中等职业学校和高等职业学院共开设机械、电子、汽车、化工、农业、旅游、财经、医药、轻纺等20个大类共255个专业，基本能满足全市经济建设对中等实用技术人才的需要。

制订职业教育发展规划。2003年3月，按三大经济区分片（都市发达经济区、渝西经济走廊、三峡库区生态经济区）对全市的职业教育进行了深入调研，在充分掌握三大经济区职业教育发展现状和充分听取各方面意见的基础上，制定了全市三大经济区今后三个阶段（2003—2005年、2006—2010年、2011—2020年）职教事业发展目标和重点职业学校建设规划方案。

加强中职毕业生就业服务网络的构建。建立了重庆中职毕业生东南、华东地区就业指导机构，拓宽了中职毕业生就业服务平台，推动了中职毕业生的就业。据抽样调查，全市中职学校毕业生就业率已连续四年达90%以上，2003年达到95%以上。

2003年11月27—29日，重庆市召开了“中国—澳大利亚职业教育论坛”。此次论坛对于推动中澳职教项目的深入实施和全市职业教育的创新发展，起到了深远的影响。

〔**职业教育“八大服务工程”**〕 2003年，为贯彻落实全国职业教育工作会议提出的“四个服务”，推出了促进职业教育与经济紧密结合的“八大服务工程”。一是实施“科教兴农为民服务工程”，启动“渝黄一号油菜”、“特种蔬菜”种植两个“燎原计划”项目，建设合格乡镇成人学校30所，年培训农村劳动力520多万人次，其中培训贫困农民25万多人次；二是实施“为构建现代制造业基地、加快新型工业化进程服务工程”，全年开展企业在岗和转岗培训10万多人次；三是实施“为高级技能人才培养、培训服务工程”，有542名高级技能人才接受了职业培训；四是实施“为扩大城镇就业、再就业服务工程”，全年培训企业下岗职工8万多人次；五是实施“为三峡库区移民迁建服务工程”，组织库区职业学校每年招收2.3万余名库区移民子女接受职业教育；六是实施“为农村劳动力向城镇转移服务工程”，加强对进城务工人员进行职业技能培训，年培训农民工3万多人次；七是实施“为启动消费，扩大内需，加快发展三产服务工程”，年培训第三产业急需的适应性人才15.4万人次；八是实施“为构建学习型城市（社会）服务工程”，全年各级各类职业院校面向社区成员提供技能培训和技术咨询达到8.6万人次。通过实施上述“服务工程”，全市职业教育与经济的结合有了进一步增强，职业教育为经济服务的功能和实效有了进一步提高。

〔**成立行业协会**〕　2003年，全市进一步加强职业教育与行业、企业的密切联系，成立了汽车、电子、旅游、建筑和商务5个行业协调委员会，明确了行业、企业参与职业教育的责任。一是向职业学校提供行业人力资源预测信息，指导行业、企业和职业学校制定培训规划；二是指导行业、企业和职业学校多种形式联合办学；三是促成行业、企业为职业学校师生提供实习、实作、实训场所、设备，为毕业生提供就业岗位，收到了行业、企业参与举办职业教育的实效。

〔**课程改革**〕　2003年，全市根据行业、企业关键岗位新的能力标准，改革了传统的职业学校课程结构，开发了网络信息技术、汽车维修、饭店服务及管理、电子商务、建筑专业新的能力标准及30多种配套教材。从中澳职教项目学校试行情况看，新开发的能力标准和新的课程设计较好地适应了行业、企业发展对人才和劳动者素质的需求，初步实现了职教的人才培养与行业、企业的实际需求的对接。

〔**职教师资培训**〕　2003年，市教委印发了《职教师资能力标准（草案）》，制定了职业学校“专、兼结合的教师聘用制度”、“行业、企业优秀人才到职业学校任教制度”、“职业学校教师定期到行业企业实践制度”等。“学历教育、继续教育、出国深造、短期培训、基地轮训、专家培训及教师互训”相结合的新型职教师资培训体系已初步形成。

撰稿　张　荣　王延风

〔**成人高等教育**〕　随着高等学校管理体制改革和布局结构调整的基本完成，至2003年全市共有各类成人高等教育机构33所，其中普通高等学校成教院21所，独立设置的成人高校12所，在校生13.83万余人。各类非学历成人高等教育学生达到2万人。新增成人高等教育本科专业32个，专科专业46个。

在成人高等教育学生中继续实施基础课程水平测试和教学质量抽查试点。对全市21所电大分校和24个电大工作站进行了办学水平评估，对18个现代远程教育试点高校校外学习中心进行了年检和审批，经市教委批准，清华大学、北京大学等10所大学在重庆设立了远程教育校外学习中心，在学人数超过5 000人。

撰稿　严欣平

〔**扫除青壮年文盲**〕　2003年重庆市各区县把基本普及九年义务教育和基本扫除青壮年文盲作为教育工作的“重中之重”。云阳县对全县扫盲工作的指导思想、工作目标、主要任务、经费保障、实施措施作出明确规定，为该县扫盲工作的开展提供了政策保证，截至2003年，共扫除青壮年文盲

1 853人，脱盲后巩固提高 1 784 人，使全县青壮年非文盲率达到 98.98%，巩固率达到 96.28%；秀山县把扫盲工作作为年终对县、乡（镇）、村干部的考评内容之一，全县积极开展扫盲工作，共扫除青壮年文盲 1 596 人，脱盲后巩固提高 2 287 人，使全县青壮年非文盲率达到 99.04%，巩固率达到 98.37%；并都已通过了市政府“两基”评估验收。

2003 年，全市组织了 11 500 名青壮年文盲参加扫盲学习，有 9 625 名青壮年文盲达到了脱盲标准，使非文盲率达到 98.03%，同时，脱盲学员巩固提高达到 133 502 人，巩固率在 95%以上。

撰稿　游古国

高等教育

〔**高等学校布局结构调整**〕　根据重庆市实施西部大开发的战略目标和建设长江上游科教中心和西部教育高地的需要，继续推进高等学校的布局结构调整。与教育部共建重庆大学；完成了西南师范大学与西南农业大学合并组建西南大学的论证工作，已由市政府报请教育部批准；经教育部批准，重庆师范学院正式更名为重庆师范大学；完成了重庆工业高等专科学校与重庆石油高等专科学校合并组建重庆科技学院论证工作，并接受了教育部专家组的考察评议；新设立了重庆机电职业技术学院、重庆电子科技职业学院、重庆正大软件职业技术学院；经教育部批准，西南师范大学育才学院、重庆工商大学派斯学院、重庆工商大学融智学院、重庆师范大学涉外经贸学院（原重庆师范大学海莱学院）和四川外语学院重庆南方翻译学院成为首批国家认可的独立民办二级学院。

〔**重庆市大学城建设**〕　为加快全市高等教育体制改革和管理创新，加快长江上游科教中心和人才聚集高地建设步伐，市政府第五次常务会议决定在沙坪坝区虎溪镇一带，建立一个以大学为主体，集教学、科技成果转化、科技开发、居住一体化的重庆市大学城。大学城占地 21.56 平方公里，其中教育用地 10.84 平方公里；规划居住人口 35 万人，其中大学生 16.4 万人，教职员工及附属人口 3 万人，一般城市人口 15.6 万人。已决定入驻的学校有重庆大学、重庆医科大学、重庆师范大学、四川美术学院、重庆科技学院、重庆电子科技职业学院、重庆巴渝职业技术学院、重庆职业技术学院 8 所高校。大学城基础设施于 2003 年 6 月 18 日破土动工，大学城隧道于 11 月全面开工。2003 年底，各入驻高校校园规划工作已全面展开。

撰稿　姚忠国

〔**教学工作**〕　2003 年，在渝本科院校继续以提高人才培养质量为核心，切实加强教学工作，深化教学改革，规范教学管理，着力保证本科教学质量。召开了 2003 年重庆市高等学校教学工作会议。2003 年市属高校新增或调整本科专业 41 个，其中食品质量与安全、博物馆学、保险、社会体育、化学与制药、船舶与海洋工程、轮机工程、舞蹈学为首次增设，使学科专业结构进一步优化。

进一步加强高等学校课程建设和教学改革。在首批重点课程验收的基础上，新增市级重点建设课程 100 门，市级精品课程 29 门，国家精品课程 3 门；开展了新世纪首批教改项目的结题验收工作，形成了一批教改成果。四川美术学院和重庆医科大学分别接受了教育部本科教学工作水平评估。

大学生文化素质教育和课外科技活动成绩显著。重庆大学、西南师范大学、西南农业大学、西南政法大学和重庆医科大学被教育部批准为国家大学生文化素质教育基地学校；第三届“五月的鲜花”全国大学生校园文艺演出在重庆大学举行；在2003年全国大学生数学建模竞赛中，重庆市高校获一二等奖，重庆赛区连续五次获优秀组织工作奖；在2003年全国大学生电子设计竞赛中，有4队获全国一等奖、5队获全国二等奖。

继续加强教学实验室和教学条件建设，有2所高校的5个基础课教学实验室通过合格实验室的验收，已有85%的基础课实验室达到了合格标准；开展了高校图书馆自动化建设和评估，对16所高校图书馆自动化建设水平进行了评估，其中12个图书馆获优秀、3个合格、1个不合格。继续开展了本科毕业设计（论文）工作检查和100篇优秀论文评选工作。

〔**高等职业教育**〕 以就业为导向的高等职业教育得到进一步发展，2003年共有15所高等职业学院、3所高等工业专科学校、15所普通本科院校的高职院、2所军队院校开展高等职业教育，有3所独立成人高校举办高职教育试点班，高等职业教育在校学生超过4万人。

高等职业教育质量不断提高。重庆大学高职学院和重庆工业职业技术学院为国家示范建设高职学院，重庆正大软件职业技术学院为国家示范软件职业学院；拥有2个国家精品专业和14国家教改示范建设专业。2003年高职毕业生就业率超过70%。继续推行高等职业教育教学及才培养模式改革和双证制教育，与市劳动和社会保障局联合确定了11个大类专业职业技能鉴定基地，成立了11个行业委员会，并已进入到课程模块的建设阶段和试点阶段。成立了重庆市高职教育研究会教材建设专业委员会，建立了全市各高职高专院校与国家优秀出版发行企业间的直接联系，已在10多所院校建立了样书室等，为确保优质教材进入课堂创造了基础条件。在重庆大学城市学院建立了全市第一个高职高专教育师资培训基地。举办了2003年高职高专教育大型宣传、咨询、展示活动，展示了重庆市高职高专教育的精神风貌，进一步树立了高职高专教育的良好的社会形象。

〔**学位工作与研究生教育**〕 新增博士、硕士一级学科13个；新增博士点55个，硕士点107个；硕士学位授予单位3所，新增公共管理硕士（MPA）、口腔医学硕士两种专业学位和中职教师在职攻读硕士学位研究生教育。3篇博士学位论文入选全国百篇优秀博士学位论文。

撰稿 陈 渝

〔**高校科技工作**〕 2003年，重庆高校参加科技活动总人数19 416人，各类研究机构181个；承担各级各类科研课题3 638项，其中属于“973”计划、“863”计划、国家科技攻关、国家自然科学基金等重大科技计划课题342项；各种渠道获取的科研总经费4.8亿元；出版科技著作132部，大专教材167部；发表学术论文9 058篇，其中在国际刊物发表585篇，被SCI、EI、ISTP收录论文511篇；获省、部级以上科技奖74项；技术转让175项，合同金额2 178.9万元，当年技术收入2 204.5万元；申请国家专利183项，获专利授权48项；出席国际学术会议646人次，提交论文557篇。组织11所高校参展第五届中国重庆高新技术成果交易会，签约项目8项，总投资额约11亿元。西南农业大学和中国科学院北京基因组研究所共同完成“中国家蚕基因组框架图”研究，这是继人类基因组中国卷、水稻基因组完成后，中国在基因科学领域取得的又一重大科研成果。

2003年2月，重庆市政府命名西南农业大学的“农村经济与管理研究中心”、西南师范大学的“心理学与社会管理研究中心”等16个研究机构为“重庆市人文社会科学重点研究基地”。全市高校共获得各级各类哲学社会科学研究项目1 016项，获得各类经费投入达3 498万元，其中：国家级项目13项，省部级项目278项；出版著作478本，其中学术专著163项；共发表论文5 159篇，获得省部级及以上奖励90余项，496项应用成果被有关部门或企事业采纳。

撰稿 肖建国

〔**党建与思想政治工作**〕　组织“学习贯彻‘三个代表’重要思想宣讲团”，深入学校进行了上百场的宣讲活动。重点抓好党员领导干部、理论骨干和业务干部的培训工作。全方位推进“三个代表”重要思想“进教材、进课堂、进学生头脑”工作，把“三个代表”重要思想的基本观点贯穿到相关课程的教育教学中。全市高校普遍开设了《邓小平理论与“三个代表”重要思想概论》课，一些有条件的学校还单独开设了《“三个代表”重要思想概论》课。同时，市委教育工委还组织编写了《“三个代表”重要思想读本》，供广大师生员工学习。开展了“三个代表”重要思想网上主旋律宣传活动。组织大学生参加“大学生素质拓展计划”、大中专学生志愿者暑期“三下乡”等社会实践活动。

在全市高校开展“诚信文明”先进单位和个人评选活动，推动了高校精神文明建设向纵深发展。

撰稿　何勇平　王怒涛

审稿　欧可平

四川省教育

概　　况

〔基本情况〕

2003 年各级各类学校校数、教职工、专任教师情况

	学校数（所）	教职工数（人）	专任教师（人）
一、高等教育			
（一）研究生培养机构（不计校数）	29		
1．普通高校	16		
2．科研机构	13		
（二）普通高等学校	62	62 457	31 372
1．本科院校	27	48 875	24 484
2．专科院校	35	13 582	6 888
其中：职业技术学院	27	10 649	5 256
3．分校、大专班（点）（不计校数）			
（三）成人高等学校	32	9 335	5 109
（四）民办的其他高等教育机构	32	1 269	619
1．学历文凭考试机构	18	597	244
2．非学历文凭考试机构	14	672	375
二、中等教育			
（一）高中阶段教育	1 487	336 408	83 716
1．高中	868	297 903	58 705
普通高中	785	297 743	58 600
成人高中	83	160	105
2．中等职业教育	619	38 505	25 011
普通中等专业学校	126	14 629	8 290
成人中等专业学校	215	6 802	4 141
职业高中	278	17 074	12 580
技工学校			
其他机构（教学点）（不计校数）	60	0	0
（二）初中阶段教育			

	学校数（所）	教职工数（人）	专任教师（人）
1. 普通初中	4 215		188 498
2. 职业初中	11	458	383
3. 成人初中	207	375	303
三、初等教育			
（一）普通小学	24 573	350 201	316 029
（二）成人小学	1 728	3 014	1 133
其中：扫盲班	955	1 390	728
四、工读学校	4	70	50
五、特殊教育	70	1 278	994
六、学前教育	8 109	49 451	31 243

注：1. 普通高中教职工数包含普通初中教职工数；
2. 成人高等学校教职工数和专任教师数为 2002 年数据。

2003 年各级各类学历教育学生情况

	毕业生数（人）	招生数（人）	在校生数（人）
一、高等教育			
（一）研究生	5 128	13 648	32 171
（二）普通本专科	74 307	180 308	512 663
（三）成人本专科	93 975		357 840
（四）其他各类高等学历教育			
1. 在职人员攻读博士、硕士学位		2 578	6 603
2. 网络本专科生	50	19 906	42 052
3. 学历文凭考试	2 213	1 936	4 417
二、中等教育			
（一）高中阶段教育	387 158	674 749	1 688 529
1. 高中	254 041	458 577	1 183 624
普通高中	201 256	458 577	1 130 813
成人高中	52 785		52 811
2. 中等职业教育	133 117	216 172	504 905
普通中专	57 536	74 308	198 979
成人中专	28 052	28 836	68 450
职业高中	47 529	113 028	237 476
技工学校			
（二）初中阶段教育			
1. 普通初中	1 098 454	1 288 174	3 679 899
2. 职业初中	2 399	2 393	7 219
3. 成人初中	53 324		46 663
三、初等教育			
（一）普通小学	1 324 117	1 223 734	7 554 308
（二）成人小学	247 427		147 614
其中：扫盲班	116 436		73 184
四、工读学校	45	101	170
五、特殊教育	2 090	2 550	15 839
六、学前教育	886 670	1 048 731	1 536 444

注：1. 成人本专科毕业生、在校生数为 2002 年数据；
2. 其他各类高等教育学生数未包含成人高校举办的各类高等教育学生数。

2003年各级各类非学历教育学生情况

	毕（结）业生数（人）	招生数（人）	在校生数（人）
一、高等教育	48 340	51 329	58 675
（一）研究生课程进修班	6 512	5 039	5 398
（二）自考助学班	10 610	16 218	38 656
（三）普通预科生	2 314	2 477	2 477
（四）证书教育	864	1 078	1 602
（五）岗位培训	11 827	9 976	937
（六）进修及培训	16 213	16 541	9 605
二、中等教育	4 336 188		3 278 547
（一）中等职业教育	271 132		133 771
（二）职业技术培训机构	4 065 056		3 144 776

注：高等教育非学历教育学生数未包含成人高校举办的非学历教育学生数。

2003年各级民办教育基本情况

	学校数（所）	毕业生数（人）	招生数（人）	在校生数（人）	教职工数（人）	专任教师（人）
一、民办高等教育						
（一）普通高校	5	338	2 932	5 273	714	365
（二）成人高校						
（三）民办的其他高等教育机构	32	17 268	16 620	17 675	1 269	619
二、民办中等教育机构						
（一）高中阶段教育						
其中：民办普通高中	63	3 473	15 167	29 310	9 398	6 297
民办中等职业教育	57	16 018	22 235	41 389	2 321	1 503
（二）初中阶段教育						
其中：民办普通初中	124	10 659	26 520	72 363		
民办职业初中		91	41	164	14	14
三、民办普通小学	792	22 056	34 514	215 417	7 547	6 116
四、民办幼儿园	6 538	205 868	303 392	473 054	27 483	16 730

注：民办普通高中教职工数包含民办普通初中教职工数。

〔**年度教育工作方针**〕 2003年，全省教育以“三个代表”重要思想为指导，深入学习贯彻党的十六大精神，大力推进全面建设小康社会和“三个转变”战略决策的实施，切实按照“走创新之路，建教育强省”的总体思路，进一步完善农村义务教育“以县为主”的管理体制，大力加强农村教育，推进民办教育和职业教育的改革与发展，以高水平大学和重点学科建设为重点，继续深化高等教育改革，加大高等教育结构调整力度，促进全省教育事业的持续健康协调快速发展。

〔**全省民办教育和农村教育工作会议**〕 为贯彻落实全国农村教育工作会议和国务院《关于进一步加强农村教育工作的决定》精神，11月23日，省委、省政府召开了全省民办教育和农村教育工作会议，对进一步加强全省民办教育和农村教育工作进行了全面部署，省委书记张学忠、省长张中伟等领导到会并讲话，各市州党政主要负责同志参加了会议。省政府制定了《关于进一步加强农村教育工作的决定》，明确要求各地把农村教育摆在农村工作优先发展的战略地位，摆在教育工作重中之重的战略地位，切实加大工作力度，全力推进民族地区“两基”进程。会后，各地相继传达会议精神，并对贯彻落实工作作了具体安排和部署。

同时，省政府制定印发了《关于大力促进民办教育发展的决定》，出台了一系列鼓励扶持政策。各地围绕《民办教育促进法》的实施，开展了广泛的社会宣传和教育活动，采取一系列鼓励、扶持民办教育发展改革的政策措施，形成了民办教育加快发展的良好环境。

〔**教育投入与支出**〕 2003年全省教育经费投入总额为266.25亿元，比上年增长9.23%。其中：在川的中央属学校经费37.58亿元，比上年增长10.44%；地方属学校经费228.67亿元，比上年增长9.04%；全省教育财政预算内拨款147.49亿元，比上年增长6.81%；多渠道投入的经费总额为118.76亿元，比上年增长12.40%。

全省预算内生均教育事业费支出情况见下表：

类别 \ 项目	生均教育事业费（元）	生均公用经费（元）
普通高校	2 040.77	878.73
中等师范学校	1 604.77	139.27
普通中学	804.33	80.92
职业中学	1 243.49	138.33
小学	661.82	53.24

〔**救助贫困生工作**〕 各地通过政府设立贫困生助学专项资金、争取国家专款和社会各界捐助，广泛开展贫困生资助活动。2003年，省级财政增加专项资金1 000万元用于资助贫困大中小学生，设立了“四川省贫困大学生奖学金”。全省通过各种形式、多种渠道筹措资金3.98亿元，资助贫困学生145万人（次）。

〔**治理教育乱收费**〕 省政府办公厅印发了《关于深化治理教育乱收费工作的意见》，全省三次召开治理教育乱收费工作电视电话会，并建立了治理教育乱收费省级联席会议制度。重点狠抓了公办高中招收择校生执行“三限”政策，在国家扶贫开发工作重点县的农村中小学实行“一费制”以及规范高校收费三项重点工作。同时，加大了乱收费案件的查处力度。截至11月，全省共查处中小学违规收费3 900万元，督促清退2 932万元。共有250人受到通报批评；114人受到党纪政纪处分。治理教育乱收费工作取得了阶段性成效，基本上达到了乱收费案件数量和乱收费金额“双下降”的要求，受到了中共中央政治局常委、中纪委书记吴官正和国家七部委督查组的充分肯定。

〔**教师队伍建设**〕 省教育厅会同省级有关部门制发了《中小学教职工编制标准试行办法》，全面实施教师资格制度，并大力推进以竞争上岗为核心的教师聘任制度和中小学校长公推公选工作。同时以新课程和信息技术培训为重点，深入推进中小学教师继续教育，全面完成了省级培训和民族地区骨干教师培训任务。远程师资培训工作取得初步成果，县级教师培训机构建设工作开始启动。322名教师被评选为中小学特级教师。研究制定了教育战线实施“人才强省”战略、加快人才资源向人才资本转变等三个配套文件和实施意见，提出了促进现有人才充分发挥作用的改革思路和引进高层次人才的政策措施。高校教师队伍进一步壮大，年龄结构和学历结构进一步优化。推荐了28名教师为国务院政府特殊津贴专家人选，推荐四川省学术技术带头人及后备人选各200多人。

〔**教育法制建设**〕 进一步完善和督促行政执法各项制度的落实，制定了《四川省教育厅行政执法责任制实施办法》(征求意见稿)；积极推进地方性立法工作，《四川省〈中华人民共和国民办教育促进法〉实施条例》已起草上报；继续改革行政审批制度，对照国务院取消和改变管理方式的30项教育行政审批项目，进行了相应的清理。

〔**民办教育**〕 2003年，全省民办教育取得新进展。一是全省民办教育规模进一步扩大。新批准成立民办高、中等教育学校9所，新批准筹建的民办非学历高等教育机构2所，批准试办的中等学校1所。二是办学实力明显增强。2003年全省民办学校办学资产总值达75.26亿元，学校占地面积2 712.50万平方米，校舍建筑面积1 235.54万平方米，仪器设备价值8.25亿元，图书资料1 537.95万册。三是多元化办学格局初步形成。办学主体有企业事业单位、民主党派、社会团体、公民个人等；办学模式有企业投资、股份合作、个人独资、自我积累滚动式发展、教育集团运作、中外合作办学等；办学类型，从学前教育到高等教育，从学历教育到非学历教育，从全日制教育到各种短期培训等，民办教育已涉足到除研究生教育以外的各个领域。四是涌现出了一批像四川师范大学电影电视学院、四川联合经济学校、四川托普信息技术职业学院、成都外国语学校、四川西美美容专修学院等一批办学机制新、管理较好、具有一定规模和水平的民办学校。继续推进了高等教育学历文凭考试试点工作。

同时，民办学校管理进一步加强。民办学校的审批、财务监督、评估和年检等制度不断完善，有的行业还建立了行业自律规范。组织开展了民办学校年度检验工作，会同省物价局、财政厅对民办学校行政事业性收费进行了年审。开展了民办教育管理人员和部分校长培训工作。

〔**教育对外交流**〕 全年选拔、审核、派遣出国(境)学习、培训和考察访问人员2 000余人次，接收国(境)外留学生1 300余人；聘请外国专家教师的单位达到101个，共聘请长、短期外国专家、教师500余人；合作办学、合作科研项目进一步增多。

〔**语言文字工作**〕 深入贯彻《国家通用语言文字法》，制定了《四川省〈国家通用语言文字法〉实施办法》，并已经省政府同意报省人大审议颁布。组织开展了全国推广普通话宣传周活动，完成了与教师资格认定、普通高校学生毕业、行业人员上岗挂钩的普通话水平测试，全年测试11万人。

基础教育

〔**综述**〕 2003年，全省基础教育工作以“两基”攻坚为重点，以县为主的农村义务教育管理体制基本建立。全省181个县已全部将农村中小学教师人事管理和教师工资发放管理上收到县，教育投入的保障机制逐步建立。长期以来拖欠教师工资的“老大难”问题基本得到解决。中小学危房改造力度进一步加大，为实现2005年全省全面消除中小学危房的目标任务，省委、省政府将此作为为民办实事的重要内容，结合“国家贫困地区义务教育工程”和“中小学危房改造工程”的实施，加大资金投入。全年新增中小学危房改造专项经费1.3亿元，改造中小学危房153万平方米。为确保农村中小学正常运转的最基本需要，省财政厅、省教育厅联合制定了“财政预算内生均公用经费最低拨款标准”，要求各地认真执行。

学校体育、卫生、艺术和国防教育进一步加强，制定了《关于进一步加强学校卫生工作的意见》，举办了第四届中小学生艺术节。

教育装备及信息化工作逐步推进，全省117所中小学达到了教育装备新标准要求。新增计算机2.5万台，新增网络教室467间，新增配机学校259所，新建中小学校园网88个。新增远程教育卫星接收站960个，DVD光盘播放点1万个。

〔**“两基”攻坚**〕 制定了《四川省高水平、高质量普及九年义务教育的基本要求》，按规划分类推进“普九”。各地在坚持对“两基”工作进行复查的同时，狠抓了初中学龄人口高峰和流动人口接受义务教育的工作。继续实施民族地区教育《十年行动计划》，全年共筹集3.02亿元。中小学校改扩建工作取得新进展，规划的260所中小学改扩建工作，有259个项目全面动工，其中257个已竣工验收并投入使用。寄宿制教育稳步发展，新增寄宿制学生1.8万人，使寄宿制在校生总数达到19.59万人，其中享受寄宿制生活补助的17.7万人（重点寄宿制学生7.08万人，普通寄宿制学生10.62万人）。为学校配备的教学仪器设备和教学软件已陆续到位，远程教育项目进展顺利。继续开展对口支援工作，第三批支教教师到岗1 310名。同时，各地广泛开展了送教帮扶、“手拉手”活动、接受民族地区教师挂职锻炼和学生就读等活动，援助资金物资总额达1 270万元。

《十年行动计划》实施三年来，民族地区“两基”攻坚取得显著成绩。先后有8个县基本普及九年义务教育，9个县普及小学教育，11个县基本扫除了青壮年文盲，使民族地区整县“普初”和“普九”地区人口占民族地区总人口的比例分别提高到97.7%和33.5%，7～12周岁学龄儿童入学率达到93.1%。

2003年，德格、壤塘、布拖3县“普初”，康定、丹巴、茂县、金川、会理5县普及九年义务教育，全省“普九”县（市、区）达到144个，人口覆盖率达95.4%，壤塘、布拖、雅江、新龙4县基本扫除青壮年文盲，至此，全省175个县（市、区）通过了扫盲评估验收，青壮年非文盲率保持在95%以上。

〔**高中教育**〕 认真贯彻全国普通高中建设与发展工作会议精神，召开了全省农村高中教育发展工作现场会。从四个方面推进高中教育：一是着力抓好一般普通高中建设，促使薄弱学校的转化，改善原有普通高（完）中的办学条件，使之达到四川省普通高中办学基本要求，对新建普通高中，要求达到普通高中办学基本要求后才能招生，2003年，全省90%以上的高（完）中达到四川省普通高（完）中办学基本要求；二是大力加强优质高中建设，努力满足社会需求，创建省级示范性普通高中9所，创建国家级示范性高中的10所学校通过了省级评估验收，截至2003年底，全省省级、国家级示范性普通高中为166所，其中省级示范性普通高中124所，国家级示范性普通高中42所；三是创新机制，深化普通高中办学体制改革，多渠道、多形式发展高中教育，引导社会力量举办普通高中，鼓励以国家级、省级示范性高中为龙头，采取公办民助、民办公助、股份制等多种模式组建教育集团；四是加强管理，规范办学行为，坚决查处违规招生、乱挖生源等现象，保证普通高中发展的有序竞争。全省普通高中教育规模进一步扩大，质量稳步提高。

〔**基础教育课程改革**〕 2003年召开了全省基础教育课程改革实验工作会议，制定了《四川省基础教育课程改革实验推进方案》，包括54个县（市、区）在内的第二批省级课程改革实验区在2003年秋季顺利进入新课程改革，全省省级课程改革实验区达到91个。

〔**幼儿教育**〕 认真贯彻《国务院办公厅转发教育部等部门（单位）关于幼儿教育改革与发展指导意见》，根据全省当前幼儿教育发展的需要，制定了《四川省示范幼儿园标准》、《四川省幼儿园基本条件》和《关于规范民办幼儿园管理的通知》，促进幼儿园改善办园条件；实施《幼儿园教育指导纲要》，稳步推进幼儿园教育课程改革，14 所省级试点幼儿园课程改革工作正式启动。

〔**特殊教育**〕 积极改进特殊教育学校的教育手段，完成了 15 所学校网络计算机教室建设，并对教师进行了相关培训，基本满足特殊教育学校同步教学、辅助教学、电子教学、语音教学的需要。拟订了《随班就读项目实验县（市、区）基本要求》和《随班就读项目实验县（市、区）督导评估标准》，启动特殊教育随班就读支持保障体系实验县项目，举办了 2003 年特殊教育随班就读培训班。

〔**中小学德育工作**〕 2003 年，继续深化《公民道德建设纲要》在中小学的学习贯彻，审批表彰了 23 名四川省普通高中优秀学生、594 名四川省普通高中“三好学生”、484 名四川省普通高中优秀学生干部。进一步加强省级校风示范校的管理，推动学校校风建设和德育工作规范化、科学化，44 所中小学被批准为四川省校风示范学校。发生重大事件的南部中学、富顺二中被取消省级校风示范学校资格。青少年校外教育活动场所建设工作进展顺利，对国家首批扶持建设的 13 个项目、第二批国家扶持的 10 个项目、国家返还省资金安排的 20 个项目建设情况进行了抽查，并且完成了国家第三批扶持的 12 个项目的申报以及国家返还省的资金安排的 14 个项目的申报工作。

职业教育与成人教育

〔**综述**〕 2003 年 8 月，省委、省政府召开了全省职业教育工作会议，省政府印发了《关于大力推进职业教育改革与发展的决定》。会议对今后一个时期的全省职教工作作了全面部署，进一步明确了目标任务，制定了一系列政策措施。

2003 年，全省稳步扩大职业学校规模，进一步加强学校管理和建设，加快中等职业学校布局结构调整，积极推进职业学校的办学体制和运行机制改革，深化教育教学改革，探索新的教学培养模式，促进职业教育稳步发展。2003 年，全省中等职业学校共招收新生 28.51 万人，比上年增长 24%，各类职业培训 1 200 万人以上。对口高职和五年制高职规模进一步扩大，招生人数分别达到 1.48 万人和 2.82 万人。独立设置的高职学院达到 27 所，在校生 4.2 万人。

2003 年，全省有成人中专 215 所，招生 2.9 万人，在校生 6.8 万人，毕业生 2.8 万人。

〔**中等职业学校建设**〕 进一步加快中等职业学校布局结构调整。继成都、绵阳、乐山之后，宜宾、德阳、自贡加大了布局结构调整力度，并结合布局结构调整，在资阳市安岳县、乐山市五通桥区、达州市宣汉县、巴中市通江县、宜宾市宜宾县规划建立了 5 个综合性多功能的职业教育中心。对 35 所国家级重点中等职业学校进行复核和遴选，并已报教育部审核认定。建设并验收 5 所省级重点中等职业学校，19 个市州开展了中等职业学校合格评估工作，从整体上改善了中等职业学校的办学条件。

中等职业学校的办学体制和运行机制改革进一步推进。省信息工程学校、省商业学校、成都女子职业中学、成都工交职业中学等学校积极探索和实践办学体制改革，大力推行全员聘用制、结构工资制、岗位责任制，激活学校潜力。

〔**教育教学改革**〕 建成中等职业学校省级重点

专业10个，努力规范五年制高等职业教育专业设置和建设，以专业建设带动学校教学改革。根据《四川省职业学校试行学分制的原则意见》，广泛进行学分制的试点，成都、德阳相继召开中等职业学校实行学分制改革和教学制度创新工作会议，探索在学分制下的学习模式和教学管理方法。加强职业学校教学实践基地建设，开展了中等职业学校计算机职业技能竞赛活动。

高等教育

〔**综述**〕 2003年，全省普通高校录取新生19.04万人，高考录取率达到71%，实现了省委、省政府提出的稳定在70%以上的任务。地方成人高等教育预计招生14.3万人。高等教育自学考试全年报考66万人，4万余人获得大专以上毕业证书。全省高等教育毛入学率达到18%以上。

2003年，全省高校办学条件进一步改善，全省高校累计新征土地2 467公顷，新建校舍1 005万平方米。全省新建和改建学生公寓82万平方米，新建和改造学生食堂12万平方米，创建标准化食堂10个，完成了高校后勤社会化改革工作“818”的目标任务。校办企业加快建立现代企业制度步伐，大力推进科技成果产业化，全年实现收入16亿元，利税1.7亿元。

〔**学校结构调整**〕 有8所职业技术学院批准建立并经教育部备案：四川东软职业技术学院（民办）、成都职业技术学院、南充职业技术学院、内江职业技术学院、四川水利职业技术学院、四川化工职业技术学院、四川邮电职业技术学院、四川航天职业技术学院。贯彻教育部文件精神，规范清理普通高校举办的二级学院，向教育部申报了8所独立学院，有关高校创建、合并和更名、升格工作正抓紧进行。组织普通高校、成人高校完成了近400个新增本专科专业的申报、评审和备案工作。高等教育的布局结构、层次结构和专业结构更加适应全省经济和社会发展的需要。

〔**高校思想政治工作**〕 省委教育工委会同省委组织部、省委宣传部召开了第十二次全省高校党建工作会议，重点研究和部署了在学生中发展党员等工作。制定了《四川省民办学校党的建设工作暂行办法》，切实推进民办学校党的组织建设。全省高校以实施“党员先锋工程”为重点，开展了党员实践“三个代表”示范活动，建立了一批党员示范支部和示范岗，一批先进基层党组织、优秀党务工作者和优秀党员受到了表彰。积极推进“三个代表”重要思想“三进”工作。各校以深入学习实践《公民道德建设实施纲要》为主要内容，开展了以“树诚信美德，做模范公民”为主题的教育活动。进一步加强大学生心理健康教育工作，制发了《四川省高校大学生心理健康教育工作评估指标体系》。加强了思想政治教育进网络、进公寓、进社团的工作，广泛开展了大学生暑假社会实践活动。高校党建和学校思想政治工作进一步加强。

〔**教学工作**〕 教育教学改革扎实推进，开展了全省高校教学工作检查和督导。以“新世纪四川省高等教育教学改革工程”的实施为龙头，重点对已立项建设的教改项目加强了调研、指导和督促。西南民族大学、四川警官高等专科学校顺利通过了教育部教学水平评估。西南交通大学、西南财经大学等10所本科高校的教学管理网络化建设进展顺利。

〔**学位工作与研究生教育**〕 2003年硕士研究生招生规模比上年增长37.2%，博士研究生招生增幅达30.1%。重点学科建设进一步加强，管理进一步规范。修改制定了我省普通高等学校授予成人高等本科教育毕业生学士学位暂行办法。全省新增博士、硕士学位授予单位及专业学位教育单位各两个；高校新增博士学位授权一级学科点10个、博士点23个、硕士点169个。目前全省共有博士、硕士学位授权一级学科45个，博士点320个，硕士点798个，形成了布局和结构基本合理的学位与研究生教育学科体系。

〔**科技工作**〕 据不完全统计，2003年全省高校获得科技经费9亿元，人文社科研究经费7 000万元。高校科技成果转化取得的社会经济效益达40亿元。科研基地和产学研基地建设进一步加强，在作好四川师范大学“巴蜀文化研究中心”、乐山师范学院“旅游发展研究中心”、四川烹饪高等专科学校“川菜产业化研究中心”研究基地建设的同时，新建立宜宾学院“四川思想家研究中心”、西华大学“四川教育发展研究中心”和四川农业大学“四川农村经济发展研究中心”，省级人文社科重点研究基地达到6个。四川大学、电子科技大学和西南科技大学3个省级大学科技园建设也开始启动。

〔**毕业生就业工作**〕 2003年是高校扩招后本科生毕业的第一年，毕业生人数比上年净增2.69万人，同时又面临城镇新增劳动力、下岗失业人员和农村富余劳动力转移“三峰叠加”，以及“非典”疫情的严峻形势，省政府印发了《关于进一步做好普通高校毕业生就业工作的意见》，并召开了全省高校毕业生就业工作电视电话会。省教育厅会同省人事厅制发了《关于鼓励普通高等院校毕业生到艰苦边远地区工作的暂行办法》等配套文件，会同团省委等部门启动实施了“大学生志愿服务西部计划”。各高校进一步加强了毕业生就业工作的指导与服务，组织了灵活、小型、多样、多项的“双选”活动，努力为毕业生创造就业机会。截至12月底，全省高校毕业生就业率达到81.1%，高出上年同期5个百分点，实际就业人数净增2.2万人。其中，研究生就业率96.4%，本科生就业率91.08%，专科（高职）生就业率64.6%。

撰稿 陈 玲

审稿 戴作安 罗大宪

贵州省教育

概　　况

〔**基本情况**〕

2003年各级各类学校校数、教职工、专任教师情况

	学校数（所）	教职工数（人）	专任教师（人）
一、高等教育			
（一）研究生培养机构（不计校数）	7		
1. 普通高校	6		
2. 科研机构	1		
（二）普通高等学校	34	20 400	11 775
1. 本科院校	10	11 978	6 707
2. 专科院校	24	8 422	5 068
其中：职业技术学院	15	5 069	2 848
3. 分校、大专班（点）（不计校数）			
（三）成人高等学校	7	1 656	953
（四）民办的其他高等教育机构	3	38	2
1. 学历文凭考试机构	0		
2. 非学历文凭考试机构	3	38	2
二、中等教育			
（一）高中阶段教育	643	135 895	27 421
1. 高中	420	123 132	19 413
普通高中	420	123 132	19 413
成人高中			
2. 中等职业教育	223	12 763	8 008
普通中等专业学校	97	8 058	5 045
成人中等专业学校	21	1 529	818
职业高中	105	2 829	1 875
技工学校			
其他机构（教学点）（不计校数）	41	347	270
（二）初中阶段教育			
1. 普通初中	2 068		87 899
2. 职业初中	84	2 302	2 078
3. 成人初中	39	75	75

续表

	学校数（所）	教职工数（人）	专任教师（人）
三、初等教育			
（一）普通小学	14 504	191 695	179 367
（二）成人小学	9 820	23 740	2 760
其中：扫盲班	95 196	22 760	2 149
四、工读学校	3	46	38
五、特殊教育	38	675	517
六、学前教育	1 319	13 994	8 751

注：1. 普通高中教职工数包含普通初中教职工数；
2. 成人高等学校教职工数和专任教师数为2002年数据。

2003年各级各类学历教育学生情况

	毕业生数（人）	招生数（人）	在校生数（人）
一、高等教育			
（一）研究生	444	1 458	2 966
（二）普通本专科	25 362	53 318	149 444
（三）成人本专科	23 010		109 515
（四）其他各类高等学历教育			
1. 在职人员攻读博士、硕士学位		275	364
2. 网络本专科生			
3. 学历文凭考试			
二、中等教育			
（一）高中阶段教育	131 402	215 515	543 668
1. 高中	75 141	156 515	383 052
普通高中	75 141	156 515	383 052
成人高中			
2. 中等职业教育	56 261	59 000	160 616
普通中专	43 248	41 592	120 635
成人中专	5 129	5 299	17 164
职业高中	7 884	12 109	22 817
技工学校			
（二）初中阶段教育			
1. 普通初中	502 251	728 959	1 969 955
2. 职业初中	11 583	15 855	43 493
3. 成人初中	110 066		111 141
三、初等教育			
（一）普通小学	805 694	827 264	4 768 740
（二）成人小学	293 015		334 479
其中：扫盲班	252 632		289 270
四、工读学校	27	45	57
五、特殊教育	1 237	2 051	13 812
六、学前教育	326 541	536 093	620 089

注：1. 成人本专科毕业生、在校生数为2002年数据；
2. 其他各类高等教育学生数未包含成人高校举办的各类高等教育学生数。

2003年各级各类非学历教育学生情况

	毕（结）业生数（人）	招生数（人）	在校生数（人）
一、高等教育	11 073	10 517	6 586
（一）研究生课程进修班	496	500	738
（二）自考助学班	533	1 685	4 253
（三）普通预科生	673	1 579	1 579
（四）证书教育	35		16
（五）岗位培训	7 429	5 145	
（六）进修及培训	1 907	1 608	
二、中等教育	2 348 182		2 210 124
（一）中等职业教育	100 138		57 644
（二）职业技术培训机构	2 248 044		2 152 480

注：高等教育非学历教育学生数未包含成人高校举办的非学历教育学生数。

2003年各级民办教育基本情况

	学校数（所）	毕业生数（人）	招生数（人）	在校生数（人）	教职工数（人）	专任教师（人）
一、民办高等教育						
（一）普通高校	1		150	201	107	86
（二）成人高校						
（三）民办的其他高等教育机构	3	324	376	901	38	2
二、民办中等教育机构						
（一）高中阶段教育						
其中：民办普通高中	89	2 537	10 045	19 565	5 905	3 971
民办中等职业教育	26	1 298	2 202	4 391	503	290
（二）初中阶段教育						
其中：民办普通初中	190	10 677	22 338	57 424		
民办职业初中	4	202	237	602	32	29
三、民办普通小学	388	16 914	30 148	140 905	5 788	4 726
四、民办幼儿园	693	31 097	64 015	84 484	5 289	2 796

注：民办普通高中教职工数包含民办普通初中教职工数。

〔**教育经费支出情况**〕 2003年全省教育经费总支出为89.41亿元，比上年下降2.8%（其中：国家财政性教育经费支出67.43亿元，占国内生产总值5.02%，比上年增长2.06%）。其中：财政预算内教育经费支出60.20亿元，比上年增长7.92%；政府征收用于教育的税费支出4.26亿元，比上年下降41.72%（其中，城市教育费附加支出为3.08亿元，比上年下降34.48%；农村教育费附加支出为0.2亿元，比上年下降80.39%；地方教育附加支出为9 748.8万元，比上年下降41.48%）；企业办学经费支出为2.86亿元，比上年增长3.62%；校办产业、勤工俭学和社会服务收入用于教育的经费支出1 230.7万元，比上年下降45.52%；社会团体和公民个人办学经费15 043万元，比上年下降32.95%；社会捐、集资办学经费支出为5 302万元，比上年下降45.14%；学、杂费支出为14.07亿元，比上年下降19.14%；其他支出为5.88亿元，比上年下降8.70%。

全省教育部门事业费支出为55.87亿元，比上年增长14.07%。在教育部门预算内教育事业费支出中，人员经费支出46.94亿元，比上年增长7.05%，占事业费支出的84.02%；公用经费支出为8.94亿元，比上年增长74.61%，占事业费支出的16%。

教育部门各类学校人员经费与公用经费占教育事业费支出比例是：普通高校人员经费占75.7%，公用经费占24.3%；中等师范学校分别占84.56%和15.44%；普通中学分别占84.86%和15.14%（其中农村初中分别占81.77%和18.23%）；普通小学分别占93.86%和6.14%（其中农村小学分别占94.05%和5.95%）。

全省各类学校生均预算教育事业费与公用经费分别是：普通高等学校3 230.42元和822.66元；中等师范学校2 495.27元和385.18元；职业中学1 291.18元和210.24元；普通高中1 171.78元和130.53元；初中670.93元和109.75元；小学584.17元和35.86元。

撰稿　陈　净

〔**教育事业投资完成情况**〕　2003年，全省教育事业基本建设完成投资152 195.9万元，比上年增加22 374.7万元，增长17.24%。其中，国家预算内的投资（包括国家各种专项投资补助地方非经营性基建基金等）完成32 840.3万元；自筹资金投资（包括中央各部门安排、地方各级机动财力自筹资金、教育费附加和部门、单位、自筹及个人集资等）完成114 577.6万元；利用外资（包括世行贷款等）完成978万元；其他投资（含引进社会资金等）完成3 800万元。上述投资中，高等教育完成45 697.4万元；普通中专完成2 673万元；基础教育完成103 825.5万元。

2003年，全省教育事业在建房屋建筑面积286.08万平方米，比上年增加59.31万平方米，增长26.15%。竣工房屋建筑面积250.62万平方米，比上年增加45.93万平方米，增长22.44%。

2003年，全省共计投入资金2.71亿元，其中中央专款0.98亿元，省级财政配套资金0.49亿元，地、县自配资金1.24亿元，为51个项目县建成“国家义务教育工程”项目初级中学211所，新建校舍46.6万平方米，购置课桌凳6.33万双人套、教学仪器和信息技术设备211套/标准、图书136.35万册，培训校长482名、教师4 182名，选送了81名项目初中校长到深圳、大连、青岛、宁波4个对口帮扶城市挂职培训。所建的项目初中，达到了“配套全”，即校舍功能全，附属设施全，运动场地全。

2003年全省完成116所中小学危房改造任务，改造危房面积92 583平方米，完成投资额3 933.79万元。

2003年，贵州教育系统获中央国债资金6 800万元，项目31个。其中，高等教育700万元，项目1个；中等职业教育1 400万元，项目7个；高中教育4 700万元，项目23个。

第十六批邵逸夫先生赠款项目，贵州获赠款590万港元，项目17个。到2003年12月底，所有项目均竣工交付使用，工程质量经当地建设局质监站验收均达到质量要求，其中50%以上的项目被评为优良工程，共建成校舍建筑面积34 951平方米，完成投资1 582万元。第十七批邵逸夫先生赠款项目，贵州省又获590万港元，项目25个，项目于2003年10月起陆续动工。

撰稿　胡　勇　刘祖辉　赵天雄

〔**教育行风建设**〕　2003年，省纠风办把教育作为民主评议行风和行风建设的重点。省教育厅召开了全省教育系统民主评议行风和行风建设动员大会；通过省人大、省政协聘请了民主评议行风代表和行风监督员；实行了行风评议和行风建议责任制。全省各级教育行政部门和各级各类学校都认真开展了行风建设和行风评议，认真进行自查，针对自查中发现的问题，制定整改措施并抓落实。通过扎扎实实的工作，教育系统干部职工队伍的政治素质不断提高，行业风气明显好转。年底，省政府纠风办经对社会发放问卷调查、评议代表评议、下级单位评议和量化考评结果，进行综合评定，教育系统的民主评议行风成绩为92.3分，属优秀等次。

2003年7月，由省教育厅、省政府纠风办、监察厅、物价局、财政厅、审计厅、新闻出版局建立了全省治理教育乱收费厅际联席会议制度，以加强对治理教育乱收费工作的组织协调，统一领导。

撰稿　周世林　戴雪礼

〔**教师资格制度实施情况**〕 贵州省2002年11月全面启动了教师资格制度实施工作。截止到2003年10月底，全省各级各类学校在职教师和师范教育类应届毕业生申请认定教师资格人数为133 606人，共有110 273人通过首次认定，取得相应的教师资格。其中，40所高校教师申报人数为4 577人，认定合格人数为4 354人；中等职业学校、中学、小学、幼儿园教师及师范教育类应届毕业生申报人数129 029人，认定合格人数为105 919人。

撰稿　银熙惠

〔**学校体育、卫生与艺术教育**〕 2003年4月初，省教育厅举办了实施《学生体质健康标准》培训班，全省9个市、州、地近百名体卫艺专干、体育骨干教师参加了培训。并制定印发了实施意见，此项工作已在全省各地全面启动。

省教育厅把学校食品卫生安全工作放在重中之重的位置，把学生食堂、宿舍的管理作为难点和突破口，制定印发了《关于贯彻贵州省人民政府办公厅实施食品放心工程的通知》和《关于贵州省学校食品卫生大检查情况的通报》等文件，并与卫生部门一起对铜仁地区、黔东南、黔南、黔西南等地的学校卫生工作及食品卫生安全工作进行了两次大检查，对发现的问题提出整改意见，限期改正，使发生学生集体用餐中毒事件的情况得到遏制。

2003年，省教育厅、团省委、省少工委联合开展了贵州省首届中小学生艺术展演活动。在各地上报的数百个作品中评选出了全省优秀艺术节目237个（其中表演类节目50个，艺术作品118件，艺术教育论文69篇），其中39个节目（作品）获全国奖。

撰稿　许国虎　黄开斌

〔**学校及周边治安综合治理**〕 为了加强对全省学校及周边治安综合治理工作的领导，经省委、省政府同意，贵州省社会治安综合治理委员会学校及周边治安综合治理工作领导小组于2003年6月30日成立，组长由省委常委、常务副省长王正福担任。领导小组的主要任务是：加强对学校及周边地区治安综合治理工作的领导和协调，建立多方配合、齐抓共管的长效工作机制，研究解决学校及周边地区治安管理中的突出问题，加强督促检查，推动创建安全文明校园活动的深入开展，维护学校及周边治安秩序和政治稳定，为广大师生创造良好的学习、工作和生活环境。

为提升高校安全稳定工作层次，构建高校安全稳定防范工作网络，建立长效管理机制，制订印发了《贵州省高校安全稳定防范工作网络评估方案（试行）》。拟通过该《方案》6大方面40个子项目对高校稳定安全工作进行评估，以评促改，以评促建，评建结合，推动高校稳定工作向规范化和制度化方向发展。

撰稿　任世晟

〔**民办教育**〕 2003年8月29日，省教育厅组织召开了学习宣传贯彻《民办教育促进法》座谈会。各地教育行政部门代表，民办学校代表，二级学院代表分别作了发言。省教育厅副厅长封孝伦作了题为《提高认识，正确引导，依法管理，落实措施，推动我省民办教育健康有序蓬勃发展》的讲话。他充分肯定了前一阶段贵州省民办教育发展取得的成绩，分析了存在的问题，对促进全省民办教育发展提出了三点意见：一是要进一步转变观念，提高认识，切实重视发展民办教育事业。二是要正确引导全省民办教育的发展。三是要依法加强管理，落实扶持措施，规范办学行为。

贵阳市白云区兴农中学是1993年申办成立的一所民办学校。该校一贯坚持“服务好、管理好、教育好”的“三好”方针，树立服务意识，关心学生，爱护学生，以优质的服务，科学的管理，较好的教育教学质量回报社会。兴农中学2000年开始有高中毕业生，到2003年共有577名学生参加高考，其中443人考入国内全日制本科院校，150人考入国内“211工程”院校。1997年以来，先后从四川、湖南、湖北等省引进100多名教师，中高级教师占70%以上。白云兴农中学已成为贵州省民办教育发展的一大亮点，对全省民办教育发展具有示范性作用。

撰稿 鲁源安 史开来 袁 鹰 熊 星

〔**中外合作办学**〕 2003年，根据国务院颁布的《中外合作办学条例》和教育部《中外合作办学暂行规定》，经报请省政府批准，贵阳市第六中学与加拿大爱加信国际学院合作成立“贵州中加国际学校”，这是贵州省第一所独立设置的中外合作办学机构；贵州电子职业技术学院与澳大利亚启思蒙学院合作举办高等职业技术教育课程，学生学习成绩合格，除获得贵州电力职业技术学院的毕业文凭外，还可获得国际承认的澳大利亚启思蒙学院的职业技术合格证书；贵阳市第一中学与澳大利亚国际应用教育学会合作成立“贵阳市第一中学中外友好合作学校”，标志着贵州省在中外合作办学方面取得突破。

撰稿 糜 丹

基础教育

〔**综述**〕 2003年，全省普通高中比上年增加52所，普通初中比上年增加109所；九年一贯制学校446所，比上年增加36所；普通高中在校生比上年增加68 975人，普通初中在校生比上年增加155 921人；高中招生比上年增加21 090人，初中招生比上年增加25 854人；高中专任教师比上年增加3 183人，学历合格率73.63%；初中专任教师比上年增加6 488人，学历合格率89.49%。初中阶段毛入学率达到94.15%。初中在校学生辍学率为4.24%。小学比上年减少318所，在校生比上年减少74 091人，招生比上年减少21 114人；专任教师比上年增加1 447人，学历合格率为92.2%。小学适龄儿童入学率达98.19%，在校学生辍学率为2.32%。在园幼儿比上年增加55 307人，幼儿园教师比上年增加831人。

2003年，桐梓、道真、西秀、三都、独山等15个县通过了省政府的评估验收，并经教育部审查通过予以公布，实现了基本普及九年义务教育和基本扫除青壮年文盲。至此，全省已有57个县（市、区、特区）实现“两基”，占全省总县数的65.5%，“普九”地区人口覆盖率达65.1%。免费发送27万扫盲教材，全省完成25万人扫盲任务，全省青壮年人口中非文盲率已达到94.9%。启动了18个省级基础教育课程改革试验区，使全省参与课改实验的实验区总数达到31个，学生近80万人。9个青少年学生校外教育活动场所全部开工建设。

经省教育厅批准，从2003年秋季入学起，贵阳市对贵阳市七中、十七中、十八中、十九中、实验二中试行“公有民办”的体制改革，5所中学改制过渡期为三年，改制过渡期“公有民办”杂费标准每生每学期1 500元。实行“公有民办”后，5所中学的分校逐步达到“五独立”即独立法人、独立的经费核算和人事管理，独立的机构、校舍、独立进行教学。

撰稿 段志茹 邹联克 吴巍晖 陈 净

〔**《义务教育法》执法检查**〕 2003年8月至9月，省人大常委会执法检查组对贵州省实施《中华人民共和国义务教育法》（以下简称《教育法》）和《贵州省实施〈中华人民共和国义务教育法〉办法》（以下简称《办法》）情况进行执法检查。执法检查组对9个市、州、地的30个县、市（区、特区）贯彻实施《教育法》和《办法》的情况进行检查。重点检查了136所中小学校，听取当地人大、政府及有关部门工作汇报。

从检查情况看，自《教育法》和《办法》颁布实施以来，各级人大加强监督，各级人民政府认真执法，有力推动了《教育法》和《办法》的贯彻实施，各地“两基”攻坚工作有了长足发展，取得了明显成绩。一是将《教育法》和《办法》列入普法学习的重要内容，大力宣传，并把“两基”工作纳入法制化轨道。二是认真落实“一把手工程”，合力攻坚，实行双线目标管理，加强政府统筹，建立健全督导检查、评估验收等工作制度。三是加大教育经费投入，认真执行国家确立的以政府投入为主、多渠道筹措义务教育经费的体制，各地财政对义务教育的拨款基本做到了“三个增长”。四是积极开展保学控辍，提高义务教育普及程度。但检查中也发现一些地方对贯彻执行《教育法》和《办法》的重要性、长期性认识不足；部分学校特别是农村学校基础设施建设滞后，危房改造任务重，普遍存在缺教室、缺图书、缺教学仪器、缺实验室、缺运动场；大部分贫困县生均公用经费几乎为零；教师队伍整体素质有待提高；民办教育的发展和管理不够等问题。

撰稿　鲁源安　史开来　袁　鹰

〔**“两基”工作**〕 制定“两基”攻坚规划。经省政府同意，制定了《贵州省2003—2007年“两基”攻坚规划》，对今后五年“两基”攻坚和“两基”巩固提高提出了具体的目标和要求：（1）到2005年全省基本实现“两基”，87个县（市、区、特区）通过省级验收，“普九”地区人口覆盖率达85%左右，初中阶段入学率达到85%以上，青壮年文盲率降到5%以下。（2）2006—2007年为“两基”巩固提高阶段，2007年在全省实现普及九年义务教育，义务教育质量有较大提高，力争2007或2008年接受国家“两基”省级评估验收。其中，全省经济强县（市、区）要向高水平、高质量“普九”目标努力。

建立健全“两基”攻坚机制，确保实现“两基”。2001—2003年，全省先后有25个县通过省政府“两基”评估验收并获教育部批准公布，使全省实现“两基”的县达57个。确保实现“两基”攻坚机制主要包括：（1）各级党委、政府高度重视，加强领导，动员全社会合力攻坚。“两基”攻坚成为各级政府“一把手工程”。省政府每年对“两基”攻坚实行专项督办，下发由省长亲自签署的“两基”督办通知单，确保实现目标。同时，广泛发动全社会合力攻坚，逐步形成了全社会都来关心支持义务教育的良好氛围。普定县为解决贫困生入学难问题而实施的“四三二一”工程经验（即县级干部每人帮扶4名贫困生，科级干部帮扶3名，股级干部帮扶2名，一般干部职工帮扶1名）已在攻坚县普遍实行。（2）改革和完善农村义务教育管理体制，落实“以县为主”、“乡村为辅”。全省87个县（市、区）全部实现了“以县为主”的农村义务教育管理体制，实现了校长教师管理权上收到县，教师工资管理上收到县，由县统筹管理并建立了教师工资专户。同时高度重视发挥乡、村两级作用，仅2003年“两基”验收的15个县，乡（镇）、村的投入就达1 100多万元，并在学校用地上给予了极大的支持。（3）抢抓西部大开发和农村税费改革两个机遇，努力增加义务教育投入。一是省委、省政府决定“十五”期间，5年共安排6亿元“普九”专款。此外，另安排2.45亿元专项资金作为第二期“国家贫困地区义务教育工程”的省级配套资金。地、县两级政府也相应设立了“普九”专款。贵州省每年还安排一定比例的财政扶贫资金用于教育扶贫，仅2001—2003年就已投入9 000多万元。二是核定印发了《贵州省农村中小学生均公用经费标准和定额》，确保农村中小学运转正常。三是省委、省政府规定，确保各县（市、区）在中央和省确定的农村税费改革转移支付各项资金中，用于农村教育的比例不低于50%，且不能用于发放教师工资等方面。仅2003年验收的15个县就安排了6 000万元费改税转移支付资金投入“普九”。（4）抓好办学条件改善、初中专任教师补充和救助贫困学生入学三个重要环节，攻下“两基”攻坚的“重大堡垒”。贵州省实施了“国家贫困地区义务教育工程”、农村中小学危房改造工程、省“普九”攻坚工程和国家扶贫教育工程，累计投入资金16亿元左右。全省农村义务教育阶段学校办学条件有了极大的改善。为确保“两基”攻坚对教师的需求，省政府及时印发了《贵州省中小学教职工编制标准实施意见》，与2000年相比，小学专任教师由17.48万人增加到17.94万人，初中专任教师由4.95万增加到8.79万人，代课教师由41 406人减少到30 167人。为解决贫困生入学问题，一是做好免费教科书发放工作，从2003年秋季起，全省每学期有90万左右的家庭经济贫困学生享受国家免费提供的教科书。二是从2004年起，将逐步为100个一类扶贫重点乡镇的家庭经济贫困学生提供“两免一补”，有效解决最贫困地区学生接受义务教育的困难。(5) 建立健全调研指导和督导，资金提前调度，定点联系及领导包县，早启动、早安排、早落实等四个“两基”工作机制。一是建立调研指导制度和督导制度，评估验收严格坚持标准，严禁弄虚作假。二是建立资金提前调度机制，省里克服困难，提前一年向验收县调拨“普九”专款和“义教工程”资金，确保各验收县掌握攻坚主动权。三是省教育厅实行了领导班子成员定点包县制度。四是省里每年6—7月召开第二年度验收县主要负责人“两基”工作启动会。推动攻坚县工作早启动、时间早安排、资金早调度、建设早进行。

撰稿 皮俊林 周学文 邹联克 吴巍晖

〔**普通高中教育**〕 2003年8月，全省普通高中建设与发展工作经验交流会召开。会上传达了“全国高中建设与发展工作经验交流会议”精神，8所学校和3个市（州、地）教育局介绍了经验，省教育厅副厅长霍健康作了题为《以党的“十六大”精神为指导 努力发展高中教育 促进我省基础教育协调健康发展》的报告。

4—5月，省教育厅组织专家对全省首批9所省级示范性普通高中进行复查，主要检查学校被评为省级示范性普通高中一年多来的发展变化及评估时要求整改事项的落实情况。各学校对照评估时提出的意见，认真进行整改，进一步端正了办学指导思想，改善了办学条件，加大师资培训力度，加强了教育教学科研，注重对薄弱学校的帮扶和支持，较好地发挥了示范和带动作用。检查中也发现还存在一些问题，如由于优质资源较少，扩招压力较大，导致学校班额较大，师资缺乏，实验室及计算机教室不足，学生食堂、宿舍紧缺，个别学校甚至挤占实验室等。

7月31日—8月1日，贵州省首届普通高中校长论坛在凯里一中举行。论坛围绕普通高中建设与发展战略，办学思想和办学特色、教育管理和师资队伍建设、德育工作和研究性学习等方面展开广泛深入的交流和研讨。来自全省各市（州、地）的教育局长、基教科长、高中校长和教育科研人员共约100人参加。

公办普通高中招收择校生实行“三限”政策。从2003年秋季入学开始，全省公办普通高中招收择校生实行“三限”政策（即限人数，限分数，限钱数）。一类省级示范性高中招收择校生的比例最高不得超过学校当年招生计划总数的25%；二类、三类省级示范性高中招收择校生的比例最高不得超过学校当年招生计划总数的20%；其他公办普通高中招收择校生的比例最高不得超过学校当年招生计划总数的10%。并按照当年普通高中发展和各地、各校考生分布的实际情况确定分数线，择校生分数线控制在本校统招生录取分数线下延50分左右。按照公开公平原则，根据学校的招生计划，在控制分数线内，择优录取。

撰稿 吴作然 陈 净

〔**开展中小学生毒品预防教育**〕 省教育厅发出《关于做好2003年贵州省中小学安全教育和禁毒教育工作的通知》，要求在小学五年级至高中二年级全面开展以毒品预防为主的“禁毒知识讲座”等宣传活动，提高青少年学生的拒毒、防毒意识和能力。2003年，全省中小学毒品预防教育开展了中小学生禁毒征文竞赛和“贵州省中小学生禁毒夏令营”活动。同时，在抓好由国家禁毒办、教育部确定的贵州省贵阳二十八中、遵义五中、印江四中三所国家级“中学生毒品预防教育示范学校”的基础上，省禁毒办、省教育厅根据各地推荐，又确定97所学校为省级毒品预防教育示范学校。

撰稿 陈敦佐

〔**中小学现代远程教育工程**〕 根据教育部、国家发展和改革委、财政部办公厅关于《实施农村中小学现代远程教育工程试点工作方案》的通知精神，贵州省成立了由副省长刘鸿庥任组长，省政府办公厅、省委组织部、省计委、省财政厅有关领导共同组成的“贵州省农村中小学现代远程教育工程试点工作领导小组”。遵义市、黔东南州被列为贵州省农村中小学现代远程教育工作试点地区，将于2004年在两试点地区484所农村中学建设“计算机教室”；4 161所农村小学建设“卫星教学收视点”；1 917个农村教学点建设“光盘教学播放点”（其中227个点由省招标采购建设，1 690个点由教育部配发设备建设）。

为保质保量完成遵义市、黔东南州两试点地区工程建设任务，省教育厅制定了周密、完善、可操作性强的施工方案；成立了督促检查组，分赴两试点地区及所辖各县督促、检查、协调指导工作；组织试点项目学校骨干教师培训，共培训7 046名。

撰稿 刘 洁

〔**特殊教育督导检查**〕 2003年12月1日—6日，国家教育督导团对贵州省特殊教育工作进行了专项督导检查。检查组对贵阳市、毕节地区、黔东南州、安顺市和黔南州5个地区的13所特殊教育学校和随班就读点进行了检查。听取了贵州省教育、残联、民政、财政、计划、人事等部门关于特殊教育工作情况的汇报，同时分两组赴贵定县、凯里市、毕节市、纳雍县的点上进行了检查，重点抽查了安顺师范专科学校特教师资培训基地。

通过检查，国家督导团认为，贵州省特殊教育工作扎实、有力度，三类残疾儿童少年统计资料完善、档案齐全、数据真实。不仅有高等特殊教育师资培训基地，而且还基本形成了以特殊教育学校为骨干，以随班就读为体系的多种形式办学规模，特殊教育的办学模式值得借鉴。

撰稿 冷新梅

〔**教师队伍建设**〕 2003年，全省有小学专任教师179 367人，生师比为26.59∶1；有普通初中专任教师87 899人，生师比为22.41∶1；有普通高中专任教师19 413人，生师比为19.73∶1。经过一年的努力，全省小学教师学历合格率从2002年的90.75%提高92.20%；其中专科以上教师比例从15.68%提高到21.20%。普通初中教师学历合格率从85.81%提高到89.49%；其中本科以上教师比例从10.92%提高到13.54%。普通高中教师合格率从69.43%提高到73.63%。

为加快专科层次小学教师培养步伐，2003年批准遵义师范学院、黔西南师范高等专科学校等7所高等师范院校、中等师范学校举办（联办）五年制师范专科班，五年制师范专科办学规模进一步扩大。同时，为提高教学质量，11月省教育厅组织“贵州省五年制师范专科教学指导委员会”专家对铜仁师范专科学校、安龙师范学校等8所师范院校的五年制师范专科教学工作进行了检查。

根据“贵州省中小学教师继续教育工程方案”，为加强省级中小学骨干教师队伍建设，省教育厅组织有关单位对全省600多名选送参加国家级、省级培训的中小学骨干教师培训对象进行追踪指导和考查。在综合考查学员参加集中培训、论文答辩和岗位跟踪的基础上，最终考核确认了全省第一批中小学省级骨干教师596名。

为进一步推进“贵州省小学教师继续教育工程”的实施，省教育厅制定印发了《关于2003年深化全省中小学教师继续教育工程的意见》，并对全省9个市（州、地）中小学教师继续教育工程开展情况进行中期检查调研；在此基础上，组织全省中小学教师进行“师德修养”和“基础教育课程改革通识内容”统一考试。

2003年基础教育新课程师资培训顺利完成。根据教育部“先培训、后上岗；不培训、不上岗”要求，2003年省教育厅从各地选拔200多名培训者参加国家级基础教育新课程培训；组织20多个学科涉及近30家出版社教材的新课程省级培训，培训中小学教师、教研员1 600多人次，送教下县培训教师上万人次。之后，各地、县也顺利完成2003年基础教育新课程师资培训任务，确保了全省基础教育课程改革实验的顺利推进。

撰稿 程 蓓

〔**评选首批省级示范幼儿园**〕 为进一步加强幼儿园的建设和管理，建成一批在全省起示范作用的高质量幼儿园，省示范幼儿园评估工作领导小组组织评估专家组于2003年12月对申请评估并经过初评的花溪幼儿园、中国南车集团贵阳车辆厂幼儿园、遵义市政府机关幼儿园进行了评估。评估以《贵州省幼儿园分类评估方案（试行修订稿）》、《贵州省省级示范幼儿园标准（试行修订稿）》、《贵州省省级示范幼儿园评估方案（试行修订稿）》为依据，本着公平、公开、公正的原则，通过听取汇报、查阅资料、实地查看、问卷访问、小组座谈等多种方式，对幼儿园办园条件、管理工作、卫生保健、教育工作、教育成效、家长工作进行了全面的评估。经省示范幼儿园评估领导小组讨论，报经省教育厅批准，确定花溪幼儿园为“贵州省省级示范幼儿园（二类）”、中国南车集团贵阳车辆厂幼儿园、遵义市政府机关幼儿园为“贵州省省级示范幼儿园（三类）”。

撰稿 谢 旌

〔**青少年校外活动场所建设**〕 青少年学生校外活动场所，是中央财政用彩票公益金扶持中西部省（自治区、直辖市）的建设项目。项目时间为2001年—2006年。由教育部、财政部负责组织实施。贵州省2001年得到国家扶持的项目13个，2003年全部完工，省教育厅、省财政厅于2003年8月组织专家对项目进行了检查验收。检查验收按照《贵州省青少年学生校外活动场所建设项目检查验收标准（试行）》，采取听、看、查、访、评等方式进行。评出3个优秀项目县（开阳、贵定、思南），分别给予了表彰和奖励，其他项目县为合格。

2002年国家扶持贵州省锦屏县、铜仁市、凤冈县、荔波县、绥阳县、修文县、仁怀市、镇远县8个县市建设青少年学生校外活动场所。2003年5月30日，省教育厅、财政厅在开阳召开了项目建设经验交流会暨项目启动会。

2003年中央财政扶持贵州省瓮安县、印江县、德江县、大方县、雷山县、丹寨县、岑巩县、安龙县、遵义市红花岗区、道真县、贵阳市小河区11个县（区）建设青少年学生校外活动场所。每个项目国家投资180万元。

撰稿 吴作然

职业教育与成人教育

〔**综述**〕 2003年全省有职业初中84所，乡、村两级成人技术培训学校12 511所，省级示范性乡（镇）成人技术培训学校115所，开展“3＋1”、初二后分流、“绿色证书”教育等形式职业教育的农村中学占全省农村普通初中总数的90%。2003年全省有各类中等职业学校324所（含技工学校），其中有国家级重点中等职业学校27所，省级重点中等职业学校45所。2003年全省有独立设置的职业技术学院15所，其中民办职业技术学院1所。普通高等本科院校设置的职业技术学院（二级学院）4所，另有4所普通高等学校举办高等职业教育，有8所国家级重点中专举办五年制高等职业教育，41所省级重点中等职业学校和高等职业院校联合举办“3＋2”形式高等职业教育。

2003年中等职业学校招生数和在校生数分别占高中阶段的30.7%和35.7%。高等职业教育招生1.91万人，比上年增加0.98万人；在校生达3.8万人，比上年增加1.7万人。高职院校在校生数为普通高校在校生数的31.93%。2003年开展农民技术培训290万人次，完成“绿色证书”培训11.32万人，获得证书农民6.05万人以上。2003年参加“绿色证书”培训的农村普通初中学生2.21万人，获得合格证书1.81万人。全省中等职业学校举办下岗、转岗职工和公务员短期培训，培训学员2.26万人，获得培训合格证书1.45万人。

据2003年不完全统计，全省中等职业学校（不含技工学校）校园占地面积达1 000万平方米，校舍建筑面积303.2万平方米，拥有教学仪器设备总值1.82亿元，生产实习设备总值1.03亿元，图书540万册。

为加大中等职业学校办学体制创新、制度创新、管理创新力度，2003年全省开展了第二轮中等职业学校评估工作。各市（州、地）教育部门按照《贵州省中等职业学校合格学校评估指标体系》，组织专家组对所辖区内44所中等职业学校进行了评估，经省教育厅审查认定44所学校为合格学校。

撰稿　胡　晓　杨　静　杨光宇

〔**高等职业教育**〕　为加强全省高等职业院校校际之间的合作交流，共同促进高职办学水平的提高，省教育厅于11月下旬在贵州电力职业技术学院举办了“首届贵州高等职业教育论坛”。参加论坛的有领导干部、系（科）主任和教师代表计150人，提交大会论文57篇，评出优秀论文26篇。

开展高职高专人才培养工作水平评估。确定贵州电子信息职业技术学院为高职高专人才培养工作水平省级评估试点，贵州理工职业技术学院接受教育部高职高专人才工作水平评估。两所学院于11月顺利通过了评估，达到了高要求、高质量、高水平的检验，实现了“以评促建、以评促管、以评促改、评建结合、重在建设”的良好效果。

开展部分高职院校教学工作检查。为促进高等职业教育教学管理规范化、现代化，于6月分别对黔东南、黔南、安顺3所职业技术学院教学管理工作进行了督导检查；于10月对遵义、六盘水两所职业技术学院教学管理工作进行了调研检查。通过检查，促进了高职院校教育教学管理从中专模式向高等教育运行机制转变的步伐。

撰稿　高　山　孙永红　胡　晓

〔**职业学校教师队伍建设**〕　2003年，全省中等职业教育共有专任教师9 404人（不含中师、技工），其中有大学本科以上学历的教师4 678人，占专任教师总数的49.74%；具有专科学历的教师3 226人，占专任教师总数的34.31%；有高级职称的教师1 501人，占专任教师数的15.96%；有中级职称的教师4 026人，占专任教师总数的42.8%。职业高中专任教师学历合格率为39.13%，普通中专专任教师学历合格率为79.10%。

2003年共培训中职教育管理干部和教师987人，其中管理干部155人，教师832人。高等职业学院组织50名教师、校长分别参加国家培训基地举办的专业培训和高职高专校长培训，派出5位高职院校主要负责人到澳大利亚考察和交流。

根据省教育厅《关于遴选省级职业教育师资培训基地的通知》，11所高、中级职业学校申报建立省级职业教育师资培训基地。经省教育厅组织专家评审，批准贵州交通职业技术学院、贵州电力职业技术学院、贵州省经济贸易学校、贵州省电子工业学校、贵州省畜牧兽医学校5所院校为贵州省第一批职教师资培训基地。

撰稿　胡　晓　高　山　杨光宇

〔**省级示范性乡（镇）成人文化技术学校评估**〕　为进一步发挥农村成人学校功能，完善学校建设，全省继续开展示范乡（镇）成人文化技术学校新一轮评估。各地组织专家组按照修订后的《贵州省示范乡（镇）成人文化技术学校标准（试行）》对申报学校进行了认真评估。根据评估报告，经省教育厅审核，同意毕节市八寨坪镇成人文化技术学校等11所学校为省级示范乡（镇）成人文化技术学校。

〔**推进职业学校实施“双证书”制度**〕 2003年5月，省教育厅在深入广泛调研的基础上，与省劳动和社会保障厅、省人事厅联合印发了《关于在职业学校实施“双证书”制度的意见》，指导全省各级职业学校“双证书”制度的实施，推进劳动预备制和就业准入制的步伐。为使实施工作落到实处，重点加强下列三项工作：一是抓好试点，选择了六盘水市全面推行，该市实施学校10所，参加技能考核928人，获双证912人，为参考生数的98.3%；二是全面铺开，2003年全省职业高中毕业生9 970人，参加技能考核6 700人，获中级以上技术等级3 812人，占参考学生数的56.8%；三是抓好高职毕业生职业资格证书培训工程，对2003年3 819名毕业生实施培训，获得职业资格证书1 797人，占毕业生数的47.1%。

撰稿 高 山 杨光宇

〔**技工学校情况**〕 2003年，全省技工学校56所，教职工2 747人，专职教师1 556人。学历教育在校生17 204人，招收学历教育新生8 301人，招收其他人员培训结业22 195人，毕业学生5 075人。有国家级重点技工学校和省（部）级重点技工学校各8所，有高级技工学校5所。

2003年，全省技工学校经费支出8 096万元，其中：人员经费4 045万元，占经费支出总数的49.9%；教学经费支出3 482万元，占经费支出总数的43%。

2003年贵州省技工学校招生实行免考试登记入学。由学校根据社会经济建设发展及劳动力市场对人才的需求状况确定招生人数、工种（专业）。取消了面向农村招生人数的限制。招收农业户口学生占招生总数的49.4%。招收“农转非”学生1 748人，占招生总数的21%。

根据劳动和社会保障部的要求，从2003年秋季开学起，技工学校学生生均开设职业指导课程，以适应毕业生就业和创业的需要。

撰稿 何凯忠

〔**自学考试**〕 2003年，贵州省高等教育自学考试共设置专业50个（本科21个，专科29个），完成了184科618套试卷的命题、审校任务。在1月、4月、7月、10月分别组织了4次考试，报考总数为162 789人，共计报考374 733科次。全年共毕业考生9 800人（本科1 742人，专科8 058人）。同时组织了医学类、农学类等专业的实践性环节考核，共有1 538人报考。

撰稿 李 莉

高等教育

〔**综述**〕 2003年，全省研究生招生1 458人，在校研究生2 966人，其中博士生114人，硕士生2 852人。全省普通高校在校生达149 444人，比上年增长28%；普通高校专任教师11 775人，比上年增加696人。全省高等教育毛入学率达到10%，比上年提高1个百分点。

进一步改善办学条件。全面完成省属高校“西部高校计算机校园网建设项目”建设工作；争取到国家863计划推广项目——缩小西部数字鸿沟“贵州省网络教育示范系统”，获项目资金200万元。进一步加大了实施高校贴息贷款项目的力度，全年共安排省属高校贴息贷款基建项目47个、设备项目23个。

强化教学质量管理。制定印发了《贵州省普通高等学校本科教学工作检查方案》等文件，从教学工作地位、教学建设与改革、教师队伍建设、外语教学等方面加强了教学质量的指导、管理和监督。组织专家对黔南民族师范学院、遵义师范学院等高校教学工作进行了检查评估。

加强产学研联合工作。制定了《关于加强高校产学研结合工作的意见》，用于指导全省高校产学研工作。加大了经费资助的力度。重点支持了贵州大学农科教结合项目、贵阳中医学院中药产业化项目、贵阳医学院生物工程项目、贵州工业大学工业应用等项目。各高校均积极建立校级科研基金，科研项目经费大幅度提高。

大力推广现代教育技术。贯彻落实教育部的有关文件要求，在全省高校积极推广现代教育技术的应用。对全省教师进行现代教育技术培训，并在全省高校开展多媒体教学课件的评选活动，共评选出一等奖2名，二等奖9名，三等奖18名。

省教育厅组织专家制定了《贵州省成人高等教育评估办法》和《贵州省成人高等教育评估指标体系》，从2003年起用5年左右时间对全省高等学校成人高等教育教学工作进行评估。2003年首轮已评估了贵州大学、贵州财经学院、贵州航空工业职工大学。

撰稿　代其平　胡成俊

〔**学位工作**〕　2003年，经国务院学位委员会审核批准，贵阳医学院继贵州大学之后成为贵州省第二个博士学位授予单位；贵州财经学院获得了硕士学位授予权；新增3个博士点，41个新增硕士点。截止到2003年底，全省高校博士授予单位为2个、博士点为5个；硕士学位授权点达到155个，专业学位点10个。

为加快全省专业硕士学位教育的发展，培养更多适应经济建设社会发展的高层次人才，省学位委员会办公室及有关申报单位积极组织专业学位申报工作。2003年，国务院学位委员会批准贵州省新增5个专业学位研究生培养试办单位。至2003年底，全省专业学位数量达到10个。

撰稿　黄　燕　王晓红

〔**高校科研工作**〕　2003年，全省高校科研工作继续以夯实基础，加强联合，加速发展为指导方针，取得了成绩：（1）高校科研经费投入大幅增长。科研项目经费由上年的2 700万元增加到4 100万元，贵州大学、贵阳中医学院科研经费投入翻番，其他高校的增幅也较大。高校共承担各级各类科研项目1 000余项，其中获各类国家项目立项资助37项。（2）科研基础设施建设速度加快。通过6 250万元国债项目的实施，联接10余所高校和教育厅的2.5G的高速教育城域网，10所高校千兆主干的校园网设备已基本到位。贵州大学教授宋宝安负责的“绿色农药与农业生物工程”实验室，被批准为教育部省部共建重点实验室，实现了贵州省无国家部、委重点实验室的零的突破。全省9个省级重点实验室中有7个在高校。（3）在2003年教育部科技成果评奖中，贵州大学教授宋宝安为第一完成人向教育部申报的“防治土传病害新杀菌剂的研究与应用”项目获得教育部提名国家科学技术奖二等奖。在2003年贵州省科技进步奖评奖中，一等奖3项，高校有1项；二等奖12项，高校有7项；三等奖58项，高校22项。高校占总获奖数的41%。（4）高校科研对外联系协作的力度加大，产学研联合有了新的加强。贵州大学华圣科技的项目、贵阳中医学院的中医药研究项目获得了上百万元的立项资助，有了明显产业化前景。由省科技厅、教育厅、贵州工业大学联合争取到的国家863计划项目“贵州省网络教育示范系统”，获国家资助项目经费200万元，已开始在全省3个市、地的16所中小学正式实施。评选出7家企业为全省首批产学研示范基地，加速了产学研基地的建设。

撰稿　蔡志坚

〔**高校精品课程建设**〕　按照《教育部关于启动高等学校教学质量和教学改革工程精品课程建设工作的通知》、《国家精品课程建设工作实施办法》和《贵州省高等学校精品课程建设工作实施办法》的要求，以建设“一流教师队伍、一流教学内容、一流教学方法、一流教材和一流教学管理”为目标，用5年左右的时间，在全省高等学校中重点建设

50门左右精品课程，以推动全省高等教育教学质量的提高。2003年，在各校推荐的基础上，经专家评审并进行公示，共选出液气压传动与控制、电机及拖动、生理学、中医基础学、人体寄生虫学、免疫学、药理学、公文写作8门课程作为首批“贵州省精品课程”。

撰稿　赵　祥

〔**教师队伍建设**〕　评选首届贵州省高校教学名师。为提高全省普通高等院校的教育教学质量，表彰能够坚持党的教育方针，长期从事基础课教学，注重教学改革与实践，教学方法先进，教学经验丰富，教学水平高，教学效果好的教授、副教授，在各校推荐的基础上，经省教育厅组织专家评审，共评选出包怀恩、许红、万启惠、张维元、周国利、蔡绍洪、周元康、吴浩烈、杨龙、毛建全、毛卫民、袁红兵、庞之垣、王晓卫、王建芳、李建军16位教师为贵州省高等学校教学名师。省教育厅向获奖教师颁发了奖章、证书和奖金。

对高校青年教师进行岗位培训。为提高全省高校青年教师教育教学水平，2003年省教育厅指导省高校师资培训中心组织高校青年教师进行岗前培训，先后举办培训班18期，为全省39所高校培训教师2 189名。

撰稿　赵　祥　程　蓓

〔**招生工作**〕　2003年，全省普通高校招生共录取78 917人（含少数民族预科，不含初中五年制招生），其中本科35 686人，专科4 323人，录取率为71.22%，录取人数较2002年增加18 821人，增长率为31.3%。招收初中五年制高职（含普通专科和高职专科）有40所学校，共录取新生17 652人，其中五年制高职专科录取新生6 805人。

2003年，继续扩大高考网上评卷的范围，英语科、语文科、文科综合、理科综合等学科均进行网上评卷改革。同时，进一步拓宽信息公开的渠道，提供信息化服务。除了利用各种新闻媒体和招生考试报，广泛宣传招生政策和公开招生信息外，还于4月初开通了贵州招生网站（www.gzzb.edu.cn），所有招生政策、招生信息和各高校的招生章程均在网上发布，考生随时可上网查询。加强招生队伍建设，要求全体招生工作人员不断提高思想素质和业务水平，认真学习和实践“三个代表”的重要思想，加强业务学习，不断更新知识，掌握现代化招生手段。

撰稿　周宝英　柴　真　王明伍

〔**毕业生就业情况**〕　2003年是贵州省高校毕业生最多的一年，毕业生总数已达26 175人。为保证毕业生顺利就业，省委、省政府出台了一系列新政策、新举措。在就业难、压力大的情况下，截至12月底，省直属高校毕业生就业率已达80.5%，与上年持平。

省教育厅于2003年1月20日正式开通“贵州毕业生就业信息网”，该信息网是贵州省首个专门为毕业生求职和用人单位招聘毕业生建成的网站，是毕业生、用人单位与毕业生就业部门信息交换的平台。同时，加强毕业生就业指导机构和队伍建设。要求各级政府和各高校在2003年内尽快建立健全并完善毕业生就业指导机构，要在场地、经费、人员等方面给予充分保证。

7月—9月，省教育厅与省直有关部门相继组织开展了三次毕业生就业情况调研活动。调研结果表明，影响毕业生就业的主要因素有：一是贵州省经济发展相对滞后，就业岗位有限，毕业生人数增多，难以满足毕业生充分就业；二是毕业生就业观念跟不上形势发展需要，毕业生热衷于进行政事业单位，不愿到基层、企业，就业主渠道不畅；三是学校学科专业结构不尽合理，教学内容陈旧，就业指导和服务不力；四是三大就业市场不贯通，信息资源不能共享，就业政策措施不配套等。针对毕业生就业存在的困难和问题，省教育厅在调研报告中提出建议和意见，为省委、省政府决策提供依据。

2003年4月，贵州省出台了一项规定：从2003年开始省教育厅每年7月、12月要向社会公布各高校毕业生就业率和就业情况，对就业率低于

50%的专业，要根据情况减少招生数量或停止招生，同时减少教育经费的投入。各高校在招生简章中要全面系统地说明本校各专业的就业状况，使考生和社会对各高校、各专业有更全面的了解，并作出更合理的选择。2003年全省各高校已停止招生的专业有11个，减少招生数的专业有6个。

撰稿　张　华　白　冰

〔**高校人文社会科学研究**〕　2003年，全省普通高校从事人文社会科学活动人员共计5 098人。其中教授242人，副教授1 107人，讲师1 803人，助教及以下1 946人。全年省教育厅人文社科研究项目共计立项61个，其中省教育厅资助项目39个，资助经费19.6万元。

省教育厅制定了《关于进一步发展繁荣贵州高校哲学社会科学的实施意见》，要求提高认识，统一思想，加快全省高校哲学社会科学的发展和繁荣，并通过采取开展高校省级人文社会科学重点研究基地建设、实施哲学社会科学重大课题攻关计划、制定并实施贵州高校哲学社会科学新世纪学术带头人和学术新人培养培训计划、建立贵州高校人文社会科学研究优秀成果奖励制度、深化哲学社会科学教育改革，加强学科建设、做好哲学社会科学基础性工作和信息化建设六个方面的措施，积极推动贵州高校哲学社会科学发展繁荣。

撰稿　王　涵

〔**高校党建和思想政治工作**〕　2003年4月召开了全省高校党支部建设工作座谈会，现场考察学习了贵阳医学院基础医学部和临床医学系学生党支部建设工作。制定了《贵州省高等学校党支部建设工作细则》，使全省高校的党总支和党支部的建设走上规范化、制度化轨道。进一步做好学生党员的发展工作。2003年，贵州省一般本科院校在校生党员比例保持在7.06%。2003年1月至10月省直各高校共发展党员2 788人。

省教育厅党组、省委高校工委印发了《中共贵州省教育厅党组、中共贵州省委高校工委关于在教育系统兴起学习贯彻“三个代表”重要思想新高潮的安排意见》。通过党团组织生活、政治学习、形势政策教育、召开各种读书会、座谈会、报告会，举行演讲比赛、知识竞赛、讲座等形式，认真组织广大青年学生深入学习贯彻“三个代表”重要思想。充分发挥“两课”教育教学主渠道、主阵地的作用，推进“三个代表”重要思想“进课堂、进教材、进学生头脑”工作。各高校把“三个代表”重要思想作为“两课”教学的重要内容，开设了《邓小平理论和“三个代表”重要思想概论》课程，通过课堂教学系统讲授“三个代表”重要思想。按照教育部的有关要求，省编高校马克思主义理论课、思想品德课“两课”教材修订工作于2003年6月全面完成。300余名高校“两课”教师参加了全省高校“两课”教师培训班。教学中，各高校积极创新教学手段，狠抓教学效果，坚持做到“贴近实际、贴近生活、贴近学生”。各高校还发挥学生社团在思想政治工作中的教育功能，利用学生公寓这一学生思想交流最活跃、最频繁的场所，发挥校园网络影响快、范围广的特点，广泛开展“三个代表”重要思想学习活动。

为把广大学生学习贯彻“三个代表”重要思想的活动进一步引向深入，省委高校工委还分别召开了省直高校青年学生学习贯彻“三个代表”重要思想经验交流会和省直高校学习贯彻“三个代表”重要思想理论研讨会，面向各高校开展了“学习贯彻十六大精神和‘三个代表’重要思想”征文活动。把“三个代表”重要思想贯彻落实到学校改革、发展、稳定的各项工作中，创造出许多好的工作方法和措施，深入推进了学校各项工作。

撰稿　谌莉萍　杨　毅　王　涵　黄克勇
审稿　孔令中

云南省教育

概　　况

〔基本情况〕

2003 年各级各类学校数、教职工、专任教师情况

	学校数（所）	教职工数（人）	专任教师（人）
一、高等教育			
（一）研究生培养机构（不计校数）	15		
1. 普通高校	9		
2. 科研机构	6		
（二）普通高等学校	34	23 662	12 236
1. 本科院校	16	17 355	8 703
2. 专科院校	18	5 594	3 284
其中：职业技术学院	11	2 842	1 652
3. 分校、大专班（点）（不计校数）		713	249
（三）成人高等学校	7	2 227	1 291
（四）民办的其他高等教育机构	2	39	19
1. 学历文凭考试机构	2	39	19
2. 非学历文凭考试机构			
二、中等教育			
（一）高中阶段教育	839	169 127	37 961
1. 高中	421	143 290	21 497
普通高中	421	143 290	21 497
成人高中			
2. 中等职业教育	418	25 837	16 464
普通中等专业学校	113	12 443	7 262
成人中等专业学校	138	3 875	2 346
职业高中	167	9 186	6 652
技工学校			
其他机构（教学点）（不计校数）	68	333	204
（二）初中阶段教育			
1. 普通初中	1 854		98 724
2. 职业初中	14	585	515
3. 成人初中			

续表

	学校数（所）	教职工数（人）	专任教师（人）
三、初等教育			
（一）普通小学	20 296	235 740	221 589
（二）成人小学	334	1 728	339
其中：扫盲班	0	935	63
四、工读学校	1	45	36
五、特殊教育	25	610	442
六、学前教育	1 862	23 857	15 279

注：1. 普通高中教职工数包含普通初中教职工数；
  2. 成人高等学校教职工数和专任教师数为 2002 年数据。

2003 年各级各类学历教育学生情况

	毕业生数（人）	招生数（人）	在校生数（人）
一、高等教育			
（一）研究生	1 169	3 307	7 406
（二）普通本专科	31 337	62 176	175 255
（三）成人本专科	13 927		123 733
（四）其他各类高等学历教育			
1. 在职人员攻读博士、硕士学位		657	2 555
2. 网络本专科生			
3. 学历文凭考试	160		68
二、中等教育			
（一）高中阶段教育	170 367	222 016	633 804
1. 高中	84 456	138 369	363 368
普通高中	84 456	138 369	363 368
成人高中			
2. 中等职业教育	85 911	83 647	270 436
普通中专	39 355	45 394	148 407
成人中专	13 797		18 955
职业高中	32 759	38 253	103 074
技工学校			
（二）初中阶段教育			
1. 普通初中	554 903	677 495	1 921 251
2. 职业初中	10 264	9 014	22 116
3. 成人初中			
三、初等教育			
（一）普通小学	771 499	731 132	4 418 821
（二）成人小学	312 940		213 340
其中：扫盲班	249 436		145 124
四、工读学校	40	105	120
五、特殊教育	1 759	2 619	17 621
六、学前教育	431 444	561 942	706 551

注：1. 成人本专科毕业生、在校生数为 2002 年数据；
  2. 其他各类高等教育学生数未包含成人高校举办的各类高等教育学生数。

2003 年各级各类非学历教育学生情况

	毕（结）业生数（人）	招生数（人）	在校生数（人）
一、高等教育	78 324	7 758	10 201
（一）研究生课程进修班	2 332	1 217	5 335
（二）自考助学班	2 024	325	945
（三）普通预科生		2 333	2 333
（四）证书教育			
（五）岗位培训	3 434	2 453	667
（六）进修及培训	70 534	1 430	921
二、中等教育	5 866 795		3 227 875
（一）中等职业教育	402 036		165 401
（二）职业技术培训机构	5 464 759		3 062 474

注：高等教育非学历教育学生数未包含成人高校举办的非学历教育学生数。

2003 年各级民办教育基本情况

	学校数（所）	毕业生数（人）	招生数（人）	在校生数（人）	教职工数（人）	专任教师（人）
一、民办高等教育						
（一）普通高校	2	200	7 515	16 742	1 015	399
（二）成人高校		82				
（三）民办的其他高等教育机构	2	412	156	550	39	19
二、民办中等教育机构						
（一）高中阶段教育						
其中：民办普通高中	32	993	4 684	9 262	2 881	1 825
民办中等职业教育	20	5 692	7 469	17 060	1 445	786
（二）初中阶段教育						
其中：民办普通初中	49	3 308	5 844	16 178		
民办职业初中						
三、民办普通小学	36	2 378	3 976	18 930	1 521	1 012
四、民办幼儿园	951	34 293	60 820	95 884	7 335	4 140

注：1. 民办高等教育中成人高校的有关数据为 2002 年数据；
2. 民办普通高中教职工数包含民办普通初中教职工数。

2003 年，全省教育系统高举邓小平理论伟大旗帜，学习、贯彻党的十六大精神，努力实践“三个代表”重要思想，围绕省委、省政府重点工作，团结奋进，扎实工作，各项工作进展顺利。

认真学习贯彻党的十六大精神，努力实践“三个代表”重要思想。印发了《关于在全省教育系统学习贯彻党的十六大精神的通知》和《关于 2003 年云南省高校思想政治工作的意见》，制定了“三个代表”重要思想“三进”工作方案，召开全省高校学习党的十六大精神座谈会及理论研讨会，举办高校系处级干部学习党的十六大精神和“三个代表”重要思想培训班，编写中小学生学习“三个代表”重要思想简明读本，掀起了学习贯彻“三个代表”重要思想的新高潮。继续加强在青年教师和大学生中发展党员工作，组织编写了云南省高校第一本大学生党课读本——《到党旗下集合》，进一步增强大学生党课教育的系统性、针对性和实效性。

团结一致，沉着应对，“非典”防治工作取得胜利。“非典”疫情发生后，自治区教育厅成立了“非典”防治工作领导小组，组建了“非典”防治专家组，制定防治措施，拟定防治预案。由于各级教育行政部门、各级各类学校密切配合，共同努力，防治期间未发现一例“非典”临床诊断病例或疑似病例，全省教育系统“非典”防治工作取得胜利，为全省抗击“非典”作出了贡献。

制定了《〈基础教育振兴行动计划〉分解方案》，全面实施《基础教育振兴行动计划》，采取特殊措施发展民族教育。坚持“两基”重中之重地位不动摇，2003 年又有 4 个县通过“两基”验收。不断深化农村义务教育管理体制改革，全省 129 个县（市、区）农村中小学教职工工资管理和人事管理全部上收到县，义务教育以“县为主”的管理机制得到落实。继续做好“中小学危房改造工程”、“贫困地区义务教育工程”。

继续深化职业技术教育改革，大力开展农村成人教育。贯彻《国务院关于大力推进职业教育改革与发展的决定》，指导、协调丽江等 5 个地州完成 13 所普通中等专业学校的合并工作；完成 41 所国家级重点中等职业学校的评估和申报工作，完成 17 所中等职业学校和示范性乡镇农村成人文化技术学校办学水平的评估工作。加大对中等职业学校骨干教师、管理人员的培训力度，逐步提高中等职业学校的师资水平。贯彻《教育部关于加强农村成人教育的若干意见》，组织编写了《现代实用技术教育系列读本》，对 538 万人次的农民进行实用技术培训。

社会力量办学加快发展。认真贯彻《民办教育促进法》，新建一批投资较多、办学条件较好的民办学校，民办教育呈现加快发展的趋势。

高等教育继续稳步发展。高等教育按照“巩固、深化、提高、发展”的要求，坚持规模、结构、质量、效益协调发展。经过连续扩招，普通高校办学规模不断扩大，2003 年高校在校生达 17.53 万人，高等教育毛入学率达到 11%，比 2002 年提高 2.36 个百分点。继续做好高校助学工作，截至 10 月底，2003 年新签国家助学贷款合同 7500 多万元，实际发放 5500 多万元，全省无一名大学生因贫困而失学。

撰稿　厅　办

〔**教育投入与支出**〕　2003 年全省教育经费总收入 145.35 亿元，比上年增长 12.24%，其中：预算内教育经费投入 108.28 亿元，比上年增长 9.59%；各级政府征收用于教育的税费 4.6 亿元，比上年减少 18%；事业收入 22.75 亿元，比上年增长 35.74%；社会团体和公民个人办学经费 3.59 亿元，比上年增长 131.61%；社会捐集资办学经费 1.28 亿元，比上年减少 26.44%。全省教育经费总收入中，教育部门教育经费总收入 132.96 亿元，比上年增长 10.48%，其中：预算内教育经费 103.75 亿元，比上年增长 9.46%。

全省教育经费总支出 144.87 亿元，比上年增长 14.19%，其中：预算内教育经费支出 102.46 亿元，比上年增长 8.41%；各级政府征收用于教育的税费支出 7.84 亿元，比上年减少 1.13%；学、杂费支出 16.07 亿元，比上年增长 43.1%；社会团体和公民个人办学经费支出 4.25 亿元，比 2002 年增加 2.91 亿元，增长 217.16%；社会捐集资办学经费支出 1.48 亿元，比上年减少 20%。全省教育经费总支出中，教育部门教育经费总支出 132.15 亿元，比上年增长 12.23%，其中：预算内教育经费支出 98.14 亿元，比上年增长 8.17%。

2003 年，全省地方预算内教育经费收入 108.12 亿元，比上年增长 9.57%。地方一般预算收入完成 228.9 亿元，比上年决算增长 10.7%。预算内教育经费增长比地方一般预算收入的增长低 1.26 个百分点。

生均预算内教育事业费支出情况：2003 年普通高校生均教育事业费5 281.93元，普通高中生均教育事业费2 124.13元，初级中学生均教育事业费1 153.51万元，小学生均教育事业费1 059.39元。生均预算内公用经费支出情况：2003 年普通高校生均公用经费2 285.75元，普通高中生均公用经费 417.68 元，初级中学生均公用经费 154.58 万元，小学生均公用经费 85.61 元。

教师工资支出情况：2003 年全省支出教职工工资（含基本工资、补助工资、其他工资）72.98 亿元，比上年增长 11.69%，并且基本上没有发生拖欠教职工工资的情况。

2003 年，全省国内生产总值2 458.8亿元，国家财政性教育经费支出 115.3 亿元，国家财政性教育经费支出占国内生产总值的比例为 4.69%，比上年降低 0.1 个百分点。2003 年，全省财政支出 588 亿元，财政预算内教育经费支出 108.12 亿元。预算内教育经费支出（含城市附加）占财政支出的比例为 19.05%，比上年降低 0.21 个百分点。

2003 年，省政府将“筹集 5 亿元资金，排除 80 万平方米的中小学危房”和“从 2003 年起把免除杂费、课本费、文具费‘三免费’教育范围逐步扩大到边境乡镇以及 7 个人口在 10 万人以下的少数民族地区和藏族地区的中小学生”作为省政府八件民心工程之一，并在中央财政的支持下，实施了边境学校建设工程和寄宿制学校建设工程。2003 年中央和省级财政补助各地、州、市各项教育专款 7.41 亿元，其中：中央专款 2.43 亿元，省级专款 4.98 亿元，大大改善了中小学的办学条件。

撰稿　陈跃琼

〔**教育信息化建设**〕　召开全省中小学信息技术教育工作会议，对全面实施信息技术教育工程作出部署。实施“云南现代远程教育工程”和“现代教育技术实验学校建设工程”；国家西部现代远程教育工程试点建设项目进展顺利；启动第二期“教育部——李嘉诚现代远程教育扶贫示范工程项目”，完成“云南省现代远程教育乡（镇）信息中心”项目的建设。2003 年，全省中小学共有计算机 65 588台，中小学生拥有的计算机比例为 101（人）：1（台），110 所中小学建有校园网，有远程教育卫星接收点2 500个，光盘播放系统10 200个。确定 133 所中小学为现代教育实验学校；信息技术教育开课率，普通高中 95%，普通初中开课率 40%，有条件的小学也开设了信息技术教育课。普通本科高等学校都建成校园网，部分专科学校已完成校园网建设。

〔**治理教育乱收费**〕　以治理教育乱收费，加强收费管理为重点，加强教育系统行风建设和反腐败工作。认真贯彻教育部、省政府有关治理教育乱收费的会议精神，制定了治理中小学乱收费工作意见，召开 7 次专题会议，认真抓好七个方面的工作：一是加强宣传教育工作，强化依法治教和依法收费的观念；二是全面、规范、准确地实行教育收费公示制度；三是在 78 个国家扶贫开发重点县和省扶贫开发重点县实行了“一费制”；四是进一步完善配套政策和措施，严格执行高中择校生“三限制”政策；五是严格执行收费政策，进一步规范收费行为；六是协调各方，坚决制止向学校乱摊派、乱罚款和搭车收费的行为；七是加大省、地、县三级联动力度，加强监督检查，坚决查处乱收费行为。2003 年已查处乱收费案件 67 件，处理责任人 38 人，查处违规金额1 029.75万元，清退违规金额 875.85 万元。

撰稿　厅　办

〔**省政府教育督导团成立**〕　10 月 9 日，举行了省政府教育督导团成立仪式，任命省教育厅厅长何天淳为总督学，省教育厅副厅长周益群为副总督学，同时任命了 25 位督学，聘任 8 位特聘督学，任期 3 年。省政府教育督导团将按照《云南省教育督导规定》所赋予的职责，代表省政府行使教育督导职权，统筹规划、组织实施全省的教育督导工作，推动全省教育事业的改革与发展，确保国家各项教育法律法规、方针政策的贯彻落实。

撰稿　赵松涛

〔**普通话测试工作**〕　截至 2003 年 12 月，全省共测试各级各类人员4 021人，历年累计测试人数已近 80 万人。完成了对 9 个测试站的评估检查。开发了考务计算机管理系统软件，已进入试运行阶段。举办全省语音教师和测试员培训班，新增加语音教师 72 人、省级测试员 83 人。全省现有国家级测试员 108 人，省级测试员 1 267 人。聘任 73 人为云南省普通话测试视导员。3 月在昆明召开了云南省普通话测试年度工作会。12 月在昆明召开了全省普通话测试工作研讨会，学习和研讨了《普通话水平测试大纲》。

撰稿　袁耘毅

基础教育

〔**“两基”评估验收**〕 2003年，通过省政府“普及九年义务教育”评估验收的有红河州的屏边苗族自治县、文山州的富宁县、麻栗坡县、临沧地区的镇康县。4个县均属于国家扶贫开发工作重点县，共有人口95.62万，占全省人口总数的2.2%。其中屏边县为“普九”、“扫盲”同时验收，富宁、麻栗坡、镇康县的扫除青壮年文盲此前已经通过省政府验收，“普九”、“扫盲”情况同时报教育部审核。此外，2002年没有通过教育部审核验收的勐腊县、双江拉祜族佤族布朗族傣族自治县再次报教育部审核后通过，6个县都列入了教育部向全国公布的名单。2003年通过省政府“扫除青壮年文盲”验收的有：红河州的绿春县、思茅地区的西盟佤族自治县、怒江州的兰坪白族普米族自治县、贡山独龙族怒族自治县。至此，全省普及九年义务教育的县（市、区）达到101个，人口覆盖率78.9%；扫除青壮年文盲的县（市、区）115个，人口覆盖率86.6%。

撰稿 李晓南

〔**中小学布局结构调整**〕 2003年，全省普通高中421所，比上年增加10所；初中1 854所，比上年减少2所；普通中学校均规模为1 004人。普通小学20 296所，比上年减少299所，其中，完全小学14 757所，比上年增加791所；教学点19 154个，比上年减少1 377个；教学点中一点一教师的12 676个，比上年减少1 615个；小学校均规模为219人。布局结构调整取得了明显成效。

2003年，全省高中阶段教育毛入学率为28.00%，比上年提高0.70个百分点。初中阶段教育毛入学率90.79%，比上年提高3.29个百分点。小学毛入学率107.03%，比上年提高0.08个百分点。

撰稿 谢 冰 李光洪

〔**普通高中教育**〕 大力发展普通高中。2003年国家支持云南省优质国债高中建设资金4 100万元，省级配套资金1 000万元，安排高中项目学校22所，加上上年安排的共计42所学校的建设项目已基本完工。同时，全省各地通过中等专业学校改制、新建等，新增普通高中10所，在校生36.34万人，比上年增长15.18%，办学规模有所扩大，有效缓解了当前高中学校数量少，学生读高中难的瓶颈问题。召开省一级高、完中教育教学工作会议，研究、部署提高高中教育教学质量工作，确定了58所一级高、完中作为省教育厅直接抓的教育教学改革试点学校，对试点学校推行校长任期质量目标责任制，取消学校等级终身制，实行等额动态管理等改革措施，着力提高高中教学质量。

〔**资助贫困学生**〕 2003年安排经费5 167万元，将“三免费”教育扩大到7个人口在10万人以下的少数民族和藏族地区农村贫困中小学生；受助学生431.7万人。另外，云南省还得到国家实施的免费教科书经费1 400万元，13万名初中贫困学生受益。新增半寄宿制学校600所，寄宿制、半寄宿制补助经费在上年省级安排4 500万元的基础上，今年新增720万元，补助总额达5 220万元，使享受补助的学生从37.5万人增加到43.5万人。改扩建寄宿制、半寄宿制学校98所。

撰稿 厅 办

〔**边境学校建设**〕 云南省政府决定从2002年至2005年，在国家的专项支持下，着力建设好100所左右的边境学校，普遍改善25个边境县（市）义务教育的办学条件。

2003年边境学校建设工程规划投入6 594.1

万元，其中：中央资金5 300万元，地州配套366万元，县级配套928.1万元，项目覆盖5个地州、14个县市、33所边境学校、56个建设项目，建设校舍93 799平方米。为确保中央资金用于校舍主体建设，省政府制定了《关于减免义务教育建设项目规费的通知》，对涉及到的征地管理费、市政基础设施配套费、工程定额测定费、工程质量监督费等一律免收。地县政府承诺学校用地无偿划拨，为运动场、食堂等附属工程的建设，校园绿化美化等提供保障。省教育厅、省财政厅代表省政府与5个地州政府签订了包括工程质量、工期、资金配套、监督检查等内容的《云南省边境学校建设项目责任书》。由于层层严格把关，措施到位，保证了工程按时、按质完成。工程的实施，惠及13个边境县256.1万边疆各族人民，增加这些边境地区20多个少数民族2万多孩子接受教育的机会。同时，33所项目学校的办学条件将大为改善，在校生人数将增长66%，对促进边境地区基础教育的稳步发展起到了重要推动作用。

〔**中小学危房改造**〕 3月23日—29日，省教育厅、省财政厅根据中央三部委和省政府确定的争取在3年左右的时间基本消除现有的中小学D级危房的要求，组织力量，与各地、州、市教育局、财政局一起对排除现有中小学危房进行了规划、排序。确定B、C级危房由地县筹资解决，中央和省级危改资金重点用于排除现有的D级危房2 689 634平方米，地县依据其财政状况适当配套。2003年—2005年危改规划具体为：

2003年改造D级危房872 124平方米，其中：教学及教学辅助用房517 169平方米、生活服务用房310 158平方米、行政教学办公用房44 797平方米；规划建设面积1 153 659平方米，共需投入64 894.82万元。

2004年改造D级危房902 193平方米，其中：教学及教学辅助用房579 881平方米、生活服务用房277 442平方米、行政教学办公用房44 870平方米；规划建设面积1 177 883平方米，共需投入66 334.47万元。

2005年改造D级危房832 928平方米，其中：教学及教学辅助用房573 759平方米、生活服务用房210 502平方米、行政教学办公用房48 667平方米；规划建设面积1 113 179平方米，共需投入62 674.24万元。

省教育厅与地、州、市教育部门签订了2003年中小学危房改造任务和筹资任务。全年筹措到的危改资金有：省级专款14 245万元，“义教工程”项目资金11 100万元（用于危改3 000万元），争取了中央国债危改资金13 000万元，邵逸夫先生赠款省级配套515万元，以及布局调整、边境学校、寄宿制学校建设经费用于危改资金8 205万元，启动了2003年规划的项目学校，下达各地县的筹资任务为1.7亿元。经统计，2003年全省共排除中小学危房918 703平方米。

撰稿　陈跃琼

〔**课程改革实验**〕 2003年秋季开学，全省共有53个县（市、区）的54万小学一年级和初中一年级学生参与基础教育课程改革实验。参加实验的小学一年级学生数约为26.5万人，约占同年级学生数的36.4%；参加实验的初中一年级学生数约为27.6万人，约占同年级学生数的42.4%。按照《云南省基础教育新课程实验推广工作规划（试行）》，到2005年秋季，小学、初中起始年级原则上都启用新课程。

同时，启动第二轮新课程教师培训工作。完成中小学教师继续教育培训876人次、6门新课程的省级培训；对11万名中小学教师进行新课程培训；对中小学教师28.8万人次共32门课程进行履职培训和考试。

撰稿　卢　明　杨春城　厅　办

〔**中小学远程教育**〕 “教育部——李嘉诚基金会西部中小学现代远程教育项目”二期工程，将在云南省威信、富源、临沧等12个县建设450个教学收视点。1月，省教育厅与地州市教育行政部门和项目学校签订了“项目承担责任书”。与云南大学网管中心联合举办了9期培训班，培训项目学校一线教师450名。11月，450个卫星教学收视点全部建设完毕。“教育部——李嘉诚基金会西部中小学远程教育项目”二期工程实施，对我省边远地区、贫困地区的教育信息化，实现优质教学资源共享，提高农村学校的教育教学质量将起到积极作用。

云南省首批远程教育乡（镇）综合信息中心试点项目建设。为贯彻落实省领导提出的项目建设“以乡村中小学的计算机教育为基础，逐步形成本地的信息中心，既服务于教学，又要为整个农村的农业发展服务”的指示精神，省计委、省政府信息办和省教育厅在全省首批选择20所乡（镇）中心学校实施项目。首批各乡（镇）综合信息中心试点站设备包含卫星接收系统、计算机教学系统及多媒体播放系统，内容包括教育节目和课件，科技、卫生、文化、商品交易信息等，利用远程教育方式开展对乡镇干部、教师、管理人员等多方面的培训工作。设备配置及设备招标采购工作于10月初完成；10月中下旬在昆明理工大学举办培训班，对30名乡镇领导、学校领导及34名信息技术教育的教师共计64人进行了培训；12月中旬全部站点的设备安装调试完毕，投入正常运行。

撰稿　王　魁

〔**实施“西部地区基础教育发展项目”**〕　11月，世界银行贷款/英国政府赠款实施的“西部地区基础教育发展项目”启动会召开。该项目在云南省共投资3.34亿元人民币，其中世行贷款2 700万美元，省地县三级配套111 375万元人民币，贷款利率经英国政府赠款软化后由7%降低到2%。预计项目将为云南省30个县的184个贫困乡兴建校舍298 202平方米；采购课桌椅107 857单人套、教学仪器686套、信息设备57套、图书2 023 663册；培训教师28 062人次、管理人员12 668人次；同时为项目县开展参与式学校发展计划和课堂教学改革提供支持。项目执行期5年，宽限期8年（仅还息），有效期20年。项目的实施，将有利于改善贫困地区学龄儿童入学率和完成率，使他们接受符合其支付能力的高质量基础教育，从而推动项目区基础教育发展，促进“普九”实施和巩固“普九”成果。

撰稿　李亚琴

职业教育与成人教育

〔**中等职业教育改革**〕　为适应职业教育发展形势，推动中等职业学校办学模式和管理制度的改革与创新，促进弹性学习制度的建立和实施，12月10日，省教育厅重新制定了《云南省中等职业学校学生学籍管理暂行规定》。新的学籍管理暂行规定与原有的学籍管理制度比较，有五个方面的创新：一是统筹各类中等职业学校的管理形式，将普通中专、成人中专、技工学校、职业中专和职业高中学校纳入统一的管理范围，公办学校和民办学校同等对待。二是拓宽就读中等职业学校的渠道，学生就读可以通过招生部门考试录取，也可以凭初中毕业证书免试报名就读，还可以由学校自主录取，且就学年龄不限。三是实行学年制和学分制两种学制，两种学制都具有弹性修业年限，学生可以工学交替，分阶段完成学业，一般学习年限3年，最长修业年限6年。四是改革学籍管理权限，实行属地管理原则，从2004年起省属学校学籍由省级认定和管理，地、县属学校学籍由地级认定和管理学籍。五是扩大学校自主权，学校实行何种学制、修业年限、学生转学、转专业以及对学生的奖励和处分等等问题，由学校自行确定。

〔**中等职业学校建设**〕 “十五”初期，省教育厅提出“十五”期间中等职业教育实施“1115”工程，即建设100所示范学校，100个骨干专业，100名学科带头人，5个职教师资培训基地。2003年，又有6所学校由省政府认定为省（部）重点职业学校，有41所学校申报国家级重点学校，已经省级评估上报教育部审评，初步获得通过，待2004年教育部公布。截至年底，全省有89所学校分别被教育部、劳动和社会保障部以及云南省政府认定为部国家级、省（部）重点职业学校（即云南规划建设中的示范学校），其中普通中专学校55所，职业高中学校19所，技工学校15所。

撰稿　杨　伟

〔**职业资格证书考试（鉴定）**〕 为贯彻劳动和社会保障部、教育部、人事部《关于进一步推动职业学校实施职业资格证书制度的意见》的精神，促进职业教育改革与发展，推动国家职业资格证书制度和就业准入制度的实施，经过全面调研、统筹安排、认真组织，云南省在中等职业学校（含普通中专、职业中专、职业高中）全面开展“全国计算机信息高新技术考试（鉴定）”工作。2003年，已有78所学校开展了“全国计算机信息高新技术考试（鉴定）”工作。

撰稿　陈永进　周　舟

〔**农村成人教育**〕 2003年，云南省贯彻落实党的十六大精神，围绕全面建设小康社会的目标，围绕农村产业结构调整，深化农村成人教育改革，推进云南省农村成人教育工作持续健康发展，为农业增效、农民增收、农村稳定服务。不断完善县、乡、村三级农村成人教育培训网络，继续开展“百万农民培训金钥匙工程”。据统计，全省共建设农村成人文化技术培训机构11 952个，教学点43 389个。全年共组织537.9万（人次）农民参加各类农村适用技术培训。有6.4万脱盲和小学辍学的农民通过成人小学学习达到小学结业程度。在大面积开办乡村成人文化技术学校的基础上，着力完善乡级成人文化技术学校的办学条件，继续创建省级示范性乡镇成人文化技术学校，全年有9所学校通过评估成为省级农村成人教育示范学校，使省级示范学校达到156所。建设合格学校400余所。围绕农村产业结构调整及发展支柱产业的需要，开展新思想、新观念、新理论、新技术、新成果的培训和推广工作，省教育厅开办全省农村成人教育校长教师培训班一期，40多名校长教师参加培训。

撰稿　徐惠珠

〔**自学考试与社会考试**〕 4月19日—20日，云南省2003年第40次自学考试在全省140个考点进行。共开考40个专业，218门课程；共有124 183人报考307 053科次。有2 476名自考生获得自考毕业证书。10月25日—26日，第41次自学考试举行，共有11.2万人报考，开考44个专业，230门课程，272 890科次。增加了教育管理（本科）、教育学（本科）和林学（专科）3个新专业，报考情况良好。2003年下半年共有4 197名自考生获得自考毕业证书。

2003年有43 833名考生参加了全国计算机等级考试，比上年增加26%。全国英语等级考试的考生人数为2 661人，比上年增加61%。剑桥少儿英语考试在籍学员人数为4万人左右，截至年底全省共设立剑桥少儿英语培训机构73个。

撰稿　刘　鹏　李庆忠

高 等 教 育

〔**院校结构调整**〕 2003 年，全省有高等学校 41 所，其中普通高等学校 34 所。2003 年，云南民族学院更名为云南民族大学，在蒙自师范高等专科学校基础上建立红河学院，在云南公安高等专科学校基础上建立云南警官学院，在云南省卫生学校基础上建立云南医学高等专科学校。经省政府批准云南省财贸学校并入云南财贸学院。

撰稿　谢　冰　李光洪

〔**普通高等学校招生**〕 2003 年云南省报名参加普通高等学校招生考试的人数为119 956人，比上年增加18 598 人，增长 18.3%；2003 年全省普通高等学校招生计划总数为65 635人，比上年增加 4 819人，增长 7.9%；实际录取71 137人，比上年增加9 454人，增长 15.3%。

2003 年是全国高考统一考试时间提前至 6 月 7 日开始的第一年，又面临抗击“非典”的非常情况，省教育厅采取有效措施，一手抓防治“非典”，一手抓考风考纪和考务工作。

撰稿　蒋兆斌

〔**大学科技园建设**〕 8 月，“云南省大学科技园”经科技部、教育部评估并通过验收。云南省大学科技园在一期孵化基地（1 万平方米）的基础上，2002 年昆明高新区管委会又投入 1.1 亿元，新建了 3.8 万平方米的二期孵化基地。到 2003 年，园区共有孵化场地 4.8 万平方米。此外，云南大学、昆明理工大学、云南师范大学、云南农业大学、昆明医学院、云南中医学院、大理学院、云南财贸学院 8 个大学科技园分部还有孵化场地 0.8 万平方米；园区外孵化场地为 3 万平方米。

截至 2003 年 6 月，园区入园企业共计 111 家，总注册资本为24 344 万元人民币和 25 万美元，园区内已通过认定的高新技术企业 16 家。2003 年实现技工贸总收入 2.88 亿元，工业总产值 3.2 亿元、增加值 1.67 亿元，实现净收入7 979万元，完成税收6 346.8万元，出口创汇 68.8 万美元。据不完全统计，园区内从业人员1 094人，其中：大专以上 522 人、硕士以上 93 人。

据不完全统计，园区内企业分别获得科技部、教育部、国家发改委、云南省科技厅、云南省发改委、云南省经贸委等部门项目和联合攻关经费 1.27 亿元，其中：国家级项目 24 个（其中国家“863 计划”4 项）。云南省大学科技园经过几年的运作，成功孵化了一批高新技术企业，为全省的经济建设和社会发展作出了积极贡献。

撰稿　马光宇

〔**学位工作**〕 2003 年，经国务院学位委员会第二十次会议批准，云南省新增博士学位授予单位 1 个，新增硕士学位授予单位 2 个，新增博士学位一级学科授权点 3 个，博士学位授权点 9 个；自评增列硕士学位授权点 115 个。至此，全省已有博士学位授予单位 7 个，硕士学位授予单位 17 个；有博士学位一级学科授权点 5 个（共涵盖 29 个博士学位授权点），有博士学位授权点 28 个，硕士学位授权点 317 个。2003 年云南师范大学、云南民族大学经国务院学位办评估、教育部批准获得了开展联合培养博士学位研究生的资格，使全省具有培养博士学位研究生资格的单位达到 9 个。在专业学位授权点方面，云南大学的 MPA（公共管理）、昆明理工大学的 MBA（工商管理）、昆明医学院的口腔医学、云南中医学院的临床医学 4 个专业学位授权点获得国务院学位办的批准，使全省专业学位授权点达到 10 个。同时，全省已有云南大学等 6 所高校可以开展在职攻读硕士学位和专业学位点教育工作，其中在职攻读硕士学位点 4 个、专业学位点 12 个。

12 月 29 日，省学位办召开全省授予成人高等教育本科毕业生学士学位工作会。印发了《关于加强云南省授予成人高等教育本科毕业生学士学位工作若干意见的通知》，对学校进行成人学士学位管理工作的体制、规章制度的建立、学位外语统一考试、申请工作程序、管理工作要求等具体问题作出明确规定，进一步加强了授予成人高等教育本科毕业生学士学位工作制度化、规范化的管理。2002 年至 2003 年，全省共有2 890人参加英语水平考试，合格人数为1 331人，占考生人数 46%。有成人本科毕业生9 577人，经过考核、审定，有1 533人获学士学位，占毕业生人数 16%，较好地体现了“择优授予、宁缺勿滥”的原则。

撰稿 赵 纯

〔**学位考试管理**〕 随着终身学习型社会的发展，省学位办结合学位管理要求，组织了国务院学位办及全省各级各类相关学位考试：（1）分别在 1 月和 6 月，两次组织了云南省非英语专业硕士研究生学位英语课程考试。参加考试人数分别为2 309人、1 131人，平均合格率为 50%；（2）2 月和 8 月，两次组织云南省成人本科申请学士学位英语水平考试，参加考试人数分别为1 524人、1 768人，合格率为 35%左右；（3）10 月 26 日，组织 2003 年度同等学力人员申请硕士学位全国统一考试，有1 778人报名，其中 1 405 人参加外语水平考试，843 人参加学科综合考试，合格率分别为 35%和 42%；（4）11 月 1—2 日，组织云南省 2003 年在职攻读硕士学位全国联考，共3 079人报名考试，报考类别为法律硕士、教育硕士、工程硕士、工商管理硕士、农业推广、公共管理硕士、高校教师、中职学校教师、军事硕士、兽医硕士 10 种。

撰稿 杨丽宏

〔**高新技术创新人才培养基地建设**〕 为贯彻落实“云南省加快新型工业化会议”提出的打造云南重点发展十大产业，走新型工业化道路的指示精神，充分整合高校科技教育资源，为全省高新技术产业的发展提供强有力的技术支撑和人才支撑，经研究批准启动建设“云南大学生物制药创新人才培养基地”、“昆明医学院云南中医学院医药与生物技术创新人才联合培养基地”、“昆明理工大学环境科学与工程创新人才培养基地”、“云南师范大学环境科学与工程创新人才培养基地”、“云南农业大学西南林学院环境科学与工程创新人才联合培养基地”。以上 5 个“基地”建设周期为二年，建设总经费共1 000 万元，其中政府专项资金 500 万，学校自筹 500 万元。

撰稿 白玉兵

〔**高校科技工作**〕 2003 年，全省高校科技活动单位为 26 所普通高等院校及其 4 所附属医院。

2003 年度科技活动人员10 145人次，其中科学家与工程师7 982人次。科研经费当年拨入 1.87 亿元，其中，科技经费 1.48 亿元，社科经费3 893万元，当年拨入经费中科研事业费6 985.7万元，国家级经费（包括国家计委、科技部、经贸委等部委）1 879.3万元，主管部门及省、市、自治区专项费5 655.4万元，企事业单位委托3 250.9万元，学校自筹经费 332 万元，其他经费 553.3 万元。当年支出经费 1.7 亿元，其中科技经费 1.3 亿元，社科经费3 647.7万元。当年在研项目共2 614项，其中科技项目1 897项，社科项目 717 项。当年投入项目经费10 459.3万元，其中科技项目9 516.7万元，社科项目 942.6 万元。申报立项的科研项目，国家级项目 109 项，省级项目 306 项，数量比上年增长 15%。以云南大学领衔的国家“973”计划项目“西南纵向林沟区生态系统变化及跨境生态安全”通过专家组评审，使云南高校首次进入国家重点科研项目的行列。

自然科学类的国际合作与交流情况是：派遣研究生 77 人，派遣访问学者 163 人次，接受 81 人次；出席国际学术会议 97 人次，交流论文 51 篇；国内召开国际会议参加人员 359 人次，国内召开国际会议交流论文 318 篇。社科类国际合作与交流情况是：校办学术会议共 33 次，受聘讲学派出人次 65 次，来校人次 208 人，社科考察派出人次 213 人次，来校人次 193 人次，进修派出人次 438 人次，来校人次 413 人次；合作研究派出人次 21 人次，来校人次 8 人次，课题 7 项。

2002 年共出版著作 377 部，大专院校教科书 177 部，科普著作 18 部，工具参考书 27 部，古藉、译著、发表译文共 104 篇，发表学术论文 9 326篇，SCI、EI、ISTP 收录 234 篇，共获省部级以上奖 143 项。

撰稿　王　珏　厅　办

〔**高校毕业生就业工作**〕　2003 年是高校扩招后本科生毕业的第一年，全省高校毕业生比上年增长 25.08%，就业形势严峻。省委、省政府高度重视高校毕业生就业工作，成立了“云南省大中专毕业生就业领导小组”，多次召开会议，专题研究就业工作中存在的问题和困难，各高校和有关部门认真贯彻省政府《关于做好 2003 年普通高等学校毕业生就业工作的通知》精神，认真做好大专院校毕业生、研究生就业指导工作，编制了 2003 年毕业生就业方案，不断拓宽毕业生就业渠道，积极引导毕业生就业。经过努力，2003 年，全省普通高校毕业生就业率达到 66.71%；其中，研究生 89.80%，本科生 70.25%，专科生 61.87%，毕业生就业率总体上超过去年同期水平。配合省委组织部做好选派优秀大学毕业生到乡（镇）基层锻炼的工作，择优选拔了 109 名优秀大学毕业生到 100 个重点扶持的乡镇中学任教。

撰稿　厅　办

〔**选派优秀大学生到乡镇工作**〕　2002 年及 2003 年连续两年完成了省委选派大学毕业生到基层乡镇工作的任务。2002 年，全省有2 000多名毕业生积极报名，经过公务员考试、考核选拔之后，有1 142名优秀普通高校本科毕业生（其中三好生占 12%，学生干部占近 30%，党团员占 95%以上）被选派到全省1 100多个乡镇（占全省乡镇数的 70%）工作。

2003 年，全省又有一批本科毕业生响应省委号召，积极报名，踊跃参加省委组织的“三个百名”（即百名乡镇干部、百名乡镇中学教师、百名乡镇医生）本科毕业生到基层工作。经过选拔和考试、300 名本科毕业生已于 10 月下旬前后奔赴 73 个国家扶贫开发重点县的贫困乡基层锻炼成长。

撰稿　余泽鸿
审稿　何天淳

西藏自治区教育

概　　况

〔基本情况〕

2003年各级各类学校校数、教职工、专任教师情况

	学校数（所）	教职工数（人）	专任教师（人）
一、高等教育			
（一）研究生培养机构（不计校数）	2		
1. 普通高校	2		
2. 科研机构			
（二）普通高等学校	4	1 794	972
1. 本科院校	3	1 353	728
2. 专科院校	1	71	42
其中：职业技术学院			
3. 分校、大专班（点）（不计校数）		370	202
（三）成人高等学校			
（四）民办的其他高等教育机构			
1. 学历文凭考试机构			
2. 非学历文凭考试机构			
二、中等教育			
（一）高中阶段教育	27	8 442	2 203
1. 高中	17	7 334	1 488
普通高中	17	7 334	1 488
成人高中			
2. 中等职业教育	10	1 108	715
普通中等专业学校	9	933	621
成人中等专业学校	1	59	35
职业高中			
技工学校			
其他机构（教学点）（不计校数）	5	116	59
（二）初中阶段教育			
1. 普通初中	88		4 973
2. 职业初中	2	13	0
3. 成人初中			

续表

	学校数（所）	教职工数（人）	专任教师（人）
三、初等教育			
（一）普通小学	892	13 767	13 026
（二）成人小学			
其中：扫盲班			
四、工读学校			
五、特殊教育	2	39	23
六、学前教育	41	628	341

注：1. 普通高中教职工数包含普通初中教职工数；
2. 成人高等学校教职工数和专任教师数为 2002 年数据。

2003 年各级各类学历教育学生情况

	毕业生数（人）	招生数（人）	在校生数（人）
一、高等教育			
（一）研究生	14	17	59
（二）普通本专科	1 745	4 279	10 409
（三）成人本专科	549		5 111
（四）其他各类高等学历教育			
1. 在职人员攻读博士、硕士学位		15	41
2. 网络本专科生		513	880
3. 学历文凭考试			
二、中等教育			
（一）高中阶段教育	7 995	11 227	28 794
1. 高中	6 022	9 024	22 076
普通高中	6 022	9 024	22 076
成人高中			
2. 中等职业教育	1 973	2 203	6 718
普通中专	1 938	2 093	6 519
成人中专	35	110	199
职业高中			
技工学校			
（二）初中阶段教育			
1. 普通初中	15 268	37 911	92 060
2. 职业初中	335	394	2 337
3. 成人初中			
三、初等教育			
（一）普通小学	45 695	58 913	322 060
（二）成人小学			
其中：扫盲班			
四、工读学校			
五、特殊教育	11	30	162
六、学前教育	2 746	3 005	6 901

注：1. 成人本专科毕业生、在校生数为 2002 年数据；
2. 其他各类高等教育学生数未包含成人高校举办的各类高等教育学生数。

2003年各级各类非学历教育学生情况

	毕（结）业生数（人）	招生数（人）	在校生数（人）
一、高等教育	841	1 012	236
（一）研究生课程进修班			
（二）自考助学班			
（三）普通预科生		136	136
（四）证书教育			
（五）岗位培训			
（六）进修及培训	841	876	100
二、中等教育	1 353		2 923
（一）中等职业教育	1 353		2 923
（二）职业技术培训机构			

注：高等教育非学历教育学生数未包含成人高校举办的非学历教育学生数。

2003年各级民办教育基本情况

	学校数（所）	毕业生数（人）	招生数（人）	在校生数（人）	教职工数（人）	专任教师（人）
一、民办高等教育						
（一）普通高校						
（二）成人高校						
（三）民办的其他高等教育机构						
二、民办中等教育机构						
（一）高中阶段教育						
其中：民办普通高中		145	103	578	175	144
民办中等职业教育						
（二）初中阶段教育						
其中：民办普通初中	7	563	502	1 601		
民办职业初中						
三、民办普通小学	6	292	602	3 664	179	137
四、民办幼儿园	21	1 342	1 380	3 115	248	119

注：民办普通高中教职工数包含民办普通初中教职工数。

〔**教育投入与支出**〕 2003年，围绕自治区确定的为农牧民办12件实事的工作部署，多渠道筹措资金，改善办学条件。全区教育经费总支出183 931.6万元，其中自治区预算内教育事业费支出113 939.8万元，地方预算内基建支出6 000万元，中央专款43 628万元，地市县自筹及援藏资金8 311万元，中学建设贷款资金12 000万元。全区教育基建总投资69 940.8万元，改扩建大中小学项目431个，总建筑面积547 215平方米。为300所乡镇小学配备了远程教育数字接收系统；投资800万元为50余所中小学安装配备了语音室、计算机网络教室和教育电视“班班通”，投资1 500万元，为全区中小学校配备了一大批常规教学仪器、图书资料、课桌凳及床铺，使基层学校办学条件得到进一步改善。

〔**高校党建和学校德育工作**〕 为贯彻落实第十二次全国高校党建工作会议精神，自治区召开了2003年全区高校党建工作座谈会，就加强和改进高校党建工作作了部署，制订了新形势下加强高校党建工作的新措施，强化党对高校的领导和干部管理工作。

坚持把学校德育工作放在一切工作的首位，深入持久地开展维护祖国统一、加强民族团结、反对分裂的教育；加强马克思主义“四观”（祖国观、民族观、宗教观、文化观）、“两论”（唯物论、无神论）教育，在大中专院校新生入学教育和高校“两课”教学中增加了“四观”教育内容，加强西藏历史知识的教育，使广大学生认清了达赖集团的真实面目，进一步激发了学生的爱国热情。

开展了以校纪、校风为主要内容的自治区文明学校的评选、评估活动。评出7个文明学校，5个文明单位，达到了“以评促改、以评促建”的目的，推动了全区教育系统精神文明建设。组织人员翻译并印发了《小学生道德修养读本》。

为增强内地西藏班（校）政治思想教育和德育工作的针对性和有效性，自治区教育厅、自治区党委宣传部、自治区民宗委等部门组成联合调查组对10所内地西藏班（校）的政治思想教育和德育工作进行了调研。针对存在的问题，自治区教工委研究制订了加强内地西藏班（校）政治思想教育和德育工作的意见。

〔**招生与考试**〕 面对“非典”防治的严峻形势，全区各级教育系统和招生部门成立了各类招生考试“非典”防治工作领导小组，制订了招生考试工作的实施意见、细则和紧急情况处理预案，层层分解任务、层层落实责任、层层采取措施，强化宣传教育、加强监督检查，确保了各类招生考试工作的顺利进行。

加大招生考试政策的宣传力度，提高招生考试工作的透明度。2003年，自治区出台了《关于改革大中专毕业生就业制度的意见》、《关于进藏人员子女非直系亲属报考高等院校有关问题的暂行规定》。采取多种措施，提高招生考试工作的透明度。通过媒体、电话、网络、宣传栏、简报等多种形式和途径，及时向考生和社会公布招生政策、原则及各种考试信息；通过地市联络员和设立咨询站等形式，向考生提供招生考试咨询服务；邀请自治区人大代表、政协委员和招生委员会成员到录取现场检查、指导工作。

同时，自治区自学考试实行了电子档案注册。并首次开设了英语等级考试。

〔**民办教育**〕 加强对民办教育的规范和管理。2003年9月，对全区所有民办学校进行了督导评估，对全区民办教育进行了全面清理整顿。2003年自治区地市所在地（不含县级以下）共审批各级各类民办学校76所，其中学前教育类38所，小学6所，中学11所，非学历培训及职业教育类学校21所。基础教育类在校学生达11 700余人，配备专业教师800余名。

〔**治理教育乱收费**〕 坚决治理教育乱收费。成立了自治区治理教育乱收费厅际联席会议，印发了《西藏自治区教育收费标准管理办法》，对学校收费进行专项检查，加强对教育乱收费问题的治理。重视群众来信来访，加强调查整治力度，先后五次派出工作组对有关问题进行调查，对违纪行为进行了严肃处理，所查处学校均在规定时间内退还了违规收费。

〔**扶困助学**〕 根据自治区党委、政府“关于解决困难群众生产、生活有关问题的决定”精神，为确保每个学生不因生活困难而辍学，在进行了大量社会调研的基础上与有关部门联合印发了《关于对自治区企业困难家庭职工子女、农牧区特困家庭子女和享受城镇最低生活保障待遇居民家庭子女就学减免学杂费及实行资助政策的通知》。启动了自治区“扶困助学”工程。协调财政、银行、高校等单位，认真做好贫困学生助学贷款工作。加大了对“三包”政策的宣传力度和经费执行情况的监督审计，加强了“三包”经费的使用和管理。

〔**全区农牧区教育工作会议**〕 为认真贯彻落实全国农村教育工作会议精神，研究部署自治区农牧区教育工作，打好“两基”攻坚战，全区农牧区教育工作会议于2003年12月20日—21日召开。自治区党委书记郭金龙、自治区主席向巴平措等领导到会并讲话，阐明了农牧区教育的战略地位和重要作用，明确了农牧区教育发展和改革的目标和任务。自治区副主席吴英杰在会上作了题为《认清形势 加快发展 努力开创自治区农牧区教育工作新局面》的工作报告，对贯彻落实全国农村教育工作会议精神，切实做好自治区农牧区教育工作提出了具体意见。会上，自治区政府与各地（市）签订了“两基”攻坚目标责任书。

〔**全区边境县教育工作座谈会**〕 2003年12月22日全区边境县教育工作座谈会在拉萨召开。这是西藏和平解放以来召开的第一次边境县教育工作会议。全区21个边境县及其所在地（市）分管教育的领导和教育局局长参加了会议。会议加深了对搞好边境县教育工作的重大意义的认识，决定加大各级党和政府对边境县教育工作的领导责任，认真解决边境县教育工作中存在的困难和问题，在多方面予以优先保证和实施政策倾斜，深入持久地开展以反分裂斗争为主要内容的爱国主义教育，进一步增强学校德育工作的针对性和实施性。增强了各地市做好边境县教育工作的责任感和紧迫感。

〔**教育援藏**〕 截至2003年底，全国有关省市选派援藏教师和干部达2 000人次。各对口省市对自治区教育工作的援助力度加大。据不完全统计，2001年至2003年期间的第三批援藏项目，全区6地市（阿里未统计）共接受并落实援助资金为17 773.13万元。其中，拉萨市3 581万元，山南地区500万元，林芝地区5 013.43万元，那曲地区1 605.3万元，昌都地区2 922万元，日喀则地区4 151.4万元。

2003年内地西藏班（校）初中招生1 785人、高中招生1 513人（含重点高中插班学生）、五年制中师和中专招生250人、高校招生1 100人；初中在校生6 440人，高中在校生3 956人，五年制中师在校生910人，中专在校生295人，高校在校生2 902人。

基础教育

〔**综述**〕 小学、初中和高中阶段入学率分别达到91.8%、61.1%、22.3%。2003年，全区有幼儿园41所，比上年增加9所，在园幼儿（包括学前班）7 876人，比上年增加778人；教职工628人，比上年增加91人。认定了拉萨市实验幼儿园、山南地区实验幼儿园、林芝地区幼儿园、自治区实验幼儿园、日喀则地区实验幼儿园、阿里地区幼儿园和游乐园幼儿园7所幼儿园为自治区示范幼儿园，推动了全区幼儿教育质量的提高。

确定了25所英语强化学校，在师资力量、设备投入等方面给予重点保障，投入300万元为22所中小学装备了现代语音教学设备。对中小学英语强化班的课程设置、教学计划等进行了调整。

同时认定了拉萨中学、拉萨市第一高级中学、日喀则地区第一高级中学、林芝地区高级中学、昌都地区第一高级中学等五所学校为自治区重点高级中学。

〔**制订“两基”攻坚目标**〕 2003年教育厅制订了全区2003年—2007年“两基”五年攻坚目标，并成立了“两基”攻坚领导小组，区党委书记郭金龙亲任组长，自治区七地（市）亦相继成立了“两基”攻坚领导小组，与各地市签订了年度“两基”工作目标责任书。新增一所高级中学。到2005年，全区基本普及六年义务教育，小学在校生达到34万人，适龄儿童入学率达到95%以上；区内外初中在校生达到12万人，初中阶段入学率达到70%。到2007年，全区基本普及九年义务教育，基本扫除青壮年文盲。区内外初中在校生达到14万人，初中阶段入学率达到85%以上，“普九”人口覆盖率达到85%以上；青壮年非文盲率达到95%以上，脱盲人口覆盖率达到85%以上；基本做到“学校容得下、家庭担得起、学生稳得住、政策有保障”。

〔**教育督导**〕 2003年，对2002年通过“普九”验收的8个县进行了复查，对当年申报扫盲的12个县、“普六”的6个县、“普九”的9个县进行了过程督导，所申报县均通过验收。至此，全区“普六”县达到55个、“普六”人口覆盖率达到79.6%，“普九”县达到17个、“普九”人口覆盖率达到30.9%，脱盲县达到40个，脱盲人口覆盖率达到59.7%，全区青壮年文盲率下降至30%以下。

〔**教师队伍建设**〕 做好中小学教师编制核定工作，对全区中小学校实行严格的编制管理，合理配置教育资源，调整优化教师队伍结构。2003年全区有正式教职工27 708人，其中专任教师21 227人；小学、初中、高中专任教育学历合格率分别达到92.1 %、92.7%和75.1%。加强了对中小学校长和教师行政干部的培训工作，全区中小学校长持证上岗率超过87%。1 850多名在职教师考上了高师专科层次、“专升本”层次学历班。1 524名新教师90%以上到了基层学校和教学第一线，极大缓解了基层学校教师紧张的状况，城市中小学与基层薄弱学校的教师交流制度继续得到加强。自治区评选出首批特级教师4名，同时启动了教师资格认定工作，受理了14 166人的认定申请。为统一教师思想，更新教师观念，召开全区中小学师资工作会议，并组织部分教师代表赴内地参观学习。

〔**信息化建设**〕 2003年，完成了教育部李嘉诚基金会西部地区中小学现代远程教育项目第一期项目300个点的设备运行检查验收工作及安装调试和师资培训工作；投入500万元在17所学校建起了多媒体计算机网络教室，在50所农牧区乡镇小学实施了“班班通”工程，为5所重点高中建立了网络同步课堂，为3所高中建起了卫星直播教学系统，自治区部分学校实现了网上优质教育资源的共享。

职业教育与成人教育

〔**综述**〕 2003年，针对自治区农牧区实际情况，制订了《关于加强自治区农牧区学校职业教育的意见》，强化面向“三农”办学的宗旨，推行初中阶段“文化课＋职业技术”教学模式。首次进行了全区职业教育专项督导检查和中等职业技术学校合格评估，调动了各地市发展职业教育的积极性，促进了职业教育管理体制和办学机制的完善。

2003年成人高考报名人数达8 848人，比上年增加1 518人；招生计划6 157个，比上年增加1 255个；录取新生5 532人，比上年增加1 025人；成人中专报考人数337人，录取新生278人。

〔**布局结构调整**〕 2003年，自治区对全区的中等职业技术学校布局结构进行了调整，调整后全区共有中等职业技术学校9所，中等师范学校1所，职业中学2所。各地区中等职业技术学校的名称统一规范为“×××地区中等职业技术学校”，并挂“×××地区教师进修学校”的牌子。全面实施自治区重点中等职业技术学校改扩建项目，完成了6所重点学校改扩建项目的总体规划设计和初审工作，同时，完成了组建西藏高等职业技术学院的可行性研究和筹建方案工作。

〔**自学考试和证书考试**〕 2003年，高等教育自学考试开考专业22个，较上年增加了6个；自学考试报名人数达10 834人，较上年增加3 442人。自治区五个地（市）还开办了自学考试社会助学班，共有4 800多人参加了学习。2003年，自治区首次开设了英语等级考试，第一次报考人数为21人；报名参加计算机等级考试人数达1 564人，较上年增加471人。

高 等 教 育

〔**综述**〕 2003年是自治区高校基本建设投资力度最大的一年，高校办学条件得到较大改善。西藏大学新校区建设前期工作进展顺利，地勘、环评、征地、规划、设计等工作基本完成，已具备开工条件。各高校均及时召开了对口院校援藏工作会议，落实了一批援藏项目。拉萨市警察学校升格为西藏警官高等专科学校，自治区普通高校增至4所，高校在校生达到10 468人，其中研究生59人，普通本专科生10 409人，较上学年分别增加3人和1 971人。

〔**学科调整和学位工作**〕 积极推进高校教学改革，强化教学管理，提高教学质量。根据“面向市场、拓宽口径，培养复合型人才”的原则，适应经济社会发展的需要，及时调整了专业学科设置，新增设本科专业20个。努力提升办学层次，加强学位工作，成立了自治区学位委员会，召开了第一届学位委员会会议。2003年新增1个硕士授予单位（西藏民族学院）和9个硕士点，扩大了研究生培养规模。至此，自治区硕士授予单位增至3个，硕士点增至13个。完成了8所部属重点高校在自治区“单考单招”126名硕士研究生的招生任务。

〔**高校招生工作**〕 2003年区内参加普通高考考生总数达9 792人，比上年增加3 110人。其中普通院校考生8 779人、军警考生744人、对口高职考生269人；少数民族考生6 370人，占报考总人数的65.1%。普通高校在自治区招生计划为6 657人，比上年增加2 470人，实际录取新生6 858人，比上年增加2 467人，超出当年计划231人，占生源总数的70%，其中区外院校录取2 657人，占录取总数的38.7%，区内院校录取4 201人，占录取总数的61.3%；在总录取人数中，少数民族新生4 826人，占70.3%。2003年内地西藏班（校）报考普通高校的考生为960人，实际录取新生936人。各类研究生报名人数达847人，比上年增加436人。

撰稿 康良华

审稿 宋和平 张应吉

陕西省教育

概　　况

〔基本情况〕

2003年各级各类学校校数、教职工、专任教师情况

	学校数（所）	教职工数（人）	专任教师（人）
一、高等教育			
（一）研究生培养机构（不计校数）	48		
1. 普通高校	21		
2. 科研机构	27		
（二）普通高等学校	57	67 527	30 696
1. 本科院校	30	50 341	24 009
2. 专科院校	27	17 186	6 687
其中：职业技术学院	22	15 160	5 822
3. 分校、大专班（点）（不计校数）			
（三）成人高等学校	25	8 028	3 893
（四）民办的其他高等教育机构	37	3 680	1 359
1. 学历文凭考试机构	26	3 140	1 177
2. 非学历文凭考试机构	11	540	182
二、中等教育			
（一）高中阶段教育	1 101	210 865	56 441
1. 高中	636	178 500	36 937
普通高中	624	178 330	36 823
成人高中	12	170	114
2. 中等职业教育	465	32 365	19 504
普通中等专业学校	89	12 723	6 646
成人中等专业学校	83	3 956	2 265
职业高中	293	14 872	10 087
技工学校			
其他机构（教学点）（不计校数）	63	814	506
（二）初中阶段教育			
1. 普通初中	2 090		111 614
2. 职业初中	11	300	270
3. 成人初中	142	409	217

续表

	学校数（所）	教职工数（人）	专任教师（人）
三、初等教育			
（一）普通小学	24 922	206 447	190 964
（二）成人小学	9 504	9 674	4 182
其中：扫盲班	8 806	7 437	3 083
四、工读学校	1	39	29
五、特殊教育	28	662	481
六、学前教育	2 288	21 020	12 689

注：1. 普通高中教职工数包含普通初中教职工数；
2. 成人高等学校教职工数和专任教师数为2002年数据。

2003年各级各类学历教育学生情况

	毕业生数（人）	招生数（人）	在校生数（人）
一、高等教育			
（一）研究生	6 500	15 722	40 213
（二）普通本专科	79 785	168 127	499 017
（三）成人本专科	49 313		205 658
（四）其他各类高等学历教育			
1. 在职人员攻读博士、硕士学位		3 893	12 737
2. 网络本专科生	137	16 873	19 473
3. 学历文凭考试	13 446	30 495	69 578
二、中等教育			
（一）高中阶段教育	286 593	436 565	1 122 238
1. 高中	181 310	273 499	743 264
普通高中	178 276	273 499	741 329
成人高中	3 034		1 935
2. 中等职业教育	105 283	163 066	378 974
普通中专	40 195	39 463	125 825
成人中专	11 570	11 012	27 319
职业高中	53 518	112 591	225 830
技工学校			
（二）初中阶段教育			
1. 普通初中	626 847	768 009	2 212 732
2. 职业初中	1 411	1 882	4 676
3. 成人初中	85 808		64 263
三、初等教育			
（一）普通小学	806 239	530 089	4 014 754
（二）成人小学	424 135		308 353
其中：扫盲班	375 621		258 178
四、工读学校	24	25	91
五、特殊教育	129	304	2 143
六、学前教育	98 641	128 011	231 912

注：1. 成人本专科毕业生、在校生数为2002年数据；
2. 其他各类高等教育学生数未包含成人高校举办的各类高等教育学生数。

2003 年各级各类非学历教育学生情况

	毕（结）业生数（人）	招生数（人）	在校生数（人）
一、高等教育	41 961	53 265	112 405
（一）研究生课程进修班	1 398	1 341	3 844
（二）自考助学班	15 972	21 814	76 181
（三）普通预科生	122	190	190
（四）证书教育	2 978	3 798	8 744
（五）岗位培训	8 944	12 288	8 212
（六）进修及培训	12 547	13 834	15 234
二、中等教育	2 338 929		1 728 039
（一）中等职业教育	424 452		124 505
（二）职业技术培训机构	1 914 477		1 603 534

注：高等教育非学历教育学生数未包含成人高校举办的非学历教育学生数。

2003 年各级民办教育基本情况

	学校数（所）	毕业生数（人）	招生数（人）	在校生数（人）	教职工数（人）	专任教师（人）
一、民办高等教育						
（一）普通高校	12	4 294	21 045	47 028	10 048	3 460
（二）成人高校						
（三）民办的其他高等教育机构	37	16 129	30 376	58 950	3 680	1 359
二、民办中等教育机构						
（一）高中阶段教育						
其中：民办普通高中	100	6 680	22 374	49 356	10 187	7 118
民办中等职业教育	79	12 991	20 859	46 348	3 367	1 725
（二）初中阶段教育						
其中：民办普通初中	115	18 207	30 070	82 463		
民办职业初中	1		33	82	22	16
三、民办普通小学	261	15 048	12 228	97 505	6 368	4 405
四、民办幼儿园	1 013	33 646	55 729	88 371	7 732	4 509

注：民办普通高中教职工数包含民办普通初中教职工数。

〔**年度教育工作方针**〕 按照省委、省政府的统一部署，2003 年要努力完成四项重要工作：一是完善农村义务教育以县为主的管理体制，确保中小学教师工资当年无拖欠；加强对“普九”攻坚县的检查指导，力争全省“普九”人口覆盖率达到 90%；完成 8 个县的“两基”评估复查工作。二是继续推进农村中小学布局结构调整，加大中小学危房改造力度，全面完成一期“中小学危房改造工程”任务，做好第二期“危改工程”的前期准备工作。三是加快普通高中建设，启动国家级示范性普通高中建设工程，年内建成西安中学新校区。创建 10 所省级重点中学。四是继续搞好大学园区建设。在西安市规划 3～4 个大学园区，力争新建校舍 200 万平方米。

〔**教育审计**〕 2003 年，进一步强化了教育审计工作：开展了多项审计工作，提高了资金使用效益。审计总金额 11.8 亿元，查出各类违纪违规金额 2 903.1 万元。为加大审计法规制度建设力度，进一步规范审计工作，制定了《陕西省教育系统内部审计工作规定》。组织了全省教育审计工作大检查，用两个多月时间，检查了 37 所高校、11 个市区、12 个县、13 个乡镇和部分中小学校。在全省教育系统开展了“双先”评选活动，经市、县教育局、各高校推荐，省教育纪工委组织评选，共评选出教育审计先进集体 20 个，先进个人 45 名。

〔**治理教育乱收费**〕 2003 年，省委教育工委、省教育厅成立了治理教育乱收费工作领导小组，负责全省治理教育乱收费工作。发出《关于认真做好 2003 年我省学校收费管理工作有关问题的通知》等文件，进一步规范大中小学收费工作，落实治理大中小学乱收费工作的措施。在全省 50 个国家级贫困县义务教育阶段全部实行“一费制”收费政策，切实减轻贫困地区农民负担。实行了全省教育收费公示制度，通过各大新闻媒体向全社会公示各级各类学校和教育事业性收费的项目、标准和文件依据。拟定了对高中招收“择校生”实行“限分数、限钱数、限人数”的“三限”方案，规范了学校的收费行为。在全省开展了各级各类学校收费大检查。全省共查处违规收费金额1 035万元，清退了1 012万元，受理案件 462 件，查处乱收费案件 184 件，党政处分 109 人，通报批评 154 人。与 2002 年相比，受理案件数下降 14%，处理案件数上升 100%，查处违规收费金额上升了 56%。

〔**解决贫困学生就学问题**〕 2003 年加大监督检查力度，推动全省各地认真落实农村贫困地区义务教育阶段“一费制”政策。向国家级贫困县初中近 30 万贫困生发放了价值1 668万元的教科书，为 25 万多家庭经济困难学生减免书本费 340 多万元。发放人民助学金 1.20 亿元，帮助特困生完成学业。大力推进国家助学贷款工程，截至 10 月底，陕西普通高校累计有 2.1 万名贫困生与银行签订助学贷款合同，合同金额达 1.4 亿元。

〔**教育系统抗洪救灾**〕 2003 年，陕西部分地区相继遭受暴雨、洪水袭击，大批校舍和教学设施被毁，教育系统直接经济损失达 2.57 亿元，近 10 万学生不能正常上课。灾情发生后，省委教育工委、省教育厅紧急动员，组织全省教育系统开展抗灾自救工作。委、厅领导分片包干，组织 5 个检查组先后奔赴灾区学校实地察看和核实灾情，研究、指导抗灾自救和灾后学校重建工作。通过新闻媒体向国内外报道灾区学校受灾情况和抗灾自救工作，争取各方支持。号召全省教育系统广大师生员工为灾区学校捐款、捐物，捐赠课桌凳、图书、教学仪器设备，帮助灾区学校恢复重建。制定了 247 所水毁学校的重建方案，筹措落实救灾重建资金8 950万元。

〔**体育、卫生与艺术教育**〕 2003 年全省高校全部开始实施教育部新颁布的《学生体质健康标准》，中小学校试行新《标准》的学校数进一步扩大。组织开展篮球、足球、排球、乒乓球、田径、围棋等多项体育竞赛活动，进一步推动了学校群体活动的开展，提高了学生运动技术水平和体质健康水平。省教育厅与教育部有关司局共同主办了素质教育与学校体育整体改革阶段总结现场会，来自全国 16 个省市的 268 人参加了会议，推动了全省各地农村学校体育工作的开展。加强对体育传统项目学校的管理。通过对全省省级传统项目中小学校的检查评估，重新命名了 78 所省级传统项目学校，并推荐了 2 所国家级传统项目学校。

加强学校预防艾滋病宣传教育工作。转发了教育部关于《中小学生预防艾滋病专题教育大纲》，举办了艾滋病预防知识图片展、预防艾滋病知识巡回展。制定并印发了《关于进一步加强学校卫生工作的意见》，进一步规范和加强了学校卫生工作。积极开展中小学生禁烟活动，印发了《关于在中小学校开展禁烟及健康教育宣传活动的通知》。进一步加强对学校传染病防治和饮食卫生工作的管理。发出《陕西省卫生厅、陕西省教育厅关于加强学校传染病防治工作的通知》等文件，进行了三次大规模的检查督导，有效地控制了学校传染病的流行和食品卫生安全事故的发生。加强卫生师资和管理人员的业务培训。

举办全省第一届中小学生艺术教育展演活动。召开高等学校艺术教育工作研讨会，研究探讨了学校艺术教育工作的现状及存在的问题。并对普通高校贯彻《学校艺术教育工作规程》、《学校艺术教育十年规划》提出了指导意见，发出《陕西省教育厅关于对普通高等学校贯彻〈学校艺术教育工作规程〉进行检查评估的通知》。同时，继续抓好农村艺术教育实验县的试点工作。

〔**民办教育**〕 为促进民办教育事业健康发展，开展了学习宣传贯彻《民办教育促进法》活动；向社会公布民办高等教育办学机构和职业学校名单，对其招生工作提出规范性要求，并加强了招生过程的监督；依法注销不具备办学条件的28所民办学校。在西安翻译职业学院等5所民办高校进行了五年制高职试点工作；调整学历文凭考试试点学校，新增学历文凭考试专业9个；组织编写了19种学历文凭考试规范教材，初步建立起陕西学历文凭考试试点教材体系。为进一步提高民办学校管理队伍的整体素质，开办了陕西民办高等教育机构中层以上干部“教育经济与管理”研究生课程班。2003年，民办教育机构的占地面积达到3 533公顷，建筑面积894.3万平方米，教学仪器总价值8.8亿元，图书达到2 163.9万册。

〔**语言文字工作**〕 2003年省政府批准成立了“陕西省语言文字工作委员会”，由主管副省长担任主任。为配合城市语言文字评估工作的开展和普通话水平测试视导制度的建立，建立了语言文字工作专家库。组织了2003年第六届推普周期活动。加强普通话培训测试机构和队伍建设。到2003年，全省已建成11个测试培训中心，37个测试工作站，初步形成了比较完备、基本能满足测试工作需要的测试工作网络。共举办29期省级普通话水平测试员培训班，有1 280名学员取得了省级普通话水平测试员任职资格；另有48人取得了国家级测试员资格。到2003年底，全省已有22万人领取了普通话等级证书。

基础教育

〔**基础教育投入与支出**〕 (1) 落实农村基础教育投入政策。一是基本做到了教育经费的“三个增长”；二是落实了各级财政新增财力用于教育的比例不低于20%并主要用于基础教育的规定，省财政2003年新增财力用于基础教育的经费增加了1 031万元；三是落实2003年至2006年省本级教育支出占财政支出的比例力争每年递增1～2个百分点，市、县、区教育支出占同级财政支出的比例每年至少提高1个百分点。(2) 确保农村中小学教职工工资按时足额发放。(3) 继续落实《陕西省农村中小学公用经费实施定额》，规定农村中小学公用经费资金来源除学校按规定向学生收取的杂费外，其余部分由县政府根据《陕西省农村中小学公用经费实施定额》，按上年在校学生数核定中小学国拨公用经费，足额列入财政预算，保证及时拨付。(4) 为保证农村中小学公用经费，制定印发了《陕西省中小学生均国拨公用经费定额》。规定了税费改革后财政转移支付资金用于教育的比例不低于50%，其中40%由县级财政部门建立专款，设立专户，专项用于中小学危房改造、校舍建设以及学校正常运转经费，不得挪作他用，确保农村义务教育投入不低于税费改革前的水平并力争有所提高。加强了“教育费附加”(城市“三税”附加)征收、管理、使用情况的监督检查，做到“专户存储、专户管理、专款专用”。(5) 采取切实措施，核实清理农村中小学“普及九年义务教育”欠款，摸清债务来源和使用情况，明确责任，并提出限期清还意见。

组织实施陕西省第二期“国家贫困地区义务教育工程”。截至2003年6月底，全省32个项目县“工程”项目累计完成总投资3.35亿元，占2001年至2003年度规划投资的123.8%。组织实施第二期“农村中小学危房改造工程”。截至2003年6月，全省农村中小学危房改造投入资金1.21亿元，其中中央与省级下拨危改资金0.24亿元，市县落实财政配套资金0.07亿元，自筹资金0.89亿元。到年底，全省共完成危房改造面积66.2万平方米，改造D级危房48.9万平方米。

〔**“两基”攻坚与督导评估**〕 2003年4月，召开全省“普九”攻坚工作现场会，榆林、延安、商洛、汉中、安康5个市政府的主管市长以及21个攻坚县的县长参加会议，省教育厅厅长胡致本到会讲话，省政府总督学张雄强对全省攻坚工作作出部署。

2003年，抽调人员分别对陕南、陕北有关县的“两基”攻坚工作进行了督导检查，对当年要达标的定边、绥德、柞水、延川4县进行了重点督导。开展对“两基”达标县的评估复查工作。完成了凤翔、洛南、耀县、三原、咸阳渭城区等5县区的“两基”评估复查。“普九”攻坚取得新进展。有绥德、定边、柞水、延川4个县通过了“普九”评估验收，全省累计“普九”的县达94个，人口覆盖率达到89.88%。

〔**高中教育**〕 2003年，全省普通高中招生数和在校学生数分别达到27.3万人和74.1万人，比上年分别增加1.9万人和9.9万人，增幅为7.5%和15.4%。

继续进行全省高中标准化建设，基本建成了西北工业大学附中、宝鸡中学、西安中学等一批标准化普通高中，扩大了高中优质教育资源。加强了重点中学检查指导和验收工作，对西安育才中学、蓝田田家炳中学、咸阳育才中学等13所省级重点高中进行了验收。开展了高中研究性学习实验工作，有40所高中成为研究性学习实验学校。抓好高中综合实践课的开设和教材建设。开展了高中文综/理综的教学研究及高考前教师的教研培训。

〔**幼儿教育**〕 2003年，全省各级各类幼儿园达到2 288所。城市基本解决了“入园难”问题，农村儿童也有了更多的接受学前教育的机会。幼儿教师的学历水平、专业能力不断提高。专任教师中具有专科以上学历的为6 745人。全省已创建省级示范性幼儿园86所，幼儿教育骨干体系基本形成。2003年，省教育厅和省人事厅对全省94名幼儿教育先进工作者进行了表彰。

10月，省政府办公厅转发了省教育厅等部门拟定的《陕西省实施国家关于幼儿教育改革与发展意见方案》。《方案》提出了到2007年全省幼儿教育事业发展的总目标：(1)关中各县区及陕北、陕南城区，学前三年受教育率达到90%以上。努力建立区域性幼儿教育服务网络，积极发展0～3岁儿童的教育，0～6岁儿童家长和看护人员普遍受到科学育儿的指导。(2)已经实现“普九”的农村地区，学前三年受教育率达到50%以上，学前一年受教育率达到80%。90%的0～6岁儿童家长和看护人员受到科学育儿的指导。(3)未实现“普九”的贫困地区，学前三年受教育率达到30%以上，学前一年受教育率达到60%。大多数0～6岁儿童家长和看护人员受到科学育儿的指导。拟采取的措施：一是政府要明确目标，切实担负起改革和发展幼儿教育工作的责任；二是突出重点，求实创新，大力解决农村幼儿教育相对滞后的问题，把发展农村幼儿教育与农村经济、社会发展目标，与实现小康和现代化建设相结合，与基础教育实现“两基”(基本普及九年义务教育、基本扫除青壮年文盲)、“两高”(高质量、高水平)相结合，与农村城镇化建设和中小学布局调整相结合，确立了幼儿教育在整个基础教育中的重要地位；三是加强骨干体系建设，全面贯彻教育部颁发的《幼儿园教育指导纲要》(试行)，实施课程改革，提高保教质量，推进幼儿园教育改革不断深化；四是加强队伍建设，提高幼儿教师的整体素质。

〔**特殊教育**〕 到2003年，陕西省特殊教育基本形成以特殊教育学校为骨干，普通学校附设特教班和残疾儿童少年随班就读为主体的特殊教育格局。全省共有适龄残疾儿童少年31 571人，已入学18 460人，入学率58%。有特殊教育学校28所，特教班20个，在校学生2 143人，随班就读学生16 448人。在普通学校附设特教班和随班就读的残疾学生占义务教育阶段全部在校残疾学生的89%，随班就读已经成为陕西省残疾儿童少年义务教育的主要形式。

陕西省特殊教育工作“十五”实施方案确定的

事业发展主要目标任务是：（1）义务教育。西安、咸阳、宝鸡、渭南、铜川、汉中等市，三类残疾儿童少年的义务教育阶段入学率要达到85%以上；安康、榆林、延安、商洛等市，三类残疾儿童少年入学率要有较大幅度提高。（2）学前教育。50%以上的残疾幼儿，应在早期教育机构及学前康复训练机构，接受2～3年的学前康复训练与早期智力开发。（3）高级中等教育。40%以上经过九年义务教育的三类残疾儿童少年，应接受高中阶段教育，60%以上接受中等以上职业教育。为此，陕西拟在“十五”后两年，采取有力措施发展特殊教育事业：（1）从实践“三个代表”重要思想的高度，进一步提高对发展特殊教育事业重要意义的认识；（2）继续以随班就读为重点，大力普及残疾儿童少年义务教育；（3）进一步完善特殊教育体系，努力满足残疾人受教育的需求；（4）推进信息化建设，争取全省特殊教育事业实现跨越式发展；（5）加强培训，建设一支新时期特殊教育发展需要的管理队伍、校长队伍和师资队伍；（6）坚持“特教特办”，千方百计地加大对特殊教育的投入；（7）深化教育教学改革，进一步提高特殊教育质量；（8）多方协调，广泛动员社会各界关心和支持特殊教育事业。

〔**教师队伍建设**〕 （1）举办赛教评优活动。到2003年，共评选出中小学省级教学能手1 000名，中等师范学校教学能手近120名，初步形成陕西中小学教师队伍的骨干力量。（2）不断强化师德教育，大力提高教师道德素质。印发《陕西省教育厅关于加强教师职业道德建设的意见》、《关于切实加强师德师风建设有关问题的通知》等文件，要求各市继续坚持举办暑期教师学习会，开展多种形式的创、评活动，将师德与教育教学工作实绩作为考核的主要内容，考核结果作为教师续聘、解聘、奖惩的重要依据，形成加强教师队伍建设的激励、评估与保障机制，为师资建设创造良好的制度环境。（3）开始新一轮中小学教师培训工作，以新课程师资培训为核心，辅之以教育信息化、教师职业道德教育等多项内容。新课程省级培训，累计培训教育管理者、培训者和教师3万余人次；学科培训、教材培训共培训教师13 000余人；组织新课程讲师团，赴全省20所中等师范学校，对教师和应届毕业生共11 000人进行了通识培训、学科培训和示范课教学。（4）多种项目培训并举，拓宽教师培训渠道。实施“西部中小学现代远程教育工程”项目，在14个县共设立910个示范点，至2003年4月已培训一线学科教师和技术人员941人。“第二期国家贫困地区义务教育工程”项目、“英特尔未来教育项目”的实施，进一步加大了师资培训力度。（5）将校本培训作为师资培训的重要途径和方式，解决了教师“工、学”矛盾，节约了教师培训费用，同时，在内容上更具有针对性和实效性。

〔**薄弱学校建设**〕 2003年，全省共有中小学薄弱学校5 615所，占全省中小学总数的22.19%，其中薄弱高中183所，薄弱初中966所，薄弱小学4 466所。为加强薄弱学校建设，制定了《陕西省中小学薄弱学校建设规划》，提出了薄弱学校建设的实施步骤和目标。为实现薄弱学校建设规划，拟采取以下主要措施：（1）加大薄弱学校建设投入，切实改善办学条件。（2）加大省内教育对口支援力度，合力支持薄弱学校建设。（3）加强师资队伍建设，提高教育教学业务水平。（4）加强招生制度改革，进一步坚持和完善小学升初中免试就近入学制度，保证生源均衡分布，改善薄弱学校生源状况。（5）加强领导班子建设，提高薄弱学校教育管理水平。（6）改革办学管理体制，增强薄弱学校办学活力。（7）合理调整学校布局，提高整体办学效益。充分发挥重点中学和办学水平较高的中学的示范辐射作用，用签订协议的方式，建立和完善协作办学制度。

2003年，全省784个党政机关及企事业单位对392所薄弱学校，大中城市760所重点学校对1 050所薄弱学校开展了对口支援，累计选派教师1 896名，捐款1 758.58万元，捐赠教学仪器13 124台（件）、计算机1 309台、课桌椅6 360套、图书25.72万册、学习用品4.9万件、衣物10.86万件，资助家庭贫困学生10 209名。

〔**信息技术教育**〕 至2003年底，全省有3 297所学校已建多媒体计算机教室，有校园网的学校703所，实现接入互联网的学校1 116所。举办了教育部/李嘉诚基金会西部中小学现代远程教育扶贫示范工程项目县级培训班，同时完成了该项目第二期460个教学点的师资培训、设备发放以及验收等工作。举办陕西“环宇杯”第二届中小学电脑制作大奖赛活动，有1 118所学校的中小学生参加，参赛作品4 952件。选送50件作品参加第四届全国中小学电脑制作竞赛活动，获得一等奖1个、二等奖1个、三等奖5个、优秀奖9个。在中国/联合国儿基会项目县小学生PowerPoint作品大赛中，商州区、宁陕两个项目县共获一等奖8个、二等奖19个、三等奖23个、优秀奖10个；两县均获最佳组织奖。审批确定了全省第四批“陕西省中小学现代教育技术实验学校”66所。印发了《陕西省中小学现代教育技术示范学校评估标准（试行）》。

职业教育与成人教育

〔**综述**〕 2003年，全省各类中等职业学校在校生占高中阶段在校生的40.2%。在全省农村职业学校开展了创建职教兴农示范校活动，到2003年，共创建省级职教兴农示范校45所，市级示范校80所，县级示范校110所，引进项目130个，直接投入1 500余万元，培训农民1 000余万人次，直接经济效益1.2亿元。共建成省级示范农村文化技术学校60所，市级示范校150所，县级示范校550所，投入资金700余万元，年培训量在200万人以上。进行了国家级和省级重点学校的评估工作，渭南职业中专、西安职业中专、西安综合职业中专等21所学校被教育部认定为国家级重点学校，其中3所学校被认定为国家级示范学校；南郑县职教中心、三原县职教中心、合阳县职教中心等9所学校通过了省级重点验收；新建成5所职教中心（综合职业学校）。

推进中等职业学校招生制度改革，加大招生工作力度，使陕西农村职业教育规模连续两年保持良好的发展势头。据统计，2003年全省农村职业高中共招生11.26万人，比上年增长15.1%。成立了陕西省中等职业学校毕业生服务指导中心，建立了相关网站，积极为毕业生提供服务。连续几年，陕西农村职业学校的毕业生就业率稳定在90以上。2003年，省内21所中等职业学校与东部6省、市的34所学校建立了合作关系，使全省1 800多名初中毕业生有机会到东部学习和就业，既扩大了招生规模，又开辟了东部就业市场。

〔**教育教学改革**〕 中等职业学校教育教学改革继续取得进展：扩大了“学分制”试点范围；组织了2个国家级课题、2个省级课题和27个项目学校立项课题的研究；进行了全省职业高中的教学质量检测，组织了全省专业课教学活动大赛和教学能手大赛；制定和修改了全省14个专业的教学计划，加大了专业改造力度，使社会需求量大的专业得到加强，同时，认定了40个学校的25个专业为首批省级骨干示范专业。

〔**为农村经济发展服务**〕 2003年6月，研讨确定了实施“一网两工程”（建立职业教育为县域经济服务网络，实施职教强县富民工程和职教促进劳动力转移工程）的职业教育促进县域经济发展工作新思路。10月，召开全省职业教育促进县域经济发展工作会议，确定了21个职业教育促进县域经济发展工作试点县，审定了《试点县职业教育促进县域经济发展工作实施方案》，编写了《农民进城务工实用手册》，制定了《陕西省职业教育促进县域经济发展工作评估指标体系》。省政府为首批21个试点县投入1 000万元的专项资金，省级职教专款也重点向这项工作倾斜。全省首批试点县的工作已经全面铺开，并取得初步成果。

〔**劳动力转移培训**〕 2003年，提出了全省劳动力转移培训“一个目标，两个转变，三个途径，四项措施，五大品牌”的工作思路。“一个目标”，即到2007年，使全省新增劳动力和富余劳动力普遍得到培训，转移农村劳动力450万人。“两个转变”，一是进一步统一思想，提高认识，把农村劳动力转移培训工作作为职成教的“正业”抓紧抓好；二是转变职能，改进作风，工作重心下移，直接为农民提供服务。“三大途径”：一是充分利用现有高等、中等职业技术学校的优势和条件，扩大招生规模，搞好农村新增劳动力培训；二是以县级职教中心为基础，发挥其在师资、设备、技术上的优势，以乡镇农民文化技术学校和村级农民夜校为主阵地和辐射点，广泛开展农村富余劳动力转移培训；三是广泛利用农业、劳动、扶贫等部门以及社会力量举办的培训机构开展农村劳动力转移培训，真正做到部门联动、资源共享、形成合力。“四项措施”：一是省教育厅成立实施农村劳动力转移培训工作协调领导小组，确保机构、人员、经费“三落实”；二是落实全省农村教育工作会议决定，从2003年起，每年启动20个县，省给每个县补贴50万元，市政府配套50万元，县政府也给予配套，省级职教专款重点向农村劳动力转移培训工作倾斜；三是建立健全农村劳动力转移培训工作的服务体系，继续加强省职业教育就业服务中心和陕西省职业教育就业信息网的建设，建立陕西省职教劳动力输出维权法律援助中心；四是加强督导检查，建立目标责任制，制定奖励办法，不分民办公办，对成绩突出者予以奖励。“五大品牌”，即精心打造“米脂家政”、“蓝田厨师”、“杨凌农科”、“秦巴茶艺”和“渭北技工”五大品牌。

〔**社区教育**〕 社区教育工作取得新进展，西安市碑林区被教育部认定为国家级社区教育示范区，延安宝塔区、汉中汉滨区、宝鸡渭滨区被确定为省级社区教育示范区。此外，按照教育部的要求，开展了学习型企业的创建工作，西安利君集团等单位被教育部认定为学习型企业。

高等教育

〔**高校党建和思想政治工作**〕 2003年，切实加强全省高校党的基层组织建设，印发了《关于加强陕西高校党的基层组织建设的意见》。对全省高校发展青年知识分子党员工作进行了专题调研，对西安工程科技学院试行党代会常任制的做法和经验进行了总结。加强民办高校党的建设，出台《陕西民办高校党建工作基本标准》，建立了民办高校党建工作评估体系；在10所普通高校和10所民办普通高校建立了党建工作“结对子”联系指导制度。针对高校党建工作中的热点、难点问题，确定了14个党建理论研究课题，9月上旬，召开了课题进展情况汇报会。“七一”前夕，评选表彰了117名优秀青年教师党员和269名优秀大学生党员。

组织十六大精神宣讲团，直接听讲的青年学生达2.5万人。结合高校“两课”教学，重点抓“三个代表”“三进”工作，主要解决“三个代表”进教材和“三个代表”进教师头脑问题。所编写的5种高职高专“两课”教材已投入使用。完成了对2 000名学生和1 000名教师的思想政治状况的调查，基本摸清了当前高校师生思想政治状况。抓了思想政治工作网络规范化、标准化、制度化建设，拟订了《思想政治教育进网络工作标准（讨论稿）》。针对高校教学改革和后勤社会化改革出现的新情况、新问题，积极推进大学生思想教育进公寓，制定了《大学生思想政治教育进公寓工作细则（讨论稿）》。

〔**评选高校教学名师和精品课程评审**〕 按照《教育部办公厅关于组织开展2003年度高等学校教学名师奖评选表彰工作的通知》文件精神，组织开展了2003年度陕西普通高等学校教学名师奖的评选表彰活动。在院校申报的75个参选教师中评审确定了50名教师，授予“陕西普通高校教学名师”称号；在此基础上推荐10名教师参加国家教学名师奖的评选，有6名教师获得国家教学名师称号。

2003年，决定建设50门本、专科精品课程，要求各高校在总结本校重点课程建设经验的基础上，建设一定数量的精品课程，以在各高校形成各门类、专业的校、省、国家三级精品课程体系。各高校共申报了91门课程参选，初步评审出了52门课程，并推荐其中的16门参选国家级精品课程。

〔**教学改革**〕　在全省普通高校继续深化高教四项改革：实施跨校选课，创建名牌专业和高职高专“试点专业”，推行弹性学制，加强教学督导等。完成了2003年陕西普通高校本科名牌专业的评选工作，授予西安交通大学核工程与核技术等30个专业为陕西普通高校名牌专业，确认了西北大学等3所高校“国家生命科学与技术人才基地”6个支撑专业为陕西普通高校名牌专业；在高职高专教改试点专业的评审上，首次采取专家实地入校考察的方式，共评出25所高职高专院校的38个专业为省级第二批高职高专教改“试点专业”；继续在西安交通大学、西安工程科技学院等院校进行弹性学制改革试点；修订印发了普通高校“弹性学制”的实施办法，对普通高校在校生“专升本”工作和成人教育“专升本”工作进行了改革。

对《陕西省普通高等学校本、专科专业设置实施办法》中不适应新形势发展的条款作了修订，进一步扩大了学校的专业设置自主权，允许学校在核定的主干学科门类（专业类别）内自主设置、调整一定数量专业，将年度新增专业的数量从3个调高到6个，并在西北大学、西安理工大学、西安建筑科技大学、西安航空技术高等专科学校、陕西工业职业技术学院、杨凌职业技术学院6所高校进行自主设置专业的试点工作，增强了学校办学活力。9月和11月，先后在渭南和西安召开全省普通高等教育和成人高等教育2004年新增本、专科专业评审会议，评审出了81个普通本科专业、189个普通专科专业，同时筛选出32个本、专科专业报教育部审批备案。

〔**学科建设与学位工作**〕　开展对人文社会科学学科建设情况的调查研究。4月，陕西省学位委员会和陕西省教育厅联合印发了关于做好人文社会科学学科建设情况调查研究工作的通知，各高等学校按照文件要求，进行了校内自查。省学位办组织调研组，对省内外的25所高校进行了考察和调研。完成了全国优秀博士学位论文的评选申报工作，陕西省有6篇论文入选。

为促进西北大学、西安交通大学、西北工业大学、西安电子科技大学、第四军医大学、长安大学6所“211工程”高校的发展，加强了组织协调工作。通过“211工程”二期工程建设，在重点学科、基础设施和公共服务体系建设方面取得了显著成效。西安交通大学、西北工业大学进入了“985”工程建设行列。

西安交通大学汪应洛、屈梁生，西北工业大学马远良，长安大学李佩成，西安建筑科技大学徐德龙等5人当选中国工程院院士，占全国同期入选人数的8.62%。

完成了第九批博士、硕士学位授权单位及一级学科、博士点申报和新增硕士学位授权点的审核工作。新增3个博士学位授权单位，2个硕士学位授权单位，21个博士学位授权一级学科，78个博士点，165个硕士点。截至2003年，陕西共有博士学位授权单位25个，硕士学位授权单位55个，博士学位授权一级学科67个，博士点332个，硕士点1 054个。

〔**科研工作**〕　落实省委、省政府《关于加快“一线两带”建设，实现关中率先跨越发展的意见》。在咸阳市举办科技项目对接会，共达成对接意向协议52项。开展高校科技优势调研，以推动“两个结合”（即高校与科研院所的结合、高校科研院所与企业、高新区及陕西经济的结合）工作的开展。编撰了《陕西高校参与“一线两带”科技项目汇编》一书。共收集19所高校近年来研究开发的应用技术成果近200项，着重对成果的产业化前景进行了推介。

加强科技创新平台建设。在彬县建立了省教育厅第一个农业科技推广示范基地。组织专家对西安建筑科技大学、西安理工大学联合组建的“环境修复与生态健康重点实验室”和西安科技大学申报的“西部矿井开采及灾害防治重点实验室”进行了审查，已获批准立项建设。完成了西安电子科技大学科技园申报第三批国家大学科技园的论证上报工作。组织完成了陕西高校西部校园网工程西安城域网建设方案评审、设备采购、综合布线工程的招标工作。

申报政府部门有关科技计划项目。组织高校申报了陕西省 2003 年度科技攻关计划项目 267 项；申报教育部重点科技计划项目 10 项、教育部人文社会科学研究项目 5 项；编制下达了省教育厅 2003 年度科技计划，该计划共资助科技项目 364 项，资助经费1 450万元，受资助学校 26 所。

加强科学技术奖励工作。颁布实施了《陕西高校人文、社会科学研究优秀成果奖励暂行办法》，组织评审并颁发了 2003 年度陕西高校人文、社会科学研究优秀成果奖 122 项和陕西高校科学技术奖 93 项。

〔**毕业生就业工作**〕 截至 2003 年 8 月底，陕西省高校毕业生整体就业率为 82.79%，其中研究生就业率为 96.78%，本科生为 89.95%，专科生（含高职）为 64.50%。主要做了以下工作：（1）印发了《关于切实加强普通高等学校毕业生就业工作的意见》，提出了 10 个方面的落实意见。（2）广泛收集毕业生的就业信息，为毕业生和用人单位服务。建立了人才需求信息库，供毕业生查询选择。（3）组织高校毕业生供需洽谈会。（4）加强毕业生思想教育和就业指导工作。针对毕业生的思想实际，要求各学校通过开设就业指导课，举办就业讲座、就业咨询及报告会、座谈会等多种形式，教育和帮助毕业生转变就业观念。（5）实施 2003 年陕西省大学生志愿服务西部计划。省教育厅与团省委联合招募了 556 名普通高校应届毕业生到贫困县的乡镇工作 1～2 年。（6）招录公务员和国家工作人员。通过严格考核，1 046名应届毕业生被录用为各级党政机关工作人员和国家公务员。同时，进行了从重点大学为省级机关选拔优秀应届毕业生的改革试点工作，确定录用 43 名为省级机关公务员。

〔**教育交流与合作**〕 召开全省国家公派留学选派工作会议，2003 年申报国家公派留学的人数达到 174 人。与教育部签署了“西部地区人才培养特别项目”协议书。该项目将依据陕西“十五”规划纲要和急需人才培养计划，每年选派 50～80 人出国留学深造，以达到更有针对性地支持西部地区人才培养的目的。为规范自费出国留学中介市场的秩序，对 6 家合法自费出国留学中介机构与国外院校和教育机构的协议、委托书及使馆认证进行了全面的审查，并向社会公布；对不符合要求的机构或项目责令停业。

2003 年，全省各类学校共聘请外国文教专家 614 人次，新核准聘请外国文教专家资格院校 7 所。2003 年，全省有中外合作办学机构 10 个，中外合作办学项目 6 个，其中全日制教育机构 7 个，在校生3 776人。进一步规范中外合作办学机构发布的招生广告，建立了严格的审批制度，以杜绝中外合作办学机构招生过程中的虚假广告。

2003 年，陕西省教育系统赴国外短期出访团组 171 个、676 人次；赴港澳台立项及审批团组 72 个、211 人次；出国及赴港澳台研修、工作、合作研究 664 人次。教育系统累计接受境外各种捐赠共计 81.9 万美元。

撰稿　魏天纬

审稿　张雄强

甘肃省教育

概　　况

〔基本情况〕

2003 年各级各类学校校数、教职工、专任教师情况

	学校数（所）	教职工数（人）	专任教师（人）
一、高等教育			
（一）研究生培养机构（不计校数）	16		
1. 普通高校	8		
2. 科研机构	8		
（二）普通高等学校	31	23 012	12 274
1. 本科院校	13	16 619	8 257
2. 专科院校	18	5 362	3 357
其中：职业技术学院	11	3 164	1 955
3. 分校、大专班（点）（不计校数）		1 031	660
（三）成人高等学校	12	1 505	912
（四）民办的其他高等教育机构	25	488	242
1. 学历文凭考试机构			
2. 非学历文凭考试机构	25	488	242
二、中等教育			
（一）高中阶段教育	743	118 712	33 223
1. 高中	456	100 056	21 783
普通高中	453	100 004	21 754
成人高中	3	52	29
2. 中等职业教育	287	18 656	11 440
普通中等专业学校	125	12 320	7 201
成人中等专业学校	54	2 326	1 218
职业高中	108	3 644	2 801
技工学校			
其他机构（教学点）（不计校数）	18	366	220
（二）初中阶段教育			
1. 普通初中	1 578		65 999
2. 职业初中	9	104	100
3. 成人初中	12	54	8

续表

	学校数（所）	教职工数（人）	专任教师（人）
三、初等教育			
（一）普通小学	15 635	131 752	126 740
（二）成人小学	8 345	19 872	5 271
其中：扫盲班	7 863	19 104	5 112
四、工读学校			
五、特殊教育	14	394	294
六、学前教育	2 276	14 568	9 614

注：1. 普通高中教职工数包含普通初中教职工数；
2. 成人高等学校教职工数和专任教师数为2002年数据。

2003年各级各类学历教育学生情况

	毕业生数（人）	招生数（人）	在校生数（人）
一、高等教育			
（一）研究生	1 349	3 634	8 555
（二）普通本专科	29 582	60 069	173 391
（三）成人本专科	17 776		95 901
（四）其他各类高等学历教育			
1. 在职人员攻读博士、硕士学位		710	1 999
2. 网络本专科生		4 322	11 814
3. 学历文凭考试	599	840	2 232
二、中等教育			
（一）高中阶段教育	141 016	226 840	598 592
1. 高中	89 113	168 181	427 168
普通高中	89 040	168 181	427 011
成人高中	73		157
2. 中等职业教育	51 903	58 659	171 424
普通中专	30 383	38 215	116 439
成人中专	10 761	5 884	18 892
职业高中	10 759	14 560	36 093
技工学校			
（二）初中阶段教育			
1. 普通初中	367 004	453 109	1 306 024
2. 职业初中	1 453	85	2 378
3. 成人初中	37 572		8 447
三、初等教育			
（一）普通小学	481 495	572 321	3 227 592
（二）成人小学	236 552		258 649
其中：扫盲班	221 324		239 212
四、工读学校			
五、特殊教育	466	975	7 673
六、学前教育	217 040	268 563	372 225

注：1. 成人本专科毕业生、在校生数为2002年数据；
2. 其他各类高等教育学生数未包含成人高校举办的各类高等教育学生数。

2003 年各级各类非学历教育学生情况

	毕（结）业生数（人）	招生数（人）	在校生数（人）
一、高等教育	31 205	16 139	21 600
（一）研究生课程进修班	2 580	2 369	5 227
（二）自考助学班	3 717	3 846	10 962
（三）普通预科生	1 347	1 229	1 273
（四）证书教育	420	173	194
（五）岗位培训	11 062	2 184	1 198
（六）进修及培训	12 079	6 338	2 746
二、中等教育	1 394 563		1 226 129
（一）中等职业教育	104 117		64 589
（二）职业技术培训机构	1 290 446		1 161 540

注：高等教育非学历教育学生数未包含成人高校举办的非学历教育学生数。

2003 年各级民办教育基本情况

	学校数（所）	毕业生数（人）	招生数（人）	在校生数（人）	教职工数（人）	专任教师（人）
一、民办高等教育						
（一）普通高校	1	1 216	5 276	11 037	1 131	725
（二）成人高校						
（三）民办的其他高等教育机构	25	22 995	9 233	8 829	488	242
二、民办中等教育机构						
（一）高中阶段教育						
其中：民办普通高中	51	2 253	8 966	17 858	1633	1 140
民办中等职业教育	5	323	975	1 907	367	200
（二）初中阶段教育						
其中：民办普通初中	5	1 408	2 398	7 057		
民办职业初中						
三、民办普通小学	26	1 052	1 255	6 788	714	504
四、民办幼儿园	590	15 696	33 142	50 946	3 446	2 077

注：民办普通高中教职工数包含民办普通初中教职工数。

〔**年度教育工作方针**〕 2003 年，全省教育工作的指导思想是：以邓小平理论和“三个代表”重要思想为指导，学习贯彻党的十六大，坚持解放思想，实事求是，深化改革，加快发展，提高质量，保持稳定，为实现小康社会的奋斗目标，努力开创教育工作新局面。2003 年，全省教育工作的具体要求：一是认真学习贯彻党的十六大精神，把思想统一到十六大精神上来；二是以发展为主题，促进各级各类教育协调发展；三是积极推进教育创新，全面深化教育改革；四是全面贯彻党的教育方针，扎实推进素质教育；五是加强高校科技创新，大力推进哲学社会科学研究；六是加强教育系统党风廉政和行风建设，不断提高教育管理水平。

〔**教育投入与支出**〕 2003 年，全省地方教育经费总支出达到 80.68 亿元；全省地方财政性教育经费达到 57.74 亿元。地方财政性教育经费占国内生产总值的比例为 4.47%，达到了《中国教育改革与发展纲要》提出的目标。

教育工程和项目进展顺利。中小学危房改造工程、二期“义教工程”、世界银行贷款/英国政府赠款“西部地区基础教育发展”项目、邵逸夫赠款项目、中欧甘肃基础教育项目、中英甘肃基础教育项目、日元贷款项目、“深圳——甘肃助学基金”项目、王永庆先生援款建校项目、英特尔未来教育项目、联合国开发计划署远程教育项目、联合国儿基会项目、中国政府与新西兰政府早期教育合作项目、沙特政府贷款项目等教育工程和项目的实施，为培训师资队伍，改善办学条件，提高教学水平，资助困难学生等发挥了重要作用。

〔**依法治教**〕 研究制定了2003—2007年教育立法计划。进行了新一轮行政执法培训、考试，教育行政干部的法律意识明显增强，执法水平进一步提高。对全省教育系统“四五”普法工作进行了中期评估，促进了普法工作的落实。集中宣传了《民办教育促进法》和《中小学学生意外伤害事故处理办法》。转变职能，取消了3项教育审批项目，累计取消教育审批项目18项。依法治校试点工作全面展开。认真贯彻教育部和全国总工会《关于全面推行校务公开制度的意见》，在试点的基础上，全省各级各类学校全面推行了校务公开制度。在校务公开工作中，各地积极探索、总结出了许多行之有效的经验，校务公开制度正在向规范化和科学化的方向发展。

〔**治理教育乱收费**〕 2003年年初，中纪委二次全委会和全国治理教育乱收费部际联席会议将治理教育乱收费作为纠正部门和行业不正之风的重点工作之后，省教育厅进一步加大了治理教育乱收费的工作力度。全年共清理取消收费项目53个，涉及金额211.34万元；降低标准的收费项目10个，涉及金额246.69万元；制止强行征订教辅材料和降低教材价格减轻学生经济负担973.51万元；查处教育行政部门和学校乱收费案件116件，涉及金额306.44万元；查处义务教育阶段乱收费案件145件，涉及金额212.61万元；查处违反公办高中择校生“三限”政策案件13件，涉及金额106.16万元；查处高等学校乱收费案件3件，涉及金额72.7万元；查处有关部门各种形式的摊派、搭车收费案件4件，涉及金额18.74万元；受党纪政纪处分和处理的40人。

〔**教育审计**〕 教育系统内审计机构认真执行审计法规，大力加强审计队伍建设，紧紧围绕教育经费的筹措、管理和使用效益开展工作，注重理论研究，进一步加强了全省教育系统审计行业宏观管理。2003年，就高校预算执行情况、教育经费管理使用情况、基建投资情况、学校合并资产情况、领导干部经济责任等方面开展了审计，共完成审计和审计调查项目1 238项、审计总金额33.36亿元，审计资金总额比上年增加47%，查出有问题资金3 065万元，促进增收节支263万元，审减基建投资3 108万元。为加强教育经费管理，维护国家财经法规，促进廉政建设，提高教育经费的使用效益发挥了积极作用。

〔**教育系统救灾工作**〕 2003年，全省灾情多，受灾面大，损毁严重。特别是9月庆阳市、定西市等地区连降几十年未遇的暴雨，10月张掖市4个县连续发生了4次地震（最大震级6.1级），均给学校造成了重大损失。据初步统计，全省共有1 554所中小学受灾，造成直接经济损失2.17亿元。灾害发生后，省教育厅紧急部署灾区教育行政部门和学校做好救灾工作，并先后派出以总督学高维新、副厅长李廉为组长，有关处室负责同志参加的救灾工作组深入灾区，考察灾情、指导救灾工作、慰问灾区学校的教职员工和学生，真正做到了部署及时、指挥靠前、信息畅通，使灾区学校财产损失减少到最低程度。张掖市受灾地区救灾预警到位、措施落实，广大教育工作者舍“小家”顾“大家”，为救灾工作作出了贡献，灾区无一学生死亡。为加快灾区学校的灾后重建，省教育厅先后筹措资金830万元，及时拨付受灾县市，并组织厅机关和直属单位开展了支援灾区的捐赠活动（捐款共计54.82万元已全部用于民乐县永固镇姚寨小学的建设）。同时，积极争取国家和省的补助资金用于灾区校舍建设，使灾区学校迅速恢复了正常的教学秩序。

〔**民族教育与对口支援**〕 继续在西北师范大学、兰州理工大学、甘肃农业大学、兰州交通大学开办少数民族本科预科班，共招收少数民族学生750人，兰州医学院民族班招生25人；与内蒙古、新疆、青海等省区开展对等招生，共为甘肃省培养用民族语文授课的本科生 20 人；完成了中央民族大学附中、西北师范大学附中和省属七所重点中学高中民族班的招生工作，共招生 200 人。2003 年全省共录取少数民族学生3 646人，比上年增加 674 人。与天津市教委签订了《2002—2003 年度学校对口支援工作协议书》，确定了支援项目。天津市第二批 100 名教师在定西、天水、陇南支教；天津市投资 300 万元在天水援建津陇信息技术教育教师培训中心；民教、职教、高教等支援项目如期展开。省直机关学校对口支援工作和高等学校支援甘南工作从硬件建设转向硬件软件建设相结合，对口支援工作成效显著。

〔**教育信息化建设**〕 2003 年，总投资 616.33 万元的教育信息化传输、资源、管理三大信息基础平台建设基本完成；中小学信息技术教育及基础设施建设工程初见成效；现代远程教育“金证工程”及“银桥工程”、中小学师资和网管人员培训工程全面实施；基础教育资源库、地区教育城域网和校园信息化环境建设工作陆续展开；通达省内各市（州、地）的教育地面传输网络和卫星视频会议及远程教育传输体系已投入使用；启动了国家西部农村中小学“现代远程教育试点示范工程”项目；积极开展了农村和城市社区教育信息化试点工作；西部大学校园网建设顺利实施，兰州交通大学校园“一卡通”管理建设一期工程顺利完成，兰州大学“数字校园建设项目”开始立项建设。召开“甘肃省教育信息化工作研讨会”，开展“甘肃省第一届教育信息化活动月”，有效地指导和带动了全省教育信息化建设工作的跨越式发展。

2003 年国家和省投入教育信息化建设专项经费8 860万元。全省共新建农村中小学卫星小站1 736个，新建农村小学多媒体光盘播放教学点1 655个；全省普通中小学拥有计算机95 181台，高中、初中和小学的生机比分别为 16.24∶1、40.78∶1 和 84.73∶1；接入互联网的学校占学校总数的 46.96％；全省各级各类学校中信息技术教育专任教师5 851名；接受信息技术培训的高中、初中和小学的学生分别占同类学校学生总数的 94.99％、61.32％和 21.35％。

〔**教育交流与合作**〕 “西部人才培养特别项目”正式启动，共确定了 52 名出国留学人员，累计确定出国留学人员 95 名。聘请外专外教的单位和聘请外教数量稳步上升。截至 2003 年底，聘请外国文教专家资格的单位达到 66 家，长期外国文教专家达到 132 人，比上年增加 20％。美国依阿华州立大学与兰州交通大学进一步达成了合作培养学生、共同进行科学研究的具体协议。积极吸收海外留学人员为甘肃服务，共接待组织海外优秀人员与甘肃科教界签订合作研究项目 138 项。来甘肃的外国留学生和我国台湾地区进修人员均有所增加。

〔**语言文字工作**〕 2003 年 9 月，全国第六届“推普周”开幕式在兰州举行，全国人大副委员长许嘉璐，全国人大常委、民进中央副主席王立平，教育部副部长袁贵仁，甘肃省省长陆浩以及有关部门领导同志和数万名群众参加了开幕式活动。普通话水平测试领域进一步扩展。省委组织部、省人事厅、省教育厅、省语委联合印发了《关于开展公务员普通话培训测试工作的意见》，建立了公务员持普通话水平测试合格证上岗制度；卫生、电信等行业启动了普通话培训测试工作。承办了全国第三十六期国家级普通话测试员培训班，语言文字工作队伍建设得到进一步加强。语言文字工作信息化建设迈出了新的步伐，开通了甘肃省语言文字网站，研制开发了普通话水平测试管理系统软件。

撰稿 焦鹏宁

基础教育

〔**综述**〕 全省基础教育以“三个代表”重要思想为指导，认真学习贯彻全国基础教育工作会议、全国农村教育工作会议精神和国务院《关于基础教育改革与发展的决定》、《关于进一步加强农村教育工作的决定》，坚持农村教育“重中之重”战略地位不动摇，积极发展高中教育，推进基础教育课程改革实验，基础教育各项事业得到较快发展。2003年，小学适龄儿童入学率97.99%，其中女童97.76%；小学在校生年辍学率2.8%，其中女童2.99%；小学五年保留率为80.78%，其中女童80.63%。初中适龄少年入学率为84.54%，其中女少年83.95%；初中在校生年辍学率3.20%，其中女生年辍学率为2.64%；小学毕业生升入普通初中的升学率为94.10%，其中女生为91.98%。普通初中毕业生升入普通高中的升学率达到45.83%，比上年提高2.37个百分点。

〔**德育工作**〕 结合基础教育课程改革，利用小学《品德与生活》、《品德与社会》、初中《思想品德》课程教材和调整后的高中思想政治课内容，认真贯彻《中学政治课贯彻党的十六大的指导意见》和《中小学健康教育指导纲要》，开展法制教育专题活动，强化心理健康教育、环境保护教育、社会公德和文明习惯教育，德育工作的时效性和针对性明显增强；多次开展少先队员文化建设和青少年养成教育等课题研究活动。学校体育艺术工作得到加强，学生身体素质和艺术素养大大提高。

〔**教师队伍建设**〕 教师编制管理进一步规范。省政府批准下达了全省中小学教职工基本编制263 588名。部分县（市、区）已按“按需设岗、公开招聘、平等竞争、择优聘用、合同管理”的原则逐步推行教师聘任制。师范教育改革逐步深入。部分中等师范学校与高等师范院校联合进行了“3＋2”分段模式普通大专层次小学教育专业试点，稳步推进了全省师范教育“三级”向“两级”的适时过渡。2003年，共3万多名教师参加了新教师岗位培训、教师职务培训、新课程标准培训、骨干教师培训、信息技术教育培训和学历提高教育，近20万名中小学教师和校长基本完成了五年一轮的继续教育任务。全省小学、初中、高中教师的合格率分别达到95.06%、87.58%、57.49%，比2002年分别提高1.09、2.78、5.89个百分点。

〔**“两基”工作**〕 2003年省政府办公厅印发了《甘肃省2003—2010年“两基”规划》，提出各级政府要深刻认识实现“两基”对全面提高劳动者素质、促进经济社会发展和实施西部大开发、加快全面建设小康社会进程的重要意义。省政府召开全省“两基”攻坚工作会议，省教育厅召开了“两基”工作庄浪现场会，总结经验，部署工作。会宁县、庄浪县实现了“两基”，全省实现“两基”目标的县达到61个，占总县数的70%，人口覆盖率达到76.78%，全省7个市整区域实现了“两基”；玛曲、东乡、积石山3个民族县实现了“普初”，全省全面实现了普及初等义务教育的历史任务。2003年共投入扫盲经费140万元，印发扫盲教材《读写算》10万册，239 212人（女12 488人）参加了扫盲学习班，脱盲221 324人。

〔**高中教育**〕 2003年，初中阶段毕业生升入高中阶段的升学率达到60%。在全国青少年科技创新大赛中，3名学生获一等奖。在全国数学竞赛中，1名学生获一等奖，1名学生获二等奖。2名学生获化学竞赛二等奖。组织开展了全省中学生电脑制作活动，选送优秀作品参加全国评比，有2件作品获三等奖。

在认真调研的基础上，10月中旬省教育厅在张掖、酒泉两市召开全省高中建设现场会议，传达全国高中发展与建设经验交流会议精神，总结交流近年来高中建设的经验，研究今后一段时期全省普通高中建设工作。会后，省教育厅印发了《关于加快高中教育改革与发展的意见》，从六个方面提出了加快高中发展与建设的30条措施：提高认识、明确目标，加快高中教育改革和发展步伐；理顺关系、完善机制，深化高中教育体制改革；更新观念、强化管理，提高高中教育质量；加强培训、优化结构，提高高中教师队伍的整体素质；加大投入、改善条件，提高高中办学水平；加强监督、依法治教，规范高中办学行为。省教育厅首次设立高中建设项目，筹措专项经费2 990万元，支持31所高中建设。平凉、白银等市积极行动，分别召开会议，学习贯彻全省高中建设现场会议精神，研究制定本地区加快高中发展的措施建议。

加强高中教育管理，规范高中办学行为。认真贯彻教育部治理教育乱收费电视电话会议精神，省物价局、省财政厅、省教育厅制定了普通高中招收“三限生”收费政策，对各地中小学收费情况进行了检查。为了做好新一轮高中课程改革的前期准备工作，学习、宣传了高中新课程标准。进一步完善高中毕业会考制度，充分发挥会考对高中教学的宏观监控、评价指导作用。根据《甘肃省普通高中毕业会考制度改革实施意见》，首次采用无纸化考试形式组织高一年级信息技术会考。毕业会考管理软件的研制开发步伐加快，学籍管理的科学化水平不断提高。经过两年来的实践，《甘肃省普通高中毕业会考制度改革实施意见》提出的各项措施基本得到落实。汇编了《普通高中毕业会考质量分析报告》，提供给各地教育行政部门、教研机构和学校，以指导高中教学工作。

〔县级教育管理体制改革〕 基础教育实行“在国务院领导下，由地方政府负责、分级管理、以县为主”管理体制以来，甘肃省在试点的基础上，已全面推开。全省教师工资管理上收到县的县数达到86个，占全省县（市、区）总数的98.9%；教师人事管理上收到县的县数达到85个，占全省县（市、区）总数的97.7%。全省基本实现了农村义务教育管理由以乡镇为主向以县为主的根本性转变。

〔基础教育课程改革〕 召开了全省基础教育课程改革实验工作会议。各地相继成立了课程改革实验工作领导小组；全省课程改革实验区从2002年的16个发展到2003年的38个，6 280所小学和820所初中开展新课程试验；参加实验的小学生达到31.13万人，占同年级学生总数的36.89%，参加实验的初中学生达到38.3万人，占同年级学生总数的48.8%。全省近400人参加了由西北师大基础教育课程研究中心举办的新课程标准实验教材骨干教师培训，近20 000名教师接受了新课程教师培训。省教育厅成立了课程改革实验工作调研指导组，深入各地进行调研，开展教学巡回指导活动。全省共有16 000多人参加了省组织的巡回讲学、观摩教学和校本培训活动。各实验区相继成立了实验教材选用委员会，进一步加强了对新课程教材的管理。新课程实验推广工作效果明显。一是教师的教育理念和教学行为发生了变化。启发式、互动式、参与式教学方法和自主学习、合作学习、探究学习的学习方法正在逐步为广大师生所理解、认可和接受。教学更加贴近学生生活，更加注重学生情感、态度、价值观的培养，学生的主体意识和创新精神越来越受到教师的关注。二是激活了课堂教学，调动了学生学习的积极性。学生的发言更加主动，学习兴趣浓了，提的问题多了，师生的交往更加和谐，学校教学出现了新面貌。三是教研气氛逐渐浓厚。教师从课改中尝到了教研的甜头，积极主动地投入教学研究，掀起了教研教改的新高潮。四是新的评价方式逐步实施。运用学生成长记录袋，注重学生学习过程中的综合素质培养，对学生更多地使用激励性评语，把过程性评价和终结性评价结合起来，注重学生的全面发展。五是通过多样化、多元化的课改培训，提高了教师利用现代信息技术设备的能力，学校资源得到充分利用并发挥了重要作用。

〔特殊教育〕 根据教育部的统一安排，在全省开展特殊教育自查工作。加大对残疾学生的资助力度，制定了《特殊教育学校国家免费教科书发放管理办法》，1 400多名特教学校在校残疾学生享受了国家免费教科书。积极探索残疾儿童随班就读的办法和途径，开展随班就读试点工作，高台县、静宁县、平凉市崆峒区开展国家随班就读试点，定西市安定区实施联合国儿基会盲童随班就读项目，配合省残联继续开展资助盲童入学项目和“扶残助学春雨行动”。加强特殊教育学校信息技术建设，利用有限资金，优先发展信息技术教育。兰州盲校率先建起了校园网，西峰、静宁2所特教学校新建了计算机教室，全省已有9所特教学校建起计算机教室，开展计算机教育。在全国特殊教育学校信息技术教育工作现场经验交流会上，兰州盲校向大会介绍了经验。

〔**幼儿教育**〕 认真贯彻落实国务院办公厅转发教育部等部委《关于幼儿教育改革与发展的指导意见》和教育部《关于开展幼儿教育专项督导自查工作的通知》精神，在全省进行幼儿教育专项调研和督查工作，省教育厅、省卫生厅组织人员对幼儿园的安全、卫生工作进行了大检查。通过实施联合国儿童基金会及新西兰早期儿童教育项目，培训了600多名幼儿教育骨干教师。圆满地完成了儿基会授权的2003年度各项活动，按时上报项目中期评估报告。9月，儿基会和教育部项目官员及新西兰专家分别来甘肃进行项目评估，对甘肃省实施“早期儿童养育与发展”和“中国——新西兰早期儿童养育与发展”工作给予充分肯定，并分别给予了20万元和10万元的项目奖励资金。

〔**安全工作**〕 中小学安全工作得到有效加强。一是加强领导，明确职责。各级教育行政部门、中小学校及幼儿园都把学校及师生安全列入重要议事日程，建立了学校安全工作目标责任制，明确了校长及有关人员的职责，建立了中小学安全工作联络员制度，逐步完善了中小学安全工作网络。二是通过各种形式的主题活动进行安全教育。协同公安、交通、消防、卫生等部门，在全省范围内组织开展了以“交通安全”、“消防安全”、“校园安全”、“食品卫生安全”等为主题的中小学生“安全教育日”、“安全教育周”活动。省教育厅、省文明办、省公安厅联合印发了《关于进一步开展交通安全文明村、文明学校建设的意见》，开展了安全文明学校创建活动。三是省教育厅发出《关于进一步加强学校管理、确保中小学生安全的紧急通知》、《关于切实做好学校防火、旅游及交通等安全工作的紧急通知》、《关于进一步加强学校安全工作、坚决遏制中小学楼梯间拥挤等伤亡事故的紧急通知》等文件，提高了各级教育行政部门和学校对学生安全工作的责任感和使命感，树立了“安全第一”的观念。

撰稿 哈 登 刘彦文 温攀玺

职业教育与成人教育

〔**全省职业教育工作会议**〕 8月，省政府召开了全省职业教育工作会议，作出了《甘肃省人民政府关于加快职业教育改革与发展的决定》，提出“十五”期间到2010年全省职业教育要实施三项工程，即示范校建设工程、就业再就业工程、科技兴农富农工程。会议确定了全省职业教育改革与发展的指导思想、目标任务、工作思路和政策措施，对新时期职业教育改革与发展进行了全面的动员和部署。一是提高认识，明确目标，推动职业教育的发展；二是深化职业教育管理体制和办学体制改革；三是深化职业教育教学改革；四是大力加强职业教育师资队伍建设；五是大力扶持农村和少数民族地区职业教育；六是实施就业准入制度，加强职业教育和劳动就业的联系；七是增加职业教育经费投入，加快职业教育发展；八是加强领导，依法治教，推动职业教育持续健康发展。

〔**职业学校建设**〕 开展了全省中等职业学校合格评估。经评估，全省154所职业学校基本达到合格中等职业学校标准；对29所学校进行了国家级重点学校的筛选和评估，其中有28所中等职业学校经省评估验收后报教育部审核；对17所中等职业学校进行了省部级重点评估，其中15所中等职业学校达到省部级重点职业学校标准。

〔**教育教学改革**〕 开展了全国教育科学“十五”规划国家级重点课题子课题“西部高等职业教育结构布局与办学模式改革实验研究”和“西部人力资源开发研究”。在理顺高职与高专关系、中专与高职间的衔接以及高职办学模式、人力资源开发等方面进行了有益的探索。完成了“3＋2”五年制职业教育中高职转段考试和审批工作，2000级1 553名学生顺利完成了转段。经评估，新建成中等职业学校省级骨干专业30个。

〔**教师队伍建设**〕 根据《教育部关于做好2003年中等职业学校教师在职攻读硕士学位招生工作的通知》，共组织全省中等职业学校30人参加了考试；指导西北师范大学职业技术教育学院国家职教师资培训基地开展教师培训，共培训教师200多人次。

〔**为“三农”服务**〕 全省68所学校开展了“绿色证书”教育，同时开展了致富新技术培训、回乡知青培训和现代农业经营、营销员岗位培训等工作，培养了一批懂技术、善管理的现代农民，当年开展农村实用技术培训农村劳动力300万人次。

〔**民族干部培养和培训**〕 省委组织部、省人事厅、省教育厅、省财政厅联合发出《关于部分高校为全省少数民族州县代培干部的通知》，西北师范大学、甘肃农业大学、兰州理工大学和兰州医学院为甘南、临夏、酒泉、张掖、武威、天水等市（州）少数民族县代培干部150多人。

〔**招生与毕业生就业工作**〕 省高等学校招生委员会和省教育厅联合发出《关于甘肃省高等职业教育招收中等职业学校毕业生有关问题的通知》，决定从2004年起，实行“3＋专业课综合”考试模式，专业课考试成绩计入总分。不断加大毕业生就业指导工作力度，积极探索职业学校毕业生劳务输出的途径和办法。大力推行“出口”拉动“进口”工程，积极探索依托企业，走校企联合办学的路子。2003年全省中等专业学校向外省输送毕业生12 000多名，全省中等职业学校一次性就业率达85％。

〔**中德职业教育合作项目**〕 与德国赛德尔基金会的项目合作进入新的阶段。一是经过协商，一个以师资培训为主，兼顾国内外考察，部分实训设备投入的中德职业教育甘肃项目工作框架基本形成；二是先后在金塔县职教中心、庆阳市陇东职专、山东潍坊柴油机职业培训中心、培黎石油学校、天水市职业技术学校、通渭县职教中心举办了电器焊接、金加工基础、机械制图、汽车电气、宾馆服务、服装剪裁制作、汽车喷漆等9期师资培训班，全省191名教师接受了培训；三是经过选拔，两名教师将赴德国参加人力资源管理培训；四是选派7名汽车专业教师赴德国进行为期三个月的学习。

撰稿　何金保　牛辉峰

高 等 教 育

〔**综述**〕 2003年，高等教育规模稳步扩大，教育教学改革不断深化，人才培养模式逐步优化，教育教学质量稳步提高。全省31所普通高校共招生60 069人（其中省属高校招生53 386人），比上年增加6 990人（其中省属高校增加6 363人）；在校学生173 391人（其中省属高校151 883人），比上年增加30 382人（其中省属高校增加27 227人）。共招收研究生3 634人（其中博士生583人，硕士生3 051人），比上年增加931人（博士生增加135人、硕士生增加796人）；在校学生8 555人（博士生1 594人、硕士生6 961人），比上年增加2 152人（博士生增加358人、硕士生增加1 794人）。

〔**党建和思想政治工作**〕 省教育厅会同省委组织部制定印发了《甘肃省高等学校实行党委领导下的校长负责制的若干意见》，高等学校领导体制得到进一步完善。认真学习第十二次全国高校党建会议精神，进一步明确了全省高校党建工作目标和任务。考核评估了19所高校的思想政治工作。共评选表彰奖励了思想政治工作先进集体5个、思想政治工作优秀组织奖3个、思想政治工作先进基层党组织8个、思想政治工作先进个人46名。各高校不断深化“两课”改革，积极开展在“两课”教学中贯彻十六大精神的教材修订、教师队伍培训等工作；加强“三个代表”重要思想“三进”工作，在高校开设了《“三个代表”重要思想概论》课程，并组织编写了教材；部分高校实现了思想政治工作“进社团、进公寓、进网络”。

〔**专业建设与学位管理**〕 2003年，全省8所本科院校增设43个本科专业，22所高校增设71个专科（高职）专业。这次新增专业进一步体现了“加快、加强、升级、拓宽、创建”的原则，工科专业占33.8%，新的及目录外、跨学科的专业较多。有3所学校论证了目录外专业，种子科学与工程、食品质量与安全等专业是在学校有实力的老专业基础上改造、提升之后增设的，人文教育、科学教育等专业是教育部近两年新增的跨学科专业。甘肃中医学院、平凉医学专科学校、张掖医学专科学校3所学校的中西医结合医疗等7个专业（8个点）试办了初中起点5年制医学专科专业教育。

2003年，兰州交通大学、兰州医学院、西北民族大学3所院校新增为博士学位授予单位，兰州商学院新增为硕士学位授予单位，兰州医学院、甘肃中医学院新增为专业学位培养单位。全省高校新增博士后流动站9个、一级学科博士点2个、二级学科博士点23个、硕士学位授予点113个、专业学位授予点3个。

〔**教育教学改革**〕 认真组织实施“质量工程”。一是认真开展了高校教学名师奖的评选工作。按照校级、省级、国家级的程序，逐级推荐评选了10名省级教学名师。兰州大学钱伯初教授获得国家级教学名师奖。二是评选省级精品课程20门，推荐国家级精品课程6门。充分发挥高质量课程的示范性作用，带动学校在课程建设上投入更多的人力和财力。向全省高校免费开放“精品课程”，实现优质教学资源共享。

在甘肃农业大学、兰州理工大学建立了“甘肃省农业与农村经济管理人才培养基地”、“甘肃省高新材料人才培养基地”和“甘肃省先进制造技术人才培养基地”3个人才培养基地。在兰州工业专科学校设立了4个省级教学改革试点专业，探索新型人才培养模式，优化人才培养结构，提高人才培养质量。

〔**教学研究与教学管理**〕 加强教学研究，提高教学管理水平。根据《教学成果奖励条例》和

《甘肃省教学成果奖励办法》，组织开展了甘肃省高等教育教学成果奖励工作，在19所高等学校申报的176项教学成果中，评选出省级一等奖7项、省级二等奖22项、省教育厅级奖励55项。这些教学成果体现了高等教育教学领域取得的实践性、创新性成果，是广大申报教师几十年的积累和结晶，具有较强的代表性，大多数成果都附有成果实践的完整资料，有多媒体课件。组织召开了全省高校教务处长联席会议，交流了高校推进学分制管理的经验，研讨了高校教学管理现代化的有关问题，就高等教育教学改革的热点和难点问题进行了探讨。

〔**学校结构调整**〕 高等学校继续巩固和发展“共建、调整、合作、合并”的改革成果，西北民族学院、甘肃工业大学、兰州铁道学院分别更名为西北民族大学、兰州理工大学、兰州交通大学；庆阳师范专科学校顺利升本，改建为陇东学院；在原平凉卫生学校、张掖卫生学校、陇南师范学校和定西教育学院的基础上，分别改建为平凉医学高等专科学校、张掖医学高等专科学校、陇南师范专科学校和定西师范专科学校；培黎石油学校顺利并入兰州师范专科学校；经省政府批准，新成立了甘肃交通职业技术学院和武威职业技术学院。

〔**教学评估**〕 高等学校教学评估工作进展顺利。一是组织专家组，对6所新建普通高校的教育教学工作进行了检查；二是对酒泉职业技术学院、西北师范大学知行学院、甘肃政法学院东方现代管理学院3所新建院校的第一届毕业生的教育质量进行了全面的考核验收；三是西北师范大学、兰州医学院接受了教育部教学工作水平评估，专家组充分肯定了两校在教育教学、科研工作等方面取得的成绩，同时，也指出了两校存在的问题与不足。兰州工业专科学校接受了教育部高职高专院校人才培养工作水平评估。

〔**高校后勤改革**〕 制定了2003年—2008年高校后勤改革规划；高校饮食物资实行了以校为单位的集中采购制度；全省3所高校的45栋学生公寓通过了甘肃省高等学校标准化学生公寓验收，7所高校的17个学生食堂通过了甘肃省高等学校标准化学生食堂验收。学生公寓和学生食堂建设取得突破性进展，2003年新建学生公寓38.5万平方米，新建学生食堂4.32万平方米，学生生活条件有了较大改善；全省17所高校的后勤集团（公司）按照“产权明晰、责权分明、校企分开、管理科学”的要求，初步建立了现代企业管理制度；建设开通了甘肃高校后勤网站。

〔**学生工作**〕 一是高校国家助学贷款工作进展顺利。2003年，全省19所普通高校的4 246人获得国家助学贷款共1 964.43万元；截至2003年12月，19所普通高校历年累计11 797人获得国家助学贷款5 652.36万元。二是召开了全省高校学籍学历电子注册工作会议，完成普通高等学校本专科学历证书电子注册29 503人；完成成人高等教育本专科学历证书电子注册25 779人。三是师范院校毕业生就业制度改革力度不断加大。进一步加强了对就业工作的指导，取消了限制师范类毕业生合理流动的政策规定，放宽了毕业生择业期限；简化了省外师范院校毕业生来甘就业的办事程序，方便了毕业生就业。2003年，师范类本（专）科毕业生一次就业率达95%；非师范类本科毕业生就业率达70%。

撰稿 吴亚白 董仲奇

审稿 白继忠 张兴江

青海省教育

概　　况

〔基本情况〕

2003 年各级各类学校校数、教职工、专任教师情况

	学校数（所）	教职工数（人）	专任教师（人）
一、高等教育			
（一）研究生培养机构（不计校数）	5		
1. 普通高校	3		
2. 科研机构	2		
（二）普通高等学校	12	5 589	2 769
1. 本科院校	4	4 509	2 159
2. 专科院校	8	1 080	610
其中：职业技术学院	6	1 080	610
3. 分校、大专班（点）（不计校数）			
（三）成人高等学校	2	1 266	787
（四）民办的其他高等教育机构	1	12	3
1. 学历文凭考试机构			
2. 非学历文凭考试机构	1	12	3
二、中等教育			
（一）高中阶段教育	201	23 657	6 984
1. 高中	148	21 257	5 360
普通高中	148	21 257	5 360
成人高中			
2. 中等职业教育	53	2 400	1 624
普通中等专业学校	26	1 536	1 015
成人中等专业学校	10	358	215
职业高中	17	506	394
技工学校			
其他机构（教学点）（不计校数）			
（二）初中阶段教育			
1. 普通初中	356		13 253
2. 职业初中	2	30	22
3. 成人初中	22	108	95

续表

	学校数（所）	教职工数（人）	专任教师（人）
三、初等教育			
（一）普通小学	2 998	29 692	28 496
（二）成人小学	1 026	800	257
其中：扫盲班	912	689	239
四、工读学校			
五、特殊教育	8	153	128
六、学前教育	220	3 243	1 825

注：1. 普通高中教职工数包含普通初中教职工数；
2. 成人高等学校教职工数和专任教师数为 2002 年数据。

2003 年各级各类学历教育学生情况

	毕业生数（人）	招生数（人）	在校生数（人）
一、高等教育			
（一）研究生	45	172	387
（二）普通本专科	4 771	9 075	26 124
（三）成人本专科	3 798		18 081
（四）其他各类高等学历教育			
1. 在职人员攻读博士、硕士学位		16	40
2. 网络本专科生			
3. 学历文凭考试		49	49
二、中等教育			
（一）高中阶段教育	24 461	38 270	97 868
1. 高中	17 626	32 785	80 310
普通高中	17 626	32 785	80 310
成人高中			
2. 中等职业教育	6 835	5 485	17 558
普通中专	4 596	2 691	10 184
成人中专	1 160	1 395	3 315
职业高中	1 079	1 399	4 059
技工学校			
（二）初中阶段教育			
1. 普通初中	57 795	77 540	214 090
2. 职业初中	304	468	981
3. 成人初中	925		1 681
三、初等教育			
（一）普通小学	81 467	94 559	506 906
（二）成人小学	57 283		40 360
其中：扫盲班	47 641		21 281
四、工读学校			
五、特殊教育	212	240	2 383
六、学前教育	44 558	62 740	74 075

注：1. 成人本专科毕业生、在校生数为 2002 年数据；
2. 其他各类高等教育学生数未包含成人高校举办的各类高等教育学生数。

2003 年各级各类非学历教育学生情况

	毕（结）业生数（人）	招生数（人）	在校生数（人）
一、高等教育	4 018	4 549	3 492
（一）研究生课程进修班			
（二）自考助学班	15	311	2 428
（三）普通预科生	889	929	929
（四）证书教育			
（五）岗位培训	1 692	1 857	135
（六）进修及培训	1 422	1 452	
二、中等教育	430 814		265 349
（一）中等职业教育	15 306		5 843
（二）职业技术培训机构	415 508		259 506

注：高等教育非学历教育学生数未包含成人高校举办的非学历教育学生数。

2003 年各级民办教育基本情况

	学校数（所）	毕业生数（人）	招生数（人）	在校生数（人）	教职工数（人）	专任教师（人）
一、民办高等教育						
（一）普通高校						
（二）成人高校						
（三）民办的其他高等教育机构	1		49	332	12	3
二、民办中等教育机构						
（一）高中阶段教育						
其中：民办普通高中	8	56	207	437	386	244
民办中等职业教育	1	10	17	60	13	10
（二）初中阶段教育						
其中：民办普通初中	7	242	403	1 208		
民办职业初中						
三、民办普通小学	3	482	1 465	6 636	334	269
四、民办幼儿园	122	3 225	10 267	12 930	1 103	620

注：民办普通高中教职工数包含民办普通初中教职工数。

〔**年度教育工作方针**〕 2003 年，青海省教育工作以邓小平理论和党的十六大精神为指导，全面贯彻落实全国农村教育、民族教育和职业教育等工作会议精神，进一步提高认识，转变观念，强化服务职能，加大各项工作力度，深化改革，推进创新，注重规范、结构、质量和效益的统一，注重改革、发展和稳定的统一，抓住重点，突出难点，解决关键和核心问题，夯实基础，加强管理，调整结构，提高质量，实现全省教育健康、持续、稳定发展。

全年工作的主要任务是：继续深化教育教学改革，扩大高中规模，重点扶持少数民族地区教育，加快少数民族地区实现“两基”步伐；加强农村职业教育和成人教育，制定出台农村劳动力培训的相关政策；加强高校基础设施建设，进一步做好高校布局结构优化整合工作，提高高等教育办学质量和效益。继续鼓励支持社会力量办学，加强学校德育和体育、卫生、艺术工作，促进教育与全省经济社会协调发展。

〔**全省教育工作会议**〕 2003 年 12 月 29 日—30 日，省委、省政府召开了全省教育工作会议，总结了“十五”前三年全省教育工作取得的成绩和经验，认真分析研究了教育工作面临的形势和任务，确定了今后一个时期全省教育改革与发展的指导思想、目标任务和政策措施。会后，省委、省政府印发了《关于进一步加快全省教育事业发展的意见》，提出今后几年全省教育工作的指导思想是：以党的十六大和十六届三中全会精神为指针，认真践行“三个代表”重要思想，坚持争取国家支持与自力更生相结合，以实现“两基”为重点，提升质量效益为核心，努力实现一个总体跨越、四个新的突破、五个协调发展，即：通过信息化带动全省教育总体实现跨越式发展；在中小学基础设施建设、高中资源扩展、高校调整发展和人事分配制度改革方面有新的突破；促进教育与全省经济社会协调发展，各级各类教育协调发展，州、县、乡区域教育协调发展，优质教育资源带动薄弱学校协调发展，规模速度和质量结构效益协调发展。为富民强省、建设小康提供强有力的人才和智力支持。

目标任务是：力争到2007年，全省以县为单位“两基”人口覆盖率达到85%以上，青壮年非文盲率达到95%，2010年全面实现“两基”目标；已实现“两基”的地区到2007年实现较高水平、较高质量“普九”。加快发展高中教育和幼儿教育，力争到2007年全省高中阶段入学率达到60%，2010年达到70%，西宁市、格尔木市、海东地区人口大县及州府所在地力争到2007年基本普及高中教育和学前三年幼儿教育。全省各类中等职业学校到2007年在校生达到3万人，高职院校在校生达到6 000人。普通高校到2010年在校生达到3.5万人左右，成人高等教育在校生达到2.5万人左右。

主要措施是：全力推动民族地区“两基”攻坚，巩固提高“两基”成果和质量；大力推进职业教育和成人教育，促进城乡经济社会协调发展；加快高校改革创新，稳步发展高等教育；增加投入，加强领导，保障教育事业持续健康发展。决定从2004年起，省级财政逐年增加转移支付资金，逐步提高农牧区税费改革转移支付中教育经费所占比例；提高扶贫开发资金中用于教育的比例，新增扶贫资金主要用于义务教育，对贫困农牧区义务教育予以支持；省有关部门要积极争取资金，加强统筹，不断增加助学金专项、基础教育专项、教育基建地方统筹、职业教育专项、高校高层次人才培养专项、高校省级重点学科和实验室建设专项经费；根据高等职业教育发展现状，有关行业部门和省级财政应设立专项经费或予以适当的资助，提高职业技术院校面向市场的自我发展能力。各州（地、市）、县（区）财政部门在保证工资发放的前提下，逐年加大对基础教育的投入力度，每年安排相应数量的教育专项经费，并在分配省级税费改革、转移支付资金时，保证用于教育的比例；城市教育费附加中提取相应比例的经费用于职业教育。会后，各地各校迅速掀起了贯彻落实会议精神的热潮，并研究制定了加快发展教育的政策措施，促进当地教育事业发展。

〔**教育投入与支出**〕 2003年，全省教育经费总支出为19.62亿元。其中教育事业费支出18.08亿元，基建支出1.24亿元。教育事业费支出中，人员经费13.17亿元，占72.8%。各类教育事业费分别为：高校2.99亿元，占16.5%；中专0.66亿元；占3.7%；普通中学5.17亿元，占28.6%；职业中学0.44亿元，占2.4%；小学6.84亿元，占37.8%；特殊教育学校0.04亿元，占0.2%；全年城市教育费附加收入2 738万元。

〔**教育基础设施建设**〕 2003年，全省紧紧抓住西部大开发的历史机遇，积极争取资金，认真组织实施教育项目，加快教育基础设施建设。邵逸夫先生第16批赠款分配青海1 000万元，省内配套570万元，安排13所中小学校，建筑总面积12 520平方米。洪逸挥教育基金会赠款项目资金232万元，省内配套434万元，分别在湟中、大通、互助三县实施9个小学建设项目，建筑面积13 395平方米。中小学危房改造项目（国债资金）安排资金1 015万元，修建18所项目学校，建筑面积14 320平方米。高中扩招项目安排国债资金3 300万元，省内配套4 010万元，修建14所学校，建筑面积69 700平方米。扶贫项目资金700万元，修建民和、乐都下北山四乡中小学13所，建筑面积9 015平方米。第二期“国家贫困地区义务教育工程”项目安排资金3 876.35万元，改扩建50所项目学校，建筑面积22 743平方米；采购教学仪器30 922台（套、件）、信息技术教育设备6 463台（套、件）、课桌凳36 736（双人）套；培训校长及骨干教师1136人；资助贫困生46 666人（次）。高校基础设施建设项目安排学生公寓建设资金2 336万元，修建公寓11 200平方米；高校教学及实验楼建设投资4 000万元、邵逸夫赠款400万元、省内自筹1 100万元，修建教学楼及实验楼，建筑面积24 981平方米。在争取国家投资、增加地方财政投入的同时，各地积极改革投资体制，广开融资渠道，贷款或引进资金改善了办学条件。

〔**大中专院校招生与毕业生就业**〕 2003年省内外普通本专科院校在青海招生2.09万人，高考录取率为88.31%。全省高中阶段毛入学率44.6%，比上年提高3.43个百分点。

2003年全省共接收省内外普通大中专学校毕业生1.42万人，总量比上年增加近4 000人，需求增长缓慢，供需结构性矛盾突出。到9月底，省属高校毕业生就业率约为45.9%，其中：本科生67.3%，专科生31.5%。毕业生就业工作部门克服困难，调整思路，加强协调，积极鼓励省属毕业生出省就业；鼓励和支持毕业生到非公有制单位就业；鼓励长线专业和学历毕业生继续深造，并延长毕业生择业期限3年。同时，认真实施“大学生志愿服务西部计划”，确定入选毕业生2 129名。

〔**教师队伍建设**〕 加强全省教师队伍宏观管理和建设，首次面向社会开展了社会认定教师资格工作，依法认定了3 688人的教师资格。继续推行学校人事分配制度改革，制定了《青海省教师管理办法》。开展了评选中小学“十杰教师”和“十杰校长”活动，庞晓丽、匡媛媛等10名教师获青海省首届“十杰教师”称号，张建国、马越等10名校长获青海省首届“十杰校长”称号。万红英、黄雪琴等27名教师被评为全省第五批中小学特级教师。中小学教师继续教育全面展开，有200余名教师参加了国家级培训，2 000余名教师参加了省级骨干教师培训。

〔**勤工俭学**〕 2003年全省开展勤工俭学活动的学校达3 117所，共有各类勤工俭学基地1 579个，接受学生参加劳动达800万人（次），创造勤工俭学总产值3 033万元，实现勤工俭学纯收入2 132万元。其中用于补充教育经费达1 900万元，占全省勤工俭学纯收入的89%。

〔**学校体育、卫生与艺术教育**〕 加强全省各级各类学校预防“非典”工作，及时传达学习中央、教育部和省防治“非典”工作领导小组扩大会议精神及有关通知要求，省教育厅成立了防治“非典”工作领导小组，制定了预防“非典”工作预案，实行24小时值班和零报告制度；组成多个检查组到各州（地、市）检查指导工作，督促各地学校加强领导，开展学生卫生健康教育，落实学校消毒等各项防范措施。同时，对高考期间的“非典”防治工作进行了周密安排。举办了青海省第十一届大学生、第十三届中学生运动会和全省中小学生艺术展赛。配合卫生部门对省属各大中专院校、西宁市部分中小学食堂卫生进行了督导检查。组织人员参加了学校体卫艺工作地（市）级教育局主管领导培训班、高校体育系（部）主任培训班、学生体质健康标准实施培训班、学校卫生保健教师培训班4个国家级培训班，共有38名教育行政人员及专业教师参加培训。积极组织开展全省教育系统的食品药品放心工程，并接受了国务院督查组对青海民族学院的抽查工作。

〔**治理教育乱收费**〕 2003年以来，青海省把治理教育乱收费作为践行“三个代表”重要思想、落实党风廉政建设的重要内容，作为纠正行业不正之风、维护教育形象、着力解决损害群众利益一件大事来抓。年初，省教育厅调整成立了治理教育乱收费工作领导小组；8月成立了由省教育厅、纠风办、监察厅、省计委、财政厅、审计厅、新闻出版局七部门负责同志组成的省治理教育乱收费厅（局）际联席会议。先后制定出台了《青海省治理教育乱收费厅（局）际联席会议制度》、《青海省教育收费公示制度实施办法》、《教育乱收费行为处理办法》等文件，建立完善了收费公示制度、信息报告制度和厅（局）际联席会议制度，明确义务教育阶段“一费制”、公办高中“三限”政策等教育收费的各项规定，构建了分工负责、各司其职、齐抓共管的治理教育乱收费的长效保证机制。厅（局）际联席会议自成立以来，先后三次召开治理教育乱收费专题会议，加强了对全省治理教育乱收费工作的统一领导和组织协调，及时研究制定教育收费的政策规定，解决发现的突出问题，周密部署治理工作，开展了春秋两季开学和学期中的大规模检查和随机抽查，认真处理来信来访和群众举报案件。省政府教育督导室承担了全省和厅治理教育乱收费办公室的日常工作，把治理教育乱收费与贯彻国家教育方针政策、促进依法治教有机结合起来，与开展专项督导检查、解决教育热点难点问题有机结合起来，与规范办学行为、加强学校管理、促进依法治校有机结合起来。及时了解掌握和汇总分析全省治理工作的进展情况，协调、督办有关制度和政策的制定，加强调查研究，及时向厅（局）际联席会议提出工作意见和建议，总结推广各地治理工作的经验和做法，具体组织实施对各地治理教育乱收费情况的督促检查，纠正和查处乱收费行为。据统计，全省共受理案件 24 件，查处违规收费 99.53 万元，清退资金 97.8 万元，处理责任者 2 人，通报批评 21 人。为维护教育、学校和教师的良好形象发挥了积极作用。

基础教育

〔**“两基”工作**〕 继续坚持“两基”重中之重地位不动摇，认真贯彻落实全国西部地区“两基”攻坚工作会议精神，对全省“两基”工作三类不同层次地区分别有重点地进行了督导检查。在进一步完善已有制度的基础上，实行了两基攻坚五项制度，即：义务教育合同制度、“两基”工作进展报告制度、“两基”工作通报制度、义务教育阶段学生入校保学跟踪制度、“两基”工作组派驻制度。开展了全省第五轮地方教育事业发展《目标责任书》实施情况考评工作，组织 8 个工作组深入到 4 个州（地、市）、22 个县（区）和 16 所学校，对各项指标完成情况进行了认真测算，针对存在的问题与有关地、市领导深入探讨，交换意见，共商解决办法。对全省尚未实现“两基”的 27 个县尤其是对 2005 年前实现“两基”的 9 个县，加强过程性督导检查，重点督导各地解决“两基”工作中存在的突出问题，加强薄弱环节、完善和强化保障措施，并根据各地实施“两基”工作需要，举办了尚未实现“两基”的 27 个县分管教育的副县长、教育局长培训班。继续坚持厅系统处室干部蹲点制度，深化了对“两基”工作的指导。贯彻落实《青海省十五期间扫除青壮年文盲的意见》，利用冬春农闲时间开展扫除青壮年文盲工作，编印了《青海省农牧区扫盲读本》，年内全省扫除青壮年文盲 22 205人。根据《青海省实现“两基”县（市、区）复查办法》，对贵德、民和、门源县进行了“两基”复查，进一步巩固提高了“两基”成果，如期实现了省委、省政府确定的全省“两基”人口覆盖率增长 3 个百分点的规划目标。截至年底，全省“两基”人口覆盖率为 80%，比上年提高 3.13 个百分点；小学适龄儿童入学率达到 96.14%，初中阶段入学率达 70.08%，分别比上年提高 0.78、3.35 个百分点。

〔**基础教育课程改革**〕 2003 年全省将湟源、大通、循化、民和、乐都、德令哈、冷湖、茫崖、大柴旦、共和、贵德、尖扎、称多 13 个县（行委）列为第二批基础教育课程改革实验县，并于 6 月 27 日在湟源县召开了全省基础教育课程改革动员及培训大会，对新一轮课程实验的启动准备工作作了全面安排部署，全省基础教育课改工作进入新阶段。国家基础教育课程改革实验区湟中县的课改工作取得了显著成效，“三维目标”进一步落实；教学质量显著提升，考试改革逐步推进，评价体系日臻完善；课程管理不断加强，三级课程得到落实；教研网络发挥效益，教育科研促进改革；课改成果丰富多彩，实验影响逐步扩大，在全省起到了示范辐射作用。

〔**信息技术教育**〕 完成了教育部、李嘉诚基金会西部中小学现代远程教育项目二期工程建设工作，在湟中县、大通县、平安县、民和县、贵德县建设了312个卫星教学示范点；实施了“中小学校校园局域网络示范校项目”，在海东地区、西宁市、海西州、海北州、玉树州等地区的11所中学各建设了一个由数字卫星接收系统、多媒体网络教室、电子备课室和多功能示教室组成的校园局域网络。加强了资源建设，中国航天科工集团以扶贫方式出资300万元，省内配套200万元合作建设青海省现代远程教育系统。与中央电化教育馆联合组织编译了一套10集的藏汉双语教材《小学数学多媒体教学包》。多渠道开展了中小学信息技术教育师资培训工作，全省共培训教师4 223人（次）。加强了信息技术与学科课程整合等工作，对第一批国家级、省级现代教育技术实验学校实验课题结题和第二批现代教育技术实验学校进行了中期评估，召开了全省中小学信息技术与学科整合经验交流会。还以展示会、现场会、研讨会等形式，探讨利用以常规媒体为基础、以计算机技术和网络技术为核心的信息技术与学科课程整合的途径和方式。开展对全省中小学信息技术教育专项督导检查，推进了全省中小学信息技术教育的发展。

职业教育与成人教育

〔**招生改革**〕 对2003年全省中等职业学校招生工作进行了部署，要求各州（地、市）教育行政部门将高中阶段教育职、普招生的比例分解到县、落实到校，积极引导初中毕业生合理分流。各地进一步加强了对高中阶段教育招生工作的领导，建立了招生工作激励机制，将中职招生工作列入各级教育行政部门的年度考核内容，采取散发宣传材料、走乡串户、登门拜访等形式，加大对职业教育的宣传力度，通过多形式和多渠道向考生、家长、社会全面介绍职业学校的培养目标、招生政策和专业设置情况，吸引了更多的考生接受职业教育，重点学校和重点专业招生工作呈现了明显回升的势头。

推荐中等职业技术学校优秀毕业生免试进入高等职业技术学院学习。从2003届省内中职毕业年级开始，省级以上（含省级）重点中等职业学校及举办中等职业教育的省内高等院校按5%的比例，其余学校按2%的比例推荐优秀毕业生。经校内公示、校委会审批、主管部门同意、省教育厅审核、省考试管理中心录取后，可免试升入省内高等职业技术学院，接受高等职业技术教育。

〔**中职办学体制改革**〕 积极鼓励省内各类职业学校与省内外职业学校以多种方式联合办学，鼓励异地就业，扩大就业领域，为毕业生异地就业创造条件，提高就业率。2003年经与天津、北京协商，有省内4所中等职业学校分别和天津的3所中等职业学校、北京的1所国家级重点职业学校联合办学，学生户籍转到学校所在地，前两年在省内就读，最后一年到对口学校就读，毕业后由学校推荐就业。

〔**中职学校评估工作**〕 制定出台了《青海省中等职业学校合格评估指标体系（试行）》，8月底之前各学校按照《指标体系》进行了自评。从9月开始，省教育厅组织中等职业学校评估专家组，对31所中等职业学校进行了评估，其中23所中等职业学校合格，从中遴选确定了10所省级重点职业学校，推荐5所职业学校为国家级重点职业学校。对8所达不到标准的学校提出缓评或限期整改。

〔**师资培训**〕 选派11名校长参加了华东师范大学的骨干校长培训，4名校长到湖北轻工职业技术学院参加培训；选派34名骨干教师赴河北师范大学、四川长虹集团参加了烹饪和家电维修专业的国家级培训，4名教师到北京参加德育课骨干教师培训，有146名教师参加了为期3个月的省级计算机专业的培训。在原有15所学校与辽宁有关学校结对的基础上，2003年又有10所学校与辽宁省的职业学校签订对口支援协议，有5名校长赴辽宁挂职，10名教师到辽宁对口支援学校进行培训。水电部四局职工中专学生孙玉辉和西宁市第一职业学校的计算机网络班被教育部、团中央授予全国三好学生和先进班集体荣誉称号；互助县职业中学被评为全国就业指导先进单位，校长吴进文被评为全省十杰校长。

〔**示范性中等职业学校和重点专业建设**〕 国债项目投资620万元，重点扶持了高职院校和2所中职学校建设。青海畜牧兽医职业技术学院筹措资金500万元，建起了教学培训综合楼；省工业学校紧密结合全省经济和社会发展实际，培养社会急需的实用人才，加强了就业指导，招生连年翻番，出现了良好的发展势头；湟中县职业中学积极为农服务，初步形成了农村职业教育和技术培训网络，教育教学质量不断提高。推广了玉树州职业学校、互助县职业中学、乐都县职业中学、水电四局职工中专、省重工职工中专、海南州卫生学校等校的先进经验，在全省起到了示范和带头作用。着重加强了数控加工、计算机运用、汽车运用、护理等重点专业建设，并扶持了面向第三产业和服务业的专业，使上述专业条件得到改善，师资力量不断加强，招生数量增加。

高 等 教 育

〔**重点课程和专业建设**〕 启动建设了高校首批21门本科重点课程、6门高职示范课程和10门省级精品课程建设项目，在此基础上向教育部推荐了教师教学法、藏族古典文学2门国家级精品课程。各学校自行审核，组织专家论证，新增了20个本专科专业。全省高校已有本科专业84种，专业点110个，有专科专业点145个，涵盖了经济学、法学、教育学、文学、历史学、理学、工学、农学、医学、管理学等10大学科门类。

〔**学位工作**〕 青海大学被国务院学位委员会批准为硕士学位授予单位，至此，全省4所本科高校均成为硕士授予单位。新增民俗学、中国哲学、计算机应用技术、宗教学、少数民族经济、行政管理、内科学、病理学与病理生理学、作物遗传育种、动物营养与饲料、草业科学11个硕士学科专业授予点，全省硕士点由上年的18个增至29个。其中青海师范大学、青海医学院分别取得招收教育和临床医学专业硕士学位试点院校资格。青海民族学院接受了教育部组织的本科教学水平评估。

〔**高校基础设施建设**〕 教育部和省政府投入3 600万元建设的高校计算机校园网工程，已通过教育部验收并试运行；吸引社会资金2 336万元建设学生公寓，建筑面积11 200平方米，已竣工交付使用；教学及实验楼建设总投资4 000万元，建筑面积24 981平方米；利用高校教师队伍建设经费30万元，选拔了25名教师到省外高校攻读硕士学位。

民族教育

〔**对口支援工作**〕 根据国务院及教育部教育对口支援工作新要求，省教育厅于10月组织全省8个州（地、市）政府主管领导和教育行政部门负责人赴辽宁省洽谈新的对口支援协议，确定今后两省的教育对口支援工作由两省教育厅直接管理改为由两省州、地、市教育行政部门直接对口组织实施，省级教育行政部门主要负责宏观指导，协调重大事项。根据协议，选派了40名骨干教师和3名教育局长赴辽宁培训和挂职，辽宁省继续为青海省民族贫困地区举办民族高中班和援建希望小学，帮助改善贫困地区中小学办学条件。2003年辽宁省教育基金会援建的同德县谷芒乡美日克村寄宿制小学20万元资金已到位，建设工程正在实施中。援建的2个卫星地面接受站也正在落实之中。

〔**民族双语教学实验研究**〕 在刚察、同仁两县选择了10所藏族小学作为藏汉双语教学实验学校，在进行藏汉双语教学实验研究的基础上，为学校配备了供实验用的教学仪器设备，对教师进行了上岗培训，组织10所实验学校的教师到西宁市有关小学开展了交流和观摩学习。

〔**推行汉语水平等级考试制度**〕 2003年教育部在青海、内蒙、新疆等7个省（区）试行汉语水平等级考试。为使这项工作顺利实施，省教育厅举办了各州（地、市）以及设有考点的县级招办考务工作者参加的培训班，就考试对象、考试办法、考试程序等内容进行了培训，为考试工作的顺利进行奠定了基础。

〔**民族教材编译**〕 与西藏教材编译中心合作编写新一轮《藏语文教材》，与人民教育出版社合作编写《汉语新教材》和供藏族学前幼儿教育使用的《藏语文》教材，填补了我国藏族地区幼儿教育教材的空白。编译2003年中小学秋季、2004年春季教材共46种659万字。其中编写新教材30种450万字；翻译新教材16种209万字。照印教材186种。

〔**民族教育研究**〕 参与完成了省委组织的教育体制改革有关问题的调研报告；完成的“青藏牧区普及义务教育研究”、“青南牧区教育发展对策研究”2项课题，分别被列为省社科规划课题和教育部重点课题。《21世纪青海教育可持续发展研究》获青海省第六次哲学社会科学优秀成果二等奖；《采取特殊政策和措施大力发展少数民族地区的基础教育》和《民族地区师资队伍调研报告》2篇论文获三等奖。

撰稿 马伟义 刘青云
审稿 张银生

宁夏回族自治区教育

概　　况

〔基本情况〕

2003年各级各类学校校数、教职工、专任教师情况

	学校数（所）	教职工数（人）	专任教师（人）
一、高等教育			
（一）研究生培养机构（不计校数）	2		
1. 普通高校	2		
2. 科研机构			
（二）普通高等学校	12	6 383	3 415
1. 本科院校	3	4 173	2 105
2. 专科院校	9	2 202	1 310
其中：职业技术学院	8	1 771	1 028
3. 分校、大专班（点）（不计校数）		8	0
（三）成人高等学校	1	170	84
（四）民办的其他高等教育机构			
1. 学历文凭考试机构			
2. 非学历文凭考试机构			
二、中等教育			
（一）高中阶段教育	143	28 505	7 770
1. 高中	104	25 549	5 907
普通高中	104	25 549	5 907
成人高中			
2. 中等职业教育	39	2 956	1 863
普通中等专业学校	11	1 219	641
成人中等专业学校	5	336	197
职业高中	23	1 001	800
技工学校			
其他机构（教学点）（不计校数）	22	400	225
（二）初中阶段教育			
1. 普通初中	342		15 818
2. 职业初中	0	99	99
3. 成人初中	1	8	3

续表

	学校数（所）	教职工数（人）	专任教师（人）
三、初等教育			
（一）普通小学	2 816	35 833	34 531
（二）成人小学	514	288	27
其中：扫盲班	491	198	27
四、工读学校			
五、特殊教育	6	149	120
六、学前教育	167	3 784	2 415

注：1. 普通高中教职工数包含普通初中教职工数；
2. 成人高等学校教职工数和专任教师数为 2002 年数据。

2003 年各级各类学历教育学生情况

	毕业生数（人）	招生数（人）	在校生数（人）
一、高等教育			
（一）研究生	90	290	594
（二）普通本专科	5 461	11 237	35 134
（三）成人本专科	5 614		36 794
（四）其他各类高等学历教育			
1. 在职人员攻读博士、硕士学位			
2. 网络本专科生			
3. 学历文凭考试			
二、中等教育			
（一）高中阶段教育	40 837	57 077	152 496
1. 高中	26 111	39 063	107 479
普通高中	26 111	39 063	107 479
成人高中			
2. 中等职业教育	14 726	18 014	45 017
普通中专	9 907	9 036	27 346
成人中专	2 169	3 709	5 799
职业高中	2 650	5 269	11 872
技工学校			
（二）初中阶段教育			
1. 普通初中	82 240	91 126	268 948
2. 职业初中	849	1 239	2 950
3. 成人初中	128		196
三、初等教育			
（一）普通小学	96 835	128 779	669 503
（二）成人小学	17 616		27 367
其中：扫盲班	4 322		13 810
四、工读学校			
五、特殊教育	55	138	1 246
六、学前教育	53 599	78 340	102 217

注：1. 成人本专科毕业生、在校生数为 2002 年数据；
2. 其他各类高等教育学生数未包含成人高校举办的各类高等教育学生数。

2003 年各级各类非学历教育学生情况

	毕（结）业生数（人）	招生数（人）	在校生数（人）
一、高等教育	30 796	31 444	10 361
（一）研究生课程进修班	40	42	106
（二）自考助学班			
（三）普通预科生	1 005	1 355	1 405
（四）证书教育	2 366	2 366	
（五）岗位培训	21 152	21 300	4 425
（六）进修及培训	6 233	6 381	4 425
二、中等教育	151 589		150 881
（一）中等职业教育	111 871		109 093
（二）职业技术培训机构	39 718		41 788

注：高等教育非学历教育学生数未包含成人高校举办的非学历教育学生数。

2003 年各级民办教育基本情况

	学校数（所）	毕业生数（人）	招生数（人）	在校生数（人）	教职工数（人）	专任教师（人）
一、民办高等教育						
（一）普通高校	1		884	1 645	201	152
（二）成人高校						
（三）民办的其他高等教育机构						
二、民办中等教育机构						
（一）高中阶段教育						
其中：民办普通高中	13	302	908	1 940	418	241
民办中等职业教育	1	45	535	739	119	46
（二）初中阶段教育						
其中：民办普通初中	7	812	1 324	3 859		
民办职业初中						
三、民办普通小学	9	373	570	2 892	279	188
四、民办幼儿园	67	2 580	5 358	10 709	922	524

注：民办普通高中教职工数包含民办普通初中教职工数。

〔全区教育大会〕 2003 年 8 月 24 日—25 日，自治区党委、自治区政府在银川召开全区教育大会。会议提出，要充分认识教育在经济社会发展中的基础性、先导性、全局性作用，坚持教育优先发展原则，深化教育改革，推动教育创新，提高教育质量和管理水平，多出人才，出好人才，为全面建设小康社会、加快全区现代化建设提供有力的人才支撑和智力保障。会议讨论了《自治区党委、自治区人民政府关于加快新时期教育改革与发展的决定》，对今后一个时期全区教育工作进行部署，表彰了一批优秀校长和优秀教师。

自治区党委书记陈建国在讲话中指出，各级党委、政府和有关部门，要充分认识加快教育发展的重要性和紧迫性，以改革创新的精神，大力推进全区教育事业持续快速健康发展。要坚持用“三个代表”重要思想统领教育工作，始终保持教育发展的正确方向；坚持与时俱进，开拓创新，不断深化教育改革，为教育发展注入强大活力；加强教师队伍建设，为教育发展夯实基础；进一步拓宽渠道，加大投入，为教育发展提供有力的物质保障。要加强对教育工作的领导，落实教育优先发展战略，把教育事业放在经济社会发展的全局中统筹安排，认真解决教育工作中存在的实际问题和困难，要把重视人才培养、保证教育投入，作为各级党政领导干部任期目标的重要内容和政绩考核的重要标准。

自治区主席马启智强调，要始终坚持以加快发展为主题，着力推进素质教育，把创新精神贯穿到教育改革与发展的全过程，进一步调整优化教育结构，全面提高教育教学质量，大力推进教育现代化，坚持教育与经济社会发展紧密结合。要强化服务意识，努力为教育事业加快发展创造良好政策环境和社会环境。要进一步动员各方面力量，支持配合教育改革与发展，有关部门要增强全局观念，多配合、多服务、多办实事，形成尊师重教的浓厚氛围，形成全区上下关心教育、支持教育、发展教育的良好局面。

自治区党委副书记马文学、自治区政府副主席刘仲分别作了工作报告和会议总结，对贯彻会议精神提出了要求。会后正式颁布了《自治区党委、自治区人民政府关于加快新时期教育改革与发展的决定》。会议确定了今后一个时期全区教育发展的目标任务，制定了加快教育改革与发展的政策措施。全区教育大会之后，区内大部分市、县（区）相继召开教育大会，制定了适合本地区实际的教育发展规划。

〔**教育投入与支出**〕 2003 年超额完成第二期“国家贫困地区义务教育工程”年度规划。投入资金 1.11 亿元，新建、改扩建学校 318 所，其中：小学 282 所，初中 36 所，建设面积 21 万多平方米，配发课桌凳72 650单人套，培训校长、教师和管理人员2 677人。

中小学危房改造工程。2003 年，“中小学危房改造工程”进入验收阶段。工程共投入资金 1.36 亿元，新建、改扩建学校 185 所，建设面积 25.5 万平方米。抓紧做好各项前期规划工作，准备启动二期危房改造工程。

国债项目建设工程。2003 年自治区争取国债资金普通高中国债3 300万元，职业教育国债 800 万元，极大地改善了各级各类学校的办学条件。

移民吊庄学校建设工程。2003 年开展了移民吊庄学校情况调查，协调自治区财政筹集 500 万元，用于改善吊庄地区办学条件，基本解决了学生入学难的问题。

2003 年，积极争取西部地区基础教育贷款项目和高校日元贷款项目，已完成了项目的立项和论证工作，两个项目分别投资1 500万美元和2 215万美元。第十七批邵逸夫增款项目建设已基本完成。

〔**教育信息化建设**〕 一是通过多种形式加快以计算机为主的信息技术教育基本建设。全区所有普通高中、县城以上的小学、初中都建有计算机教室，开设了信息技术教育必修课。部分重点学校还建起了校园网，许多农村完全小学也配备了一定数量的计算机。全区已建成中小学校园网 23 个，多媒体计算机教室 788 个，数字化多功能教室 143 个，计算机总数达到32 200多台，学生生机比为 32∶1。贫困山区 300 多所学校配备了多媒体教学设备和软件。高等学校普遍加强了信息技术教育与学科教学的整合工作，所有普通高校的校园网已与中国教育与科研计算机网实现了联通。二是加强了信息技术教育师资培训和队伍建设。全区中小学共有41 348人次参加了各级中小学教师信息技术培训，培训考核合格的有31 751人，占全区中小学教师总数的 54.7%。三是建立起全区基础教育信息平台，信息技术教育的应用效益明显提高。按照“统筹规划、分工合作、鼓励竞争、资源共享”的方针，利用中国教育与科研宽带网在宁夏大学的分中心节点，搭建宁夏基础教育网络平台的“高速公路”，以四个地级市教育信息中心为依托，建设分布存储、多级共享的宁夏教育教学数字化资源库。会同有关部门制定了《宁夏基础教育教学资源元数据规范》，开展了收集整理开发优秀教育教学资源工作，建成并开通了宁夏教育信息资源网、宁夏教育信息网等网站。四是实施现代远程教育扶贫工程，促进农村中小学教育和农村经济社会发展。通过实施教育信息化工程和现代远程教育扶贫工程，共享发达地区的优质教育资源，提高了农村学校的教育教学质量。同时，通过远程教育提供的手段，一些学校还将远程教育站点作为基地，开展了农村实用技术培训，为农民的脱贫致富提供信息服务。五是突破传统的思维模式，积极探索符合宁夏区情的发展信息技术教育的独特之路。采取了“政府主导、银企合作、企业运作、市场规范”的运作模式筹措发展资金。在教育资源信息库的建设中，制定了“统筹规划、分工合作、鼓励竞争、资源共享”的方针。六是建立了推进教育信息化的科学机制。制定了加快推进教育信息化的有力政策措施，成立了自治区教育信息化工程领导小组，统一负责全区教育信息化的推进工作。将教育信息化工程统一纳入全区教育信息化工作规划。同时，成立自治区教育信息化管理中心，承担全区教育信息化的具体实施工作。

〔**建立完善大中专毕业生就业市场体系**〕 2003年，全区初步形成了以普通大中专学校毕业生就业市场为基础，“宁夏毕业生就业网”为纽带，全区毕业生就业双选洽谈会为支柱，人才交流和职业中介机构为补充的“有形市场”和“无形市场”相结合的毕业生就业市场服务体系。认真做好高等学校毕业生就业指导工作，调整了毕业生就业有关政策，采取了9项促进毕业生充分就业的措施，拓宽了毕业生就业渠道，全区大中专毕业生就业率为78.6%。

〔**加强行风建设**〕 2003年7月，自治区政府召开了全区教育系统行风建设大会，对全区教育系统行风建设作出总体部署。自治区政府分别与4市政府和高等院校签订了治理教育乱收费目标责任书，聘请了10位全区教育行风评议员，对全区教育行风建设和治理教育乱收费工作进行评议督查。制定了加强行风建设实施细则，将目标、责任层层分解，落实到学校，落实到人。全区教育系统普遍成立了行风建设工作领导小组，形成了“一把手”亲自抓，分管领导主要抓，班子成员协助抓，职能部门具体抓，上上下下一齐抓的工作机制。自治区教育厅还先后制定了《自治区教育系统行风建设实施意见》、《关于中小学乱收费的“十不准”规定》、《关于对普通高中择校生实行“三限”政策有关问题的意见》、《中小学教材价格管理办法实施细则》等文件，使行风建设工作进一步规范化、制度化。

2003年，明确了各级领导干部对本单位及全区教育系统收费管理的职责。南部山区8县和红寺堡开发区的农村小学和初中，全部实行了“一费制”，制定了公办高中“三限”政策，坚持和完善了“一证、一卡、两公开、四统一”的收费管理制度。增加了收费的透明度，公开接受社会和群众的监督。建立了收费巡视制、收费通报制、责任追究制、社会监督制等各项规章制度。强化监督检查，加大查处力度。春秋两季开学后，各市、县（区）教育行政部门会同当地有关部门组成检查组，对本地中小学收费情况进行全面检查，在此基础上，教育厅会同自治区纠风办、物价局等7厅局组成联合督查组，对中小学收费和部分高等院校收费情况进行抽查。检查中，严肃纪律，严格标准，一抓到底，做好“退、缴、追”工作。对违纪违规收费，做到有报必查、有错必纠。

〔**教育强县创建活动**〕 为了实现十六大提出的教育发展目标，使全区教育从现有的层次上一个新的台阶，根据《自治区党委、人民政府关于加快新时期教育改革与发展的决定》中关于开展创建教育强县、教育强镇活动精神，自治区教育厅组织开展了“教育强县、教育强镇”创建活动，并制发了《关于开展创建教育强县、教育强镇的实施方案》和《宁夏回族自治区教育强县考核认定标准》（试行）、《宁夏回族自治区教育强镇考核认定标准》（试行）。

〔**体育、卫生、艺术和国防教育**〕 2003年自治区教育厅相继组织举办了规模超过千人的全区第八届中学生运动会和全区第十八届大学生运动会。组织选拔队员参加了全国大学生足球联赛和全国中学生足球联赛。承办组织了中国“飞利浦”大学生足球联赛暨宁夏赛区的选拔赛以及全国大学生CUBA篮球联赛暨宁夏赛区的选择赛。配合兰州军区和宁夏军区积极开展学生军训工作的调研活动。2003年，自治区教育厅相继发出《关于进一步做好学校卫生安全工作的通知》和《关于印发宁夏回族自治区学校食堂卫生与学生集体用餐卫生管理安全检查评估细则的通知》。先后组织选派三批大中专院校和中小学校医到北京、重庆参加全国骨干校医培训和学校预防艾滋病与生活技能教育培训，并与广州高露洁公司联合举办了全区学校口腔卫生保健教育培训班，与自治区卫生厅联合举办了全区第二期学校预防艾滋病与生活技能教育骨干师资培训班和全区学校食堂卫生炊管人员培训班，还与自治区人寿保险公司联合举办了全区“人寿安康杯”师生书法作品大赛。积极开展学校体育、艺术新课程标准的改革试验，举办了全区中小学骨干体育教师专业培训班，促进学生体质健康标准的全面实施和初中生毕业升学体育考试工作，使全区学校体育、卫生、艺术教育和国防教育在丰富多彩的教育教学活动中，充分发挥全面育人、全面提高学生身心健康水平的育人功能和特殊作用。

〔**对外交流**〕 2003年，自治区高等学校、科研院所等单位有41人申报国家公派出国留学，经国家留学基金委批准，共有15人分别被录取到美国、英国、瑞士、澳大利亚、新西兰等国留学。

设立“西部地区人才培养特别项目”。为充分利用国家公派出国留学渠道为地方培养高层次人才，加快全区经济和社会发展，2003年7月国家留学基金委与自治区教育厅正式签署了“西部地区人才培养特别项目”协议。协议主要内容为：自2003年至2005年，国家留学基金委与宁夏回族自治区教育厅共同每年派遣30名科技、管理、研究人员和教师赴国外留学，派遣费用按6∶4由基金委和地方分担。在自治区政府的支持下，自治区财政每年提供50万元人民币支持项目的开展，选派计划和方案正在实施。

扩大聘请外籍教师规模。自治区聘请外籍教师工作按照“十五”聘请规划进程，健康稳步发展，聘请单位不断增加，规模不断扩大。2003年，新增聘请单位6所，全区具有聘请外籍教师资格的7所高等学校、8所普通中学和其他2所办学单位共聘请外籍教师35人，是历年来聘请外籍教师最多的一年。根据近年来申请聘请外教单位增多和外籍教师人选紧缺的情况，自治区教育厅与自治区外事办公室、公安厅联合发出《关于进一步加强聘请外国文教专家和外籍教师工作的通知》，旨在规范管理，积极帮助聘请单位开拓聘请渠道，物色外籍教师，保证计划的落实。2003年底，已完成聘请单位的资格年度审核工作。

来华留学。2003年自治区两所普通高校共接收来自韩国、日本自费来华留学生23人。

2003年，全区高等学校出国参加国际学术会议、学术考察的教师共50多人次，设立合作研究项目7项，接待来校友好访问和考察的国外学者、专家38人次，与13个国外学校和国际组织建立了友好合作关系。

自费留学管理。按照教育部和公安部的要求，与自治区出入境管理局加强了自治区境内自费留学中介机构的管理，严格机构审批制度，规范化管理留学中介渠道，并根据自治区区情，规划自费留学中介市场，确保自费留学中介市场的有续发展。

撰稿 陈少娟 董宏伟

基 础 教 育

〔**综述**〕 2003年，宁夏教育工作贯彻落实全区教育大会精神，加快基础教育发展，深化基础教育改革取得了突破性进展。2003年，全区中小学由3 361所调整到3 262所，调减比例为3%。学前教育持续健康发展。全区幼儿在园（班）人数10.2万人，学前三年幼儿入园（班）率达到了34.8%，学前一年入园（班）率达到了85%。义务教育取得阶段性成果。全区实现普及初等义务教育目标，川区实现“两基”巩固提高目标。“普九”覆盖人口占全区人口的68%。普通高中发展迅速。全区普通高中招生3.9万人，在校生达到10.7万人，初中毕业生升入高中阶段升学率达到

70.44%。素质教育深入推进，义务教育阶段课程改革实验区已占全区县（市、区）的54%，信息技术教育发展迅速，生机比达到26∶1。

强化措施，努力扩大农村优质教育规模。先后通过实施“国家贫困地区义务教育工程”、“危房改造工程”等，投入资金5亿多元，改善了1 000多所学校的办学条件，使农村和贫困山区的优质教育得到明显的扩大。

大力实施“3133工程”，从2003年起，自治区用3年～5年的时间，建设300所自治区示范性小学、100所自治区示范性初中、30所自治区重点高中和示范性高中、30所骨干职业学校，基本形成全区优质学校体系。

〔**义务教育**〕 自治区教育厅把普及义务教育作为提高全民族素质的重要任务，摆在“重中之重”的突出位置，加大了对同心和海原两县“普初”攻坚力度，使两县的“普初”工作通过了自治区的评估验收，这标志着全区已经全面完成了普及初等义务教育的历史性任务。狠抓川区的“普九”巩固提高工作，完成了对中宁县、银川市西夏区、陶乐县的“两基”复查，实现了对川区16个县（市、区）“普九”巩固提高工作的第一轮全面复查，推动义务教育工作迈上新台阶。一是普及程度有了新的提高。各地在巩固九年义务教育的入学率的基础上，大力发展学前教育和高中阶段教育。二是教育投入继续增长，中小学办学条件得到了很大的改善。校舍建设的档次明显提高，教育设施设备普遍升级，教育信息化建设稳步推进。三是师资水平有了新的提高。各县师资学历层次和整体素质普遍提高。四是深入实施素质教育和中小学课程改革，中小学的办学水平和办学效益明显提高。

2003年，自治区教育厅发出《关于做好进城务工人员子女依法接受义务教育工作的通知》，坚持以流入地政府负责进城务工就业农民子女接受义务教育工作，教育行政部门和公办中小学建立完善保障进城务工就业农民子女接受义务教育的工作制度和机制，保障进城务工人员子女接受义务教育。

〔**扫盲教育**〕 为适应全区基本扫除青壮年文盲后的巩固提高工作需要，进一步扫除剩余文盲、控制复盲现象，并使脱盲人员及广大农民接受继续教育，自治区教育厅组织编写了扫盲教育读本，内容有《基本语文与实用数学》、《家庭生活知识与技能》、《子女教育》、《公民生活知识与技能》、《创业知识与技能》和《进城务工知识与技能》。

根据扫盲工作新的形势，自治区党委办公厅、政府办公厅转发了自治区教育厅等12部门《关于全区扫除文盲工作意见》，坚持把普及九年义务教育和扫除青壮年文盲作为教育工作的“重中之重”，坚持杜绝新生文盲、扫除现有文盲与脱盲后的继续教育相结合的方针，巩固和扩大扫盲工作的成果，重点推进南部山区、少数民族和妇女的扫盲教育，大力开展扫盲课程和教学改革，建立以满足扫盲对象基本学习需求为导向的扫盲教育机制，提高扫盲工作的质量和效益。确定了到2007年全区青壮年非文盲率达到96%以上，2020年全区基本消除文盲的目标。

为了进一步贯彻落实《中共中央办公厅国务院办公厅关于转发教育部等12部门〈关于“十五”期间扫除文盲工作的意见〉的通知》精神，2003年3月1日，自治区政府召开了全区扫盲工作会议，自治区教育厅、党委宣传部、自治区民委、财政厅、农牧厅、文化厅、广电局、林业局、宁夏军区政治部、自治区团委、妇联、科协等12个部门和各市、县（区）教育局同志参加了会议，会议确定了“十五”期间全区扫盲工作的指导思想、工作目标、任务和措施。

〔**高中教育**〕 实施优质高中建设工程。经过努力，2003年普通高中扩招3 500人，实现了自治区政府确定的目标。10所优质高中建设工程全面启动，六盘山高中建设年底前可完成主体工程。固原一中教学综合楼、贺兰一中教学综合楼、惠农中学教学实验综合楼、中宁中学教学综合楼、红寺堡中学教学综合楼等已投入使用；银川二中迁建工程、石嘴山三中迁建工程、青铜峡高级中学新建工程、永宁县高级中学新建工程等正在进行中。2003年全区普通高中招生达到3.9万人，比上年增长10%；全区普通高中教育招生人数达到3.9万人，比上年增长10%，在校生达到107 479人，比上年增长15.58%。全区初中毕业生升入高中阶段的升学率达到70.53%，比上年提高4.3个百分点。

高中择校生“三限”政策。2003年，自治区政府办公厅批转了《关于对普通高中择校生实行“三限”政策有关问题的意见》，进一步规范了普通高中招收择校生行为。

〔**课程改革**〕 继续实施中小学课堂教学质量工程，积极推进基础教育课程改革。2003年，全区义务教育阶段课程改革实验已由点到面，进入大面积推广阶段。新增银川市金凤区、贺兰县、石嘴山市石嘴山区、平罗县、青铜峡市、中卫县、中宁县7个课改实验区，实验区达到13个。全区进入课改的学校1 141所，班级5 176个，学生20.7万人，教师1.12万人。同时，改革考试与评价制度，积极做好应对高中新课程改革准备工作，研究总结了实验区与新课程接轨的中考改革实验。

〔**幼儿教育**〕 为进一步提高幼儿园的办园质量，推进全区幼儿教育事业快速健康发展，依据《宁夏回族自治区幼儿园分类评估验收标准》，自治区教育厅于下半年对已验收过的自治区示范性幼儿园进行复验，对已经申报的自治区示范性幼儿园进行了评估验收，10所自治区示范性幼儿园全部复验合格，同时新增示范性幼儿园7所，自治区示范性幼儿园达到17所。

开展儿基会项目工作。组织了“早期儿童养育与发展”项目社会宣传与传播策略及《0～3岁儿童与发展资料包》参与式培训班，对项目县局长、幼教干部进行了培训。

〔**特殊教育督查**〕 进一步加强对残疾儿童少年特别是农村地区残疾儿童少年接受义务教育的工作，根据国家教育督导团在2003年下半年对特殊教育工作进行一次专项督导检查精神，发出《自治区教育厅办公室关于做好特殊教育自查工作的通知》，各级教育行政部门和特殊教育学校认真做好自查和整改工作，同时开展了特殊教育随班就读师资培训活动，在固原市原州区、同心县、吴忠市利通区组织了培训班，教育局主管领导、特教干部、教师参加了培训，有力地促进了特殊教育的发展。

〔**德育工作**〕 2003年，中小学德育工作得到进一步加强，调整改革了中小学德育课程设置，在中小学开展了家庭教育、法制和小公民道德建设“四进”（进学校、进家庭、进社区、进公共场所）教育活动。2003年，国家扶助自治区中宁县、惠农县、彭阳县、银川市兴庆区建设青少年活动场所共4个，现已开始进行规划和土建工程设计。从2001年起，国家共扶持自治区建设12个青少年活动场所，到年底，贺兰、灵武、平罗、吴忠市4个青少年活动场所已建成，中卫、永宁、金凤区、原州区4个青少年活动场所正在建设中。

〔**家庭教育**〕 为认真贯彻落实全国妇联、教育部《全国家庭教育工作“十五”计划》和《全国家长学校工作指导意见（试行）》，推进全区素质教育和德育工作，提高家庭教育工作水平，自治区教育厅与自治区妇联于2003年3月1日召开了全区家庭教育工作会议，总结交流了家庭教育工作经验，研究部署了今后一个时期全区家庭教育工作的目标和任务，制发了《加强家长学校建设意见》和《宁夏回族自治区家长学校评估标准》。自治区组织编写了《家庭教育读本》，分幼儿版、小学版、初中版、高中版共4册，作为家长学校教材，在家长学校使用。

〔**学校安全教育**〕 为切实加强中小学安全教育与安全工作，2003年3月20日，自治区教育厅召开了全区中小学安全工作会议，会议分析全区中小学安全教育与安全工作的形势，部署了加强中小学安全教育与安全工作的任务，研究制定了进一步加强安全教育与安全工作的措施，印发了《宁夏回族自治区中小学安全工作规定》，为全区中小学、幼儿园配发了教育部《学生伤害事故处理办法》和教育部、卫生部《学生食堂与学生集体用餐卫生管理规定》。

撰稿　孙金中

职业教育与成人教育

〔综述〕 根据2002年自治区政府通过的《关于我区中等职业学校布局调整的实施意见》，继续加大对原有职业教育资源的统筹协调，加强优质职业教育的建设，各类中等职业学校由原来的120所调整到87所，校均规模由原来的375人增至520人。其中普通中专从原来的25所调减为11所，效益逐渐显现，各项工作进展顺利。2003年，打破部门和行业界限，对职业教育资源进行结构调整，实施战略性重组。通过调整改制，组建了8所高等职业技术学院，优化了资源配置，提高了办学水平和效益。同时，投资3 000万元，改善了贫困地区职业学校办学条件，扩大了全区优质职业学校规模。2003年中职、高职招生出现了大幅回升的局面。2003年，全区有成人中专5所，招生3 709人，在校生5 799人，毕业生2 169人。

〔职教师资培训〕 自治区职业教育教师数量不足，专业教师短缺，队伍总体素质不高，一定程度上影响了学校的发展，与经济社会发展不相适应。根据“十五”师资培训规划，充分发挥自治区国家级重点中职师资培训基地的作用，积极开展教师的全员培训和专业课教师的新知识培训工作。努力改变职业教育教师素质不高的状况，已成为职业教育改革与发展的中心环节。坚持上下结合，区内区外结合，长短结合的原则，采取送出去请进来的办法。2003年，在石嘴山职业技术学院国家级基地举办了计算机、电子电工等专业教师培训，又协助该学院承办了全国职业教育改革与发展研讨会，对职校校长和部分教师进行培训，使参培人员了解全国职教发展动态及前景。同时，加强与德国汉斯赛德尔基金会的合作，对十几名专业课教师进行培训。近年来各职校都制定了教师培训计划，支持教师到区内外参加培训。

〔中职学校教育教学改革〕 根据教育部的要求和自治区教育厅的安排，自治区教育厅组织专家组于9月15日—11月23日，分两个组对全区40所中等职业学校和部分高职院校进行合格评估。此次评估起到了“以评促改，以评促建，以评促发展”的作用，引起了各学校主管部门领导和学校的高度重视，从评估进展情况看，对学校各项工作起到了积极的促进作用。

为增强职业技术教育服务经济社会的能力，构建职业技术教育与国内外著名IT企业的合作平台，提升全区职业技术教育的整体水平，在几所职校开展了IT课程改革试点，通过试点按照IT课程改革提出的人才培养模式，使在校学生获得毕业证书的同时，取得IT行业的相关权威认证证书，有利于职业技术院校毕业生摆脱因所学专业与企业需求脱节而导致就业难的困境，提升了职业技术教育的质量和声誉。

11月24日—25日，组织举办全区中等职业学校第二届计算机网络知识与技能竞赛和职教成果展。通过竞赛和成果展，促进职业学校的教学改革，提高学生的动手能力。

〔招生及毕业生就业指导〕 前两年自治区中职招生出现连续下滑的局面。2003年，首先从宣传入手，按照关于做好2003年中职、高职招生文件有关政策规定，深入全区各县（市、区），召开由县长、教育局长和各中学校长参加的座谈会，宣传职业教育的招生政策，改革措施，进行答疑，加大了宣传力度。各职业学校也充分发挥积极主动精神，深入偏远农村，争取每一个愿意接受职业教育的学生入学。由于工作到位，2003年职业教育招生工作取得突出成绩，扭转了下滑的趋势。据初步统计：全区中等职业学校共招收新生17 418人，比上年增招1 864人，增幅达16.9%。各类中职学校招生总数均有增加。

高等职业教育进一步发展。2003年招生新生5 385人，比上年增招1 953人，增幅达36.3%。

经过毕业生资格审核已取得毕业生资格的中等职业学校的学生近1.3万人，比2002年增加1 000余人。各职业学校就业指导办公室坚持对毕业生进行就业指导，教育毕业学生树立正确的择业观、就业观，鼓励学生大胆实践，勇于创业。2003年，就业率达90%以上，一些职业学校和骨干专业毕业生就业率达100%，出现供不应求的局面，2004年的毕业生已在预订之中。

撰稿　陈少娟

高 等 教 育

〔**综述**〕　2003年，宁夏大学与宁夏农学院的实质性合并工作进展顺利，完成了宁夏大学农学院的整体搬迁。高校后勤社会化改革取得积极进展，组建了独立运行的后勤集团或管理中心。

根据《教育部办公厅关于组织开展2003年度高等学校教学名师奖评选表彰工作的通知》，按照教育部教学名师奖的评选范围、评选条件、评选方法和步骤，组织各高校积极申请，以此带动教师搞好教学工作。经各高校教师提出申请，学校择优推荐，组织专家对学校推荐的候选人进行严格评审，并将评审结果上报教育部。同时，在自治区重点课程的基础上评选推荐了国家精品课程建设项目。

高校党建工作进一步加强。全面落实"三个代表""三进"工作。加强了学生思想教育和管理，坚持定期排查学校不稳定因素，完善落实学校稳定和安全保卫制度，继续保持了学校稳定局面。

经宁夏高等学校科学研究项目（成果）评审委员会评定，自治区教育厅、财政厅批准，共确定2003年高校科学研究项目51项。其中，资助项目32项，占立项总数的62.7%；非资助立项19项，占立项总数的37.3%。32项资助项目中，人文社科类11项，占34%；科技开发应用类21项，占66%，19项非资助立项项目中，人文社科类11项，占57.9%；科技开发应用类8项，占42.1%。

〔**学位工作**〕　2003年，经自治区学位委员会批准，自治区上报了宁夏大学、宁夏医学院作为博士学位授权单位的备选对象。经国务院学位委员会审核，宁夏大学被批准为博士授予单位，草业科学专业被批准为博士学位授予点，实现了自治区学位与研究生教育的历史性突破。

在此次学位审核中，按照国务院学位委员会的统一部署，经国务院授权自行审批增列硕士点。宁夏大学、宁夏医学院、西北第二民族学院（2003年新被批准硕士学位授权单位）共提出49个学科、专业申请新增列硕士点。按照自治区制订的学科建设与发展规划，对上述三个单位申请的49个学科、专业进行了严格筛选，最后确定出36个学科、专业作为申报自治区2003年新增列硕士点候选对象。并组成4个学科评议组，对申请增列的36个学科、专业逐一进行了评审，共评出法学理论等21个点为新增硕士点。加上原有41个硕士点，全区硕士点已达到62个；硕士授予单位又增加了西北第二民族学院，自治区学位与研究生教育工作实现了新的跨越。

2003年自治区学士学位授予单位开展了自治区第三次成人本科学士学位授予工作，自治区近200名具有成人本科学历人员报名申请学士学位。通过宁夏大学、宁夏医学院、西北第二民族学院组织的专业科考试和全区统一的外语考试以及各学校学位委员会和自治区学位办的审核，有100多人获得成人本科学士学位。在总结三届成人本科生授予学士学位工作的成绩和经验的基础上，就今后自治区成人本科毕业生学位授予工作进行了部署，进一步明确了工作原则、授予标准和工作程序以及备案要求，以确保学位授予工作的健康发展。

2003年共有区外4所普通高等学校与自治区有关办学单位举办了6个专业的研究生课程进修班，为自治区在职人员以同等学力申请硕士学位提供了便利条件。

〔**实施“宁夏高校教育教学改革项目”**〕　“宁夏高校教育教学改革项目”是2003年自治区教育厅的一项重点工作。自治区教育厅高教处从自治区高等教育的实际出发，以提高教育教学质量为宗旨，确定了一批在高等教育人才培养模式、教学方法、教学管理等方面进行综合改革的研究与实践，具有整体性、综合性和实践性的重大项目，计划用三年左右的时间完成，最终形成一批具有时代特征和区域特色，推动全区高校教学工作向纵深发展的改革成果。

〔**加强学科专业建设**〕　根据自治区经济和社会发展的需要，不断调整、优化专业结构，对高校本专科专业的设置及调整原则、专业设置条件、申报审批程序和专业管理工作等方面都提出具体明确的要求和规定。经自治区高等学校专业设置委员会评审和自治区教育厅审定，2003年全区高等教育新增专科专业34个，其中：新增普通专科教育专业6个；高等职业技术教育专业28个。新增经教育部审核批准、备案的本科专业7个，其中：经教育部备案的本科专业5个；经教育部审核批准的本科专业2个。

〔**重点实验室建设和高校图书馆评估**〕　2003年，根据教育部科技司《关于组织申报新建教育部重点实验室的通知》精神，由学校申请，经自治区教育厅高教处审核、推荐宁夏大学生物技术重点实验室为新建教育部重点实验室。宁夏大学生物技术实验室是自治区级重点实验室，该实验室紧跟世界生物技术发展形势，密切结合自治区支柱产业进行应用性的研究，先后完成了国家级和省部级生物技术领域科研项目30余项，取得了重大的应用性科研成果，对自治区人才培养、学科发展和自治区经济建设、社会发展起到了积极作用。2003年下半年自治区已经对该实验室进行了前期重点投入，并将继续给予大力支持和重点投入。

为推动高校加强图书馆自动化、网络化、数字化建设，充分发挥图书馆在高校文献信息中心的作用，自治区教育厅配合自治区高校图工委研究制定了全区高校图书馆评估指标体系，组织了专家队伍，并在2003年底开展了评估工作。

撰稿　陈少娟

民族教育

〔**综述**〕　2003年，宣传和贯彻落实《宁夏回族自治区民族教育条例》，民族教育发展迅速，办学质量上了一个新台阶。各级各类学校回族在校生41万多人，占在校生总数的34.7%，已达到人口自然比例。其中回族小学生27万人，占41%；回族初中生7.2万人，占26.8%，回族高中生2.4万人，占22.4%；普通高校回族在校生8 758人（含西北第二民族学院），占25.8%。

2003年自治区投入2 000多万元，调动各地政府配套、社会捐助共计8 000多万元，已在回族聚居的14个县市区建成了24所标准化的回民中小学，新建校舍8万多平方米。

争取中央民族教育补助专款。宁夏高级回民中学、灵武市回民中学、彭阳县回民中学确定为

2003年度中央民族教育补助专款建设项目学校。每所项目学校由中央民族教育补助专款安排30万元资金。主要用于改善三校回族寄宿生的生活环境和条件。

2003年，全区有12所学校进入“百所回民中小学标准化建设工程”项目，自治区对第一、二期24所项目学校中的22所学校进行了评估验收，并于2003年11月21日召开了“工程”总结表彰大会，对先进集体和先进个人进行表彰。

〔民族高中和高中民族班建设〕 加快民族高中骨干学校建设。继银川一中暨宁夏回民高级中学建成投入使用后，2003年自治区党委政府又按照高起点、高水平、高标准的要求，通过中等专业学校布局调整，将原宁夏农业学校改建为面向贫困山区招生的六盘山高中，首批600名学生已入校。自治区教育厅继续加大对高中民族班工作的指导，发出《关于做好银川一中、吴忠中学、固原一中民族高中班招生工作的通知》，对民族高中班招生工作进行部署。对银川一中民族班招生范围进行了调整，决定从2003年起，银川一中民族高中班的招生范围由原来的面向固原市6县（区）调整为面向南部山区8县（区）和红寺堡开发区以及移民吊庄点；招收农村户口的回族优秀初中毕业生，由每年招收2个班扩大到每年4个班。固原一中和固原二中等高中也扩大了回族学生的招生比例，使2003年全区高中回族在校生比上年增长了2%。

〔民族高等教育〕 加强了高校民族预科部建设，扩大招生规模。2003年高校民族预科部招生由2002年的700人增加到815人。坚持落实高校招生中对少数民族学生的优惠政策，对回族聚居的南部山区采取定向招考、切块到县的办法，扩大了少数民族学生的招生比例，保证了回族考生录取每年递增一个百分点。2003年，全区高等学校录取的少数民族考生占全区录取的考生的比例已达到30%。

〔资助少数民族地区困难学生〕 继续实施免费发放教科书制度。近两年来，共为南部山区8县和红寺堡开发区农村小学和初中学生免费发放教科书价值3 500万元。各高校普遍建立了资助贫困大学生的“绿色通道”，通过奖、助、贷及勤工俭学等各种方式，不断加大对家庭经济困难学生的扶持力度。同时，通过动员社会各方捐助，共资助高校贫困学生1 607人，资助金额85万元；资助贫困中小学生1 844人，资助金额26万元。

撰稿 孙金中 陈少娟
审稿 张广平

新疆维吾尔自治区教育

概　　况

〔基本情况〕

2003年各级各类学校校数、教职工、专任教师情况

	学校数（所）	教职工数（人）	专任教师（人）
一、高等教育			
（一）研究生培养机构（不计校数）	9		
1. 普通高校	6		
2. 科研机构	3		
（二）普通高等学校	26	22 393	11 237
1. 本科院校	11	15 804	7 474
2. 专科院校	15	5 895	3 339
其中：职业技术学院	10	4 185	2 354
3. 分校、大专班（点）（不计校数）		694	424
（三）成人高等学校	15	5 585	2 795
（四）民办的其他高等教育机构			
1. 学历文凭考试机构			
2. 非学历文凭考试机构			
二、中等教育			
（一）高中阶段教育	684	122 261	29 296
1. 高中	500	108 357	20 976
普通高中	500	108 357	20 976
成人高中			
2. 中等职业教育	184	13 904	8 320
普通中等专业学校	78	8 839	5157
成人中等专业学校	28	1 607	1 023
职业高中	78	2 719	1 749
技工学校			
其他机构（教学点）（不计校数）	30	739	391
（二）初中阶段教育			
1. 普通初中	1 432		68 356
2. 职业初中	8	396	348
3. 成人初中	15	227	47

续表

	学校数（所）	教职工数（人）	专任教师（人）
三、初等教育			
（一）普通小学	5 832	148 598	132 284
（二）成人小学	346	1 335	505
其中：扫盲班	239	819	315
四、工读学校			
五、特殊教育	8	351	237
六、学前教育	909	16 793	8 927

注：1. 普通高中教职工数包含普通初中教职工数；
2. 成人高等学校教职工数和专任教师数为2002年数据。

2003年各级各类学历教育学生情况

	毕业生数（人）	招生数（人）	在校生数（人）
一、高等教育			
（一）研究生	521	1 664	3 629
（二）普通本专科	25 264	43 069	147 627
（三）成人本专科	28 522		127 831
（四）其他各类高等学历教育			
1. 在职人员攻读博士、硕士学位		173	301
2. 网络本专科生			
3. 学历文凭考试			
二、中等教育			
（一）高中阶段教育	109 767	160 585	410 117
1. 高中	70 824	126 163	315 178
普通高中	70 824	126 163	315 178
成人高中			
2. 中等职业教育	38 943	34 422	94 939
普通中专	31 304	24 016	71 499
成人中专	3 348	3 200	8 152
职业高中	4 291	7 206	15 288
技工学校			
（二）初中阶段教育			
1. 普通初中	308 445	406 824	1 133 353
2. 职业初中	11 394	8 172	30 042
3. 成人初中	3 041		7 297
三、初等教育			
（一）普通小学	421 443	347 619	2 289 066
（二）成人小学	49 919		64 858
其中：扫盲班	33 194		35 802
四、工读学校			
五、特殊教育	264	369	1 863
六、学前教育	106 319	156 034	246 005

注：1. 成人本专科毕业生、在校生数为2002年数据；
2. 其他各类高等教育学生数未包含成人高校举办的各类高等教育学生数。

2003年各级各类非学历教育学生情况

	毕（结）业生数（人）	招生数（人）	在校生数（人）
一、高等教育	20 991	12 541	5 659
（一）研究生课程进修班	952	481	1 830
（二）自考助学班			
（三）普通预科生		184	184
（四）证书教育	210	171	521
（五）岗位培训	14 450	7 014	1 379
（六）进修及培训	5 379	4 691	1 745
二、中等教育	855 274		752 560
（一）中等职业教育	70 270		28 828
（二）职业技术培训机构	785 004		723 732

注：高等教育非学历教育学生数未包含成人高校举办的非学历教育学生数。

2003年各级民办教育基本情况

	学校数（所）	毕业生数（人）	招生数（人）	在校生数（人）	教职工数（人）	专任教师（人）
一、民办高等教育						
（一）普通高校			1 623	3 167	362	324
（二）成人高校						
（三）民办的其他高等教育机构						
二、民办中等教育机构						
（一）高中阶段教育						
其中：民办普通高中	33	2 014	3 718	8 806	3 287	1 966
民办中等职业教育	1	221	80	300	40	27
（二）初中阶段教育						
其中：民办普通初中	27	3 003	4 598	13 028		
民办职业初中						
三、民办普通小学	47	3 460	5 656	30 490	2 375	1 774
四、民办幼儿园	387	14 870	24 953	43 947	4 199	2 268

注：民办普通高中教职工数包含民办普通初中教职工数。

〔**年度教育工作方针**〕 2003年1月25日—26日，自治区召开年度教育工作会议。自治区主席司马义·铁力瓦尔地到会并讲话，自治区人大、政协有关领导出席会议。自治区教育工委书记、教育厅党组书记赵德忠作工作报告，并部署全区年度教育工作。

2003年，全区教育工作总的要求是：学习贯彻党的十六大精神和自治区党委六届四次全委扩大会议精神，以邓小平理论和“三个代表”重要思想为指导，推动教育创新，深化教育改革，优化教育结构，提高教育质量和管理水平，全面推进素质教育，努力开创全区教育工作的新局面。(1) 坚持理论联系实际和学以致用的原则，认真学习贯彻党的十六大精神；进一步加强学校基层党组织建设、领导班子建设和干部队伍建设；加强和改进学校德育工作，推进邓小平理论和“三个代表”重要思想进教材、进课堂、进学生头脑，进一步发挥“两课”在德育中的主渠道作用；全力维护教育系统的稳定。(2) 深入贯彻落实国家和自治区关于基础教育改革与发展的决定，积极推进普及九年义务教育进程；强化县级政府对农村义务教育的管理责任，落实乡镇在普及义务教育中应尽的责任；以基础教育课程改革为重点推进实施素质教育，加强学校体育、卫生、艺术和国防教育工作，加大中小学布局调整和危房改造工作力度，采取积极措施，多渠道筹措资金，改造中小学危房。加强教育督导工作。(3) 加快发展高中阶段教育，大力加强职业教育和成人教育。(4) 加强学科建设和质量建设，推动高等教育持续健康发展。(5) 大力加强和改进汉语教学，提高少数民族教育质量。(6) 推进教师继续教育工作，加强教师队伍建设。(7) 完善招生考试和就业制度，加强高等学校学生管理工作。(8) 推进教育信息化，扩大教育对外开放。(9) 积极主动地做好教育对口支援工作，多渠道筹措教育经费。(10) 加强机关作风建设，提高教育行政效率和依法治教水平。

〔**抗震救灾工作**〕 2003 年 2 月 24 日 10 时 03 分，位于新疆喀什地区的巴楚、伽师地区发生 6.8 级强烈地震。巴楚、伽师、麦盖提、岳普湖 4 县受灾学校达 423 所，涉及师生 171 943 人（其中死亡教师 1 人，死亡学生 35 人）；受灾校舍 23.92 万平方米，倒塌 3.52 万平方米；地震造成的经济损失达 13.7 亿元。地震发生后，灾情牵动着全国亿万人民的心，自治区广大干部群众、解放军和武警官兵众志成城，抗震重建。

2 月 25 日，教育部向新疆维吾尔自治区教育厅、新疆生产建设兵团教委发出了慰问电。驻疆某部队官兵为使灾区的各族孩子不因受震灾而耽误学习，及时对倒塌校舍的桌凳、教材和办公用品进行了重点抢救；同时，紧急调来 20 多顶帐篷，26 日，巴楚县受灾最重的琼库尔恰克乡第一批受灾的中小学生走进了帐篷学校。27 日，自治区教育工委、教育厅召开抗震救灾捐助动员大会。自治区教育厅机关及直属单位捐助人民币 259 831 元。3 月 6 日，新疆教育出版社将 12 万册中小学教材运至巴楚、伽师等地震灾区，使学生尽快恢复正常学习。截至 3 月 9 日，社会各界已为巴楚等地震灾区捐资捐物价值 9 778 万元。3 月 20 日，第一批来自巴楚、伽师地震灾区的 9 名孤儿到乌鲁木齐“知识之光”扶贫学校就学。

3 月 28 日—30 日，中共中央政治局常委、国务院总理温家宝到巴楚、伽师地震灾区，看望慰问受灾群众，并指示国家有关部门从基本建设和国债基金中再给灾区划拨 1.9 亿元重建资金。与此同时，自治区也划出 1.3 亿元用于灾后重建。

据统计，巴楚县有 121 所学校在地震中受损，灾后重建中该县将这些学校合并为 89 所，总投资 6 118 万元。89 所学校于 9 月 20 日前全部竣工，新学年开学，灾区 4.1 万名学生有了焕然一新的校舍，而且全部用上了免费课本。

2003 年 12 月 1 日 9 时 38 分，昭苏发生里氏 6.1 级地震，共造成 10 人死亡，73 人受伤，800 多间房屋倒塌。地震后，党中央、国务院给予高度重视，从中央财政向新疆地震灾区紧急安排了救助资金 1 000 万元。12 月 4 日，地震灾区的近 300 名学生开始恢复上课。这些学生被安插在新疆生产建设兵团农四师 76 团团部的一中、二中、三中学习。

〔**教育法制建设**〕 2003 年，自治区教育厅加大了教育法制建设。(1) 进一步做好教育立法工作。印发了《关于征求对修改〈宪法〉部分内容意见的通知》、《关于征求对修改〈教育法〉有关条款建议的通知》。通过书面和座谈会等形式，征求了对《民办教育促进法》、《教育法》、《义务教育法》、《自治区实施〈中华人民共和国残疾人保障法〉办法》等的修改意见和建议，并将意见和建议整理上报。(2) 开展教育普法工作。起草印发了《关于进一步加强学校法制宣传教育工作的通知》，对学校普法工作提出了明确要求。自治区教育厅机关开展了“四五”普法的自查自纠工作，并接受了自治区依法治区领导小组的普法抽查。印发了《关于进行 2003 年教育行政执法证审验工作的通知》，对教育厅机关“行政执法证”和“执行监督证”进行了审查；完成了 9 个地、州、市教育系统“行政执法证”的年审换证工作。

〔**学校安全工作**〕 2003 年，自治区教育工委、教育厅制定印发了有关学校安全稳定工作的文件。先后召开了乌鲁木齐和昌吉地区高校书记、校长会议及自治区高校稳定工作座谈会，及时传达了中央和自治区有关做好安全、稳定工作的文件精神，交流了经验，部署了工作。自治区教育厅、文化厅、司法厅、公安厅、团委等组成联合调查组分赴南北疆，对学校的安全、稳定工作进行了检查，并写出了情况汇报，为上级领导正确决策提供了重要依据。

〔**教育审计**〕 2003年，新疆教育内审工作坚持“一审、二帮、三促进”的工作方法，突出了对重点部门、重点项目的审计。全年教育系统共完成审计项目733项（财务收支审计167项、预算执行与决算审计16项、基本建设审计57项、维修项目审计373项、经济责任审计44项、经济效益审计2项、专项资金审计27项、其他项目审计28项、委托社会审计19项），审计资金总额13.43亿元，查出有问题资金2 634万元，已纠正违纪金额963万元，促进增收节支5 349万元，发现案件线索7件，移送纪检部门2件，受党纪政纪处分8人。基建、维修项目送审额3.44亿元，审减额4 106万元，审减率12％。

〔**治理教育乱收费**〕 2003年，自治区成立了治理教育乱收费工作厅际联席会议及办公室，印发了《自治区治理教育乱收费工作实施意见》，对全区治理教育乱收费工作任务、目标、措施、收费管理、公示、监督检查和责任追究等方面作出了明确规定。要求各地区、各部门和各大中小学要严格管理、强化监督，落实纠风责任，严肃查处发生在老百姓身边的、损害群众切身利益的教育乱收费问题。

通过实施各项有效措施，全区2003年治理教育乱收费工作取得了明显成效。据不完全统计，1月—11月，全疆共查处教育乱收费案件212起，涉及违纪金额1 083.52万元，已向学生清退789.73万元。有38人受到党纪、政纪处分，其中，中小学校长12人，教育行政部门负责人2人。同时对9起教育乱收费典型案件进行了曝光。

〔**教育外事工作**〕 2003年，自治区召开了教育外事工作会议。印发了《新疆维吾尔自治区教育系统地方公派出国留学选派管理暂行办法》。自治区教育厅与国家留学基金管理委员会签署了“西部地区人才培养特别项目”，双方商定国家每年为新疆选送50人出国进修深造，按4∶6比例出资。2003年新疆财政已为此项目拨款75万元。经国家留学基金管理委员会专家评审，确定新疆“西部地区人才培养特别项目”公派出国人员50人。另有59名教师获得国家留学基金管委会资助公派出国留学。截至年底，教育厅外事处已审批办理公派出国留学、考察、学术交流、夏令营等195人次。

2003年先后接待英国、美国、德国、日本、蒙古和香港、澳门特别行政区等合作、考察访问团组13批，计103人。接收日本丝绸之路教育考察团向巴楚地震灾区捐款100万日元。全区有46个单位获得了聘请外国文教专家单位资格证书。截至年底，聘请外籍专家162人（包括延聘），其中长期专家87人。全区高校接收外国留学生409人（包括延长学习期限的），其中攻读学位的89人。

〔**教育信息化建设**〕 新疆教育信息网站自2002年开通以来，已与区内各高等院校、各地州、市教育部门以及国内各兄弟省市教育网站链接。

2003年召开了自治区校园网应用研讨会。按照自治区教育厅《关于归口管理统一发布招考信息查询的通知》要求，2003年公布了51万名各类考生的考试成绩等信息。按照自治区《关于推荐新疆维吾尔自治区校园网建设的企业名单的通知》精神，组织专家组对校园网建设企业进行了资格评审，对业绩不佳，用户反映较差的企业进行警告，个别企业实行了淘汰。按照自治区政府与深圳市政府的合作内容，深圳踏浪公司赠送自治区1 000所中小学教育管理软件。年内，全区已培训700多所学校的800多名专业教师。

在教育部信息中心的支持下，筹建成立了信息技术及应用培训（IT & AT）教育工程新疆管理中心，全面协调管理自治区的“IT & AT”教育工程的培训工作。先后已有18所大中专院校建立了“IT & AT”培训基地，引进“IT & AT”教育工程的优秀课程用于学校的必修课、选修课或辅修专业课的教学中，并利用“IT & AT”优秀的教育资源，面向社会进行实用技术培训，为当地的社会经济发展服务。

〔**语言文字工作**〕 2003年，为进一步学习宣传贯彻《国家通用语言文字法》和《自治区语言文字工作条例》，成立了教育系统语言文字工作领导小组。自治区语委会和教育厅联合印发了《自治区一类城市语言文字评估工作细则》等文件，对自治区一类城市语言文字评估工作进行了部署安排，并对乌鲁木齐市的语言文字工作进行了评估。印发了《关于贯彻落实自治区人民政府〈推广使用少数民族人名汉字音译转写规则实施方案〉有关问题的通知》，对教育部门和学校推广使用少数民族人名汉字音译转写规划实施方案提出了具体要求。发出《关于开展教育厅机关语言文字工作评估的通知》，组织开展了机关语言文字评估工作。对厅机关工作人员进行了普通话培训和测试，发放普通话等级证书63份。

〔**体育、国防、卫生与艺术教育**〕 2003年，自治区教育厅转发了教育部印发的《全国普通高等学校体育课程教学指导纲要》和《全国普通高校体育专业课程指导纲要》，组织编写了《大学体育课程》教材，举办了高校《大学体育课程》教材培训班、全区实施《学生体质健康标准》培训班和推广第二套广播操师资培训班，分别有200多人参加了培训。

加强国防教育工作。与新疆军区考察确定了自治区大学生军事训练基地，落实了建设经费，安排了2003年大学生军训工作。

2003年，贯彻落实《中华人民共和国传染病防治法》，制定印发了《新疆维吾尔自治区学校预防和处置公共卫生突发事件预案》、《关于加强学校食物中毒预防与控制工作的紧急通知》、《自治区教育系统防治非典型肺炎的预案》、《自治区教育系统预防艾滋病中长期规划》等指导性文件。组织27名中小学卫生保健所所长和骨干校医到北京大学医学部儿童青少年卫生研究所培训；9月，在奎屯市和伊宁市举办了两期口腔健康教育师资培训班，有360名中小学教师参加了培训。向各级学校发放预防艾滋病、防“非典”等资料65 000多册。

制定了“自治区2001—2010年学校艺术教育发展规划”，召开了农村学校艺术教育实验课题研讨会。举办了第二届全区中小学美术教师教学课件竞赛和美术教育论文评选活动，评选出一等奖8个、二等奖20个、三等奖30个。组织参加第八届全国中小学绘画书法作品比赛，参赛人数10 038人，获一等奖502个，地区先进组织工作奖7个，学校先进集体奖35个，指导教师奖95个，先进个人奖6个。新疆获全国组织工作先进单位。

〔**社会力量办学**〕 2003年，自治区教育厅继续做好民办学校招生、办学等方面的审批、评估、检查、统计工作。审批了66所民办教育机构，对20多所经自治区教育厅批准并直接管理的各类民办教育机构进行了年检和财务审计。发出《关于进一步规范各大中专院校社会助学行为的通知》，对各种社会助学进行了清理整顿。加强了实施《民办教育促进法》的社会宣传工作，与乌市教育局共同举办了大型宣传活动，有200多所民办教育机构参加。

〔**勤工俭学**〕 2003年初，自治区教育厅召开了中初等学校勤工俭学校办产业年度工作会议、高等院校科技产业年度工作会议、校办产业座谈会，制定印发了《2003年度自治区勤工俭学校办产业工作要点》、《高校科技产业工作要点》、《关于进一步加强学生劳务活动管理的通知》、《自治区勤工俭学管理机构评优标准》、《关于印发创建“花园式学校”实施意见的通知》等文件。组织调研人员对昌吉、喀什等13个地州的23个县（市）、45所学校、16个校办产业点和勤工俭学情况进行了专题调研。

据统计，2003年全区有6 989所学校开展了各种形式的勤工俭学活动，开展率达97%。勤工俭学纯收益为23 057万元，其中校办农业3 959万元，校办工业817万元，校办第三产业2 754万元，其他勤工俭学收益15 527万元。纯收益比上年增加1 480万元，增长率为7%。勤工俭学纯收益用于补充教育经费19 954万元，比上年增加1 301万元，增长7%。

基础教育

〔综述〕 2003年，自治区政府印发了《关于完善农村义务教育管理体制的实施意见》，加快推进“以县为主”的农村义务教育管理体制的调整。认真做好“两基”巩固提高，积极推进“两基”攻坚，第二期国家贫困地区义务教育工程、中小学危房改造项目、邵逸夫赠款项目等教育基本建设工作进展顺利，贫困地区办学条件得到进一步改善。认真实施《基础教育课程改革纲要》，推进中小学现代远程教育工程建设，提升了全区教育现代化水平。

2003年全区普通中学比上年减少13所，在校生比上年增加8.1%，专任教师比上年增加5.4%，校舍建筑面积比上年增加6.3%。高中教师学历合格率为67.02%，比上年提高3.83个百分点；初中教师学历合格率为93.61%，比上年提高1.36个百分点。初中学龄儿童入学率为83.80%，比上年提高1.44个百分点；初中毕业生升入普通高中升学率为40.90%，比上年提高2.38个百分点。小学比上年减少211所，在校生比上年减少2.9%，专任教师减少0.1%，校舍建筑面积比上年增加0.9%。小学教师学历合格率为98.34%，比上年提高0.52个百分点；小学学龄儿童入学率为98.34%，比上年提高0.55个百分点；小学毕业生升学率为96.53%，比上年提高2.14个百分点；小学五年保留率为95.73%。幼儿园比上年增加143所，在园幼儿比上年增加7.7%，专任教师比上年增加10.2%，校舍建筑面积比上年增加9.3%。

〔义务教育〕 2003年秋季，中央财政和自治区财政共拨出1.9亿元专项资金，对新疆贫困地区义务教育阶段的学生实行全部免费提供教科书、免除杂费的助学制度。南疆阿克苏地区、克孜勒苏柯尔克孜自治州、喀什地区、和田地区的33个县市农村的全部中小学生和城镇中小学贫困生共157万人享受“双免费”义务教育。4地区以外的其他9个贫困县农村的全部中小学生和城镇中小学贫困生共12.2万人和14个边境县的全部农村中小学生和城镇中小学贫困生共29万人也享受了“双免费”义务教育。此外，自治区其他贫困乡的中小学贫困生和特教学生也得到该项计划的资助。据统计，该项目涉及新疆56个县的205万名各族中小学生。其中，有113万名小学生和55.6万多名初中生是少数民族语言学生，占免费入学学生总数的82%。

2003年7月1日—2日，自治区“两基”攻坚现场会议在阿瓦提县召开。会议对阿瓦提县委、政府坚持“强化领导、明确责任、合理布局、优化资源、软件从严、硬件从实、纵向到底、横向到边、保障投入、提高质量”的工作原则，使小学适龄儿童入学率达到99.83%，初中适龄少年入学率达到94.5%，全县非文盲率达到99%以上的成绩给予了充分肯定。会议强调，已经实现“两基”的县（市、区）要抓好“两基”巩固提高工作。自治区将加大复查力度，凡是“两基”工作刚性指标滑坡的县（市、区）第一年亮黄牌警告，责令整改，经整改后仍不能达标的，取消“两基”合格县（市、区）称号。尚未实现“两基”的28个县要按自治区“两基”规划保质保量完成任务。

2003年9月18日—10月20日，自治区“两基”验收团对富蕴、沙雅、阿瓦提3县进行了验收。以上3县共有人口447 589人，占自治区地方总人口的2.74%。至此，自治区实现“两基”的县（市、区）累计达68个，人口覆盖率为70.34%。

〔幼儿教育和特殊教育〕 2003年，自治区教育厅印发了《自治区〈幼儿园教育指导纲要〉实施细则》，举办了《幼儿园教育指导纲要》实践活动培训班，150 名幼儿园骨干教师参加了学习。

7 月 1 日—20 日，举办了自治区第五期幼儿园园长岗位培训班、教师继续教育培训班，保育员高级工培训班、非师范类教育学、心理学培训班，来自各地的 500 多名幼教工作者参加了培训。组织专家对幼儿园安全工作进行了检查。乌鲁木齐市、库尔勒市、奎屯市被评为全国幼儿教育先进县市，受到表彰。

2003 年，完成了聋人维语辞典和维文语文教材的编写工作，组织聋校校长参加了全国继续教育培训班，完成了特殊教育专项项目的立项工作，组织参加了首届全国特殊教育学生美术大赛。

〔**高中教育**〕（1）2003 年普通高校招生考试和录取期间及录取后，全区共清退“高考移民”和其他不符合报考条件的考生 2 600 人。为规范今后的高考报名工作，自治区招生委制定了《自治区普通高校招生资格审查工作暂行规定》，要求在 2003 年 11 月底之前完成对全区各中学高一、高二、高三所有在校生的信息采集工作，进行电子注册并给予报考序号。（2）高中会考。2003 年自治区重新修订了高中会考标准，规范了命题范围。组织 43 人赴南北疆巡考指导工作。全年有 30 余万名学生参加了会考。年内审验会考学生数达 5 万人，合格率为 85%—88%。（3）举办示范性高中与宏志班。2003 年开展了第二批示范性高中评估工作。经评估确定塔城地区第一中学和沙湾县一中为自治区示范高中。印发了《宏志班招生管理规定》，增加乌鲁木齐市第五中学为办班学校。当年全区宏志班录取 150 名新生。

〔**基础教育课程改革**〕 2003 年自治区基础教育课程改革领导小组贯彻实施《基础教育课程改革纲要》和《关于建立自治区第二批基础教育课程改革实验区的通知》，做了以下工作：（1）加强课改师资培训与教材建设。1 月和 7 月，自治区组织 20 余位教研员分赴 15 个地、州、市以及数十个县（市）进行了送教下乡活动。对进入课改实验的各个学科开展了新课标与新教材的培训，受到了一线教师的欢迎。围绕课改，编写翻译了维、哈语实验学科的课程标准、教材以及教辅资料。完成了小学汉语教学课件的研制、初审等工作及初中一、二年级汉语教学课件的研制工作。（2）开展课改的经验交流。3 月，组织了全疆“自主、合作、探究学习方式”的研究会。组织了小学数学第六届评比课堂教学观摩活动，15 位教师现场备课，做课，来自全疆的 700 多位教师参加了观摩。组织了高中英语教学竞赛，并推荐 1 名优胜者参加了全国竞赛，获一等奖。承办了全国中小学电脑制作暨第三届自治区中小学信息技术创新与实践活动，收到来自全疆的电脑制作作品 960 件，教学课件 62 件，并有 28 个智能机器人参加了全国比赛。（3）启动地方课程研究工作。4 月—6 月，组成 3 个调研组，进行了地方课程资源的调研及收集工作，研制起草了《自治区地方课程指南》的初稿。完成了对昌吉市、博乐市、吐鲁番市、玛纳斯县、哈密市等实验区实验工作的调研和指导工作。（4）以课改推进科研。开展了“新疆中小学心理素质的整体构建对学生成绩的影响”的测试工作，并组织了论文评比及心理健康教育课的评比，收到 500 多篇论文和 100 多节录像课。“新疆中小学教学教育实施素质教育的实验与研究”课题组举办了 8 次讲座，听评课 60 余节，收到实验学校上报的阶段性实验报告 8 篇、论文 300 余篇，录像课 30 余节、优秀教案 100 多节、课件 80 多件，并对这些成果进行了归类整理，评奖。另外还开展了“引进信息反馈技术构建互动教学模式研究”，“新疆中小学劳动技术教育发展研究”，“语文课堂教学三维目标设置与教学实施”的课题研究。（5）课改实验及评估工作。协助教育部对乌鲁木齐市天山区、沙依巴克区两个国家级课改实验区进行了评估。组织评估组对自治区第一批课改实验区哈密市、吐鲁番市、乌鲁木齐市水磨沟区、玛纳斯县、博乐市、昌吉市的课改实验情况进行了评估。同时印发了《自治区基础教育课程改革评价与考试改革指导意见》。

〔**教师队伍建设**〕 2003 年，自治区政府印发《关于加快中小学教师教育和发展的意见》，要求各级地方政府对中小学教师继续教育经费在地方教育事业费中专项列支，一般应不少于教师工资总额的

2%。从地方教育费附加和人民教育基金中各划出5%用于教师培训，由县（市）以上教育行政部门统一管理，不得截留和挪用。《意见》强调，从2004年起，本专科师范院校、有条件的中等师范学校新入校的少数民族学生，除少数民族语文和特殊专业使用母语授课外，起始年级使用汉语授课；要使中专、大专、大学师范毕业生毕业时的汉语水平分别达到HSK的3级、4级、5级或相应水平。

中小学教师结构编制管理。2003年，自治区政府印发了《新疆维吾尔自治区中小学机构编制管理暂行规定》和《关于中小学新增教师实行合同聘用制管理的意见（试行）》，据此，自治区教育厅、人事厅对中小学的教师编制进行了重新核定，县镇高中教职工与学生比标准为1∶12，初中为1∶14，小学为1∶19。对超编的学校，将引导教职工向缺编的学校流动，对自然减员和新增编制，将用于补充招聘教师。年内，全区中学新增编制12 994名，小学减少编制7 165名。经测定全区中小学的总编制数为229 317名，其中，新增9 321名。

〔**教材建设**〕 2003年，新疆教育出版社完成了中小学2003年秋季和2004年春季141个品种教材的租型工作。对2003年秋季和2004年春季中小学教材423个品种的版型进行了统筹安排。年内，编译出版汉、维、哈、柯、蒙、锡文字中小学教材及维、哈文字师范教材1 627个品种。其中新版教材532种，再版1 095种，总册数近5 569万册。

完成了免费教材的印供任务。2003年，党中央、国务院和自治区政府决定：从2003年秋季开始，中央财政投资1.4亿元，自治区财政拨款5000万元，对全区部分贫困地区学生实行免费提供教科书。新疆教育出版社承担了提供汉、维、哈、柯、蒙5种文字，420多个品种，350万册教材的任务。为做到“课前到书，人手一册”，出版社与有关部门密切配合，于8月28日前将教材送到了贫困地区学生的手中，受到了各族师生的好评。

结合自治区教育教学改革，新编、修改了初中《汉语》等教材及各类教辅用书200余种。

〔**教育援疆项目**〕 （1）2003年8月4日，自治区教育厅与北京大学附中在新疆人民会堂联合举行了“情系祖国西部，共沐教育光辉”——北大附中“教育援疆”捐赠签约仪式。捐赠内容包括：为阿勒泰地区青河县、富蕴县的两所中学建立北大附中远程教育合作示范学校，为受赠的学校无偿提供所需的北大附中远程教育学校版、视频版教育资源及上述资源所需的全部卫星接收设备，并为300名边疆学生提供学生学习年卡，让有条件的学生在家里就能接受到北大附中的名师指导。8月16日，北京大学附属中小学网校与克拉玛依市青华私立学校携手成为“北大附中、附小远程教育示范学校”。北大附中、附小远程教育采用先进的卫星和互联网传输技术，各地的示范学校学生可以通过“天网”（卫星网）看到北大附中、附小师生上课的实景，也可以通过“地网”（互联网）看到文字性的试题、辅导，听到老师讲解，并通过互联网与老师交流，还可以通过“无人互动”的方式，直接与北大附中所属中小学的老师面对面交流。（2）建设希望小学。据2003年统计，全区从1993年到2003年，获自治区青少年发展基金会共募集到的社会各界的捐款近5 000万元，建成希望小学150所，就读儿童累计已达到4万名。2003年巴楚、伽师地震发生后，在青少年基金会的帮助下，当地新建10所希望小学，使1 361名失学儿童重返课堂。全年，新疆建成和在建希望小学达38所。（3）建设蓝天春蕾小学。2003年9月5日，中国人民解放军空军援建的巴楚县色力布亚镇“蓝天春蕾小学”落成并使用。巴楚县在2003年2月遭受严重的地震灾害，兰州部队空军和驻疆空军部队决定在受灾最严重的巴楚县色力布亚镇、伽师县克孜勒布依乡各援建一所“蓝天春蕾小学”。空军此次共捐款134万元支持新疆贫困地区发展教育事业，其中70万元用于建设两所“春蕾小学”，54万元用于兴办9个“春蕾班”，帮助新疆贫困地区女童顺利完成小学和初中学业，10万元设立了“蓝天春蕾奖学金”，专项资助考上高中或大学、家境贫困且品学兼优的女童。

自1994年以来，空军已经连续4次向新疆捐款助学，累计捐款356万元，开办“蓝天春蕾女童班”51个，捐建“蓝天春蕾小学”3所，帮助

3500多名辍学女童重返校园，完成小学或初中学业。

职业教育与成人教育

〔**综述**〕 2003年，自治区认真贯彻落实全国职业教育工作会议精神，召开了职业教育经验交流现场会，明确了职业教育改革与发展的指导思想、目标任务和政策措施，加快了改革力度。深入开展农村教育和城市教育的综合改革，继续抓好行业、企业培训中心建设，加快了技能型人才培养的步伐。

推进职业和成人学校布局结构调整。2003年，自治区教育厅采取合并、共建、划转、撤消等多种形式优化职业教育资源。报送了新疆工业技术学校与新疆教育学院、新疆商业学校与新疆艺术学院合并的建议方案，经自治区政府批准实施。完成了对独立设置的72所中等职业学校的办学评估，65所学校评估合格。根据教育部职成司《关于开展国家级重点中等职业学校调整认定工作的通知》，完成了对9所学校申报国家级重点中等职业学校的调整认定评估。

职成教育当前存在的问题：一是仍然存在政出多门现象，需要政府加强统筹力度，行业、部门之间加强协调合作。二是职成教育经费严重不足，特困生问题突出。三是南北疆职成教育发展不平衡，教育教学改革缓慢，需加强引导和调整。

〔**发展农村职业教育**〕 2003年自治区政府决定，把农村职业教育作为当前乃至今后一个时期加快农村经济发展和农村城镇化进程，解决“三农”问题的一项重大举措切实抓紧抓好。要求各级政府努力增加对农村职业教育的投入，在安排农业基础设施建设投资时，应有一部分资金用于农村职业学校建设。除此之外，用于农村科技开发、技术推广的扶贫资金应适当安排一部分用于农村职业教育培训。面向农村和农业的职业学校设立专业奖学金；要采取有效措施，支持和鼓励农牧民子女进入职业学校学习农业科技和职业技能；加强对农村富裕劳动力的职业教育和培训，加快推进农村城镇化发展步伐。要进一步扩大农村教育综合改革实验区范围，大力推广实验区试点单位经验。为此，决定将实验地（州）扩大到3个，实验县（市）扩大到40个，示范乡（镇）扩大到300个。同时，要尽快建成县、乡、村三级实用型、开放型的农牧民文化科技教育培训体系，使其成为人力资源开发、技术培训与推广、劳动力转移培训、扶贫开发服务的基地。要坚持农村职业教育面向“三农”服务的办学方向，为农村产业结构调整服务，为发展高产、优质、高效农业服务，为农民脱贫致富服务。

〔**教育教学改革**〕 2003年，启动了自治区职业教育40个重点示范性专业（点）建设工作和“制造业和现代化服务业技能型紧缺人才培养工程”。确定了6所中职学校和4所高职院校与相关企业共同建立数控机床、计算机软件、护理、汽车修理4个专业技能人才培养基地。9月，在昌吉市召开了自治区职业教育现场经验交流会，组织代表参观了新疆农业技术学院、交通学校、水利水电学校及部分联合办学的企业公司。为了解职业教育发展情况，组织专家组对乌鲁木齐、昌吉、哈密、吐鲁番等地区的10余所职业学校进行了综合调研。加强了中等职业教育与高等职业教育的沟通与衔接，启动了“直通车”实施方案及试点工作，首批确定4所试点学校，并开始招生。在中职学校正式启动了计算机应用能力等级考核工作，对计算机考核大纲和教材进行了重新修订和编写。

为加强职业教育与劳动就业的联系，提高职业学校学生的专业技能和就业能力，实现学业证书与职业资格证书并重的目标，从2003年9月1日起，自治区在各级各类学校全面启动学业证书和职业资格证书“双证”制度。同时，自治区劳动和社会保障厅将按照“统筹规划，合理布局，择优建所（站）”的原则，优先选择具备条件的职业学校设立职业技能鉴定指导中心和职业技能鉴定所（站）。各级劳动保障部门积极面向职业学校开展职业技能鉴定，建立起职业学校与职业资格证书制度、就业准入制度与劳动力市场需求有机联系的运行机制。

〔**职教师资培训**〕 依托新疆农业大学（全国职教师资培训基地）举办了计算机专业师资培训班。委托华东师范大学职教师资培训基地举办了中职校长培训班，培训45人。组织6名中职校领导参加了教育部举办的全国职业技术学校骨干校长高级研修班。组织中职学校教师攻读学位，报名者20多人。委托新疆职业教育教材信息服务网站，联合中国语文出版社、电子工业出版社举办了中职示范性教材（语文、数学、英语、计算机）师资培训班，有200多名教师参加了培训。向教育部推荐8名骨干教师作为赴德国进修人员。另外，还组织45所中职学校的统计人员参加了教育部举办的计算机统计应用软件培训班，组织25人参加了国家举办的ISO10015培训管理体系国际标准培训班。

〔**农村与城市教育综合改革**〕 加强对农村教育工作的指导，重新调整了自治区农村教育综合改革领导小组及办公室成员，转发了教育部《关于进一步加强农村成人教育工作的若干意见》、印发了《关于自治区扫除文盲的工作意见》、《自治区示范性乡（镇）农牧民文化技术学校建设标准》。协调解决了全区农村义务教育管理体制改革工作中有关农牧民成人文化技术学校专职教师编制问题。组织10名从事农村教改工作的基层干部参加了全国农村教育干部培训班。

城市教育综合改革。根据教育部关于扩大全国社区教育实验区的要求，自治区推荐上报2个地区作为全国社区教育示范区，确定乌鲁木齐市、巴音郭勒蒙古自治州等条件较好的8个地州市和2个街道办事处为首批新疆社区教育实验区，并正式启动了社区教育实验区建设工作。大力抓好行业、企业培训中心建设，审批3个职工教育培训基地。印发了《新疆维吾尔自治区职工教育培训机构评估工作意见》。组织完成了全区学习型企业创建成绩突出单位推荐工作，有3个企业被确定为全国学习型企业。委托华东师范大学举办了新疆社区教育管理干部培训班，有25个单位的30人参加了培训。

〔**中专招生**〕 2003年，自治区教育厅印发了《2003年普通中等专业学校招生规定》，凡报考普通中等专业学校的初中应届毕业生和报考五年制高职生（含3+2）的考生均应参加自治区初中毕业升学统一考试，除医科、公安、司法等专业外，普通中等专业学校可以招收部分免试考生入学。考生可填报3个中专志愿。为了给初中毕业生更多的升学机会，在高中录取后，允许高中落选考生补报中专志愿。

2003年，全区普通中专计划招生54 104人，其中民语20 229人，汉语33 875人；五年制高职7 182人。2003年报考中专的考生19 294人，其中汉语考生9 421人，民语考生9 873人。中专招生录取工作于9月1日—6日进行，来自全区94所中等专业学校的招生人员和15个地、州、市招办的工作人员参加了录取工作。与往年相比，2003年初中中专招生有以下特点：一是计划数大于生源数；二是各校生源很不平衡，绝大多数学校“吃不饱”，少数学校如警校、师范、护校、幼师生源爆满；三是五年一贯制高职招生计划占的比例越来越大。

〔**自学考试和非学历证书考试**〕 为全面提高自学考试质量，自治区教育厅加大了维吾尔、哈萨克文自学考试教材建设力度。2003年已有36种维、哈文教材列入编译出版计划。维、哈文《邓小平理论概论》、《马克思主义哲学原理》、《宪法》等6门课程已使用全国统一试卷进行考试。2003年全区有22万人参加了50万门科次的自学考试和非学历证书考试。其中剑桥少儿英语考试有6 872人参考，全国计算机等级考试有23 925人参考，全国英语等级考试有980人参考。根据社会需求，启动了剑桥秘书证书考试和餐饮业职业经理人资格证书考试。另外，承担了行业和部门的委托考试，开设了铁路运输、机车车辆、铁道工程、石油工程、化学工程、电力市场营销、土地资源管理、农业经济管理、通信工程等专业的自学考试。

高等教育

〔**综述**〕 2003年，自治区高等教育工作坚持“巩固、深化、提高、发展”八字方针，加强高校学科建设和专业结构调整，实施高等教育质量建设工程，关注招生和毕业生就业工作，使全区高等教育教学改革取得了新的发展。

2003年，全区普通高校在校研究生比上年增加45.4%，本专科生比上年增加11.5%。研究生指导教师比上年增加10.8%，高校专任教师比上年增加8.3%。校舍建筑面积比上年增加27.4%。每万人口中普通高校在校生77.49人，比上年增加7.45人。成人高校在校生比上年减少31.3%，专任教师比上年增加7.1%。每万人口中成人高校在校生比上年减少20.33人。

〔**高校思想政治教育**〕 (1) 全面推进“三个代表”重要思想“三进”工作。转发了教育部《关于进一步深化“三个代表”重要思想“三进”工作的通知》。2003年3月，召开了乌鲁木齐地区高校马列部负责人会议，专题研究了“三个代表”重要思想的“三进”工作。印发了《关于教育系统学习〈“三个代表”重要思想学习纲要〉的通知》、《自治区教育工委、教育厅关于我区高校兴起学习贯彻“三个代表”重要思想新高潮的意见》。选派高校“两课”骨干教师参加《邓小平理论和“三个代表”重要思想概论》课前培训。7月4日—11日，举办了自治区高校“两课”教师学习贯彻“三个代表”重要思想培训班暨“三进”工作集体备课研讨班。全区20余所院校的150名“两课”教师参加了培训。秋季，自治区高校普遍开设了《邓小平理论》和“三个代表”重要思想理论课。(2) 进一步加强了“两课”教育教学的改革和建设。一是加强了德育地方课程建设。召开了高校《新疆地方史》教材及教学座谈会，总结分析11年来大专院校《新疆地方史》课程开设情况及存在问题，重新编写了高校《新疆地方史》教材。二是加强了对“两课”教育教学工作的调研和指导。根据教育部社政司2003年关于高校“形势与政策”教育教学要点、“两课”教学基本要求，组织调查组对高校“两课”教育教学情况进行了调研指导，并上报了调研报告。

〔**学科建设与专业调整**〕 2003年，自治区教育厅贯彻落实自治区政府《关于普通高等教育学科专业结构调整原则意见》和《普通高校重点学科建设实施意见》的精神，组织区内外专家对高校申报的68个自治区级重点学科进行了评审，确定生态学等25个自治区重点学科，并经自治区政府批准实施，年底落实重点学科建设经费500万元。继续加强高等学校专业调整工作，在新疆大学、新疆师范大学、新疆工业高等专科学校进行按专业大类招生的试点。组织召开了自治区高等学校学科建设与专业调整工作座谈会。组织了“自治区高等教育战略发展规划”课题组，完成了对南北疆高校、有关厅局和企业的人才需求调研，草拟了《自治区高等教育战略发展规划》(2020年)。继续推进高等院校布局结构调整，向自治区政府报送了合并组建新疆工程学院的意见，批准成立了新疆大学软件学院、新疆医科大学厚博学院两所二级学院。

〔**教学与科研工作**〕 积极实施高等教育质量工程。向教育部推荐申报高校2名优秀教师参加全国名师评选，申报5门精品课程参加全国精品课程评选。完成了对普通高校非计算机专业计算机教学评估和普通高校基础课实验室的评估，促进了高校教学基本建设。成立了自治区高等教育教学质量督导委员会，制定了《新疆维吾尔自治区高等教育教学督导暂行办法（试行）》。并在广播电视大学、成人高等学校和高等职业学校开展了教学督导工作。完成11所本科学校西部高校校园网建设，召开了自治区高校多媒体教学现场演示会，推动了自治区高校信息化教学工作。完成了全国示范性软件职业技术学院的遴选推荐工作，评审推荐3所高职学院参加全国评选。推荐5所高职申办全国急需专业人才培养工作。

科研工作。起草了《自治区高等教育科研工作规划纲要（2003—2017）》和《自治区高校科研计划管理办法》，印发了征求意见稿。组织评选并向教育部上报了自治区重点实验室、国家科技进步奖和教育部地方院校重点科研项目。

〔**学籍学历管理**〕 印发了《关于2003年度各类高等教育学历证书使用与发放工作的通知》，对2003年各类高等教育应届毕业生进行了资格审验和实施学历证书电子注册。全年共注册应届毕业研究生477名，其中硕士458名，博士19名；普通院校毕业生29 899名，其中本科10 002名，高职高专19 897名；成人高等教育毕业生40 193名，其中本科10 415名，专科29 778名。

2003年办理普通高校转学手续140名，成人高等教育转学150名。办理普通院校毕业证书遗失证明书180名，成人高等教育毕业证书遗失证明书350名。

〔**普通高校招生与毕业生就业**〕 2003年，自治区普通高校共录取新生65 639名，其中本科37 152名，专科28 487名。

2003年高考招生有以下特点：（1）志愿设置改革初见成效。考生填报志愿按本科志愿和专科志愿分段填报，本科一批次比往年增加4个志愿，据统计，2003年考生按志愿录取率达到96%以上。（2）民考汉考生报考汉语言学校与专业的积极性明显高于往年，全年共有263名民考汉考生被汉语言招生学校录取。（3）继续对南疆三地州的考生实行政策倾斜，专门划出区内院校招生计划的2%～3%用于南疆三地州贫困县考生的照顾性录取。（4）坚决查处“高考移民”和“招生中介”问题。全区共查处“高考移民”2 600名。其中100余名是在高考成绩公布后清除，有32名虽被高校录取但也被取消了录取资格。（5）全年定向招生计划必须经教育部和自治区审批，面向全区考生，向社会公布，避免了定向招生的随意性。（6）强化监督，确保录取工作的公正、公平。

毕业生就业情况。截至2003年11月底统计：全区毕业研究生504人，就业471人，就业率为93.4%；普通本专科毕业生27 037人，就业20 462人，就业率为75.7%，其中本科9 702人，就业8 277人，就业率为85.3%。

〔**国家助学贷款工作与奖学金发放**〕 （1）助学贷款。2003年，自治区教育厅、财政厅、中国人民银行乌鲁木齐中心支行联合印发了《新疆2003年国家助学贷款指导性贷款额度计划》，要求银行、学校当年完成8 528名学生5 110万元助学贷款的审批发放。截至2003年12月31日，银行已审批当年申请国家助学贷款学生345人，审批合同金额354万元。据统计，2000年至2003年银行累计已发放贷款1 687万元。其中2003年续发上年贷款合同金额487万元。（2）奖学金。2003年，自治区有480名贫困大学生领到共计203万元的国家奖学金。其中，有107名成绩优异者分别获得一等奖学金6 000元，其余分别获得二等奖学金4 000元。（3）9月12日在2003年度“西部开发助学工程”助学金发放仪式上，全区有125名新入校的贫困大学生和150名“宏志班”的贫困生得到了助学金。“西部开发助学工程”是由中央宣传部、中央文明办、教育部从2000年联合实施的。每年资助自治区100名、兵团80名新考入大学、品学兼优而又家庭困难的学生。每个学生4年合计得到2万元的补助。这项工程将实施5～10年。2002年中央文明委又把资助新疆自治区贫困大学生的名额增加到125名，兵团增至105名；同时高中“宏志班”的名额由原来的100名增加到150名（每年每个学生可得到2 000元的资助）。

〔**学位工作**〕（1）2003 年，根据国务院学位委员会授权，完成了第九次学位授权审核任务，推荐新疆增列博士点 6 个，审核增列硕士点 53 个，9 月 1 日国务院学位委员会批准新疆新增博士授权单位 1 个（石河子大学），硕士授权单位 2 个（喀什师范学院、塔里木农垦大学）；新增博士学位学科专业点 6 个。自治区学位委员会自行审批增列硕士学位学科专业点 53 个。（2）2003 年，全区有 5 128 人参加了英、俄、日三个语种的成人本科毕业生申请学士学位外语考试，6 005 人参加了全国同等学力申请硕士学位外语和综合水平统一考试，1 791 人参加了在职人员攻读硕士学位全国联合考试。年内，授予学士学位 7 665 人，硕士学位 485 人，博士学位 18 人。（3）从 2002 年 9 月—2003 年 8 月，自治区学位办组织专家组对近年来区内外高校举办的 8 届、44 个专业的研究生课程进修班进行了检查评估，为今后加强研究生课程进修班的管理提供了依据。

民族教育

〔**综述**〕 2003 年，自治区召开了少数民族中小学汉语教学经验交流会。启动了国家《支援新疆汉语教师工作方案》，完成了 2003 年少数民族双语骨干教师赴内地培训实习项目。加大双语教学力度，支持有条件的地方从小学一年级起开设汉语课。推进“双语授课”实验教学模式，促进民汉合校和混合编班，鼓励少数民族学生进入“双语”授课学校学习，营造实施“双语”教学的良好氛围。全区已有“双语”授课实验班近 300 个，在校生达 13 733 人。办好内地新疆高中班，切实加强内地高中班学生思想政治教育。

〔**内地高校支援新疆协作会议**〕 2003 年 12 月 18 日—19 日，教育部、国家民委和自治区政府联合召开内地高校支援新疆第五次协作会议。会议的主要任务是总结交流工作经验，讨论并通过《内地高校支援新疆第五次协作招生规划》，签订 2006 年—2010 年招生规划任务协议书。第五次协作会议规划在未来五年内为新疆培养少数民族人才约 1 万人，较上次规划增加 5 000 余人，以教育部直属高校为主的百所高等院校将承担这一培养计划。

〔**中小学汉语教学**〕 5 月 27 日—28 日，自治区教育厅召开了自治区少数民族中小学汉语教学工作经验交流会。会议对全区今后进一步深化汉语教学改革，全面推进少数民族教育发展提出要求：一是加大宣传力度，进一步提高全社会对汉语教学工作重要性的认识；二是大力加强汉语教师队伍建设，努力提高汉语教师整体素质；三是深化汉语教学改革，不断提高汉语教学质量；四是加强科研队伍建设，积极开展汉语教学研究；五是加大投入力度，逐步改善汉语教学的设施条件；六是搞好校园文化建设，营造汉语教学的良好环境。

据统计，2003 年，全区有少数民族学校汉语教师 15 000 人，双语授课实验班 294 个，实验班学生已达 13 733 人。

〔**高校汉语教师培训**〕 为加强汉语教师队伍建设，自治区教育厅从 2003 年起实施少数民族“双语”骨干教师赴内地培训实习项目。10 月，选送 200 名少数民族理科教师赴江苏南京培训实习。印发了《新疆维吾尔自治区少数民族双语骨干教师赴内地培训实习自身管理办法》，加强对赴内地培训的少数民族教师的管理。做好内地高校对口支援新疆大中专学校的工作，2003 年—2004 年内地到新疆大中专院校支教的教师达到 145 人。印发了《关于开展少数民族教师汉语强化培训工作的通知》，伊犁、阿克苏、和田、阿勒泰、克孜勒苏等地、州已开始组织汉语强化培训工作。

〔**内地新疆高中班管理**〕 从2003年起，内地新疆高中班招生工作实行统一考试、统一评卷、统一登分、统一录取，以确保招生工作的公平、公正、公开。报考内地新疆高中班的学生由各地、州（市）统一“单独编排考场”。考试结束后，自治区根据地区招生计划和统招计划确定各地最低控制分数线，向社会公示考生成绩、体检结果、上报档案名单以及录取名单。2003年，内地新疆高中班录取新生1 540人。从1999年至2002年，全区已有3 350名各族学生赴内地高中班学习。

为加强对内地新疆高中班学生的思想政治教育和管理工作，2003年自治区教育厅召开了地、州教育局长（书记）参加的内地高中班工作会议，分析了存在的问题，制定了《关于进一步加强内地新疆高中班管理工作的意见》，编写了《反分裂，树立正确五观；兴中华，发愤努力学习》（马克思主义国家观、民族观、宗教观、历史观、文化观教育学习材料），并制作了宣传教育图片和音像教育资料。10月，自治区教育厅组织宣讲团赴北京等内地12个城市15所学校的新疆高中班对学生进行了以马克思主义“五观”为主要内容的思想政治教育活动，取得了良好的效果。

〔**举办区内初中班**〕 2003年，自治区教育厅作出决定，参照内地新疆高中班的办班模式，将在乌鲁木齐市、克拉玛依市、石河子市、奎屯市、昌吉市、库尔勒市、哈密市、阿克苏市8个城市开办“区内初中班”。2004年计划招收1 000人，2005年计划3 000人，到2006年扩招到5 000人，2006年以后保持每年5 000人的招生规模。区内初中班学制为3年，全部采用全日制、寄宿制方式。主要招收乡（镇）和村小学的应届毕业生，对贫困县和边境县的县城小学应届毕业生可择优录取。招生比例原则上少数民族占90%，汉族占10%。

撰稿 王建德 王菊平
审稿 沙塔尔·沙吾提

新疆生产建设兵团教育

〔**基本情况**〕

2003年各级各类学校校数、教职工、专任教师情况

	学校数（所）	教职工数（人）	专任教师（人）
一、高等教育	6	4 425	2 266
（一）研究生培养机构（不计校数）			
1. 普通高校			
2. 科研机构			
（二）普通高等学校			
1. 本科院校	2	3 180	1 532
2. 专科院校	1	140	80

续表

	学校数（所）	教职工数（人）	专任教师（人）
其中：职业技术学院			
3. 分校、大专班（点）（不计校数）			
（三）成人高等学校	3	1 105	654
（四）民办的其他高等教育机构			
1. 学历文凭考试机构			
2. 非学历文凭考试机构			
二、中等教育	120	17 856	12 944
（一）高中阶段教育			
1. 高中	82	16 403	3 144
普通高中	82	16 403	3 144
成人高中			
2. 中等职业教育	38	1 453	796
普通中等专业学校	9	458	217
成人中等专业学校	12	509	285
职业高中	17	486	294
技工学校			
其他机构（教学点）（不计校数）			
（二）初中阶段教育	110		9 004
1. 普通初中	110		9 004
2. 职业初中			
3. 成人初中			
三、初等教育	350	17 313	14 631
（一）普通小学	350	17 313	14 631
（二）成人小学			
其中：扫盲班			
四、工读学校			
五、特殊教育			
六、学前教育			

注：1. 普通高中教职工数包含普通初中教职工数；
2. 成人高等学校教职工数和专任教师数为 2002 年数据。

2003 年各级各类学历教育学生情况

	毕业生数（人）	招生数（人）	在校生数（人）
一、高等教育			
（一）研究生	45	192	382
（二）普通本专科	3 462	5 988	21 596
（三）成人本专科	4 249	6 775	19 907
（四）其他各类高等学历教育			
1. 在职人员攻读博士、硕士学位			
2. 网络本专科生			
3. 学历文凭考试			
二、中等教育	50 382	75 488	203 642
（一）高中阶段教育	15 252	23 648	61 469

续表

	毕业生数（人）	招生数（人）	在校生数（人）
1. 高中	9 996	18 117	45 931
普通高中	9 996	18 117	45 931
成人高中			
2. 中等职业教育	5 256	5 531	15 538
普通中专	2 395	3 246	7 349
成人中专	989	1 093	4 048
职业高中	1 872	1 192	4 141
技工学校			
（二）初中阶段教育	35 130	51 840	142 173
1. 普通初中	35 130	51 840	142 173
2. 职业初中			
3. 成人初中			
三、初等教育	50 018	43 057	284 769
（一）普通小学	50 018	43 057	284 769
（二）成人小学			
其中：扫盲班			
四、工读学校			
五、特殊教育			
六、学前教育	27 929	31 269	51 454

2003年，兵团教育工作坚持以邓小平理论和“三个代表”重要思想为指导，深入学习贯彻党的十六大精神，坚持解放思想、实事求是、与时俱进，大力推进教育创新；继续深化改革，加快发展，提高质量，保持稳定，努力开创教育工作新局面。（1）深入学习贯彻党的十六大精神，把思想认识统一到十六大精神上来；（2）继续推进“普九”进程，做好“两基”实施及巩固提高工作；（3）加快发展高中教育，扩大优质高中办学规模，提高高中教育办学质量；（4）积极发展职业教育和成人教育，认真贯彻全国职业教育工作会议精神；（5）加快专业调整和重点学科建设，进一步推动高等教育持续健康发展；（6）贯彻落实全国民族教育工作会议精神，研究解决少数民族教育改革与发展的问题和困难；（7）做好语言文字工作，推动行业系统语言文字规范化工作；（8）加快教育信息化建设步伐，大力普及信息技术教育；（9）努力增加教育投入，多渠道筹措教育资金；（10）加强师资队伍建设，提高教育管理水平；（11）加强和改进教育系统作风建设，增强服务意识，提高管理水平。

为贯彻全国农村教育工作会议精神，2003年12月，兵团召开了团场教育工作会议，出台了《新疆生产建设兵团关于进一步加强团场教育工作的决定》。强调团场教育在兵团全面建设小康社会中具有基础性、先导性、全局性的重要作用，要将团场教育作为兵团教育工作的重中之重抓紧抓好。提出要打好“两基”攻坚战，明确到2005年团场“两基”人口覆盖率达到100%，制定了团场义务教育经费投入保障措施：（1）兵团新增扶贫资金要支持贫困团场发展教育事业；（2）兵团设立“两基”攻坚专项经费；（3）将团场教职工工资纳入兵团财务预算，实行统一发放；（4）制定了团场中小学生均公用经费基本标准，要求团场按标准拨付；（5）建立健全了资助家庭经济困难学生就学制度和办法，保证没有一名职工子女因家庭经济困难而失学。组织实施四大工程：即兵团中小学现代远程教育工程、第二期“国家贫困地区义务教育工程”、中小学危房改造工程、团场寄宿制学校建设工程。明确了兵团、师、团三级的责任：团要担负起对所属中小学增加义务教育投入，改善办学条件，保安全、保运转的直接责任；团场要将义务教育经费全额纳入预算，向团场职工代表大会报告，并接受其监督；师要担负起对本师教育发展规划，教职工工资按时足额统一发放，增强财力困难的团场义务教育经费的保障能力，管理校长和教师人事等方面的主要责任；兵团负责团场义务教育的统筹规划和宏观调控，积极争取国家对义务教育的支持，保障教职工工资发放所需资金，安排一定资金用于学校保安全、保运转。

2003年，按照国务院、中纪委和教育部关于治理教育乱收费的工作部署，兵团成立了由教委、纠风、计划、财务、审计和新闻出版7个部门组成的兵团治理教育乱收费局际联席会议，各有关部门通力配合，齐抓共管，治理教育乱收费工作取得明显成效。全年查处案件17件，涉及金额240.58万元，取消9项收费项目，涉及金额23.41万元；制止强行征订教辅材料和降低教材价格，减轻学生负担25.97万元，降低收费标准，减轻中小学生家庭经济负担747万元。

〔**基础教育**〕 继续推进基础教育课程改革实验工作，课改实验区已由15个团扩大到100个团240所学校，参加新课程实验学生人数为46 404人，占同年级学生数的50%。农二师、农十三师全面推广了课改实验。4月召开了兵团课改实验区经验交流大会。选派88名小学初中教师参加第二期国家级新课程培训者的培训。启动了18个团场参加的少数民族新课程兵团级实验，组织318名少数民族教师参加了新课程培训。

普通高中招生规模呈上升趋势，2003年招生18 177人，比上年增长6.32%。进一步调整高中办学布局，通过国家国债扶持优质高中扩招，加大对高中建设的投入。召开了兵团重点高中校长座谈会，深入探讨了兵团高中发展等问题。

坚持不懈抓“两基”，“两基”攻坚成绩显著。12个团场通过“两基”验收，至此，兵团已有148个团场实现“两基”目标，“两基”人口覆盖率达到91.16%。

精心组织实施第二期“国家贫困地区义务教育工程”，共完成投资16 300万元，其中中央投入12 000万元，兵团、师、团配套4 300万元。新建校舍面积4.9万平方米，改、扩建校舍1.8万平方米，改造危房面积4.38万平方米。发放贫困学生助学金1 200万元，培训校长、教师2 526人。

制定了兵团中小学危房改造工程实施方案，2003年计划改造危房面积13.8万平方米，总投资12 166万元，其中中央投入3 500万元，兵团、师、团配套8 666万元。

〔**职业教育与成人教育**〕 2003年2月，兵团召开年度教育工作会议（含兵团职业教育工作会议），贯彻落实全国职业教育工作会议精神，总结兵团职教工作经验，明确兵团职教改革和发展的目标任务。副司令员华士出席会议并讲话。会上印发了《新疆生产建设兵团关于大力推进职业教育改革与发展的意见》及《新疆生产建设兵团中等职业教育布局结构调整的意见》。要求建立在“兵团领导下，统一规划、分级管理、依托企业、行业、社会参与”的新的职业教育管理体制。会议明确了“十五”期间兵团职业教育改革与发展的目标任务：(1)大力发展中等职业教育，中等职业教育规模达到15 000人左右，将60余所中等职业学校调整到20所左右，重点建设好5所骨干示范学校和20个左右示范专业，为社会输送1万余名毕业生；(2)积极发展高等职业教育，校均规模达到1 500人以上，重点建设4所职业技术学院和9个示范专业；(3)广泛开展各类职业培训。年培训职工30万人次，职工培训合格率达90%；逐步改善初、中、高级工队伍结构，使高级工以上人员达到15%、中级工达到50%。

开展了中等职业教育布局结构调整工作。制定了兵团中等职业学校合格评估指标体系和评估办法，本着“以评估促建设，以评估促发展，以评估促调整”的原则，对兵团中等职业学校进行了合格评估，首批8所中职学校通过合格评估。各师按兵团要求积极进行中职学校布局结构调整，通过合并、撤销等手段，进一步优化了中职学校布局，整合了中职教育资源，校均招生规模大幅增长，成效显著。

职工培训活动广泛开展，农三师四十五团、农五师八十九团被农业部、财政部、团中央批准为“跨世纪青年农民科技培训工程”项目单位。至此，兵团已有5个团场被列入项目单位，青年职工培训资金210万元，其中中央投入70万元，兵团三级配套140万元。共培训懂科技、善经营、会管理的跨世纪新型青年职工3 000余人。承办了联合国教科文组织项目“妇女多渠道学习国家讲习班”，讲习班由中国联合国教科文全委会秘书处主办，教育部副部长吴启迪出席会议并讲话，兵团副司令员阿勒布斯拜·拉合木致欢迎辞。来自贵州、云南、甘肃、湖南及兵团从事妇女教育工作的专家参加了研讨。

〔**高等教育**〕　2003年，教育部正式批准兵团公安司法学校升格为兵团警官高等专科学校。

召开大中专院校毕业生工作研讨会，传达全国高校毕业生就业工作会议精神，安排部署兵团大中专院校毕业生就业工作。石河子大学本专科毕业生一次就业率为88.1%，本科毕业生就业率达96%，研究生就业率100%；塔里木农垦大学本专科毕业生一次就业率92.2%，本科毕业生就业率达97%。

石河子大学获博士学位授予权，博士学位授予权学科3个，分别是：作物栽培学与耕作学、动物遗传育种与繁殖学、农业经济管理。塔里木农垦大学获硕士学位授予权，硕士学位授予权学科2个，分别是：作物栽培学与耕作学、果树学。

兵团广播电视大学实施的中央广播电视大学“人才培养模式改革和开放教育试点”项目通过教育部中期评估。教育部评估专家组于9月24日—29日对兵团电大及各师分校进行了检查评估，认为兵团电大通过一年的整改，工作取得了很大成效，认定评估结论为合格。专家组同时对兵团电大今后的发展提出了建设性意见。

开展高校重点学科评审工作，经自治区和兵团重点学科专家组评审，石河子大学2个学科被评为自治区重点学科，石河子大学7个学科、塔里木农垦大学4个学科被评为兵团重点学科。

2003年，兵团成人高校报名考试人数11 950人，比上年增长42%。其中，专科起点升本科人数为4 909人，高中起点升本科人数为673人，高中起点升专科人数为6 368人；少数民族考生人数为673人。普通高校定向生招生计划423人，实际录取415人（含本科275人，专科140人），完成计划的98.1%。“实践生”计划招生180人（包括本科150人，专科30人），报考人数182人，实际录取117人。成人中专计划招生1 480人，注册报到新生1 538人。

在招生工作中，一是切实加强招生工作的领导，规范管理招生工作，坚持依法治考、依法治招，提高招生人员的思想道德和业务素质，保质保量的完成招生任务。二是全国成人高考时间因“非典”而推迟到11月举行，兵团又是首次承担专科起点升本科报名和考务工作，为此，兵、师各考点建立健全各项保密规章，保证了考试的安全顺利进行。三是增强招生工作透明度、狠抓兵团招生系统的廉政建设。各师招生办与兵团招办签订了《2003年兵团系统廉政纠风、考务管理、组织工作目标责任书》，从制度上加强约束，一级抓一级，层层抓落实。同时还印发了《关于加强普通高校招生报名资格审查工作，严格“高考移民”的紧急通知》、各师教委招办协同公安部门，通过一个月的清查工作，在全兵团2003年普通高考的13 100名考生中，共清退了574名来自内地的“高考移民”，维护了兵团广大考生和家长的切身利益。

撰稿　尹若强

审稿　高继宏

香港特别行政区教育情况简介

2003年，香港特区政府克服“非典”带来的不利影响，在面临财政赤字的压力下，仍然延续了支持发展教育事业政策。董建华特首在2003年度施政报告中指出，政府将“完善已经初见成效的各项教育改革，善用教育资源，提升教育素质，鼓励终身学习和加强人才培训。”并重申，“尽管我们面对必须解决的财赤问题，但我们仍将坚持对教育的投资。”

据香港教育统筹局最新公布的统计数据显示，2002—2003财政年度，教育方面核准的政府经常开支和总开支分别达493亿港元和594亿港元，同占政府经常开支总额和政府开支总额的23.8%。学生总人数已超过120万名，其中包括14.3万名幼稚园学生、48.3万名小学生、46.5万名中学生和14.2万名大专学生。香港的中、小学及幼稚园约有2 200所，其中1 200所是公营学校。高等院校13所，其中8所为政府资助的全日制大学。

为进一步推进高等教育发展，特区政府采取了一系列措施：立法会财务委员会批准发放12.5亿港元的免息贷款，供香港大学、香港理工大学、香港浸会大学、明爱教育机构在政府以象征式地价批出的土地上兴建校舍；还批准成立“十亿元等额补助金”，为大学教育资助委员会资助的院校筹到私人捐款后，给予1：1的配套资金。财政司司长在2003—2004年度财政预算案演辞中又建议，把现行的慈善捐款免税上限，由应评税收入或利润的10%提高到25%。这些举措鼓励了社会各界捐助资源投资教育，减轻了政府的财政赤字压力，为香港高等教育开拓不同渠道的经费来源。7月1日，立法会又通过教育统筹局的建议，解除对大学薪酬的规管，授权八大院校自行决定是否把教职员薪酬与公务员脱钩，使院校在聘用雇员时有更大自主权，增强了香港高校在海外吸引优秀人才的竞争力。

此外，特区政府意识到大学学制要与国际接轨，便提出最快在三四年内推行大学学制由三年改为四年的构想。此举已得到香港8所公立大学的一致支持，对于具体如何实施，特区政府正在广泛征求各方面意见。

特区政府一贯注重推行“两文三语”（中、英文，粤语、英语、普通话）教育，并成立了专门的“香港语文教育及研究常务委员会”。该委员会于2003年6月发表了题为《提升香港语文水平行动方案》的检讨总结报告，对香港的语文教育提出一系列建议，包括：语文教育应为学生及在职人员制定语文能力指引，以反映社会及未来的需求和社会各界共同努力，营造一个更能推动语文学习的环境；语文教育应以提升语文教师的资历和改革语文课程教学法为重点。教育统筹局赞同语常会的建议，并承诺在未来五年内落实大部分建议。

撰稿　宋　波

审稿　丁雨秋

澳门特别行政区教育情况简介

澳门回归祖国四年来，特区政府对教育事业的发展高度重视，在教育改革方面采取了一系列措施，使澳门的教育发生了可喜的变化，取得了长足的进步。

据澳门特区政府高等教育辅助办公室和教育暨青年局公布的统计资料显示，2003年澳门共有12所高等教育机构，其中公立高等教育机构4所，私立高等教育机构8所。教职员工2 087人，其中教学人员1 164人（本地教学人员663人，外聘教师501人），非教学人员906人，研究人员17人。全日制在校生约13 500人，其中澳门大学和澳门科技大学招有博士研究生和硕士研究生。中、小、幼及特殊教育学校共94所，其中公立学校15所，私立学校79所。教师4 331人，在校学生总数98 255人。2003年澳门特区政府对教育的投入大幅度增加，基础教育的经费投入为9亿多澳门元，高等教育的经费投入为3亿澳门元。

2003年澳门特区政府全面推进实施教育改革的各项措施，特区行政长官何厚铧先生在施政报告中指出，2003年是推动澳门教育发展重要的一年。将公开咨询并发动各方力量共同检讨现有的教育制度。进一步拓展创思教学，调动教学人员、学生及家长三方面共同参与，提高学生独立思考，主动创新的能力。同时，将艺术教育的推广实施提上日程，逐步规划和发展中、小学艺术教育体系。加强对青少年的品德和公民教育，系统开展配合青少年成长的多元化活动，促进其社会参与。继续支持校舍扩建及改建，增加中学学额，同时加强对教师、学校行政管理人员的培训，提高澳门学校现代化管理水平。继续推动资讯教学及英语、普通话教学的发展。与此同时，政府将根据有关法规的实施经验，进行高等教育法规修订工作，并协助改善高等院校的行政运作。配合澳门未来发展对人才的需求，将发展及开设更多新的课程，如博彩专业、物流管理、中医药、心理学、旅游企业管理课程等，加强英语、中文写作、普通话、葡语等语言能力的培训工作。进一步改善校园环境和设施，充实师资力量，招收更多优异学生，并开展与世界各地高等学校交流与合作，全面提高澳门高等教育水平。

2003年澳门特区政府对1991年制定的《澳门教育制度》进行修订，澳门教育暨青年局草拟了《澳门教育制度修改建议》文本，并于6月30日向社会公布，通过各种形式征求教育界和市民的意见，引起澳门社会广泛关注。

撰稿　张　栋

审稿　丁雨秋

文件选编

中华人民共和国中外合作办学条例

（2003年3月1日　国务院令第372号发布）

第一章　总　　则

第一条　为了规范中外合作办学活动，加强教育对外交流与合作，促进教育事业的发展，根据《中华人民共和国教育法》、《中华人民共和国职业教育法》和《中华人民共和国民办教育促进法》，制定本条例。

第二条　外国教育机构同中国教育机构（以下简称中外合作办学者）在中国境内合作举办以中国公民为主要招生对象的教育机构（以下简称中外合作办学机构）的活动，适用本条例。

第三条　中外合作办学属于公益性事业，是中国教育事业的组成部分。

国家对中外合作办学实行扩大开放、规范办学、依法管理、促进发展的方针。

国家鼓励引进外国优质教育资源的中外合作办学。

国家鼓励在高等教育、职业教育领域开展中外合作办学，鼓励中国高等教育机构与外国知名的高等教育机构合作办学。

第四条　中外合作办学者、中外合作办学机构的合法权益，受中国法律保护。

中外合作办学机构依法享受国家规定的优惠政策，依法自主开展教育教学活动。

第五条　中外合作办学必须遵守中国法律，贯彻中国的教育方针，符合中国的公共道德，不得损害中国的国家主权、安全和社会公共利益。

中外合作办学应当符合中国教育事业发展的需要，保证教育教学质量，致力于培养中国社会主义建设事业的各类人才。

第六条　中外合作办学者可以合作举办各级各类教育机构。但是，不得举办实施义务教育和实施军事、警察、政治等特殊性质教育的机构。

第七条　外国宗教组织、宗教机构、宗教院校和宗教教职人员不得在中国境内从事合作办学活动。

中外合作办学机构不得进行宗教教育和开展宗教活动。

第八条　国务院教育行政部门负责全国中外合作办学工作的统筹规划、综合协调和宏观管理。国务院教育行政部门、劳动行政部门和其他有关行政部门在国务院规定的职责范围内负责有关的中外合作办学工作。

省、自治区、直辖市人民政府教育行政部门负责本行政区域内中外合作办学工作的统筹规划、综合协调和宏观管理。省、自治区、直辖市人民政府教育行政部门、劳动行政部门和其他有关行政部门在其职责范围内负责本行政区域内有关的中外合作办学工作。

第二章 设 立

第九条 申请设立中外合作办学机构的教育机构应当具有法人资格。

第十条 中外合作办学者可以用资金、实物、土地使用权、知识产权以及其他财产作为办学投入。

中外合作办学者的知识产权投入不得超过各自投入的三分之一。但是，接受国务院教育行政部门、劳动行政部门或者省、自治区、直辖市人民政府邀请前来中国合作办学的外国教育机构的知识产权投入可以超过其投入的三分之一。

第十一条 中外合作办学机构应当具备《中华人民共和国教育法》、《中华人民共和国职业教育法》、《中华人民共和国高等教育法》等法律和有关行政法规规定的基本条件，并具有法人资格。但是，外国教育机构同中国实施学历教育的高等学校设立的实施高等教育的中外合作办学机构，可以不具有法人资格。

设立中外合作办学机构，参照国家举办的同级同类教育机构的设置标准执行。

第十二条 申请设立实施本科以上高等学历教育的中外合作办学机构，由国务院教育行政部门审批；申请设立实施高等专科教育和非学历高等教育的中外合作办学机构，由拟设立机构所在地的省、自治区、直辖市人民政府审批。

申请设立实施中等学历教育和自学考试助学、文化补习、学前教育等的中外合作办学机构，由拟设立机构所在地的省、自治区、直辖市人民政府教育行政部门审批。

申请设立实施职业技能培训的中外合作办学机构，由拟设立机构所在地的省、自治区、直辖市人民政府劳动行政部门审批。

第十三条 设立中外合作办学机构，分为筹备设立和正式设立两个步骤。但是，具备办学条件，达到设置标准的，可以直接申请正式设立。

第十四条 申请筹备设立中外合作办学机构，应当提交下列文件：

（一）申办报告，内容应当主要包括：中外合作办学者、拟设立中外合作办学机构的名称、培养目标、办学规模、办学层次、办学形式、办学条件、内部管理体制、经费筹措与管理使用等；

（二）合作协议，内容应当包括：合作期限、争议解决办法等；

（三）资产来源、资金数额及有效证明文件，并载明产权；

（四）属捐赠性质的校产须提交捐赠协议，载明捐赠人的姓名、所捐资产的数额、用途和管理办法及相关有效证明文件；

（五）不低于中外合作办学者资金投入15%的启动资金到位证明。

第十五条 申请筹备设立中外合作办学机构的，审批机关应当自受理申请之日起45个工作日内作出是否批准的决定。批准的，发给筹备设立批准书；不批准的，应当书面说明理由。

第十六条 经批准筹备设立中外合作办学机构的，应当自批准之日起3年内提出正式设立申请；超过3年的，中外合作办学者应当重新申报。

筹备设立期内，不得招生。

第十七条 完成筹备设立申请正式设立的，应当提交下列文件：

（一）正式设立申请书；

（二）筹备设立批准书；

（三）筹备设立情况报告；

（四）中外合作办学机构的章程，首届理事会、董事会或者联合管理委员会组成人员名单；

（五）中外合作办学机构资产的有效证明文件；

（六）校长或者主要行政负责人、教师、财会人员的资格证明文件。

直接申请正式设立中外合作办学机构的，应当提交前款第（一）项、第（四）项、第（五）项、第（六）项和第十四条第（二）项、第（三）项、第（四）项所列文件。

第十八条 申请正式设立实施非学历教育的中外合作办学机构的，审批机关应当自受理申请之日起3个月内作出是否批准的决定；申请正式设立实施学历教育的中外合作办学机构的，审批机关应当自受理申请之日起6个月内作出是否批准的决定。批准的，颁发统一格式、统一编号的中外合作办学许可证；不批准的，应当书面说明理由。

中外合作办学许可证由国务院教育行政部门制定式样，由国务院教育行政部门和劳动行政部门按照职责分工分别组织印制；中外合作办学许可证由国务院教育行政部门统一编号，具体办法由国务院教育行政部门会同劳动行政部门确定。

第十九条 申请正式设立实施学历教育的中外合作办学机构的，审批机关受理申请后，应当组织专家委员会评议，由专家委员会提出咨询意见。

第二十条 中外合作办学机构取得中外合作办学许可证后，应当依照有关的法律、行政法规进行登记，登记机关应当依照有关规定即时予以办理。

第三章　组织与管理

第二十一条 具有法人资格的中外合作办学机构应当设立理事会或者董事会，不具有法人资格的中外合作办学机构应当设立联合管理委员会。理事会、董事会或者联合管理委员会的中方组成人员不得少于二分之一。

理事会、董事会或者联合管理委员会由 5 人以上组成，设理事长、副理事长，董事长、副董事长或者主任、副主任各 1 人。中外合作办学者一方担任理事长、董事长或者主任的，由另一方担任副理事长、副董事长或者副主任。

具有法人资格的中外合作办学机构的法定代表人，由中外合作办学者协商，在理事长、董事长或者校长中确定。

第二十二条 中外合作办学机构的理事会、董事会或者联合管理委员会由中外合作办学者的代表、校长或者主要行政负责人、教职工代表等组成，其中三分之一以上组成人员应当具有 5 年以上教育、教学经验。

中外合作办学机构的理事会、董事会或者联合管理委员会组成人员名单应当报审批机关备案。

第二十三条 中外合作办学机构的理事会、董事会或者联合管理委员会行使下列职权：

（一）改选或者补选理事会、董事会或者联合管理委员会组成人员；

（二）聘任、解聘校长或者主要行政负责人；

（三）修改章程，制定规章制度；

（四）制定发展规划，批准年度工作计划；

（五）筹集办学经费，审核预算、决算；

（六）决定教职工的编制定额和工资标准；

（七）决定中外合作办学机构的分立、合并、终止；

（八）章程规定的其他职权。

第二十四条 中外合作办学机构的理事会、董事会或者联合管理委员会每年至少召开一次会议。经三分之一以上组成人员提议，可以召开理事会、董事会或者联合管理委员会临时会议。

中外合作办学机构的理事会、董事会或者联合管理委员会讨论下列重大事项，应当经三分之二以上组成人员同意方可通过：

（一）聘任、解聘校长或者主要行政负责人；

（二）修改章程；

（三）制定发展规划；

（四）决定中外合作办学机构的分立、合并、终止；

（五）章程规定的其他重大事项。

第二十五条 中外合作办学机构的校长或者主要行政负责人，应当具有中华人民共和国国籍，在中国境内定居，热爱祖国，品行良好，具有教育、教学经验，并具备相应的专业水平。

中外合作办学机构聘任的校长或者主要行政负责人，应当经审批机关核准。

第二十六条 中外合作办学机构的校长或者主要行政负责人行使下列职权：

（一）执行理事会、董事会或者联合管理委员会的决定；

（二）实施发展规划，拟订年度工作计划、财务预算和规章制度；

（三）聘任和解聘工作人员，实施奖惩；

（四）组织教育教学、科学研究活动，保证教育教学质量；

（五）负责日常管理工作；

（六）章程规定的其他职权。

第二十七条 中外合作办学机构依法对教师、学生进行管理。

中外合作办学机构聘任的外籍教师和外籍管理

人员，应当具备学士以上学位和相应的职业证书，并具有2年以上教育、教学经验。

外方合作办学者应当从本教育机构中选派一定数量的教师到中外合作办学机构任教。

第二十八条 中外合作办学机构应当依法维护教师、学生的合法权益，保障教职工的工资、福利待遇，并为教职工缴纳社会保险费。

中外合作办学机构的教职工依法建立工会等组织，并通过教职工代表大会等形式，参与中外合作办学机构的民主管理。

第二十九条 中外合作办学机构的外籍人员应当遵守外国人在中国就业的有关规定。

第四章 教育教学

第三十条 中外合作办学机构应当按照中国对同级同类教育机构的要求开设关于宪法、法律、公民道德、国情等内容的课程。

国家鼓励中外合作办学机构引进国内急需、在国际上具有先进性的课程和教材。

中外合作办学机构应当将所开设的课程和引进的教材报审批机关备案。

第三十一条 中外合作办学机构根据需要，可以使用外国语言文字教学，但应当以普通话和规范汉字为基本教学语言文字。

第三十二条 实施高等学历教育的中外合作办学机构招收学生，纳入国家高等学校招生计划。实施其他学历教育的中外合作办学机构招收学生，按照省、自治区、直辖市人民政府教育行政部门的规定执行。

中外合作办学机构招收境外学生，按照国家有关规定执行。

第三十三条 中外合作办学机构的招生简章和广告应当报审批机关备案。

中外合作办学机构应当将办学类型和层次、专业设置、课程内容和招生规模等有关情况，定期向社会公布。

第三十四条 中外合作办学机构实施学历教育的，按照国家有关规定颁发学历证书或者其他学业证书；实施非学历教育的，按照国家有关规定颁发培训证书或者结业证书。对于接受职业技能培训的学生，经政府批准的职业技能鉴定机构鉴定合格的，可以按照国家有关规定颁发相应的国家职业资格证书。

中外合作办学机构实施高等学历教育的，可以按照国家有关规定颁发中国相应的学位证书。

中外合作办学机构颁发的外国教育机构的学历、学位证书，应当与该教育机构在其所属国颁发的学历、学位证书相同，并在该国获得承认。

中国对中外合作办学机构颁发的外国教育机构的学历、学位证书的承认，依照中华人民共和国缔结或者加入的国际条约办理，或者按照国家有关规定办理。

第三十五条 国务院教育行政部门或者省、自治区、直辖市人民政府教育行政部门及劳动行政部门等其他有关行政部门应当加强对中外合作办学机构的日常监督，组织或者委托社会中介组织对中外合作办学机构的办学水平和教育质量进行评估，并将评估结果向社会公布。

第五章 资产与财务

第三十六条 中外合作办学机构应当依法建立健全财务、会计制度和资产管理制度，并按照国家有关规定设置会计账簿。

第三十七条 中外合作办学机构存续期间，所有资产由中外合作办学机构依法享有法人财产权，任何组织和个人不得侵占。

第三十八条 中外合作办学机构的收费项目和标准，依照国家有关政府定价的规定确定并公布；未经批准，不得增加项目或者提高标准。

中外合作办学机构应当以人民币计收学费和其他费用，不得以外汇计收学费和其他费用。

第三十九条 中外合作办学机构收取的费用应当主要用于教育教学活动和改善办学条件。

第四十条 中外合作办学机构的外汇收支活动以及开设和使用外汇账户，应当遵守国家外汇管理规定。

第四十一条 中外合作办学机构应当在每个会计年度结束时制作财务会计报告，委托社会审计机构依法进行审计，向社会公布审计结果，并报审批机关备案。

第六章 变更与终止

第四十二条 中外合作办学机构的分立、合并，在进行财务清算后，由该机构理事会、董事会或者联合管理委员会报审批机关批准。

申请分立、合并实施非学历教育的中外合作办学机构的，审批机关应当自受理申请之日起3个月内以书面形式答复；申请分立、合并实施学历教育的中外合作办学机构的，审批机关应当自受理申请之日起6个月内以书面形式答复。

第四十三条 中外合作办学机构合作办学者的变更，应当由合作办学者提出，在进行财务清算后，经该机构理事会、董事会或者联合管理委员会同意，报审批机关核准，并办理相应的变更手续。

中外合作办学机构住所、法定代表人、校长或者主要行政负责人的变更，应当经审批机关核准，并办理相应的变更手续。

第四十四条 中外合作办学机构名称、层次、类别的变更，由该机构理事会、董事会或者联合管理委员会报审批机关批准。

申请变更为实施非学历教育的中外合作办学机构的，审批机关应当自受理申请之日起3个月内以书面形式答复；申请变更为实施学历教育的中外合作办学机构的，审批机关应当自受理申请之日起6个月内以书面形式答复。

第四十五条 中外合作办学机构有下列情形之一的，应当终止：

（一）根据章程规定要求终止，并经审批机关批准的；

（二）被吊销中外合作办学许可证的；

（三）因资不抵债无法继续办学，并经审批机关批准的。

中外合作办学机构终止，应当妥善安置在校学生；中外合作办学机构提出终止申请时，应当同时提交妥善安置在校学生的方案。

第四十六条 中外合作办学机构终止时，应当依法进行财务清算。

中外合作办学机构自己要求终止的，由中外合作办学机构组织清算；被审批机关依法撤销的，由审批机关组织清算；因资不抵债无法继续办学而被终止的，依法请求人民法院组织清算。

第四十七条 中外合作办学机构清算时，应当按照下列顺序清偿：

（一）应当退还学生的学费和其他费用；

（二）应当支付给教职工的工资和应当缴纳的社会保险费用；

（三）应当偿还的其他债务。

中外合作办学机构清偿上述债务后的剩余财产，依照有关法律、行政法规的规定处理。

第四十八条 中外合作办学机构经批准终止或者被吊销中外合作办学许可证的，应当将中外合作办学许可证和印章交回审批机关，依法办理注销登记。

第七章 法律责任

第四十九条 中外合作办学审批机关及其工作人员，利用职务上的便利收取他人财物或者获取其他利益，滥用职权、玩忽职守，对不符合本条例规定条件者颁发中外合作办学许可证，或者发现违法行为不予以查处，造成严重后果，触犯刑律的，对负有责任的主管人员和其他直接责任人员，依照刑法关于受贿罪、滥用职权罪、玩忽职守罪或者其他罪的规定，依法追究刑事责任；尚不够刑事处罚的，依法给予行政处分。

第五十条 违反本条例的规定，超越职权审批中外合作办学机构的，其批准文件无效，由上级机关责令改正；对负有责任的主管人员和其他直接责任人员，依法给予行政处分；致使公共财产、国家和人民利益遭受重大损失的，依照刑法关于滥用职权罪或者其他罪的规定，依法追究刑事责任。

第五十一条 违反本条例的规定，未经批准擅自设立中外合作办学机构，或者以不正当手段骗取中外合作办学许可证的，由教育行政部门、劳动行政部门按照职责分工予以取缔或者会同公安机关予以取缔，责令退还向学生收取的费用，并处以10万元以下的罚款；触犯刑律的，依照刑法关于诈骗罪或者其他罪的规定，依法追究刑事责任。

第五十二条 违反本条例的规定，在中外合作办学机构筹备设立期间招收学生的，由教育行政部门、劳动行政部门按照职责分工责令停止招生，责令退还向学生收取的费用，并处以10万元以下的罚款；情节严重，拒不停止招生的，由审批机关撤销筹备设立批准书。

第五十三条 中外合作办学者虚假出资或者在中外合作办学机构成立后抽逃出资的，由教育行政部门、劳动行政部门按照职责分工责令限期改正；逾期不改正的，由教育行政部门、劳动行政部门按照职责分工处以虚假出资金额或者抽逃出资金额2倍以下的罚款。

第五十四条 伪造、变造和买卖中外合作办学许可证的，依照刑法关于伪造、变造、买卖国家机关证件罪或者其他罪的规定，依法追究刑事责任。

第五十五条 中外合作办学机构未经批准增加收费项目或者提高收费标准的，由教育行政部门、劳动行政部门按照职责分工责令退还多收的费用，并由价格主管部门依照有关法律、行政法规的规定予以处罚。

第五十六条 中外合作办学机构管理混乱、教育教学质量低下，造成恶劣影响的，由教育行政部门、劳动行政部门按照职责分工责令限期整顿并予以公告；情节严重、逾期不整顿或者经整顿仍达不到要求的，由教育行政部门、劳动行政部门按照职责分工责令停止招生、吊销中外合作办学许可证。

第五十七条 违反本条例的规定，发布虚假招生简章，骗取钱财的，由教育行政部门、劳动行政部门按照职责分工，责令限期改正并予以警告；有违法所得的，退还所收费用后没收违法所得，并可处以10万元以下的罚款；情节严重的，责令停止招生、吊销中外合作办学许可证；构成犯罪的，依照刑法关于诈骗罪或者其他罪的规定，依法追究刑事责任。

中外合作办学机构发布虚假招生广告的，依照《中华人民共和国广告法》的有关规定追究其法律责任。

第五十八条 中外合作办学机构被处以吊销中外合作办学许可证行政处罚的，其理事长或者董事长、校长或者主要行政负责人自中外合作办学许可证被吊销之日起10年内不得担任任何中外合作办学机构的理事长或者董事长、校长或者主要行政负责人。

违反本条例的规定，触犯刑律被依法追究刑事责任的，自刑罚执行期满之日起10年内不得从事中外合作办学活动。

第八章 附 则

第五十九条 香港特别行政区、澳门特别行政区和台湾地区的教育机构与内地教育机构合作办学的，参照本条例的规定执行。

第六十条 在工商行政管理部门登记注册的经营性的中外合作举办的培训机构的管理办法，由国务院另行规定。

第六十一条 外国教育机构同中国教育机构在中国境内合作举办以中国公民为主要招生对象的实施学历教育和自学考试助学、文化补习、学前教育等的合作办学项目的具体审批和管理办法，由国务院教育行政部门制定。

外国教育机构同中国教育机构在中国境内合作举办以中国公民为主要招生对象的实施职业技能培训的合作办学项目的具体审批和管理办法，由国务院劳动行政部门制定。

第六十二条 外国教育机构、其他组织或者个人不得在中国境内单独设立以中国公民为主要招生对象的学校及其他教育机构。

第六十三条 本条例施行前依法设立的中外合作办学机构，应当补办本条例规定的中外合作办学许可证。其中，不完全具备本条例所规定条件的，应当在本条例施行之日起2年内达到本条例规定的条件；逾期未达到本条例规定条件的，由审批机关予以撤销。

第六十四条 本条例自2003年9月1日起施行。

中共中央 国务院关于进一步加强人才工作的决定

（2003年12月26日）

为实现党的十六大提出的全面建设小康社会宏伟目标，大力实施人才强国战略，建设宏大的高素质人才队伍，现就进一步加强人才工作作出如下决定。

一、实施人才强国战略是党和国家一项重大而紧迫的任务

1. 人才问题是关系党和国家事业发展的关键问题。当今世界，多极化趋势曲折发展，经济全球化不断深入，科技进步日新月异，人才资源已成为最重要的战略资源，人才在综合国力竞争中越来越具有决定性意义。本世纪头20年是我国全面建设小康社会、开创中国特色社会主义事业新局面的重要战略机遇期。小康大业，人才为本。适应国内外形势的发展变化，完善社会主义市场经济体制，提高党的领导水平和执政水平，牢牢掌握加快发展的主动权，关键在人才。必须把人才工作纳入国家经济和社会发展的总体规划，大力开发人才资源，走人才强国之路。

党和国家历来十分重视人才工作，特别是改革开放以来，培养造就了各个领域的大批优秀人才，为推动社会主义现代化建设事业发挥了重要作用。进入新世纪新阶段，党中央、国务院认真分析国际国内形势，全面贯彻“三个代表”重要思想，提出了人才强国战略，确立了新的历史条件下人才工作的基本思路和宏观布局，人才工作取得了显著成绩。但是，人才的总量、结构和素质还不能适应经济社会发展的需要，特别是现代化建设急需的高层次、高技能和复合型人才短缺；市场配置人才资源的基础性作用发挥不够，人才流动的体制性障碍尚未消除，人尽其才的用人机制有待完善。我国人才工作正处于需要进一步整合力量、全面推进的重要阶段。必须深刻认识人才工作的极端重要性和紧迫性，切实加强和改进党对人才工作的领导，紧紧抓住机遇，积极应对挑战，努力使人才工作迈上新的台阶。

2. 新世纪新阶段人才工作的根本任务是实施人才强国战略。在建设中国特色社会主义伟大事业中，要把人才作为推进事业发展的关键因素，努力造就数以亿计的高素质劳动者、数以千万计的专门人才和一大批拔尖创新人才，建设规模宏大、结构合理、素质较高的人才队伍，开创人才辈出、人尽其才的新局面，把我国由人口大国转化为人才资源强国，大力提升国家核心竞争力和综合国力，完成全面建设小康社会的历史任务，实现中华民族的伟大复兴。

实施人才强国战略，必须以邓小平理论和“三个代表”重要思想为指导，贯彻落实十六大精神，根据人才资源是第一资源的科学判断，坚持党管人才原则，坚持以人为本，充分开发国内国际两种人才资源，紧紧抓住培养、吸引、用好人才三个环节，大力加强以党政人才、企业经营管理人才和专业技术人才为主体的人才队伍建设，努力把各类优秀人才集聚到党和国家各项事业中来，为全面建设小康社会提供坚强的人才保证和广泛的智力支持。实施人才强国战略的基本要求是：

——用“三个代表”重要思想统领人才工作。“三个代表”重要思想是推进新世纪新阶段人才工作的根本指针。按照发展先进生产力、先进文化和实现最广大人民群众根本利益的要求，坚决贯彻尊重劳动、尊重知识、尊重人才、尊重创造的方针，把“三个代表”重要思想贯穿于人才工作的全过程，努力开创人才工作新局面。

——把促进发展作为人才工作的根本出发点。发展是我们党执政兴国的第一要务。树立全面、协调、可持续的发展观，促进经济社会和人的全面发展。人才工作的目标任务要围绕发展来确立，人才工作的政策措施要根据发展来制定，人才工作的成效要用发展来检验。

——树立科学的人才观。人才存在于人民群众之中。只要具有一定的知识或技能，能够进行创造性劳动，为推进社会主义物质文明、政治文明、精神文明建设，在建设中国特色社会主义伟大事业中作出积极贡献，都是党和国家需要的人才。要坚持德才兼备原则，把品德、知识、能力和业绩作为衡量人才的主要标准，不唯学历、不唯职称、不唯资历、不唯身份，不拘一格选人才。鼓励人人都作贡献，人人都能成才。

——加强人才资源能力建设。坚持把能力建设作为人才资源开发的主题。加大对人才工作的投入，优先发展科学教育事业，努力把人口压力转变为人力资源优势，为各类人才不断涌现和充分发挥作用奠定坚实基础。

——坚持三支人才队伍建设一起抓。党政人才、企业经营管理人才和专业技术人才是我国人才队伍的主体，必须坚持分类指导，整体推进。着重培养造就大批适应改革开放和社会主义现代化建设的高层次和高技能人才，带动整个人才队伍建设。

——推进人才结构调整。按照统筹城乡发展、统筹区域发展、统筹经济社会发展、统筹人与自然和谐发展、统筹国内发展和对外开放的要求，加快人才结构调整，优化人才资源配置，促进人才合理分布，发挥人才队伍的整体功能。

——创新人才工作机制和优化环境。人才的活力取决于机制和环境。遵循人才资源开发规律，坚持市场配置人才资源的改革取向，加强和改善宏观调控，建立充满生机与活力的人才工作机制。着力营造有利于优秀人才大量涌现、健康成长的良好氛围，形成鼓励人才干事业、支持人才干成事业、帮助人才干好事业的社会环境。

二、以能力建设为核心，大力加强人才培养工作

3. 人才资源能力建设是人才培养的核心。树立大教育、大培训观念，在提高全民思想道德素质、科学文化素质和健康素质的基础上，重点培养人的学习能力、实践能力，着力提高人的创新能力。围绕创新能力建设，根据各类人才的特点，研究制定人才资源能力建设标准。改革教育培训的机制、内容和方法，加大教育培训力度。坚持学习与实践相结合、培养与使用相结合，促进人才在实践中不断增长知识，提升能力。加强爱国主义、集体主义、社会主义教育，树立正确的世界观、人生观、价值观，发扬拼搏奉献精神、艰苦创业精神、团结协作精神和诚实守信精神，促进各类人才的全面发展。

4. 加快构建现代国民教育体系，更好地为经济社会全面发展培养人才。教育是培养人才的基础。按照面向现代化、面向世界、面向未来的要求，坚持教育为社会主义现代化建设服务，为人民服务，以社会需求为导向，大力推进教育创新，提高教育质量和管理水平。统筹城乡教育，进一步加强农村教育。全面普及九年义务教育，积极发展高中阶段教育，全面推进素质教育。着眼国家发展和战略需要，深化高等教育体制改革，加强高等教育与经济社会的紧密结合，调整学科和专业结构，创新人才培养模式，建立教育培养与人才需求结构相适应的有效机制。加快建设若干所世界一流大学、一批高水平大学与重点学科。加强高校领导班子和师资队伍建设，充分发挥高校的人才培养重要基地作用。适应走新型工业化道路和优化产业结构的要求，大力推进职业教育的改革和发展。

5. 加快构建终身教育体系，促进学习型社会的形成。在全社会进一步树立全民学习、终身学习理念，鼓励人们通过多种形式和渠道参与终身学习，积极推动学习型组织和学习型社区建设。加强终身教育的规划和协调，优化整合各种教育培训资源，综合运用社会的学习资源、文化资源和教育资源，完善广覆盖、多层次的教育培训网络，构建中国特色的终身教育体系。进一步改革和发展成人教育。加强各类人才的培训和继续教育工作。继续做好选派各类人才出国（境）培训工作。强化用人单位在人才培训中的主体地位，鼓励在职自学，完善带薪学习制度。制定科学规范的质量评估和监督办法，提高教育培训成效。

三、坚持改革创新，努力形成科学的人才评价和使用机制

6. 建立以能力和业绩为导向、科学的社会化的人才评价机制。坚持走群众路线，注重通过实践检验人才。完善人才评价标准，克服人才评价中重学历、资历，轻能力、业绩的倾向。根据德才兼备的要求，从规范职位分类与职业标准入手，建立以业绩为依据，由品德、知识、能力等要素构成的各类人才评价指标体系。改革各类人才评价方式，积极探索主体明确、各具特色的评价方法。完善人才评价手段，大力开发应用现代人才测评技术，努力提高人才评价的科学水平。

党政人才的评价重在群众认可。树立科学的发展观和正确的政绩观，坚持群众公认、注重实绩的原则。进一步完善民主推荐、民主测评、民主评议制度，把群众的意见作为考核评价党政人才的重要尺度。制定不同层次、不同类型党政人才的岗位职责规范，建立符合科学发展观要求的干部政绩考核体系和考核评价标准。完善定期考核和日常考核制度，改进考核方法。建立健全考核工作责任制。

企业经营管理人才的评价重在市场和出资人认可。发展企业经营管理人才评价机构，探索社会化的职业经理人资质评价制度。完善反映经营业绩的财务指标和反映综合管理能力等非财务指标相结合的企业经营管理人才评价体系，积极开发适应不同类型企业经营管理人才的考核测评技术。改进国有资产出资人对国有企业经营管理者考核评价工作，围绕任期制和任期目标责任制，突出对经营业绩和综合素质的考核。

专业技术人才的评价重在社会和业内认可。以打破专业技术职务终身制为重点，研究制定深化职称制度改革的指导意见。全面推行专业技术职业资格制度，加快执业资格制度建设。积极探索资格考试、考核和同行评议相结合的专业技术人才评价方法。发展和规范人才评价中介组织，在政府宏观指导下，开展以岗位要求为基础、社会化的专业技术人才评价工作。积极推进专业技术人才执业资格国际互认。

7. 建立以公开、平等、竞争、择优为导向，有利于优秀人才脱颖而出、充分施展才能的选人用人机制。

以扩大民主、加强监督为重点，进一步深化党政干部选拔任用制度改革，不断提高科学化、民主化、制度化水平。完善选任制，改进委任制，规范考任制，推行聘任制。改进公开选拔、竞争上岗的办法。加大选拔任用优秀年轻干部的力度，为他们的成长提供“快车道”。逐步推行党政领导干部职务任期制，建立和完善干部正常退出机制，实行优胜劣汰，增强干部队伍活力。

以推进企业经营管理者市场化、职业化为重点，坚持市场配置、组织选拔和依法管理相结合，改革和完善国有企业经营管理人才选拔任用方式。对国有资产出资人代表依法实行派出制或选举制。对经理人推行聘任制，实行契约化管理。按照企业发展战略和市场取向，拓宽选人视野，吸引国际国内一流人才到企业任职。大力扶持能够整合生产要素、利用社会资源和聚集各类人才积极创业的经营管理人才。

以推行聘用制和岗位管理制度为重点，深化事业单位人事制度改革。按照政事职责分开、单位自主用人、个人自主择业、政府依法监管的要求，建立符合各类事业单位特点的用人制度。推行聘用制和岗位管理制度，促进由固定用人向合同用人、由身份管理向岗位管理的转变。研究制定事业单位人事管理条例，规范按需设岗、竞聘上岗、以岗定酬、合同管理等管理环节，逐步做到人员能进能出，职务能上能下，待遇能高能低。

四、建立和完善人才市场体系，促进人才合理流动

8. 建立和完善人才市场体系。根据完善社会主义市场经济体制的要求，全面推进机制健全、运行规范、服务周到、指导监督有力的人才市场体系建设，进一步发挥市场在人才资源配置中的基础性作用。建立和完善人才市场机制。遵循市场规律，进一步发挥用人单位和人才的市场主体作用，促进企事业单位通过市场自主择人和人才进入市场自主择业。针对人才资源的特殊性，按照人才的市场供求关系，通过实现人才自身价值与满足社会需求相结合，有效解决人才供求矛盾。推进政府部门所属人才服务机构的体制改革，实现管办分离、政事分开。引导国有企事业单位转换用人机制，积极参与市场竞争。努力形成政府部门宏观调控、市场主体公平竞争、行业协会严格自律、中介组织提供服务的运行格局。消除人才市场发展的体制性障碍，使现有各类人才和劳动力市场实现联网贯通，加快建设统一的人才市场。健全专业化、信息化、产业化、国际化的人才市场服务体系。

9. 促进人才合理流动。进一步消除人才流动中的城乡、区域、部门、行业、身份、所有制等限制，疏通三支队伍之间、公有制与非公有制组织之间、不同地区之间的人才流动渠道。发展人事代理业务，改革户籍、人事档案管理制度，放宽户籍准入政策，推广以引进人才为主导的工作居住证制度，探索建立社会化的人才档案公共管理服务系统。鼓励专业技术人才通过兼职、定期服务、技术开发、项目引进、科技咨询等方式进行流动。加强对人才流动的宏观调控，采取有效措施，引导人才向西部地区、基层和艰苦地区等社会最需要的地方流动，鼓励人才安心基层工作。制定人才流动和人才市场管理的法律法规，完善人事争议仲裁制度。加强人才流动中国家秘密和商业秘密的保护，依法维护用人单位和各类人才的合法权益，保证人才流动的开放性和有序性。

五、以鼓励劳动和创造为根本目的，加大对人才的有效激励和保障

10. 完善分配激励机制。完善按劳分配为主体、多种分配方式并存的分配制度，坚持效率优先、兼顾公平，各种生产要素按贡献参与分配。针对各类人才的特点，建立健全与社会主义市场经济体制相适应、与工作业绩紧密联系、鼓励人才创新创造的分配制度和激励机制。加强对收入分配的宏观管理，整顿和规范分配秩序。

结合完善国家公务员制度，逐步建立综合体现工作职责、能力、业绩、年功等因素，职务与职级相结合的公务员工资制度。适当拉开不同职务和职级之间的收入差距，增强职级的激励功能。建立公务员工资与国民经济发展相协调、与社会进步相适应、与企业相当人员平均工资大体持平的工资水平决定机制。完善艰苦边远地区津贴制度，实施中央政府统一调控下分级管理的地区附加津贴制度。对国家机关特殊专门人才，实行特殊的工资、津贴政策。

结合事业单位体制改革和人事制度改革，逐步建立符合各种类型事业单位特点、体现岗位绩效和分级分类管理的事业单位薪酬制度。收入分配政策向关键岗位和优秀人才倾斜。指导事业单位积极探索生产要素按贡献参与分配的实现形式和办法。加大对基础教育、基础研究、战略高技术研究、重要公益研究等事业单位的分配政策扶持力度。制定完善专业技术人员兼职兼薪的管理办法。

结合深化国有资产管理体制改革和建立现代企业制度，逐步建立市场机制调节、企业自主分配、职工民主参与、政府监控指导的企业薪酬制度。坚持按劳分配与按生产要素分配相结合、短期激励与中长期激励相结合、激励和约束相结合的原则，将经营者薪酬与其责任、风险和经营业绩直接挂钩。不断改善收入结构，逐步建立与市场价格接轨、合理有效的激励机制。在分类指导、分步实施的基础上，进一步完善国有企业经营者年薪制。

建立健全现代产权制度，探索产权激励机制。鼓励有条件的企业对作出突出贡献的经营管理人才、专业技术人才实行期权、股权激励。依法保护知识产权。探索建立人才资本及科研成果有偿转移制度。

11. 建立规范有效的人才奖励制度。坚持精神奖励和物质奖励相结合的原则，建立以政府奖励为导向、用人单位和社会力量奖励为主体的人才奖励体系，充分发挥经济利益和社会荣誉双重激励作用。建立国家功勋奖励制度，对为国家和社会发展作出杰出贡献的各类人才给予崇高荣誉并实行重奖。进一步规范各类人才奖项。坚持奖励与惩戒相结合，做到奖惩分明，实现有效激励。

12. 建立健全人才保障制度。积极探索机关和事业单位社会保障制度改革，进一步完善企业社会保障制度，为推进人才工作深入发展提供保障。根据各类人才的特点和需要，采用多种形式，逐步建立重要人才国家投保制度。完善机关、企业、事业单位人才流动中的社会保险衔接办法。加快福利制度改革，逐步实现福利货币化，不断改善各类人才的生活待遇。

六、突出重点，切实加强高层次人才队伍建设

13．把高层次人才队伍建设摆上重要位置。中高级领导干部、优秀企业家和各领域高级专家等高层次人才，是人才队伍建设的重点。实施国家高层次人才培养工程，制定符合我国国情和国际化要求的培养规划，针对不同特点，实行分类培养。不断推进制度创新，形成有利于高层次人才成长的机制和环境。

以加强思想政治建设和执政能力建设为核心，培养造就一批忠诚实践“三个代表”重要思想、善于治党治国治军的政治家。强化理论武装和实践锻炼，坚持立党为公、执政为民，着力解决领导干部理想信念、政治方向、政治纪律、宗旨观念等根本问题。大力提高中高级领导干部科学判断形势的能力、驾驭市场经济的能力、应对复杂局面的能力、依法执政的能力和总揽全局的能力。

以提高战略开拓能力和现代化经营管理水平为核心，加快培养造就一批熟悉国际国内市场、具有国际先进水平的优秀企业家。遵循企业家成长规律，培养企业家职业精神，提高企业家职业化水平。建立完善企业家激励约束机制，调动和保护企业家勇于竞争和持续创业的热情。实施“走出去”战略，发展具有国际竞争力的大公司、大企业集团，鼓励企业家在更大范围、更广领域和更高层次上参与国际经济技术合作和竞争。加快建立健全现代企业制度，完善公司法人治理结构，为企业家的成长和创业提供广阔的空间和舞台。

以提高创新能力和弘扬科学精神为核心，加快培养造就一批具有世界前沿水平的高级专家。坚持自然科学和社会科学并重，基础研究与应用研究并重，依托新世纪百千万人才工程等国家重大人才培养计划、重大科研和建设项目、重点学科和科研基地以及国际学术交流与合作项目，积极推进创新团队建设，加大学科带头人的培养力度。建立开放、流动、竞争、协作的科学研究机制，进一步破除科学研究中的论资排辈和急功近利现象，抓紧培养造就一批中青年高级专家。坚持“双百”方针，形成鼓励创新、鼓励探索的良好氛围。努力改善工作条件，大力营造激发创新活力的工作环境。弘扬爱国主义精神，提高科学道德水平，激励各领域专家奋力攻关，勇攀事业高峰。重视加强国防科技高层次人才队伍建设。注意发挥老专家、老教授的作用。改进和完善院士制度、政府特殊津贴制度、博士后制度以及其他高层次人才培养制度，进一步形成培养选拔高级专家的制度体系。

中央和省部两级要着眼于党和国家各项事业长远发展的需要，建设一支数量充足、素质优良、门类齐全、结构合理的省部级和地厅级后备干部队伍。同时，建立高层次人才库，直接联系一批优秀企业家和各类高级专家。设立和调整高层次人才专项资金，鼓励用人单位和社会各界在工作上、生活上为高层次人才提供保障，激发他们的贡献热情和创造潜能，充分发挥他们在人才队伍建设中的示范带动作用。

14．加大吸引留学和海外高层次人才工作力度。继续贯彻支持留学、鼓励回国、来去自由的方针，鼓励留学人员以不同方式为祖国服务。按照拓宽留学渠道、吸引人才回国、支持创新创业、鼓励为国服务的要求，制定和实施留学人才回归计划，重点吸引高层次人才和紧缺人才。采取团队引进、核心人才带动引进、高新技术项目开发引进等方式，建立符合留学人员特点的引才机制。建立全国统一的留学人才信息系统和留学人才库，完善留学人才的评价认定制度，提高吸引高层次留学人才工作的针对性和实效性。加大对高层次留学人才的回国资助力度，切实解决留学回国人员的实际困难和问题。制定鼓励和支持留学人员回国创业政策，大力加强留学人员创业基地建设。健全留学人才为国服务的政策措施，鼓励他们以多种形式为国家建设作贡献。

坚持以我为主、按需引进、突出重点、讲求实效的方针，积极引进海外人才和智力。制定和实施国家引进海外人才规划，建立海外人才评价和准入制度。重点引进高新技术、金融、法律、贸易、管理等方面的高级人才以及基础研究方面的紧缺人才。按照国际惯例和市场规则，抓紧制定投资移民法、技术移民法和海外高级人才聘用管理办法。研究制定聘用海外高级人才从事公务工作的办法。对引进的海外高级人才实行在华长期居留或永久居留制度。鼓励和吸引海外华人华侨专家为我国现代化建设服务。建立和完善国际人才市场，发展和规范引进海外人才中介组织，保护应聘海外人才和聘用单位的合法权益。

15. 加强和改进国家重要人才安全工作。高度重视和充分信任国家重要人才。通过立法维护国家重要人才安全，有效防止重要人才流失。制定政策法规，提高重要人才待遇，保障重要人才权益，规范重要人才流动。建立国家重要人才的信息档案，实施动态管理。

七、推进人才资源整体开发，实现人才工作协调发展

16. 坚持人才资源开发与经济社会发展相协调。把人才工作作为制定国民经济和社会发展规划的重要内容，建立健全人才资源开发宏观调控体系。适应经济社会发展对人才总量、结构和素质的需求，有效盘活人才存量，大幅度提高人才增量，不断提升人才素质，调整和优化人才结构。紧密配合国家重大发展战略的实施，开发和配置人才资源。采取有力措施，促进人才在城乡、区域、产业、行业和不同所有制之间的合理分布。推进人才资源整体开发，抓紧培养各类紧缺人才。重视培养妇女人才、少数民族人才和党外人才。注意发挥离退休人才的作用。积极做好在振兴东北地区等老工业基地中的人才工作。不断扩大人才工作覆盖面，实现各类人才队伍建设的协调发展。

17. 进一步做好西部和民族地区人才工作。西部大开发和民族地区建设，人才是关键。要树立正确的用人观念，制定灵活的用人政策，创造良好的用人机制和环境，稳定和用好现有人才，重视开发少数民族人才，积极引进急需人才。大力发展西部教育事业，强化职业教育，加大培养和培训工作力度，壮大人才队伍。逐步提高西部地区各类人才的收入水平，制定鼓励人才到西部地区工作特别是长期工作的优惠政策。坚持产业聚才，项目引才，积极构建吸引各类人才到西部建功立业的事业平台。采取灵活多样的人才柔性流动政策，支持大中城市专业技术人员到西部地区基层提供服务，把引进人才与引进智力结合起来。进一步加强对西部和民族地区人才工作的支持，完善中央国家机关、东中部地区与西部和民族地区干部交流机制，加大县处级以上党政主要领导干部的交流力度。继续做好对口支援西藏、新疆以及其他地区的工作。加强贫困地区人才队伍建设。

18. 重视非公有制经济组织和社会组织人才工作。非公有制经济组织和社会组织中汇集着越来越多的人才，是我国人才队伍的重要组成部分。要把新的社会阶层中的各类人才纳入党和政府的工作范围，努力形成与社会主义初级阶段基本经济制度相适应的人才思想观念和人才创业机制。要消除体制和政策障碍，在政治上对非公有制经济组织和社会组织人才一视同仁，在政府奖励、职称评定等人才政策上统一安排，在面向社会的资助、基金、培训项目、人才信息库等公共资源运用上平等开放，在改善创业环境和工作生活条件上积极提供服务。

19. 加强高技能人才和农村实用人才队伍建设。工人队伍中的高技能人才，是推动技术创新和实现科技成果转化不可缺少的重要力量。实施国家高技能人才培训工程和技能振兴行动，通过学校教育培养、企业岗位培训、个人自学提高等方式，加快高技能人才的培养。充分发挥高等职业院校和高级技工学校、技师学院的培训基地作用，扩大培训规模，提高培训质量。充分发挥企业的主体作用，强化岗位培训，组织技术革新和攻关，改进技能传授方式，促进岗位成才。完善技能人才的职业资格证书制度，推进技师考评制度改革，实行培训、考核、使用和待遇相结合，逐步建立统一标准、自主申报、社会考核、企业聘用的高技能人才成长机制。进一步提高高技能人才的社会地位，优化高技能人才成长的社会环境。

根据推动农村经济社会发展和城乡协调发展的需要，大力加强农村科技、教育、文化、卫生和经营管理等实用人才队伍建设。继续实施县乡村实用人才工程和农民教育培训工程。充分发挥农村职业学校、成人文化技术学校、农村现代远程教育网络和各种农业技术推广培训机构的作用，加快农业科技示范园区和先进适用技术推广相关基础设施建设，实行农科教相结合，努力提高广大农村劳动者的素质，激励农村实用人才快速成长。高度重视农村富余劳动力资源的开发，加强农村劳动力转移就业培训工作。加强人才和智力扶贫。建立健全农村人才服务体系。

20. 大力抓好青年人才队伍建设。培养造就一大批素质优良、勇于创新的青年人才，是实现人才工作可持续发展的迫切需要。建立和完善各类青年人才工作制度，支持优秀青年人才脱颖而出。加强以爱国主义为核心的民族精神教育，引导青年人才把个人成长与全面建设小康社会的伟大事业紧密结合起来，鼓励他们在艰苦复杂的环境和丰富的社会实践中锻炼成长。在重大科研和工程项目实施中要把培养青年人才作为一项重要任务。高校毕业生是国家十分宝贵的人才资源，是青年人才的重要来源。各级党委和政府要高度重视，坚持以社会需求为导向，建立和完善高校毕业生就业工作机制，切实使用好这一宝贵资源。

八、坚持党管人才原则，努力开创人才工作新局面

21. 大力实施人才强国战略，必须坚持党管人才原则。坚持党管人才原则，是我们党适应全面建设小康社会的新任务，按照完善社会主义市场经济体制的新要求，根据党所处历史方位的新变化，着眼于改革和完善党的领导方式和执政方式、提高党的执政能力作出的重大决策，是人才工作沿着正确方向前进的根本保证。各级党委和政府要把人才工作作为一项重大而紧迫的战略任务，切实抓紧抓好。坚持党总揽全局、协调各方的原则，充分发挥党的思想政治优势、组织优势和密切联系群众的优势，发挥党委领导核心作用，形成党委统一领导，组织部门牵头抓总，有关部门各司其职、密切配合，社会力量广泛参与的人才工作新格局。要把人才工作纳入各级党政领导班子工作目标责任制，定期进行考核。各级党政主要负责同志对于做好人才工作负有重要责任，要树立强烈的人才意识，善于发现人才、培养人才、集聚人才、服务人才，做到知人善任、唯才是举、广纳群贤。

做好人才工作是加强和改进党的建设的重要内容。各级党组织要加强对党员的教育培养，努力使广大党员成为学习的模范、劳动的模范、创新的模范、贡献的模范，在成才的道路上发挥带头作用。要注重从各类优秀人才中发展党员和培养党的各级干部，把更多的优秀人才集聚到党的各级组织中来。

22. 党管人才主要是管宏观，管政策，管协调，管服务。各级党委要按照管好用活的要求，搞好统筹规划，制定人才工作重大方针政策，明确发展目标，推进各类人才队伍建设协调发展；坚持分类指导，针对各类人才的不同特点和成长规律，创新人才工作理论、体制和方法，使人才各得其所、各尽其能；注重整合力量，建立统分结合、协调高效的工作机制，充分调动一切积极因素，形成人才工作合力；积极提供服务，通过政策支持、精神激励和环境保障，不断改善各类人才的工作与生活条件，以感情和人格的力量，提高对人才的吸引力和感召力；实行依法管理，加快推进人才工作法制化建设，增强工作的规范性和有效性。要用事业造就人才，用环境凝聚人才，用机制激励人才，用法制保障人才，把全社会人才的积极性和创造性引导好、保护好、发挥好。努力把人才优势转化为知识优势、科技优势和产业优势，使一切劳动、知识、技术、管理和资本的活力竞相迸发，一切创造社会财富的源泉充分涌流。

23. 全面贯彻党管人才原则，必须动员和组织全社会力量，加大投入，完善法制，优化环境。牢固树立人才投入是效益最大的投入的观念，不断加大对人才工作的投入力度。健全政府、社会、用人单位和个人多元人才投入机制。中央及地方各级政府要根据人才工作实际需要，在财政预算中安排必要的资金，用于高层次人才培养、紧缺人才引进、西部人才开发、公派留学生等工作。在重大建设和科研项目经费中，要划出一定份额用于人才开发。加强对人才投入资金使用的监督管理，切实提高人才投入效益。加大人才工作立法力度，围绕人才培养、吸引、使用等基本环节，建立健全中国特色人才工作法律法规体系。积极运用现代科技手段，加强人才信息网络建设。充分发挥工会、共青团、妇联等人民团体在人才工作中的重要作用。大力加强舆论宣传，为人人竞相成才和充分施展才能创造良好的社会环境。

时代呼唤人才，人才推进事业。全党和全国各族人民紧密团结在以胡锦涛同志为总书记的党中央周围，在马克思列宁主义、毛泽东思想、邓小平理论和“三个代表”重要思想指引下，全面贯彻十六大精神，大力实施人才强国战略，关心人才工作，研究人才工作，宣传人才工作，做好人才工作，为全面建设小康社会、实现中华民族的伟大复兴而努力奋斗！

国务院关于进一步加强农村教育工作的决定

（2003年9月17日）

为认真贯彻落实党的十六大精神，加快农村教育发展，深化农村教育改革，促进农村经济社会和城乡协调发展，现就进一步加强农村教育工作特作如下决定。

一、明确农村教育在全面建设小康社会中的重要地位，把农村教育作为教育工作的重中之重

1. 农村教育在全面建设小康社会中具有基础性、先导性、全局性的重要作用。发展农村教育，办好农村学校，是直接关系8亿多农民切身利益，满足广大农村人口学习需求的一件大事；是提高劳动者素质，促进传统农业向现代农业转变，从根本上解决农业、农村和农民问题的关键所在；是转移农村富余劳动力，推进工业化和城镇化，将人口压力转化为人力资源优势的重要途径；是加强农村精神文明建设，提高农民思想道德水平，促进农村经济社会协调发展的重大举措。必须从实践“三个代表”重要思想和全面建设小康社会的战略高度，优先发展农村教育。

2. 农村教育在构建具有中国特色的现代国民教育体系和建设学习型社会中具有十分重要的地位。农村教育面广量大，教育水平的高低关系到各级各类人才的培养和整个教育事业的发展，关系到全民族素质的提高。农村学校作为遍布乡村的基层公共服务机构，在培养学生的同时，还承担着面向广大农民传播先进文化和科学技术，提高农民劳动技能和创业能力的重要任务。发展农村教育，使广大农民群众及其子女享有接受良好教育的机会，是实现教育公平和体现社会公正的一个重要方面，是社会主义教育的本质要求。

3. 我国在人口众多、生产力发展水平不高的条件下，实现了基本普及九年义务教育和基本扫除青壮年文盲（以下简称“两基”）的历史性任务，农村义务教育管理体制改革取得了突破性进展，农村职业教育和成人教育得到了很大发展，为国家经济社会发展提供了大量较高素质的劳动者和丰富的人才资源。但是，我国农村教育整体薄弱的状况还没有得到根本扭转，城乡教育差距还有扩大的趋势，教育为农村经济社会发展服务的能力亟待加强。在新的形势下，要增强责任感和紧迫感，将农村教育作为教育工作的重中之重，一手抓发展，一手抓改革，促进农村各级各类教育协调发展，更好地适应全面建设小康社会的需要。

二、加快推进“两基”攻坚，巩固提高普及义务教育的成果和质量

4. 力争用五年时间完成西部地区“两基”攻坚任务。目前，西部地区仍有372个县没有实现“两基”目标。这些县主要分布在“老、少、边、穷”地区，“两基”攻坚任务十分艰巨。到2007年，西部地区普及九年义务教育（以下简称“普九”）人口覆盖率要达到85%以上，青壮年文盲率降到5%以下。完成这项任务，对于推进扶贫开发、促进民族团结、维护边疆稳定和实现国家长治久安，具有极其重要的意义。要将“两基”攻坚作为西部大开发的一项重要任务，摆在与基础设施建设和生态环境建设同等重要的位置。国务院有关部门和西部各省（自治区、直辖市）人民政府要制定工作规划，设立专项经费，精心组织实施，并每年督促检查一次，确保目标实现。要以加强中小学校舍和初中寄宿制学校建设、扩大初中学校招生规模、提高教师队伍素质、推进现代远程教育、扶助家庭经济困难学生为重点，周密部署，狠抓落实。中央继续安排专项经费实施贫困地区义务教育工程，安排中央资金对“两基”攻坚进行重点支持。中央和地方新增扶贫资金要支持贫困乡村发展教育事业。中部地区没有实现“两基”目标的县也要集中力量打好攻坚战。大力提高女童和残疾儿童少年的义务教育普及水平。

5. 已经实现“两基”目标的地区特别是中部和西部地区，要巩固成果、提高质量。各级政府要切实做好“两基”巩固提高的规划和部署。继续推进中小学布局结构调整，努力改善办学条件，重点加强农村初中和边远山区、少数民族地区寄宿制学校建设，改善学校卫生设施和学生食宿条件，提高实验仪器设备和图书的装备水平。深化教育教学改革，根据农村实际加快课程改革步伐。提高教师和校长队伍素质，全面提高学校管理水平。努力降低农村初中辍学率，提高办学水平和教育质量，形成农村义务教育持续、健康发展的机制。经济发达的农村地区要实现高水平、高质量“普九”目标。经过不懈努力，力争2010年在全国实现全面普及九年义务教育和全面提高义务教育质量的目标。

6. 发展农村高中阶段教育和幼儿教育。今后五年，经济发达地区的农村要努力普及高中阶段教育，其他地区的农村要加快发展高中阶段教育。要积极开展各种形式的初中后教育。国家继续安排资金，重点支持中西部地区一批基础较好的普通高中和职业学校改善办学条件，提高教育质量，扩大优质教育资源。地方各级政府要重视并扶持农村幼儿教育的发展，充分利用农村中小学布局调整后富余的教育资源发展幼儿教育。鼓励发展民办高中阶段教育和幼儿教育。

7. 建立和完善教育对口支援制度。继续实施“东部地区学校对口支援西部贫困地区学校工程”和“大中城市学校对口支援本省（自治区、直辖市）贫困地区学校工程”，建立东部地区经济比较发达的县（市、区）对口支援西部地区贫困县、大中城市对口支援本省（自治区、直辖市）贫困县的制度。进一步加大中央对民族自治地区农村教育的扶持力度，继续办好内地西藏中学（班）和新疆班。

三、坚持为“三农”服务的方向，大力发展职业教育和成人教育，深化农村教育改革

8. 农村教育教学改革的指导思想是：必须全面贯彻党的教育方针，坚持为“三农”服务的方向，增强办学的针对性和实用性，满足农民群众多样化的学习需求；必须全面推进素质教育，紧密联系农村实际，注重受教育者思想品德、实践能力和就业能力的培养；必须实行基础教育、职业教育和成人教育的“三教统筹”，有效整合教育资源，充分发挥农村学校的综合功能，提高办学效益。

9. 积极推进农村中小学课程和教学改革。农村中小学教育内容的选择、教科书的编写和教学活动的开展，在实现国家规定基础教育基本要求时，要紧密联系农村实际，突出农村特色。在农村初、高中适当增加职业教育的内容，继续开展“绿色证书”教育，并积极创造条件或利用职业学校的资源，开设以实用技术为主的课程，鼓励学生在获得毕业证书的同时获得职业资格证书。

10. 以就业为导向，大力发展农村职业教育。要实行多样、灵活、开放的办学模式，把教育教学与生产实践、社会服务、技术推广结合起来，加强实践教学和就业能力的培养。在开展学历教育的同时，大力开展多种形式的职业培训，适应农村产业结构调整，推动农村劳动力向二、三产业转移。实行灵活的教学和学籍管理制度，方便学生工学交替、半工半读、城乡分段和职前职后分段完成学业。在整合现有资源的基础上，重点建设好地（市）、县级骨干示范职业学校和培训机构。要积极鼓励社会力量和吸引外资举办职业教育，促进职业教育办学主体和投资多元化。

11. 以农民培训为重点开展农村成人教育，促进农业增效、农民增收。普遍开展农村实用技术培训，每年培训农民超过1亿人次。积极实施农村劳动力转移培训，每年培训2 000万人次以上，使他们初步掌握在城镇和非农产业就业必需的技能，并获得相应的职业资格或培训证书。要坚持培训与市场挂钩，鼓励和支持“定单”培养，先培训后输出。逐步形成政府扶持、用人单位出资、培训机构减免经费、农民适当分担的投入机制。继续发挥乡镇成人文化技术学校、农业广播电视学校和各种农业技术推广、培训机构的重要作用。农村中小学可一校挂两牌，日校办夜校，积极开展农民文化技术教育和培训，成为乡村基层开展文化、科技和教育活动的重要基地。

12. 加强农村学校劳动实践场所建设。农村学校劳动实践场所是贯彻教育与生产劳动相结合，实行“农科教结合”和“三教统筹”的有效载体。地方政府要根据农村学校课程改革的需要，充分利用现有农业示范场所、科技推广基地等多种资源，鼓励有丰富实践经验的专业技术人员担任专兼职指导教师，指导和支持农村学校积极开展各种劳动实践和勤工俭学活动。政府有关部门和乡、村要根据实际情况和有关规定，提供少量土地作为学校劳动实践和勤工俭学场所，具体实施办法由教育部会同农业部、国土资源部等部门制定。

13. 高等学校、科研机构要充分发挥在推进“农科教结合”中的重要作用。通过建立定点联系县、参与组建科研生产联合体和农业产业化龙头企业、转让技术成果等方式，积极开发和推广农业实用技术和科研成果；支持乡镇企业的技术改造和产品更新换代；帮助农村职业学校和中小学培养师资。

14. 加大城市对农村教育的支持和服务，促进城市和农村教育协调发展。城市各级政府要坚持以流入地政府管理为主、以公办中小学为主，保障进城务工就业农民子女接受义务教育。城市职业学校要扩大面向农村的招生规模，到2007年争取年招生规模达到350万人。城市各类职业学校和培训机构要积极开展进城务工就业农民的职业技能培训。要积极推进城市与农村、东部与西部职业学校多种形式的合作办学，不断扩大对口招生规模。城市和东部地区要对农村家庭经济困难的学生适当减免学费并为学生就业提供帮助，促进农村新增劳动力转移。各大中城市要充分发挥教育资源的优势，加大对农村教育的帮助和服务。

四、落实农村义务教育“以县为主”管理体制的要求，加大投入，完善经费保障机制

15. 明确各级政府保障农村义务教育投入的责任。农村税费改革以后，中央加大转移支付力度，有力保障了农村义务教育管理体制的调整。当前，关键是各级政府要进一步加大投入，共同保障农村义务教育的基本需求。落实“在国务院领导下，由地方政府负责、分级管理、以县为主”（简称“以县为主”）的农村义务教育管理体制，县级政府要切实担负起对本地教育发展规划、经费安排使用、校长和教师人事等方面进行统筹管理的责任。中央、省和地（市）级政府要通过增加转移支付，增强财政困难县义务教育经费的保障能力。特别是省级政府要切实均衡本行政区域内各县财力，逐县核定并加大对财政困难县的转移支付力度；县级政府要增加对义务教育的投入，将农村义务教育经费全额纳入预算，依法向同级人民代表大会或其常委会专题报告，并接受其监督和检查。乡镇政府要积极筹措资金，改善农村中小学办学条件。

各级政府要认真落实中央关于新增教育经费主要用于农村的要求。在税费改革中，确保改革后农村义务教育的投入不低于改革前的水平并力争有所提高。在确保农村义务教育投入的同时，也要增加对职业教育、农民培训和扫盲教育的经费投入。

16. 建立和完善农村中小学教职工工资保障机制。根据农村中小学教职工编制和国家有关工资标准的规定，省级人民政府要统筹安排，确保农村中小学教职工工资按时足额发放，进一步落实省长（主席、市长）负责制。安排使用中央下达的工资性转移支付资金，省、地（市）不得留用，全部补助到县，主要补助经过努力仍有困难的县用于工资发放，在年初将资金指标下达到县。各地要抓紧清理补发历年拖欠的农村中小学教职工工资。本《决定》发布后，国务院办公厅将对发生新欠农村中小学教职工工资的情况按省（自治区、直辖市）予以通报。

17. 建立健全农村中小学校舍维护、改造和建设保障机制。要认真组织实施农村中小学危房改造工程，消除现存危房。建立完善校舍定期勘察、鉴定工作制度。地方政府要将维护、改造和建设农村中小学校舍纳入社会事业发展和基础设施建设规划，把所需经费纳入政府预算。要认真落实《国务院关于全面推进农村税费改革试点工作的意见》（国发〔2003〕12号）中关于“省级财政应根据本地实际情况，从农村税费改革专项转移支付资金中，每年安排一定资金用于学校危房改造，确保师生安全”的规定。中央继续对中西部困难地区中小学校舍改造给予支持。农村“普九”欠债问题，要在化解乡村债务时，通盘考虑解决。债权单位和个人不得因追索债务影响学校正常教学秩序。

18．确保农村中小学校公用经费。省级政府要本着实事求是的原则，根据本地区经济社会发展水平和维持学校正常运转的基本支出需要，年内完成农村中小学生均公用经费基本标准、杂费标准以及预算内生均公用经费拨款标准的制定和修订工作，并报财政部和教育部备案。杂费收入要全部用于学校公用经费开支。县级政府要按照省级政府制定的标准拨付公用经费，对实行“一费制”的国家扶贫开发工作重点县和财力确有困难的县，省、地（市）政府对其公用经费缺口要予以补足。公用经费基本标准要根据农村义务教育发展的需要和财政能力逐步提高。同时，要加大治理教育乱收费力度，对违反规定乱收费和挪用挤占中小学经费的行为要严肃查处。

五、建立健全资助家庭经济困难学生就学制度，保障农村适龄少年儿童接受义务教育的权利

19．目前，我国农村家庭经济困难的适龄少年儿童接受义务教育迫切需要得到关心和资助。要在已有助学办法的基础上，建立和健全扶持农村家庭经济困难学生接受义务教育的助学制度。到2007年，争取全国农村义务教育阶段家庭经济困难学生都能享受到“两免一补”（免杂费、免书本费、补助寄宿生生活费），努力做到不让学生因家庭经济困难而失学。

20．中央财政继续设立中小学助学金，重点扶持中西部农村地区家庭经济困难学生就学，逐步扩大免费发放教科书的范围。各级政府设立专项资金，逐步帮助学校免除家庭经济困难学生杂费，对家庭经济困难的寄宿学生提供必要的生活补助。

21．要广泛动员和鼓励机关、团体、企事业单位和公民捐资助学。进一步落实对捐资助学单位和个人的税收优惠政策，对纳税人通过非营利的社会团体和国家机关向农村义务教育的捐赠，在应纳税所得额中全额扣除。充分发挥社会团体在捐资助学中的作用。鼓励“希望工程”、“春蕾计划”等继续做好资助家庭经济困难学生就学工作。中央和地方各级人民政府对捐资助学贡献突出的单位和个人，给予表彰和奖励。

六、加快推进农村中小学人事制度改革，大力提高教师队伍素质

22．加强农村中小学编制管理。要严格执行国家颁布的中小学教职工编制标准，抓紧落实编制核定工作。在核定编制时，应充分考虑农村中小学区域广、生源分散、教学点较多等特点，保证这些地区教学编制的基本需求。所有地区都必须坚决清理并归还被占用的教职工编制，对各类在编不在岗的人员要限期与学校脱离关系。建立年度编制报告制度和定期调整制度。有关部门要抓紧制定和实施职业学校和成人学校的教职工编制标准。

23．依法执行教师资格制度，全面推行教师聘任制。严格掌握教师资格认定条件，严禁聘用不具备教师资格的人员担任教师。拓宽教师来源渠道，逐步提高新聘教师的学历层次。教师聘任实行按需设岗、公开招聘、平等竞争、择优聘任、科学考核、合同管理。各省（自治区、直辖市）要制定切实可行的实施办法，指导做好农村中小学教职工定岗、定员和分流工作。积极探索建立教师资格定期考核考试制度。要将师德修养和教育教学工作实绩作为选聘教师和确定教师专业技术职务的主要依据。坚持依法从严治教，加强教师队伍管理，对严重违反教师职业道德、严重失职的人员，坚决清除出教师队伍。

24．严格掌握校长任职条件，积极推行校长聘任制。农村中小学校长必须具备良好的思想政治道德素质、较强的组织管理能力和较高的业务水平。校长应具有中级以上教师职务，一般有5年以上教育教学工作经历。坚持把公开选拔、平等竞争、择优聘任作为选拔任用校长的主要方式。切实扩大民主，保障教职工对校长选拔任用工作的参与和监督，并努力提高社区和学生家长的参与程度。校长实行任期制，对考核不合格或严重失职、渎职者，应及时予以解聘或撤职。

25. 积极引导鼓励教师和其他具备教师资格的人员到乡村中小学任教。各地要落实国家规定的对农村地区、边远地区、贫困地区中小学教师津贴、补贴。建立城镇中小学教师到乡村任教服务期制度。城镇中小学教师晋升高级教师职务，应有在乡村中小学任教一年以上的经历。适当提高乡村中小学中、高级教师职务岗位比例。地（市）、县教育行政部门要建立区域内城乡“校对校”教师定期交流制度。增加选派东部地区教师到西部地区任教、西部地区教师到东部地区接受培训的数量。国家继续组织实施大学毕业生支援农村教育志愿者计划。

26. 加强农村教师和校长的教育培训工作。构建农村教师终身教育体系，实施“农村教师素质提高工程”，开展以新课程、新知识、新技术、新方法为重点的新一轮教师全员培训和继续教育。坚持农村中小学校长任职资格培训和定期提高培训制度。切实保障教师和校长培训经费投入。

七、实施农村中小学现代远程教育工程，促进城乡优质教育资源共享，提高农村教育质量和效益

27. 实施农村中小学现代远程教育工程要按照“总体规划、先行试点、重点突破、分步实施”的原则推进。在2003年继续试点工作的基础上，争取用五年左右时间，使农村初中基本具备计算机教室，农村小学基本具备卫星教学收视点，农村小学教学点具备教学光盘播放设备和成套教学光盘。工程投入要以地方为主，多渠道筹集经费，中央对中西部地区给予适当扶持。

28. 实施农村中小学现代远程教育工程，要着力于教育质量和效益的提高。要与农村各类教育发展规划和中小学布局调整相结合；与课程改革、加强学校管理、教师继续教育相结合；与“农科教结合”、“三教统筹”、农村党员干部教育相结合。

29. 加快开发农村现代远程教育资源。制定农村教育教学资源建设规划，加快开发和制作符合课程改革精神，适应不同地区、不同要求的农村教育教学资源和课程资源。国家重点支持开发制作针对中西部农村地区需要的同步课堂、教学资源光盘和卫星数据广播资源。建立农村现代远程教育资源征集、遴选、认证制度。

八、切实加强领导，动员全社会力量关心和支持农村教育事业

30. 地方各级人民政府要建立健全农村教育工作领导责任制，把农村教育的发展和改革列入重要议事日程抓紧抓好。要在深入调查研究的基础上，制定本地农村教育发展和改革的规划，精心组织实施；加强统筹协调，及时研究解决突出问题，尤其要保障农村教育经费的投入；倾听广大教师和农民群众的呼声，主动为农村教育办实事；坚持依法行政，认真执行教育法律法规，维护师生的合法权益，狠抓农村教育各项政策的落实。

31. 推进农村教育改革试验，努力探索农村教育改革新路子。各地要在总结改革经验的基础上，进一步解放思想、实事求是、与时俱进，大胆破除束缚农村教育发展的思想观念和体制障碍，在农村办学体制、运行机制、教育结构和教学内容与方法等方面进行改革探索。各省（自治区、直辖市）人民政府都要选择若干个县作为改革试验区；各地（市）、县都要选择1～2个乡镇和若干所学校作为改革试验点。要通过改革试验，推出一批有效服务“三农”的办学新典型；创造同社会主义市场经济体制相适应、符合教育规律、具有农村特色的教育新经验。

32. 农业、科技、教育等部门要充分发挥各自优势，密切配合，共同推进“农科教结合”。为形成政府统筹、分工协作、齐抓共管的有效工作机制，各地可根据实际需要，建立“农科教结合”工作联席会议制度。

33. 加强对农村教育的督查工作。要重点督查“以县为主”的农村义务教育管理体制和“保工资、保安全、保运转”目标的落实情况，以及“两基”攻坚和巩固提高工作的进展情况。建立对县级人民政府教育工作的督导评估机制，并将督导评估的结果作为考核领导干部政绩的重要内容和进行表彰奖励或责任追究的重要依据。

34. 广泛动员国家机关、部队、企事业单位、社会团体和人民群众通过各种方式支持农村教育的发展。发挥新闻媒体的舆论导向作用，大力宣传农村优秀教师的先进模范事迹。数百万农村教师辛勤耕耘在农村教育工作第一线，为我国教育事业发展和农村现代化建设作出了卓越贡献。特别是长期工作在“老、少、边、穷”地区的乡村教师，克服困难，爱岗敬业，艰苦奋斗，无私奉献，应该得到全社会的尊重。中央和地方各级人民政府要定期对作出突出贡献的优秀农村教师和教育工作者予以表彰奖励，在全社会形成尊师重教、关心支持农村教育的良好氛围。

2003—2007年教育振兴行动计划

（2004年3月3日　国务院批转）

百年大计，教育为本。要实现全面建设小康社会和中华民族伟大复兴的宏伟目标，必须坚持实施科教兴国战略和人才强国战略，把教育摆在现代化建设优先发展的战略地位。近年来，在党中央、国务院的正确领导下，教育事业实现了跨越式发展，教育改革取得了突破性进展，国民受教育程度逐步提高。但是，教育面临的挑战依然十分严峻，整体水平离实现全面建设小康社会目标还有很大差距。为了贯彻党的十六大精神，在顺利实施《面向21世纪教育振兴行动计划》的基础上，特制定本行动计划。

今后几年，我们要高举邓小平理论伟大旗帜，以“三个代表”重要思想为指导，坚持教育为人民服务的宗旨，巩固成果，深化改革，提高质量，持续发展，办好让人民满意的教育。努力实现党的十六大提出的历史性任务，构建中国特色社会主义现代化教育体系，为建立全民学习、终身学习的学习型社会奠定基础；培养数以亿计的高素质劳动者、数以千万计的专门人才和一大批拔尖创新人才，把巨大的人口压力转化为丰富的人力资源优势；加强教育同科技与经济、同文化与社会的结合，为现代化建设提供更大的智力支持和知识贡献。

一、重点推进农村教育发展与改革

全面贯彻《国务院关于进一步加强农村教育工作的决定》（国发〔2003〕19号），坚持把农村教育摆在重中之重的地位，加快农村教育发展，深化农村教育改革，促进农村经济社会发展和城乡协调发展。

1. 努力提高普及九年义务教育的水平和质量，为2010年全面普及九年义务教育和全面提高义务教育质量打好基础。

实施国家西部地区“两基”攻坚计划。到2007年底，力争使西部地区普及九年义务教育人口覆盖率达到85%以上，青壮年文盲率下降到5%以下。以实施“农村寄宿制学校建设工程”为突破口，加强西部农村初中、小学建设。西部各省、自治区、直辖市及新疆生产建设兵团要分别实现各自的“两基”目标。要将“两基”攻坚作为西部大开发的一项重要任务，精心组织实施。继续实施“国家贫困地区义务教育工程”和“中小学危房改造工程”。中部地区未实现“两基”目标的县也要集中力量打好攻坚战。

已经实现“两基”目标的地区特别是中部和西部地区，要巩固成果、提高质量，千方百计改善学校的办学条件，全面提高教师和校长素质。经济发达的农村地区要实现高水平、高质量“普九”目标。

2. 深化农村教育改革，发展农村职业教育和成人教育，推进“三教统筹”和“农科教结合”。

加强新形势下的基础教育、职业教育和成人教育“三教统筹”，有效整合教育资源，充分发挥农村学校的综合功能。继续开展“绿色证书”教育，积极推进农村中小学课程和教学改革，在实现国家规定的基础教育基本要求时，紧密联系农村实际，在农村初、高中适当增加职业教育内容。

大力发展农村职业教育。农村职业教育要以就业为导向，实行灵活的教学和学籍管理制度，方便工学交替、半工半读、城乡分段和职前职后分段完成学业。重点建设好地（市）、县级骨干职业学校和培训机构，面向农村扩大招生规模。实施“农村劳动力转移培训计划”，对进城务工农民进行职业教育和培训。

开展农村成人教育，促进“农科教”结合。农村成人教育要以农民实用技术培训和农村实用人才培养为重点。充分发挥农村成人学校和培训机构的作用。农村中小学可实行一校挂两牌，日校办夜校，成为乡村基层的文化、科技和教育活动基地。充分发挥高等农林学校的作用，建设“高等学校农业科技教育网络联盟”，推进“一村一名大学生计划”，为农业科技推广、农村教育培训作出贡献。

3. 落实“以县为主”的农村义务教育管理体制，加大投入，完善保障机制。

进一步落实“在国务院领导下，由地方政府负责、分级管理、以县为主”的农村义务教育管理体制。县级政府要切实担负起对本地教育发展规划、经费安排使用、教师和校长人事等方面进行统筹管理的责任。明确各级政府保障农村义务教育投入的责任；中央、省和地（市）级政府通过增加转移支付，增强财政困难县义务教育经费的保障能力。建立和完善农村中小学投入保障机制，确保农村中小学教职工工资按时足额发放，确保农村中小学校舍的维护、改造和建设，确保维持学校正常运转的基本支出需要。

4. 建立和健全助学制度，扶持农村家庭经济困难学生接受义务教育。

继续设立中小学助学金，重点放在中西部农村地区；对家庭经济困难学生，逐步扩大免费发放教科书的范围，逐步免除杂费，为寄宿学生提供必要的生活补助；通过给学校划拨少量土地或提供劳动实践场所，帮助学生勤工助学并改善生活；广泛动员和鼓励机关、团体、企事业单位和公民捐资助学。到2007年，争取全国农村义务教育阶段家庭经济困难学生都能享受到“两免一补”（免杂费、免书本费、补助寄宿生生活费），努力做到不让学生因家庭经济困难而失学。

5. 加快推进农村中小学教师队伍建设。

加强农村中小学编制管理，全面推行教师聘任制，依法实施教师资格制度。严格掌握校长任职条件，积极推行校长聘任制。积极引导和鼓励教师及其他具备教师资格的人员到乡村中小学任教，建立城镇中小学教师到乡村任教服务期制度。加强农村教师和校长的教育培训工作。

6. 实施“农村中小学现代远程教育计划”。

按照“总体规划、先行试点、重点突破、分步实施”的原则，争取用五年左右时间，使农村初中基本具备计算机教室，农村小学基本具备数字电视教学收视系统，农村小学教学点具备教学光盘播放设备和光盘资源，并初步建立远程教育系统运行管理保障机制。农村中小学现代远程教育计划要以地方投入为主，多渠道筹集经费，中央对中西部地区重点支持。

加强农村中小学现代远程教育，要致力于提高教育质量和效益。初步形成农村教育信息化的环境，持续向农村中小学提供优质教育教学资源，不断加强教师培训；整合农村各类资源，发挥农村学校作为当地文化中心和信息传播中心的作用，为“三教统筹”、农村科技推广和农村党员干部现代远程教育服务。

二、重点推进高水平大学和重点学科建设

建设世界一流大学和高水平大学是党和国家的重大决策，对于增强高等教育综合实力，提高我国国际竞争力具有重要的战略意义。今后五年要充分集成各方面资源，统筹协调学科建设、人才培养、科技创新、队伍建设和国际合作等各方面工作，深化改革，开拓创新，使重点建设高等学校和重点学科的水平显著提高，带动全国高等教育持续健康协调快速发展。

7. 继续实施“985工程”和“211工程”，努力建设一批高水平大学和重点学科。

继续实施“985工程”，努力建设若干所世界一流大学和一批国际知名的高水平研究型大学。紧密结合国家创新体系建设，集成优质资源，创建一批高水平、开放式、国际化的科技创新平台和人文社会科学研究基地，造就学术大师和创新团队，使之在国际上占有一席之地，促进资源共享，为国家现代化建设作出重大贡献，全面提高学校的整体水平和综合实力。

继续实施“211工程”，进一步以学科建设为核心，凝炼学科方向，汇聚学科队伍，构筑学科基地。提高重点建设高等学校的人才培养质量、科学研究水平和社会服务能力，成为国家和地方解决经济、科技和社会发展重大问题的基地。在全国范围内逐步形成布局合理、各具特色和优势的重点学科体系，使一批重点学科尽快达到国际先进水平。

8. 加大实施“高层次创造性人才计划”力度。

以“长江学者奖励计划”和“高等学校创新团队计划”为重点，实施“高层次创造性人才计划”，扶持创新团队的建设，加大对中青年学科带头人和学术骨干的培养力度，鼓励和支持优秀人才和优秀群体健康成长、建功立业。要善于利用国际国内两种人才资源，特别要面向世界积极引进优秀拔尖人才。高等学校要大力推进“人才强校”战略，制定和完善人才建设计划；积极营造更加有利的政策环境，努力构建吸引、培养和用好高层次创新人才的支持体系；探索人才组织新模式，以学科带头人为核心凝聚学术队伍，紧密结合关键领域的前沿学科研究和国家重大现实问题研究，促进学科综合，开发配置人才资源。

9. 推进“研究生教育创新计划”。

推动研究生教育观念、体制和运行机制的创新，改革研究生选拔制度，推进学分制并调整修业年限，推行研究生培养导师负责制和研究生助研、助教和助管岗位制，推进培养成本分担制度改革。采取评选优秀博士学位论文、举办博士生学术论坛等各项措施，鼓励并资助研究生科研创新，促进研究生教育与生产劳动和社会实践紧密结合，提高研究生培养质量，促使拔尖创新人才脱颖而出。

10. 启动“高等学校科技创新计划”。

按照国家创新体系的总体布局，坚持面向科技前沿和现代化建设需要，加强科技创新平台建设。建设一批具有世界一流水平的国家实验室和国家技术创新中心，强化和新建一批重点实验室和军工科研基地。加大对重大科技项目的培植，加强自由探索和交叉学科研究。

坚持“发展高科技，实现产业化”的方针，强化和新建一批工程研究中心和高新技术产业化基地；完善大学科技园孵化功能及其支撑和服务体系；推进产学研紧密结合，增进高等学校与科研院所、企业的合作；着力解决关系国民经济、社会发展和国家安全的重大科技问题，加速科技成果向现实生产力的转化。

11. 实施“高等学校哲学社会科学繁荣计划”。

哲学社会科学研究对于建设社会主义物质文明、政治文明和精神文明具有重要意义。要加强新世纪学术带头人和学术新人的扶持培养。组织重大课题攻关，力争取得一批具有重大学术价值和社会影响的标志性成果。继续加强人文社会科学重点课程教材和研究基地建设。重点建设一批哲学社会科学实验室，积极培育学术精品和名刊，奖励具有重大学术价值和社会影响的基础研究成果和解决重大现实问题的应用研究成果。

三、实施“新世纪素质教育工程”

全面贯彻党的教育方针，以培养德智体美等全面发展的一代新人为根本宗旨，以培养学生的创新精神和实践能力为重点，继续全面实施素质教育。

12. 加强和改进学校德育工作。

要把弘扬和培育民族精神作为重要任务，纳入国民教育全过程。制定《弘扬和培育民族精神教育实施纲要》，深入开展爱国主义、集体主义和社会主义教育；贯彻《公民道德建设实施纲要》，加强诚信教育，落实中小学德育大纲、学生守则和日常行为规范。加强和改进中小学思想、政治、品德课程，促进学校教育、社会教育和家庭教育的有机结合，切实增强德育的实效性和感染力。加强维护国家统一和民族团结的教育，提高法制教育和国防教育的实效。加强各级各类学校的校园及周边环境综合治理，创建安全文明校园。

13. 深化基础教育课程改革。

基础教育课程改革是全面实施素质教育的核心环节，构建和完善新世纪基础教育课程体系，全面实施义务教育新课程，逐步推进普通高中新课程。深化中小学教学内容和教学方法改革，积极推进校本教研制度建设，加强中小学实验教学改革和技术课程实践基地的建设，充分发挥现代教育技术的作用；深化教材管理体制改革，完善中小学教材审查制度和教材选用监管制度；建立国家和省两级新课程的跟踪、监测、评估、反馈机制，加强对基础教育质量的监测。

14. 以全面推进素质教育为目标，加快考试评价制度改革。

完善小学升初中就近免试入学制度；积极探索以初中毕业生学业考试为基础、综合评价相结合的高中阶段招生办法改革；结合新课程的全面推进，深化高考内容改革；推进高考制度改革，进一步建立以统一考试为主、多元化考试和多样化选拔录取相结合，学校自我约束、政府宏观指导、社会有效监督的高等学校招生制度。完善高等学校招生网上远程录取系统和网上阅卷系统，建设招生信息化管理与服务平台。

15. 积极推进普通高中、学前教育和特殊教育的改革与发展。

多种形式积极发展普通高中教育，扩大规模，提高质量。加大对农村高中发展的支持力度，引导示范性高中建设，加快基础薄弱校的建设，扩大高中优质教育资源供给能力。

多渠道、多形式地发展幼儿教育，逐步建立以社区为基础的学前教育服务网络，加强幼儿教师队伍建设，提高幼儿教育质量。

积极发展特殊教育，切实依法保障残疾学龄人口的受教育权利。

16. 加强和改进学校体育和美育工作。

坚持健康第一的指导思想，在教育系统广泛深入持久地开展群众性体育活动，大力增强青少年学生的体质、意志力和终生锻炼的自觉意识。推广《学生体质健康标准》，提高体育课程和课外活动的质量，建立学生体质健康监测体系。建立学校卫生安全责任制与监测机制，做好饮食卫生管理与卫生防病工作。切实加强心理健康教育和青春期健康教育，加强学生安全教育、预防艾滋病教育和毒品预防教育。大力加强学校美育工作，优化学校艺术教育环境，提高艺术教育课程开课率和教学质量。

17. 加强语言文字规范化工作，优化国家通用语言文字的应用环境。

建设面向现代教育体系和社会语言文字应用的语言文字规范标准，加快国家通用语言文字和少数民族语言文字规范标准的制订、修订和测查认证工作，搭建高水平的语言文字基础平台，加强语言文字生活监测和社会咨询服务。依法加强语言文字评估、测试和推广工作，推进学校和社会语言文字应用的规范化。加强重点方言地区的普通话推广普及，强化少数民族汉语师资培训，加大对西部地区国家通用语言文字培训工作的扶持力度。

四、实施“职业教育与培训创新工程”

18. 大力发展职业教育，大量培养高素质的技能型人才特别是高技能人才。

技能型人才是推动技术创新和实现科技成果转化的重要力量。要加强高等职业技术学院和中等职业技术学校的建设，广泛开展岗位技能培训。要适应走新型工业化道路的要求，实施“制造业和现代服务业技能型紧缺人才培养培训计划”，根据区域经济发展和劳动力市场的实际需要，促进产学紧密结合，共同建立技能型紧缺人才培养培训基地，加快培养大批现代化建设急需的技能型人才及软件产业实用型人才，特别是各级各类高技能人才。

19. 以就业为导向，大力推动职业教育转变办学模式。

以促进就业为目标，进一步转变高等职业技术学院和中等职业技术学校的办学指导思想，实行多样、灵活、开放的人才培养模式，把教育教学与生产实践、社会服务、技术推广结合起来，加强实践教学和就业能力的培养。加强与行业、企业、科研和技术推广单位的合作，推广“订单式”、“模块式”培养模式；探索针对岗位群需要的、以能力为本位的教学模式；面向市场，不断开发新专业，改革课程设置，调整教学内容；加强职业道德教育；大力加强“双师型”教师队伍建设，鼓励企事业单位专业技术、管理和有特殊技能的人员担任专兼职教师。推动就业准入制度和职业资格证书制度的实施，继续建设和培育一批示范性职业技术学校，建设大批实用高效的实习训练基地，开发大批精品专业和课程。

20. 大力发展多样化的成人教育和继续教育。

鼓励人们通过多种形式和渠道参与终身学习，加强学校教育和继续教育相互结合，进一步改革和发展成人教育，完善广覆盖、多层次的教育培训网络，逐步确立以学习者个人为主体、用人单位支持、政府予以必要资助的继续教育保障机制，建立对各种非全日制教育培训学分的认证及积累制度。

以更新知识和提高技能为重点，开展创建学习型企业、学习型组织、学习型社区和学习型城市的活动。充分发挥行业、企业的作用，加强从业人员、转岗和下岗人员的教育与培训。积极发展多样化的高中后和大学后继续教育，统筹各级各类资源，充分发挥普通高等学校、成人高等学校、广播电视大学和自学考试的作用，积极推进社区教育，形成终身学习的公共资源平台。大力发展现代远程教育，探索开放式的继续教育新模式。

五、实施“高等学校教学质量与教学改革工程”

21. 进一步深化高等学校的教学改革。

以提高高等教育人才培养质量为目的，进一步深化高等学校的培养模式、课程体系、教学内容和教学方法改革。改善高等学校基础课程教学，建设精品课程，改造和充实基础课教学实验室，进一步建设全国高等学校数字图书文献保障体系（CALIS）和全国高等学校实验设备与优质资源共享系统。鼓励名师讲授大学基础课程，评选表彰教学名师。建设一批示范教学基地和基础课程实验教学示范中心，强化生产实习、毕业设计等实践教学环节。高等学校应用学科专兼职教师队伍要更多地吸收具有实践经验的专家。改革大学公共英语教学，提高大学生的英语综合运用能力。以管理体制和学制改革为主线，提高我国高等医学教育的办学质量和培养层次。

22. 完善高等学校教学质量评估与保障机制。

健全高等学校教学质量保障体系，建立高等学校教学质量评估和咨询机构，实行以五年为一周期的全国高等学校教学质量评估制度。规范和改进学科专业教学质量评估，逐步建立与人才资格认证和职业准入制度挂钩的专业评估制度。加强高等学校教学质量评估信息系统建设，形成评估指标体系，建立教学状态数据统计、分析和定期发布制度。

六、实施“促进毕业生就业工程”

23. 健全毕业生就业工作的领导体制、运行机制、政策体系和服务体系。

进一步形成各级领导高度重视、中央有关部门通力合作、省级人民政府统筹协调、高等学校和中等职业技术学校目标责任明确的就业工作领导体制和运行机制。完善有利于毕业生就业和创业的政策框架体系，进一步拓宽就业渠道，推进毕业生就业市场与各类人才市场、劳动力市场的联网贯通，进一步发挥市场在毕业生人才配置中的基础性作用。大力加强毕业生就业服务体系建设，积极发挥社会中介组织的作用。全力建设和用好“就业网”，加速实现毕业生就业服务信息化。建立起更加科学规范的毕业生就业率、待业率公布制度以及相应的就业状况监测制度。

24. 面向就业需求，深化教育系统内外的各项改革。

切实将高等学校布局、发展规划、学科专业结构、办学评估、经费投入等方面工作与毕业生就业状况紧密挂钩。把就业率和就业质量作为衡量高等学校办学水平的重要指标之一。使80%以上的职业学校毕业生能够取得相关的职业资格证书，推广东、中、西部地区之间的职业教育合作项目，使培养培训与定向定岗就业紧密相连。各类高等学校和中等职业技术学校都要加强实践教学环节，密切与行业、企业和有关部门的联系，建立一批长期稳定的就业、创业和创新基地。加强对学生的职业指导和就业创业教育，推动就业观念的转变。采取相关政策，积极鼓励毕业生到西部、基层和祖国最需要的地方去建功立业，引导毕业生到中小企业和民营企业就业以及自主创业。

七、实施“教育信息化建设工程”

25. 加快教育信息化基础设施、教育信息资源建设和人才培养。

构建教育信息化公共服务体系，建设硬件、软件共享的网络教育公共服务平台。加快中国教育和科研计算机网（CERNET）和中国教育卫星宽带传输网（CEBsat）的升级扩容工程建设，积极参与新一代互联网和网格（ChinaGRID）的建设，强化资源整合，加强地区网络建设和管理，建立健全服务体系及运行机制。加强高等学校校园网建设，创建国家级教育信息化应用支撑平台。加大涵盖各级各类教育的信息资源开发，形成多层次、多功能、交互式的国家教育资源服务体系。大力加强信息技术应用型人才培养，着力改革信息化人才培养模式，扩大培养规模，提高培养质量。

26. *全面提高现代信息技术在教育系统的应用水平。*

加强信息技术教育，普及信息技术在各级各类学校教学过程中的应用，为全面提高教学和科研水平提供技术支持。建立网络学习与其他学习形式相互沟通的体制，推动高等学校数字化校园建设，推动网络学院的发展。开展高等学校科研基地的信息化建设，研究开发学校数字化实验与虚拟实验系统，创建网上共享实验环境。建立高等学校在校生管理信息网络服务体系。

八、实施“高素质教师和管理队伍建设工程”

27. *全面推动教师教育创新，构建开放灵活的教师教育体系。*

改革教师教育模式，将教师教育逐步纳入高等教育体系，构建以师范大学和其他举办教师教育的高水平大学为先导，专科、本科、研究生三个层次协调发展，职前职后教育相互沟通，学历与非学历教育并举，促进教师专业发展和终身学习的现代教师教育体系。起草《教师教育条例》，制定教师教育机构资质认证标准、课程标准和教师教育质量标准，建立教师教育质量保障制度。

28. *完善教师终身学习体系，加快提高教师和管理队伍素质。*

实施“全国教师教育网络联盟计划”，促进“人网”、“天网”、“地网”及其他教育资源优化整合，发挥师范大学和其他举办教师教育高等学校的优势，共建共享优质教师教育课程资源，提高教师培训的质量水平。组织实施以新理念、新课程、新技术和师德教育为重点的新一轮教师全员培训，组织优秀教师高层次研修和骨干教师培训，不断提高在职教师的学历、学位层次和实施素质教育的能力。

强化学校管理人员培训，加快培养一大批高素质、高水平的中小学校长、高等学校管理骨干和教育行政领导，全面提高管理干部素质。将干部培训与终身教育结合起来，构建开放灵活的干部培训体系。

29. *进一步深化人事制度改革，积极推进全员聘任制度。*

加强学校编制管理，按照“精干、高效”的要求，科学设置学校机构和岗位；实施教师资格制度。依照按需设岗、公开招聘、平等竞争、择优聘任、严格考核、合同管理的原则，推行中小学和中等职业学校教职工聘任制度，实行“资格准入、竞争上岗、全员聘任”。大力推进高等学校教师聘任制改革，提高新聘教师学历学位层次。深化学校内部分配制度改革，完善激励和约束机制。加强教师职业道德建设，将教师职业道德修养和教学实绩，作为选聘教师、评定专业技术职务资格和确定待遇的主要依据，实行优秀教师和优秀教学成果奖励制度。

在普通中小学和中等职业技术学校，全面推行校长聘任制和校长负责制，建立公开选拔、竞争上岗、择优聘任的校长选拔任用机制，健全校长考核、培训、激励、监督、流动等相关制度。在高等学校积极推进职员制度改革，建立管理人员职务职级系列，促进管理人员专业化。

九、加强制度创新和依法治教

30. *加强和改善教育立法工作，完善中国特色教育法律法规体系。*

修订《义务教育法》、《教育法》、《教师法》、《高等教育法》和《学位条例》，适时起草《学校法》、《教育考试法》、《教育投入法》和《终身学习法》，研究制定有关教育行政法规，全面清理、修订教育部部门规章和规范性文件，适时制定符合实践需要的部门规章，积极推动各地制定配套性的教育法规、规章，力争用五至十年的时间形成较为完善的中国特色教育法律法规体系。

31. *切实转变政府职能，强化依法行政，促进决策与管理的科学化和民主化。*

贯彻《行政许可法》，加快政府职能转变，改革教育行政审批制度，清理教育行政许可项目，建设相关配套制度，建立公共教育管理与服务体系。规范教育行政部门在政策制定、宏观调控和监督指导方面的职能，依法保障地方教育行政部门的教育统筹权和学校办学自主权。推进政务公开工作，加强教育电子政务系统建设。

增强各级教育行政部门依法行政的能力，完善教育行政执法责任制度，加强教育行政执法力度。健全重大决策的规则和程序，加强预案研究、咨询论证、社会公示、公众听证及民主监督的制度化建设，建立科学民主决策机制。加强教育科学研究，为教育改革与发展服务。

32. 健全教育督导与评估体系，保障教育发展与改革目标的实现。

坚持督政与督学相结合，实施对不同类型地区教育的分类督导评估，全面推动中等及以下学校的督导评估工作，建立对县级人民政府教育工作的督导评估机制，并将督导评估结果作为考核政绩和表彰奖励的重要依据。加强督导机构与队伍建设，完善督导和监测手段。

33. 推进教育管理体制改革，为教育发展提供制度保障。

完善中央和省级人民政府两级管理、以省级人民政府管理为主的高等教育管理体制。继续发挥中央和省级两级政府的积极性，发挥行业和企业的积极性，加强高等学校共建工作，巩固结构调整的成果，促进学科的深度融合和优化发展。

逐步完善“在国务院领导下，分级管理、地方为主、政府统筹、社会参与”的职业教育管理体制，实行国务院领导下的职业教育工作部际联席会议制度，强化市（地）级人民政府的统筹责任，促进行业、企业和社会参与宏观管理。

深化和推进高等学校的后勤社会化改革，进一步完善和落实相关政策，理顺关系，强化管理，提高办学设施的使用效益。

34. 深化学校内部管理体制改革，探索建立现代学校制度。

继续深化学校内部管理体制改革，完善学校法人制度。高等学校要坚持和完善党委领导下的校长负责制，推进依法办学、民主治校、科学决策，健全学校的领导管理体制和民主监督机制。中小学要实行校长负责、党组织发挥政治核心作用、教代会参与管理与监督的制度。职业学校可建立由行业、企业代表组成的理（董）事会制度。积极推动社区、学生及家长对学校管理的参与和监督。

遵循“从严治教，规范管理”的原则，加强学校制度建设，逐步形成“自主管理、自主发展、自我约束、社会监督”的机制。建设“精简、高效”的学校管理机构，完善校务公开制度，深化人事制度和分配制度改革。

十、大力支持和促进民办教育持续健康协调快速发展

35. 认真贯彻《民办教育促进法》，积极鼓励和支持民办教育的发展。

民办教育是社会主义教育事业的组成部分，要遵循“积极鼓励、大力支持、正确引导、依法管理”的方针，依法保障民办学校权益；明确国家对于民办学校的扶持措施，落实相关优惠政策，加强政策引导；促进民办教育扩大办学规模，改善办学条件，提高办学质量，增强办学实力；表彰奖励成绩突出的民办学校和教育机构；营造有利于民办教育自主自律、健康发展的环境，形成公办学校和民办学校优势互补、公平竞争、共同发展的格局。

36. 注重体制改革和制度创新，多种形式发展民办教育。

按照“积极发展、规范管理、改革创新”的原则，积极探索民办教育的多种实现形式。加强民办教育的规范与管理，建立防范风险机制。鼓励社会力量与普通高等学校按民办机制合作举办独立学院，实现社会创新活力、资金资源与现有优质教育资源的有机结合，有效拓展民办高等教育的发展空间。积极推进各级各类教育的体制改革和制度创新，凡符合国家有关法律法规的办学模式，均可大胆试验，使民办教育发展迈出更大的步伐。

十一、进一步扩大教育对外开放

37. 加强全方位、高层次的教育国际合作与交流。

把扩大教育对外开放、加强国际合作与交流作为国家教育战略的关键环节。实行“政府与民间并举、双边与多边并行、兼顾战略平衡、保证重点、注重实效”的方针，推进教育国际合作与交流向全方位、多领域、高层次发展。完善教育涉外政策法规和监管体制。与有关国家建立稳定的工作磋商机制，促进与外国的学历学位互认。进一步推动与境外高水平大学强强合作、强项合作，尤其在科研和高层次人才培养方面的实质性合作，贯彻《中外合作办学条例》，积极引进境外优质教育资源，促进高等教育和职业教育方面的合作办学。继续加强与联合国教科文组织等国际组织的合作。

38. 深化留学工作制度改革，扩大国际间高层次学生、学者交流。

进一步改革国家公派出国留学工作制度，紧密配合国家高等教育发展和科技创新，加强与国际上高水平高等学校和科研机构的合作，多方筹集留学基金，加大高层次创新人才和学术带头人的选派工作力度。进一步健全自费留学中介机构的资格认定、管理和监督措施，加强留学预警机制建设，加强对自费出国留学工作的引导和服务。加大“春晖计划”的实施力度，采取灵活多样的形式，吸引和支持优秀留学人才回国工作和为国服务。

实施中国教育品牌战略。按照“扩大规模、提高层次、保证质量、规范管理”的原则，积极创造条件，扩大来华留学生的规模。深化政府奖学金管理制度改革，完善外国留学生教学与生活管理制度。

39. 大力推广对外汉语教学，积极开拓国际教育服务市场。

积极实施“汉语桥工程”，加强境外“孔子中文学院”建设，大力推进网络和多媒体汉语教学项目，丰富对外汉语教学资源，全面推广汉语水平考试（HSK），培训对外汉语教学教师，推动各国教育机构开设汉语课程。加强其他中国特色学科和优势学科的对外教学工作，鼓励有条件的教育机构赴境外办学。

十二、改革和完善教育投入体制

40. 建立与公共财政体制相适应的教育财政制度，保证经费持续稳定增长。

教育是政府一项最重要的工作，教育投入是公共财政体制的重要内容，必须强化各级政府对教育投入的责任，以更大的精力、更多的财力发展教育。各级人民政府教育财政拨款的增长应当高于财政经常性收入的增长，并使按在校学生人数平均的教育费用逐步增长，保证教师工资和学生人均公用经费逐步增长。义务教育经费由政府承担，适当收取少量杂费；非义务教育的办学经费，以政府为主渠道，由政府、受教育者和社会共同分担。逐步形成与社会主义市场经济体制相适应的、满足公共教育需求的、稳定和可持续增长的教育投入机制。

41. 拓宽经费筹措渠道，建立社会投资、出资和捐资办学的有效激励机制。

在非义务教育阶段，要合理确定政府和受教育者分担办学成本的比例，收费标准要与居民家庭承受能力相适应。要完善企业及公民个人向教育捐赠的税收优惠政策，探索企业合理分担职业教育经费的办法。扶持发展各种形式的公益性教育基金和信托基金，扩大彩票收益用于支持教育的份额。鼓励和支持学校开展勤工俭学、发展校办产业。积极鼓励和引导社会、企业和公民个人捐资助学、出资和投资办学。

42. 完善国家和社会资助家庭经济困难学生的制度。

以政府投入为主，进一步健全对家庭经济困难学生的助学体系。对义务教育阶段家庭经济困难的学生，要进一步完善和落实助学政策与措施。在高等学校，切实贯彻国家制定的奖学金、学生贷款、勤工助学、学费减免、特殊困难补助等资助困难学生的政策，大力推进国家助学贷款工作。继续动员和鼓励社会团体和个人对家庭经济困难学生，开展多种形式的资助活动。

43. 严格管理，不断提高教育经费的使用效益。

牢固树立勤俭办教育事业的思想。建立科学、规范的教育经费管理制度，进一步完善、规范各级各类学校收费政策，加强对教育经费的审计与监督，提高使用效益。对于中央本级财政资助的重点建设项目，要强化项目管理制度，建立行政、专家和社会中介机构相结合的项目评价系统。在逐年评价督查的基础上，实行与项目实效挂钩的滚动拨款制度和相应的激励机制。完善地方教育财政拨款制度。

十三、加强党的建设和思想政治工作

44. 加强和改进学校党的建设工作。

努力建设一支忠诚于党的教育事业、德才兼备、结构合理、高素质的高等学校领导干部队伍。加强思想建设、组织建设和作风建设，把高等学校领导班子建设成为坚强的领导集体。深入开展党员先进性教育，加强基层党组织建设。切实加强和改进在高等学校学生和青年教师中发展党员工作。加强学校共青团和少先队的工作。

45. 实施高等学校马克思主义理论课和思想品德课建设计划。

提高大学生的理论修养，深入推动邓小平理论和“三个代表”重要思想进教材、进课堂、进学生头脑。组织开展普通高等学校马克思主义理论课和思想品德课教育教学状况调查研究，更新和完善课程体系、教学内容和方法。实施高等学校马克思主义理论课和思想品德课立体化教材建设、优秀拔尖人才培养和骨干教师培训、教学资料信息化建设、社会实践基地建设计划，不断提高教育教学的质量和水平。

46. 增强高等学校思想政治工作的针对性、实效性和吸引力、感染力。

扩大高等学校思想政治教育覆盖面，强化对学生课余活动和生活的引导和管理。推进思想政治工作进公寓、进社团、进网络。加强学生素质教育和校园文化建设，提高大学生的思想道德素质、人文素质、科学素质和身体心理素质。深入开展大学生社会实践活动，积极推进大学生文化科技卫生“三下乡”、青年志愿者和社会公益劳动等活动。健全突发事件快速处置机制，维护高等学校稳定。

47. 抓好党风廉政及行风建设，保证教育事业持续健康发展。

认真执行党风廉政建设责任制，切实抓好教育系统党风廉政建设和反腐败各项任务的落实。坚持“标本兼治，综合治理”的方针，坚决查处违法违纪案件，逐步建立教育、制度、监督并重的预防和惩治腐败体系。努力加强教育系统行风建设，坚决治理教育乱收费，切实纠正招生、考试等方面的不正之风。

十四、构建和完善中国特色社会主义现代化教育体系

48. 努力建设和完善中国特色社会主义现代化教育体系。

中国特色社会主义现代化教育体系是现代国民教育体系和终身教育体系有机组成的整体。到2020年，要全面普及九年义务教育，基本普及高中阶段教育，积极发展各类高等教育，大力发展职业教育和成人教育，形成体系完整、布局合理、发展均衡的现代国民教育体系和终身教育体系。

各级各类学校要准确定位，因地制宜地制定学校发展战略规划、学科和师资队伍建设规划、校园规划。要统筹协调社会教育资源，优化结构，合理布局，不断拓宽学校教育的服务功能和范围，逐步完善有利于终身学习的教育培训制度，为全民学习、终身学习开辟多种途径，增强国民的就业能力、创新能力、创业能力。

49. 加大对西部地区、少数民族地区、革命老区和东北地区等老工业基地的教育支持力度，促进东、中、西部地区教育协调发展。

大力发展少数民族地区教育事业。实施少数民族高层次骨干人才培养计划，支持高等院校扩大定向招收少数民族学生和建设民族预科教育基地。加大经济发达地区和大城市对西部和少数民族地区教育的支援和支持力度，继续加大“双语”教学及其改革的力度，继续办好西藏中学班和内地新疆高中班。

在学校发展、财政投入、教师待遇、人才引进等方面向西部地区教育倾斜。继续支持西部每个省、自治区、直辖市重点办好一所较高水平大学，支持高层次人才向西部地区高等学校流动，进行合作交流。加强西部地区中小学师资队伍建设，组织实施“大学生志愿服务西部计划”，鼓励其他地区的教师和志愿者到西部地区中小学任教和服务。制定并落实教育支持东北地区等老工业基地振兴的政策措施。增强中部地区教育持续发展的能力，支持东部发达地区率先实现教育现代化，努力实现东、中、西部地区教育协调发展。

50. 立足全面建设小康社会目标，研究制定《2020年中国教育发展纲要》。

从全面建设小康社会的奋斗目标出发，加强教育宏观思考和战略研究。研制《2020年中国教育发展纲要》，按照党的十六届三中全会提出的“五个统筹”和“五个坚持”的要求，结合教育发展和改革的实际，对重要战略机遇期的教育发展目标和改革趋势进行全局性、前瞻性的深入研究，勾画中国特色社会主义现代化教育体系的蓝图，努力做到发展要有新思路，改革要有新突破，开放要有新局面，各项工作要有新举措。

教育部　中央编办　国家计委　民政部　财政部　劳动保障部　建设部　卫生部　国务院妇儿工委　全国妇联　关于幼儿教育改革与发展的指导意见

（2003年3月4日　国务院办公厅转发）

幼儿教育是基础教育的重要组成部分，发展幼儿教育对于促进儿童身心全面健康发展，普及义务教育，提高国民整体素质，实现全面建设小康社会的奋斗目标具有重要意义。改革开放以来，我国幼儿教育事业取得了长足发展，大中城市已基本满足了适龄儿童的入园需求；农村和老少边穷地区通过灵活多样的形式，为越来越多的学龄前儿童提供了受教育机会；幼儿教育质量得到提高。但是，目前我国幼儿教育总体水平还不高，地区之间、城乡之间发展不平衡，与经济、社会、教育的发展和人民群众日益增长的需求还不相适应；幼儿教育事业投入不足；一些地方对幼儿教育的重要性认识尚不到位，简单套用企业改制的作法，将幼儿园推向市场，减少或停止投入，甚至出售；有的地方幼儿教育管理力量薄弱。为进一步推动幼儿教育的改革与发展，根据《中共中央、国务院关于深化教育改革，全面实施素质教育的决定》（中发［1999］9号）和《国务院关于基础教育改革与发展的决定》（国发［2001］21号）精神，现提出如下意见：

一、幼儿教育改革与发展的目标

1. 今后5年（2003—2007年）幼儿教育改革的总目标是：形成以公办幼儿园为骨干和示范，以社会力量兴办幼儿园为主体，公办与民办、正规与非正规教育相结合的发展格局。根据城乡的不同特点，逐步建立以社区为基础，以示范性幼儿园为中心，灵活多样的幼儿教育形式相结合的幼儿教育服务网络。为0～6岁儿童和家长提供早期保育和教育服务。

今后5年，全国幼儿教育事业发展的总目标是：学前三年儿童受教育率达到55%，学前一年儿童受教育率达到80%；大中城市普及学前三年教育；全面提高0～6岁儿童家长及看护人员的科学育儿能力。

2. 各省、自治区、直辖市要按照积极进取、实事求是、分区规划、分类指导的原则，结合本地区实际制定今后5年幼儿教育改革与发展的工作规划。

城市和经济发达地区，学前三年儿童受教育率应达到90%；0～6岁儿童家长及看护人员普遍受到科学育儿的指导。

已经普及九年义务教育的县（市、区），学前三年儿童受教育率达到50%，学前一年儿童受教育率达到80%。90%的0～6岁儿童家长及看护人员受到科学育儿的指导。

尚未实现普及九年义务教育的县（市、区），学前三年儿童受教育率达到35%，学前一年儿童受教育率达到60%。大多数0～6岁儿童的家长及看护人员受到科学育儿的指导。

二、进一步完善幼儿教育管理体制和机制，切实履行政府职责

3. 坚持实行地方负责，分级管理和有关部门分工负责的幼儿教育管理体制。国家制定有关幼儿教育的法规、方针、政策及发展规划；省级和地（市）级人民政府负责本行政区域幼儿教育工作，统筹制定幼儿教育的发展规划，因地制宜地制定相关政策并组织实施，积极扶持农村及老少边穷地区的幼儿教育工作，促进幼儿教育事业均衡发展；县级人民政府负责本行政区域幼儿教育的规划、布局调整、公办幼儿园的建设和各类幼儿园的管理，负责管理幼儿园园长、教师，指导教育教学工作；城市街道办事处配合有关部门制定本辖区幼儿教育的发展计划，负责宣传科学育儿知识、指导家庭幼儿教育、提供活动场所和设备、设施，筹措经费，组织志愿者开展义务服务；乡（镇）人民政府承担发展农村幼儿教育的责任，负责举办乡（镇）中心幼儿园，筹措经费，改善办园条件；要发挥村民自治组织在发展幼儿教育中的作用，开展多种形式的早期教育和对家庭幼儿教育的指导。

各级人民政府都有维护幼儿园的治安、安全和合法权益，动员和组织家长参与早期教育活动，指导家庭幼儿教育的责任。

4. 教育部门是幼儿教育的主管部门，要认真贯彻幼儿教育的方针、政策，拟订有关行政法规、重要规章制度和幼儿教育事业发展规划并组织实施；承担对幼儿园的业务领导，制定相关标准，实行分类定级管理，向有关部门提出对幼儿园收费标准的意见；建立幼儿教育督导和评估制度；培养和培训各类幼儿园的园长、教师，建立园长、教师考核和资格审定制度；具体指导和推动家庭幼儿教育；与卫生部门合作，共同开展0～6岁儿童家长的科学育儿指导。

卫生部门负责拟订有关幼儿园卫生保健方面的法规和规章制度，监督和指导幼儿园卫生保健业务工作，负责对0～6岁儿童家长进行儿童卫生保健、营养、生长发育等方面的指导。

国务院教育部门会同财政部门和价格主管部门，按照不以营利为目的的原则，制定幼儿园（班）收费管理办法。省、自治区、直辖市教育部门根据生均培养成本、当地经济发展水平、居民承受能力等情况提出对本地区公办幼儿园（班）最高和最低收费标准的意见，经同级财政部门和价格主管部门审核报省级人民政府批准后执行；民办幼儿园（班）要按照国家有关规定，根据办学成本合理确定收费标准，报有关部门备案并公示。各地区要采取切实措施确保低收入家庭和流动人口的子女享有接受幼儿教育的机会。对社会福利机构，流浪儿童救助保护机构的适龄儿童，要给予照顾，有关费用予以减免。

建设部门要会同教育部门在城镇规划中合理确定幼儿园的布局和位置，在城镇改造和城市小区建设的过程中，要建设与居住人口相适应的幼儿园。新区建设和旧区改造的幼儿园由当地政府统筹规划，利用各种资源安排，教育部门要加强对小区配套幼儿园的管理，可采取面向社会公开招标的办法举办幼儿园，任何单位和个人不得改变用途，也不得收取国家规定以外的费用。

民政部门要把发展幼儿教育作为城市社区教育的重要内容，与教育部门共同探索依托社区发展幼儿教育的管理机制和有关政策。

劳动保障部门在研究探索农村养老保险制时，要统筹研究农村幼儿教师的养老保险问题；城市幼儿教师要按照国家有关规定参加城镇职工社会保险，要保障幼儿教师队伍的稳定和幼儿教师的合法权益。

编制部门要会同教育部门、财政部门制定幼儿园教职工的编制标准，加强幼儿园教师编制的管理和教职工队伍的建设，保证幼儿教育事业发展的基本需要，提高办学效益。

充分发挥各级妇女儿童工作委员会和妇联组织的作用，推动幼儿教育事业健康发展。

5. 建立和完善政府领导统筹，教育部门主管，有关部门协调配合，社区内各类幼儿园和家长共同参与的幼儿教育管理机制。发挥城市社区居委会和农村村民自治组织的作用，综合协调、动员并利用各种社会资源，促进幼儿教育事业健康发展。

三、加强管理，保证幼儿教育事业健康发展

6. 地方各级人民政府要加强公办幼儿园建设，保证幼儿教育经费投入，全面提高保育、教育质量。不得借转制之名停止或减少对公办幼儿园的投入，不得出售或变相出售公办幼儿园和乡（镇）中心幼儿园，已出售的要限期收回。公办幼儿园转制必须经省级教育部门审核批准。城乡中小学布局调整后，空余校舍要优先用于举办幼儿园。

7. 积极鼓励和提倡社会各方面力量采取多种

形式举办幼儿园。社会力量举办的幼儿园，在审批注册、分类定级、教师培训、职称评定、表彰奖励等方面与公办幼儿园具有同等地位。各级教育部门要加强对社会力量举办幼儿园保育、教育工作的指导和监督，规范办园行为，保证办园的正确方向。

8. 加强对企事业单位幼儿园的管理。企事业单位转制后，可以继续举办幼儿园，也可将企事业单位办园资产整体无偿划拨，移交当地教育部门统筹管理；要通过实施联办、承办、国有民办等办园体制改革，提高办园效益和活力。实施办园体制改革要保证国有资产不流失，保育、教育质量不下降，广大幼儿教师合法权益受到保障、整体素质得到提高。

9. 县级以上教育部门负责审批各类幼儿园的举办资格、颁发办园许可证，并定期复核审验。

价格主管部门和财政部门负责向已取得办园许可证并办理登记手续的幼儿园颁发收费许可证、提供行政事业性收费专用票据。未取得办园许可证和未办理登记手续，任何单位和个人不得举办幼儿园。要采取有力措施取缔非法举办的幼儿园。

10. 幼儿园不得以开办实验班、特色班和兴趣班等为由，另外收取费用，不得收取与幼儿入园挂钩的赞助费、支教费等。

四、全面实施素质教育，提高幼儿教育质量

11. 幼儿园要认真贯彻原国家教委《幼儿园工作规程》和教育部《幼儿园教育指导纲要（试行）》，积极推进幼儿教育改革，摆脱“保姆式”的教育模式，防止“应试教育”的消极因素向幼儿教育渗透，全面实施素质教育。要尊重儿童的人格尊严和基本权利，为儿童提供安全、健康、丰富的生活和活动环境，满足儿童多方面发展的需要；尊重儿童身心发展的特点和规律，关注个体差异，使儿童身心健康成长，促进体智德美等全面发展。

12. 幼儿园要建立促进教师专业水平不断提高的机制。要鼓励教师立足教育实践，开展日常教研活动，不断提高教师素质。

教育部门要建立社区和家长参与幼儿园管理和监督的机制。建立科学的评价体系，加强对幼儿园教育实验和科研的管理和指导。禁止在幼儿园从事违背教育规律的实验和活动。

13. 幼儿园要与家庭、社区密切合作。要充分利用幼儿园和社区的资源优势，面向家长开展多种形式的早期教育宣传、指导等服务，促进幼儿家庭教育质量的不断提高。

14. 加强示范性幼儿园建设。地方各级人民政府要合理布局，有计划地推动示范性幼儿园建设。要在城乡各类社会力量举办的幼儿园中扶持一批办学方向端正、管理严格、教育质量好并具有良好社会信誉的幼儿园作为示范性幼儿园。

15. 要充分发挥示范性幼儿园在贯彻幼儿教育法规、传播科学教育理念、开展教育科学研究、培训师资和指导家庭、社区早期教育等方面的示范、辐射作用。示范性幼儿园要参与本地区各类幼儿园的业务指导，协助各级教育部门做好保育、教育业务管理工作，形成以省、地、县、乡各级示范性幼儿园为中心，覆盖各级各类幼儿园的指导和服务网络。

16. 示范性幼儿园由省、地级教育部门组织评审认定。省级教育部门要根据国家有关规定制定示范性幼儿园的标准，并定期对示范性幼儿园进行指导、评估和审验，确保其发挥示范作用，带动本地区幼儿教育事业的整体发展和教育质量的提高。评审活动要简便和节俭，不要干扰地方政府和幼儿园的正常工作。

五、加强师资队伍建设，努力提高幼儿教师素质

17. 提高幼儿师范院校办学水平和教育质量。根据幼儿教育事业发展需要，确定招生规模；结合幼儿教育改革的实际，及时调整专业、课程设置和教学内容，深化教育教学改革，积极参与幼儿园的教育实践。

18. 制订幼儿教育师资培养、培训规划，加强幼儿教师培养、培训机构的建设。要按教育部《中小学教师继续教育规定》的要求，将幼儿教师的培训纳入当地中小学教师继续教育规划。

19. 要依据《教师资格条例》的有关规定，实行幼儿园园长、教师资格准入制度，严格实行持证上岗。要实行教师聘任制，建立激励机制，提高教师队伍的素质和水平。

20. 认真执行《中华人民共和国教师法》，幼儿教师享受与中小学教师同等的地位和待遇。依法保障幼儿教师在进修培训、评选先进、专业技术职务评聘、工资、社会保险等方面的合法权益，稳定幼儿教师队伍。

六、加强领导，保证幼儿教育改革与发展的顺利进行

21. 地方各级人民政府要提高对发展幼儿教育的认识，加强对幼儿教育工作的领导，把幼儿教育工作纳入本地经济、社会发展的总体规划，加强幼儿教育的科研工作，认真研究解决幼儿教育改革和发展中的热点、难点问题，并制定相应的政策和措施，把幼儿教育工作作为考核各级地方人民政府教育工作的重要内容；要采取有效措施，积极发展农村和老少边穷地区的幼儿教育事业。

22. 地方各级人民政府要积极采取措施，加大对幼儿教育的投入，做到逐年增长。县级以上人民政府安排的财政性幼儿教育经费要保障公办幼儿园正常运转，保证教职工工资按时足额发放，保证示范性幼儿园建设和师资培训等业务活动正常进行，扶持和发展农村及老少边穷地区的幼儿教育事业。幼儿教育经费要专款专用，任何部门不得截留、挤占和挪用。乡（镇）人民政府的财政预算也要安排发展幼儿教育的经费。

23. 保证幼儿教育管理层层落实到位。要建立由教育部门牵头、有关部门参加的幼儿教育联席会议制度，通报、协调、解决幼儿教育事业发展中出现的问题，促进幼儿教育事业稳定健康发展。

县级以上教育部门要加强幼儿教育管理，要办好乡（镇）中心幼儿园，发挥其对乡（镇）幼儿教育的指导作用，乡（镇）幼儿保育、教育的业务指导由乡（镇）中心幼儿园园长负责。

24. 地方各级人民政府要制定优惠政策，保证幼儿园（班）的公用事业费（煤、水、电、供热、房租等费用）按中小学的标准收缴。新建、改建、扩建幼儿园按照中小学校建设减免费用的有关规定减免相关费用。

25. 建立幼儿教育督导制度，坚持督政与督学相结合。国务院教育部门要制定幼儿教育工作督导评估暂行办法，省级人民政府要制定地方幼儿教育工作督导评估标准，把幼儿教育事业发展、幼儿教育质量、幼儿教育经费投入与筹措、幼儿教师待遇等列入各级政府教育督导内容，积极开展对幼儿教育热点难点问题的专项督导检查。

各级政府教育督导部门和教育行政部门要定期对各类幼儿园的保育、教育质量和管理水平进行督导和评估，并将评估结果向社会公示，接受社会和家长的监督。

教育部　卫生部关于加强学校卫生防疫与食品卫生安全工作的意见

（2003 年 7 月 2 日　国务院办公厅转发）

做好学校卫生防疫与食品卫生安全工作，对保障青少年学生身体健康和生命安全，保持学校正常的教学秩序，维护社会的稳定意义重大。各级政府和教育、卫生等部门在学校卫生防疫与食品卫生安全方面做了大量的工作，取得了一定的成绩。但是，近期在学校发生的传染病流行和食物中毒事件数量有所增加。一些地区和学校不重视卫生防疫与食品卫生安全工作，工作机制不健全，工作措施不落实，学校特别是农村学校卫生基础设施条件落后等，是发生上述事件的重要原因。为切实保障学校师生身体健康和生命安全，现就加强学校卫生防疫与食品卫生安全工作提出如下意见：

一、提高认识，加强领导。做好学校卫生防疫和食品卫生安全工作，是各级人民政府、各有关部门和学校的共同责任。要从保障青少年学生身体健康和生命安全、保证学校正常教学秩序、维护社会稳定大局的高度，充分认识这项工作的重要性、紧迫性和长期性。要以极端负责的态度，采取切实有效措施，把这项工作扎扎实实地抓紧抓好，抓出成效。

地方各级人民政府主要领导和分管教育、卫生工作的领导要切实负起领导责任，关心学校卫生防疫和食品卫生安全工作，协调解决有关重大问题。各级教育行政部门和学校要成立由一把手负总责的学校卫生防疫与食品卫生安全工作领导小组，全面负责学校卫生防疫与食品卫生安全工作。各级卫生行政部门要把学校卫生防疫与食品卫生安全工作作为卫生部门的一项重要工作，给予密切配合和指导。

二、明确职责，健全机制。建立健全学校卫生防疫与食品卫生安全工作责任制，将学校卫生防疫与食品卫生安全工作的责任分解落实到部门和具体责任人。各级教育、卫生行政部门要逐级签订学校卫生防疫与食品卫生安全工作责任状，教育行政部门要与学校签订卫生防疫与食品卫生安全工作责任状。要借鉴非典型肺炎防治工作中形成的工作机制建立学校卫生防疫与食品卫生安全工作长效机制。各级教育、卫生行政部门和学校要结合各地区、各学校的实际，按照《突发公共卫生事件应急条例》要求，共同研究制订学校传染病流行、群体性食物中毒等突发事件的应急处理工作预案。要将学校卫生防疫与食品卫生安全应急处理工作纳入突发公共卫生事件应急处理体系之中。

三、加强预防控制，严格学校管理。各级教育、卫生行政部门要指导学校大力开展爱国卫生运动，增强师生的公共卫生和食品卫生安全意识，促使师生养成良好的卫生习惯，提高自我防范的能力。要加强安全、卫生教育，将公共卫生和食品卫生安全教育贯穿在日常教育之中，结合季节性、突发性传染病及食物中毒的预防，安排必要的课时进行相应的健康教育，使防病防疫知识深入人心。要督促师生加强体育锻炼，不断增强体质，增强防病抗病的能力。

严格学校特别是寄宿制学校的卫生防疫与食品卫生安全管理。学校要严格执行有关法律与规章，加强食堂卫生管理。坚持每天清洁扫除，保持食堂环境卫生清洁；加强安全保卫，禁止非食堂工作人员随意进入食堂加工操作间及食品原料存放间，严防发生投毒事件；加强学校生活饮用水水源的管理，防止水源污染造成疫病传播；加强厕所卫生管理，做好粪便的无害化处理，防止污染环境和水源；加强学生宿舍的卫生管理与安全保卫，改善学生宿舍卫生与通风条件。各学校要明确责任人，切实落实各项卫生防疫与食品卫生安全措施。

建立学生定期健康体检制度，及时发现传染病患者并采取相应的隔离防范措施，及时切断传染病在学校的传播途径。各级人民政府要协调有关部门，妥善解决学生健康体检费用问题。学校要按要求，联系医疗或卫生保健机构定期对学生进行健康体检。

学校发生食物中毒或者疑似食物中毒事件，应当及时报告当地卫生行政部门和教育行政部门；学校发生传染病流行，必须立即报告当地卫生疾病控制机构和教育行政部门，有关部门接报后要按照《中华人民共和国传染病防治法》和《突发公共卫生事件应急条例》的规定，立即上报。学校在食物中毒或传染病流行事件得到控制后，要将该事件的详细情况和处理结果向上级主管部门报告。

四、加强监督检查，严格责任追究。加强对学校卫生防疫与食品卫生安全工作的监督检查。各级教育督导部门要将学校卫生防疫与食品卫生安全的有关职责落实情况纳入对中小学的综合评估体系之中，并根据工作要求开展专项督导检查。省级卫生、教育行政部门每年至少安排一至两次专项检查；县级卫生、教育行政部门每学期至少安排一至两次专项检查，相关部门管理人员要经常深入学校（包括教学点）对卫生防疫与食品卫生安全措施落实情况进行巡查，对于发现的问题，要及时提出整改措施。每个学校每学期至少接受一次巡查（包括专项检查或督导检查），学校要经常性地对食堂、教学环境与生活设施进行自查，以便及早发现问题，把不安全因素消灭在萌芽状态。专项检查或督导检查结果要及时报告上级主管部门并予以公布。对落实卫生防疫与食品卫生安全措施不力，导致学校发生传染病流行或食物中毒事件，对学生身体健康和生命安全造成严重危害，以及在发生传染病流行或食物中毒事件后不及时报告或隐瞒不报的，要依法查处直接责任人，并追究有关领导的领导责任。

五、加大投入，切实改善学校卫生设施与条件。各级人民政府要加大经费投入，切实改善学校卫生基础设施和条件，在学校规划、建设和危房改造过程中要统筹考虑食堂、宿舍、厕所设施和条件的改善，每年必须安排相应的专项经费改善学校食堂、宿舍、厕所等卫生设施条件。教育行政部门和学校也要安排相应的专项经费，改善学校卫生基础设施和条件。

地方教育行政部门每年要安排学生饮水的专项经费，学校要为学生提供足够的符合卫生标准的饮用水和必要的洗手设施。

各级教育行政部门必须将学校食堂、宿舍、厕所设施及学校卫生基础设施作为义务教育达标验收、示范高中达标验收的重要内容，予以统筹考虑。要及时对存在安全事故隐患的教学、生活设施进行整改，消除事故隐患。

教育部　中宣部　中央文明办　中直机关工委　中央国家机关工委　国资委　银监会　财政部　铁道部　国务院扶贫办　总政治部　全国总工会　共青团中央　全国妇联　中国残联关于开展经常性助学活动的意见

（2003年9月17日　国务院办公厅转发）

党中央、国务院高度重视家庭经济困难学生的就学问题。“十五”期间，国家加大投入，采取设立“国家义务教育助学金”、试行在国家扶贫开发工作重点县免费为学生提供教科书等措施帮助他们完成学业；各地区、各有关部门采取了多种措施，社会各界也积极开展各种类型的助学活动，都取得了一定成效。但是由于部分地区经济发展滞后，适龄儿童少年不能入学或难以完成学业的情况还时有发生。为实现并巩固普及九年义务教育工作成果，支持家庭经济困难的学生完成学业，现就开展经常性助学活动提出如下意见：

一、开展经常性助学活动，支持家庭经济困难学生完成学业，是实践“三个代表”重要思想，实施科教兴国战略，深入贯彻《公民道德建设实施纲要》的具体措施。全面开展经常性助学活动，有利于加强党和政府与人民群众的血肉联系，增强民族凝聚力，体现社会主义制度优越性，对于推动社会主义精神文明建设，落实“以德治国”方略，培养学生热爱中国共产党、热爱祖国、热爱人民、热爱社会主义的思想感情具有重要意义。

二、各级人民政府负有帮助家庭经济困难学生完成学业特别是接受义务教育的责任。要充分认识开展经常性助学活动的重要意义，以“让孩子们都上学”为目标，切实加强组织领导，制定具体可行的政策，确保这项活动的正常开展。地方各级政府要抓紧安排助学专项资金，用好中央财政设立的中小学助学金。各级政府要为党政机关、社会团体、企事业单位和个人捐资助学或设立助学项目提供便利条件，欢迎境外热心公益事业的组织和个人捐资助学。对纳税人通过非营利的社会团体和国家机关向农村义务教育的捐赠（资金），可在应纳税所得额中全额扣除。对捐资助学贡献较大的个人或单位予以表彰。

三、经常性助学活动主要资助农村义务教育阶段家庭经济困难的学生，优先资助农村家庭经济困难学生和残疾学生，适当兼顾其他困难学生。

四、经常性助学活动捐助资金，主要用于补助受援学生的书本费、杂费和寄宿学生的住宿费、伙食费以及非义务教育阶段家庭经济特别困难学生的学费等开支。各省、自治区、直辖市人民政府可根据实际情况确定本地区的资助标准并向社会公布。

五、动员全社会开展多种形式的经常性助学活动。充分发挥各类基金会、“希望工程”、“春蕾计划”、“安康计划”、“山区女童助学计划”、“城乡少年手拉手助学活动”、“西部开发助学工程”、“扶残助学活动”等社会公益项目在经常性助学活动中的作用。要将实施“东部地区学校对口支援西部贫困地区学校工程”和“大中城市学校对口支援本省（区、市）贫困地区学校工程”与经常性助学活动紧密结合起来。在全社会动员开展多种多样的“一对一”助学活动，鼓励学校、企业、社会为家庭经济困难的高校学生提供勤工助学岗位。

六、建立经常性助学活动联席会议制度，负责统筹协调各种形式的助学活动项目，研究提出推进措施。经常性助学活动联席会议的日常工作由教育行政部门承办。

七、切实加强经常性助学活动宣传工作。充分利用报刊、广播电台、电视台及网络等新闻媒体宣传经常性助学活动，积极鼓励新闻媒体免费播（刊）出有关经常性助学活动的公益广告。

教育部　中央编办　公安部　发展改革委　财政部　劳动保障部　关于进一步做好进城务工就业农民子女义务教育工作的意见

（2003年9月17日　国务院办公厅转发）

随着我国城市化进程不断加快，进城务工就业农民子女义务教育问题日益突出。为贯彻落实《国务院关于进一步加强农村教育工作的决定》（国发〔2003〕19号）精神，现就进一步做好进城务工就业农民子女义务教育工作有关问题提出如下意见：

一、做好进城务工就业农民子女义务教育工作，是实践“三个代表”重要思想的具体体现，是贯彻落实《中华人民共和国义务教育法》、推动城市建设和发展、推进农村富余劳动力转移以及维护社会稳定的需要，是各级政府的共同责任。各级政府要以强烈的政治责任感，认真扎实地做好这项工作。

二、进城务工就业农民流入地政府（以下简称流入地政府）负责进城务工就业农民子女接受义务教育工作，以全日制公办中小学为主。地方各级政府特别是教育行政部门和全日制公办中小学要建立完善保障进城务工就业农民子女接受义务教育的工作制度和机制，使进城务工就业农民子女受教育环境得到明显改善，九年义务教育普及程度达到当地水平。

三、流入地政府要制定有关行政规章，协调有关方面，切实做好进城务工就业农民子女接受义务教育工作。教育行政部门要将进城务工就业农民子女义务教育工作纳入当地普及九年义务教育工作范畴和重要工作内容，指导和督促中小学认真做好接收就学和教育教学工作。公安部门要及时向教育行政部门提供进城务工就业农民适龄子女的有关情况。发展改革部门要将进城务工就业农民子女义务教育纳入城市社会事业发展计划，将进城务工就业农民子女就学学校建设列入城市基础设施建设规划。财政部门要安排必要的保障经费。机构编制部门要根据接收进城务工就业农民子女的数量，合理核定接收学校的教职工编制。劳动保障部门要加大对《禁止使用童工规定》（国令第 364 号）贯彻落实情况的监督检查力度，依法查处使用童工行为。价格主管部门要与教育行政部门等制订有关收费标准并检查学校收费情况。城市人民政府的社区派出机构负责动员、组织、督促本社区进城务工就业农民依法送子女接受义务教育，对未按规定送子女接受义务教育的父母或监护人进行批评教育，并责令其尽快送子女入学。

四、充分发挥全日制公办中小学的接收主渠道作用。全日制公办中小学要充分挖掘潜力，尽可能多地接收进城务工就业农民子女就学。要针对这部分学生的实际，完善教学管理办法，做好教育教学工作。在评优奖励、入队入团、课外活动等方面，学校要做到进城务工就业农民子女与城市学生一视同仁。学校要加强与进城务工就业农民子女学生家庭联系，及时了解学生思想、学习、生活等情况，帮助他们克服心理障碍，尽快适应新的学习环境。

五、建立进城务工就业农民子女接受义务教育的经费筹措保障机制。流入地政府财政部门要对接收进城务工就业农民子女较多的学校给予补助。城市教育费附加中要安排一部分经费，用于进城务工就业农民子女义务教育工作。积极鼓励机关团体、企事业单位和公民个人捐款、捐物，资助家庭困难的进城务工就业农民子女就学。

六、采取措施，切实减轻进城务工就业农民子女教育费用负担。流入地政府要制订进城务工就业农民子女接受义务教育的收费标准，减免有关费用，做到收费与当地学生一视同仁。要根据学生家长务工就业不稳定、住所不固定的特点，制订分期收取费用的办法。通过设立助学金、减免费用、免费提供教科书等方式，帮助家庭经济困难的进城务工就业农民子女就学。对违规收费的学校，教育行政部门等要及时予以查处。

七、进城务工就业农民流出地政府（以下简称流出地政府）要积极配合流入地政府做好外出务工就业农民子女义务教育工作。流出地政府要建立健全有关制度，做好各项服务工作，禁止在办理转学手续时向学生收取费用。建立并妥善管理好外出学生的学籍档案。在进城务工就业农民比较集中的地区，流出地政府要派出有关人员了解情况，配合流入地加强管理。外出务工就业农民子女返回原籍就学，当地教育行政部门要指导并督促学校及时办理入学等有关手续，禁止收取任何费用。

八、加强对以接收进城务工就业农民子女为主的社会力量所办学校的扶持和管理。各地要将这类学校纳入民办教育管理范畴，尽快制订审批办法和设置标准，设立条件可酌情放宽，但师资、安全、卫生等方面的要求不得降低。要对这类学校进行清理登记，符合标准的要及时予以审批；达不到标准和要求的要限期整改，到期仍达不到标准和要求的要予以取消，并妥善安排好在校学生的就学。要加强对这类学校的督导工作，规范其办学行为，促进其办学水平和教育质量的提高。地方各级政府特别是教育行政部门要对这类学校给予关心和帮助，在办学场地、办学经费、师资培训、教育教学等方面予以支持和指导。对办学成绩显著的要予以表彰。

九、加强宣传引导，营造全社会关心和支持进城务工就业农民子女义务教育工作的良好氛围。地方各级政府要及时总结工作经验，改进工作方法，广泛动员全社会关心支持进城务工就业农民子女义务教育工作。要将保障进城务工就业农民子女义务教育工作作为城市精神文明建设的一项重要内容，充分发挥各种宣传媒体的作用，宣传各级政府及有关部门制定的方针政策、工作规划、办法措施和实际工作中取得的成绩和经验。

教育部关于进一步发展繁荣高校哲学社会科学的若干意见

（2003年2月10日）

为深入学习贯彻党的十六大精神，全面落实江泽民同志关于加强哲学社会科学的重要讲话精神，进一步发展繁荣高校哲学社会科学，现提出如下意见：

一、发展繁荣高校哲学社会科学的指导思想

1．哲学社会科学是社会主义精神文明建设的重要组成部分。建设中国特色社会主义，不仅要大力发展自然科学，而且要大力发展哲学社会科学，坚持社会科学和自然科学并重，充分发挥哲学社会科学在经济和社会发展中的重要作用。高校哲学社会科学人才资源丰富，队伍结构合理，学科门类齐全，基础研究优势明显，国际学术交流活跃，图书资料建设具有一定的基础。新中国成立以来，特别是改革开放以来，高校为繁荣我国哲学社会科学做出了重大贡献，为国家经济社会发展、文化繁荣和人才培养做出了显著成绩。但是，与世界不断变化的形势和我国全面建设小康社会的发展要求相比，高校哲学社会科学还存在较大差距和一些亟待解决的问题。为此，要充分认识哲学社会科学在认识世界、传承文明、创新理论、咨政育人、服务社会等方面的重要作用，采取切实有力的措施，进一步推动高校哲学社会科学的发展繁荣。

2．发展繁荣高校哲学社会科学，必须坚持以马列主义、毛泽东思想、邓小平理论和“三个代表”重要思想为指导，把是否体现中国先进生产力的发展要求、中国先进文化的前进方向和中国最广大群众的根本利益，作为衡量高校哲学社会科学性质、方向和水平的根本尺度。要不断增强实践意识，坚持理论联系实际的原则，加强对全局性、前瞻性、战略性重大课题的研究，在研究和解决重大理论问题和现实问题的过程中推动高校哲学社会科学的发展。要不断增强创新意识，提高创新能力，积极推动理论创新、制度创新和方法创新。要确立人才资源是第一资源的思想，积极实施高校哲学社会科学人才战略，努力创造有利于创新人才成长的良好环境。要采取联合攻关的科研组织形式，推动学科之间尤其是文理学科的交叉渗透，推动跨学校、跨地区、跨系统的联合，发挥集成优势，形成重大创新成果。要加强学术规范建设，树立良好学风。

二、实施高校哲学社会科学繁荣计划

我部从2003年开始实施“高校哲学社会科学繁荣计划”，包括重大课题攻关计划、重点研究基地建设计划、人才培养和奖励计划、学术精品奖励计划、文科教育改革计划、基础设施和信息化建设计划。

3．实施哲学社会科学重大课题攻关计划。适应建设中国特色社会主义经济、政治、文化的需要，组织高校教师以全面建设小康社会中的重大理论问题和现实问题为主攻方向，联合攻关，力争取得一批具有重大学术价值和社会影响的标志性成果。

4．继续实施人文社会科学重点研究基地建设计划。按照教育部《普通高等学校人文社会科学重点研究基地管理办法》的要求，在政策和经费等方面大力支持重点研究基地建设。不断推动重点研究基地的科学研究、人才培养、咨询服务、信息资料建设和科研体制改革，使其在动态管理中保持先进性，努力使重点研究基地的整体科研水平在若干年内居国内领先地位，并在国际相同研究领域享有较

高学术声誉。

5. 实施哲学社会科学人才培养和奖励计划。启动哲学社会科学新世纪学术带头人培养计划和学术新人培养培训计划。在“长江学者奖励计划”中设立哲学社会科学特聘教授岗位，增加高校文科教师在“高校优秀青年教师奖”中所占的比例，将高校文科教师列入“骨干教师培养计划”。鼓励高校从实际出发设立哲学社会科学资深教授岗位，并给予与自然科学和工程科学院士相应的待遇。

6. 实施哲学社会科学学术精品奖励计划。在进一步完善“中国高校人文社会科学研究优秀成果奖励”制度的基础上，实施哲学社会科学学术精品奖励计划，对具有重大学术价值的基础研究成果和解决重大现实问题的应用研究成果给予重奖。

7. 实施哲学社会科学教育改革计划。适应高等教育发展和哲学社会科学发展的需要，在认真总结我国高等文科教育经验和积极吸收国外高等文科教育发展成果的基础上，积极推进高校文科教学内容和教学方式的改革。把社会实践和社会调查作为哲学社会科学教学和“两课”教学的重要环节，为高校文科师生和“两课”教育师生深入了解社会、研究现实问题创造条件。

8. 实施哲学社会科学基础设施和信息化建设计划。加强高校哲学社会科学图书资料建设，加大专业图书资料建设投入。加快哲学社会科学基础研究资料库、应用研究数据库以及外文原版图书期刊中心书库建设，加快“中国高校人文社会科学信息网”、“中国高校教材图书网”建设，形成布局合理、资源共享、方便快捷的图书情报系统。根据学科发展的需要，进一步推进研究手段的现代化，重点支持一批哲学社会科学实验室的建设。加强高校文科学报建设，实施哲学社会科学名刊大刊工程，重点建设一批国内一流、国际知名的高校哲学社会科学期刊。设立高校哲学社会科学国际学术会议专项基金，资助高校在境内举办高水平国际学术会议，扩大高校哲学社会科学研究的国际影响。

三、加强领导，改进管理，促进高校哲学社会科学的全面繁荣

9. 切实加强对哲学社会科学的领导。成立教育部社会科学发展领导小组，加强对高校哲学社会科学工作的宏观领导。成立教育部社会科学委员会，发挥专家对高校哲学社会科学发展的参谋咨询作用。认真研究和把握哲学社会科学教育和研究的规律，改进领导方式，充分调动广大哲学社会科学工作者的积极性、主动性和创造性，努力营造有利于哲学社会科学发展繁荣的良好环境。加强对哲学社会科学优秀成果、优秀人才的奖励和宣传，形成重视哲学社会科学成果、尊重哲学社会科学人才的氛围。适应哲学社会科学发展的需要，合理配备高校领导班子成员。

10. 高度重视哲学社会科学研究和人才培养条件的改善，不断加大经费投入力度。合理确定并逐步提高哲学社会科学在教育经费中所占的比例，保证哲学社会科学经费随着教育事业经费的逐年增加而相应增长，特别要为中青年学术骨干的成长、信息技术等先进手段的运用和重大课题的研究提供有力的物质保障和充足的经费资助。

11. 进一步深化高校科研管理体制改革。积极推进研究机构开放和研究人员流动；引进公平竞争机制，建立科学公正的评审制度和评价体系；加快“中文社会科学引文索引”系统的建设。倡导遵守学术道德、尊重他人劳动和他人创造的学术规范，注重保护哲学社会科学研究成果的知识产权。建立健全高校社科研究管理部门，加强管理人员的配备和培训，增强服务意识，提高管理水平。

各地教育行政部门和高校应根据本文件精神，结合实际情况，制定本单位促进哲学社会科学发展繁荣的具体措施。

普通高等学校招生体检工作指导意见

（2003年3月3日　教育部　卫生部　中国残疾人联合会印发）

一、患有下列疾病者，学校可以不予录取

1. 严重心脏病（先天性心脏病经手术治愈，或房室间隔缺损分流量少，动脉导管未闭返流血量少，经二级以上医院专科检查确定无需手术者除外）、心肌病、高血压病。

2. 重症支气管扩张、哮喘，恶性肿瘤、慢性肾炎、尿毒症。

3. 严重的血液、内分泌及代谢系统疾病、风湿性疾病。

4. 重症或难治性癫痫或其他神经系统疾病；严重精神病未治愈、精神活性物质滥用和依赖。

5. 慢性肝炎病人并且肝功能不正常者（肝炎病原携带者但肝功能正常者除外）。

6. 结核病除下列情况外可以不予录取。

（1）原发型肺结核、浸润性肺结核已硬结稳定；结核型胸膜炎已治愈或治愈后遗有胸膜肥厚者；

（2）一切肺外结核（肾结核、骨结核、腹膜结核等等）、血行性播散型肺结核治愈后一年以上未复发，经二级以上医院（或结核病防治所）专科检查无变化者；

（3）淋巴腺结核已临床治愈无症状者。

二、患有下列疾病者，学校有关专业可不予录取

1. 轻度色觉异常（俗称色弱）不能录取的专业：以颜色波长作为严格技术标准的化学类、化工与制药类、药学类、生物科学类、公安技术类、地质学类各专业，医学类各专业；生物工程、生物医学工程、动物医学、动物科学、野生动物与自然保护区管理、心理学、应用心理学、生态学、侦察学、特种能源工程与烟火技术、考古学、海洋科学、海洋技术、轮机工程、食品科学与工程、轻化工程、林产化工、农学、园艺、植物保护、茶学、林学、园林、蚕学、农业资源与环境、水产养殖学、海洋渔业科学与技术、材料化学、环境工程、高分子材料与工程、过程装备与控制工程、学前教育、特殊教育、体育教育、运动训练、运动人体科学、民族传统体育各专业。

2. 色觉异常II度（俗称色盲）不能录取的专业，除同轻度色觉异常外，还包括美术学、绘画、艺术设计、摄影、动画、博物馆学、应用物理学、天文学、地理科学、应用气象学、材料物理、矿物加工工程、资源勘探工程、冶金工程、无机非金属材料工程、交通运输、油气储运工程等专业。专科专业与以上专业相同或相近专业。

3. 不能准确识别红、黄、绿、兰、紫各种颜色中任何一种颜色的导线、按键、信号灯、几何图形者不能录取的专业：除同轻度色觉异常、色觉异常II度两类列出专业外，还包括经济学类、管理科学与工程类、工商管理类、公共管理类、农业经济管理类、图书档案学类各专业。不能准确在显示器上识别红、黄、绿、兰、紫各颜色中任何一种颜色的数码、字母者不能录取到计算机科学与技术等专业。

4. 裸眼视力任何一眼低于5.0者，不能录取的专业：飞行技术、航海技术、消防工程、刑事科学技术、侦察。专科专业：海洋船舶驾驶及与以上专业相同或相近专业（如民航空中交通管制）。

5. 裸眼视力任何一眼低于4.8者，不能录取的专业：轮机工程、运动训练、民族传统体育。专科专业：烹饪与营养、烹饪工艺等。

6. 乙型肝炎表面抗原携带者不能录取的专业：学前教育、航海技术、飞行技术等。专科专业：面点工艺、西餐工艺、烹饪与营养、烹饪工艺、食品科学与工程等。

三、患有下列疾病不宜就读的专业

1. 主要脏器：肺、肝、肾、脾、胃肠等动过较大手术，功能恢复良好，或曾患有心肌炎、胃或十二指肠溃疡、慢性支气管炎、风湿性关节炎等病史，甲状腺机能亢进已治愈一年的，不宜就读地矿类、水利类、交通运输类、能源动力类、公安学类、体育学类、海洋科学类、大气科学类、水产类、测绘类、海洋工程类、林业工程类、武器类、森林资源类、环境科学类、环境生态类、旅游管理类、草业科学类各专业，及土木工程、消防工程、农业水利工程、农学、法医学、水土保持与荒漠化防治、动物科学各专业。专科专业不宜就读烹饪工艺、西餐工艺、面点工艺、烹饪与营养、表演、舞蹈学、雕塑、考古学、地质学、建筑工程、交通土建工程、工业设备安装工程、铁道与桥梁工程、公路与城市道路工程、公路与桥梁工程、铁道工程、工业与民用建筑工程专业。

2. 先天性心脏病经手术治愈，或房室间隔缺损分流量少，动脉导管未闭返流血量少，经二级以上医院专科检查确定无需手术者不宜就读的专业同第三部分第一条。

3. 肢体残疾（不继续恶化），不宜就读的专业同第三部分第一条。

4. 屈光不正（近视眼或远视眼，下同）任何一眼矫正到4.8镜片度数大于400度的，不宜就读海洋技术、海洋科学、测控技术与仪器、核工程与核技术、生物医学工程、服装设计与工程、飞行器制造工程。专科专业：与以上相同或相近专业。

5. 任何一眼矫正到4.8镜片度数大于800度的，不宜就读地矿类、水利类、土建类、动物生产类、水产类、材料类、能源动力类、化工与制药类、武器类、农业工程类、林业工程类、植物生产类、森林资源类、环境生态类、医学类、心理学类、环境与安全类、环境科学类、电子信息科学类、材料科学类、地质学类、大气科学类及地理科学、测绘工程、交通工程、交通运输、油气储运工程、船舶与海洋工程、生物工程、草业科学、动物医学各专业。专科专业：与以上相同或相近专业。

6. 一眼失明另一眼矫正到4.8镜片度数大于400度的，不宜就读工学、农学、医学、法学各专业及应用物理学、应用化学、生物技术、地质学、生态学、环境科学、海洋科学、海洋技术、生物科学、应用心理学等专业。

7. 两耳听力均在3米以内，或一耳听力在5米另一耳全聋的，不宜就读法学各专业、外国语言文学各专业以及外交学、新闻学、侦察学、学前教育、音乐学、录音艺术、土木工程、交通运输、动物科学、动物医学各专业、医学各专业。

8. 嗅觉迟钝、口吃、步态异常、驼背，面部疤痕、血管瘤、黑色素痣、白癜风的，不宜就读教育学类、公安学类各专业以及外交学、法学、新闻学、音乐表演、表演各专业。

9. 斜视、嗅觉迟钝、口吃不宜就读医学类专业。

此部分内容供考生在报考专业志愿时参考。学校不得以此为依据，拒绝录取达到相关要求的考生。

四、其他

1. 未列入专业目录或经教育部批准有权自定新的学科专业，学校招生时可根据专业性质、特点，提出学习本专业对身体素质、生理条件的要求，并在招生章程中明确刊登，做好咨询解释工作。

2. 公安类普通高等学校招生体检按公政治[2000] 137号文件执行。

3. 中国人民解放军院校招收学员体格检查按[1997] 后联字2号文件执行。

教育部关于进一步加强高等教育自学考试工作若干问题的意见

（2003 年 3 月 7 日）

为深入学习和贯彻党的十六大精神，完善自学考试制度，提高教育质量，积极探索并扩大服务领域，现就新形势下进一步加强高等教育自学考试工作若干问题提出以下意见：

一、党的十六大把“全民族的思想道德素质、科学文化素质和健康素质明显提高，形成比较完善的现代国民教育体系”，“人民享有接受良好教育的机会”，“形成全民学习、终身学习的学习型社会，促进人的全面发展”作为全面建设小康社会的重要目标之一，为改革和发展我国高等教育事业指明了方向，提供了更大的发展机遇和发展空间。近年来我国高等教育有了很大发展，教育的形式更加多样化。高等教育自学考试是我国高等教育的重要组成部分，在建立终身教育体系的进程中处于重要的地位。在满足社会对接受高等教育的巨大需求中，自学考试仍具有不可替代的作用。各级教育行政部门、高等教育自学考试委员会和自学考试机构要把思想统一到十六大精神上来，努力为全面建设小康社会服务，站在建立与完善现代国民教育体系，建设全民学习、终身学习的学习型社会的战略高度，根据当前高等教育改革和发展的新要求，全面分析、正确估计自学考试面临的新形势、新情况、新问题，继续坚持发展高等教育自学考试事业的方针不动摇。

二、二十多年的实践证明，质量是自学考试的生命线，是自学考试赖以生存和发展的重要保证。各级教育行政部门、高等教育自学考试委员会和自学考试机构要正确处理积极发展自学考试事业与保证自学考试质量的关系，把保证自学考试质量作为继续坚持发展高等教育自学考试事业的极为重要问题，给予高度重视，长抓不懈。随着自学考试事业的不断发展，要进一步加强对高等教育自学考试工作的管理，建立健全严格规范的国家考试制度。要完善自学考试法规，依法治考、从严治考，采取有效措施，坚决杜绝违法、违规、违纪现象的发生，维护自学考试良好的社会信誉。要建立有效的监督管理机制，主动接受社会的监督，创造公平、公正的考试环境。

三、高等教育自学考试主考学校是我国自学考试制度的基础，普通高等学校，特别是承担自学考试主考任务的高等学校是我国自学考试工作的主要依靠力量，在自学考试事业发展的各个时期都起着十分重要的推动作用。近年来，随着高等教育规模的扩大，主考学校的教学、科研任务更加繁重，开放教育的形式更加多样，自学考试管理工作中一些新措施的实施也使主考学校参与自学考试工作出现了新情况，主考学校在国家自学考试中的作用受到了影响。为了保证在新形势下自学考试工作的健康发展，必须明确主考学校的职责，进一步发挥主考学校的作用。要按照《高等教育自学考试暂行条例》的要求，进一步完善主考学校工作制度，高等学校要把承担自学考试主考工作作为高等学校为社会服务，发展终身教育的重要责任。为此，各主考学校要切实加强对学校自学考试工作的领导和管理，保证必要的办事机构、人员编制和经费；按照规定对自学考试毕业生的学位授予和毕业证书发放进行审核管理，并组织有关人员参与自学考试专业建设、自学媒体建设、考试命题、评阅试卷、助学活动、实践环节等工作；对参加自学考试工作的教师，在工作量计算、职称评定等方面予以确认。

各地教育行政部门在确定所属高等学校工作任务时，要把自学考试工作列入其中，核准配备必要的编制。全国高等教育自学考试指导委员会办公室（以下简称全国考办）要调整自学考试的有关政策，从管理体制、工作机制等方面保证主考学校积极参与自学考试工作。各地自学考试机构要紧紧依靠高等学校开展工作，要特别注意协调、沟通与主考学校的关系，充分发挥主考学校的作用。主考学校开展助学活动，参与必要的专业课程的命题考试，必须严格坚持教考分离的原则；要根据事业发展需要，逐步实现主考学校类型多样化；要发挥主考学校对主考专业自学考试质量进行检查评估的作用。同时，要建立检查、评估制度，指导和监督主考学校的自学考试工作。

四、建立一支稳定的高素质的自学考试管理队伍是自学考试工作顺利进行的重要保证。随着自学考试规模的扩大和考试功能的不断延伸，自学考试工作机构和队伍建设与事业发展之间不相适应的状况日益突出，直接影响到自学考试的改革与发展。在进行机构调整中，各地可根据具体情况确定自学考试的机构设置，但从事自学考试管理工作的专职队伍只能加强，不能削弱，特别是要抓好基层自学考试管理队伍建设；要在稳定机构和人员的基础上，提高自学考试机构工作效率和人员素质，建设一支思想素质好、业务水平高、管理能力强的自学考试管理队伍；要切实保证自学考试经费的投入，加强经费管理，坚决禁止挪用自学考试经费。我部将制订自学考试工作机构评估办法和标准，对自学考试机构、人员、经费等项目进行定期检查评估。

要加快自学考试标准化、信息化建设，逐步实现管理手段现代化。要争取有关部门在资金和政策方面的支持，加大基础设施建设，逐步推进自学考试标准化考试基地建设。

五、农村自学考试工作是当前和今后一段时期自学考试工作的重点。要结合农村城镇化建设、劳动力就业、农业产业结构调整等农村经济和社会发展的需要，把农村自学考试工作与农村综合改革相结合，推出一批适用于农村经济和社会发展的应用专业和证书考试；要积极建立乡镇自学考试工作站，利用多种教育资源和教学手段，加强和提高服务水平和质量，切实解决农村基层地区学习条件困难、助学工作薄弱的状况。全国考办要在认真总结近年来农村自学考试试验区经验的基础上，积极推广先进地区的工作经验，制定农村自学考试试验区优惠政策，扩大试验区范围，加快工作进度；要积极推进面向西部地区自学考试“烛光工程”的开展，加强监督检查，保证工程质量。

六、要加快改革步伐，拓展社会服务功能，探索自学考试发展的新领域。要主动适应不断发展变化的新形势，加快发展本科专业，特别是独立本科段专业；根据终身教育的要求，自学考试的开考专业要以提高职业能力为主，同时要开考一些满足人们提高文化生活质量的专业。全国考办将在部分符合条件的省、自治区、直辖市进行专科专业审批权下放的试点工作。

要切实加强与部门、行业的合作，在办好自学考试学历教育的同时，大力拓展非学历的证书考试，开考或承担社会需要的、符合部门、行业特点的各类单科证书、合格证书、职业资格证书等考试；要进一步完善全国计算机等级证书考试、全国英语等级证书考试。

要加强与各类高等教育的合作，研究自学考试与其它教育形式之间的结合点，逐步实现优势互补、资源共享，特别要发挥自学考试开放教育的优势，构建高等教育立交桥；要继续做好国家学历文凭考试、广播电视大学注册视听生等合作开考项目。同时，要积极探索与国外各类考试机构的合作，引进先进的考试方法、手段和管理模式，努力提高自学考试的管理水平和考试质量。

七、各级教育行政部门要切实加强对自学考试工作的领导，将自学考试的发展列入当地教育事业发展规划；要定期研究自学考试工作，采取切实有效的措施，解决自学考试中的实际问题和困难，为自学考试事业的发展创造良好的外部环境和条件。

各级自学考试机构要按照本意见的精神，结合实际，狠抓落实，切实转变思想和工作作风，增强为考生服务的意识，努力提高管理水平和服务质量，建立和完善包括宣传咨询、教材供应、社会助学等内容的自学考试社会化服务体系，努力开创自学考试工作新局面。

请将本意见转发至本地区所有高等学校。

教育部科学技术研究项目管理办法

（2003年4月7日）

第一章 总 则

第一条 为加强教育部科学技术研究项目（以下简称项目）的规范化管理，保证项目的顺利实施和经费的有效使用，推动高等学校科技创新与人才培养，根据国家财政制度的要求及高等学校的实际情况，制定本办法。

第二条 本办法涉及的项目经费，来源于由教育部负责分配和管理的部分科学事业费。

第三条 本办法为项目管理的依据，项目申请学校及项目负责人应严格执行。

第四条 项目资助的范围主要为高等学校开展的自然科学研究。申报项目必须符合国家科技发展的总体部署和规划，并结合高等学校高层次人才培养的特点、学科布局及发展的需要，分为基础研究、应用研究及产业化前期关键技术研究三类，按照资助额度的不同分为教育部科学技术研究重点项目（以下简称重点项目）和教育部科学技术研究重大项目（以下简称重大项目）。

第二章 立 项

第五条 项目采取分年度发布申报领域、限额申报、专家评审、择优支持的原则；项目每年受理一次，申报时间截止到每年的6月1日，逾期不再受理。

第六条 申报项目需具备以下基本条件：

1. 选题符合经济、社会及科技发展的需求，鼓励学科交叉。

2. 研究思路明确，学术思想或技术路线具有创新性和可行性；提交成果的方式具有可考核性。

3. 研究队伍结构合理，项目负责人年龄一般不超过45周岁，获得博士学位不超过5年；学风端正，有较高的学术造诣和较强的组织能力。

4. 课题已具有较好的研究基础并基本具备主要研究条件（实验室和基本设备等）。

5. 非教育部直属学校在申请项目时，依托学校及隶属省（直辖市、自治区、兵团）教育厅（教委）应分别签署条件保障和配套经费的实质性意见并加盖公章。

第七条 在条件相当时，依托于国家或教育部科研基地（重点实验室、工程中心等）的申请予以优先支持。

第八条 项目立项程序：

1. 教育部在每年4月底前将申报项目通知下发直属学校以及各省（直辖市、自治区、兵团）教育厅（教委），确定当年申报领域和各单位申报的限额。

2. 申请者须填报《教育部科学技术研究项目申请书》（格式见附1）一式三份，经学校科研处审核并签署意见后，盖具学校公章统一报出，不受理个人申报。

3. 项目申请经形式审查合格后，分若干领域组织专家集中评审。

4. 根据专家评审结果及当年科研经费情况，择优确定支持的项目。

5. 教育部发文通知相关学校项目入选情况，研究经费与当年的科学事业费一起拨到项目承担学校。《教育部科学技术研究项目申请书》一式二份经科技司签署意见后返回给学校（一份存学校科研处，另一份存课题组），作为项目立项、管理及验收的依据。

6. 教育部根据国家需求及科技发展趋势制定

重大项目申请指南，于每年8月份对外发布，9月20日前受理重大项目申请。重大项目优先支持已经结题验收并被评为优秀的项目。重大项目立项，还需填写重大项目合同书（格式见附4）。

第九条 项目立项后，教育部将根据财政部对经费的拨付要求，年底前将经费拨付到位。项目进行时间为1～3年。

第三章 管 理

第十条 项目立项后，由所在学校通知项目负责人按计划实施，并为项目完成提供必要的条件，由学校科技主管部门负责对项目进行日常管理，

教育部对项目进行不定期检查。

第十一条 为保证项目的日常管理，对于研究期限为2年以上（含2年）的项目，每年年底应提交年度工作报告（格式见附2），由学校科技主管部门于次年1月20日前统一报送教育部科技司。逾期不报者，将视具体情况相应减少该校下一年申报项目的限额。

第十二条 项目研究经费为国家拨款，要严格按照国家关于科学事业费的使用和管理的有关规定列支，使用范围仅限于与本项目有关的内容，不得超出项目申请书的开支范围，如：罚款、捐款、赞助、投资等。不得列入国家规定禁止列入的其他支出。

第十三条 项目负责人一般不得代理或更换。遇有特殊情况（如病休等）离开该项目研究一年以内的，项目负责人须安排合适人选代理，并报教育部备案；离岗超过一年的，须更换合适的项目负责人（组织、业务能力应与原负责人相当），并由所在学校在三个月内报教育部审批（附更换者简历、学术水平、研究能力及完成项目的计划等）。教育部可视情况同意或中止项目，必要时可停止或追回拨款。因故需延期的项目，需报教育部同意后方可继续执行。

第十四条 对研究计划执行不力或难以按原定计划完成的项目，所在单位可建议予以终止、撤销，经教育部同意后办理有关手续。

第十五条 教育部每年对资助的重大项目进行定期检查。资助额度在80万元以上的重大项目，第一年拨付40%资助经费作为项目启动经费。项目开展一年后进行中期评估，剩余项目经费将结合中期评估意见按年度分期拨付，资助额度可视项目的进展情况做出必要的调整。

第四章 结题与验收

第十六条 项目结题或验收程序：

1. 项目结题后，项目负责人应在3个月内填写结题或验收报告（格式见附3）。

2. 资助额度在10万元以下（含10万元）并不参加评优的项目，可直接填写结题报告报学校主管领导后代替验收。

3. 资助额度在10万元以下（含10万元）拟参加评优以及资助额度在11万元以上的项目必须验收。要求在项目验收前，由学校科技主管部门以公函的形式向教育部科技司提交验收申请（项目基本信息、单位意见、建议验收时间地点、提议的验收专家名单等），经教育部同意后，由教育部或委托学校主持验收。重大项目由教育部主持验收。

4. 验收专家组要求至少由5名专家组成，其中本校的专家不得超过三分之一。

5. 所有项目结题或验收以后，相关材料均需经学校报教育部存档。

第十七条 根据结题情况，教育部组织专家对项目的验收材料进行评审，评出优秀项目。优秀项目总数不超过当年结题项目的10%。教育部将视评优项目的实际情况追加相应科研经费，特别突出的优秀项目可参加下一年重大项目的申请。

第十八条 被验收项目存在下列情况之一者，不予通过验收：

1. 未完成合同规定任务；

2. 预期成果未能实现，成果已无科学或实用价值；

3. 提供的验收文件、资料、数据不真实、不完整；

4. 擅自修改《申请书》或《合同书》规定的研究目标、内容、技术路线。

第十九条 凡是项目完成后没有结题或验收的，或未经教育部同意而没能按时完成研究计划的，项目负责人不能再申报重点项目，并相应减少

所在学校申请重点项目的名额。

第二十条 项目的研究成果，包括专著、论文、软件、数据库、专利以及鉴定证书、成果报道等，应注明“教育部科学技术研究重点（重大）项目资助”[Supported by the Key(Keygrant) Project of Chinese Ministry of Education.(NO……)]和项目批准号，未注明的不予列入验收材料。

第五章 附 则

第二十一条 本办法自2003年5月1日起执行。教育部1999年9月20日发布的《教育部科学技术研究重点项目管理办法》（试行）同时废止。

附：

1. 教育部科学技术研究项目申请书（格式）（略）

2. 教育部科学技术研究项目年度工作报告（格式）（略）

3. 教育部科学技术研究项目结题（验收）报告（格式）（略）

4. 教育部科学技术研究重大项目合同书（格式）（略）

教育部关于规范并加强普通高校以新的机制和模式试办独立学院管理的若干意见

（2003年4月23日）

近年来，随着我国高等教育规模的快速增长，各项相关改革不断深化，一些地方和高校在高等教育办学机制方面进行了大胆探索，其中由普通高校按照新的机制和模式试办的相对独立的二级学院（以下简称独立学院）发展较快，在保证高等教育规模的增长、扩大高等教育资源等方面起到了积极作用。但是，由于种种原因，一些独立学院在办学过程中出现了不少问题和矛盾，对相关的政策急需进一步明确，管理工作亦应加强和规范。据此，为了更好地促进独立学院持续、健康发展，现特对独立学院的规范管理提出若干意见如下：

一、本文所称独立学院，是专指由普通本科高校按新机制、新模式举办的本科层次的二级学院。一些普通本科高校按公办机制和模式建立的二级学院、“分校”或其它类似的二级办学机构不属此范畴。

二、试办独立学院要贯彻“积极支持、规范管理”的原则。

独立学院是新形势下高等教育办学机制与模式的一项探索和创新，是更好更快扩大高等教育资源的一种有效途径，对今后我国高等教育的持续、健康发展具有重大的意义。为此，今后各地、各部门和各高等学校，都要继续有步骤、有计划地推进独立学院的试办工作，既要鼓励积极探索、大胆实践，又要切实加强管理，不断规范办学行为，注意并坚决反对一哄而起和“刮风”现象，确保独立学院稳妥、健康地发展。

在试办独立学院的具体工作中，一要坚持充分利用现有的优质高等教育资源；二要有利于高等教育资源的不断扩大。据此，在今后一个相当长的时间内，要优先支持办学质量高、办学条件好的普通本科高校试办独立学院；办学质量差、办学困难多的普通本科高校，重在进一步提高自身办学水平，改善办学条件，暂不要试办独立学院。不允许以各种变相形式，把高职（大专）学校改办为独立学院。

三、独立学院的申请者（以下简称申请者），应为普通本科高校。独立学院的合作者（以下简称合作者），可以是企业、事业单位，社会团体或个人，也可以是其它有合作能力的机构。

申请者要对独立学院的教学和管理负责，并保证办学质量。申请者要充分发挥校本部的智力、人才资源优势，切实加强独立学院的教师队伍和管理队伍建设，建立并不断完善独立学院教学水平的监测、评估体系。

合作者负责提供独立学院办学所需的各项条件和设施，参与学院的管理、监督和领导。

为明确申请者和合作者的责、权、利关系，双方应在试办独立学院时签署具有法律效力的合作办学协议。经双方协商，可以成立校董会。校董会的组成及人选由双方商定。院长由申请者推荐、校董会选任。

四、试办独立学院要一律采用民办机制。试办独立学院建设、发展所需经费及其它相关支出，均由合作方承担或以民办机制筹措解决。

试办独立学院要一律采用新的办学模式。独立学院应具有独立的校园和基本办学设施，实施相对独立的教学组织和管理，独立进行招生，独立颁发学历证书，独立进行财务核算，应具有独立法人资格，能独立承担民事责任。独立学院还可按国家有关教育事业统计工作的规定，独立填报《高等教育基层统计报表》。

五、申请者申请试办的独立学院，因属本科层次，按《高等教育法》规定，现阶段仍由教育部负责审批。同时，抓紧改革审批办法，简化审批程序，积极创造条件，逐步将审批权下放给高教发展规划科学、布局合理、办学行为认真规范的省级政府。

试办独立学院的申请工作，目前一律按属地化原则办理。即先由申请者向所在地的省级教育行政部门提出申请，由省级教育行政部门初审（包括由省级高校设置评审委员会组织专家评审）并提出意见后，报教育部审批。中央部门所属高校在向所在地省级教育行政部门提出申请之前，要先征求上级主管部门的意见。教育部在审批前，将视情况对各地申报的一些独立学院，以多种形式组织评估。

申请试办的独立学院，如果暂时达不到规定的办学条件要求，可申请筹建，但也须征得所在地省级教育行政部门的同意。筹建期一至二年，筹建期内不得招生。筹建期满，达到规定要求的，按上述程序审批；未达到要求的，则终止筹建。

六、独立学院原则上应在申请者所在的省（自治区、直辖市）范围内试办。如需跨省试办，则在征得独立学院所在地省级教育行政部门和学校主管部门同意后报教育部审批。为了进一步促进高等教育均衡发展，国家鼓励和支持有条件的普通高校到西部地区和高等教育资源比较薄弱的地区合作举办独立学院，对申请到这些地区举办的独立学院，教育部将优先审批。

七、必须确保办学条件和质量。

独立学院应具备必要的办学条件。初办时一般应当具备：校园占地面积不少于150亩（艺术类院校和国家另有规定的除外），为了保证今后发展需要，应预留发展用地，校园规划占地面积不少于300亩。教学行政用房建筑面积不少于4万平方米，教学仪器设备总值不少于1 000万元，图书不少于4万册。独立学院还应具备不少于100人的、聘期一学年以上的、相对固定的专任教师队伍。专任教师中具有副高级以上职称的比例应不低于30%。独立学院正式招生时生均各项办学条件应基本符合国家规定标准。

加强对办学质量和办学行为的督查与评估。独立学院的办学水平、教育质量和办学行为要按照《高等教育法》和国家有关规定，接受教育部及省级教育行政部门的监督和由其组织的评估。教育部将根据国家有关普通高校办学条件的规定和独立学院的实际情况，对独立学院的招生资格和办学条件实行年审，并定期向社会公布年审结果。对办学质量和办学条件达不到国家规定要求，或办学秩序混乱、管理水平差的独立学院，将视情况给予包括暂停招生资格在内的各类处罚。情节严重的，要予以撤消。

八、独立学院的专业设置，应主要面向地方和区域社会、经济发展的需要，特别是要努力创造条件加快发展社会和人力资源市场急需的短线专业。

独立学院招生计划由所在地省级人民政府在国家下达的普通本科招生计划总数内统筹安排。独立学院招生标准不得低于当地本科最低录取控制线。

具体招生录取批次、办法及对户籍管理与毕业生就业的有关政策，由所在地省级人民政府按照国家有关法律和规定制定。

学生收费标准由所在地省级人民政府根据国家有关民办高校招生收费政策制定。

九、独立学院的财产、财务管理以及变更和解散、撤消，依据国家有关法律和政策、规定及合作办学的协议处置。

十、各地、各部门要切实加强对独立学院的领导、指导和统筹规划。要根据国家高等教育发展和高校布局结构调整的要求，认真做好本地区、本部门试办独立学院的整体规划，并据此统筹安排好独立学院的试办工作。各地、各部门和各高等学校，都要加强对独立学院办学秩序和办学行为的管理，尤其要加强对独立学院申请设立、招生录取、收费标准、办学地点、毕业证书颁发等工作的监督与管理，确保独立学院试办工作顺利进行。

独立学院要建立党、团组织，积极开展党、团工作，思想政治工作，维护稳定的工作。各省级教育工作部门要切实加强领导和指导。

各地、各部门要按照本意见的要求，一方面要切实加强对独立学院的管理，维护高等教育的办学声誉；另一方面，要立即对目前已经举办的独立学院进行检查、清理，凡不符合规定和要求的，要立即停办或停止招生。对因不执行本意见规定而诱发事端、影响稳定的，要严肃追究有关高校和部门的责任。

教育部关于进一步深化教育改革，促进高校毕业生就业工作的若干意见

（2003 年 4 月 25 日）

普通高校毕业生是国家宝贵的人才资源，实现其充分就业，发挥好这部分人才的作用，是落实科教兴国战略，全面建设小康社会的客观要求。长期以来，各地教育行政部门和高等学校为我国高等教育发展做了大量卓有成效的工作，为国家建设输送了大批优秀人才。但是，随着形势的不断发展变化，在相关工作中仍存在一些不足和薄弱环节，还不能满足经济社会发展对各类专业人才的需求。为深入贯彻党的十六大精神，推动高等教育更加主动地适应经济社会发展需要，现就进一步深化教育改革，促进高校毕业生就业工作，提出如下意见：

一、地方和高校要把毕业生就业状况作为确定高等教育事业发展规模的重要依据

1. 坚持年度招生计划安排与毕业生就业率适度挂钩，对就业率明显偏低的地方和高校，区分情况，原则上要减少招生、控制招生或调减增幅。

2. 在年度招生计划安排中，对毕业生就业率偏低的专业应严格控制或减少招生规模。

3. 在制订和实施高校发展规划的工作中，要明确树立“就业意识”，充分考虑就业因素。

4. 主管部门要将毕业生就业率作为核定高校事业中长期发展规划的重要参数加以考虑。

二、进一步优化调整高校设置及学科专业结构，加快改革人才培养模式

5. 要把毕业生就业率作为评议高校设置的主要依据和参数。对毕业生就业率低的地区，控制新增高校的数量。

6. 加强地方教育行政部门对本科专业设置、调整的统筹管理和宏观调控。各地教育行政部门应根据本地区高校毕业生的就业情况，确定本地区控制增设的专业。从 2003 年开始，对连续三年本专科 7 月份毕业生就业率低于本地区平均就

业率的高校，控制其专业总数，每增设一个新专业的同时，撤销一个旧专业，引导学校进行专业结构调整。

7. 高等职业学校必须明确以就业和社会实际需求为导向，调整专业结构，改革培养模式，加强实践环节教育教学，保持同经济和社会的直接、密切的沟通与联系。要特别对可能面临就业困难的毕业生有针对性地强化短期职业技能训练。

8. 高校申请增设财政学、金融学、法学、工商管理、会计学、旅游管理、运动训练、运动人体科学、民族传统体育、侦查学、治安学、刑事科学与技术等12种专业，须由学校主管部门审核，报我部批准。

9. 加强毕业生就业指导，将就业指导课作为学生思想政治教育的重要组成部分，并纳入日常教学。

三、把毕业生就业状况纳入高校评估指标体系，使评估结果更加全面地反映学校的实际状况

10. 将毕业生就业率作为高校教学评估方案中的重要指标，凡就业率低的学校，一般不得评为优秀。

11. 在研究生教育质量评估指标体系中列入与“就业率”相关的内容，对培养单位的教育教学进行合理引导。

12. 将教育部直属高校毕业生就业率收入每年编印的蓝皮书，作为反映学校办学状况的一项重要指标。

13. 各地要按照有关文件要求，责成高校将毕业生就业工作纳入学校工作的重要议事日程，把高校毕业生就业工作作为考核高校领导干部政绩的重要内容。

四、将学位工作与毕业生就业率适度挂钩

14. 在审核新增硕士、博士学位授予单位工作时，将各有关高校本科毕业生和毕业研究生就业率作为依据之一。

15. 在新增学位授权点（主要是硕士点）审核工作中，将各学科以及各有关高校毕业研究生就业率作为增列硕士点的重要参考因素。

五、加大就业经费投入，加强就业指导教师队伍建设

16. 对毕业生就业工作做得好的学校，主管部门应适当核拨经费，支持其就业指导中心的建设。

17. 主管部门要对所属高校毕业生就业服务信息网络建设给予适当投入，以便充分利用现代化手段为毕业生提供方便、快捷、周到的就业指导和服务。

18. 高校必须尽快建立健全毕业生就业指导服务机构，在经费、办公条件、人员等方面给予充分保证，切实把就业指导教师队伍建设摆到重要位置。

希望各地、各部门和各高校高度重视毕业生就业工作，努力适应新时期高校毕业生就业工作的迫切需要，积极探索、总结行之有效的做法和经验，扎扎实实做好相关工作。

普通话水平测试管理规定

（2003年5月21日　教育部令第16号发布）

第一条　为加强普通话水平测试管理，促其规范、健康发展，根据《中华人民共和国国家通用语言文字法》，制定本规定。

第二条　普通话水平测试（以下简称测试）是对应试人运用普通话的规范程度的口语考试。开展测试是促进普通话普及和应用水平提高的基本措施之一。

第三条　国家语言文字工作部门颁布测试等

级标准、测试大纲、测试规程和测试工作评估办法。

第四条 国家语言文字工作部门对测试工作进行宏观管理，制定测试的政策、规划，对测试工作进行组织协调、指导监督和检查评估。

第五条 国家测试机构在国家语言文字工作部门的领导下组织实施测试，对测试业务工作进行指导，对测试质量进行监督和检查，开展测试科学研究和业务培训。

第六条 省、自治区、直辖市语言文字工作部门（以下简称省级语言文字工作部门）对本辖区测试工作进行宏观管理，制定测试工作规划、计划，对测试工作进行组织协调、指导监督和检查评估。

第七条 省级语言文字工作部门可根据需要设立地方测试机构。

省、自治区、直辖市测试机构（以下简称省级测试机构）接受省级语言文字工作部门及其办事机构的行政管理和国家测试机构的业务指导，对本地区测试业务工作进行指导，组织实施测试，对测试质量进行监督和检查，开展测试科学研究和业务培训。

省级以下测试机构的职责由省级语言文字工作部门确定。

各级测试机构的设立须经同级编制部门批准。

第八条 测试工作原则上实行属地管理。国家部委直属单位的测试工作，原则上由所在地区省级语言文字工作部门组织实施。

第九条 在测试机构的组织下，测试由测试员依照测试规程执行。测试员应遵守测试工作各项规定和纪律，保证测试质量，并接受国家和省级测试机构的业务培训。

第十条 测试员分省级测试员和国家级测试员。测试员须取得相应的测试员证书。

申请省级测试员证书者，应具有大专以上学历，熟悉推广普通话工作方针政策和普通语言学理论，熟悉方言与普通话的一般对应规律，熟练掌握《汉语拼音方案》和常用国际音标，有较强的听辨音能力，普通话水平达到一级。

申请国家级测试员证书者，一般应具有中级以上专业技术职务和两年以上省级测试员资历，具有一定的测试科研能力和较强的普通话教学能力。

第十一条 申请省级测试员证书者，通过省级测试机构的培训考核后，由省级语言文字工作部门颁发省级测试员证书；经省级语言文字工作部门推荐的申请国家级测试员证书者，通过国家测试机构的培训考核后，由国家语言文字工作部门颁发国家级测试员证书。

第十二条 测试机构根据工作需要聘任测试员并颁发有一定期限的聘书。

第十三条 在同级语言文字工作办事机构指导下，各级测试机构定期考查测试员的业务能力和工作表现，并给予奖惩。

第十四条 省级语言文字工作部门根据工作需要聘任测试视导员并颁发有一定期限的聘书。

测试视导员一般应具有语言学或相关专业的高级专业技术职务，熟悉普通语言学理论，有相关的学术研究成果，有较丰富的普通话教学经验和测试经验。

测试视导员在省级语言文字工作部门领导下，检查、监督测试质量，参与和指导测试管理和测试业务工作。

第十五条 应接受测试的人员为：

1．教师和申请教师资格的人员；

2．广播电台、电视台的播音员、节目主持人；

3．影视话剧演员；

4．国家机关工作人员；

5．师范类专业、播音与主持艺术专业、影视话剧表演专业以及其他与口语表达密切相关专业的学生；

6．行业主管部门规定的其他应该接受测试的人员。

第十六条 应接受测试的人员的普通话达标等级，由国家行业主管部门规定。

第十七条 社会其他人员可自愿申请接受测试。

第十八条 在高等学校注册的港澳台学生和外国留学生可随所在校学生接受测试。

测试机构对其他港澳台人士和外籍人士开展测试工作，须经国家语言文字工作部门授权。

第十九条 测试成绩由执行测试的测试机构

认定。

第二十条 测试等级证书由国家语言文字工作部门统一印制，由省级语言文字工作办事机构编号并加盖印章后颁发。

第二十一条 普通话水平测试等级证书全国通用。等级证书遗失，可向原发证单位申请补发。伪造或变造的普通话水平测试等级证书无效。

第二十二条 应试人再次申请接受测试同前次接受测试的间隔应不少于3个月。

第二十三条 应试人对测试程序和测试结果有异议，可向执行测试的测试机构或上级测试机构提出申诉。

第二十四条 测试工作人员违反测试规定的，视情节予以批评教育、暂停测试工作、解除聘任或宣布测试员证书作废等处理，情节严重的提请其所在单位给予行政处分。

第二十五条 应试人违反测试规定的，取消其测试成绩，情节严重的提请其所在单位给予行政处分。

第二十六条 测试收费标准须经当地价格部门核准。

第二十七条 各级测试机构须严格执行收费标准，遵守国家财务制度，并接受当地有关部门的监督和审计。

第二十八条 本《规定》自2003年6月15日起施行。

教育部关于加强依法治校工作的若干意见

（2003年7月17日）

党的十六大指出，发展社会主义民主，建设社会主义政治文明，是全面建设小康社会的重要目标。依法治国是党领导人民治理国家的基本方略。改革开放以来，随着我国社会主义市场经济的迅速发展和社会全面进步，特别是加入世界贸易组织以后，我国社会主义民主与法制建设出现了全新的局面。认真贯彻党的十六大精神，实行依法治教，把教育管理和办学活动纳入法治轨道，是深化教育改革，推动教育发展的重要内容，也是完成新时期教育工作历史使命的重要保障。

依法治校是依法治教的重要组成部分。近年来，随着教育法制建设的逐步完善，各地依法治校工作有了一定程度的进展，创造了一些好的经验和具有地方特色的依法治校工作思路。但是从总体上看，学校的法治观念和依法管理的意识还比较薄弱；依法治校的制度和措施还不健全；依法治校还没有完全成为学校的自觉行为，与依法治国基本方略的要求还有一定的差距。为了贯彻落实党的十六大精神，实施依法治国方略，全面推进依法治教，现就加强依法治校工作提出如下意见：

一、充分认识推进依法治校工作的重要性和必要性

依法治校是贯彻党的十六大精神，推进依法治国基本方略的必然要求，是教育事业深化改革、加快发展，推进教育法制建设的重要内容。推进依法治校有利于推动教育行政部门进一步转变职能，严格依法办事；有利于全面推进素质教育，提高国民素质；有利于保障各方的合法权益；有利于运用法律手段调整、规范和解决教育改革与发展中出现的新情况和新问题，化解矛盾，维护稳定。

学校的根本任务是培养社会主义事业的建设者和接班人。实行依法治校，就是要全面贯彻教育方针，坚持教育为社会主义现代化建设服务，为人民服务，与生产劳动和社会实践相结合，培养德智体美全面发展的社会主义建设者和接班人。实行依法治校，就是要严格按照教育法律的原则与规定，开展教育教学活动，尊重学生人格，维护学生合法权益，形成符合法治精神的育人环境，不断提高学校管理者、教师的法律素质，提高学校依法处理各种关系的能力。实行依法治校，就是要在依法理顺政府与学校的关系、落实学校办学自主权的基础上，完善学校各项民主管理制度，实现学校管理与运行的制度化、规范化、程序化，依法保障学校、举办者、教师、学生的合法权益，形成教育行政部门依法行政，学校依法自主办学、依法接受监督的格局。

随着社会主义民主法制建设进程的加快，教育法律法规体系逐步得到完善，学校的法律地位发生了变化，学校与教育行政部门、举办者、教师、受教育者之间的法律关系出现了新的特点。理顺各主体之间的关系，解决教育活动中出现的新问题，实现教育为人民服务的宗旨，需要依法推进教育改革与发展，依法保障公民受教育权利。依法治校既是教育改革与发展的必然要求，也是实现教育为人民服务宗旨的重要保障。

二、进一步明确推进依法治校工作的指导思想和工作目标

推进依法治校工作要以邓小平理论和“三个代表”重要思想为指导，全面贯彻党的十六大精神，落实依法治国基本方略的要求，依法保障教育方针的贯彻落实和素质教育的全面实施，促进教育改革与发展。

推进依法治校工作的目标是：教育行政部门法治意识增强，形成依法行政的工作格局；学校建立依法决策、民主参与、自我管理、自主办学的工作机制和现代学校制度；各级各类学校校长、教师和受教育者的法律素质有明显提高；建立完善的权益救济渠道，教师和受教育者的合法权益依法得到保障，形成良好的学校育人环境；保证国家教育方针的贯彻落实，实现教育的公平，保证学校正确的办学方向，为教育改革与发展创建良好的法制环境。

三、切实采取有力措施，大力推进依法治校工作

（一）转变行政管理职能，切实做到依法行政。依法行政是依法治校的前提和保障。各级教育行政部门要按照依法治教和依法治校的要求，切实转变不适应形势需要的行政管理方式、方法，依据法律规定的职责、权限与程序对学校进行管理，切实维护学校的办学自主权；要按照行政审批制度改革的要求，精简审批项目，公开审批程序，提高办事效率；要探索综合执法机制和监督机制，依法监督办学活动，维护教育活动的正常秩序；要依法健全和规范申诉渠道，及时办理教师和学生申诉案件，建立面向社会的举报制度，及时发现和纠正学校的违法行为，特别是学校、教师侵犯学生合法权益的违法行为；积极配合有关部门开展校园及其周边环境的治理工作，依法保护学校的合法权益，为学校教育教学活动创造良好的环境。

（二）加强制度建设，依法加强管理。学校要依据法律法规制定和完善学校章程，经主管教育行政部门审核后，作为学校办学活动的重要依据。要根据法律和国家的有关规定，建立健全学校教育教学制度，保障国家教育方针的贯彻落实。要依法健全校内管理体制，国家举办的高等学校要依法实行党委领导下的校长负责制，明确学校党委、校长、校务委员会、学术委员会等各种机构的职责权限和议事规则，做到相互配合，权责统一，依法办事；中等及中等以下学校要依法健全校长负责制，完善校长决策程序，并发挥学校党组织的政治保障作用。民办学校和中外合作举办的教育机构要按照《民办教育促进法》和《中外合作办学条例》和国家有关规定规范办学行为，建立健全校董会、理事会或者其他决策机构的议事规则，规范决策程序。要保证学校的发展规划、章程和各项管理制度、对外签订的民事合同等符合法律的规定；完善学校内部财务、会计和资产管理制度，严格执行国家有关收费的规定，健全监督机制，依法管理好学校法人财产。对违反法律、法规规定的学校管理制度和规定，要及时修改或者废止。

（三）推进民主建设，完善民主监督。要进一步完善教职工代表大会制度，切实保障教职工参与学校民主管理和民主监督的权利，保证教职工对学校重大事项决策的知情权和民主参与权。全面实行校务公开制度，学校改革与发展的重大决策、学校的财务收支情况、福利待遇以及涉及教职工权益的其他事项，要及时向教职工公布；学校的招生规定、收费项目与标准等事项，要向学生、家长和社会公开。中小学要积极推动社区参与学校管理与监督，推进家长委员会的建立，明确家长委员会的职责，学校决策涉及学生权益的重要事项，要充分听取家长委员会的意见，接受家长委员会的监督，为家长、社区支持、参与学校管理提供制度保障。

（四）加强法制教育，提高法律素质。依法治校的关键在于转变观念，以良好的法律意识、法制观念指导学校管理和教育教学活动。教育行政部门和学校要坚持育人为本的思想，按照全国和教育系统普法规划的要求，以及教育部、司法部等四部委关于加强青少年学生法制教育工作若干意见的要求，加强对青少年学生的法制教育。要把法制课列入中小学课程，把法律知识作为高等学校、职业技术学校的必修课内容，保证做到计划、课时、教材、师资“四落实”；中小学要建立健全法制副校长或者法制辅导员制度；要积极利用多种形式和学生易于接受的方式，开展生动活泼的法制教育，营造良好的法制教育环境，使学生在潜移默化中感受法治精神，提高法律素质；学校领导要带头学习法律知识，增强法制观念，依法履行管理职责；要把法律知识作为各级各类学校校长培训、教师培训的重要内容，把具备较高的法律素质和落实教育法律法规的情况，作为校长、教师考核和学校评价的重要内容。

（五）严格教师管理，维护教师权益。教育行政部门要严格依照《教师法》、《教师资格条例》的规定认定教师资格。学校要依法聘任具有相应资格的教师，依法与教师签订聘任合同，明确双方的权利、义务与责任，尊重教师权利，落实和保障教师待遇。建立校内教师申诉渠道，依法公正、公平解决教师与学校的争议，维护教师合法权益。

教育行政部门和学校要加强对教师的思想政治教育、道德教育和法制教育，不断提高教师的道德水准和法律素质。加强教师管理，依法处理品质恶劣、严重侵犯学生合法权益的教师，坚决杜绝教师侵犯学生人身权的违法犯罪行为。对教师严重侵犯学生人身权的案件，学校必须及时移送司法机关查处，并向主管教育行政部门报告，依法追究责任人、校长和主管教育行政部门负责人的责任。

（六）完善学校保护机制，依法保护学生权益。学校在日常教育教学活动中要树立以人为本的理念，自觉尊重并维护学生的人格权和其他人身权益。教育行政部门和学校要牢固树立“安全第一”的意识，认真贯彻落实有关校园安全的法律及规定。要建立完善的安全管理制度，明确职责，加强对学校教学、生活、活动设施的安全检查，落实各项安全防范措施，积极维护校园的安全与秩序；要加强对教师、学生的安全教育，实现安全教育制度化、规范化，预防和减少学生伤害事故，保护学生、教师的人身和财产安全；建立应对各类突发事件的工作预案，增强预防和妥善处理事故的能力；健全学生安全和伤害事故的应急处理机制和报告制度，不得瞒报或者漏报。

学校要健全学籍管理制度，按照有关法律的规定，严格保护学生的受教育权，中小学一般不得开除未成年学生；对学生的处分应当做到事实清楚、证据充分、依据合法，符合规定程序；建立校内学生申诉制度，保障学生申诉的法定权利。高等学校依法对学生做出处分决定应当经过校长办公会议讨论通过，保障学生的知情权、申辩权，并报主管教育部门备案。

四、加强对推进依法治校工作的领导

依法治校涉及学校工作的各个方面，是一项系统工程，是教育改革与发展的一项重要任务，需要进行长期的实践和探索。各级教育行政部门要切实加强领导，把推进依法治校作为促进教育行政部门转变职能，改进工作作风，提高依法行政水平，推进依法治教进程的一项基础性工作，予以高度重视。教育行政部门要充分发挥法制工作机构在推进依法治校工作中的作用，由法制工作机构会同其他部门建立本地区依法治校工作的政策指导、组织协商、检查评估的协调机制，保证教育行政部门各职能机构自觉按照依法行政的要求，履行对学校的管理职责，规范管理行为，形成推进依法治校工作的合力。

各级各类学校要转变管理理念，明确依法治校的基本原则，制定推进依法治校的工作规划和目标；明确校内职能机构、工作岗位的职责与任务，形成各司其职，各负其责，全方位推进依法治校的工作格局，不断提高学校管理水平，促进学校发展。学校要通过聘请法律顾问或建立法制工作机构等形式，加强学校法制教育和法律服务。学校要积极配合、接受教育行政部门和其他有关部门的检查、监督，认真落实行政申诉、行政复议决定及司法判决等法律文书中的义务，维护当事人的合法权益。

推进依法治校要根据不同层次、不同类型学校的特点，结合本地的实际情况，分步实施、分类指导，不断总结经验，逐步推进，成为深化教育管理体制改革、推进素质教育的推动力。教育行政部门应当积极推广依法治校典型，宣传依法治校的先进经验，推动依法治校水平的不断提高，保障教育改革和发展。

教育部关于实施全国教师教育网络联盟计划的指导意见

（2003 年 9 月 4 日）

根据党的十六大精神和教育事业实现新的跨越式发展的要求，为了推进教师教育改革创新，以信息化带动教师教育现代化，逐步构建开放灵活的教师终身学习体系，推进教师继续教育，全面提高教师教育质量，大幅度提升教师队伍的整体素质，促进基础教育尤其是农村教育的发展，教育部决定实施全国教师教育网络联盟（以下简称教师网联）计划。现就组织实施教师网联计划有关问题提出如下意见：

一、充分认识实施教师网联计划的重要意义

（1）实施教师网联计划是构建教师终身学习体系、建设学习型社会的迫切需要。党的十六大提出建设全民学习、终身学习的学习型社会，从时代的高度对“加强教师队伍建设，提高教师的师德和业务水平”提出了新的要求。在新的历史时期，教师作为先进生产力和先进文化发展的弘扬者和推动者，应当首先成为终身学习的先行者；教师这一特殊重要的职业群体应当首先形成优秀的学习型组织，成为学习型社会的示范者。率先形成适应时代要求的教师终身学习体系，是建设全民学习、终身学习体系和学习型社会的重要前提。实施教师网联计划，推动教师教育创新，构建高水平、高质量、高效益的开放灵活的教师教育体系，为教师终身学习提供有力的支持和服务，对于振兴教育和实现全面建设小康社会的宏伟目标具有重要战略意义。

（2）实施教师网联计划是提高教师队伍尤其是农村教师队伍整体素质的迫切需要。教育大计，教师为本。教师素质是全面实施素质教育和全面提高教育质量的关键。上千万中小学教师特别是农村教师的整体素质和专业化水平关系教育改革发展成败盛衰，关系全民族素质和综合国力。我国中小学教师学历水平和专业化程度总体偏低，难以适应实施素质教育的需要。尽快提高中小学教师的素质是教育改革发展的迫切要求。提高教师素质的重点和难点在农村。农村地域广大、居住分散、经费不足、工学矛盾等使得教师培训面临诸多困难。组建教师网联，充分借助现代远程教育手段，打破时空阻隔，使不同地区的教师共享优质教育资源，是大规模开展教师继续教育，大幅度提高教师尤其是农村教师队伍整体素质的有效途径。

（3）实施教师网联计划是教育信息化带动教育现代化的迫切需要。以教育信息化带动教育现代化是教育事业实现新的跨越式发展的关键。近年来，教师教育信息化建设取得了很大进展。但是，教师教育信息化整体水平仍然偏低。“人网”、“天网”、“地网”缺乏整合，力量分散，资源浪费；各种教育形式缺乏沟通，优质资源难以共享，教师培训质量效益难以保障。组建教师网联，加强教师教育系统、卫星电视网与计算机互联网“三网”沟通，实现教师教育领域内行业联合，建立和依托优质、高效的公共服务体系，共建共享优质资源，是推进教师教育信息化进程，以教育信息化带动教师教育现代化，从根本上提高教师教育水平的重要举措。

（4）实施教师网联计划是推进教师教育创新发展的迫切需要。我国教师教育正处于改革发展的关键时期。实施教师网联计划是教师教育在新时期实现战略性转变和跨越式发展的重大举措和突破口，也是师范院校改革发展的重要方向和新的增长点，对于全面推进教师教育创新发展，构建开放灵活的教师教育体系，对于教育改革发展的全局具有重要意义。

二、实施教师网联计划的宗旨与目标

（5）教师网联计划旨在以现代远程教育为突破口，在政府的支持和推动下，充分调动各级各类举办和支持教师教育的高等学校（机构）的积极性，整合资源，构建以师范院校和其他举办教师教育的高校为主体，以高水平大学为核心，区域教师学习与资源中心为服务支撑，社会力量积极参与，职前职后教育一体化，教师教育系统、卫星电视网与计算机互联网相融通，学校教育与现代远程教育等各种教育形式相结合，学历教育和非学历教育相沟通，系统集成，优势互补，共建共享优质教育资源，覆盖全国城乡的教师教育网络体系。

（6）教师网联的任务是按照全面建设小康社会对高素质专业化教师队伍建设的要求，以教育信息化带动教师教育现代化，实现不同地区、不同层次的中小学教师共享优质教育资源，全面提高教师教育质量水平。大规模、高质量、高效率地开展全国中小学教师学历提升教育、非学历培训和教师资格认证课程培训。大幅度提升全国中小学教师队伍素质。

（7）教师网联计划坚持“创新、集成、跨越”的指导原则。

——“人网”、“天网”、“地网”相结合。在改革教师教育体系的同时，融通“三网”资源，充分利用现代远程教育手段，共享优质资源，提高教师教育水平；

——各种教育形式相结合。学校教育和卫星电视教育、网络教育、函授教育、自学考试，以及面授、辅导等多种形式有机结合，相互补充，学历教育与非学历教育有效沟通；

——政府支持与市场机制相结合。加大政府支持力度，创设政策环境，规范办学行为，监控办学质量；充分借助市场机制，有效配置教师教育资源，实现可持续发展，提供优质服务；

——促进合作与鼓励竞争相结合。教师网联成员既要联合协作，又要公平竞争；既要遵守规范，又要保持各自的优势和特色；

——政府、学校和教师个人行为相结合。明确政府、学校和教师的责任与义务，充分调动各方面积极性，形成教师培训的激励机制、培训成本补偿机制与经费投入保障机制；

——教师继续教育和教育人事制度改革、教育教学改革及实施中小学现代远程教育工程紧密结合。

（8）教师网联计划坚持总体规划、分步实施，重点突破、全面推进的方针。实施工作分“三步走”。

第一阶段：教师网联以远程教育试点师范大学和中央广播电视大学等首批成员单位为主体，建立管理规范和技术标准，建立标准化开放性的公共服务平台，初步形成共建共享优质教育资源的教师教育协作组织。重点面向农村，配合中小学现代远程教育工程的实施，充分发挥教师网联的优势，因地制宜地运用光盘教学、卫星电视教育、网络教育等各种模式，共享优质教育资源，有效地开展各种层次和规格的教师学历教育和非学历培训，大幅度提高中小学教师队伍素质。

第二阶段：教师网联扩大到具备条件的省属师范院校和其他举办教师教育的高等学校，并广泛动员社会力量，在更大范围调整整合教师教育资源，基本形成以区域教师学习与资源中心为支撑的公共服务体系。完善教师网联管理制度与运行机制。进一步提高教师网联办学的质量、规模和效益。

第三阶段：全面实施教师网联的总体规划，实现教师网联总体目标，各种教育形式衔接与沟通，形成具有时代特征和中国特色的教师终身学习体系。

三、教师网联的管理体制和组织系统

（9）教师网联是在国务院教育行政部门的支持和推动下，以高水平大学（专业组织）为核心，由举办教师教育的高校和提供相应支持与服务的企事业单位组成，共建共享优质资源的教师教育协作组织。

教师网联成员联合协作、平等协商，遵守章程、执行协议，享有规定权利，并履行相应义务。

（10）教师网联建立相应的组织系统。教师网联理事会决定教师网联的重大事宜；制定教师网联的规章、标准、规范；统筹、指导和协调教师网联工作。教师网联理事会负责根据本意见精神，制定教师网联实施方案，并组织施行。

举办教师教育的高等学校，为教师教育提供支持与服务的相关组织自愿加盟并遵守教师网联章程，经教师网联理事会审查批准，取得教师网联成员资格。教师网联根据需要，聘请有关专家组成专家委员会，为教师网联提供业务咨询和指导。全国教师教育专家委员会、全国教师教育信息化专家委员会和全国教师教育课程资源专家委员会分工负责教师网联计划的决策咨询、指导、评估，负责组织课程资源评审。

四、教师网联的办学体系和公共服务体系

（11）建立规范的办学体系，为教师网联提高办学质量提供保障。要充分发挥经我部批准开展现代远程教育试点师范大学和其他高水平大学的学科优势和网络教育优势，提供优质共享课程资源，实施研究生、本科教育，实施骨干教师高级研修培训；充分发挥中央广播电视大学在卫星电视远程教育和公共服务体系方面的优势，提供优质共享课程资源和服务支持，重点面向农村边远地区中小学教师实施本、专科学历教育和非学历培训。

其他地方师范院校、区域性大学（学院）主要面向本地区教师实施本、专科学历教育，承担骨干教师市（地）级研修等任务，同时，积极参与开发建设共享优质课程资源，与高水平师范大学合作办学，或作为现代远程教育试点师范大学的办学点，根据协议和合作学校的教学计划承担相关面授、辅导、课程考试等任务。

（12）建立优质、高效的公共服务体系，为教师网联办学提供支持和服务。充分利用现有的现代远程教育基础设施和支持服务体系，逐步建设标准化开放性的公共服务平台，进一步完善教学管理、资源管理、学分管理，加强沟通、协调、指导、管理和监控，为教师网联成员单位和学习者提供优质服务。

创建教师网联门户网站，开设中国教育电视台教师学习频道；充分利用中国教育卫星宽带多媒体传输平台和广播电视大学系统的学习支持服务体系，与“校校通”工程、农村中小学现代远程教育工程相结合，为农村地区中小学教师提供优质远程教育支持服务。

区域性教师学习与资源中心负责本地教师培训的组织、协调，为各种途径和形式的教师学习提供资源、信息和技术等方面的支持服务。要充分利用和整合现有的教师进修院校、网络教育校外学习中心（点）、教研室、电大工作站、电化教育和教育科研等机构，逐步形成多功能的区域教师学习与资源中心。教育部制定示范性区域教师学习与资源中心建设标准，并组织评估。省级教育行政部门负责区域教师学习与资源中心的建设。

五、教师网联的管理模式和运行机制

（13）建立有效的运行机制，促进教师网联可持续发展。根据国务院教育行政部门的指导方针和总体规划，教师网联制定章程，统筹规划，组织协调。确定教师网联管理规范、技术标准，制定资源共享、学分互换原则。促进合作，鼓励竞争。加强教学管理和业务指导，规范办学行为，形成自律机制、资源共建共享机制和优胜劣汰的竞争机制。

教师网联成员单位要根据国家有关方针政策，遵循教师网联运行规范，发挥各自优势，分工协作，规范有序地承担相应的任务，积极开展教师学历教育和非学历教育，向广大教师提供优质教育服务。

教师网联在远程教育方面实行网联及其成员单位与区域教师学习与资源中心两级管理的教学管理

模式。教师网联在国家支持下，坚持规范办学，鼓励市场化运作，建立多元投资体制，形成风险共担、利益共享的市场运作机制。

（14）加强教学管理，确保教育质量。教师网联要根据国家规定的学历教育标准和教师非学历培训要求，制定教学计划和课程计划，制定招生、教学、考试（考核）管理规定和办法。要建立和形成国家监管、社会监督、教师网联内部监控和成员自律相结合的教师网联办学质量保障体系。

（15）加强资源管理，提高办学水平。坚持“优质、精品，共建、共享”原则，通过征集遴选，组织开发，引进购买等途径和方式加速资源开发建设。倡导积极合作、优势互补，鼓励有序竞争，避免低水平重复。制定教师教育优质课程资源标准，实行科学有效的课程资源评估与认证制度。建立教师教育优质课程资源遴选机制。专家把关，严格评审，确保资源质量。对于优质资源向全社会公布推荐使用，或给予奖励支持，进行深度开发；引进、购买国内外教师教育优质课程资源；采取项目招标方式组织开发或合作开发精品课程。

建立教师教育优质课程资源共享制度。教师网联根据国家有关规定，制定优质课程资源共建共享和教师选修的具体实施办法。建立共享课程资源库和课程资源索引中心。尊重和维护课程资源制作者的知识产权。对优质课程资源不断优选、更新。

六、教师网联计划的支持措施和组织领导

（16）完善相关政策，为教师网联计划的顺利实施创设制度环境。要认真贯彻落实国家有关教师培养培训和现代远程教育的一系列方针政策。要与中小学人事制度改革密切结合，完善教师资格制度，提高教师合格学历标准，建立教师资格再认证和资格考试考核制度，实施教师聘任制度；研究提升教师学历学位层次的政策措施；完善教师继续教育制度，加强继续教育学分管理，教师学历培训坚持学以致用、学用一致的原则；研究制定各种教育形式沟通、学历与非学历课程学分互认的政策措施。

（17）通过多种途径支持教师网联计划的实施。在充分运用市场机制，发挥教师教育相关机构和教师的积极性，广泛利用社会资源的同时，国家以项目方式支持教师网联计划的实施。将教师网联的公共服务平台建设纳入国家教育信息化总体规划。划拨专项经费支持教师网联的启动运行、教师网联门户网站的建设和管理。以项目支持的方式促进优质课程资源的开发建设。

（18）教师网联计划是新的教育振兴行动计划先行启动的重要项目，是推进教师教育创新和建立教师终身学习体系的一项宏伟事业。各级教育行政部门、有关高校及相关教育机构必须高度重视，加强领导，积极支持，形成合力，确保教师网联计划顺利实施。教育部成立全国教师教育网络联盟工作领导协调小组，领导、协调教师网联计划实施工作。各省级教育行政部门要将教师网联计划的实施作为全面提升教师教育质量，大幅度提升教师队伍素质的一项重要措施，纳入当地教师培养培训总体规划，提供有力的支持与服务，积极组织教师参加高质量、高水平的培训。抓好区域教师学习与资源中心的建设，负责教师网联在本地办学质量的评估和监督。理顺管理体制，规范教师培训，提高培训水平。教师网联成员单位要充分认识教师网联计划的重大意义和肩负的重任，将教师网联工作作为“一把手”工程，抓紧抓实抓出成效。要以强烈的历史责任感和与时俱进的精神，携手合作，协同努力，开拓创新，发挥整体优势，提高办学水平，为教师教育和教育事业新的跨越式发展作出更大贡献。

人事部　教育部关于深化中小学人事制度改革的实施意见

（2003 年 9 月 17 日）

为深入贯彻党的十六大精神，全面推进素质教育，促进基础教育的改革和发展，进一步完善基础教育管理体制，转换学校运行机制，提高教育质量和管理水平，需要加快中小学人事制度改革的步伐，建立符合中小学特点的人事管理制度。根据《国务院关于基础教育改革与发展的决定》（国发〔2001〕21 号）、《国务院关于进一步加强农村教育工作的决定》（国发〔2003〕19 号）、《深化干部人事制度改革纲要》（中办发〔2000〕15 号）和《关于加快推进事业单位人事制度改革的意见》（人发〔2000〕78 号），制定本实施意见。

一、深化人事制度改革的指导思想和目标任务

1. 深化中小学人事制度改革，要坚持以邓小平理论和“三个代表”重要思想为指导，坚持解放思想、实事求是、与时俱进、开拓创新，全面贯彻党的教育方针和人才政策，尊重劳动、尊重知识、尊重人才、尊重创造，充分调动广大教职工的积极性和创造性，促进基础教育的改革与发展，促进科教事业进步，为全面建设小康社会提供保证。

2. 深化中小学人事制度改革的总体目标是：以实行聘用（聘任）制和岗位管理为重点，以合理配置人才资源，优化中小学教职工结构，全面提高教育质量和管理水平为核心，加快用人制度和分配制度改革，建立符合中小学特点的人事管理运行机制，建设一支高素质专业化的中小学教师队伍和管理人员队伍。主要任务是：加强编制管理，调整优化中小学教职工队伍结构；进一步完善校长负责制，改进和完善校长选拔任用制度；实行教职工聘用（聘任）制；完善中小学教职工工资保障机制，建立健全分配激励机制；促进人才合理流动。

二、加强编制管理，规范学校机构和岗位设置

3. 按照保证基础教育发展的基本需要、与经济发展水平和财政承受能力相适应、力求精简和高效、因地制宜区别对待的原则，根据教育层次、地域、学校教育教学工作任务、学生数和班额、教职工工作量，合理确定中小学教职工编制。

4. 按照国家关于中小学编制管理的有关规定，根据中小学校类别、规模和任务，严格控制学校领导职数，合理设置学校内部机构，努力做到机构精简、职责分明、管理高效。中小学在核定的编制数和教师职务结构比例内科学设置岗位，明确岗位职责。

5. 严格编制管理。通过定编工作，清理超编人员。中小学不得超编聘用人员。任何单位和部门不得违反规定占用或变相占用中小学教职工编制，对占用学校编制的各类“在编不在岗”人员，要限期与学校脱离关系。

三、进一步完善校长负责制，改进校长选拔任用办法

6. 进一步完善校长负责制。实行校长负责制的中小学，校长全面负责学校工作，并充分发挥基层党组织的政治核心作用。校长必须正确贯彻执行党和国家的教育方针政策，坚持社会主义办学方向，积极实施素质教育，依法管理。

7. 改进和完善中小学校长选拔任用制度。积极推行中小学校长聘任制。中小学校长的选拔任用要扩大民主，引入竞争机制。逐步采取在本系统或面向全社会公开招聘、平等竞争、严格考核、择优聘任的办法选拔任用中小学校长。

8. 严格掌握中小学校长任职条件和资格。中小学校长应当具备以下基本条件：思想政治素质和品德良好；热爱教育事业，具有改革创新精神；具有履行职责所需要的专业知识和较强的组织管理能力；遵纪守法，廉洁自律；具有团结协作精神，作风民主。中小学校长任职的资格是：具有教师资格；具有中级（含）以上教师职务任职经历；一般应从事教育教学工作5年以上；身心健康。

9. 中小学校长实行任期制。校长每届任期原则上为3～5年，可以连任，要明确任期内的目标责任。进一步完善中小学校长考核办法，加强履职考核，把考核结果作为校长奖惩、续聘或解聘的重要依据。

10. 逐步取消中小学学校的行政级别，探索形成体现中小学校长特点和规律的管理制度。要按照先行试点、稳步推开的原则，积极开展中小学校长管理改革的试点工作。

四、全面推行教职工聘用（聘任）制度，进一步加强岗位管理

11. 全面实施教师资格制度，严把教师队伍入口关。凡在中小学专门从事教育教学工作的人员必须依法取得教师资格，未取得教师资格的人员应调整出教师队伍。努力拓宽教师来源渠道，择优聘用具备教师资格的毕业生和社会上具备教师资格的人员到中小学任教。

12. 全面推行中小学教职工聘用（聘任）制度。根据《国务院办公厅转发人事部关于在事业单位试行人员聘用制度意见的通知》精神，按需设岗、公开招聘、平等竞争、择优聘用，在平等自愿、协商一致的基础上，由学校与教职工签订聘用（聘任）合同，明确聘期内的岗位职责、工作目标、任务以及相应待遇。

13. 完善教师职务聘任制度。中小学校在核定的教师职务结构比例内科学合理地设置教师职务岗位，经批准可适当提高农村中小学教师中、高级职务的比例。要按照一岗一聘的原则，进一步强化教师职务聘任，严格聘任程序。

14. 进一步健全和完善教师考核制度。学校应对教师的政治思想、师德、履行岗位职责的情况进行年度考核和聘期考核。考核必须坚持客观、公正的原则。要研究制定符合实施素质教育和教师工作特点的考核办法。学校可根据实际情况，邀请社区代表以及学生家长参与学校评价和教师考核等工作。考核结果作为收入分配、奖惩和聘用（聘任）的重要依据。

15. 根据国家有关规定，认真妥善地处理人事争议，依法保障教职工和学校双方的合法权益。教职工与学校在履行聘用（聘任）合同时发生争议的，应由教师人事争议调解委员会先行调解；调解未果的，当事人可以向当地人事争议仲裁委员会申请仲裁。仲裁结果对争议双方具有约束力。

五、完善与聘用（聘任）制度相适应，符合中小学特点的分配激励机制

16. 认真执行国家关于中小学的工资制度和政策，保证中小学教职工的工资待遇得到落实。学校要在国家政策允许的范围内，制定与聘用（聘任）制度相适应的校内分配办法，将教职工的工资待遇与其岗位职责、工作数量和工作绩效挂钩。

17. 坚持按劳分配，效率优先，兼顾公平的分配原则，建立重能力、重实绩、重贡献的分配激励机制。实行向骨干教师倾斜的分配政策，对在教学、管理等方面做出显著成绩和突出贡献的人员，经有关部门批准可给予相对优厚的工资待遇或相应奖励。根据实际情况采取措施鼓励教师到农村任教，切实落实对边远、贫困地区中小学教师的优惠政策，以稳定和优化农村中小学教师队伍，吸引人才到农村中小学任教。

18. 各地要采取有效措施，切实保证教师工资按时足额发放。农村中小学要坚持工资统一发放措施。

六、合理配置人才资源，调整优化教职工队伍结构

19. 建立城镇教师到农村或薄弱学校任教服务期制度。坚持城镇中小学教师晋升高级职务应有一年以上在农村或薄弱学校任教的经历。有条件的地区，通过试点，逐步实现教师合理流动的制度化，促进教育系统内部人才资源合理配置，加强农村地区学校和薄弱学校的建设与发展，缓解农村边远地区中小学教师不足的矛盾，提高教师资源的使用效益。

20. 调整优化教职工队伍结构。通过调整岗位、进修培训、吸引具有教师资格的优秀人员到中小学任教等途径，逐步解决中小学教师队伍学段、区域、学科结构不合理等结构性失衡问题，特别是边远和贫困地区中小学教师短缺的问题。

21. 加强对人员流动的引导与服务。积极推动中小学人员在校际、区域之间合理流动。努力引导未聘人员转岗再就业，鼓励未聘人员进入人才市场，面向社会跨行业流动，支持未聘人员自谋职业。

22. 积极配合探索社会保障制度改革。根据社会保障制度改革的进展情况，积极探索中小学教职工社会保险的改革办法，以及通过建立社会保障体系安置未聘人员的机制。

七、加强领导，积极稳妥地推进中小学人事制度改革

23. 加强领导，统筹规划。中小学人事制度改革是干部人事制度改革的重要组成部分，各级政府要高度重视，把这项改革摆到重要议事日程。人事部门要加强对中小学人事制度改革工作的宏观管理和指导协调。教育行政部门要发挥主管部门的职能作用，统筹规划，精心组织，周密安排，具体实施。

24. 狠抓落实，稳步实施。中小学人事制度改革政策性强，涉及到广大中小学教职工的切身利益。要充分发挥学校党组织的政治核心作用，做好深入细致的思想政治工作，改革方案要通过教职工代表大会等多种途径征求意见。要处理好改革、发展、稳定的关系，改革过程中要及时总结经验，对出现的矛盾和问题要认真研究，制定切实可行的解决办法，保证中小学人事制度改革顺利进行。

教育部　国家发展改革委　财政部关于农村中小学危房改造工程的实施意见

（2003 年 9 月 29 日）

根据国务院批准的《国家发展改革委、教育部、财政部关于农村中小学危房改造工程的实施方案》（以下简称《实施方案》），现对继续实施农村中小学危房改造工程（以下简称工程）提出如下实施意见：

一、工程的组织实施和管理机构

工程由教育部、国家发展改革委、财政部和地方人民政府共同组织实施。地方人民政府要切实承担工程的主要责任，成立由主管教育的副省长（副主席、副市长）牵头，教育、发展改革（计划）和财政部门参加的工程领导小组，负责工程的组织实施工作。“全国中小学危房改造工程部际协调小组办公室”（简称全国危改办），具体负责工程实施的管理和检查监督工作。

地方县级以上人民政府也要成立相应的组织机构，负责对本地区工程实施的领导和管理。

二、工程改造规划的目标

从今年起用 3 年时间，中央安排专项资金支持地方政府完成对农村中小学现存 D 级危房的改造任务。建立和完善农村义务教育设施建设投入新机制。农村中小学现存的 B 级、C 级危房及以后新产生的危房，由地方政府负责核查、制订规划、落实资金并承担改造责任。

三、制订工程规划的原则和要求

各省要根据国务院批准的实施方案，实事求是地制订本地区的工程总体规划，进一步明确改造任务、投入资金数额、资金筹措方案和年度项目实施计划，报 3 部委审定。制订工程总体规划方案要遵循以下原则：

（一）各级教育、发展改革、财政部门要各司其责、密切配合，对本地区申报的农村中小学危房面积数认真核实，实事求是地做好工程总体规划和分年度项目实施计划。工程实行项目管理。

工程总体规划必须覆盖全部现存D级危房。要按照轻重缓急的原则，提出分年度项目实施计划建议方案。申请中央专项资金的项目必须纳入工程总体规划。中央专项资金安排过的项目不能重复安排。

凡是申报中央专项资金补助的项目学校，使用国债资金的项目中央专项资金不得低于20万元，使用财政预算资金的项目中央专项资金不得低于10万元。

（二）工程的项目学校必须是政府举办的农村义务教育阶段的小学、初中和完全中学（包括其中的高中部分），以及相应阶段的特殊教育学校。

各地要在2002年上报的中小学危房资料数据库（扣除2001年至2002年已改造的项目）基础上，制订本地区工程实施总体规划和年度项目实施计划。在优先选择最急需改造的教学和教辅用房的同时，对农村学校急需改造的学生宿舍、食堂和厕所也要纳入工程统筹考虑。改造、新建校舍要考虑实施农村中小学远程教育的设计要求，并要符合国家有关的卫生安全规范。

因遭受重大自然灾害损毁的农村中小学校舍，如属未列入中小学危房资料数据库的学校，可在有关职能部门出具危险房屋安全鉴定报告，补报《农村中小学危房改造工程项目申请表》后，纳入工程总体规划，并本着急事急办的原则，优先安排此类项目。

（三）制订工程总体规划要与中小学布局结构调整、已经实施的“中小学危房改造工程”、“国家贫困地区义务教育工程”以及世界银行贷款“西部地区基础教育发展项目”规划相结合。布局调整规划中准备撤销的学校不得列入危房改造项目。

（四）制订工程项目规划必须与建设实施有机衔接。在选择校址时，要保证有与拟建学校规模相适应的用地面积，地形、地质、地貌和周边环境符合学校安全、安静、卫生要求，有利于防灾及安全疏散，避免在自然灾害频发和其他存在不安全因素的区域选择校址。工程实施必须严格执行基本建设程序，坚持先勘察、后设计、再施工的原则。建筑设计、施工单位必须具有国家认定的资质。校舍建设要因地制宜，本着“经济、实用、整洁、安全”的原则。农村小学的建筑应以平房为主。

（五）各地在上报工程总体规划和分年度实施计划时，必须实事求是，保证其科学性和严肃性。项目规划应包括以下要点：

1. 农村中小学教育现状。包括：教育经费投入、在校师生数、现有校舍面积、现有各级危房面积、办学条件基本情况等。

2. 项目总体规划目标及实现目标的具体措施。包括：2003年至2005年三年总体规划和2003年、2004年、2005年分年度实施计划。

3. 各年度入选项目学校危房改造规划和项目申请预算情况。

4. 项目建设总成本概算及测算依据说明。

5. 中央专项资金和地方各级政府投入专项资金数额。

6. 建立农村中小学危房改造投入保障机制的主要措施。

制订项目规划不能留有资金缺口，申请中央专项资金补助数额不能突破中央专项资金额度，地方各级政府承诺的专项资金数额必须列入各级政府预算，确保落实。

四、工程资金的保障和使用方向

工程资金以政府投入为主。坚持“地方投入为主，中央适当补助”的原则。中央和地方各级政府都要设立工程专项资金，统筹规划、协调使用，明确任务、强化监管，确保实现工程确定的目标。

省级人民政府对本地区的中小学危房改造工作承担主要责任。地方政府用于工程的专项投入主要由项目省省级政府承担。严禁借此向农民和学校乱收费和摊派各种费用，切实减轻农民和学校的负担。

中央专项资金重点支持中西部地区集中解决农村中小学现存的D级危房问题，并坚持向西部农村贫困地区倾斜的原则。

中央专项资金补助范围是：西部12个省（自治区、直辖市）和新疆生产建设兵团，中部10个省及辽宁省、山东省、福建省的部分贫困地区。

北京、天津、上海、江苏、浙江、广东6省、市及计划单列市的中小学危改工作和资金安排，以及建立危房改造投入保障机制，由当地政府负责。

中央专项资金补助的地区，省级政府要根据重新核定的D级危房改造任务和中央专项资金额度，核算完成任务需要承担的资金数额，并负责筹措落实，做好分年度预算。3部委根据各省制订的总体规划和省级政府筹措资金落实情况，按照不同渠道中央专项资金管理要求，分年度核定中央专项资金补助数。对于危房改造任务重、地方财力薄弱的县，中央和省级专项资金投入应不低于其改造现存D级危房工程资金总量的70%，其余部分由市、县两级政府负担。

中央专项资金和地方政府专项资金，要统一纳入各级财政国库，实行分账核算管理，统筹安排使用，确保专款专用。各级财政部门要根据工程实施进度，及时足额拨付项目资金。

对工程专项资金未实行分账核算管理、地方政府承诺资金不到位或弄虚作假、工程质量不合格的地区，3部委在分年度核定中央专项资金补助数时，将缓拨或核减甚至停拨中央专项资金。

五、中小学危房改造投入保障机制的主要内容

地方各级政府要以实施工程为契机，建立健全以地方政府投入为主、多渠道筹措资金的中小学危房改造投入保障机制，使今后中小学危房改造走上信息准确、责任分明、资金到位、管理有序的正常渠道。

（一）进一步明确政府在中小学危房改造工作中的责任和任务。地方各级政府要把维护、改造和建设中小学校舍纳入本地区社会事业发展和基础设施建设规划，合理制订危房改造总体规划和年度项目实施计划。

（二）落实危房改造保障措施，建立经常、稳定的中小学危房改造经费渠道。地方各级政府要把中小学校舍维护、改造和建设所需经费纳入政府预算，并且要在上级农村税费改革转移支付中，明确一定比例专项用于农村中小学危房改造。

地方各级政府要加强领导，对工程项目建设涉及的土地使用费、图纸设计费、地勘费、监理费等收费要严格执行有关政策，严禁以各种名义对工程项目高收费、乱收费。

（三）健全危房改造管理机构，加强管理人员队伍建设和业务培训，规范危房鉴定、校园规划、工程立项、勘察设计、招标管理、施工监理、资金使用、竣工验收、资料归档等工作程序。

（四）建立完善中小学校舍管理数据库和校舍定期勘察、鉴定工作制度。地方各级政府每年要组织有关部门对辖区内中小学校舍进行安全检查和危房鉴定，切实做到早发现、早改造。各级教育行政部门和学校要建立完善中小学校舍管理数据库，确保信息准确。

（五）建立中小学危房改造项目公示和责任追究制度，自觉接受社会监督。

六、项目的申报和审批程序

为加强工程的项目管理，确保工程总目标的实现，项目申报采取自下而上逐级申报的程序。

请各省（区、市）教育、发展改革（计划）、财政部门按照国务院批准的《实施方案》和本文件要求，抓紧制订本省份工程总体规划和年度项目实施计划，务必于11月10日前由省级教育、发展改革（计划）、财政部门联合报送3部委。经3部委审核后，与各省签署工程项目建设目标管理责任书。

2003年由国家发展改革委安排20亿元，2004—2005年由财政部和教育部共同承担40亿元，3年共计60亿元补助地方实施工程。请各地在制订工程总体规划的基础上，按照不同渠道中央专项资金管理要求，按年度编报当年中央专项资金项目实施计划。

进一步加强农村教育工作，继续实施农村中小学危房改造工程，是本届政府实施科教兴国战略，贯彻“三个代表”重要思想的一项重要举措。地方各级政府一定按照国务院的要求，牢记“群众利益无小事”，本着对党、对人民高度负责的精神，精心组织，认真实施，确保工程目标的实现。

附件：农村中小学危房改造工程项目建设目标管理责任书（格式文本）（略）

教育部办公厅关于做好高等学校自主选拔录取改革试点工作的通知

（2003年2月24日）

为了进一步深化高等学校招生录取制度改革，进一步扩大高等学校招生自主权，根据《教育部关于做好2003年普通高等学校招生工作的通知》（教学［2003］1号）要求，我部决定2003年在部分高等学校（名单见附件）开展自主选拔录取改革试点工作。现将有关要求通知如下：

一、指导思想和原则

自主选拔录取改革试点工作要认真贯彻党的教育方针，体现教育创新、素质教育的要求；遵循公平、公正、公开、择优录取的原则。

试点学校和有关省（自治区、直辖市）高等学校招生委员会办公室（以下简称省级招办）要根据创新人才选拔和专业培养需要，积极探索以统一考试录取为主、与多元化考试评价和多样化选拔录取相结合，学校自主选拔录取、自我约束，政府宏观指导、服务，社会有效监督的选拔优秀创新人才的新机制。

二、招生计划

自主选拔录取招生人数控制在试点学校年度本科招生计划总数的5%以内，并作为“预留计划”的一部分在招生来源计划之外由试点学校及有关省级招办单独公布，并报我部备案。

三、招生程序

1. 试点学校根据本校的实际情况，制订自主选拔录取方案，并纳入本校招生章程，向社会公布。

2. 符合试点学校自主选拔录取条件的应届高中毕业生，由本人提出申请，经所在中学推荐，由中学向试点学校提供考生在校德智体美发展情况以及获奖、特长等证明及写实性材料。

3. 试点学校组织专家组，按照自主确定并经公示的标准和考核办法，对推荐的考生材料进行审查，并在进行面试等相关测评、考核后，提出候选人，试点学校招生领导小组审核后确定入选考生名单。

4. 考核通过的入选考生名单须及时报生源所在省级招办备案，并在考生所在中学、试点学校网站以及生源所在省级招办指定的信息发布平台或新闻媒体上公布。

5. 入选考生均须参加全国统考，成绩达到生源所在省（自治区、直辖市）确定的与试点学校同批次录取控制分数线的，省级招办应向考生选报的试点学校投档。试点学校对先期考核通过并且符合统考成绩要求的考生，进行综合评价、自主选拔录取。

6. 试点学校录取工作结束后，生源所在省级招办应将试点学校自主选拔录取的考生通过本省级招办信息平台和有关新闻媒体向社会公布；试点学校须及时将自主选拔录取的已录考生名单在本校网站上公布。

7. 试点学校的艺术特长生、体育特长生招生，应纳入本校自主选拔录取改革试点方案，并按我部有关规定执行。

四、自主选拔录取改革试点工作是深化高等学校招生录取制度改革的重要举措，各省级招办、中学和参加试点的高等学校要高度重视这项工作，增强责任感和使命感，必须加强管理和监督，做到标准刚性化，程序规范化，招生办法公开化，录取结果公示化。

各试点学校由主管校领导、学科专家、纪检监察部门、招生部门负责人组成的招生领导小组，应按照“严格程序、加强管理、接受监督”原则，认真把好招生过程的每一关。要增强主体意识，以有利于学生的全面发展和个性特长的充分发挥、有利于高素质创新人才的培养为目标，积极探索、研究，并在实践中不断规范、完善自主选拔录取改革试点工作。

2003年开展自主选拔录取改革试点工作的高等学校名单

北京大学
清华大学
中国政法大学
同济大学
华东理工大学
南京大学
南京航空航天大学
河海大学
南京农业大学
中国科学技术大学
中山大学
中国人民大学
北京师范大学
复旦大学
上海交通大学
华东师范大学
东南大学
南京理工大学
中国药科大学
浙江大学
华中科技大学
重庆大学

教育部办公厅关于教育电子政务建设的指导意见

（2003年3月28日）

国家信息化领导小组决定，把电子政务建设作为今后一个时期我国信息化工作的重点，政府先行，带动国民经济和社会信息化的发展。教育电子政务是国家电子政务建设的重要组成部分，是教育信息化建设的主要方面之一，是实现教育管理现代化的重要手段。大力推进教育行政部门的电子政务和学校的电子校务（以下统称为教育电子政务）建设，已成为教育行政部门和学校转变管理职能、转变工作方式和作风，进一步提高工作质量和效率，建立办事高效、运转协调、行为规范的教育管理体制的重要任务。

随着教育信息化的发展，教育电子政务建设已经起步。教育部机关的办公信息网已经与省级教育行政部门和直属高等学校的办公业务网络进行联网信息交换；教育系统的办公自动化和管理信息化水平逐步提高，服务范围不断扩大；建立了一批教师、学生、财务、设备、招生、学历认证、科研等数据库和文件文献档案等教育信息资源库；一些教育行政部门和学校建立了电子信息网站。这些工作对教育部门和学校提高教育行政质量和效率，规范管理，加强服务，以及促进社会对教育的监督，起到重要作用。

但从整体上看，教育电子政务还存在一些问题，服务体系不完备，信息标准不统一，互联互通不畅，信息资源分散，共享程度低；应用水平不高，低水平开发和重复建设现象严重；信息安全体系缺乏，信息安全保密制度亟待完善；投入不足，发展不平衡。目前，教育电子政务建设还不适应我国教育改革和发展的要求。

为了加快全国教育电子政务建设进程，根据国务院办公厅、国家信息化领导小组有关文件精神，结合教育系统的实际，现提出以下指导意见。

一、教育电子政务建设的指导思想和应坚持的原则

1. 指导思想是：以“三个代表”重要思想为指导，按照教育改革发展的要求，以信息技术手段支持教育管理和服务水平的提高。以需求为导向，以应用促发展，强化教育信息资源共享，提高教育管理和服务的科学性、规范性、公开性，推动教育的振兴和发展。

2. 应坚持的原则是：

（1）坚持统一规划，协调发展的原则。教育电子政务在我部的统一协调下，总体规划，分层推进，分步实施。

（2）坚持需求主导，应用为主的原则。在教育电子政务建设中，信息网络是基础，信息资源是核心，信息技术应用是手段，转变工作方式，提高工作效率是目的，人才、技术、政策法规和标准是保障。重点推进办公应用系统和教育政务信息资源库、各级各类学校信息资源库和各类专门基础数据库的建设，尽快发挥效益。

（3）坚持规范标准，资源共享的原则。加强标准规范的制定推广。优先采用国家标准。在教育信息化的框架下，制定教育行业规范，实现信息资源共享。

二、教育电子政务建设的总体目标和主要任务

1. 总体目标

建立以信息网络为基础的教育电子政务与电子校务服务体系，逐步实现教育系统的办公自动化，推进无纸化办公，进一步提高管理决策科学化水平和公共服务电子化水平。

近五年具体目标是：初步建立教育电子政务的总体框架，参与国家政务内外网络建设，整合教育电子政务网络平台；建成一批教育业务的监管和应用系统并发挥作用，使教育管理与信息的快速反应能力得到明显提高，建设教育政务应用平台；完善以教育部政府网站为核心的信息服务和公共电子政务系统，建立“一站式”服务平台，建设招生考试与就业服务系统；完成教育政务信息资源库和基础数据库建设，建立教育电子政务培训体系、研发体系、安全体系和支援应急系统。

2. 主要任务

（1）教育电子政务网络平台建设。配合国家电子政务网络建设进行教育电子政务网络资源整合，建立教育电子政务信息服务和信息交换网络体系。

（2）教育电子政务应用平台建设。建立完善教育管理和服务相关的办公与信息系统。建立和完善各级教育行政部门和各级各类学校的办公信息系统和监管系统；开通全国教育视频会议系统；实施教育电子政务示范工程。

（3）公共电子政务与信息服务平台建设。积极推进教育政务公开与信息服务，建立以教育部政府网站（http：//www. moe. gov. cn）为核心的教育公众信息服务体系，开通部分面向教育系统和社会公众的网上24小时电子办公服务系统；建设学历认证系统、考试信息服务系统、就业咨询与服务系统等一批公共信息服务系统。

（4）教育政务信息资源库与基础数据库建设。建设教育政务信息资源库和公共的学校信息发布检索平台；在各级教育行政部门和各级各类学校建设教师、学生、财务、设备房产、科研等基础数据库以及配套的统计和应用系统。开发利用教育信息资源，为管理、教学和研究服务，部分面向社会服务。

（5）完善教育电子政务规范和标准规范。实施国家政务信息标准，在教育信息化规划的框架下，完善教育管理信息标准、各类学校发布信息规范、教育信息编码标准、政务网络及设备参考标准和视频会议接入标准等，为全国教育系统信息联网和政务信息的共享铺平道路。

（6）建立和完善教育系统管理人员的信息化培训培养机制。采用网络课件（远程教育）、专业进修、本地培训和讲座等多种形式，逐步对管理人员和技术人员等开展不同层次的技术培训。建立一支训练有素、专业技能过硬、管理水平较高、相对稳定可靠的技术队伍，保证教育电子政务网络和应用系统安全正常运转。

（7）建立和完善教育信息技术支持体系和安全保障体系。研制、采购和配置教育电子政务的网络信息交换加密和认证系统；建立教育电子政务的应急支援中心和数据备份中心，制定应急技术方案；制订和完善教育电子政务的法规和保密制度，确保电子政务系统安全稳定运行。研究信息技术支持教育管理和决策的方式方法，为领导和业务部门提供决策分析、数据抽样调查和数据与信息挖掘等专业的支持和服务。

三、教育电子政务实施的保障措施

1. 加强领导，统筹规划

教育电子政务建设必须按照教育信息化领导小组的决策，统筹规划部署。教育信息化领导小组办公室会同有关部门负责制定总体规划。教育部办公厅负责协调，组织制定实施方案和推动落实。教育管理信息中心负责具体实施和技术支持。各级教育行政部门应在本级教育信息化领导小组领导下，由办公室负责组织协调，信息中心等技术部门具体实施。要采取有效措施，确保教育电子政务建设。

2. 整合资源，互连互通

要利用国家政务网络平台，使用国家信息交换标准，实现与我部和地方教育行政部门的文件信息交换。充分利用已有的设施设备，实现与中国教育和科研计算机网、省市教育网、校园网、远程教育、“校校通”工程等软硬件资源基础上的电子政务应用整合和信息共享。要逐步规范业务流程，将工作重点放在加快电子政务的应用和资源建设上。

3. 示范带动，分步实施

教育电子政务建设是一项系统工程，涉及教育系统各级部门和各级各类学校。我部将有针对性地开展各项系统的建设和应用开发，在全国选择不同地区和不同类型的部门、学校进行试点，通过实施具有基础性和全局性的示范项目，推动教育电子政务建设。

4. 多方投入，确保建设

教育电子政务建设所需资金，采用中央和地方分担的做法。各地教育行政部门及所属学校的电子政务所需资金，由各地财政解决。各级政府部门要积极筹措资金，保证教育电子政务建设和应用工作的顺利开展。要多渠道筹措资金，开展融资、租赁等方式建设教育电子政务。对部分服务性业务可以实行合作等形式，加快建设步伐。

要保证政务信息系统的运行维护经费，合理确定和提高应用软件的投资比重。要组织研究教育电子政务的绩效评估机制，对教育电子政务应用进行评估。

5. 强化服务，加强培训

教育电子政务是沟通教育行政部门和学校与社会公众的重要手段。要切实转变观念，强化信息服务的意识，增加网上业务，将为社会的信息服务作为电子政务的重点之一，推动政务规范和政务公开。

要加强对有关人员的技术培训，尤其是提高各级领导干部的信息技术水平和信息安全意识，增强使用计算机和办公应用系统的能力。同时，要建立一支专业人才技术维护队伍。

6. 完善制度，保障安全

各级教育行政部门要按照国务院办公厅、国家保密局的安全管理要求，制订和完善教育电子政务建设中的法规制度和安全保密措施，落实安全保密工作责任制。办公自动化等重要业务必须依托本单位信息技术部门及有关人员建设和管理。

要建立并完善教育电子政务的信息安全技术保障系统。采用国家有关部门审核认定的加密和电子认证技术，确保信息安全。要建立数据备份系统，确保政务系统的快速恢复和可靠运行。

国家精品课程建设工作实施办法

（2003年5月12日　教育部办公厅印发）

精品课程建设是高等学校教学质量与教学改革工程的重要组成部分，各级教育行政部门和各高等学校党政领导要给予高度重视，精心设计，精心组织。有关高等学校要在经费投入、人员保证、管理机制等各个方面不断创新，支持国家精品课程建设，保证国家精品课程的可持续发展。

国家精品课程建设采用学校先行建设、省区市择优推荐、教育部组织评审、授予荣誉称号、后补助建设经费的方式进行。教育部将建立“中国高教精品课程网站”，发布与高等学校精品课程建设有关的政策、规定、标准、通知等信息，并接受网上申请，开展网上评审、网上公开精品课程等工作。

一、申报方式

1. 申报条件。国家精品课程原则上应是本科、高职高专各个专业的基础课和专业（技术）基础课。申报“国家精品课程”的课程必须已在高等学校（含高职高专院校）连续开设3年以上。课程主讲教师具有教授职称（高职高专院校可适当放宽条件）。有关教学大纲、授课教案、习题、实验指导、参考文献目录等已经上网。同时，为评价主讲教师个人的授课效果，还需在网上提供不少于50分钟的现场教学录像。鼓励将课件或全程授课录像上网参评。

2. 申报步骤。国家精品课程申报由省级教育行政部门统一向教育部提出，申请公文内容应包括申请学校名称、课程名称、授课对象、主讲教师姓名等，不再附申请表格和说明材料。另由申报课程所在学校组织课程主讲教师通过“中国高教精品课程网站”直接提交课程的申请表格、说明材料以及课程上网的网址（包括进入密码）等。教育部不直接受理高等学校提出的国家精品课程评审申请。

3. 申报时间及受理机构。国家精品课程自2003年起，连续评审5年，每年评审一次，申报截止日期为当年的9月15日（2003年将根据情况适当延期）。国家精品课程申报受理机构为教育部高等教育司（邮政编码：100816，通讯地址：北京市西城区大木仓胡同37号）。

二、评审方式

教育部将委托有关机构和专家进行国家精品课程评审。评审过程分为四个阶段，即：资格审查，网上教学资源评审，教学效果评价（学校举证、审看录像、网上学生评价）和公示材料（包括申请表格、说明材料、上网资源、学校举证、教学录像、网上学生评价意见）30天。情况特殊的也可委托专家到校现场复审。公示期内如无异议，由教育部授予“国家精品课程”荣誉称号，并向社会公布。

三、运行管理

1. 课程上网。由有关高等学校和主讲教师保证“国家精品课程”在网上的正常运行、维护和升级。确因技术原因需要中断的，必须在“中国高教精品课程网站”中注明原因。所在学校和课程人员应及时排除问题，尽快恢复上网课程的正常运行。

2. 年度检查。国家精品课程每年检查一次，检查工作由教育部委托有关机构和专家在网上进行，特殊情况也可到校检查。检查不合格的课程取消“国家精品课程”荣誉称号，停拨维护升级费，但保留其两年内申请复查的资格。复查合格的恢复“国家精品课程”荣誉称号，但不补拨维护升级费。被取消“国家精品课程”荣誉称号的课程不能重新申报国家精品课程。

四、知识产权管理

国家精品课程视为职务作品。凡申请国家精品课程评审的高等学校和主讲教师将被视为同意该课程在享受“国家精品课程”荣誉称号期间，其上网内容的非商业性使用权自然授予全国各高等学校。国家精品课程要按照规定上网并向全国高等学校免费开放，高等学校和授课教师要承诺上网内容不侵犯他人的知识产权。

五、经费支持

教育部对“国家精品课程”提供经费支持。支持经费包括建设补助费和维护升级费。建设补助费在评审结果公布后3个月内拨付，维护升级费在年度检查通过后拨付。我部将根据每门国家精品课程上网内容的多少和维护、升级情况适度调整支持额度。

六、其他

本办法未尽事宜将另行规定。本办法由教育部高等教育司负责解释。

教育部办公厅关于进一步加强高校学生管理工作和心理健康教育工作的通知

（2003年12月22日）

近一时期以来，个别高校接连发生学生由于心理异常等原因致伤或致死他人的严重事件，教训十分惨痛。为防止此类事件的发生，需要做多方面的工作。根据高校的实际情况和有关高校的经验，现就进一步加强高校学生管理和心理健康教育工作有关要求通知如下：

一、高度重视，切实加强对学生管理工作的领导。高校学生管理工作是高校工作的重要内容之一，是维护学校正常教学秩序、保证学生健康成长的基础性工作。长期以来，许多高校通过完善有效的学生管理，对广大学生给予及时的教育、关心和保护，在帮助广大学生成长成才，减少和避免伤害方面发挥了重要作用。同时，我们也应看到，根据当前有的高校接连发生学生由于心理异常等原因自杀和致伤他人的严重事件的新情况，要求进一步加强高校学生管理工作，为减少和避免伤害事件的发生起到更积极的作用。各地各高校要充分认识当前形势下加强学生管理工作的紧迫性和重要性，以高度的政治责任感和工作责任心，切实加强对学生管理工作的领导，建立领导责任制，完善各项工作制度，深入、细致、扎实地抓好各项管理工作。

二、强化育人意识，把教书育人、管理育人、服务育人落到实处，形成全员、全方位、全过程育人的合力。学生心理异常情况的发生，原因是多方面的，对问题的发现和解决也需要学校全体师生的共同努力。各地各高校要充分发挥高校“两课”教育教学的作用，帮助学生树立正确的成才观、苦乐观、恋爱观、择业观等思想观念，养成良好行为习惯和健康向上的精神风尚；学生辅导员、班主任和学生工作干部，要深入课堂、公寓，深入了解学生的学习、生活情况，把握学生的思想特点和关心的问题，做到心中有数；专业教师要注意在教学过程中既要关心学生的专业学习，也要注意了解和把握学生的思想状况和心理特点；学生党团组织、学生会、学生社团要充分发挥身处广大学生之中的优势，广泛联系同学，通过多种方式，加强思想和感情上的联系和沟通，了解思想动态和心态。要通过高校干部和师生的共同努力，确保一旦有异常情况发生，能够做到及时发现、及时上报、及时处理，把可能出现的伤害事故解决在萌芽状态。

三、要进一步加强学生心理健康教育工作。心理健康教育工作对于预防学生伤害的发生，具有十分重要的作用。各地各高校要认真贯彻落实教育部关于加强高校大学生心理健康教育工作的有关文件精神，建立健全学校心理健康教育机构；加强教师队伍培训，提高师资的基础理论知识和专业技能；抓紧进行大学生心理健康量表的研制工作，建立心理健康大学生咨询中心，进行设立心理健康档案试点；通过举办心理健康知识讲座、团体训练、学习辅导、个别咨询等方式，为学生提供心理健康指导与服务；根据大学各个阶段遇到的适应、交往、成才、情感、择业等方面的实际问题和困扰，组织编写大学生心理健康读本，加强大学生心理健康科普教育，让大学生了解自己、科学认识自己，帮助大学生进行心理调适；在心理辅导或咨询中，如发现有严重心理障碍和心理疾病的学生，要及时将他们转介到专业卫生机构治疗。要加强校医院（卫生科）卫生人员防治心理疾病的专业培训，提高他们预防和处置心理疾病的能力。对患有严重心理疾病经专业机构治疗过后返校继续学习的学生，要特别加强心理跟踪服务工作，派专人与他们保持联系，及时发现和解决有关情况和问题。各地各高校在充分发挥心理健康教育师资队伍作用的同时，要热情关心心理健康教育师资队伍的培养和提高，解决有关工作场地、经费投入等，为开展工作创造有利条件。

各地各高校要确保信息渠道的畅通，有关重要情况和信息要向教育行政部门和当地有关部门及时报告。

资料汇编

中国教育改革与发展情况

（2004年1月6日）

一、关于教育事业发展情况

截至2002年底，中国有各级各类学校117万所，其中普通学校67万所，成人学校50万所；在校学生3.18亿人，教育规模为世界之最。

——2002年，全国有幼儿园11.18万所，在园幼儿2 036.02万人。

——中国普及义务教育取得历史性进展。2002年，全国有小学45.69万所，在校学生12 156.71万人，小学净入学率为98.58%，小学毕业生升学率97.02%，全国小学专任教师577.89万人。初中6.56万所，在校学生6 687.43万人，初中毛入学率达90%，初中毕业生升学率58.3%，全国初中专任教师346.77万人。2002年底，全国90%以上的人口地区基本普及了九年义务教育，在九个发展中人口大国中义务教育普及率位于前列。

——高中阶段教育发展迅速。2002年，全国高中阶段教育（包括普通高中、职业高中、普通中等专业学校、技工学校、成人高中、成人中等专业学校）共有学校3.28万所，在校学生达2 908.14万人，高中阶段毛入学率42.8%。其中普通高中1.54万所，在校生1 683.81万人；中等职业教育（包括职业高中、普通中专、成人中专和技工学校）共有学校1.59万所，在校生1 190.81万人，另有成人高中0.15万所，在校生33.52万人。

——中国的高等教育获得了长足的发展，质量不断提高。至2002年底，全国共有高等学校2 003所。各类高等教育在校生规模达1 600万人，高等教育毛入学率为15%，进入了国际公认的大众化教育阶段。按照“共建、调整、合作、合并”的方针，经过8年多的持续努力，高等教育管理体制实现了深刻的变革，教育资源得到了优化配置。有597所高校合并组建为267所高校，原国务院有关部门直接管理的367所普通高校中，有近250所划转省级政府管理，实行地方与中央共建的体制，克服了部门和地方条块分割、重复办学、资源浪费的弊病，形成了中央和省级政府两级管理，以省级政府管理为主的高等教育管理新体制，调动了地方政府发展高等教育的积极性，密切了高校与区域经济社会发展的联系。高等学校教学质量和办学水平进一步提高，科研实力增强，高校对国家经济建设和社会发展的贡献力度日益加大。

——中国政府重视扫除“文盲”工作。1949年前的旧中国，人口文盲率高达80%以上。新中国成立后，经过持续不断的努力，共扫除文盲2.3亿。2001年，全国人口文盲率下降到6.72%以下，15～50周岁青壮年文盲率已降至4.8%以下。

——中国政府高度重视妇女和女童受教育权的保障。1949年，女童入学率只有15%左右，2002年，小学女童的净入学率已达98.53%；男女性别差下降到0.09个百分点，与男童相比大体持平。

1951年小学女生仅占在校生28%，2002年上升为47.2%，高于世界小学中女生占45.7%的比例；2002年，普通中等学校女生占在校生比例达到47.23%以上；普通高校在校生中女生比例达到44%。

——中国政府重视特殊教育的发展。2002年全国特殊教育学校已达1 540所，在校生37.45万人。在普通学校随班就读和附设特教班的残疾儿童在校生数占特殊教育在校生总数的68.29%。

——少数民族教育发展成就巨大。2002年，全国已有民族学院（大学）12所。全国各级普通学校少数民族学生达1 991万，专任教师98万，其中普通高校中少数民族学生达54.1万人，占普通高校在校学生总数的5.99%。

——中国是世界上出国留学生最多的国家，近20年来，58.2万留学生赴103个国家和地区留学，其中已有16万人学成回国；同时，来华留学生数量也是建国以来发展最快的时期，2002年，来自170个国家的8.6万外国留学生在华学习。

——中国政府积极支持社会力量兴办教育机构。截至2002年底，各级各类民办学校共有6.12万所，在校生总规模达1 115.97万人。其中，民办高等教育机构1 202所（不含具有学历教育资格的133所民办高校），各类注册学生140.35万人。民办高等教育机构中学历文凭试点学生31.12万人，自考助学班学生53.05万人。民办普通中学5 362所，在校生305.91万人。民办职业中学1 085所，在校生47.05万人。民办小学5 122所，在校生222.14万人。民办幼儿园4.84万所，在校生400.52万人。

——中国积极推进教育信息化，大力发展远程教育。自1999年开始，教育部已批准68所普通高等学校和中央广播电视大学开展现代远程教育试点工作。截至2002年底，开设了覆盖十大学科门类的140种专业，累计注册学生137.3万人。68所普通高等学校在全国设立了2 027个校外学习中心（点），试点工作有效地推动了我国以广播电视教育为特征的第二代远程教育向以计算机网络为特征的现代远程教育的跨越式发展，初步形成了由66所普通高校与近2 000个校外学习中心和遍布全国的电大系统组成的我国高校现代远程教育办学体系。1994年开始建设的中国教育和科研计算机网（CERNET），已形成由国家主干网、地区网、校园网共同组成的三层管理结构。中国教育和科研计算机网（CERNET）与中国教育卫星宽带多媒体传输网（CEBSat）的高速联结，构建了“天地合一”的现代远程教育传输平台，为我国现代远程教育提供了网络支撑环境。

——2002年，全国教职工总数达1 579万人，其中专任教师1 239万人。1985年，中国确定每年的9月10日为教师节，这是中国第一个为专门职业人员设立的节日。同时，中国政府一直致力于提高教师的社会地位和生活待遇。为提高师资水平，中国启动了全国教师教育网络联盟计划。该计划的宗旨是以教育信息化带动教师教育的现代化，通过教师教育系统、卫星电视网与计算机互联网的三网融通，为教师终身学习和素质的不断提升提供支持和服务，大规模、高质量、高效率地培训教师，对广大中小学教师进行全员培训和继续教育，大幅度提升中小学教师队伍素质。

二、关于教育经费投入情况

中国的教育经费包括教育事业费和基本建设费两部分。教育预算包括事业费预算和基本建设投资预算。各级政府的财政部门和计划部门负责提出教育经费预算草案，由同级人民代表大会审核批准。教育经费预算确定后，未经人民代表大会修改，任何部门和个人均无权改变。教育经费预算执行过程中，政府财政部门负责核拨教育事业费，政府计划部门负责核拨基本建设费。

中国政府把教育作为国民经济和社会发展全局中具有基础性、先导性、全局性的事业，不断加大对教育事业的投入。

2002年，全国教育经费为5 480.03亿元，比上年的4 637.66亿元增长18.16%。其中，国家财政性教育经费为3 491.40亿元，比上年的3 057.01亿元增长14.21%。国家财政性教育经费占国内生产总值比例为3.41%，比上年的3.19%增加了0.22个百分点，为1989年对此项指标进行监测以来的最高水平。中国政府在教育经费投入方面的目标是争取在较短的时间内实现国家财政性教育经费占国内生产总值的比例达到4%的水平。

伴随社会主义市场经济的建立和完善，中国在非义务教育阶段实行教育成本分担机制，按照教育成本的一定比例向学生收取学费。与此同时，为保证家庭经济困难的学生不因贫困而失学，中国政府制订了一系列政策措施，主要有：奖学金制度、勤工助学制度、特殊困难补助制度、学费减免制度、国家助学贷款制度等。这些助学制度的实施，有效地保证了家庭经济困难的学生能够顺利完成学业。

三、关于2003年教育事业发展的情况

2003年，按照中共十六大提出的全面建设小康社会的目标，以努力办好让人民满意的教育为宗旨，中国教育改革和发展各项工作取得了新进展。

——2003年9月，国务院召开了新中国成立以来第一次全国农村教育工作会议，颁布了《国务院关于进一步加强农村教育工作的决定》，明确了农村教育在教育工作中"重中之重"的战略地位，提出了西部攻坚、巩固提高和深化农村教育综合改革的三大目标和深化改革、促进农村教育发展的一系列重大政策措施，推动了农村教育和基础教育的全面发展与提高。2003年新增实现"两基"的县51个，其中西部地区增加42个。

2003年，中央财政加大了对农村义务教育的专项支持。二期的"国家贫困地区义务教育工程"已到位资金30亿元。中国政府还落实资金60亿元用于二期"农村中小学危房改造工程"，2003年已拨付20亿元。安排了13.44亿元的资金用于"农村中小学现代远程教育工程"试点，先期启动的西部中小学现代远程教育试点示范项目——10 000所乡村中小学示范点已全部建成。中国政府用于免费发放教科书的经费从每年2亿元增加到4亿元。国家和地方共同出资，对新疆经济困难的56个县义务教育阶段的学生实行了全部免费提供教科书、免除杂费。各地也相应增加了对农村教育的投入，并积极推动各项对口支援工程的实施。

——高等教育继续快速发展。2003年普通本专科招生约382万人，比上年增加61.7万人，增长19%；2003年全国研究生招生约26.9万人，比上年增加6.89万人，增长34%。全国各类高等教育在校学生规模为1 900万人，高等教育毛入学率达到17%左右。

——高水平大学、重点学科建设和高层次人才培养工作得到加强。同时，加大了高等教育实施质量工程的力度；加强了对高校科技创新和哲学社会科学研究的规划和指导；高教管理体制和布局结构调整取得新进展，进一步促进了已合并高校的实质性融合；高校毕业生就业工作领导体制和政策体系框架初步形成，高校毕业生就业进展顺利，到今年9月，高校毕业生就业率超过70%。

——为促进职业教育进一步适应经济结构调整和城镇化发展的要求，国家倡导"以就业为导向"的新观念，加快调整、改革、发展职业教育，职业教育的结构趋向合理，职业教育发展势头良好。

——依法行政和教育法制建设得到加强，治理教育乱收费取得明显成效。

——教育对外开放进一步扩大，教育国际交流与合作向深层次、高水平发展。同时，为维护广大学生和家长的合法权益，大力加强教育涉外秩序的整顿。

四、关于2004年和今后一个时期教育改革与发展的规划

在实施"科教兴国"和"人才强国"战略，全面建设小康社会的进程中，中国政府将推动教育事业持续健康协调快速发展，构建完善的国民教育体系和终身教育体系，培养数以亿计的高素质劳动者，数以千万计的专门人才和一大批拔尖创新人才，并促进教育与科技创新、经济建设、文化繁荣和社会进步的紧密结合。

2003年12月30日，新一届国家科技教育领导小组召开第二次全体会议，听取了教育部关于制定《2003—2007年教育振兴行动计划》和《国家西部地区"两基"攻坚计划》的汇报。《2003—2007年教育振兴行动计划》，明确了今后五年我国教育工作的方向、任务和目标，对教育改革和发展提出了具体要求。《国家西部地区"两基"攻坚计划》，对实现西部地区基本普及九年义务教育、基本扫除青壮年文盲作出了具体部署。实施这两个计划，对于提高全民族的素质，对于经济和社会的全面、协调和可持续发展，具有重大意义。教育部将按照会议要求，从"科教兴国"、"人才强国"和推进西部大开发的战略高度，认真实施这两个计划。

今后，中国教育将按照“巩固成果、深化改革、提高质量、持续发展”的方针，全面推进各级各类教育持续健康协调快速发展。

——重点推进农村教育的改革和发展。中国70%的人口在农村，农村（含县镇）义务教育阶段学生高达1.6亿。2004年，将实施国家西部地区“两基”攻坚计划，用五年的时间，在西部地区实现基本普及九年义务教育和基本扫除青壮年文盲的目标，让西部的孩子们都能上学，打赢西部地区“两基”攻坚战；已经实现“普九”目标的地区特别是中西部地区，要巩固“两基”成果，全面提高普及九年义务教育和全面提高义务教育质量。经济发达的农村地区要高水平、高质量“普九”。同时，积极推进农村中小学现代远程教育工程，进一步健全完善“以县为主”的农村义务教育管理体制。

——加大实施“高等学校教学质量与教学改革工程”的力度，进一步深化高等学校的教学改革，进一步提高教育质量，努力提高人才培养质量。集中力量，重点加强高水平大学和重点学科建设，通过“985工程”和“211”工程的二期建设，在全国范围内逐步形成布局合理、各具特色和优势的重点学科体系；推进研究生教育创新工程、高校科技创新工程、高层次创造性人才工程等，形成全方位促进高水平大学和重点学科建设的新格局，使高等学校成为国家创新体系的主力军，成为凝聚高层次人才的高地，增强国家知识创新能力和高层次拔尖人才培养能力，为增强国家综合国力做出知识和人才贡献。

——促进职业教育与经济社会发展的紧密结合，实施好现代制造业、服务业技能型紧缺人才培养培训工程和农村劳动力转移培训工程两大职业教育工程，积极调整职业教育的层次和布局结构，以就业为导向，增强职业学校的活力，实现职业教育的新发展、新突破，满足社会对高素质技能型人才急剧增加的需求。

——充分利用社会资源，大力支持和促进民办教育健康发展，形成公办教育与民办教育共同发展的格局，促进教育总量的不断增长和教育改革的不断深化。

——实施“新世纪素质教育工程”，进一步全面推进素质教育，促进学生全面发展，为学生终身可持续发展奠定基础。

——努力为构建全民学习、终身学习的学习型社会服务；为全民族的思想道德素质、科学文化素质和健康素质明显提高，形成比较完善的现代国民教育体系、科技和文化创新体系服务；为促进人的全面发展服务。

——大力实施“教育信息化建设工程”，加快教育信息化基础设施、教育信息资源建设和人才培养，全面提高现代信息技术在教育系统的应用水平。

——实施“高素质教师和管理队伍建设工程”，完善教师教育和终身学习体系，进一步深化人事制度改革，加快建设一支高素质教师和管理队伍。

——继续落实毕业生就业政策，加强毕业生就业服务体系建设。进一步加快毕业生就业制度的改革，完善就业工作的领导体制和政策体系，推进毕业生就业市场的统一、开放和规范化建设，建立更加完善的高校毕业生就业信息网络和指导、服务体系。

——深化教育人事制度改革，完善人才工作的体制和机制，大力推进人才强校战略，抓好高层次人才的培养，采取各种形式培养和引进海外优秀人才。

——进一步完善国家资助经济困难学生的政策和制度。积极推进高等学校国家助学贷款，完善绿色通道制度，确保高校学生不因家庭经济困难而失学。健全资助农村家庭经济困难学生接受义务教育助学制度，进一步争取资金，扩大免费发放教科书的覆盖面，保障农村经济困难学生和城市低收入家庭学生接受义务教育的权利。

——坚持综合治理的方针，把治理教育乱收费的工作推向深入。继续深入治理教育乱收费，在全国义务教育阶段推行“一费制”，进一步完善公办高中招收择校生的“三限”政策，严格规范高校收费行为，禁止搭车收费和各种形式的摊派。加大治理招生、考试等方面的不正之风。

——进一步扩大教育对外开放，加强教育国际合作和交流。

中国政府高度重视教育事业的改革和发展，全面建设小康社会奋斗目标的提出，科教兴国和人才强国战略的实施，为中国教育事业的改革和发展带来了难得的历史机遇。我们相信，在中国政府和全国各族人民的共同努力下，中国教育的改革和发展，将取得新的历史性跨越。

（教育部资料）

2003年全国十大教育新闻

由中国教育报、中国教育电视台联合主办，浙江宁波华茂集团协办的“2003年全国十大教育新闻”评选揭晓。2003年度全国十大教育新闻是（按时间顺序排列）：

一、我国公布新世纪教育与人力资源战略问题研究报告

2月13日，我国第一部有关新世纪教育与人力资源战略问题的研究报告——《从人口大国迈向人力资源强国》问世。报告分析了中国教育与人力资源开发存在的主要问题，提出了未来50年，特别是未来20年发展教育与开发人力资源的若干重大制度创新和政策建议。

二、全国各地全力治理教育乱收费

2月23日，全国教育纪检监察工作会议召开，教育部将治理教育乱收费列为2003年教育部重点工作之一。国务院纠风办等6部门建立了治理教育乱收费部际联席会议制度。各地教育、纪检监察等部门密切配合，严肃查处和通报了一批乱收费案件，对近千人给予了党纪、政纪处分。

三、辽宁海城发生两千多名学生豆奶中毒事件

3月19日，辽宁省海城市部分小学生及教师饮用豆奶发生食物中毒，其中涉及两千多名小学生。此次豆奶中毒事件引起社会广泛关注。

四、新一届教育部长提出办好让人民满意的教育

3月27日，刚刚上任的教育部党组书记、部长周济在接受新闻媒体采访时表示，新一届政府教育工作的奋斗目标，就是办好让人民满意的教育，努力培育实现中华民族伟大复兴的一代新人。

五、教育战线众志成城抗非典

2003年非典期间，教育战线广大干部、教师和学生在党中央、国务院坚强领导下，万众一心，迎难而上，打响了校园保卫战、医治防护战和科技攻关战，夺取了抗击非典工作的阶段性胜利。其间，北京等地开辟了“空中课堂”，通过广播、电视、网络等，为学生提供免费辅导。全国高考和大学毕业生就业等工作顺利进行。

六、国家采取政策积极推进大学毕业生就业

6月3日，国务院召开2003年全国高校毕业生就业工作电视电话会议。国家鼓励用人单位多吸纳高校毕业生就业，支持高校毕业生自主创业和灵活就业。此前，国家还取消了不利于高校毕业生就业的政策规定，允许高校毕业生跨省（自治区、直辖市）、跨地（市）就业。

七、我国建立留学预警制度

6月23日，教育部通过教育涉外监管信息网和中国留学网首次公布了美、英等10个国家的部分学校名单。这些学校均经过所在国教育主管部门认可。针对一些自费出国留学中介违规和境外机构在华非法招生案件，教育部会同有关部门加大查处力度，建立留学预警制度。

八、百名教师获首届高校教学名师奖

9月9日，“首届高等学校教学名师奖”颁奖，共有100名教师获奖。教育部设立“高等学校教学名师奖”，表彰在高等学校人才培养工作中作出突出贡献的教师，是新中国成立以来的第一次。

九、国务院首次召开全国农村教育工作会议

9月19日至20日，全国农村教育工作会议召开。由国务院召开会议专门研究部署农村教育工作，这在新中国教育发展史上是第一次。会前，国务院通过了《关于进一步加强农村教育工作的决定》，明确了农村教育作为教育工作重中之重的战略地位。

十、《李岚清教育访谈录》出版

12月9日，一部反映中国跨世纪教育改革与发展十年历程的文献——《李岚清教育访谈录》出版发行。该书记录了中国教育改革与发展的十年历程和中国教育工作重大决策出台背景。

教育收费政策解读

上学要缴哪些费？

制定学校收费项目、标准的审批程序是什么？

学校的收费项目由教育部、国家发展改革委、财政部联合制定，或者由各地的省级人民政府制定，其他任何部门或单位都无权自行制定学校的收费项目。

制定和调整学校收费标准的权限在省级人民政府，由省级教育行政部门提出意见，同级价格部门会同财政部门进行审核，三个部门共同报省级人民政府批准后，由教育部门执行。

小学、初中、高中和大学分别都要缴纳哪些费用？

根据1996年，经国务院批准，原国家教委、国家计委、财政部下发的义务教育学校、普通高级中学和高等学校收费管理暂行办法和近年来教育部会同有关部门下发的有关学校收费工作的通知的有关规定：

接受义务教育的学生应交纳杂费，到非户籍所在地借读的学生应交纳借读费，在学校住宿的学生应交纳住宿费。普通高中学生应交纳学费，在学校住宿的学生应交纳住宿费，择校的学生应交纳择校费。高等学校的学生应交纳学费和住宿费。

什么是义务教育？什么是非义务教育？其主要招生规定、办法及收费政策的基本原则有哪些？

义务教育是指凡年满六周岁的儿童，不分性别、民族、种族，应当入学接受规定年限的教育。条件不具备的地区，可以推迟到七周岁入学。

国家实行九年制义务教育。义务教育可以分为初等教育和初级中等教育两个阶段。国家对接受义务教育的学生免收学费。国家设立助学金，帮助贫困学生就学。

通常，义务教育实行免试就近入学。收取一定杂费，其标准由省级人民政府确定。

除小学和初中的各级教育均为非义务教育。非义务教育阶段的普通高中和高等教育招生采取学生自愿报名、统一考试、择优录取的原则，其学费标准由省级人民政府确定。

什么是“国家贫困地区中小学‘一费制’收费政策”？其贯彻执行情况如何？

“一费制”收费办法，即在全面清理农村中小学乱收费，严格核定杂费、课本费标准的基础上，综合考虑这两项收费和中小学信息、英语教育的基本需要以及农村贫困地区的实际情况，由中央有关部门规定一个最高收费限额，除此之外，不再向学生收取任何其他费用。执行范围：国家扶贫开发工作重点县的农村义务教育阶段学校均要实行“一费制”。收费标准：每生每学年农村小学160元，农村初中260元；各省、自治区、直辖市可综合考虑当地经济发展水平、农村义务教育事业的实际需要和人民群众的承受能力等因素适当浮动收费标准，上浮范围不得超过20%，浮动不得“就高不就低”。

义务教育阶段公办学校为什么不准招收择校生？如何理解“就近入学”、“免收学费”和“平等受教育”的原则？

不准招择校生，主要是就义务教育阶段公办初中和小学而言的，幼儿园、高中阶段不在此列，即并无择园、择校的限制；民办学校也是可供选择的。应该肯定，家长希望子女接受高质量的教育的愿望是可以理解的，重视子女教育是社会进步的表现。但在目前条件下，义务教育的择校弊多利少。择校，大体可分为“以钱择校”、“以权择校”和“以分择校”三种形式。“以钱择校”会妨碍义务教育的公益性和公平性；“以权择校”属社会不正之风；“以分择校”会使考试更为激烈，加重学生课业负担。《中华人民共和国义务教育法》第九条明确规定：“地方各级人民政府应当合理设置小学、初级中等学校，使儿童、少年就近入学。”这一法律规定对保证义务教育阶段绝大多数儿童少年的受教育权是有益的。我国义务教育法实施细则规定对义务教育阶段的中小学生免收学费、可适当收取杂费。同时，各级政府应加大义务教育阶段薄弱学校改造力度，提供更多的优质教育资源，体现教育为人民服务的精神，让广大义务教育阶段的适龄儿童少年都能受到比较公平和好的教育。

借读生与择校生的区别是什么？国家对借读生、择校生收费上有哪些规定？

《中华人民共和国义务教育法实施细则》第二章第十四条规定：“适龄儿童、少年到非户籍所在地接受义务教育的，经户籍所在地的县级教育主管部门或乡人民政府批准，可以按照居住地人民政府的有关规定申请借读。”按照上述规定，在异地借读的学生为借读生。

国家对公办学校招收择校生是有明确规定的。义务教育阶段要实行“免试、就近入学”原则，不得招收择校生；非义务教育公办高中可以在完成国家招生计划后，招收少量的择校生，但要严格执行“三限”（即：限钱数、限分数、限人数）的政策。

两者的区别：一是目的不同——择校生是希望到办学较好的学校上学，接受较高质量的教育；借读生是为了接受义务教育，解决有学可上的问题。二是形式不同——择校生关键在择，具有主动性，即千方百计地要寻求好学校；借读生关键在借，具有被动性，由教育部门为其指定学校。三是时间不同——择校生择校的时间往往集中在秋季开学的开始；借读生借读时间却具有不确定性，学期前、学期中都有可能发生。

按照国家规定，义务教育阶段的借读生，要按照居住地人民政府规定的标准交纳一定的费用；非义务教育公办高中招收的择校生，应按照省级人民政府规定的标准交纳一定的费用。但任何学校都不能超出规定的标准，向学生乱收费、高收费。

什么是择校生“三限”政策？

公办高中招收“择校生”要严格执行“三限”（即限人数、限钱数、限分数）政策是2003年治理教育乱收费的重点工作之一。

“三限”政策的要求是：“择校生”招生比例和最低录取分数线由省级教育行政部门确定，最高收费标准由省级人民政府制定。要将“择校生”纳入普通高中招生计划，统一向社会公示招生比例、招生人数和收费标准，统一按分数择优录取，统一办理入学手续。严禁学校擅自扩大“择校生”招生比例、降低录取分数线、提高收费标准或在限定金额外收取其他任何费用。

“三限”政策的实施办法由各地结合实际制定。同时应将实施办法向社会公示，并在普通高中招生工作中认真贯彻执行。要加大对“三限”政策的宣传力度，通过新闻媒体广泛宣传“三限”政策的具体实施办法，使广大人民群众了解有关政策和具体措施，积极参与监督。

各地教育行政部门也要依靠各级人民政府进一步加大对高中阶段教育的投入力度，不断扩大办学规模、改善办学条件，积极扩大优质高中教育资源，促进高中教育的均衡发展。同时也要制定相关政策并采取有力措施，做好家庭贫困学生的资助工作。

国家对高等学校收取学费和住宿费有哪些规定？

高等学校的学费标准根据年生均教育培养成本的一定比例确定，在现阶段，高等学校学费占年生均教育培养成本的比例最高不得超过25%。

不同地区、不同学校、不同专业可以有不同的收费标准，但禁止同一学校的同一专业有不同的收费标准，即“双轨”收费。

各地在制定学费标准时，要充分考虑当地经济发展水平以及社会、学生家庭或个人的承受能力等情况。

高等学校为学生提供的住宿收费，必须严格按照实际成本确定，不得以营利为目的，同时要有利于推动后勤社会化改革。

定向生、特长生、预科生、专升本学生是否执行单独的收费标准？

定向生、特长生、预科生、专升本学生应与同等学力层次学生执行同样的收费项目和收费标准，除按规定收取学费、住宿费外，学校不得额外向他们收取其他任何费用。专升本学生升入本科后，其学费按照相同专业本科生的标准收取。预科生在预科阶段的学费按照预科培养学校所在地省级人民政府批准的预科生收费标准收取；预科生升入本、专科后，其学费按照预科招生当年的普通本、专科生的学费标准收取。

独立学院、网络学院、计算机软件学院和高等学校中外合作办学机构的学生应交纳哪些费用，标准由谁来确定？

经批准设立的独立学院、网络学院、计算机软件学院和高等学校中外合作办学机构的学生，按规定应交纳学费和住宿费。

独立学院、网络学院、计算机软件学院在严格核算生均培养成本的基础上，可以实行按成本收取学费的原则，具体收费标准按属地化原则管理。独立学院、网络学院、计算机软件学院的收费由学校所在地的省级教育行政部门提出意见，经同级价格、财政部门审核后，由三部门共同报省级人民政府审批；中外合作办学机构的收费，按《中华人民共和国中外合作办学条例》的规定，报省级人民政府批准。普通高等学校不得将国家下达的计划内招生指标转到所属独立学院而变相高收费；不得借独立学院之名搞“校中校”，变相“双轨”收费；不得以降分录取的形式高收费、乱收费。要加强对中外合作办学收费的管理和监督，严格核定学费标准，禁止假借中外合作办学名义，变相提高收费标准。

如何治理教育乱收费？

什么是中小学乱收费？乱收费表现形式有哪些？

所谓中小学乱收费，是指违反国家和省级人民政府的有关法律、法规和规定，擅自出台的收费项目、扩大收费范围和提高收费标准的行为。

中小学乱收费的形式名目繁多，花样百出，其表现形式主要有：

一、一些基层教育行政部门和中小学校受“利益驱动”影响，通过招收择校生，办特长班、补课班，乱发复习资料，收取借各种名目与学生入学挂钩的赞助费等，为弥补学校公用经费的不足，也有的为小集体谋取利益。

二、一些基层政府违反规定，擅自立项、超标准收费、扩大收费范围，如通过中小学校向学生征收教育费附加或教育集资，收取建校费、危改费、代课教师工资、工友费、集资修路（桥）、超计划生育罚款、社会治安费、社会抚养费等。

三、一些社会有关部门和企事业单位以学校为市场，以学生为盈利对象，向学校乱摊派、乱罚款和搭车收费，如强行订阅报刊杂志、推销保险、校服、食品和学具等。

据各地教育行政部门统计，中小学校自身的乱收费和基层政府以及部门的乱收费和搭车收费金额，约各占乱收费金额的50%左右。近年来，一些地方的政府乱收费行为有所下降，但一些地方的基层政府和部门乱收费和搭车收费行为依然比较突出。

群众举报教育乱收费有哪些渠道？哪些部门会受理群众的举报或投诉？

首先，要对教育乱收费进行具体分析，搞清楚什么是乱收费，其属于哪种形式的乱收费。一般意义上讲，我们通常所说的教育乱收费，主要是指中小学乱收费，当然也包括其他各级各类学校的乱收费行为。

教育乱收费行为主要有两类：一类是指学校自身的乱收费。这类问题，可以向当地教育主管部门或教育纪检监察部门反映，教育主管部门有责任进行制止和纠正。另一类是指政府行为乱收费或社会上一些部门、企事业单位向学校或通过学校向学生乱收费、各种摊派或搭车收费。这类问题，应向当地政府机关、纪检监察或纠风部门反映，要由政府出面进行制止和纠正。

对教育乱收费行为也可向当地物价等有关部门

反映。对群众举报和投诉教育乱收费的问题，有关部门会及时严肃处理。

什么是教育收费公示制度？其主要原则、规定有哪些？

2002年5月，原国家计委、财政部、教育部联合下发了《关于〈印发教育收费公示制度〉的通知》（计价格［2002］792号），要求各级各类学校都要建立教育收费公示制度。

《通知》规定，学校要在校内通过公示栏、公示牌、公示墙等方式，向学生公示收费项目、收费标准、收费依据（批准机关及文号）、收费范围、计费单位、投诉电话等内容；各级价格、财政主管部门和教育行政部门要通过报刊、电视、广播等新闻媒体，向社会公示各级各类学校收费政策与规定以及调整情况，并督促学校做好教育收费公示工作。各级各类学校都要严格执行国家和省级人民政府规定的收费项目、标准及范围等。禁止越权收费、超标准收费、自立项目收费等乱收费行为通过公示"合法化"。

什么是"校务公开"制度？实行校务公开起到了哪些积极作用？

校务公开包括校内事务和校外事务的公开。校内事务，如学校的重大决策、重大事项、教学管理、财务、后勤、职称评定、评模选优、住房分配等向广大教职工和学生公开，可以促进学校领导干部的廉洁自律、学校决策的正确性与办事的公正性。校外事务，如收费项目、收费标准、收费支出等，招生政策与规定、入学条件、录取结果等通过设立公开栏、收费卡、召开家长会或校园网络、《招生章程》等方式，向社会和学生及其家长公开，可以进一步规范学校的管理，促进依法办学、依法收费。

实行校务公开，是当前治理教育乱收费工作中一项重要监督措施，也是促进各级各类学校加强党风廉政建设和反腐败工作的一项重要举措。校务公开确实密切了党群关系、师生关系，以及教育部门与广大群众的关系；完善了权力运行的监督制约机制，增强了学校领导依法治校、从严治教、规范管理的自觉性；激发了广大教职工的主人翁意识和民主参与意识；增进了沟通与理解，化解了矛盾，促进了学校与社会的稳定；有助于提高学校管理水平，把招生行为、收费行为逐步纳入制度化、规范化的轨道。校务公开被群众誉为"阳光工程"，得到了广大群众和教职工的称赞。

教育系统开展行风评议有何意义、作用？

开展行风评议是教育系统加强行风建设、树立良好形象、改善和优化教育发展环境的重要举措。行风评议一般由政府牵头组织，各级教育、纠风、人大、政协、新闻等部门和单位参加。重点是解决涉及群众切身利益、群众关注的热点问题，如招生考试、收费、师德师风等。评议活动一般分为自检自评、群众评议、集中整改、总结提高四个阶段。

开展行风评议，能进一步规范各级教育行政部门的从政行为，规范各级各类学校的办学行为；能大力提高各级干部全面贯彻党的教育方针的能力和水平，增强广大教职工廉洁自律意识、服务意识和职业道德意识，调动干部职工的积极性；能进一步健全各项管理制度，完善约束机制；能及时解决群众反映强烈的热点、难点问题。

目前，全国大多数省、区、市的教育系统在当地政府的领导下已开展此项工作。从实际效果看，开展评议活动对促进教育事业持续健康发展起到了积极推动作用。

开展教育收费规范学校活动有何意义、作用？

开展"教育收费规范学校活动"，是近年来江苏省治理教育乱收费工作中创造的新鲜经验。主要由省级物价部门和教育部门联合对全省中小学收费行为进行验收评估，要求所有省、市重点中学、实验小学、示范初中、模范中学必须为治理教育乱收费作出示范。并且不搞"终身制"，已达标的学校如出现乱收费问题，则予以降级、摘牌。

开展此项活动的积极意义在于，教育部门在整治教育乱收费行为、加大处罚力度的同时，建立一种新的激励机制，并将之运用到每一所学校，推动学校进一步加强收费规范管理。

从实践看，自2002年开始，迄今已取得了初步效果。在专项治理上，它有助于把治理教育乱收费的工作落实到每一所学校；在规范收费上，有助于调动学校的积极因素，促进其增强自律意识；在监督上，引入教育系统以外的监督，有助于保证活动的质量；在制度建设上，有助于建立治理教育乱收费的长效机制。如江苏省常州市已命名10所学校为“教育收费规范学校”，对其他学校起到了示范作用。

治理教育乱收费部际联席会议制度有哪些内容、意义和作用？

为落实中央纪委二次全会和国务院第四次廉政工作会议关于治理教育乱收费的要求，由教育部、国务院纠风办牵头，监察部、财政部、国家发展和改革委员会、审计署和新闻出版总署等五部委参加，于2003年5月19日建立全国治理教育乱收费部际联席会议制度。部际联席会议下设联络组和办公室，在教育部办公。联络组由各成员单位派出的司局级干部组成；办公室由各成员单位派出工作人员组成，实行集中办公。

部际联席会议制度的建立，使全国治理教育乱收费工作有了组织保障和统一指导。它的建立，能充分发挥各方面的作用，从根本上对教育乱收费进行综合治理，有利于深入开展治理教育乱收费工作。标志着全国治理教育乱收费工作已经形成齐抓共管态势。

从实践看，自部际联席会议建立以来，全国各地治理教育乱收费工作取得了新进展。6月26日，国务院七部委召开治理教育乱收费电视电话会议，对全国治理教育乱收费工作进行部署，随后在长春、贵阳、南昌召开了3个治理教育乱收费工作汇报会，进行督促指导。各省、自治区、直辖市迅速行动，也相应组成治理教育乱收费联席会议，加大了对治理教育乱收费工作的力度。

《中国教育报》2003年9月15日、17日

普通高校学生申请国家助学贷款问题政策解答

目前，我国高等教育已经形成了一套比较完整的助学体系，即以奖学金、学生贷款、勤工助学、特殊困难补助和学费减免（简称“奖、贷、助、补、减”）为主体的、多元化的资助经济困难学生的政策体系。特别是自1999年以来，国家推出了国家助学贷款，与以往的助学贷款相比，学生办理国家助学贷款不需要担保，只需提供贷款介绍人和见证人，且介绍人和见证人不承担连带责任，最大限度便于学生申请贷款。现将有关助学贷款的各项政策解答如下。

问：国家助学贷款的意义和作用是什么？

答：（1）是党中央、国务院为实施科教兴国战略，加速人才培养，特别是使经济较困难优秀青年得以深造的重大决策。

（2）是国家为了利用金融手段支持高等教育体制的深化改革，促进我国教育事业发展的重要举措。

（3）进一步完善了高等学校经济困难学生的资助政策体系，缓解了高校资助经费不足的矛盾。

（4）帮助学生树立了自立自强观念，鞭策学生勤奋学习、努力上进，有力地推动了高等学校学生素质教育的改革。

（5）为公民获得公平、公正的教育机会提供了社会保障机制。

问：国家助学贷款由哪些银行负责承办？其贷款的性质是什么？

答：中国工商银行、中国农业银行、中国银行、中国建设银行为中国人民银行批准的国家助学贷款经办银行，负责办理国家助学贷款的审核、发放和回收等项工作。其贷款性质属于商业性贷款，纳入正常的银行贷款业务管理。

问：国家助学贷款发放的对象、范围和规模如何？

答：国家助学贷款适用于中华人民共和国（不

含香港特别行政区、澳门特别行政区和台湾地区）普通高等学校中经济确实困难的全日制本、专科生（含高职生）、研究生和第二学位学生的学费、住宿费和生活费。

为使国家对经济困难学生的助学贷款工作顺利进行，1999年先在北京、上海、天津、重庆、武汉、沈阳、西安、南京等八个城市进行了试点；从2000年9月1日起，国家助学贷款在全国范围内全面推行，所有普通高等学校均能申办国家助学贷款。

2002年2月7日，经国务院同意，中国人民银行、教育部、财政部下发了《关于切实推进国家助学贷款工作有关问题的通知》，国家助学贷款实行“四定”、“三考核”措施，以确保经济困难学生能够及时获得贷款。

问：申请国家助学贷款应符合什么条件？

答：（1）具有完全的民事行为能力（未成年人须由其法定监护人书面同意）；

（2）诚实守信，遵纪守法，无违法违纪行为；

（3）学习成绩较好，能够正常完成学业；

（4）在校期间所获得的收入不足以支付完成学业所需基本费用（包括学费、住宿费和生活费）；

（5）严格遵守国家、经办银行以及国家助学贷款的各项规定，承诺正确使用所贷款项并按规定履行还贷义务。

（6）符合中国人民银行公布的《贷款通则》规定的其他条件。

问：学生个人可获得的国家助学贷款的金额是多少？

答：由于各学校学费、住宿费收取标准和各地区基本生活费标准不同，学生贷款的最高数额也不完全相同。按现行政策规定，学生通过申请国家助学贷款，每人每年最高不超过6 000元贷款数额。

问：国家助学贷款期限有多长？

答：国家助学贷款的期限一般不超过八年，是否展期由贷款人与借款人商定。贷款学生本科毕业后继续攻读研究生及第二学位的，在读期间贷款期限相应延长，贷款本息在研究生及第二学位毕业后四年内还清。经办银行根据学生申请，具体确定每笔贷款的期限。

问：国家助学贷款利率是多少？

答：国家助学贷款利率按中国人民银行规定的同期限贷款利率执行，不上浮。现行年利率为：

（1）六个月（含）以内：5.04%　（2）六个月至一年：5.31%　（3）一年至三年（含）：5.49%　（4）三年至五年（含）：5.58%　（5）五年以上：5.76%

问：国家助学贷款的贴息是怎么回事？

答：为体现国家对经济困难学生的优惠政策，减轻学生还贷负担，财政部门对接受国家助学贷款的学生给予利息补贴。学生所贷款利息的50%由财政贴息，其余50%由个人负担。

问：学生到哪里申请国家助学贷款？

答：银行不直接受理在校学生的贷款申请。贷款银行原则上每年集中受理一次国家助学贷款申请，借款学生须在新学年开学前后10天内凭本人有效证件向学校的指定部门（一般为学生处）提出贷款申请，领取并如实填写《国家助学贷款申请表》、《申请国家助学贷款承诺书》等有关材料。

问：国家助学贷款为什么称作无担保（信用）助学贷款？

答：国家助学贷款是大学生凭自己的信用申请贷款，毕业就业后逐步归还贷款的制度。这种制度的基础是学生的个人信用，是在校大学生通过所在学校提供贷款介绍人和借款学生自行提供见证人，以信用方式向银行申请发放的助学贷款。

问：信用助学贷款与保证担保、抵押担保、质押担保的贷款方式相比，有何优点？

答：学生办理保证担保贷款需要提供保证人担保，办理抵押和质押担保贷款需要以房产或有价证券作为抵押物进行担保；学生办理信用助学贷款则不需要担保，只需要提供贷款介绍人和见证人，以个人信用向银行申请助学贷款，且介绍人和见证人不承担连带责任。

问：什么人可申请信用助学贷款？

答：对年满18周岁以上的在校大学生一般发放无担保的信用助学贷款；对其直系亲属既可以发放信用助学贷款，也可以发放担保助学贷款；对法定监护人一般发放担保助学贷款。

问：对在校大学生发放国家助学贷款有何要求？

答：对在校大学生发放信用助学贷款，学生所在学校必须提供贷款介绍人，借款学生必须提供两名贷款见证人。

问：国家助学贷款中的介绍人是指什么？

答：介绍人指学校负责助学贷款的部门（如学生处等），其职责是：为借款学生联系、介绍贷款银行；向贷款银行集中推荐借款学生的贷款申请；根据贷款银行的要求，负责了解借款学生的有关情况；负责建立、更新和管理借款学生的地址和有效联系方式等有关信用档案；银行与学校协议中约定的其他有关事宜。

问：国家助学贷款中的见证人是指什么？

答：见证人是指与借款学生关系密切的自然人（如借款学生的家长、班主任、专职辅导员、系主任或同班同学等），不必为借款人提供担保，其职责是：协助介绍人和贷款银行全面了解借款学生的有关情况；在贷款学生毕业后与其保持联系，向贷款银行提供借款学生的最新有效通讯方式。

问：在校大学生申请国家助学贷款须具备什么条件？

答：在校大学生申请信用助学贷款须具备以下条件：提供入学通知书或学生证、有效居民身份证及《高校国家助学贷款申请表》；由介绍人和见证人提供的证明；在校期间学习认真、品德优良。

问：国家助学贷款合同包含哪些内容？

答：信用助学贷款应依法签订贷款合同，合同中应明确借款人的身份证号码、家庭地址、父母姓名及其工作单位、联系方式等真实信息，要求借款学生做出毕业后每年至少与经办银行联系一次，提供最新通信方式的承诺。

问：借款学生违约时，贷款银行采取哪些处罚措施？

答：建立个人信用登记制度是有效防止借款人违约的重要措施。贷款银行对违约的借款人有权按合同约定采取停止发放贷款、提前收回贷款本息等措施。借款学生不能按期偿还贷款本息的，按中国人民银行有关规定计收罚息。贷款银行定期在公开报刊及有关媒体上公布违约借款人姓名、身份证号及违约行为；依法追究违约借款人法律责任。对不主动与见证人和贷款银行联系，不提供工作单位和通信方式，不守信用的学生，也要记录在案，将来纳入全国个人信用信息系统。

问：学生在借款期间，需要调整贷款数额或中止贷款，应该如何解决？

答：借款学生的贷款金额一经确定后，在贷款期限内一般保持不变。中途要求中止贷款，可通过学校向经办银行申请中止贷款发放。如遇特殊情况需要追加贷款金额的，可另行办理追加贷款手续。

问：借款学生所在学校如何协助贷款银行做好国家助学贷款工作？

答：借款学生所在学校要加强对申请国家助学贷款学生的资格审查，确保国家助学贷款真正用于经济困难学生，及时向经办银行提供借款学生的毕业去向和其他有关信息，并将学生的借款情况纳入其个人档案，在就业报到的有关证件中载明国家助学贷款的相关信息。要对学生加强信用教育，引导学生树立信用意识。

借款学生在校期间被宣告失踪、死亡或丧失完全民事行为能力或劳动能力，借款学生所在学校应及时通知银行停止发放国家助学贷款。对被学校开除、经学校同意休学或自行离校的借款学生，借款学生所在学校应立即通知银行停止发放国家助学贷款，并协助银行督促学生或学生的父母（监护人）偿还贷款本息。

问：国家助学贷款的审批程序是怎样的？

答：（1）各普通高等学校指定专门机构统一管理本校的国家助学贷款工作，负责对申请贷款的学生进行初审。

（2）高等学校按期向学生贷款管理中心（全国学生贷款中心设在教育部，负责中央部委所属高校的国家助学贷款事务管理工作；各省、自治区、直辖市学生贷款管理中心设在各省、自治区、直辖市教育行政部门，负责本地区所属高校的国家助学贷款事务管理工作）报送全校年度贷款申请报告。

（3）学生贷款管理中心核准贷款申请额度后，报送经办银行。

（4）经办银行对借款学生申请资料的完整性、真实性、合法性和有效性进行调查核实。并将审查后同意发放贷款的学生名单及金额通知借款学生所在学校，由学校统一组织借款学生办理填写借款合同文本、借款凭证等有关手续。

（5）经办银行对收到借款学生办妥的借款手续审查无误后，根据贷款审批程序予以审批并与学生签订贷款合同，经办银行按贷款合同编制放款通知书，通知借款学生所在学校。

问：国家助学贷款是如何领取发放的？

答：国家助学贷款实行一次申请、一次授信、分期发放的管理方式。所贷学费、住宿费贷款分年发放、基本生活费贷款每年发放10个月，可采取按年一次发放或按月发放的办法。学费贷款由经办银行按学年直接划入学校指定的账户，基本生活费贷款由经办银行直接划入借款学生在贷款银行的银行卡或在储蓄所开立的活期账户。

问：国家助学贷款的还款方式、还款时间有何规定？

答：借款学生和经办银行应在签订借款合同时约定还款方式和还款时间。实行灵活的还本付息方式。借款学生根据个人的经济情况，可以在学习期间偿还国家助学贷款的本金和利息，也可以在毕业后第一年开始偿还国家助学贷款的本金和利息，具体方式由借款学生与经办银行协商确定。经办银行对借款学生在校期间欠交的国家助学贷款利息不计复利。

问：国家助学贷款是否可以办理展期？

答：借款学生确实因经济困难而无法在贷款合同期内全部偿还国家助学贷款本息时，可向经办银行申请展期（展期是指：贷款到期后，本金不能归还，又申请续贷），经办银行同意后可按规定展期。

问：贷款银行如何收回借款学生偿还的贷款？

答：为保证国家助学贷款的回收，借款学生毕业前必须与经办银行重新确认或变更借款合同，并根据贷款银行的要求重新办理相应的手续。如借款学生不办理确认手续，学校暂缓为其办理毕业手续。

借款学生应在约定的还款日期前，将贷款本金和利息存入原开设的活期储蓄账户内，贷款银行在约定的还款日自动从账户中扣收。如借款学生未按合同约定偿还贷款本息，贷款银行将向借款学生发出催款通知书，依法追究违约责任，并计收罚息。

问：借款学生毕业后，贷款银行、借款学生及其所在学校应办理哪些手续？

答：借款学生毕业后，学校将借款学生去向、变动情况、联系地址等书面通报经办银行。借款学生也应按照借款合同中的承诺，及时向经办银行通报变动后的单位、联系地址、还款方式等变化情况。借款学生蓄意逃避银行债务，不按借款合同中的要求及时向经办银行通报变动后的单位、联系地址、还款方式及贷款担保等情况，使银行贷款形成风险的，银行将会同有关部门采取债权保护措施，必要时向社会公布，依法追偿贷款。

问：借款学生毕业后到外地如何还款？

答：借款学生毕业后到异地工作的，可采取通过经办银行异地分支机构汇款到贷款银行的方式归还贷款；贷款银行也可与借款学生工作所在地的分支机构协商，办理贷款转移手续。

问：什么情况下，国家助学贷款的贷款银行可停止发放贷款？

答：借款学生有下列行为之一，贷款银行可停止发放贷款并清偿贷款本息：

（1）借款学生未按合同规定的用途使用贷款的；（2）借款学生有违法乱纪行为，受校方行政处分或有关部门刑事处罚的；（3）借款学生未按合同偿还学生贷款本息的；（4）借款学生中途退学、被校方开除或取消学籍的；（5）学习成绩差，无法完成学业的；（6）出国留学或定居的；（7）被宣告失踪、死亡、丧失完全民事行为能力或劳动能力的。

问：为什么说信用是当代大学生的立身之本？

答：国家助学贷款是家庭经济困难学生凭借自己的信用申请的贷款。国家助学贷款是大学生跨入社会的第一笔信用记录，国家积极鼓励大学生使用信用贷款完成学业，同时也通过国家助学贷款的实施教育大学生维护个人信用。在维护个人信用的基础上，今天的大学生还肩负着改善整个国家信用状况的历史使命，大学生的信用意识和信用知识将直接影响中国信用体系的实施和发展。因此，强化当代大学生的信用教育，无论对于大学生个人还是对于整个国家的经济建设和社会发展，都具有深远的意义。信用是当代大学生的立身之本。因此，大学生要增强法制观念，充分认识到背信违约的危害，做诚实守信的模范。

问：现行政策都采取了哪些防范国家助学贷款风险的措施？

答：（1）利用高等学校毕业生学历查询系统，收集国家助学贷款借款学生的有关信息，接受经办银行对贷款学生个人情况的查询；（2）逐步建立高等学校学生个人信用征询系统；（3）公安部门将首先为全国普通高等学校在校学生换发第二代公民身份证，实现身份证号码终身惟一化，并协助银行查找违约借款学生工作和居住地址；（4）各国有独资商业银行建立国家助学贷款学生的个人信用档案，并纳入电子化系统管理，实现学校、银行间联网；（5）在媒体上公布违约人姓名等信息；

（6）各用人单位和银行、海关、出入境管理等单位在录用、发展新金融业务、出入境验放等业务时，应查验银行、教育系统发布的国家助学贷款信息。

问："四定"、"三考核"的主要内容是什么？

答：中国人民银行、教育部和财政部为落实国家科技教育领导小组第十次会议提出的"要大力推进国家助学贷款工作，研究完善有关政策和办法，加大工作力度，积极向符合条件的经济困难学生发放贷款"的要求，在总结国家助学贷款开办以来工作经验的基础上，经国务院同意，于2002年2月出台了"四定"、"三考核"政策。

（一）定学校。由省级教育行政部门确定本辖区内申请国家助学贷款的普通高等院校（以下简称贷款学校）。申请贷款学校限于全日制本专科生（高职生）、研究生和第二学位学生所在的普通高等院校。

（二）定范围。国家助学贷款范围限于申请贷款学校经济困难的全日制本专科生（高职生）、研究生和第二学位学生的学费、住宿费和生活费。

（三）定额度。全国普通高等院校经济困难学生申请贷款的比例原则上不超过全日制在校学生总数的20%，各地区具体比例，由省级教育部门、银行、财政部门根据本地经济水平和学生申请贷款情况研究确定。教育行政部门和申请贷款学校按照本地区确定的比例和每人每年最高不超过6 000元的贷款数额，根据经济困难学生的实际经济状况和贷款需求，具体测算确定各申请贷款学校的国家助学贷款需求额度，并及时通知贷款经办银行。

（四）定银行。由各申请贷款学校自主选定一家国有独资商业银行的基层行作为国家助学贷款经办银行。目前已签订国家助学贷款银校协议的银行原则上不再变动；尚未选择经办银行的申请贷款学校要按照就近、方便的原则确定经办银行，承担国家助学贷款的城市的商业银行要有专门的机构负责这项工作。

"三考核"。中国人民银行及各分支行与教育行政部门要按月考核经办银行国家助学贷款的申请人数和申请金额，考核已审批贷款人数和贷款合同金额、考核实际发放贷款人数和发放金额，对考核情况要按月分析，发现问题，及时督促，协调解决。

问：国家助学贷款政策出台后，原学生贷款制度是否继续执行？

答：根据教育部、财政部有关文件规定：普通高等学校在宣传、组织实施国家助学贷款制度的同时，仍要继续执行原国家教委和财政部共同发布的有关学生贷款制度的规定。

（教育部资料）

2003年度全国普通高校校办产业统计分析报告

一、校办产业概况

2003年度参加全国普通高校校办产业统计工作的共有全国31个省、自治区、直辖市和新疆生产建设兵团，共计609所普通高校的4 839个企业，其中科技型企业2 447个，占全部上报企业的50.57%；其他类型企业2 392个，占上报企业的49.43%。从经营性质来看，从事工业生产的企业为2 040个，占42.16%；从事商贸的企业470个，占9.71%；从事其他经营方式的企业2 329个，占48.13%。从投资性质来看，学校独资企业3 480个，占71.91%；国内联营企业1 305个，占26.97%；外资合营企业54个，占1.12%。从对企业隶属管理关系上看，由学校管理的企业为4 205个，占86.90%；由校内院、系、所管理的企业634个，占13.10%。

二、经营状况

1. 收入总额情况

(1) 2003年度全国高校校办产业收入总额826.67亿元，比2002年度收入总额720.08亿元增加了106.59亿元，增长率为14.80%；其中科技型企业收入总额668.07亿元，占全国高校校办产业收入总额的80.81%，比2002年度科技型企业收入总额539.08亿元增加了128.99亿元，增长率为23.93%。高校校办产业收入排在前五位的省、市分别是：

省/市	北京市	上海市	江苏省	浙江省	辽宁省
销售收入(亿元)	357.76	85.63	47.18	41.27	38.80

该五省、市高校校办产业收入共计570.64亿元，占全国高校校办产业收入总额的69.03%。高校校办产业收入超过一亿元的学校共计92所，实现收入740.37亿元，占高校校办产业收入总额的89.56%。校办产业收入过十亿元的学校有13所，它们分别是：北京大学、清华大学、浙江大学、西安交通大学、同济大学、东北大学、上海交通大学、石油大学（华东）、复旦大学、哈尔滨工业大学、江西中医学院、南京大学和中山大学。

2. 利润情况

(1) 2003年度全国高校校办产业实现利润总额42.98亿元，比2002年度实现利润总额45.93亿元减少了2.95亿元，降低了6.42%。其中科技型企业实现利润总额27.61亿元，占实现利润总额的64.24%，比2002年度科技型企业实现利润总额25.37亿元增长了2.24亿元，增长率为8.83%。其中有12个省、市高校校办产业实现的利润突破亿元，它们分别是：

省/市	北京	上海	江苏	辽宁	湖北	陕西
利润总额(亿元)	17.84	8.55	3.89	3.31	2.39	2.28
省/市	浙江	四川	黑龙江	山东	河北	广东
利润总额(亿元)	1.85	1.44	1.29	1.22	1.15	1.06

2003年度全国高校校办产业共实现净利润27.95亿元，比2002年度实现净利润35.33亿元减少了7.38亿元，降低了20.89%。其中科技型企业实现净利润14.73亿元，占实现净利润的52.70%，比2002年度科技型企业实现净利润18.63亿元减少了3.90亿元，降低了20.93%。

3. 对学校的回报情况

2003年度全国高校校办产业对学校回报18.00亿元，比2002年度对学校回报17.24亿元增加了0.76亿元，增长率为4.41%。在企业对学校的回报中，其中上交学校利润10.65亿元，返还学校工资费用等7.35亿元。其中科技型企业对学校回报共计7.74亿元，占全国高校校办产业对学校回报的43.00%，比2002年度科技型企业对学校回报7.61亿元增长了0.13亿元，增长率为1.71%。

4. 上交税金情况

2003年度全国高校校办产业向国家交纳税费38.69亿元，比2002年度向国家交纳税费36.28亿元增加了2.41亿元，增长率为6.64%。其中科技型企业向国家交纳税费29.40亿元，占全国校办产业纳税总额的75.99%，比2002年度科技型企业向国家交纳税费25.92亿元增长了3.48亿元，增长率为13.43%。

5. 对社会的回报情况

2003年度全国高校校办产业对社会回报总额为66.64亿元，比2002年度对社会回报总额71.61亿元减少了4.97亿元，下降了6.94%。其中科技型企业对社会回报总额44.13亿元，占高校校办企业对社会回报总额的66.22%，比2002年度科技型企业对社会回报总额44.55亿元减少了0.42亿元，降低了0.94%。

三、人员状况

2003年末高校校办产业在册职工人数共计26.22万人，其中有科技人员9.15万人，占校企人员总数的34.90%（具有高级职称的人数为21 866人、具有中级职称的人数为38 636人）。

2003年度校办企业接纳学生实习人数达64.09万人次，累计工时2 576.16万小时。此外，校办企业还参与了硕士、博士的培养工作。2003年度参与培养博士生1 392名、硕士生5 116名。

四、资产状况

1. 2003年末高校校办企业的注册资金总额为334.46亿元，资产总额1 463.77亿元，负债842.82亿元，所有者权益620.95亿元（比2002年末所有者权益567.23亿元增加53.72亿元，增长率为9.47%）。全国高校校办企业的资产负债率为57.58%，较2002年略有上升。

2. 在全国4 839个校办企业中，其中2 447个科技型企业的注册资本金为264.96亿元，资产总额为1 205.15亿元，负债703.63亿元，所有者权益501.52亿元（比2002年末所有者权益430.75亿元增加了70.77亿元，增长率为16.43%）。全国高校科技型企业的资产负债率为58.39%，较2002年有所上升。

五、1999—2003年度基本数据对照情况

1999—2003年度全国高校企业生产经营数据对照表

年度	企业数（个）	收入总额（亿元）	利润总额（亿元）	净利润（亿元）	上交税金（亿元）	上交学校利费（亿元）
1999	5 444	379.03	30.53	25.90	15.68	15.99
2000	5 451	484.55	45.64	36.04	25.42	16.85
2001	5 039	602.98	48.17	35.32	28.41	18.32
2002	5 047	720.08	45.93	35.33	36.28	17.24
2003	4 839	826.67	42.98	27.95	38.69	18.00

1999—2003年度全国高校科技企业生产经营数据对照表

年度	科技企业数（个）	收入总额（亿元）	利润总额（亿元）	净利润（亿元）	上交税金（亿元）	上交学校利费（亿元）
1999	2 137	267.31	21.56	18.04	10.96	13.92
2000	2 097	368.12	35.43	28.03	18.79	8.46
2001	1 993	447.75	31.54	23.98	20.09	7.78
2002	2 216	539.08	25.37	18.63	25.92	7.61
2003	2 447	668.07	27.61	14.73	29.40	7.74

六、专利及专有技术

2003年度全国高校校办产业共拥有专利2 805项、专有技术3 042项。

教育部科技发展中心供稿

2003年具有高等学历教育招生资格的普通高等学校名单

教育部按语：为加强高等教育的宏观管理，确保高等学历教育必要的规格、质量和正常的办学秩序，进一步完善社会监督机制，现将2003年具有高等学历招生资格的1 451所普通高等学校的名单（截止到2003年4月28日）予以公布。

在公布的普通高等学校名单中，凡办学条件低于“黄”牌学校标准的，在其校名前以“*”号标注（共32所），表示2003年虽允许招生，但须严格控制招生规模，增加投入，充实办学条件。

本名单按学校所在地、办学类型、科类等排列，分为三部分，第一部分是本科院校（共639所）；第二部分是高职院校（共812所），包括高等专科学校、职业技术学院（学校）、短期职业大学和民办高等学校；第三部分是经国家批准设立的分校办学点（共180个）。不含军事院校。除本次公布的高等学校名单外，任何其他机构均不具备举办普通高等学历教育的招生资格。对于违纪招生单位，其所招学生的学籍、发放的毕业证书国家均不予承认。

一、本科院校（639所）

北京市（55所）

北京大学
中国人民大学
清华大学
北京交通大学
北京科技大学
石油大学
北京邮电大学
北京化工大学
中国农业大学
北京林业大学
北京中医药大学
北京师范大学
北京外国语大学
北京语言大学
对外经济贸易大学
中央财经大学
中国政法大学
中央民族大学
中国人民公安大学
中国协和医科大学
北京体育大学
北京理工大学
北京航空航天大学
北京工商大学
北京联合大学
北京工业大学
北方工业大学
首都医科大学
首都师范大学
首都经济贸易大学
北京广播学院
国际关系学院
中央戏剧学院
中央美术学院
中央音乐学院
北京电子科技学院
外交学院
中国青年政治学院
中华女子学院
北京机械工业学院
北京服装学院
北京建筑工程学院
北京印刷学院
首钢工学院
北京石油化工学院
北京信息工程学院
北京农学院
首都体育学院
北京第二外国语学院
北京物资学院
中国音乐学院
北京电影学院
中国戏曲学院
北京舞蹈学院
北京城市学院

天津市（18所）

南开大学
天津大学
天津工业大学
天津科技大学
天津医科大学
天津师范大学
中国民用航空学院
天津理工学院
天津城市建设学院
天津农学院
天津中医学院
天津职业技术师范学院
天津外国语学院
天津财经学院
天津商学院
天津体育学院
天津音乐学院
天津美术学院

河北省（26所）

华北电力大学
河北大学
河北工业大学
燕山大学
河北科技大学
河北农业大学
河北医科大学
河北师范大学
河北经贸大学
中国人民武装警察部队学院
中央司法警官学院

华北科技学院
河北理工学院
河北工程学院
石家庄铁道学院
*河北建筑工程学院
石家庄经济学院
华北煤炭医学院
承德医学院
张家口医学院
唐山师范学院
河北科技师范学院
廊坊师范学院
邢台学院
河北体育学院
唐山学院

山西省（14所）

山西大学
太原理工大学
山西农业大学
山西医科大学
山西师范大学
山西财经大学
华北工学院
太原重型机械学院
长治医学院
山西中医学院
忻州师范学院
雁北师范学院
太原师范学院
运城学院

内蒙古自治区（10所）

内蒙古大学
内蒙古科技大学
内蒙古民族大学
内蒙古工业大学
内蒙古农业大学
内蒙古师范大学
*内蒙古医学院
呼伦贝尔学院
赤峰学院
内蒙古财经学院

辽宁省（38所）

大连理工大学
东北大学
大连海事大学
辽宁大学
大连大学
沈阳大学
辽宁工程技术大学
沈阳工业大学
辽宁石油化工大学
鞍山科技大学
沈阳农业大学
中国医科大学
大连医科大学
沈阳药科大学
辽宁师范大学
沈阳师范大学
渤海大学
东北财经大学
大连民族学院
中国刑事警察学院
沈阳建筑工程学院
大连铁道学院
沈阳工业学院
沈阳化工学院
大连轻工业学院
辽宁工学院
沈阳航空工业学院
沈阳工程学院
大连水产学院
辽宁中医学院
锦州医学院
沈阳医学院
鞍山师范学院
*大连外国语学院
沈阳体育学院
鲁迅美术学院
沈阳音乐学院
辽东学院

吉林省（22所）

吉林大学
东北师范大学
延边大学
北华大学
长春大学
长春理工大学
长春工业大学
吉林农业大学
吉林师范大学
东北电力学院
长春工程学院
吉林建筑工程学院
吉林化工学院
长春中医学院
吉林工程技术师范学院
通化师范学院
白城师范学院
长春师范学院
吉林华桥外国语学院
长春税务学院
吉林体育学院
吉林艺术学院

黑龙江省（22所）

东北林业大学
哈尔滨工业大学
哈尔滨工程大学
黑龙江大学
佳木斯大学
齐齐哈尔大学
哈尔滨理工大学
东北农业大学
黑龙江八一农垦大学
哈尔滨医科大学
黑龙江中医药大学
哈尔滨师范大学
哈尔滨商业大学
大庆石油大学
哈尔滨学院
黑龙江工程学院
黑龙江科技学院
牡丹江医学院
齐齐哈尔医学院
牡丹江师范学院
哈尔滨体育学院
黑龙江东方学院

上海市（24所）

复旦大学
同济大学
上海交通大学
华东理工大学
东华大学
华东师范大学
上海外国语大学
上海财经大学
上海大学
上海理工大学
上海工程技术大学
上海水产大学
上海第二医科大学
上海中医药大学
上海师范大学
上海海运学院
上海电力学院
上海应用技术学院
上海对外贸易学院
华东政法学院
上海体育学院
上海音乐学院
上海戏剧学院
上海杉达学院

江苏省（42所）

南京大学
东南大学
中国矿业大学
河海大学
江南大学
南京农业大学
中国药科大学
南京理工大学
南京航空航天大学
苏州大学
扬州大学
江苏大学
南京工业大学
南京林业大学
南京医科大学
南京中医药大学
南京师范大学

徐州师范大学
南京财经大学
南京邮电学院
华东船舶工业学院
南京气象学院
淮海工学院
淮阴工学院
盐城工学院
江苏工业学院
南通工学院
常州工学院
南京工程学院
徐州医学院
南通医学院
淮阴师范学院
江苏技术师范学院
南通师范学院
南京晓庄学院
盐城师范学院
苏州科技学院
南京审计学院
江苏警官学院
南京体育学院
南京艺术学院
三江学院

浙江省（23所）

浙江大学
宁波大学
浙江工业大学
浙江师范大学
杭州电子工业学院
浙江工程学院
中国计量学院
浙江科技学院
嘉兴学院
浙江海洋学院
浙江林学院
浙江中医学院
温州医学院
杭州师范学院
温州师范学院
湖州师范学院
绍兴文理学院
台州学院
杭州商学院
浙江财经学院
中国美术学院
浙江万里学院
浙江树人学院

安徽省（24所）

合肥工业大学
中国科学技术大学
安徽大学
安徽理工大学
安徽工业大学
安徽农业大学
安徽医科大学
安徽师范大学
安徽建筑工业学院
安徽工程科技学院
安徽中医学院
皖南医学院
蚌埠医学院
安徽技术师范学院
安庆师范学院
淮北煤炭师范学院
淮南师范学院
阜阳师范学院
安徽财贸学院
皖西学院
铜陵学院
合肥学院
黄山学院
巢湖学院

福建省（14所）

厦门大学
华侨大学
福建农林大学
集美大学
福州大学
仰恩大学
福建医科大学
福建师范大学
福建工程学院
福建中医学院
泉州师范学院
漳州师范学院
闽江学院
莆田学院

江西省（17所）

南昌大学
华东交通大学
江西农业大学
江西师范大学
江西财经大学
南方冶金学院
东华理工学院
景德镇陶瓷学院
南昌航空工业学院
江西中医学院
赣南医学院
井冈山师范学院
赣南师范学院
江西科技师范学院
上饶师范学院
宜春学院
九江学院

山东省（33所）

山东大学
中国海洋大学
青岛大学
*山东科技大学
山东理工大学
烟台大学
聊城大学
*青岛科技大学
济南大学
山东农业大学
*山东中医药大学
山东师范大学
曲阜师范大学
*青岛建筑工程学院
山东轻工业学院
山东建筑工程学院
潍坊学院
山东交通学院
莱阳农学院
潍坊医学院
泰山医学院
滨州医学院
济宁医学院
烟台师范学院
临沂师范学院
德州学院
山东经济学院
*山东财政学院
山东工商学院
山东体育学院
山东艺术学院
*山东工艺美术学院
泰山学院

河南省（24所）

郑州大学
河南大学
河南科技大学
河南农业大学
河南师范大学
焦作工学院
郑州工程学院
华北水利水电学院
郑州轻工业学院
黄河科技学院
中原工学院
郑州航空工业管理学院
平顶山工学院
河南中医学院
新乡医学院
信阳师范学院
安阳师范学院
南阳师范学院
商丘师范学院
周口师范学院
河南职业技术师范学院
洛阳师范学院
河南财经学院
许昌学院

湖北省（31所）

武汉大学

中南财经政法大学
华中科技大学
武汉理工大学
中国地质大学
华中农业大学
华中师范大学
中南民族大学
湖北大学
长江大学
三峡大学
江汉大学
* 武汉科技大学
襄樊学院
湖北工学院
武汉化工学院
武汉科技学院
湖北汽车工业学院
武汉工业学院
湖北中医学院
郧阳医学院
孝感学院
黄冈师范学院
湖北师范学院
* 湖北经济学院
湖北警官学院
武汉体育学院
湖北美术学院
武汉音乐学院
湖北民族学院
咸宁学院

湖南省（22 所）

中南大学
湖南大学
湘潭大学
湖南科技大学
吉首大学
长沙理工大学
南华大学
湖南农业大学
湖南师范大学
湖南理工学院
湖南工程学院
湖南城市学院
株洲工学院
中南林学院
湖南中医学院
衡阳师范学院
湘南学院
湖南商学院
怀化学院
零陵学院
邵阳学院
湖南文理学院

广东省（31 所）

中山大学
华南理工大学
暨南大学
汕头大学
深圳大学
五邑大学
广东工业大学
华南农业大学
湛江海洋大学
广州中医药大学
华南师范大学
广东外语外贸大学
广州大学
佛山科学技术学院
肇庆学院
茂名学院
东莞理工学院
仲恺农业技术学院
广东医学院
广州医学院
广东药学院
湛江师范学院
嘉应学院
韶关学院
惠州学院
韩山师范学院
广东商学院
广州体育学院
广州美术学院
星海音乐学院
广东技术师范学院

广西壮族自治区（14 所）

广西大学
广西医科大学
广西师范大学
桂林电子工业学院
桂林工学院
广西工学院
广西中医学院
右江民族医学院
桂林医学院
广西师范学院
玉林师范学院
河池学院
广西艺术学院
广西民族学院

海南省（4 所）

海南大学
华南热带农业大学
海南医学院
海南师范学院

重庆市（14 所）

重庆大学
西南师范大学
渝州大学
西南农业大学
重庆医科大学
重庆师范大学
西南政法大学
重庆三峡学院
渝西学院
重庆交通学院
重庆邮电学院
重庆工学院
涪陵师范学院
四川外语学院
重庆商学院
四川美术学院

四川省（25 所）

四川大学
西南交通大学
电子科技大学
西南财经大学
西南民族大学
西华大学
西南科技大学
四川农业大学
成都中医药大学
四川师范大学
四川师范学院
中国民用航空飞行学院
攀枝花学院
宜宾学院
成都理工大学
西南石油学院
四川理工学院
成都信息工程学院
* 泸州医学院
川北医学院
内江师范学院
乐山师范学院
成都体育学院
四川音乐学院
* 绵阳师范学院

贵州省（10 所）

贵州大学
贵州工业大学
贵州师范大学
贵阳医学院
遵义医学院
贵阳中医学院
黔南民族师范学院
遵义师范学院
贵州财经学院
贵州民族学院

云南省（16 所）

云南大学
昆明理工大学
* 云南农业大学
* 云南师范大学
云南民族大学
西南林学院
* 昆明医学院
* 云南中医学院

＊大理学院
楚雄师范学院
红河学院
＊玉溪师范学院
曲靖师范学院
云南财贸学院
云南警官学院
云南艺术学院

西藏自治区（3所）

西藏大学
西藏藏医学院
西藏民族学院

陕西省（30所）

西安交通大学
长安大学
西安电子科技大学
西北农林科技大学
陕西师范大学
西北工业大学
西北大学
延安大学
西安理工大学
西安建筑科技大学
西安科技大学
陕西科技大学
西安石油学院
西安工程科技学院
西安工业学院
西安邮电学院
陕西中医学院
榆林学院
咸阳师范学院
宝鸡文理学院
渭南师范学院
陕西理工学院
西安外国语学院
西安财经学院
西北政法学院
西安体育学院
西安美术学院
西安音乐学院
西安文理学院
西安培华学院

甘肃省（13所）

兰州大学
西北民族大学
兰州工业大学
兰州交通大学
甘肃农业大学
西北师范大学
河西学院
＊兰州医学院
＊甘肃中医学院
天水师范学院
陇东学院
兰州商学院
甘肃政法学院

青海省（4所）

青海大学
青海师范大学
青海医学院
青海民族学院

宁夏回族自治区（3所）

宁夏大学
西北第二民族学院
宁夏医学院

新疆维吾尔自治区(11所)

新疆大学
石河子大学
新疆农业大学
塔里木农垦大学
新疆医科大学
新疆师范大学
昌吉学院
喀什师范学院
伊犁师范学院
新疆财经学院
新疆艺术学院

二、高职院校（812所）

北京市（14所）

北京青年政治学院
北京信息职业技术学院
北京工业职业技术学院
北京轻工职业技术学院
北京科技经营管理学院
北京京北职业技术学院
北京经贸职业学院
北京戏曲艺术职业学院
北京财贸职业学院
北京经济技术职业学院
北京艺术设计职业学院
北京北大方正软件职业技术学院
北京农业职业学院
北京吉利大学

天津市（19所）

＊天津医学高等专科学校
天津电子信息职业技术学院
天津滨海职业学院
天津渤海职业技术学院
天津职业大学
民办天狮职业技术学院
天津工业职业技术学院
天津机电职业技术学院
天津工程职业技术学院
天津现代职业技术学院
天津公安警官职业学院
天津轻工职业技术学院
天津开发区职业技术学院
天津文化艺术职业学院
＊天津中德职业技术学院
天津青年职业学院
天津工商职业技术学院
天津交通职业学院
天津对外经济贸易职业学院

河北省（47所）

防灾技术高等专科学校
华北航天工业学院
河北工程技术高等专科学校
承德石油高等专科学校
张家口农业高等专科学校
邢台医学高等专科学校
衡水师范专科学校
张家口师范专科学校
＊承德民族师范高等专科学校
沧州师范专科学校
邯郸师范专科学校
石家庄师范专科学校
保定师范专科学校
保定金融高等专科学校
保定职业技术学院
承德民族职业技术学院
沧州职业技术学院
河北工业职业技术学院
张家口职业技术学院
河北能源职业技术学院
石家庄职业技术学院
邢台职业技术学院
邯郸职业技术学院
石家庄铁路工程职业技术学院
河北职业技术学院
河北工程技术职业学院
河北石油职业技术学院
石家庄影视艺术职业学院
河北政法职业学院
河北建材职业技术学院
石家庄计算机职业学院
承德旅游职业学院
河北交通职业技术学院
唐山工业职业技术学院
河北省艺术职业学院
石家庄外贸职业学院
河北京都高尔夫职业学院
石家庄东方美术职业学院
邯郸中原外国语职业学院
唐山职业技术学院
石家庄法商职业学院
衡水职业技术学院
河北远东职业技术学院
秦皇岛外国语职业学院
石家庄信息工程职业学院
河北化工医药职业技术学院
秦皇岛职业技术学院

山西省（30 所）

太原电力高等专科学校
大同医学专科学校
晋中师范高等专科学校
吕梁高等专科学校
晋东南师范专科学校
山西财政税务专科学校
山西警官高等专科学校
山西工业职业技术学院
太原大学
大同职业技术学院
山西综合职业技术学院
山西金融职业技术学院
太原城市职业技术学院
山西煤炭职业技术学院
长治职业技术学院
山西交通职业技术学院
晋城职业技术学院
山西生物应用职业技术学院
北岳职业技术学院
山西工程职业技术学院
山西兴华职业学院
山西戏剧职业学院
山西机电职业技术学院
临汾职业技术学院
山西艺术职业学院
山西林业职业技术学院
山西水利职业技术学院
阳泉职业技术学院
山西建筑职业技术学院
山西财贸职业技术学院

内蒙古自治区（12 所）

集宁师范高等专科学校
内蒙古民族高等专科学校
民办内蒙古丰州学院
内蒙古建筑职业技术学院
河套大学
包头职业技术学院
呼和浩特职业学院
包头轻工职业技术学院
内蒙古财税职业学院
兴安职业技术学院
内蒙古体育职业学院
内蒙古警察职业学院

辽宁省（32 所）

阜新高等专科学校
本溪冶金高等专科学校
辽宁交通高等专科学校
铁岭师范高等专科学校
锦州师范高等专科学校
抚顺师范高等专科学校
朝阳师范高等专科学校
辽宁税务高等专科学校
辽宁警官高等专科学校
沈阳航空职业技术学院
铁岭农业职业技术学院
辽宁体育运动职业技术学院
沈阳职业技术学院
辽宁林业职业技术学院
盘锦职业技术学院
营口职业技术学院
大连商务职业学院
渤海船舶职业学院
辽宁对外经贸职业学院
辽宁农业职业技术学院
鞍山市高等职业专科学校
辽阳职业技术学院
抚顺职业技术学院
大连职业技术学院
大连东软信息技术职业学院
大连艺术职业学院
辽宁石化职业技术学院
辽宁信息职业技术学院
辽宁广告职业学院
辽宁机电职业技术学院
辽宁经济职业技术学院
辽宁金融职业学院

吉林省（18 所）

长春汽车工业高等专科学校
吉林粮食高等专科学校
吉林特产高等专科学校
长春医学高等专科学校
*吉林财税高等专科学校
长春金融高等专科学校
*吉林商业高等专科学校
吉林公安高等专科学校
吉林对外经贸职业学院
四平职业大学
吉林交通职业技术学院
长春东方职业学院
辽源职业技术学院
吉林电子信息职业技术学院
长春职业技术学院
吉林司法警官职业学院
吉林工业职业技术学院
吉林农业工程职业技术学院

黑龙江省（31 所）

大庆高等专科学校
黑龙江水利专科学校
克山师范专科学校
绥化师范专科学校
鹤岗师范高等专科学校
哈尔滨金融高等专科学校
伊春职业学院
黑龙江司法警官职业学院
黑龙江农业工程职业学院
黑龙江林业职业技术学院
大庆职业学院
黑龙江农业职业技术学院
黑龙江建筑职业技术学院
黑龙江农垦职业学院
牡丹江大学
鸡西大学
齐齐哈尔职业学院
黑龙江农垦林业职业技术学院
黑龙江商业职业学院
黑龙江农垦农业职业技术学院
*哈尔滨职业技术学院
黑龙江公安警官职业学院
黑龙江艺术职业学院
黑龙江工商职业技术学院
哈尔滨华夏计算机职业技术学院
哈尔滨电力职业技术学院
哈尔滨铁道职业技术学院
黑龙江农业经济职业学院
黑龙江农牧水产职业学院
黑龙江畜牧兽医职业学院
大兴安岭职业学院

上海市（32 所）

上海海关高等专科学校
上海出版印刷高等专科学校
上海电机技术高等专科学校
上海医疗器械高等专科学校
上海金融高等专科学校
上海旅游高等专科学校
立信会计高等专科学校
上海公安高等专科学校
上海第二工业大学
民办新侨职业技术学院
民办东海职业技术学院
上海商业职业技术学院
民办上海托普信息技术职业学院
民办上海东方文化职业学院
民办上海工商外国语职业学院
上海工艺美术职业学院
民办上海思博职业技术学院
民办上海立达职业技术学院
上海农林职业技术学院
民办上海邦德职业技术学院
民办上海欧华职业技术学院
上海建峰职业技术学院
上海海事职业技术学院
民办上海建桥职业技术学院
上海行健职业学院
上海电子信息职业技术学院
民办上海中侨职业技术学院
民办上海济光职业技术学院
上海科学技术职业学院
上海交通职业技术学院
上海城市管理职业技术学院
民办上海民远职业技术学院

江苏省（51 所）

南京森林公安高等专科学校
常熟高等专科学校
镇江市高等专科学校

南京动力高等专科学校
连云港师范高等专科学校
泰州师范高等专科学校
金陵职业大学
南通纺织职业技术学院
南通航运职业技术学院
*苏州工艺美术职业技术学院
南京工业职业技术学院
无锡商业职业技术学院
泰州职业技术学院
徐州建筑职业技术学院
连云港职业技术学院
民办明达职业技术学院
南通职业大学
南京市农业专科学校
苏州职业大学
彭城职业大学
沙洲职业工学院
扬州市职业大学
无锡职业技术学院
苏州农业职业技术学院
苏州工业园区职业技术学院
江阴职业技术学院
正德职业技术学院
炎黄职业技术学院
金肯职业技术学院
无锡南洋职业技术学院
常州纺织服装职业技术学院
九州职业技术学院
南京交通职业技术学院
常州信息职业技术学院
江苏畜牧兽医职业技术学院
钟山职业技术学院
培尔职业技术学院
淮安信息职业技术学院
紫琅职业技术学院
常州工程职业技术学院
江苏信息职业技术学院
南京特殊教育职业技术学院
宿迁职业技术学院
南京化工职业技术学院
江苏食品职业技术学院
徐州工业职业技术学院
常州机电职业技术学院
硅湖职业技术学院
常州轻工职业技术学院
江苏农林职业技术学院
南京信息职业技术学院

浙江省（39所）

公安海警高等专科学校
浙江水利水电专科学校
浙江医药高等专科学校
丽水师范专科学院
浙江广播电视高等专科学校
浙江公安高等专科学校
宁波高等专科学校
温州大学
金华职业技术学院
宁波职业技术学院
浙江交通职业技术学院
温州职业技术学院
台州职业技术学院
绍兴越秀外国语职业学院
浙江工商职业技术学院
浙江工贸职业技术学院
嘉兴职业技术学院
浙江警官职业学院
浙江工业职业技术学院
浙江旅游职业学院
浙江金融职业学院
浙江经济职业技术学院
浙江建设职业技术学院
浙江经贸职业技术学院
浙江育英职业技术学院
绍兴托普信息职业技术学院
浙江东方职业技术学院
宁波服装职业技术学院
宁波城市职业技术学院
湖州职业技术学院
衢州职业技术学院
丽水职业技术学院
浙江商业职业技术学院
浙江机电职业技术学院
浙江艺术职业学院
宁波大红鹰职业技术学院
义乌工商职业技术学院
浙江轻纺职业技术学院
杭州职业技术学院

安徽省（38所）

蚌埠高等专科学校
安徽医学高等专科学校
安徽中医药高等专科学校
芜湖师范专科学校
池州师范专科学校
滁州师范专科学校
宿州师范专科学校
亳州师范高等专科学校
淮南职业技术学院
安徽水利水电职业技术学院
芜湖职业技术学院
民办三联职业技术学院
民办安徽新华职业学院
铜陵职业技术学院
安徽商贸职业技术学院
淮北职业技术学院
民办万博科技职业学院
安徽职业技术学院
淮南联合大学
安徽警官职业学院
六安职业技术学院
安徽工业经济职业技术学院
阜阳职业技术学院
安徽工贸职业技术学院
安徽广播影视职业技术学院
民办安徽明星科技职业学院
池州职业技术学院
滁州职业技术学院
合肥通用职业技术学院
宣城职业技术学院
安徽交通职业技术学院
安徽电子信息职业技术学院
民办合肥经济技术职业学院
安徽体育运动职业技术学院
巢湖职业技术学院
宿州职业技术学院
民办安徽文达信息技术职业学院
民办安徽外国语职业技术学院

福建省（25所）

三明高等专科学校
龙岩师范高等专科学校
南平师范高等专科学校
宁德师范高等专科学校
福建商业高等专科学校
福建公安高等专科学校
黎明职业大学
闽西职业大学
漳州职业技术学院
福建华南女子职业学院
泉州育青职业技术学院
福建交通职业技术学院
福州英华职业学院
泉州光电信息职业学院
鹭江职业大学
厦门华夏职业学院
泉州华光摄影艺术职业学院
泉州中营职业学院
福州职业技术学院
福建电力职业技术学院
厦门海洋职业技术学院
福建水利电力职业技术学院
福建林业职业技术学院
福建农业职业技术学院
福建信息职业技术学院

江西省（31所）

新余高等专科学校
萍乡高等专科学校
南昌高等专科学校
景德镇高等专科学校
南昌水利水电高等专科学校
井冈山医学高等专科学校
抚州师范专科学校
江西公安专科学校
九江职业大学
蓝天职业技术学院
江西工业职业技术学院
九江职业技术学院
江西新亚职业技术学院
江西渝州科技职业学院
江西航天科技职业学院
江西赣江职业技术学院

江西应用技术职业学院
江西司法警官职业学院
江西电力职业技术学院
江西财经职业学院
井冈山职业技术学院
鹰潭职业技术学院
江西交通职业技术学院
江西机电职业技术学院
江西信息应用职业技术学院
江西环境工程职业学院
江西陶瓷工艺美术职业技术学院
江西旅游商贸职业学院
江西现代职业技术学院
江西艺术职业学院
江西工业工程职业技术学院

山东省（43 所）

山东水利专科学校
山东电力高等专科学校
临沂医学专科学校
菏泽医学专科学校
菏泽师范专科学校
济宁师范专科学校
枣庄师范专科学校
滨州师范专科学校
山东公安专科学校
民办山东万杰医学高等专科学校
日照职业技术学院
聊城职业技术学院
山东商业职业技术学院
济宁职业技术学院
青岛职业技术学院
莱芜职业技术学院
山东劳动职业技术学院
山东南山职业技术学院
曲阜远东职业技术学院
山东军星职业技术学院
威海职业学院
民办青岛滨海职业学院
山东圣翰财贸职业学院
山东交通职业学院
山东信息职业技术学院
山东外贸职业学院
青岛酒店管理职业技术学院
山东英才职业技术学院
山东大王职业学院
山东畜牧兽医职业学院
青岛飞洋职业技术学院
东营职业学院
淄博科技职业学院
淄博职业学院
滨州职业学院
山东纺织职业学院
潍坊职业学院
德州科技职业学院
潍坊科技职业学院
山东力明科技职业学院
山东服装职业学院
山东水利职业学院
烟台职业学院

河南省（41 所）

铁道警官高等专科学校
郑州工业高等专科学校
河南机电高等专科学校
郑州电力高等专科学校
河南纺织高等专科学校
洛阳工业高等专科学校
郑州牧业工程高等专科学校
信阳农业高等专科学校
郑州澍青医学高等专科学校
驻马店师范高等专科学校
平顶山师范高等专科学校
新乡师范高等专科学校
郑州师范高等专科学校
焦作师范高等专科学校
河南商业高等专科学校
河南财政税务高等专科学校
河南公安高等专科学校
中州大学
漯河职业技术学院
安阳大学
焦作大学
南阳理工学院
洛阳大学
开封大学
三门峡职业技术学院
河南职业技术学院
郑州铁路职业技术学院
民办中原职业技术学院
黄河水利职业技术学院
平原大学
河南司法警官职业学院
河南工业职业技术学院
郑州华信职业技术学院
周口职业技术学院
濮阳职业技术学院
鹤壁职业技术学院
许昌职业技术学院
济源职业技术学院
平顶山工业职业技术学院
商丘职业技术学院
郑州科技职业学院

湖北省（41 所）

黄石高等专科学校
湖北药检高等专科学校
湖北中医药高等专科学校
沙洋师范高等专科学校
郧阳师范高等专科学校
湖北财经高等专科学校
荆门职业技术学院
黄冈职业技术学院
恩施职业技术学院
武汉商业服务学院
沙市职业大学
武汉时代职业学院
武汉生物工程职业技术学院
武汉船舶职业技术学院
襄樊职业技术学院
孝感职业技术学院
十堰职业技术学院
长江职业学院
武汉职业技术学院
鄂州职业大学
汉口职业技术学院
武汉警官职业学院
武汉科技职业学院
湖北生物生态职业技术学院
湖北开放职业学院
武汉航海职业技术学院
武汉光华信息技术职业学院
湖北城市建设职业技术学院
武汉商贸职业学院
武汉外语外事职业学院
宜昌职业技术学院
武汉工交职业学院
湖北水利水电职业技术学院
武汉电力职业技术学院
随州职业技术学院
仙桃职业学院
湖北交通职业技术学院
武汉信息传播职业技术学院
湖北轻工职业技术学院
武汉工程职业技术学院
荆州职业技术学院

湖南省（36 所）

湖南建材高等专科学校
怀化医学高等专科学校
娄底师范高等专科学校
*株洲师范高等专科学校
湖南省第一师范学校
湖南财经高等专科学校
湖南税务高等专科学校
湖南公安高等专科学校
湘南医学高等专科学校
长沙航空职业技术学院
永州职业技术学院
湖南工业职业技术学院
湖南女子职业大学
长沙民政职业技术学院
湖南涉外经济职业学院
湖南环境生物职业技术学院
湖南大众传媒职业技术学院
湖南信息职业技术学院
湖南冶金职业技术学院
长沙大学
湖南铁道职业技术学院
湖南体育职业学院
湖南商务职业技术学院
湖南生物与机电工程职业技术学院
湖南机电职业技术学院

保险职业学院
湖南艺术职业学院
＊湘潭职业技术学院
张家界航空工业职业技术学院
湖南科技职业学院
长沙环境保护职业技术学院
湖南工程职业技术学院
长沙通信职业技术学院
娄底职业技术学院
郴州职业技术学院
湖南交通职业技术学院

广东省（43 所）

广州航海高等专科学校
广州金融高等专科学校
广东公安高等专科学校
私立华联学院
民办培正商学院
民办南华工商学院
广州民航职业技术学院
顺德职业技术学院
广东农工商职业技术学院
广东轻工职业技术学院
广东水利电力职业技术学院
佛山职业技术学院
番禺职业技术学院
深圳职业技术学院
广东白云职业技术学院
广东新安职业技术学院
潮汕职业技术学院
广东松山职业技术学院
广东交通职业技术学院
广东纺织职业技术学院
广东科学技术职业学院
广东亚视演艺职业学院
清远职业技术学院
广东工贸职业技术学院
广东建华职业学院
广东司法警官职业学院
深圳信息职业技术学院
汕头职业技术学院
广东省外语艺术职业学院
揭阳职业技术学院
广东机电职业技术学院
广东建设职业技术学院
广东女子职业技术学院
广东岭南职业技术学院
汕尾职业技术学院
广东邮电职业技术学院
河源职业技术学院
广东财经职业学院
阳江职业技术学院
罗定职业技术学院
广州康大职业技术学院
南海东软信息技术职业学院
珠海艺术职业学院

广西壮族自治区（24 所）

桂林航天工业高等专科学校
柳州医学高等专科学校
桂林师范高等专科学校
柳州师范高等专科学校
梧州师范高等专科学校
钦州师范高等专科学校
右江民族师范高等专科学校
南宁师范高等专科学校
广西商业高等专科学校
广西财政高等专科学校
桂林旅游高等专科学校
广西警官高等专科学校
广西体育高等专科学校
邕江大学
柳州职业技术学院
广西机电职业技术学院
南宁职业技术学院
广西职业技术学院
广西水利电力职业技术学院
广西交通职业技术学院
广西农业职业技术学院
广西生态工程职业技术学院
广西国际商务职业技术学院
广西建设职业技术学院

海南省（5 所）

琼州大学
海南职业技术学院
海口经济职业技术学院
三亚卓达旅游职业学院
海南软件职业技术学院

重庆市（15 所）

重庆石油高等专科学校
重庆工业高等专科学校
重庆电力高等专科学校
重庆工业职业技术学院
重庆电子职业技术学院
重庆巴渝职业技术学院
重庆三峡职业学院
涪陵职业技术学院
重庆信息技术职业学院
重庆职业技术学院
重庆社会工作职业学院
重庆工程职业技术学院
重庆警官职业学院
重庆海联职业技术学院
重庆光彩职业技术学院

四川省（31 所）

四川烹饪高等专科学校
成都电子机械高等专科学校
成都纺织高等专科学校
西昌农业高等专科学校
康定民族师范高等专科学校
＊西昌师范高等专科学校
＊阿坝师范高等专科学校
达县师范高等专科学校
四川警官高等专科学校
民办四川天一学院
成都航空职业技术学院
成都大学
凉山大学
四川机电职业技术学院
四川电力职业技术学院
四川工程职业技术学院
乐山职业技术学院
雅安职业技术学院
绵阳职业技术学院
四川建筑职业技术学院
达州职业技术学院
四川交通职业技术学院
成都艺术职业学院
泸州职业技术学院
眉山职业技术学院
四川职业技术学院
四川工商职业技术学院
四川托普信息技术职业学院
四川国际标榜职业学院
成都农业科技职业学院
宜宾职业技术学院

贵州省（24 所）

黔南民族医学高等专科学校
黔东南民族师范高等专科学校
黔西南民族师范高等专科学校
贵阳师范高等专科学校
安顺师范高等专科学校
铜仁师范高等专科学校
毕节师范高等专科学校
六盘水师范高等专科学校
贵州商业高等专科学校
贵州交通职业技术学院
贵州警官职业学院
贵阳金筑大学
贵州理工职业技术学院
贵州航天职业技术学院
贵州电子信息职业技术学院
贵州鸿源管理工程职业学院
六盘水职业技术学院
贵州电力职业技术学院
铜仁职业技术学院
贵州科技工程职业学院
黔南民族职业技术学院
黔东南民族职业技术学院
安顺职业技术学院
遵义职业技术学院

云南省（19 所）

昆明冶金高等专科学校
云南医学高等专科学校
思茅师范高等专科学校
保山师范高等专科学校
文山师范高等专科学校
昆明师范高等专科学校

昭通师范高等专科学校
昆明大学
昆明工业职业技术学院
西双版纳职业技术学院
云南国土资源职业学院
云南能源职业技术学院
昆明艺术职业学院
云南交通职业技术学院
云南农业职业技术学院
云南司法警官职业学院
玉溪农业职业技术学院
云南农业职业技术学院
云南科技信息职业技术学院

西藏自治区（1所）

西藏警官高等专科学校

陕西省（22所）

西安电力高等专科学校
西安航空技术高等专科学校
陕西医学高等专科学校
商洛师范专科学校
安康师范专科学校
西安翻译职业学院
西京职业学院
西安欧亚职业学院
杨凌职业技术学院
西安外事职业学院
陕西工业职业技术学院
陕西财经职业技术学院
陕西国防工业职业技术学院
陕西国际商贸职业学院
西安航空职业技术学院
陕西职业技术学院
陕西交通职业技术学院
西安三资职业学院
西安高新科技职业学院
西安思源职业学院
陕西服装艺术职业学院
陕西能源职业技术学院

甘肃省（16所）

兰州工业高等专科学校
平凉医学高等专科学校
张掖医学高等专科学校
兰州师范高等专科学校
合作民族师范高等专科学校
陇南师范高等专科学校
定西师范高等专科学校
甘肃联合大学
兰州石化职业技术学院
甘肃警察职业学院
兰州外语职业学院
甘肃林业职业技术学院
甘肃建筑职业技术学院
酒泉职业技术学院
甘肃工业职业技术学院
兰州职业技术学院

青海省（8所）

青海民族师范高等专科学校
青海师范高等专科学校
青海卫生职业技术学院
青海财经职业学院
青海畜牧兽医职业技术学院
青海交通职业技术学院
青海警官职业学院
青海建筑职业技术学院

宁夏回族自治区（9所）

固原师范高等专科学校
吴忠职业技术学院
宁夏石嘴山职业技术学院
宁夏职业技术学院
宁夏经贸职业技术学院
宁夏工业职业学院
宁夏财经职业技术学院
宁夏司法警官职业学院
宁夏建设职业技术学院

新疆维吾尔自治区（15所）

新疆工业高等专科学校
新疆维吾尔医学专科学校
和田师范专科学校
新疆兵团警官高等专科学校
新疆警官高等专科学校
乌鲁木齐职业大学
新疆机电职业技术学院
新疆轻工职业技术学院
克拉玛依职业技术学院
新疆农业职业技术学院
新疆建设职业技术学院
昌吉职业技术学院
巴音郭楞职业技术学院
阿克苏职业技术学院
伊犁职业技术学院

三、分校办学点（180个）

北京市

中国防卫科技学院
北京科技大学分院
北京理工大学分校
北方交大昌平分校
北京人民警察学院
北京市机械工业管理局职工大学
北京市经济管理干部学院
北京市政法管理干部学院
北京市计划劳动管理干部学院

天津市

天津市工会管理干部学院

河北省

秦皇岛环境管理干部学院
秦皇岛教育学院
张家口教育学院
华北石油教育学院
河北省职工医学院

山西省

山西煤炭管理干部学院
山西煤炭职工联合大学
山西青年管理干部学院
山西政法管理干部学院
山西职工医学院
太原经济管理干部学院
广播电影电视管理干部学院

内蒙古自治区

呼和浩特教育学院

吉林省

吉林省教育学院
吉林省经济管理干部学院

黑龙江省

哈尔滨航空职工大学
鹤岗矿务局职工大学
黑龙江省二轻职工大学
黑龙江省教育学院
牡丹江市联合职工大学
齐齐哈尔市教育学院
齐齐哈尔市职工大学
齐齐哈尔铁路运输职工大学
双鸭山矿务局职工工学院
黑龙江省农垦管理干部学院
黑龙江省森林工业管理干部学院
黑龙江省政法管理干部学院

辽宁省

大连理工大学城市学院

上海市

上海工商学院
上海纺织工业职工大学
上海科技职工大学
上海市长宁区业余大学
上海市宝山区业余大学
上海市经济管理干部学院
上海市政法管理干部学院
上海职工医学院

江苏省

江南大学太湖学院
常州市职工大学
江苏教育学院
江苏省省级机关管理干部学院
南京电子工业职工大学
南京联合职工大学
南京人口管理干部学院

南京市机械工业职工大学
南京市建筑工程局职工大学
苏州教育学院
无锡市城建职工大学
徐州教育学院
扬州教育学院

浙江省

浙江大学城市学院
浙江大学宁波理工学院
浙江工业大学浙西分校
浙江教育学院浙江职工体育运动技术学院

安徽省

安徽电力职工大学
蚌埠市职工大学
淮南市职工大学
安徽省直职工大学
马鞍山钢铁公司职工大学
安徽教育学院
蚌埠教育学院
芜湖教育学院
宿州教育学院
安徽经济管理干部学院

福建省

福建教育学院
福建财会管理干部学院
福建金融管理干部学院
福建经济管理干部学院
福建政法管理干部学院

江西省

江西医学院上饶分院
南昌教育学院
江西行政管理干部学院
江西经济管理干部学院
江西金融职工大学
江西新余钢铁总厂职工大学
南昌钢铁厂职工大学
萍乡煤矿职工大学
南昌飞机制造公司职工工学院

山东省

石油大学胜利学院
青岛远洋船员学院
山东省教育学院
山东省聊城教育学院
济南教育学院
潍坊教育学院
烟台教育学院
山东省青年管理干部学院
山东省政法管理干部学院
山东省冶金职工大学
山东铝业公司职工大学
山东省贸易职工大学
兖州矿区职工大学
新汶矿务局职工大学

河南省

第一拖拉机制造厂拖拉机学院
河南省化工职工大学
河南省建筑职工大学
河南省轻工业职工大学
河南卫生职工学院
开封教育学院
信阳教育学院
郑州经济管理干部学院
河南政治管理干部学院

湖北省

武汉大学东湖分校
华中师范大学汉口分校
华中科技大学武昌分校
武汉科技大学中南分校
湖北教育学院
荆州教育学院
咸宁教育学院
长江职工大学
湖北省卫生职工医学院
丹江口工程管理局职工大学
第一冶金建设公司职工大学
湖北省地质职工大学

湖南省

湖南大学衡阳分校
湖南工业职工大学
湖南省工艺美术职工大学
湖南工业科技职工大学
长沙职工大学
湖南兵器工业职工大学
湖南机电职工大学
南方动力机械公司职工工学院
湖南经济管理干部学院

广东省

北京师范大学珠海教育园区
电子科技大学中山学院
佛山教育学院
广东教育学院
江门教育学院
湛江教育学院
珠海教育学院
广东省财贸管理干部学院
广东省经济管理干部学院
广东省科技管理干部学院
广东省农业管理干部学院
广东省行政管理干部学院
广州金桥管理干部学院
广州市经济管理干部学院
广州市乡镇企业管理干部学院
广州市职工大学
广州铁路运输职工大学
广东省成人科技大学
广东省佛山职工医学院

广西壮族自治区

广西大学梧州分校
广西教育学院
广西公安管理干部学院
广西政法管理干部学院
南宁地区教育学院

重庆市

西南师范大学育才学院
重庆电力职工大学
重庆教育学院

四川省

四川经济管理干部学院
四川财贸管理干部学院
四川教育学院

云南省

德宏教育学院
丽江教育学院
临沧教育学院
云南兵器工业职工大学

陕西省

陕西航空职工大学
陕西兵器工业职工大学
陕西青年管理干部学院
陕西省经济管理干部学院
陕西省政法管理干部学院
陕西教育学院
西安教育学院

甘肃省

定西教育学院
甘肃机械电子职工大学
兰州铁路工程职工大学
白银有色金属公司职工大学

新疆维吾尔自治区

乌鲁木齐成人教育学院
新疆教育学院
新疆职工大学

中华全国总工会

中国工运学院

（教育部资料）

2003年具有高等学历教育招生资格的成人高等学校名单

教育部按语：为保证成人高等教育教学质量，维持正常的办学秩序，进一步完善社会监督机制，并向广大考生提供准确的报考信息，现将2003年具有高等学历教育招生资格的成人高等学校名单予以公布。全国现有成人高校607所，这次向社会公布2003年具有招生资格的512所，凡办学条件低于国家规定要求的，均在其校名前以“*”标出（标注“* *”表示已经连续两年办学条件低于国家规定要求），表示2003年虽可以继续招生，但已无条件扩大在校生规模，希望有关学校及其主管部门增加投入，尽快改善办学条件。同时，为了提高统计数据的质量，2003年凡因上报统计数据有误造成办学条件低于国家规定要求的，加注“▲”公布名单，希望引起学校及其主管部门高度重视，加强和健全学校管理工作。

本名单按学校所在地排序，包括广播电视大学、职工（农民）高等学校、管理干部学院、教育（教师进修）学院及独立设置的函授学院。除本次公布的成人高等学校及具有函授、夜大学办学资格的普通高校之外，任何其他机构均不具备成人高等学历教育招生资格。

北京市（31所）

国家检察官学院
北京市建设职工大学
国家法官学院
北京市房地产职工大学
公安部管理干部学院
北京市总工会职工大学
民航管理干部学院
北京人民警察学院
中国科学院管理干部学院
北京市丰台区职工大学
中国工运学院
北京市西城经济科技大学
北京市海淀区职工大学
北京汽车工业总公司职工大学
北京市东城区职工业余大学
北京市职工体育运动技术学院
北京市崇文区职工大学
首都联合职工大学
北京市宣武区红旗业余大学
北京市经济管理干部学院
北京市石景山区业余大学
北京市财贸管理干部学院
北京市朝阳区职工大学
北京市政法管理干部学院
北京市机械工业局职工大学
北京市计划劳动管理干部学院
首都钢铁公司职工大学
北京教育学院
北京医药集团职工大学
北京市广播电视大学
北京市工艺美术品总公司职工大学

天津市（22所）

天津市和平区新华职工大学
天津市职工冶金学院
天津市河西区职工大学
天津市职工建材学院
天津市河东区职工大学
天津市医药职工大学
天津市红桥区职工大学
天津市职工科学技术大学
天津市河北区职工大学
天津市房地产局职工大学
天津市南开区职工大学
天津市管理干部学院
天津市建筑工程业余大学
天津物资管理干部学院
天津市职工公用事业学院
天津市财贸管理干部学院
天津市职工经济技术大学
天津市政法管理干部学院
天津汽车工业总公司职工大学
天津市工会管理干部学院
天津市渤海化工职工学院
天津市广播电视大学

河北省（13所）

河北地质职工大学
河北管理干部学院
邯郸市职工大学
河北青年管理干部学院
河北省职工医学院
张家口教育学院
张家口市职工大学
华北石油教育学院
石家庄职工大学
秦皇岛教育学院
农业部乡镇企业管理干部学院
河北省广播电视大学
秦皇岛环境管理干部学院

山西省（16所）

山西机电职工学院
山西煤炭管理干部学院
太原钢铁公司职工钢铁学院
山西经济管理干部学院
山西职工医学院
山西青年管理干部学院
山西煤炭职工联合大学
山西政法管理干部学院

山西兵器工业职工大学
阳泉市教育学院
山西省职工二轻学院
山西省吕梁地区教育学院
广播电影电视管理干部学院
长治市教育学院
太原经济管理干部学院
山西省广播电视大学

内蒙古自治区（11所）

内蒙古水利职工大学
锡林郭勒盟教育学院
包头钢铁公司职工大学
伊克昭盟教育学院
▲包头市职工大学
通辽市教育学院
内蒙古矿业职工大学
赤峰教育学院
内蒙古呼和浩特管理干部学院
内蒙古自治区广播电视大学
呼和浩特教育学院

辽宁省（24所）

海军职工大学
辽宁职工体育运动技术学院
辽宁兵器工业职工大学
沈阳市职工大学
沈阳航空职工大学
辽宁财贸职工大学
＊辽宁省直属机关职工大学
阜新煤炭职工医学专科学校
大连工人大学
辽宁文化艺术职工大学
大连职工大学
沈阳市联合职工大学
鞍钢职工工学院
沈阳机械工业职工大学
抚顺矿务局职工工学院
辽宁政法管理干部学院
抚顺石油化工公司职工大学
大连市教育学院
本溪钢铁公司职工工学院
辽宁广播电视大学
阜新矿务局职工大学
沈阳市广播电视大学
北票矿务局职工煤矿专科学校
大连市广播电视大学

吉林省（17所）

吉林铁路运输职工大学
白城市职工大学
长春市职工大学
延边黎明农民大学
长春市建筑职工业余大学
梨树农村成人高等专科学校
长春市直属机关业余大学
吉林省经济管理干部学院
长春职工医科大学
吉林省教育学院
吉林化学工业公司职工大学
长春教育学院
吉林职工医科大学
吉林省广播电视大学
通化钢铁公司职工大学
长春广播电视大学
▲延边职工大学

黑龙江省（33所）

齐齐哈尔铁路运输职工大学
大庆职工医学院
黑龙江兵器工业职工大学
鸡西煤炭职工医学院
哈尔滨航空职工大学
黑龙江省商业职工大学
哈尔滨市职工大学
黑龙江省社会科学院职工大学
黑龙江省邮电职工大学
哈尔滨市职工医学院
黑龙江省科技职工大学
黑龙江省职工体育运动技术学院
黑龙江省直属机关职工大学
黑龙江省农垦管理干部学院
哈尔滨市教师体育学院
黑龙江省政法管理干部学院
齐齐哈尔市建设职工大学
黑龙江省森林工业管理干部学院
齐齐哈尔市职工大学
黑龙江省教育学院
牡丹江市联合职工大学
齐齐哈尔市教育学院
黑龙江省二轻职工大学
黑龙江省绥化地区教育学院
佳木斯市联合职工大学
牡丹江市教育学院
鹤岗矿务局职工大学
佳木斯市教育学院
双鸭山矿务局职工工学院
黑龙江省广播电视大学
大庆石油化工总厂职工大学
哈尔滨市广播电视大学
伊春市职工大学

上海市（24所）

海关管理干部学院
上海医药职工大学
上海科技职工大学
上海财政税务职工大学
上海市黄浦区业余大学
上海第二轻工业职工大学
上海市卢湾区业余大学
上海职工医学院
上海市徐汇区业余大学
上海职工体育运动技术学院
上海市长宁区业余大学
上海工商学院
上海市静安区业余大学
上海市宝山区业余大学
上海市普陀区业余大学
上海市政法管理干部学院
上海市虹口区业余大学
上海市经济管理干部学院
上海市杨浦区业余大学
上海市工会管理干部学院
上海机电工业职工大学
上海青年管理干部学院
上海纺织工业职工大学
上海市广播电视大学

江苏省（24所）

空军第一职工大学
苏州市职工业余大学
南京联合职工大学
南通市工人业余大学
南京电子工业职工大学
扬州市职工大学
▲江苏省职工医科大学
江苏商业管理干部学院
南京市机械工业职工大学
南京人口管理干部学院
南京市职工大学
江苏省省级机关管理干部学院
无锡市职工大学
＊南京金陵旅馆管理干部学院
无锡市城建职工大学
江苏教育学院
常州市职工大学
徐州教育学院
苏州市职工大学
苏州教育学院
苏州市建筑工程局职工大学
扬州教育学院
江苏省广播电视大学
南京市广播电视大学

浙江省（16所）

东海业余专科学校
浙江省职工体育运动技术学院
富春江水电职工大学
浙江教育学院
宁波市纺织局职工大学
宁波教育学院
浙江省省级机关职工业余大学
金华教育学院
杭州市工人业余大学
浙江嘉兴教育学院
杭州市业余科技大学
浙江省广播电视大学

温州市工人业余大学
宁波市广播电视大学
浙江经济管理职工大学
浙江省电力职工大学

安徽省（14 所）

安徽电力职工大学
安徽经济管理干部学院
淮南市职工大学
安徽农业管理干部学院
马鞍山钢铁公司职工大学
安徽教育学院
蚌埠市职工大学
芜湖教育学院
合肥职工科技大学
蚌埠教育学院
合肥市职工大学
宿县地区教育学院
安徽省直职工大学
安徽省广播电视大学

福建省（13 所）

*厦门工人业余大学
福建教育学院
**福建省漳州业余大学
漳州教育学院
南平业余大学
福州教育学院
福建经济管理干部学院
厦门教育学院
福建金融管理干部学院
福建省广播电视大学
福建财会管理干部学院
厦门市广播电视大学
福建政法管理干部学院

江西省（16 所）

南昌飞机制造公司职工工学院
南昌市职工科技大学
昌河飞机制造厂职工工学院
南昌市工人业余大学
江西新余钢铁总厂职工大学
江西行政管理干部学院
南昌钢铁厂职工大学
江西经济管理干部学院
江西省机械职工大学
江西教育学院
萍乡煤矿职工大学
南昌教育学院
景德镇陶瓷职工大学
赣南教育学院
江西金融职工大学
江西省广播电视大学

山东省（18 所）

山东铝业公司职工大学
山东省工会管理干部学院
青岛远洋船员学院
山东省青年管理干部学院
新汶矿务局职工大学
山东省教育学院
山东省贸易职工大学
济南教育学院
济南市职工科技大学
烟台教育学院
兖州矿区职工大学
潍坊教育学院
山东省经济管理干部学院
山东省聊城教育学院
山东省政法管理干部学院
山东省广播电视大学
山东省农业管理干部学院
青岛市广播电视大学

河南省（22 所）

长城铝业公司职工工学院
磨料磨具工业职工大学
**郑州市职工业余大学
郑州经济管理干部学院
河南省建筑职工大学
河南政法管理干部学院
河南省化工职工大学
河南教育学院
洛阳市职工科学技术学院
信阳教育学院
第一拖拉机制造厂拖拉机学院
开封教育学院
洛阳轴承厂职工大学
平顶山教育学院
洛阳有色金属职工大学
新乡教育学院
开封市职工业余大学
驻马店教育学院
河南卫生职工学院
河南省广播电视大学
焦作煤矿职工医学院
华中电业联合职工大学（郑州）

湖北省（21 所）

第一冶金建设公司职工大学
▲武汉市经济管理干部学院
丹江口工程管理局职工大学
武汉冶金管理干部学院
长江职工大学
湖北武汉公安管理干部学院
湖北省直属机关业余大学
湖北教育学院
湖北省地质职工大学
十堰教育学院
长江葛洲坝工程局职工大学
荆州教育学院
湖北省卫生职工医学院
宜昌市教育学院
武汉市职工财经学院
湖北省黄石教育学院
*武汉市职工大学
武汉市广播电视大学
湖北省经济管理干部学院
湖北省广播电视大学
武汉交通管理干部学院

湖南省（22 所）

湖南工业职工大学
衡阳工业职工大学
湖南省工艺美术职工大学
湖南农村金融职工大学
湖南工业科技职工大学
湖南纺织职工大学
湖南石化职工大学
湖南有色金属职工大学
长沙市职工大学
岳阳职工高等专科学校
衡阳市职工大学
湖南经济管理干部学院
株洲市职工大学
长沙市教师进修学院
湖南兵器工业职工大学
湘潭市教师进修学院
湖南机电职工大学
郴州地区教师进修学院
南方动力机械公司职工工学院
益阳地区教师进修学院
衡阳有色冶金职工大学
湖南省广播电视大学

广东省（32 所）

广州铁路运输职工大学
广东省经济管理干部学院
南海成人学院
广东省财贸管理干部学院
广州业余大学
广州市经济管理干部学院
广州市职工大学
广州市财贸管理干部学院
广东省国防工业职工大学
广东省农业管理干部学院
汕头市业余大学
广东青年管理干部学院
韶关市职工大学
广州市乡镇企业管理干部学院
华南文艺成人学院
广东省行政管理干部学院
广东新华教育学院
广东教育学院
广东省成人科技大学
佛山教育学院
广东社会科学大学
湛江教育学院
广东省佛山职工医学院
珠海教育学院
广州金桥管理干部学院

江门教育学院
广东省科技管理干部学院
广东省广播电视大学
广州市公安管理干部学院
广州市广播电视大学
广东省公安司法管理干部学院
深圳市广播电视大学

广西壮族自治区（10所）

桂林市职工大学
广西壮族自治区卫生管理干部学院
广西直属机关业余大学
广西教育学院
广西壮族自治区经济管理干部学院
梧州市教育学院
广西公安管理干部学院
南宁地区教育学院
广西政法管理干部学院
广西壮族自治区广播电视大学

海南省（1所）

海南省广播电视大学

重庆市（12所）

重庆兵器工业职工大学
重庆职工会计专科学校
重庆电力职工大学
重庆社会大学
重庆冶金成人学院
重庆商业职工大学
重庆城建职工学院
重庆青年管理干部学院
重庆化工职工大学
重庆教育学院
重庆市职工大学
重庆市广播电视大学

四川省（32所）

四川科技职工大学
成都市职工大学
中国第二重型机械集团职工大学
四川卫生管理干部学院
四川省东方动力职工大学
四川财贸管理干部学院
中国工程物理研究院职工工学院
四川经济管理干部学院
四川核工业职工大学
四川政法管理干部学院
成都发动机公司职工大学
四川农业管理干部学院
成都飞机工业公司职工工学院
四川省计划生育管理干部学院
成都电子职工大学
四川教育学院
国营涪江机器厂职工大学
成都教育学院
成都电力职工大学
自贡教育学院
成都冶金职工大学
德阳教育学院
第五冶金建设公司职工大学
南充教育学院
成都工业职工大学
凉山教育学院
广元职工医学院
四川干部函授学院
南充市职工大学
四川省广播电视大学
四川省职工运动技术学院
成都市广播电视大学

贵州省（6所）

贵州铝厂职工大学
贵州教育学院
贵州航空工业职工大学
毕节教育学院
贵州机械工业职工大学
贵州省广播电视大学

云南省（6所）

云南兵器工业职工大学
丽江教育学院
南方电力职工大学
临沧教育学院
德宏教育学院
云南省广播电视大学

陕西省（25所）

西安铁路运输职工大学
宝鸡市职工大学
陕西航天职工大学
西安外贸职工大学
陕西电子工业职工大学
陕西青年管理干部学院
西安航空职工大学
陕西省经济管理干部学院
西安飞机工业公司职工工学院
陕西工运学院
陕南航空职工大学
陕西省政法管理干部学院
陕西兵器工业职工大学
陕西教育学院
西北电业职工大学
西安教育学院
西安铁路工程职工大学
陕西省宝鸡教育学院
西安电力机械制造公司机电学院
▲陕西省铜川教育学院
陕西省建筑工程总公司职工大学
陕西省广播电视大学
陕西省纺织工业公司职工大学
西安市广播电视大学
西安市职工大学

甘肃省（13所）

甘肃机械电子职工大学
白银有色金属公司职工大学
兰州航空工业职工大学
甘肃工业职工大学
兰州铁路工程职工大学
甘肃服装职工大学
甘肃核工业职工大学
兰州教育学院
银光化学材料厂职工大学
定西教育学院
酒泉钢铁公司职工大学
甘肃省广播电视大学
金川有色金属公司职工大学

青海省（2所）

青海省联合职工大学
青海省广播电视大学

宁夏回族自治区（1所）

宁夏回族自治区广播电视大学

新疆维吾尔自治区（15所）

新疆兵团职工大学
新疆教育学院
新疆生产建设兵团教育学院
乌鲁木齐成人教育学院
新疆生产建设兵团广播电视大学
喀什教育学院
新疆钢铁公司职工大学
伊犁教育学院
新疆纺织工业公司职工大学
▲和田地区教育学院
新疆维吾尔自治区建筑职工大学
阿克苏教育学院
新疆职工大学
新疆维吾尔自治区广播电视大学
新疆卫生厅职工业余医科大学

（教育部资料）

具有教授或副教授评审权的高等学校名单

（截至 2003 年 12 月）

一、146 所具有教授评审权的高等学校（排名不分先后）

北京市 北京大学 清华大学 中国人民大学 北京师范大学 中国农业大学 北京科技大学 北京理工大学 北京航空航天大学 中国协和医科大学 北方交通大学 北京邮电大学 石油大学 对外经济贸易大学 北京林业大学 北京中医药大学 北京外国语大学 中央音乐学院 中央美术学院 北京体育大学 北京化工大学 中央戏剧学院 北京工业大学 首都师范大学 中国政法大学 北京语言大学 中央民族大学 中央财经大学 北京广播学院

天津市 南开大学 天津大学 天津医科大学 天津师范大学 天津财经学院 天津科技大学 天津工业大学 天津中医学院

河北省 燕山大学 华北电力大学

山西省 山西大学 太原理工大学 华北工学院

辽宁省 大连理工大学 东北大学 中国医科大学 沈阳农业大学 东北财经大学 大连海事大学 辽宁大学 沈阳工业大学 大连医科大学 辽宁工程技术大学

吉林省 吉林大学 东北师范大学 长春理工大学

黑龙江 哈尔滨工业大学 东北农业大学 哈尔滨工程大学 东北林业大学 哈尔滨医科大学

上海市 复旦大学 上海交通大学 同济大学 上海医科大学 华东师范大学 东华大学 华东理工大学 上海财经大学 上海第二医科大学 上海外国语大学 上海音乐学院 上海理工大学 上海大学 上海体育学院 上海海运学院

江苏省 南京大学 东南大学 中国矿业大学 河海大学 南京航空航天大学 南京理工大学 南京农业大学 南京师范大学 江苏理工大学 南京林业大学 苏州大学 南京化工大学 南京中医药大学 南京医科大学 中国药科大学 江南大学

浙江省 浙江大学 中国美术学院

安徽省 中国科技大学 合肥工业大学

福建省 厦门大学

山东省 山东大学 中国海洋大学 山东农业大学

河南省 郑州大学 河南大学

湖北省 华中科技大学 中国地质大学 武汉大学 华中师范大学 武汉理工大学 华中农业大学 中南财经政法大学

湖南省 中南大学 湖南大学 湖南师范大学 湘潭大学

广东省 中山大学 华南理工大学 华南农业大学 中山医科大学 暨南大学 华南师范大学 广州中医药大学 广东外语外贸大学 广东工业大学

重庆市 重庆大学 重庆医科大学 西南农业大学 西南师范大学

四川省 四川大学 西南交通大学 电子科技大学 成都理工学院 四川农业大学 西南石油学院 西南财经大学

云南省 云南大学 昆明理工大学

陕西省 西安交通大学 西北工业大学 西安电子科技大学 西北大学 西安理工大学 西北农林科技大学 陕西师范大学 西安建筑科技大学 长安大学

甘肃省　兰州大学　甘肃农业大学　西北师范大学　甘肃工业大学

二、117所具有副教授评审权的高等学校（排名不分先后）

北京市　首都医科大学　外交学院

天津市　天津轻工业学院

河北省　河北大学　河北工业大学　石家庄经济学院　河北医科大学　河北师范大学　河北农业大学

山西省　山西农业大学　山西医科大学　山西财经大学

内蒙古　内蒙古大学　内蒙古师范大学　内蒙古农业大学　内蒙古医学院　内蒙古工业大学

辽宁省　沈阳药科大学　辽宁中医学院　辽宁师范大学　大连铁道学院　沈阳体育学院　沈阳工业学院　沈阳师范学院　大连外国语学院　鞍山钢铁学院　抚顺石油学院

吉林省　东北电力学院　吉林工学院　吉林农业大学　延边大学

黑龙江　黑龙江大学　黑龙江中医药大学　大庆石油学院　哈尔滨师范大学　哈尔滨理工大学

上海市　上海中医药大学　上海师范大学　上海戏剧学院　上海水产大学　华东政法学院

江苏省　南京艺术学院　南京邮电学院

浙江省　杭州电子工业学院　浙江工业大学　浙江中医学院　温州医学院　浙江工程学院　杭州商学院　浙江师范大学

安徽省　安徽大学　安徽师范大学　安徽农业大学　安徽医科大学

福建省　福州大学　福建农林大学　福建师范大学　福建医科大学　华侨大学

江西省　南昌大学　江西师范大学　江西医学院　南昌航空工业学院　江西财经大学　江西农业大学　江西中医学院　华东交通大学

山东省　山东师范大学　山东科技大学　青岛大学　曲阜师范大学　山东中医药大学

河南省　洛阳工学院　河南农业大学　河南师范大学　焦作工学院

湖北省　中南民族学院　湖北大学　武汉体育学院　武汉科技大学　湖北工学院　三峡大学　湖北中医学院　长江大学　武汉化工学院

湖南省　湖南农业大学　中南林学院　湖南中医学院　长沙交通学院

广　西　广西大学　广西医科大学　广西师范大学

重庆市　西南政法大学

四川省　成都中医药大学　西南民族学院　成都体育学院

贵州省　贵州工业大学　贵阳医学院　贵州大学

云南省　昆明医学院　云南师范大学　云南农业大学

陕西省　西安工程学院　西北纺织工学院　西安外国语学院　西安科技学院　西安石油学院　西北政法学院　西安工业学院　陕西科技大学　西安美术学院

甘肃省　兰州铁道学院　兰州医学院　西北民族学院

新　疆　新疆医科大学　新疆农业大学　新疆大学

（教育部资料）

考 试 资 讯

〔**教育部公布2004年全国28所自主招生高校名单**〕 教育部公布了2004年自主选拔录取改革试点高校名单，2004年自主招生的院校将从22所扩大到28所，并首次允许考生可以直接向招生院校进行自我推荐。

新增的6所自主招生的高校是：大连理工大学、东北大学、西安交通大学、武汉大学、华中师范大学和华南理工大学。

教育部要求，自主招生的高校必须在2004年5月1日之前在本校的网站上向社会公布本校的招生简章；招生录取期间高校不得更改在招生章程中向社会公布的录取原则；未经教育部批准，高校不得规定男女生录取的比例；不应对报考非外语专业的考生限制其参加高考时的外语语种；对肢体残疾生活能够自理不影响所报专业学习且高考成绩达到录取要求的考生高校不能因其残疾而不予录取。

针对过去高校自主招生工作中出现的问题，教育部同时要求，高校不得降低录取标准指名录取考生；严禁高校利用调整计划或预留计划巧立名目向考生收费；各省级招办对所有高校的本科招生一律不得在常规录取工作结束之后再进行补录。

教育部要求，2004年高校自主招生要坚持“严格程序、加强管理、接受监督”的原则，总结经验，积极探索，做到条件明确化、程序规范化、招生办法公开化、录取结果公示化。

2004年自主招生工作要求，符合试点学校自主选拔录取条件的应届高中毕业生，除可经所在中学推荐外，也可以自荐或经过专家推荐，但均须由所在中学提供或确认其高中阶段德智体美发展情况以及获奖、特长等证明及写实性材料。

经教育部批准进行自主选拔录取改革试点的28所高校是：北京大学、中国人民大学、清华大学、北京师范大学、中国政法大学、复旦大学、同济大学、上海交通大学、华东理工大学、华东师范大学、南京大学、东南大学、南京航空航天大学、南京理工大学、河海大学、南京农业大学、中国药科大学、浙江大学、中国科学技术大学、华中科技大学、中山大学、重庆大学、西安交通大学、大连理工大学、东北大学、武汉大学、华中师范大学、华南理工大学。

（教育部资料）

〔**聚焦高考志愿填报**〕 如何在高考填报志愿中准确地把握自己，填出一份科学的志愿表，是关系考生未来的重要选择。为了帮助广大考生填报好志愿，记者采访了武汉大学招办主任钱建国，北京理工大学招办主任郝志强，首都师范大学招办主任胡洁。请三位来自不同类别院校的招办主任，对志愿填报中的焦点问题进行解答和评说。

焦点之一：学校与专业

学校与专业一直是填报志愿需要面对的首要问题。对此，北京理工大学郝志强给出的建议是应当优先选择高校。“如果能上清华，即使专业差一点，我认为也比上个普通学校的好专业强，毕竟这样的大学更有利于你的成长！”他介绍说，重点大学在办学条件、师资队伍和学术氛围上与一般院校相比的确有很大的优势，学生在这样的环境熏陶下，可以获得更多的知识，有助于综合素质和创新能力的培养。武汉大学钱建国认为，进了重点大学，应当说回旋的余地比较大，像武汉大学就有教改优势，学校实行主辅修制、双学位制、弹性学制，进校后可以结合自己的专业选修第二专业，使自己变得更有竞争力。首都师范大学胡洁则认为，大学期间所学专业与今后的发展关系密切，最好的办法是切合个人实际，注重专业，同时兼顾学校。

焦点之二：专业与就业

随着大学生就业压力的不断加大，家长们在进行报考咨询时非常关注孩子毕业后的出路问题，专业吃不吃香成为很多人考虑报考的重要依据。武汉大学钱建国认为，不考虑就业因素报考是不可取的，但如果把就业因素看得过重，将得不偿失。事实上，很多专业的冷热都是处于变化之中的，现在很吃香的专业，有可能几年以后乏人问津。北京理工大学郝志强认为，有些家长只选热门专业报，却很少考虑那些热门专业是否适合自己的孩子，我看有些孩子的性格未必适合某些热门职业。他认为在考虑就业前景的同时，需要综合个人兴趣和发展潜力等因素。

焦点之三：新增专业

近年来，随着高等教育的快速发展，很多高校专业设置的步伐在加快，新增专业成为考生报考中的值得关注的新领域。武汉大学作为教育部6所自主设置专业试点高校之一，2004年该校新增了空间信息与数字技术专业。据钱建国介绍，学校新设该专业是非常慎重的，既考虑了社会需求，又综合了学校办学的优势所在。一般而言，学校的新增专业当年的录取分数线都是比较高的，并不像很多人认为是冷门。谈及新增专业，首都师范大学胡洁则认为对待新增专业要具体问题具体分析。依据她的观察，绝大多数高校在增设新专业时比较慎重，考虑了学校实力和就业前景。但是，也有一些高校在上新专业时有些盲目，为了学校升格或者为了尽快向多学科性大学发展，追求速度超过了综合考虑。她建议考生和家长在选择新增专业时，一定要对学校进行比较全面的了解，毕竟上一个教学条件、师资都处于起步阶段的专业并不是一个很好的选择。北京理工大学郝志强也提出了同样的忠告。

焦点之四：保守与冒险

考生应当如何估计自己，是不是要来点冒险精神呢？三位招办主任给出的答案比较一致，最好保守一点。首都师范大学胡洁认为，提倡保守一点首先很重要的原因在于我国现行的高考体制，与美国选择高校的申请体制不同，不允许失误，一旦失误要么失掉读大学的机会，要么复读，来年再考，代价太大，这一点使你不得不现实一点。第二点，填报志愿应当是对三年高中学习的一种综合把握，如果仅仅凭一两次模考成绩不错就把志愿往高里报，虽然也有成功的，但还是出问题的多，最终高不成，中也不就，失掉了机会，留下遗憾。钱建国认为，保守之余还应该有一些冒险精神，毕竟有的学校招生不是太稳定，在有些地区存在大小年的情况。如果学校恰恰是你青睐又是你相当关注的，可以试一下，当然这种冒险要建立在对学校充分了解的基础上，慎重冒险这一点很重要。

焦点之五：第二志愿

第一志愿最重要，但第二志愿也不能轻视和马虎。钱建国介绍说，现在看，还没有哪所高校明确声明自己不接收二志愿，但是有些名牌大学实际上每年接收二志愿学生相当少。胡洁认为，报考第二志愿时要多留几个心眼，首先要搞清楚这个学校二志愿录取的绝对数是多少。目前很多学校在宣传时可能会标明自己录取第二志愿的百分比，但数量是多少，有时可不能单看百分比。第二，这些二志愿投向哪，哪些专业接受二志愿？有些学校的二志愿投向很不均衡，考生可以选择的专业面也很窄。她还特别提醒考生和家长，在填报二志愿时，一定仔细阅读所要报考学校的招生章程，弄清它的录取规则，如它的分数级差是多少等等。比如首都师范大学对于二志愿就说得很明白，招收二志愿的百分比是10%左右，绝对人数是200人左右，主要面向北京地区生源，分数级差超过30分。

郝志强认为，对于二志愿录取的提分政策各个学校有所不同，在报考时要充分考虑分数级差，拉开合理的档次，避免二志愿报考失效。

焦点之六：谁来做主

武汉大学钱建国指出，填报志愿时孩子和家长应该很好地沟通，完全由父母包办害处不少。问题主要表现在以下几点：一是不利于正确选择专业和学校，很多父母带有个人主观因素，甚至会比较盲从；二是不利于调动考生的主观能动性，孩子自己都不看好，积极性肯定受打击；三是不利于考生个性的发展。胡洁认为填报志愿存在这样一种现实，孩子往往对于今后具体要学什么不是太清楚，但对于不喜欢学习什么很清楚，但是有些家长并没有真正认识到这一点，强迫孩子填报他们根本不喜欢的学校和专业，带来了很多后遗症。

北京理工大学郝志强认为填报高考志愿，把握自己是关键。考生对自己要有较为全面而准确的认识：性格、兴趣、特长是什么，适合学习哪一类专业；平时的模拟测试成绩在本校考生中排多少名，这个成绩能报考哪类学校；你的家庭经济状况如何，高校实行收费改革后，不同学校、不同专业之间，收费标准也不一样。因此比较好的方法是，把父母、老师的建议作为参考，考生最后自己拿定主意。

焦点之七：了解新政策

“国家高考政策在调整，同时每年很多高校的招生政策也会发生一些变化。有时多一些对政策的了解，可能会提高你的报考质量。”郝志强建议考生和家长在填报高考志愿时，要充分了解学校当年出台的新政策。北京理工大学比较突出的一条新政策是对 2004 年高考入校的学生全部实行真正意义上的学分制，本科学制由 4 年变为柔性的 3 到 5 年。只要拿够学分，学生完全可以 3 年本科毕业，拿到学士学位。同时，学制延长至 5 年，学生可以更加自主地支配时间，设计自己的学业生涯。

另外，这三所高校今年将继续按照厚基础、宽口径的办学政策扩大按大类招生的学科范围。首都师范大学今年生物和数学按大类招生，打破师范和非师范的界限；武汉大学 2004 年按大类招生的学科增加到了 12 个。按大类招生对考生来说应当是一个利好，以前按具体专业招生，由于招生规模小，好的专业很容易出现扎堆现象，一些分数不错的考生利益受到损害。推行按大类招生，几个相近专业打通，有利于考生增加录取机会，同时两年后再选择具体的专业。

焦点之八：调剂，服从还是不服从

首都师范大学胡洁认为，如果不是特别不情愿，建议服从分配，增加录取机会。但是她还强调，一旦填写了服从分配，就要有充分的心理准备，要对自己的选择负责。武汉大学钱建国强调是否“服从专业调剂”必须明确表态，不可含糊不清，也不可空着此栏不填。凡“空白”者，均作为“不服从专业调剂”对待。若“服从专业调剂”，希望考生具体写明服从哪些专业或哪类专业的调剂。

高考志愿填报是对考生的一场考验，应当说更是对家长的一种考验，毕竟目前至少 80%的志愿都是在家长的参谋下填写出来的。三位招办主任在接受采访时都强调填报志愿需要家长的科学眼光。郝志强参加了数不清的高招咨询，很有感慨。他说高考年年填志愿，年年家长换新人。可是，有很多家长连什么是“211”都搞不清楚，分不清一些高校的真实差距；也有不少家长在专业学校选择上应当说目光很短浅，一味地追问就业率，而不是更进一步思考就业的质量到底怎样。另外，很多家长非常关注网上的几个高校排名榜，以此作为报考依据。郝志强认为这是一个很大的误区，高校的质量评价应当从师资、学科、国家对其重视程度等等综合来看，看你的孩子最终能从中受到什么样的教育，而不是凭几个并不成熟的排行榜就能作出决定。

（《中国教育报》2004 年 5 月 12 日　王友文）

〔**2004年硕士研究生招生政策主要变化**〕　2004 年硕士生招生政策主要有以下变化：

一是在考生报考时不再出示所在单位同意报考的证明，报名登记表中不再要求考生所在单位签署意见并加盖公章，考生与所在单位因报考产生问题由其双方依法自行处理；

二是将体检标准由统一指令性要求改为招生单位参照教育部、卫生部、中国残联制订的《普通高等学校招生体检工作指导意见》，结合招生专业实际情况，提出本单位体检要求，并明确要求依法保护残疾考生的合法权益；

三是从 2004 年起，教育部对参加统一入学考试的应届本科毕业生与非应届毕业生制定同样的进入复试最低分数线，各招生单位在此基础上，可根据学科专业培养需要，自主确定对应届毕业生与非应届毕业生复试分数线是否有所差别；

四是强调拓宽学科基础，大力推进专业基础考试科目按一级学科命题，考试内容应更加突出能力立意，考查考生运用基础知识和基本理论分析、解决问题的能力和创新能力；

五是加快考务工作信息化，在部分招生单位进行网上报名工作试点；

六是加强考试考务管理，建立健全突发事件报告制度。

（教育部资料）

〔**教育部通报四起考试违法舞弊案件**〕 2004年5月25日，教育部通报了已查处的4起严重扰乱和破坏国家教育考试的案件。

2004年国家硕士研究生入学统一考试前夕，有关部门发现，互联网上屡有不法分子通过BBS、EMAIL等方式发布出售2004年国家研究生入学统一考试试题和标准答案的信息，每科售价1000～3000元不等，且可在考试结束后再付款。经查，武汉大学商学院2002级硕士研究生邹某，涉嫌通过电子邮箱engky211@tom. com贩卖考题。邹某在网上公开发布出售考题的虚假信息，利用假身份证开办银行账号从事诈骗活动，非法获利1.4万元，涉嫌诈骗罪被捕。

2003年全国成人高考期间，黑龙江省牡丹江林管局考区黑龙江林业职业技术学院南、北校区两考点外发生利用通讯工具向考场内传递与考试有关信息的严重作弊事件。考试期间该考点监考人员收缴手机、BP机30多部，处理违纪考生26人，其中利用通讯工具作弊的考生6人，替考生18人。该考点还发生3名考生殴打监考教师事件。对此，黑龙江省纠风办、教育厅、森工总局出台了相关处理措施：取消牡丹江林管局成人高考、自学考试考区资格；对该考区主考王某及其他责任人分别给予行政警告处分并作书面检查，在全省通报批评；给予利用手机为考生传递考试信息的牡丹江体校教师谢某行政记大过处分并清除出教师队伍；对违纪考生，均取消本次考试资格，全部考试成绩作废，从2004年起分别在2年或3年内不准参加各类全国教育统一考试。其中考试期间利用手机作弊并带人殴打监考教师的考生王某，还被当地公安部门给予刑事拘留15天的处罚。

2004年1月，重庆、浙江两地公安机关破获一起利用互联网盗卖全国大学四级英语考试试题和答案的团伙案件，并抓获了该团伙成员：西南农业大学外国语学院教师孔某，西南农业大学、四川外语学院、四川美术学院的学生6人和重庆汇龙达公司员工1人。2003年12月27日，作为监考人员的孔某私下将同场监考人员替换为同伙，领取试卷后到厕所将试卷拆封，用电话将作文题目和要求告诉在家等候的同伙，并将试卷交由在考场附近等候的同伙带回家中。做出答案后，通过QQ（互联网聊天软件）将答案发送给外地买家，通过手机短信将答案发送给本地买家。据查，该团伙还在2002年6月和2002年12月的全国大学英语四、六级考试中，利用同样方式作案。在这3次作案中，全国共有数百名学生在考试开考前或考试中获得了考试答案。该团伙共获利10余万元。2003年12月27日，浙江工业大学学生郭某将从该团伙以12万元购得的全国大学四级英语考试试题答案贩卖牟利，获得20万元赃款。该案主要涉案人员已经移送司法机关，按照司法程序定罪量刑，依法惩处。有关责任单位也受到了通报批评，有关责任人将受到追究处理；对涉案的教职工和在校学生，有关高校将给予严肃处理；对参与购买试题答案并传播的在校学生将给予开除学籍处理；对参与购买试题答案但未传播的在校学生将给予留校察看以上处分；对学生党员，按照党纪给予严肃处理。

2003年9月19日上午，在“东方大学城宇航培训学校”法人代表刘某、授课教师曹某与中国人民公安大学教务处负责考务工作的史某预谋下，史某将曹某带到中国人民公安大学团河校区存放大学英语四、六级考试试卷的办公室，私自拆封试卷，交由曹某抄录。下午，曹某、刘某指使他人将部分考题公布于东方大学城宇航培训学校的网站。当晚，曹、刘2人在中国地质大学（北京）租用报告厅举办所谓考前“点题讲座”，中国地质大学（北京）未对刘某等人的身份及讲座内容进行认真审查。在这次讲座中，曹某泄露了四级考试试卷的部分内容，600多人参加了培训，曹某、刘某二人从中直接获利1.4万元人民币。3名犯罪嫌疑人已经移送司法机关，按照司法程序定罪量刑，依法惩处；有关部门已经依法取缔“东方大学城宇航培训学校”，停止了中国人民公安大学全国大学英语四、六级考试考点资格，进行整顿；对中国地质大学（北京）给予通报批评。

教育部正告极个别违法犯罪分子：一切试图以身试法、干扰和破坏国家统一考试的行为都必将受到法律的严惩。

（教育部资料）

就业资讯

〔高校毕业生就业政策解答〕

优惠政策解读篇

● 高校毕业生到西部、到基层和艰苦地区工作将享受哪些优惠政策？

为了吸引应届大学毕业生到西部地区、到基层和艰苦地区建功立业，国家出台了以下几个方面的优惠政策：

1. 对原籍在中、东部地区而去西部工作的高校毕业生，实行来去自由的政策，根据本人意愿，户口可迁到工作地区，也可迁回原籍，由政府主管部门所属的人才交流机构提供免费人事代理服务；到西部贫困边远地区工作的高校毕业生，可以提前定级，并根据实际情况适当高定工资标准。人事部还要求各地积极引导高校毕业生进入国有大中型骨干企业及承担国家重点工程、项目的单位。

2. 各级政府要为高校毕业生创造工作条件，主要充实城市社区和农村乡镇基层单位，从事教育、卫生、公安、农技、扶贫和其他社会公益事业。在艰苦地区工作两年或两年以上者，报考研究生的，应优先予以推荐、录取；报考党政机关和应聘国有企事业单位的，在同等条件下，应优先录用。

3. 实施“大学生志愿服务西部计划”。从高校毕业生中招募志愿者，到西部贫困县的乡镇一级教育、卫生、农技、扶贫等单位服务1至2年，服务期间计算工龄。志愿者服务期满后，鼓励其扎根基层或自主择业；服务期满一年考核合格，报考研究生的，总分加10分，各高校出台的政策如优惠于此政策，则参照高校政策，同等条件下，优先录取；服务期满一年考核合格，可以应届毕业生身份报考国家机关公务员，报考中央国家机关和东、中部地区公务员的，同等条件下优先录取，报考西部地区公务员的，笔试总分加5分；在录用党政机关公务员和新增国有企事业单位专业技术人员、管理人员时优先录用、招聘志愿者。

● 应届高校毕业生自主创业、灵活就业，将享受哪些鼓励政策？

凡应届高校毕业生从事个体经营的，除国家限制的行业（包括建筑业、娱乐业以及广告业、桑拿、按摩、网吧、氧吧等）外，自工商部门批准其经营之日起，1年内免交登记类和管理类的各项行政事业性收费。有条件的地区由地方政府确定，在现有渠道中为高校毕业生提供创业小额贷款和担保。

从事个体经营的高校毕业生免交的具体收费项目主要包括：

（一）法律、行政法规规定的收费项目，国务院以及财政部、国家发展改革委（含原国家计委、原国家物价局、下同）批准的收费项目。

1. 工商部门收取的个体工商户注册登记费（包括开业登记、变更登记、补换营业执照及营业执照副本）、个体工商户管理费、集贸市场管理费、经济合同鉴证费、经济合同示范文本工本费。

2. 税务部门收取的税务登记证工本费。

3．卫生部门收取的民办医疗机构管理费、卫生监测费、卫生质量检验费、预防性体检费、预防接种劳务费、卫生许可证工本费。

4．民政部门收取的民办非企业单位登记费（含证书费）。

5．劳动保障部门收取的劳动合同鉴证费、职业资格证书费。

6．公安部门收取的特种行业许可证工本费。

7．烟草部门收取的烟草专卖零售许可证费（含临时的零售许可证费）。

8．国务院以及财政部、国家发展改革委批准的涉及个体经营的其他登记类和管理类收费项目。

（二）各省、自治区、直辖市人民政府及其财政、价格主管部门批准的涉及个体经营的登记类和管理类收费项目。

从事个体经营的高校毕业生、应当向工商、税务、卫生、民政、劳动保障、公安、烟草等部门的相关收费单位出具本人身份证、高校毕业证以及工商部门批准从事个体经营的有效证件，经收费单位核实无误后按规定免交有关收费。

同时，自谋职业、自主创业的高校毕业生可将人事关系存放在政府人事部门所属人才服务机构、劳动或人事部门人才服务机构，这些服务机构将为其办理人事关系接转、人事档案管理、转正定级、党团关系、专业技术职务任职资格申报评审、社会保险金缴纳等服务，实行全方位的人事代理服务，以解除自主创业、灵活就业的高校毕业生的后顾之忧。

● 到非公有制单位就业的高校毕业生，将享受哪些政策优惠？

到非公有制单位就业的高校毕业生，公安机关将积极放宽建立集体户口的审批条件，及时、便捷地办理落户手续。用人单位将按照国家有关规定与所聘高校毕业生签订劳动合同，为其办理社会保险手续，缴纳社会保险费，保障其合法权益。从事个体经营和自由职业的高校毕业生要按当地政府的规定，到社会保险经办机构办理社会保险登记，交纳社会保险费。鼓励和支持高校毕业生自主创业，工商和税收部门将简化审批手续，积极给予支持。

劳动、人事部门所属人才服务机构将为到非公有制单位就业的高校毕业生提供集体户口、人事代理、存放人事关系等服务，同时还将为这些毕业生办理人事关系接转、人事档案管理、转正定级、党团关系、专业技术职务任职资格申报评审、社会保险金缴纳等服务，实行全方位的人事代理服务，解除到非公有制单位就业的高校毕业生的后顾之忧。

对于以非全日制、临时性和弹性工作等灵活形式就业以及到个体、私营等非公有制经济组织就业的高校毕业生，将按照有关规定，在工资支付、社会保险、劳动争议处理等方面维护其合理权益。

● 国家将采取哪些措施帮助就业困难的高职（大专）毕业生？

对就业困难的高职（大专）毕业生，教育部与劳动和社会保障部将继续实施“高职院校毕业生职业资格培训工程”，对需要培训的应届高职（大专）毕业生进行职业技能培训和职业技能鉴定。在颁发职业资格证书的专业领域中，力争使80%以上的毕业生能够拿到“双证”。培训的有关费用主要由教育系统承担，职业技能鉴定费由劳动保障部门适当减免。

● 对于高校生活困难毕业生，国家出台了哪些救助办法？

对高校生活困难毕业生实施临时救助，是党中央、国务院关心高校毕业生生活的一项重要举措，将切实保障高校困难毕业生的基本生活，维护社会稳定。

普通高等学校生活困难毕业生实施临时救助办法：

凡高校毕业生（含大学专科、大学本科、研究生）因患病等原因短期无法就业且生活困难的，由高校毕业生户籍迁入地所在地民政部门参照当地低保标准，给予临时救助，享受临时救助的时间最长不得超过一年，一年后家庭生活仍有困难的，按有关规定申请享受最低生活保障或其他社会救济。对于滞留高校尚未办理户籍迁移的高校困难毕业生，民政部门不予受理。

高校生活困难毕业生申请临时救助，按最低生活保障的申请审批程序办理。高校生活困难毕业生应当向户籍迁入地所在的申请审批机关出具高等学校颁发的《毕业证书》、个人身份证以及省级高校毕业生就业工作主管部门签发的《全国普通高等学校本专科毕业生就业报到证》或者《全国毕业研究生就业报到证》。

享受临时救助的高校毕业生已参加就业或家庭经济条件好转，应及时取消对其的临时救助。

● 如何进行失业登记？

毕业半年以上未能就业并要求就业的高校毕业生，可持学校证明到入学前户籍所在城市或县劳动保障部门办理失业登记。劳动保障部门所属的公共职业介绍机构和街道劳动保障机构应免费为其提供就业服务。对已进行失业登记的高校毕业生，有条件的城市、社区可组织其参加临时性的社会工作、社会公益活动，或到用人单位见习，给予一定报酬。对于因患病等原因短期无法工作并确无生活来源者，由民政部门参照当地城市低保标准，给予临时救助。

● 落户限制等阻碍人才合理流动的障碍是否已解除？

为了促进高校毕业生就业，消除人为限制毕业生跨省就业的障碍，近来国家有关部门出台了多项鼓励人才合理流动的政策：

1. 落实企业用人自主权的规定，鼓励用人单位根据实际需要多招聘高校毕业生。

2. 取消对接收高校毕业生收取的城市增容费、出省（自治区、直辖市）费、出系统费和其他不合法、不合理的收费政策。

3. 省会及省会以下城市放开对吸收高校毕业生落户的限制。省会以上城市也要根据需要，积极放宽高校毕业生就业落户规定，简化有关手续。公安部门对应届毕业生凭用人单位与毕业生签订的《就业协议书》和高校毕业生所持的《普通高等学校毕业证书》、《全国普通高等学校毕业生就业报到证》办理其落户手续；对非应届毕业生凭用人单位录（聘）用手续、劳动合同和《普通高等学校毕业证书》办理其落户手续。

自身权益保障篇

● 毕业生在供需见面和双向选择中应注意哪些问题？

普通高校毕业生就业实行在国家就业方针、政策指导下，通过供需见面、双向选择，自主择业的办法。“供需见面、双向选择”是毕业生与用人单位之间的相互选择，双方以平等、公平的态度参与其中，用人单位与毕业生之间要有一个互相了解、互相选择，最终作出决定、签约的过程，这个过程最终以毕业生与用人单位签订就业协议为标志，在此之前，双方都有选择的自由。因此，要在合适的时机签订就业协议。有的毕业生与单位达成了就业意向，但还想再权衡一段时间，这是可以的，但是不宜观望太久。

● 签约时应注意哪些问题？

目前，高校使用的就业协议书是由学校、毕业生、用人单位三方共同签署后生效。它具有一定的广泛性和权威性，是学校制订就业方案、用人单位申请用人指标的主要依据，对签约的三方都有约束力。

毕业生签约时应注意以下问题：

首先，签约是非常严肃的事情，同时也是法律行为，因此签约前的了解洽谈十分重要。毕业生应详细了解用人单位的情况，一般包括单位的规模、效益、管理制度等。单位的隶属也很重要，国家机关、事业单位、国有企业一般都有人事接收权。毕业生还应对不同地方人事主管部门的特殊规定有所了解，除协议书外，如北京市非本地生源进北京市属单位还应经过北京市人事局的审批，还有一些省市也有类似规定。

签约的一般程序为：毕业生持用人单位的接收函到学校领取就业协议书，先由毕业生在协议书上签署意见后交用人单位，由用人单位签署意见后再交给学校，学校签字后协议书生效。

一般到用人单位报到后毕业生和用人单位要签订劳动合同书，因此在签约前了解合同书的内容是十分必要的，尤其重要的是合同书的工作年限和待遇。毕业生应向招聘人员索要样本或复印件，以免日后发生纠纷。

为有效地维护毕业生的合法利益，防止出现意外情况，在签约前最好向单位了解工资待遇、福利、保险、服务期等情况。如果报考了研究生或准备出国，应事先向用人单位讲明，并写在协议书中。有些毕业生向用人单位隐瞒这些情况，这是不可取的，也会带来许多麻烦。

● 毕业生与用人单位签订就业协议后要承担什么责任？

“双向选择”明确规定了学校、用人单位及毕业生三方面的责任、权利与义务，协议书一经签订便视为生效合同，不能随意更改。所以，毕业生必须信守协议。如果因特殊情况，不得不解除协议，则必须在规定的时间内征得原签约单位的同意，经学校毕业生就业办公室批准，并按照有关规定交纳一定的违约金后，方可另行择业。

● 怎样正确对待签约时用人单位的补充条款或协议？

有些用人单位在招聘毕业生时，除了与毕业生签订就业协议书外，还常常会附加补充协议或增加某些条款，个别用人单位可能还会要求毕业生另外签订单位自己或者单位所在地的毕业生就业工作主管部门印制的协议书。一般来讲，这些补充条款或协议主要是用来进一步明确用人单位与毕业生之间的有关权利和义务等具体问题的。

对于毕业生来说，较为常见的问题主要有：

1. 毕业生进入单位前的有关问题，如毕业生离校前不得有违纪违法行为，毕业生必须获得毕业文凭或学位证书，毕业生自荐材料中所反映的学习成绩和其他情况必须与档案中的记载相符等等；

2. 毕业生进入单位后的有关问题，如到单位报到的时间以及所需材料，毕业生必须通过单位统一组织的体检，单位提供给毕业生的工作条件及生活待遇等等。

事实上，补充条款或协议中的有些内容，具有毕业生进入单位后需要签订的劳动用工合同的性质，因而毕业生原则上应该接受并按单位的要求予以办理。需要提醒的是，毕业生在签署这些补充条款或协议时，一定要对其进行仔细研究，必要时可以向有关部门或老师咨询，以免因某些条款的不合理而损害自身利益。

● 遗失《报到证》怎样申请补发？

《报到证》全称为“全国普通高等学校本专科毕业生就业报到证”或“全国高校毕业研究生报到证”，由教育部印制，省级高校毕业生就业管理部门签发。《报到证》是毕业生就业十分重要的衔接手续，毕业生须持《报到证》在规定的时间内到用人单位报到，用人单位凭《报到证》办理接收毕业生的有关手续。

《报到证》只能一人一份，由其他部门印制或签发的报到证无效。毕业生对《报到证》要妥善保管，不论什么原因，凡自行涂改、撕毁的报到证一律作废。

毕业生意外遗失《报到证》，应当由本人提出申请，上报学校，由学校到省级毕业生就业工作主管部门去补办。户粮关系遗失的，按照上述规定和户粮关系补办的有关规定到学校户粮管理部门办理。由于遗失证件而引起的后果由毕业生本人承担。

● 毕业生的户口关系如何转移？

毕业生户口关系的转移，由学校户口管理部门到辖区公安机关按规定办理，公安机关按《报到证》上标明的就业单位地址迁移户口。毕业生不得自行指定迁移地址。领到户口迁移证后，毕业生应仔细核对并妥善保管，不要折皱污损，更不能丢失，有错漏不能自行涂改，否则作废。到工作单位报到后，持户口迁移证和报到证及工作单位证明到辖区公安部门办理户口迁移手续。

对毕业离校时未落实工作单位的高校毕业生，本人要求户口和人事档案保留在学校的，按规定保留两年。在此期间，档案管理机构对保管其档案免收服务费用；本人要求将户口转回入学前户籍所在地的，公安机关应当按照户籍管理规定为其办理落户手续。档案可转入户口所在地人事档案管理服务机构。

● 毕业生报到时用人单位拒绝接收怎么办？

当遇到用人单位拒绝接收时，毕业生应主动向用人单位说明情况，不要与对方争吵，更不要贸然返校，应及时与学校取得联系，由学校分清责任，按有关规定妥善处理。

若因学校工作失误造成，应由学校负责提出调整意见报批。由于用人单位发生重大变化（如撤并、破产、倒闭等），不能接收的，应及时与学校协商，合理调整。若是用人单位对毕业生提出难以达到的又不符合政策规定的过高要求，则不能作为退人理由。属于毕业生本人身体有病而提出退回的，若是学生在校期间就有传染病史、精神病史，用人单位不知道，待毕业生报到时才被发现的，应允许提出退回；若是报到后才患病的，应按在职人员病假的有关规定处理。

● 生病的毕业生怎么办？

学校应在毕业生离校前认真负责地对毕业生进行健康检查，不能坚持正常工作的，让其回家休养。一年内治愈的（须经学校指定县级以上医院证明能坚持正常工作的）可以随下一届毕业生就业，一年后仍未治愈或无用人单位接收的，户口、档案转至家庭所在地。

毕业生报到后，发生疾病不能坚持正常工作的，应按在职人员有关规定处理，不得把上岗后发生疾病的毕业生退回学校。

● 参加考研的毕业生如何就业？毕业生可否出国？

考研毕业生择业时应在协议书中向用人单位声明并协商解决。毕业生可以申请自费出国留学。

（《中国教育报》2004 年 5 月 19 日
王瑜琨　汪瑞林）

〔**高校毕业生就业现状**〕　2003 年是我国高等教育大规模扩招之后的第一个毕业生就业高峰年。为及时准确地了解 2003 年毕业生的就业状况，为教育决策和毕业生就业提供更丰富的信息，北京大学“高等教育规模扩展与劳动力市场”研究课题组在 2003 年 6 月上旬对全国高校毕业生就业状况进行了一次大规模调查。

本次调查采用分层整群抽样法，计划在东、中、西部分别选取 3 个省市，每个省市选择重点高校、一般本科院校、专科及高职院校各 2 所，在每所高校根据毕业生学科和学历层次按一定比例发放大约 600 份问卷。实际参与调查的省市及高校数为：北京 5 所、山东 6 所、广东 6 所、湖南 6 所、陕西 4 所、云南 17 所、广西 1 所，合计为 7 个省市 45 所高校。调查共回收有效问卷18 723份，其中除广西（507 份）和云南（5 734份）外，其他省市均在2 000份～3 100份之间。在有效样本中，专科和高职毕业生占 39.3%，本科、硕士、博士毕业生分别占 57.0%、3.0%、0.6%；男、女比例分别为 57.9%和 42.1%。

就业最困难的仍旧是专科生

为了更具体、准确地反映毕业生毕业时的状况，本次调查将毕业生被调查时的状况分为 9 类，每一类毕业生所占的比例如下：

（1）已经签约：31.9%；

（2）已经确定单位，等待签约：8.8%；

（3）准备从事自由职业或自主创业：4.0%；

（4）等待接收单位的最后答复：5.6%；

（5）尚未找到接收单位：27.3%；

（6）有愿意接收的单位，但自己不想去：2.9%；

（7）准备升学或出国：15.1%；

（8）申请不就业：1.7%；

（9）其他：2.7%。

由上述统计可见，毕业生毕业时真正签约者不到 1/3。但如果将上述第（1）、（2）、（3）、（7）、（8）项均视为“确定去向”，毕业生毕业时“落实率”达到了 61.6%，而真正没有接收单位的只有不到 30%。

进一步分析发现，毕业生的落实率具有以下特点：

（1）不同学历之间差异显著：专科为 34.7%，本科为 77.9%，硕士、博士分别为 90.4% 和 80.5%。可见，专科毕业生就业最困难。这一结果与教育部 6 月底公布的统计结果很相似：截至 6 月 20 日，全国普通高等学校的签约率达到 50%左右，其中，专科（高职）生签约率约 30%，本科生签约率约 60%，研究生签约率约 80%。

（2）各省市之间差异明显：各省市的落实率分别为：北京 75.6%、广东 57.5%、广西 58.6%、湖南 69.6%、山东 87.9%、陕西 83.4%、云南 28.9%。这种差异与各省样本中专科毕业生的比例高低等因素有关，对此还需要进一步分析。

2003 年大学毕业生“腰包”有多鼓

收入是反映就业状况的最重要的指标之一，而以往我国公布的统计数据中都缺少该项统计。为此，本次调查通过问卷请已经确定就业单位的毕业生对自己的起薪进行了估计。调查发现，高校毕业生月薪在1 000元以下的占 40.9%，1 001元～2 000元之间的占 45.5%，2 001元～3 000元之间的占 9.5%，3 000元以上的占 4.1%，平均月收入为1 550.7元。进一步分析发现，不同学历层次毕业生的起薪有显著差异，其中专科毕业生为1 307.4元，本科毕业生为1 501.7元，硕士、博士分别为2 995.9元和2 983.9元；按性别分析，男女起薪分别为1 550.5元和1 561.1元，二者之间没有显著差异。

根据工作单位性质分析，确定到国家机关、国有企业、学校、城市集体企业工作的高校毕业生的起薪基本一致，分别为1 516.7元、1 508.1元、1 455.6元、1 527.0元；确定到三资企业和科研单位工作的高校毕业生的起薪略高，分别为2 040.0元、1 648.7元；确定到乡镇企业工作的高校毕业生的起薪略低，为1 328.9元。

根据工作类型分析，确定从事各类行政管理工作、专业技术工作的高校毕业生的起薪比较接近，分别为1 524.5元和1 594.8元；确定从事各类企业管理工作的高校毕业生的起薪最高，为1 803.1元；确定从事各类服务工作的高校毕业生的起薪达到1 678.1元；确定从事技术辅助工作的高校毕业生的起薪为1 419.0元；起薪较低的是高校毕业生中确定到生产第一线工作的工、农业从业人员，其起薪分别为1 107.3元和1 144.4元。

根据毕业生就业地点分析，到大、中城市工作的平均月收入为1 644.0元，到县城工作的为1 224.5元，到乡镇工作的为1 313.7元，到农村工作的为1 200元。

同样为本科学历的情况下，不同地区高校毕业生的起薪差别也很大，北京高校毕业生的起薪最高，达到2 160.5元，广东其次，为1 973.4元，湖南、陕西分别为1 665.2元、1 520.1元，而山东、广西、云南高校毕业生的起薪分别只有1 267.6、1 238.0和1 130.7元。

工作能力和发展前景最重要

毕业生就业受多种因素的影响，各种因素的相对重要性应该从用人单位和毕业生两个角度综合考虑，但是本次问卷调查对象只包含毕业生，因此统计结果只是毕业生的看法。

问卷包含的影响就业的各种因素共有 17 种，调查统计结果中按照影响程度从高到低的排列顺序，这 17 种影响因素分别为：(1) 工作能力；(2) 学历层次；(3) 所学专业；(4) 学校名气和地位；(5) 就业信息和机会；(6) 工作经历；(7) 应聘技巧；(8) 学习成绩；(9) 社会关系；(10) 户口和用人指标；(11) 往届毕业生的声誉；(12) 学校或教师的评价；(13) 性别状况；(14) 党员干部；(15) 送礼买人情；(16) 家庭背景；(17) “非典”疫情。

上述统计结果表明，我国高校毕业生就业市场正在逐步走向规范，学生的学识、能力受到重视，人情和社会关系等因素的影响在降低。“非典”疫情在所列 17 个因素中重要性程度最低，认为其影响很大或较大的毕业生的比例约 30%，其中北京最高，为 43.5%，广东为 31.8%，云南为 22.3%。

就业是每一位毕业生人生中的一件大事。在择业过程中，毕业生们普遍重视的是哪些因素？本次调查共涉及 13 种因素，按照影响程度从高到低的顺序排列如下：(1) 发展前景；(2) 利于施展个人的才干；(3) 经济收入和福利待遇；(4) 符合自己兴趣爱好；(5) 工作单位的声誉；(6) 工作稳定；(7) 工作单位的地理位置；(8) 工作自由；(9) 工作单位的规模；(10) 工作单位的所有制性质；(11) 工作舒适且劳动强度低；(12) 能获得权力和社会资源；(13) 可兼顾亲友关系。

择业结果和个人努力密切相关

毕业生求职与用人单位聘用毕业生是一个互动的过程，在此过程中，毕业生需要通过各种渠道获得就业信息，并需要通过一定的途径向有关单位发出求职信息。

本次调查发现，47.7%的毕业生认为，最重要的求职信息来源于学校发布的需求信息及就业指导机构提供的信息，其他被选比例较高的渠道分别为：专门性的人才招聘刊物提供的信息为 11.4%；亲戚朋友和熟人介绍的信息为 10.5%；与用人单位直接谈话中获得的信息为 9.7%；在人才洽谈会获得的信息为 8.8%；其他渠道约占 4%。相比之下，认为最重要的信息来源于新闻媒介和企业招聘广告的分别只有 4.2%和 3.8%，说明这些广告所发挥的作用还十分有限。与此相关的是，尽管有多种获得就业信息的途径，只有 3.2%的毕业生认为求职信息完全能满足需要，47.8%认为基本满足需要，48.9%认为不能满足需求。

在求职途径方面，毕业生对学校的依赖也十分强烈，认为最重要的求职途径是“学校举办的供需见面会”的占 41.3%，认为是“本人毛遂自荐、自我推销”的占 16.3%，社会上的人才招聘会、主管部门举办的人才招聘会分别占 12.8%和 8.4%，学校推荐和亲友介绍分别只占 6.2%和 6.8%，其他途径占 8%左右。

在需要求职的毕业生中，求职单位数在 2 个以下的占 41.1%，3～5 个的占 47.3%，6～10 个的占 9.9%，10 个以上的占 1.7%，平均求职单位数为 3.43 个。进一步分析发现，求职单位的数量与求职成功率显著相关，“已经签约”的毕业生平均求职单位数为 4.53 个，“已经确定单位、等待签约”的毕业生平均求职单位数为 3.89 个，“等待接收单位最后答复”的毕业生平均求职单位数为 3.62 个，而“尚未找到接收单位”的毕业生平均只到 2.60 个单位求过职。

毕业生理性描画个人前景

本项调查发现，目前没有找到接收单位的毕业生明显降低了就业期望。有 70.1%的人表示愿意接受“不解决户口、档案问题的临时性工作”，对这类工作的最低期望月收入平均为1 294.8元，对“解决户口、档案问题的相对稳定的工作”的最低期望月收入只有1 077.7元，均低于已经确定就业单位者的平均月收入（1 500元左右），甚至低于已经确定就业单位的专科、高职毕业生的平均起薪（每月1 307元左右）。

在对就业地点的要求方面，选择大中城市的占 44.7%，到县城的占 20.2%，到乡镇和农村的分别占 7.7%和 0.9%，还有 26.6%的毕业生表示对地点没有特别要求，而已经就业的毕业生中到大、中城市就业的比例达到 76.6%。

在工作与专业的关系方面，39.8%的毕业生认为可以不对口就业，只有 4.1%的人坚持工作一定要与专业对口。

当然，这些毕业生中，仍然有一些毕业生的愿望与实际有一定差距。例如，在工作单位方面，将国家机关、学校作为第一选择的占 28.0%和 33.9%，而将乡镇企业、民营企业作为第一选择的只有 1.2%和 4.9%（作为第二选择的分别为 4.0%和 15.0%）；在工作类型方面，将各类专业技术工作和各类行政管理工作作为第一选择的分别占 46.0%和 29.5%，将技术辅助工作和服务性工作作为第一选择的分别只有 8.7%和 2.6%（作为第二选择的分别为 26.0%和 9.8%），将工、农业第一线作为第一选择的只有 0.5%和 0.2%（作为第二选择的也只有 3.4%和 0.5%）。

（本课题负责人为北京大学闵维方、丁小浩教授，本调查报告由文东茅、岳昌君副教授执笔。）

（《中国教育报》2003 年 10 月 8 日）

留 学 资 讯

〔**自费留学中介与市场管理的有关情况**〕　自费留学市场状况如何，如何辨别和选择好的留学中介，这些都是准备自费出国留学的学生和家长们关心的。日前，就留学市场的现状及我国政府对此项工作的监管等内容，记者采访了教育部国际司司长曹国兴。

问：自费出国留学中介机构发展到今天，我们该如何对其进行评价？

答：近年来，自费出国留学中介机构积极开展业务，在贯彻国家“支持留学，鼓励回国，来去自由”的出国留学工作方针方面作出了努力和贡献。自费出国留学中介机构通过与国外高等院校、教育机构开展合作，帮助人们实现了出国留学的“梦想”，使许多人通过接受国外教育，成为社会发展所需要的人才。

以2002年为例，全国有12.5万人出国留学，其中自费生为11.75万人，占93%，这其中80%的人是通过留学中介办理出国的。这一年，仅北京市通过46家留学中介机构办理出国的人数就达到1.3万余人。应该说，留学中介机构的服务较好地满足了人民群众的需求。

与此同时，留学中介机构培养了一批素质较高的自费出国留学从业人员，为我国开辟了一条自主就业的新渠道，对相关行业的发展起到了带动作用。越来越多的中国学生出国学习，促进了国外对中国的进一步了解，加强了中国与世界各国间在教育、文化等方面的合作与交流。从这一意义上说，留学中介机构做了相当积极有效的工作，其主流是好的。

但另一方面，近年来留学中介机构违规操作、坑蒙消费者的情况也时有发生。为了保障广大自费留学人员的合法权益，规范自费出国留学中介机构活动，教育部联合公安部、国家工商行政管理总局，早在1999年就制定和颁布了《自费留学中介服务管理规定》和《自费出国留学中介服务管理规定实施细则（试行）》，并分批对全国270家留学中介机构进行了资格认定。

问：当前留学中介机构市场存在的问题有哪些？国家采取了哪些整治措施？

答：当前留学中介机构市场存在的主要问题有以下几方面：部分取得资格的留学中介机构转借资质，充当非法中介的“保护伞”；弄虚作假，制造假材料；巧立名目，乱收费；非法谋取所谓“管理费”，发布虚假广告，擅自开展未经确认的出国留学项目；还有一些没有取得资格的中介机构仍在非法从事留学中介活动。

教育部联合公安部和国家工商行政管理总局等有关部门，在规范整顿留学中介机构方面采取了以下主要措施：

开明渠，堵暗道。通过审批留学中介机构的资质，对留学中介机构进行总量控制。教育部已审批了270家国内留学中介机构，近期还会增批部分新的中介机构，目的是让更多的合法留学中介机构参与办理留学事务，特别是对于一些需求较大而中介机构较少的地区，通过鼓励竞争，逐步提高服务质量并规范市场行为质量，让老百姓有更多的选择。

积极引导。国家已发布了《中外合作办学条例》，并于2003年9月开始实施。目前，全国已有中外合作办学机构712个。可以预期，不同层次、多种形式的中外合作办学，将为广大求学者提供更多的选择机会，这种“不出国的留学”，成本低，收效好，把握大，会受到越来越多的家长和学生的欢迎。对此，政府将积极予以引导。

加强政府间的合作。为使自费出国留学人员能进入信誉好、质量高的学校学习，教育部重点推进与我国公民主要留学目的地国家的教育合作。如与北美、西欧、东亚、澳洲等地区的国家教育部门建立工作合作磋商机制，及时提供这些国家的留学政策和教育主管部门或其授权机构认可的学校名单。教育部还与我国驻外使馆保持密切联系，及时向国内消费者通报国外条件较差的一些机构的情况，提醒想去这些机构或学校留学的学生谨防上当。

办好国际教育展会。教育部要求主办单位对各种国际教育展参展院校进行严格筛选，同时强化办展机构的诚信意识，使国际教育展成为广大求学者及其家人和社会不出国门，获取境外可靠留学信息并当面洽谈的重要形式之一。

加强对违规中介的查处。教育部联合公安部、国家工商管理总局要求各级管理部门加大依法监管力度，及时对投诉案件进行查处。对情节恶劣的典型案件，通过媒体予以曝光。2003年初，一家留学中介机构因严重违规被媒体曝光。2003年3月，辽宁省有3家留学中介被曝光。日前，教育部又通过媒体对5个案例进行了公开曝光。

设立教育涉外专门监管机构。教育部已在国际司增设了教育涉外监管处，其首期工作重点就是加强对自费出国留学中介活动的监管。

问：为进一步加强对自费留学中介活动的监管，还将采取哪些措施？

答：为让老百姓能得到更满意、更放心的服务，教育部目前正抓紧推动以下措施的实施：

一是加强对境外教育机构的资质鉴定工作，从源头上严格把关。筹备建立境外教育机构资质鉴定中心，对我驻外使（领）馆所进行的对国外学校资质认证工作提出规范要求。今后对国外学校资质认证将使用能反映国外学校实际资质情况、格式统一的认证文件，包括学校中外文名称、地址、联系方式等基本内容，也包括学校办学层次、颁发学历是否得到政府主管部门或授权学术部门认可等核心内容，共有11项。为保证留学人员能到国外质量可靠的正规学校学习，切实维护留学人员利益，教育部在6月下旬公布了美国等10个国家各类学校名单的基础上，近期将再公布10个国家学校名单，9月底之前，完成我国公民主要留学对象国的学校名单公布工作。

二是加强信息沟通，重点解决信息不对称问题。建立教育涉外监管专项工作网站——教育涉外监管信息网（www.jsj.edu.cn）。通过网站公布与留学中介工作相关的政策、情况等各种信息。目前上网公布内容包括方针政策、中介机构名单、国外学校名单、工作动态、热点问答、案例曝光等。此外，还开通了网上投诉、咨询等。为加强对出国留学活动的引导，近日开始通过网站发布“留学预警”。依靠我驻外使领馆等提供信息，随时就出国留学活动中的突出问题发出预警。目前，教育涉外监管信息网已成为教育部在留学中介工作中联系社会、向广大留学人员提供服务并对各留学中介机构进行日常监管的最有效渠道和手段之一。网站日访问量已达1万人次左右，其有关内容越来越多地被国内外媒体、教育机构，尤其是拟出国留学人员作为权威信息使用。据统计，每天通过教育涉外监管网收到的来自国内外的咨询等反馈信息近百个。

三是制定中介机构服务工作规范。中介机构服务规范已初步拟定，将在广泛征求各方面意见后发布实施。同时，已着手拟订中介服务评估（水平）标准，将通过组织评估，督促中介提高服务质量，支持和鼓励优秀中介做大、做强。

四是组织对留学中介从业人员进行培训。对中介负责人进行法规、政策、经营等方面的培训。准备先在北京市试点，在总结经验的基础上，推动其他省市的培训工作。同时，教育部将加强对留学中介日常活动的监管。近期，将公布经各地教育主管部门审核的留学中介与国外学校合作项目名单及留学中介核心资质（资格认定号、法人代表、办公电话、办公地点）情况，以上措施将对督促中介诚信经营，解决非法挂靠问题发挥作用。

问：留学当事人如何保护自己的权益，避免上当受骗？

答：一是要弄清国外学校的性质和资质。在国外，资质较好的学校，包括私立学校都很看重声誉和质量，对学生入学的条件要求相当严格，学生往往需要参加多种科目的入学考试，不是有钱就可以上的。但某些中介却虚假介绍学校情况，有的甚至还误导称：只要上了所谓“预科班”，不用考试就可以轻松进大学。有的中介采取“偷梁换柱”的方法，把国外语言培训学校说成是进入大学的必由之路和捷径，把只有几间房子的“小作坊”或几人合办的“野鸡学校”吹嘘成跨入大学门槛的必经之路；有的中介故意混淆学校的性质，将与世界名牌大学没有任何关系的语言学校说成是正规学校或正规预科学校；有的机构明明没有学历学位的授予权，却以“分校”、“分部”自居，打出“名师教授、授予MBA学位”等幌子，误导消费者；有的中介在中文翻译上做文章，将国外的专科学校“College”翻译成为综合性大学（University），或者翻译成大学的下属学院（School）；将“Diploma”证书翻译成为学位证书（Degree）等。因此，留学人员应该通过多种渠道，搞清学校的性质和资质，安全迈出留学第一步。二是弄清所付的费用是否合理。通过留学中介办理出国留学，留学当事人交纳费用时要搞清楚每一项费用的用途，并索要正式收据、发票。因为一旦出现问题打起官司，这些收据和发票都是重要的凭据，否则，即使诉诸法律也无法挽回损失。三是不要听信虚假宣传，避免被误导。个别留学中介因利益驱使，常常会做出种种国外情况的虚假承诺，但等留学当事人发现所承诺的内容与实际情况存在很大出入时，已很难通过合法途径得到合理赔偿。当遇到模棱两可、容易产生歧义与纠纷的问题时，一定要事先搞清每一细节问题。像服务费、手续费、中介费等，都要先说清，明算账，再签订中介合同。至于少数中介受经济利益驱使，不顾职业道德，为不够入学条件的当事人出具假材料、假证明的情况，留学当事人更不要存有侥幸心理。还有少数中介故意提供国外虚假信息，比如，南非等国家法律明确规定不允许留学生打工，但他们却谎称南非政府允许留学生边打工边学习，以吸引家境不富裕的留学当事人。所以，通过正规渠道多了解留学国家的情况，特别是学校资质方面的情况，是鉴别“承诺”真伪虚实的重要保证。随着教育涉外监管信息网网上内容的不断丰富及针对性不断增强，消费者会在这里解决许多实际问题。

（《中国教育报》2003 年 9 月 17 日
姜乃强　汪瑞林）

〔**2004 年国家公派留学新变化**〕　根据国家经济建设和社会发展的需要，为加强科学、技术、文化、教育、管理等方面高层次人才的培养，2004 年国家留学基金管理委员会将以国家留学基金资助方式，在全国选拔各类出国留学人员 3 630名。申请受理工作已经开始。就此次选派工作的有关要求，记者近日专访了国家留学基金管理委员会副秘书长杨新育。

问：2003 年国家公派留学人数有所增加，为 3 276人，而 2004 年又将有很大提高，达到3 630名。2004 年，国家公派留学工作有哪些新思路？除了选派规模的增加外，公派留学选派计划的资助类别及内容有哪些调整和变化？

答：2004 年国家公派留学工作思路为：“扩大规模、提高层次、保证重点、增强效益”。

首先，扩大高层次人才培养的规模。近几年，国家公派出国人数一直保持在3 000名左右，我们 2004 年的选派规模较以往有较大提高，计划选派 3 630名，扩大的数量主要集中于研究生的派遣，并且以选派博士研究生为主。

其次，提高选派层次，重点放在选派高层次人才上，为创建世界一流大学和高水平大学培养学科带头人。2004 年，国家留学基金委将在着重做好高级研究学者项目的同时，重点做好研究生派遣和博士后研究项目。2004 年设立的博士后研究项目，是在国家留学基金选派类别中首次设立的，目的是培养高等院校和科研院所的师资、科研骨干，2004 年选派规模为 200 名。

第三，保证国家重点领域对高层次人才需要。2004 年，国家公派留学重点满足四个方面的人才需求：新一轮科技革命、国家发展战略和安全战略、“985”工程和“211”工程、加入世贸组织后参与国际竞争的需要。如我们设立的“入世后急需人才培养项目（金融行业）”，这将为我国培养国际化、复合型经济、金融、管理等方面人才开辟新的途径和渠道。根据国家发展战略和实际需要，我们将积极拓展新的业务领域，如研究设立振兴东北老工业基地人才培养项目等。

第四，增强效益，即提高派出人员的质量，保证留学效益。我们将启动和完善培养高层次人才的国外导师库，提高留学人员在外学习的效益。此外，我们将进一步完善回国验收手续，制定量化指标，建立回国工作绩效评估机制，逐步实现公派留学选、派、管、评等多环节留学效益的全程跟踪和管理。

为鼓励优秀自费留学人员顺利完成学业，激发他们的爱国热情，坚定他们报效祖国的决心，2004 年，我们将实施国家优秀自费留学生奖学金项目，主要先在 5 个国家试点，包括英、法、德、美、日，资助额度为每人5 000美金。奖励名额为 100 名，重点资助优秀博士生。

问：2004 年，你们在派出国别上有哪些调整？

答：在这个问题上，我们考虑的重点不是哪个国家是不是最发达，而是该国的院校及专业的水平如何，我们争取将最好的学生派到最好的院校学最好的专业。2004 年，我们将增加欧洲地区，特别是英、法、德的派遣数量。

问：2004 年的评审和录取工作将怎样进行？针对申请高级研究学者的长江学者奖励计划获得者、两院院士，如何进行评审与录取？

答：评审工作的时间安排大致为：3月10日前，各地方受理机构受理申请；4月底以前，国家留学基金委做初审，主要审核申请人员是否符合基本条件；4月底—5月，请专家进行通讯评审，将每名申请者的资料分别送四位同行专家评审，评审结论为专家会议评审做准备，专家会议评审主要根据国家经济建设、社会发展、学科建设等方面的需要，由各个领域的专家根据派出人数计划、学科计划、地域分布等进行评审，得出最终评审结果，报送教育部审批，争取在6月底、7月初完成面上录取工作，录取人员名单将在有关媒体上公布。被录取人员的出国留学资格到2006年年底有效。

对申请高级研究学者的长江学者奖励计划获得者、两院院士，只要单位出具正式的推荐意见函并附证明其身份的有关材料，申请人能结合目前所从事的教学科研工作提出切实可行的留学计划和预期目标，国家留学基金委在初审后可免于专家评审直接录取。但仍需要申请人具有一定的外语水平。

问：出国留学，掌握流利的外语必不可少。2004年，国家留学基金委在对申请者的外语水平要求上有哪些调整？

答：外语合格的标准依然为两类：一是参加“全国外语水平考试”（WSK）考试并达到合格标准（考试成绩两年内有效）；二是在教育部指定的11个出国留学人员培训部参加相应语种高级班培训并获结业证书。2004年，我们将更严格地把住派出前的关口。针对高级班培训考核，我们有一个新的调整：往年都是由各个培训部自行命题考试，考核标准不尽统一，2004年，我们将英语考试改为统考，试卷统一、考试时间统一。我们想通过这种方式，严把培训质量，切实提高派出人员的外语水平。

（《中国教育报》2004年1月14日
刘　宁　刘智勇）

〔**澳大利亚：满足学生多样需求**〕　近几年，澳大利亚以其优美的自然环境、良好的社会环境和国际一流的教育质量，吸引了众多的海外学生。迄今为止，有20多万海外学生在澳大利亚留学，其中有近4万学生来自中国内地，位居留澳学生之首。

澳洲授予的学位为世界各国所认可，并且为全球各顶尖院校所接受。2003年10月，中澳两国签署了《高等教育学历互认协议》。根据此协议，澳大利亚大学授予的学历、学位均得到中国政府的承认。日前，就赴澳留学的相关问题，记者采访了澳大利亚驻华大使馆教育处有关专员。

问：2004年赴澳大利亚留学的签证政策有哪些变化？

答：自2004年4月起，申请赴澳读中学（571类学生签证）的年满16周岁的中国学生需提供英文成绩证明，通常要求提供雅思（IELTS）成绩。雅思成绩4.0分，571类学生签证申请人须学习不超过30周的英文强化课程；雅思成绩5.0分，申请人则可直接就读中学课程。

如果申请人在递交571类学生签证申请前未参加雅思考试并取得申请签证所要求的成绩，可通过以下两种豁免雅思成绩的办法来递交571类学生签证申请。

第一种方式是通过中介代理递交571类学生签证申请，它需要同时符合两个条件：学校同意免雅思成绩并提供支持信，或通过已获得豁免权的中介办理；提供指定的英语考试的合格成绩（参加由学校指定的英语考试）。

第二种方式是不通过中介代理递交571类学生签证申请，也需要同时符合两个条件：学校同意免雅思成绩并提供支持信；提供指定的英语考试的合格成绩（参加由学校指定的英语考试）。

问：澳大利亚最近新增了一个学历资格——副学士学位（Associate Degree），哪些人可以学习这一学位课程？

答：副学士学位是澳大利亚学历资格框架中新增加的一个高等教育学历资格。它是12年级毕业或取得三级证书或四级证书后，继续就读为期两年课程后可授予的学历资格，在澳大利亚学历资格框架中与高级专科文凭并列。

与高级专科文凭相比，副学士学位更侧重于专业学科的基础理论知识的学习，减少手工操作技能的培训成分；提供学制较短的高等教育课程，学生可以在相对较短的时间内获得高等教育学历资格，通过课程与课程之间的衔接，直接入读本科课程，或者入读高级专科文凭课程，学习某一领域的专业技能。

副学士学位可与学士学位课程衔接，如学科相同，可免修相关科目；可与高级专科文凭课程衔接，继续学习专业技能知识。

高中毕业生，取得预科证书或职业教育培训资格证书的人可以学习这一课程。

大学和其他有权颁发学历学位证书的院校、技术与继续教育学院（TAFE）和注册的培训机构（RTO）等教育机构有权授予这一学历。

问：澳大利亚教育评估服务（AEAS）是衡量学生是否具备前往澳大利亚就读中学的学术及语言能力的一种考试，请介绍一下它的大致内容。

答：自2004年4月1日起，年满16周岁申请赴澳读中学的中国学生，在申办赴澳学生签证时均需提供英文成绩证明——通常要求提供雅思（IELTS）成绩。如果签证申请人能够提供他们已在其他英语水平考试中取得的合格成绩证明，澳大利亚政府可以考虑免除签证申请人提供英文成绩证明的要求。

AEAS测试是惟一为在校学生精心设计的测试项目，该测试由英语技能、数学推理和综合能力三部分组成。参加测试的学生需提供照片、学校成绩单并参加一次面试。

AEAS通过提供学生能力综合评估报告，将有助于国际学生申请进入澳大利亚的学校学习，该报告可为学校提供更多的信息。AEAS评估报告对学生的英语水平的综合评价，在申请澳大利亚学生签证中将起到至关重要的作用。AEAS测试中心会将评估报告转交给学生所在的学校或申请的学校。

目前，有70多所学校已获澳大利亚政府批准，在前两年的英文成绩豁免规定期间可以接受AEAS考试的成绩。对于这些学校来说，更提倡学生参加AEAS考试，因为它更适合在校中学生，同时，AEAS考试还向学校提供有关学生的英语水平、数学推理能力和综合能力的信息，以便协助学校做出是否录取等决定。

目前，北京、上海、广州和深圳已开设了AEAS考点。中国学生须在AEAS网站上报名考试。学生可根据AEAS网站上所列的考点（城市）和考试日期来选择参加考试。

问：您认为中国学生到澳大利亚留学，要预先做好哪些准备？

答：首先，是拿好学校入学通知与相关信息手册。

录取学校会寄给你录取确认信以及一套相关的信息手册。这套信息手册非常重要，其中包含了学生所选课程的信息、可供选择的住宿方式，以及在开学的最初几周内必须参加的重要活动。此外，还包括申请学校所在城市的情况介绍，包括当地气候、适宜的衣着、风土人情、购物设施、住宿、交通、银行、邮政和电话服务、生活费用、初次抵达时应携带的现金数额、接待及新生入学教育活动安排以及抵达日期等等。

其次，要充分考虑学费、交通及住宿安排。

除非委托留学代理机构代办入学和签证申请，一般情况下学生需要自己购买机票，并确保在抵达澳大利亚的时候有可以住宿的地方。通常学校先安排2到4周临时住宿，如寄宿澳大利亚人家或者其他的方式，会带来很多方便。在此期间，可以寻找其他的固定住宿地点。如果没有让学校安排住宿，需要自己预订住处。抵达澳大利亚之后，所申请学校的海外学生办公室也可以帮学生在校内或者校外找到合适的住所。通常应随身携带现金澳币300元至700元、旅行支票或银行支票1 200元至1 700元，以确保到达后有足够的现金使用。大多数大城市都接受旅行支票，也有自助银行可以提供一般的信用卡服务。学生还应在抵澳6周内尽快开设一个银行户头，一般只需出示护照作为身份证明。任何在澳洲修读6个月以上课程的留学生，在税务上均被视为澳洲居民。因此，他（她）需要向澳洲税务局申请个人纳税编号。

第三，参加行前说明会。向申请的学校或所在国的澳大利亚教育中心或澳大利亚使领馆教育处询问是否安排了行前说明会，以便更全面地了解赴澳大利亚留学的相关问题。

（《中国教育报》2004年5月26日　刘　宁）

〔法国政府留学政策最新动向〕

法国教育界关注留法中国学生

最近法国教育刊物 EGIDE 发表文章专门介绍中国学生在法国学习的情况。据统计，现在中国留法学生人数占在法国外国学生人数的 10%，居第四位，这些学生在理工和国际经济等学科方面具有很强的竞争力。

随着 1998 年法国政府放宽教育政策，越来越多的中国学生申请到法国学习，仅 2003 年法国驻华使馆就发放了9 000个学生签证，只有 20%的学生被拒签。绝大部分学生注册就读于公立大学，其中有一半学生注册于大学一二年级，主要集中在文学和经济专业。有1 200名学生被属于大学校委员会成员的工程师学校和商校录取。2002—2003 学年法国共接收了 18 万外国学生，其中中国学生以13%的增长率位居首位。据估计，2002—2005 年中国学生的人数每年将会以千的速度增加。

目前在法中国学生遇到的主要问题依然是语言问题。80%的学生抵法后都不会说法语，英语的口语能力也很有限，因此在办理居留证、申请注册大学等方面遇到了很大的麻烦。同时因无法正常交流和沟通，或没有法国人的经济担保，房东不愿意把房子租给中国学生。这些具体困难是绝大多数中国学生在出国之前所始料不及的。

法国教育界对中国学生关注的问题主要有两个：一是招生和生源问题；二是奖学金问题。

关于招生和生源问题

巴黎第十一大学等学校认为，除了招收已到法国的中国学生外，目前在中国国内招生的形式过于单一，招生范围太窄，仅局限于几所有协议的大学之内，没有实行真正的公开选拔。最好的办法是学校直接派人到中国公开招生。但是应该明确法国大学在中国招生决不是商业行为，同时也不能依靠简单地宣传法国实行大学免费教育吸引学生。除招生范围太窄外，法国高等商校、法国国立行政学院等大学还抱怨：中国最好的学生往往首先选择英语国家，在他们学校就读的不全是中国学校的精英分子。

关于奖学金问题

法国外交部奖学金项目相关负责人介绍：2002 学年有 853 名中国学生获得法国政府颁发奖学金，其中三分之一的学生的专业是行政、经济和法律类，四分之一的学生的专业是理工类，主要资助对象是攻读硕士以上学位的学生。其中有相当一部分奖学金是由政府和公司共同提供的。这些奖学金的功能，主要是应跨国公司在世界各地建立工程师网络之需，而有计划地选择和培养自己的工程师。

最有影响的当数法国外交部颁发的艾菲尔优秀奖学金。2003 年有 97 名中国学生获得该项奖学金，占该奖学金总数额的 22%，比 2002 年 28%的比例少了 6 个百分点。这是因为该奖学金项目规定：从 2003 年起任何一个国家的学生总数不能超过 25%。显而易见这实际上是针对中国学生的。

对此，对中国十分了解的一些教育界人士指出：如果法国想招收到最优秀的中国学生，一定要提供奖学金，这是先决条件，并举德国的成功例子说明。早在 80 年代，德国政府和诸如西门子等大公司就向中国学生提供奖学金，让他们先在中国国内学德语，再到德国学习，现在每年有 2 万～2.5 万名中国学生赴德留学，大大超过赴法留学生人数。

法国对国外招生的专门机构 EduFrance（法国教育部国际协作署）认为：对减少给中国学生的奖学金提出疑问是可以理解的，但是也不值得大惊小怪。公司感兴趣的是最优秀的工程师，而并不关心他的国籍是中国与否。如果法国公司有志于在中国发展，EduFrance 将增加在中国的招生人数。

（《世界教育信息》2004 年第 4 期
“留学向导”栏目　黄志敏）

台湾地区教育讯息

〔**筹措亿元经费，推动教师进修**〕 为推进中小学九年一贯课程改革，台湾地区教育部门将逐年筹措1亿元新台币，开设在职教师进修班。进修班分为领域教学学分班、专长增能学分班两大类，将为7万名教师提供免费培训的机会。此外，教育部门也积极研究由社教机构或法人办理进修研习活动，认可机制于2003年8月1日公布，有意办理研习活动的单位可以向台湾地区教育部门提出申请。

领域教学学分班，主要针对中学教师开设，由台湾师范大学、彰华师范大学、高雄师范大学等38所师资培育机构承办，学分班从2003年起到2004年止，预计两年时间培训2万名教师。学分班分为北、中、南三区，依自然生活科技、社会、健康与体育、艺术与人文、综合活动等领域，总计开设16类班别，提供305个班次。

专长增能学分班面向中小学教师开设，开班时间于2003年起到2005年止，预计于3年内免费培训5万名教师，相当于1/3的中小学教师的数量。课程主要介绍各主修专长最新的研究发现和趋势，并为教师提供素材作为教学的参考。原则上视各县、市教师人数比例需求开班。

台湾地区教育部门官员表示，这次整合所有的师资培育机构，包括3所师范大学和9所师院成立的教师在职进修中心，并由高雄师范大学统筹师资培育机构所有研习事宜。至于进修资讯动态、研习时数等将在网上公布，各县、市学校均可登录网站取得教师的完整资讯，而每位教师也可以上网查询个人的进修记录。

（《基础教育参考》2003年第7—8期“广角”栏目）

〔**2006年小学英语教师资格严格限制**〕 为配合2005学年度起台湾地区小学英语教学向下延伸至三年级，台湾地区教育部门将明定台湾地区小学英语师资标准，预定2003至2005学年度为鼓励期，2006学年度起强制执行，届时新进小学英语教师皆须具备标准，否则不得进用。

为管控小学英语教学品质，台湾地区教育部门于2003年1月16日在邀集台湾地区各县市教育局局长开会研商小学英语教学配套措施等事项的会中宣布了台湾地区小学英语师资标准草案，条件为通过台湾地区教育部门检核并完成培训及教育学程、大学英语科系毕业、通过全民英检中高级以上测验、具有中等学校英语教师检定证书、电脑化托福成绩达到213分以上等项。

台湾地区教育部门官员强调，这项标准预计半年内定案公布，预计2003学年度起分两阶段施行。第一阶段为2003至2005学年度的鼓励期，由台湾地区教育部门编列经费，补助教师参与全民英检中高级以上测验或电脑化托福测验达213分以上；第二阶段则自2006学年度起进入“要求期”，强制新进的小学英语教师都应具备标准之一才能进用。

（《基础教育参考》2003年第4期“广角”栏目）

〔**编印九年一贯家长手册**〕 为了邀请家长参与九年一贯课程及亲师合作，台湾地区教育部门2003年总计筹措3 000万元新台币推动家长研习，并编印“九年一贯欢乐行”家长贴心手册，希望家长能更了解教育政策并且协助执行。

由台湾地区23个家长团体组成的“家长团体联盟”于2003年2月21日下午召开会员大会，台湾地区教育部门官员范巽绿到场与家长代表对话。

家长对“九年一贯”推动仓促、教学现场新课程推动困难等一系列问题表示忧虑，范巽绿则一一说明教育部门各项配套改进措施，并强调“九年一贯深根计划”的目标，即在家长、社区及民间企业的配合下，协助中小学校自主课程松绑、教师发展课程与教学创新，进而落实九年一贯课程。

基于九年一贯课程的特色之一，即为家长参与及亲师合作，范巽绿特别邀请各家长团体协助推动。曾经担任台北市仁爱国中家长会长的范巽绿，也强调了家长参与教育事务的重要性。她认为，家长身为学生的代理人，对抚育自己子女成长都有具体的想法，因此，家长应参与教育并发表意见，教育界则应尊重家长参与教育的权利。

家长团体联盟同时于会中通过提案，建议未来在与教育部门的互动上，可于每学期开学前，比照学校亲师座谈会来召开“家长日”。邀请台湾地区家长团体联盟代表至教育部门开会，就该学期教育部门将推动的政策、计划，以及希望各县、市家长团体配合宣传的工作等内容提出说明，同时听取基层家长团体代表的意见。

家长团体联盟也公布该联盟网站的网址，欢迎各地家长积极与当地家长团体联络，共同为孩子的教育努力。

（《基础教育参考》2003 年第 7—8 期“广角”栏目）

〔**研推产学合办企业大学**〕　为加强大专院校与产业结合，建立高等教育界在职人员回流教育体制，2003 年台湾地区教育部门表示，将研拟推动大专院校与产业合作办理“企业大学”专班方案，开设包括在职专班、进修部、学分班等，而修完学分后，由合作学校授予学位，并注明“企业大学”字样。

台湾地区教育部门指出，在职专班目前已成为社会上一股进修风气，加上教育部门必须解决当前严重的人力市场供需失衡，并缩短学校培育人才与产业人才需求的差距，因此，决定研拟结合及运用大专院校与产业的资源，共同规划开设产业需求的产业课程，方便在职人士的进修。

台湾地区教育部门表示，由各校与产业合作开设的学制及班别，包括大专院校开设的各类回流教育在职专班（含研究所硕士班、四年制学士班、二年制学士班、二年制专科班等），进修部、夜间部各类在职班别，推广教育学分班及非学分班。至于课程规划部分，涉及学位授予及发给毕业证书的在职专班、在职班课程的共同科目及专业必修科目，在不改变各学群及各自总学分数下，教学科目调整的比例，以现行课程的 60% 为上限。另外，推广教育学分班，则是由各大专院校与业界共同研议规划开设的。

有关企业大学专班师资延聘部分，台湾地区教育部门则表示，大专院校只要开设具有学位及学分的课程，课程授课教师就必须符合大学法及有关法令的规定，上课地点则是以在校本部及经教育部门核准的分部、校区为原则；但报经教育部门核准者，则可以在企业内或推广教育地点上课。

另外，台湾地区教育部门也强调，企业大学在职专班、在职班的招生对象应符合各学制班别的新生入学或同等学力资格规定，且以与学校签订合办的产业界在职员工为限；但企业大学的在职专班、在职班，不受学校总量管制的限制，所以，并不列入学校师生比人数的计算，也不列入学校申请整体发展经费补助填报的基本资料内，但业界与各大专院校合办企业大学，可以由业界提供经费补助。

（《世界教育信息》2003 年第 6 期“短讯台”栏目）

〔**大学多元入学将作大幅修正**〕　2003 年 8 月，台湾地区教育部门官员黄荣村表示，大学多元入学录取总名额超过 10 万名，报名总数超过 15 万人，总录取率近 62%。其中，推荐甄选与申请入学占所有入学管道的 16%，较去年的 18% 稍为降低，联合分发接近过去联考比重达 81%。他呼吁社会应给予多元入学健康的试验空间。他同时强调，2004 年大学多元入学将作大幅度修正，吁请考生注意。

上大学是台湾地区学生想筑的梦，黄荣村在揭榜后表示，8 月 9 日是一般大学指定科目考试分发放榜的日子，但结合多元管道入学招生的总录取率近 62%，其中，分发入学比重接近过去联考达

81%，推甄与申请合计才16%，还比去年稍降。因此他呼吁大家应给多元入学健康的试验空间，让多元入学管道畅通。黄荣村说，社会疑虑一天不除去，多元入学的压力与受限就很难放松。希望台湾地区社会能安于让大学多元取才，让家长安于大学多元取才，学生也能认为多元取才可让个人发挥长才。

黄荣村表示，去年大学多元入学纷纷扰扰，大学作了很多修改，例如提供统一申请汇办中心、术科统一考试，都节省考生很多力气，另外还有低收入户考生减半收费等等。2003年总算见到多元入学招生过程平静无波，社会还算满意，2004年还将作更大的修正，考生要多加注意。

他说，2002年大学第一次多元入学遭到最大的批评是太复杂，大家要求简单。因此，大学招生委员会联合会卖力地研究，把考试分发入学甲、乙、丙三案简并为一案，推荐甄选与申请入学合并为甄选入学一案，原来五案简并为甄选与分发两个管道，分发采计指定科目考试3～6科，是讨论后大家满意能够接受的改进方案。

另外，有人认为2002年多元入学过程有不公平现象。黄荣村表示，例如有人质疑面试有没有准则、有没有事先公布，而有学校甚至要求大幅度录影录音，是为回应社会的疑虑。虽是学校负责的表示，却也有点太过，对于这些，学校都点滴记在心头。

至于对推荐信的要求，黄荣村说，已研议改循正规管道，学校须经正式会议如校务会议通过，才可被大家接受。像医学系就要求推荐信，也因此，2003年大学校系对推荐信的要求减少了三分之二，尤其是推荐甄选、申请入学招生校系的改进相当多。

黄荣村有感而发地说，过去10年，大学校院膨胀太快，现在不能说可否回到原来，但要提升品质的努力是现在不可避免的责任，他认为只要有心努力，现在开始，仍不嫌迟。

（《世界教育信息》第10期“短讯台”栏目）

2003年教育大事记

1月3日—5日 教育部直属高校工作咨询委员会第十三次会议在杭州举行。国务院副总理李岚清出席会议并发表讲话，强调高等学校要把深入学习贯彻党的十六大精神作为当前和今后一个时期的首要政治任务，认真总结十三届四中全会以来高等教育改革与发展的成功经验，进一步深化改革，坚持教育创新，进一步提高教育质量，促进我国高等教育持续健康发展。教育部部长陈至立、副部长周济、袁贵仁、赵沁平出席会议并讲话。

1月3日—7日 教育部副部长章新胜率内地教育代表团赴香港出席了邵逸夫基金第16次赠款仪式，并访问了香港教育统筹局、大学教育资助委员会、学术评审局及香港大学等。

1月4日 教育部和浙江省人民政府在杭州签订关于在“十五”期间重点共建浙江大学的意向协议。教育部部长陈至立和中共浙江省委书记、代省长习近平在协议上签字并讲话。教育部副部长周济、袁贵仁、赵沁平等出席签字仪式。

1月6日 国务院总理、国家科技教育领导小组组长朱镕基在中南海主持召开国家科技教育领导小组第十二次会议，听取科技部关于我国科学技术发展战略、教育部关于农村中小学危房改造和国家计委关于进一步推进高技术产业化工作的汇报。朱镕基强调，要认真贯彻党的十六大精神，继续全面实施科教兴国战略，大力发展教育和科学事业，为把我国建设成为科技教育强国，为实现全面建设小康社会的宏伟目标而努力奋斗。国务院副总理、国家科技教育领导小组副组长李岚清，国务院副总理温家宝出席会议并讲话。

1月9日 中央农村工作会议在北京闭幕。中共中央总书记胡锦涛就贯彻党的十六大精神，解决好农业、农村和农民问题，实现全面建设小康社会的宏伟目标作了重要讲话。中共中央政治局常委、国务院副总理温家宝就当前和今后一个时期的农业和农村工作作了部署。会议指出，全面建设小康社会，必须统筹城乡经济社会发展，更多地关注农村，关心农民，支持农业，把解决好农业、农村和农民问题作为全党工作的重中之重，放在更加突出的位置，努力开创农业和农村工作的新局面。会议提出，党中央、国务院决定今后每年新增教育、卫生、文化等事业经费，主要用于农村，逐步缩小城乡社会事业发展的差距。各级政府要继续增加投入，不断改善农村办学条件。

1月11日 湖北省高等教育自学考试中，在鄂州市的一些考场内出现了严重的舞弊现象。事件曝光后，教育部责成湖北省教育厅严肃查处湖北鄂州高等教育自学考试出现的严重舞弊现象，并再次重申，国家统一考试要严肃考风、考纪。

1月11日—26日 教育部部长陈至立陪同国务院副总理李岚清访问马来西亚、缅甸、南非、泰国。

1月12日—13日 全国教育报刊2003年宣传报道工作会议在北京举行。教育部副部长周济、袁贵仁出席会议并发表讲话，充分肯定了教育新闻宣传工作在推动教育改革与发展中所起到的重要作用，希望教育新闻宣传工作者全面深入地学习贯彻落实党的十六大精神，进一步加强教育新闻宣传工作。

1月14日—15日 2003年全国基础教育工作会议在河北唐山举行。会议确定了2003年基础教育工作的总体要求，提出要坚持基础教育积极、均衡、持续、协调发展，深化教育改革，大力推进教育创新，全面推进素质教育，切实加强管理，不断提高教育质量，努力开创基础教育工作的新局面。

教育部副部长王湛出席会议并讲话。

△　2003年全国普通高校招生工作会议在广州举行。会议总结交流了2002年普通高校招生工作以及1999年以来高考改革的有关经验，研讨了新形势下如何深化招生改革，规范招生管理，完善高校招生自我约束和社会监督机制等问题，部署了2003年全国普通高校招生工作。会议还对近5年来全国高校招生先进集体和先进个人进行了表彰。教育部副部长袁贵仁出席会议并讲话，强调要进行更加系统化的高校招生制度改革和建设，力争经过几年的努力，取得重大进展。

1月16日　2003年全国普通高等学校毕业生就业工作会议在广州召开。会议总结交流了2002年普通高校就业工作经验，全面分析了2003年全国普通高校毕业生就业面临的新形势，明确了当前和今后一个时期做好毕业生就业工作的指导思想、目标、任务和改革措施，并对2003年高校毕业生就业工作进行了全面部署。教育部副部长袁贵仁在讲话中指出，要鼓励和提倡大学毕业生自主择业、自主创业、到基层就业、到非公有制单位就业，以多种形式和灵活方式实现就业。

1月17日—18日　教育部2002年度教育新闻宣传工作总结会在北京举行。教育部部长陈至立致信祝贺。

1月18日　我国职业教育中的第一个会议团体——全国高职高专校长联席会议在上海第二工业大学宣告成立。来自全国20多个省、市、自治区的47所高职高专成为首批成员单位。

1月18日—19日　全国硕士生招生入学考试举行。此次报考人数约79.7万人，比2002年增长27.7%，创历史新高。2003年拟录取硕士研究生21.7万人，比2002年增长33%。

1月19日　教育部科学技术委员会换届大会暨2002年度工作会议在北京召开。会议全面总结了第四届科技委员工作并提出今后工作设想。教育部副部长周济出席会议并讲话。

1月20日　由教育部科学技术委员会组织评选的2002年度“中国高等学校十大科技进展”揭晓。

1月20日—21日　全国职业教育与成人教育工作会议在广西南宁召开。会议要求全面落实全国职业教育工作会议和《国务院关于大力推进职业教育改革与发展的决定》精神，促进职业教育与成人教育持续健康发展。教育部副部长王湛出席会议并强调指出，2003年要坚定不移地把发展农村和西部地区职业教育与成人教育作为工作重点，积极推进职业教育与成人教育的各项改革。

1月22日　国家语委咨询委员会第三次会议在北京举行。全国人大常委会副委员长、咨询委员会主任许嘉璐，教育部副部长、国家语委主任袁贵仁出席会议并讲话。

1月23日—24日　教育部副部长王湛到内蒙古赤峰市喀喇沁旗，代表教育部党组看望工作在教育教学第一线的贫困地区中小学教师。

1月24日　中央综治委学校及周边治安综合治理工作领导小组召开2003年第一次全体会议。会议总结了2002年学校及周边治安综合治理工作，分析了2003年学校及周边治安所面临的形势，审议并通过了《2003年全国学校及周边治安综合治理工作要点》。

1月25日　教育部举行慰问驻外人员家属春节联欢会。教育部党组副书记、副部长周济出席联欢会，他代表陈至立部长和教育部党组向驻外人员的家属和广大驻外人员表示慰问并致以节日祝贺。27日，教育部、国家广电总局联合举办慰问留学回国人员新春音乐会，周济在会上对留学回国人员和在外留学人员表示亲切慰问。

1月28日　教育部印发《关于高等学校进一步做好名誉教授聘请工作的若干意见》。

1月30日　国务院副总理李岚清看望了著名学者与科学家季羡林、王选、黄昆、吴文俊，向他们致以节日问候，并向全国广大教育工作者和科技工作者祝贺新春佳节。

△　教育部、总参谋部、总政治部印发《高级中学学生军事训练教学大纲》。

2月1日　教育部发布的《高等学校境外办学暂行管理办法》开始施行。

2月8日　《中国教育报》发表教育部部长陈至立的文章，题目是《以“三个代表”重要思想为指导　开创电大教育新局面——纪念邓小平同志批准创办电大25周年》。

2月10日 教育部印发《关于进一步发展繁荣高校哲学社会科学的若干意见》。

2月11日—14日 首次“中日两国重点大学校长论坛”在日本东京大学举行。教育部副部长周济率中国大学校长代表团出席了论坛。

2月12日 九届全国人大教科文卫委员会向新闻界介绍本届委员会在教育立法、监督等方面的工作情况。全国人大教科文卫委员会委员柳斌在接受记者采访时认为，农村义务教育仍面临着经费投入严重不足、有的地区教师工资不能足额发放等问题，特别是农村中小学的生均公用经费十分紧张。他吁请舆论界关注农村义务教育。

△ 教育部发出《关于进一步深化“三个代表”重要思想“三进”工作的通知》。

△ 教育部发出《关于简化大专以上学历人员自费出国留学审批手续的通知》。

2月13日 教育部召开中国教育与人力资源问题研究结题新闻发布会。教育部部长陈至立出席新闻发布会并发表讲话。教育部副部长、课题组组长袁贵仁在新闻发布会上介绍了课题研究情况和课题研究特点。该课题研究成果已由高等教育出版社出版。

2月14日 教育部、中央组织部、国家计委、财政部、人事部和国务院扶贫办在北京召开全国学校对口支援工作经验交流暨表彰电视电话会议。教育部部长陈至立在会上作了题为《扎实做好学校对口支援工作，大力扶持西部和贫困地区教育事业发展》的讲话，强调开展学校对口支援工作充分体现了社会主义制度的优越性，要从认真贯彻落实党的十六大精神的高度，增强责任感，研究新思路，采取新举措，做好学校对口支援工作，促进西部和贫困地区教育事业的快速发展。北京市崇文区教委等111个单位和韩文仁等150名个人受到教育部等7部委的联合表彰。

2月17日 教育部办公厅发出《关于加强学校传染病预防与控制工作的紧急通知》，要求各地做好开学后各类传染病的防治工作，减少和控制传染病在学校的发生，确保学生身心健康。

2月18日 教育部和新闻出版总署联合在北京召开《中华传统美德格言》出版座谈会。江泽民同志为该书题词：“传承中华美德，培养民族精神”。李岚清副总理为该书作序。教育部部长陈至立出席会议并讲话。

△ 全国普通高校招生计划工作会议在湖南长沙召开。会议对2003年全国高等教育招生工作作出部署。2003年全国各类高等教育招生规模拟安排655万人，其中普通本专科招生335万人，比2002年增长5%。教育部副部长张保庆出席会议并发表讲话。

△ 2003年度全国学校体育卫生艺术与国防教育工作会议在江西南昌召开。教育部副部长赵沁平出席会议并在讲话中强调，体育、卫生与健康教育、艺术教育和国防教育是学校素质教育的重要内容，对促进学生全面素质的提高具有重要作用。

2月19日 朱镕基总理主持召开国务院第68次常务会议。会议审议并原则通过了《中华人民共和国中外合作办学条例（草案）》。3月1日，国务院总理朱镕基签署国务院令第372号，发布《中华人民共和国中外合作办学条例》，自2003年9月1日起施行。

2月20日 国务院副总理李岚清在人民大会堂会见“长江学者奖励计划”第五批特聘教授、讲座教授和第四届“高校青年教师奖”代表并发表讲话，他强调，高等学校要深入学习贯彻党的十六大精神，全面贯彻“三个代表”重要思想，大力推进教育创新和科技创新，为全面建设小康社会提供人才支持和知识贡献。教育部部长陈至立代表教育部在大会上讲话。第五批“长江学者奖励计划”共有84名特聘教授、10名讲座教授受聘；第四届“高校青年教师奖”共有115人获奖。

△ 教育部办公厅印发《中小学生预防艾滋病专题教育大纲》、《中小学生毒品预防专题教育大纲》和《中小学生环境教育专题教育大纲》。

2月21日 全国教育统计工作会议在湖南长沙召开。教育部副部长张保庆出席会议并讲话，指出了教育统计工作中存在的矛盾和问题，提出了今后教育统计工作的基本思路和工作要求。

2月23日 教育部部长陈至立、副部长章新胜在北京会见应邀来访的英国教育与技能终身教育和高教国务大臣玛格丽特·霍奇一行并举行会谈。陈至立部长和霍奇国务大臣分别代表两国政府签署了《中华人民共和国政府和大不列颠及北爱尔兰联合王国政府及托管政府关于相互承认高等教育学位证书的协议》。24 日，国务院副总理李岚清会见了玛格丽特·霍奇一行。

△ 全国教育纪检监察工作会议在京召开。教育部党组书记、部长陈至立在讲话中强调，教育系统要从严治教，认真抓好领导干部廉洁从政工作，深入治理教育乱收费，加大查处违纪违法案件力度，扎实工作，务求实效，取信于民。教育部党组成员、副部长张保庆传达了胡锦涛总书记在中纪委二次全会上的重要讲话。中纪委委员、教育部党组成员、纪检组组长田淑兰作了题为《坚持“三个代表”重要思想，推动教育战线反腐败工作深入开展》的工作报告。会议由教育部党组副书记、副部长周济主持。

2 月 23 日—25 日 “亚太成人教育国际合作研讨会”在北京举行，来自亚洲及太平洋地区各国的成人教育专家、学者出席了会议。教育部副部长王湛出席会议并讲话。

2 月 24 日 教育部和财政部在人民大会堂联合举行首届国家奖学金发放仪式。国务院副总理李岚清出席奖学金发放仪式，并为获奖学生发放奖学金。国家奖学金制度是经国家科技教育领导小组第十次会议研究决定，自 2002 年起在全国普通高校中首次设立的。中央财政为此每年拨款两亿元，专项用于资助全国普通高等学校中45 000名品学兼优的经济困难学生。财政部部长项怀诚、教育部部长陈至立分别在仪式上讲话。

△ 新疆巴楚——伽师地区发生 6.8 级强烈地震，且发生多次余震，造成重大人员伤亡和财产损失。全县中小学受灾情况严重，共有1 005间教室在地震中倒塌，40 830名学生受灾，无法上课。25 日，教育部向新疆维吾尔自治区教育厅、新疆生产建设兵团教委发出慰问电。希望灾区广大师生员工和教育工作者在自治区党委和政府的领导下，发扬艰苦奋斗的革命精神，做好灾区教育系统的抗震救灾工作，把地震造成的损失减少到最低程度，尽快恢复正常的教学秩序。

△ 由共青团中央、教育部、内蒙古自治区党委联合主办的内蒙古“12.14”营救落水儿童英雄群体事迹报告会在清华大学举行，数百名清华大学学生参加了报告会。2 月 28 日，教育部印发《关于授予内蒙古“12.14”营救落水儿童英雄群体荣誉称号的决定》。

△ 教育部办公厅发出《关于做好高等学校自主选拔录取改革试点工作的通知》。

2 月 25 日 清华大学荷园餐厅和北京大学农园餐厅内先后发生爆炸，9 人受轻伤。经警方初步勘察，两起爆炸案均为自制小型黑火药爆炸物引起。案发后，党中央、国务院领导高度重视，指示有关部门救治伤员，抓紧破案。教育部、公安部、北京市委、市政府领导立即赶赴现场。3 月 8 日，北京市公安局宣布此案侦破。

2 月 26 日 国家行政学院与北京大学决定联合培养公共管理硕士，以培养高层次公务员人才。国务委员兼国务院秘书长、国家行政学院院长王忠禹出席了在国家行政学院举行的签字仪式。

△ “教育与人力资源开发战略高级研讨班”开学典礼在国家教育行政学院举行。教育部副部长袁贵仁出席开学典礼，他在讲话中强调，要增强教育发展与人力资源开发的活力与动力，把我国教育与人力资源开发整体水平不断提高到新的高度。

2 月 27 日 新华社报道：人事部发出通知，要求各地对现行的高校毕业生就业接收政策进行清理，修改、取消一切不利于高校毕业生择业的政策规定，允许高校毕业生跨省（自治区、直辖市）、跨地（市）就业。

2 月 28 日 教育部举行关于进一步发展繁荣高校哲学社会科学的若干意见暨“中国高校哲学社会科学繁荣计划”新闻发布会。教育部副部长周济、袁贵仁出席新闻发布会并讲话。

△ 教育部、卫生部、中国残疾人联合会印发《普通高等学校招生体检工作指导意见》。

△ 教育部发出《关于禁止通过学校向学生搭车收费的通知》。

3 月 4 日 国务院办公厅转发教育部等部门《关于幼儿教育改革与发展的指导意见》。

3 月 5 日 第十届全国人民代表大会第一次会

议在北京开幕。国务院总理朱镕基在政府工作报告中强调，要继续加大对科技、教育的投入。深化教育体制改革，坚持教育创新，全面推进素质教育。加快发展各级各类教育，提高教育质量。完善农村义务教育以县为主的管理体制。继续做好助学贷款和设立国家奖学金工作。加强职业教育和培训。依法规范和积极支持民办教育发展。继续实施人才强国战略，培养和吸引各类人才特别是高层次急需人才，为他们充分发挥聪明才智和干成事业创造良好条件。

3月7日 在全国政协十届一次会议教育界委员联组讨论会上，政协委员们就有关教育的热点问题进行了交流和讨论。国务委员兼国务院秘书长王忠禹、教育部副部长周济、财政部副部长肖捷等出席会议，听取委员们的意见和建议，并和委员们坦诚交流，共商教育大计。

△ 教育部印发《关于进一步加强高等教育自学考试工作若干问题的意见》。

△ 教育部印发《关于表彰全国教育督导工作先进集体和全国教育督导先进工作者的决定》。

3月10日 教育部办公厅印发《现代远程教育校外学习中心（点）暂行管理办法》。

3月12日 国家经贸委、教育部、中国科学院发出《关于建立国家技术转移中心的通知》。

3月17日 根据中华人民共和国第十届全国人民代表大会第一次会议的决定，胡锦涛主席签署中华人民共和国主席令第2号，任命新一届国务院组成人选，周济被任命为教育部部长。同日，中共中央决定，周济任教育部党组书记。

△ 杰出的数学家、教育家，著名的社会活动家，中国人民政治协商会议第七、八届全国委员会副主席，中国民主同盟中央委员会名誉主席，中国科学院院士苏步青因病在上海逝世，享年101岁。

3月19日 辽宁省海城市铁西区8所小学的学生课间饮用豆奶引发集体中毒。事件发生后，教育部非常关注，责成辽宁省教育厅对这一事件进行调查核实。卫生部也派专家组赴海城调查。

3月20日 教育部副部长章新胜出席了中国与日本两国政府举行的日本对华文化无偿援助政府换文签字仪式，并与日本驻华大使阿南惟茂分别代表两国政府签字。

3月21日 教育部部长周济在北京会见了以香港知名实业家、美心集团董事长伍沾德先生为团长的香港岭南学院董事会访问团一行。

3月21日—22日 全国教育督导工作会议在山东潍坊举行。会议明确了2003年的主要任务。提出要坚持督政与督学相结合，推进“普九”和素质教育的实施。教育部副部长王湛在讲话中强调，要继续抓好贯彻落实农村义务教育管理体制的督导检查。

3月24日 教育部召开全国教育系统治理中小学乱收费工作电视电话会议，教育部党组书记、部长周济在会上作了题为《认真贯彻中纪委二次全会精神，从严治教，坚决治理学校乱收费》的讲话，强调必须加大工作力度，从严治教，狠抓政策落实，进一步做好学校乱收费的治理工作。治理学校乱收费的重点是，在国家扶贫开发工作重点县的农村小学和初中坚决落实“一费制”，在城镇严格执行公办高中招收择校生“三限”政策。29日，《中国教育报》发表了周济的讲话。

3月25日 教育部印发《中小学图书馆（室）规程（修订）》。

△ 教育部办公厅转发中央保密委办公室、国家保密局《关于进一步加强国家统一考试保密管理工作的通知》。

3月26日 教育部民族教育司、国家民委教育司联合举办的全国民族教育工作研讨会在海口召开，会议提出要进一步贯彻落实国务院《关于深化改革加快发展民族教育的决定》和第五次全国民族教育工作会议精神，结合民族教育实际，采取有效措施，促进民族教育发展。会议还就民族教育立法进行了研讨，与会代表就《少数民族教育条例》的修改完善提出了建设性意见，有关部门将进一步调研，加快少数民族教育立法工作进程。

△ 共青团中央、教育部、全国学联印发《关于进一步做好促进高校毕业生就业工作的意见》。

△ 教育部公布2003年“红”、“黄”牌成人高等学校名单。

3月28日 教育部副部长张保庆与国家电网公司副总经理陈进行在北京签署协议。根据国务院批准的国家电力体制改革方案，原由国家电力公司管理的华北电力大学划转教育部管理，由国家电网公司、南方电网公司和各发电企业集团组成的校董会将与教育部共建华北电力大学。

△　教育部办公厅印发《关于教育电子政务建设的指导意见》。

3月31日　教育部决定北京大学等34所高校试行自主确定研究生复试分数线，这是全国硕士研究生招生改革的一项重要举措。教育部要求试点高校严格规范管理，确保招生质量。

4月1日　教育部副部长章新胜在北京会见越南教育培训部副部长邓黄梅率领的越南教育考察团一行。

4月3日　教育部党组召开部机关和直属单位司局级干部参加的扩大会议，就深入贯彻落实国务院第一次全体会议和国务院廉政工作会议精神提出要求，作出部署。教育部党组书记、部长周济强调，一定要按照党中央、国务院的要求，进一步统一思想，全面深刻认识当前治理学校乱收费工作的重要性和紧迫性，高举从严治教的旗帜，坚决治理教育乱收费。

4月4日　教育部举行新闻通气会，教育部副部长章新胜在会上通报了《中外合作办学条例》的颁布和实施情况。强调《中外合作办学条例》的颁布和实施有利于我国在更大范围、更广领域和更高层次上参与教育对外合作，人民群众接受优质教育的机会将大大增加。

△　全国高校学生信息咨询就业指导中心公布2002年教育部直属高校毕业生就业率。

4月5日—19日　教育部纪检组组长田淑兰率中国教育代表团访问美国、加拿大。

4月7日　教育部印发《教育部科学研究项目管理办法》。

4月8日　教育部党组印发《教育部工作规则》。

4月9日　教育部启动"高等学校教学质量和教学改革工程"。教育部党组书记、部长周济在新闻通气会上强调，必须按照"巩固、深化、提高、发展"的方针，巩固成果，深化改革，提高质量，持续发展，把提高质量摆在突出地位，扎扎实实地推进我国高等教育的改革和发展。

4月10日　教育部召开贯彻实施《中外合作办学条例》座谈会，邀请国家政府部门有关负责人、教育界有关专家学者座谈学习、贯彻《条例》的体会。教育部副部长章新胜出席座谈会并讲话。

4月13日　教育部在武汉召开全国高校文化素质教育工作暨基地建设研讨会，总结交流8年来高校加强文化素质教育试点经验，研究在全国高校进一步普及和提高文化素质教育工作。教育部副部长袁贵仁出席会议并讲话。

4月14日　教育部发出《关于贯彻全国非典型肺炎防治工作会议精神，做好学校非典型肺炎预防与控制工作的通知》。

4月14日—16日　教育部组织30个省、自治区、直辖市教育行政部门有关负责人到湖南集体调研，了解湖南在农村税费改革过程中保障农村义务教育投入的有关情况。教育部部长周济、副部长王湛参加调研。周济在调研中强调：要从贯彻落实"三个代表"重要思想和全面建设小康社会的全局出发，把农村教育作为教育工作的重中之重。各地教育部门要增强紧迫感和责任感，着力抓好税费改革中的农村义务教育工作，把中央关于在税费改革中确保农村义务教育投入的要求落到实处。要抓住税费改革这一机遇，主动工作，进一步推进和深化农村教育改革，探索建立新形势下农村义务教育投入的保障机制。

4月15日　教育部副部长袁贵仁出席浙江大学文科大会，强调要深入学习贯彻党的十六大精神，以"三个代表"重要思想为指导，进一步加快高校哲学社会科学的发展与繁荣。

4月18日　国务院总理温家宝和副总理吴仪、国务委员陈至立检查北京市大中小学和幼儿园非典型肺炎防治工作，先后到北京市六一幼儿园、北京市101中学、北京大学附属小学和北京航空航天大学，察看了学校的教室、宿舍、阅览室，并同教师、学生进行交谈，详细了解疫病防治工作。温家宝指出，做好非典型肺炎防治工作，要突出重点部位和重点环节。青少年是我们的未来和希望，学校承担着培养教育他们的重任。要采取有针对性的措施，切实加强学校的防治工作。各类学校都要高度重视，领导亲自抓，指定专人负责。要加强科普教育，宣传疾病预防知识，增强师生自我健康保健意识。特别是中小学和幼儿园教师，要切实负起责任，教育孩子养成良好的卫生习惯。

△ 劳动和社会保障部、公安部、国家工商行政管理总局、教育部、卫生部、全国总工会、共青团中央、全国妇联联合发出《关于贯彻落实〈禁止使用童工规定〉的通知》。

△ 教育部发出《关于高等学校非典型性肺炎预防和控制工作若干问题的通知》。《通知》强调，学校的防治工作要特别重视和加强，学校非典型肺炎预防和控制工作应采取更为严密、严格的措施和快速的反应机制，坚决阻断非典型肺炎在学校的传播。同时，教育部还转发了《广东省学校预防与控制非典型肺炎工作措施》、《北京大学防治非典型肺炎工作方案》等。

4月21日 教育部印发《关于表彰全国幼儿教育先进县（市、区）的决定》。

4月22日 国家“学生饮用奶计划”部际协调小组办公室在北京召开新闻通气会，通报“学生饮用奶计划”实施情况，强调必须加强监管力度，确保学生饮用奶的质量和学生饮奶安全。

4月23日 中共中央总书记、国家主席胡锦涛作出重要批示，对在抗击非典型肺炎斗争中以身殉职的中山大学附属第三医院传染病科党支部书记、主任医师邓练贤同志表示沉痛悼念，对邓练贤同志的亲属表示亲切慰问。胡锦涛指出，有广大医护人员的奋斗与贡献，有全国上下的团结一致，众志成城，我们就一定能战胜疫病。25日，教育部党组发出通知，号召教育系统全体共产党员和教职员工向邓练贤同志学习。

△ 国务院总理温家宝主持召开国务院常务会议，会议决定，为进一步加强非典型肺炎防治工作，成立国务院防治非典型肺炎指挥部，统一指挥、协调全国非典型肺炎的防治工作。国务院副总理吴仪任总指挥，国务委员兼国务院秘书长华建敏任副总指挥。会议指出，当前做好北京等地区和广大农村的非典型肺炎防治工作至关重要，各地区、各部门务必采取有力措施，切实做到早发现、早报告、早隔离、早治疗，千方百计控制疫情扩散蔓延。有关方面要精心组织好非典型肺炎防治药品、物资的生产、调运、供应等工作，确保市场供应和物价稳定。

△ 教育部党组就非典型性肺炎预防和控制工作发出《致教育系统全体共产党员的一封信》，号召教育系统所有共产党员特别是各级党员领导干部，要充分认识做好非典型肺炎防治工作的极端重要性，坚决服从中央一系列决策和工作部署，迅速行动起来，打好这场硬仗，在关键时刻发挥先锋模范作用。

△ 教育部发出《关于做好中小学和幼儿园“非典”防治工作的通知》，要求全国中小学和幼儿园进一步做好“非典”防治工作，确保师生身体健康和生命安全。

△ 教育部印发《关于规范并加强普通高校以新的机制和模式试办独立学院管理的若干意见》。

4月24日 教育部发出《关于进一步落实高等学校非典型肺炎预防与控制综合措施的紧急通知》，要求各高等学校一定要按照党中央、国务院的要求，高度重视学校“非典”防控工作，做好防大疫、打硬仗的准备，尤其是还未发现“非典”疫情的学校要坚决克服忽视、麻痹的思想情绪，绝对不能有任何侥幸心理，要充分认识“非典”防控工作的复杂性、艰巨性和反复性。必须成立由一把手负责的“非典”防控工作领导小组，主要领导要对“非典”防控工作亲自抓、负总责，特别是对本地本校“非典”防控工作的进展和防控措施落实情况、本地本校人群“非典”发病情况必须做到“心中有数”。必须针对本地本校实际，制定针对性、操作性强的“非典”防控工作预案，建立更严密的快速反应机制。

△ 我国首家教育部教育援外基地在天津职业技术师范学院挂牌成立。基地的主要任务是执行教育援外和来华培训项目，建立援外教师人才库等。

4月25日 国务院办公厅发出《关于动员北京等地高等学校学生、农民工就地学习务工的紧急通知》，要求动员北京等发病人数较多地区的高等学校学生、农民工就地学习、务工，以切断非典型肺炎传播途径。

△ 教育部党组发出《关于进一步发挥高等学

校医学院（系）、医学院校及其附属医院广大教职工和医护人员在“非典”防治工作中的重要作用的通知》。

△ 教育部印发《关于进一步深化教育改革，促进高校毕业生就业工作的若干意见》。

4月26日 国务院总理温家宝到北京大学考察。同日，新华社发表通讯《同舟共济 共渡难关——温家宝总理看望北大学生侧记》。

4月28日 教育部党组发出《发挥党的领导、民族精神的政治优势，做好当前高校学生管理工作——致高等学校全体共产党员的信》。

4月28日—29日 教育部部长周济在北京考察高校防治非典型肺炎工作。先后考察了清华大学、北京大学医学部、北京科技大学和北京师范大学防治“非典”工作情况，听取了学校主要负责同志的介绍，考察了学生宿舍、食堂，与科研人员进行了座谈。周济指出，教育系统尤其是高等学校要进一步弘扬中华民族的伟大精神，依靠科技力量，打赢防治“非典”这场攻坚战。

4月29日 中共中央总书记胡锦涛在中共中央政治局第四次集体学习时强调，弘扬中华民族精神，运用科学技术力量，万众一心，众志成城，科学防治战胜“非典”。

△ 为充分发挥高校科技力量在防治非典型肺炎工作中的重要作用，教育部发出通知，要求各有关高校加强非典型肺炎防治科技攻关工作。

△ 教育部转发北京大学、清华大学、复旦大学、上海交通大学、南京大学、浙江大学、西安交通大学、中国科技大学、哈尔滨工业大学九所高校校长联合向全国高校发出的倡议书。倡议书呼吁全国高校的科技工作者积极响应胡锦涛总书记关于“依靠科学，战胜‘非典’”的号召，积极行动起来，充分发挥高校多学科和人才密集的优势，特别是要发挥有关高校的临床资源优势，团结协作，联合攻关，力争在防治“非典”的科技攻关中取得重大进展和突破，为我国全面战胜“非典”作出应有的贡献。

5月2日 教育部发出通知，要求农村地区中小学校利用现代远程教育设备进行防治非典型性肺炎宣传教育的有关工作。

5月3日 经北京市委、市政府和教育部同意，北京市教委决定，全市中小学继续放假两周，以预防“非典”疫情对中小学校的影响，保障首都137万中小学生的身体健康。放假期间，教育部门将利用各种媒体，从5月6日起开办“空中课堂”，指导和推动中小学学生在家学习。此前，北京市教委已发出通知，全市各中小学可从4月24日到5月7日暂放假两周。

5月4日 “五四”青年节之际，中共中央政治局常委、国务院总理温家宝到清华大学、中国农业大学看望广大青年学生，表示节日的问候和祝贺。强调要发扬“五四”精神，依靠科学，依靠群众，团结一致，同舟共济，战胜非典型肺炎这场严重的疾病灾害。

5月5日 教育部党组印发《教育部防治非典型肺炎工作领导小组关于做好高校离校学生的教育和管理工作的指导建议》。《建议》对做好高校离校学生的教育和管理提出了七条建议：即高度重视、充分理解、加强引导、关心爱护、严格要求、密切联系和做好安排。

5月7日 科技部、教育部、中国科学院、中国工程院、国家自然科学基金委员会印发《关于改进科学技术评价工作的决定》。

5月8日 国务委员陈至立考察北京地区“空中课堂”开展情况，并对坚守在教学岗位的广大教职工表示慰问和感谢。她在考察时强调，在当前进行的抗击“非典”斗争中，北京等地区中小学校调整了教学和学习方式，开设了“空中课堂”，这既是一个很好的应对措施，同时也为推进教育信息化、现代化提供了机遇。我们要努力做到近期工作和长远规划相结合，不失时机地大力推进现代远程教育。

△ 为确保普通高校招生工作中考生及工作人员身体健康和生命安全，确保招生工作平稳顺利进行，教育部、卫生部就加强2003年普通高校招生期间做好“非典”防治工作发出紧急通知。

△ 教育部、财政部发出《关于加强中小学教职工人事管理，严厉禁止冒领工资现象的通知》。

5月9日 国务院办公厅发出《关于做好2003年全国普通高等学校招生工作的通知》，2003年全国普通高校招生统一考试将于 6 月 7 日至 10 日如期举行。国务院要求各级人民政府、各相关部门，要按照“三个代表”重要思想的要求，高度重视、精心组织、周密安排，严格执行国家有关高校招生工作的各项规定，加强组织管理、严肃考风考纪，特别是要加大防控非典型肺炎工作的力度，确保广大考生和工作人员的身体健康和生命安全，确保 2003 年高校招生工作平稳顺利进行。

5 月 12 日 国务院办公厅发出《关于调整国家科技教育领导小组组成人员的通知》。

△ 国务院办公厅发出《关于调整国务院学位委员会组成人员的通知》。

△ 教育部办公厅印发《国家精品课程建设工作实施办法》。

5 月 13 日 为进一步贯彻落实胡锦涛总书记和温家宝总理对全国防治非典型肺炎工作的重要指示精神，狠抓教育系统防治“非典”各项工作措施的落实，教育部党组书记、部长周济及党组成员张保庆、王湛、袁贵仁、章新胜、赵沁平、田淑兰、郑树山、李卫红等同志分别深入到北京化工大学、北京中医药大学、对外经济贸易大学、中国矿业大学（北京）、中国地质大学（北京）、北京邮电大学、中国政法大学、中央财经大学、北方交通大学、中央音乐学院、北京外国语大学、石油大学（北京昌平）、华北电力大学（北京昌平）、北京广播学院、中央美术学院、中央戏剧学院等直属高校和部分直属单位督察指导。

△ 教育部发布《2002 年全国教育事业发展统计公报》。

5 月 15 日 教育部发出《关于进一步做好今年非典防治期间高校毕业生就业工作的通知》。

△ 教育部、国家发展改革委、财政部发出《关于做好 2003 年学校收费工作有关问题的通知》。

5 月 19 日 为加强对治理教育乱收费工作的组织协调，统一领导，教育部、国务院纠风办、国家发展改革委、财政部、审计署、新闻出版总署 6 部委建立了治理教育乱收费部际联席会议制度。首次部际联席会在北京召开，教育部部长周济在会议总结时指出，部际联席会议是一种很好的工作形式，使全国治理教育乱收费工作有了组织保障和统一领导，必将有力推动这项工作的深入开展。

△ 经国家广电总局同意，中国教育电视台正式开播临时新增的教学卫星教育频道，名为中国教育电视台空中课堂，它是专门为因“非典”停课在家的全国各地中小学生及教师提供教学服务的卫星电视教育频道。

△ 教育部印发全日制义务教育《思想品德课程标准（实验稿）》。新课程标准将于 2003 年秋季开学后，在部分国家级实验区进行实验。

△ 教育部办公厅印发《教育行政审批项目清理结果》，取消 25 个行政审批项目，主要涉及高等学校招生、名誉教授聘任、基建、中小学校长培训等。

5 月 21 日 教育部召开全国教育系统防治非典型肺炎工作视频交流会，教育部副部长赵沁平出席会议并讲话，强调在全国教育系统防治非典型肺炎工作取得阶段性成果的情况下，必须充分认识非典型肺炎防治工作的复杂性、艰巨性和反复性，充分发挥高校科技力量的重要作用，努力夺取抗击“非典”和学校各项工作的双胜利。

5 月 22 日 教育部召开高校防治“非典”科技攻关网络视频会议。教育部党组书记、部长周济出席会议并讲话，强调要进一步动员高校充分发挥多学科的综合优势，调动高校广大科技工作者的积极性、创造性，形成战胜非典型肺炎的强大科技力量，为抗击“非典”作出更大的贡献。

△ 教育部办公厅发出紧急通知，严禁学校借防治“非典”名义强行向学生收费和乱涨价，坚决制止有关部门向学校和通过学校向学生收取、摊派费用。

5 月 24 日—26 日 国务委员陈至立在陕西考察。其间，先后到西安、宝鸡、杨凌等地，就学校“非典”防治、农村义务教育和远程教育、高校毕业生就业和科研院所转制等问题，深入农村、学校、科研院所和高新技术企业考察和座谈。强调要围绕当前党和国家的中心工作，切实抓好非典型肺炎防治，大力实施科教兴国战略，加快西部地区经济社会全面发展。

5 月 28 日 国务院总理温家宝主持召开国务院常务会议，研究部署 2003 年普通高等学校毕业生就业的有关工作。会议听取了教育部关于做好2003年普通高等学校毕业生就业工作有关情况的汇报，指出2003年是高校扩招本科学生毕业的第一年，做好高校毕业生就业工作，关系200多万毕业生的切身利益，各级政府必须充分认识做好这项工作的重要性和紧迫性。

△ 教育部发出《关于学习宣传和贯彻实施〈中华人民共和国中外合作办学条例〉的通知》。

5月29日 国务院办公厅发出《关于做好2003年普通高等学校毕业生就业工作的通知》。

5月30日 国务院总理、国家科技教育领导小组组长温家宝在北京主持召开国家科技教育领导小组第一次会议，研究国家科技发展规划的制订和农村教育工作。国务委员、国家科技教育领导小组副组长陈至立出席会议。6月2日，教育部党组召开会议，传达学习贯彻国家科技教育领导小组第一次会议精神。教育部党组书记、部长周济强调，要从实现党的十六大提出的全面建设小康社会的奋斗目标的高度，充分认识发展农村教育的重要性和紧迫性，深化改革，突出重点；勇于创新，大胆探索；积极实践，狠抓落实，进一步推进农村教育事业大发展，在为农业、农村、农民服务，实现全面建设小康社会的宏伟目标中作出应有的贡献。

5月31日 新华社报道："六一"前夕，北京7名中小学生给中共中央总书记、国家主席胡锦涛写信，希望同胡爷爷"像朋友一样谈谈心"。胡锦涛给他们回了信，向他们并向全国各族少年儿童致以节日的祝福和亲切的问候，祝小朋友们身体健康、学习进步、生活幸福。

△ 国务院总理温家宝到北京儿童医院，看望正在这里接受治疗的儿童，代表党中央、国务院向全国儿童致以节日的祝贺，向保障儿童健康成长的广大医务人员和儿童工作者表示亲切慰问。

△ 科技部、教育部印发《科技部、教育部2003年加强高校科技工作要点》。

5月31日—6月14日 教育部副部长章新胜率团赴美国访问。

6月3日 国务院召开2003年全国高校毕业生就业工作电视电话会议。国务委员陈至立主持会议，国务院副总理黄菊在会上讲话，强调促进高校毕业生就业是关系全局的一项重要工作，一定要坚持改革方向，加强指导服务，鼓励毕业生到基层和艰苦地区工作和锻炼，把这件关系科教兴国战略实施、关系社会政治稳定的大事抓紧抓实抓好。同日，教育部党组召开扩大会议，传达贯彻落实全国高校毕业生就业工作电视电话会议精神。教育部党组书记、部长周济强调要高度重视，层层落实，全力以赴做好高校毕业生就业工作。6月4日，《人民日报》就高校毕业生就业问题发表评论员文章，题为《一件关系全局的大事》。

6月5日 教育部召开全国教育系统非典型肺炎及其他传染病预防与控制网络视频会议。教育部部长周济、卫生部副部长马晓伟出席会议。会议通报了全国教育系统抗击非典型肺炎工作情况及其他传染病、学生食物中毒的有关情况，并就今后的工作作出部署。

△ 为确保2003年高考考生身体健康，确保招生工作平稳顺利，周济等教育部领导分别检查了全国部分考场。

6月6日 教育部部长周济签发教育部令第16号，发布《普通话水平测试管理规定》，自2003年6月15日起施行。

6月7日—9日 2003年全国普通高校招生统一考试举行。全国有613万人，分别在7 234个考点、23万个考场参加了考试。

6月9日 教育部、农业部发出《关于进一步加强"中小学生豆奶计划"试点工作管理的通知》。

6月10日 中宣部、中组部、中央政策研究室、中央党校、中央文献研究室、教育部、新闻出版总署、中国社会科学院在北京召开《"三个代表"重要思想学习纲要》出版座谈会。中宣部部长刘云山出席会议并讲话。

△ 共青团中央、教育部召开新闻发布会，正式启动"大学生志愿服务西部计划"，号召广大高校毕业生到西部去，到祖国和人民最需要的地方去建功立业。教育部副部长袁贵仁、团中央书记处书记赵勇出席新闻发布会并介绍了有关情况。12日，教育部、共青团中央联合召开网络视频会议，全面部署"大学生志愿服务西部计划"。团中央书记处第一书记周强、教育部副部长张保庆、人事部副部

长侯建良出席会议并讲话。

6月11日 教育部办公厅、国家体育总局办公厅、共青团中央办公厅发出《关于开展“全国学生体质健康标准推广活动”的通知》。

6月12日 教育部党组发出教育系统学习《“三个代表”重要思想学习纲要》的通知。

6月13日 “中国高校毕业生就业服务信息网”正式开通。国务委员陈至立视察了“就业网”的建设情况，出席开通仪式并发表讲话。7月3日，教育部转发了陈至立的讲话。

6月16日 教育部印发《普通高等学校招生录取工作监督办法》。

6月18日 教育部召开普通高校以新的机制和模式试办独立学院网络视频工作会议。教育部部长周济出席会议并在讲话中指出，国家对试办独立学院的基本原则是积极发展，规范管理，改革创新。其主要目的是要通过全新的市场机制配置，实现公办高校品牌与社会资金资源的有机结合，更好地解决我国高等教育发展与国家、社会需要之间的供求矛盾。

6月20日 教育部、总参谋部、总政治部印发《2003—2005年全国学生军训工作发展规划》。

6月23日 教育部部长周济出席中国与印度两国政府有关文件签字仪式，签署了中国教育部和印度人力资源开发部教育交流与合作的执行计划。

△ 教育部发出《关于加强农村中小学食堂管理工作的通知》。

6月24日 教育部党组举行学习中心组扩大会议，学习《中共中央关于在全党兴起学习贯彻“三个代表”重要思想新高潮的通知》、《中共中央关于印发〈“三个代表”重要思想学习纲要〉的通知》和《“三个代表”重要思想学习纲要》。党组书记、部长周济在讲话中强调，教育系统要提高认识，狠抓落实，迅速兴起学习贯彻“三个代表”重要思想新高潮。

△ 《中国教育报》报道：为帮助自费出国留学人员正确选择国外学习学校，加强对自费留学中介活动的监管，引导自费留学中介机构与国外正规学校开展合作，教育部通过教育涉外监管信息网和中国留学网，首次公布了美国、英国、丹麦、南非、挪威、马来西亚、爱尔兰、荷兰、希腊、塞浦路斯10个国家的部分学校名单。

△ 教育部发出《关于聘任第七届国家督学的通知》。

6月26日 国务院七部委联合召开全国治理教育乱收费工作电视电话会议。国务委员陈至立在会上要求，全国各地区、各有关部门要把治理教育乱收费作为当前一项十分紧迫的任务，突出重点，加大工作力度，确保2003年治理工作取得明显成效。教育部部长周济等在会上讲话。国家发展改革委、财政部、审计署、新闻出版总署等负责人参加了会议。7月18日，教育部等部门转发了陈至立在全国治理教育乱收费工作电视电话会议上的讲话。

△ 教育部在北京召开“兴起学习贯彻‘三个代表’重要思想新高潮专家学者座谈会”，邀请北京、天津、上海市部分著名哲学社会科学专家和高校“两课”教师，座谈学习《“三个代表”重要思想学习纲要》的体会，研讨贯彻落实《中共中央关于在全党兴起学习贯彻“三个代表”重要思想新高潮的通知》精神，推动“三个代表”重要思想进教材、进课堂、进学生头脑工作。教育部副部长袁贵仁出席会议并讲话。

△ 教育部党组发出《关于在教育战线兴起学习贯彻“三个代表”重要思想新高潮的通知》。

△ 《中国教育报》报道：劳动和社会保障部、教育部联合启动2003年高职院校毕业生职业资格培训工程。对尚未落实工作单位、本人家庭生活比较困难、特别是农村生源的应届高职院校毕业生，强化职业技能培训或创业培训，为高职院校毕业生实现自主就业创造条件。

6月30日—7月6日 教育部副部长章新胜率团赴巴黎出席联合国教科文组织第27届世界遗产委员会会议。

7月1日 教育部、科技部发出《关于批准有关高等学校建设国家集成电路人才培养基地的通知》。

△ 中国高校人文社科信息网（www. sinoss. com）正式开通。以“信息化建设和繁荣发展高校人文社会科学”为主题的首届中国大学校长

人文社会科学论坛在中国高校人文社会科学信息网上举行。

7月2日 教育部党组书记、部长周济主持召开党组扩大会议，传达学习胡锦涛总书记7月1日在“三个代表”重要思想理论研讨会上的重要讲话精神。会议强调要认真学习领会胡锦涛总书记重要讲话精神，切实贯彻执行，结合教育工作实际狠抓落实。

△ 国务院办公厅转发教育部、卫生部《关于加强学校卫生防疫与食品卫生安全工作的意见》。

7月3日 教育部印发《关于颁发第三届中国高校人文社会科学研究优秀成果奖的决定》。

7月3日—6日 国务委员陈至立就高校毕业生就业工作和农村教育改革等问题在吉林省调研。其间，陈至立先后考察了部分高校、长春职业技术学院、高校毕业生就业中心，以及农村中小学校，强调要认真贯彻落实党中央、国务院的重要部署，进一步做好2003年高校毕业生的就业工作；要高度重视农村教育工作，继续深化农村教育改革。

7月4日 教育部部长周济出席了中国与瓦努阿图两国政府有关文件签字仪式，并与瓦努阿图总理纳塔佩签署了《中华人民共和国教育部与瓦努阿图共和国教育部关于向瓦努阿图派遣教师的协议》。

△ 中宣部、中央文明办、教育部、团中央和全国学联在中国人民大学举行2003年大中专学生志愿者暑期文化科技卫生“三下乡”社会实践活动出征仪式。教育部副部长袁贵仁等出席仪式。

△ 国家体育总局、教育部、国家民委、民政部、劳动和社会保障部、农业部、卫生部、国家工商总局、团中央、全国妇联联合印发《国民体质测定标准施行办法》。

7月5日 《中国教育报》举行创刊20周年座谈会。国务委员陈至立致信祝贺，教育部部长周济、副部长袁贵仁出席座谈会并讲话。

7月7日 教育部召开全国基础教育课程改革实验推广工作电视电话会议，对2003年新学年的实验推广工作进行动员和部署。教育部副部长王湛强调把基础教育课程改革摆在作为全面推进素质教育的战略地位，加强领导，边实验边推广，精心组织做好实验工作。

△ 教育部部长周济在北京会见了尼日尔社会运动总书记兼中、高等教育、研究和技术部部长萨利一行。

7月7日—11日 教育部副部长章新胜应邀赴新德里出席了联合国教科文组织“文明间对话”国际会议并讲话。其间，会见了印度教育部长，双方就加强两国教育合作与交流问题交换了意见并达成共识。

7月8日 教育部党组召开教育系统学习胡锦涛总书记“七一”重要讲话座谈会。教育部党组书记、部长周济出席座谈会并讲话，强调要牢固树立“三个代表”重要思想在教育工作中的指导地位，自觉用“三个代表”重要思想指导自己的思想和行动，在认真贯彻“三个代表”重要思想的根本要求、始终做到“三个代表”上取得新的成效，努力开创社会主义教育事业改革、发展的新局面。

△ 教育部办公厅发出《关于试办示范性软件职业技术学院的通知》。

△ 《中国教育报》发表教育部部长周济的文章《促进高校独立学院持续健康快速发展》。

7月11日 中组部、人事部、共青团中央、中央编办、教育部发出《关于选拔高校毕业生到西部基层工作的通知》。

7月17日 教育部副部长章新胜在北京会见了马里外交和国际合作部长特拉奥雷一行，双方就进一步加强两国教育合作与交流问题交换了意见。

△ 教育部印发《关于加强依法治校工作的若干意见》。

△ 新闻出版总署、教育部、国家版权局等部门联合发出《关于开展2003年秋季盗版教材、教辅读物专项治理行动的通知》。

7月21日 教育部发出紧急通知，要求切实做好资助高校经济困难学生工作，保证2003年新录取的经济困难学生能顺利入学。

△ 《中国教育报》发表国务委员陈至立在全国治理教育乱收费工作电视电话会议上的讲话。

7月22日 教育部办公厅发出《关于成立第二届普通高等学校本科教学工作评估专家委员会的通知》。

7月24日 国家发展改革委、财政部、教育部发出《关于做好2003年教育收费公示工作的通知》。

7月25日—26日 国务院学位委员会第20次会议在北京举行，国务委员、国务院学位委员会主任委员陈至立出席会议。会议审议通过了第九批学位授权审核结果和《关于改进新增学位授予单位审核办法的建议》等。

7月28日 卫生部、教育部发出《关于开展全国托幼机构卫生保健监督检查的通知》。

7月29日 国务委员陈至立考察了我国农村中小学现代远程教育工程的试点情况，她要求进一步深入研究和论证分析利弊，为规划实施农村中小学现代远程教育工程奠定良好基础。

△ 教育部召开防治“非典”工作领导小组办公室阶段性总结会。教育部党组书记、部长周济出席会议并讲话，强调要发扬抗击“非典”精神，为教育改革发展作出新贡献。

7月30日 教育部在北京召开高校学者学习“三个代表”重要思想和胡锦涛总书记“七一”重要讲话理论研讨会。教育部副部长袁贵仁在座谈会上强调，高校的专家学者是我国哲学社会科学领域的一支极其重要的力量，要在兴起学习贯彻“三个代表”重要思想新高潮中作出更多的贡献。

7月31日 教育部、国务院纠风办在贵州省贵阳市召开西南、西北省（自治区、直辖市）治理教育乱收费工作汇报会。会议汇报交流了各地治理教育乱收费工作进展情况，研究部署了秋季开学前后的治理教育乱收费工作。

△ 教育部部长周济会见了应邀访京的香港教育统筹局局长李国章，双方就进一步加强内地与香港的教育交流与合作广泛深入的交换了意见。

△ 教育部印发《教育部哲学社会科学研究重大课题攻关项目管理办法（试行)》。

8月1日 财政部、国家发展改革委、教育部印发《“211工程”专项资金管理办法》。

8月1日—3日 教育部部长周济赴河北省考察农村教育综合改革工作。其间，考察了部分中小学学校、职业教育和成人教育学校；就有关工作同河北省委、省政府负责同志交换了意见。

8月3日 教育部、国务院纠风办在江西省南昌市召开华东、中南13省（自治区、直辖市）治理教育乱收费工作汇报会。会议汇报交流了各地治理教育乱收费工作进展情况，研究部署秋季开学前后的治理教育乱收费工作。

8月4日 中国教育部和埃及教育部联合在北京举办中埃高层次教育研讨会。本届研讨会确定的研讨主题是“教育信息化”。中国教育部部长周济在会上作了题为《大力推进信息化建设，实现基础教育的跨越式发展》的主题发言。埃及教育部长巴哈丁作了题为《数字时代的机遇与期望》的发言。5日，国务委员陈至立会见了埃及教育代表团。

△ 教育部、共青团中央印发《关于表彰全国三好学生、优秀学生干部和先进班集体及其标兵的决定》。

8月5日 教育部党组发出《关于进一步精简和规范行政性表彰奖励活动的通知》。

8月6日 《中国教育报》报道：教育部、公安部、司法部就最近陆续发生的多起教师强奸学生的恶性犯罪事件发出通报。强调各地对已经发生的教师性犯罪事件一定要从速处理，严厉打击罪犯，严肃处理相关责任人。

8月7日 教育部党组在北京召开教育部部分直属高校党委书记会议。会议的主要任务是，推动高等学校兴起学习贯彻“三个代表”重要思想新高潮，加强和改进高校哲学社会科学工作。教育部党组书记、部长周济，党组副书记、副部长张保庆出席会议并讲话。

8月8日 全国教师教育网络联盟筹备工作会议在北京召开，教育部副部长袁贵仁出席会议并讲话。

8月9日—11日 国务委员陈至立在青海考察。其间，陈至立考察了海东地区、海南藏族自治州农牧区的中小学教育，强调要抓住机遇，开拓创新，努力加快青海教育的发展，促进经济社会全面进步。

8月13日 共青团中央、教育部发出《关于在全国教育系统开展创建优秀“青少年维权岗”活动的通知》。

8月14日 教育部召开全国治理教育乱收费工作视频会议。教育部党组书记、部长周济出席会议并讲话，要求紧急动员起来，再接再厉、继续努力，坚决打赢八、九两个月攻坚战，确保治理教育乱收费工作取得明显成效，向党和人民交一份满意的答卷。

8月16日 学习“三个代表”推动职教改革与发展暨《中国职业技术教育》创刊10周年座谈会在北京举行。教育部副部长王湛出席会议并讲话。

8月16日—23日 教育部副部长章新胜率中国大学生体育代表团赴韩国出席国际大学生体育联合会第二十八届代表大会，并当选为国际大学生体育联合会副主席。

8月18日 教育部办公厅发出《关于成立全国教师教育课程资源专家委员会的通知》。

8月20日 教育部部长周济在2003年教育部高等学校本科教学工作水平评估研讨班上宣布，从2003年开始，用5年左右的时间，对我国所有普通高等学校教学工作进行一次全面的评估，并形成5年一轮的教学评估制度。

8月21日—31日 第二十二届世界大学生运动会在韩国大邱举行。中国体育代表团在参加的12个大项比赛中，共获得41枚金牌、27枚银牌和13枚铜牌，名列金牌榜首位。9月1日，国务委员陈至立致电中国大学生体育代表团，祝贺他们为祖国和人民赢得了荣誉。

8月22日—26日 国务委员陈至立在上海、江苏苏州等地考察工作。其间，陈至立到学校、科研院所、高新科技企业、高新技术产业开发区和文化单位考察和座谈。强调要以“三个代表”重要思想为指针，深化改革，努力创新，加快科技教育文化事业改革和发展的步伐，促进经济社会协调发展，为全面建设小康社会提供精神动力和智力支撑。

△ 教育部部长周济在贵州省、云南省考察。其间，周济先后到贵州省黔南州、黔东南州和云南省玉溪市、大理州、楚雄州农村中小学进行考察调研，主持召开座谈会，听取当地干部、教师的意见。强调要从实践“三个代表”重要思想和实施“科教兴国”战略的高度，切实把农村教育放在优先发展的突出地位，进一步深化改革，加快发展。

8月24日 为进一步推进教师教育课程资源建设，促进教师教育网络联盟计划的顺利实施，促进优秀教师教育资源共建共享，全国教师教育课程资源专家委员会在北京成立。教育部副部长袁贵仁出席成立大会。

△ 教育部印发《关于表彰第一届高等学校教学名师奖获得者的决定》。

8月26日 教育部发出《关于成立教师教育专家委员会的通知》。

8月28日 中共中央政治局常委、中央纪委书记吴官正在教育部就治理教育乱收费问题进行调研时强调，学习贯彻“三个代表”重要思想，必须牢牢把握立党为公、执政为民这一本质要求，切实解决一些学校乱收费的问题，坚决维护广大人民群众的切身利益。同日，教育部召开党组扩大会议，学习贯彻吴官正同志重要讲话精神。教育部党组书记、部长周济在讲话中强调，一定要使治理教育乱收费工作取得明显成效。9月12日，教育部印发吴官正同志在教育部调研时讲话要点。

△ “中国教育部与英特尔公司战略合作备忘录”签字仪式在北京举行。教育部部长周济在签字仪式上发表讲话，强调中国正在加快普及教育信息化，努力实现教育信息化。

△ 教育部副部长张保庆在北京出席中国和匈牙利两国政府有关文件签字仪式，与匈牙利教育部副国务秘书麦杰什·彼德签署了《中华人民共和国教育部与匈牙利共和国教育部2003—2006年教育合作执行计划》。29日，张保庆会见了麦杰什·彼德，双方就进一步扩大两国教育交流与合作问题交换了意见。

8月29日 教育部通报了部分省（自治区、直辖市）查处的乱收费典型案件，希望各地政府、教育行政部门和学校一定要从中吸取深刻教训，引以为戒。

△ 教育部公布2002年全国普通高校资助经济困难学生各项政策的实际执行情况。有关数据显示，我国目前建立起来的以“奖、贷、助、补、免”为主体的多元化资助高校经济困难学生的政策体系，已经取得了显著成绩，基本上保证了家庭经济困难的学生能够完成学业。

△ 卫生部、教育部、农业部、公安部、国家质检总局、国家工商总局发出《关于汲取海城豆奶中毒事件教训 进一步加强学校食品卫生安全工作的通知》。

9月1日 国防科学技术大学庆祝建校50周年。中央军委主席江泽民、副主席胡锦涛表示热烈祝贺。江泽民为学校题写校训："厚德博学 强军兴国"，并出席庆祝大会发表了重要讲话。教育部部长周济在庆祝大会上致贺词。

9月2日 国务院总理温家宝主持召开国务院常务会议，讨论《国务院关于进一步加强农村教育工作的决定》，审议《突发公共卫生事件医疗救治体系建设规划（草案）》，研究部署加强道路交通安全工作。会议讨论通过了《国务院关于进一步加强农村教育工作的决定》。

9月3日 国家发展改革委、教育部、国务院纠风办、监察部、财政部、审计署和新闻出版总署7部委联合发出《关于开展全国治理教育乱收费专项检查的通知》，决定自9月15日起，在全国范围内开展治理教育乱收费专项检查。

△ 教育部发出《关于实施全国教师教育网络联盟计划的指导意见》。

9月8日 "全国教师教育网络联盟"启动仪式在北京举行。教育部部长周济出席仪式并讲话。

△ 全国教师教育优秀课程教材资源展览在高等教育出版社揭幕。教育部副部长袁贵仁、吴启迪等出席开幕式。9月10日，教育部部长周济参观了展览。

△ 教育部副部长章新胜会见了应邀来访的以色列议会教育文化委员会主席伊兰·沙尔吉一行，双方就进一步加强两国教育合作与交流问题交换了意见。

△ 教育部、农业部、国土资源部印发《关于加强农村学校劳动实践场所建设的意见》。

9月8日—20日 教育部副部长赵沁平应邀率中国高等教育代表团赴美国、加拿大访问。

9月9日 国务院总理温家宝在人民大会堂会见了全国农村中小学优秀教师代表和第一届高等学校教学名师奖获得者，强调要在全社会大兴尊师重教之风。同日，温家宝先后到北京玉泉路小学、丰台第二幼儿园、北京十二中和北京第二实验小学看望教师，向他们表示节日的问候；并到解放军三〇一医院，看望了住院治疗的北京大学教授季羡林先生。

△ "首届高等学校教学名师奖"颁奖活动在人民大会堂举行。教育部部长周济代表教育部向100名"教学名师奖"获奖教师表示热烈祝贺并致以崇高敬意，同时向全国的教师致以节日问候，他强调，质量是高等教育的生命线，创新是高等教育的灵魂。推进高等教育事业的发展，必须把不断提高教学质量摆在更加突出的地位。

△ 教育部在北京举行全国农村中小学优秀教师代表座谈会，表彰和宣传一批在农村教育第一线辛勤耕耘并作出突出贡献的优秀教师。全国政协副主席王选出席座谈会并讲话。教育部党组书记、部长周济代表教育部向与会教师代表表示亲切慰问，致以崇高敬意，并通过他们向全国广大教师致以节日的问候。

△ 全国教师教育工作会议在北京召开。教育部副部长袁贵仁出席会议并就教师教育面临的形势和任务发表讲话，强调要坚持教师教育优先发展的地位。

△ 农业部、劳动保障部、教育部、科技部、建设部、财政部印发《2003—2010年全国农民工培训规划》。

9月10日 全国人大教科文卫委员会、教育部、国务院法制办公室在北京联合举行座谈会，庆祝教师节并纪念《教师法》颁布10周年。全国人大常委会副委员长王兆国、路甬祥，国务委员陈至立，全国政协副主席徐匡迪出席会议。教育部党组书记、部长周济主持会议。路甬祥、陈至立等在座谈会上讲话。

9月12日 全国治理教育乱收费部际联席会议召开第二次会议。会议听取了前一阶段全国治理教育乱收费工作进展情况的汇报，讨论通过了《全国治理教育乱收费专项检查督查工作方案》，并决定组成国务院七部委联合督查组，对全国各地治理教育乱收费工作进行督查。教育部党组书记、部长周济主持会议，中央纪委副书记、监察部部长、国务院纠风办主任李至伦作了讲话。

9月13日 国务委员陈至立在沈阳参加中国科协2003年学术年会开幕式后，考察了中科院金属研究所和自动化研究所、沈阳建工学院，听取了辽宁省政府关于科技、教育工作的汇报，与部分高校负责同志进行了座谈。她强调要抓住机遇，深化改革，大力发展科技教育，为振兴东北老工业基地作出贡献。

△ 纪念邓小平同志为北京景山学校“三个面向”题词20周年国际教育论坛在北京开幕。教育部副部长王湛出席开幕式并致辞。

9月14日 以“大力推广普通话，齐心协力奔小康”为主题的第六届全国推广普通话宣传周在兰州拉开序幕。全国人大常委会副委员长许嘉璐宣布第六届全国推普周开幕，教育部副部长、国家语委主任袁贵仁发表讲话。

9月15日 首都教育战线的专家、学者、教师和学生代表在人民大会堂纪念邓小平为北京景山学校“三个面向”题词发表20周年。中共中央政治局委员、北京市委书记刘淇，国务委员陈至立等向纪念大会发来贺信。

△ 教育部举行新闻通气会，教育部党组书记、部长周济畅谈了我国农村教育发展与改革取得的巨大成就，并提出今后进一步发展和改革农村教育的主要思路和措施。

△ 教育部部长周济在北京会见了应邀来访的新西兰教育部部长马拉德一行。16日，教育部副部长章新胜与新西兰教育部常务副部长霍华德·范塞参加了在北京举行的“中新教育交流联合工作组第三次磋商会议”。会上，双方评价了两国教育交流的总体形势，并就加强交流与合作事宜进行了深入会谈。

△ 教育部副部长章新胜与俄罗斯联邦教育部副部长切普尔内赫在北京共同主持召开了中俄教文卫体合作委员会教育分委会第三次会议，并签署了《中俄教文卫体合作委员会教育分委会第三次会议纪要》。

9月16日 中俄教文卫体合作委员会第四次会议在北京举行。国务委员陈至立和俄罗斯副总理卡列洛娃共同主持了会议，双方希望中俄两国加强合作，逐步拓展在教育、文化、卫生、体育等领域的合作渠道。会议结束后，中俄双方签署了《中俄教文卫体合作委员会第四次会议纪要》，教育部部长周济与俄罗斯联邦教育部副部长切普尔内赫共同签署了《中华人民共和国教育部和俄罗斯联邦教育部2003—2005年教育合作协议》。

9月17日 国务院印发《关于进一步加强农村教育工作的决定》。

△ 人事部、教育部印发《关于深化中小学人事制度改革的实施意见》。

9月18日—10月1日 教育部副部长袁贵仁率中国教育代表团赴捷克、保加利亚、波兰三国访问。其间，分别与捷克、保加利亚、波兰三国签署了《中华人民共和国教育部和捷克共和国教育青年体育部2004—2007年教育交流协议》、《中华人民共和国教育部和保加利亚共和国教育科学部2004—2007年教育合作协议》、《中华人民共和国教育部副部长和波兰共和国国民教育与体育部部长华沙会谈纪要》。

9月19日 中国教育报报道：记录中国教育事业改革与发展10年历程的《中国教育十年录》由高等教育出版社出版。国务委员、原教育部部长陈至立为该书作序。

△ “2003中国高等教育软件展”在北京开幕。全国人大常委会副委员长许嘉璐出席开幕式，教育部副部长吴启迪致开幕辞。展会汇集了我国高等学校和相关企业等方面的优秀教学资源和教学软件等成果，共有69所高校、31个企业以及部分省级教育行政部门和教育部部分重点项目参展。20日，国务委员陈至立参观了展览。

9月19日—20日 全国农村教育工作会议在北京举行。国务院总理温家宝出席会议并发表讲话。他强调，要切实加强农村教育工作，认真解决“三农”问题，推进农村小康建设和城乡协调发展。国务院副总理回良玉主持会议，国务委员陈至立作了工作报告。

△ 2003中国高等教育信息化论坛在北京举行，教育部副部长章新胜、吴启迪分别出席论坛并讲话。

9月21日 第七届国家督学会议在北京召开。教育部部长周济在会上作了题为《大力加强教育督

导工作 保障新时期教育改革与发展目标的实现》的讲话。国家总督学、教育部副部长王湛在会上作了工作报告。

△ 教育部发出《关于深入学习贯彻〈国务院关于进一步加强农村教育工作的决定〉和全国农村教育工作会议精神的通知》。

9月23日 教育部党组书记、部长周济主持召开党组扩大会议，传达全国农村教育工作会议精神，研究贯彻落实会议精神有关工作。强调要全力以赴，狠抓落实，大力推进农村教育发展与改革。

△ 教育部印发《关于追授许志伟同学“舍己救人的优秀大学生”荣誉称号的决定》。许志伟生前系武汉化工学院1999级学生，2003年7月15日，因抢救三名落水少年英勇牺牲，年仅22岁。

9月24日 教育部举行“优秀青年教师资助计划”实施15周年座谈会。教育部党组副书记、副部长张保庆在会上讲话，强调高等学校要全面提高人才培养的质量、科研创新的能力和社会服务的品质，最重要的是必须拥有一支高素质、高水平的教师队伍。

△ 教育部、国务院侨办印发《关于在中小学校布局调整中注意保护海外侨胞捐赠财产的意见》。

△ 教育部印发《教育系统预防与控制传染性非典型肺炎工作预案》。

9月24日—10月4日 教育部部长周济率中国教育代表团访问德国、法国，其间出席了联合国教科文组织第32届大会和关于素质教育部长圆桌会议。9月30日，周济与法国青年、国民教育和研究部长吕克·费里在巴黎签署了中法高等教育学位和文凭互认行政协议。10月1日，周济在联合国教科文组织第32届大会上发言指出，中国政府将教育放在优先发展的战略地位，国际社会应更多关注农村教育，积极发展高等教育。同日，周济与联合国教科文组织总干事松浦晃一郎在法国巴黎教科文组织总部签署了双方教育合作备忘录。

9月25日 教育部副部长王湛在全国社会治安综合治理工作会议上发表讲话，强调预防青少年犯罪要内外并举，一方面要探索校园及周边治安综合治理的长效管理机制，另一方面要重视新形势下青少年的思想教育工作。

9月28日 国务委员陈至立在北京会见了香港教育界访问团和香港基本法推介联席会议访问团。教育部副部长章新胜陪同会见。

9月29日 教育部、中宣部、中央文明办等单位联合印发《关于开展经常性助学活动的意见》。

△ 教育部、国家发展改革委、财政部印发《关于农村中小学危房改造工程的实施意见》。

9月30日 全国留学回国人员先进个人和先进工作单位表彰大会在人民大会堂举行。此次共表彰311名先进个人、22个先进工作单位。中共中央总书记、国家主席胡锦涛出席大会，向受表彰的先进个人和先进工作单位表示热烈的祝贺，他号召广大留学人员要继承老一辈留学人员的优良传统，发扬爱国奉献拼搏进取精神，为祖国现代化事业建功立业。中共中央政治局常委曾庆红在会上发表了题为《充分发挥广大留学人才在全面建设小康社会中的独特历史作用》的讲话。

△ 国务院办公厅转发教育部等部门《关于进一步做好进城务工就业农民子女义务教育工作的意见》。

10月1日 国家副主席曾庆红看望著名科学家钱学森、中国工程院院士金怡濂、中国农科院副院长屈冬玉，向这几位不同时期留学回国的优秀知识分子表示节日祝贺和亲切慰问，并认真听取了他们对科教兴国和人才强国的意见和建议。教育部副部长张保庆陪同看望。

10月2日 我国第一所石油高等学府——石油大学分别在北京和山东两校区举行建校50周年庆祝活动。在庆祝仪式上，教育部副部长张保庆与中国石油天然气集团公司、中国石油化工集团公司、中国海洋石油总公司、中国化工进出口总公司四大企业集团的负责人签订了共建石油大学的协议。

10月6日 华中科技大学庆祝建校50周年。俞正声、李铁映等领导出席大会，国务委员陈至立、教育部部长周济致信祝贺。教育部副部长张保庆在大会上讲话。

10月8日 欧美同学会成立90周年庆祝大会在北京举行。国家主席胡锦涛出席大会并发表讲话，他号召广大留学人员要把自己的前途命运同党和国家的前途命运紧紧联系在一起，与时俱进、发愤学习，为国服务、建功立业，心系祖国、热爱祖国，积极为全面建设小康社会贡献智慧和力量。

△ 华中师范大学庆祝建校100周年。中共中央政治局委员、湖北省委书记俞正声，全国政协原副主席万国权及湖北省省长罗清泉、教育部副部长张保庆、文化部副部长郑欣淼出席大会。国务委员陈至立致电祝贺。

△ 中宣部、中央文明办、共青团中央、教育部、全国少工委发出《关于深入学习贯彻党的十六大精神在少年儿童中开展“民族精神代代传”活动的通知》。

10月9日 教育部部长周济会见了英国利物浦大学校长一行，并接受了利物浦大学授予的荣誉博士学位。

△ 教育部印发《关于进一步加强职业技术学校校长培训工作的若干意见》。

△ 教育部印发《中小学环境教育实施指南》。

10月10日 教育部、国家语委印发《普通话水平测试大纲》。

10月11日—24日 教育部副部长王湛率团访问奥地利、意大利和欧盟。其间，与奥地利教育、科学和文化部签署了有关职业教育合作的《意向书》，与意大利教育、大学和科研部签署了双方合作备忘录。

10月12日 团中央、教育部、全国少工委等部门联合表彰“全国十佳少先队员”、“全国十佳少先队辅导员”、“全国十佳少先队志愿辅导员”。

10月13日—16日 教育部副部长章新胜率团赴法国出席了联合国教科文组织第14届世界遗产缔约国大会，并作为世界遗产委员会主席向大会作工作报告。其间，章新胜还出席了联合国教科文组织第32届大会，并就文化多样性议题发表了讲话。

10月14日 中国共产党第十六届中央委员会第三次全体会议通过《中共中央关于完善社会主义市场经济体制若干问题的决定》，《决定》中提出要深化科技教育文化卫生体制改革，提高国家创新能力和国民整体素质。15日，教育部部长周济主持召开教育部党组扩大会议，传达学习党的十六届三中全会精神。

10月15日 我国自行研制的“神舟”五号载人飞船，在酒泉卫星发射中心升空后，准确进入预定轨道，中国首位航天员杨利伟被顺利送上太空。16日，教育部致信总装备部、国防科工委、中国科学院、中国航天科技集团公司及参加载人航天工程研制、建设和试验的全体同志，热烈祝贺我国首次载人航天获得圆满成功。

△ “中国幼教百年纪念大会”暨“中国幼教百年学术研讨会”在北京举行，来自全国31个省、自治区、直辖市的幼教科研人员、大学教师、幼儿园教师等800多人出席大会。全国人大常委会副委员长、民进中央主席许嘉璐在大会上发言，国务委员陈至立发表了书面讲话。教育部副部长吴启迪出席纪念大会。

10月16日 教育部部长周济在北京会见了瑞典教育科技大臣托马斯·厄斯特洛斯。双方就中瑞学位学历互认和建立北欧汉语研究中心等议题进行了会谈，并签署了《中国人民共和国教育部部长与瑞典王国教育科技大臣会谈纪要》。

△ 教育部部长周济在北京会见了英国科技创新部部长Lord Sainsbury，双方就进一步加强两国科技合作，特别是培养高层次人才和合作科研等问题交换了意见。

△ 科技部、教育部发出《关于认定第二批国家大学科技园的通知》。

10月16日—19日 国务委员陈至立到湖南考察。其间，陈至立深入湘西土家族苗族自治州等民族地区，考察了吉首大学和中小学校，了解贫困地区和民族地区教育的情况，并与部分高校的党委书记和校长座谈。陈至立强调，要按照“三个代表”重要思想的要求，进一步加快教育事业的改革与发展，促进经济与社会、城市与农村协调发展。

10月17日 以“启迪智慧、推进创新”为主题的首届全国博士生学术论坛在清华大学开幕，论坛旨在为全国博士生提供一个高起点、大范围、多领域的学术交流平台，促进博士生培养质量的不断提高。教育部副部长吴启迪出席开幕式并讲话。

10月17日—19日 教育部副部长章新胜应邀赴西班牙考察了世界遗产单位。其间，顺访了西班牙教育文化部，与教育文化部国务秘书进行了会谈。

10月17日—20日 第四届中国国际教育论坛在北京召开。全国人大常委会副委员长顾秀莲，教育部副部长袁贵仁等出席开幕式。此次论坛的主题是“构建终身教育体系，建设学习型社会”。来自全球20多个国家和地区的500余名教育界人士等出席了开幕式。

10月18日 纪念中国高等教育学会成立20周年暨2003年高等教育国际论坛开幕式在北京举行。教育部副部长吴启迪、中国高等教育学会会长周远清等出席大会。

△ 教育部、国家民委、新疆维吾尔自治区政府联合召开内地高校支援新疆第五次协作会议，规划在5年内完成招收新疆少数民族学生10 000人，教育部直属高校将承担这一培养计划。教育部副部长赵沁平、国家民委副主任吴仕民出席会议并讲话。

10月19日 中央广播电视大学与中国人民银行共庆合作办学20周年。20年的合作办学，为我国金融系统培养了30多万名各级各类人才。教育部副部长袁贵仁、中国人民银行副行长吴晓灵到会祝贺并讲话。

△“首届中国教育创新论坛”在北京举行，来自全国各地的600多位教育工作者和专家、学者围绕“教育创新和学习型社会”的主题进行探讨。

△ 以“发挥研究型大学在国家现代化进程中的作用”为主题的中国大学校长联谊会’03论坛在浙江大学举行。北京大学、清华大学、上海交通大学等10所著名大学的校长就研究型高校“如何不断增强创新能力，加强交流与合作，发挥整体优势，为科教兴国战略的实施，为国家现代化建设作出更大成绩”这一主题进行研讨。

10月20日 教育部部长周济在北京会见澳大利亚教育、科技与培训部部长尼尔森一行，双方就加强两国教育领域的合作交换了意见。

△ 教育部部长周济在北京会见以古巴高教部副部长爱德华多·克鲁斯为团长的古巴高等教育代表团。21日，根据两国教育交流执行计划，教育部副部长章新胜与古巴高等教育部副部长克鲁斯共同主持了第二届中古大学校长论坛。

△ 教育部部长周济在北京会见吉布提教育部部长阿布欣·易卜拉欣·奥布谢赫一行，双方就进一步加强两国教育领域的合作与交流等问题交换了意见，双方还签署了《中华人民共和国教育部和吉布提国民教育和高教部关于教育交流的议定书》。

10月21日 中共中央书记处书记、中央军委委员、总政治部主任徐才厚到北京大学、清华大学，看望在两校学习的国防生并与他们进行座谈，他希望全体国防生努力学习和实践“三个代表”重要思想，树立正确的人生观、价值观，掌握现代科技知识，成为国防事业所需的高素质人才。教育部部长周济出席座谈会并讲话。

△ 纪念陈嘉庚先生创办集美学校九十周年大会在厦门举行。国务委员陈至立出席大会并讲话。

△ 教育部发出《关于进一步加强中小学教师队伍管理和职业道德教育的通知》。

10月21日—22日 中国教育国际交流协会第五届理事会第一次全体会议在北京举行。会议总结了协会过去5年的工作，审议了今后5年的工作规划，选举产生了以柳斌为会长的新一届协会理事会领导班子。教育部部长周济、副部长章新胜出席会议并讲话。

10月22日 教育部部长周济出席了中国与加拿大政府有关文件签字仪式，与加拿大政府代表续签了《关于中国——加拿大学者交换项目的谅解备忘录》。

10月23日—24日 科技部、教育部联合在武汉召开“第二次全国大学科技园工作会议”。会议旨在贯彻落实“三个代表”重要思想和党的十六大精神，回顾和总结近年来国家大学科技园建设与发展取得的成就和经验，研究部署下一步工作的指导方针和工作任务，努力开创大学科技园建设发展的新局面。会上向通过验收的第二批14所国家大学科技园授牌。教育部部长周济、科技部部长徐冠华出席会议并讲话。教育部副部长赵沁平在闭幕式上作了总结发言。

10月24日 我国政府与澳大利亚政府《关于相互承认高等教育学历和学位的协议》在堪培拉签署。中华人民共和国主席胡锦涛和澳大利亚总理霍华德出席签字仪式。

△ 教育部党组发出《关于在教育战线深入开展弘扬载人航天精神为题的爱国主义、民族精神和科学精神学习教育活动的通知》。

10月25日 劳动和社会保障部部长郑斯林向十届全国人大常委会第五次会议报告就业和再就业工作情况时说，我国将把高校毕业生就业工作纳入社会就业总体规划，对毕业半年仍未就业的高校毕业生，组织进行失业登记。

△ 西部地区人才培养特别项目签约仪式暨研讨会在贵州召开。会上，西藏与教育部国家留学基金委正式签约，这标志西部地区人才出国留学培养特别项目在西部13个省区全面启动。该项目每年为西部13个省（自治区）培养留学生300人左右。

10月26日 中国教育部与新西兰教育部《关于在高等教育领域内相互承认学历和学位的协议》在奥克兰签署。中华人民共和国主席胡锦涛和新西兰总理克拉克出席签字仪式。

△ 全国政协委员、吉林大学博士生导师迟宝荣等7名专家教授受聘为监察部驻教育部监察局特邀监察员。聘请特邀监察员是为充分发挥群众对国家行政机关及其工作人员的监督作用，强化行政监察与群众监督相结合的监督约束机制。

10月27日 教育部部长周济在北京会见哈萨克斯坦共和国教育科学部部长古列凯耶夫一行，双方就进一步扩大两国教育交流与合作、大学科技园区发展等问题交换了意见。

10月28日—29日 由中组部、中宣部、教育部党组联合召开的第十二次全国高等学校党的建设工作会议在北京举行。会议深入学习贯彻党的十六大和十六届三中全会精神，认真研究高校党建工作面临的新形势新任务，提出切实加强和改进高校党建工作，促进高等教育改革发展的新思路、新措施。会议进一步明确了新形势下加强和改进在高校学生中发展党员工作的思路，并对加强高校领导班子建设，院（系）党委、总支建设，学生和教职工党支部建设，思想政治工作队伍建设等作出具体部署。中共中央政治局委员、书记处书记、中宣部部长刘云山主持会议，中共中央政治局委员、书记处书记、中组部部长贺国强出席会议并讲话，国务委员陈至立出席会议。教育部党组书记、部长周济在会上作了工作报告，中宣部副部长雒树刚代表中组部、中宣部、教育部在闭幕式上作总结讲话。

10月29日 教育部发出《关于做好第一届高等学校教学名师奖获奖教师奖励工作的通知》。

10月30日 教育部部长周济在北京会见由比利时法语区高等教育、社会培训和科学研究部大臣德碧女士率领的比利时教育代表团，双方就如何加强中比教育交流与合作问题交换了意见，并签署了《高等教育与科学研究合作备忘录》。

10月31日 国务委员陈至立会见出席清华大学经济管理学院顾问委员会第四次会议的部分委员时指出，要大力培养适应社会主义市场经济体制的经济管理人才。

△ 国家发展改革委、新闻出版总署、教育部发出《关于加强中小学实验教材价格管理的通知》。

△ 教育部发出《关于表彰全国职业技术学校职业指导工作先进单位的通知》。

11月2日 高校农业科技与教育网络联盟及其网站在北京正式启动。中国农业大学等全国8所具有农林特色的重点大学成为联盟的首批成员。教育部部长周济出席联盟门户网站开通仪式并讲话，强调高等学校特别是农业高等学校，必须把教育与科技创新和经济建设紧密结合，充分发挥自身优势，为解决我国“三农”问题、为实现农村全面建设小康社会的宏伟目标作出应有的贡献。

△ 教育部副部长王湛在北京宣布《中小学环境教育实施指南》正式颁布，并接受了世界自然基金会向中国教育部颁发的“献给地球的礼物奖”，该奖是世界自然基金会在世界范围内颁发给政府部门的最高奖项。《指南》是中国颁布的第一部国家级环境教育文件。

11月3日 教育部部长周济会见了卢森堡文化、高教、研究兼公共大臣埃尔·赫妮格—舍普戈司一行，双方就加强两国教育交流与合作问题交换了意见。

△ 教育部与国家电网公司等单位共建华北电力大学意见签字仪式暨华北电力大学建校45周年庆祝大会在北京举行。教育部副部长吴启迪代表教育部与学校董事会成员单位——国家电网公司等7家电力企业签署了关于共建华北电力大学的意见。

△ 中国19所著名大学和研究机构参加了首次在英国伦敦举行的中国高等教育展，旨在吸引当地学生前往中国学习深造，推进中国高等院校的国际化进程。

11月4日 教育部部长周济在北京会见了新加坡教育部代部长尚达曼一行。

△ 联合国教科文组织亚太地区教育创新为发展服务计划第九届年会在上海开幕。教育部副部长、中国联合国教科文全国委员会主席章新胜出席开幕式并讲话。

11月4日—6日 全国职业技术学校职业指导工作经验交流会议在郑州举行，教育部副部长王湛出席会议并讲话。会上，教育部表彰了143个全国职业技术学校职业指导工作先进单位。

11月4日—16日 教育部副部长吴启迪应邀率中国教育代表团对澳大利亚、新西兰进行访问。

11月5日 中组部、人事部、团中央、中央编办、教育部、财政部在北京联合召开高校毕业生到西部基层工作座谈会。中共中央政治局委员、中央书记处书记、中组部部长贺国强，人事部部长张柏林、团中央书记处第一书记周强、教育部副部长袁贵仁出席会议并讲话。

△ 教育部部长周济在北京会见英国文化委员会总干事David Green先生，双方就进一步加强在语言教学、留学生管理等方面的交流与合作问题交换了意见。

△ 世界银行贷款/英国政府赠款“西部地区基础教育发展”项目启动会在成都召开，该项目将投资1.473亿美元，其中世行贷款1亿美元，主要用于支持四川、云南、广西、宁夏、甘肃五省区基础教育。教育部副部长张保庆出席会议并讲话。

11月6日 教育部、北京市委在北京联合举办首都高校师生学习载人航天精神报告会，激励广大高校师生学习航天科技工作者为我国航天事业无私奉献的先进事迹和崇高精神，激发广大师生的爱国热情、报国之志，不断增强为中华民族的伟大复兴而努力工作和学习的历史使命感、社会责任感和民族自信心。

△ 教育部部长周济在北京会见加拿大大不列颠哥伦比亚省省长金宝尔先生一行。双方探讨了推进双方教育交流发展等事宜，共同签署了《中华人民共和国教育部与加拿大大不列颠哥伦比亚省谅解备忘录》。

△ 由联合国教科文组织、中央广播电视大学、上海远程集团联合主办，以“创新与合作——为远程教育的明天共同行动”为主题的“2003世界开放大学校长会议”在上海开幕。来自亚洲、非洲、欧洲、美洲的12个国家的17所开放大学校长参加。教育部副部长章新胜出席开幕式并作了主题演讲。

△ 教育部印发《教育部高校哲学社会科学名刊工程实施方案》。

11月7日 国务委员陈至立在北京会见了联合国教科文组织教育助理干事丹尼尔，教育部部长周济、副部长章新胜陪同会见。

△ 教育部、国务院台办发出《关于做好在祖国大陆高校学习的台湾学生教育和管理工作的通知》。

11月7日—8日 教育部在北京召开2004年全国普通高校毕业生就业工作会议，教育部部长周济在讲话中强调，要以“三个代表”重要思想为指导，深入学习领会、认真贯彻落实十六届三中全会和全国再就业工作座谈会精神，认清形势，深化改革，全力以赴，狠抓落实，努力开创2004年高校毕业生就业工作的新局面。

11月8日 首届可持续发展教育国际论坛在北京开幕。本次论坛的宗旨是：宣传可持续发展世界首脑会议有关决议的精神，交流国际社会实施环境人口可持续发展教育的经验，展示中国EPD教育的新成果，研究建立亚太地区EPD教育培训合作网络，发布《可持续发展教育行动建议》。全国人大常委会副委员长许嘉璐、教育部副部长章新胜出席开幕式并讲话。28个国家与地区以及15个国际组织的代表参加了论坛。

△ 由教育部、国家外国专家局联合组织的“高校领导赴海外培训”项目全面启动。即将赴海外学习的教育部直属高校的70多位校级领导干部参加了在国家教育行政学院举行的项目启动仪式，教育部部长周济、国家外国专家局局长万学远出席仪式并讲话。

△　首届中国教育科学论坛在苏州举行。来自全国各地的教育科研人员，以及来自美国、澳大利亚、英国、新西兰、爱尔兰、日本等国的专家等参加了论坛。教育部副部长王湛出席论坛并讲话。

11月9日　以我国当代著名的会计理论家、教育家和社会活动家，新中国会计制度的奠基人之一杨纪琬教授命名的我国会计教育领域第一个奖学金“杨纪琬奖学金”首次颁奖。11人获“优秀学位论文奖”，4人获“指导教师奖”。全国人大常委会副委员长何鲁丽出席颁奖大会。原全国政协副主席经叔平、教育部副部长张保庆、财政部副部长李勇等为获奖学生和指导教师颁发了获奖证书和奖金。

11月10日　教育部、财政部、劳动和社会保障部印发《关于开展东部对西部、城市对农村中等职业学校联合招生合作办学工作的意见》。

11月10日—12日　教育部部长周济率团赴印度新德里出席联合国教科文组织第三届全民教育高层小组会议，主持了以“协调与合作的挑战”为题的第五次工作会议并作了主题发言，在会上介绍了中国全民教育的发展状况及今后的目标。

11月11日　“全国非师范院校教师教育工作研讨会”在厦门召开。100多所非师范院校的代表研讨在新时期如何进一步积极参与和加强教师教育，提高教师培训质量，构建灵活、开放的教师教育体系。教育部副部长袁贵仁向大会发来贺信。会上通过了《非师范院校积极参与教师教育的行动宣言》。

11月12日　在国家教育行政学院一年一度的国际日上，美国耶鲁大学校长莱文发表了主题为“创建全球性大学——从学生交流到校际合作”的演讲。教育部副部长章新胜到场并致欢迎辞。

△　教育部、财政部、人事部、国务院纠风办发出《关于严禁向新任中小学教师收取“上岗费”的通知》。

△　教育部、中央编办、财政部发出《关于建立中小学编制报告制度的通知》。

11月13日　国务委员陈至立在北京会见了美国耶鲁大学校长理查德·莱温先生一行，教育部副部长章新胜陪同会见。

11月14日—16日　国务委员陈至立在重庆考察。其间，陈至立考察了西南农业大学、西南师范大学和中国电子科技集团的研究所及江北区的中小学校，强调要加快发展科技教育事业，促进科技成果产业化，培养各类人才，为西部地区经济腾飞服务。

11月15日—16日　因“非典”疫情影响被推迟的2003年全国成人高考举行，全国有近397万人参加考试。15日，教育部副部长袁贵仁到北京八一中学和中关村中学两个考点视察。

11月16日　中央电化教育馆建馆25周年庆祝大会在北京举行。全国人大常委会副委员长傅铁山，教育部副部长张保庆、赵沁平等出席大会。教育部部长周济为大会发来致辞，教育部副部长张保庆在大会上讲话。

11月17日　全国教师教育专家委员会在北京宣布成立并召开第一次全体会议。教师教育专家委员会是教育部聘请国内教育专家、学者组成的咨询性组织，旨在认真研究教师教育发展规律和教师专业发展趋势，为教育部制订教师教育政策提供咨询意见。教育部副部长袁贵仁为首批专家颁发聘书。

△　航天英雄杨利伟等7位来自载人航天工程战线的功臣到清华大学，为首都教育战线5 000多名师生作专场报告。报告会由中宣部、教育部、解放军总政治部、总装备部和北京市委等10家单位联合举办。中央文明办专职副主任翟卫华、教育部副部长袁贵仁等出席报告会。

11月17日—18日　全国中小学人事制度改革工作会议在山西太原举行。会议部署了下一阶段全国中小学尤其是农村中小学人事制度改革工作，交流总结了各地在中小学人事制度改革方面的经验。

11月17日—23日　第十八届世界中学生足球锦标赛在上海举行，来自18个国家和地区的400多名中学生男女选手参加比赛。中国女子一队和中国男子一队分获女子组冠军和男子组亚军。

11月18日—22日　教育部副部长章新胜率团赴法国巴黎出席了21世纪中国高等教育展。

11月19日　教育部和德国继续教育与发展协会共同出资合作的“中德职教师资进修项目”签字仪式在北京举行。此项目将于三年内，在德国的现代企业和优秀培训机构中，为国家级和省部级重点职业学校及全国职教师资培训基地培养900名数控技术应用、机电技术应用等6个专业的教师。

11月19日—23日 21世纪中国高等教育展在巴黎举行，北京大学、清华大学、复旦大学、上海交通大学等70多所中国大学参加了展览。中国教育部部长周济为大会发来贺信，教育部副部长章新胜在开幕式上致词，4万余名观众参观了展览，13所中方院校与法方院校签署了18项合作协议。

11月20日 教育部和微软（中国）有限公司在北京签署“中国基础教育信息化合作框架”协议。根据该协议，在教育部的指导下，微软将在未来5年内提供价值1 000万美元捐助，用以支持中国基础教育和师范教育，尤其是支持中国的农村和边远地区教育。教育部部长周济和微软公司首席执行官史蒂夫·鲍尔默先生等出席了签字仪式。

△ 国家体育总局、教育部印发《关于命名100所国家级体育传统项目学校的决定》。23日，国家体育总局、教育部在天津共同召开首批国家级体育项目传统学校命名大会。

11月21日 教育部、国家发展改革委、科技部、人事部、劳动和社会保障部、信息产业部、海关总署、国家税务总局、国家外国专家局印发《关于加快软件人才培养和队伍建设的若干意见》。

△ 教育部印发《关于追授陈野平同学“舍己救人的优秀大学生”荣誉称号的决定》。陈野平生前系湖南师范大学2002级学生，2003年8月3日为抢救两名落水少年，献出了年仅19岁的生命。

11月24日 俄罗斯莫斯科卢蒙巴各族人民友谊大学一留学生楼发生火灾，造成34名中国留学生受伤，17人失踪。事件发生后，国家主席胡锦涛和国务院总理温家宝向中国留学生表示亲切慰问，并指示有关部门采取有力措施救治并妥善安置受伤的中国留学生。国务委员陈至立致电驻俄罗斯大使馆，转达对受伤留学人员的慰问。外交部、教育部派出联合工作组赴俄，全力做好中国留俄学生伤亡的善后工作。

△ 教育部部长周济在北京会见了蒙古国科教文部部长仓吉德一行。

11月25日 中宣部、教育部、团中央、解放军总政治部联合召开全国大学生学习贯彻“三个代表”重要思想经验交流会。中宣部部长刘云山出席会议并讲话。教育部部长周济、共青团中央第一书记周强、解放军总政治部副主任袁守芳等也在会上发了言。

△ 教育部副部长章新胜与澳大利亚教育、科技与培训部副部长温迪·贾维共同主持了中澳教育交流第一次磋商会议，就两国在高等教育、职业技术教育、汉语教学等领域开展实质性的交流与合作进行了深入磋商。

11月26日 教育部发出《关于批准有关高等学校试办示范性软件职业技术学院的通知》。

11月27日 教育部副部长王湛、澳大利亚教育、科学与培训部副部长Wendy Jarvie博士出席在重庆举行的“中国——澳大利亚职业教育与培训论坛”并致辞。此次论坛旨在系统介绍中澳两国职教改革发展的具体作法，深入研讨澳大利亚职教改革发展的成功经验和发展趋势，大力推进我国职教体制、机制和制度创新，促进中澳职教交流合作的扩大。

△ 教育部印发《2002年学生体质健康监测结果公告》。

11月28日 全国人大教科文卫委员会、教育部、国家语委在人民大会堂联合召开座谈会，纪念《汉语拼音方案》颁布四十五周年。全国人大常委会副委员长许嘉璐、国务委员陈至立、全国政协副主席王选，教育部副部长、国家语委主任袁贵仁出席会议。许嘉璐、陈至立、袁贵仁在会上发表讲话。

11月29日 武汉大学举行建校110周年庆典。中共中央政治局常委李长春，中共中央政治局委员、湖北省委书记俞正声，国务委员陈至立等分别致电致函祝贺武大建校110周年。全国政协副主席张思卿参加了庆典大会。教育部党组副书记、副部长张保庆和湖北省委副书记邓道坤等在会上讲话。

12月1日 全国基础教育课程改革座谈会在福建省南安市召开，会议总结交流了基础教育课程改革实施两年来，各实验区进行课程改革实验工作的经验，分析了当前面临的新情况和新问题，进一步深化了认识，对课程改革工作做了进一步的研究与部署。教育部副部长王湛出席会议并讲话。

12月3日 教育部召开教育法制建设工作座谈会，教育部副部长章新胜在讲话中指出，大力推进依法行政、依法治校是当前加强教育法制建设的中心任务，各地教育行政部门要为《行政许可法》的实施做好准备。

△ 教育部、劳动和保障部、国防科工委、信息产业部、交通部、卫生部六部委发出《关于实施职业院校制造业和现代服务业技能型紧缺人才培养培训工程的通知》。

12月5日 中国驻美国大使杨洁篪和美国大学理事会主席卡珀顿在华盛顿联合举行新闻发布会，宣布美国“大学汉语和中国文化预修课程及考试”项目（AP汉语项目）正式启动。AP汉语项目的启动标志着中国语言、文化教学开始进入美国国民教育主体学校，表明中美教育文化交流与合作不断深化，进入了新的发展阶段。

△ 2003年宝钢教育奖揭晓。来自76所高校和中科院17个研究所的797名师生荣获宝钢教育奖，南京大学范从来、北京师范大学舒华、复旦大学陈纪修等10位教授获优秀教师特等奖。

12月8日 国务委员陈至立在北京会见了香港职业训练局代表团。王湛副部长陪同会见。

12月9日 一部反映中国跨世纪教育改革与发展十年历程的文献——《李岚清教育访谈录》由人民教育出版社出版。教育部在人民大会堂举行出版座谈会，全国人大常委会副委员长许嘉璐、国务委员陈至立、全国政协副主席罗豪才、教育部部长周济出席座谈会。

△ 教育部和中国联合国教科文组织全国委员会联合举办中国全民教育论坛，就《中国全民教育行动计划》向有关方面征求意见。教育部副部长王湛出席论坛并介绍了我国全民教育取得的成就。

△ 一年一度的中国科技论文统计结果在北京揭晓。2002年度，按照国际科技论文数量排序，我国继1999年超过俄罗斯之后，又超过意大利、加拿大和法国，跃居世界第五位，排名在美国、日本、英国、德国之后。同日，中国科学信息研究所公布2002年中国高校科技论文排行榜。根据对国际著名科研检索工具《科学引文索引》的统计，2002年在我国自然科学基础研究方面，论文发表数最多的前10所高等学校为：清华大学、北京大学、浙江大学、南京大学、中国科技大学、复旦大学、上海交通大学、山东大学、吉林大学和南开大学。在我国工程科学领域，发表论文最多的前10所高校为：清华大学、上海交通大学、浙江大学、哈尔滨工业大学、西安交通大学、东北大学、中国科技大学、华中科技大学、山东大学和天津大学。

12月10日 教育部召开学校安全工作网络视频会议。教育部部长周济在会上强调，各地教育行政部门和各级各类学校要提高认识，加强管理，排除隐患，以对学生极端负责的精神做好学校安全工作。

△ 中宣部、中央文明办、教育部等14部委在北京召开文化科技卫生“三下乡”电视电话会议。会议表彰了在“三下乡”活动中涌现出来的先进集体和个人，总结交流了情况和经验，安排部署工作，推动文化科技卫生“三下乡”活动深入开展。

12月11日 教育部在湖北省武汉市召开全国第二次高等职业教育产学研结合经验交流会。教育部部长周济在会上强调，高等职业教育应坚决贯彻教育“要服务于社会主义现代化建设，要与生产劳动和社会实践相结合”的宗旨，在结构调整、人才培养模式等方面大胆改革、勇于创新，努力培养一大批制造业紧缺的高等技术应用型人才。

△《中国教育报》报道，广西田阳县教育局及坡洪中学截留国家资助贫困学生教科书书款案被严肃查处，田阳县教育局和学校已将国家资助贫困学生的教科书书款全部清退完毕，有关责任人已分别受到党纪政纪处理。

△ 河北成安县商城镇中学发生学生拥挤踩踏事故，造成5名学生死亡，4名学生重伤。13日，教育部发出紧急通知，要求各地认真吸取教训，切实采取有效措施，坚决杜绝类似事故的发生。

△ 教育部发出《关于开展大学英语教学改革试点工作的通知》。

12月11日—13日 国务委员陈至立在四川考察。其间，陈至立先后到成都、绵阳等地考察了中国工程物理研究院、西南科技大学、长虹集团、四川大学等单位。强调要坚定不移地实施科教兴国和人才强国战略，为国民经济和社会可持续发展作出更大贡献。

12月11日—15日 教育部副部长章新胜率团赴土耳其出席国际大学生体育联合会执委会会议。

12月13日 纪念蒋南翔同志诞辰90周年座谈会在清华大学举行。原教育部部长何东昌，原教育部副部长、原清华大学校长张孝文等有关领导及专家与清华大学的老校友100余人出席了座谈会，深切缅怀原清华大学校长蒋南翔为我国教育事业发展作出的杰出贡献，并就蒋南翔的教育思想和教育实践进行了研讨。

12月15日 教育部、国家统计局、财政部发布《2002年全国教育经费执行情况统计公告》。

△ 教育部发出《关于开展普通高中新课程实验工作的通知》。

△ 教育部发出《关于确定第二批全国社区教育实验区的通知》。

12月16日 教育部和李嘉诚基金会西部中小学现代远程教育项目建成暨农村远程教育研讨会开幕式在北京举行。国务委员陈至立出席并讲话。教育部部长周济与李嘉诚先生共同开通了“教育部和李嘉诚基金会西部中小学现代远程教育项目”网站。

△ 国家发展改革委召开新闻发布会，通报了治理教育乱收费的有关情况。2003年全国治理教育乱收费专项检查共查出12 600多件教育乱收费案件，违规收费金额达21.4亿元。10家执行教育收费政策较差的单位被曝光。

△ 教育部发出《关于成立第六届全国高等教育自学考试指导委员会的通知》。

12月16日—22日 教育部副部长章新胜赴埃及出席第五届九个人口大国全民教育部长会议并发言。

12月17日 全国少数民族汉语水平考试（MHK）在吉林省开考，共分四个等级。从2004年开始，全国少数民族汉语水平考试还将陆续在新疆、青海、甘肃、内蒙古等省、自治区展开。

12月18日 曾宪梓教育基金会在人民大会堂举行2003年度优秀大学生奖学金颁奖大会，1 750名家境贫困、品学兼优的大学生获得奖励。全国人大常委会副委员长许嘉璐、全国政协副主席罗豪才、教育部副部长袁贵仁、曾宪梓博士和夫人出席了颁奖大会并为获奖学生代表颁奖。

△ 教育部中华人民共和国教育史研究工作小组、中国教育学会、教育部社会科学发展研究中心、中央教科所、中国高教学会和中国教育报刊社联合在北京举办了“毛泽东与中国教育”学术研讨会。教育部副部长王湛出席并发表讲话。

△ 教育部办公厅发出《关于进一步加强中等职业学校实习管理工作的通知》。

12月19日 教育部印发《关于公布第十批基本普及九年义务教育、基本扫除青壮年文盲县（市、区）名单的决定》和《关于公布第七批基本普及初等义务教育县名单的决定》。

12月19日—20日 中共中央、国务院在北京召开全国人才工作会议。中共中央总书记、国家主席胡锦涛在会上发表重要讲话时强调，要以“三个代表”重要思想为指导，大力实施人才强国战略，为全面建设小康社会提供坚强的人才保证和智力支持。25日，教育部党组发出通知，要求各地教育部门认真学习贯彻落实全国人才工作会议精神，牢固树立科学的人才观。

12月21日 教育部学位与研究生教育发展中心在北京揭牌。国务院学位委员会副主任委员、教育部副部长赵沁平，教育部副部长吴启迪，中国高等教育学会会长周远清等出席揭牌仪式。

12月22日 第二届中国语言文化友谊奖暨第二届“汉语桥”世界大学生中文比赛颁奖大会在人民大会堂举行。国务委员陈至立出席颁奖大会并向6名中国语言文化友谊奖获奖者颁发了奖牌，教育部部长、国家对外汉语教学领导小组组长周济，教育部副部长袁贵仁等向中文比赛获奖选手颁发了奖杯。

△ 教育部办公厅发出《关于进一步加强高校学生管理工作和心理健康教育工作的通知》。

12月25日—27日 教育部召开2004年度教育工作会议。教育部部长周济在会上讲话中强调，2004年教育工作将突出两大战略重点，突出六个方面的重点工作。两大战略重点是：重点推进农村教育改革和发展，切实落实全国农村教育工作会议的各项政策措施；大力加强高水平大学和重点学科建设。六方面重点工作是：坚持理论联系实际，把“三个代表”重要思想和党的十六大、十六届三中全会精神切实落实到实际工作中；重点推进农村教育改革和发展，切实落实全国农村教育工作会议的各项政策措施；适应全面建设小康社会的要求，促进高等教育和职业教育与经济社会发展的紧密结合；坚持人才为本，切实加强教育战线的人才队伍建设；深化改革，扩大开放，推进教育事业全面协调可持续发展；推进依法治教、依法行政，加强宏观监管，为教育改革和发展创造良好环境。教育部副部长张保庆作了总结讲话。

12 月 26 日　教育部发出《关于采取切实有效措施，坚决刹住高等学校考试作弊歪风的紧急通知》。

12 月 28 日　中宣部、中央文明办、教育部在北京联合召开“西部开发助学工程”座谈会。会议旨在以邓小平理论和“三个代表”重要思想为指导，贯彻落实全国宣传思想工作会议精神，回顾总结“西部开发助学工程”实施四年来的经验，研究部署下一步工作，推动“西部开发助学工程”深入开展。

△　中国教育电视台在北京召开新闻发布会，宣布从 2004 年 1 月 1 日起节目将全部改版，并将启用新的台标和台标志语。

12 月 28 日—29 日　教育部在昆明召开 2004 年全国普通高校招生工作会议，教育部副部长袁贵仁出席会议并讲话。2004 年全国普通高校计划招生 400 万人，比 2003 年实际录取增加 20 万人。

12 月 29 日　全国高等教育学历证书电子注册审核备案工作基本结束，全国共注册高等教育学历证书 344 万份，发布我国高等教育学历信息的唯一官方网站——中国高等教育学生信息网（http：//www. chsi. com. cn）可查询高等教育学生学历信息。

12 月 30 日　国家科技教育领导小组召开第二次全体会议。中共中央政治局常委、国务院总理、国家科技教育领导小组组长温家宝主持会议。会议听取了教育部关于制定《2003—2007 年教育振兴行动计划》和《国家西部地区“两基”攻坚计划》的汇报。会议认为，《2003－2007 年教育振兴行动计划》明确了近 5 年我国教育工作的方向、任务和目标，对教育改革和发展提出了具体要求。《国家西部地区“两基”攻坚计划》，对实现西部地区基本普及九年义务教育、基本扫除青壮年文盲作出了具体部署。实施这两个计划，对于提高全民族的素质，对于经济和社会的全面、协调和可持续发展，具有重大意义。会议要求，各地区、各部门要从“科教兴国”、“人才强国”和推进西部大开发的战略高度，认真实施这两个计划。国务委员、国务院秘书长华建敏，国务委员、国家科技教育领导小组副组长陈至立出席了会议。

12 月 31 日　教育部印发《关于表彰全国教育纪检监察工作先进集体和优秀纪检监察干部的决定》。

△　中国教育报、中国教育电视台评出“2003 年全国十大教育新闻”（按时间顺序排列）：（1）我国公布新世纪教育与人力资源战略问题研究报告；（2）全国各地全力治理教育乱收费；（3）辽宁海城发生两千多名学生豆奶中毒事件；（4）新一届教育部长提出办好让人民满意的教育；（5）教育战线众志成城抗非典；（6）国家采取政策积极推进大学毕业生就业；（7）我国建立留学预警制度；（8）百名教师获首届高校教学名师奖；（9）国务院首次召开全国农村教育工作会议；（10）《李岚清教育访谈录》出版。

（教育部资料）

前进中的
中国教育事业

中国政法大学

中国政法大学是教育部直属高校，是以法学为主，兼有政治学、社会学、经济学、管理学、文学、哲学等学科的多科性大学。

中国政法大学设有法学院、民商经济法学院、国际法学院、刑事司法学院、政治与公共管理学院、商学院、人文学院、外国语学院、继续教育学院、国际教育学院10个学院，科学技术教学部和体育教学部2个部，马克思主义理论教学研究中心及诉讼法学研究中心、法律史研究中心等6个研究所（中心）。设法学、政治学、行政管理学、工商管理学、英语言文学、社会学、侦查学、公共事业管理、国际政治、哲学、新闻学、经济学12个本科专业，有11个博士学位授权专业，20个硕士学位授权专业，16个学士学位授权专业。其中国家级重点学科点2个(中国法律史、诉讼法学)，教育部人文社会科学研究基地1个（诉讼法学研究中心），北京市重点学科2个(民商法学、国际法学)，校级重点学科5个。设有刑侦实验室、计算机实验室、语音实验室3个实验室。全校教职工总数1492人，专任教师605人，其中正高级专业技术职务141人，副高级专业技术职务220人；博士生导师45人，硕士生导师137人，享受政府特殊津贴30人。在校学生22242人，其中博士生399人，硕士生2039人，第二学士学位生564人，本科生7848人；成人教育生11327人。

昌平校区和学院路校区共占地约49万平方米，建筑面积42万平方米，图书馆藏书105万册。

图书馆

学校风光

图书馆

国家重点科技攻关项目成果空气重介流化床干法选煤实验机

中国矿业大学

中国矿业大学是教育部直属学校，以工科为主，理、工、文、管相结合，是国家“211工程”重点建设的高校之一。

学校徐州校本部现有19个学院，31个博士点，70个硕士点，2个专业学位授权点，53个本科专业；北京校区设有9个学院。学校有5个具有博士、硕士学位整体授予权的一级学科，7个国家级、5个省部级重点学科，7个“长江学者奖励计划特聘教授”岗位设置学科，9个博士后科研流动站。

学校徐州校本部有各类在校生31000多人，教职工2823人；北京校区有在校学生6800多人，教职工659人。学校有中国工程院院士5人，博士生导师137人，教授255人，副教授近443人。学校先后有200多人次获国家、省部级学术荣誉称号，先后培养了8万多名优秀毕业生，“九五”以来，有28项科研成果获国家级三大奖励，约325项成果获省部级奖励，反映学校综合情况的多项指标居全国理工科高校前列。

学校将通过10年左右的努力，建设成为以理工为主，理、工、文、管、法、经协调发展，在学科建设、人才培养、科学研究等方面居于国内先进行列，能源科技与工程技术的优势特色学科保持世界先进水平，若干新兴交叉学科取得重大进展、达到国内先进水平，在国内外有重大影响的多科性、研究型的高水平大学。

2004级新生举行军训动员大会

三号教学楼

图书馆

黑龙江大学

黑龙江大学坐落在风光秀丽的北国冰城——哈尔滨，是黑龙江省属重点综合性大学。学校设有22个本科学院，还设有其他教育形式的职业技术学院、同庆学院、人民武装学院、剑桥学院、伊春分校等学院和分校；开设涵盖哲、经、法、教、文、史、理、工、农、管10个学科门类的共64个本科专业，全日制在校学生2万多名。

学校师资力量雄厚，现有教职员工2300余人，其中专职教师1400余人，专职科研人员80余人。专职教师中具有高级职称的570余人，博士生导师和硕士生导师170余人。目前，学校设有全国俄语中心1个（俄罗斯联邦政府在中国所设3个俄语中心之一），教育部人文社会科学百所重点研究基地1个，国家级重点学科1个，省级重点学科17个；2个博士后科研流动站，1个博士后科研工作站，5个博士学位授予权学科；54个硕士学位授予权学科，其中法学专业拥有法律硕士专业学位授予权；此外，学校还设有全国重点建设的12个农作物改良中心之一的国家糖料改良中心，我国唯一一个部级以上甜菜质检机构——农业部甜菜品质监督检验测试中心，以及黑龙江省理科基础科学研究与教学人才培养基地和黑龙江省“两课”教师培养基地。

学校以外语学科和汉语学科的优势为依托，大力发展国际联合办学。目前，学校已同国外40余所大学建立了校际友好关系，特别是与日本、韩国、俄罗斯、英国、加拿大、美国等国家和地区的部分高校有密切的文化教育交往，并与加拿大北美文理学院签署了互建分校协议，与美国威尔克斯大学开展了即时交互式远程教学合作。近年来，学校国际交流合作迈上了新台阶，已与英国布莱德福德大学、利兹大学、俄罗斯远东大学、加拿大莱克海德大学签署了联合培养学生协议，并先后由我校派出联合培养留学生近900名。

2002年，学校在教育部本科教学工作随机评估中获得优秀。成为黑龙江省第一所获得优秀结论的高校，教育部专家对我校“以俄语优势学科为龙头、开放互动的多层次办学模式”及“教、管、学三位一体的教学质量监控保障机制”的办学特色给予了高度评价；2002年4月，我校与清华大学等9所高校同时被教育部确定为创业教育试点院校；2002年5月，我校又成为省内唯一一所被黑龙江省政府授予模范单位光荣称号的高校。

游泳馆

焦作大学

焦作大学是一所多学科、多

市。

学校拥有南北两个校区,占地

人生 8000 余名。学校有教职工 7

媒体教学设备、计算机校园网络

多人阅览的电子阅览室。

学校现有机电工程系、计算

校门

现代教育中心

仙林校区行政楼

福建路校区综合楼

南京财经大学

南京财经大学是一所以经济管理类学科为主，兼有法学、工学、文学、理学等学科的江苏省属全日制普通本科高等学校。2001 年，学校被江苏省人民政府确定为“十五”期间重点建设的大学。学校现设有经济学院等 16 个教学院系（部），1 个公有民办二级学院红山学院，共设经济学等 35 个本科专业、产业经济学等 6 个硕士研究生专业。学校现有在校全日制学生 16000 多名，成人教育在籍学生 6000 余名，并担负江苏省自学考试 5 个本科专业、12 个专科专业的主考任务。学校拥有较为雄厚的教学、科研力量，现有教职工 1514 人，近 900 名专任教师中，副教授以上职称的 400 多人，其中教授 15 人，60% 的教师具有硕士以上学位，其中博士 110 余人；教师中 17 人获国家级有突出贡献中青年专家称号或享受国务院政府特殊津贴，40 余人获省部级专家、省级跨世纪学术带头人、优秀学科带头人、优秀青年骨干教师称号，已形成了一支学科、职称、年龄、学历结构比较合理，教学科研力量较强的师资队伍。

学校不断更新教育观念，深化教学改革，积极开展科学研究，取得了明显成效：学校的产业经济学、会计学、统计学 3 个学科被确定为“江苏省重点建设学科”；电子商务实验室和粮油品质控制及深加工技术实验室 2 个实验室被列为“江苏省重点实验室”；产业经济学学科被评为江苏省高校优秀学科梯队；统计学专业、会计学专业被评为江苏省高等学校品牌专业；经济学、国际经济与贸易、金融学、市场营销 4 个专业被评为江苏省高等学校特色专业。近年来，学校教师主持、承担国家级、省部级科研项目 300 多项，获得省部级以上优秀教学、科研成果奖励 100 多项，并多次成功举办高水平国际性学术研讨会和全国性学术研讨会。

学校积极寻求国际合作办学，广泛开展国际学术交流活动，先后与美国、英国、法国、加拿大、澳大利亚、日本、俄罗斯等国家以及我国香港、台湾等地区的 50 余所大学及相关科研院所，与联合国粮农组织、世界银行等国际组织建立了全方位的合作交流关系和广泛的学术联系。

校园一瞥

教学综合楼

图书馆藏书 89 万册，其中
授 139 人。全日制在校生 13
37 项，其中国家自然科学基

目前，学院正在积极探
大科研投入，促进成果转化
文、理、工多学科相互交融

校园文

前进中的中国教育事业

学院正门

吉林艺术学院动画学院成立于2000年，2004年2月，经教育部批准，确认为省属独立学院。

学院占地面积12万平方米，预留面积8万平方米。建设了环境清新幽雅、富有时代气息的绿色校园，多功能、现代化的图书馆、公寓、食堂，高标准的运动场，篮、排球场。学院在校学生达到4000人以上，是一所设施先进、在国内外有一定影响的以动画专业为主导学科的普通高等艺术院校。

学院开设了动画、艺术设计、广告学、广播电视新闻学四个专业，形成以动画专业为主导学科，其它艺术专业为载体的办学新格局。为了提高办学层次和办学水平，学院从全国影视界、动画产业部门和高校选聘了30多名专家、教授任教，并从全国普通高校和艺术院校选聘了一批优秀毕业生担任专职教师，集中了国内外动画及其它艺术领域的知名人士。建校以来，学院有300余幅师生作品参加了“中日青少年卡通漫画展”、“韩国国际学生动画展”等活动，有800余幅师生作品分别参加了在上海、北京、深圳等地举办的多项动漫作品展览，有50余幅作品分别获得国内外的不同等级奖项。

2000年，学院与美国东新墨西哥大学建立了姊妹校际关系，实现两校互相交流教材与教学经验及师生作品，互派教师任教及培训，互派留学生；2004年，与韩国国立艺术学院建立友好校际关系。

学院在对外交流领域中不断营造契机，开拓创新，提高办学层次和品牌的同时，扩大了学院的对外影响，开辟了动画学院发展更广阔的渠道。从2002年成功举办《首届中国吉林卡通漫画展》，到2004年承办中、日、韩三国联合举办的《东亚国际动画教育论坛》，学院师生与世界十几个动画产业发达国家的知名人士共同交流、研究动画教育及产业的发展课题。

新世纪、新机遇，学院正本着同舟共济、敬业爱校、务实创新、追求卓越的办学精神，以为社会培养优秀艺术人才为己任，向世界动画教育强校努力迈进。

吉林艺术学院动画学院

动画专业教学楼

师生交流图景

浙江万里学院

浙江万里学院是经教育部批准的省属普通本科院校，被定为国有高校实行新的管理模式和运行机制的试点单位。

学校地处宁波高教园区，分设钱湖、回龙两个校区，占地87万平方米，建筑面积45万平方米，实验设备总值8000余万元。设有基础学院、商学院、艺术与设计学院、文化与传播学院、生物与环境学院、外语学院、法学院、计算机与信息学院、电子信息学院9个二级学院及成人教育学院、高职学院、国际学院，专业涵盖了经、法、文、理、工、农、管等学科。学校现有全日制在校生14340人，专任教师700余人，其中教授50余人，副教授200人，具有博士、硕士学位教师242人，海外留学归国人员30人。

学校建有省级电工电子基础课教学实验示范中心，拥有农产品加工、电子设计自动化（EDA）、数字信号处理（DSP）3个市级重点实验室及13个校实验中心，建有文化、数学、生物技术、电子工程、应用语言等研究所，拥有2个省级重点建设专业、1个省级重点扶持学科、1个省级基础课实验教学示范中心、2个宁波市重点专业、2个宁波市重点学科。图书馆藏书70.5万册、中外文报刊2500多种，建成了“中国期刊网封闭式镜像站点”、“万方数据服务中心”，有6000余种数字化期刊在校园网上运行。

校门夜景

校园夜景

校园概貌

语文出版社

语文出版社是教育部直属的语文专业出版社，担负着为国家语言文字工作服务，为祖国教育事业服务的双重任务。其主要的出书范围是：大中小学语文教材及教学参考书，基础教育、中等职业教育和继续教育有关教材，国家语言文字方针政策、法令法规、语言文字规范标准，语文工具书；语文教育教学论著，语言文字研究专著和应用类读物，还出版中文核心期刊《语文建设》(月刊)和《语言文字报》(小学语文版)。

在新一轮基础教育课程改革中，语文出版社发挥专业优势，积极开发体现课程改革精神和课程标准要求的新教材，编写、出版了完整的课程标准语文学科教科书，包括两套小学课标《语文》教科书、一套初中课标《语文》教科书和一套高中课标《语文》教科书。语文版课标《语文》教科书，融工具性和人文性于一体，体现了时代精神和时代要求，内容和形式都贴近学生生活，有利于激发学生的学习兴趣和探究精神，促进学生的德、智、体、美的和谐发展，使学生逐步形成良好的个性和健全的人格。语文版课标《语文》教科书已经教育部审查通过，获得了评审专家的高度评价。

语文出版社出版的教育部规划教材中等职业教育文化课教材《语文》(基础版)、《数学》(基础版)、《英语》(提高版)已经教育部审查通过，并得到了广大使用区师生的称赞，认为其科学、实用，非常切合中等职业教育的实际需要。此外，语文出版社出版的小学《写字》教材、《中师口语》教材、高等教育自学考试中文专业教材《古代汉语》、《现代汉语》、《语言学概论》，以及对外汉语教材《中国全景》等各级各类教材，也得到了好评。

语文出版社出版的《普通话基础方言基本词汇集》、《宋金元明清曲词通释》、《北京话儿化词典》、《现代汉语规范字典》、《全唐诗大词典》等先后获得了国家图书奖和国家辞书奖。由著名专家撰写的语文知识普及读物“百种语文小丛书”在社会上产生了广泛而良好的影响。“红苹果”、“红对钩”、“金钥匙”、“迁移阅读”等品牌教辅图书在市场赢得了较高声誉，成为中小学生首选的教辅图书。

语文出版社广大同仁正奋发努力，为全面推进素质教育、进一步提高全民族的语文素养，为祖国语言文字的规范化标准化，为把出版社建设成为语文教材编写出版基地，贡献自己的力量。

地址：北京市朝阳门内南小街51号
邮编：100010
电话：010-65254212/65253954
http：//www.ywcbs.com

浙江教育报刊社

浙江教育报刊社是浙江省教育厅直属单位，办有《教育信息报》、《中学生天地》、《小学生时代》、《幼儿教育》、《科学24小时》等报刊，拥有浙江现代教育报刊发行有限公司、浙江省教育广告公司、浙江时代教育新闻中心等经济实体。

浙江教育报刊社在省委教育工委和省教育厅的领导下，积极改革、锐意进取，取得了较好的社会效益和经济效益。《中学生天地》获首届国家期刊奖百种重点社科期刊荣誉称号、中国“双百”期刊荣誉称号、中国少儿报刊金奖；《小学生时代》获第二届国家期刊奖百种重点社科期刊荣誉称号、中国“双效”期刊荣誉称号；《幼儿教育》获中国“双效”期刊荣誉称号、华东优秀期刊荣誉称号；《科学24小时》获浙江省优秀科技期刊荣誉称号。